उच्चतर नैदानिक मनोविज्ञान
[ADVANCED CLINICAL PSYCHOLOGY]

[बी. ए. त्रिवर्षीय ऑनर्स, एम. ए. एवं यू.जी.सी. के पाठ्यक्रमों पर आधृत]

लेखक

डॉ० अरुण कुमार सिंह

एम. ए., (स्वर्णपदक प्राप्त) पी.एच. डी.
विश्वविद्यालय प्रोफेसर एवं पूर्ववर्ती विभागाध्यक्ष
स्नातकोत्तर मनोविज्ञान विभाग
पटना विश्वविद्यालय, पटना-800 005

एवं

पूर्ववर्ती निदेशक
मनोवैज्ञानिक शोध एवं सेवा संस्थान
पटना विश्वविद्यालय, पटना-800 005

मोतीलाल बनारसीदास इंटरनेशनल
दिल्ली, चेन्नई, कोलकाता, पटना

नवम् पुनर्मुद्रण : दिल्ली, 2021, 2025
प्रथम संस्करण : 2005

ISBN : 978-93-906-9622-2

मोतीलाल बनारसीदास इंटरनेशनल
प्र.का : 41, यू.ए. बंगलो रोड, (पीछे वाली गली), जवाहर नगर, दिल्ली-110007
4261 (तलघर), गली नं. 3, अंसारी रोड, दरियागंज, नई दिल्ली-110002
दुकान # 6, 241, लूज़ गीन्ज़ा कॉम्पलेक्स, लूज़ कार्नर, मैलापोर, चेन्नई-600004
12/1-ए, दूसरी मंजिल, बंकिम चटर्जी स्ट्रीट, कोलकाता-700073
स्टॉकिस्ट : मोतीलाल बुक्स पब्लिशर्स एण्ड डिस्ट्रीब्यूटर्स
अशोक राजपथ, दरभंगा हाऊस के सामने, काली मन्दिर के पास, पटना-800004 (बिहार)

मुद्रक
मोतीलाल बनारसीदास इंटरनेशनल
41, यू.ए. बंगलो रोड (पीछे वाली गली), जवाहर नगर, दिल्ली-110007

समर्पण

पत्नी कुमुद रानी

को

जिनका

प्रोत्साहन एवं स्नेह

इस रचना की

आधारशिला है

प्रस्तावना

(Preface)

प्रस्तुत पुस्तक **उच्चतर नैदानिक मनोविज्ञान** (Advanced Clinical Psychology) सरल एवं सुगम भाषा में लिखी गयी पहली ऐसी पुस्तक है जिससे न केवल छात्र बल्कि शिक्षकगण को भी अपने ज्ञान व वृद्धि करने में पर्याप्त मदद मिलेगी। इस पुस्तक में कुल 21 अध्याय है जिनमें नैदानिक मनोविज्ञान के मुख्य विषयों पर यथार्थ ढंग से प्रकाश डाला गया है तथा इस बात की सम्पूर्ण कोशिश की गयी है कि इसके तथ्य नवीनतम एवं अद्यतन (up-to-date) रहें। इस सिलसिले में DSM के नवीनतम संस्करण (DSM–5) द्वारा प्रस्तावित विचारों एवं सुधारों को भी सम्मिलित किया गया है। शिक्षकों एवं छात्रों के विशेष आग्रह पर नैदानिक एवं असामान्य मनोविज्ञान के क्षेत्रों की मुख्य घटनाओं की एक सूची भी संलग्न कर दिया गया है।

मैं उन सभी लेखकों एवं प्रकाशकों के प्रति आभार व्यक्त करता हूँ जिनकी कृतियों का प्रत्यक्ष या परोक्ष रूप से सहायता ली गयी है। मैं उन छात्रों एवं शिक्षकों को भी धन्यवाद देता हूँ जिन्होंने इस पुस्तक की पांडूलिपि के कुछ अंशों को पढ़कर अपनी प्रतिक्रिया व्यक्त कर उसे उन्नत बनाने में मूल्यवान योगदान किये।

अन्त में, मैं मोतीलाल बनारसीदास इंटरनेशनल के संपादक मंडल के प्रति भी आभार व्यक्त करता हूँ जिन्होंने अपनी कोशिश एवं रुचि दिखाकर पुस्तक के लेखन में मुझे प्रोत्साहित किया।

–अरुण कुमार सिंह

जनवरी, 2021

नैदानिक मनोविज्ञान एवं असामान्य मनोविज्ञान की मुख्य घटनाएँ

(*MAJOR EVENTS OF CLINICAL PSYCHOLOGY AND ABNORMAL PSYCHOLOGY*)

A.D.

1791 : गलवानी (Galvani) इस निष्कर्ष पर पहुँचे कि तंत्रिका आवेग (nerve impulse) का स्वरूप वैद्युतीय (electrical) होता है।

1794 : पिनेल ने मानसिक अस्पतालों से मानसिक रोगियों को लोहे की जंजीर से मुक्त करने का आदेश दिए।

1807 : वेल (Bell) एवं मैगेनडाई (Magendie) द्वारा इस निष्कर्ष पर पहुँच गया कि संवेदी एवं पेशीय तंत्रिकाएँ संरचना तथा कार्य के ख्याल से एक-दूसरे से भिन्न होते हैं।

1841 : डोरोथिया डिक्स (Dorothea Dix) ने अमेरिका तथा यूरोप में मानसिक अस्पतालों को उन्नत बनाने के लिए कार्यक्रम तैयार किया।

1861 : पॉल ब्रोका (Paul Broca) ने मस्तिष्क में संभाषण (speech) के विशिष्ट क्षेत्रों का निर्धारण किया।

1870 : फ्रिस्क (Fritsch) तथा हिटजीग (Hitzig) ने मस्तिष्क में विशिष्ट संवेदी तथा पेशीय क्षेत्रों का पता लगाया।

1879 : लिपजिग विश्वविद्यालय में विलियम ऊंट (Wilhelm Wundt) ने पहला मनोवैज्ञानिक प्रयोगशाला खोला और मनोविज्ञान को एक स्वतंत्र विज्ञान का दर्जा दिया गया। इस विश्वविद्यालय का वर्तमान नाम कार्ल मार्क्स विश्वविद्यालय (Karl Marx University) है।

1883 : जी० एस० हॉल (G.S. Hall) जॉन हापकिन्स विश्वविद्यालय (John Hopkins University) में पहले अमेरिकन मनोवैज्ञानिक प्रयोगशाला की स्थापना किया।

1885 : सर फैंसिस गाल्टन ने लंदन में पहला मानसिक परीक्षण-कार्य (mental testing) केन्द्र की स्थापना किया।

1887 : जी० एस० हॉल द्वारा मनोविज्ञान का प्रथम पेशेवर जरनल अमेरिका में प्रकाशित किया गया। इस जरनल का नाम था—**अमेरिकन जरनल ऑफ साइकोलोजी** (American Journal of Psychology)।

1890 : जे० एम० कैटेल (J.M. Cattell) ने मानसिक परीक्षण (mental test) जैसे पद का सृजन किया।

1892 : जी० एस० हॉल (G.S. Hall) ने अमेरीकन मनोवैज्ञानिक संघ (American Psychological Association) की स्थापना किया और इसके प्रथम अध्यक्ष बने।

1895 : ब्रियूअर (Breuer) तथा फ्रायड (Freud) ने एक साथ मिलकर अपनी पुस्तक **स्टडीज इन हिस्ट्रीया** (Studies in Hysteria) का प्रकाशन किया।

1896 : लाइटर विटमर (Lighter Witmer) ने पेनिस्लावैनिया विश्वविद्यालय (Pennyslavania University) में पहला मनोवैज्ञानिक उपचारगृह (clinic) खोला।

1896 : कार्ल पियरसन (Karl Pearson) ने सहसंबंध के सांख्यिकीय सिद्धान्त का प्रतिपादन किया।

1896 : जे० एम० कैटेल अमेरिका में मानसिक परीक्षणों के उपयोग एवं विकास के लिए काफी प्रभावी मनोवैज्ञानिक के रूप में उभरे।

1900 : सिगमंड फ्रायड द्वारा अपनी बहुचर्चित पुस्तक **दी इन्शप्रेरेशन ऑफ ड्रीम** (The Interpretation of Dream) का प्रकाशन किया गया।

1904 : स्पीयरमैन ने बुद्धि की व्याख्या सामान्य (General or g) तथा विशिष्ट (Specific or s) कारक के रूप में किया है।

1905 : फ्रांस में बिने तथा साइमन ने बच्चों के लिए पहला माननीकृत बुद्धि परीक्षण का निर्माण किया।

1907 : पहला नैदानिक जरनल जिसका नाम **साइकोलोजिकल क्लिनिक** (Psychological Clinic) था, विटमर द्वारा प्रकाशित किया गया।

1908 : वाइनलैंड (Vineland) प्रशिक्षण स्कूल में पहला नैदानिक इटर्नशीप (clinical internship) का प्रावधान किया गया।

1909 : विलियम हीली (William Healy) द्वारा पहला बाल निदेशन केन्द्र तथा शिकागो में जुभेनाइल साइकॉपैथिक इन्स्टीच्यूट (Juvenile Psychopathic Institute) की स्थापना की गयी।

1910 : बिने साइमन परीक्षण का 1908 का संशोधित संस्करण का गोडार्ड (Goddard) द्वारा किया गया अंग्रेजी अनुवाद का प्रकाशन हुआ।

1911 : स्टर्न (Stern) द्वारा बुद्धिलब्धि (Intelligence Quotient or IQ) के संप्रत्यय का विकास हुआ।

1912 : जे॰ वी॰ वाटसन (J.B. Watson) ने अपनी प्रसिद्ध पुस्तक **साइकोलॉजी एज ए विहेभियरिस्ट भ्यूज इट** (Psychology as a Behaviourist views it) का प्रकाशन किया।

1913 : कार्ल युंग (Carl Jung) अपने आप को फ्रायड से अलग करके विश्लेषिक स्कूल (Analytical school) की स्थापना किया।

1916 : स्टैनफोर्ड विश्वविद्यालय में टरमैन (Terman) द्वारा बिने साइमन परीक्षण (Binet-Simon test) का अमेरिका में उपयोग के लिए संशोधित किया गया। इस नयी परीक्षण को स्टैनफोर्ड-बिने परीक्षण किया गया।

1917 : अमेरिकन सैनिकों के उपयोग के लिए बुद्धि का प्रथम समूह परीक्षण का निर्माण किया गया।

1917 : नैदानिक मनोवैज्ञनिकों द्वारा अमेरीकन मनोवैज्ञानिक संघ (American Psychological Association) से संबंध विच्छेद करके नया संघ **अमेरीकन एशोसियशन ऑफ क्लिनिकल साइकोलॉजी** (American Association of Clinical Psychology or AACP) की स्थापना की गयी।

1919 : AACP पुनः अमेरिकन मनोवैज्ञानिक संघ के नैदानिक विभाग (clinical section) से जुट गया।

1921 : जे॰ एम॰ कैटेल द्वारा 'साइकोलॉजिकल कारपोरेसन' (Psychological Corporation) की स्थापना की गयी।

1921 : हरमान्न रोर्शाक (Hermann Rorschach) जो स्वीटजरलैंड के एक मनोरोगविज्ञानी थे, ने असंरचित सामग्रियों के आधार पर व्यक्तित्व मापने का एक परीक्षण का निर्माण किया।

1924 : डेविड लेभी (David Levy) द्वारा अमेरिका में रोर्शाक परीक्षण का परिचय प्रारंभ किया गया।

1925 : भारतीय मनोवैज्ञानिक संघ (Indian Psychological Association) की स्थापना की गयी।

1935 : मर्रे का (Murray) का **थीमेटीक एपरसेपसन टेस्ट** (Thematic Appreception Test or TAT) का प्रकाशन हुआ।

1936 : नैदानिक मनोविज्ञान की पहली पुस्तक नैदानिक मनोविज्ञान (Clinical Psychology) का प्रकाशन लोऊटिट (Louttit) द्वारा किया गया।

1937 : अमेरीकन मनोवैज्ञानिक संघ का नैदानिक विभाग का अमेरीकन एशोसियशन फार एपलायड साइकोलॉजी (American Association for Applied Psychology or AAAP) से संबंध टूटा।

1937 : व्यक्तित्व विकास एवं कार्य में सामाजिक कारकों के महत्त्व को नवफ्रायडियन (Neo-Freudians) द्वारा बल डाला गया।

1938 : मेन्टल मेजरमेट ईयरबुक (Mental Measurement Yearbook) का प्रथम प्रकाशन हुआ।

1939 : वेक्सलर-वेलेभ्यू बुद्धि परीक्षण (Wechsler-Bellevue Intelligence test) का प्रकाशन हुआ।

1940 : कलकत्ता में लुम्बिनी पार्क मानसिक आरोग्यशाला (Lumbini Park Mental Hospital) का शुभारंभ।

1941-45 : द्वितीय विश्वयुद्ध की घटना के परिणामस्वरूप नैदानिक मनोविज्ञान के क्षेत्र में तेजी से फैलाव हुआ।

1942 : कार्ल रोजर्स (Carl Rogers) द्वारा क्लायंट केन्द्रित चिकित्सा (Client-centred therapy) का प्रतिपादन किया गया।

1943 : माइनेसोटा मल्टीफेजिक परसनालिटी इन्वेट्री (Minnesota Multiphasic Personality Inventory or MMPI) का निर्माण किया गया।

1945 : AAPA पुनः अमेरीकन मनोवैज्ञानिक संघ का सदस्य बना।

1946 : नेशनल इन्स्टीच्यूट ऑफ मेन्टल हेल्थ (National Institute of Mental Health) द्वारा नैदानिक मनोविज्ञानियों के प्रशिक्षण का समर्थन किया।

1947 : पेशेवर मनोविज्ञान (Professional Psychology) में परीक्षकों का अमेरिकन वोर्ड (American Board of Examiners) का संगठन किया गया।

1952 : अमेरीकन मनोरोगविज्ञानी संघ (American Psychiatric Association) द्वारा डायगनोस्टिक एण्ड स्टैटिस्टीकल मैनुअल—I (Diagnostic and Statistical Manual or DSM–I) का प्रकाशन किया गया।

1953 : अमेरीकन मनोवैज्ञनिक संघ (American Psychological Association) द्वारा मनोवैज्ञानिकों के लिए नैतिकता मानक (ethical standards) प्रकाशित किया गया।

1954 : अब्राहम मैसलो (Abraham Maslow) द्वारा मानवतावादी आन्दोलन (Humanistic movement) की शुरूआत किया गया।

1955 : नेशनल इंस्टीच्यूट ऑफ हेल्थ एण्ड न्यूरोसाइंस (National Institute of Mental Health and Neuroscience or NIMHANS) का बंगलौर में स्थापना।

1968 : इलिनोइस विश्वविद्यालय (Illinois University) द्वारा डाक्टर ऑफ साइकोलॉजी (Doctor of Psychology or Psy D) प्रशिक्षण कार्यक्रम चलाया गया। डायगोनोस्टिक एण्ड स्टैटिस्टीकल मैनुअल का दूसरा संस्करण (Diagnostic and Statistical Manual or DSM-II) का प्रकाशन किया गया।

1969 : कैलफोर्निया स्कूल ऑफ प्रोफेसनल साइकोलॉजी (Clifornia School of Professional Psychology) की स्थापना की गयी।

1980 : DSM का तीसरा संस्करण (DSM-III) का प्रकाशन किया गया।

1981 : अमेरिकन मनोवैज्ञानिक संघ द्वारा मनोवैज्ञानिकों के लिए नैतिक मानकों का संशोधित संस्करण प्रकाशित किया गया।

1987 : DSM-III का संशोधित प्रारूप जिसे 'DSM-III Revision' कहा गया, प्रकाशित किया गया।

1988 : अमेरीकन साइकोलॉजिकल सोसाइटी (American Psychological Society) की स्थापना की गयी।

1994 : DSM-IV का प्रकाशन हुआ।

1997 : गुड़गाँव में नेशनल ब्रेन रिसर्च सेन्टर (National Brain Research Centre) की स्थापना।

2000 : DSM-IV का टेकस्ट समीक्षा (Text Revision) प्रकाशित हुआ।

2000 : पारकिन्सन (Parkinson) रोग तथा अन्य तंत्रकीय रोगों (neurological disorders) के उपचार की खोज के लिए अर्विड कार्लसन (Arvid Carlsson) को नोबुल पुरस्कार से सम्मानित किया गया। कार्लसन जो स्वीडेन के एक वैज्ञानिक हैं, को यह पुरस्कार दो अमेरीकन वैज्ञानिक अर्थात् पाल ग्रीनगार्ड (Paul Greengard) एवं इरिक कैनडेल (Eric Kandel) के साथ संयुक्त रूप से दिया गया।

2013 : DSM-V का प्रकाशन हुआ। ❑

विषय–सूची

अध्याय | पृ० सं०

1. विषय-प्रवेश
(Introduction) **1-36**

नैदानिक मनोविज्ञान का संक्षिप्त इतिहास (Brief History of Clinical Psychology)–1; भारत में नैदानिक मनोविज्ञान का विकास (Development of Clinical Psychology in India)–10; नैदानिक मनोविज्ञान की परिभाषा एवं स्वरूप (Meaning and Nature of Clinical Psychology)–13; नैदानिक मनोविज्ञान की विशेषताएँ (Characteristics of Clinical Psychology) 15; नैदानिक मनोविज्ञान का कार्य-क्षेत्र तथा कार्य (Scope and Functions of Clinical Psychology)–16; नैदानिक मनोविज्ञान तथा अन्य संबंधित ज्ञान (Clinical Psychology and other Related Sciences)–19; नैदानिक मनोविज्ञान एवं असामान्य मनोविज्ञान (Clinical Psychology and Abnormal Psychlogy)–19; नैदानिक मनोविज्ञान तथा परामर्श मनोविज्ञान (Clinical Psychology and Counselling Psychology)–21; नैदानिक मनोविज्ञान तथा मनोरोगविज्ञान (Clinical Psychology and Psychiatry)–21; नैदानिक मनोविज्ञान तथा गनोविश्लेषण (Clinical Psychology and Psychoanalysis)–23; नैदानिक मनोविज्ञान एवं मनश्चिकित्सीय सामाजिक कार्य (Clinical Psychology and Psychiatric Social Work)–24; नैदानिक मनोविज्ञान में विशिष्टीकरण (Specialization within Clinical Psychology) 25; नैदानिक मनोविज्ञन की समस्याएँ (Problems of Clinical Psychology)–27; नैदानिक मनोविज्ञान का भविष्य (Future of Clinical Psychology)–29; नैदानिक मनोवैज्ञानिकों का प्रशिक्षण एवं शिक्षा (Training and Education of Clinical Psychologists)–33; अध्याय सारांश (Chapter Summary)–36.

2. विभिन्न क्षेत्रों में नैदानिक मनोवैज्ञानिकों की भूमिका **37-41**
(Role of Clinical Psychologigsts in Different Fields)

मानसिक अस्पतालों में नैदानिक मनोवैज्ञानिकों की भूमिका (Role of Clinical Psychologists in Mental Hospitals)–37; बाल मार्गदर्शन उपचार-गृह में नैदानिक मनावैज्ञानिकों की भूमिका (Role of Clinical Psychologists in Child Guidance Clinic)–38; स्कूल में नैदानिक मनोवैज्ञानिकों की भूमिका (Role of Clinical Psychologists in School)–39; व्यावसायिक मार्गदर्शन केन्द्र में नैदानिक मनोवैज्ञानिकों की भूमिका (Role of Clinical Psychologists in Vocational Guidance Centre)–40; जेल एवं सुधारघरों में नैदानिक मनोवैज्ञानिकों की भूमिका (Role of Clinical Psychologists in Jail and Reformatories)–40 उद्योग में नैदानिक मनोवैज्ञानिकों की भूमिका (Role of Clinical Psychologists in Industry)–41 अध्याय सारांश (Chapter Summary)–41

अध्याय पृ० सं०

3. **नैदानिक मनोविज्ञान का संदर्भ** 42-54
(Perspectives of Clinical Psychology)

अभिप्रेरणात्मक संदर्भ (Motivational Perspective)–42 संरचनात्मक संदर्भ (Structural Perspective)–45 विकासात्मक संदर्भ (Developmental Perspective)–47 अनुकूलन संदर्भ (Adapatational Perspective)–49 पारिस्थितिकी संदर्भ (Ecological Perspective)–52 जैविक संदर्श (Biological Perspective)–53 अध्याय सारांश (Chapter Summary)–54

4. **नैदानिक मनोविज्ञान का मॉडल** 55-76
(Models of Clinical Psychology)

मॉडल का अर्थ महत्त्व (Meaning and Values of Models)–56; नैदानिक मनोविज्ञान के प्रमुख मॉडल (Important Models of Clinical Psychology)–56; मनोगत्यात्मक मॉडल (Psychodynamic Model)–56; व्यवहारात्मक मॉडल या अधिगम सिद्धान्त मॉडल (Behavioural Model or Learning Theory Model)–61; परिघटनात्मक मॉडल (Phenomenogical Model)–67; व्यवहारात्मक मॉडल तथा परिघटनात्मक मॉडल का एक तुलनात्मक अध्ययन (A Comparative Study of Behavioural Model and Phenomenological Model)–72; अन्तर्वैयक्तिक मॉडल (Interpersonal Model)–73; विभिन्न मॉडलों के प्रति एक समन्वित दृष्टिकोण (An Integrative Viewpoints towards Different Models)–75; अध्याय सारांश (Chapter Summary)–75

5. **नैदानिक मनोविज्ञान में पेशावर समस्याएँ** 77-85
(Professional Issues in Clinical Psychology)

पेशावर प्रशिक्षण (Professional Training)–77; पेशावर नियमन (Professional Regulation)–80; पेशावर नीतिशास्त्र (Professional Ethics)–81; पेशावर या व्यावसायिक स्वतंत्रता (Professional dependence)–83; व्यावसायिकता के जोखिम या खतरा (Perils of Professionalism)–84; अध्याय सारांश (Chapter Summary)–85

6. **नैदानिक समस्याएँ** 86-146
(Clinical Problems)

नैदानिक समस्या के अर्थ एवं प्रकार (Meaning and Types of Clinical Problems)–86; दुश्चिंता विकृति (Anxiety Disorders)–87; दुश्चिंता विकृति की उत्पत्ति के सामान्य कारण (General Causes of Genesis of Anxiety disorder)–89; दुश्चिंता विकृति के उपचारी उपाय (Remedial Measures of Anxiety disorder)–90; कायाप्रारूप विकृति (Somatoform Disorder)–91; विच्छेदी विकृति (Dissociative Disorders)–92; मनोदशा विकृति (Mood Disorders)–92; मनोविदालिता (Schizophrenia)–94; मनोदैहिक समस्याएँ (Psycho-physiologic Problem)–95;मनोदैहिक विकृति के प्रकार (Types of Psychosomatic or Psychophysiologic Disorder)–96; मनोदैहिक हृदयवाहिका विकृतियाँ (Psychophysiologic Cardiovasular Disorder)–97;मनोदैहिक आमाशयांत्र की विकृतियाँ (Psychophysiologic Gastrointestinal Disorders)–99; मनोदैहिक श्वसन विकृतियाँ (Psychophysiologic Respiratory Disorders)–102;

अध्याय पृ० सं०

मनोदैहिक त्वचा-संबंधी विकृतियाँ (Psychophysiologic Skin Disorders)–103; मनोदैहिक जनन-मूत्र विकृतियाँ (Psychophysiologic Genitourinary Disorders)–105; मनोदैहिक विकृतियों की उत्पत्ति के सामान्य कारण (General Etiology or Genesis of Psychophysiologic Disorders)–106; मनोदैहिक विकृतियों के उपचारी उपाय (Remedial Measures of Psychophysiologic disorders)–110; मनोविकारी व्यक्तित्व की समस्याएँ (Problems of Psychopathic Personality)–112; मनोविकारी व्यकितत्व की उत्पत्ति के कारण (Etiology or Genesis of Psychopathic Personality)–113; मनोविकारी व्यक्तित्व की समस्याओं के उपचारी उपाय (Remedial Means of the Problems of Psychopathic Personality)–115; अपराधी व्यवहार (Criminal Behaviour)–116; अपराधी व्यवहार के प्रकार (Types of Criminal Behaviour)–117; अपराधी व्यवहार के कारण (Causes of Criminal Behaviour)–118; अपराधियों का उपचार (Treatments of Criminals)–121, अपराधी व्यवहार की रोकथाम (Prevention of Criminal behaviour)–122; मानसिक दुर्बलता के अर्थ एवं स्वरूप (Meaning and Nature of Mental Deficiency)–122 मानसिक दुर्बलता की प्रमुख विशेषताएँ (Major Characteristics of Mental Deficiency)–123; मानसिक दुर्बलता के स्तर या प्रकार (Levels or Types of Mental Deficiency)–124; मानसिक दुर्बलता के सामान्य कारण (General Etiology or Causes of Mental Deficiency)–128; मानसिक दुर्बलता के उपचार एवं रोक-थाम (Treatment and Prevention of Mental Deficiency)–130; मानसिक दुर्बलता तथा मानसिक रोग में अन्तर (Difference between Mental Deficiency and Mental Disease)–132; स्कूल समस्याएँ तथा उनके उपचार (School Problems and their Treatments)–133; वैवाहिक कुसमायोजन की समस्याएँ (Problems of Marital maladjustment)–137; बुढ़ापा की नैदानिक समस्याएँ (Clinical Problems of Aging)–138; बुढ़ापा से संबंधित मस्तिष्कीय विकृतियों के कारण (Etiology of Brain Disorders associated with age)–140; आक्षेपी मस्तिष्कीय विकृति : मिरगी (Convulsive Brain Disorders : Epilepsy)–142 अध्याय सारांश (Chapter Summary)–145

7. नैदानिक मूल्यांकन तथा मनोविदान **147-187**
(Clinical Assessment & Psychodiagnosis)

नैदानिक मूल्यांकन के अर्थ एवं स्वरूप (Meaning and Nature of Clincial Assessment)–147; मनोनिदान के अर्थ एवं प्रकार (Meaning and Type of Psychodiagnosis)–148; नैदानिक मूल्यांकन प्रक्रिया के तत्त्व (Components of Clinical Assessment Process)–149; नैदानिक मूल्यांकन के उद्देश्य (Purposes of Clinical Assessment)–155; नैदानिक मूल्यांकन की अवस्थाएँ (Stages of Clinical Assessment)–157; नैदानिक मूल्यांकन की प्रविधियाँ (Techniques of Clinical Assessment)–157; केस अध्ययन प्रविधि (Case Study Technique)–158; नैदानिक केस अध्ययन का एक सामान्य प्रारूप (A General Form of Clinical Case Study)–158; नैदानिक साक्षात्कार के अर्थ एवं स्वरूप (Meaning and Nature of Clinical Interview)–162; नैदानिक साक्षात्कार के उद्देश्य (Purpose of Clinical Interview)–163; नैदानिक साक्षात्कार के प्रकार (Types of Clinical Interview)–163; नैदानिक साक्षात्कार के चरण या अवस्थाएँ (Steps or Stages of Clinical Interview)–170; नैदानिक साक्षात्कार की

अध्याय | पृ० सं०

विश्वसनीयता एवं वैधता (Reliability and Validity of Clinical Interview)–171; नैदानिक साक्षात्कार की विश्वसनीयता एवं वैधता को उत्तम बनाने के लिए कुछ महत्त्वपूर्ण सुझाव (Some Important Suggestions about Improving the Reliability and Validity of Clinical Interview)–172; नैदानिक साक्षात्कार के गुण एवं दोष (Strength and Weaknesses of Clinical Interview)–173; नैदानिक साक्षात्कार का नैदानिक अनुप्रयोग (Diagnostic Uses of Clinical Interview)–173; नैदानिक प्रेक्षण प्रविधि (Clinical Observation Technique)–174; मनोवैज्ञानिक परीक्षण के अर्थ (Meaning of Psychological Test)–178; मनोवैज्ञानिक परीक्षणों का नैदानिक प्रकार (Clinical Types of Psychological Test)–179;मनोवैज्ञानिक परोक्षण का नैदानिक अनुप्रयोग (Diagnostic uses of Psychological Test)–181 मनोवैज्ञानिक परीक्षण के गुण एवं दोष (Strengths and Weaknesses of Psychological Tests)–182; मनोवैज्ञानिक परीक्षणों पर के निष्पादन को प्रभावित करने वाले कारक (Factors Influencing Performance on Psychological Tests)–182; नैदानिक अनुसंधान की परिसीमाएँ (Limitations of Clinical Investigation)–185; अध्याय सारांश (Chapter Summary)–186

8. बुद्धि का मापन : बुद्धि परीक्षण — **188-213**
(Measurement of Intelligence : Intelligence Test)

बुद्धि के अर्थ एवं स्वरूप (Meaning and Nature of Intelligence)–188; बुद्धि के सिद्धान्त (Theories of Intelligence)–190; बुद्धि का नैदानिक मापन (Clinical Measurement of Intelligence)–197; बिने परीक्षण (Binet tests)–197; स्टैनफोर्ड-बिने का नैदानिक मूल्यांकन (Clinical Evaluation of Stranford-Binet)–201; वेक्सलर बुद्धि मापनी (Wechsler Intelligence Scales)–201 वेक्सलर मापनी का नैदानिक मूल्यांकन (Clinical Evaluation of Wechsler Scales)–205 वेक्सलर मापनियों का नैदानिक अनुप्रयोग (Clinical or Diagnostic uses of Wechsler Scales)–205 स्टैनफोर्ड-बिने तथा वेक्सलर मापनी का तुलनात्मक अध्ययन : नैदानिक दृष्टिकोण (A Comparative study of Stanford-Binet and Wechsler scale : A clinical outlook)–207; रेवेन प्रोग्रेसिव मैट्रसेज (Raven's Progressive Matrices)–208; गुड एनफ ड्रा-ए-मैन परीक्षग (Goodenough Draw-a- Man test)–209; बच्चों के लिए निर्मित कॉफमैन मूल्यांकन परीक्षणमाला (Kaufman Assessment Battery for children or K-ABC)–210; वुडकौक-जानसन साइको-एडूकेशनल परीक्षणमाला (Woodcock-Johnson Psycho-Educational Battery)–211; पीवॉडी चित्र शब्दावली परीक्षण (Peabody Picture Vocabulary Test or PPVT)–211; बुद्धि परीक्षणों का नैदानिक अनुप्रयोग (Clinical uses of Intelligence Test) : 211; अध्याय सारांश (Chapter Summary)–212.

9. न्यूरोमनोवैज्ञानिक मूल्यांकन — **214-239**
(Neuropsychological Assessment)

न्यूरोमनोवैज्ञानिक मूल्यांकन के अर्थ एवं उद्देश्य (Meaning and Purpose of Neuropsychological Assessment)–214; न्यूनतम मस्तिष्कीय दुष्क्रिया का संप्रत्यय (Concept of Minimal Brain Dysfunction or MBD)–215; न्यूरोमनोवैज्ञानिक मूल्यांकन की प्रविधियाँ (Techniques of Neuropsychological Assessment)–215; मस्तिष्क-व्यवहार

अध्याय | पृ० सं०

संबंध का मॉडल (Model of Brain-Behaviour relationship)–219; संवेदी निवेश का न्यूरोमनोवैज्ञानिक मापन (Neuropsychological assessment of Sensory input) 217; अवधान तथा एकाग्रता का न्यूरोमनोवैज्ञानिक मापन (Neuropsychological Assessment of Attention and Concentration) 218; अधिगम तथा स्मृति का न्यूरोमनोवैज्ञानिक मापन (Neuropsychological Assessment of Learning and Memory) 220; भाषाई कार्यों का न्यूरोमनोवैज्ञानिक मापन (Neuropsychological assement of language functions) 222; स्थानिक एवं हस्तकौशल क्षमताओं का न्यूरोमनोवैज्ञानिक मापन (Neuropsychological Assessment of Spatial and Manipulatory ability) 223; कार्यपालक क्रियाओं का न्यूरोमनोवैज्ञानिक मापन (Neuropsychological Measurement of Executive Functions) 226; पेशीय निर्गत का न्यूरोमनोवैज्ञानिक मापन (Neuropsychological assessment of Motor output) 228; न्यूरोमनोवैज्ञानिक मापन के लिए परीक्षणमालाएँ (Test Batteries for Neuropsychological Assessment) 229; न्यूरोमनोवैज्ञानिक परीक्षणमाला के उद्देश्य (Purposes of Neuropsycholgical Test Batteries) 230; हालस्टीड-रिटान न्यूरोमनोवैज्ञानिक परीक्षणमाला (Halstead-Reitan Neuropsychological Test Battery) 230; लूरिया-नेब्रासका न्यूरोमनोवैज्ञानिक परीक्षणमाला (Luria-Nebraska Neuropsychological Battery) 232; लाभदायक न्यूरोमनोवैज्ञानिक परीक्षण की विशेषताएँ (Characteristics of Useful Neuropsychological tests) 234; भारतवर्ष में न्यूरोमनोवैज्ञानिक मापन (Neuropsychologies Assessment in India) 235; अध्याय सारांश (Chapter Summary)–238.

10. व्यक्तित्व का मापन : व्यक्तित्व परीक्षण **240-271**
(Measurement of Personality : Personality Test)

व्यक्तित्व के अर्थ एवं स्वरूप (Meaning and Nature of Personality)–240; व्यक्तित्व का नैदानिक मापन (Clinical Measurement of Personality)–242; अनुभवजन्य उपागम : एम० एम० पी आई (Empirical Approach : MMPI)–243; अनुभवजन्य उपागम : कैलिफोर्निया व्यक्तित्व आविष्कारिका (Empirical approach : California Personality Inventory)–247; कारक वैश्लेषिक उपागम : गिलफोर्ड, कैटेल तथा आइजेन्क (Factor analytic approach : Guilford, Cattell & Eysenck)–248; सैद्धान्तिक उपागम : एडर्वाड्स परसनल प्रिफरेंस सिड्यूल (Theoretical approach : Edwards Personal Preference Schedule or EPPS)–256; वस्तुनिष्ठ व्यक्तित्व परीक्षण के गुण एवं दोष (Merits and Demerits of Objective Personality Tests)–257. प्रक्षेपण परीक्षण (Projective Tests)–258; प्रक्षेपण परीक्षण की पूर्वकल्पनाएँ (Assumptions of Projective Tests)–259; प्रक्षेपण परीक्षण के प्रकार (Types of Projective Tests)–260; प्रक्षेपण परीक्षण के प्रमुख नैदानिक प्रकार (Major clinical Types of Projective test)–261 प्रक्षेपण परीक्षण के गुण एवं दोष (Merits and Demerits of Projective Test)–270;अध्याय सारांश (Chapter Summary)–271.

11. व्यवहारात्मक औषध **272-276**
(Behavioural Medicine)

व्यवहारात्मक वैधक का अर्थ (Meaning of Behavioural Medicine)–272; प्राथमिक निवारण के प्रति व्यवहारात्मक उपागम (Behavioural approaches to Primary Prevention)–273; गौण निवारण के प्रति व्यवहारात्मक उपागम (Behavioural approach

अध्याय **पृ० सं०**

to Secondary Prevention)–274; टरशियरी निवारण में व्यवहारात्मक उपागम (Behavioural approaches to Tertiary prevention)–275; अध्याय सारांश (Chapter Summary)–276.

12. **नैदानिक हस्तक्षेप : मनश्चिकित्सा** **277-288**
(Clinical Intervention : Psychotherapy)

नैदानिक हस्तक्षेप या मनश्चिकित्सा का अर्थ (Meaning of Clinical Intervention or Psychotherapy)–277; मनश्चिकित्सा के उद्देश्य या लक्ष्य (Goals or Purposes of Psychotherapy)–280; मनश्चिकित्सा के प्रकार (Types of Psychotherapy)–283;मनंचिकित्सा का तरीका (Modes of Psychotherapy)–285; चिकित्सीय चरों का स्वभाव (Nature of Therapeutic variables)–286; नैदानिक हस्तक्षेप का क्रम (Course of Clinical Intervention)–286; नैदानिक हस्तक्षेप के मूल्यांकन की विधियाँ (Methods of evaluating clinical intervention) 287; नैदानिक हस्तक्षेप या मनश्चिकित्सा के मूल्यांकन में निहित समस्याएँ (Problems involved in evoluation of clinical intervention or psychotherapy) 287; अध्याय सारांश (Chapter Summary)–288.

13. **मनोगत्यात्मक चिकित्सा** **289-303**
(Psychodynamic Therapy)

मनोगत्यात्मक चिकित्सा : अर्थ एवं ऐतिहासिक परिप्रेक्ष्य (Psychodynamic Therapy : Meaning and Historical Perspective)–289; मनोविश्लेषणात्मक चिकित्सा के लक्ष्य (Goals of Pscyhoanalytic therapy)–290; फ्रायडियन मनोविश्लेषणत्मक चिकित्सा (Freudian Psychoanalytical Therapy)–290; मनोविश्लेषणात्मक विकल्प (Psychoanalytic alternatives)–293; एडलर का वैयक्तिक चिकित्सा (Adler's Individual therapy) 293; युंग का विश्लेषणात्मक चिकित्सा (Jung's Analytical Therapy) 295; अहं-विश्लेषक चिकित्सा (Ego Analytic Therapy)–297; संक्षिप्त मनश्चिकित्सा (Brief Psychothereapy)–299; वस्तु-संबंध चिकित्सा (Object-Relation Therapy)–300; अन्तर्वैयक्तिक मनोगत्यात्मक चिकित्सा (Interpersonal psycho-dynamic Therapy)–301; अध्याय सारांश (Chapter Summary)–303.

14. **व्यवहार चिकित्सा एवं संज्ञानात्मक व्यवहार चिकित्सा** **304-331**
(Behaviour Therapy and Cognitive Behaviour Therapy)

व्यवहार चिकित्सा का अर्थ एवं स्वरूप (Meaning and Nature of Behaviour Therapy)–304; व्यवहार चिकित्सा की ऐतिहासिक पृष्ठभूमि (Historical background of Behaviour Therapy)–306; व्यवहार चिकित्सा की प्रविधियाँ (Techniques of Behaviour Therapy)–307; क्रमबद्ध असंवेदीकरण (Systematic Desensiti-zation)–308; विरुचि चिकित्सा (Aversion Therapy)–310; अंतःस्फोटात्मक चिकित्सा तथा फ्लडिंग (Implosive Therapy and Flooding)–312; दृढ़ग्राही चिकित्सा या प्रशिक्षण (Assertiveness Therapy or Training)–313; संभाव्यता प्रबंधन (Contingency Management)–315; मॉडलिंग (Modeling)–319; वायोफिडबैक विधि (Biofeedback Method)–320; व्यवहार चिकित्सा का मूल्यांकन (Evaluation of Behaviour

अध्याय | पृ० सं०

Therapy)–321; व्यवहार चिकित्सा तथा मनोवैश्लेषित चिकित्सा का एक तुलनात्मक अध्ययन (A Comporative study of Behaviour Therapy and Psychoanalytic therapy)–322; संज्ञानात्मक व्यवहार चिकित्सा (Cognitive Behaviour Therapy)–324; रैसनल-इमोटिव चिकित्सा (Rational-Emotive Therapy or RET)–325; बेक का संज्ञानात्मक चिकित्सा (Beek's Cognitive Therapy)–326; तनाव-टीका चिकित्सा (Stress-Inoculation Therapy)–327; सामाजिक समस्या समाधान (Social Problem Solving or SPS)–328; बहुआयामी चिकित्सा (Multimodel Therapy)–329; संज्ञानात्मक-व्यवहार चिकित्सा का मूल्यांकन (Evaluation of Cognitive-Behaviour Therapy)–329; अध्याय सारांश (Chapter Summary)–330.

15. **मानवतावादी-अनुभावात्मक चिकित्सा** — 332-345
(Humanistic-Experiential Therapy)
मानवतावादी-अनुभावात्मक चिकित्सा के स्वरूप एवं लक्ष्य (Nature and cloal of Humanistic-Experintial Therapy)–332 क्लायंट-केन्द्रित चिकित्सा (Client-Centered Therapy)–333 गेस्टाल्ट चिकित्सा (Gestalt Therapy)–337; लोगोचिकित्सा (Logo-therapy)–340; अस्तित्ववादी चिकित्सा (Existential Therapy)–342; मानवता-अनुभावात्मक चिकित्सा या परिघटनात्मक चिकित्सा का मूल्यांकन (Evaluation of Humanistic-Experiential therapy or Phenomenological therapy)–343; अध्याय सारांश (Chapter Summary)–344.

16. **सामूहिक चिकित्सा, पारिवारिक चिकित्सा, वैवाहिक चिकित्सा तथा भिड़ंत समूह** — 346-371
(Group Therapy, Family Therapy, Marital Therapy and Encounter Group)
सामूहिक चिकत्सा (Group Therapy)–346; सामूहिक चिकित्सा में उपचार कारक (Curative factors in Group Therapy)–347; सामूहिक चिकित्सा की प्रक्रिया (Process of Group Therapy)–349; सामूहिक चिकित्सा के मॉडल या उपागम (Models or Approaches of Group Therapy)–350; सामूहिक चिकित्सा का मूल्यांकन (Evaluation of Group Therapy)–356; पारिवारिक चिकित्सा (Family Therapy)–357; पारिवारिक चिकित्सा के लक्ष्य (Goals of Family Therapy)–358; पारिवारिक चिकित्सा के प्रकार या प्रारूप (Types or Forms of Family Therapy)–359; पारिवारिक चिकित्सा का उपयोग कब किया जाना चाहिए? (When should Family therapy be used ?)–362; पारिवारिक चिकित्सक की समस्याएँ (Problems of Family therapy)–363; पारिवारिक चिकित्सा का मूल्यांकन (Evaluation of Family Therapy)–363; वैवाहिक या युग्म चिकित्सा (Martial or Couple Therapy)–364; भिड़ंत समूह चिकित्सा (Encounter Group Therapy)–366; भिड़ंत समूह के प्रकार (Forms or Types of Encounter Group)–367; भिड़ंत समूह की प्रभावशीलता (Effectiveness of Encounter Group)–369; भिड़ंत समूह का मूल्यांकन (Evaluation of Encounter Group)–370; अध्याय सारांश (Chapter Summary)–370.

17. **मनश्चिकित्सा का मूल्यांकन** — 372-395
(Evaluation of Psychotherapy)
चिकित्सीय हस्तक्षेप या मनश्चिकित्सा की प्रभावशीलता का मूल्यांकन करने की विधियाँ (Methods of Evaluating Effectiveness of Psychotherapy or Therapeutic

अध्याय पृ० सं०

Intervention)–372; क्या मनश्चिकितसा प्रभावकारी होता है? (Is Psychotherapy effective ?)–380; मनश्चिकित्सा के परिणाम को प्रभावित करनेवाले कारक (Factors influencing Outcomes of Psychotherapy)–382; मेडिकल शोध तथा मनश्चिकित्सा शोध में अन्तर (Difference between Medical research and Psychotherapy Research)–391; मनश्चिकित्सा की प्रक्रिया पर शोध (Research on the process of Psychotherapy)–393; अध्याय सारांश (Chapter Summary)–395.

18. जैविक चिकित्सा 396-410
(Biological Therapy)

जैविक चिकित्सा के अर्थ एवं प्रकार (Meaning and Type of Biolgical Therapy)–396; औषधि चिकित्सा (Pharmacotherapy)–396; आघात चिकित्सा (Shock Therapy)–404, मनोशल्य चिकित्सा (Psychosurgery)–407 अध्याय सारांश (Chapter Summary)–410.

19. मानसिक स्वास्थ्य 411-427
(Mental Health)

मानसिक स्वास्थ्य का अर्थ तथा मानसिक रोग से इसकी विभिन्नता (Meaning of Mental Health and its distinction from Mental Illness)–411; मानसिक स्वास्थ्य के तत्त्व (Components of Mental health)–413; मानसिक रूप से स्वस्थ व्यक्ति की विशेषताएँ (Characteristics of Mentally healthy people)–415; सामान्यता का अर्थ (Meaning of Normality)–417; मानसिक स्वास्थ्य का महत्त्व (Importance of Mental Health)–420; मानसिक स्वास्थ्य को प्रभावित करने वाले कारक (Factors influencing Mental Health)–421; मानसिक स्वास्थ्य को उन्नत बनाने के उपाय (Measures for Promoting Mental Health)–422; मानसिक स्वास्थ्य हस्तक्षेप का मॉडल (Models of Mental Health Intervention)–424; नैदानिक मॉडल (Clinical model)–424; सामुदायिक मॉडल (Community Model)–425; सामाजिक क्रिया मॉडल (Social action model)–426; अध्याय सारांश (Chapter Summary)–427.

20. सामुदायिक मनोविज्ञान 428-457
(Community Psychology)

सामुदायिक मनोविज्ञान का अर्थ (Meaning of Community Psychology)–428; सामुदायिक मनोविज्ञान का ऐतिहासिक विकास एवं संदर्भ (Historical Development and Perspectives of Community Psychology)–429; सामुदायिक मनोविज्ञान के मूल-तत्त्व (Principles of Community Psychology)–434; सामुदायिक मनोविज्ञान के कुछ महत्त्वपूर्ण संप्रत्यय (Some important Concepts of Community Psychology)–435; सामुदायिक हस्तक्षेप एवं परिवर्तन की विधियाँ (Methods of Community Intervention or Change)–439; संकटकालीन हस्तक्षेप की विधि (Method of Crisis Intervention)–439; परामर्श विधि (Method of Constultation) 442; परामर्श के प्रकार (Types of Consultation)–443; परामर्श की अवस्थाएँ (Phases of Consultation)–444; मनोचिकित्सा तथा परामर्श का एक तुलनात्मक अध्ययन (A Comparative Study of

अध्याय | पृ० सं०

Psychotherapy and Consultation)–446; मानसिक स्वास्थ्य शिक्षा (Mental Health Education)–447; मानसिक स्वास्थ्य शिक्षा का कार्य (Practice of Mental Health Education)–448' ननपेशेवरों की सेवाओं का उपयोग (Unilization of the Services of Nonprofessionals)–449; ननपेशेवरों के अनुप्रयोग में समस्याएँ (Problems in the use of Nonprofessionals)–451; भारतवर्ष में सामुदायिक मानसिक स्वास्थ्य कार्यक्रम (Community Mental Health Programme in India)–452; सामुदायिक मनोविज्ञान का एक आलोचनात्मक मूल्यांकन (A Critical Evaluation of Community Psychology)–455 अध्याय सारांश (Chapter Summary)–457.

21. व्यक्तित्व के सिद्धान्त **458-530**
(Theories of Personality)

व्यक्तित्व सिद्धान्त के स्वरूप (Nature of Personality Theories)–458: व्यक्तित्व सिद्धान्त की ऐतिहासिक पृष्ठभूमि (Historical Background of Personality Theories)–459; मूल पूर्वकल्पनाएँ जिनपर व्यक्तित्व सिद्धान्तों में विभिन्नता पायी जाती है (Basic Assumptions Over which Personality Theories Differ)–460;कुछ महत्त्वपूर्ण व्यक्तित्व सिद्धान्त (Some Important Personality Theories)–463;सिगमण्ड फ्रायड : व्यक्तित्व का मनोविश्लेषणात्मक सिद्धान्त (Sigmund Freud : Psychoanalytic Theory of Personality)–463; मनोविश्लेषणात्मक सिद्धान्त का अनुप्रयोग (Application of Psychoanalytic Theory)–472; इरिक इरिक्सन : व्यक्तित्व का मनोसामाजिक सिद्धान्त (Erik Erikson : Psychosocial Theory of Personality)–473; फ्रायड एवं इरिक्सन के व्यक्तित्व सिद्धान्तों का एक तुलनात्मक अध्ययन (A Comparative Study of Freud and Erikson's Theories of Personality)–482; हेनरी मर्रे : व्यक्तित्व का आवश्यकता सिद्धान्त (Henry Murray : Need theory of Personality)–483; गौर्डन आलपोर्ट : व्यक्तित्व का शीलगुण सिद्धान्त (Gordon Allport : Trait Theory of Personality)–492; फ्रायड एवं आलपोर्ट के व्यक्तित्व सिद्धान्तों का एक तुलनात्मक अध्ययन (A Comparative Study of Freud's and Allport's Theories of Personality)–501 कार्ल रोजर्स : व्यक्तित्व का सांवृतिक सिद्धान्त (Carl Rogers : Phenomenological Theory of Personality)–502 एब्राहम मैसलो : व्यक्तित्व का मानवतावादी सिद्धान्त (Abraham Maslow : Humanistic theory of Personality)–508. बी० एफ० स्कीनर : व्यक्तित्व का व्यवहारात्मक-सीखना सिद्धान्त (B.F. Skinner : Behaviouristic Learning Theory of Personality)–516; अलबर्ट वैण्डुरा : व्यक्तित्व का सामाजिक सीखने का सिद्धान्त (Albert Bandura : Social learning theory of Personality)–523.

22. महत्त्वपूर्ण प्रश्न **531-556**
(Important Questions)

❑

अध्याय 1

विषय-प्रवेश
(INTRODUCTION)

नैदानिक मनोविज्ञान का संक्षिप्त इतिहास
(Brief History of Clinical Psychology)

नैदानिक मनोविज्ञान (Clinical Psychology) मनोविज्ञान का एक प्रमुख प्रयुक्त शाखा (applied branch) है। नैदानिक मनोविज्ञान मनोविज्ञान की एक ऐसी शाखा है जिसमें मानसिक रोगों के निदान (diagnosis) तथा उपचार (treatment) पर अधिक बल डाला जाता है। मनोविज्ञान के प्रत्येक शाखा के समान नैदानिक मनोविज्ञान का भी अपना एक इतिहास है। नैदानिक मनोदिज्ञान के इतिहास को मोटे तौर पर निम्नांकित दो भागों में बाँटकर प्रस्तुत किया जा सकता है—

(क) नैदानिक मनोविज्ञान की उत्पत्ति तथा विकास में पूर्ववर्त्ती कारकों की भूमिका (Role of Antecedent factors in the emergence and growth of Clinical psychology)

(ख) एक पेशा के रूप में नैदानिक मनोविज्ञान का विकास (Development of Clinical Psychology as a profession)

इन दोनों कारकों का विस्तृत वर्णन निम्नांकित है—

(क) नैदानिक मनोविज्ञान की उत्पत्ति में पूर्ववर्त्ती कारकों की भूमिका
(Role of Antecedent Factors in the Emergence of Clinical Psychology)

यदि मनोविज्ञान के इतिहास पर हम एक विहंगम दृष्टि डालें, तो स्पष्ट होगा कि नैदानिक मनोविज्ञान की उत्पत्ति के पीछे कई तरह के बलों (forces) या कारकों (factors) का योगदान महत्त्वपूर्ण रहा है। इन बलों या कारकों को निम्नांकित पाँच भागों में बाँटा गया है—

(1) मनोमितिकी परम्परा (Psychometric tradition)
(2) गत्यात्मक परम्परा (Dynamic tradition)
(3) वैज्ञानिक मनोरोगविज्ञान की उत्पत्ति (Emergence of Scientific Psychiatry)
(4) मानसिक स्वास्थ्य आन्दोलन (Mental hygiene movement)
(5) शिशु निर्देशन आन्दोलन (Child Guidance movement)

इन चारों कारकों के महत्त्व का वर्णन निम्नांकित है—

(1) मनोमितिकी परम्परा *(Psychometric tradition)*—नैदानिक मनोविज्ञान की उत्पत्ति (origin) में मनोमितिकी परम्परा (Psychometric tradition) की भूमिका सराहनीय रही है। मनोमितिकी परम्परा (Psychometric tradition) में मूलतः बौद्धिक प्रक्रियाओं के वैयक्तिक विभिन्नताओं (individual differences) के अध्ययन एवं मापन (measurement) पर बल डाला गया। दूसरे शब्दों में, इस परम्परा में मनोवैज्ञानिकों द्वारा मानसिक परीक्षणों (mental testing) पर अधिक बल डालने के लिए मनोवैज्ञानिक परीक्षणों के विकास एवं उपयोग पर अधिक बल डाला गया है।

निटजेल, वर्नस्टीन तथा मिलिक[1] (Nietzel, Benstein & Milich, 1991) ने इस बिंदु पर बहुत ही ठीक टिप्पणी करते हुए कहा है, "नैदानिक मनोविज्ञान का इतिहास मनोवैज्ञानिक परीक्षणों के विकास एवं उपयोग से घनिष्ट रूप से संबंधित है।" शायद यही कारण है कि इसे *मानसिक परीक्षण आन्दोलन* (Mental Testing Movement) भी कहा जाता है।

मानसिक परीक्षण आन्दोलन का प्रारंभ सर फ्रैंसिस गाल्टन(Sir Francis Galton) के कार्यों से हुआ है। इन्होंने वैयक्तिक विभिन्नता के मापन पर सबसे पहले-पहल अधिक बल डाला। सचमुच में वेबर (Weber) तथा फेकनर (Fechner) आदि द्वारा प्रयोगशालाओं में मानसिक प्रक्रियाओं (psychological processes) को मापने की विधियों की सार्थकता से गाल्टन काफी प्रभावित हुए थे और उनसे प्रोत्साहन पाकर मानसिक क्षमताओं के मापन पर बल डाला। 1885 में गाल्टन ने दक्षिणी केनसिंगटन म्यूजियम (Sourth Kensington Museum) में एक प्रयोगशाला स्थापित किया और अगले 6 सालों तक वे करीब 9,000 लोगों से अधिक के विभिन्न गुणों (characteristics) को मापे। दुर्भाग्यवश, इन परीक्षण कार्यों से बुद्धि के बारे में कुछ पता नहीं चल पाया परंतु उनके इस प्रयास से वैयक्तिक अंतरों (individual differences) से प्राप्त आँकड़ों को विश्लेषित करने के लिए उपयोग में लाये जाने वाले सांख्यिकीय विधियाँ उन्नत हुईं तथा अन्य लोगों को इस क्षेत्र में शोध करने के लिए प्रोत्साहन प्राप्त हुआ। गाल्टन द्वारा प्रारंभ किए गए दृष्टिकोण को जेम्स मैककीन कैटेल (James Mckeen Cattell) ने और आगे बढ़ाया। 1890 में कैटेल ने 'मानसिक परीक्षण' (mental test) जैसे पद का सृजन किया और उसका वैज्ञानिक प्रयोग पर अधिक बल डाला। कैटेल का कार्य मुख्य रूप से कुछ विशेष मानसिक प्रक्रियाओं, जैसे—संवेदन (sensation), प्रत्यक्षण (perception), प्रतिक्रिया काल (reaction time), साहचर्य (association), वैयक्तिक विभिन्नता (individual difference) आदि के क्षेत्र में केन्द्रित था। कैटेल के इन कार्यों से नैदानिक मनोवैज्ञानिकों का हौसला बुलन्द हुआ और वे मानसिक क्षमताओं (mental abilities) तथा अन्य वैयक्तिक विभिन्नताओं को मापने में अधिक अभिरुचि दिखलाना प्रारंभ किए। मनोमितिकी परम्परा (psychometric tradition) में मनोवैज्ञानिक परीक्षणों के क्षेत्र में हुए विकास का वर्णन निम्नांकित तीन अवधियों (periods) में बाँटकर किया जा सकता है—

(i) 1900–1919 : मनोवैज्ञानिक परीक्षण खासकर बुद्धि परीक्षण (intelligence test) जिसका नैदानिक मनोविज्ञान की उत्पत्ति एवं विकास में अधिक महत्त्वपूर्ण स्थान है, में अल्फ्रेड बिने (Alfred Binet) द्वारा प्रतिपादित बुद्धि परीक्षण (intelligence test) का नाम अग्रगण्य (prominent) है। बिने एक फ्रेंच मनोवैज्ञानिक थे जिन्होंने साइमन (Simon) जो एक डॉक्टर थे, की मदद से मानसिक रूप से मंदित बालकों एवं धीमे शिक्षार्थी (slow learners) की पहचान करने के लिए फ्रेंच सरकार की आज्ञानुकूल एक बुद्धि परीक्षण का निर्माण 1905 में किया जिसे *बिने-साइमन बुद्धि परीक्षण* (Binet-Simon intelligence test) कहा गया। इसमें कुल 30 साधारण एकांश (simple items) थे। इस परीक्षण का नैदानिक मूल्य (clinical values) काफी अधिक था। परिणामतः शीघ्र ही इसका अनुकूलन (adaptation) अंग्रेजी भाषा में अमेरीकन मनोवैज्ञानिकों द्वारा किया गया। गोडार्ड (Goddard) ने इसका अंग्रेजी संस्करण 1911 में किया जिसका प्रयोग मानसिक अस्पतालों एवं मानसिक रूप से मंदित बच्चों के लिए बने उपचार-गृह (clinic) में काफी किया गया। इस परीक्षण का सबसे महत्त्वपूर्ण संशोधन (revision) 1916 में स्टैनफोर्ड विश्वविद्यालय (Stanford University) में टरमैन (Terman) द्वारा किया गया। इसे *स्टैनफोर्ड-बिने परीक्षण* (Stanford Binet test) के नाम से जाना गया। इस परीक्षण के फिर कई बार संशोधन (revision) हुए। बिने-साइमन परीक्षण का 1916 में किए गए संशोधन (revision) की सबसे महत्त्वपूर्ण बात यह थी कि इसी संशोधन के बाद बालकों की बुद्धि की माप बुद्धिलब्धि (Intelligence quotient) के रूप में की जाने लगी हालाँकि बुद्धिलब्धि के बारे में जर्मनी के विलियम स्टर्न (William Stern) ने 1912 में ही सुझाव दे रखे थे।

अल्फ्रेड बिने
(Alfred Binet)

1914 में प्रथम विश्वयुद्ध हुआ। इस युद्ध में सैनिकों के लिए बहाल किए जाने वाले लोगों की बुद्धि मापने की जरूरत पड़ी। इसके लिए अमेरिका में 5 मनोवैज्ञानिकों की एक कमेटी (committee) बनी जिसके अध्यक्ष राबर्ट यर्क्स (Robert Yerkes) थे। इन लोगों द्वारा सैनिक पद के लिए बहाल किए जाने वाले लोगों की बुद्धि की माप के लिए 1917 में *आर्मी अल्फा परीक्षण* (Army Alpha Test) बनाया गया जो एक शाब्दिक मापनी (verbal scale) था। इसके बाद इसका अशाब्दिक अनुवाद (non-verbal version) भी तैयार किया गया जिसका नाम *आर्मी बीटा परीक्षा*

1. "The history of Clinical Psychology is intimately related to the development and use of psychological tests."
—Nietzel, Benstein & Milich : *Introduction to Clinical Psychology*, 1994, p. 152.

(Army Beta Test) था। 1915 में एस० सी० कोह (S.C. Kohs) का ब्लॉक डिजाइन परीक्षण जो एक क्रियात्मक बुद्धि परीक्षण था, का निर्माण हुआ।

व्यक्तित्व परीक्षण (personality testing) के क्षेत्र में भी कुछ महत्त्वपूर्ण योगदान किए गए जिनका प्रभाव नैदानिक मनोविज्ञान के विकास में स्पष्टतः पड़ा। अचेतन मनोग्रन्थियों (unconscious complexes) का पता लगाने के लिए कार्ल युंग (Cart Jung) ने 1905 के आस-पास शब्द साहचर्य परीक्षण (Word association test) का निर्माण किया। 1910 में *केन्ट-रोजानौफ स्वतंत्र साहचर्य परीक्षण* (Kent-Rosanoff Free association test) प्रकाशित हुआ। इन दोनों परीक्षणों की नैदानिक उपयोगिताएँ काफी सिद्ध हुई। 1917 में उडवर्थ (Woodworth) द्वारा असामान्य व्यवहारों (abnormal behaviour) की पहचान करने के लिए पहला प्रश्नावली (questionnaire) तैयार किया गया जिसे *उडवर्थ परसनल डाटा शीट* (Woodworth Personal Data Sheet) की संज्ञा दी गयी।

(ii) 1920-1939 : इस अवधि में भी मनोवैज्ञानिक परीक्षणों (psychological testing) के विकास में युद्धस्तर पर कार्य किए गए जिससे नैदानिक मनोविज्ञान (clinical psychology) का क्षेत्र अधिक संगठित हो गया। पिन्टर तथा पैटर्सन (Pinter & Paterson) ने अशाब्दिक बुद्धि मापनी (Non-verbal intelligence scale) का निर्माण किया। 1930 में अर्थर बिन्दु मापनी (Arthur Point Scale) जो एक महत्त्वपूर्ण बुद्धि परीक्षण था, का निर्माण हुआ। 1934 में *कॉर्नेल-कौक्स परीक्षण* (Cornell-Coxe test) जैसे बुद्धि परीक्षण का निर्माण हुआ। 1926 में गुडएनफ (Goodenough) द्वारा गुडएनफ-ड्रा-मैन परीक्षण (Goodenough Draw-A-Man test) का निर्माण किया जिसका भी नैदानिक मनोवैज्ञानिकों (clinical psychologists) द्वारा काफी प्रयोग किए गए। 1936 में जे० सी० रैभेन (J.C. Raven) द्वारा *प्रोग्रेसिव मैट्रिसेज परीक्षण* (Progressive Matrices Test) का विकास किया गया जिसकें द्वारा व्यक्तियों में तुलना करने की क्षमता, साम्यानुमान (analogy) द्वारा चिन्तन करने की क्षमता, तार्किक चिन्तन करने की क्षमता आदि का मापन किया जाता था।

बुद्धि परीक्षण के क्षेत्र में जिसका नैदानिक महत्त्व काफी अधिक साबित हुआ, डेविड वेक्सलर (David Wechsler) ने 1939 में एक अति महत्त्वपूर्ण परीक्षण का निर्माण किया जिसे *वेक्सलर वेलभ्यू परीक्षण* (Wechsler-Bellevue Test) की संज्ञा दी गयी। इस परीक्षण के कई संशोधन (revisions) बाद में हुए जिसने स्टैनफोर्ड-बिने परीक्षण (Standford-Binet Test) के महत्त्वपूर्ण संशोधन जैसे 1937 संशोधन (1937 revision) को भी नैदानिक उपयोग (clinical uses) में पीछे ढकेलकर आगे निकल गया। वेक्सलर का यह परीक्षण वयस्कों (adults) की बुद्धि को मापने का एक प्रमुख नैदानिक उपकरण (clinical tool) उस समय भी था और आज भी है।

1920-1939 की अवधि में बुद्धि परीक्षण के अलावा कई तरह के परीक्षणों (tests) का निर्माण हुआ जिनका प्रभाव नैदानिक मनोविज्ञान के विकास में अनुकूल पड़ा। जैसे—सीशोर (Seashore, 1926) ने सांगीतिक क्षमता (musical ability) मापने के लिए एक अनुपम परीक्षण का निर्माण किया। 1927 में स्ट्रॉंग (Strong) ने *व्यावसायिक अभिरुचि परीक्षण* (Vocational Interest Blank) का निर्माण किया जिसका प्रयोग आज के नैदानिक मनोवैज्ञानिक भी काफी कर रहे हैं। 1939 में एक दूसरा महत्त्वपूर्ण अभिरुचि परीक्षण कुडर (Kuder) द्वारा निर्मित किया गया जिसे कुडर प्रेफरेन्स रिकार्ड (Kuder Preference Record) की संज्ञा दी गयी।

बुद्धि एवं अभिरुचि परीक्षणों के अलावा इस अवधि में व्यक्तित्व परीक्षणों (personality tests) का भी नया जमघट देखने को मिलता है जिससे नैदानिक मनोवैज्ञानिकों का हौसला बुलन्द हुआ। ऊडवर्थ परसनल डाटा शीट के बाद रोगियों के संवेगों को मापने के लिए प्रेस्सी एक्स-ओ परीक्षण (Pressey X-O test) निर्माण किया गया। आलपोर्ट-बर्नन (Allport-Vernon) द्वारा निर्मित मूल्य परीक्षण (Value test) का भी प्रादुर्भाव नैदानिक मनोविज्ञान (clinical psychology) के विकास में चार चाँद लगाया है।

व्यक्तित्व परीक्षण के क्षेत्र में सबसे महत्त्वपूर्ण परीक्षण प्रक्षेपीय परीक्षण (projective techniques) का निर्माण था क्योंकि इसका नैदानिक मूल्य (clinical value) बुद्धि परीक्षणों के ही समान काफी बतलाया गया। प्रक्षेपीय परीक्षण की दिशा में शुरुआत यद्यपि गाल्टन, युंग, केन्ट तथा रोजानौफ (Rosanoff) के शब्द-साहचर्य शोधों (word association researches) से हो चुका था, फिर भी इस क्षेत्र में सबसे अग्रगण्य परीक्षण प्रसिद्ध मनोरोगविज्ञानी (psychatrist) हरमान रोर्शाक (Hermann Rorschach) द्वारा किया गया जिन्होंने 1921 में *स्याही-धब्बा परीक्षण* (Ink-blot test) का निर्माण किया। रोर्शाक की मृत्यु 1922 में हो जाने से इस परीक्षण के शोधकार्य थोड़े देर के लिए रूक सा अवश्य गया था परंतु

बाद में इनके सहकर्मियों एवं शिष्यों ने इस कार्य को सविस्तार आगे बढ़ाया। इस परीक्षण की महत्त्वपूर्ण पूर्वधारणा यह थी कि जब व्यक्ति अस्पष्ट चित्रों के प्रति अनुक्रिया करता है, तो इससे उसके जीवन की वास्तविक अनुभूतियों की अभिव्यक्ति परोक्ष रूप से होती है। फिर 1935 में मार्गन तथा मर्रे (Morgan & Murray) के प्रयासों से विषय-आत्मबोधन परीक्षण (Thematic Apperception Test or TAT) जैसे प्रक्षेपण प्रविधि का निर्माण हुआ जिसका भी एक नैदानिक मापन के रूप में काफी प्रयोग किया गया। बाद में 1938 में बेन्डर (Bender) ने *बेन्डर-गेस्टाल्ट परीक्षण* (Bender-Gestalt Test) का निर्माण किया जिसमें रोगी को विभिन्न ज़्यामितीय डिजाइन (geometric designs) की नकल (copy) करने को कहा जाता है। इस परीक्षण का प्रयोग नैदानिक मनोवैज्ञानिकों द्वारा व्यक्तित्व के मापन एवं मस्तिष्कीय क्षति (brain damage) के मापन दोनों में ही किया गया है।

(iii) 1940-1970 : इस अवधि में भी महत्त्वपूर्ण मनोवैज्ञानिक परीक्षणों का निर्माण हुआ जिनका प्रयोग कर नैदानिक मनोवैज्ञानिकों ने नैदानिक मनोविज्ञान के कार्यक्षेत्र को बढ़ाया। 1943 में मशहूर व्यक्तित्व परीक्षण *माइनेसोटा मल्टीफेजिक व्यक्तित्व आविष्कारिका* (Minnesota Multiphesic Personality Inventory or MMPI) का निर्माण हुआ। इस परीक्षण द्वारा व्यक्ति के रोगात्मक शीलगुणों (pathologial traits) का मापन किया जाता है। द्वितीय विश्वयुद्ध के बाद वेक्सलर (Wechsler) ने अपने बुद्धि परीक्षण निर्माण की मुहिम को और तेज किया जिसके परिणामस्वरूप 1949 में उन्होंने बच्चों की बुद्धि मापने के लिए एक विशेष परीक्षण का निर्माण किया जिसका नाम 'Wechsler Intelligence Scale for Children' (WISC) रखा गया। 1955 में *वेश्लर-वेलभ्यू मापनी* (Wechsler-Bellevue Scale) की समीक्षा कर *वेश्लर वयस्क बुद्धि मापनी* (Wechsler Adult Intelligence Scale) का निर्माण किया गया। नैदानिक मनोवैज्ञनिकों द्वारा WISC का प्रयोग स्टैनफोर्ड-बिने परीक्षण के जगह पर धड़ल्ले से किया जाने लगा और उसकी लोकप्रियता स्टैनफोर्ड-बिने परीक्षण से काफी बढ़ गयी। 1940-60 तक में कई तरह के प्रक्षेपीय प्रविधियों (Projective techniques) का निर्माण हुआ जिसका प्रयोग नैदानिक निदान (clinical diagnosis) में काफी किया गया। 1967 में वेक्सलर (Wechsler) ने वैसे शिशुओं की बुद्धि को मापने के लिए एक अलग से बुद्धि परीक्षण का निर्माण किया जिनकी आयु 6 साल से कम थी। इसका नाम 'Wechsler Preschool and Prmiary Scale of Intelligence' (or WPPSI) रखा गया। इससे नैदानिक मनोवैज्ञानिकों को शिशुओं में रोगात्मक प्रवृत्तियों के निदान (diagnosis) में काफी राहत मिली।

(2) गत्यात्मक परम्परा(*Dynamic Tradition*)—नैदानिक मनोविज्ञान की उत्पत्ति एवं विकास में गत्यात्मक परम्परा (dynamic tradition) की भूमिका भी काफी सराहनीय रही है। इस परम्परा के अन्तर्गत प्रेरणा (motivation), समायोजन (adaptation) तथा व्यक्तित्व परिवर्तन (personality change) पर अधिक बल डाला जाता है। असामान्य व्यवहारों के अध्ययन से व्यक्ति की प्रेरणा, मनोविकृति तथा मनश्चिकित्सा (psychotherapy) के बारे में कई तरह के ऐसे तथ्य सामने आये हैं जिनसे नैदानिक मनोविज्ञान (clinical psychology) तथा मनोरोग-विज्ञान (Psychiatry) के स्वरूप में काफी परिवर्तन आया है। कुछ फ्रेंच मनोवैज्ञानिक जैसे शार्को (Charcot) तथा जैने (Janet) ने सम्मोहन (hypnosis), हिस्ट्रीया (hysteria) तथा विघटन (dissociation) आदि का अध्ययन करके चेतन एवं और अचेतन के मानसिक संघर्षों को पता लगा रहे थे। इसका प्रभाव अस्ट्रीया (Austria) के मनोवैज्ञानिक सिगमण्ड फ्रायड (Sigmund Freud) पर काफी पड़ा जिससे वे अचेतन का विस्तृत अध्ययन करना प्रारंभ कर दिये तथा सभी तरह के मानव व्यवहार को निर्धारित समझकर उन्होंने दैनिक जीवन की मनोविकृतियों (Psychopathologies of everyday life) जैसे संप्रत्ययों का प्रतिपादन किया। इतना ही नहीं, उन्होंने दमन (repression) को एक महत्त्वपूर्ण मनोरचना (mental mechanism) बतलाया जिससे लोगों के अचेतनात्मक संघर्ष (unconscious conflict) को समझने में काफी मदद मिली। फ्रायड के इस विचारधारा से नैदानिक मनोविज्ञान के क्षेत्र में क्रांतिकारी परिवर्तन आये।

अमेरिका में गत्यात्मक परम्परा (dynamic tradition) के प्रभाव का प्रवेश मूलतः दो मनोवैज्ञानिकों के प्रयासों से सफलीभूत हुआ। वे दो अमेरिकन मनोवैज्ञानिक हैं—जी॰ एस॰ हाल (G.S. Hall) तथा विलियम जेम्स (William James)। जी॰ एस॰ हाल 'अमेरिकन मनोवैज्ञानिक संघ' (American Psychological Association) जिसकी स्थापना 1892 में हुई थी, के पहले अध्यक्ष (President) थे और इन्होंने विकासात्मक प्रक्रियाओं (development process), मानव लैंगिकता (human sexuality) तथा किशोरावस्था की समस्याओं (adolescent problems) की ओर विशेष ध्यान दिया। उन्होंने नैदानिक मनोविज्ञान के पक्ष में खुलकर प्रयास किया और अपनी सभाओं में छात्रों एवं सहकर्मियों को नैदानिक व्यवसाय (practice) को बढ़ावा देने के ख्याल से उन्होंने 1909 में सिगमण्ड फ्रायड (Sigmund Freud) को अमेरिका के क्लार्क

विश्वविद्यालय (Clark University) में आने का निमंत्रण दिया। सिगमण्ड फ्रायड ने क्लार्क विश्वविद्यालय में अमेरिकन मनोवैज्ञनिकों को मनोविश्लेषण (Psychoanalysis) पर कई व्याख्यान (lectures) दिए जिनका प्रभाव अमेरिकन मनोवैज्ञानिकों पर विशेषकर उन मनोवैज्ञनिकों पर जो नैदानिक व्यवसाय (clinical practice) से जुड़ हुए थे, काफी पड़ा और अमेरिका में नैदानिक मनोविज्ञान ने एक नया प्रगतिशील मोड़ लिया। फ्रायड के साथ उनके शिष्य कार्ल युंग (Carl Jung) भी आए थे जिन्होंने शब्द साहचर्य परीक्षण (Words association test) के माध्यम से अचेतनात्मक संघर्षों को पहचानने के तरीका पर बल डाला। इसका भी प्रभाव अमेरिकन नैदानिक मनोवैज्ञानिक पर काफी पड़ा। सचमुच में युंग का यह शब्द साहचर्य परीक्षण प्रक्षेपीय विधियों (projective tests) का एक महत्त्वपूर्ण अग्रदूत (forerunner) साबित हुआ।

विलियम जेम्स (William James) एक दूसरे अमेरिकन मनोवैज्ञानिक थे जिन्होंने अमेरिका में नैदानिक मनोविज्ञान को फूलने-फलने में सक्रिय योगदान दिया। उन्होंने अहम (ego), चेतना के प्रवाह' (Stream of consciousness), मानव मूल्य(human values) तथा मनोरोग(psychopathology) आदि पर विशेष रूप से बल डाला और नैदानिक मनोविज्ञान के स्वरूप को स्पष्ट करके लोगों के लिए उसकी उपयोगिता पर बल डाला।

नैदानिक मनोविज्ञान की उत्पत्ति (emergence) तथा विकास में मानसिक रूप से बीमार व्यक्तियों के प्रति मानवीय दृष्टिकोणों (humanitarian viewpoints) के महत्त्व को भी नजरअंदाज नहीं किया जा सकता है। गत्यात्मक परम्परा (dynamic tradition) में इसके महत्त्व की कीर्ति को भी लोगों ने उजागर किया है। सचमुच में 16वीं शताब्दी के प्रारंभ में ही मध्य युग(Middle age) के ईश्वरपरक(theological), आध्यात्मिक एवं अंधविश्वासी विचारों जो मूलतः पादरियों एवं पुजारियों के अमानवीय दृष्टिकोण के परिणाम थे, के विरुद्ध आवाज उठने लगी। चिकित्सा विज्ञान के लोग इस ढंग के अंधविश्वासी एवं अमानवीय दृष्टिकोणों को गलत बतलाते हुए इस बात पर सामूहिक रूप से बल डाला कि मानसिक रोग किसी दुष्ट आत्मा या दैविक प्रकोप के कारण नहीं होता है बल्कि यह एक बीमारी है जिसका उपचार अन्य बीमारियों के समान मानवीय ढंग से होना चाहिए। फलस्वरूप असामान्य व्यवहार के संबंध में एक मानवीय दृष्टिकोण का प्रादुर्भाव हुआ। इस तरह के मानवीय दृष्टिकोण को सफलीभूत बनाने में पारासेल्सस(Paracelsus), जोहान वेयर(Johann Weyer), रेजिनाल्ड स्कॉट (Reginal Scott) तथा फिलिप पिनेल (Phillippe Pinel) की भूमिका सराहनीय है। इन लोगों में से फिलिप पिनेल जो एक फ्रेंच चिकित्सक थे, की भूमिका सबसे अधिक सराहनीय है। 1792 में जब फ्रेंच क्रान्ति का पहला चरण (phase) समाप्त हुआ तो पिनेल को पेरिस के मानसिक अस्पताल ला वेस्टरे (Lac Bacetre) का प्रभारी बनाया गया। पद ग्रहण करने के बाद उन्होंने सबसे पहला कदम अस्पताल के मानसिक रोगियों को लोहे की जंजीर (chain) से मुक्त करके उनके साथ मानवीय व्यवहार करने का आदेश दिया तथा उन्हें हवा एवं रोशनी से पर्याप्त कमरों में रखने का भी आदेश जारी किया। इन आदेशों का अस्पताल के अधिकारियों द्वारा काफी मजाक उड़ाया गया और पिनेल को एक मानसिक रोगी ही समझा जाने लगा। परन्तु पिनेल के इस प्रयोग के परिणाम बड़े उत्साहवर्द्धक निकले और इस तरह के मानवीय उपचार (human treatment) दिए जाने पर मानसिक रोगियों द्वारा पहले किए जाने वाले शोरगुल (noise) तथा उत्तेजना (excitement) अपने-आप काफी कम हो गए और उन्होंने उपचार में सहयोग दिखलाना प्रारंभ कर दिया। बाद में पिनेल को सालपेट्रिर अस्पताल (Salpetriere Hospital) का कार्यभार दिया गया जहाँ उन्होंने मानसिक रोगियों के लिए फिर उसी तरह की व्यवस्था करवायी और फिर परिणाम उत्साहवर्द्धक निकले। पिनेल के बाद उनके शिष्य जीन एस्क्यूटरोल (Jean Esquitrol) ने पिनेल द्वारा प्रारंभ किए गए शुभ कार्य को आगे बढ़ाया और करीब-करीब 10 अन्य मानसिक अस्पताल खोला जहाँ मानसिक रोगियों को मानवीय व्यवहार द्वारा उपचार करने पर बल डाला गया। इस तरह फ्रांस संसार का पहला ऐसा देश बन गया जहाँ मानसिक रोगियों के साथ मानवीय व्यवहार कर उनका उपचार किया जाने लगा। इसका प्रभाव अन्य देशों पर भी पड़ा और इन देशों के चिकित्सकों द्वारा भी मानवीय उपचार का स्वागत किया गया। ठीक जिस समय पिनेल का क्रान्तिकारी कार्य फ्रांस में चल रहा था, उसी समय इंगलैंड में विलियम टर्क (William Turk) ने मानसिक अस्पताल जिसका नाम *यार्क रिट्रीट* (York Retreat) था, खोला और मानसिक रोगियों के मानवीय उपचार के लिए समुचित कदम उठाया। पिनेल तथा टर्क के उत्साहवर्द्धक प्रयोग से प्रभावित होकर अमेरिका के बेन्जामिन रस (Benjamin Rush) ने भी मानसिक अस्पतालों में रोगियों के प्रति मानवीय दृष्टिकोण अपनायी जाने पर बल डाला। मानवीय दृष्टिकोण ने प्रत्यक्ष रूप से मनश्चिकित्सा (psychotherapy) तथा असामान्य मनोविज्ञान (abnormal psychology) के विकास को प्रभावित किया जिससे नैदानिक मनोविज्ञान(clinical psychology) के स्वरूप में महत्त्वपूर्ण निखार आया।

(3) वैज्ञानिक मनोरोगविज्ञान की उत्पत्ति(*Emergence of Scientific Psychiatry*)—19वीं शताब्दी में लोगों का विश्वास विज्ञान तथा वैज्ञानिक विधियों में उत्तरोत्तर तीव्र होता गया। इसी दौरान वैज्ञानिक मनोरोगविज्ञान (scientific psychiatry) की उत्पत्ति एक वैज्ञानिक शास्त्र(scientific discipline) के रूप में हुई जिसमें घटित विकासात्मक घटनाओं का नैदानिक मनोवज्ञिान के प्रादुर्भाव पर काफी प्रभाव पड़ा। इस वैज्ञानिक मनोरोविज्ञान का पहला वैज्ञानिक कदम मनोरोग विकृतियों (psychiatric disorders) को वर्गीकृत करना था। 19वीं शताब्दी में कई प्रमुख मनोरोग अवस्थाओं की पहचान की गयी तथा उनका नामकरण किया गया। जैसे, जे॰ लैंगडान डाऊन (J. Langdon Down) ने एक ऐसा संलक्षण की पहचान किया जिसमें मानसिक मंदता (mental retardation) के लक्षण होते थे तथा जिसे आज हम **डाऊन संलक्षण** (Down syndrome) के नाम से जानते हैं। इस संलक्षण में 21वें जोड़े के गुणसूत्र में एक अतिरिक्त गुणसूत्र होता है। डाऊन संलक्षण को कभी-कभी **मंगोलिज्म** (Mangolism) भी कहा जाता है। इसी तरह से **सामान्य पेरेसिस**(General Paresis) को एक ऐसा संलक्षण के रूप में पहचान किया गया जिसका कारण सिफिलिस(Syphilis) माना गया। एवाल्ड हेकर (Ewald Hecker) ने हेविफ्रेनिया[1] (Hebehrenia) पर एक विनिबन्ध (Monograph) प्रकाशित किया जिसमें इसके लक्षणों एवं कारकों पर सविस्तार प्रकाश डाला गया।

आधुनिक मनोरोगविज्ञान (modern psychiatry) के विकास में 19वीं शताब्दी के रूप से महत्त्वपूर्ण योगदानकर्त्ता इमील क्रेपलिन (Emil Kraepelin, 1855-1926) को माना गया है जिन्होंने 1883 में मनोरोगविज्ञान का पहला पाठ्य-पुस्तक (text book) प्रकाशित किया। इस पाठ्य पुस्तक का आगे चलकर आठ संशोधित संस्करण प्रकाशित हुए। इसमें उन्होंने 'डीमेनसिया प्रेकोक्स' (dementia praecox) का वर्णन किया जिसका प्रधान लक्षण विभ्रम (hallucination), व्यामोह (delusion) तथा बौद्धिक कार्य में उत्तरोत्तर ह्रास (progressive deterioration) आदि बतलाये गए। 'डीमेनसिया प्रोकोक्स' को आजकल 'मनोविदालिता' (schizophremia) के नाम से जाना जाता है। बाद के संस्करण में उन्होंने 'डीमेनसियां प्रेकोक्स' के तीन उपप्रकार भी बतलाये—पारानायड (paranoid), हेव्रिफेनिक (hebephrenic) तथा कैटेटोनिक (Catatonic)। इतना ही नहीं, क्रेपलिन (Kreaplin) ने डीमेनसिया प्रेकोक्स को उन्माद-विषाद विकृति (manic depressive disorder) से भी भिन्न किया और बतलाया कि डीमेनसिया प्रेकोक्स की उत्पत्ति इन्डोजेन्स कारणों (endogenous causes) अर्थात् कुछ आंतरिक शारीरिक संरचना संबद्ध कारकों से होती है तथा उन्माद-विषाद की उत्पत्ति एक्सोजेनस कारकों (exogeneous factors) अर्थात् बाह्य कारकों द्वारा होती है। इन्होंने यह भी स्पष्ट किया था कि सभी मानसिक विकृतियों के कारकों को मौटे तौर पर दो भागों में बाँटा जा सकता है—एण्डोजेन्स कारण (endogenous causes) तथा एक्सोजेन्स कारण (exogeneous causes)। क्रेपलिन का यह दावा था कि इन्डोजेन्स कारकों से **उत्पन्न** विकृतियों का तो उपचार संभव नहीं है परंतु एक्सोजेनस कारकों से उत्पन्न विकृतियों के उपचार की संभावना **अनुकूलन** होती है।

वैज्ञानिक मनोरोगविज्ञान (scientific psychiatry) के क्षेत्र में हुए इन घटनाओं ने नैदानिक मनोविज्ञान के विकास को निम्नांकित तीन प्रमुख ढंग से प्रभावित किया—

(a) वैज्ञानिक मनोरोगविज्ञान में विकृतियों के उन्नत वर्गीकरण की कोशिश से विभेदीय निदान (differential diognosis) के उन्नत विधियों की आवश्यकता उत्पन्न किया जिससे नैदानिक मनोवैज्ञानिकों ने निदान एवं मापन (assessment) को अर्थपूर्ण बनाने के लिए विभिन्न तरह के मनोवैज्ञानिक परीक्षणों के निर्माण पर बल डाला।

(b) मानसिक मंदता (mental retardation) को अन्य मनोविकृतियों से भिन्न किये जाने की आवश्यकमता से बच्चों की बौद्धिक स्तर को मापने के लिए वैज्ञानिक परीक्षण निर्माण की जरूरत पर भी बल डाला गया।

(c) क्रेपलिन द्वारा बतलाये गए मनोरोगी वर्गीकरण तंत्र (psychiatric classification system) ने कुछ ऐसें मनोरोगी अवस्थाओं (psychiatric conditions) की पहचान करने की प्रेरणा उत्पन्न किया जिनका कारण अजैविक (nonbiological) कारक होते हैं। हिस्ट्रीया (Hysteria) को एक ऐसी मनोरोगी अवस्था के रूप में पहचान की गयी जिसकी उत्पत्ति अजैविक कारकों से होता समझा गया।

स्पष्ट हुआ कि वैज्ञानिक मनोरोगविज्ञान की घटनाओं से नैदानिक मनोविज्ञान का विकास कई अर्थों में प्रभावित हुआ।

---

1. हेविफ्रेनिया, मनोविदालिता (schizophrenia) का एक प्रकार है।

(4) मानसिक स्वास्थ्य आन्दोलन *(Mental hygience movement)*—मानसिक स्वास्थ्य आन्दोलन की प्रेरणा का स्रोत मानसिक रोगियों के प्रति मानवीय दृष्टिकोण अपनाये जाने पर दिया गया बल है। ऐतिहासिक रूप से इस आन्दोलन की शुरूआत डोरोथिया लिण्डे डिक्से (Dorothea Linde Dix, 1802–1887) के प्रयासों से हुआ। डिक्स अमेरिका में एक स्कूल शिक्षिका थी जो मानसिक रोग से ग्रस्त पुरुषों एवं महिलाओं की दुर्दशा को उन्नत बनाने में काफी अभिरुचि दिखलाना प्रारंभ की। इन्होंने करीब 40 सालों तक इस क्षेत्र में सक्रिय कार्य किया और इस विचार का प्रचार किया कि मानसिक रोगियों के लिए एक अलग से अस्पताल होना चाहिए और यदि ऐसे रोगियों का उपचार (treatment) रोग के आरंभिक अवस्थाओं में ही मानवीय ढंग से प्रारंभ किया जाता है, तो ऐसे रोगी जल्दी ही चंगा हो सकते हैं। उनके प्रयासों का सराहनीय प्रभाव विदेशों में जैसे इंगलैंड एवं स्कॉटलैण्ड में भी पड़ा। 'मानसिक स्वास्थ्य' (mental hygiene) जैसे पद का सृजन सबसे पहले 1843 में विलियम स्वीटसर (William Sweetser) द्वारा किया गया। उस समय इसका प्रयोग काफी संकुचित अर्थ में किया गया। 1878 तक मानसिक स्वास्थ्य (mental hygiene) का संप्रत्यय पूर्णतः स्थापित हो चुका था। 1880 में मानसिक स्वास्थ्य आन्दोलन को एक नया बल (momentum) मिला जब अमेरिका में प्रथम बार एक राष्ट्रीय संघ (National Association) का निर्माण किया गया जिसका उद्देश्य मानसिक रोगियों को पर्याप्त संरक्षण (protection) देना तथा उनकी दशा में सुधार लाना था। सचमुच में मानसिक स्वास्थ्य (mental health) को उन्नत बनाने का यह प्रथम संगठित प्रयास था।

वर्तमान शताब्दी अर्थात् 20वीं शताब्दी के प्रारंभ में अमेरिका में मानसिक स्वास्थ्य आन्दोलन (mental hygiene movement) को क्लिफोर्ड डब्ल्यू॰ बियर्स (Clifford W. Beers, 1876–1943) के मशहूर पुस्तक *'ए माइन्ड दैट फाउन्ड इटसेल्फ'* (A mind that found itself) से एक नया अप्रत्याशित बल मिला। सचमुच में यह पुस्तक बियर्स की अपनी आत्मकथा (autobiography) है जिसमें उन्होंने उन अनुभूतियों का पर्दाफाश किया है जिसे वे तब प्राप्त किए थे जब उन्हें उपचार के लिए भिन्न-भिन्न मानसिक अस्पतालों में रखा गया था जहाँ उनके साथ क्रूरतापूर्ण व्यवहार किया गया था। इस पुस्तक का प्रकाशन 1908 में हुआ था। इस पुस्तक में उन्होंने मानसिक अस्पतालों में रोगियों पर किए जा रहे अत्याचारों का तो पर्दाफाश किया ही है, साथ-ही-साथ उन्होंने कुछ ऐसे उपायों का भी वर्णन किया है जिसके द्वारा इन रोगियों के दशाओं को उन्नत बनाया जा सकता है। इस पुस्तक का प्रभाव लोगों पर काफी पड़ा और तुरंत बाद *कनेक्टीकट सोसाइटी फॉर मेन्टल हाइजिन* (Connecticut Society for Mental Hygiene) की स्थापना की गयी और बियर्स को इसका कार्यपालक सचिव (Executive Secretary) बनाया गया। यह एक राज्य-स्तरीय सोसाइटी थी जिसकी अभूतपूर्व सफलता से प्रभावित होकर न्यूयार्क शहर में एक राष्ट्रीय स्तर की कमेटी बनायी गयी जिसका नाम *नेशनल कमेटी फॉर मेन्टल हाइजिन* (National Committee for Mental Hygiene) था। फिर अन्तरराष्ट्रीय स्तर पर भी 1931 में एक कमेटी बनी जिसका नाम *इन्टरनेशनल कमेटी ऑन मेन्टल हाइजिन* (International Committee on Mental Hygiene) था जिसका उद्देश्य संसार के भिन्न-भिन्न देशों में मानसिक स्वास्थ्य को उन्नत बनाने के उपायों को कार्यान्वित करना था। इस अन्तरराष्ट्रीय कमेटी के प्रयासों से 1948 में लंदन में वर्ल्ड फेडरेशन *फॉर मेन्टल हेल्थ* (World Federation for Mental Health) की स्थापना की गयी जो मानसिक स्वास्थ्य को उन्नत बनाने के लिए संसार का सबसे महत्त्वपूर्ण संस्था आजकल मानी जा रही है। 'फेडरेशन' द्वारा एक त्रैमास्य जरनल (Quarterly Journal) भी प्रकाशित किया जाता है जिसका नाम *वर्ल्ड मेन्टल हेल्थ* (World Mental Health) है। यह फेडरेशन संयुक्त राष्ट्रसंघ (United Nations Organisation) के सहयोग से संसार के भिन्न-भिन्न देशों में मानसिक स्वास्थ्य (mental health) के कार्य को उन्नत बनाने पर बल डालता है। इस सिलसिले में संयुक्त राष्ट्रसंघ का 'वर्ल्ड हेल्थ ऑरगानाइजेशन' (World Health Organization or W.H.O.) की भूमिका काफी सराहनीय है। W.H.O. में विभिन्न देशों के विशेषज्ञ आपस में मिलकर मानसिक स्वास्थ्य को उन्नत बनाने संबंधी उपायों पर बल डालते हैं और इसके लिए उचित सिफारिश भी करते हैं।

मानसिक स्वास्थ्य आन्दोलन का प्रभाव नैदानिक मनोविज्ञान के विकास पर काफी अधिक पड़ा है। इस आन्दोलन से प्राप्त तथ्यों को नैदानिक मनोविज्ञान अपने शोधों एवं मनोवैज्ञानिक उपचार-गृह (clinic) में काफी किए हैं जिनसे इनका कार्यक्षेत्र (scope) पहले से अधिक विकसित हो गया है।

(5) बाल-निर्देशन आन्दोलन *(Child-Guidance movement)*—नैदानिक मनोविज्ञान की उत्पत्ति एवं विकास में बाल-निर्देशन आन्दोलन (Child guidance movement) का भी महत्त्वपूर्ण हाथ है। यह आन्दोलन बहुत हद तक मानसिक स्वास्थ्य आन्दोलन (Mental hygiene movement) से जुड़ा हुआ है। बाल-निर्देशन आन्दोलन से प्रमुख मनश्चिकित्सक

विलियम हीली (William Healy) का नाम जुड़ा हुआ है। इन आन्दोलन के जन्म के पीछे मूल धारणा यह थी कि बच्चों के गैर-सामाजिक व्यवहार (anti-social behaviour) को मनश्चिकित्सक उपायों (psychiatric means) से उपचार किया जा सकता है। इस धारणा से ही प्रभावित होकर विलियम हीली ने 1909 में एक बाल-निर्देशन उपचार-गृह (Child guidance clinic) खोली जिसका उस समय नाम *बाल अनुसंधान संस्थान* (Institute for Juvenile Delinquency) रखा गया। इस उपचार-गृह के प्रमुख मनोवैज्ञानिक डॉ॰ ग्रेस एम॰ फर्नेल्ड (Dr. Grace M. Fernald) थे। प्रथम विश्वयुद्ध के प्रारंभ तक बाल-निर्देशन की यह प्रक्रिया थोड़ी मन्द गति से चलती रही परन्तु बाद में इसमें कुछ तेजी आयी। 1917 में हीली तथा ब्रौनर (Bronner) ने मिलकर बोस्टन (Boston) शहर में *जज बेकर निर्देशन केन्द्र* (Judge Baker Guidance Centre) खोला। इस केन्द्र के खुल जाने से बाल-निर्देशन आन्दोलन (Child guidance movement) को एक नया बल मिला और बाल-अपराध (Juvenile delinquency) को नियंत्रित करने में काफी मदद मिली। बाल-निर्देशन आन्दोलन का प्रभाव नैदानिक मनोविज्ञान पर सीधा पड़ा। इस क्षेत्र में हुए विकास एवं प्राप्त तथ्यों का उपयोग नैदानिक मनोवैज्ञनिक भी करने लगे जिससे इस क्षेत्र में एक क्रान्तिकारी परिवर्तन आया।

(ख) एक पेशा के रूप में नैदानिक मनोविज्ञान का विकास
(Development of Clinical Psychology as a Profession)

नैदानिक मनोविज्ञान को एक पेशा (profession) के रूप में विकसित होने में अन्य बातों के अलावा एक विशेष घटना का महत्त्व अधिक बतलाया गया है। अमेरिका में 1892 में *अमेरिकन मनोवैज्ञानिक संघ* (American Psychological Association) की स्थापना हुई जिसके प्रथम अध्यक्ष जी॰ स्टेनली हाल (G. Stanley Hall) थे। इन्होंने नैदानिक मनोविज्ञान को एक पेशा के रूप में अपनाये जाने की आवश्यकता पर काफी बल डाला और प्रत्यक्ष एवं अप्रत्यक्ष रूप से अपने इस विचारधारा का काफी प्रचार भी किया। इसका परिणाम यह हुआ कि चार साल बाद यानी 1896 में औपचारिक रूप से नैदानिक मनोविज्ञन का जन्म हुआ। 1896 में लाइटनर विटमर (Lightner Witmer) ने पेंसिलवानिया विश्वविद्यालय (Pennsylvania University) में पहला *मनोवैज्ञानिक उपचारगृह* (first psychological clinic) खोला और उन्होंने ही मनोविज्ञान के इस शाखा का नाम नैदानिक मनोविज्ञान (clinical psychology) रखा। इस उपचारगृह में मूलतः वैसे बच्चों का उपचार किया जाता था जिन्हें स्कूल में कुछ शैक्षिक कठिनाईयों का सामना करना पड़ता था। विटमर ने 1888 में पेंसिलवालिया विश्वविद्यालय से स्नातक (bachelor) की उपाधि प्राप्त किया। इस विश्वविद्यालय में वे केटेल (Cattel) के सहायक (assistant) के रूप में कार्य किये और फिर दे जमनो में लिपजिग विश्वविद्यालय दले गए जहाँ से वे विलियम उण्ट (Wihelim Wundt) के निर्देशन में पी-एच॰ डी॰ की उपाधि प्राप्त किया। इसके बाद में पुनः पेंसिलवानिया विश्वविद्यालय लौट कर आ गए जहाँ वे अपना शोधकार्य जारी रखे। विटमर पहले ऐसे मनोवैज्ञानिक थे जिन्होंने नैदानिक मनोविज्ञान का पाठ्यक्रम (syllabus) तैयार किया और उसे कक्षाओं में पढ़ाया। 1907 में नैदानिक मनोविज्ञान का पहला जनरल प्रकाशित किया गया जिसका नाम *'दी साइकोलॉजिकल क्लिनिक'* (The Psychological Clinic) था। इस जनरल में नैदानिक मनोविज्ञान के क्षेत्र में हुए शोधों एवं पाए गए तथ्यों का प्रकाशन होता था। यह जनरल 1935 तक नैदानिक मनोविज्ञान के क्षेत्र में किए गए शोधों का प्रकाशन करता रहा। 1909 में जे॰ वी॰ माइनर (J.B. Miner) ने माइनेसोटा (Minnesota) विश्वविद्यालय में मानसिक विकास का एक उपचार-गृह (clinic) खोला। 20वीं शताब्दी के प्रथम दशाब्दी में नैदानिक मनोविज्ञान के क्षेत्र में प्रगति थोड़ी धीमी रही और विश्वविद्यालयों से बाहर बहुत कम संख्या में ऐसे मनोवैज्ञानिक थे जो अपने-आप को नैदानिक मनोवैज्ञानिक कहते थे। 1906 में मौटर्न प्रिन्स ने *'जनरल ऑफ एबनॉरमल साइकोलॉजी'* (Journal of Abnormal Psychology) का प्रकाशन शुरू किया। विटमर के जरनल तथा प्रिन्स के जनरल ने नैदानिक मनोविज्ञान के क्षेत्र में कार्यरत मनोवैज्ञानिकों का हौसला बुलन्द किया।

लाइटनर विटमर
(Lightner Witmer)

1909 में जब हीली (Healy) द्वारा शिकागो में *'जुभेनाइल साइकोपैथिक इंस्टीच्यूट'* (Juvenile Psychopathic Institute) की स्थापना की गयी, तो नैदानिक मनोवैज्ञानिकों को भी अधिक प्रोत्साहन अपने कार्यों में मिला। 1908 में *आयोवा साइकोलॉजिकल क्लिनिक* (Iowa Psychological Clinic) की स्थापना की गयी और इसी साल जोडार्ड ने न्यू जर्सी (New Jersey) में *'भाइनलैण्ड प्रशिक्षण स्कूल'* (Vineland Training School) की स्थापना की जहाँ मनोवैज्ञानिक

इंटर्नशीप (Psychological internship) की भी व्यवस्था थी। इन जरनलों, उपचार-गृह (clinics) तथा इटर्नशीप आदि का प्रभाव हुआ कि नैदानिक मनोविज्ञान को एक पेशा के रूप में पनपने में काफी मदद मिली। 1919 में अमेरिकन मनोवैज्ञानिक संघ (American Psychological Association or APA) के अन्तर्गत नैदानिक मनोविज्ञान का एक अलग विभाग (section) जिसे डिवीजन संख्या 12 कहा गया, की स्थापना की गयी। इससे APA के इस नैदानिक विभाग (clinical Section) ने नैदानिक मनोवैज्ञानिकों के प्रशिक्षण के लिए एक कमेटी (committee) का संगठन किया और 1935 में इस कमेटी ने नैदानिक मनोविज्ञान की एक विशिष्ट परिभाषा भी दी जो इस प्रकार थी, ''नैदानिक मनोविज्ञन वह कला एवं तकनीकी है जो मानव के समायोजन समस्याओं का अध्ययन करता है।'' 1936 में लोऊइट (Louitt) द्वारा नैदानिक मनोविज्ञान का पहला पाठ्यपुस्तक (text) प्रकाशन किया गया और 1937 में *'जरनल ऑफ कनसलटिंग साइकोलॉजी'* (Journal of Consulting Psychology) का भी प्रकाशन प्रारंभ किया। इस जरनल का नाम आजकल *'जनरल ऑफ कनसलटिंग एण्ड क्लिनिकल साइकोलॉजी'* (Journal of Consulting and Clinical Psychology) है और नैदानिक मनोवैज्ञानिकों के अधिकतर शोधों के प्रकाशन का मुख्य माध्यम है। इन सबसे नैदानिक मनोविज्ञान को एक पेशा(profession) के रूप में पनपने में काफी मदद मिली। जेम्स मैककीन कैटेल (James McKeen Cattell) द्वारा 1921 में स्थापित दी *साइकोलॉजिक कॉरपोरेशन'* (The Psychological Corporation) से भी नैदानिक मनोविज्ञान को एक पेशा के रूप में पनपने में काफी मदद मिली क्योंकि इस कॉरपोरेशन का मुख्य उद्देश्य मनोवैज्ञानिक परीक्षणों (Psychological tests) को प्रकाशित करना तथा उनकी उपयोगिताओं को सिद्ध करना था। द्वितीय विश्वयुद्ध ने एक बार फिर नैदानिक मनोविज्ञान को एक पेशा (profession) के रूप में विकसित होने में काफी मदद किये। इस विश्वयुद्ध में नैदानिक मनोवैज्ञानिक ने अमेरिकन सरकार को सैनिक सेवा में सांवेगिक रूप से स्थिर लोगों का चयन करने में अपने विशेष मनोवैज्ञानिक परीक्षणों के माध्यम से काफी मदद किया। इससे प्रभावित होकर सरकार ने इन मनोवैज्ञानिकों के पेशा को बढ़ावा देने के लिए अपने बजट में विशेष आर्थिक सहायता का भी प्रावधान किया। फलतः अमेरिका के कई संस्थानों द्वारा नैदानिक मनोविज्ञान में पी-एच॰ डी॰ की उपाधि दिया जाना प्रारंभ किया गया और 1949 तक 42 ऐसे संस्था अमेरिका में कार्यरत थे। इस तरह की उपाधि दिए जाने से अच्छे-अच्छे छात्रों ने नैदानिक मनोविज्ञान को एक पेशा के रूप में सहर्ष स्वीकार किया।

द्वितीय विश्वयुद्ध के तुरंत बाद नैदानिक मनोविज्ञान के क्षेत्र में ब्रिटेन (Britain) में भी ऐतिहासिक विकास हुए। ब्रिटेन के नैदानिक मनोविज्ञान पर व्यवहारवादियों की छाप गहरी थी और इन लोगों द्वारा युद्ध से लोगों में उत्पन्न सांवेगिक समस्याओं के उपचार में मनोचिकित्सा (psychotherapy) के उन साधनों पर अधिक बल डाला गया जो व्यवहारवादियों के नियमों के अनुकूल थे। सचमुच में ब्रिटेन में नैदानिक मनोविज्ञान का विकास के दो चरण देखे गए। पहले चरण में नैदानिक मनोवैज्ञानिक मूलतः मनश्चिकित्सा (psychotherapy) के विभिन्न प्रकारों के उपयोग पर बल डालकर इस शाखा को सजाया एवं संवारा और दूसरे चरण में मनोवैज्ञनिकों को एक ऐसे समूह के रूप में मान्यता दी गयी जिसका काम मनोवैज्ञानिक समस्याओं से ग्रसित लोगों का उपचार करना था। 1966 में 'ब्रिटिश साइकोलॉजिक सोसाइटी' द्वारा नैदानिक मनोविज्ञान का एक अलग विभाग (section) खोला गया जिसका मुख्य उद्देश्य नैदानिक मनोवैज्ञानिकों के कार्यों को बढ़ावा देना था। बाद में इंगलैंड में 'कॉलेज ऑफ क्लिनिकल साइकोलॉजी' (College of Clinical Psychology) की भी स्थापना की गयी जहाँ नैदानिक मनोवैज्ञानिकों को विधिवत् प्रशिक्षण देने का विशेष प्रावधन किया गया।

1949 में अमेरिका में नैदानिक मनोविज्ञान के क्षेत्र में एक महत्त्वपूर्ण घटना घटी जिससे मनोविज्ञान के इस शाखा को विकसित होने में काफी मदद मिली। यह घटना सचमुच में नैदानिक मनोवैज्ञानिकों द्वारा एक विशेष सभा (conference) का आयोजन किया जाना था। यह सभा कोलोरैडो (Colarado) के बोऊल्डर (Boulder) में सम्पन्न हुआ। इस सभा में नैदानिक मनोवैज्ञानिकों के प्रशिक्षण(training) के लिए एक खास तरह के मानक मॉडल(standard model) विकसित किया गया जिसकी निम्नांकित पाँच प्रमुख बिन्दुएँ थीं—

(i) नैदानिक मनोवैज्ञानिक अपने प्रशिक्षण का कार्यक्रम विश्वविद्यालय में जारी रखेंगे।
(ii) उन्हें पहले एक मनोवैज्ञानिक के रूप में प्रशिक्षण दिया जाएगा और बाद में एक नैदानिक विशेषज्ञ के रूप में।
(iii) उन्हें नैदानिक इंटरनशीप (clinical internship) का प्रशिक्षण लेना होगा।
(iv) उन्हें शोध (research), निदान (diagnosis) तथा मनोचिकित्सा (psychotherapy) के क्षेत्र में सक्षमता (competence) विकसित करनी होगी।
(v) उनके द्वारा किए गए कार्यों के आधार पर अन्त में उन्हें नैदानिक मनोविज्ञान में पी-एच॰ डी॰ उपाधि दे दी जायगी।

आजकल भी नैदानिक मनोवैज्ञानिकों द्वारा मोटे तौर पर उपर्युक्त प्रावधानों को स्वीकार किया जा रहा है। 1950 के बाद कुछ नैदानिक मनोवज्ञानिकों ने बदलती पृष्ठभूमि के आलोक में सोचना प्रारंभ कर दिया और वे इस बात पर ध्यान केन्द्रित करना प्रारंभ कर दिए कि क्या वे कुछ इस ढंग का कार्य नहीं कर सकते हैं जिससे उनका स्थान पूरे समाज में और अधिक महत्त्वपूर्ण दीख पाए? दूसरे शब्दों में, वे लोग व्यक्तियों के समायोजन समस्याओं के उपचार करने से ऊपर उठकर पूरे समाज (community) के वातावरण को बदलने की ओर ध्यान देने लगे ताकि लोगों के बीच इस तरह के समायोजन-संबंधी समस्याएँ उत्पन्न ही नहीं हो सके। इस जागरण ने *सामुदायिक मनोविज्ञान आन्दोलन* (Community Psychology Movement) का जन्म दिया जो आज मनोविज्ञान का एक स्वतंत्र परन्तु नैदानिक मनोविज्ञान (Clinical psychology) से संबंद्ध शाखा के रूप में उभर कर लोगों के सामने आया है। नैदानिक मनोविज्ञान का *सामुदायिक मानसिक स्वास्थ्य आन्दोलन* (Community mental health movement) में प्रवेश 1965 में माशासुसेटस (Massachusetts) में हुए सभा (conference) से माना जाता है। 1960 तथा 1970 वाले दशक में नैदानिक मनोवैज्ञानिकों की संख्या में काफी वृद्धि हुई। 1968 में इलिनोइस विश्वविद्यालय (University of Illinois) द्वारा *'डॉक्टर ऑफ साइकोलॉजी'* (The Doctor of Psychology or Psy. D.) की उपाधि दिया जाना प्रारंभ किया गया। यह उपाधि उन नैदानिक मनोवैज्ञानिकों को दी जाती है जो शोध (research) की तुलना में नैदानिक कौशलता (clinical skills) को अधिक महत्त्व दिया करते हैं। 1969 में *'कैलिफोर्निया स्कूल ऑफ प्रोफेसनल साइकोलॉजी'* की स्थापना हो जाने से नैदानिक मनेवैज्ञानिकों का प्रशिक्षण विश्वविद्यालय के परिसर से अलग इसी स्कूल में पूर्णकालीन आधार (wholetime basis) पर होने लगा। इससे नैदानिक मनोविज्ञान को एक पेशा के रूप में अधिकतर मनोवैज्ञानिकों को स्वीकार करने में काफी सहुलियत हो गयी।

नैदानिक मनोविज्ञान के इतिहास पर इस तरह से एक नजर डालने से स्पष्ट हो जाता है कि मनोविज्ञान की यह शाखा अब एक प्रमुख प्रयुक्त मनोविज्ञान (applied Psychology) के रूप में स्थापित हो चुकी है। नैदानिक मनोविज्ञान के विकास में मनोमितिकी परम्परा (Psycho-metric tradition), गत्यात्मक परम्परा (Dynamic tradition), मानसिक स्वास्थ्य आन्दोलन(Mental hygiene movement), नैदानिक मनोरोगविज्ञान की उत्पत्ति(Emergence of clinical psychiatry) तथा शिशु निर्देशन आन्दोलन (Child guidance movement) ने पूर्ववर्ती बल (antecedent forces) के रूप में कार्य किया है जिसके परिणामस्वरूप इस मनोविज्ञान का विकास एक पेशा (profession) के रूप में काफी अधिक हुआ है।

भारत में नैदानिक मनोविज्ञान का विकास
(Development of Clinical Psychology in India)

भारत में नैदानिक मनोविज्ञान की उत्पत्ति एवं विकास के इतिहास को दो भागों में बाँटकर अध्ययन किया जा सकता है—

(क) पुरातन समय में नैदानिक मनोविज्ञान का प्रारूप (Form of Clinical Psychology in ancient time)

(ख) आधुनिक समय में नैदानिक मनोविज्ञान का विकास (Development of Clinical Psychology in modern time)

इन दोनों का वर्णन निम्नांकित है—

(क) पुरातन समय में नैदानिक मनोविज्ञान का प्रारूप
(Form of Clinical Psychology in Ancient time)

भारतीय संस्कृति में पुराने समय में नैदानिक मनोविज्ञान नाम की कोई चीज नहीं थी परन्तु असामान्य व्यवहार के प्रकार, उनका मनोवैज्ञानिक ज्ञान तथा उपचार संबंधी कई तथ्य ऐसे थे जो आधुनिक नैदानिक मनोविज्ञान में है। इस विस्तृत अर्थ में यह कहा जा सकता है कि पुरातन समय में भी किसी-न-किसी रूप में नैदानिक मनोविज्ञान का अस्तित्व था। भारतीय संस्कृति में चार तरह के वेद (veda) हैं—ऋग वेद (Rig veda), यजुर वेद (Yajur veda), साम वेद (Sama veda) तथा अथर्व वेद(Atharva veda)। इन चार वेदों में से अथर्व वेद का संबंध मानसिक रोगों एवं उसके उपचार (tratment) से है। इस वेद का उद्देश्य मानव-कल्याण के उपायों का मार्गदर्शन करना है।

अथर्व वेद के अनुसार मानव व्यक्तित्व (human personality) में चार शारीरिक तत्त्व (physical components) होते हैं—वात (Vatta), पित (Pitta), श्लेष्मा (Sleshma) तथा कफ (Kaph)। किसी भी व्यक्ति में सभी गुण या तत्त्व जन्म से ही मौजूद होते हैं। यद्यपि इनकी मात्रएँ (degrees) भिन्न-भिन्न होती हैं, उनमें आपस में एक संतुलन

(eqilibrium) बना होता है। यदि किसी कारण से इस संतुलन में गड़बड़ी होती है, तो व्यक्ति का शरीर शारीरिक रोग से ग्रसित हो जाता है और पुनः उपचार करके उसके संतुलन को बनाए रखना आवश्यक हो जाता है। उसी तरह के व्यक्तित्व के तीन मानसिक गुण (gunas) या वृत्ति (vrittis) होते हैं—सत्व गुण (Sattav gunas), रजस (Rajas gunas) तथा तमस गुण (Tamas guna)। ये सभी गुण व्यक्ति में जन्म से उनके मानस (manas) या मन (mind) में मौजूद होते हैं। ये तीनों गुण आपस में एक संतुलन (equilibrium) बनाकर व्यक्ति में सामान्यता बनाए रखत हैं। सत्व गुण से मानसिक शुद्धता (mental purity) एवं मानसिक सामंजस्य (mental harmony) आदि बना होता है। राजस गुण से व्यक्ति में प्रभुत्व (dominance), गत्यात्मकता (dynamism) तथा कार्योन्मुखता आदि की प्रवृत्ति उत्पन्न होती है तथा तमस गुण से व्यक्ति में सांवेगिक प्रवृत्तियाँ, क्रोध, मंदन (depression) आदि उत्पन्न होती हैं। जब व्यक्ति में रजस तथा तमस गुण की अधिकता हो जाती है, तो इससे उसमें दोष उत्पन्न हो जाता है और व्यक्तित्व का मानसिक संतुलन क्षुब्ध (disturb) हो जाता है और व्यक्ति मानसिक रोग (mental disease) का शिकार हो जाता है।

अथर्व वेद में कई प्रकार के मानसिक रोगों का वर्णन किया गया है जिसमें कुछ का स्वरूप साधारण (mild) है तथा कुछ का स्वरूप गंभीर (severe) है। इन रोगों के उपचार (treatment) के लिए दो तरह के तंत्र (system) का वर्णन किया गया है—

(क) अथरवानिक तंत्र (Atharvanic System) तथा

(ख) कौशिक तंत्र (Kaushik System)

अथरवानिक तंत्र (Atharvanic System) मनोवैज्ञानिक उपचार (Psychological treatment) पर बल डालता है और इसमें चिकित्सा में मंत्रविद्या (Mantravidya), उत्तरना (Utarnna अर्थात् transference), आश्वासन एवं असंवेदीकरण (Persuasion and desensitization), दैव्य हवन चिकित्सा (Daivya Hawan chikitsa), तप (Tap), बलिदान (Balidan) आदि सम्मिलित हैं।

पुरातन भारत (ancident India) में चिकित्सा मनोविज्ञान के क्षेत्र में एक और महत्त्वपूर्ण विकास हुआ जो योगा के अभ्यास पर आधारित है। योगा एक ऐसा विज्ञान है जिसमें व्यक्ति के क्रमिक उत्थान के तरीकों पर बल डालते हुए सम्पूर्ण मानसिक शांति की समाधि तक जहाँ योगी के मन को विक्षुब्ध करने वाला कुछ भी नहीं होता है, पहुँचने के उपायों का वर्णन किया जाता है। योगा के कई स्कूल हैं जिनमें से हठ योगा, मंत्र योगा, भक्ति योगा, ज्ञान योगा, कर्म योगा एवं लय योगा प्रधान हैं। हठ योगा का संबंध ऐसे शारीरिक व्यायाम से होता है जिसमें मानसिक एवं आध्यात्मिक शक्ति का विकास होता है। मंत्र, तंत्र एवं लय योग का संबंध मनोदैहिक एवं ब्रह्मांडिकी उपागम (cosomological approaches) से होता है जिससे व्यक्ति अपने-आप को ईश्वर से सीधा सम्पर्क में पाता है। ज्ञान, भक्ति एवं कर्म योग का संबंध क्रमशः संज्ञानात्मक (cognitive), भावात्मक (affective) तथा दातव्य (donative) कार्यों से होता है।

19वीं शताब्दी के मध्य के बाद से कुछ विशेष महापुरुषों ने भी भारतीय मानसिक चिकित्सा पद्धति में अपना योगदान किया। इनमें विवेकानन्द, रामकृष्ण परमहंस, रवीन्द्रनाथ टैगोर, महात्मा गाँधी तथा श्री अरविन्द के नाम विशेष रूप में उल्लेखनीय हैं। आधुनिक समय में मानसिक एवं सांवेगिक रोगों से ग्रस्त व्यक्तियों का उपचार करने के भारतीय प्रविधियों का विदेशों में स्वागत हुआ है और उसकी एक होड़-सी मची हुई है। इन प्रविधियों में महेश योगी का TM (Transcendental Meditation) प्रविधि काफी उल्लेखनीय है। आचार्य रजनीश द्वारा संकलित प्रविधि का भी लोकप्रियता काफी है।

(ख) आधुनिक समय में नैदानिक मनोविज्ञान का विकास
(Development of Clinical Psychology in Modern times)

भारत में मनोविज्ञान को एक विज्ञान के रूप में अध्ययन का इतिहास पुराना नहीं है। सचमुच में भारत के कलकत्ता विश्वविद्यालय में मनोविज्ञान का विभाग (department) सबसे पहले-पहल 1915 में खोला गया। यहीं से भारत में मनोविज्ञान का इतिहास विधिवत् रूप से प्रारंभ होता है। उस विश्वविद्यालय में मनोविज्ञान को विज्ञान संकाय (Faculty of science) में रखा गया। इसके बाद 1924 में मैसूर विश्वविद्यालय में मनोविज्ञान की पढ़ाई एक अलग विभाग खोलकर प्रारंभ किया गया। 1924 में ही भारतीय मनोविज्ञान संघ (Indian Psychological Association) की स्थापना की गयी और *'इण्डियन जरनल ऑफ साइकोलॉजी'* (Indian Journal of Pscyhology) का प्रकाशन प्रारंभ किया गया और यह जरनल भारतीय मनोवैज्ञानिक संघ के प्रकाशन का एक विधिवत् जरनल था।

जहाँ तक नैदानिक मनोविज्ञान के इतिहास का प्रश्न है, वह तुलनात्मक रूप से और नया है। 1938 में कलकत्ता विश्वविद्यालय ने मनोविज्ञान विभाग में एक प्रयुक्त उपविभाग (applied section) खोला जिसका उद्देश्य मनोवैज्ञानिक परीक्षणों को विकसित करना तथा छात्रों को व्यावसायिक निर्देशन(vocational guidance) प्रदान करना था। यहीं से नैदानिक मनोविज्ञान की इतिहास का प्रारंभ माना जाता है हालाँकि उसके 16 साल पूर्व अर्थात् 1922 में ही प्रो॰ जी॰ एस॰ बोस (Prof. G. S. Bose) द्वारा *'साइकोएनालिटिक सोसाइटी'* (Psychoanalytic Society) की स्थापना की चुकी थी। इस सोसाइटी ने 1940 में कलकत्ता में लुम्बिनी पार्क मानसिक अस्पताल (Lumbini Park Mental Hospital) की स्थापना किया जहाँ लोगों को मनोविश्लेषण का प्रयोग मनश्चिकित्सा (psychotherapy) के रूप में करने की विशेष प्रशिक्षण भी दिया जाने लगा। *विश्वविद्यालय अनुदान आयोग* (University Grants Commission) के 1968 रिपोर्ट के अनुसार भारत में उस समय तक 19 ऐसे विश्वविद्यालय थे जहाँ नैदानिक मनोविज्ञान की पढ़ाई स्नातकोत्तर स्तर पर होती थी। भारत में पाँच ऐसे महत्त्वपूर्ण नैदानिक केन्द्र(clinical centres) भी हैं जहाँ नैदानिक मनोवैज्ञानिकों को प्रशिक्षण इन्टरनशीप (internship) के साथ दिया जाता है। वे पाँच केन्द्र हैं--(i) *अखिल भारतीय मानसिक स्वास्थ्य संस्थान*, बंगलोर (All India Institute of Mental health, Bangalore) जिसका आज नाम निम्हांस (NIMHANS–National Institute of Mental Health and Neuro Science) है, (ii) सेन्ट्रल इन्टीच्यूट *ऑफ साइकेट्री, कांके*, राँची (Central Institute of Psychiatry, Kanke, Ranchi, (iii) *राँची इन्स्टीच्यूट ऑफ न्यूरो-साइकेट्री एण्ड एलायड साइंसेज, कांके, राँची* (Ranchi Institure of Neuro-Psychiatry & Allied Sciences, Kanke, Ranchi, (iv) *लुम्बिनी पार्क मानसिक अस्पताल, कलकत्ता*(Lumbini Park Mental Hospital, Calcutta) एवं *पंडित बी॰ डी॰ शर्मा पोस्ट ग्रेडुएट इन्स्टीच्यूट ऑफ मेडिकल साइंसेज, रोहतक* (Pt. B.D. Sharma Post Graduate Institute of Medical Sciences, Rohtak)।

भारतीय नैदानिक मनोवैज्ञानिकों ने अलग से अपना एक अखिल भारतीय संघ (All India Association) भी कायम कर रखा है जिसकी प्रथम सभा अक्टूबर, 1969 में बंगलोर के अखिल भारतीय मानसिक स्वास्थ्य संस्थान (All India Institute of Mental Health) में हुआ था। प्रो॰ बी॰ कृष्णन के अनुसार भारतीय नैदानिक मनोवैज्ञानिकों ने मूल रूप से कुछ खास-खास क्षेत्रों में ही जैसे—मनश्चिकित्सा (psychotherapy), मानसिक दुर्बलता (mental retardation), मनोनिदान (psychodiagnosis), परामर्श (counselling), निर्देशन (guidance) आदि क्षेत्रों में शोध एवं पठन-पाठन का कार्यक्रम रखा है। इनमें कुछ नैदानिक मनोवैज्ञानिकों द्वारा निदान-संबंधी परीक्षणों (diagnostic tests) एवं प्रविधियों का निर्माण एवं अनुकूलन (adaptation) किया गया है। नैदानिक मनोवैज्ञानिकों द्वारा किए गए शोधों का प्रकाशन कई जरनलों जैसे *'समीक्षा', 'इण्डियन जरनल ऑफ साइकोलॉजी', 'साइकोलॉजिकल स्टडीज', 'जरनल ऑफ साइकोलॉजिक रिसचेज', 'इण्डियन साइकोलॉजिकल रिभ्यू'* आदि में होता है।

भारत में नैदानिक क्रियाओं(clinical activities) को बढ़ावा देने के लिए1943 में *'इण्डियन इन्स्टीच्यूट ऑफ साइकेट्री एण्ड मेन्टल हाइजिन'* (Indian Institute of Psychiatry and Mental hygiene) की स्थापना की गयी जिसका नाम बाद में में बदलकर *'इण्डियन इन्स्टीच्यूट ऑफ मेन्टल हेल्थ एण्ड ह्यूमन रिलेशन'* (Indian Institute of Mental Health and Human Relations) रखा गया। इस इन्स्टीच्यूट द्वारा मूलतः चार तरह के प्रोग्राम होते हैं—(i) नैदानिक सेवाएँ, (ii) पब्लिक शिक्षा तथा (iii) सर्वे एवं (iv) शोध (research)। भारत में कुछ ऐसे भी संस्थान हैं जिनमें मनोरोगी सामाजिक कार्यकर्त्ताओं (Psychiatric Social Workers) को प्रशिक्षण (training) भी दिया जाता है जिनमें 'टाटा इन्स्टीच्यूट ऑफ सोसल साइंसेन्ज' (Tata Institue of Social Sciences), मुम्बई तथा बरौदा विश्वविद्यालय का सामाजिक कार्य संकाय(Social work faculty) प्रधान है। पटना विश्वविद्यालय के तहत *मनोवैज्ञानिक शोध एवं सेवा संस्थान* (Institute of Psychological Research and Service) द्वारा भी नैदानिक मनोविज्ञान में डिप्लोमा इधर कुछ वर्षों से दिया जाने लगा है जिसमें नैदानिक मनोविज्ञान में क्षेत्रीय स्तर पर उत्तम विकास हुआ है। भारत में कुछ संस्थान ऐसे भी हैं जहाँ निर्देशन (guidance) तथा परामर्श(counselling) में जो परामर्श मनोविज्ञान(counselling psychology) के अलावा नैदानिक मनोविज्ञान का भी विशिष्ट क्षेत्र है, अलग से विशेष उपाधि दी जाती है। राष्ट्रीय शैक्षणिक शोध एवं प्रशिक्षण संस्थान, नई दिल्ली एक ऐसी प्रमुख संस्था है जो व्यावसायिक एवं शैक्षिक मार्गदर्शन (vocational and educational guidance) में डिप्लोमा कार्यक्रम करती है। मुम्बई में भी परामर्श (counselling) में ऐसे कार्यक्रम किए जाते हैं। इधर हाल में अखिल भारतीय आयुर्विज्ञान संस्थान, नई दिल्ली (All India Institute of Medical Sciences, New Delhi) द्वारा भी नैदानिक मनोवैज्ञानिकों द्वारा किए गए शोधों एवं कार्यों की स्वतंत्र पहचान की गयी है।

भारतीय विश्वविद्यालयों में अमेरिकन विश्वविद्यालय के समान अभी नैदानिक मनोविज्ञान में पी-एच० डी० की उपाधि देने की परम्परा तो फली-फूली नहीं है परन्तु इन विश्वविद्यालयों में नैदानिक रूप से कार्य करने पर पी-एच० डी० की उपाधि अवश्य दी जाती है। हाँ, सेन्ट्रल इन्स्टीच्यूट ऑफ साइकेट्री, राँची द्वारा नैदानिक मनोविज्ञान में पी-एच० डी० की उपाधि राँची विश्वविद्यालय, राँची के संबंधन के तहत अवश्य दी जाने लगी है। भारत में अभी तक नैदानिक मनोविज्ञान का एक पेशा (profession) के रूप में विकास अधूरा ही है क्योंकि इस देश का मानसिक स्वास्थ्य आन्दोलन (mental health movement) अभी भी शैशववास्था में ही है। सरकारी मानसिक अस्पतालों में अभी भी नैदानिक मनोवैज्ञानिक के पद गिने-चुने हैं और वह भी अनाकर्षक वेतनमान के साथ इतना ही नहीं, इन मनोवैज्ञानिकों को मेडिकल कार्यकर्त्ताओं (medical personnel) की तुलना में काफी तुच्छ समझा जाता है। इसलिए अधिकतर नैदानिक मनोवैज्ञानिक आज भी विश्वविद्यालयों या निजी उपचार-गृह (private clinics) में ही सिमट कर अपना समय काट रहे हैं।

नैदानिक मनोविज्ञान की परिभाषा एवं स्वरूप
(Meaning and Nature of Clincial Psychology)

नैदानिक मनोविज्ञान, मनोविज्ञान का एक प्रमुख एवं लोकप्रिय प्रयुक्त शाखा(applied branch) है। नैदानिक मनोविज्ञान जैसे पद (term) का प्रतिपादन सबसे पहले लाइटनर विटमर (Lightner Witmer) ने 1896 में किया और बाद में इस पद के नाम से मनोविज्ञान का एक स्वतंत्र शाखा ही बन गया। नैदानिक मनोविज्ञान का संबंध मानसिक रोगों के वर्णन (description), वर्गीकरण (classification), निदान (diagnosis) तथा पूर्वानुमान (prognosis) से होता है। इसमें मानसिक रोगों का निदान कर मनोवैज्ञनिक विधियों से उसका उपचार (treatment) किया जाता है। यही कारण है कि नैदानिक मनोवैज्ञानिक प्रायः एक उपचार-गृह (clinic) या मानसिक अस्पताल (mental hospitai) में काम करते हैं। नैदानिक मनोवैज्ञानिकों की इस भूमिका की अहमियत इस आँकड़ा से आसानी से पता लगाया जा सकता है कि अभी अमेरिका में मनोवैज्ञानिकों की संख्या लगभग 1,10,000 है जिसमें एक-तिहाई (one-third) सिर्फ नैदानिक मनोवैज्ञानिक (clinical psychologist) ही है। इस शाखा की अहमियत इस बात से भी पता चलता है कि अमेरिकन मनोवैज्ञानिक संघ(American Psychological Association a APA) द्वारा स्वीकृत 49 डिवीजन में नैदानिक मनोविज्ञान का अर्थात् डिवीजन संख्या 12 डिवीजन सबसे बड़ा है।

अब हम नैदानिक मनोविज्ञान की कुछ उन परिभाषाओं की ओर ध्यान दें जिसे इस क्षेत्र के विशेषज्ञों द्वारा दी गयी है। जैसे—

सिक्कारेल्ली एवं मेयर[1] (Ciccarelli & Meyer, 2006) के अनुसार, *''नैदानिक मनोविज्ञान मनोविज्ञान का एक ऐसा क्षेत्र है जिसमें मनोवैज्ञानिक साधारण से गंभीर रूप से मनोवैज्ञानिक विकृतियों से ग्रस्त व्यक्तियों की पहचान एवं उपचार करते हैं।''*

APA के नैदानिक मनोविज्ञान के डिवीजन संख्या 12 जिसे *'सोसाइटी ऑफ क्लिनिकल साइकोलोजी'* (Division 12, Society of Clinical Psychology) कहा जाता है, द्वारा नैदानिक मनोविज्ञान की अधिकारिक परिभाषा (offical definition) इस प्रकार दी गयी है, *''नैदानिक मनोविज्ञान के क्षेत्र में शोध, शिक्षण तथा क्लायट जीव संख्या के बड़े प्रसार में पाये जाने वाले बौद्धिक, सांवेगिक, जैविक, मनोवैज्ञानिक, सामाजिक एवं व्यवहारात्मक कुसमायोजन, अक्षमता तथा कष्ट आदि को समझने, पूर्वानुमान लगाने तथा कम करने के नियमों, विधि एवं कार्य विधियों के उपयोग से संगत सेवाएँ सम्मिलित होती है। नैदानिक मनोविज्ञान सामाजिक-आर्थिक स्तर के सभी स्तरों तथा विभिन्न संस्कृतियों में पूरे जीवन अवधि में मानव कार्यों के बौद्धिक, सांवेगिक, जैविक, मनोवैज्ञानिक, सामाजिक एवं व्यवहारपरक पहलुओं पर ध्यान केन्द्रित करता है।*[2]*''*

---

1. "Clinical Psychology is the area of Psychology in which the psycholgists diagnose and treat people with psychological disorders that may range from mild to serve."—Ciccarelli & Meyer : *Psychology,* 2006, p. 673.
2. "The field of clinical psychology involves research, teaching, and services relevant to the applications of principles, methods, and procedure for understanding, predicting and alleviating intellecutal, emotional, biological] psychological, social and behavioural maladjustment, disability and discomfort, applied to a wide range of client populations. Clinical Psychology focuses on the intellectual, emotinal, biological, psychological, social and behavioural aspect of human functioning across the life span in varying cultures and at all levels of socioeconomic levels." –APA's Society of Clinical Psychology, 2002

कोरचिन[1] (Korchin, 1986) के अनुसार, *नैदानिक मनोविज्ञान को स्पष्टतः नैदानिक मनोवृत्ति के रूप में परिभाषित किया जाता है, अर्थात् नैदानिक मनोविज्ञान का संबंध मनोवैज्ञानिक व्यथा* (psychological stress) *से ग्रसित व्यक्तियों को समझने एवं उन्हें मदद करने से होता है। नैदानिक मनोविज्ञान का संबंध मानव व्यक्तित्व की संरचना* (structure) *एवं कार्य के बारे में ज्ञान उत्पन्न करने तथा उनका उपयोग करने से भी होता है।''*

साकुजो तथा **काप्लान**[2] (Saccuzzo & Kaplan, 1984) के अनुसार, *नैदानिक मनोविज्ञान मनोविज्ञान का एक ऐसा प्रयुक्त शाखा है जो व्यक्तियों को समायोजन करने में, समस्याओं का समाधान करने में, अपने अधिकतम अन्तःशक्ति को परिवर्तित करने, उन्नत बनाने तथा उसे प्राप्त करने में मदद करता है।''*

इन परिभाषाओं के विश्लेषण में हमें नैदानिक मनोविज्ञान क स्वरूप (nature) के बारे में कुछ तथ्य प्राप्त होते हैं। इनमें से निम्नांकित प्रमुख हैं—

(i) नैदानिक मनोविज्ञान मनोविज्ञान का एक प्रयुक्त शाखा (applied branch) है जिसकी लोकप्रियता अन्य प्रयुक्त शाखाओं जैसे औद्योगिक मनोविज्ञान (industrial psychology) तथा शिक्षा मनोविज्ञान आदि से अधिक है।

(ii) नैदानिक मनोविज्ञान में सांवेगिक (emotional) एवं व्यवहारात्मक (behavioural) समस्याओं का निदान एवं उपचार पर बल डाला जाता है। इन समस्याओं में प्रमुख है—मानसिक रोग, किशोर अपराध, दुर्बलता (mental retardation), वैवाहिक एवं पारिवारिक संघर्ष, औषध व्यसन (drug addiction), अपराधिक व्यवहार (criminal behaviour) आदि। इन समस्याओं के प्रति नैदानिक मनोवैज्ञानिक की एक विशेष मनोवृत्ति (attitude) होती है जिसे कोरचीन (Korchin, 1986) ने नैदानिक मनोवृत्ति (clinical attitude) कहा है। नैदानिक मनोवृत्ति में अन्य बातों के अलावा संवेगात्मक एवं अन्य कम गंभीर मानसिक संघर्षों (serious mental conflicts) को समझने के लिए शोधों से तथा अपने प्रयास से प्राप्त ज्ञानों को संगठित करके नैदानिक मनोवैज्ञानिक उनका निदान (diagnosis) एवं उपचार करने पर अधिक बल डालते हैं।

(iii) नैदानिक मनोविज्ञान में संवेगात्मक एवं व्यवहारात्मक समस्याओं को समझने के लिए व्यक्ति के व्यक्तित्व गतिकी (personality dynamics) के अध्ययन पर भी बल डाला जाता है। सिगमण्ड फ्रायड (Sigmund Freud) ने नैदानिक मनोविज्ञान के इस पक्ष पर सबसे अधिक बल डाला है। आधुनिक नैदानिक मनोवैज्ञानिकों जैसे—कोरचीन (Korchin, 1986) एवं फेयर्स (Phares, 1984) द्वारा भी इस पक्ष पर अधिक बल डाला गया है। शायद यही कारण है कि नैदानिक मनोविज्ञान में मानव व्यक्तित्व की संरचना एवं कार्यवाही (functioning) के अध्ययन की अहमियत काफी अधिक है।

(iv) नैदानिक मनोविज्ञान सभी तरह के संस्कृतियों के सामाजिक-आर्थिक स्तर के तीनों स्तरों अर्थात् उच्च, मध्य तथा निम्न में व्यक्ति के सांवेगिक, जैविक, सामाजिक पहलुओं पर ध्यान केन्द्रित करने के अलावे बौद्धिक एवं मनोवैज्ञानिक पहलुओं पर भी विचार-विमर्श करता है।

निष्कर्षतः यह कहा जा सकता है कि नैदानिक मनोविज्ञान का स्वरूप (nature) प्रयुक्त (applied) है। इसमें मानसिक रोगों तथा अन्य सांवेगिक एवं व्यवहारात्मक समस्याओं का निदान (diagnosis) एवं उपचार (treatment) पर बल डाला जाता है। नैदानिक मनोविज्ञान अपने इस कार्य को पूरा करने में व्यक्ति के व्यक्तित्व गतिकी (personality dynamics) की उपेक्षा न करके उसके तथ्यों को विश्वास में लेते हैं।

---

1. "Clinical Psychology is mostly distinctly defined by the clinical attitude, that is, a concern with understanding and helping individuals in psychological distress... clinical psychology is concerned with generating and utilizing knowledge about the structure and functining of human personality."

—*Korchin : Modern Clinical Psychology, 1986*, p. 40

2. "Clincial Psychology is an applied branch of psychology devoted to helping people adjust, solve problems, change, improve and achieve their highest potential."—Saccuzzo & Kaplan : *Clinical Psychology*, 1984, p. 2.

नैदानिक मनोविज्ञान की विशेषताएँ
(Characteristics of Clinical Psychology)

नैदानिक मनोविज्ञान की मनोविज्ञान के अन्य शाखाओं के समान कुछ अपनी विशेषताएँ हैं जो इसे अन्य शाखाओं से न केवल भिन्न करता है बल्कि उसके स्वतंत्र अस्तित्व को भी बनाए रखता है। ऐसी विशेषताएँ निम्नांकित चार हैं—

(1) नैदानिक मनोविज्ञान वैज्ञानिक पूर्वकल्पनाओं पर विशेष रूप से बल डालता है(*Clinical psychology specifically emphasizes upon the scientific assumptions*)—जैसा कि हम जानते हैं, मनोविज्ञान विज्ञान(science) की एक शाखा (branch) है जो मूलतः व्यवहार के अध्ययन के प्रति समर्पित होता है। मनोविज्ञान के एक उपशाखा के रूप में नैदानिक मनोविज्ञान विज्ञान के पूर्वकल्पनाओं (assumptions) तथा मूल्यों (values) का स्वागत करता है। विशेषज्ञों के अनुसार नैदानिक मनोविज्ञान विज्ञान के दो पूर्वकल्पनाओं अर्थात् **नियतिवाद** (deternimism) तथा **अनुभववाद** (empiricism) पर मूल रूप से ध्यान देता है। नियतिवाद की वैज्ञानिक पूर्वकल्पना इस बात पर बल डालता है कि सभी तरह के व्यवहार/घटनाओं का स्पष्ट कारण होता है तथा ये कारण संभवतः ज्ञेय (knowable) होते हैं अर्थात् उनके बारे में ज्ञान प्राप्त किया जा सकता है। अतः नैदानिक मनोविज्ञान इस पूर्वकल्पना का आदर करते हुए इस बात का विशेष रूप से ख्याल रखता है कि अनुभववाद (empiricism) की वैज्ञानिक पूर्वकल्पना इस बात पर बल डालता है कि विज्ञान का संबंध प्रत्यक्षतः सिर्फ उन घटनाओं/व्यवहारों से ही नहीं होता है जिसे प्रेक्षण किया जा सकता है तथा जिसे मापा जा सकता है। परन्तु विज्ञान में उन घटनाओं को भी महत्त्वपूर्ण माना गया है जो अप्रेक्षणीय (nonobservable) होते हैं। जैसे परिकल्पित संरचनाएँ (hypotheical contruct) तो सीधे प्रेक्षणीय (observable) नहीं होते हैं परंतु उन्हें प्रेक्षणीय घटनाओं या व्यवहारों के साथ के संबंधों के आधार पर जाना जा सकता है। नैदानिक मनोविज्ञान में परिकल्पित संरचनाओं के उदाहरण हैं—दुश्चिंता (anxiety), विषाद (depression), बुद्धि (intelligence), आत्म-सामर्थ्यता (self-efficacy)। इनमें से किसी भी संरचना को प्रत्यक्ष रूप से तो प्रेक्षण नहीं किया जा सकता है परंतु बहुत सारे प्रेक्षणीय व्यवहार (observable behaviour) जैसे किसी परीक्षण पर व्यक्ति का निष्पादन (performance), कम्पन (trembling), चिल्लाना (crying) आदि के बारे में पूर्वकथनों (predictions) को इन पूर्वकल्पित संरचनाओं पर आधारित किया जा सकता है तथा ऐसे पूर्वकथनों (prediction) की जाँच भी की जा सकती है। इस तरह से पूर्वकल्पित संरचनाओं की वैधता की जाँच प्रेक्षणीय घटनाओं के साथ स्थापित किये जाने वाले संबंधों की परख करके की जा सकती है।

इन वैज्ञानिक पूर्वकल्पनाओं को स्वीकार करने के अतिरिक्त नैदानिक मनोविज्ञान एक ऐसी शाखा है जो वैज्ञानिक विधियों (scientific methods) को भी अपने शोध एवं शिक्षण में काफी महत्त्व देता है। फलतः नैदानिक मनोविज्ञान में वैज्ञानिक शोध पर अधिक बल डाला जाता है। यहाँ तक कि वैसे नैदानिक मनोविज्ञानिक जो शोध न करके केवल शिक्षण (teachings) करते हैं, वे भी वैज्ञानिक शोधों को अहमियत देने के लिए बाध्य होते हैं।

(2) नैदानिक मनोविज्ञान में कुसमायोजन के अध्यथन पर विशेष रूप से बल डाला जाता है (*Clinical Psychology lays special emphasis upon maladjustment*)—नैदानिक मनोविज्ञान मनोविज्ञान का एक ऐसी शाखा है जिसका संबंध असामान्य व्यवहार (abnormal behaviour) तथा अन्य सांवेगिक समस्याओं से होता है। अधिकतर अंशों में नैदानिक मनोविज्ञान का संबंध उन समस्याओं से होता है जिससे एक व्यक्ति प्रायः जूझता रहता है। एक शोधकर्त्ता के रूप में नैदानिक मनोविज्ञानी वैज्ञानिक विधियों का उपयोग करके यह समझना चाहते हैं कि किस तरह से सांवेगिक समस्याएँ जैसे दुभीर्ति, मनोविदालिता (schizophrenia), बाध्यता व्यवहार (compulsive behaviour) विकसित होते हैं तथा संपोषित होते हैं। एक नैदानिक विशेषज्ञ (clinical experts) के रूप में नैदानिक मनोविज्ञानी क्लायंट (client) द्वारा अनुभव किये गए समस्याओं (problems) को समझने की कोशिश करते हैं तथा उस बोध या समझ-बूझ (understanding) का उपयोग उन्हें उनकी समस्याओं से मुक्ति (relief) दिलाने में किया करते हैं। सच्चाई यह है कि कुसमायोजन (maladjustment), असक्तता (disability) तथा कष्ट (discomfort) पर दिया जाने वाला विशेष बल ही नैदानिक मनोविज्ञान को मनोविज्ञान के अन्य शाखाओं से भिन्न करता है।

(3) नैदानिक मनोविज्ञान में व्यक्ति पर अधिक बल डाला जाता है (*Clinical psychology lays emphasis upon the individual*)—जैसा कि हम जानते हैं मनोविज्ञान एक विज्ञान के रूप में विभिन्न चरों (variables) के बीच के संबंधों को जिससे व्यवहार नियंत्रित होता है, समझने की कोशिश करता है। दूसरे शब्दों में तब यह कहा जा सकता

है कि मनोविज्ञान में व्यवहार को नियमान्वेषी स्तर (nomothetic level) पर समझने की कोशिश की जाती है। नैदानिक मनोविज्ञान भी इसी स्तर पर व्यवहार को समझने में अभिरूचि दिखलाता है। परंतु इस नैदानिक मनोविज्ञान में विशेष रूप से इस बात पर बल डाला जाता है कि इस सामान्य नियम को व्यक्ति विशेष को समझने में किस तरह से उपयोग किया जा सकता है। इसे भावमूलक स्तर (idiographic level) कहा जाता है और इसका उपयोग नैदानिक मनोविज्ञान के लिए काफी महत्त्वपूर्ण है। इसे एक उदाहरण द्वारा इस प्रकार समझाया जा सकता है—नैदानिक शोधकर्त्ताओं (clinical researches) द्वारा पाया गया है कि बच्चा जन्म देने के तीन महीने के भीतर महिलाओं में विषाद (depression) की गंभीरता इस बात पर आधृत होती है कि उसे सामाजिक समर्थन तथा उसके समायोजी उपाय (coping strategies) कितना प्रभावी है। उसके इस तरह के विषाद को **पोस्टमार्टम** (Postmartum depression) कहा जाता है। जितना ही कम सामाजिक समर्थन प्राप्त होता है तथा जितना ही समायोजी उपाय अप्रभावी होते हैं, ऐसी महिलाओं में विषाद की गंभीरता अधिक होती है। नैदानिक मनोविज्ञानी इस तरह के नियमान्वेषी सूचना (nomothetic information) के आधार पर महिला में व्याप्त इस तरह के पोस्टमार्टम विषाद का एक भावमूलक समझ (idiographic understanding) विकसित करता है और विशेष रूप से कुछ ऐसे प्रश्नों पर विचार करने लगता है—यह महिला किस तरह के आसेधकों (stressors) का सामना करती होगी; वह किस तरह से इन आसेधकों के साथ निपटती होगी? कौन लोग और कितने लोग ऐसी महिलाओं को अपना समर्थन देते होंगे? आदि आदि। इन प्रश्नों के उत्तर के आधार पर नैदानिक मनोविज्ञानी इस तरह के पोस्टमार्टम विषाद के बारे में एक पर्याप्त बोध (understanding) विकसित कर लेते हैं और इस तरह के भावमूलक बोध पर महिला का आगे का उपचार निर्धारित होता है।

(4) नैदानिक मनोविज्ञान में सहायता प्रदान पर अधिक बल डाला जाता है *(Clinical psychology lays emphasis upin helping)*—नैदानिक मनोविज्ञान एक सहायतापरक पेशा (helping profession) है। नैदानिक मनोविज्ञानी सांवेगिक एवं मनोवैज्ञानिक समस्याओं से ग्रस्ति व्यक्तियों को उनकी समस्याओं से मुक्ति दिलाने में मदद करता है। ऐसा करने के लिए वह तरह-तरह के मनोचिकित्सीय प्रविधियों (psychotherapeutic techniques) का सहारा लेते हैं।

स्पष्ट हुआ कि नैदानिक मनोविज्ञान की कुछ अपनी विशेषताएँ (characteristics) है जो उन्हें मनोविज्ञान के अन्य शाखाओं से भिन्न करते हैं।

नैदानिक मनोविज्ञान का कार्य-क्षेत्र तथा कार्य
(Scope and Functions of Clinical Psychology)

नैदानिक मनोविज्ञान मनोविज्ञान की एक ऐसी प्रयुक्त शाखा (applied branch) है जिसका विकास काफी तेजी से हुआ है। आधुनिक समय में नैदानिक मनोविज्ञान एक प्रमुख पेशा (profession) के रूप में उभर कर लोगों के समाने आया है। फेयर्स (Phares, 1984) के अनुसार नैदानिक मनोविज्ञान के कार्य-क्षेत्र (scope) का सही-सही अंदाजा हमें तब मिलती है जब हम नैदानिक मनोवैज्ञानिकों द्वारा किए गए विभिन्न तरह के कार्यों की समीक्षा (review) करते हैं। इस सिलसिले में गारफिल्ड एवं कुर्ज(Garfield & Kurtz, 1976) तथा नौरक्रौस एवं प्रोचास्का(Norcross & Prochaska, 1982) द्वारा किए गए सर्वे (survey) की विशेष अहमियत बतलायी गयी है। गारफिल्ड एवं कुर्ज (Garfield & Kurtz, 1976) ने नैदानिक मनोवैज्ञानिकों के एक ऐसे समूह का चयन किया जो अमेरिकन मनोवैज्ञानिक संघ (American Psychological Association या APA) के विभाग 12 (Division 12) अर्थात् नैदानिक मनोविज्ञान के विभाग (Division of clinical psychology) के सदस्य थे और प्रत्येक को एक प्रश्नावली डाक द्वारा भेजा जिसमें उन्हें एक नैदानिक मनोवैज्ञानिक के प्रमुख कार्य-क्षेत्रों (scopes) का उल्लेख करना था। इस सर्वे में करीब 800 नैदानिक मनोवैज्ञानिकों ने उस प्रश्नवाली को भरकर लौटाया। एक इसी तरह का सर्वे नौरक्रौस तथा प्रोचास्का (Norcorss & Prochaska, 1982) द्वारा किया गया जिसमें करीब 50 नैदानिक मनोवैज्ञानिकों ने नैदानिक मनोविज्ञान के प्रमुख कार्य-क्षेत्रों का वर्णन एक प्रश्नावली में दिए गए प्रश्नों के उत्तर के रूप में किया। इन दोनों अध्ययनों से कुछ वैसे कार्यक्षेत्रों का स्पष्ट संकेत मिला जिसे अधिकतर नैदानिक मनोवैज्ञानिक उपयुक्त समझते हैं। ऐसे कार्यक्षेत्र फेयर्स (Phares, 1984) के अनुसार निम्नांकित छह हैं—

(1) मनोचिकित्सा (Psychotherapy)
(2) निदान एवं मूल्यांकन (Diagnosis and Assessment)
(3) शिक्षण (Teaching)

(4) शोध (Research)

(5) परामर्श (Consultation)

(6) प्रशासन एवं प्रबंधन (Administration and Management)

इन सबों का वर्णन निम्नांकित है—

(1) मनश्चिकित्सा *(Psychotherapy)*—मनश्चिकित्सा नैदानिक मनोविज्ञान का एक प्रमुख कार्य-क्षेत्र है और करीब 88.3% नैदानिक मनोवैज्ञानिक इसी कार्य में गहन रूप से लगे हुए हैं। मनश्चिकित्सा में नैदानिक मनोवैज्ञानिक विधियों से व्यक्ति के मानसिक रोगों का निदान एवं उपचार करते हैं। मनश्चिकित्सा के कई विमाएँ (dimensions) या प्रकार हैं तथा उसके कई उद्देश्य हैं। मनश्चिकित्सा के विभिन्न प्रकारों में मनोविश्लेषणात्मक चिकित्सा (psychoanalytic therapy), क्लायंट-केन्द्रित चिकित्सा (client-centered therapy), व्यवहार चिकित्सा (behaviour therapy), रैसनल इमोटिव चिकित्सा (rational-emotive therapy) आदि प्रधान हैं। हेरिंक (Herink, 1980) के अनुसार चिकित्सा (therapy) के करीब 250 विभिन्न प्रकार हैं जिनका उपयोग नैदानिक मनोविज्ञानी किसी-न-किसी रूप में करते हैं। मनश्चिकित्सा एक समय में एक ही व्यक्ति पर किया जा सकता है या व्यक्तियों के एक समूह में भी इसे किया जा सकता है। कुछ मनश्चिकित्सा मात्र दो-तीन महीने तक ही चलता है तो कुछ मनश्चिकित्सा साल-साल भर तक चलता रहता है। क्लायंट को अस्पताल में भर्ती करके या फिर उन्हें बिना भर्ती किये हुए उन्हें अपने घर पर रहते हुए ही उपचार किया जाता है। कुछ मनश्चिकित्सा का स्वरूप सुधारक (remedial) होता है क्योंकि इसका उद्देश्य व्यक्ति की वर्तमान समस्या का समाधान करना होता है जबकि कुछ मनोचिकित्सा का स्वरूप निरोधक (preventive) होता है क्योंकि इसका उद्देश्य व्यक्ति में संवेगात्मक या अन्य इसी तरह की कठिनाइयों को उत्पन्न होने से रोकना होता है। नोरक्रास तथा उनके सहयोगियों (Norcross et al., 1997) द्वारा किये गए अध्ययनों यह स्पष्ट हुआ कि नैदानिक मनोवैज्ञानिकों के कार्य अवस्था (work setting) के अनुसार मनोचिकित्सा की प्रक्रिया में मनोवैज्ञानिकों द्वारा व्यतीत किया गया समय भिन्न-भिन्न होते हैं। जैसे, विश्वविद्यालय प्रोफेसरों द्वारा इस कार्य में करीब 10% का समय दिया जाता है; अस्पताल परिसर में नैदानिक मनोवैज्ञानिकों द्वारा करीब 40% समय दिया जाता है तथा निजी व्यवसायी (private pretioner) द्वारा करीब 60% समय दिया जाता है।

मनश्चिकित्सा का प्रकार तथा उद्देश्य चाहे जो भी हो, नैदानिक मनोवैज्ञानिकों का यह एक प्रमुख कार्य-क्षेत्र है और आम जनता नैदानिक मनोवैज्ञानिक को मूलतः मात्र इसी कार्य के विशेषज्ञ के रूप में ही समझती है।

(2) निदान एवं मूल्यांकन *(Diagnosis and Assessment)*—नैदानिक मनोविज्ञान का दूसरा प्रमुख कार्य-क्षेत्र निदान (diagnosis) एवं मूल्यांकन (assessment) है। इसमें करीब 73.8% नैदानिक मनोवैज्ञानिक कार्यरत हैं। निदान से तात्पर्य व्यक्ति के निरीक्षित (observed) गुणों के आधार पर उसकी असामान्यता (abnormality) के लक्षणों एवं वर्गीकरण (classification) की पहचान करने से होता है। विलियमसन (Williamson, 1950) के अनुसार, निदान व्यक्ति की समस्याओं, उसके कारणों एवं अन्य महत्त्वपूर्ण गुणों का एक संक्षिप्त सारांश होता है जिसमें समायोजन तथा कुसमायोजन करने की अन्तःशक्ति का आशय भी होता है। मूल्यांकन (assessment) एक ऐसा तरीका है जिसके सहारे व्यक्ति के बारे में विभिन्न तरह की सूचनाओं को एकत्रित किया जाता है ताकि समस्या का समाधान किया जा सके। मूल्यांकन की प्रक्रिया को नैदानिक मनोवैज्ञानिकों द्वारा प्रेक्षण (observation), परीक्षण (testing) या साक्षात्कार (interviewing) किसी के रूप में भी सम्पन्न किया जाता है। अधिकतर नैदानिक मनोवैज्ञानिकों के लिए मूल्यांकन बहुत लम्बे समय तक एक महत्त्वपूर्ण कार्य रहा है। मूल्यांकन में विशेषकर परीक्षण कार्य (testing) को नैदानिक मनोवैज्ञानिकों द्वारा अधिक महत्त्व दिया गया है।

(3) शिक्षण *(Teaching)*—शिक्षण कार्य भी नैदानिक मनोवैज्ञानिकों का एक प्रमुख कार्य-क्षेत्र है। 61.7% नैदानिक मनोवैज्ञानिक इस कार्य को सफलतापूर्वक कर रहे हैं। नैदानिक मनोवैज्ञानिक अपनी नियुक्ति (appointment) के स्वरूप के अनुसार अंशकालीन (part-time) या पूर्णकालीन (full-time) शिक्षण करते हैं। वे प्रायः उच्चतर असामान्य मनश्चिकित्सा, परीक्षण-कार्य (testing), नैदानिक साक्षात्कार (clinical interview), मनोचिकित्सा (psycho-therapy), व्यक्तित्व सिद्धान्त (personality theory), प्रयोगात्मक नैदानिक मनोविज्ञान (experimental clinical psychology) आदि जैसे विषयों का शिक्षण करते हैं। नैदानिक मनोवैज्ञानिकों द्वारा दिया जाने वाला शिक्षण अधिकतर भाषण-विधि

(lecture method) पर आधारित होता है परन्तु इन लोगों द्वारा एक-एक करके पर्यवेक्षणात्मक आधार (supervisory basis) पर भी शिक्षण कार्य किए जाते हैं। कुछ केसेज में नैदानिक मनोवैज्ञानिक समुदाय (community) में जाकर विषयों पर पुलिस पदाधिकारियों, सामाजिक कार्य-कर्त्ताओं, प्रोवेसन पदाधिकारियों के लिए कार्यशाला (workshop) भी चलाते हैं। इतना ही नहीं, नैदानिक मनोवैज्ञानिक कुछ विशिष्ट विषयों पर छात्रों के लिए सेमिनार भी आयोजित करते हैं और इसके माध्यम से मूल्यांकन (assessment) तथा चिकित्सकीय कौशलों (therapeutic skills) के बारे में उत्तम जानकारी दी जाती है। वैसे नैदानिक मनोविज्ञान जो शैक्षिक पद पर नहीं होते हैं, वे भी प्रायः शिक्षण कार्य करते देखे गए हैं। प्रायः ऐसे मनोवैज्ञानिकों को पेशेवरों (professionals) तथा परापेशेवरों (paraprofessionals) की मदद करने के लिए कार्य-पर-प्रशिक्षण (on-the-job) दिया जाता है।

(4) **शोध** *(Research)*—नैदानिक मनोविज्ञान का एक प्रमुख कार्य-क्षेत्र शोध (research) भी है। अध्ययनों के आधार पर यह पता चला है कि करीब 52.8% नैदानिक मनोवैज्ञानिकों द्वारा शोध कार्य किये जाते हैं। अन्य मानसिक स्वास्थ्य कार्यकर्त्ताओं से भिन्न नैदानिक मनोवैज्ञानिकों को शोध करने का भी प्रशिक्षण किया जाता है। इन शोधों का परिणाम यह होता है कि नैदानिक मनोवैज्ञानिक नया ज्ञान उत्पन्न करने तथा उसे आत्मसात करने में सक्षम हो पाते हैं। नैदानिक मनोवैज्ञानिक भिन्न-भिन्न क्षेत्रों में शोधकार्य करते हैं जिनमें प्रमुख है—व्यक्तित्व का सिद्धान्त, मूल्यांकन प्रविधियों (assessment devices) का विकास एवं वैधीकरण (validation), चिकित्सा प्रविधियों का मूल्यांकन (evaluation of therapy techniques)। इसके अलावा जिन क्षेत्रों में इनके शोध की सक्रियता अधिक है, वे हैं—किशोर दैहिक आक्रमता (adolescent physical aggression), द्विध्रुवीय रोगियों का कार्य समायोजन (work adjustment of bipolar patients), बाल अपराध तथा आक्रमक व्यवहार का रोकथाम (prevention of delinquent and violent behaviour) आदि। इनके शोधों को अन्य जरनल के अलावा 'जरनल ऑफ कन्सल्टिग एण्ड क्लिनिकल साइकोलॉजी' (Journal of Consulting and Clinical Psychology), क्लिनिकल साइकोलॉजी (Clinical Psychology) साइकोलोजिकल एसेसमेन्ट (Psychological Assessment) तथा जरनल ऑफ एबनॉरमल साइकोलॉजी (Journal of Abnormal Psychology) में मुख्य रूप से प्रकाशन किया जाता है। भारत में विभिन्न विश्वविद्यालयों एवं संस्थानों में नैदानिक मनोविज्ञान के क्षेत्र में वैज्ञानिक शोध को पर्याप्त बढ़ावा दिया जा रहा है ताकि मनोविज्ञान की इस शाखा में नवीनतम प्रविधि एवं सिद्धान्त उभर कर आ सके और अन्ततोगत्वा, व्यक्ति की सांवेगिक समस्याओं को समझने एवं उनका उपचार करने में नैदानिक मनोवैज्ञानिकों को काफी मदद मिल पाए। पटना विश्वविद्यालय का *मनोवैज्ञानिक शोध एवं सेवा संस्थान* (Institute of Psychological Research & Service) भी इस सिलसिले में महत्त्वपूर्ण एवं प्रशंसनीय भूमिका निभा रहा है। इस तरह से कहा जा सकता है कि नैदानिक मनोविज्ञान के सैद्धान्तिक एवं व्यावहारिक दो पहलू हैं जो एक-दूसरे के पूरक हैं।

(5) **परामर्श** *(Consultation)*—नैदानिक मनोवैज्ञानिकों का एक प्रमुख कार्यक्षेत्र परामर्श (consultation) भी है। करीब 67.4% नैदानिक मनोवैज्ञानिक इस कार्य को विशेष महत्ता देते हैं। परामर्श का कार्य बहुत हद तक शिक्षण (teaching) के कार्य से संबंधित है। परामर्श एक ऐसी प्रविधि है जिसमें नैदानिक मनोवैज्ञानिक अपने विशेष ज्ञान एवं योग्यता के आधार पर दूसरे व्यक्ति को कुछ विशेष तरह की सूचना देकर उसकी समस्याओं को दूर करते हैं। परामर्श के कई प्रकार हैं जिनमें नैदानिक मनोवैज्ञानिकों को सक्रिय होना पड़ता है। औद्योगिक या व्यावसायिक संस्था (firms) को एवं अपने सहकर्मियों (colleagues) तथा अन्य एजेन्सियों को वे परामर्श देते हैं। जैसे—किसी औद्योगिक या व्यावसायिक संस्था में नैदानिक परामर्शदाता (clinical consultants) को संस्था के कार्यपालकों (executives) को प्रेरित करने के उपायों पर राय देने को कहा जा सकता है; औषधि-व्यसनी की समस्याओं को दूर करने के ख्याल से उन्हें कुछ परामर्श देने को कहा जा सकता है या किसी संगठन (organisation) की प्रभावशीलता (effectiveness) को बढ़ाने के लिए परामर्श देने को कहा जा सकता है। परामर्श का स्वरूप कभी तो सुधारक (remedial) होता है और कभी निरोधक (preventive) होता है। कुछ नैदानिक परामर्शदाता (clinical consultants) की सेवा को अंशकालीन आधार (part-time basis) तथा कुछ की सेवा को पूर्णकालीन आधार पर कभी-कभी उपयुक्त धन खर्च करके प्राप्त किया जाता है। स्पष्ट है कि परामर्श का चाहे जो भी स्वरूप क्यों न हो तथा वह जिस किसी भी परिस्थिति में क्यों नहीं दिया जा रहा

हो, यह नैदानिक मनोवैज्ञानिकों का एक प्रमुख कार्य-क्षेत्र है। इस पर फेयर्स[1] (Phares, 1983) ने बहुत ही सटीक टिप्पणी करते हुए कहा है, ''परामर्श चाहे जिस परिस्थिति में दी गयी हो या चाहे जो भी इसका विशेष उद्देश्य हो, आज यह बहुत नैदानिक मनोवैज्ञानिकों के लिए एक सार्थक कार्य बन गया है।''

(6) प्रशासन एवं प्रबंधन *(Administration and Management)*—नैदानिक मनोविज्ञानी प्रशासनिक एवं प्रबंधन से संबंधित कार्य भी करते हैं। इस कार्य में दिन प्रतिदिन के नैत्य कार्य(routine work) के अलावा कुछ महत्त्वपूर्ण प्रशासनिक कार्य जिसमें फाइल देखना तथा उचित निर्देश देना आदि भी सम्मिलित होता है। नैदानिक मनोवैज्ञानिकों से प्रशासनिक कार्य इसलिए करने के लिए कहा जाता है क्योंकि उनमें संवेदनशीलता, अन्तर्वैयक्तिक कौशल तथा शोध सुविज्ञता(research expertise) आदि अधिक होते हैं। प्रशासनिक पद (administrative post) जिस पर रहकर नैदानिक मनोविज्ञानी प्रायः प्रशासनिक एवं प्रबंधन संबंधी कार्य किया करते हैं, इस प्रकार हैं—विश्वविद्यालीय मनोविज्ञान विभाग का अध्यक्ष(Head), प्रशिक्षण कार्यक्रम का निदेशक (Director), छात्र परामर्श केन्द्र (Student counselling centre) का निदेशक, स्कूल तंत्र का अधीक्षक (Superintendent), किसी अस्पताल या उपचार केन्द्र का मुख्य मनोवैज्ञानिक, सामुदायिक मानसिक स्वास्थ्य (Community mental health) का निदेशक आदि। नॉरक्रॉस तथा उनके सहयोगियों (Norcross et al., 1989) ने अपने अध्ययन के आधार पर यह बतलाया है कि प्रशासनिक एवं प्रबंधन कार्य में नैदानिक मनोविज्ञानी अपने समय का लगभग 16% प्रतिशत समय व्यतीत करते हैं। इन लोगों के अध्ययन से यह स्पष्ट हुआ है कि नैदानिक मनोविज्ञानिकों में कुछ इस ढंग का कौशल (skills) एवं विशेषताएँ (characteristics) होती हैं जो उन्हें प्रशासनिक कार्य के लिए योग्य बनाता हे। ऐसा देखा गया है कि शोध में प्रशिक्षण के माध्यम से नैदानिक मनोविज्ञानी गहन संगठनात्मक कौशल (strong organizational skills) विकसित कर लेते हैं जिनसे उन्हें प्रशासनिक पद की जवाबदेही निभाने में सुगमता होती है। अपने नैदानिक प्रशिक्षण (clinical training) के दौरान नैदानिक मनोवैज्ञानिक गहन अन्तर्वैयक्तिक कौशल (strong interpersonal skills) विकसित कर लेते हैं जो भी उन्हें प्रशासनिक पद की जवाबदेही निभाने में मदद करता है।

स्पष्ट हुआ कि नैदानिक मनोविज्ञान का कार्यक्षेत्र काफी विस्तृत है। शायद यही कारण है कि नैदानिक मनोवैज्ञानिकों को मानसिक रोगों की चिकित्सा के अलावा भी तरह-तरह का कार्य करना पड़ता है।

नैदानिक मनोविज्ञान तथा अन्य संबंधित विज्ञान (Clinical Psychology and other Related Sciences)

नैदानिक मनोविज्ञान मनोविज्ञान का एक प्रयुक्त शाखा (applied branch) है। मनोविज्ञान का एक शाखा होने के नाते इसका संबंध मनोविज्ञान के अन्य शाखाओं से काफी है। नैदानिक मनोविज्ञान का संबंध असामान्य मनोविज्ञान(abnormal psychology) से सबसे अधिक है क्योंकि दोनों ही शाखाओं का विषय-वस्तु (subject-matter) सांवेगिक एवं व्यवहारात्मक समस्याओं का अध्ययन करना है। इसका संबंध परामर्श मनोविज्ञान (counselling Psychology) से भी अधिक बतलाया गया है। इसके अलावा नैदानिक मनोविज्ञान का संबंध अन्य विज्ञानों जैसे—मनोरोगविज्ञान (psychiatry), मनोविश्लेषण (psychoanalysis), मनोरोगी सामाजिक कार्य (psychiatric social work) आदि से भी है। नैदानिक मनोविज्ञान का इन सभी विज्ञानों के साथ संबंध का वर्णन हम अलग-अलग अनुच्छेदों में करेंगे।

नैदानिक मनोविज्ञान एवं असामान्य मनोविज्ञान (Clinical Psychology and Abnormal Psychology)

नैदानिक मनोविज्ञान तथा असामान्य मनोविज्ञान दोनों ही मनोविज्ञान की शाखाएँ हैं जिनका स्वरूप जुड़वाँ भाइयों के समान है, यदि ऐसा कहा जाए तो कोई अतिशयोक्ति (exaggeration) नहीं होगी। असामान्य मनोविज्ञान कुसमायोजित व्यवहारों (behaviour disorders) का अध्ययन करता है। दूसरे तरफ नैदानिक मनोविज्ञान में ऐसे कुसमायोजित एवं विकृत

1. "Consulting, regardless of the setting in which occurs or the particular purpose it has, has become a significant activity of many clinical psychologists today (Swensen et al., 1978)."

—Phares : *Clinical Psychology,* 1983, p. 13.

व्यवहारों के निदान (diagnosis) एवं उपचार (treatment) पर बल डाला जाता है। स्पष्टतः तब मनोविज्ञान के इन दोनों शाखाओं के अध्ययन का केन्द्र बिन्दु लगभग समान है। इस समानता के बावजूद भी इन दोनों विज्ञानों में कुछ अन्तर है जो निम्नांकित हैं—

(1) असमान्य मनोविज्ञान तथा नैदानिक मनोविज्ञान में मुख्य अन्तर यह है कि असामान्य मनोविज्ञान में केवल विभिन्न प्रकार के असामान्य व्यवहारों, उनके कारणों, लक्षणों एवं उपचारों का अध्ययन किया जाता है। नैदानिक मनोविज्ञान में ऐसे असामान्य व्यवहारों के अलावा सामान्य व्यवहारों का भी अध्ययन किया जाता है। जैसे—नैदानिक मनोवैज्ञानिक हिस्ट्रीया तथा या मानसिक दुर्बलता (mental retardation) के एक रोगी के कारणों एवं लक्षणों को समझकर सिर्फ उसका ही उपचार करने की ही कोशिश नहीं करता है बल्कि एक सामान्य व्यक्ति जिसे किसी व्यवसाय (vocation) या किसी छात्र जिसे शिक्षा ग्रहण करने में कुछ कठिनाइयाँ होती हैं, उनके व्यवहार का अध्ययन करके भी उनकी मदद करता है।

(2) नैदानिक मनोविज्ञान का दृष्टिकोण वैयक्तिक(individual) होता है जबकि असामान्य मनोविज्ञान का दृष्टिकोण सामान्य (general) होता है। असामान्य मनोविज्ञान में असामान्य व्यवहार के कारणों, लक्षणों एवं उपचार की विधियों का सामान्य ढंग से वर्णन किया जाता है और इसके आधार पर एक सामान्य नियम का प्रतिपादन किया जाता है जो उस असामान्य व्यवहार से ग्रसित सभी व्यक्तियों पर सामान्य रूप से लागू होता है। नैदानिक मनोविज्ञान के साथ ऐसी बात नहीं है। इसमें व्यक्ति-विशेष के मानसिक रोग या अन्य असामान्य व्यवहार को उनकी विशेष पृष्ठभूमि, लक्षण आदि के रूप में समझा जाता है और उसका उपचार किया जाता है। नैदानिक मनोवैज्ञानिक अपने विशेष प्रयास से यह जानना चाहते हैं कि उस व्यक्ति में अमुक मानसिक रोग या असामान्य व्यवहार कैसे उत्पन्न हुआ, उनमें विशेष लक्षण किन कारणों से उत्पन्न हुए तथा उनके उपचार में मनश्चिकित्सा (psychotherapy) की कौन विधि सबसे अधिक उपयुक्त होगी।

(3) नैदानिक मनोविज्ञान एवं असामान्य मनोविज्ञान में अन्तर विशेष प्रशिक्षण (training) दिए जाने के प्रश्न पर भी है। नैदानिक मनोविज्ञान अपने क्षेत्र के मनोवैज्ञानिकों को चिकित्सा एवं उपचार की विधियों में निपुणता हासिल करने के उद्देश्य से विशेष प्रशिक्षण देने पर अधिक बल डालता है। अब तो इधर कई अमेरिकन विश्वविद्यालयों में नैदानिक मनोवैज्ञानिकों को मेडिकल डाक्टरों के समान इन्टर्नशीप(internship) पूरा करना अनिवार्य कर दिया गया है। परन्तु असामान्य मनोविज्ञान अपने क्षेत्र के विशेषज्ञों पर ऐसा प्रशिक्षण का अधिकार नहीं लादता है। शायद उसका मूल कारण यह है कि यह विज्ञान उपचार एवं चिकित्सा के व्यावहारिक पक्ष पर बल न डालकर मात्र उसका सैद्धान्तिक पक्ष पर ही बल डालता है।

(4) कुछ मनोवैज्ञानिकों का मत है कि नैदानिक मनोविज्ञान एक विज्ञान होने के साथ-ही-साथ एक पेशा(profession) भी है। शायद यही कारण है कि आधुनिक समय में नैदानिक मनोविज्ञान का विकास एक पेशा (profession) के रूप में काफी अधिक हुआ है। दूसरे तरफ असामान्य मनोविज्ञान मनोविज्ञान की एक ऐसी शाखा है जिसे मात्र विज्ञान माना जा सकता है। इसे पेशा (profession) के रूप में अबतक विकसित नहीं किया गया है।

(5) असामान्य मनोविज्ञान तथा नैदानिक मनोविज्ञान की समस्याएँ भी भिन्न-भिन्न हैं। असामान्य मनोविज्ञान की मुख्य समस्या मानसिक रोगों के लक्षणों, कारणों एवं उपचारों की सैद्धान्तिक रूप से (theoretically) व्याख्या करना है जबकि नैदानिक मनोविज्ञान की मुख्य समस्या मानसिक रोगों के लक्षणों, कारणों एवं उपचारों की व्यावहारिक रूप से व्याख्या करने के अलावा कुसमायोजन की अन्य समस्याओं का व्यावहारिक समाधान (practical solution) करने से संबंधित है।

(6) असामान्य मनोविज्ञान का मुख्य उद्देश्य किसी असामान्य व्यवहार के स्वरूप, लक्षणों एवं कारणों की व्याख्या करना है जबकि नैदानिक मनोविज्ञान का उद्देश्य व्यक्ति के असामान्य व्यवहारों तथा कुसमायोजित व्यवहारों का विश्लेषण, निदान(diagnosis), उपचार(treatment) करना तथा इस सिलसिले में व्यक्तित्व के गत्यात्मक बलों(dynamic forces) का भी अध्ययन करना है।

(7) नैदानिक मनोविज्ञान मनोविज्ञान का एक प्रयुक्त शाखा (applied branch) है जबकि असामान्य मनोविज्ञान (abnormal psychology) मनोविज्ञान का एक सैद्धान्तिक शाखा (theoretical branch) है। ऐसा इसलिए कहा जाता है कि असामान्य मनोविज्ञान की सीमा मूलतः असामान्य व्यवहारों को समझने, उसके लक्षण, कारणों एवं उपचार-संबंधी नियम एवं सिद्धान्त-मात्र बनाने तक की है जबकि नैदानिक मनोविज्ञान में ऐसे नियमों एवं सिद्धान्तों का व्यावहारिक उपयोगिताओं (practical utilities) पर अधिक बल डाला जाता है।

नैदानिक मनोविज्ञान तथा परामर्श मनोविज्ञान
(Clinical Psychology and Counselling Psychology)

नैदानिक मनोविज्ञान तथा परामर्श मनोविज्ञान (Counselling psychology) दोनों ही मनोविज्ञान की प्रयुक्त शाखाएँ (applied branch) हैं। परामर्श मनोविज्ञान मनोविज्ञान की वह शाखा है जिसमें उन प्रक्रियाओं का अध्ययन किया जाता है जिसके सहारे मनोवैज्ञानिक किसी दूसरे ऐसे स्वस्थ व्यक्ति को जो समायोजन की साधारण समस्याओं से जुझते रहते हैं, उन्हें अपनी इन समस्याओं से निपटने के लिए विशेष सलाह देते हैं। इस तरह के सलाह या राय को मनोविज्ञान में परामर्श (counselling) कहा जाता है। नैदानिक मनोविज्ञान का कार्यक्षेत्र भी कुछ ऐसा ही है जहाँ मानसिक रोगों के निदान एवं उपचार पर अधिक बल डाला जाता है। इस समानता के बावजूद नैदानिक मनोविज्ञान (clinical psychology) परामर्श मनोविज्ञान (counselling psychology) से भिन्न है। ऐसी कुछ प्रमुख बिन्दुएँ निम्नांकित हैं—

(1) एक परामर्श मनोवैज्ञानिक का मुख्य कार्य व्यक्ति के महत्त्वपूर्ण मानवीय समस्याओं के समाधान के प्रति सुनिश्चित वैकल्पिक निर्णयों को भली-भाँति समझा-बुझाकर उसका आवश्यक मार्ग-दर्शन (guidance) करना होता है। दूसरे तरफ नैदानिक मनोवैज्ञानिक ऐसी समस्याओं का निदान(diagnosis) एवं मनोचिकित्सा की उपयुक्त विधियों की खोज कर उसका उपचार करता है। अतः विस्तृत अर्थ में यह कहा जा सकता है कि परामर्श मनोवैज्ञानिक का दृष्टिकोण अधिकतर निरोधात्मक (preventive) होता है जबकि नैदानिक मनोवैज्ञानिक का दृष्टिकोण निरोधात्मक (preventive) कम तथा उपचारी (remedial) अधिक होता है।

(2) परामर्श मनोविज्ञान (counselling psychology) में उन मानवीय समस्याओं के समाधान पर अधिक बल डाला जाता है जिनका स्वरूप साधारण एवं कम गंभीर होता है। जैसे—पढ़ते समय ध्यान इधर से उधर भटकना, नींद नहीं आना, नख को दाँत से काटते रहना आदि जैसे कुछ साधारण समस्याओं का समाधान परामर्श मनोविज्ञान का कार्यक्षेत्र माना गया है। परन्तु गंभीर मानवीय समस्याओं एवं मानसिक रोगों का निदान एवं उपचार (treatments) नैदानिक मनोविज्ञान का कार्यक्षेत्र माना गया है।

(3) परामर्श मनोवैज्ञानिक सिर्फ सामान्य व्यक्तियों को शैक्षिक (educational) एवं व्यावसायिक विकल्पों (vocational alternatives) के लिए मार्गदर्शन(guidance) करते हैं जबकि नैदानिक मनोवैज्ञानिक सामान्य एवं असामान्य दोनों ही तरह के व्यक्तियों की समस्याओं का निदान (diagnosis) एवं उपचार (treatment) करते हैं।

स्पष्ट हुआ कि नैदानिक मनोविज्ञान (clinical psychology) तथा परामर्श मनोविज्ञान (counselling psychology) में समानता होते हुए भी विभिन्नता है।

नैदानिक मनोविज्ञान तथा मनोरोगविज्ञान
(Clinical Psychology and Psychiatry)

नैदानिक मनोविज्ञान (Clinical psychology) तथा मनोरोगविज्ञान (psychiatry) दोनों का अध्ययन बिन्दु एक ही है अर्थात् असामान्य व्यवहार (abnormal behaviour) के लक्षणों, कारणों आदि को समझकर उसका उपचार करना। इस ख्याल से दोनों में समानता है। इस समानता के बावजूद इन दोनों विज्ञानों में कुछ अन्तर है जो निम्नांकित हैं—

(1) नैदानिक मनोविज्ञान (Clinical Psychology) तथा मनोरोगविज्ञान (Psychiarty) में मूल अन्तर यह है कि नैदानिक मनोविज्ञान मनोविज्ञान की एक शाखा है जबकि मनोरोगविज्ञान (Psychiarty) मनोविज्ञान की शाखा न होकर चिकित्सा विज्ञान (medical science) की एक शाखा है। मनोरोगविज्ञानी (Psychiatrist) बनने के लिए एम० बी० बी० एस० (MBBS) की उपाधि प्राप्त करने के बाद पुनः कुछ वर्षों तक मानसिक रोग के निदान एवं उपचार में विशेष प्रशिक्षण होता है। एक नैदानिक मनोवैज्ञानिक को कोई ऐसी एम० बी० बी० एस० की डिग्री नहीं होती है। वह मात्र नैदानिक मनोविज्ञान में एम० ए० या नैदानिक पाठ्यक्रमों (syllabuses) को सफलतापूर्वक पूरा करने के बाद जो उपाधि मिलती है, वह उसे प्राप्त होता है। एक नैदानिक मनोवैज्ञानिक मनोरोगविज्ञानी (Psychiatrist) नहीं हो सकता है। मनोरोगविज्ञान (Psychiatry) का एक महत्त्वपूर्ण पहलू यह होता है कि इसमें मानसिक रोग के उपचार में औषध (drug) तथा अन्य दवाओं का उपयोग करना सिखलाया जाता है जो नैदानिक मनोविज्ञान में नहीं किया जाता है। हालांकि आजकल नैदानिक मनोवैज्ञानिक भी जैसा कि डेलियोन तथा विगिन्स (Delean & Wiggins, 1996) ने कहा है, काफी सफल प्रयास करके मानसिक रोगों के उपचार में औषध (drugs) की सिफारिश करने का वैधानिक विशेषाधिकार (legal privilege) प्राप्त करने में लगे हुए

हैं। बल्कि अमेरिका का न्यू मैक्सिको(New Mexico) पहला ऐसा राज्य बन गया है जो अनुज्ञप्त मनोविज्ञानिकों(licensed psychologists) को औषध की सिफारिश करने के लिए पर्याप्त प्रशिक्षण से संबंधित विधेयक को अनुशंसित (pass) भी कर दिया है।

(2) मनोरोगविज्ञान में मूलतः मनोरोगविज्ञानी का संबंध मानसिक रोग के निदान (diagnosis) एवं उपचार (treatment) से होता है। लेकिन नैदानिक मनोविज्ञान का संबंध इन कार्यों के अलावा तरह-तरह के मनोनैदानिक परीक्षणों (psychodiagnostic tests) के निर्माण से भी होता है। एक नैदानिक मनोवैज्ञानिक बुद्धि परीक्षण, अभिक्षमता परीक्षण, अभिरुचि परीक्षण, व्यक्तित्व परीक्षण का निर्माण करता है तथा इनका उपयोग मानसिक रोगों के उपचार में करता है।

(3) मनोरोगविज्ञान में मानसिक रोगों की उपचार विधि (treatment method) नैदानिक मनोविज्ञान (clinical psychology) में मानसिक रोगों के उपचार विधि से भिन्न होती है। मनोरोगविज्ञानी जैविक चिकित्सा(biological therapy) या मेडिकल चिकित्सा (medical therapy) जैसे औषधि चिकित्सा (phrmacotherapy), आघात चिकित्सा (shock therapy) तथा मनोशल्य चिकित्सा (Psychosurgery) का प्रयोग करते हैं। परन्तु नैदानिक मनोवैज्ञानिक मानसिक रोगों के उपचार में मनश्चिकित्सा (Psychotherapy) के विधियों जैसे—व्यवहार चिकित्सा (behaviour therapy), क्लायंट-केन्द्रित चिकित्सा (client-centered therapy), सामूहिक चिकित्सा (group therapy) आदि का प्रयोग करते हैं।

(4) मनोरोगविज्ञान (psychiatry) तथा नैदानिक मनोविज्ञान में मानसिक रोगों के निदान एवं उपचार के लिए जो नैदानिक कार्यक्रम (clinical programme) होते हैं, उनमें भी भिन्नता होती है। एक मनोरोगविज्ञानी किसी मानसिक रोगी के लक्षणों का अध्ययन करके एक मेडिकल रिपोर्ट करता है जिसमें स्पष्टतः यह लिखा होता है कि मानसिक रोग का कारण शारीरिक है या मानसिक है। फिर उसी के अनुरूप उसका उपचार(treatment) होता है। दूसरे तरफ एक नैदानिक मनोवैज्ञानिक मानसिक रोगी की समस्याओं एवं लक्षणों को समझने के लिए उसके सम्पूर्ण व्यक्तित्व का मापन करते हैं और उसके आधार पर उसके गत्यात्मक संघर्षों (dynamic conflicts) को समझने की कोशिश करते हैं। वे सचमुच में इसके अलावा रोगी के परिवार के लोगों से मिलकर तथा उनका साक्षात्कार (interview) लेकर एक केस इतिहास (case history) तैयार करता है। नैदानिक मनोवैज्ञानिक यह भी जानने का भरसक प्रयत्न करते हैं कि रोगी की समस्या का कारण सीखा हुआ गलत व्यवहार है या उपयुक्त व्यवहार को सीखने की असफलता है।

(5) मनोरोगविज्ञान में शारीरिक एवं मानसिक दोनों पक्षों से संबंधित मानसिक रोग का उपचार सफलतापूर्वक किया जाता है। परन्तु नैदानिक मनोविज्ञान में सिर्फ मानसिक या मनोवैज्ञानिक पक्षों से संबंधित मानसिक रोग का उपचार किया जाता है। इतना ही नहीं, मनोरोग-विज्ञान (Psychiatry) में गंभीर मानसिक रोग जैसे मनोविदालिता (Schizophrenia), स्थिर-व्यामोह (Paranoia), द्विध्रुवीय विकृति (bipolar II disorder) जैसे रोगों का उपचार अधिक सफलतापूर्वक किया जाता है क्योंकि ऐसे रोगियों को जैविक चिकित्सा(biological therapy) की भी जरूरत पड़ती है जिसे केवल मनोरोगविज्ञानी (Psychiatrist) ही सम्पन्न कर सकते हैं। नैदानिक मनोविज्ञान में साधारण मानसिक रोग जैसे सामान्यीकृत चिंता विकृति (Generalized anxiety disorder), दुर्भीति (phobia), मनोग्रस्ति-बाध्यता स्नायुविकृति (obsessive-compulsive neurosis) आदि का उपचार अधिक किया जाता है। परन्तु इसका यह मतलब नही है कि एक नैदानिक मनोवैज्ञानिक मनोविदालिता तथा स्थिर-व्यामोह के रोगियों का उपचार नहीं कर सकता है।

(6) मनोरोगविज्ञान में केवल मानसिक रोग के वर्तमान समस्याओं पर अधिक बल डाला जाता है और जैसे ही रोग का लक्षण समाप्त होता है, चिकित्सा रोक दी जाती है। परन्तु नैदानिक मनोविज्ञान में मनोवैज्ञानिक किसी मानसिक रोग के लक्षण की समाप्ति से पूर्णरूपेण संतुष्टि नहीं पाते हैं। उनका प्रयास यह होता है कि रोगी का मानसिक स्वास्थ्य इस लायक हो जाए कि अपने परिवार या समाज में पुनः जाकर पहले जैसा सामाजिक संबंध कायम कर सके। एक मनोरोगविज्ञानी को रोगी के इस सामाजिक पहलू (social aspect) में कोई मतलब नहीं होता है।

(7) मनोरोगविज्ञान (Psychiatry) का संबंध केवल मानसिक रोगों के निदान एवं उपचार से होता है परन्तु नैदानिक मनोविज्ञान का संबंध इन मानसिक रोगों के निदान एवं उपचार के अलावा समायोजन (adjustment) के विभिन्न तरह की समस्याओं का अध्ययन कर उनका समाधान करने से होता है। इस अर्थ में यह कहा जा सकता है कि नैदानिक मनोविज्ञान का कार्यक्षेत्र (scope) मनोरोगविज्ञान (Psychiatry) के कार्यक्षेत्र से अधिक विस्तृत है।

स्पष्ट हुआ कि मनोरोगविज्ञान (psychiatry) तथा नैदानिक मनोविज्ञान में कुछ विशिष्ट अन्तर हैं।

नैदानिक मनोविज्ञान तथा मनोविश्लेषण
(Clinical Psychology and Psychoanalysis)

मनोविश्लेषण (Psychoanalysis) एक ऐसा पद है जिसका प्रतिपादन सिगमण्ड फ्रायड (Sigmund Freud) द्वारा किया गया। इस पद के तीन अर्थ हैं—

(i) मनोविश्लेषण मनोविज्ञान का एक विशेष संप्रदाय (system) है।

(ii) मनोविश्लेषण व्यक्तित्व का एक सिद्धान्त है।

(iii) मनोविश्लेषण मनोचिकित्सा (psychotherapy) की एक विधि है।

मनोविश्लेषण अपने इस तीसरे अर्थ में नैदानिक मनोविज्ञान के नजदीक आ जाता है। मनोविश्लेषण एक ऐसी मनोचिकित्सा की विधि है जिसमें रोगी के अचेतन में छिपे संघर्षों की पहचान विशेष विधियों से करके उसके संवेगात्मक (emotional) एवं व्यवहारात्मक विकृतियों का निदान एवं उपचार करने की कोशिश की जाती है। मनोविश्लेषक (Psychoanalyst) या जिसे संक्षेप में *विश्लेषक* (analyst) भी कहा जाता है, एक ऐसा मनश्चिकित्सक (Psychotherapist) होता है जो मानसिक रोगों के निदान एवं उपचार (treatment) में फ्रायड द्वारा प्रतिपादित विधियों (methods) एवं सिद्धान्तों का उपयोग करता है। अमेरिका में अधिकतर मनोविश्लेषक मनरोगविज्ञानी (Psychiatrist) ही होते हैं परन्तु अन्य देशों में कुछ ऐसे भी मनोविश्लेपक हैं जो मनोरोग विज्ञानी नहीं होते हैं अर्थात् उनको चिकित्सा विज्ञान (medical science) की कोई उपाधि नहीं प्राप्त होती है। ऐसे मनोविश्लेषकों को *साधारण विश्लेषक*(layanalyst) कहा जाता है। कहने का मतलब यह हुआ कि मनोविश्लेषक को मनोरोगविज्ञान(psychiatry) या मनोविज्ञान में उपाधि प्राप्त हो सकता है।चूँकि मनोविश्लेषण में मनश्चिकित्सा की विशेष विधि द्वारा मानसिक रोग का निदान (diagnosis) एवं उपचार (treatment) किया जाता है और नैदानिक मनोविज्ञान में भी मानसिक रोग का निदान एवं उपचार करने में मनश्चिकित्सा के विभिन्न विधियों का उपयोग किया जाता है, अतः इन दोनों में इस बिन्दु पर समानता है। इस समानता के बावजूद इन दोनों में अन्तर है जो निम्नांकित हैं—

(1) मनोविश्लेषण में मानसिक रोगों का उपचार करने में सिर्प फ्रायड द्वारा प्रतिपादित विधि एवं सिद्धान्तों का जिनमें बाद में उनके सहयोगियों द्वारा परिमार्जन (modification) भी किया गया है, प्रयोग होता है। परन्तु नैदानिक मनोविज्ञान में ऐसे मानसिक रोगों के उपचार में फ्रायडिन मनोविश्लेषण के अलावा मनोचिकित्सा के अन्य विधियों का भी प्रयोग किया जाता है।

(2) मनोविश्लेषण की तुलना में नैदानिक मनोविज्ञान (clinical psychology) का कार्यक्षेत्र बड़ा होता है। मनोविश्लेषण का संबंध मूलतः मानसिक रोगों के निदान एवं उपचार से होता है। परन्तु, नैदानिक मनोविज्ञान का संबंध ऐसे रोगों के उपचार के अलावा समायोजन (adjustment) की समस्या का समाधान एवं विभिन्न तरह के मनोवैज्ञानिक परीक्षणों (psychological tests) के निर्माण आदि से भी होता है।

(3) मनोविश्लेषक रोगी को उसके लक्षण एवं व्यवहारों के आधार पर उसे किसी एक रोग-श्रेणी में रखकर उसका निदान एवं उपचार करते हैं। परन्तु नैदानिक मनोवैज्ञानिक रोगी के प्रत्येक लक्षण को स्वतंत्र रूप से अलग-अलग रखकर देखते हैं और उनका मनोवैज्ञानिक आधार जानने के लिए रोगी के सम्पूर्ण व्यक्तित्व तथा उसके प्रमुख गत्यात्मक बलों (dynamic forces) का अध्ययन करते हैं।

(4) मनोविश्लेषण में फ्रायड के विचारधाराओं के अनुकूल जैविक दृष्टिकोण (biological viwpoints) रखते हुए मानसिक रोगों का उपचार किया जाता है। यही कारण है कि एक मनोविश्लेषक (Psychoanalyst) व्यक्ति के मानसिक रोगों को अचेतन मन की मूल प्रवृत्तियों, संघर्षों आदि के रूप में व्याख्या करता है तथा उसे समझने की कोशिश करता है। दूसरे तरफ नैदानिक मनोविज्ञान में इस जैविक दृष्टिकोण के अलावा सामाजिक दृष्टिकोण को किसी मानसिक रोग के निदान (diagnosis) एवं उपचार (treatment) भी ध्यान में रखा जाता है। दूसरे शब्दों में, नैदानिक मनोवैज्ञानिक किसी मानसिक रोग के निदान एवं उपचार में रोगियों के पारिवारिक एवं सामाजिक कारकों के महत्त्व की भी पहचान करते हैं।

स्पष्ट हुआ कि मनोविश्लेषण (psychoanalysis) तथा नैदानिक मनोविज्ञान में समानता के बावजूद भी भिन्नता है।

नैदानिक मनोविज्ञान एवं मनोरोगी सामाजिक कार्य
(Clinical Psychology and Psychiatric Social Work)

मनोरोगी सामाजिक कार्य (Psychiatric social work) एक ऐसा कार्यक्षेत्र है जिसमें वैसे सामाजिक कार्यकर्त्ताओं जिनकी अभिरुचि मानसिक बीमारियों की समस्याओं में अधिक होता है तथा जिन्हें ऐसे बीमारियों के उपचार एवं निदान में कुछ प्रशिक्षण (training) भी प्राप्त होते हैं, को सम्मिलित किया जाता है। ऐसे सामाजिक कार्यकर्त्ता को असामान्य मनोविज्ञान (abnormal psychology) का तथा मानसिक रोगों के निदान (diagnosis) एवं उपचार (treatment) का अच्छा ज्ञान होता है। सचमुच में ऐसे सामाजिक कार्यकर्त्ता मानसिक रोगों के उपचार में अपना योगदान रोगी एवं उसके घर-परिवार तथा मानसिक अस्पताल एवं समुदाय (community) के बीच एक कड़ी (link) बनकर करते हैं। वह मनोरोगविज्ञानियों(psychiatrists) तथा अन्य चिकित्सकों को रोगी के बारे में सामाजिक(social), आर्थिक(economic) तथा पर्यावरणी सूचना देकर उनकी मदद करता है। अमेरिका के कई मानसिक अस्पतालों एवं सामाजिक कल्याण एजेंसियों में किसी मनोरोगविज्ञानी(Psychiatrist) के पर्यवेक्षण(supervision) में ऐसे सामाजिक कार्यकर्त्ता वैयक्तिक मनोचिकित्सा (individual psychotherapy) या सामूहिक मनोचिकित्सा (group psychotherapy) भी प्रदान करते हैं।

उपर्युक्त विवरण से यह स्पष्ट है कि मनोरोगी सामाजिक कार्य (Psychiatric social work) का कार्यक्षेत्र नैदानिक मनोविज्ञान के कार्यक्षेत्र से काफी करीब है। दोनों ही क्षेत्रों में सामाजिक रोगियों के निदान एवं उपचार पर बल डाला जाता है। इस समानता के बावजूद इन दोनों में अन्तर है जो निम्नांकित है—

(1) मनोरोगी सामाजिक कार्यकर्त्ता बनने के लिए यह जरूरी नहीं है कि वह व्यक्ति मनोविज्ञान में एम० ए० की उपाधि प्राप्त किया हो। सच्चाई यह है कि वह समाज विज्ञान (social science) के किसी भी विषय में एम० ए० की उपाधि प्राप्त करने के बाद मनोरोगी सामाजिक कार्य में प्रशिक्षण लेकर ऐसा कार्यकर्त्ता बन सकता है। परन्तु नैदानिक मनोवैज्ञानिक बनने के लिए यह आवश्यक है कि व्यक्ति नैदानिक मनोविज्ञान में एम० ए० हो या यदि वह मनोविज्ञान में एम० ए० है तो फिर उसने उसके बाद नैदानिक मनोविज्ञान के क्षेत्र में विशेष प्रशिक्षण लिया हो।

(2) नैदानिक मनोवैज्ञानिक मानसिक अस्पताल या निजी उपचार-गृहों (private clinics) में रोगियों का उपचार एवं देखभाल करते हैं। इसे अलावा कभी-कभी उन्हें इन अस्पतालों के प्रशासनिक कार्यों (administrative work) में भी हाथ बँटाना होता है। मनोरोगी सामाजिक कार्यकर्त्ता नैदानिक मनोवैज्ञानिक के इस कार्य में मदद तो करते ही हैं, साथ-ही-साथ वे रोगियों के परिवार तथा समुदाय से भी सम्पर्क बनाए रखते हैं और मनोरोगविज्ञानियों (psychiatrists) तथा नैदानिक मनोवैज्ञानिकों को वे ही रोगी के परिवार एवं समुदाय से संबंधित सूचनाएँ देते हैं।

(3) नैदानिक मनोवैज्ञानिक रोगियों की समस्याओं को समझने के लिए कई तरह के मनोवैज्ञानिक परीक्षण का उपयोग करते हैं तथा प्राप्त तथ्यों का मूल्यांकन (evaluation) करते हैं। इतना ही नहीं, नैदानिक मनोवैज्ञानिक रोगी की सम्पूर्ण व्यक्तित्व का विश्लेषण करते हैं और तब उनकी समस्याओं का निदान (diagnosis) एवं उपचार (treatment) करते हैं। दूसरे तरफ मनोरोगी सामाजिक कार्यकर्त्ता रोगी के सामाजिक, आर्थिक एवं पारिवारिक समस्याओं के बारे में सूचना एकत्रित करता है तथा उन सूचनाओं को चिकित्सीय टीम को उपलब्ध कराकर उपचार में मदद करता है।

(4) नैदानिक मनोवैज्ञानिक मानसिक रोगों के उपचार के लिए कुछ खास-खास तरह की प्रविधियों को अधिक अपनाता है जिनमें मनोविश्लेषण, क्लायंट-केन्द्रित चिकित्सा (client-centered therapy), व्यवहार चिकित्सा (behaviour therapy) आदि प्रधान हैं। दूसरे तरफ एक मनोरोगी कार्यकर्त्ता मानसिक रोगों के उपचार में जिन प्रविधियों का उपयोग करता है, उनमें मनोनाटक(psychodrama), पारिवारिक चिकित्सा(family therapy), पवर्यावरणी चिकित्सा(environment therapy) आदि प्रधान हैं।

(5) नैदानिक मनोविज्ञान में सिर्फ रोगी की वर्तमान स्थिति पर ध्यान देकर उसे चंगा करने की कोशिश की जाती है। इसके लिए सिर्फ उसी की समस्याओं का निदान (diognosis) एवं उपचार (treatment) पर प्रभाव डाला जाता है। मनोरोगी सामाजिक कार्य (Psychiatric Social Work) में रोगी की वर्तमान सांवेगिक समस्याओं (emotional problems) के अलावा उसके पारिवारिक एवं सामाजिक स्थिति में भी सुधार लाने की कोशिश की जाती है ताकि रोगी की समस्याओं का स्थायी तौर पर उपचार हो सके।

(6) नैदानिक मनोविज्ञान का संबंध मूलतः रोगी की समस्याओं को दूर करने तथा उसके सामाजिक संबंधों को उत्तम

बनाने से होता है। इतना कार्य सम्पन्न हो जाने के बाद नैदानिक मनोवैज्ञानिक की जवाबदेही लगभग समाप्त हो जाती है क्योंकि ऐसे रोगियों के पुनर्वास (rehabilitation) के लिए उन्हें कुछ भी नहीं करना पड़ता है। परन्तु मनोरोगी सामाजिक कार्यकर्त्ता को रोगियों के पुनर्वास (rehabilitation) के लिए महत्त्वपूर्ण भूमिका निभाना होता है। ऐसे सामाजिक कार्यकर्त्ता विभिन्न तरह के संस्थानों एवं संगठनों में रोगियों का पुनर्वास का पूरा-पूरा प्रबन्ध करते हैं।

स्पष्ट हुआ कि नैदानिक मनोविज्ञान मनोरोगी सामाजिक कार्य (Psychiatric Social Work) से भिन्न है।

नैदानिक मनोविज्ञान में विशिष्टीकरण (Specialization within Clinical Psychology)

नैदानिक मनोविज्ञान का क्षेत्र मनोविज्ञान के अन्य शाखाओं के क्षेत्र से काफी बड़ा है। नवीनतम अनुमान के अनुसार कुल मनोवैज्ञानिकों का करीब 43% नैदानिक मनोविज्ञानी है तथा बाकी 57% में अन्य सभी शाखाओं के मनोवैज्ञानिक हैं।

नैदानिक मनोवैज्ञानिकों का पहला पीढ़ी को तो नैदानिक मनोविज्ञान के क्षेत्र में डाक्टरीय उपाधि (doctroal degree) प्राप्त कर लेने के साथ उनका प्रशिक्षण पूर्ण समझी जाती है और यह उम्मीद की जाती थी कि वे इस क्षेत्र के महत्त्वपूर्ण ज्ञानी होंगे। परंतु धीरे-धीरे नैदानिक मनोविज्ञान का क्षेत्र काफी विस्तृत होता गया और आजकल इस बात की आमसहमति लोगों के बीच है कि अब किसी एक व्यक्ति के लिए यह संभव नहीं है कि उसे नैदानिक मनोविज्ञान के सभी क्षेत्रों का पूर्ण ज्ञान हो। 1980 के दशाब्दी के अन्त तक *'एपीए का डीविजन ऑफ क्लिनिकल साइकोलोजी' (APA's Division of Clinical Psychology)* तथा *काउनसिल ऑफ यूनिवर्सिटी डिरेक्टर्स ऑफ क्लिनिकल साइकोलोजी (Council of University Directors of Clinical Psychology)* ने मिलकर यह तय कर लिया कि नैदानिक मनोविज्ञान को अब एक शास्त्र (discipline) न मानकर एक क्षेत्र (field) माना जाना चाहिए। इस तरह के विचारधारा का स्पष्ट संकेत यह था कि अब नैदानिक मनोविज्ञान के भीतर भी कई उपक्षेत्र हो गए हैं और उनमें से नैदानिक मनोविज्ञानिक अपनी विशिष्टता अलग-अलग हासिल कर लेते हैं।

स्वभावतः इस मोड़ पर अब यह प्रश्न उठता है कि नैदानिक मनोविज्ञान के कौन-कौन से उपक्षेत्र हैं जिनमें अब नैदानिक मनोविज्ञानियों में विशिष्टता प्राप्त करने की होड़-सी है। यदि अभी हम ध्यान दें तो यह स्पष्ट होगा कि APA के अभी 53 डिवीजन (divisions) हैं जिनमें से 20 ऐसे डिवीजन हैं जो पूर्णतः नैदानिक मनोविज्ञान से संबंधित है। इनमें कुछ उदाहरण हैं—डिवीजन संख्या 22 जो पुर्नवास मनोविज्ञान (Rehabilitation psychology) का है, डिवीजन संख्या 29 जो मनोचिकित्सा (Psychotherapy) का है; डिवीजन संख्या 40 जो नैदानिक न्यूरोमनोविज्ञान (Clinical Neuropsychology) का है तथा नैदानिक बाल मनोविज्ञान (Clinical Child Psychology) जिसे डिवीजन संख्या 53 में रखा गया है; परामर्श मनोविज्ञान (counselling psychology) जिसे डिवीजन संख्या 17 में रखा गया है तथा स्वास्थ्य मनोविज्ञान (Health psychology) जिसे डिवीजन संख्या 38 में रखा गया है। नैदानिक मनोविज्ञान के भीतर बढ़ते हुए विभिन्नताओं (diversities) तथा उनमें विशिष्टता की आवश्यकताओं के कारण 'डिवीजन ऑफ क्लिनिकल साइकलोजी' (12) का नाम बदलकर 1999 में *'दी सोसाइटी ऑफ क्लिनिकल साइकोलोजी'* (The Society of Clinical Psychology) रखा गया। अभी इस सोसाइटी के छह भाग (sections) हैं जिनमें नैदानिक मनोविज्ञानिकों द्वारा विशिष्टता हासिल करने का प्रयास किया जा रहा है। इस छह भागों (section) के नाम को तालिका 1.1 में दिखलाया गया है—

तालिका 1.1 : सोसाइटी ऑफ क्लिनिकल साइकोलोजी* के भाग

(Scections of Society of Clinical Psychology)

भाग-I (Section-II)	: नैदानिक गिरोमनोविज्ञान (Clinical Geropsychology)
भाग-II (Section-III)	: दी सोसाइटी फॉर ए साइंस ऑफ क्लिनिकल साइकोलोजी (The Society for a Science of Clinical Psychology)

* भाग-I जिसमें *नैदानिक बाल मनोविज्ञान* (Clinical child psychology) था तथा भाग-V जिसमें *सोसाइटी ऑफ पेडियेट्रीक मनोविज्ञान* (Society of Pediatric Psychology) था, डिवीजन संख्या 12 (यानी नैदानिक मनोविज्ञान) से अलग होकर स्वतंत्र डिवीजन बना लिये। अतः उनका उल्लेख तालिका 1.1 में नहीं है।

भाग-IV (Section-IV) : क्लिनिकल साइकोलॉजी फॉर वीमेन (Clinical Psychology for Women)
भाग-VI (Section-VI) : क्लिनिकल साइकोलॉजी ऑफ इथिनिक माईनोरिटीज(Clinical Psychology for Ethnic Minorities)
भाग-VII (Section-VII) : इमरजेंसिज एण्ड क्रायसिस (Emergencies & Crises)
भाग-VIII (Section-VIII) : ऐशोसियन ऑफ मेडिकल स्कूल साइकोलोजिस्ट (Association of Medical School Psychologists)

इतना ही नहीं, *अमेरीकन बोर्ड ऑफ प्रोफेसनल साइकोलोजी* (American Board of Professional Psychology or ABPP) 12 विभिन्न तरह के नैदानिक मनोवैज्ञानिकों को दिया जाने वाला प्रमाणन (certifications) से नैदानिक मनोविज्ञान के विभिन्न क्षेत्रों में किये जाने वाले विशिष्टीकरण (specialization) का भी पता चलता है। इन 12 तरह के प्रमाणनों (certifications) को तालिका 1.2 में दिखलाया गया है।

तालिका 1.2 : ABPP के विभिन्न सदस्य बोर्ड
(Member Board of ABPP)

(i) अमेरीकन बोर्ड ऑफ विहेविअरल साइकोलोजी
(American Board of Behavioural Psychology)
(ii) अमेरीकन बोर्ड ऑफ ग्रूप साइकोलोजी
(American Board of Group Psychology)
(iii) अमेरीकन बोर्ड ऑफ क्लिनिकल एण्ड हेल्थ साइकोलोजी
(American Board of Clinical and Health Psychology)
(iv) अमेरीकन बोर्ड ऑफ इन्डिस्ट्रियल/आरगनाइजेशनल साइकोलोजी
(American Board of Industrial/Organizational Psychology)
(v) अमेरीकन बोर्ड ऑफ क्लिनिकल न्यूरोसाइकोलोजी
(American Board of Clinical Neuropsychology)
(vi) अमेरीकन बोर्ड ऑफ साइकोएनालिसिस इन साइकोलोजी
(American Board of Psychoanalysis in Psychology)
(vii) अमेरीकन बोर्ड ऑफ क्लिनिकल साइकोलोजी
(American Board of Clinical Psychology)
(viii) अमेरीकन बोर्ड ऑफ काउनसेलिंग साइकोलोजी
(American Board of Counselling Psychology)
(ix) अमेरीकन बोर्ड ऑफ रिहबिलीटेसन साइकोलोजी
(American Board of Rehabilitation Psychology)
(x) अमेरीकन बोर्ड ऑफ फौरेनसिक साइकोलोजी
(American Board of Forensic Psycholgoy)
(xi) अमेरीकन बोर्ड ऑफ फेमली साइकोलोजी
(American Board of Family Psychology)
(xii) अमेरीकन बोर्ड ऑफ स्कूल साइकोलोजी
(American Board of School Psychology)

स्पष्ट हुआ कि नैदानिक मनोविज्ञान का क्षेत्र कई विशिष्ट उपक्षेत्र में आज बँट गये हैं। जिनमें नैदानिक मनोवैज्ञानिक प्रशिक्षण लेकर विशिष्टता हासिल कर रहे हैं। एक संभावित खतरा इस बात की महशुश की जा रही है कि जैसे-जैसे किसी विशिष्ट क्षेत्र में नैदानिक मनोवैज्ञानिकों की संख्या बढ़ते जायेगी, वैसे-वैसे उनका संबंध नैदानिक मनोविज्ञान के मुख्य धारा से कमजोर पड़ता जाएगा।

नैदानिक मनोविज्ञान की समस्याएँ
(Problems of Clinical Psychology)

जैसा कि हम जानते हैं, नैदानिक मनोविज्ञान की एक ऐसी प्रयुक्त शाखा (applied branch) है जिसमें मनोवैज्ञानिकों की कुल संख्या का उच्चतम प्रतिशत कार्यरत है। यद्यपि मनोविज्ञान की यह शाखा का कार्यक्षेत्र (scope) काफी विस्तृत है तथा इस क्षेत्र में काफी शोध (researches) किए जा रहे हैं, फिर भी मनोविज्ञान की इस शाखा की कुछ समस्याएँ (problems) हैं जिनसे अवगत होना आवश्यक है क्योंकि इनसे उनके स्वरूप (nature) पर तो प्रकाश पड़ता ही है, साथ-ही-साथ कुछ वैसे तथ्यों की भी जानकारी होती है जिसे नैदानिक मनोवैज्ञानिक अपने विभिन्न तरह की भूमिकाओं में अनुभव करते हैं। ऐसी कुछ प्रमुख समस्याओं का वर्णन निम्नांकित हैं—

(1) निदान एवं मूल्यांकन से संबद्ध समस्याएँ (Problems related to diagnosis and assessment)

(2) नैदानिक परीक्षणों से संबद्ध समस्याएँ (Problems related to diagnostic tests)

(3) उपचार से संबद्ध समस्याएँ (Problems related to treatment)

(4) शोध एवं शिक्षण से संबद्ध समस्याएँ (Problems related to research and training)

(5) परामर्श एवं प्रशासनिक कार्यों से संबद्ध समस्याएँ (Problems related to consultation and administrative works)

इन समस्याओं का वर्णन इस प्रकार है—

(1) निदान एवं मूल्यांकन से संबद्ध समस्याएँ *(Problems related to diagnosis and assessment)*—नैदानिक मनोवैज्ञानिकों का एक प्रमुख कार्य मानसिक रोगियों का मूल्यांकन (assessment) कर उनके रोग के स्वरूप को निश्चित करना होता है। इस सिलसिले में उन्हें कुछ समस्याओं का सामना करना पड़ता है। जैसे—मूल्यांकन (assessment) करते समय उनके सामने एक महत्त्वपूर्ण समस्या जो अक्सर उठती है, वह यह है कि इसका प्रारूप (form) क्या होना चाहिए? क्या मूल्यांकन प्रेक्षण (observation) के रूप में किया जाय या परीक्षण-प्रक्रिया (testing) के रूप में किया जाय या साक्षात्कार (interview) के रूप में किया जाय? इसके अलावा मूल्यांकन करते समय नैदानिक मनोवैज्ञानिक को कभी-कभी यह भी निश्चत करने की समस्या उठ खड़ी होती है कि क्या अमुक मानसिक रोगी को अस्पताल में भर्ती करके उपचार किया जाना अच्छा रहेगा या उसे एक बाह्य रोगी (out-patient) के समान (जिसे भर्ती करने की जरूरत नहीं होती है) ही उपचार करना अच्छा होगा? इन सभी समस्याओं के उचित समाधान नहीं होने पर नैदानिक मनोवैज्ञानिकों के सामने दूसरी समस्या जो रोग के उचित निदान (diagnosis) से होती है, उठ खड़ा होती है। ऐसी परिस्थिति में नैदानिक मनोवैज्ञानिक रोगी के रोग के स्वरूप को ठीक ढंग से नहीं समझ पाते हैं और उसका गलत निदान (diagnosis) करके अनुचित चिकित्सीय प्रविधि अपना लेते हैं जिनसे रोगी की समस्या सुलझने के बजाय और भी अधिक उलझ जाती है।

(2) नैदानिक परीक्षणों से संबंध समस्याएँ *(Problems related to diagnostic tools)*—नैदानिक मनोवैज्ञानिक मानसिक रोगों के स्वरूप को सही-सही पहचान करने के लिए कुछ विशेष मनोवैज्ञानिक परीक्षण (psychological tests) का प्रयोग करते हैं जिन्हें नैदानिक मनोविज्ञान में *नैदानिक परीक्षण* (diagnostic tools) कहा जाता है। इन परीक्षणों में व्यक्तित्व परीक्षण (personality tests) तथा बुद्धि परीक्षण (intelligence tests) काफी अधिक लोकप्रिय हैं। नैदानिक मनोवैज्ञानिकों को इन परीक्षणों से संबद्ध समस्याओं का भी सामना करना पड़ता है। ऐसी समस्याएँ मूलतः तीन प्रकार की होती हैं—

(i) किस तरह से एक विश्वसनीय (reliable) एवं वैध (valid) परीक्षण का निर्माण किया जा सकता है?

(ii) उपलब्ध ऐसी परीक्षणों की सार्थकता कैसी बढ़ायी जा सकती है?

(iii) इस बात की पहचान कैसे की जाए कि कौन-सा परीक्षण किस तरह की रोगी के लिए सर्वाधिक उपयुक्त होगा?

(iv) इन परीक्षणों के परिणाम पर रोग के उपचार करने में कहाँ तक भरोसा किया जाए?

उपर्युक्त समस्याएँ कुछ ऐसी हैं जिनका समाधान अभी तक नहीं हो पाया है। फलस्वरूप एक सफल नैदानिक मनोवैज्ञानिक को इन परीक्षणों के आधार पर रोग का निदान (diagnosis) करने तथा उनका उपचार (treatment) करने में काफी सतर्कता बरतनी पड़ती है।

(3) उपचार से संबद्ध समस्याएँ *(Problems related to treatment)*—ढीले-ढीले अर्थ में यह कहा जा सकता है कि नैदानिक मनोविज्ञान मानसिक रोगों के उपचार (treatment) का विज्ञान है, कहने का तात्पर्य यह है कि उपचार (treatment) नैदानिक मनोवैज्ञानिकों के विभिन्न कार्यों में सर्वोपरि एवं सर्वश्रेष्ठ है। उपचार में सफलता को नैदानिक मनोवैज्ञानिक अपना व्यक्तिगत सफलता मानते हैं। लेवानडोस्की (Levandoski, 1990) के अनुसार, उपचार कार्य में भी नैदानिक मनोवैज्ञानिकों को कुछ समस्याओं से जुझना पड़ता है। जैसे—क्या रोगी को वैयक्तिक चिकित्सा (individual therapy) दिया जाए या सामूहिक चिकित्सा (group therapy) दिया जाए? क्या रोगी के लिए शाब्दिक मनोचिकित्सा (verbal psychotherapy) असंवेदीकरण (desensitization) से अधिक श्रेष्ठ साबित होगा? चिकित्सीय सत्र (therapeutic session) में रोगी के साथ किस तरह का संबंध और ऐसा संबंध किस सीमा तक रखना चाहिए? चिकित्सीय सत्र (therapeutic session) का अन्त किस प्रकार किया जाना चाहिए? आदि-आदि। इन समस्याओं का स्वरूप कुछ इतना अधिक तकनीकी (techincal) है कि आज भी एक सफल नैदानिक मनोवैज्ञानिक को इनका सही उत्तर ढूँढ़ने में नाकों चने चबाना पड़ता है।

(4) शोध एवं शिक्षण से संबद्ध समस्याएँ *(Problems related to research and training)*—नैदानिक मनोविज्ञान की कुछ समस्याएँ शैक्षणिक हैं तथा उनका संबंध शोध कार्यों से है। किसी भी विज्ञान की प्रगति का आधार उनका शोध कार्य होता है। यह उक्ति नैदानिक मनोविज्ञान के लिए अपवाद नहीं है। नैदानिक मनोवैज्ञानिकों को तरह-तरह के शोध करने पड़ते हैं। इन शोध कार्यों में उन्हें कभी-कभी काफी कठिनाई का सामना करना पड़ जाता है। ऐसा देखा गया है कि कभी-कभी उन्हें मस्तिष्कीय विकृतियों (brain disorders) से संबंधित क्षेत्रों में शोधकार्य करना पड़ता है जहाँ उन्हें मनोरोगविज्ञानियों (psychiatrists) का सहारा लेना अनिवार्य हो जाता है। खासकर जब मस्तिष्कीय विकृति का आधार कुछ आंगिक (organic) होता है, तो वहाँ अनिवार्यतः उन्हें मनोरोगविज्ञानियों या अन्य मेडिकल विशेषज्ञों का सहारा लेना पड़ता है। अक्सर यह देखा गया है कि इस तरह की अनिवार्य निर्भरता में उन्हें इन लोगों का उतना सहयोग नहीं मिल पाता है जितना कि मिलना चाहिए था। परिणामतः उनका शोध कार्य में विघ्न पड़ने लगता है। शिक्षण से संबंधित समस्या भी नैदानिक मनोवैज्ञानिकों के लिए चुनौतीपूर्ण साबित हुआ है। नैदानिक मनोवैज्ञानिकों को मनोविकृति (psychopathology), परीक्षण-कार्य (testing), साक्षात्कार-कार्य (interviewing), चिकित्सा (therapy), व्यक्तित्व सिद्धान्त (personality theory) आदि विषयों का शिक्षण करना पड़ता है। उनके सामने समस्या यह उठती है कि इनमें सभी विषयों का शिक्षण क्या एक विधि से जैसे भाषण विधि (lecture method) से करना उपयुक्त होगा या भाषण विधि के साथ-साथ प्रदर्शन विधि (demonstration method) का भी उपयोग किया जाना उत्तम होगा? इस मूल समस्या के सभी उत्तर के बारे में आज भी नैदानिक मनोवैज्ञानिकों के बीच मतभेद है।

(5) परामर्श एवं प्रशासनिक कार्यों से संबद्ध समस्याएँ *(Problems related to consultation and administrative works)*—नैदानिक मनोविज्ञान की कुछ समस्याएँ परामर्श (consultation) एवं प्रशासन (administration) से संबंधित हैं क्योंकि नैदानिक मनोवैज्ञानिकों को ऐसे कार्यों में भी हाथ बँटाना होता है। नैदानिक मनोवैज्ञानिकों के सामने समस्या यह उठती है कि परामर्श का प्रारूप क्या होना चाहिए? क्या परामर्श प्रत्येक केश के लिए अलग-अलग दिया जाना चाहिए या विभिन्न केश की समस्याओं को देखते हुए कोई सामान्य परामर्श (general advice) दिया जाना चाहिए? किस तरह का परामर्श किस परिस्थिति में अधिक प्रभावकारी होगा? आदि आदि। इसके अलावा नैदानिक मनोवैज्ञानिक को कुछ प्रशासनिक समस्याओं का भी सामना करना पड़ता है। जैसे—उन्हें समय-समय पर यह निश्चित करना होता है कि रोगी का रिकार्ड (client record) ठीक ढंग से संपोषित (maintain) किया जा रहा है या नहीं? इस तरह के रिकार्ड को किस प्रारूप (form) में सुसज्जित किया जाए ताकि उससे अधिक-से-अधिक अर्थ निकल सके? मानसिक अस्पताल के अन्य कर्मचारी रोगी के साथ सहयोग करते हैं या नहीं। यदि नहीं, तो उन्हें सहयोग दिखलाने के लिए किस तरह से प्रेरित किया जा सकता है? आदि आदि।

निष्कर्षतः यहा जा सकता है कि नैदानिक मनोविज्ञान की अपनी कुछ विशेष समस्याएँ हैं जिनके कारण इस शाखा की प्रगति थोड़ी अवरुद्ध हुई है। आधुनिक नैदानिक मनोवैज्ञानिक इस चुनौती को काफी गंभीरता से लिए हैं।

नैदानिक मनोविज्ञान का भविष्य
(Future of Clinical Psychology)

अगर यह कहा जाए कि नैदानिक मनोविज्ञान मनोविज्ञान की एक ऐसी शाखा है जिसका भविष्य अति उज्ज्वल है, तो कोई अतिशयोक्ति नहीं होगी। कुछ कठिनाइयों के बावजूद नैदानिक मनोवैज्ञानिकों की सेवाएँ तथा उनकी सामाजिक आवश्यकताओं का अनुभव लोग काफी कर रहे हैं। इसे ध्यान में रखते हुए यह भविष्यवाणी की जा सकती है कि नैदानिक मनोविज्ञान निश्चित रूप से भविष्य में एक विविध क्षेत्र (diversified field) के रूप में विकसित होगा। नैदानिक मनोविज्ञान के भविष्य पर टिप्पणी करने के लिए निम्नांकित बिन्दुओं पर ध्यान देना होगा—

(1) भविष्य में नैदानिक मनोवैज्ञानिकों की संख्या बढ़ती जाएगी हालाँकि बढ़ोत्तरी का दर आज की तुलना में थोड़ी धीमी अवश्य होगी—आजकल नैदानिक मनोविज्ञानी विभिन्न तरह की अहम् भूमिकाएँ कर रहे हैं जिन्हें ध्यान में रखते हुए यह कहा जा सकता है कि इसकी संख्या में उत्तरोत्तर वृद्धि होती जाएगी। मनोवैज्ञानिकों द्वारा तीन ऐसे क्षेत्रों की पहचान की गयी है जो नैदानिक मनोविज्ञान के लिए 'वर्द्धन स्टॉक' (growth stock) का कार्य करेंगे। इन तीन क्षेत्रों का संक्षिप्त परिचय निम्नांकित है—

(i) **स्वास्थ्य मनोविज्ञान तथा व्यवहारात्मक वैधक** (*Health Psychology and behavioural medicine*)—नैदानिक मनोविज्ञानी आजकल दैहिक रोगों की चिकित्सा में तथा दैहिक स्वास्थ्य को उन्नत बनाने में अहम् भूमिका निभा रहे हैं। उनके इस प्रयास से एक नया क्षेत्र जिसे 'व्यवहारात्मक वैधक' (behavioural medicine) कहा जाता है, का प्रार्दुभाव हुआ है जिसमें नैदानिक मनोवैज्ञानिकों के योगदानों की काफी प्रशंसा की गयी है।

(ii) **न्यायिक मनोविज्ञान** (*Forensic Psychology*)—आजकल नैदानिक मनोवैज्ञानिकों की राय विभिन्न ऐसे बिन्दुओं पर लिए जाते हैं जिनका संबंध कानूनी तंत्र (legal system) से होता है। ऐसे बिन्दुओं में मुकदमा से संबंधित पक्ष एवं जूरी चयन (jury selection), कानून प्रवर्तन प्रविधि (law enforcement procedures), कानूनी निर्णय (legal decision making) तथा विशेषज्ञ साक्ष्य (expert testimony) आदि मुख्य हैं। इन क्षेत्रों में नैदानिक मनोविज्ञानी की माँग दिन प्रतिदिन काफी बढ़ती जा रही है और यह माँग नैदानिक मनोवैज्ञानिकों की आय का प्रमुख स्रोत भी हो गया है।

(iii) बच्चों के मानसिक रोगों के निदान एवं उपचार में नैदानिक मनोवैज्ञानिकों की लोकप्रियता काफी बढ़ते जा रही है। रॉल्फ (Rolf, 1985) के अनुसार, बच्चों के विकास तथा बाल असामान्यता पर लोगों द्वारा अधिक ध्यान दिए जाने के कारण उनके इन समस्याओं पर नैदानिक मनोवैज्ञानिको का ध्यान जल्द-से-जल्द आकृष्ट करने की कोशिश की गयी है ताकि बच्चों में आगे चलकर किसी भी तरह की सांवेगिक तथा शैक्षिक समस्या की उत्पत्ति न हो सके। इतना ही नहीं, आजकल बच्चों एवं किशोरों में मद्यपानता तथा औषध दुरुपयोग (drug abuse) जैसी समस्याएँ भी काफी जटिल हो गयी है। नैदानिक मनोवैज्ञानिकों की लोकप्रियता मद्यपानता कम करने तथा औषध दुरुपयोग को रोकने में काफी अधिक बढ़ी है।

उपर्युक्त तीन क्षेत्रों में नैदानिक मनोवैज्ञानिकों की सक्रियता अधिक होने से भविष्य में उनकी संख्या (थोड़ी धीमी ही दर से सही) में बढ़ोत्तरी की उम्मीद जतायी जा रही है।

(2) वर्तमान को देखते हुए यह कहा जा सकता है कि भविष्य में नैदानिक मनोविज्ञान उपभोक्ता उन्मुखता (consumer orientation) की ओर अग्रसर होगा—

नैदानिक मनोविज्ञान का उपभोक्ता उन्मुखी दृष्टिकोण की प्रवृत्ति आधुनिक नैदानिक मनोवैज्ञानिकों द्वारा दिया गया बल (emphasis) से बिलकुल ही स्पष्ट हो जाता है। जैकोब्स एवं गुडमैन (Jacobs & Goodman, 1989) ने यह बतलाया है कि आजकल बहुत सारे आत्म-मदद समूह (self-help groups) का निर्माण हुआ है, नैदानिक मनोवैज्ञानिकों में क्लायंट के प्रति व्यवसायी या पेशेवर उत्तरदायित्व (professional accountability) में वृद्धि हुई है, तथा इनमें स्वास्थ्य सेवा दाता के रूप में अपना एक मानक (standard) विकास करने की प्रवृत्ति जागी है। इन सभी तरह के प्रयासों का परिणाम यह हुआ है कि नैदानिक मनोवैज्ञानिक स्वयं ही अपने द्वारा दिए गए सेवाओं की प्रभावशीलता तथा विशेष परिणाम उत्पन्न करने में लगे वित्तीय खर्च का मूल्यांकन कर पाते हैं। स्वभावतः इन सबसे नैदानिक मनोविज्ञान का उपभोक्ता उन्मुखी स्वभाव में मजबूती आयेगी।

(3) आगे आने वाले समय में इस बात का वाद-विवाद रहेगा कि नैदानिक मनोवैज्ञानिकों को किस तरह प्रशिक्षित किया जाए—आजकल नैदानिक मनोवैज्ञानिकों को विशेष तरह की समस्या या समूह जैसे चिरकालिक मानसिक

बीमारी से ग्रस्त बच्चे या वयस्क, ग्रामीण क्षेत्रों के लोग तथा मादक द्रव्य आदि खाने वाले समूह से निबटने के लिए विशेष नैदानिक कौशल, प्रशिक्षण के माध्यम से विकसित करने के लिए नैदानिक मनोविज्ञानियों पर अधिक बल डाला जाता है। इस विशिष्ट प्रशिक्षण पर बल देने का परिणाम यह हुआ कि नैदानिक मनोवैज्ञानिकों को प्रशिक्षित करने की प्रविधि तथा तरीकों में परिमार्जन करने का विशेष प्रस्ताव है। फौक्स, कोभैक्स तथा ग्राह्म (Fox, Kovacs & Graham, 1985) ने इस क्षेत्र में दिए गए प्रस्तावों एवं किए गए अध्ययनों को ध्यान में रखते हुए 20-बिन्दु की अनुशंसा (recommendation) किया है जिनके स्वीकार किए जाने पर नैदानिक प्रशिक्षण (clinical training) की प्रविधि में मौलिक परिवर्तन आएँगे। इनके द्वारा अनुशंसित 20-बिन्दु में सबसे विवादास्पद प्रस्ताव निम्नांकित चार हैं—

(a) Psy D (Doctor of Psychology) की उपाधि को व्यवसायी या पेशेवर मनोवैज्ञानिकों की उपाधि के रूप में मान्यता दी जानी चाहिए।

(b) व्यवसायी या पेशेवर मनोवैज्ञानिकों का प्रशिक्षण सिर्फ उन्हीं मनोवैज्ञानिकों संस्थानों या स्कूलों में होना चाहिए जिनका संबंधन (affiliation) मान्यता प्राप्त विश्वविद्यालयों से हो।

(c) डॉक्टरीयस पाठ्यक्रम (doctoral curriculum) का स्वरूप सामान्य (generic) होना चाहिए तथा विशिष्टता-उन्मुखी पाठ्यक्रम जिसमें विशेष प्रशिक्षण का भी प्रावधान हो, को केवल उत्तर डाक्टरीय कार्यक्रम (postdoctorol programmes) में सम्मिलित किया जाना चाहिए।

(d) उन छात्रों के लिए जो आगे चलकर पेशेवर या व्यवसायी मनोविज्ञानी बनना चाहते हो, उनके लिए स्नातक पूर्व स्तर (undergraduate level) पर प्राक्पेशेवर मनोविज्ञान (preprofessional psychology) का पाठ्यक्रम लागू किया जाना चाहिए।

(4) आजकल नैदानिक मनोविज्ञानी मनश्चिकित्सा की प्रभावशीलता के मूल्यांकन (evaluation) पर अधिक बल डालते हैं। वे इस बात को तुच्छ समझते हैं कि मनश्चिकित्सा (psychotherapy) की कौन-सी प्रविधि अपनाया जा रही है। परन्तु वे इस बात पर अवश्य बल डालते हैं कि जो भी प्रविधि क्यों न अपनायी गयी हो, उसका परिणाम क्या हुआ। इससे तब इस बात की आशंका जतायी जा रही है कि भविष्य में नैदानिक मनोवैज्ञानिकों में अमुक 'ब्रांड नाम' (brand name) जैसे व्यवहार चिकित्सक (behavioiur therapist), गेस्टाल्ट चिकित्सक (Gestalt therapist) मनोविश्लेषण पर आधारित चिकित्सक (psychoanalytic therapist) आदि के नाम से विख्यात होने की प्रवृत्ति नहीं होगी।

(5) नैदानिक मनोवैज्ञानिक अपने पेशा या व्यवसाय के स्वतंत्रता के लिए भरसक प्रयास करेंगे तथा वे सभी तरह के स्वास्थ्य देख-रेख योजनाओं (health care planning) में अपने आप को सम्मिलित किए जाने की राजनैतिक प्रयास जारी रखेंगे। नैदानिक मनोवैज्ञानिक अपने आप को विभिन्न तरह के आधुनिक प्रविधियों से अवगत रखने का भी भरसक प्रयास करेंगे ताकि वे लोगों को उत्तम-से-उत्तम सेवा प्रदान कर सकें। जैसे—आजकल नैदानिक मनोवैज्ञानिकों के लिए कुछ पायलट कार्यक्रम (pilot programme) प्रारंभ होने जा रहे हैं जो उन्हें विशेष तरह का मनोसक्रिय औषध (psychoactive drug) के उपयोग का भी सिफारिश करने का अधिकार देगा। कुछ विशेषज्ञों ने नैदानिक मनोविज्ञानियों को इस ढंग का अधिकार दिये जाने का विरोध किया है।

स्पष्ट हुआ कि उपर्युक्त पाँच-बिन्दु विवेचना से नैदानिक मनोविज्ञान के उज्ज्वल भविष्य के बारे में पता चलता है। इसके बावजूद भी उपर्युक्त बिन्दुओं से यह स्पष्ट नहीं पता चलता है कि नैदानिक मनोविज्ञान क्या आगे प्राप्त करना चाहता है तथा वह किस चीज से दूर रहना चाहता है। इस सिलसिले में डेविड शैको[1] (David Shakow, 1948) द्वारा की गयी

---

1. "Clinical Psychology, after a long period spent as part of an academic displine, is in the early stages of becoming a profession. It is going through the natural disturbances and difficulties... if it selects its students carefully, for personality as well as intellect...if it remains flexible about its training and encourages experimentation...if it remains its contact with its scientific background, remaining aware of the importance of theory as well as practice..these disturbances and difficulties need not be serious concern . Its future both for itself as a profession and for society in the contribution it can make, is then assured. Fortunately, there are many reasons for believing that there are the prevailing aspirations in clinical psychology."

—Shakow : *Clinical Psychology : An evaluation,* 1948, p. 246

टिप्पणी उचित मार्गनिर्देश करता है। उनकी टिप्पणी इस प्रकार है, ''नैदानिक मनोविज्ञान शैक्षिक शास्त्र के एक हिस्सा या भाग के रूप में रहने के बाद भी एक पेशा या व्यवसाय होने की प्रारंभिक अवस्था में है। यह स्वाभाविक क्षुब्धताओं एवं कठिनाइयों से होकर गुजर रहा है...फिर भी अगर वह अपने छात्रों को व्यक्तित्व एवं बुद्धि के ख्याल से सावधानीपूर्वक चयन करता है, अगर वह अपने प्रशिक्षण के बारे में लचीला रहता है तथा प्रयोगों को बढ़ावा देता है, अगर वह सिद्धान्त एवं पेशा के महत्त्व को समझते हुए वैज्ञानिक पृष्ठभूमि के साथ सम्पर्क बनाए हुए रखता है... तो ये सब क्षुब्धताओं एवं कठिनाइयों के कोई गंभीर परिणाम नहीं होंगे। ऐसी परिस्थिति में दोनों के रूप में अर्थात् एक व्यवसाय के रूप में तथा समाज में किए गए योगदानों के रूप में उसका भविष्य सुरक्षित होगा। सौभाग्यवश बहुत से ऐसे कारण हैं जिनके चलते यह विश्वास किया जा सकता है कि नैदानिक मनोविज्ञान के ये सभी प्रबल आकांक्षाएँ हैं।''

यदि हम शैको (Shakow) के उक्त विचार पर ध्यान दें तो यह स्पष्ट होता है कि उन्होंने कुछ वैसे कारणों या कारकों की ओर इशारा किया है जिनसे नैदानिक मनोविज्ञान का भविष्य अधिक प्रबल होगा। अब प्रश्न उठता है कि वे कारक कौन-कौन से हैं? इस बिन्दु पर कोरचिन (Korchin, 1986) द्वारा किया गया विचार-विमर्श काफी महत्त्वपूर्ण दीखता है। इनके अनुसार ऐसे कारकों को मोटे तौर पर निम्नांकित तीन भागों में बाँटा जा सकता है—

(1) वैसे कारक जिनसे प्रत्यक्ष या परोक्ष रूप से नैदानिक मनोविज्ञान सीधे प्रभावित होता है (Factors that influence clinical psychology directly or indirectly)

(2) नैदानिक प्रशिक्षण की नयी दिशाएँ (New directions in clinical training)

(3) भविष्य के नैदानिक मनोविज्ञान का स्वरूप (Nature of clinical psychologists of future)

इन तीनों का वर्णन अब हम अलग-अलग प्रस्तुत करेंगे—

(1) वैसे कारक जिनसे प्रत्यक्ष या परोक्ष रूप से नैदानिक मनोविज्ञान सीधे प्रभावित होता है *(Factors that influence clinical psychology directly or indirectly)*—नैदानिक मनोवैज्ञानिकों का मत है कि कुछ वैसे सांस्कृतिक, सामाजिक, पेशेवर (professional) तथा संस्थानिक (institutional) कारक हैं जिनसे नैदानिक मनोविज्ञान के क्षेत्र में होने वाले विकास (development) सीधे प्रभावित होते हैं। इन कारकों की एक संक्षिप्त रूप-रेखा (outline) निम्नांकित हैं—

(i) सांस्कृतिक कारक *(Cultural factors)*—आजकल करीब प्रत्येक संस्कृति आधुनिकीकरण की ओर तीव्रता से बढ़ रही है। आधुनिकीकरण से एक ओर तो कुछ धनात्मक सामाजिक परिवर्तन (positive social changes) आते हैं तो कुछ व्यक्तिगत (personal) एवं सामाजिक समस्याएँ (social problems) भी उत्पन्न होते हैं। इन समस्याओं का जब तक उचित समाधान नहीं हो पाता, समाज में लोगों में न तो व्यक्तिगत स्वतंत्रता (personal freedom) आएगी और न ही उनके सामाजिक मूल्यों (social values) में कोई ठोस गुणात्मक परिवर्तन ही आएँगे। समाज इन समस्याओं के समाधान के लिए नैदानिक मनोवैज्ञानिकों की बाट जोहता है। अतः यह बिलकुल ही स्वाभाविक है कि इन सांस्कृतिक कारकों (cultural factors) के स्वरूप द्वारा नैदानिक मनोवैज्ञानिकों का भी कार्यक्षेत्र (scope) निर्धारित होगा।

(ii) सामाजिक कारक *(Social factors)*—अध्ययनों से यह स्पष्ट हुआ कि मानसिक समस्याओं (mental problems) में से अधिकांश समस्याओं का स्वरूप कुछ ऐसा है जिनकी उत्पत्ति में सामाजिक कारकों (social factors) की अहमियत बतलायी गई है। नैदानिक मनोवैज्ञानिकों के अनुसार इन कारकों(factors) में तकनीकी प्रगति(technological progress), जनसंख्या वृद्धि (population growth), जनसंख्या घनत्व (population density), भौगोलिक एवं सामाजिक गतिशीलता(mobility), नगरीकरण(urbanization), विशिष्ट एवं सीमित व्यावसायिक भूमिका(occupational roles) आदि प्रधान हैं। इन सामाजिक कारकों के समानान्तर कुछ समस्याएँ भी उत्पन्न हो गई हैं जिनमें महत्त्वपूर्ण एवं पौराणिक सामाजिक मूल्यों (social values) का नाश, परिवार एवं धार्मिक संस्थानों एवं रीति-रिवाजों में विश्वास की कमी, सामाजिक विलयता (social deviancy), अन्यसंक्रामण (alienation) की भावना में वृद्धि एवं चिन्ता (anxiety) आदि प्रमुख हैं। यहाँ तक कि जिन सामाजिक कारकों से वांछनीय परिवर्तन (desirable changes) उत्पन्न हुए हैं, उनके भी कुछ ऐसे तथ्य सामने उभरकर आए हैं जो व्यक्तियों के लिए कष्ट (distress) उत्पन्न करते हैं। ऐसे कारकों में तीव्र संचार (rapid communication) से उत्पन्न समस्याएँ, जीवन के लगभग प्रत्येक क्षेत्र में प्रतियोगिता (competition) से उत्पन्न समस्यएँ आदि प्रधान हैं। आधुनिक समाज में पहले की तुलना में लोगों के रहन-सहन के स्तर (standard of living) में तो एक ओर वृद्धि अवश्य हुई है परन्तु इससे अनैतिकता जैसी समस्याओं की भी उत्पत्ति हुई है। इन सामाजिक कारकों से उत्पन्न समस्याओं का समाधान के लिए नैदानिक मनोवैज्ञानिकों की सेवाओं को महत्त्वपूर्ण समझा जाता है। इस आलोक में नैदानिक मनोविज्ञान को एक पेशा के रूप में पहले से और अधिक निखरकर सामने आने की संभावना तीव्र है।

(iii) संस्थानिक कारक (*Institutional factors*)—नैदानिक मनोविज्ञान का भविष्य बहुत हद तक कुछ खास-खास संस्था (institutions) जैसे—विश्वविद्यालय (university), उद्योग, मानसिक अस्पताल आदि में हुए विकास पर भी निर्भर करता है। सौभाग्य की बात यह है कि दिनों-दिन इन संस्थानों का विस्तृतीकरण (expansion) हो रहा है तथा उसका विकास हो रहा है। इन संस्थाओं के विकास ने नैदानिक मनोविज्ञान का भविष्य उज्ज्वल बना दिया है। इन संस्थानों में नैदानिक मनोवैज्ञानिक की नियुक्ति की जा रही है और उनकी सेवाओं की अहमियत दी जा रही है जिनसे नैदानिक मनोविज्ञान का भविष्य उज्ज्वल दीख पड़ता है।

(iv) सरकारी एवं सामाजिक समर्थन (*Governmental and social support*)—नैदानिक मनोविज्ञान का भविष्य इसलिए भी उज्ज्वल नजर आता है क्योंकि विभिन्न तरह के नैदानिक प्रशिक्षण कार्यक्रमों को पूरा कराने के लिए सरकार एवं अन्य समाजसेवी संस्थाओं द्वारा पर्याप्त वित्तीय सहायता (financial help) दी जा रही है। सरकार आजकल शारीरिक स्वास्थ्य (physical health) के साथ-ही-साथ मानसिक स्वास्थ्य (mental health) की समस्या के समाधान के प्रति भी काफी चिन्तित है। फलतः वह उन संस्थाओं को भी काफी वित्तीय एवं प्रशासनिक सहायता दे रही है जो इस तरह का कार्यक्रम चलाते हैं। इससे नैदानिक मनोवैज्ञानिकों का हौसला काफी बुलन्द है।

(2) नैदानिक प्रशिक्षण की नयी दिशाएँ (*New directions in clinical psychology*)—नैदानिक मनोविज्ञान में प्रशिक्षण के अब नये-नये विकल्प (alternatives) के आ जाने से मनोविज्ञान के इस शाखा का भविष्य काफी उज्ज्वल हो गया है। नैदानिक मनोविज्ञान के प्रशिक्षण के लिए पहले सिर्फ पी-एच॰ डी॰ (Ph. D.) की उपाधि दी जाती है। परन्तु अब इसके कई विकल्प उत्पन्न हो गए हैं जिनके प्रति नैदानिक मनोवैज्ञानिकों का झुकाव काफी हो गया है। अब Ph.D. की उपाधि के अलावा Psy. D. (Doctor of Psychology) की भी उपाधि दी जाने लगी है। यह उपाधि उन मनोवैज्ञानिकों को दी जाती है जिन्होंने नैदानिक मनोविज्ञान को एक पेशा (profession) के रूप में ग्रहण करने की विशेष प्रशिक्षण (training) प्राप्त करते हैं। इस प्रशिक्षण में इंटर्नशीप (internship) तथा व्यावहारिक प्रशिक्षण पर अधिक बल डाला जाता है। अमेरिका में इलिनोइस विश्वविद्यालय (University of Illinois) तथा रूटजर (Rutger) विश्वविद्यालय द्वारा Psy. D की उपाधि दी जाती है तथा पेटर्सन (Peterson, 1969, 1971) के अनुसार इस प्रशिक्षण के बाद कई नैदानिक मनोवैज्ञानिकों ने उच्चतम नैदानिक पद (clinical positions) प्राप्त करने में समर्थ हो पाये हैं।

आधुनिक समय में नैदानिक मनोविज्ञान को विश्वविद्यालय के शैक्षिक विभाग (academic department) के चंगुल से मुक्त करके एक अलग पेशेवर स्कूल (professional school) के तहत करने के नये प्रयास से भी इसके भविष्य की उज्ज्वलता बढ़ी है। कुछ मनोवैज्ञानिकों जैसे कॉफी (Coffy, 1970) के अनुसार इस तरह के स्कूल द्वारा नैदानिक इंटर्नशीप (internship) तथा पेशेवर शिक्षा (professional education) की अन्य आवश्यकताओं को पूरा करने पर अधिक बल आसानी से दिया जा सकता है। अमेरिका के कुछ विश्वविद्यालयों में इस तरह के स्कूल की स्थापना की ग़यी है जिनके माध्यम से ऐसे प्रशिक्षण देने की व्यवस्था की गयी है जहाँ सिर्फ इस तरह की मनोवैज्ञानिक सेवाएँ प्रदान की जाती हैं। अडेल्फी विश्वविद्यालय (Adelphi University) में 1973 में तथा रुटजर्स विश्वविद्यालय (Rutgers University) में 1974 में इस तरह के स्कूल की स्थापना की गयी जहाँ अंशकालीन नैदानिक नियुक्तियाँ (part-time clinical appointments) के अलावा नैदानिक मनोविज्ञान में विशेष क्षेत्र प्रशिक्षण (field training) भी दी जाती है। इधर अमेरिका के कैलिफोर्निया में विश्वविद्यालय परिसर (university campus) से हटकर स्वतंत्र रूप से पेशेवर मनोवैज्ञानिकों (professional psychologists) द्वारा एक अलग स्कूल कायम किया गया जिसने नैदानिक मनोविज्ञान के भविष्य की उज्ज्वलता को प्रकाशमान किया हैं। इस स्कूल का नाम *कैलिफोर्निया स्कूल ऑफ प्रोफेसनल साइकोलॉजी* (California School of Professional Psychology) रखा गया है जहाँ से छात्रों को नैदानिक मनोविज्ञान में पी-एच॰ डी॰ (Ph. D.) की उपाधि के अलावा इसी क्षेत्र में लघुकालीन प्रशिक्षणों के लिए अन्य उपाधियाँ भी दी जाती है।

अभी हाल के कुछ वर्षों में इस क्षेत्र के विशेषज्ञों द्वारा ऐसा अनुभव किया जा रहा है कि मानसिक अस्पताल तथा मानसिक उपचार-गृह (mental clinics) के कार्यों का स्वरूप कुछ ऐसा है जिसे न तो सिर्फ नैदानिक मनोवैज्ञानिक और

न ही सिर्फ मनोरोगविज्ञानी (psychiatrist) या मनोरोगी सामाजिक कार्यकर्त्ता (psychiatric social worker) ही ठीक ढंग से कर पाते हैं। इसलिए बिल्कुल ही एक ऐसी नयी पेशा (new profession) की जरूरत है जहाँ इन तीनों पेशाओं (profession) के महत्त्वपूर्ण हिस्सों को मिला दिया जाए ताकि नैदानिक सेवाओं (clinical services) के लिए आवश्यक मनोवृत्ति (attitudes) तथा कौशल (skills) के विकास के लिए सभी तरह के संभावित प्रशिक्षण दिया जा सके। इस अनुभूति (realization) ने नैदानिक मनोवैज्ञानिक का भविष्य और भी अधिक उज्ज्वल बना दिया है।

(3) भविष्य के नैदानिक मनोवैज्ञानिक का स्वरूप (*Nature of clinical psychologists of future*)—नैदानिक मनोविज्ञान के चाहे जिस क्षेत्र में झाँकि, हम पाएँगे कि इसमें विविधता एवं विशिष्टता की ओर काफी झुकाव है। अतः यह कहा जा सकता है कि भविष्य के नैदानिक मनोवैज्ञानिक (clinical psychologists) सिर्फ विश्वविद्यालय विभाग से पी-एच॰ डी॰ (Ph. D.) की उपाधि ही नहीं लेकर संतुष्ट होंगे बल्कि अन्य उपाधियों को अर्जित करने मं अपनी मनोवृत्ति दिखलायेंगे। इससे यह भी अनुमान आसानी से लगाया जा सकता है कि भविष्य में कोई भी नैदानिक मनोवैज्ञानिक ऐसे नहीं होंगे जिन्हें 'बहु-प्रयोजन' (all-purpose) मनोवैज्ञानिक कहा जा सकता है बल्कि भविष्य के नये नैदानिक मनोवैज्ञानिक में विशिष्टता (specialization) होगी। वे विभिन्न विकल्पों (alternatives) में चुनकर किसी एक क्षेत्र में अपनी सेवाएँ प्रदान कर नैदानिक मनोविज्ञान को अधिक सबल एवं मजबूत बनायेंगे।

स्पष्ट हुआ कि नैदानिक मनोविज्ञान के भविष्य का सितारा बुलन्द है। विकसित तथा विकासशील दोनों ही देशों में इस मनोविज्ञान की सफलता से आम लोगों के मानसिक स्वास्थ्य को बहुत हद तक संतोषप्रद बनाकर उनके जीवन-शैली में मिठास लाया गया है। शायद यही कारण है कि आधुनिक समाज में एक नैदानिक मनोवैज्ञानिक के प्रति आम लोगों को मनोवृत्ति में धनात्मक परिवर्तन आए हैं।

नैदानिक मनोवैज्ञानिकों का प्रशिक्षण एवं शिक्षा
(Training and Education of Clinical Psychologists)

जैसा कि हम जानते हैं, नैदानिक मनोविज्ञान मनोविज्ञान का सबसे महत्त्वपूर्ण प्रयुक्त (applied) शाखा है और अमेरिकन मनोवैज्ञानिक संघ (American Psychological Association) के आँकड़ों के मुताबिक सिर्फ अकेले नैदानिक मनोविज्ञान का क्षेत्र 43% है तथा बाकी 57% क्षेत्र में मनोविज्ञान की अन्य सभी शाखाएँ हैं। (देखें चित्र 1.1) इसका मतलब यह हुआ कि कुल मनोवैज्ञानिकों में करीब 43% सिर्फ नैदानिक मनोवैज्ञानिक हैं तथा 57% में अन्य सभी शाखाओं के मनोवैज्ञानिक हैं। इस तथ्य को चित्र 1 में दिखलाया गया है जिससे स्पष्ट यह है कि नैदानिक मनोविज्ञान में मनोवैज्ञानिकों की अभिरुचि एवं उनकी संख्या सर्वाधिक है।

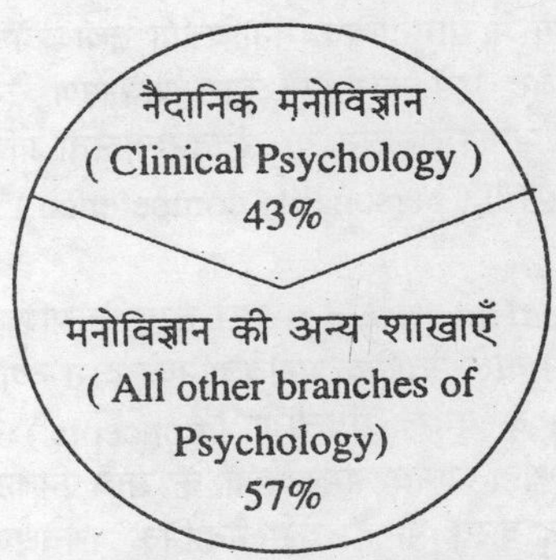

चित्र–1.1 नैदानिक मनोविज्ञान तथा अन्य मनोविज्ञान का तुलनात्मक प्रतिशत

अब प्रश्न यह उठता है कि किस तरह के लोग नैदानिक मनोविज्ञान के क्षेत्र में प्रवेश करते हैं और इस मनोविज्ञान का प्रशिक्षण (training) एवं शिक्षा प्राप्त करते हैं? इस प्रश्न का भी अध्ययन मनोवैज्ञानिकों द्वारा किया गया है और पाया गया है कि जो लोग मानव कल्याण एवं सामाजिक न्याय में अधिक दिलचस्पी दिखलाते हैं, वे ही मनोविज्ञान के इस शाखा में विशेष अभिरुचि दिखलाते हैं तथा इसे अपने पेशा के रूप में स्वीकार करते हैं। इस सिलसिले में हेनरी,

सिम्स एवं स्प्रे (Henry, Sims & Spray, 1971) द्वारा किया गया अध्ययन विशेष रूप से उल्लेखनीय है। इस अध्ययन में उन्होंने, 7,000 मानसिक स्वास्थ्य पेशेवरों (mental health professionals) से सूचनाएँ प्राप्त कीं। इसमें मनोविश्लेषक (psychoanalysts), मनोरोगविज्ञानी (psychiatrists), नैदानिक मनोवैज्ञानिक (clinical psychologists) तथा मनोरोगी सामाजिक कार्यकर्त्ता (psychiatric social workers) थे। इन चारों तरह के पेशेवरों में से नैदानिक मनोवैज्ञानिकों ने इस क्षेत्र में आने का प्रमुख कारण लोगों के व्यवहारों को पूर्णतः समझना बतलाया ताकि जरूरत पड़ने पर उनकी आवश्यकतानुसार हम उनकी मदद कर सकें।

सामान्यतः नैदानिक मनोवैज्ञानिकों का प्रशिक्षण (training) एवं शिक्षा निम्नांकित चार स्तरों पर सम्पन्न होती है—

(1) ग्रैजुएट प्रशिक्षण कार्यक्रम (Graduate training programme)

(2) नैदानिक इंटर्नशीप (Clinical Internship)

(3) उत्तरडाक्टरीय प्रशिक्षण एवं सतत शिक्षा (Postdoctoral training and continuing education)

(4) उपडाक्टरीय प्रशिक्षण (Subdoctoral training)

इन चारों स्तरों पर नैदानिक मनोवैज्ञानिकों को दी जानेवाली प्रशिक्षण एवं शिक्षा का वर्णन निम्नांकित है—

(1) ग्रैजुएट प्रशिक्षण कार्यक्रम *(Graduate training programme)*—ग्रैजुएट प्रशिक्षण कार्यक्रम में औपचारिक ढंग से 'नैदानिक प्रशिक्षण कार्यक्रम' (clinical training programme) चलाये जाते हैं। इस प्रोग्राम या कार्यक्रम के सफलीभूत होने पर ऐसे प्रशिक्षित नैदानिक मनोवैज्ञानिक को डाक्टरीय उपाधि (doctroal degree) प्रदान की जाती है। सामान्यतः इस कार्यक्रम के लिए 5 साल की अवधि होती है। इसके प्रथम कुछ सालों में मनोवैज्ञानिकों को सामान्य मनोविज्ञान, विकासात्मक मनोविज्ञान, समाज मनोविज्ञान, सांख्यिकी, शोध प्रणाली (research methodology), व्यक्तित्व का मनोविज्ञान, असामान्य मनोविज्ञान, नैदानिक मूल्यांकन एवं विधि (clinical asessment and methods), मनश्चिकित्सा (psychotherapy) तथा सामुदायिक हस्तक्षेप (community intervention) के क्षेत्र में पाठ योजनाएँ (courses) एवं सेमिनार में भाग लेना होता है। इसके बाद उन्हें विशिष्ट नैदानिक पाठयोजनाएँ (specialized clinical courses) तथा कुछ व्यावहारिक अनुभवों प्राप्त करने के लिए रोगियों की समस्याओं को समझने एवं उससे निपटने का प्रशिक्षण दिया जाता है। इसके साथ-ही-साथ उसे कुछ शोधकार्य (research work) भी करना होता है। अन्त में उन्हें एक साल का पूर्णकालीन इंटर्नशीप (full-time internship) किसी मान्यता प्राप्त नैदानिक एजेन्सी में पूरा करना पड़ता है।

नैदानिक मनोवैज्ञानिकों का यह ग्रैडुएट प्रशिक्षण कार्यक्रम की उन्मुखता तथा बल (emphasis) में थोड़ा अन्तर होता है। कुछ ऐसे प्रशिक्षण में वैयक्तिक मनश्चिकित्सा या व्यवहार परिमार्जन (behaviour modification) पर बल डाला जाता है जबकि कुछ ऐसे प्रशिक्षणों में सामुदायिक मनोविज्ञान तथा शोध आदि पर तुलनात्मक रूप से अधिक बल डाला जाता है। इन विभिन्नता के बावजूद ऐसे कार्यक्रमों द्वारा प्रशिक्षण देने में नैदानिक संकायों (faculties) द्वारा प्रशिक्षण पाने वाले ऐसे मनोवैज्ञानिकों में मनश्चिकित्सा या संवेदनशीलता प्रशिक्षण (sensitivity training) के माध्यम से मानवीय-कौशलों एवं व्यक्तित्व सामर्थ्यता (personality competence) का गुण विकसित करने की भरपूर कोशिश की जाती है।

(2) नैदानिक इंटर्नशीप *(Clinical internship)*—इस तरह के प्रशिक्षण में किसी नैदानिक पर्यवेक्षक (clinical supervisor) के निर्देशन में प्रशिक्षण पाने वाले नैदानिक मनोवैज्ञानिकों द्वारा व्यक्तित्व के सिद्धान्तों, मनोरोग (pathology) तथा मनश्चिकित्सा (psychotherapy) के प्रमुख संप्रत्ययों (concepts) के बारे में प्राप्त विशेष ज्ञान को पहले से अधिक तीक्ष्ण किया जाता है क्योंकि वे यहाँ मानव समस्याओं के साथ निबटने के लिए आवश्यक कौशलों (skills) का व्यावहारिक प्रयोग देखते हैं एवं खुद करते भी हैं। ऐसे नैदानिक पर्यवेक्षक प्रायः मनोरोगविज्ञानी (psychiatrists) या अन्य मेडिकल डॉक्टर (physicians) होते हैं। इस तरह का इंटर्नशीप प्रायः स्वतंत्र नैदानिक प्रशिक्षण केन्द्रों या मानसिक अस्पतालों (mental hospitals) में चलाए जाते हैं।

अलबी (Albee, 1970), गफ (Gough, 1968) तथा गुरीन (Gurin, 1968) ने स्वतंत्र रूप से इस तरह के इंटर्नशीप के माध्यम से दिए जाने वाले प्रशिक्षण की आलोचना करते हुए कहा है कि इस तरह के इंर्टनशीप से यद्यपि नैदानिक मनोवैज्ञानिकों को प्रशिक्षित तो किया जाता है, परन्तु उनके अन्तःशक्ति (potentials) का पूर्ण वर्द्धन (growth) तथा विकास (development) उस हद तक नहीं हो पाता है जिस हद तक एक स्वतंत्र पेशा (independent profession) के लिए आवश्यकता होती है। अतः इन मनोवैज्ञानिकों का सुझाव है कि इसके लिए ऐसे मनोवैज्ञानिकों को अनुभवी एवं पहले से प्रशिक्षित नैदानिक मनोवैज्ञानिकों के निर्देशन में ही प्रशिक्षित करना चाहिए।

(3) उत्तरडाक्टरीय प्रशिक्षण एवं सतत शिक्षा *(Postdoctoral training and continuing education)*—ऐसा देखा गया है कि नैदानिक मनोविज्ञान में डाक्टरीय प्रोग्राम (doctoral programme) के बाद अधिकतर नैदानिक मनोवैज्ञानिक एक पेशा के रूप में अपनी जिम्मेवारी निभाना प्रारंभ कर देते हैं। परन्तु कुछ ऐसे भी लोग होते हैं जिन्हें और भी अधिक स्पष्ट एवं बेहतर प्रशिक्षण की जरूरत होती है और ऐसे लोग उत्तरडाक्टरीय प्रशिक्षण (postdoctoral training) लेते हैं जो प्रायः एक या दो साल का होता है। ऐसे उत्तरडाक्टरीय प्रशिक्षण कई स्वतंत्र नैदानिक केन्द्रों या फिर विश्वविद्यालय के मनश्चिकित्सीय विभागों में या मनोविज्ञान विभागों में दिए जाते हैं। इस तरह से उत्तरडाक्टरीय प्रशिक्षण का उद्देश्य नैदानिक मनोवैज्ञानिकों को विशिष्ट प्रशिक्षण प्रदान कर उनकी अभिरुचि एवं अभिक्षमता को अधिक जागरूक करना होता है। अल्बी (Albee, 1977) के अनुसार ऐसे उत्तरडाक्टरीय प्रशिक्षण प्राप्त नैदानिक मनोवैज्ञानिक की सामर्थ्यता (competence) उन नैदानिक मनोवैज्ञानिकों से कहीं अधिक होती है जिन्हें ऐसी प्रशिक्षण प्राप्त नहीं होती है।

सतत शिक्षा (continuing education) द्वारा सचमुच में नैदानिक मनोवैज्ञानिक को एक तरह से अनौपचारिक प्रशिक्षण प्राप्त होता है। दिन-प्रतिदिन के कामों के साथ-साथ नैदानिक मनोवैज्ञानिक नये-नये जरनल एवं किताबों को पढ़ते हैं, अन्य विशिष्ट लोगों का भाषण सुनते हैं, नैदानिक सम्मेलन में भाग लेते हैं तथा अन्य पेशागत सभाओं में भाग लेते हैं। वे अपने इन क्रिया-कलापों से काफी कुछ अनौपचारिक रूप से सीख लेते हैं जिनसे उनकी सामर्थ्यता (competence) में काफी वृद्धि हो जाती है। कोरचीन (Korchin, 1986) के अनुसार सतत शिक्षा का यह कार्यक्रम चिकित्सा (medicine) तथा इंजीनियरिंग के क्षेत्र में मनोविज्ञान के क्षेत्र की तुलना में अधिक सक्रिय है। अतः इस क्षेत्र में समान लाभ प्राप्त करने के लिए इसकी सक्रियता को बढ़ाने की जरूरत है।

(4) उपडाक्टरीय प्रशिक्षण *(Subdoctoral training)*—अमेरिका में कुछ ऐसे भी संस्थान (institution) हैं जहाँ डाक्टरीय स्तर (doctoral level) से नीचे अर्थात् मास्टर स्तर (master level) पर ही मनोवैज्ञानिकों को नैदानिक हस्तक्षेप (clinical intervention) की प्रशिक्षण दे दी जाती है। इस तरह के प्रशिक्षण को *उपडाक्टरीय प्रशिक्षण* (subdoctoral training) कहा जाता है। आधुनिक समय में उपडाक्टरीय प्रशिक्षण की आवश्यकता इसलिए भी अधिक महसूस की गयी है कि डाक्टरीय प्रोग्राम द्वारा मानसिक स्वास्थ्य के क्षेत्र में बढ़ते हुए प्रशिक्षित पेशेवरों (professionals) की माँग को पूरा करना संभव नहीं हो पा रहा है। इस ढंग का उपडाक्टरीय प्रशिक्षण से मास्टर स्तर पर ही मनोवैज्ञानिकों को इतना प्रशिक्षित कर दिया जाता है कि वे मानसिक स्वास्थ्य एवं मानवीय सेवाओं में अधिक-से-अधिक जिम्मेवारी संभाल सकें। अधिकतर नैदानिक मनोवैज्ञानिकों जैसे बाईन्डमैन (Bindman, 1969), बेडनर (Bedner, 1971), जेनकिन्स (Jenkins, 1971) ने यह आशा व्यक्त किया है कि निकट भविष्य में उपडाक्टरीय प्रशिक्षण (subdoctoral training) से मानसिक स्वास्थ्य सेवा कार्यक्रमों को अधिक-से-अधिक बेहतर लाभ मिल पाएगा।

आधुनिक समय में नैदानिक प्रशिक्षण (clinical training) के क्षेत्र में कुछ नयी-नयी दिशाएँ एवं आयाम देखने को मिले हैं। यद्यपि आजकल नैदानिक प्रशिक्षण नैदानिक मनोविज्ञान में पी-एच॰ डी॰ (Ph. D.) की उपाधि मिलने के बाद ही पूर्ण समझी जाती है, फिर भी इसके विकल्प में कुछ पेशेवर मॉडल (professional models) विकसित किए गए हैं जिनसे नैदानिक प्रशिक्षण को नयी दिशा मिली है। Psy. D. (Doctor of Psychology) एक ऐसी ही उपाधि है। इस तरह की उपाधि प्राप्त होने पर मनोवैज्ञानिक को अंशकालीन (part time) नैदानिक नियुक्ति तो मिलता ही है, साथ-ही-साथ इन्हें छात्रों को क्षेत्र प्रशिक्षण (field training) भी देना पड़ता है।

भारत में जहाँ तक नैदानिक मनोवैज्ञानिकों का प्रशिक्षण का प्रश्न है, इसका आकार-प्रकार काफी सीमित है। भारत में तीन ऐसे महत्त्वपूर्ण नैदानिक केन्द्र (clinical centre) है जहाँ नैदानिक मनोवैज्ञानिकों का प्रशिक्षण इंटर्नशीप (internship) के साथ दिया जाता है। वे तीन केन्द्र हैं—अखिल भारतीय मानसिक स्वास्थ्य, बंगलोर संस्थान (All India Institute of Mental health, Bangalore), सेन्ट्रल इन्स्टीच्यूट ऑफ साइकेट्री, राँची (Central Institute of Psychiatry, Ranchi) तथा लुम्बिनी पार्क मानसिक अस्पताल, कलकत्ता (Lumbini Park Mental Hospital, Calcutta)।

निष्कर्षतः यह कहा जा सकता है कि नैदानिक मनोवैज्ञानिकों का प्रशिक्षण एक जटिल कार्य है तथा इसके प्रति लोगों का दृष्टिकोण भिन्न-भिन्न है। फिर भी इतना तो स्पष्ट है कि एक प्रशिक्षित नैदानिक मनोवैज्ञानिक की भूमिका एक अप्रशिक्षित नैदानिक मनोवैज्ञानिक की तुलना में अधिक अहम रखता है।

अध्याय सारांश
(Chapter Summary)

1. नैदानिक मनोविज्ञान मनोविज्ञान का एक प्रयुक्त शाखा (applied branch) है। नैदानिक मनोविज्ञान के इतिहास को दो भागों में बाँटकर प्रस्तुत किया गया है—नैदानिक मनोविज्ञान की उत्पत्ति तथा विकास में पूर्ववर्त्ती कारकों (antecedent factors) की भूमिका तथा एक पेशा (profession) के रूप में नैदानिक मनोविज्ञान का विकास।
2. भारत में नैदानिक मनोविज्ञान की उत्पत्ति एवं विकास के इतिहास को दो भागों में बाँटकर प्रस्तुत किया गया है—पुरातन समय में नैदानिक मनोविज्ञान का प्रारूप तथा आधुनिक समय में नैदानिक मनोविज्ञान का विकास। इन दोनों अवधियों में होने वाले प्रमुख घटनाओं का वर्णन किया गया है।
3. नैदानिक मनोविज्ञान मनोविज्ञान की एक ऐसी शाखा है जिसका संबंध मानसिक रोगों के वर्णन (description), वर्गीकरण (classification), निदान (diagnosis) तथा पूर्वानुमान (prognosis) से होता है। विभिन्न प्रमुख नैदानिक मनोवैज्ञानिकों के विचारों का भी विश्लेषण किया गया है।
4. नैदानिक मनोविज्ञान का कार्यक्षेत्र (scope) काफी अधिक जटिल (complex) है। इसके कार्यक्षेत्र का अंदाज हमें उन कार्यों से मिल जाता है जिसे नैदानिक मनोवैज्ञानिक प्रायः करते हैं। इन कार्यों में मनश्चिकित्सा, निदान एवं मूल्यांकन, शिक्षण (teaching), शोध (research), परामर्श प्रशासन एवं प्रबंधन को अधिक महत्त्वपूर्ण माना गया है।
5. नैदानिक मनोविज्ञान का अन्य संबंधित विज्ञानों से होने वाले अन्तर पर भी प्रकाश डाला गया है। जैसे—नैदानिक मनोविज्ञान का असामान्य मनोविज्ञान, परामर्श मनोविज्ञान, मनोरोगविज्ञान (psychiatry), मनोविश्लेषण (Psychoanalysis) तथा मनोरोगी सामाजिक कार्य (Psychiatric social work) से अन्तर पर विशेष प्रकाश डाला गया है।
6. नैदानिक मनोविज्ञान की कुछ विशेष समस्याएँ हैं जिन्हें पाँच भागों में बाँटकर बतलाया गया है।
7. नैदानिक मनोविज्ञान के भविष्य पर भी एक विहंगम दृष्टि डाली गयी है।
8. नैदानिक मनोविज्ञानिकों का प्रशिक्षण एवं शिक्षा चार स्तरों पर सामान्यतः संपन्न की जाती है।

❑

अध्याय 2

विभिन्न क्षेत्रों में नैदानिक मनोवैज्ञानिकों की भूमिका
(ROLE OF CLINICAL PSYCHOLOGISTS IN DIFFERENT FIELDS)

जैसा कि हम जानते हैं, नैदानिक मनोविज्ञान मनोविज्ञान की एक प्रयुक्त शाखा (applied branch) है। अतः उसकी उपयोगिताएँ विभिन्न क्षेत्रों में काफी है। नैदानिक मनोवैज्ञानिकों द्वारा विभिन्न क्षेत्रों में किये गये योगदानों की यदि समीक्षा (review) किया जाय तो यह स्पष्ट होगा कि उनका योगदान कुछ खास-खास क्षेत्रों में अधिक सराहनीय एवं प्रशंसनीय रहा है। ऐसे ही प्रमुख क्षेत्र निम्नांकित हैं।

(क) मानसिक अस्पतालों में नैदानिक मनोवैज्ञनिकों की भूमिका (Role of clinical psychologists in Mental hospital)

(ख) बाल मार्गदर्शन उपचार-गृह में नैदानिक मनोवैज्ञानिकों की भूमिका (Role of clinical psychologists in Child Guidance clinic)

(ग) स्कूल में नैदानिक मनोवैज्ञानिकों की भूमिका (Role of clinical psychologists in Schools)

(घ) उद्योग में नैदानिक मनोवैज्ञानिकों की भूमिका (Role of clinical psychologists in Industry)

(ङ) व्यावसायिक मार्गदर्शन केन्द्र में नैदानिक मनोवैज्ञानिकों की भूमिका (Role of clinical psychologists in Vocational guidance centre)

(च) जेल एवं सुधारघर में नैदानिक मनोवैज्ञानिकों की भूमिका (Role of clinical psychologists in Jail and Reformatories)

नैदानिक मनोवैज्ञानिकों के इन सभी भूमिकाओं का अध्ययन हम अलग-अलग अनुच्छेद में करेंगे।

मानसिक अस्पतालों में नैदानिक मनोवैज्ञानिकों की भूमिका
(Role of clinical psychologists in Mental hospitals)

मानसिक अस्पताल मे नैदानिक मनोवैज्ञानिकों की भूमिका काफी महत्त्वपूर्ण एवं सराहनीय है। साधारणतः मानसिक अस्पताल दो तरह के होते हैं। एक वह जहाँ मानसिक रोगियों के लिए बिस्तर (bed) होते हैं और उन्हें कुछ दिनों तक वहाँ रखकर उपचार किया जाता है। ऐसे रोगियों में रोग का स्वरूप गंभीर (serious) होता है। दूसरे तरह के मानसिक अस्पताल वे होते हैं जहाँ मानसिक रोगियों को भर्ती नहीं किया जाता है और न ही उनके लिए कोई बिस्तर आदि ही होता है। ऐसे रोगियों की समस्याओं को कम-से-कम समय में समझकर उनका उपचार (treatment) करने की कोशिश की जाती है। इस तरह के मानसिक अस्पताल को *बाह्य-रोगी उपचार-गृह* (out-patient clinic) भी कहा जाता है। इस तरह के उपचार-गृह या मानसिक अस्पताल में प्रायः वैसे रोगियों का उपचार किया जाता है जिनकी समस्याएँ गंभीर नहीं होती हैं।

मानसिक अस्पताल का स्वरूप चाहे जैसा भी क्यों न हो, नैदानिक मनोवैज्ञानिकों की भूमिका अति महत्त्वपूर्ण मानी गई है क्योंकि ऐसे मनोवैज्ञानिकों द्वारा इन मानसिक अस्पतालों में विशेष मनोवैज्ञानिक कार्यक्रम (psychological programme) चलाये जाते हैं जिसके माध्यम से वे रोग के निदान (diagnosis) तथा उपचार (treatment) के लिए विशेष प्रविधि तो विकसित करते ही हैं, साथ-ही-साथ पेशा में आये कुछ नये-नये नैदानिक मनोवैज्ञानिकों को उस कला में प्रशिक्षण भी देते हैं। गार्फिल्ड एवं कुर्ज (Garfield & Kurtz, 1976, 1982) द्वारा किये गए अध्ययनों से यह स्पष्ट हुआ है कि नैदानिक मनोवैज्ञानिकों का 31.42% औसत समय मानसिक अस्पताल में उनके द्वारा किये जा रहे विभिन्न कामों में बीतता है। मानसिक अस्पताल में नैदानिक मनोवैज्ञानिकों की भूमिका इसलिए महत्त्वपूर्ण हो जाती है क्योंकि उनके द्वारा कई महत्त्वपूर्ण कार्य किये जाते हैं जिनमें निम्नांकित प्रमुख है—

(1) चिकित्सा *(Therapy)*—मानसिक अस्पताल में नैदानिक मनोवैज्ञानिकों का सबसे प्रमुख कार्य मनश्चिकित्सा (psychotherapy) प्रदान करना है। नैदानिक मनोवैज्ञानिक मनश्चिकित्सा के जिन प्रविधियों का प्रयोग मानसिक अस्पताल में अधिक करते हैं, उनमें मनोविश्लेषणात्मक चिकित्सा (psychoanalytic therapy), व्यवहार चिकित्सा (behaviour therapy), क्लायंट-केन्द्रित चिकित्सा (client-centered therapy), सामूहिक चिकित्सा (group therapy) आदि प्रधान है। नैदानिक मनोवैज्ञानिक रोगियों की चिकित्सा करने में अन्य लोगों की भी मदद लेते हैं जिनमें मनोरोगी नर्स (psychiatric nureses) तथा मनोरोगी सामाजिक कार्यकर्त्ता (psychiatric social workers) प्रमुख है। इस तरह के चिकित्सीय सेवा के अलावा वे भविष्य की क्रियाओं तथा निदान के लिए बने विभिन्न मनोवैज्ञानिक परीक्षणों के आधार पर रोगियों को कुछ सलाह (counselling) भी देते हैं।

(2) शोध *(Research)*—मानसिक अस्पतालों में चिकित्सा करने के अलावा नैदानिक मनोवैज्ञानिकों को तरह-तरह के नैदानिक शोध में भी हाथ बाँटना होता है। उससे भी उनकी भूमिका में निखार आयी है। नैदानिक मनोवैज्ञानिकों द्वारा इन अस्पतालों में कई तरह के शोध कार्य किये जाते हैं जिनमें विभिन्न तरह के मनोनैदानिक परीक्षणों (psychodiagnostic tests) का निर्माण, व्यक्तित्व के सिद्धान्त का विकास, चिकित्सीय प्रविधियों का मूल्यांकन आदि महत्त्वपूर्ण है।

(3) प्रशिक्षण *(Training)*—मानसिक अस्पतालों में मानसिक रोगों के निदान (diagnosis) तथा उपचार (treatment) के लिए विशेष प्रशिक्षण (training) दी जाती है। इसमें नैदानिक मनोविज्ञान में एम॰ ए॰ करने वाले छात्रों को या फिर मनोविज्ञान में एम॰ ए॰ कर लेने के बाद नैदानिक मनोविज्ञान के क्षेत्र में विशिष्टता हासिल करने वाले छात्रों को विशेष प्रशिक्षण दी जाती है। ऐसे प्रशिक्षण प्रदान करने में नैदानिक मनोवैज्ञानिकों की भूमिका अति महत्त्वपूर्ण बतलाया गया है। ऐसे छात्रों को नैदानिक मनोवैज्ञानिक अपने कौशलता (skills) का विशेष परिचय देकर उन्हें प्रशिक्षित करते हैं।

(4) प्रशासनिक भूमिका *(Administrative role)*—नैदानिक मनोवैज्ञानिकों को मानसिक अस्पताल में कुछ प्रशासनिक भूमिकाएँ भी करनी होती है। नैदानिक मनोवैज्ञानिकों के लिए मानसिक अस्पताल एवं उपचार-गृह (clinic) में कई तरह के प्रशासनिक पद होते हैं। जैसे—किसी विश्वविद्यालय में मनोवैज्ञानिक उपचार-गृह का निदेशक (director) का पद, मुख्य मनोवैज्ञानिक (chief psychologist) का पद, विश्वविद्यालीय विभाग के अध्यक्ष (Head) का पद के रूप में नैदानिक मनोवैज्ञानिकों को प्रशासनिक कार्य (administrative work) करना पड़ता है। इन प्रशासनिक कार्यों में रोगों के रिकार्ड का ठीक ढंग से रख-रखाव (maintenance) की देख-रेख, आन्तरिक रिपोर्ट (internal report) का प्रति महीना तैयार किया जाना, विभिन्न शोध प्रोजेक्ट का समय के अनुरूप पूरा किया जाना और मानसिक अस्पताल में कर्मचारियों द्वारा अनुशासन का पालन करना आदि सम्मिलित होते हैं।

स्पष्ट हुआ कि मानसिक अस्पताल में नैदानिक मनोवैज्ञानिकों की भूमिका अधिक महत्त्वपूर्ण है। सचमुच में इनमें से कुछ भूमिका तो ऐसी है जिसके न करने पर नैदानिक मनोवैज्ञानिक का एक मनोवैज्ञानिक के रूप में बने होने का अस्तित्व खतरे में पड़ जा सकता है। ऐसी भूमिकाओं में चिकित्सा करने की भूमिका तथा प्रशिक्षण देने की भूमिका को रखा गया है।

बाल मार्गदर्शन उपचार-गृह में नैदानिक मनोवैज्ञानिकों की भूमिका
(Role of Clinical psychologists in Child Guidance Clinic)

नैदानिक मनोवैज्ञानिकों की भूमिका बाल मार्गदर्शन उपचार-गृह में भी अधिक महत्त्वपूर्ण बतलायी गयी है। बाल मार्गदर्शन उपचार-गृह (child guidance clinic) एक ऐसा उपचार-गृह होता है जहाँ प्रायः उन बच्चों को भेजा जाता है जिनमें शैक्षिक (educational), मनोदैहिकी तथा अन्य दूसरे तरह के समायोजन संबंधी-समस्याएँ काफी जटिल हो जाती है। गारफिल्ड (Garfield, 1967) के अनुसार ऐसे उपचार-गृह में स्कूल दुर्भीति (school phobia), मल-सूत्र त्याग से संबंधित समस्या (problems related to elimination) जैसे असंयतमूत्रता (enuresis) एवं असंयतपुरीषता (encopresis) से ग्रस्त बालक उपचार के लिए अधिक पहुँचते हैं।

नैदानिक मनोवैज्ञानिकों की भूमिका ऐसे उपचार-गृह में इसलिए अधिक महत्त्वपूर्ण हो जाती है कि उन्हें ही इन बच्चों के लिए सबसे अधिक ऐसा उपयुक्त व्यक्ति समझा जाता है जो उनकी समस्याओं को दूर कर सकता है। इन उपचार-गृह में नैदानिक मनोवैज्ञानिकों को मूलतः निम्नांकित भूमिकाएँ अदा करनी होती है—

(1) मूल्यांकन तथा वर्गीकरण *(Evaluation and Classification)*—उपचार-गृह में लाये गये बच्चों की समस्याओं का मूल्यांकन नैदानिक मनोवैज्ञानिकों द्वारा किया जाता है। इस कार्य को करने के लिए नैदानिक मनोवैज्ञानिक विभिन्न तरह

के मनोवैज्ञानिक परीक्षणों(psychological test) जैसे—बुद्धिपरीक्षण(intelligence test), व्यक्तित्व परीक्षण(personality test), अभिक्षमता परीक्षण (aptitude test) तथा अभिरुचि परीक्षण (interest test) का क्रियान्वयन करते हैं और बच्चों की बुद्धि, व्यक्तित्व, अभिरुचि तथा अभिक्षमता के बारे में एक निष्कर्ष पर पहुँचते हैं। इस तरह के मूल्यांकन के आधार पर मिली सूचनाओं द्वारा अंत में वे बच्चों की समस्याओं का वर्गीकरण करते हैं जिनसे उन्हें निदान (diagnosis) करने तथा फिर उनका उचित उपचार (treatment) एवं मार्गदर्शन (guidance) करने में अधिक आसानी होती है।

(2) शोध *(Research)*—बाल मार्गदर्शन उपचार-गृह में तरह-तरह के समस्यात्मक बालक(problem children), पिछड़े बच्चे (backward children), मानसिक रूप से दुर्बल बच्चे आते हैं। नैदानिक मनोवैज्ञानिक उनकी समस्याओं का विश्लेषण एवं वर्गीकरण तो करते ही हैं, साथ-ही-साथ उनसे प्राप्त आँकड़ों के आधार पर वे कुछ शोध भी करते हैं जिससे वे बालकों के नैदानिक व्यवहारों के बारे में कुछ नियम एवं सिद्धान्त (theory) का भी प्रतिपादन कर लेते हैं।

(3) प्रशिक्षण *(Training)*—बाल मार्गदर्शन उपचार-गृह में जैसा कि फेयर्स(Phares, 1984) ने कहा है, नैदानिक मनोवैज्ञानिकों को उन छात्रों को विशेष कौशल भी सिखलाना पड़ता है जिनकी अभिरुचि बाल मानसिक स्वास्थ्य (child mental hygiene) में होता है। इससे नैदानिक मनोवैज्ञानिकों को दोहरा फायदा होता है। वे वैसे छात्रों को तो बाल मानसिक स्वास्थ्य कार्यक्रम में निपुण बना ही देते हैं, साथ-ही-साथ उनकी अपनी भूमिका भी ऐसे छात्रों के सहयोग से निखर उठती है।

नैदानिक मनोवैज्ञानिक बाल मार्गदर्शन उपचार-गृह में लाये बच्चों के उपचार करने के बाद कुछ ऐसे सुझाव उनके माता-पिता को देते हैं जिनसे इन बच्चों को घर पर भी सही मार्गदर्शन उपचार-गृह से हटकर मिल जाता है। नैदानिक मनोवैज्ञानिक को इस भूमिका की सराहना ऐसे बच्चों के माता-पिता उद्‌गार कंठ से करते हैं।

स्कूल में नैदानिक मनोवैज्ञानिकों की भूमिका
(Role of Clinical Psychologists in School)

नैदानिक मनोवैज्ञानिकों की भूमिका सिर्फ मानसिक अस्पताल एवं बाल मार्गदर्शन उपचार-गृह(child guidance clinic) तक ही सीमित नहीं है बल्कि स्कूल में भी इनकी भूमिका को सराहा गया है। स्कूल में कई ऐसे बालक होते हैं जो शिक्षकों एवं अपने साथियों के लिए सिरदर्द बन जाते हैं क्योंकि उनकी संवेगात्मक समस्याएँ ऐसी होती हैं जिनसे वे स्कूल के वातावरण में उपयुक्त समायोजन (adjustment) नहीं कर पाते हैं। नैदानिक मनोवैज्ञानिक स्कूल में जाकर ऐसे बच्चों की समस्याओं की पहले पहचान करते हैं, उसका उपयुक्त निदान(diagnosis) करते हैं तथा फिर उसका उपचार करते हैं। फेयर्स(Phares, 1984) के अनुसार नैदानिक मनोवैज्ञानिक ऐसे बच्चों को बुद्धि तथा अभिक्षमता (aptitude) की माप करके उसके अनुरूप उन्हें शिक्षा देने की सिफारिश शिक्षकों को करते हैं। बहुत से ऐसे केसेज में पाया गया है कि उनकी अभिक्षमता एवं बुद्धि की तुलना में पाठ्यक्रम की कठिनता-स्तर अधिक होने से भी उनमें संवेगात्मक समस्याएँ (emotional problems) उत्पन्न हो जाती हैं। नैदानिक मनोवैज्ञानिक अपने विशेष मापन अभियान द्वारा अपराधी बालकों एवं मानसिक रूप से दुर्बल बालकों की भी पहचान करके उनकी समस्याओं की गंभीरता को कम करते हैं।

स्कूल में नैदानिक मनोवैज्ञानिक सिर्फ समस्यात्मक बालकों (problem children) की ओर ही अपना ध्यान नहीं देते हैं बल्कि अन्य सामान्य बच्चों की अभिक्षमताओं (aptitudes) एवं अभिरुचियों (intrests) का भी अध्ययन करते हैं। इन बच्चों की अभिक्षमताओं एवं अभिरुचियों को मापकर वे उन्हें उन विषयों या पाठों को पढ़ने की सलाह देते हैं जो उनके अनुरूप होते हैं। शेफर(Shaffer, 1990) ने एक सर्वे किया है जिसमें उन्हें कुछ ऐसे बच्चों की शैक्षिक उपलब्धि(academic achievement) जो नैदानिक मनोवैज्ञानिकों द्वारा किए गए सिफारिशों (recommendation) के अनुरूप शिक्षा ग्रहण किये थे, की तुलना उन बच्चों की शैक्षिक उपलब्धि (academic achievement) से किया है जिनकी शिक्षा में इस तरह की सिफारिश नहीं की गयी थी। इस सर्वे में पाया गया कि नैदानिक मनोवैज्ञानिकों के सिफारिश के अनुरूप शिक्षा ग्रहण करने वाले छात्रों की शैक्षिक उपलब्धि(academic achievement) तुलनात्मक रूप से कहीं अधिक श्रेष्ठ(superior) थी।

कभी-कभी नैदानिक मनोवैज्ञानिक स्कूल में अपना विशेष कैम्प भी लगाते हैं जहाँ वे उन बच्चों की समस्याओं का निदान एवं उपचार करने की कोशिश करते हैं जिनकी समस्या गंभीर प्रकृति की नहीं होती है परन्तु समायोजन(adjustment) में विशेषकर शैक्षिक समायोजन(educational adjustment) में बाधक होते हैं। इस तरह के कैम्प में नैदानिक मनोवैज्ञानिक बालकों की समस्या को ध्यान में रखते हुए कुछ परामर्श (counselling) इस ढंग का करते हैं जिनसे छात्रों को अपनी समस्याओं से निबटने में अधिक आत्म-बल मिलता है। अक्सर देखा गया है कि कुछ बच्चे वर्ग में अधिक आक्रमकता दिखलाते हैं, प्रायः दाँत से नख या पेंसिल को काटते रहते हैं, पढ़ने-लिखने में ध्यान नहीं देते हैं, आदि-आदि। ऐसे छात्रों के लिए नैदानिक मनोवैज्ञानिकों द्वारा किया गया परामर्श संजीवन बूटी का काम करता है।

व्यावसायिक मार्गदर्शन केन्द्र में नैदानिक मनोवैज्ञानिकों की भूमिका
(Role of Clinical Psychologists in Vocational Guidance Centre)

व्यावसायिक मार्गदर्शन केन्द्रों में भी नैदानिक मनोवैज्ञानिकों की भूमिका अधिक सराहनीय बतलायी गयी है। इन केन्द्रों में व्यक्तियों को उचित व्यावसायिक जीवन-वृत्ति (vocational career) का चयन करने के बारे में सलाह दी जाती है। नैदानिक मनोवैज्ञानिक ऐसे लोगों की अभिक्षमता(aptitude), अभिरुचि(interest) एवं समायोजनशीलता(adjustifiability) का मापन करके उनके उचित व्यावसायिक जीवन-वृत्ति चयन करने में मदद करते हैं। इसके दो फायदे बतलाये गए हैं। पहला तो यह कि व्यक्ति इसके बाद जिस व्यवसाय में जाता है, उससे कार्य-संतुष्टि (job satisfaction) अधिक होती है। फलस्वरूप उसका कार्य-निष्पादन (job performance) अधिक श्रेष्ठ होता है। दूसरा फायदा यह बतलाया गया है कि ऐसे लोग आगे चलकर एक सफल व्यावसायिक होते हैं और *समाज के विकास* में वे अच्छा योगदान (contribution) कर पाते हैं।

ऐसे केन्द्रों पर नैदानिक मनोवैज्ञानिक वैसे लोगों को भी परामर्श (counselling) देते हैं जो पहले से किसी नौकरी या व्यवसाय (vocation) में लगे हुए हैं परन्तु उनकी कार्य संतुष्टि (job satisfaction) तथा कार्य निष्पादन (job performance) काफी असंतोषजनक है। नैदानिक मनोवैज्ञानिक ऐसे व्यक्तियों पर तरह-तरह के मनोवैज्ञानिक परीक्षण (psychological tests) जैसे—बुद्धि परीक्षण, अभिक्षमता परीक्षण (aptitude test), अभिरुचि परीक्षण (interest test) आदि का क्रियान्वयन (administration) करते हैं तथा उनमें कार्य संतुष्टि (job satisfaction) तथा कार्य निष्पादन(job performance) के असंतोषजनक होने के संभावित कारणों की पहचान करते हैं और उसे दूर करने के संभावित उपायों पर विचार करते हैं। नेलर (Naylor, 1982) ने कहा है कि नैदानिक मनोवैज्ञानिक अपनी इस भूमिका से व्यवसाय में लगे उन लोगों को विशेष मदद की है जो व्यावसायिक कुसमायोजन (vocational maladjustment) से ग्रसित होते हैं।

व्यावसायिक मार्गदर्शन केन्द्रों में व्यावसायिक मार्गदर्शन के अलावा शैक्षिक मार्गदर्शन (educational guidance) भी नैदानिक मनोवैज्ञानिकों द्वारा प्रदान किया जाता है हालाँकि सच्चे अर्थ में शैक्षिक मार्गदर्शन शिक्षा मनोवैज्ञानिकों के कार्यक्षेत्र में आता है। व्यक्ति किस तरह का व्यवसाय चुनेगा यह बहुत कुछ उसके शिक्षा-दीक्षा पर निर्भर करता है। अतः नैदानिक मनोवैज्ञानिक ऐसे व्यक्ति को उसकी अभिक्षमता, बुद्धि एवं अभिरुचि के अनुरूप शैक्षिक मार्गदर्शन करके उचित व्यवसाय में जाने लायक बनाता है। जैसे—इंजिनीयरिंग पेशा के लिए व्यक्ति को गणित में निपुणता होनी चाहिए। अतः जो व्यक्ति इंजीनियरिंग पेशा को अपनाना चाहता है, नैदानिक मनोवैज्ञानिक उसे गणित के उच्चतर पाठ्यक्रमों(advance curriculum) को पढ़ने की सिफारिश करते हैं।

स्पष्ट हुआ कि नैदानिक मनोवैज्ञानिकों की भूमिका व्यावसायिक मार्गदर्शन केन्द्रों (vocational guidance centres) में भी काफी अहमियत रखता है।

जेल एवं सुधारघरों में नैदानिक मनोवैज्ञानिकों की भूमिका
(Role of Clinical Psychologists in Jail and Reformatories)

नैदानिक मनोवैज्ञानिकों की भूमिका जेल एवं सुधारघरों (reformatories) में भी महत्त्वपूर्ण बतलाया गया है। जेल में अपराधियों के अपराधी व्यवहार के कारणों की पहचान एवं उसे दूर करने के उपायों पर नैदानिक मनोवैज्ञानिक सक्रिय रहते हैं। वे इन अपराधियों के व्यक्तित्व का मापन करते हैं तथा उनकी बुद्धि एवं अभिक्षमता (aptitude) की भी जाँच करते हैं। उसके अनुरूप वे जेल अधिकारियों को उन्हें कार्य में लगाने की सिफारिश करते हैं। इतना ही नहीं, इनके पुनर्वास (rehabilitation) के लिए भी कोशिश करते हैं। नैदानिक मनोवैज्ञानिकों की आम राय यह होती है कि अपराधी व्यवहार अधिकतर केसेज में प्रतिकूल वातावरण के मिलने से पनपता है तथा अनुकूल वातावरण मिलने से घटता है या नियमित हो जाता है। अतः वे इन अपराधियों को जहाँ तक संभव हो अनुकूल एवं मानवीय वातावरण प्रदान करने की सिफारिश करते हैं ताकि उनके अपराधी व्यवहारों की मात्रा की तीव्रता कम हो सके।

सुधारघरों(reformatories) में भी नैदानिक मनोवैज्ञानिकों की भूमिका महत्त्वपूर्ण बतलायी गयी है। इन घरों में अपराधियों को विशेषकर किशोर अपराधियों (juvenile delinquents) को उस उद्देश्य से रखा जाता है कि उनका उचित मार्गदर्शन करके पुनः एक समायोजित जिन्दगी जीने के लायक बनाया जा सके। इस तरह के कार्य में भी नैदानिक मनोवैज्ञानिक अपनी विशेष सेवा के माध्यम से महत्त्वपूर्ण कार्य करते हैं। पुनर्वास (rehabilitation) के ख्याल से नैदानिक मनोवैज्ञानिक ऐसे अपराधियों का एक केश इतिहास (case history) तैयार करते हैं और उसके आधार पर वे उनकी प्रमुख समस्याओं की उत्पत्ति की जड़ की पहचान करते हैं और उसी के आलोक में इसका उपचार (treatment) करते हैं तथा उन्हें समायोजन करने में मदद मिलने लायक परामर्श देते हैं। इतना ही नहीं, वे यह भी देखते हैं कि उनके द्वारा दिये गये परामर्श को व्यक्ति कहाँ तक अमल करता है।

जेल तथा सुधारघरों में चूँकि नैदानिक मनोवैज्ञानिकों को तरह-तरह के अपराधी मिलते हैं और उनसे उन्हें तरह-तरह के आँकड़े भी मिल जाते हैं, अतः इन लोगों के शोधकार्य की भूमिका भी यहाँ कम महत्त्वपूर्ण नहीं होती है। इन आँकड़ों के आधार पर वे अपराधी व्यवहार के सिद्धान्तों एवं नियमों का प्रतिपादन कर सकने में भी समर्थ होते हैं।

उद्योग में नैदानिक मनोवैज्ञानिकों की भूमिका
(Role of Clinical Psychologists in Industry)

नैदानिक मनोवैज्ञानिकों की भूमिका उद्योग (industry) तथा अन्य संगठनों (organization) में भी आजकल बढ़ती जा रही है। जैसा कि हम जानते हैं, कोई भी उद्योग तथा संगठन की सबसे प्रमुख शक्ति (power) मानव शक्ति (manpower) होती है। उद्योगों एवं संगठनों में लगे कर्मचारीगण की मानवीय समस्याएँ होती हैं जिनके कारण कर्मचारियों (employees) को समायोजन संबंधी तरह-तरह की समस्याएँ उत्पन्न हो जाती है। धीरे-धीरे इन समस्याओं का कुप्रभाव कर्मचारियों के मानसिक स्वास्थ्य पर पड़ता है। नैदानिक मनोवैज्ञानिक उद्योगों में मूलतः परामर्श सेवाएँ (consultation services) करते हैं। फेयर्स (Phares, 1984) के अनुसार उद्योगपतियों एवं व्यवस्थापकों (managements) द्वारा अपने उद्योगों एवं संगठनों के कर्मचारियों के मानसिक स्वास्थ्य को उन्नत बनाने के लिए नैदानिक मनोवैज्ञानिकों से विशेष परामर्श माँगा जाता है। नैदानिक मनोवैज्ञानिक एक सामान्य परामर्श देते हैं जिनसे उद्योगपतियों तथा व्यवस्थापकों को इन कर्मचारियों के मानसिक स्वास्थ्य को उन्नत बनाने के लिए विशेष सेवा प्रदान करने में मदद मिलती है। कभी-कभी इस सामान्य परामर्श के अलावा नैदानिक मनोवैज्ञानिक वैयक्तिक विशेष के लिए भी अपनी परामर्श सेवाएँ उपलब्ध कराते हैं। नैदानिक मनोवैज्ञानिक उद्योगों में जाकर शिविर (camp) भी लगाते हैं जहाँ कर्मचारियों को एक-एक करके वैयक्तिक रूप से अलग-अलग परामर्श दिये जाते हैं।

उद्योग में नैदानिक मनोवैज्ञानिक विभिन्न नैदानिक परीक्षणों (diagnostic tests) का उपयोग करके कर्मचारियों की अभिरुचि, बुद्धि एवं अभिक्षमता (aptitude) आदि का मूल्यांकन (evaluation) करते हैं तथा उसके अनुरूप उन्हें कार्यभार देने का उचित सिफारिश व्यवस्थापकों एवं कार्यपालकों (executives) को करते हैं। इससे उनमें समायोजनशीलता (adapatability) की क्षमता बढ़ती हैं और अन्त में उत्पादन पर काफी अनुकूल प्रभाव पड़ता है।

उद्योग में नैदानिक मनोवैज्ञानिकों को शोध कार्य की भूमिका निभानी पड़ती है। उन्हें कर्मचारियों के भिन्न-भिन्न समस्याओं से संबंधित अनेक तरह के आँकड़े मिल जाते हैं जिनके आधार पर उन्हें शोध करने में आगे काफी मदद मिलती है। अपने शोधकार्य के माध्यम से वे नये-नये नियमों एवं तथ्यों की खोज कर सकने में समर्थ हो जाते हैं जो कर्मचारियों के समायोजन (adjustment) तथा मानसिक स्वास्थ्य संबंधी समस्याओं का समाधान करने में ठोस सिफारिश का आधार बनते हैं।

अध्याय सारांश
(Chapter Summary)

1. नैदानिक मनोवैज्ञानिकों की भूमिका कई क्षेत्रों में सराहनीय बतलायी गयी है। मानसिक अस्पताल में इनकी भूमिका सबसे अधिक महत्त्वपूर्ण है। मानसिक अस्पताल में नैदानिक मनोवैज्ञानिकों ने चिकित्सा, शोध, प्रशिक्षण तथा प्रशासनिक भूमिका करके अपना महत्त्व काफी बढ़ा लिया है।
2. बाल मार्गदर्शन उपचार-गृह (child guidance clinic) में भी नैदानिक मनोवैज्ञानिकों की भूमिका काफी अधिक है। इन केन्द्रों में तरह-तरह के कुसमायोजन से ग्रस्त बालक आते हैं जिनकी समस्याओं का निदान एवं उपचार (treatment) नैदानिक मनोवैज्ञानिकों द्वारा किया जाता है।
3. स्कूल में भी नैदानिक मनोवैज्ञानिकों की भूमिका काफी अधिक अहमियत रखता है। स्कूल में नैदानिक मनोवैज्ञानिक अपराधी बालकों तथा मानसिक रूप से दुर्बल बालकों की पहचान करके उनकी समस्यांओं की गंभीरता को दूर करता है।
4. व्यावसायिक मार्गदर्शन केन्द्रों में भी नैदानिक मनोवैज्ञानिकों की भूमिका महत्त्वपूर्ण बतलायी गयी है। इन केन्द्रों में किसी व्यवसाय में लगे या व्यवसाय में जाने वाले व्यक्तियों की अभिरुचि, अभिक्षमता, बुद्धि आदि के आलोक में उनका उचित मार्गदर्शन किया जाता है ताकि उन्हें आगे चलकर किसी प्रकार की कोई कठिनाई नहीं हो।
5. जेल (Jail) एवं सुधारघरों (reformatories) में भी नैदानिक मनोवैज्ञानिकों की भूमिका महत्त्वपूर्ण है। इनमें अपराधियों के पुनर्वास (rehabilitation) कराने में इनकी अहमियत काफी बतलायी गयी है।
6. उद्योगों से भी नैदानिक मनोवैज्ञानिकों की भूमिका की अहमियत काफी बतलायी गयी है।

❑

अध्याय 3

नैदानिक मनोविज्ञान का संदर्श

(PERSPECTIVES OF CLINICAL PSYCHOLOGY)

नैदानिक मनोवैज्ञानिकों को मानसिक रोगों एवं संवेगात्मक समायोजन की समस्याओं का निदान (diagnosis) एवं उपचार (treatment) करना उनका सबसे महत्त्वपूर्ण एवं मुख्य कार्य माना गया है। वे लोग अपने विषय-वस्तु (subject-matter) को वैज्ञानिक ढंग से समझने के लिए कुछ सैद्धान्तिक संदर्श (theoretical perspective) का भी प्रतिपादन किये हैं। ये सभी संदर्श कुछ ऐसे हैं जिनके सहारे उन व्यक्तित्व को एवं उनके विकृतियों को समझने में मदद मिलती है जिसका अध्ययन नैदानिक मनोविज्ञान में किया जाता है। ऐसे संदर्श की व्याख्या छह है जो निम्नांकित हैं—

(1) अभिप्रेरणात्मक संदर्श (Motivational perspective)

(2) संरचनात्मक संदर्श (Structural perspective)

(3) विकासात्मक संदर्श (Developmental perspective)

(4) अनुकूलन संदर्श (Adaptational pespective)

(5) पारिस्थितिकी संदर्श (Ecological perspective)

(6) जैविक संदर्श (Biological perspective)

अभिप्रेरणात्मक संदर्श
(Motivational Perspective)

अभिप्रेरगात्मक संदर्श का प्रतिपादन कुछ वैसे मनोवैज्ञानिकों द्वारा किया गया है जिन्होंने अभिप्रेरण (motivation), कुंठा (frustration), चिन्ता (anxiety), संवेग (emotion) आदि के क्षेत्रों में गहन अध्ययन करके व्यक्तित्व (personality) को समझने तथा इनसे मानव व्यवहार में उत्पन्न होने वाले ऐसी विकृतियों (disorders) जो नैदानिक हस्तक्षेप (clinical intervention) के लिए उपयुक्त माने गए हैं, के अध्ययन में विशेष रुचि दिखलाये हैं। इन मनोवैज्ञानिकों में क्रेच एवं उनके सहयोगियों (Kretch et al, 1969), मैसलो (Maslow, 1962), फ्रायड (Freud), कर्ट लेविन (Kurt Lewin, 1931), डोलार्ड तथा उनके सहयोगियों (Dollard et al. 1939), टाम्पकिन्स (Tompkins, 1962, 1963) का नाम विशेष रूप से उल्लेखनीय है। अभिप्रेरणात्मक संदर्श के मुख्य बिन्दुओं पर हम इस प्रकार से प्रकाश डाल सकते हैं—

(1) मानव अभिप्रेरण के बारे में नैदानिक मनोवैज्ञानिकों के दो संबद्ध विचार हैं जिसकी लोकिप्रियता अधिक है। पहला तो यह कि कुछ मूल या प्राथमिक अभिप्रेरक (primary motives) ऐसे है जिनका संबंध शारीरिक आवश्यकताओं (physiological needs) जैसे—भूख, प्यास, यौन अभिप्रेरकों से होता है तथा परिपक्वता एवं सीखना के माध्यम से इन्हीं आवश्यकताओं से गौण (secondary) या अर्जित अभिप्रेरकों (acquired motives) की उत्पत्ति होती है। दूसरी बात यह है कि अभिप्रेरक किसी लक्ष्य वस्तु की प्राप्ति जिससे कि उसकी आवश्यकता की संतुष्टि होती है, कराकर व्यक्ति के तनाव को कम करता है।

कुछ मनोवैज्ञानिकों जैसे ह्वाइट (White, 1959) ने इस बात पर आपत्ति उठायी है कि मानव के सभी प्रेरकों को आवश्यकता-तनाव ह्रास (need-tension reduction) के परिपेक्ष्य (perspective) या संदर्भ में समझा जा सकता है। कुछ ऐसी आवश्यकताएँ होती हैं जिनकी एक सीमा तक संतुष्टि होने से तनाव घटने के बजाय बढ़ने लगती हैं। जैसे—अन्वेषण की आवश्यकता(need for exploration) तथा उत्सुकता की आवश्यकता(need for curiosity) ऐसे ही आवश्यकताओं के उदाहरण हैं।

(2) कुछ मनोवैज्ञानिकों जैसे—क्रेच, क्रचफिल्ड एवं लिभसन (Kretch, Crutchfield & Livson, 1974) ने मानव अभिप्रेरकों को दो भागों में बाँटकर एवं उनमें अन्तर कर व्याख्या किया है। वे हैं—अपूर्णता अभिप्रेरक (deficiency motive) तथा बहुलता अभिप्रेरक (abundancy motive)। पहले श्रेणी के अभिप्रेरक में सुरक्षा की आवश्यकता (need of security) तथा जीवित रहने की आवश्यकता (need for survival) आदि आते हैं तथा वे तनाव ह्रास (tension reduction) के नियम द्वारा संचालित होते हैं। बहुलता अभिप्रेरक की श्रेणी में वैसे अभिप्रेरक आते हैं जिनका उद्देश्य व्यक्ति में उत्तेजन (stimulation) तथा संतोष (satisfaction) उत्पन्न करना होता है। ऐसे अभिप्रेरकों से व्यक्ति में तनाव (tension) उत्पन्न होते हैं। अपूर्णता अभिप्रेरक (deficiency motive) तथा बहुलता अभिप्रेरक (abundancy need) दोनों ही चाहे वे जैविक (biological) हों या सामाजिक (social) हों, मानव व्यवहार को प्रभावित करते हैं। मानसिक रूप से क्षुब्ध व्यक्तियों में अपूर्णता अभिप्रेरक (deficiency motive) बहुलता अभिप्रेरक (abundancy motive) की तुलना में अधिक प्रबल (dominant) होता है।

क्रेच एवं उनके सहयोगियों के विचार से मिलता-जुलता विचार मैसलो (Maslow, 1954, 1962) का है जिनका भी नैदानिक मनोवैज्ञानिकों ने काफी स्वागत किया है। मैसलो के अनुसार मानव अभिप्रेरकों के पाँच श्रेणीबद्ध क्रम (hierarchical order) होते हैं जो निम्नांकित हैं—

(i) शारीरिक अभिप्रेरक जिसमें भूख, प्यास, दर्द निवारण आदि आते हैं।

(ii) सुरक्षा अभिप्रेरक जिसमें स्थिरता तथा सुरक्षा से संबंधित अभिप्रेरक आते हैं।

(iii) संबंध एवं स्नेह का अभिप्रेरक जिसमें प्यार, तादात्म्य (indentification), अनुरूपता (conformity) आदि की आवश्यकता सम्मिलित होती है।

(iv) श्रद्धा अभिप्रेरक (esteem motives) जिसमें आत्म-सम्मान एवं प्रतिष्ठा आदि को आवश्यकता सम्मिलित होती है।

(v) आत्म-यथार्थता की आवश्यकता (need for self-actualization)।

मैसलो (Maslow) द्वारा प्रतिपादित उक्त श्रेणीबद्ध क्रम (hierarchical order) से स्पष्ट है कि सबसे निचले स्तर पर शारीरिक अभिप्रेरक (physiogical motive) को तथा सबसे ऊपरी स्तर (highest level) पर आत्म-यथार्थता की आवश्यकता (need for self-actualization) को रखा गया है। मैसलो का मत था कि ज़बतक व्यक्ति में निचली आवश्यकताओं (lower needs) जैसे—शारीरिक आवश्यकता, सुरक्षा आवश्यकता तथा संबंध आवश्यकता एवं स्नेह की आवश्यकता (belongingness and love needs) की तुष्टि नहीं हो जाती है, ऊपरी स्तर की आवश्यकता जैसे श्रद्धा की आवश्यकता तथा आत्म-सिद्धि (self-actualization) की आवश्यकता उत्पन्न नहीं होती है। नैदानिक मनोवैज्ञानिकों का यह आम मत है कि पाँच में से किसी भी स्तर (level) की आवश्यकता की तुष्टि में यदि किसी प्रकार की बाधा पहुँचती है, तो इससे व्यक्तित्व (personality) का सामान्य विकास (normal growth) नहीं हो पाता और धीरे-धीरे विकृतियाँ (disorders) उत्पन्न होने लगती है।

(3) फ्रायड (Freud) द्वारा प्रतिपादित गत्यात्मक अचेतन (dynamic unconscious) का संप्रत्यय भी नैदानिक मनोवैज्ञनिकों के लिए प्रेरणा का स्रोत रहा है। अभिप्रेरक तथा उससे सम्बन्धित इच्छा, विचार, कल्पनाएँ आदि कुछ हद तक अचेतन (unconscious) होती है। फ्रायड का मत था कि जब व्यक्ति की इच्छाएँ, अभिप्रेरकों आदि को किसी कारण से तुष्टि करना संभव नही हो पाता है, तो उसका अचेतन में दमन (repression) हो जाता है जहाँ जाकर वे समाप्त नहीं हो जाते हैं बल्कि सक्रिय रहते हैं और व्यक्ति के व्यवहारों को प्रभावित करते हैं। फ्रायड के अनुसार अचेतन की ऐसी इच्छाएँ की अभिव्यक्ति स्वप्न, दैनिक जीवन की मनोविकृतियों (psychopathologies of everday life) आदि के रूप में अभिव्यक्त होती है। फ्रायड द्वारा प्रतिपादित इस विचार को मनोविश्लेषणात्मक सिद्धान्त में रखा गया है जिसके अनुसार दमन (repression) की प्रक्रिया में भी व्यक्ति को काफी प्रयास (effort) करना पड़ता है। अतः इसमें भी उसके शरीर की ऊर्जा (energy) खर्च होती है। मानव व्यक्तित्व को समझने के लिए फ्रायड द्वारा प्रतिपादित अचेतन एवं दमन (repression) के संप्रत्यय को अधिक महत्त्व दिया गया है। सामान्य व्यक्ति (normal person) द्वारा दमन का प्रयोग कम किया जाता है परन्तु जब व्यक्तित्व में विघटन (disorganization) उत्पन्न हो जाता है, तो दमन का प्रयोग बढ़ जाता है। इतना ही नहीं, अचेतन की अनैतिक इच्छाओं की प्रबलता चेतन मन पर बढ़ने लगती है और व्यक्ति के व्यवहार में असामान्यता (abnormality) के लक्षण दिखाई पड़ने लगते हैं।

फ्रायड (Freud) के बाद युंग (Jung) ने अचेतन के संप्रत्यय को थोड़ा विस्तृत किया और कहा कि अचेतन में सिर्फ अवांछित एवं अनैतिक इच्छाएँ एवं अभिप्रेरक ही नहीं होती है बल्कि इसमें कलात्मक (artistic) एवं रचनात्मक इच्छाएँ भी होती है। इसे युंग ने *सर्जनात्मक अचेतन* (creative unconscious) कहा है। युंग के अनुसार एक पूर्णतः कार्यात्मक व्यक्ति (fully functioning person) ऐसे सर्जनात्मक अचेतन से सम्पर्क करके अपने भीतर छिपे अन्तःशक्ति (potential) की पहचान करते हैं।

(4) अभिप्रेरणात्मक मॉडल में नैदानिक मनोवैज्ञानिकों नें कुछ वैसी परिस्थिति पर भी ध्यान देने की सिफारिश की है जिसमें दो या दो से अधिक प्रेरक (motive) अपनी संतुष्टि एक ही समय में चाहते हों। इस तरह की परिस्थिति को *अभिप्रेरकों का संघर्ष* (conflict of motive) कहा जाता है। कर्ट लेविन (Kurt Lewin) ने अभिप्रेरकों के तीन तरह के संघर्ष का वर्णन किया है—

(i) उपागम-उपागम संघर्ष (approach-approach conflict)
(ii) परिहार-परिहार संघर्ष (avoidance-avoidance conflict)
(iii) उपागम-परिहार संघर्ष (approach-avoidance conflict)

उपागम-उपागम संघर्ष में दो धनात्मक लक्ष्य (positive goals) ऐसे होते हैं जिनमें से किसी एक की प्राप्ति होने से दूसरे लक्ष्य को खोना ही पड़ता है। जब दोनों लक्ष्यों में आकर्षकता लगभग बराबर होती है तो इससे व्यक्ति में संघर्ष (conflict) अधिक होता है। उपागम-परिहार में संघर्ष में एक ही लक्ष्य होता है परन्तु उसके प्रति व्यक्ति में परस्पर विरोधी भाव उत्पन्न हो जाते हैं। इस लक्ष्य पर वह पहुँचना भी चाहता है तथा साथ-ही-साथ उससे दूर भी रहना चाहता है। परिहार-परिहार संघर्ष (avoidance-avoidance conflict) में व्यक्ति दो ऋणात्मक लक्ष्यों (negative goals) के बीच घिर जाता है। वह इन दोनों लक्ष्यों या इच्छाओं से दूर रहना चाहता है क्योंकि इन दोनों में से किसी एक की प्राप्ति उसके लिए हानिकारक सिद्ध होता है। परन्तु बाध्य होकर किसी एक की पूर्ति के पक्ष में निर्णय लेना ही पड़ता है जिससे उसमें संघर्ष उत्पन्न हो जाता है। व्यक्ति इन विभिन्न प्रकार के संघर्षों से कैसे निबटता है, यह संघर्ष की तीव्रता के साथ-साथ व्यक्तित्व के संरचनात्मक पहलू (structural aspect) जिसमें विशेष करके अहम् (ego) की शक्ति (strength) प्रधान है, पर निर्भर करता है। जब रोगी इन संघर्षमय परिस्थितियों में अनुपयुक्त निर्णय (inappropriate decision) लेता है, तो इससे यह अंदाज मिल जाता है कि उसका अहम् (ego) कमजोर है।

संघर्ष (conflict) से जुड़ा संप्रत्यय कुंठा (frustration) का है जिससे भी मानसिक रोगों को समझने एवं विश्लेषण करने में मदद मिलती है। जब व्यक्ति में कुंठा (frustration) की मात्रा एक सीमा से अधिक हो जाती है जिसे व्यक्ति बर्दाशत (tolerate) नहीं कर पाता है, तो उसके व्यवहार में आक्रमकता (aggressiveness) बढ़ जाती है। इसकी संपुष्टि डोलार्ड एवं उनके सहयोगियों (Dollard et al. 1939) ने अपने अध्ययनों से किया हैं।

(5) अभिप्रेरणात्मक संदर्श (motivational perspective) में मानसिक रोगियों के नैदानिक व्यवहारों (clinical behaviours) को समझने के लिए रोगी के सांवेगिक जिन्दगी (emotional life) विशेषकर उसकी चिन्ता (anxiety) के स्तर को समझने की कोशिश की जाती है। जब व्यक्ति के व्यक्तिगत मूल्यों (personal values) तथा व्यक्तितव की अखंडता (integrity) को किसी प्रकार की धमकी (threat) प्राप्त होती है, तो इससे उसके मन में आशंका (apprehension) उत्पन्न होती है जिसे चिन्ता की संज्ञा दी जाती है। कोरचिंन (Korchin, 1964) के अनुसार जब व्यक्ति में चिन्ता कम मात्रा में होती है, तो इससे व्यक्ति में सतर्कता एवं ध्यान केन्द्रिता बनी रहती होती है। इस तरह से ऐसी परिस्थिति में चिन्ता अनुकूली अनुक्रिया (adaptive response) करने में व्यक्ति को मदद करता है। परन्तु जब व्यक्ति में चिन्ता अधिक मात्रा में उत्पन्न हो जाती है तो उसका ध्यान विसरित (diffused) होने लगता है तथा उसका व्यवहार धीरे-धीरे विघटित होने लगता है।

चिन्ता को फ्रायड (Freud, 1926) ने अपने सिद्धान्त में एक संकेत (signal) एवं लक्षण (Symptom) दोनों ही माना है। संकेत (signal) के रूप में चिन्ता अहम् रक्षात्मक प्रक्रम (ego defense mechanism) को सक्रिय बनाकर व्यक्ति को उस परिस्थिति से बचा लेता है जो व्यक्ति में एक धमकी (threat) उत्पन्न करने वाला हो जाता है। इस तरह से व्यक्ति में अनुकूली कार्य (adaptive functions) करने की क्षमता में वृद्धि होती है। लक्षण के रूप में चिन्ता उत्पन्न तब होती है जब व्यक्ति अहम् रक्षात्मक प्रक्रम का प्रयोग इतना अधिक करने लगता है कि वह एक तरह से उसमें डूब जाता

है। फलस्वरूप उसके कुसमायोजित व्यवहार (maladaptive behaviour) में काफी वृद्धि हो जाती है। कर्ट गोल्डस्टीन (Kurt Goldstein, 1939) के अनुसार मस्तिष्कीय-क्षतिग्रस्त व्यक्तित्व (brain-damaged personality) में चिन्ता की अभिव्यक्ति एक लक्षण के रूप में काफी होता देखा गया है। इस तरह के चिन्ता में विषाद(depression), लज्जा(shame) तथा दोष-भाव (guilt-feeling) भी होते देखे गए हैं। चिन्ता होने से व्यक्ति में अन्य संवेगों (emotions) के समान कुछ शारीरिक परिवर्तन (bodily changes) भी होते हैं जिनमें श्वसन गति में वृद्धि, पेशीय तनाव (muscle tension), चयापचयी एवं अन्तःस्रावी ग्रन्थियों के कार्यों में परिवर्तन आदि प्रमुख हैं। संवेग का चाहे जो भी प्रकार हो उसमें एक विमा (dimension) महत्त्वपूर्ण होता है और वह है विभिन्न मात्रा में उत्तेजना (arousal) या सक्रियता (activation) का पाया जाना। नैदानिक मनोवैज्ञानिकों का मत है कि यदि किसी व्यक्ति में तीव्र एवं सतत(continuous) संवेग(emotion) लम्बे अरसे से होता है, तो इससे उसमें अपलटावी (irreversible) शारीरिक परिवर्तन होते हैं जिसे मनोदैहिक रोग (psychosomatic disease) कहा जाता है।

निष्कर्षतः यह कहा जा सकता है कि अभिप्रेरणात्मक संदर्श (perspective) में नैदानिक व्यवहारों एवं लक्षणों की व्याख्या अभिप्रेरणात्मक संप्रत्ययों के रूप में की गयी है। इसके लिए रोगी के विभिन्न प्रकार के अभिप्रेरकों (motives), चिन्ता (anxiety), संवेग आदि का विश्लेषण किया जाता है तथा उसे समझने की भरपूर कोशिश की जाती है।

संरचनात्मक संदर्श
(Structural perspective)

नैदानिक मनोविज्ञान (Clinical Psychology) में इस संदर्श द्वारा नैदानिक व्यवहार की व्याख्या में व्यक्तित्व के संरचनात्मक पहलुओं (structural aspects) पर अधिक बल डाला गया है। इन संरचनात्मक पहलुओं को व्यक्तित्व का केन्द्रीय संरचना भी कहा जाता है। व्यक्तित्व का केन्द्रीय संरचना बाह्य उद्दीपकों (external stimulation) एवं आन्तरिक आवेगों (impluses) तथा क्रियाओं के बीच एक तरह की मध्यस्थता (mediate) करते हैं। व्यक्तित्व के केन्द्रीय संरचना (central structure) के चार पहलू ऐसे हैं जिन पर नैदानिक मनोवैज्ञानिकों ने अधिक बल डाला है और मानसिक रोगियों के व्यवहारों को समझने तथा उनका उपचार (treatment) करने में उसे अधिक महत्त्व दिया है। वे चार पहलू हैं—अहम् (Ego), आत्मन् (Self), अन्तःकरण (Conscience) तथा मूल्य (Values)। इन सबकी व्याख्या निम्नांकित हैं—

(1) अहम् का संप्रत्यय *(Concept of ego)*—अहम् व्यक्तित्व का वह हिस्सा होता है जो व्यक्ति को वास्तविकता (reality) के अनुरूप व्यवहार करने के लिए प्रेरित करता है। अहम् के संप्रत्यय में दो संबंधित परन्तु गोचर (distinguishable) पहलू सम्मिलित होते हैं। इसका पहला पहलू वह है जिसमें वे कार्य या सामर्थ्य (capacities) होते हैं जिनके सहारे व्यक्ति सभी समन्वित व्यवहार करते हैं। दूसरा पहलू वह है जिसमें व्यक्ति का आत्म-संप्रत्यय (self-concept), आकांक्षा (aspirations), मूल्य (values) अनुभवसिद्ध आत्म (experienced self) आदि सम्मिलित होते हैं और ये सभी मिलकर व्यक्तितव का सारभाग (core) का निर्माण करते हैं। अहम् (ego) के ये दोनों अर्थ एक साथ विकसित होते हैं और एक-दूसरे पर निर्भर करते हैं। अहम्(ego) के इस पहले पक्ष या पहलू को *अहम-कार्यापालक*(ego-executive function) तथा दूसरे पक्ष या पहलू को *अहम्-पहचान* (ego-identity) की संज्ञा दी गयी है।

अहम् (ego) के विकास (development) का जहाँ तक प्रश्न है, यह फ्रायड के सिद्धान्त के अनुसार बचपनावस्था में जैविक अभिप्रेरकों (biological drives) अर्थात् उपांह (id) एवं वास्तविकता (reality) का प्रतिबंध (constraint) के बीच संघर्ष (conflict) के समाधान के प्रयास के फलस्वरूप होता है। इस अवस्था में बच्चों का व्यवहार *आनन्द के नियम* (pleasure principle) से निर्देशित होता है। बच्चे अपनी आवश्यकताओं की तुरंत पूर्ति करना चाहते हैं जो हो नहीं पाता है। फलस्वरूप उनमें कुंठा (frustration) होने लगता है। इस तरह के कुंठा से छुटकारा पाने के प्रयास से अहम् (ego) का विकास होता है। बच्चों का उम्र जैसे-जैसे बढ़ता है, उसका प्रत्यक्षण, स्मृति, चिन्तन तथा समस्या-समाधान क्षमता मजबूत होता जाता है, जिससे वह समझने लगता है कि किस कार्य या व्यवहार से उसे पुरस्कार मिलेगा तथा किस कार्य या व्यवहार से उसे दण्ड मिलेगा। इस तरह से धीरे-धीरे बच्चों का व्यवहार आनन्द के नियम से कम तथा वास्तविकता के नियम (reality principle) से अधिक नियंत्रित होने लगता है। बाद में कुछ मनोवैज्ञानिकों जैसे हार्टमान (Hartmann, 1939) ने यह स्पष्ट किया है कि अहम् का विकास संघर्ष (conflict) तथा कुंठा (frustration) से मात्र निबटने के प्रयासों से ही नहीं होता है बल्कि इसका विकास जन्मजात कार्यों (innate functions) जैसे प्रत्यक्षण, स्मृति, अभिप्रेरक

(motivation) के विकास या यूँ कहा जाय कि सामान्य संज्ञानात्मक कार्यों (cognitive functions) के विकास से भी प्रभावित होता है। हार्टमान (Hartmann) के विचार से अहम् के संप्रत्यय पहले से अधिक विस्तृत हो पाया है क्योंकि इसके द्वारा अनुकूली कार्य (adaptive function) तथा रक्षात्मक कार्य (defensive function) दोनों की ही व्याख्या सम्पन्न हो पाती है।

नैदानिक मनोवैज्ञानिकों का मत है कि जब व्यक्ति की अहम्-शक्ति(ego-strength) में अपर्याप्तता(insufficiency) विकसित हो जाती है, तो उसके व्यक्तित्व में विघटनकारी बल सक्रिय हो जाते हैं और वह धीरे-धीरे मानसिक रोग के चंगुल में फँसने लगता है। अतः उनका उपचार करने में ये लोग ऐसे रोगियों के खोयी हुई अहम्-शक्ति (ego-strength) को वापस लाने का भरसक प्रयास करते हैं। जिन व्यक्तियों में अहम् शक्ति पर्याप्त होती है, वे बाह्य घटनाओं को वस्तुनिष्ठ ढंग से मूल्यांकन करते हैं, किसी वस्तु की ओर ध्यान केन्द्रित कर पाते हैं, तार्किक चिन्तन कर पाते हैं तथा असंगत एवं बेबुनियाद चिन्तन को रोकने में समर्थ हो पाते हैं। उच्च अहम् शक्ति वाले व्यक्ति आत्म-नियंत्रित होते हैं अर्थात् उनमें आत्म-नियंत्रण (self-control) तथा आत्म-निश्चय (self-determination) अधिक होता है। ऐसे लोग आन्तरिक इच्छाओं (internal drives) या पर्यावर्णी दबावों (environment pressures) से कम प्रभावित होते हैं। कम अहम् शक्ति (poor ego strength) वाले व्यक्ति प्रलोभन (temptations) का शिकार हो जाते हैं जबकि उच्च अहम् शक्ति वाले व्यक्ति पर इन प्रलोभनों का असर न के बराबर होता है। उच्च अहम् शक्ति से प्रभावकारी व्यक्तित्व (effective personality) का पता चलता है तथा निम्न अहम् शक्ति वाले व्यक्ति जल्द ही कुसमायोजन (maladjustment) एवं विघटनकारी बलों (disorganizing forces) का शिकार हो जाते हैं।

(2) आत्मन्(*Self*)—आत्मन् व्यक्तित्व का अनुभवसिद्ध हीर या सार(experienced core) होता है। कीन[1] (Keen, 1970) के शब्दों में ''आत्मन् में अपने बारे में यानी अपने आत्मनिष्ठ एवं आनुभाविक जिन्दगी के बारे में व्यक्ति की अपनी पूर्वकल्पनाएँ, निर्णय एवं भावनाएँ होती हैं।''

संक्षेप में यह कहा जा सकता है कि आत्मन् (self) में इस मूल प्रश्न का उत्तर होता है, ''मैं क्या हूँ?'' (What am I ?) अक्सर यह देखा गया कि व्यक्ति का आत्म-संप्रत्यय(self-concept) तथा उनका दूसरों द्वारा किया गया मूल्यांकन (evaluation) में अन्तर होता है। नैदानिक मनोवैज्ञानिकों (clinical psychologists) को इस तरह के अन्तर से नैदानिक पक्रियाओं को पूरा करने में काफी मदद मिलती है और वे इस तरह के अन्तर के विस्तृत कारणों को समझकर उसके आत्म-संप्रत्यय को पुनर्परिभाषित (redefine) करने की कोशिश करते हैं। जैसे—एक सुंदर महिला अपने-आप को यदि कुरूप समझती है और इस भाद से वह काफी परेशान रहती है, तो यह उसके आत्म-संप्रत्यय (self-concept) तथा दूसरों द्वारा किये गये मूल्यांकन (evaluation) में अन्तर का एक उदाहरण हैं जो नैदानिक मनोवैज्ञानिकों के लिए बहुत ही उपयोगी संकेत है।

आत्मन् (Self) में सिर्फ 'हम क्या है?' (What we are ?) से संबंधित अनुभूतियाँ (experiences) ही नहीं होती है बल्कि यह भी होती है कि 'जो हमलोग हैं' (that we are) से संबंधित अनुभूतियाँ भी होती है। इसे इरिक्सन (Erikson, 1968) ने *'तादात्म्य का भाव'* (sense of identity) कहा है। कीन (Keen, 1970) ने पहले तरह की अनुभूतियों को 'वस्तु-के-रूप-में-आत्मन्' (Self-as-Subbject) की संज्ञा दिया है तथा दूसरे तरह की अनुभूतियों को *'व्यक्ति-के-रूप-में आत्मन्'* (Self-as-object) की संज्ञा दी है। वस्तु के रूप में आत्मन् (Self-as-object) में जो अनुभूतियाँ होती हैं उनके गुण कुछ वैसे ही होते हैं जो किसी वस्तु के गुण के होते हैं। परन्तु व्यक्ति-के-रूप में आत्मन् (Self-as-Subject) में पूर्णतः अस्तित्वात्मक अनुभूतियाँ (existential experiences) होती है। इन अनुभूतियों के माध्यम से ही व्यक्ति अपने वातावरण से दूसरों के साथ किये गए व्यवहारों एवं अन्तःक्रियाओं (interactions) को समझता है और वातावरण के वस्तुओं एवं व्यक्तियों पर नियंत्रण करना सीखता है। यदि व्यक्ति-के-रूप-में-आत्मन् (Self-as-subject) की अनुभूतियों को व्यक्ति खो देता है या ऐसी अनुभूतियों की प्रबलता लगभग समाप्त हो जाती है, तो इससे व्यक्तित्व में विघटन (disorganization) उत्पन्न हो जाता है, जो नैदानिक मनोवैज्ञानिकों को नैदानिक प्रक्रिया पूरा करने में महत्त्वपूर्ण संकेत प्रदान करता है।

1. "Self consists of one's assumptions about judgement of, and feelings toward onself as a person–a part of his subjective experiential life."

—Keen : *Three faces of being : Towards an Existential Clinical Psychology,* 1970, p. 13

रोजर्स (Rogers, 1942) ने आत्म-तंत्र (Self-system) का महत्त्वपूर्ण भाग *'आदर्श-आत्म'* (ideal self) को माना है जिसे मनोविश्लेषकों (psychoanalysts) ने *'अहम्-आदर्श'* (ego-ideal) की संज्ञा दी है। रोजर्स के अनुसार व्यक्ति अपने-आप में अच्छे गुणों के अस्तित्व को तो मानता ही है, साथ-ही-साथ वह आदर्श गुणों का जिसकी चाहत उसे होती है, को होने की भी कल्पना करता है। वह फ्रायडियन सिद्धान्त में पराहं (super-ego) के तुल्य (equivalent) है। वास्तविक आत्मन् (real self) तथा आदर्श-आत्मन् (ideal self) में अन्तर अधिक होने से व्यक्ति में व्यामोही चिन्तन (delusional thinking) की संभावना बढ़ जाती है। अतः नैदानिक मनोवैज्ञानिक उपचार (treatment) के दौरान इस बात का पुख्ता खयाल रखते हैं कि रोगी के आत्मन् के इन दोनों पहलुओं (aspects) में अन्तर न हो।

(3) अन्तःकरण तथा मूल्य(*Conscience and values*)—व्यक्तित्व के संरचना का चौथा केन्द्रीय पहलू अन्तःकरण (conscience) है जिसमें नैतिक मूल्यों (moral values) का एक सेट होता है जो यह बतलाता है कि नैतिक रूप से क्या सही है या क्या गलत है। फ्रायड द्वारा प्रतिपादित पराहं (super-ego) (जो अंशतः चेतन तथा अंशतः अचेतन होता है) में सामाजिक प्रतिरोधों (prohibitions) का आत्मसाधित (internalized) प्रतिनिधित्व (representation) होता है, एवं इस की इच्छाएँ भी अन्तःकरण (conscience) में सम्मिलित होती है। कोरचिन[1] (Korchin, 1986) के अनुसार, "अन्तःकरण को एक सम्पूर्ण संप्रत्यय के रूप में समझा जाता है जिसमें पराहं के अवपीड़क (coercive) एवं असंबद्ध (alien) बलों तथा आत्म-चयनित (self-chosen) मूल्य दोनों ही होते हैं तथा जिसके सहारे हमलोग अपने जिन्दगी को निर्देशित करते हैं।" मानसिक रोग से पीड़ित व्यक्ति अपने उन अभिप्रेरकों तथा नैतिक मूल्यों (moral values) को धमकी से ओत-प्रोत मानते हैं जो उनके आत्म-संप्रत्यय (self-concept) एवं चेतन उद्देश्यों को स्वीकार्य नहीं होते हैं। नैदानिक मनोवैज्ञानिक इस तरह की परिस्थिति से उत्पन्न संघर्षों को ध्यान में रखते हैं और निदान एवं उपचार में उससे विशेष मदद लेते हैं।

स्पष्ट हुआ कि संरचनात्मक संदर्श (structural perspective) में नैदानिक प्रक्रियाओं को व्यक्तित्व के विशेष संरचनात्मक पहलू (structural aspects) जैसे—अहम्, अन्तःकरण (conscience), आत्मन् (self) एवं सामाजिक वास्तविकता तथा प्रतिरोधों (restraints) के बीच में उत्पन्न संघर्ष आदि के रूप में समझने की कोशिश की जाती है।

विकासात्मक संदर्श
(Developmental Perspective)

नैदानिक मनोवैज्ञानिक मानव प्राणी (human organism) को विकासात्मक दृष्टिकोण से भी समझने की कोशिश करते हैं। विकास (development) एक ऐसी प्रक्रिया होती है जिसमें प्राणी में होने वाले सिर्फ परिमाणात्मक परिवर्तन (quantitative changes) ही नहीं, बल्कि गुणात्मक परिवर्तन (qualitative change) भी सम्मिलित होते हैं। विकास की प्रक्रिया के परिणामस्वरूप बाल्यावस्था (childhood) के साधारण व्यवहार वयस्कावस्था के जटिल व्यवहार (complex behaviour) में परिवर्तित हो जाता है। लानगर (Langer, 1969) ने विकासात्मक प्रक्रियाओं (developmental processes) की व्याख्या करने के लिए उपलब्ध सिद्धान्तों को मूलरूप से तीन श्रेणियों में विभक्त किया है जो निम्नांकित है—

(i) यांत्रिक दर्पण सिद्धान्त (*Mechanical Mirror theories*)—इस श्रेणी में उन सिद्धान्तों की व्याख्या की गयी है जिसके माध्यम से मानव प्राणी के विकासात्मक तंत्रों पर पर्यावरणी घटनाओं (environmental events) के पड़नेवाले प्रभावों की व्याख्या की जाती है। इस सिद्धान्तों के अनुसार विकासात्मक व्यवहारों में प्रबलन (reinforcement) तथा उत्तेजनाओं (stimulation) के माध्यम से सीखना के नियमों द्वारा हुए परिवर्तनों की व्याख्या होती है। इसमें स्कीनर (Skinner) के सिद्धान्तों को रखा गया है।

(ii) कायिक लैम्प सिद्धान्त (*Organic Lamp theories*)—इस सिद्धान्त में उन सिद्धान्तों को रखा जाता है जिसमें विकासात्मक परिवर्तन की व्याख्या आत्म-रचनात्मक (self-constructive) एवं संज्ञानात्मक (cognitive) व्यवहार के रूप में की जाती है। इनमें उन मनोवैज्ञानिक प्रक्रियाओं पर बल डाला जाता है जिनके द्वारा क्रमिक अवस्थाओं (sequential stages) में विकास होता है। इस श्रेणी में पियाजे (Piaget) एवं वर्नर (Werner) के सिद्धान्तों को रखा गया है।

---

1. "The term conscience is preferred as an overall concept which would include both coercive, alien forces of the superego and the self-chosen values by which we guide our lives."

—Krochin : *Modern Clinical Psychology,* 1986, p. 64.

(iii) मनोविश्लेषणात्मक सिद्धान्त(*Psychoanalytic theory*)—इस सिद्धान्त के अनुसार मूलप्रवृत्ति(instinct), प्रणोद (drive), मानसिक संघर्ष एवं उसका समाधान आदि का प्रभाव व्यवहारों के विकास (development) पर पड़ता है। आधुनिक अहम् मनोवैज्ञानिकों (ego psychologists) द्वारा संघर्ष-मुक्त कार्यों (conflict free function) से हटकर संज्ञानात्मक एवं समायोजनशील प्रक्रियाओं पर अधिक बल डाला जा रहा है। इरिक्सन(Erikson, 1963), ह्वाइट(White, 1963) तथा लोभिंगर (Loevinger, 1969) के विचारधाराओं को इस श्रेणी के सिद्धान्त में रखा गया है।

इन सिद्धान्तों में से मनोविश्लेषणात्मक सिद्धान्त तथा कायिक लैम्प सिद्धान्त(organic lamp theories) द्वारा प्रतिपादित् तथ्य विकासात्मक प्रक्रियाओं को समझने में अधिक मदद करते हैं हालाँकि विकासात्मक प्रक्रियाओं को समझने के लिए वातावरण में सीखी गयी प्रक्रियाओं (learning processes) की जानकारी भी आवश्यक है।

वर्नर (Werner) के ऑरथोजेनेटिक नियम (Orthogenetic principle) के अनुसार विकास के दो मुख्य पक्ष या पहलू होते हैं—*विभेदात्मक* (differentiation) तथा *एकीकरण* (integration)। विभेदात्मक प्रक्रिया में संरचनाओं (structures) एवं कार्यों (functions) में एक तरह का विशिष्टीकरण (specialization) पाया जाता है। विभेदात्मक प्रक्रिया में कुछ कार्य अधिक विशिष्ट होकर एक दूसरे से भिन्न हो जाते हैं। विटकिन एवं उनके सहयोगियों (Witkin et al, 1962) ने मनोवैज्ञानिक विभेदीकरण (psychological differentiation) के क्षेत्र में महत्त्वपूर्ण कार्य किया है और उसने व्यक्ति के प्रत्यक्षण, संज्ञान (cognition) तथा सामाजिक व्यवहारों में होने वाले परिवर्तनों पर प्रकाश डाला है। उनके अध्ययन के अनुसार बच्चों में संज्ञानात्मक प्रक्रियाएँ (cognitive functions) कम विकसित होती है और उनमें कम विशिष्टीकरण पाया जाता है। इनका प्रत्यक्षण बाह्य उद्दीपकों (external stimuli) द्वारा अधिक निर्धारित होता है तथा आन्तरिक एवं आत्म-निर्धारित संकेतों(self-determined cues) द्वारा कम निर्धारित होता है। इनका प्रत्यक्षण 'क्षेत्र-आधारित' (field-dependent) होता है न कि 'क्षेत्र-स्वतंत्र' (field independent)। परन्तु जैसे-जैसे उम्र बढ़ता जाता है, बच्चों का संज्ञानात्मक विकास होता जाता है और उनके संज्ञानात्मक कार्यों की विशिष्टता एवं विभेदीकरण (differentiation) अधिक स्पष्ट होने लगता है।

विभेदीकरण (differentiation) की प्रक्रिया सम्पन्न हो जाने के बाद एकीकरण (integration) की प्रक्रिया का होना आवश्यक हो जाता है। इस प्रक्रिया में विभेदित(differentiated) कार्य तथा संरचनाएँ एक संगठित सम्पूर्णता(organized whole) में बदल दिये जाते हैं। इस प्रक्रिया में सभी कार्य एवं संरचनाएँ एक-दूसरे से संबंधित एवं समन्वित हो जाते हैं। इस तरह के एकीकरण (integration) को वर्नर (Werner) ने *क्रमिक एकीकरण* (hierarchic integration) कहा है जिसमें पहले की कम विकसित प्रक्रियाएँ पदानुक्रम(hierarchy) में तो होती हैं परन्तु बाद की अधिक विकसित प्रक्रियाएँ उस पदानुक्रम के केन्द्र (centre) में भी होती हैं और व्यक्ति का व्यवहार उन्हीं केन्द्रीय प्रक्रियाओं (central processes) द्वारा अधिक नियंत्रित एवं निर्देशित होता है। किसी भी विकासात्मक अवस्था (developmental stage) में व्यक्ति इन दोनों तरह की क्रियाओं में से कोई भी क्रिया कर सकता है परन्तु पदानुक्रम (hierarchy) की केन्द्रीय प्रक्रियाएँ जो अधिक विकसित, संगठित एवं विशिष्ट होती है, को ही वह अधिक करता है। कभी-कभी विशेष परिस्थिति जैसे—गंभीर तनाव (serious stress), तंत्रिका-तंत्र का घायल हो जाना, अन्य विशेष मनोरोगात्मक परिस्थितियों (psycho-pathological conditions) में व्यक्ति में बचपन की क्रियाओं को जो कम संगठित एवं समन्वित होती है, करने के लिए विशेष उन्मुखता (orientation) पायी जाती है। इस तरह की उन्मुखता को *प्रतिगमन*(regression) कहा जाता है। इस तरह का प्रतिगमित व्यवहार नैदानिक मनोवैज्ञानिकों के लिए मानसिक रोगों की उत्पत्ति, निदान एवं उपचार (treatment) में अधिक लाभकारी सिद्ध हुए हैं।

नैदानिक मनोवैज्ञानिक के अनुसार प्रतिगमन दो संबद्ध अर्थ में होते पाये गए हैं—मनोवैज्ञानिक प्रक्रियों का प्रारूप(form) का प्रतिगमन तथा व्यवहारों के विषय-वस्तु (content) का प्रतिगमन। मानसिक प्रक्रियाओं के प्रारूप के प्रतिगमन में वयस्क व्यक्ति का चिन्तन विकास के प्रारंभिक अवस्थाओं में होने वाले चिन्तन के समान हो जाता है तथा व्यवहारों के विषय-वस्तु के प्रतिगमन में वयस्क व्यक्ति का व्यवहार बच्चों के व्यवहार या विकास के प्रारंभिक अवस्थाओं में संतुष्टि प्रदान करने वाले व्यवहारों के समान हो जाते हैं। *कर्ट लेविन* (Kurt Lewin) ने इस दूसरे तरह के प्रतिगमन को *पश्चगमन* (retrogression) कहना अधिक उचित बतलाया है। यदि 10 साल का बालक भयभीत होकर या चिंतित होकर बिछावन गीला करना पुनः प्रारंभ कर देता है, तो यह पश्चगमन का उदाहरण होगा। ऐसे प्रतिगमित व्यवहार से नैदानिक मनोवैज्ञानिकों को क्षुब्ध व्यवहार (disturbed behaviour) तथा मनोरोगात्मक अवस्थाओं (psychopathological stages) को समझने में विशेष मदद मिलती है।

प्रतिगमन (regression) से ही मिलता-जुलता एक दूसरा संप्रत्यय (concept) है जिसे *स्थायीकरण* (fixation) कहा जाता है, का भी महत्त्व मनोविश्लेषणात्मक सिद्धान्तों में काफी है। जैसा कि हम जानते हैं, मनोविश्लेषणात्मक सिद्धान्त में मनोलैंगिक अवस्थाओं (psychosexual stages) के माध्यम से होने वाला विकास (development) को अधिक महत्त्वपूर्ण बतलाया गया है। फ्रायड जिसने मनोलैंगिक सिद्धान्त का प्रतिपादित किया था, का विचार था कि मनोलैंगिक अवस्थाओं (psychosexual stages) द्वारा होने वाला विकास में कभी-कभी एकरूपता (uniformity) नहीं होती है और लिबिडो (libido) या लैंगिक प्रणोद (sexual drive) की शक्ति का कुछ अंश किसी खास अवस्था पर ही दृढ़ (fixed) हो जाता है। इसे स्थायीकरण (fixation) की संज्ञा दी जाती है। कभी-कभी स्थायीकरण इतना तीव्र (intense) एवं पूर्ण (complete) होता है कि व्यक्ति का विकास उस अवस्था में आगे होता ही नहीं है जिसमें स्थायीकरण हुआ होता है। परन्तु ऐसा कम होता है। विभिन्न मनोलैंगिक अवस्था के किसी भी अवस्था पर स्थायीकरण का कारण उस अवस्था पर व्यक्ति को अत्यधिक संतुष्टि या कुछ मानसिक संघार्षों के समाधान नहीं होने पर अत्यधिक कुंठा (frustration) का होना होता है। *स्थायीकरण* (fixation) का महत्त्व यह होता है कि जब भी व्यक्ति में कुंठा या मानसिक संघर्ष जिसका समाधान थोड़ा कठिन हो जाता है, उत्पन्न होता है, तो उसे उस अवस्था पर प्रतिगमन (regression) करने की संभावना तीव्र हो जाती है जहाँ पर स्थायीकरण (fixation) मिलती है।

नैदानिक मनोवैज्ञानिकों के लिए प्रतिगमन (regression) तथा स्थायीकरण (fixation) का संप्रत्यय काफी महत्त्वपूर्ण है क्योंकि इनके सहारे मनोरोग (psychopathology) तथा क्षुब्ध व्यवहारों (disturbed behaviour) को समझने एवं उनका उपचार करने में काफी मदद मिलती है।

इस तरह से स्पष्ट है कि विकासात्मक मॉडल में विकासात्मक नियम एवं सिद्धान्तों के माध्यम से नैदानिक प्रक्रियाओं को समझने की कोशिश की जाती है। निम्नांकित तीन कारणों से नैदानिक मनोविज्ञान के लिए इन विकासात्मक नियमों एवं सिद्धान्तों की महत्ता अधिक बतलायी गयी है—

(i) मनोरोग (psychopathology), व्यक्तित्व का सिद्धान्त (theories of personality) तथा नैदानिक हस्तक्षेप (clinical intervention) के स्वरूप को समझने के लिए विकासात्मक प्रक्रियाओं विशेषकर इन प्रक्रियाओं में होने वाले विचलनों (deviations) एवं मनोवैज्ञानिक वर्द्धन (psychological growth) को जानना आवश्यक है।

(ii) नैदानिक हस्तक्षेप (clinical intervention) के विभिन्न प्रविधियों की सफलता के लिए आवश्यक है कि उसका संबंध रोगी के विकासात्मक स्तरों (developmental level) के अनुरूप हो। अतः नैदानिक मनोविज्ञान के लिए विकासात्मक संदर्श (developmental perspective) एक मूलाधार प्रदान करता है।

(iii) चूँकि नैदानिक मनोविज्ञान का संबंध सिर्फ़ उपचार (treatment) से नहीं बल्कि मानसिक रोगों के रोक-थाम (prevention) से भी होता है, इसलिए उन्हें उन विकासात्मक अवस्थाओं के बारे में जानना नितान्त आवश्यक हो जाता है जो ऐसे रोगों या विकृतियों की उत्पत्ति करते हैं। रैपापोर्ट (Rapaport, 1958), पियाजे (Piaget, 1952), डायमण्ड (Dimond, 1966), बोलवाइ (Bowlby, 1952), गोल्डफार्ब (Goldfarb, 1955) आदि के अध्ययनों से यह स्पष्ट हो गया है कि प्रारंभिक विकासात्मक अवधि में जब बच्चे उचित उत्तेजन (stimulation) से किसी कारण से वंचित रह जाते हैं, तो वयस्क होने पर वे समायोजन (adjustment) के तरह-तरह की समस्यएँ दिखलाते हैं और वे कभी भी संतोषजनक मानवीय संबंध नहीं दिखला पाते हैं। ऐसे वयस्कों में विषाद (depression) एवं भावशून्यता (apathy) अधिक देखे जाते हैं। अतः नैदानिक मनोवैज्ञानिकों के प्रारंभिक विकासात्मक अवस्थाओं में होने वाले कारकों को विशेषकर वंचन (deprivation) को समझना आवश्यक है।

स्पष्ट हुआ कि नैदानिक मनोवैज्ञानिकों के लिए विकासात्मक नियमों एवं सिद्धान्तों का ज्ञान आवश्यक है। यह ज्ञान विकासात्मक मॉडल द्वारा प्रदान किया जाता है।

अनुकूलन संदर्श
(Adaptational perspective)

अनुकूलन संदर्श (adaptational perspective) का प्रयोग भी नैदानिक मनोवैज्ञानिक क्षुब्ध व्यवहारों (disturbed behaviour) तथा विघटित व्यक्तित्व (disorganized personality) को समझने में करते हैं। इस संदर्श की प्रधान विशेषता यह है कि इसमें मानसिक रोगों एवं व्यक्तित्व कुसमायोजन (personality maladjustment) की व्याख्या तनाव (stress)

एवं कुसमायोजित समाधान (maladaptive solutions) ढूँढ़ने की आदत के रूप में की जाती है। इसके **साथ-ही-साथ** इस संदर्श में निम्नांकित प्रमुख कारकों पर विशेष रूप से बल डाला जाता है—

(1) तनाव (stress) उत्पन्न करने वाली परिस्थितियों की पहचान करना।

(2) तनाव से उत्पन्न परिणाम (consequences) को निर्धारित करना।

(3) तनाव से निपटने के लिए व्यक्ति द्वारा अपनाये गये रक्षात्मक (defensive) उपायों की पहचान करना।

इन तीनों का वर्णन इस प्रकार है—

(1) तनाव उत्पन्न करने वाली परिस्थिति की पहचान करना *(To recognize the conditions that originate stress)*—जब व्यक्ति के सामने एक ऐसी परिस्थिति आ जाती है जिसकी अप्रत्याशित माँग से व्यक्ति के कल्याण (well-being) या व्यक्तित्व की अखंडता (integrity) खतरे में पड़ जाती है, तो इससे तनाव उत्पन्न होता है। इस तरह की परिस्थिति (situation) का स्वरूप दैहिक (physiological), मनोवैज्ञानिक (psychological) या सामाजिक (social) कुछ भी हो सकती है। शारीरिक थकान से उत्पन्न तनाव दैहिक कारक से उत्पन्न तनाव का उदाहरण है। विचित्र तथा डरावने बातों को सोचने से उत्पन्न तनाव मनोवैज्ञानिक कारक से उत्पन्न तनाव के उदाहरण हैं तथा आर्थिक क्षति से उत्पन्न तनाव सामाजिक तनाव का उदाहरण है। चाहे तनाव की उत्पत्ति के स्रोत कुछ भी हों, इससे व्यक्ति के मानसिक शांति एवं व्यक्तित्व की सामान्य कार्यवाही (normal functioning) में क्षुब्धता आ जाती है और व्यक्ति के व्यवहारों में सामान्यता दिखलाई पड़ती है।

(2) तनाव से उत्पन्न परिणाम को निर्धारित करना *(To determine the consequences of stress)*—प्रयोगशाला अध्ययनों एवं नैदानिक अध्ययनों (clinical studies) से प्राप्त तथ्यों के आधार पर तनाव के कुछ स्पष्ट प्रभाव व्यक्ति पर पड़ते देखे गए हैं जो नैदानिक मनोवैज्ञानिकों के लिए निदान (diagnosis) तथा उपचार (treatment) कार्य में अधिक उपयोगी सिद्ध हुए हैं। कोरचीन (Korchin, 1965) ने ऐसे अध्ययनों की समीक्षा करके यह बतलाया कि निम्नांकित प्रकार की परिस्थितियाँ व्यक्ति में स्पष्ट रूप से तनाव उत्पन्न करती है—

1. अनिश्चितता *(Uncertainty)*—जब व्यक्ति के सामने अस्पष्ट परिस्थिति आ जाती है और दूसरे तरफ व्यक्ति में अभिप्रेरक (motivation) का स्तर अधिक ऊँचा होता है, तो ऐसी परिस्थिति में व्यक्ति में तनाव (stress) सबसे अधिक उत्पन्न होता है। शायद यही कारण है कि व्यक्ति जब किसी अपरिचित वातावरण में या नये वातावरण में प्रवेश करता है, तो चाहे उसमें खतरा हो या न हो, वह चिन्तित रहता है तथा उसमें तनाव की स्थिति बनी रहती है।

2. निम्न उत्तेजन *(Understimulation)*—तनाव उत्पन्न करने में उन परिस्थितियों की भूमिका महत्त्वपूर्ण होती है जिसमें व्यक्ति को पर्याप्त उत्तेजन (stimulation) नहीं मिल पाता है। कई ऐसे अध्ययन किये गये हैं जिनमें प्राणी को जब पर्याप्त उत्तेजन से पूर्णतः बंधित कर दिया गया तो वह बाद में इतना तनावग्रस्त हो गया कि उसमें सांवेगिक एवं व्यवहारात्मक विघटन (disorganization) उत्पन्न हो गया।

3. खतरा *(danger)*—खतरा से तनाव स्पष्टतः उत्पन्न होता है। खतरा चाहे वर्तमान समय में मौजूद हो या प्रत्याशित (anticipated), हो, इससे व्यक्ति में तनाव (tension) उत्पन्न होता है। नैदानिक मनोवैज्ञानिकों के अनुसार खतरा शारीरिक कल्याण से संबंधित हो सकता है या प्रमुख आवश्यकताओं के बाधक के रूप में उपस्थित हो सकता है।

4. सूचना अतिभार *(Information overload)*—नैदानिक मनोवैज्ञानिकों का मत है जब किसी व्यक्ति के पास बहुत तरह के परस्पर विरोधी एवं तीव्र सूचनाएँ (competing and intense informations) एक साथ पहुँचती हैं, तो इससे भी उसमें तनाव उत्पन्न होता है। इसका प्रधान कारण यह होता है कि सूचनाओं को संसाधित करने की क्षमता किसी भी व्यक्ति में सीमित होती है। अत्यधिक उद्दीपक, बहुकार्य (multiple task), अन्यमनस्कता की अवस्था (condition of distraction) आदि सूचना अतिभार (information overload) के कुछ उदाहरण है।

5. मान-सम्मान संबंधी खतरा *(Esteem danger)*—नैदानिक मनोवैज्ञानिकों का मत है कि मान-सम्मान संबंधी खतरा से भी व्यक्ति में तनाव उत्पन्न होता है, इस तरह का खतरा दो तरह के होते हैं—आत्म-सम्मान का खतरा (self-esteem danger) तथा दूसरों से प्राप्त मान-सम्मान संबंधी खतरा (other esteem danger)। जब व्यक्ति को इस तरह की परिस्थिति का सामना करना पड़ता है जहाँ उसका आत्म-सम्मान (self-esteem) नीचे होने लगता है, तो इससे उसमें तनाव उत्पन्न हो जाता है। ठीक उसी तरह से जब व्यक्ति इस तरह की परिस्थिति में फँस जाता है जहाँ उसे दूसरों से मिलने वाला

स्नेह एवं प्यार खतम हो जाता है और वह परिहास का मात्र पात्र बन कर रह जाता है, तो इससे भी उसमें तनाव उत्पन्न होता है।

6. अहम् असफलता (*Ego failure*)—अहम् (ego) का एक प्रधान कार्य उन आवेगों एवं इच्छाओं को नियंत्रित करना होता है जिसकी पूर्ति संभव नहीं है। अहम् जब अपना यह कार्य ठीक ढंग से किसी कारणवश नहीं कर पाता है, तो इससे व्यक्ति में तनाव उत्पन्न होता है। अहम् के इस तरह के कार्य से व्यक्ति में निष्क्रियता (passivity) बढ़ जाती है जहाँ उसे अपने व्यवहार की चेतना कम होती है और इस ढंग की परिस्थिति से भी उसमें तनाव उत्पन्न होता है। इसे अहम् नियंत्रण असफलता (ego-control failure) की संज्ञा दी जाती है। अहम् का दूसरा प्रमुख कार्य व्यक्ति को नये लक्ष्यों (new goals) तथा नये कौशल का विकास की ओर ले जाना होता है। मैसलो (Maslow, 1962) तथा रोजर्स (Rogers, 1960) ने इसे आत्म-सिद्धि (self-actualization) की संज्ञा दी है। जब व्यक्ति का अहम् किसी कारण से इन विकासात्मक एवं धनात्मक कार्यों को नहीं कर पाता है तो इससे भी व्यक्ति में तनाव उत्पन्न होता है। इसे अहम्-प्रभुत्व असफलता (ego-mastery failure) की संज्ञा दी जाती है।

स्पष्ट हुआ कि कई तरह के कारकों (factors) से व्यक्ति में तनाव उत्पन्न होता है। नैदानिक मनोवैज्ञानिकों ने तनाव की अवस्था (stress state) का विश्लेषण किया है और निम्नांकित तथ्यों को महत्त्वपूर्ण बतलाया है—

1. तनाव उद्दीपक (*Stress Stimuli*)—तनाव की अवस्था कुछ उद्दीपकों (stimuli) से उत्पन्न होती है। इन उद्दीपकों में तनाव उत्पन्न करने की शक्ति छिपी होती है। इस तरह के उद्दीपक का स्वरूप शारीरिक या मनोवैज्ञानिक या सामाजिक (social) कुछ भी हो सकता है। इसकी तीव्रता कम या अधिक हो सकती है। ऐसे उद्दीपक के कई प्रकार जैसे—डर-उत्पन्न करनेवाला या सूचना अतिभार (information overload) उत्पन्न करनेवाला कुछ भी हो सकता है।

2. संज्ञानात्मक मूल्यांकन (*Cognitive appraisal*)—तनाव-अवस्था (stress stage) में संज्ञानात्मक मूल्यांकन की प्रक्रिया भी महत्त्वपूर्ण होती है। यह एक ऐसी प्रक्रिया है जिसके माध्यम से व्यक्ति उद्दीपकों से उत्पन्न व्यक्तिगत धमकी (personal threat) का मुआयना करता है। इस तरह का मुआयना या मूल्यांकन चेतन स्तर पर अधिक होते हैं परन्तु कभी-कभी अचेतन स्तर पर भी होते पाये गए हैं। लेजारस एवं फाल्कमैन (Lazarus & Folkman, 1984) के अनुसार संज्ञानात्मक मूल्यांकन द्वारा व्यक्ति यह निर्णय करता है कि परिस्थिति या उद्दीपक क्यों और किस सीमा तक खतरा उत्पन्न कर रही है। संज्ञानात्मक मूल्यांकन (cognitive appraisal) में व्यक्तित्व कारकों (personality factors) का भी महत्त्व बतलाया गया है। कोरचिन (Korchin, 1986) के अनुसार *संज्ञानात्मक मूल्यांकन* (cognitive appraisal) व्यक्ति की वर्तमान आवश्यकताओं (needs), व्यक्तिगत मूल्यों (personal values) जिससे तनाव संबंधित होता है, और तनावपूर्ण परिस्थिति का व्यक्ति पर पड़ने वाला संभावित प्रभाव की प्रत्याशा (expectation) पर बहुत अधिक निर्भर करता है।

3. तनाव प्रतिक्रिया का परास (*Range of stress reaction*)—इसमें उन प्रक्रमों (mechanisms) का वर्णन किया जाता है जिसके सहारे व्यक्ति तनाव को कम करने या उसे नियंत्रित करने की कोशिश करता है। इसमें बचाव प्रक्रम (defense mechanism) या मुण्डेर प्रक्रम (coping mechanism) या दोनों ही सम्मिलित होते हैं। बचाव प्रक्रम (defense mechanism) के संप्रत्यय का प्रतिपादन सिगमण्ड फ्रायड तथा अन्ना फ्रायड के द्वारा किया गया और बाद में इनके अनुयायियों (followers) द्वारा उसे विकसित किया गया। ऐसे प्रक्रमों में दमन (repression), प्रतिक्रिया निर्माण (reaction formation), उदात्तीकरण (sublimation), प्रतिगमन (regression), यौक्तिकीकरण (rationalization), विस्थापन (displacement) प्रक्षेपण (projection) आदि प्रधान हैं। इन प्रक्रमों के सहारे तनाव (stress) एवं चिन्ता (anxiety) से अहम् (ego) व्यक्ति को बचाकर व्यक्तित्व विघटन (personality disorganization) को रोकता है।

मुण्डेर प्रक्रम (coping mechanism) बचाव प्रक्रम से इस अर्थ में भिन्न होता है कि मुण्डेर प्रक्रम व्यक्ति के ऐच्छिक नियंत्रण में होता है तथा यह चेतन स्तर पर कार्य करता है जबकि बचाव प्रक्रम अचेतन स्तर पर कार्य करता है। तनावपूर्ण परिस्थिति के स्वरूप के अनुकूल व्यक्ति विभिन्न तरह का मुण्डेर प्रक्रम का उपयोग करता है। जैसे—हल्का-फुल्का तनाव से बचने के लिए व्यक्ति परिहार (avoidance) तथा अस्वीकारण (denial) जैसे प्रक्रमों का उपयोग करता है। कुछ मुण्डेर प्रक्रम का स्वरूप व्यवहारात्मक (behavioural) होता है। जैसे—तनाव से छुटकारा पाने के लिए व्यक्ति द्वारा शराब पीना सिगरेट पीना या दोस्तों से सांवेगिक समर्थन प्राप्त करना आदि व्यवहारात्मक प्रक्रम के उदाहरण हैं।

अनुकूलन (adaptational) मॉडल के अनुसार उपर्युक्त दोनों सुरक्षात्मक प्रक्रम (defensive mechanism) व्यक्तित्व

के सामान्य विकास (development) एवं वर्धन (growth) के लिए आवश्यक है। परन्तु यदि उसका प्रयोग अत्यधिक मात्रा में किया जाता है, तो इससे व्यक्ति के व्यवहार में असामान्यता की झलक मिलने लगता है तथा व्यक्तित्व विघटन (personality disogranization) का भी संकेत मिलने लगती है।

परिस्थितिकी संदर्श (Ecological perspective)

प्रारंभ में नैदानिक मनोवैज्ञानिक का दृष्टिकोण मानसिक रोगों के निदान (diagnosis) एवं उपचार (treatment) के प्रति पूर्णतः वैयक्तिक (individual) था परन्तु अब इधर के वर्षों में इनका इस दृष्टिकोण में थोड़ा बदलाव आया है और उनका दृष्टिकोण अब समुदाय-केन्द्रित (community-centered) हो गया है। अब वे यह अनुभव करने लगे हैं कि मानसिक रोग तथा असामान्यता की समस्या समुदाय (community) का वातावरण जिसमें व्यक्ति रहता है, से जुड़ा हुआ है। पारिस्थितिकी संदर्श (ecological perspective) में समुदाय की विशेष परिस्थिति जिसमें व्यक्ति रहता है, के रूप में मानसिक रोगों की निदान एवं उपचार करने की कोशिश की जाती है। शायद यही कारण है कि नैदानिक मनोवैज्ञानिकों द्वारा आजकल समुदाय हस्तक्षेप कार्यक्रम (community intervention programme) चलाया जा रहा है जहाँ पूरे समुदाय की मानसिक स्वास्थ्य की देख-रेख की जाती है। समाज परिस्थिति वैज्ञानिक (social ecologists) द्वारा किये गये अध्ययनों से प्राप्त तथ्य के आधार पर यह अब करीब-करीब सुनिश्चित हो गया है कि मानसिक समस्याओं (mental problems) का प्रकार एवं मात्रा दोनों ही समुदाय की परिस्थिति के स्वरूप से संबंधित होता है। इस तथ्य को मद्देनजर रखते हुए पारिस्थितिकी संदर्श (ecological perspective) में निम्नांकित तीन पहलुओं (aspects) को अधिक महत्त्वपूर्ण माना गया है—

(i) पारिस्थितिकी तंत्रों का अन्तर्संबंधता (*Interrelatedness in the ecosystem*)—परिस्थिति के विभिन्न तंत्र (systems) आपस में संबंधित होते हैं। किसी एक तंत्र में परिवर्तन होने से इसका प्रभाव दूसरे तंत्र पर पड़ता है और फिर एक नया संतुलन (balance) की जरूरत हो जाती है। पारिस्थितिकी में इस ढंग का परिवर्तन मानव एवं पशु दोनों के ही जीवन को प्रभावित करता है। पशुओं की परिस्थितिकी में इस ढंग का परिवर्तन स्पष्टतः देखने को मिलता है। परन्तु मनुष्यों की परिस्थितिकी में इस ढंग से परिवर्तन का प्रभाव थोड़ा कम स्पष्ट देखने को मिलता है क्योंकि मनुष्यों में अपने वातावरण को नियंत्रित करने की क्षमता होती है। कृषि, उत्पादन, यातायात, भवन आदि के अलावा व्यक्ति सामाजिक व्यवस्था भी कायम किया है जिससे उसकी जिन्दगी प्रभावित होती है। एक सामाजिक व्यवस्था के भिन्न-भिन्न तंत्र(system) जैसे—प्रथा (custom), रीति-रिवाज, तौर-तरीके (manners) आदि सभी आपस में संबंधित होते हैं और व्यक्ति को इस ढंग से प्रभावित करते हैं कि उनकी जिन्दगी में स्थिरता बनी रहती है। अगर इन विभिन्न तंत्रों के संबंधों में संतुलन नहीं होता है, तो इससे व्यक्ति की जिन्दगी में कुछ कुसमायोजन (maladaptation) उत्पन्न हो जाता है जिसपर नैदानिक मनोवैज्ञानिकों को विशेष ध्यान देना पड़ता है।

(ii) भौतिक वातावरण(*Physical environment*)—यद्यपि मनोवैज्ञानिकों का संबंध व्यक्ति के व्यवहार पर भौतिक वातावरण के पड़ने वाले प्रभावों के अध्ययन से कम रहा है, फिर भी इधर हाल के वर्षों में उनकी अभिरुचि इस क्षेत्र में भी जागी है। परिणामस्वरूप *पर्यावर्णी मनोविज्ञान* (Environmental Psychology) जैसे मनोविज्ञान की नयी शाखा का विकास हुआ है। मनोविज्ञान के इस शाखा का प्रभाव नैदानिक मनोवैज्ञानिकों पर भी पड़ा है और आज वे अब यह भलि-भाँति समझने लगे हैं कि मानसिक रोगी के उपचार (treatment) की सफलता सिर्फ दिये गए वैयक्तिक चिकित्सा (individual therapy) तथा सामाजिक वातावरण (social environment) जिसमें वह रहता है, से ही प्रभावित नहीं होता है बल्कि भौतिक वातावरण (physical environment) जैसे—पर्याप्त उत्तेजना, उद्दीपक का रंग, विभिन्न क्रियाओं को करने के लिए जगह (space), विचरण करने के लिए खुला एवं स्वच्छ वायुयुक्त स्थान, मनोरंजन के साधन आदि द्वारा भी प्रभावित होता है।

(iii) तात्कालिक सामाजिक वातावरण(*Immediate Social Environment*)—पारिस्थतिकी संदर्श(ecological perspective) में व्यक्तियों के सामान्य तथा असामान्य व्यवहार कों समझने के लिए व्यक्ति के तात्कालिक सामाजिक वातावरण जिसमें व्यक्ति का मनोसामाजिक तथा शारीरिक दोनों ही पहलू होते हैं, सम्मिलित होते हैं। व्यक्ति का व्यवहार तात्कालिक सामाजिक वातावरण द्वारा इसलिए प्रभावित होता है क्योंकि वह अपने-आप को इस वातावरण के प्रथा, प्रत्यांशा (expectation), नियम आदि से घिरा हुआ पाता है। शायद यही कारण है कि जब व्यक्ति मंदिर या मस्जिद में होता है, तो उसका व्यवहार उस समय से भिन्न होता है जब वह कचहरी या कॉलेज में होता है। स्पष्ट है कि तात्कालिक सामाजिक वातावरण का अध्ययन कर पारिस्थितिकी संदर्श व्यक्ति के व्यवहारों को समझने का एक अनुपम उदाहरण प्रस्तुत करता है।

स्पष्ट है कि मानसिक रोगियों के व्यवहारों को समझने तथा उसकी व्याख्या करने के लिए रोगी के व्यवहारों का प्रेक्षण स्वाभाविक परिस्थितियों में जैसे—घर (home), कॉलेज, दफ्तर आदि में करने पर पारिस्थितिकी संदर्श (ecological perspective) बल डालता है।

जैविक संदर्श
(Biological Perspective)

जैविक संदर्श (perspective) में व्यक्तित्व विकास (personality development), मानसिक विकृतियों (mental disorders) तथा उपचार (treatment) के लिए कुछ खास-खास तथ्यों पर प्रकाश डाला जाता है। इन तथ्यों के आलोक में नैदानिक मनोवैज्ञानिकों का कार्य मानसिक अस्पताल (mental hospital) तथा उपचार-गृह (clinic) में बहुत ही आसान हो जाता है। ऐसे कुछ प्रमुख तथ्यों का वर्णन निम्नांकित है—

(1) इस संदर्श में मनुष्य के जैविक पहलू का संबंध मनोवैज्ञानिक तथा सामाजिक पहलुओं से घनिष्ठ माना गया है। इसका मतलब यह हुआ कि इन तीनों पहलुओं में से किसी एक में होनेवाला परिवर्तन अन्य दोनों को प्रभावित करके व्यक्ति के कार्यवाही (functioning) में एकता (unity) लाता है। उदाहरणस्वरूप, व्यक्ति के तनाव से बचने के प्रक्रम (defense mechanism) को समझने के लिए व्यक्ति के जैविक, मनोवैज्ञानिक तथा सामाजिक तीनों पहलुओं के समन्वय (co-ordination) को समझना आवश्यक है। तीनों के बीच समन्वय नहीं होने से व्यक्ति में विकृति उत्पन्न हो जाती है जिसपर नैदानिक मनोवैज्ञानिकों को फिर विशेष ध्यान देना पड़ता है।

(2) व्यक्ति का मनोवैज्ञानिक या मानसिक कार्य इस बात पर निर्भर करता है कि जीव (organism) का स्नायुमंडल (nervous system) कहाँ तक दुरुस्त है। अध्ययनों से यह स्पष्ट हो चुका है कि मस्तिष्क के विभिन्न भागों में विकृति घाव या चोट (lesion) आदि उत्पन्न होने से उसके व्यवहारों पर स्पष्ट प्रभाव पड़ते हैं। नैदानिक मनोवैज्ञानिकों का मत है कि मस्तिष्कीय चोट या घाव से संबंधित रोगी में दो तरह का प्रभाव देखा जाता है—प्राथमिक क्षति (primary loss) तथा गौण प्रतिक्रिया (secondary reactions)। प्राथमिक क्षति से तात्पर्य रोगी में मस्तिष्कीय चोट या घाव से उत्पन्न लघुकृत क्षमता (reduced capacity) से होता है तथा गौण प्रतिक्रिया (secondary reactions) से तात्पर्य इस तरह की लघुकृत क्षमता की पहचान करने से रोगी में उत्पन्न दोष-भाव (guilt), डर क्षतिपूर्ति (compensation) आदि से होता है। जब मानसिक रोगी में इन दोनों तरह का प्रभाव देखा जाता है तो नैदानिक मनोवैज्ञानिक इसे जानने की कोशिश करते हैं कि रोगी में उत्पन्न विकृति का कितना अंश (portion) प्राथमिक क्षति (primary loss) से उत्पन्न हो रहा है तथा कितना अंश गौण प्रतिक्रिया (secondary reaction) से उत्पन्न हो रहा है। वे भरसक यह कोशिश करते हैं कि मनश्चिकित्सा (psychotherapy) की उपयुक्त विधियों (appropriate methods) द्वारा गौण प्रतिक्रियाओं (secondary reactions) को बदलकर एक सामान्यता (normalcy) कायम कर दें। जहाँ तक प्राथमिक क्षति (primary loss) का प्रश्न है, यह नैदानिकों के लिए अपरिवर्त्य, (unchangeable) साबित होता है।

(3) व्यक्तित्व विकास जैविक कारकों (biological factors) द्वारा काफी प्रभावित होते हैं। मनोवैज्ञानिकों द्वारा किये गए अध्ययनों से यह स्पष्ट हो गया है कि स्नायुमंडल (nervous system), अन्तःस्रावी ग्रन्थि (endocrine gland), चयापचयी प्रक्रियाएँ (metabolic processes) तथा आनुवंशिकता (heredity) कुछ ऐसे कारक हैं जिनका प्रभाव मानव व्यक्तित्व पर सीधा पड़ता है। नैदानिक मनोवैज्ञानिकों एवं मनश्चिकित्सों के अध्ययनों से यह स्पष्ट हो गया है कि मनोविदालिता (schizophrenia) जैसे मानसिक रोग में जैविक कारकों विशेषकर आनुवंशिकता (heredity) का महत्त्वपूर्ण हाथ होता है। इतना ही नहीं, कुछ मनोवैज्ञानिकों ने जैविक (biological) परिवर्तन एवं व्यवहार में हुए परिवर्तन के आधार पर व्यक्ति में भविष्य में विकसित होनेवाले चित्तप्रकृति शीलगुण (temperamental traits) के बारे में पूर्वानुमान लगाकर व्यक्तित्व की संरचना (structure) तथा विकास (development) को समझने की कोशिश किया है। इन मनोवैज्ञानिकों का मानना है कि व्यक्तियों के व्यवहारों द्वारा उसके जैविक शीलगुणों का एक स्पष्ट प्रतिबिम्ब मिलता है।

(4) इस संदर्श के अनुसार मनोवैज्ञानिक अवस्था तथा शारीरिक प्रतिक्रियाएँ (physiological reactions) सहसंबंधित (correlated) होती हैं। जैसे—यदि व्यक्ति चिन्तित होता है, तो उसकी श्वसन गति तीव्र हो जाती है, हथेली में पसीना आने लगता है, पेशीय तनाव (muscular tension) बढ़ जाता है, आदि-आदि। नैदानिक मनोवैज्ञानिकों के लिए इन शारीरिक प्रतिक्रियाओं का विशेष महत्त्व होता है क्योंकि इससे उन्हें नैदानिक हस्तक्षेप (clinical intervention) की प्रक्रिया को सम्पन्न करने में काफी मदद मिलती है।

(5) इस संदर्श के अनुसार यदि व्यक्ति के मनोवैज्ञानिक अवस्थाओं (psychological stages) में परिवर्तन (alteration) हो जाता है तो इससे उसकी दैहिक प्रक्रियाओं (physiological functioning) में भी अन्तर हो जाता है। मनोदैहिक विकृतियों (psychosomatic disorders) के अध्ययनों से यह बात बिल्कुल ही स्पष्ट हो जाती है। ऐसे प्रत्येक विकृति की उत्पत्ति के पीछे कोई-न-कोई मनोवैज्ञानिक कारक (psychological factor) अवश्य ही होता है। नैदानिक मनोवैज्ञानिकों को ऐसे भी सबूत मिले हैं जिनके आधार पर यह कहा जाता है कि जब व्यक्ति में लंबे अरसे से किसी तरह का सांवेगिक संघर्ष (emotional conflict) बना होता है तो इससे उसमें कुछ शारीरिक रोग (somatic diseases) उत्पन्न हो जाता है। इससे स्पष्ट हो जाता है कि मनोवैज्ञानिक अवस्थाओं में परिवर्तन हो जाने से दैहिक अवस्थाओं में भी परिवर्तन हो जाते हैं।

(6) जैविक संदर्श यह भी स्वीकार करता है कि शारीरिक प्रक्रियाओं में परिवर्तन होने से उसका प्रभाव मनोवैज्ञानिक प्रक्रियाओं (psychological processes) पर पड़ता है। शारीरिक प्रक्रियाओं में परिवर्तन चाहे गंभीर हो या हल्का-फुल्का हो, इसका प्रभाव मनोवैज्ञानिक प्रक्रियाओं पर निश्चित रूप से पड़ता है। जैसे—ऑक्सीजन आपूर्ति (oxygen supply) कम हो जाने पर व्यक्ति पहले सुखाभास (euphoria) का अनुभव करता है, फिर मनोवैज्ञानिक संतुलन (psychological co-ordination) खोने लगता है और अन्त में बेहोश हो जाता है। इसी तरह के अनेक ऐसे उदाहरण दिये जा सकते हैं जिसके आधार पर यह कहा जा सकता है कि शारीरिक प्रक्रियाओं में परिवर्तन हो जाने से उसका प्रभाव मनोवैज्ञानिक प्रक्रियाओं पर पड़ता है।

निष्कर्षतः यह कहा जा सकता है कि जैविक संदर्श इस बात पर बल डालता है कि व्यक्ति के शारीरिक (physical) एवं मनोवैज्ञानिक प्रक्रियाएँ (psychological processes) एक-दूसरे को प्रभावित करती हैं। अतः नैदानिक समस्याएँ (clinical problems) शारीरिक (physiological), दैहिक (neurological) तथा मनोवैज्ञानिक प्रक्रियाओं के संबंधों में निहित होता है। नैदानिक मूल्यांकन (clinical assessment) तथा चिकित्सीय हस्तक्षेप (clinical intervention) को सफलतापूर्वक सम्पन्न कराने के लिए नैदानिक मनोवैज्ञानिक को इन संबंधों का ज्ञान आवश्यक है।

अध्याय सारांश
(Chapter Summary)

1. अभिप्रेरणात्मक संदर्श (motivational perspective) में नैदानिक व्यवहारों एवं लक्षणों की व्याख्या अभिप्रेरणात्मक परिपेक्ष्य में की जाती है। इस मॉडल में रोगी के विभिन्न प्रकार के अभिप्रेरकों (motives), चिन्ता (anxiety), संवेग (emotion) आदि का विश्लेषण किया जाता है तथा उसे समझने की भरपूर कोशिश की जाती है।
2. संरचनात्मक संदर्श (Structural perspective) में नैदानिक व्यवहार की व्याख्या व्यक्तित्व के संरचनात्मक पहलुओं (structural aspects) द्वारा की जाती है जिसे व्यक्तित्व का केन्द्रीय संरचना (central structure) भी कहा जाता है। व्यक्तित्व के केन्द्रीय संरचना में अहम् का संप्रत्यय (concept of ego), आत्म (self), अन्तःकरण तथा मूल्य (conscience and value) प्रमुख बतलाये हैं।
3. विकासात्मक संदर्श (Developmental perspective) में विकासात्मक नियम एवं सिद्धान्तों के माध्यम से नैदानिक प्रक्रियाओं को समझने की कोशिश की जाती है। इन नियमों एवं सिद्धान्तों का विशेष महत्त्व मनोरोग (psychopathology), नैदानिक हस्तक्षेप तथा नैदानिक रोक-थाम (clinical prevention) के लिए काफी है।
4. अनुकूलन संदर्श (Adaptational perspective) में मानसिक रोगों एवं व्यक्तित्व कुसमायोजन की व्याख्या तनाव (stress) एवं कुसमायोजित समाधान ढूँढ़ने के प्रयास में किये गए विशेष अनुकूली व्यवहार (adaptational behaviour) के रूप में की जाती है।
5. पारिस्थतिकी संदर्श (Ecological perspective) में नैदानिक व्यवहार को समझने के लिए पारिस्थितिकी तंत्रों की अन्तर्संबंधता (interrelatedness), भौतिक वातावरण (physical environment) तथा तात्कालिक सामाजिक वातावरण (immediate social environment) आदि पर अधिक बल डाला जाता है।
6. जैविक संदर्श (Biological perspective) में नैदानिक व्यवहार को समझने के लिए मनुष्य के जैविक प्रक्रियाओं जैसी उसकी शारीरिक एवं स्नायविक प्रक्रियाओं (neurological processes) तथा मनोवैज्ञानिक प्रक्रियाओं का उसके अन्तर्संबंधों (interrelatedness) पर अधिक बल डाला जाता है।

❑

अध्याय 4

नैदानिक मनोविज्ञान का मॉडल
(MODELS OF CLINICAL PSYCHOLOGY)

मॉडल का अर्थ एवं महत्त्व
(Meaning and Values of Models)

नैदानिक मनोविज्ञान में कई तरह के मॉडल की चर्चा की गयी है जिनसे नैदानिक मनोवैज्ञानिकों के कार्य के स्वरूप का निर्धारण होता है। उन मॉडल की चर्चा करने के पहले इस बात की जानकारी आवश्यक है कि नैदानिक मनोविज्ञान में मॉडल से क्या तात्पर्य होता है? नैदानिक मनोविज्ञान में मॉडल से तात्पर्य एक ऐसे ढाँचा से होता है जिसमें लघु पैमाने पर यह वर्णन होता है कि नैदानिक मनोविज्ञान में विशेषज्ञों द्वारा मानव व्यवहार की व्याख्या किस ढंग से की जाती है। मॉडल में इस तथ्य की स्पष्ट व्याख्या होती है कि कोई भी व्यवहार किस तरह से विकसित होता है और फिर वह किस तरह से समस्यात्मक (problematic) हो जाता है। साथ-ही-साथ ऐसे समस्यात्मक व्यवहार का मूल्यांकन, उपचार एवं शोध शैलियों से संबंधित तथ्य का भी उल्लेख होता है।

स्वभावतः तब नैदानिक मनोविज्ञान में मॉडल का काफी महत्त्व है। इसके महत्त्व के मुख्य चार कारण बतलाये गए हैं—

(i) मॉडल नैदानिक मनोवैज्ञानिकों के चिन्तनों को संगठित करने में मदद करता है।

(ii) मॉडल नैदानिक मनोविज्ञानिकों के निर्णयों एवं हस्तक्षेपों (interventions) को निदेशित करता है।

(iii) मॉडल नैदानिक मनोवैज्ञानिकों को अपने सहकर्मियों के साथ एक सामान्य एवं क्रमबद्ध भाषा में संचार (communication) करने में मदद करता है।

(iv) मॉडल उन सभी तरह के सामग्रियों जो ऊपर से असंबंधित दीखते हैं, को एक सूत्र में बाँधता है।

यद्यपि नैदानिक मनोविज्ञान के मॉडल से नैदानिक मनोवैज्ञानिकों को काफी फायदा या लाभ है, फिर भी इनकी कुछ सीमाएँ (limitations) हैं। इनकी प्रमुख सीमा यह है कि जब नैदानिक मनोवैज्ञानिक किसी विशेष मॉडल के अनुसार मानव व्यवहार की व्याख्या करते हैं, तो वे इतना अधिक एक ही दिशा में सोचने के लिए बाध्य हो जाते हैं कि उनके चिन्तन में दृढ़ता (rigidity) दिखाई देने लगता है तथा वे किसी भी नयी एवं महत्त्वपूर्ण विचारों को स्वीकार करने से इनकार कर देते हैं। इसका परिणाम यह होता है कि उनके द्वारा मानव व्यवहार की गयी व्याख्या, मूल्यांकन एवं शोध बहुत अर्थपूर्ण नहीं रह जाता है। ऐसी परिस्थिति में नैदानिक मनोवैज्ञानिकों द्वारा लिया गया निर्णय वस्तुनिष्ठ (objective) नहीं रह जाता है। इन परिसीमाओं के बावजूद नैदानिक मनोविज्ञान में मॉडल की उपयोगिता काफी अधिक है क्योंकि मनोवैज्ञानिक कोई-न-कोई मॉडल के अनुरूप ही अपना कार्य करते हैं।

नैदानिक मनोविज्ञान के प्रमुख मॉडल
(Important Models of Clinical Psychology)

नैदानिक मनोविज्ञान में मनोवैज्ञानिकों द्वारा कई मॉडल का प्रयोग किया जाता है जिनमें निम्नांकित चार काफी प्रमुख हैं—

(i) मनोगत्यात्मक मॉडल (Psychodynamic Model)

(ii) व्यवहारपरक मॉडल (Behavioural Model)

(iii) परिघटनात्मक मॉडल (Phenomoenological Model)

(iv) अन्तर्वैयक्तिक मॉडल (Interpersonal Model)

इन चारों मॉडल की व्याख्या हम अलग-अलग अनुच्छेद में कहेंगे।

मनोगत्यात्मक मॉडल
(Psychodynamic Model)

मनोगत्यात्मक मॉडल के विकास की जड़ प्रसिद्ध मनोवैज्ञानिक सिगमंड फ्रायड (Sigmund Freud) के लेखन में मिलता है जिन्होंने मनोविश्लेषणात्मक संदर्भ (psychoanalytic perspective) का प्रतिपादन किया तथा मानसिक रोगों के मनोवैज्ञानिक कारणों पर बल डाला। बाद में कई अन्य मनोवैज्ञानिकों ने फ्रायड के मौलिक विचारधारा में काफी संशोधन किया तथा कुछ अन्य कारकों को जिसपर फ्रायड ने बल नहीं डाला था, को अपनी व्याख्या में सम्मिलित कर मनोविश्लेषणत्मक संदर्भ को काफी उन्नत बनाया।

फ्रायड के मनोविश्लेषाणत्मक संदर्भ तथा उसका उन्नत प्रारूप को ही नैदानिक मनोवैज्ञानिकों ने मनोगत्यात्मक मॉडल (Psychodynamic model) की संज्ञा दिया है।

मनोगत्यात्मक मॉडल के कुछ पूर्वकल्पनाएँ(assumptions) जिन्हें ध्यान में रखकर नैदानिक मनोविज्ञान मानव व्यवहार की व्याख्या करते हैं तथा समस्यात्मक व्यवहार (problematic behaviour) का उपचार भी करते हैं। ऐसी पूर्वकल्पनाओं में निम्नांकित प्रमुख हैं—

(i) मानव व्यवहार का निर्धारण वैसे आवेगों(impulses), अभिप्रेरणों(motives) इच्छाओं एवं संघर्षों(conflicts) से होता है जो व्यक्ति के मन में होते हुए भी उनके चेतन में नहीं होते हैं, अर्थात् वे अचेतन स्तर पर होते हैं।

(ii) सामान्य (normal) तथा असामान्य (abnormal) दोनों तरह के व्यवहार की उत्पत्ति अंतरामानसिक कारकों (intrapsychic factors) अर्थात् मन के भीतर होने वाले संघर्षों, इच्छाओं, आवेगों आदि द्वारा होता है।

(iii) यह मॉडल प्रसिद्ध कहावत *'एक बालक मनुष्य का जनक होता है।'* (A child is father of man) के सिद्धान्त में विश्वास रखता है। दूसरे शब्दों में, इस मॉडल की मान्यता यह है कि बाल्यावस्था में मौलिक आवश्यकताओं एवं आवेगों की तुष्टि या कुंठित (frustrate) होने की प्रक्रिया के आधार पर विशेष तरह के व्यवहार करने की नींव (foundation) वयस्क व्यक्ति पड़ती है। इसका मतलब यह हुआ कि आरंभिक बाल्यावस्था की घटनाओं द्वारा ही वयस्कावस्था के व्यवहार की नींव पड़ जाती है।

(iv) इस मॉडल में अंतरा मानसिक क्रियाएँ की सूक्ष्म पहलुओं जिनका व्यक्ति सीधे प्रत्यक्षण तो नहीं कर पाता है, को उजागर करने पर बल डाला जाता है क्योंकि जबतक इन क्रियाओं को स्पष्ट एवं प्रत्यक्षण नहीं किया जाता है, मानव व्यवहार को समझा नहीं जा सकता है तथा समस्यात्मक व्यवहार का उपचार भी नहीं किया जा सकता है।

मनोगत्यात्मक मॉडल की व्याख्या उसे निम्नांकित चार प्रमुख भागों में बाँटकर की गयी है—

(1) फ्रायडियन मनोविश्लेषण (Freudian Psychoanalysis)
(2) संबंधित मनोगत्यात्मक उपागम (Related pcyshodynamic approaches)
(3) नैदानिक मनोविज्ञान पर प्रभाव (Influences on Clinical Psychology)
(4) मूल्यांकन (Evaluation)

इन चारों का वर्णन निम्नांकित हैं—

(1) फ्रायडियन मनोविश्लेषण(*Freudian Psychoanalysis*)—19वीं शताब्दी के अंत में नैदानिक मनोवैज्ञानिकों के बीच यह स्पष्ट हो गया कि बहुत सारे ऐसे मानसिक रोग हैं जिनका आधार दैहिक(physiological) न होकर मनोवैज्ञानिक (psychological) होता है। ऐसी परिस्थिति में मनोवैज्ञानिकों के बीच स्वाभाविक रूप से एक महत्त्वपूर्ण प्रश्न उठा—मनोवैज्ञानिक कारणों से मानसिक रोग किस तरह से उत्पन्न होता है?

सिगमंड फ्रायड
(Sigmund Freud)

इसी प्रश्न का उत्तर देने के लिए फ्रायड करीब 50 वर्षों तक कड़ी मेहनत करते रहे तथा तरह-तरह के शोध भी करते रहे। उन्होंने इसके लिए जिस उपागम (approach) का प्रतिपादन किया उसे मनोविश्लेषण(Psychoanalysis) कहा जाता है। उलमान्न एवं क्रैसनर(Ulmann & Krasner, 1975) ने फ्रायडियन उपागम या मनोविश्लेषण को एक *मेडिकल मॉडल* (Medical model) के रूप में वर्णन किया है क्योंकि इस मॉडल में असामान्यता पर तो बल डाला जाता ही है साथ-ही-साथ यह सिद्धान्त उस समय दिया गया था जब मनोवैज्ञानिकों में मानसिक रोगों के दैहिक कारणों

का पता लगाने का एक होड़-सी उत्पन्न हो गयी थी। फ्रायडियन मॉडल की प्रमुख मान्यता यह है कि मानव व्यवहार की उत्पत्ति जन्मजात लैंगिक तथा आक्रामक मूलप्रवृत्तियों (instincts) को संतुष्ट करने की इच्छा एवं बाह्य दुनियाँ की वास्तविकताओं एवं नियमों को सम्मानित करने के बीच में सतत संघर्ष का परिमाण होता है। फ्रायडियन मनोगत्यात्मक मॉडल कुछ सामान्य नियमों (principles) पर आधारित हैं। इन नियमों मे निम्नांकित चार प्रमुख हैं—

(i) मानसिक नियतिवाद (*Psychic determinism*)—यह नियम इस बात पर बल डालता है कि मानव व्यवहार चाहे कितना भी असंगत क्यों न दिखे, कोई-न-कोई कारण से होता है। यह कारण ऐसा हो सकता है कि उसे बाहर से देखा नहीं जा सकता है तथा स्वयं व्यवहार करने वाले व्यक्ति को इसका पता न हो। फ्रायड के इस दृष्टिकोण से तब सभी व्यवहार यहाँ तक कि आक्समिक व्यवहार (accidental behaviour) भी अर्थपूर्ण होते हैं क्योंकि उनसे व्यक्ति में छिपे हुए मानसिक संघर्षों एवं अभिप्रेरणों के बारे में पता चलता है। व्यक्ति इस तरह का व्यवहार इन्हीं संघर्षों एवं अभिप्रेरणों के कारण करता है। ऐसे छिपे हुए मानसिक संघर्षों एवं अभिप्रेरणों को फ्रायड ने *अचेतन* (unconscious) कहा है। अपने संबंधी का नाम भूल जाना, दूसरे से लिए गए पुस्तक को उन्हें लौटाना भूल जाना, किसी के यहाँ जाकर उसके पास रूमाल छोड़ आना आदि कुछ ऐसे आक्समिक व्यवहार हैं ज़िसका अर्थ स्वयं व्यक्ति नहीं बतला पाता है परन्तु सचमुच में वे किसी-न-किसी अचेतन इच्छा एवं संघर्ष से निर्देशित होने के कारण अर्थपूर्ण होते हैं।

(ii) मानसिक संरचना : अहं एवं पराहं (*Mental structure : Id, Ego and Super ego*)—फ्रायड का मत है कि मानव व्यवहार मानसिक संरचना के तीन पहलुओं अर्थात् उपाहं (Id), अंह (Ego) एवं पराहं (Super ego) के अन्तःक्रिया (interaction) का परिणाम होता है।

उपाहं (Id) सभी तरह के मूलप्रवृत्तिक प्रणोदों (instinctual drives) का स्रोत होता है। इसमें दो तरह के परस्पर विरोधी प्रणोद (drives) होते हैं। जीवन मूल प्रवृत्ति (life instinct) तथा मृत्यु मूल प्रवृत्ति (death instinct)। जीवन मूलप्रवृत्ति में रचनात्मक प्रणोद (constructive drives) होते हैं जिनका स्वरूप लैंगिक (sexual) होता है और जिससे लिविडो (libido) का भी निर्माण होता है। मृत्यु मूलप्रवृत्ति में विध्वंसात्मक प्रणोद (destructive drive) सम्मिलित होते हैं जिनसे व्यक्ति में आक्रमकता, बर्बादी आदि की प्रवृत्ति उत्पन्न होती है। उपाहं सुखमय नियमों (pleasure principles) द्वारा निर्धारित होता है क्योंकि यह मूलप्रवृत्तिक प्रणोदों के तात्कालिक संतुष्टि (उसके परिणाम के बिना चिन्ता किये हुए) पर अधिक बल डाला है। उपाहं तरह-तरह के मानसिक प्रतिमाओं (mental images) एवं इच्छापूरक कल्पनाओं की उत्पत्ति तो कर सकता है (जिसे प्राथमिक प्रक्रिया कहा जाता है), परन्तु यह मूलप्रवृत्ति प्रणोदों की तुष्टि के लिए कोई वास्तविक क्रिया (realistic action) नहीं कर सकता है।

अहं (ego) दूसरा उपतंत्र है जो पराहं के बाद विकसित होता है। सचमुच में यह पराहं के माँगों एवं बाह्य दुनियाँ की वास्तविकता के बीच एक तरह की मध्यस्थता करता है। एक साल की अवस्था होने पर अहं का विकास प्रारंभ हो जाता है। अहं को चूँकि बाह्य माँगों (external demands) या वातावरण के माँगों से समायोजन स्थापित करना होता है, इसलिए यह वास्तविकता के नियम (reality principle) द्वारा निर्देशित होता है। इस तरह से अहं वातावरण के माँगों के साथ समायोजन स्थापित करने में बुद्धि, तर्कणा आदि का सहारा लेता है तथा साथ-ही-साथ उपाहं के माँगों पर एक नियंत्रण भी रखता है। अहं के इस समायोजी उपायों (adaptive measures) को *गौण प्रक्रिया* (secondary process) कहा जाता है।

पराहं (super ego) तीसरा प्रमुख तंत्र है जो वास्तविकता के समाजीकृत प्रभावों (socializing influence) का परिणाम होता है। पराहं में परिवार एवं संस्कृति द्वारा नैतिकता एवं मूल्यों आदि के बारे में बतलाये गए सभी तरह के उपदेश सम्मिलित होते हैं। यहाँ सभी उपदेश एवं शिक्षा का आंतरीकरण इस ढंग से हो जाता है कि उससे 'अंह आदर्श' (ego ideal) का निर्माण होता है। पराहं में अन्तःकरण या विवेक (conscience) भी सम्मिलित होता है जिसके कारण व्यक्ति एक पूर्ण एवं सामाजिक रूप से समायोजी व्यवहार जिसका विरोध उपाहं (Id) द्वारा किया जाता है, कर पाता है।

फ्रायड ने उपाहं, अहं तथा पराहं के बीच की अन्तःक्रिया को व्यवहार की उत्पत्ति का प्रमुख निर्धारक माना है। जब इन तीनों का लक्ष्य समान न होकर भिन्न होता है, तो इससे आंतरिक संघर्ष (inner conflict) उत्पन्न होता है जिसे अंतरामानसिक संघर्ष (intrapsychic conflict) कहा जाता है जिसका समुचित समाधान नहीं होने पर व्यक्ति में असामान्यता (abnormality) विकसित हो जाती है।

(iii) दुश्चिंता एवं रक्षा प्रक्रम (*Anxiety and defense mechanism*)—फ्रायड के मनोगत्यात्मक मॉडल में दुश्चिंता एक महत्त्वपूर्ण संप्रत्यय है। दुश्चिंता से उनका तात्पर्य डर एवं आशंका के एक सामान्यीकृत भाव (generalized feeling)

से होता है। इसे मनोविश्लेषणात्मक भाषा में मानसिक दर्द (psychic pain) भी कहा गया है। फ्रायड ने दुश्चिंता के तीन प्रकारों का वर्णन किया है—

वास्तविक या वस्तुनिष्ठ दुश्चिंता (reality or objective anxiety), तंत्रिकातापी दुश्चिंता (neurotic anxiety) तथा *नैतिक दुश्चिंता* (moral anxiety)। वास्तविक या वस्तुनिष्ठ दुश्चिता की उत्पत्ति बाह्य वातावरण से उत्पन्न धमकी या खतरा से होता है। तंत्रिकातापी दुश्चिंता की उत्पत्ति तब होती है जब उपाहं के आवेग या इच्छाओं से अहं (ego) को धमकी मिलती है। नैतिक दुश्चिंता की उत्पात्ति तब होती है जब व्यक्ति क. व्यवहार ऐसा होता है जो उसके पराहं (super ego) से टकराता है जिसके कारण व्यक्ति में दोष भाव (guilt feeling) उत्पन्न हो जाता है।

दुश्चिंता से चूँकि व्यक्ति में व्याकुलता तथा दर्द होता है, इसलिए व्यक्ति का अहं (ego) उससे अपने आप को बचाने के लिए कुछ उपाय ढूँढ़ता है। प्रायः अहं इस तरह के दुश्चिंता से अपने आप को बचाने के लिए कुछ तर्क संगत उपाय (rational measures) ढूँढ़ता है। परन्तु जब वह इसमें सफल नहीं हो पाता है तो कुछ अतर्कसंगत उपाय (irrational measures) को भी अपनाने में हिचकिचाता नहीं है। ऐसे अतर्कसंगत उपायों को *अहं रक्षा प्रक्रम* (ego defense mechanism) कहा जाता है। चूँकि ऐसे उपाय अचेतन स्तर पर होते हैं, इस कारण इससे व्यक्ति को परिस्थिति का एक वास्तविक तस्वीर न मिलकर विकृत तस्वीर (distorted picture) ही मिल पाता है। ऐसे प्रक्रम में दमन (repression), प्रतिक्रिया निर्माण (reaction formation), प्रक्षेपण (projection), यौक्तिकीकरण (rationalization), विस्थापन (displacement), प्रतिगमन (regression) आदि प्रमुख हैं।

(iv) मनोलैंगिक अवस्थाएँ *(Psychosexual stages)*—फ्रायड का मत है कि जैसे-जैसे जन्म के बाद बच्चा का विकास होता जाता है, वैसे-वैसे वह विभिन्न मनोलेंगिक अवस्थाओं (stages) से होकर गुजरता है। प्रत्येक अवस्था में बच्चा का शरीर के किसी एक भाग से सबसे अधिक आनंद (pleasure) मिलता है। ऐसी अवस्थाएँ निम्नांमित पाँच हैं—

(a) मुखावस्था *(Oral stages)*—यह जन्म से प्रथम दो साल की अवधि की अवस्था होती है और इसमें कामोत्तेजक क्षेत्र (erogeneous zone) मुँह होता है और बच्चा चूसने, निगलने, दाँत काँटने आदि जैसी क्रियाओं से आनन्दित होता है।

(b) गुदावस्था *(Anal stage)*—यह अवस्था दो साल से तीन साल की होती है तथा इसमें कामोत्तेजक क्षेत्र शरीर का गुदा क्षेत्र (annal region) होता है। फलस्वरूप बच्चे मल-मूत्र त्यागने से संबंधित क्रियाओं से आनंद उठाते हैं।

(c) लिंग प्रधानावस्था या लैंगिक अवस्था *(Phallic stage)*—यह अवस्था तीन साल से पाँच साल तक की होती है तथा इसमें कामोत्तेजक क्षेत्र जनेन्द्रिय (genitals) होते हैं। फ्रायड का मत है कि इस अवस्था में बच्चे अपने जनेन्द्रिय को छूते हैं, मलते हैं तथा खींचते हैं जिनसे उनके जनेन्द्रिय में संवेदन उत्पन्न होता है और उन्हें लैंगिक आनन्द की प्राप्ति होती है। इसी अवस्था में लड़का में मातृ मनोग्रन्थि (oedipus complex) तथा लड़कियों में पितृ मनोग्रन्थि (electra complex) का विकास होता है।

(d) अव्यक्तावस्था या विलीनावस्था *(Latency stage)*—यह अवस्था छह साल से प्रारंभ होकर बारह वर्ष की आयु तक की होती है। इस अवस्था में बच्चों में कोई नया कामुकता क्षेत्र नहीं विकसित नहीं होता है तथा साथ-ही-साथ लैंगिक इच्छाएँ भी सुषुप्त होती है। इस अवस्था में बच्चे अपनी लैंगिक इच्छाओं को अनैतिक समझकर उनका दमन कर देते हैं तथा अन्य बाहरी चीजों एवं घटनाओं में अधिक रुचि दिखलाना प्रारंभ कर देते हैं।

(e) जनेन्द्रियावस्था *(Gential stage)*—मनोलैंगिक विकास की यह अंतिम अवस्था है जो तेरह वर्ष की आयु से प्रारंभ होकर निरंतर चलता रहता है। इस अवस्था में व्यक्ति में यौन अंग परिपक्व हो जाते हैं तथा उन्हें विषमलिंग कामुकता (heterosexuality) से आनन्द काफी अधिक आता है।

फ्रायड का मत है कि प्रत्येक अवस्था में व्यक्ति में उचित संतुष्टि (appropriate satisfaction) आवश्यक है। यदि किसी अवस्था में उसे उचित संतुष्टि नहीं होती है, तो उसका व्यवहार उसी अवस्था पर स्थायीकृत (fixate) हो जाता है। जैसे—यदि किसी बच्चों को मुखावस्था में उचित संतुष्टि नहीं मिलती है तो उसमें अत्यधिक खाने की प्रवृत्ति, पान खाने की प्रवृत्ति, खाते समय अँगुली चाटने की प्रवृत्ति, अधिक बोलने की प्रवृत्ति जैसा व्यवहार देखने को मिलता है।

उपर्युक्त विवरण से यह स्पष्ट है कि फ्रायड द्वारा प्रतिपादित विचारधारा नैदानिक मनोविज्ञान में असामान्य व्यवहारों की व्याख्या एवं उसके उपचार के लिए एक तरह का संजीवन बुटी का काम किया है। इनके विभिन्न विचारधाराओं में निम्नांकित दो बातें काफी महत्त्वपूर्ण साबित हुई—

(i) फ्रायड के मन के चेतन एवं अचेतन पहलुओं के बारे में जानने के लिए स्वतंत्र साहचर्य (free association)

तथा स्वप्न विश्लेषण (dream analysis) की प्रविधि को विकसित किया। इनसे प्राप्त आँकड़ों के आधार पर फ्रायड ने निम्नांकित तथ्यों पर अधिक बल डाला है—

(a) अचेतन अभिप्रेरण एवं अहं रक्षा प्रक्रियाओं (ego defense processes) की गत्यात्मक भूमिका को महत्त्वपूर्ण बतलाया गया है।

(b) उत्तर व्यक्तित्व समायोजन एवं कुसमायोजन में आरंभिक बाल्यावस्था की अनुभूतियों को महत्त्वपूर्ण बतलाया गया।

(c) मानसिक रोगों एवं मानव व्यवहारों में लैंगिक कारकों को भी महत्त्वपूर्ण बतलाया गया।

(ii) फ्रायड ने यह भी बतलाया कि कुछ विशेष असामान्य मानसिक व्यवहार की उत्पत्ति कठिन एवं जटिल समस्याओं के साथ निबटने के प्रयास से होता है तथा वे सामान्य अहं रक्षा प्रक्रम (ego defense mechanism) के अतिरंजित होने के फलस्वरूप भी होते हैं।

(2) संबंधित मनोगत्यात्मक उपागम(*Related psychodynamic approaches*)—फ्रायड द्वारा प्रतिपादित मौलिक विचारों का बाद में तेजी से संशोधन किया गया। ऐसे मनोवैज्ञानिकों जिन्होंने उनके मौलिक विचारो को संशोधित किया, में इरिक्सन (Erikson), एडलर (Alder), ओटो रैंक (Otto Rank), युंग (Jung), हार्नी (Horney), फ्रोम (Fromm), सुल्लीभान (Sullivan), अन्ना फ्रायड (Anna Freud), फेयरबेन (Fairbain) तथा कोहट (Kohut) आदि प्रमुख हैं। इन लोगों द्वारा प्रस्तावित संशोधन में निम्नांकित प्रवृत्तियाँ (trends) स्पष्ट रूप से देखने को मिलता है—

(i) अभिप्रेरण में अचेतन मूलप्रवृत्ति (unconscious instinct) की महत्त्वपूर्ण भूमिका के प्रति असंतोष तथा इस बिन्दु पर फ्रायड के विचारों से असहमति।

(ii) मानव व्यवहार पर सामाजिक एवं सांस्कृतिक कारकों के प्रभावों पर अधिक बल दिया जाना।

(iii) इन मनोवैज्ञानिकों द्वारा व्यक्तित्व के चेतन पहलुओं पर अधिक बल दिया जाना।

(iv) इन मनोवैज्ञानिकों द्वारा यह विचार व्यक्त किया जाना कि व्यक्तित्व विकास बाल्यावस्था में ही पूरा नहीं होता है बल्कि वयस्कावस्था में भी इसका कार्य चलता रहता है।

कैरेन हार्नी (Karen Horney), इरिक फ्रोम (Erich Fromm), हैरी स्टैक सुलिभान (Harry Stack Sullivan) तथा इरिक इरिक्सन (Erik Erikson) ने फ्रायड द्वारा व्यक्तित्व विकास में सिर्फ जैविक चरों को महत्त्वपूर्ण बतलाना एक आंशिक दृष्टिकोण कहा। इन लोगों का मत है कि व्यक्तित्व विकास में सामाजिक-सांस्कृतिक कारकों की अनदेखी करना अनुचित होगा। इस सिलसिले में विशेषकर इरिक इरिक्सन द्वारा किया गया योगदान काफी प्रशंसनीय है। इन्होंने व्यक्तित्व विकास के लिए आठ मनोसामाजिक अवस्था (psychosocial stages) का वर्णन किया है जो फ्रायड के पाँच मनोलैंगिक अवस्थाओं (psychosexual stages) से अधिक विस्तृत एवं महत्त्वपूर्ण है। इन आठ अवस्थाओं में व्यक्ति द्वारा अन्य व्यक्तियों के प्रति की गयी अन्तःक्रिया की उन्मुखता को महत्त्वपूर्ण बतलाया गया है। इरिक्सन का मत है कि मनोसामाजिक विकास के प्रत्येक अवस्था में व्यक्ति में एक सामाजिक संकट (social crisis) की उत्पत्ति होती है जिसका यदि वह सफलतापूर्वक समाधान कर लेता है तो व्यक्ति में धनात्मक परिणाम होते हैं और वह अगली अवस्था के सामाजिक संकट के साथ ठीक ढंग से निबट पाता है। यदि वह इस संकट से ठीक ढंग से निबट नहीं पाता है तो इससे उसके व्यक्तित्व का उत्तर विकास (later development) अवरुद्ध हो जाता है।

अलफ्रेड एडलर (Alfred Adler) के भी विचार यहाँ उल्लेखनीय है। एडलर, फ्रायड के मनोविश्लेषणात्मक स्कूल के मौलिक सदस्य थे परन्तु फिर बाद में वे फ्रायड से अपना संबंध विच्छेद करके एक नया दृष्टिकोण विकसित किया जिसे *वैयक्तिक विश्लेषण*(Individual Analysis) कहा गया। एडलर के अनुसार व्यक्तित्व विकास का सबसे महत्त्वपूर्ण कारक मूलप्रवृत्ति (instinct) न होकर हीनता (inferiority) बतलाया गया है। एडलर ने व्यक्तित्व विकास में सामाजिक-सांस्कृतिक तथा लक्ष्य-उन्मुखी गत्यात्मकता (goal-oriented dynamics) पर अधिक बल डाला है। उन्होंने पूरे परिवार को व्यक्तित्व विकास के लिए महत्त्वपूर्ण बतलाया और कहा कि परिवार में व्यक्ति के जन्म क्रम (birth order) का प्रभाव व्यक्तित्व विकास पर पड़ता है। उनका मत था कि प्रत्येक व्यक्ति अपनी जिन्दगी की शुरूआत एक लाचार एवं हीन (inferrior) स्थिति से करता है। वह अपनी इस हीनता के भाव को दूर करने के लिए कुछ पूरक व्यवहार (ompensatory behaviour) करता है जिसमें वह श्रेष्ठता प्राप्त करने की भरपूर कोशिश करता है। जिन तरीकों से वह श्रेष्ठता प्राप्त करने की कोशिश करता है, उससे उसमें एक विशेष 'जीवनशैली' (style of life) की उत्पत्ति होती है। अगर जीवन शैली समायोजी (adaptive) हुआ तो इससे व्यक्ति में सामाजिक अभिरुचि (social interest), सहयोग, साहस आदि का विकास

होता है। इसमें से सामाजिक अभिरुचि के विकास को एडलर ने काफी महत्त्वपूर्ण बतलया है क्योंकि उनका मत है कि *सामाजिक अभिरुचि मानसिक स्वास्थ्य का बैरोमीटर होता है* (Social interest is the barometer of mental health)। अगर जीवन शैली कुसमायोजी (maladaptive) हुआ तो इससे व्यक्ति में निर्भरता, दूसरों के प्रति अनादर तथा वास्तविकता के प्रति विकृत दृष्टिकोण (distorted viewpoints) आदि विकसित हो जाते हैं।

औटो रैंक (Otto Rank) एक अन्य महत्त्वपूर्ण मनोवैज्ञानिक है जो फ्रायड के मौलिक शिष्य (original disciple) थे परन्तु बाद में वे फ्रायड से अपने आप को अलग कर लिया। एडलर के समान रैंक (Rank) भी फ्रायड द्वारा यौन (sex) एवं आक्रमकता (aggression) को मानव व्यवहार का प्रमुख आधार मानने की बात को अस्वीकृत कर दियो और इसके बदले में बच्चों के मौलिक निर्भरता (dependency) एवं उसमें धनात्मक वृद्धि के जन्मजात अन्तःशक्ति (potential growth) को महत्त्वपूर्ण माना। उन्होंने जन्म आघात (birth trauma) को एक महत्त्वपूर्ण संप्रत्यय बतलाया क्योंकि उनके अनुसार इसमें भ्रुण (fetus) अपने निष्क्रिय एवं पूर्णतः निर्भर वातावरण (dependent environment) को छोड़कर अचानक एक ऐसे वातावरण में आता है जिसमें काफी अस्त-व्यस्तता होती है तथा जिसमें स्वतंत्रता अधिक एवं निर्भरता कम होती है। सचमुच में जन्म व्यक्ति में एक ऐसी परिस्थिति उत्पन्न करता है जो आश्रित रहने की इच्छा एवं पूर्ण स्वतंत्रता की ओर दैहिक एवं मनोवैज्ञानिक ढंग से बढ़ने की जन्मजात मानवीय प्रवृत्ति के बीच एक तरह संघर्ष विकसित होता है। औटो रैंक का विचार था कि यदि व्यक्ति इस संघर्ष को ठीक ढंग से दूर नहीं कर पाता है तो उसके व्यवहार में असामान्यता एवं विकृति (distortion) उत्पन्न हो जाता है।

कुछ मनोवैज्ञानिकों ने तो फ्रायड के मौलिक विचारधारा से इतना भिन्न विचार व्यक्त किये हैं कि उन्हें मनोविज्ञान में प्रायः एक नये नाम से ही जाना जाता है। इनमें फेयरबेन (Fairbain, 1952) तथा कोहट (Kohut, 1977) तथा अन्ना फ्रायड (Anna Freud) आदि का नाम मशहूर है। इन्हें वस्तु-संबंध सिद्धान्तवादी (object relation theorists) कहा जाता है। इन लोगों का मत यह है कि उपाहं (Id) तथा अहं (ego) का स्वरूप महत्त्वपूर्ण नहीं होता है बल्कि महत्त्वपूर्ण वह वस्तु (object) होता है जिसके प्रति बच्चा उपाहं एवं अहं आवेगों (impulse) को दिखाता है और जिसे बच्चा अपने व्यक्तित्व में सम्मिलित कर लिया होता है। यहाँ 'वस्तु' से तात्पर्य बच्चा के वातावरण के महत्त्वपूर्ण व्यक्ति (प्रायः माता पिता) के सांकेतिक प्रतिनिधित्व (symbolic representation) से होता है। बाद में वही संकेत या वस्तु से बच्चा द्वारा किये जाने वाले व्यवहार या अन्तःक्रिया से उत्पन्न अनुभूति (experience) प्रभावित होती है।

(3) नैदानिक मनोविज्ञान पर प्रभाव *(Infleuences on Clinical Psychology)*—सचमुच में नैदानिक मनोविज्ञान पर मनोगत्यात्मक मॉडल (psychodynamic model) का काफी गहरा प्रभाव पड़ा है क्योंकि मनोविश्लेषण मनोचिकित्सा (psychotherapy) का पहला क्रमबद्ध स्कूल था। अगर गौर से देखा जाय तो यह स्पष्ट होगा कि मनोचिकित्सा का प्रत्येक फार्म का मनोविश्लेषण (psychoanalysis) में आज किसी-न-किसी प्रकार संबंध अवश्य है। सचमुच में मनोविश्लेषण से कई विधियाँ की उत्पत्ति हुई है जिसे हम *मनोगत्यात्मक चिकित्सा* (psychodynamic therapies) के सामान्य नाम से जानते हैं। कार्ल युंग (Carl Jung) तथा अलफ्रेड एडलर (Alfred Adler) जो फ्रायड के आरंभिक सहकर्मी (early associates) थे, ने मनोचिकित्सा (psychotherapy) तथा मनोविकृति (psychopathology) के अलग-अलग विशिष्ट मॉडल का विकास किए और इनसे प्रोत्साहित होकर अन्य लोगों ने 1930 तथा 1940 वाले दशक में यूरोप तथा अमेरीका कुछ विशेष तरह के मनोचिकित्सीय प्रविधियों जैसे इगो मनोविज्ञान (ego psychology), आत्मन् मनोविज्ञान (self psychology) तथा वस्तु-संबंध चिकित्सा (object-relation therapy) का विकास किया।

इतना ही नहीं मनोगत्यात्मक मॉडल का प्रभाव मनोवैज्ञानिक मापन (psychological assessment) पर भी काफी पड़ा और मनोवैज्ञानिकों को इस बात से सतर्क कर दिया गया कि मानव अनुभूति तथा व्यवहार का बहुत अंश अचेतन में छिपा हुआ होता है। जो नैदानिक मनोविज्ञानिक प्रक्षेपी विधि (prejective methods) का उपयोग करते हैं, वे मनोविश्लेषण से प्रभावित होकर क्लायंट के अचेतन बचाव शैली (unconscious defense style) तथा संज्ञानात्मक तत्वों से काफी प्रभावित होते हैं। मनोविश्लेषण के प्रभाव से कुछ विशेष तरह के प्रयोगशाला प्रयोग पशुओं पर भी किये गए हैं और इनके सहारे मनोवैश्लेषिक प्राक्कल्पनाओं (psychoanalytic hypothesis) जैसे कुंठा तथा स्थायीकरण (fixation) एवं द्वन्द्व (conflict) तथा दुश्चिंता (anxiety) की जाँच करने की कोशिश की गयी है।

(4) मनोगत्यात्मक मॉडल का मूल्यांकन *(Evaluation of Psychodynamic model)*—यद्यपि यह सही है कि मनोगत्यात्मक मॉडल की लोकप्रियता (popularity) अधिक है और इसे एक विस्तृत एवं क्रान्तिकारी मॉडल माना गया है, फिर भी इस मॉडल के निम्नांकित प्रमुख परिसीमाएँ (limitations) हैं—

(i) कुछ मनोवैज्ञानिकों का मत है कि मनोगत्यात्मक मॉडल के कुछ संप्रत्यय(concepts) ऐसे है जिनके अर्थ अस्पष्ट हैं तथा जिन्हें मापना कठिन है एवं वैज्ञानिक रूप से जाँचना भी संभव नहीं है। अहं (ego), उपाहं (Id), पराहं (super ego), अचेतन अभिप्रेरण(unconscious motivation) तथा दमन(repression) आदि ऐसे ही संप्रत्यय के कुछ उदाहरण हैं। वेले एवं शेभरीन (Balay & Shevrin, 1988) ने यह भी मत जाहिर किया है कि हाल में ही फ्रायडियन व्यक्तित्व संप्रत्ययों को मापने के लिए जो प्रविधियाँ (techniques) विकसित की गयी हैं वे भी काफी अविश्वसनीय एवं अवैध हैं। फलतः उनपर आधारित नैदानिक उपचार के प्रभाव शक के घेरे में आ जाते हैं।

(ii) मनोगत्यात्मक मॉडल में मानव के स्वरूप के नकारात्मक पहलू(negative aspects) पर जैसे लैंगिक एवं आक्रमक मूलप्रवृत्तियों पर अधिक बल डाला गया है जबकि आंतरिक वर्द्धन, अन्तःशक्ति (growth potential) तथा सामाजिक एवं सांस्कृतिक कारकों पर बल नहीं डाला है जो दुर्भाग्यपूर्ण है।

(iii) जुरजेभिक(Jurjevich, 1974) ने मनोगत्यात्मक मॉडल को एक झाँसा-पट्टी या चकमा(hoax) कहा है क्योंकि यह एक ऐसा बंद तंत्र (close system) है जो परस्पर विरोधी आँकड़ों से भी प्रभावित नहीं होता है और परिणाम चाहे जैसा भी हो, उसके आधार पर फ्रायडियन नियमों की संपुष्टि की जा सकती है। जैसे—यदि कोई मनोविश्लेषक इन निष्कर्ष पर पहुँचता है कि अगर किसी व्यक्ति में विद्वेष (hostility) का अचेतन भाव है तो उसके द्वारा किया गया विद्वेष व्यवहार को अचेतन के इस आवेग का एक सबूत माना जा सकता है। परन्तु यदि वह शांतिपूर्ण एवं दोस्ताना व्यवहार करता है, तो उसे भी इस मॉडल के अनुसार उसके अचेतन के विद्वेष भाव का सबूत माना जा सकता है क्योंकि ऐसी अवस्था में उसके शांतिपूर्ण एवं दोस्ताना व्यवहार को एक प्रतिक्रिया निर्माण (reaction formation) के रूप में देखा जा सकता है।

(iv) मनोगत्यात्मक मॉडल में व्यवहार पर अचेतन अभिप्रेरण एवं संबंधित मनोविकृति (psychopathology) की व्याख्या में जरूरत से ज्यादा बल डाला गया है जिसे कुछ मनोवैज्ञानिकों ने अनावश्यक एवं बेतुका बतलाया है। जैसे—एक व्यक्ति जिसे आसाानी से सफलता मिल जाती है या उस चीज की उपलब्धि हो जाती है जिसे वह सामान्यतः चाहता है, को यह जानकर तकलीफ हो सकता है कि वह ऐसा व्यवहार करके मात्र अपने भीतर छिपे अपूर्णता के अचेतन भाव की क्षतिपूर्ति कर रहा है।

(v) कुछ विशेषज्ञों जैसे मीड (Mead, 1928), लिण्एडस्मीथ एवं स्ट्रॉस (Lindesmith & Strauss, 1950) का मत है कि व्यवहार की व्याख्या करने के लिए जो मनोविश्लेषणात्मक संप्रत्यय विकसित किये गए हैं, वे सार्वत्रिक(universal) नहीं है। इन लोगों का मत है कि वियाना (Vienna) के उच्च-सामाजिक आर्थिक स्तर के परिवारों से आने वाले रोगियों से प्राप्त अनुभूतियों के आधार फ्रायड ने इन संप्रत्ययों को विकसित किया था। अतः इनकी उपयोगिता इसी संस्कृति तक एवं ऐसे ही सामाजिक-आर्थिक स्तर के लोगों तक सीमित है।

(vi) चेसलर (Chesler, 1970, 1975) ने कहा है कि फ्रायड द्वारा प्रस्तुत मनोगत्यात्मक मॉडल के वर्णन से यह स्पष्ट पता चलता है कि वे महिलाओं के प्रति पूर्वाग्रहित (prejudiced) थे। यही कारण है कि उनके द्वारा प्रदत्त मानव विकास की व्याख्या को कई मनोवैज्ञानिकों ने अस्वीकृत कर दिया है।

(vii) मनोगत्यात्मक मॉडल में वयस्क व्यवहार की व्याख्या बाल्यावस्था की अनुभूतियों (childhood experiences) के रूप में की गयी है। इस तथ्य से मानव व्यवहार पर परिस्थितिजन्य एवं समकालीन कारकों (contemporary factors) के पड़ने वाले महत्त्वपूर्ण प्रभावों की कोई व्याख्या नहीं हो पाती है जो दुर्भाग्यपूर्ण है क्योंकि सच्चाई यह है कि ऐसे कारकों का भी प्रभाव मानव व्यवहार पर पड़ता है। यही कारण है कि नव फ्रायडियन (neo-Freudians) जैसे फ्रोम (Fromm), एडलर(Alder), सुलिभान(Sullivan) तथा हार्नी(Horney) आदि ने ऐसे कारकों को अपने-अपने सिद्धान्तों में व्यवहार का काफी महत्त्वपूर्ण निर्धारक करार दिया है।

इन आलोचनाओं के बावजूद मनोगत्यात्मक मॉडल नैदानिक मनोविज्ञान का एक प्रमुख मॉडल है तथा आज भी बहुत सारे नैदानिक मनोवैज्ञानिक इस मॉडल के प्रावधान के अनुसार मानव व्यवहार की व्याख्या तथा असामान्य व्यवहार के उपचार पर बल डाल रहे हैं।

व्यवहारात्मक मॉडल या अधिगम सिद्धान्त मॉडल
(Behavioural Model or Learning Theory Model)

असामान्य व्यवहार तथा उसके उपचार (treatment) के संबंध में मनोविश्लेषण (Psychoanalysis) द्वारा प्रदत्त नियम एवं सिद्धान्त की महत्ता शताब्दी के आरंभिक भाग में काफी अधिक थी। परन्तु उसी समय व्यवहारवाद

(behavioruism) का प्रादुर्भाव हुआ जिसने मनोविश्लेषण की इस श्रेष्ठता को चुनौती दिया। व्यवहारवादी दृष्टिकोण का यह दावा था कि स्वतंत्र साहचर्य (free association) तथा स्वप्न विश्लेषण (dream analysis) के माध्यम से रोगियों के आत्मनिष्ठ अनुभूतियों (subjective experiences) के अध्ययन करने पर कोई स्वीकार्य वैज्ञानिक आँकड़ें नहीं मिलते हैं। फलस्वरूप उनका सत्यापन अन्य विशेषज्ञों द्वारा नहीं किया जा सकता है। व्यवहारवादी दृष्टिकोण में सिर्फ प्रत्यक्ष रूप से प्रेक्षणीय व्यवहार (observable behaviour) तथा उद्दीपक (stimulus) तथा पुनर्बलन (reinforcement) जो ऐसे व्यवहार को नियंत्रित करते हैं, के रूप में मानव व्यवहार की व्याख्या उत्तम ढंग से की जा सकती है।

व्यवहारात्मक मॉडल मानव व्यवहार के विकास एवं परिमार्जन (alteration) में अंतरा मानसिक संघर्ष, मौलिक मूलप्रवृत्ति या अचेतन अभिप्रेरण (unconscious motivation) पर बल न डालकर उस व्यवहार तथा उसका पर्यावरणीय एवं व्यक्तिगत अवस्थाओं जो उसे प्रभावित करता है, के संबंध पर अधिक बल डालता है। इस मॉडल की मुख्य मान्यता यह है कि मानव व्यवहार सीखना या अधिगंम (learning) द्वारा प्रभावित होता है जो एक विशेष सामाजिक परिपेक्ष्य (social context) में होता है। यही कारण है कि इस मॉडल को कभी-कभी *सीखना या अधिगम सिद्धान्त मॉडल*(learning theory model) भी कहा जाता है।

व्यवहारात्मक मॉडल में वैयक्तिक विभिन्नता(individual differences) तथा लोगों के बीच समानता(similarity) की व्याख्या विशेष ढंग से की जाती है। जहाँ तक वैयक्तिक विभिन्नता का प्रश्न है, इसकी व्याख्या शीलगुण, व्यक्तित्व विशेषताओं या मानसिक रोगों के रूप न करके व्यक्ति के सीखने के अपूर्व अनुभूतियों (unique experiences) के रूप में की जाती है। व्यक्ति को किसी विशेष परिस्थिति में पहले किस तरह की अनुभूति हुआ है, इस पर यह निर्भर करता है कि वह उसी तरह की परिस्थिति में इस बार कैसा व्यवहार करेगा। जैसे—जिस छात्र को परीक्षा में नकल करके उत्तम अंक पाने की पूर्व अनुभूति होती है, वह वर्तमान परीक्षा में भी इसी तरह का नकल करके उत्तम अंक लाने की कोशिश करेगा। परन्तु जिस छात्र को परीक्षा में विशेष तैयारी करके उच्च अंक प्राप्त करने की पूर्व अनुभूति होती है, वह वर्तमान परीक्षा में नकल करने में विश्वास न करके पुनः उत्तम तैयारी करके उत्तम अंक लाने में विश्वास करेगा। जहाँ तक व्यतियों के व्यवहार में समानता (similarity) का प्रश्न है, एक ही संस्कृति में अधिकतर लोगों द्वारा स्वीकार किये गये नियमों, मूल्यों एवं सीखने की इतिहास के रूप में इसकी व्याख्या होती है। जैसे—यदि छात्रों द्वारा वर्ग में काफी ध्यानमग्नशीलता (attentiveness) दिखलाया जाता है तो इसका कारण सामाजिक रूप से सीखा गया छात्र भूमिका (student role) का सामूहिक संबंधन(group affiliation) ही कहा जा सकता है न कि छात्रों के बीच का तरह-तरह के अंतरा मानसिक प्रक्रियाओं (intrapsychic process) को इसके लिए उत्तरदायी माना जा सकता है। व्यवहारात्मक मॉडल में उक्त नियम द्वारा व्यक्तियों के बीच संगतता (consistencies) तथा असंगतता (discrepancies) की भी व्याख्या की जाती है। व्यवहारात्मक मॉडल में व्यवहारात्मक संगतता (behavioural consistency) का कारण सामान्यीकृत सीखना(generalized learning) तथा/या उद्दीपक समानता (stimulus similairty) होती है तथा व्यवहारात्मक असंगतता (behavioural inconsistency) का कारण व्यवहारात्मक विशिष्टता (behavioural specificty) बतलाया गया है।

व्यवहारात्मक मॉडल के तीन प्रमुख रूपान्तर(versions) *क्रियाप्रसूत सीखना* (operant learning), *प्रतिवादी सीखना* (respondent learning) तथा *सामाजिक सीखना*(social learning) या *संज्ञानात्मक व्यवहारपरक सीखना*(cognitive behavioural learning) है। इन तीनों पर हम अलग-अलग विचार करने के पहले इस बिन्दु पर प्रकाश डालना अधिक उचित समझते हैं कि इन तीनों के सामान्य विशेषताएँ(common characteristics) क्या है? इन तीनों के सामान्य विशेषताएँ निम्नांकित हैं—

(i) व्यवहारात्मक मॉडल में व्यवहार के निर्धारण में पर्यावरणी कारकों पर वंशानुगत (genetic) एवं जैविक कारकों की अपेक्षा अधिक बल डाला जाता है। वंशानुगत एवं जैविक कारकों द्वारा व्यक्ति के व्यवहारात्मक या बौद्धिक अन्तःशक्ति (intellectual potential) के विकास की सीमा (limits) का निर्धारण होता है और इस सीमा के भीतर सीखना के द्वारा व्यक्ति के व्यवहार का निर्धारण होता है।

(ii) व्यवहारात्मक मॉडल में सिर्फ वही व्यवहार चाहे वह स्पष्ट (overt) हो या अस्पष्ट (covert) हो, यदि वे मापनीय हो तो उसे अध्ययन में शामिल किया जाता है। इस तरह से केवल मापनीय व्यवहार (measurable behaviour) ही नैदानिक मनोविज्ञान का विषय-वस्तु हो सकता है।

(iii) मानव व्यवहार के बारे में जानने के लिए तथा उसके बारे में मूल्यांकन (assessment) करने के लिए आनुभविक शोध (empirical research) की विधियों को अपनाया जाता है। इसके शोधों में स्वतंत्र चरों (जैसे उपचार की प्रविधियों) में जोड़-तोड़ करके विशेष रूप से परिभाषित आश्रित चर (dependent variable) जैसे मंदित व्यवहार (depressed behaviour), लैंगिक उत्तेजन (sexual excitment), मदिरा पान आदि पर पड़ने वाले प्रभावों का अध्ययन किया जाता है।

(iv) व्यवहारात्मक मॉडल में नैदानिक मूल्यांकन (assessment) तथा उपचार एक-दूसरे से संगठित (integrated) होते हैं। चूँकि समस्यात्मक व्यवहार एवं असमस्यात्मक व्यवहार का निर्धारण एक ही तरह के नियमों (principles) द्वारा होता है, इसलिए नैदानिक मूल्यांकन (clinical assessment) के आधार पर यह पता लगाया जा सकता है कि रोगी की वर्तमान समस्या को कैसे सीखा गया है और उनका किस तरह से संपोषण हो रहा है ताकि उसे अधिक समायोजी (adaptive) तथा वैयक्तिक रूप से सीखला कर उसके व्यवहार को उन्नत बनाया जा सके।

(v) व्यवहारात्मक मॉडल में नैदानिक मूल्यांकन (clinical aassessment) तथा उपचार (treatment) दोनों के बारे में कोई निर्णय आनुभविक शोधों (empirical research) के परिणाम के आधार पर ही लिये जाते हैं।

व्यवहारात्मक मॉडल के तीन रूपान्तरों (versions) का वर्णन हम अब इस प्रकार करेंगे—

(अ) क्रियाप्रसूत सीखना *(Operant learning)*—व्यवहारात्मक मॉडल के क्रियाप्रसूत रूपान्तर (operant version) का विकास बी० एफ० स्कीनर (B.F. Skinner) द्वारा किया गया जिनका मत है कि व्यवहार सीखे जाते हैं तथा किसी व्यवहार को सीखने में अप्रेक्षणीय चरों विशेषकर आवश्यकता (need) तथा प्रणोद (drive) आदि की कोई भूमिका नहीं होती है क्योंकि ये आत्मनिष्ठ चर होते हैं जिन्हें मापा नहीं जा सकता है। स्कीन्नर का मत है कि हमें किसी व्यवहार की उत्पत्ति, संपोषण (maintenance) तथा उसमें उत्पन्न परिमार्जन (modification) को समझने के लिए यह आवश्यक है कि पर्यावरणी उद्दीपकों (environmental stimuli) तथा उससे उत्पन्न होने वाले व्यवहारों के बीच के संबंध को समझा जाए। स्कीन्नर ने यह स्पष्ट किया कि किसी भी व्यवहार को समझने के लिए यह आवश्यक नहीं है कि व्यक्ति के उपाहं आवेगों (id impulses) के बारे में जाना जाय बल्कि इस बात का प्रेक्षण तथा विवरण आवश्यक है कि कोई भी व्यवहार किस तरह से उसके पूर्ववतों कारकों (antecendent factors) तथा अनुवर्त कारकों (consequent factors) से नियंत्रित होता है। इस उपागम को कार्यवाही विश्लेषण (functional analysis) उपागम भी कहा जाता है क्योंकि इस उपागम में उद्दीपकों, अनुक्रियाओं एवं उनके परिणामों के कार्यवाही संबंध पर बल अधिक डाला जाता है। इस तथ्य को एक उदाहरण द्वारा इस प्रकार समझाया जा सकता है। मान लिया जाय कि कोई व्यक्ति किसी परिस्थिति में आक्रामक व्यवहार (aggressive) करता है। अब स्कीन्नर के कार्यवाही विश्लेषण उपागम (functional analysis approach) में इसकी व्याख्या व्यक्ति की किसी आवश्यकता (need) के रूप में नहीं की जाएगी। यह नहीं कहा जायगा कि इस आक्रामक व्यवहार से व्यक्ति की प्रभुत्व आवश्यकता (dominance need) का पता चलता है। बल्कि इस उपागम में यह आक्रमक व्यवहार तथा उसके परिणाम के बीच संबंध जोड़कर कोई उपयुक्त व्याख्या की जाएगी। अगर उसका यह आक्रमक व्यवहार कुछ ऐसा है कि उसके बाद उसे पुरस्कार (reward) मिलता है या उसे किसी प्रकार का लाभ होता है अर्थात् उसका परिणाम सुखद होता है, तो स्कीन्नर की व्याख्या यह होगी कि व्यक्ति आक्रमक व्यवहार करना सीख लिया है। इसी तरह से तरह-तरह के व्यवहार विकृतियों (behaviour disorders) की व्याख्या भी कार्यवाही विश्लेषण उपागम के तरह की गयी है।

बी० एफ० स्कीन्नर
(B. F. Skinner)

(ब) क्लासिकी अनुबंधन या प्रतिवादी सीखना *(classical conditioning or respondent learning)*—व्यवहारात्मक मॉडल के इस दूसरे रूपान्तर में क्लासिकी या प्रतिवादी अनुबंधन के नियमों को जिन्हें पैवलव द्वारा प्रतिपादित किया गया था, आधार बनाकर मानव व्यवहार की उत्पत्ति, संपोषण एवं उसमें होने वाले परिमार्जन की व्याख्या की जाती है। व्यवहारात्मक मॉडल के इस रूपान्तर की सोदाहरण व्याख्या जोसेफ ओल्फ (Joseph Wolf, 1958, 1982) तथा हंस आइजेन्क (Hans Eysenck, 1982) द्वारा किया गया। व्यवहारात्मक मॉडल के इस रूपान्तर का उपयोग मूलतः दुश्चिंता विकृतियों (anxiety disorders) से उत्पन्न समस्याओं को दूर करने में किया गया हे। इस रूपान्तर में अनुबंधित उद्दीपक (conditioned stimulus) तथा स्वाभाविक उद्दीपक (unconditioned stimulus) के बीच साहचर्य (association) के सीखने पर बल डाला जाता है। इस तरह के सीखने की मुख्य विशेषता यह है कि इसमें अनुबंधित उद्दीपक (conditioned stimulus)

द्वारा ही अनुक्रिया (response) की उत्पत्ति होती है। मॉडल के इस रूपान्तर के अनुसार व्यक्ति अंधेरा से डरना इसलिए सीख जाता है कि व्यक्ति में अंधेरा में तरह-तरह के डर-उत्पन्न करने वाले उद्दीपक (fear producing stimuli) जैसे डरावना स्वप्न, डरावना स्वप्नचिन्तन (fantasy) आदि उत्पन्न होने लगते हैं।

व्यवहारात्मक मॉडल के इस क्लासिकी सीखना रूपान्तर में क्रियाप्रसूत सीखना (operant learning) के महत्त्व को अस्वीकार नहीं किया जाता है परन्तु इसमें अनुबंधित उद्दीपक तथा स्वाभाविक उद्दीपक के साहचर्य द्वारा उत्पन्न सीखना पर तुलनात्मक रूप से अधिक बल डाला जाता है। जैसे—यदि कोई व्यक्ति सामाजिक परिस्थिति (social events) से अपने आप को डर से दूर रखता है, तो इसका कारण ऐसी परिस्थिति में उसमें उत्पन्न नकारात्मक एवं दर्दनाक अनुभूतियाँ (painful experiences) हो सकती हैं। (जैसे—ऐसी सामाजिक परिस्थिति में संभवतः पहले उसका काफी मजाक उड़ाया गया हो)। यह क्रियाप्रसूत अनुबंधन का उदाहरण होगा। परन्तु उसमें इस तरह की सामाजिक परिस्थिति से डर इसलिए भी उत्पन्न हो सकता है क्योंकि संभव है कि ऐसी अनुभूतियों से उत्पन्न बेचैनी (discomfort) का साहचर्य सामाजिक पार्टी (social party) से स्थापित हो चुका हो। यह क्लासिकी अनुबंधन (classical conditioning) का उदाहरण होगा। माऊर्र (Mowrer, 1939, 1948) का मत है कि कोई विशिष्ट व्यवहार के उत्पन्न होने में क्रियाप्रसूत अनुबंधन तथा क्लासिकी अनुबंधन दोनों की भूमिका होती है।

(स) सामाजिक सीखना या संज्ञानात्मक व्यवहारपरक सीखना *(Social learning Or Cognitive-behvioural learning)*—स्कीनर, ओल्प(Wolpe), आइजेन्क(Eysenck), पैवलव आदि द्वारा प्रतिपादित व्यवहारात्मक मॉडल के रूपान्तर यद्यपि काफी लोकप्रिय (popular) हुए हैं तथा इनका उपयोग नैदानिक उपचार तथा शोध में काफी हुआ है, फिर भी इसे सार्वत्रिक रूप से (universally) स्वीकार नहीं किया गया है क्योंकि इसमें व्यक्ति के सिर्फ बाह्य व्यवहारों पर बल डाला गया है और इसमें संज्ञानात्मक प्रक्रियाओं (cognitive processes) जैसे चिंतन, प्रत्यक्षण आदि की पूर्ण उपेक्षा की गयी है। सामाजिक सीखना या संज्ञानात्मक व्यवहारपरक सीखना में ऐसी संज्ञानात्मक प्रक्रियाओं को महत्त्वपूर्ण मानकर मानव व्यवहार की उत्पत्ति, संपोषण एवं परिमार्जन (modification) की व्याख्या की जाती है।

सचमुच में सामाजिक-सीखना उपागम (social-iearning approach) के विकास की प्रेरणा इ० सी० टालमैन (E.C. Tolman, 1932) के उस विचारधारा से मिली है जिसमें यह कहा गया है कि व्यवहार सोद्देश्यपूर्ण (pursposive) होता है। सामाजिक-सीखना उपागम में दो मनोवैज्ञानिकों अर्थात् अलवर्ट वैण्डुरा (Albert Bandura) तथा वाल्टर मिसकेल (Walter Mischel) का नाम अधिक मशहूर है परन्तु राटर (Rotter), इलिस (Ellis), बेक (Beck) एवं सेलिगमैन (Seligman) के योगदान भी काफी प्रशंसनीय है।

वैण्डुरा ने अपने उपागम में प्रेक्षणात्मक सीखना (observational learning) या स्थानापन्न संज्ञानात्मक प्रक्रियाएँ (vicarious cognitive processes) पर अधिक बल डाला है। वैण्डुरा का मत है कि व्यक्ति न केवल क्रियाप्रसूत एवं क्लासिकी अनुबंधन द्वारा प्रत्यक्ष रूप से सीखता है बल्कि वह दूसरों के व्यवहारों का प्रेक्षण (observation) करके या घटना के सांकेतिक प्रतिनिधित्व (symbolic representation) को देखकर परोक्ष रूप से भी सीखता है। इन्होंने अपने प्रयोग में दिखलाया है कि मानव प्रयोज्य मॉडल के व्यवहार का मात्र प्रेक्षण कर ही उसे सीख लेते हैं। इसके लिए पुनर्बलन (reinforcement) तथा अभ्यास (practice) की भी जरूरत नहीं पड़ती है। वैण्डुरा, रॉस एवं रॉस (Bandura, Ross & Ross, 1963) ने अपने अध्ययन में पाया है कि जिन बच्चों ने मॉडल को 'बोबो' नामक गुड़िया (Bobo doll) के प्रति आक्रमक व्यवहार करते पाया, वे उसके प्रति वैसी ही व्यवहार करना सीख लिए तथा जिन बच्चों ने मॉडल को बोबो के प्रति शांतिपूर्ण व्यवहार करते प्रेक्षण किया, वे उसके प्रति वैसा ही व्यवहार करना सीख लिए। बैण्डुरा का मत है कि ऐसे सीखना का कारण न तो अभ्यास है और न ही पुनर्बलन बल्कि इसका कारण है कि प्रेक्षणात्मक सीखना से उत्पन्न चिन्तन प्रक्रियाएँ या संज्ञानात्मक प्रक्रियाएँ। ऐसी संज्ञानात्मक प्रक्रियाओं से व्यक्ति न केवल नयी अनुक्रियाओं को सीखता है बल्कि वह पहले से सीखी गयी अनुक्रियाओं का अवरोधन (inhibition) या अनुवरोधन (disinhibition) भी करना सीख लेता है।

अलवर्ट बैण्डुरा
(Albert Bandura)

रौटर (Rotter, 1954) ने भी सीखने में संज्ञानात्मक चरों (cognitive variables) के महत्त्व प्रर प्रकाश डाला है। इन्होंने मानव सीखना में प्रत्याशा (expectancy) चर को अति महत्त्वपूर्ण बतलाया है। रौटर के अनुसार किसी अनुक्रिया के होने की संभावना दो बातों पर निर्भर करता है—पहला तो यह कि व्यक्ति अनुक्रिया के बाद क्या होने या घटना घटने की प्रत्याशा करता है तथा दूसरा यह कि वह अनुक्रिया के उस परिणाम (या घटना) को कितना महत्त्व देता है। रौटर

का मत है कि इस तरह की प्रत्याशा जिससे व्यवहार प्रभावित होता है, अर्जित होता है अर्थात् व्यक्ति उसे अपने जीवन काल में सीखता है। किसी भी व्यवहार के परिणाम के बारे में प्रत्याशा विकसित करने के लिए या उसके महत्त्व या मूल्य (value) के बारे में कोई निर्णय लेने के लिए आवश्यक है कि व्यक्ति को उसके पहले वैसी परिस्थिति का प्रत्यक्ष या स्थानापन्न (vicarious) अनुभव हो। हाल ही में वैण्डुरा (Bandura) ने रौटर के प्रत्याशा (expectancy) संप्रत्यय से हटकर एक नया समान संप्रत्यय का विकास किया है जिसे आत्म-क्षमता (self-efficacy) कहा गया है। आत्म-क्षमता प्रत्याशा (self-efficacy expectation) से तात्पर्य व्यक्ति में इस विश्वास (belief) से होता है कि वह अमुक व्यवहार को चाहे उसका परिणाम कुछ भी, सफलतापूर्वक कर सकता है। वैण्डुरा ने यह स्पष्ट किया कि व्यक्ति द्वारा किया गया बाह्य व्यवहार (overt behaviour) इसी आत्म-क्षमता प्रत्याशा से नियंत्रित होता है। आत्म-क्षमता प्रत्याशा का स्तर जितना ही ऊँचा होता है, उसका निष्पादन स्तर (performance level) भी उतना ही श्रेष्ठ होता है।

मिसकेल (Mischel, 1986, 1989) द्वारा प्रतिपादित सीखने के उपागम में पाँच तरह के संज्ञानात्मक चरों (cognitive variables) की पहचान की गयी है जिनसे व्यक्ति तथा वातावरण के बीच में होने वाले अन्तःक्रिया (interaction) को समझा जा सकता है। वे पाँच चरों का संक्षिप्त वर्णन निम्नांकित हैं—

(i) **क्षमताएँ** *(competencies)*—इसमें विशेष तरह के व्यवहार एवं संज्ञान को उत्पन्न करने की क्षमता सम्मिलित होती है। यह बुद्धि लब्धि, सामाजिक-बौद्धिक उपलब्धियाँ, अहं विकास (ego development), मानसिक परिपक्वता आदि से संबंधित होता है।

(ii) **कूटसंकेतन उपाय एवं वैयक्तिक संरचना** *(encoding strategy and personal constructs)*—इसके तहत व्यक्ति में घटनाओं, आत्मन् (self) एवं अन्य लोगों को विश्लेषित करने की इकाइयों को रखा जाता है।

(iii) **प्रत्याशा** *(expectanies)*—इसमें व्यवहार परिणाम प्रत्याशा, उद्दीपक परिणाम प्रत्याशा एवं आत्म-क्षमता प्रत्याशा (self-efficacy expectation) आदि को सम्मिलित किया जाता है।

(iv) **आत्मनिष्ठ मूल्य** *(subjective values)*—इसमें प्रोत्साहन (incentives) एवं अभिप्रेरणात्मक उद्दीपक आदि को रखा जाता है।

(v) **आत्म-नियमित तंत्र एवं उपाय** *(self-regulatory system and plans)*—इसमें जटिल व्यवहार अनुक्रमों (sequences) के संगठन एवं निष्पादन के लिए आत्म-प्रतिक्रियाएँ एवं अन्य संबंधित नियमों को रखा जाता है।

उपर्युक्त वर्णन से यह स्पष्ट है कि सामाजिक-सीखना उपागम की आरंभिक व्याख्या में व्यवहारों के परिणाम के प्रत्याशा (expectancy) पर बल डाला गया है। परन्तु इसकी आधुनिक व्याख्या जिसे बेक (Beck, 1076) सेलिगमैन (Seligman, 1978) तथा इलिस (Ellis, 1962) द्वारा किया गया है, में वर्तमान व्यवहार तथा लंबे अरसे से चले आ रहे विश्वास (belief) को पर्याप्त मान्यता दी गयी है। इनमें से बेक (Beck) ने वर्तमान व्यवहार के मूल्यांकन (appraisal) पर, सेलिगमैन एवं उनके सहयोगियों ने वर्तमान व्यवहार के गुणारोपण (attribution) पर तथा इलिस ने लंबे अरसे से आ रहे विश्वास (belief) पर अधिक बल डाला है। अतः इन तीनों तरह के कारकों का वर्णन यहाँ अपेक्षित हैं—

(i) **मूल्यांकन** *(appraisals)*—मूल्यांकन से तात्पर्य उन तरीकों से होता है जिनके माध्यम से हम अपने व्यवहारों का तथा अपने प्रति दूसरों द्वारा किए गए व्यवहारों का मूल्यांकन करते हैं। सचमुच में मूल्यांकन में एक तरह का हस्तक्षेपी चिन्तन (intervening thoughts) होता है जिससे व्यक्ति द्वारा दिखलाये सांवेगिक अनुक्रियाएँ प्रभावित होती है। जैसे—जो व्यक्ति अपने निष्पादन को अनुपयुक्त (inadequate) मानते हैं, वे अपने आप को बेकार एवं अपर्याप्त समझते हैं, उनमें प्रायः विषादी चिन्तन (depressive thoughts) एवं विषादी लक्ष्य विकसित होते हैं। बेक के अनुसार ऐसे चिन्तन का स्वरूप स्वचालित (automatic) होता है जिससे व्यक्ति की सांवेगिक अनुक्रियाएँ प्रभावित होती हैं जबकि व्यक्ति चेतन रूप से इन सबके बारे में सोचता भी नहीं है। चिकित्सा का उद्देश्य ऐसे स्वचालित चिन्तन को चेतना में लाना होता है ताकि व्यक्ति अपने व्यवहार का मूल्यांकन सही ढंग से कर सके।

(ii) **गुणारोपण** *(attributions)*—गुणारोपण से तात्पर्य उन कारकों से होता है जिसे व्यक्ति अपने व्यवहार का कारण मानता है। इनके माध्यम से हम यह समझते हैं कि कोई भी व्यवहार या घटना क्यों हुआ है। सामान्यतः गुणारोपण तीन द्विध्रुवीय विमाओं (bipolar dimensions) के रूप में किया जाता है।

(a) **आंतरिक बाह्य** *(internal-external)*—इसमें व्यक्ति किसी व्यवहार का कारण अपने भीतर या बाह्य वातावरण में होते पाता है।

(b) स्थिर-क्षणिक *(stable-transient)*—इसमें व्यक्ति व्यवहार के कारण का जो प्रत्यक्षण करता है, उसे क्षणिक पाता है या लंबे समय तक चलने वाला पाता है, की व्याख्या की जाती है।

(c) व्यापक-सीमित *(global-limited)*—इस विमा में इस तथ्य का निर्धारण होता है कि व्यवहार का कारण कोई विशिष्ट घटना है या फिर सभी परिस्थितियों में सामान्य (general) है।

यदि कोई छात्र यह कहता है कि वह परीक्षा में इसलिए असफल रहा क्योंकि पूछे गये प्रश्न काफी कठिन थे, तो यह एक बाह्य (external), विशिष्ट (specific) तथा अस्थायी या क्षणिक गुणारोपण का उदाहरण होगा। लेकिन यदि छात्र यह कहता है, "मैं सचमुच में एक अनुभवहीन एवं मूर्ख विद्यार्थी हूँ जिसके कारण परीक्षा में असफल हुआ हूँ" तो यह एक आंतरिक-स्थिर एवं व्यापक गुणारोपण का उदाहरण होगा।

सेलिगमैन (Seligman, 1984) के अनुसार जिन व्यक्तियो के व्यवहारों का गुणारोपण आंतरिक, स्थिर एवं व्यापक विमाओं में होता है, उनमें विषादी प्रवृत्तियाँ अधिक होती हैं। ऐसे लोग प्रायः यह अनुभव करते हैं कि उनका घटनाओं या व्यवहारों के क्रम पर कोई नियंत्रण नहीं है तथा उनके कोई भी व्यवहार से उनका भविष्य सुधर नहीं सकता है। ऐसे लोगों में निस्सहायता (helplessness) तथा विषाद तेजी से विकसित होता है।

(iii) दीर्घकालीन विश्वास *(long-term belief)*—इस पहलू पर इलिस (Ellis, 1962) द्वारा अधिक बल डाला गया है। इनका कहना है कि प्रत्याशा (expectancies), मूल्यांकन एवं गुणारोपण लघुकालीन संज्ञानात्मक प्रक्रिया (short-term cognitive processes) हैं। व्यक्ति में कुछ दीर्घकालीन विश्वास होते हैं जिनसे भी उनका व्यवहार प्रभावित होता है। इलिस का मत है कि असंगत विश्वास (irrational beliefs) से व्यक्ति में मनोवैज्ञानिक विकृति होती है। इलिस द्वारा प्रतिपादित चिकित्सा जिसे *संगत-मोटिव चिकित्सा* (rational-emotive therapy) कहा जाता है, में व्यक्ति के ऐसे ही असंगत विश्वासों को दूर करने की कोशिश की जाती है ताकि रोगी अपने आप को इनके चंगुल से छुटकारा दिला सके और वह एक सामान्य व्यक्ति के रूप में कार्य कर सके।

व्यवहारात्मक मॉडल का नैदानिक मनोविज्ञान पर काफी गहरा प्रभाव पड़ा है। इस प्रभाव को मोटे तौर पर निम्नांकित दो क्षेत्रों में स्पष्ट रूप से महशुश किया गया है—

(a) शोध विधियाँ *(Research methods)*—जैसा कि हम जानते हैं, व्यवहार चिकित्सा की एक महत्त्वपूर्ण विशेषता प्रयोगात्मक प्राक्कल्पना-जाँच (experimental hypothesis testing) के प्रति वचनबद्धता है। व्यवहार चिकित्सा के प्रभाव का मूल्यांकन के लिए जो शोध डिजाइन का उपयोग किया जाता है उनमें केस इतिहास (case histories), नैदानिक क्रम (clinical series), एकांकी-केस प्रयोग (single case experiment), बहुआधारेखीय डिजाइन (multiple baseline designs), क्रॉसओभर अध्ययन (crossover studies) तथा सामूहिक डिजाइन (group design) आदि प्रमुख हैं। उपचार प्रभावशीलता (treatment effectiveness) से उत्पन्न व्यवहार में हुए परिवर्तन का मूल्यांकन करने के लिए शोधकर्त्ताओं द्वारा अविशिष्ट कारकों (nonspecfic factors) के प्रभाव (जैसे व्यक्ति का यह अनुमान कि उनसे क्या उम्मीद की जा रही है) को भरसक नियंत्रित करने का प्रयास किया जाता है।

(b) व्यवहारात्मक मापन *(Behavioural assessment)*—व्यवहारात्मक मापन सचमुच में व्यवहार चिकित्सा (behaviour therapy) का एक महत्त्वपूर्ण तत्त्व है। व्यवहारात्मक मापन में विशिष्ट विधियाँ तथा परिस्थितिजन्य हालत जैसे व्यवहारात्मक साक्षात्कार, रेटिंग मापनी, आत्म-रिपोर्ट प्रश्नावली, एनालोग प्रविधियाँ, आत्म-मानिटरिंग प्रविधि, प्रत्यक्ष प्रेक्षण तथा मनोदैहिक अनुक्रियाओं की माप सम्मिलित होता है। मापन के अन्य उपागमों से भिन्न व्यवहारात्मक मापन का मुख्य कार्य व्यवहार चिकित्सा में मदद पहुँचाना होता है। व्यवहारात्मक चिकित्सा का उपयोग निम्नांकित पाँच उद्देश्यों की पूर्ति के लिए नैदानिक मनोविज्ञानी करते हैं—

(a) क्लायंट की समस्याओं को ठीक ढंग से प्रस्तुत करने के लिए उनका स्पष्ट एवं विशिष्ट वर्णन करना।

(b) इन समस्याओं की उत्पत्ति एवं संपोषण से संबंधित चरों की पहचान करना।

(c) क्लायंट की समस्याओं की गंभीरता का मूल्यांकन करना।

(d) प्रभावी उपचार विकल्पों (effective treatment options) की पहचान करना।

(e) उपचार उपयोग, प्रगति तथा परिणाम के मूल्यांकन के तरीकों को बतलाना।

व्यवहारात्मक मॉडल का मूल्यांकन *(Evaluation of Behavioural model)*—व्यवहारात्मक मॉडल को नैदानिक

मनोविज्ञान में व्यवहारों की उत्पत्ति, संपोषण एवं परिमार्जन की व्याख्या करने का एक सर्वोत्तम मॉडल माना गया है। इस मॉडल के कुछ स्पष्ट लाभ (advantages) या गुण है जिनमें निम्नांकित प्रमुख हैं—

(i) मॉडल द्वारा व्यवहार की उत्पत्ति, संपोषण(maintenance) एवं परिमार्जन की व्याख्या वस्तुनिष्ठ एवं प्रयोगात्मक ढंग से की गयी है। इस कारण मॉडल में विश्वसनीयता तथा वैधता अधिक है।

(ii) मॉडल में जितने भी प्रमुख संप्रत्ययों का समावेश किया गया है, उन्हें आनुभविक ढंग से परिभाषित किया गया। इस मॉडल में अंतरामानसिक व्याख्याओं (intrapsychic explanation) को जिसका भरमार हमें मनोगत्यात्मक मॉडल में मिलता है, को पूर्णतः अस्वीकृत कर दिया गया है। इससे भी व्यवहारात्मक मॉडल में वस्तुनिष्ठता काफी बढ़ी है।

(iii) व्यवहारात्मक मॉडल अपने क्षेत्र के प्राप्त आनुभाविक आँकड़ों (empirical data) पर ही विभिन्न तरह के नियमों एवं सिद्धान्तों को आधारित किया है। इसका परिणाम यह होता है कि मॉडल की उपयुक्तता (appropriateness) में वृद्धि हो जाती है।

(iv) व्यवहारात्मक मॉडल अपने कार्य-विधि का मूल्यांकन तरह-तरह के अनुसंधानों द्वारा करता है। इससे मॉडल की बाह्य वैधता (external validity) में काफी वृद्धि हुई है।

इन लाभों के बावजूद व्यवहारात्मक मॉडल के कुछ परिसीमाएँ (limitations) हैं जिनमें निम्नांकित प्रमुख हैं—

(i) व्यवहारात्मक मॉडल में वैयक्तिक व्यवहार (individual behaviour) की व्याख्या तो की जाती है परन्तु स्वयं व्यक्ति की उपेक्षा की जाती है। सचमुच में इस मॉडल में मानव को अर्जित अनुक्रियाओं का जो वातावरण के साथ यांत्रिक संबंध (mechanistic relationship) से बनता है, का एक सेट समझा जाता है जो स्पष्टतः एक संकीर्ण विचारधारा है क्योंकि इसमें जननिक (genetic), दैहिक तथा अन्य अनाधिगम प्रभावों (non-learning influences) की पूर्ण उपेक्षा होती है।

(ii) व्यवहारात्मक मॉडल द्वारा सिर्फ मापनीय व्यवहार की व्याख्या होती है। स्पष्टतः मापनीय व्यवहार वैसे व्यवहार होते हैं जो सरल होते हैं तथा जिसमें साधारण उद्दीपक अनुक्रिया संबंध-होते हैं। इस मॉडल द्वारा जटिल व्यवहार एवं वैसे व्यवहार जिनका स्वरूप बाह्य कम आंतरिक ज्यादा होता है, की व्याख्या नहीं हो पाती है। जैसे—इस मॉडल द्वारा दुर्भीति व्यवहार (phobic behaviour) का अध्ययन तो हो सकता है क्योंकि इसका स्वरूप सरल होता है परन्तु इसके द्वारा किसी प्रियजन की मृत्यु से उत्पन्न मानसिक तकलीफ की व्याख्या नहीं हो पाती है क्योंकि इसका स्वरूप न केवल जटिल ही है बल्कि आंतरिक भी है।

(iii) व्यवहारात्मक मॉडल की एक अन्य प्रमुख परिसीमा यह बतलायी गयी है कि यह मॉडल सीखने के जिन नियमों पर आधारित है, वे स्वयं ही न तो उत्तम ढंग से स्थापित है और न ही उनके बारे में मनोवैज्ञानिकों के बीच मतैक्यता है। जैसे—अभी भी इस बिन्दु पर मतैक्यता मनोवैज्ञानिकों के बीच नहीं है कि सीखने की प्रक्रिया में पुनर्बलन(reinforcement) की क्या भूमिका होगी? यह भी आलोचक मनोवैज्ञानिकों का कहना है कि व्यवहारवादियों द्वारा पशु प्रयोगशाला में प्राप्त तथ्य कहाँ तक मानव प्रयोज्यों के लिए भी सही होंगे, कहना मुश्किल है।

(iv) व्यहवारात्मक मॉडल में जो भी कार्यविधि (procedures) एवं परीक्षण का उपयोग किया जाता है, वे वैज्ञानिक कम है तथा उतने वैध भी नहीं है जितना कि व्यवहारात्मक मॉडल के समर्थकों का दावा है। आलोचकों का मत है कि इस मॉडल के बहुत सारे मूल्यांकन एवं उपचार संबंधी कार्यविधि नैदानिक अनुभूतियों पर आधारित है न कि प्रयोगात्मक शोध। अतः उनसे किसी प्रकार का ठोस सामान्यीकरण (concrete generalization) का उम्मीद नहीं करना चाहिए।

इन परिसीमाओं के बावजूद व्यवहारात्मक मॉडल नैदानिक मनोविज्ञान का एक ऐसा प्रमुख मॉडल है जिसकी अवहेलना आज भी कोई नैदानिक मनोवैज्ञानिक नहीं कर पाते हैं। आज भी यह मॉडल अधिकतर नैदानिक मनोवैज्ञानिकों द्वारा एक महत्त्वपूर्ण एवं स्तरीय मॉडल के रूप में प्रयोग किया जाता है।

परिघटनात्मक मॉडल
(Phenomenogical Model)

परिघटनात्मक मॉडल नैदानिक मनोविज्ञान एक अन्य ऐसा मॉडल है जो इस बात पर बल डालता है कि मानव व्यवहार मुख्य रूप से इस तथ्य द्वारा निर्धारित होता है कि व्यक्ति वातावरण में मौजूद उद्दीपकों का प्रत्यक्षण किस प्रकार करता है। यह उपागम तब स्वभावतः मूलप्रवृत्ति (instinct), अंतरामानसिक संघर्ष (intrapsychic conflict), पर्यावरणीय एवं

संज्ञानात्मक कारकों (cognitive factors) को व्यवहार की उत्पत्ति, संपोषण एवं परिमार्जन का कारण नहीं मानता है। परिघटनात्मक मॉडल में इस बात पर विशेष बल डाला जाता है कि प्रत्येक व्यक्ति द्वारा वातावरण का प्रत्यक्षण अपने-अपने ढंग से किया जाता है और प्रत्येक व्यक्ति के व्यवहार में प्रत्यक्षण के उस ढंग का स्पष्ट झलक मिलता है। इसे एक उदाहरण द्वारा इस प्रकार समझाया जा सकता है—मान लिया जाय कि दो छात्र शिक्षक का भाषण सुन रहे हैं। संभव है इसमें एक उस भाषण से काफी खुश हो परन्तु दूसरा उस भाषण से ऊब एवं नीरसता का अनुभव करें। परिघटनात्मक मॉडल के अनुसार इसलिए होता है क्योंकि प्रत्येक छात्र शिक्षक के भाषण को अपने-अपने ढंग से प्रत्यक्षण करता है।

परिघटनात्मक मॉडल की उत्पत्ति के स्रोत कई हैं जिनमें केली का वैयक्तिक संरचना सिद्धान्त (Personal construct theory), रोजर्स का आत्म-सिद्धि सिद्धान्त (Rogers' self-actualization theory), मैसलो का मानवतावादी सिद्धान्त (Maslow Humanistic theory) तथा फ्रिज पर्ल्स (Fritz Perls) का गेस्टाल्टवादी उपागम प्रधान हैं।

इस स्रोतों पर प्रकाश डालने के पहले यह आवश्यक है कि परिघटनात्मक मॉडल के सामान्य विशेषताओं (common characteristics) पर ध्यान दी जाएँ। ऐसी विशेषताओं में निम्नांकित प्रमुख हैं—

(i) मानव एक सक्रिय चिन्तनशील प्राणी होता है जो वैयक्तिक रूप से अपने द्वारा किये गये कार्यों के लिए जवाबदेह होता है तथा अपने व्यवहार के बारे में पूर्णतः सचेत होकर कोई निर्णय लेता है। मानव को मानसिक संरचनाओं (mental structures) एवं आवेगों का वाहक या पुनर्बलन(reinforcement) का मात्र प्राप्तिकर्त्ता के रूप में समझना एक भूल होगी।

(ii) इस मॉडल की एक प्रमुख विशेषता इस बात पर बल डालना है कि कोई भी व्यक्ति दूसरे व्यक्ति के व्यवहार को तभी समझ सकता है जब उसमें उस दूसरे व्यक्ति की आँखों से वातावरण को देखने की क्षमता है। इसका मतलब यह हुआ कि मानव व्यवहार तभी समझने योग्य होता है जब उसे उस व्यक्ति के नजर से देखा जाय जिसका प्रेक्षण किया जा रहा है।

परिघटनात्मक मॉडल कई स्रोतों के विचारधाराओं के परिणामस्वरूप निर्मित हुआ है जिनमें निम्नांकित प्रमुख हैं—

(i) केली का वैयक्तिक संरचना विचारधारा(*Kelley's personal construct viewpoints*)—केली का सिद्धान्त इस मौलिक पूर्वकल्पना पर आधारित है कि मानव व्यवहार का निर्धारण वैयक्तिक संरचना (personal construct) से होता है। वैयक्तिक संरचना से तात्पर्य एक ऐसे साधन (means) से होता है जिसके सहारे लोग वातावरण की घटनाओं की व्याख्या करते हैं तथा उसे समझने की कोशिश करते हैं। केली का मत है कि प्रत्येक व्यक्ति अपने द्वारा किये जाने वाले व्यवहार के परिणाम को ध्यान में रखकर उसे पूरा करता है। इस बिन्दु पर केली का विचारधारा बहुत कुछ रौटर के सामाजिक-सीखना उपागम के विचारधारा के समान है। सचमुच में व्यक्ति का अपनी जिन्दगी में जो वैयक्तिक संरचनाएँ (personal construct) होती हैं, उससे उसकी वास्तविकता निर्धारित होती है तथा मार्गदर्शन प्राप्त होता है। वैयक्तिक संरचनाओं का वैधीकरण (validation) पर केली ने बहुत बल डाला है। प्रत्येक मनुष्य अपने वैयक्तिक संरचनाओं को वैध करना चाहता है क्योंकि तभी वह वातावरण के प्रत्यक्षण को अर्थपूर्ण बना सकता है। एक वैज्ञानिक के समान प्रत्येक व्यक्ति अपनी जिन्दगी की घटनाओं को समझने की कोशिश करता है तथा उसके बारे में पूर्वानुमान लगाता है। इस अर्थ में प्रत्येक व्यक्ति एक वैज्ञानिक है (*Every man is a scientist*)। वैयक्तिक संरचना के वैधीकरण को एक उदाहरण द्वारा हम इस प्रकार समझा सकते हैं—यदि कोई व्यक्ति तेज चाकू को एक ऐसा माध्यम समझता है कि यह उसे घायल कर सकता है। इस तरह की संरचना (construct) के कारण व्यक्ति तेज चाकू के प्रति सतर्कतापूर्ण व्यवहार करना चाहेगा। इस तरह के व्यवहार द्वारा लापरवाही के परिणाम के बारे में वह सही अनुमान लगा पाता है या उसकी व्याख्या कर पाता है तथा किसी तरह के संभावित दुर्घटना (accident) से अपने आप को वह बचा भी पाता है। इस तरह से यह संरचना (construct) कि 'तेज चाकू खतरनाक होता है'' वैधीकृत (validated) हुआ।

केली के सिद्धान्त में जब कुछ कारण से व्यक्ति अपनी सामाजिक अनुभूतियों (social experience) के बारे में गलत, अतिसरलकृत(over simplified) एवं दोषपूर्ण संरचना(construct) विकसित कर लेता है तो उसका व्यवहार समस्यात्मक (problematic) हो जाता है। अगर किसी व्यक्ति में वैयक्तिक संरचना (personal construct) की संख्या कम है और वह इन्हीं कुछ सीमित संरचनाओं के ही आधार पर दिन प्रतिदिन की घटनाओं को समझना चाहता है तथा उसके परिणाम के बारे में अनुमान लगाना चाहता है, तो ऐसी परिस्थिति में भी वह उपयुक्त व्यवहार (appropriate behaviour) नहीं कर पायेगा। केली का यह भी मत है कि व्यक्ति में अपने वैयक्तिक संरचना (personal construct) को परिवर्तित करना

सीखने की भी क्षमता होती है और इस तरह से उससे प्रवाहित होने वाले अनुक्रिया का पैटर्न में भी परिवर्तन ला सकता है। केली के इस विचारधारा से परिघटनात्मक संप्रत्ययों में एक नया मोड़ आया है जिससे परिघटनात्मक मॉडल के स्वरूप में स्पष्ट निखार आया है।

(ii) रोजर्स का आत्म-सिद्धि उपागम *(Rogers' self-actualization approach)*—रोजर्स (Rogers, 1951, 1970) जिनके विचार को इस मॉडल का मानवतावादी रूपांतर माना गया है, के अनुसार प्रत्येक व्यक्ति में वृद्धि एवं वर्द्धन (growth) की ओर बढ़ने की एक जन्मजात प्रवृत्ति (innate) या अभिप्रेरण होती है। इसी अभिप्रेरण से मानव के सभी तरह के व्यवहार प्रेरित होते हैं। इस अभिप्रेरण को आत्म-सिद्धि (self-actualization) कहा जाता है। इस तरह का प्रयास व्यक्ति में जन्म के ही समय से होता पाया जाता है और पूरी जिन्दगी चलते रहता है। ऐसे प्रयास कभी सफल होते हैं तो कभी उनकी सफलता के मार्ग में रुकावट भी आ जाती है।

कार्ल रोजर्स
(Carl Rogers)

रोजर्स का मत है कि प्राणी सभी तरह के अनुभूतियों का केन्द्र होता है। सभी तरह के चेतन एवं अचेतन अनुभूतियों के योग से जिस क्षेत्र का निर्माण होता है, उसे प्रासंगिक क्षेत्र (phenomenal field) कहा जाता है। मानव व्यवहार यही प्रासंगिक क्षेत्र के कारण होता है न कि कोई बाह्य उद्दीपक के कारण जैसा कि स्कीन्नर ने कहा था। प्रासंगिक क्षेत्र की विशेषता यह होती है कि इसके बारे में व्यक्ति स्वयं सही-सही जानता है, कोई दूसरा व्यक्ति इसके बारे में नहीं जानता है। धीरे-धीरे अनुभव के आधार पर प्रासंगिक क्षेत्र का एक भाग अधिक भिन्न एवं विशिष्ट हो जाता है जिसे रोजर्स ने आत्मन् (self) कहा जाता है। रोजर्स के अनुसार आत्मन् का विकास शैशवावस्था में होता है जब शिशु की अनुभूतियों का एक अंश या भाग अधिक मूर्त्त रूप प्राप्त करने लगता है और 'मैं' या 'मुझको' के रूप में धीरे-धीरे विशिष्ट होने लगता है। इसका परिणाम यह होता है कि शिशु धीरे-धीरे अपनी पहचान से अवगत होने लगता है तथा उसे अच्छे-बुरे का ज्ञान होने लगता है। रोजर्स के अनुसार आत्मन् (self) के दो उपतंत्र (subsystem) होते हैं—आत्म-संप्रत्यय (self-concept) तथा आदर्श आत्मन् (ideal self)। आत्म-संप्रत्यय से तात्पर्य व्यक्ति के उन सभी पहलुओं एवं अनुभूतियों से होता है जिनसे व्यक्ति अवगत होता है। आदर्श-आत्मन् (ideal self) से तात्पर्य अपने बारे में विकसित किये गये एक ऐसे छवि या धारणा से होता है जिसे वह आदर्श मानता है। दूसरे शब्दों में, आदर्श आत्मन् में वे सभी गुण होते हैं जो प्रायः धनात्मक होते हैं तथा जिसे व्यक्ति अपने में विकसित होने की तमन्ना करता है। एक सामान्य व्यक्ति में आदर्श-आत्मन्(ideal-self) तथा प्रत्यक्षित-आत्मन् (perceived self) में अंतर नहीं होता है। यदि इन दोनों में असंगतता होती है या अंतर होता है, तो इससे एक अस्वस्थकर व्यक्तित्व (unhealthy personality) होने का अंदाज मिलता है।

जैसा कि ऊपर कहा जा चुका है, रोजर्स के अनुसार व्यक्ति का सबसे प्रमुख अभिप्रेरण (motive) आत्म-सिद्धि अभिप्रेरण (self-actualization motive) होता है। इस तरह के अभिप्रेरण द्वारा दो तरह की आवश्यकताओं (needs) की उत्पत्ति होती है—'स्वीकारात्मक सम्मान की आवश्यकता' (need for positive regard) तथा आत्म-सम्मान (self-regard) की आवश्यकता है। स्वीकारात्मक सम्मान से तात्पर्य दूसरों द्वारा स्वीकार किये जाने, दूसरों का स्नेह पाने एवं उनके द्वारा पंसद किये जाने की इच्छा से होती है। दूसरे व्यक्तियों से सम्मान मिलने पर उत्पन्न संतुष्टि तथा ऐसा सम्मान नहीं मिलने पर उत्पन्न असंतोष के रूप में इस आवश्यकता की अभिव्यक्ति होती है। आत्म-सम्मान से तात्पर्य इस बात से होता है कि व्यक्ति में अपने आप को सम्मान एवं स्नेह देने की आवश्यकता होती है। यह आवश्यकता भी अर्जित होती है तथा व्यक्ति में संतोषजनक आत्म-अनुभूतियों से उत्पन्न होती है। दूसरे शब्दों में, जब व्यक्ति को महत्त्वपूर्ण व्यक्तियों से मान-सम्मान मिलता है, तो इससे उसमें धनात्मक आत्म-सम्मान (positive self regard) की भावना या प्रेरणा उत्पन्न होती है।

रोजर्स का मत है कि यदि व्यक्ति की अनुभूतियों एवं आत्म-संप्रत्यय (self-concept) में संगति (consistency) होती है तो इससे एक स्वस्थ व्यक्तित्व का विकास होता है तथा उसमें सामान्य सामाजिक व्यवहार की प्रचुरता होती है। इस तरह के स्वस्थ व्यक्तित्व को रोजर्स ने *पूर्णरूपेण सफल व्यक्ति* (full funtioning person) कहा जाता है। दूसरे तरफ यदि व्यक्ति की अनुभूतियों एवं आत्म-संप्रत्यय में असंगति (inconsistency) होती है या अंतर होता है, इससे उसने चिन्ता (anxiety) होती है और व्यक्ति के व्यवहार में असामान्यता (abnormality) विकसित हो जाती है। इस तरह की चिन्ता से अपने आप को बचाने के लिए व्यक्ति वास्तविकता (reality) को विकृत (distort) कर देता है या

फिर उसे खंडित(deny) भी करता है। इस तरह से विकृति(distortion) तथा खंडन(denial) दो महत्त्वपूर्ण प्रतिरक्षात्मक उपाय (defensive measures) हैं जिनके सहारे वह अपने आत्मन् (self) को चिन्ता से बया पाता है।

(iii) मैसलो एवं मानवतातवादी मनोविज्ञान(*Maslow and Humanistic Psychology*)—मैसलो का विचारधारा परिघटनात्मक मॉडल का एक अन्य मानवतावादी रूपान्तर (humanistic version) का प्रतीक है। मैसलो ने अपने इस मानवतावादी विचारधारा में प्रत्येक व्यक्ति के आत्मनिष्ठ अनुभूतियाँ (subjective experiences) तथा वातावरण की वास्तविकता का उनके द्वारा किया गया अपूर्व प्रत्यक्षण (unique perception) को काफी महत्त्वपूर्ण माना है और कहा है कि मानव व्यवहार का निर्धारण इन्हीं दो कारकों द्वारा होता है। इस तरह से मैसलो के मानवतावादी दृष्टिकोण में मानव के धनात्मक एवं सर्जनात्मक (creative) पहलू पर अधिक बल डाला गया है। रोजर्स के समान मैसलों भी यह मानते हैं कि प्रत्येक व्यक्ति में आत्म-सिद्धि (self-actualization) जैसी अभिप्रेरणात्मक प्रवृत्ति (motivational tendency) पायी जाती है परन्तु वे रोजर्स के समान यह मानने को तैयार नहीं है कि आत्म-अनुभूति(self-experience) तथा जीवात्मक अनुभूति (organisinic self) के बीच असंगतता (incongruity) उत्पन्न होने से व्यक्ति अपने भीतर छिपे अन्तःशक्ति (potential) की न तो पहचान कर पाता है और ना ही उसके अनुरूप कोई व्यवहार कर पाता है। मैसलो के अनुसार इसका कारण व्यक्ति में असंतुष्ट आवश्यकताओं (unsatisfied needs) की उपस्थिति होती है।

मैसलो के अनुसार मानव आवश्यकताएँ एक पदानुक्रम (hierarchy) में सुसज्जित होते हैं। ऐसी आवशकताएँ पाँच हैं जिन्हें प्राथमिकता (priority) या शक्ति (potency) के आरोही पदानुक्रम में इस प्रकार रखा गया है—शारीरिक आवश्यकता, सुरक्षा की आवश्यकता, संबद्धता एवं स्नेह की आवश्यकता, सम्मान की आवश्यकता (esteem need) तथा आत्म-सिद्धि की आवश्यकता (self-actualization need)। इनमें से प्रथम दो आवश्यकताएँ अर्थात् शारीरिक आवश्यकता तथा सुरक्षा की आवश्यकता को *निचले-स्तर की आवश्यकता* (lower level need) तथा अंतिम तीन आवश्यकताओं अर्थात् संबंद्धता एवं स्नेह की आवश्यकता, सम्मान की आवश्यकता तथा आत्म-सिद्धि की आवश्यकता को *उच्च-स्तरीय आवश्यकता*(higher-level need) कहा जाता है। मैसलो के इस आवश्यकता पदानुक्रम सिद्धान्त की विशेषता यह है कि एक स्तर पर की आवश्यकता की तुष्टि के लिए यह आवश्यक है कि उसके निचले स्तर की आवश्यकताओं की तुष्टि पूर्णरूपेण हो। हालाँकि प्रत्येक व्यक्ति में सम्पूर्ण सिद्धि (full actualization) का अन्तःशक्ति (potential) मौजूद होता है फिर भी व्यक्ति इस स्तर पर तबतक नहीं पहुँच सकता है जबतक कि उसके निचले स्तर की आवश्यकताओं की तुष्टि हो सके।

एब्राहम मैसलो
(Abrahan Maslow)

पदानुक्रम मॉडल में वर्णित इन पाँच मूल आवश्यकताओं के अलावा भी मैसलो ने दो प्रमुख आवश्यकताओं का वर्णन किया है जिसे परिघटनात्मक उपागम में अधिक महत्त्वपूर्ण बतलाया गया है।

वे दो आवश्यकताएँ हैं—न्यूनता अभिप्रेरक(deficiency motivation) तथा वर्द्धन अभिप्रेरक(growth motivation)। न्यूनता अभिप्रेरक को डी-अभिप्रेरक (D-motivation) भी कहा जाता है। इस तरह के अभिप्रेरक का मुख्य उद्देश्य व्यक्ति में न्यून या हीन अवस्थाओं (deficit states) से उत्पन्न तनाव को दूर करने के लिए प्रेरित करना होता है। आत्म-सिद्धि व्यक्तियों (self-actualizing persons) में डी-अभिप्रेरक बहुत महत्त्वपूर्ण नहीं होता है। परंतु जो लोग आत्मसिद्ध नहीं होते हैं, उनका व्यवहार डी-अभिप्रेरक से अधिक नियंत्रित एवं निर्देशित होता है। वर्धन आवश्यकता(growth motivation) से तात्पर्य वैसे अभिप्रेरक से होता है जो व्यक्ति को अपनी अन्तःशक्ति (potential) की पहचान करके उसे विकसित करने के लिए प्रेरित करता है। इसे मैसलो ने मेटा-आवश्यकता(meta-need) या सत्व अभिप्रेरक(Being of B-motive) भी कहा है। इस तरह की आवश्यकता या अभिप्रेरक आत्म-सिद्ध व्यक्तियों का मुख्य अभिप्रेरक होता है। मोटा-आवश्यकता का स्वरूप चूँकि सहजिक (instinctive) होता है, अतः मानसिक स्वास्थ्य बनाए रखने के लिए तथा अधिकतम वर्द्धन विकास के लिए ऐसे अभिप्रेरकों की संतुष्टि अनिवार्य है। ऐसा नहीं होने से व्यक्ति मानसिक रूप से बीमार हो जाता है तथा उसके व्यवहार में तरह-तरह की असामान्यताएँ उत्पन्न हो जाती है।

(iv) फ्रिज पर्ल्स एवं गेस्टाल्ट मनोविज्ञान (*Fritz Perls and Gestalt Psychology*)—पर्ल्स जो एक यूरोपियन मनोरोगविज्ञानी (psychiatrist) है, फ्रायड द्वारा प्रदत्त व्याख्या से असंतुष्ट होकर उन्होंने यह स्पष्ट रूप से कहा कि फ्रायड द्वारा यौन (sex) पर जरूरत से ज्यादा बल डाला गया तथा भूख (hunger) अभिप्रेरक पर कुछ भी बल नहीं डाला

फ्रिज पर्ल्स
(Fritz Perls)

गया। भूख को उन्होंने आत्म-सिद्धि(self-actualization) तथा आत्म-संरक्षण(self-preservation) के लिए एक मौलिक मूलप्रवृत्ति (instinct) माना। इन्होंने अहं (ego) को एक मानसिक संरचना (psychic structure) न कहकर एक प्रक्रिया (process) के रूप में वर्णन किया है जिसका लक्ष्य व्यक्ति की आवश्यकताओं तथा वातावरण की माँगों के बीच अपना तनाव को कम करना है तथा दोनों में एक संतुलन बनाये रखना है। जैसे-जैसे संतुलन बनाये रखने का यह कार्य चलते रहता है, व्यक्ति का वर्द्धन भी मनोवैज्ञानिक रूप से होता रहता है। व्यक्ति अपनी आवश्यकताओं की पूर्ति की नयी प्रविधियों का पता लगाता है तथा पर्यावरण की माँग के साथ अपने आप को समायोजित करने के लिए वह अपने आप को अधिक सक्षम भी पाता है। इस तरह का विकास व्यक्ति में हमेशा होते रहे, इसके लिए यह आवश्यक है कि व्यक्ति अपनी आवश्यकताओं तथा बाह्य वातावरण की माँगों के साथ पूर्णतः अवगत रहे। जब किसी भी कारण से ऐसा नहीं होता है या होने में बाधा पहुँचती है, तो वर्धन(growth) रुक जाता है तथा समस्यात्मक व्यवहार उत्पन्न होने लगता है। उन्होंने स्पष्टतः कहा है कि मनोस्नायुविकृति(psychoneurosis) मनोवैज्ञानिक वर्द्धन (psychological growth) का एक तरह प्रगतिरोध (stagnation) है। ऐसी अवस्था में आत्म-सिद्धि (self-actualization) को प्राप्त करने का व्यक्ति का प्रयास व्यक्ति की आवश्यकताओं एवं समाज की माँगों के बीच संघर्ष (conflict) होने से अवरुद्ध हो जाता है। ऐसे समस्यात्मक व्यवहार की चिकित्सा के लिए पर्ल्स ने जिस चिकित्सा पद्धति का वर्णन किया है, उसे गेस्टाल्ट चिकित्सा (Gestalt therapy) कहा जाता है जिसका उद्देश्य आवश्यकताओं एवं समाज की माँगों के प्रति सचेतता बढ़ाकर वर्द्धन की प्रक्रिया को पुनः प्रारंभ करना होता है।

यदि हम परिघटनात्मक मॉडल के इन चारों प्रमुख विचारधाराओं पर विचार करके एक बिन्दु पर पहुँचना चाहे तो निष्कर्ष यही होगा कि जब मानव अपनी विशाल अन्तःशक्ति(potential) को विकसित करने में इसलिए असफल रहता है क्योंकि व्यक्ति के वैयक्तिक वर्द्धन तथा स्वास्थ्य के प्रति जो स्वाभाविक प्रवृत्तियाँ हैं, वे किसी कारण से अवरुद्ध हो जाती हैं तो उसमें असामान्यता (abnormality) उत्पन्न हो जाता है। इस मॉडल के अनुसार चिकित्सा (therapy) में व्यक्ति को कुसमायोजन से समायोजन की ओर ले जाने का एक रास्ता नहीं समझा जाता है बल्कि उसे सामाजिक रूप से सर्जनात्मक एवं वैयक्तिक रूप से संतोषजनक जिन्दगी जीने की राह दिखाने का एक माध्यम समझा जाता है।

परिघटनात्मक मॉडल के कुछ लाभ (advantages) एवं परिसीमाएँ (limitations) है। इस मॉडल के प्रमुख लाभ या गुण निम्नांकित हैं—

(i) परिघटनात्मक मॉडल व्यक्ति के अनुभूतियों को काफी महत्त्व देता है। फलतः उस मॉडल का स्वागत उन सभी व्यक्तियों द्वारा किया जाता है जिन्होंने अपनी जिन्दगी को समझने का आधार अपनी अनुभूति बना रखा है।

(ii) परिघटनात्मक मॉडल में प्रत्येक व्यक्ति में छिपे अपूर्णता (uniqueness) की स्वतंत्र पहचान की जाती है। इससे इस मॉडल का सामान्यीकरण अधिकतर लोगों के लिए प्रायः सही ठहरता है।

(iii) परिघटनात्मक मॉडल मानव व्यवहार को समझने के लिए एक आशावादी दृष्टिकोण अपनाता है क्योंकि उसमें मानव जीवन के अन्तःशक्ति (potential) तथा उसके उपयुक्त वर्द्धन की क्षमता पर अधिक बल डाला जाता है।

इन गुणों के बावजूद परिघटनात्मक मॉडल की कुछ परिसीमाएँ हैं जिनमें निम्नांकित प्रमुख हैं—

(i) परिघटनात्मक मॉडल को आलोचक मनोवैज्ञानिकों ने आंशिक एवं एक-तरफा (one-sided) कहा है क्योंकि इस मॉडल में तत्कालिक चेतन अनुभूति पर अधिक बल डालता है तथा व्यवहार के अन्य महत्त्वपूर्ण निर्धारक जैसे अचेतन अभिप्रेरण, पुनर्बलन संभाव्यता, परिस्थितिजन्य प्रभावों तथा साथ-ही-साथ कुछ जैविक कारकों की पूर्णतः उपेक्षा की गयी है।

(ii) कुछ आलोचकों का मत है कि परिघटनात्मक मॉडल के संप्रत्यय अस्पष्ट (vague) हैं जिन्हें समझा नहीं जा सकता है तथा जिसपर अनुसंधान भी नहीं किया जा सकता है। इन संप्रत्ययों के आधार पर मानव व्यवहार के बारे में जाँचनीय प्राक्कल्पना (testable hypothesis) ज्ञात करना संभव नहीं है।

यद्यपि इस आलोचना में कुछ सत्यता दीख पड़ती है तथा इस बिन्दु पर मॉडल के समर्थकों को कठिनाई भी झेलनी पड़ी है, फिर भी यह कहा जा सकता है कि ऐसे मनोवैज्ञानिकों द्वारा विज्ञान के प्रति सामान्य दृष्टिकोण से हटकर एक नया दृष्टिकोण अपनाने के कारण उनका दृष्टिकोण अवैज्ञानिक लगता है। सचमुच में मॉडल की विधियाँ परिमाणात्मक

(quantitative) कम तथा गुणात्मक (qualitative) अधिक है और ये लोग मनोविज्ञान को एक मानव विज्ञान के रूप में न कि प्राकृतिक विज्ञान (natural science) के रूप में समझने की कोशिश अधिक किये हैं।

(iii) परिघटनात्मक मॉडल मानव व्यवहार के विकास की उत्तम व्याख्या नहीं करता है। यह कह देने से कि आत्म-सिद्धि की एक जन्मजात प्रवृत्ति व्यक्ति में होती है, इससे व्यक्ति के विकास के कारण का तो पता चलता है परन्तु उससे विकास की व्याख्या तो नहीं हो पाती है।

(iv) इस मॉडल की एक आलोचना यह है कि इस मॉडल के संप्रत्यय द्वारा मानव व्यवहार की एक उत्तम व्याख्या तो हो पाती है परन्तु उसके कारणों का वैज्ञानिक खोज तो नहीं हो पाता है। यह कह देना कि प्रत्येक व्यक्ति जैसा व्यवहार करना चाहता है, वैसा वह करता है क्योंकि प्रत्येक व्यक्ति द्वारा वास्तविकता का किया गया प्रत्यक्षण अपूर्व (unique) होता है, वैयक्तिक रूप से संतोषजनक भले ही हो, परन्तु इसके आधार पर उन चरों को जिनसे मानव व्यवहार का विकास होता है या वे संपोषित होते हैं या उनमें परिमार्जन होता है, को तो समझा नहीं जाता है।

(v) परिघटनात्मक मॉडल की नैदानिक उपयोगिता भी काफी सीमित बतलायी गयी है। यह मॉडल उन व्यक्तियों के लिए काफी उपयोगी सिद्ध हुआ है जिनकी सांस्कृतिक एवं बौद्धिक पृष्ठभूमि कुछ ऐसी रही है जिसे उत्तम कहा जा सके तथा जिनमें लोग अपनी समस्याओं का अन्तर्निरीक्षण कर पाते हों। यह मॉडल उस परिस्थिति में भी व्यक्तियों की समस्यात्मक व्यवहार की व्याख्या संतोषजनक ढंग से कर लेता है, जिसकी उत्पत्ति का कारण मूल्य (value) या पहचान (indentity) से संवद्ध संकट हो परन्तु जब यही संकट का कारण मैसलो द्वारा बतलाये पदानुक्रम के निम्न श्रेणी की असंतुष्ट आवश्यकताएँ होती हैं, तो उसकी व्याख्या करने में मॉडल उतनी सार्थक भूमिका नहीं निभा पाती है।

इन परिसीमाओं के बावजूद परिघटनात्मक मॉडल नैदानिक मनोविज्ञान का एक प्रमुख मॉडल है। इसकी उपयोगिता तथा लोकप्रियता का सबसे प्रमुख कारण यह है कि उसमें मानव प्रवृत्ति का एक आशावादी तस्वीर उपस्थित करके समस्यात्मक व्यवहार को समझने तथा उसके उपचार करने पर बल डाला गया है।

व्यवहारात्मक मॉडल तथा परिघटनात्मक मॉडल का एक तुलनात्मक अध्ययन
(A Comparative Study of Behavioural Model and Phenomenological Model)

नैदानिक मनोविज्ञान में मानसिक विकृतियों (mental disorders) को समझने एवं उसके उपचार से संबंधित समस्याओं के निदान के लिए कई तरह के मॉडल का विकास किया गया है। इन मॉडल में व्यवहारात्मक मॉडल तथा परिघटनात्मक मॉडल दो प्रमुख मॉडल हैं जिनमें कुछ समानताएँ (similarities) तथा विभिन्नताएँ (dissimilarties) हैं। इन दोनों में समानताएँ की प्रमुख बिन्दु निम्नांकित हैं—

(i) व्यवहारात्मक मॉडल तथा परिघटनात्मक मॉडल दोनों में ही नैदानिक समस्याओं के स्वरूप, निदान (diagnosis) तथा उपचार (treatment) में मनोवैज्ञानिक नियमों एवं सिद्धान्तों का सहारा लिया जाता है। शायद यही कारण है कि इन दोनों ही मॉडल को मनश्चिकित्सीय मॉडल (psychotherapeutic model) के तरह रखा गया है।

(ii) परिघटनात्मक मॉडल व्यवहारात्मक मॉडल के ही समान सीखना तथा अन्य संबंधित मनोवैज्ञानिक प्रक्रियाओं पर बल डालता है।

इन समानताओं के बावजूद इन दोनों मॉडल में कुछ बिन्दु पर विभिन्नताएँ भी हैं। इन दोनों मॉडल के प्रमुख विभिन्न निम्नांकित हैं—

(i) व्यवहारात्मक मॉडल की उत्पत्ति का स्रोत मनोविज्ञान का द्वितीय बल (second force) अर्थात् व्यवहारवाद (Behaviourism) है जबकि परिघटनात्मक मॉडल की उत्पत्ति का स्रोत मनोविज्ञान का तृतीय बल (third force) अर्थात् मानवतावादी मनोविज्ञान है।

(ii) परिघटनात्मक मॉडल में मानव प्रकृति (human nature) के स्वरूप के बारे में एक आशावादी दृष्टिकोण (pessimistic viewpoints) पर बल डाला गया है जबकि व्यवहारात्मक मॉडल में मानव प्रकृति के एक यांत्रिक स्वरूप (mechanistic viewpoints) पर अधिक बल डाला जाता है।

(iii) परिघटनात्मक मॉडल में व्यक्ति के वर्तमान व्यहारों एवं उनके भविष्य के प्रतिफलों पर अधिक बल डाला गया है जबकि व्यवहारात्मक मॉडल में व्यक्ति की गत अनुभूतियों (past experiences) को काफी महत्त्वपूर्ण समझा जाता है।

(iv) व्यवहारात्मक मॉडल में उद्दीपक परिस्थिति तथा व्यक्ति के प्रेक्षणीय व्यवहार (observable behaviour) के अध्ययन पर अधिक बल डाला जाता है जबकि परिघटनात्मक मॉडल में व्यक्ति के आंतरिक अनुभूतियों, मूल्यों, व्यक्तिगत वर्द्धन (personal growth), आत्म-निर्देश जैसे संप्रत्ययों के अध्ययन पर अधिक बल डाला गया है। इन संप्रत्ययों को आत्मनिष्ठ समझकर व्यवहारात्मक मॉडल में उनके अध्ययन पर अधिक बल नहीं डाला गया है।

स्पष्ट हुआ कि परिघटनात्मक मॉडल तथा व्यवहारात्मक मॉडल में कई बिन्दुओं पर विभिन्नताएँ हैं।

अन्तर्वैयक्तिक मॉडल (Interpersonal Model)

अन्तर्वैयक्तिक मॉडल नैदानिक मनोविज्ञान का एक अन्य मॉडल है जिसकी उत्पत्ति की जड़ें स्पष्टतः मनोविश्लेषणात्मक संदर्भ (psychonalytic perspective) में है। मनोविश्लेषणात्मक संदर्भ में नैदानिक समस्याओं की उत्पत्ति में सामाजिक एवं सांस्कृतिक कारकों की भूमिका को नजरअंदाज किया गया था। ऐसे नजरअंदाज के प्रति सबसे पहले फ्रायड के शिष्य अल्फ्रेड एडलर (Alfred Adler) ने 1911 में उनसे अपना संबंध तोड़कर आक्रोश जाहिर किया। बाद में और भी कई लोगों ने एडलर के विचारधारा को समर्थन प्रदान किया। इनमें इरिक फ्रोम (Eric Fromm), कैरेने हार्नी (Karen Horney), हैरी स्टैक सुलिभान (Harry Stack Sullivan), टिमोथी लियरी (Tiamothy Leary) तथा इरिक इरिक्सन (Eric Erikson) के नाम मशहूर है। चूँकि इन सबों के विचारों में मनोवैज्ञानिक मूल्यांकन, विकृति (disorder) तथा उपचार (treatment) के बारे में काफी अधिक सहमति नहीं है तथा उनके विचार काफी विस्तृत (comprehensive) भी नहीं है, इसलिए इसे कुछ नैदानिक मनोवैज्ञानिकों ने अन्तर्वैयक्तिक मॉडल (interpersonal mode!) का दर्जा न देकर एक 'अन्तर्वैयक्तिक संदर्भ' (interpersonal perspective) कहना अधिक उपयुक्त समझा है। निटजिल, वर्नस्टीन तथा मिलिक (Nietzel, Berinstein & Milich, 1994) का ऐसा ही दृढ़ विचार है। इसके बावजूद हम यहाँ इसका वर्णन एक मॉडल के रूप में ही करके उनका मूल्यांकन करेंगे क्योंकि कारसन[1] (Carson, 1983) ने स्पष्टतः कहा है, ''मानव व्यवहार तथा इसके परिणामों के प्रतियोगी मूल्यांकनों के क्षेत्र में अन्तर्वैयक्तिक विचारधारा एक केन्द्रीय स्थान बनाने की ओर अग्रसर तेजी से हो रहा है।''

इस मॉडल के अनुसार किसी भी तरह के नैदानिक समस्या की व्याख्या रोगी का अन्य व्यक्तियों के साथ भूत एवं वर्तमान संबंधों या अन्तर्क्रियाओं के रूप में की जाती है। व्यक्ति इन अंतर्क्रियाओं को सामाजिक विनिमय (social exchange), सामाजिक भूमिकाएँ (social roles) तथा अन्तर्वैयक्तिक समायोजन (interpersonal accomodation) के माध्यम से करता है। अन्तर्वैयक्तिक समायोजन से तात्पर्य दो व्यक्तियों के बीच एक ऐसी प्रक्रिया से होती है जिसमें वे लोग संचार एवं अन्तःक्रिया का एक ऐसा विशेष पैटर्न कायम करते हैं जो उन्हें सामान्य लक्ष्य (common goal) की प्राप्ति में, पारस्परिक आवश्यकताओं की तुष्टि में तथा एक संतोषजनक संबंध बनाने में मदद करता है। जब व्यक्ति का अन्तर्वैयक्तिक संबंध किसी कारण से दोषपूर्ण एवं असंतोषजनक होता है तो व्यक्ति में नैदानिक समस्याएँ उत्पन्न होने लगती है। कई ऐसे कारण बतलाये गये हैं जिनके आधार पर यह कहा जा सकता है कि रोगी का अन्तर्वैयक्तिक संबंध असंतोषजनक एवं दोषूपर्ण हो जाता है। इन कारणों से निम्नांकित प्रमुख हैं—

(i) बाल्यावस्था में जब माता-पिता द्वारा बच्चों में आत्म-संप्रत्यय (self-concept) को दोषपूर्ण एवं विकृत (distorted) कर दिया जाता है, तो इससे बच्चों में अन्य लोगों के साथ एक स्वस्थकर संबंध बनाने की क्षमता अविकसित रह जाती है तब उनमें कुसमायोजित व्यवहार विकसित हो जाता है।

(ii) इस मॉडल के समर्थकों का कहना है कि व्यक्तित्व की भिन्न-भिन्न अवस्थाएँ होती हैं और प्रत्येक अवस्था में व्यक्ति को एक खास तरह का अन्तर्वैयक्तिक संबंध (interpersonal relationship) स्थापित करना होता है। जब किसी कारण से व्यक्ति किसी भी अवस्था में अन्तर्वैयक्तिक संबंध नहीं विकसित कर पाता है, तो इससे उसमें नैदानिक समस्या उत्पन्न हो जाती है।

---

1. "The interpersonal viewpoint is increasingly coming to occupy a central position within the domain of the many competing evaluations of human behaviour and its findings."—Carson : *The Clinical Psychology Handbook*, 1983, pp. 143-154

(iii) जब व्यक्ति अपने व्यवहार या अन्य व्यक्तियों के व्यवहार के बारे में दोषपूर्ण पूर्वकल्पना (faulty assumption) करता है तो इससे भी व्यक्ति का अन्तर्वैयक्तिक संबंध कमजोर पड़ जाता है और उसमें नैदानिक समस्या की उत्पत्ति हो जाती है।

(iv) जब व्यक्ति को सामाजिक भूमिका (social roles) निर्वाह करने में बार-बार असफलता का मुँह देखना पड़ता है तो इससे भी व्यक्ति का अन्तर्वैयक्तिक संबंध ढीला पड़ जाता है और उसमें नैदानिक समस्याएँ उत्पन्न हो जाती है।

इस मॉडल द्वारा प्रस्तावित चिकित्सा को अन्तर्वैयक्तिक चिकित्सा (interpersonal therapy) की संज्ञा दी जाती है। इस चिकित्सा मॉडल का सफलतापूर्वक उपयोग व्यक्तित्व विकृतियों, विषाद (depression) आदि के रोगियों के उपचार में किया गया है। इस मॉडल द्वारा प्रस्तावित चिकित्सा पद्धति में रोगी के उन वर्तमान समस्याओं के समाधान पर विचार किया जाता है जो उसके अन्तर्वैयक्तिक संबंध को दोषपूर्ण कर दिया होता है तथा उन्हें कुछ वैसे तरीकों को बतलाया जाता है जिनके माध्यम से वे अपने इस संबंध को उन्नत बना सके। अन्तर्वैयक्तिक मॉडल में शाब्दिक एवं अशाब्दिक संचारों, सामाजिक भूमिकाओं, समायोजन की प्रक्रियाओं तथा व्यवहार के सामान्य वर्तमान अन्तर्वैयक्तिक संदर्भ को उन्नत बनाने की भरपूर कोशिश की जाती है। अतः इस मॉडल के तहत प्रस्तावित चिकित्सा के अन्तर्वैयक्तिक कौशल (interpersonal skill) को सीखलाने पर अधिक बल डाला जाता है।

अन्तर्वैयक्तिक मॉडल का नैदानिक मनोविज्ञान पर स्पष्ट प्रभाव पड़ा। यह मॉडल नैदानिक मनोवैज्ञानिकों को सामाजिक मनोरोगविज्ञान (social psychiatry) से नजदीक लाने में अहम भूमिका निभाया है। अन्तर्वैयक्तिक संबंधों (interpersonal relationship) पर ध्यान केन्द्रित करके सुल्लीभान (Sullivan), कलेरमैन (Klerman) तथा अन्य मनोरोगविज्ञानियों (psychiatrists) ने मनोरोगविज्ञान की एक ऐसी प्रतिमा (images) का निर्माण करने में सफल हो पाये हैं जो लक्षणों (symptoms) तथा रोगों (diseases) के पौराणिक मेडिकल मॉडल (medical model) से भिन्न है। फ्रायड द्वारा प्रतिपादित मूल प्रवृत्ति अन्तर्नोद (instinctual drives) के सिद्धान्त को अस्वीकृत करते हुए अन्तर्वैयक्तिक मॉडल के अनुसार मॉडल स्वास्थ्य पेशेवरों (professionals) द्वारा यह स्पष्ट कर दिया गया है कि पौराणिक मनोविश्लेषण (traditional psychonalysis) को विना स्वीकार किये हुए ही मनोगत्यात्मक उन्मुखता (psychodynamic orientation) को स्वीकार किया जा सकता है।

अन्तर्वैयक्तिक मॉडल के कुछ लाभ एवं परिसीमाएँ हैं। इसके प्रमुख लाभ निम्नांकित हैं—

(i) अन्तर्वैयक्तिक मॉडल में व्यक्ति के निकट व्यक्तिगत संबंध पर ध्यान केन्द्रित करके उसकी समस्याओं को समझने की कोशिश की जाती है। अतः इस मॉडल की व्यावहारिक उपयोगिता अधिक है।

(ii) अन्तर्वैयक्तिक मॉडल में व्यक्ति की सामाजिक एवं सांस्कृतिक कारकों की पृष्ठभूमि में व्यक्ति के नैदानिक समस्याओं का उपचार किया जाता है। अतः इस मॉडल में बाह्य वैधता (external validity) अधिक है।

इन लाभों के बावजूद इसके कुछ परिसीमाएँ (limitations) हैं जिनमें निम्नांकित प्रमुख हैं—

(i) कुछ नैदानिक मनोवैज्ञानिकों का मत है कि अन्तर्वैयक्तिक मॉडल (interpersonal model) अन्तर्वैयक्तिक संबंधों (interpersonal relationship) के बारे में अधूरा ज्ञान देता है। अतः इस मॉडल द्वारा नैदानिक समस्याओं की व्याख्या मात्र आंशिक रूप से ही होती है।

(ii) कुछ आलोचकों का मत है कि अन्तर्वैयक्तिक मॉडल द्वारा नैदानिक समस्याओं एवं उसके उपचार की विधियों की जो व्याख्या होती है उसमें आत्मनिष्ठता (subjectivity) अधिक है तथा वस्तुनिष्ठता (objectivity) कम है।

इन परिसीमाओं के बावजूद अन्तर्वैयक्तिक मॉडल एक लोकप्रिय मॉडल है तथा इसकी उपयोगिता दिनोदिन बढ़ती जा रही है क्योंकि इसका केन्द्रबिन्दु अन्तर्वैयक्तिक संबंध (interpersonal relationship) है जिसकी महत्ता को समस्यात्मक व्यवहार के निदान एवं उपचार में सर्वोपरि समझा जाता है।

विभिन्न मॉडलों के प्रति एक समन्वित दृष्टिकोण
(An Integrative Viewpoints towards Different Models)

स्पष्ट है कि नैदानिक मनोविज्ञान में कई तरह में मॉडल हैं जिनमें चार मॉडल का वर्णन सविस्तार किया गया है—मनोगत्यात्मक मॉडल, व्यवहारात्मक मॉडल, परिघटनात्मक मॉडल तथा अन्तर्वैयक्तिक मॉडल। प्रत्येक मॉडल द्वारा नैदानिक समस्या के स्वरूप को समझने में तथा उसका उपचार करने में विशेष दृष्टिकोण से योगदान किया जाता है। जैसे—मान लिया जाए एक जटिल नैदानिक समस्या अर्थात् मद्यपानता (alcoholism) की व्याख्या की जाती है। इसकी व्याख्या करने में मनोगत्यात्मक मॉडल अंतरामानसिक संघर्ष तथा चिंता पर बल डालेगा, व्यवहारात्मक मॉडल दोषपूर्ण सीखना एवं उन पर्यावरणी परिस्थितियों जिनसे मद्यपान का संपोषण होता है, पर बल डालेगा, परिघटनात्मक मॉडल उन तरीकों पर बल डालेगा जिसमें व्यक्तिगत वर्द्धन, अर्थ एवं मूल्यों से संबंधित व्यक्तिकत समस्याएँ प्रधान होती हैं तथा अन्तर्वैयक्तिक मॉडल व्यक्ति के वर्तमान एवं भूत संबंधों पर बल डालेगा।

उससे स्पष्ट है कि नैदानिक मनोवैज्ञानिक जिस मॉडल के सहारे नैदानिक समस्या को समझने की कोशिश करते हैं, उसके उसका चिन्तन काफी प्रभावित होता है। इधर हाल के वर्षों में नैदानिक मनोवैज्ञानिकों के बीच इन विभिन्न मॉडलों को आपस में जहाँ तक संभव हो सके, समन्वित करके नैदानिक समस्याओं को समझने तथा उपचार करने पर बल डाला जाता है। इस समन्वय के पीछे निम्नांकित कारण हैं—

(i) चिकित्सा की अधिकतर प्रविधियाँ जो सफलीभूत हुई है, उनसे यह स्पष्ट हुआ है कि उनकी उपचार प्रविधि कुछ ऐसी थी जो सभी तरह के मॉडल के लिए गए उत्तम बिन्दुओं से बने थे।

(ii) विभिन्न चिकित्सीय प्रविधियों को एक साथ मिलाकर यदि उपचार किया जाए तो इससे एक नया उत्साह एवं प्रेरणा मिलती है तथा उपचार के नये अनुप्रयोग (application) का रास्ता प्रशस्त होता है।

(iii) विभिन्न विचारधाराओं पर आधारित चिकित्सीय मॉडल को एक साथ समन्वित करने पर किसी विचारधारा पर आधारित मॉडल में विश्वास रखने वाले नैदानिक मनोवैज्ञानिक अपने मॉडल का तुलनात्मक अध्ययन करके उसके गुण एवं दोष की परख करने में सक्षम हो पाते हैं।

इन कारकों से यह स्पष्ट है कि इन विभिन्न मॉडलों को समन्वित कर उपचार करने से कुछ विशेष फायदा नैदानिक मनोवैज्ञानिकों को मिल सकता है। फिर भी इसके समन्वय की दिशा में कुछ बाधाएँ हैं जो निम्नांकित हैं—

(i) विभिन्न चिकित्सीय मॉडलों को संगठित करने वाला एक सामान्य संप्रत्यय (concept) एवं तथ्य का सर्वथा अभाव है।

(ii) कोई भी प्रशिक्षण प्राप्त करने वाले नैदानिक मनोवैज्ञानिक को किसी एक मॉडल के विशिष्ट नियमों एवं सिद्धान्तों को सीखना उस परिस्थिति की तुलना में ज्यादा आसान होता है जहाँ विभिन्न मॉडलों को मिलाकर कुछ विशिष्ट नियम एवं सिद्धान्त विकसित कर सीखने के लिए कहा जाए।

(iii) विभिन्न चिकित्सीय मॉडलों के बीच में मूल संप्रत्ययात्मक अंतर है जिसके कारण भी एक संतोषजनक समन्वय संभव नहीं है।

इन कठिनाइयों के बावजूद नैदानिक मनोवैज्ञानिकों द्वारा विभिन्न मॉडलों के समन्वय के प्रयास अपने आप में ऐतिहासिक है।

अध्याय सारांश
(Chapter Summary)

1. नैदानिक मनोविज्ञानियों द्वारा कई तरह के मॉडल का विकास किया गया है। मॉडल से तात्पर्य एक ऐसे ढाँचा से होता है जिसमें लघु पैमाने पर यह वर्णन होता है कि नैदानिक मनोविज्ञान में विशेषज्ञों द्वारा मानव व्यवहार की व्याख्या किस ढंग से की जाती है। मनोगत्यात्मक मॉडल, व्यवहारात्मक मॉडल, परिघटनात्मक मॉडल तथा अन्तर्वैयक्तिक मॉडल चार प्रमुख मॉडल हैं जिसपर नैदानिक मनोविज्ञानियों द्वारा अधिक बल डाला गया है।
2. मनोगत्यात्मक मॉडल में नैदानिक समस्याओं को व्यक्ति के आवेगों, मानसिक संघर्ष तथा अन्य अंतरामानासिक कारकों के रूप में समझने एवं उपचार करने पर बल डाला गया है।

3. व्यवहारात्मक मॉडल में नैदानिक समस्याओं को सीखने के नियमों, पुनर्वलक उद्दीपक समानता के रूप में समझने एवं उपचार करने पर बल डाला जाता है।
4. परिघटनात्मक मॉडल में नैदानिक समस्याओं को व्यक्ति के प्रत्यक्षण, प्रासंगिक क्षेत्र (phenonenal field), आत्म-वर्द्धन में प्रगतिरोध के रूप में समझने एवं उपचार करने पर बल डाला जाता है।
5. अन्तर्वैयक्तिक मॉडल में नैदानिक समस्याओं को व्यक्ति के धैर्यपूर्ण अन्तर्वैयक्तिक संबंध के रूप में समझने एवं उपचार करने पर बल डाला गया है।
6. अभी हाल में नैदानिक मनोविज्ञानियों द्वारा एक ऐसा मॉडल विकसित करने पर बल डाला गया है जिसमें सभी अन्य मॉडलों के उत्तम विदुओं को मिलाकर एक सर्वोत्तम उत्कृष्ट मॉडल बनाया जा सके। परन्तु इस दिशा में अभी नैदानिक मनोविज्ञानियों को पर्याप्त सफलता नहीं मिली है।

❑

अध्याय 5

नैदानिक मनोविज्ञान में पेशावर समस्याएँ
(PROFESSIONAL ISSUES IN CLINICAL PSYCHOLOGY)

आधुनिक समय में नैदानिक मनोविज्ञान एक पेशा (profession) के रूप में काफी अधिक विकसित हुआ है। इस मनोविज्ञान को ऐसे पेशा के रूप में सफलता मिलने से अधिक-से-अधिक मनोविज्ञानिक इसमें अभिरुचि लेना प्रारंभ कर दिये हैं। शायद यही कारण है कि अमेरिका में अमेरीकन मनोवैज्ञानिक संघ (American Psychological Association) के 53 डीविजनों में सबसे बड़ा डीविजन (डीविजन संख्या-12) नैदानिक मनोविज्ञान का ही है। संसार के अन्य देशों में भी नैदानिक मनोविज्ञान के क्षेत्र में सबसे अधिक संख्या में मनोवैज्ञानिक कार्यरत हैं।

जब नैदानिक मनोविज्ञान लगभग पूरे संसार में एक पेशा या व्यवसाय के रूप में स्थान पा रहा है, तो यह स्वाभाविक है कि उसके इस पहलू से संबंधित कुछ समस्याएँ भी होंगी। समस्याएँ तो अनेक हैं, परन्तु उन्हें मनोवैज्ञानिकों ने अपनी सुविधा के ख्याल से निम्नांकित पाँच भागों में बाँटा है—

(क) व्यावसायिक या पेशावर प्रशिक्षण (Professional training)

(ख) व्यावसायिक या पेशावर नियमन (Professional regulation)

(ग) व्यावसायिक या पेशावर नीतिशास्त्र (Professional ethics)

(घ) व्यावसायिक या पेशावर स्वतंत्रता (Professional independence)

(ङ) व्यावसायिकता के जोखिम या खतरा (Perils of Professionalism)

इन पाँच बिन्दुओं को हम अलग-अलग अनुच्छेद में चर्चा करेंगे।

पेशावर प्रशिक्षण
(Professional Training)

अर्थ—पेशावर प्रशिक्षण का सामान्य अर्थ पेशा की आवश्यकताओं, समस्याओं तथा कार्यविधियों से पेशेवर या व्यावसायिक को अवगत कराना होता है। नैदानिक मनोविज्ञान में पेशावर प्रशिक्षण का अर्थ लगभग यही है। नैदानिक मनोविज्ञान में पेशावर प्रशिक्षण से तात्पर्य नैदानिक मनोवैज्ञानिक को नैदानिक मनोविज्ञान से संबंधित क्षेत्रों का इस तरह से ज्ञान देना है ताकि वे रोगी की आवश्यकताओं, समस्याओं, उनके उपचार की प्रविधियों एवं शोध प्रविधियों के बारे में भलि-भाँति परिचित हो जाय। एक प्रशिक्षित नैदानिक मनोवैज्ञानिक रोगी की समस्याओं की पहचान, वर्गीकरण तथा उपचार वैज्ञानिक ढंग से करता है। इस तरह से नैदानिक मनोविज्ञान में पेशावर प्रशिक्षण का मुख्य उद्देश्य प्रशिक्षु नैदानिक मनोवैज्ञानिक को नैदानिक समस्याओं से परिचित कराना, नैदानिक समस्याओं के वर्गीकरण को समझना, निदानसूचक विधियों(diagnostic methods) के बारे में ज्ञान देना, विभिन्न शोध विधियों के बारे में ज्ञान देना, व्यक्तित्व सिद्धान्तों के बारे में ज्ञान देना तथा चिकित्सा की परिस्थितियों से परिचित कराना होता है।

इतिहास एवं सिद्धान्त(*History and Principles*)—नैदानिक मनोविज्ञान के पेशावर प्रशिक्षण के प्रगति की इतिहास पर यदि हम एक नजर डालें तो यह स्पष्ट होगा कि 20वीं शताब्दी के प्रथम 40 वर्षों में इस क्षेत्र में नैदानिक मनोवैज्ञानिकों को दिये जाने वाले उच्चतर प्रशिक्षण की प्रगति बहुत ही धीमी थी। 1930 तथा 1940 वाले दशक में अमेरीकन मनोवैज्ञानिक संघ (American Psychological Association APA) ने इस तरह के प्रशिक्षण को औपचारिक बनाने का प्रयास किया परन्तु यह प्रयास अधिक सफल नहीं हो पाया। सचमुच में नैदानिक प्रशिक्षण (clinical training) के विकास को ठीक

ढंग से सफलीभूत करने में जिस मनोवैज्ञानिक का सबसे महत्त्वपूर्ण योगदान रहा, उसका नाम डेविड शैको (David Shakow) है जो बहुत दिनों तक मासासुटेस (Massachusetts) के *वॉरसेस्टर स्टेट अस्पताल* (Worcester State Hospital) में मुख्य मनोवैज्ञानिक के रूप में कार्य करते रहे और बाद में *नेशनल इन्स्टीच्यूट ऑफ मेन्टल हेल्थ* (National Institue of Mental Health) में भी एक महत्त्वपूर्ण हस्ती बने रहे। शैको का मत था कि नैदानिक मनोविज्ञान में चार साल का डाक्टरीय स्तर (doctoral level) का प्रशिक्षण का कार्यक्रम होना चाहिए जिसमें तीसरे साल में इन्टर्नशीप (intrnship) का भी प्रावधान होना चाहिए। शैको के इस विचार के प्रति कार्ल रोजर्स (Carl Rogers) जो उस समय APA के अध्यक्ष थे, काफी प्रभावित हुए और वे नैदानिक मनोविज्ञान में प्रशिक्षण के मसले को तय करने के लिए कमेटी का संगठन किया और शैको को ही उसका अध्यक्ष बना दिया। कमेटी ने एक रिपोर्ट तैयार किया जिसका शीर्षक था *'रिकोमेन्डेट ग्रेजुएट ट्रेनिंग इन क्लिनिकल साइकोलॉजी* (Rcommended Graduate Training in Clinical Psychology)। इस रिपोर्ट को 1947 में APA ने अपनी स्वीकृति प्रदान कर दिया। इस 'शैको रिपोर्ट' (Shakow Report) को नैदानिक प्रशिक्षण का एक आदर्श मॉडल माना गया। शैको रिपोर्ट में नैदानिक प्रशिक्षण के 13 नियमों या सिद्धान्तों (principles) को उजागर किया गया जो इस प्रकार है—

(i) एक नैदानिक मनोवैज्ञानिक को पहले एक मनोवैज्ञानिक के रूप में प्रशिक्षण दिया जाना चाहिए।

(ii) नैदानिक प्रशिक्षण (clinical training) उतना ही सख्त होना चाहिए जितना कि मनोविज्ञान के अनैदानिक क्षेत्रों (non-clinical areas) का प्रशिक्षण सख्त होता है।

(iii) नैदानिक मनोवैज्ञानिक की तैयारी विस्तृत होनी चाहिए और वह मूल्यांकन, शोध एवं चिकित्सा की ओर निदेशित होना चाहिए।

(iv) नैदानिक प्रशिक्षण के मुख्य विषय-वस्तु में कम-से-कम छह क्षेत्रों का समावेश आवश्यक है—सामान्य मनोविज्ञान, व्यवहार का मनोगतिकी (psychodynamics of behaviour), निदानसूचक विधियाँ (diagnostic methods), शोध विधियाँ, चिकित्सा एवं संबंधित शास्त्र (related displines)।

(v) प्रशिक्षण कार्यक्रम ऐसा होना चाहिए कि उसमें विशिष्ट प्रविधियों से संबंधित पाठ्य-क्रमों की संख्या अधिक न होकर नियमों या सिद्धान्तों से संबंधित सिर्फ मौलिक पाठ्यक्रम ही सम्मिलित हो।

(vi) प्रशिक्षण कार्यक्रम ऐसा होना चाहिए कि उसमें सिद्धान्त (theory) तथा अभ्यास (paractice) दोनों ही समन्वित हो।

(vii) पूर्ण प्रशिक्षण कार्यक्रम के दौरान प्रशिक्षु नैदानिक मनोवैज्ञानिक सभी तरह के नैदानिक सामग्रियों से भलि-भाँति परिचित हो।

(viii) प्रशिक्षण के दौरान उन सामान्य (normal) व्यक्तियों से भी सम्पर्क स्थापित करने की कोशिश करनी चाहिए जिन्हें नैदानिक सहयोग की कभी भी आवश्यकता नहीं पड़ी हो।

(ix) प्रशिक्षण कार्यक्रम का स्वरूप कुछ ऐसा होना चाहिए कि उससे वांछित व्यक्तित्व गुणों में सतत वर्द्धन एवं परिपक्वता आये।

(x) प्रशिक्षण कार्यक्रम ऐसा होना चाहिए कि उससे रोगियों एवं क्लायंट के प्रति उत्तरदायित्व का भाव उत्पन्न हो सके।

(xi) संबंधित शास्त्रों (related discipline) के प्रतिनिधि को नैदानिक मनोविज्ञन के प्रशिक्षुओं को पढ़ाना चाहिए और जहाँ तक संभव हो ऐसे प्रशिक्षु इन संबंधित शास्त्रों के छात्रों के साथ एक सम्मिलित अध्ययन (joint study) करें।

(xii) प्रशिक्षण कार्यक्रम में नैदानिक घटनाओं के शोध आशय (research implications) पर बल डाला जाना चाहिए।

(xiii) प्रशिक्षु (trainee) मनोवैज्ञानिकों में प्रशिक्षण इस ढंग से क्षमता उत्पन्न कर सके कि वे समाज एवं वैयक्तिक रोगी या क्लायंट के प्रति निर्धारित उत्तरदायित्व से आगे भी कुछ सोच सके।

शैको रिपोर्ट में उक्त लक्ष्यों की प्राप्ति के लिए इस बात पर भी बल डाला गया है कि उसके लिए वर्ष वार (yearwise) पाठ्यक्रम (curriculum) तैयार किया जाना चाहिए। शैको रिपोर्ट की सबसे बड़ी विशेषता यह थी कि इसमें वैज्ञानिक (scientific) एवं पेशावर या व्यावसायिक तैयारी (professional preparation) का विशेष मिश्रण (special mix) देखने को मिलता है। शायद यही कारण है कि इस रिपोर्ट पर आधारित कार्यक्रम को *वैज्ञानिक पेशावर मॉडल* (Scientist Professional Model) कहा जाता है।

शैको रिपोर्ट को नैदानिक मनोविज्ञान का प्रथम मुख्य प्रशिक्षण सम्मेलन जो बोल्डर (Boulder) में 1949 में हुआ था, औपचारिक रूप से मान्यता दी गयी। इस सम्मेलन में पारित सुझावों एवं अनुशंसाओं के अनुसार नैदानिक मनोवैज्ञानिकों को शोध एवं पेशावर अभ्यास(professional practice) में दक्ष होना आवश्यक है तथा किसी विश्वविद्यालय में मनोविज्ञान में पी-एच॰ डी॰ की उपाधि प्राप्त होना चाहिए। इस नैदानिक प्रशिक्षण को पूरा होने के लिए यह आवश्यक है कि नैदानिक मनोवैज्ञानिकों को एक-साल का इन्टर्नशीप (internship) भी आवश्यक है। इस तरह से इस सम्मेलन के बाद शैको की योजना को *बोलडर मॉडल* (Boulder Model) के नाम से जाना गया। नैदानिक मनोविज्ञान के प्रशिक्षण के क्षेत्र में यद्यपि बोलडर मॉडल (Boulder model) एक प्रभावी मॉडल रहा, फिर भी 1949 से ही इसके प्रति कुछ असंतोष जाहिर किया जाने लगा। हाल के वर्षों में यह असंतोष और भी अधिक हो गया और आजकल बोलडर मॉडल के कुछ विकल्प(alternative) उपलब्ध हो गये हैं। नैदानिक प्रशिक्षण के ख्याल से तीन उत्तर बोलडर सम्मेलन (post-Boulder conferences) हुए हैं जिनसे काफी महत्त्वपूर्ण दिशानिर्देश मिले हैं। अतः इन तीनों सम्मेलनों का जिक्र यहाँ स्वाभाविक है जो निम्नांकित हैं—

(i) स्टैनफोर्ड सम्मेलन (*Stanford Conference*)—यह सम्मेलन स्टैनफोर्ड विश्व-विद्यालय में 1955 में हुआ। यद्यपि इस सम्मेलन ने नैदानिक प्रशिक्षण के लिए कोई नयी दिशा या निर्देश पारित नहीं किया गया फिर भी इसमें नैदानिक मनोवैज्ञानिकों को उन पेशावर भूमिकाओं के लिए तैयार रहने के लिए कहा गया जो सामुदायिक मानसिक स्वास्थ्य आन्दोलन (Community Mental Health Movement) द्वारा नैदानिक मनोविज्ञान पर पड़ने के फलस्वरूप उत्पन्न हो सकते हैं।

(ii) मियामी सम्मेलन (*Miami Conference*)—मियामी सम्मेलन 1958 में हुआ। इस सम्मेलन ने पी-एच॰ डी॰ कार्यक्रम को नैदानिक प्रशिक्षण देने का एक प्रमुख विधि बरकरार रखा गया परन्तु साथ-ही-साथ मनोविज्ञान विभागों को अपनी आवश्यकताओं एवं संसाधनों को ध्यान में रखकर नैदानिक प्रशिक्षण का प्रारूप तैयार करने के प्रयास जारी रखने की भी सिफारिश की गयी। उसमें मनोविज्ञान के स्नातक को आनुभविक शोधों की प्रविधि के बारे में पर्याप्त ज्ञान देने पर भी बल डाला गया।

(iii) शिकागो सम्मेलन (*Chicago Conference*)—यह सम्मेलन शिकागो में 1965 में हुआ। इस सम्मेलन में नैदानिक प्रशिक्षण के वैज्ञानिक-पेशावर मॉडल (Scientist-Professional Model) का विकल्प ढूँढ़ने पर बल डाला गया तथा यह प्रस्ताव पारित किया गया कि वैज्ञानिक पेशावर मॉडल को जारी रखते हुए नैदानिक प्रशिक्षण का पूर्णतः एक पेशावर मॉडल (Professional model) को तैयार किया जाना चाहिए। इस सम्मेलन में नैदानिक प्रशिक्षण के लिए कुछ विशेष तरह की उप-डाक्टरीय उपाधियाँ (subdoctoral degrees) तथा Psy. D. (Doctor of Psychology) की उपाधि आदि देने की भी सिफारिश की गयी। संक्षेप में यह कहा जा सकता है कि इस सम्मेलन का महत्त्व यह हुआ कि इसके अनुशंसाओं से नैदानिक प्रशिक्षण का पेशावर प्रशिक्षण मॉडल (Professional training model) तथा उप-डाक्टरीय कार्यक्रमों की लोकप्रियता काफी बढ़ गयी।

1973 में भेल (Vail) में मनोविज्ञान में पेशावर प्रशिक्षण (Professional Training) के पैटर्न एवं स्तर को निर्धारित करने के लिए एक राष्ट्रीय सम्मेलन हुआ। इस सम्मेलन में 150 प्रस्ताव पारित किये गये जो नये-नये पेशावर प्रशिक्षण मॉडल, नैदानिक प्रशिक्षण के उन्नत स्तर तथा पेशावर प्रशिक्षण के वांछनीय विशेषताओं से संबंधित थे। नैदानिक प्रशिक्षण से संबंधित छठा राष्ट्रीय सम्मेलन 1987 में साल्ट लेक शहर (Salt Lake City) में सम्पन्न हुआ। इस सम्मेलन उन परिवर्तनों का मूल्यांकन किया गया जो हाल के वर्षों में पेशावर मनोवैज्ञानिकों के प्रशिक्षण में किये गये थे तथा उसमें प्रशिक्षण से संबंधित कुछ समस्याओं पर वैज्ञानिकों (scientists) तथा पेशावरों (professionals) के बीच होने वाले टकराव को भी रोकने से संबंधित सुझाव पारित किये गए।

उपर्युक्त वैज्ञानिक पेशावर प्रशिक्षण मॉडल (scientist professional training model) के अतिरिक्त नैदानिक प्रशिक्षण के दो और वैकल्पिक मॉडल (alternative model) उपलब्ध हैं जो तुलनात्मक रूप से अधिक लोकप्रिय भी हैं। ये दोनों मॉडल है—साई॰ डी॰ कार्यक्रम (Psy. D. Programme) तथा पेशावर स्कूल (Professional school)। इन दोनों का वर्णन निम्नांकित हैं—

(i) साइ॰ डी॰ कार्यक्रम (*Psy. D. Programme*)—साई॰ डी॰ कार्यक्रम की शुरूआत इलिनोईस विश्वविद्यालय (University of Illinois) ने मनोविज्ञान विभाग द्वारा 1968 में प्रारंभ किया गया था हालाँकि बाद में (1960 में) इस कार्यक्रम को बंद कर दिया गया। इस कार्यक्रम में प्रशिक्षुओं को मनोवैज्ञानिक सेवा करने में आवश्यक कौशलों को सीखलाया जाता है। इसमें न तो शोध निबंध (thesis) लिखने की जरूरत होती है और न ही शोध-प्रबंध (dissertation) की परन्तु

एक लिखित पेशावर गुणवत्ता (Professional quality) से परिपूर्ण डाक्टरीय-स्तर का रिपोर्ट तैयार करने की जरूरत होती है। गोल्डेनवर्ग (Goldenberg, 1973) ने इस कार्यक्रम पर कई तरह की आपत्ति उठाया है जिसमें प्रमुख यह है कि यह कार्यक्रम चूँकि पी-एच॰ डी॰ कार्यक्रम के समानान्तर है इसलिए इससे लोगों में संभ्राति फैलेगी तथा नैदानिक अभ्यास (clinical practice) बाकी मनोविज्ञान से अलग-अलग करके नैदानिक मनोविज्ञान के पेशा को अवैज्ञानिक कर देगा। कुछ अध्ययनों में पी-एच॰ डी॰ कार्यक्रम तथा साई॰ डी॰ कार्यक्रम (Psy. D. Programme) के प्रशिक्षुओं का तुलनात्मक अध्ययन किया गया जिसमें यह देखा गया कि अधिकतम बिन्दुओं पर इन दोनों प्रशिक्षुओं के निष्पादन में कोई अन्तर नहीं था जिससे भी यह संकेत मिलता है कि यह कार्यक्रम पी-एच॰ डी॰ कार्यक्रम से अधिक श्रेष्ठ नहीं माना जा सकता है।

(ii) पेशावर स्कूल *(Professional School)*—नैदानिक प्रशिक्षण के लिए कुछ पेशावर स्कूल भी खोले गए हैं जो विश्वविद्यालय विभागों के नियंत्रण में न होकर स्वतंत्र रूप से प्रशिक्षण कार्यक्रम चलाते हैं। इस कार्यक्रम का मुख्य उद्देश्य विश्वविद्यालय के शैक्षिक प्रतिबंध (academic constraint) से नैदानिक प्रशिक्षण को मुक्त करना है तथा वैसे प्रशिक्षुओं (trainees) को एक विशेष *भूमिका मॉडल* (active role model) प्रदान करना है जो सक्रिय एवं अभ्यासरत हैं। *कैलफॉनिया स्कूल ऑफ प्रोफेसनल साइकोलॉजी* (California School of Professional Psychology) एक ऐसा ही स्कूल का उदाहरण है। अभी अमेरिका में अकेले ऐसे स्कूलों की संख्या लगभग 50 से ऊपर है जिसमें अधिकतर स्कूल द्वारा नैदानिक प्रशिक्षण पूरा करने पर साई॰ डी॰ (Psy. D.) की उपाधि से सम्मिलित किया जाता है। सचमुच में ऐसे पेशावर स्कूलों द्वारा नैदानिक प्रशिक्षण के स्वरूप में क्रांतिकारी परिवर्तन लाया गया है एवं 21वीं शताब्दी में ऐसे स्कूलों का प्रभाव और भी तीव्र एवं प्रखर होने की उम्मीद है।

स्पष्ट हुआ कि नैदानिक प्रशिक्षण के कई आयाम हैं जिनसें इस प्रशिक्षण का स्वरूप एवं महत्त्व दोनों में ही काफी अधिक निखार आया है।

पेशावर नियमन
(Professional Regulation)

पेशावर नियम से तात्पर्य वैसे विधियों से होता है जिनके माध्यम से नैदानिक मनोवैज्ञानिकों की सामर्थ्यता(competence) के कुछ स्पष्ट मानक विकसित करके आम जनता को गुमराह होने से बचाया जाता है। दूसरे शब्दों में, यहाँ उन प्रक्रमों (mechanisms) का निर्धारण किया जाता है जो यह तय कर पाते हैं कि नैदानिक मनोवैज्ञानिक में न्यूनतम कौशल (minimum skills) है या नहीं तथा वे अपने पेशे को संचालित करने के लिए न्यूनतम अपेक्षाएँ रखते हैं या नहीं। पेशावर नियमन का मुख्य उद्देश्य आम जनता को अप्रशिक्षत मनोवैज्ञानिकों द्वारा दिये जा रहे अनुपयुक्त नैदानिक सेवा से बचाना है। पेशावर नियमनों में निम्नांकित तरह के प्रावधान मनोवैज्ञानिकों द्वारा किए गए हैं –

(i) प्रमाणन *(Certification)*—प्रमाणन एक ऐसे नियमन है जो इस बात पर बल डालता है कि लोग अपने आप को 'मनोवैज्ञानिक' या 'प्रमाणित मनोवैज्ञानिक' (certified psychologist) तबतक नहीं कह सकते हैं जबतक कि उन्हें परीक्षकों के बोर्ड (Board of examiners) द्वारा प्रभावित नहीं घोषित कर दिया जाता है। प्रमाणन की प्रक्रिया में प्रायः परीक्षा लो जाती है परन्तु कभी-कभी उम्मीदवार के प्रशिक्षण एवं पेशावर अनुभूतियों (professional experiences) की समीक्षा के आधार पर ही प्रमाणन प्रदान कर दिया जाता है। इस तरह से प्रमाणन एक ऐसा प्रयास है जिसके माध्यम से 'मनोवैज्ञानिक' शीर्षक के उपयोग को सीमित करके आम जनता को किसी तरह के होनेवाले दुष्परिणाम से बचाया जाता है। कुछ आलोचकों का मत है कि प्रमाणन एक कमजोर नियमन है जिससे मनोवैज्ञानिक को अधिक फायदा पहुँचता है और आम जनता को कम है या न के बराबर।

(ii) अनुज्ञप्ति *(Licensing)*—अनुज्ञप्ति प्रमाणन(certification) की तुलना में अधिक मजबूत नियमन(regulation) माना जाता है। अनुज्ञप्ति में न केवल 'मनोवैज्ञानिक' के 'शीर्षक' (title) एवं प्रशिक्षण के स्वरूप का उल्लेख होता है बल्कि इसमें उस बात का भी उल्लेख होता है कि संबंधित मनोवैज्ञानिक जनता से फीस लेने के बदले में किस तरह की सेवा प्रदान करने के योग्य है। स्पष्टतः तब अनुज्ञप्ति द्वारा प्रमाणन (certification) की तुलना में जनता को मनोवैज्ञानिकों द्वारा किसी भी तरह संभावित मार्ग निर्देशहीनता से अधिक सख्ती से साफ बचाता है। सामान्यतः अनुज्ञप्ति प्रशिक्षित नैदानिक मनोवैज्ञानिक के विशेष आवेदन पर उनसे उपयुक्त फीस लेकर तथा एक विशेष लिखित परीक्षा में प्राप्त सफलता के आधार पर मनोवैज्ञानिकों का एक बोर्ड द्वारा प्रदत्त किया जाता है। अनुज्ञप्ति की आलोचना कुछ बिन्दुओं पर की गयी है जो इस प्रकार हैं—

(a) ऐसा कहा जाता है कि अनुज्ञप्ति की प्रक्रिया द्वारा नैदानिक मनोवैज्ञानिकों की सामर्थ्यता के प्रति किसी प्रकार का कोई पक्का सबूत नहीं मिलता है क्योंकि अनुज़प्ति जारी करने के लिए जो लिखित परीक्षा संचालित की जाती है, उसके द्वारा मनोवैज्ञानिकों की व्यवसायिक या पेशावर क्षमताओं (professional abilities) की सही-सही जाँच नहीं होती है।

(b) कुछ आलोचकों का मत है कि अनुज्ञप्ति की प्रक्रिया यदि जारी रहती है तो उससे जनता को हानि अधिक और लाभ कम होगा क्योंकि इस प्रक्रिया का स्वरूप ही कुछ ऐसा है कि इससे नैदानिक मनोवैज्ञानिकों के बीच प्रतियोगिता में कमी आयेगी तथा मनोवैज्ञानिकों की सेवाओं की कीमत बढ़ेगी।

(iii) ABEPP / ABPP—अमेरिका के विभिन्न राज्य के सरकारों की ढुल-मूल नीति के कारण अमेरीकी संघ सरकार ने 1947 में पेशावर नियमन को अधिक मजबूत एवं सुस्पष्ट करने के ख्याल से एक अलग कॉरपोरेशन की स्थापना किया जिसे *'अमेरीकन बोर्ड ऑफ एक्जामिनर्स इन प्रोफेसनल साइकोलॉजी'* (American Board of Examiners in Professional Psychology or ABEPP) कहा गया। 1968 में इसके लम्बे नाम को थोड़ा छोटा कर ABPP (American Boards of Professional Psychology) कहा गया। ABPP द्वारा व्यावसायिक या पेशावर प्रवीणता का प्रमाण-पत्र नैदानिक मनोविज्ञान, परामर्श मनोविज्ञान, औद्योगिक एवं संगठनात्मक मनोविज्ञान तथा स्कूल मनोविज्ञान में दिया जाता है। इसमें एक मौखिक परीक्षा ली जाती है, उम्मीदवार को कोई नैदानिक केस से निबटने का प्रेक्षण किया जाता है, परीक्षा से पहले उनके द्वारा नैदानिक केसेज के किये गये उपचारों के रेकार्ड का विश्लेषण किया जाता है। ABPP परीक्षा में शामिल होने के लिए यह भी आवश्यक है कि उम्मीदवार को उसके पहले कम-से-कम पाँच साल का उत्तरडाक्टरीय अनुभूति (Postdoctoral experience) प्राप्त हो। स्पष्ट हुआ कि ABPP परीक्षा के लिए जो अपेक्षाएँ (requirements) हैं, वे प्रमाणन (certification) तथा अनुज्ञप्ति (licensing) की तुलना में अधिक सख्त हैं। परिणामतः ABPP द्वारा आम जनता को उच्च क्षमतावाले मनोवैज्ञानिकों द्वारा ही सेवा दिये जाने की गारंटी तुलनात्मक रूप से अधिक दी जाती है।

स्पष्ट हुआ कि पेशावर या व्यावसायिक नियमन के कई प्रविधियाँ हैं। इन प्रदिधियों के अलावा भी कुछ और ऐसी प्रविधियाँ हैं जिनके माध्यम से नैदानिक मनोवैज्ञानिकों का पेशावर या व्यावसायिक नियमन होता है। परन्तु उनकी लोकप्रियता चूँकि कम है, अतः उनका यहाँ वर्णन अपेक्षित नहीं है।

पेशावर नीतिशास्त्र
(Professional Ethics)

इस शीर्षक की मुख्य समस्याएँ हैं—अपने व्यावसायिक या पेशावर क्रियाओं (professional activities) के लिए नैतिक मानक (ethical standards) का निर्धारण करने में नैदानिक मनोवैज्ञानिक किन-किन नियमों या सिद्धान्तों से दिशा-निर्देश पाते हैं? किस तरह से वे अनैतिक व्यवहारों से निबटते हैं? आदि-आदि।

इन समस्याओं से निबटने के लिए नैदानिक मनोवैज्ञानिकों द्वारा व्यावसायिक या पेशावर नीतियों की एक नियमावली तैयार किया गया है जो उन्हें कुछ खास-खास व्यावसायिक क्रिया करने के लिए प्रोत्साहित करता है तथा कुछ अन्य दूसरे तरह के व्यावसायिक क्रिया करने से रोकता है। मनोविज्ञान में पहली ऐसी नीतियों की नियमावली (code) का निर्माण 1953 में APA द्वारा किया गया। इस नियमावली में बाद में कई बार संशोधन हुए। इस नियमावली का वर्तमान रूपान्तर (current version) को APA द्वारा 1981 में विकसित किया गया जिसे पुनः 1990 में APA द्वारा संशोधित भी किया गया। इस 1990 के रूपान्तरित नियमावली में एक प्रस्तावना (preamble) है तथा 10 नियम (principles) हैं जिनके द्वारा सभी प्रमुख मनोवैज्ञानिक क्रियाओं (psychological activities) पर प्रकाश पड़ता है अर्थात् इन नियमों द्वारा शोध, शैक्षिक मानक (academic standards) चिकित्सा, परीक्षण-कार्य (testing) तथा निदान (diagnosis) आदि सभी क्रियाओं का नियंत्रण होता है। संक्षेप में वे सभी दस नियमों का वर्णन यहाँ इस प्रकार किया जा सकता है—

(i) उत्तरदायित्व का नियम *(Principle of responsibility)*—मनोवैज्ञानिक जब अपनी सेवाएँ जनता को देते हैं, तो वे अपने पेशा का उच्चतम मानक (highest standard) बनाये रखते हुए अपने द्वारा किये जाने वाले कार्यों के परिणामों का उत्तरदायित्व को अपने कंधे पर उठाते हैं तथा उनका हर संभव प्रयास यही रहता है कि उनकी सेवा का उचित उपयोग हो सके।

(ii) सामर्थ्यता का नियम *(Principle of competence)*—यह नियम इस बात पर बल डालता है कि मनोवैज्ञानिक अपनी सामर्थ्यता की सीमा तथा अपने द्वारा उपयोग किए गए प्रविधियों की सीमाओं को भलि-भाँति पहचानते हैं। वे सिर्फ

वैसा ही सेवा प्रदान करते हैं तथा वैसी ही प्रविधियों का उपयोग करते हैं जिनके लिए वे प्रशिक्षित हैं तथा जिनका अनुभव उन्हें प्राप्त होता है।

(iii) नैतिक एवं कानून मानकों का नियम *(Principles of moral and legal standards)*—यह नियम इस बात पर बल डालता है कि मनोवैज्ञानिक जब आम जनता को सेवा प्रदान करने के ख्याल से व्यवहार करते हैं, तो वे अपने समाज के मानकों एवं उसके नैतिक एवं कानूनी पक्षों के प्रति काफी चेतनशील होते हैं और वे उन मानकों से अलग हटकर या उसके अनुरूप व्यवहार करने पर उनके पेशा पर पड़ने वाला संभावित प्रभाव के प्रति भी काफी चेतनशील होते हैं। मनोवैज्ञानिक अपने सहकर्मियों द्वारा किये जाने वाले पेशावर कार्य (Professional duties) पर अपने व्यवहारों के पड़ने वाले प्रभावों के प्रति भी सचेत रहते हैं।

(iv) सार्वजनिक कथन का नियम *(Principle of public statement)*—मनोवैज्ञानिक अपने पेशावर योग्यता, संबंधन (affiliations) कार्य तथा संगठन (organisation) जहाँ वे सेवाएँ प्रदान करते हैं, के बारे में सही, वस्तुनिष्ठ एवं वैज्ञानिक ढंग से सार्वजनिक कथन प्रदान करते हैं। ऐसा करने में वे वैज्ञानिक रूप से स्वीकार्य मनोवैज्ञानिक प्रविधियों एवं तथ्यों पर जिनकी सीमाओं (limitations) से भी वे भलि-भाँति परिचित होते हैं, अपने कथन को आधृत करते हैं।

(v) गोपनीयता का नियम *(Principle of confidentiality)*—रोगियों की सेवा करते समय मनोवैज्ञानिक उनसे कुछ महत्त्वपूर्ण सूचनाएँ प्राप्त करते हैं जिनकी गोपनीयता (confidentiality) वे बनाकर रखते हैं। वे ऐसी सूचनाओं को तभी अन्य व्यक्तियों को देते हैं जब ऐसा करने की अनुमति उन्हें रोगी या उनके कानूनी अभिभावक से उन्हें प्राप्त हो जाता है।

(vi) उपभोक्ता के कल्याण से संबद्ध नियम *(Principle of welfare of consumer)*—मनोवैज्ञानिक उन लोगों के कल्याण एवं अखंडता की रक्षा करते हैं जिनके साथ वे कार्य करते हैं। वे अपने प्रशिक्षण की प्रविधियों, उपचार एवं मूल्यांकन की प्रविधियों के बारे में पूरा-पूरा ज्ञान उपभोक्ताओं को या उनकी सेवा करने वाले व्यक्तियों को दे देते हैं तथा वे पूर्णतः यह स्पष्ट कर देते हैं कि छात्र या अन्य सहभागी (participants) उनके द्वारा किये जा रहे शोध में सहभागिता दिखाने या न दिखाने के लिए स्वतंत्र हैं।

(vii) व्यावसायिक या पेशावर संबंधों का नियम *(Principle of professional relationship)*—मनोवैज्ञानिक अन्य मनोवैज्ञानिकों तथा दूसरे पेशा के लोगों के साथ अपनी आवश्यकताओं, विशेष सामर्थ्यता आदि के कारण सौहार्द्रपूर्ण ढंग से अन्तःक्रिया करते हैं। वे उन संस्थानों के दायित्व एवं विशेषाधिकार को सम्मान देते हैं जिनके साथ उनके अन्य सहकर्मी संबंधित होते हैं।

(viii) मूल्यांकन प्रविधि का नियम *(Principles of assessment techniques)*—मनोवैज्ञानिक विभिन्न तरह के मूल्यांकन प्रविधियों के विकास, प्रकाशन एवं उपयोग पर सख्त नजर रखते हैं ताकि उसका दुरुपयोग न हो सके। वे रोगियों या क्लायंट के मूल्यांकन का परिणाम जानने के अधिकार का स्वागत करते हैं। वे यह भी कोशिश करते हैं कि अन्य पेशा के लोग यदि इन मूल्यांकन प्रविधियों का उपयोग करते हैं, तो वे उसका दुरुपयोग न करें।

(ix) मानव प्रयोज्यों के साथ शोध से संबंध नियम *(Principles related to research wich human participants)*—मनोवैज्ञानिक कोई भी शोध मनोवैज्ञानिक विज्ञान तथा मानव कल्याण के क्षेत्र में उत्तम योगदान करने के उद्देश्य से करते हैं। उनके शोध में जो मानव प्रयोज्य भाग लेते हैं, उनके कल्याण एवं मान-मर्यादा का उत्तम ख्याल रखते हैं और अपने व्यावसायिक मानदंडों के तहत ही उनके साथ अन्तःक्रिया करते हैं।

(x) पशुओं के उपयोग एवं देखभाल से संबंधित नियम *(Principle governing the care and use of animals)*—मनोवैज्ञानिक को यदि पशुओं पर अपना शोध करना होता है, तो वे उसे मनुष्य के दृष्टिकोण से देखते हैं तथा इस बात पर भरपूर कोशिश करते हैं कि उसे किसी प्रकार का कोई कष्ट न हो।

स्पष्ट हुआ कि पेशावर या व्यावसायिक नीतिशास्त्र मनोवैज्ञानिकों को एक खास ढंग से रोगियों या क्लायंटों के साथ व्यवहार करने की अनुमति देता है। नीतिशास्त्र स्पष्ट ढंग से यह व्याख्या करता है कि उसे क्या करना चाहिए तथा क्या नहीं करना चाहिए। इससे मनोविज्ञान का विशेषकर नैदानिक मनोविज्ञान की पेशावर लोकप्रियता (professional popularity) अधिक बढ़ती है।

पेशावर या व्यावसायिक स्वतंत्रता
(Professional Independence)

इस शीर्षक के तहत मुख्य समस्या जिसपर विचार किया जाता है, वह है—नैदानिक मनोविज्ञान तथा अन्य मानसिक स्वास्थ्य पेशाओं (mental health professions) के बीच क्या संबंध होता है?

सामान्यतः नैदानिक मनोविज्ञान अन्य पेशा के लोगों के साथ मिल-जुलकर ही नैदानिक अभ्यास (clinical practice) करते हैं। इसलिए नैदानिक मनोविज्ञान का अंतरव्यावसायिक संबंध (interprofessional relationship) दुरुस्त एवं उत्तम होता है। ऐसा देखा गया है कि नैदानिक मनोवैज्ञानिकों का प्रायः चिकित्सकों (physician) खासकर मनोरोगविज्ञानियों (psychiatrist) के साथ अधिक संघर्षमय संबंध होता है। गारफिल्ड (Garfield, 1965) का मत है कि 1917 से ही मनोरोगविज्ञानी नैदानिक मनोवैज्ञानिकों जो रोगियों को मनोवैज्ञानिक उपचार-गृह (psychological clinic) में उपचार करते थे, के कार्य को बेतुका बतलाते थे। सचमुच में मनोविज्ञान तथा मनोरोगविज्ञान (psychiatry) में कई स्तर पर युद्ध-सी स्थिति बनीं रही है। इस संघर्ष का मुख्य बिन्दु मनश्चिकित्सा का स्वतंत्र व्यवसाय (independent practice of psychotherapy) है।

जहाँ तक मनोवैज्ञानिक अपने आप को शोध, परामर्श एवं परीक्षण-कार्य (testing) तक सीमित रखते हैं, मनोरोगविज्ञानियों(psychiatrists) द्वारा किसी प्रकार की कोई विरोधी आवाज नहीं उठायी जाती है। उसी तरह से मनोवैज्ञानिक मनोरोगविज्ञानियों को दैहिक विकृतियों (physical disorder) या आंगिक उपचार (organic treatment) जैसे—एल्क्ट्रोकॉल्वलशिभ चिकित्सा (electroconvulsive therapy), शल्यचिकित्सा (surgery) तथा चिकित्सन (medication) आदि के लिए महत्त्वपूर्ण एवं मुख्य अधिकारिकी (prime authority) मानते हैं। परन्तु मनोवैज्ञानिकों तथा मनोरोगविज्ञानियों जब मनश्चिकित्सा (psycho-therapy) के क्षेत्र में प्रवेश करते हैं, तो उनमें असहमति स्पष्टतः दिखाई देता है। जब मनोवैज्ञानिक मनश्चिकित्सा का स्वतंत्र व्यवसाय (independent practice) प्रारंभ करते हैं तो मनोरोगविज्ञानी(psychiatrist) इसका विरोध करते हैं तथा इस बात पर बल डालते हैं कि मनश्चिकित्सक(psychotherapist) को या तो एक डाक्टर (physican) होना चाहिए या फिर उसे किसी डाक्टर के देख-रेख में कार्य करना चाहिए। इसके पीछे तर्क देते हुए मनश्चिकित्सक यह कहते हैं कि डाक्टर ही सचमुच में सम्पूर्ण व्यक्ति (whole person) के कार्य को समझने का उचित अधिकारिकी है तथा बहुत से असामान्य व्यवहार ऐसे होते हैं कि चिकित्सक को ऐसे व्यवहार के शारीरिक एवं मानसिक पहलुओं के बीच अंतर करना आवश्यक हो जाता है। ऐसी परिस्थिति में एक डाक्टर ही सही ढंग से असामान्य व्यवहार का उपचार कर सकता है। दूसरे तरफ मनोवैज्ञानिक दूसरा तर्क देते हैं। इनका तर्क है कि अधिकतम मानसिक रोगों में मनोवैज्ञानिक एवं सामाजिक प्रक्रियाएँ या कारक सम्मिलित होती हैं न कि दैहिक कारक। एक मनोवैज्ञानिक ऐसे कारकों को समझने के लिए एक डाक्टर से अधिक उत्तम ढंग से प्रशिक्षित होता है। इसके समर्थन में मनोवैज्ञानिक यह भी तर्क प्रस्तुत करते हैं कि बहुत सारे प्रभावी एवं महत्त्वपूर्ण चिकित्सक(therapist) मनोविज्ञान में ही प्रशिक्षित थे न कि मनोरोगविज्ञान (psychiatry) में। कार्ल रोजर्स (Carl Rogers), अन्ना फ्रायड (Anna Freud), इरिक फ्रोम (Erich Fromm) तथा इरिक इरिक्सन (Erik Erikson) आदि कुछ ऐसे ही मनोवैज्ञानिक चिकित्सक के उदाहरण हैं। फिर मनोवैज्ञानिकों का यह भी मत है कि जहाँ असामान्य व्यवहार का दैहिक कारण होता है, वे स्वयं ही ऐसे रोगियों को डाक्टर या मनोरोगविज्ञानी के पास भेज देते हैं।

1970 तथा 1980 के दशकों में मनोवैज्ञानिकों तथा मनोरोगविज्ञानियों के उक्त कटु संबंध एवं दावा में कमी आयी और दोनों पक्ष एक-दूसरे को महत्त्वपूर्ण मानकर मनश्चिकित्सा (psychotheraphy) को स्वतंत्र पेशा के रूप में अपनाने में सहयोग करने पर राजी हो गये। परन्तु 1890 के दशक में इन दोनों के बीच पुनः कटुता बढ़ गयी है और इस बार कटुता का मुख्य आधार आर्थिक (economic) था। मनोरोग विज्ञानियों (psychiatrists) का मत है कि मनोवैज्ञानिकों को उन्हीं सेवाओं के लिए भुगतान मिलना चाहिए जिसे वे उन रोगियों को देते हैं जो डाक्टर या मनोरोगविज्ञानी(psychiatrist) द्वारा उनके पास भेजे जाते हैं। इस निर्देश को मनोवैज्ञानिकों द्वारा जमकर विरोध किया जा रहा है और कहा जा रहा है कि मनोरोग विज्ञानियों का यह एक संकीर्ण एवं स्वार्थी विचार है जिसे क्रियान्वयन करना मनश्चिकित्सा (psychotherapy) के लिए उचित नहीं होगा।

व्यावसायिकता के जोखिम या खतरा
(Perils of Professionalism)

इस शीर्षक के तहत जिन समस्याओं पर प्रकाश डाला जाता है, वे हैं—क्या नैदानिक मनोविज्ञान, प्रशिक्षण, सामर्थ्यता तथा सेवा (service) के स्तरीय मानक को अपनाकर एक उत्तम व्यवसाय (better profession) के रूप में प्रफुलित हुआ है या यह एक मात्र बंद पेशा (closed profession) के रूप में अभी तक लोगों के सामने खड़ा है? क्या नैदानिक मनोविज्ञान के व्यवसायीकरण (Professionalization) का आम जनता को लाभ पहुँचा है? क्या नैदानिक मनोविज्ञान के गुणवत्ता में सुधार हुआ है?

सच पूछा जाय तो किसी भी पेशा के व्यवसायीकरण के जाँच की कसौटी यह है कि जनता को उन मानकों से कितना लाभ हो रहा है जिनसे वह पेशा नियंत्रित हो रहा है। इस तरह के बंधन से तो पेशा के सदस्यों को भी लाभ होता है क्योंकि उन मानकों से पेशा का आकार (size) तो नियंत्रित रहता ही है साथ-ही-साथ उनसे प्रतियोगिता में भी पर्याप्त कमी आती है। 1951 में फिलमोर सैनफोर्ड (Fillmore Sanford) जो उस समय APA के कार्यपालक सचिव थे, ने नैदानिक मनोविज्ञान को पेशा के रूप में व्यवहृत करने में संभावित खतरे की ओर ध्यान दिलाते हुए उत्तम पेशा के कुछ कसौटी का निर्माण किया है। इस कसौटी के रूप में उन्होंने 16 नियमों (principles) का प्रस्ताव किया है जो निम्नांकित है—

(i) एक उत्तम पेशा या व्यवसाय में सामाजिक उत्तरदायित्व का भाव होता है।

(ii) एक उत्तम पेशा समाज में अपनी दायित्व के प्रति संवेदनशील होता है ताकि पेशा के नीति तथा अन्य नियम समाज के परिवर्तित अभिरुचियों के अनुकूल बना रहे।

(iii) एक उत्तम पेशा सतत रूप में सतर्कता बनाये रखता है ताकि ऐसा लोग न समझे कि यह अपनी सामर्थ्यता से बाहर सेवाएँ प्रदान कर रहा है।

(iv) एक उत्तम पेशा में सामर्थ्यता के अपूर्ण पैटर्न को बरकरार रखने का हर संभव प्रयास किया जाता है तथा इसी पर आधृत करके उत्तम सेवा प्रदान करने की कोशिश की जाती है।

(v) एक उत्तम पेशा में व्यवसायी पेशे की भीतरी शक्ति को मजबूत करने पर कम शक्ति खर्च करता है तथा सामाजिक कार्य को करने पर अधिक शक्ति लगाता है।

(vi) एक उत्तम पेशा अन्य वैसे पेशाओं के साथ तर्कसंगत संबंध रखता है जिसमें संबंधित सामर्थ्यता होती है तथा जिनके उद्देश्य समान होते हैं।

(vii) एक उत्तम पेशा में नये ज्ञान की खोज करने की दिशा में भी कुछ प्रयास किये जाते हैं।

(viii) एक उत्तम पेशा में ज्ञान के खोजकर्त्ता तथा ज्ञान के उपयोग करने वालों के बीच में संचार का उत्तम माध्यम विकसित करने की कोशिश की जाती है।

(ix) एक उत्तम पेशा अपने ज्ञान के अन्वेषणकर्त्ता को द्वितीय-स्तर का स्थान (second rate status) देने की कोशिश नहीं करता है।

(x) एक उत्तम पेशा वह है जिसमें सदस्यों को मिलने वाला भौतिक लाभ उनके सामाजिक योगदान (social contributions) के अनुपात में होता है।

(xi) एक उत्तम पेशा वह है जिसके सदस्य सामाजिक एवं आर्थिक रूप से आम जनता के पहुँच के भीतर होता है।

(xii) एक उत्तम पेशा में अपने सदस्यों को सतत शिक्षित तथा प्रशिक्षित करने की कोशिश की जाती है।

(xiii) एक उत्तम पेशा में अचारशास्त्रीय नियमावली होता है ताकि उसके क्लायंट के अभिरुचियों को मुख्य रूप से तथा पेशा के सदस्यों को गौण रूप से बचाया जा सके।

(xiv) एक उत्तम पेशा में उसके प्रविधियों तथा कार्यविधियों को सतत वैध करने की कोशिश की जाती है।

(xv) एक उत्तम पेशा में प्रारंभिक प्रशिक्षण (prepratory training) का भी प्रावधान होता है जिसका सीधा संबंध पेशा के सदस्यों के प्रमुख कार्यों से होता है।

(xvi) एक उत्तम पेशा अप्रकार्यात्मक प्रवेश जरूरतों या आवश्यकताओं(non-functional enterance requirements) से स्वतंत्र होता है।

सैनफोर्ड (Sanford) ने उम्मीद जाहिर किया है कि उक्त कसौटियों द्वारा नैदानिक मनोविज्ञान का एक सामाजिक रूप से लाभदायक एवं अनुक्रियाशील पेशा के रूप में विकास होगा क्योंकि इसमें व्यवसायिक प्रशिक्षण, व्यवसायिक नैतिकता आदि सभी पहलुओं से संबंधित प्रावधान रखे गए हैं।

पेशावर समस्याओं के बारे में सामान्य निष्कर्ष(*General conclusion regarding professional issues*)—स्पष्ट हुआ कि नैदानिक मनोवैज्ञानिक की पेशावर या व्यावसायिक समस्याएँ अनेक हैं। इनके भिन्न-भिन्न पहलू हैं। इन समस्याओं की उपेक्षा करके नैदानिक मनोविज्ञान एक सफल पेशा के रूप में विकसित नहीं हो सकता है। अतः नैदानिक मनोवैज्ञानिकों से उम्मीद की जाती है कि इन समस्याओं को मद्देनजर रखकर ही अपने पेशा या व्यवसाय से जुड़े लोगों की सेवा करें।

अध्याय सारांश
(Chapter Summary)

1. पेशावर प्रशिक्षण में नैदानिक मनोविज्ञानियों के उत्तम प्रशिक्षण की प्रविधियों से संबद्ध समस्याओं पर विचार किया जाता है। इसके लिए विभिन्न कार्यक्रमों तथा पेशावर स्कूलों की स्थापना की गयी है।
2. पेशावर नियमन (professional regulation) में इस बात का निर्धारण किया जाता है कि नैदानिक मनोवैज्ञानिक में न्यूनतम कौशल है या नहीं। इस नियमन का मुख्य उद्देश्य आज जनता को अप्रशिक्षित मनोवैज्ञानिकों द्वारा दिये जा रहे अनुपयुक्त सेवा से उसे बचाना होता है। इसके लिये प्रमाणन, अनुज्ञप्ति आदि का प्रावधान किया जाता है।
3. पेशावर नीतिशास्त्र में कुछ वैसे नैतिक मानकों का उल्लेख होता है जिनसे नैदानिक मनोविज्ञानिक एक पेशावर के रूप में कार्य करने में मनोवैज्ञानिक प्रक्रियाओं को संपन्न करते हैं।
4. पेशावर या व्यावसायिक निर्भरता के तहत इस बात पर बल डाला जाता है कि एक नैदानिक मनोविज्ञानी अपने पेशेवर कार्य में कहाँ अन्य दूसरों लोगों का सहयोग प्राप्त कर सकने में सफल होते हैं। इन नियमों में उन्हें कुछ समस्याओं का भी सामना करना पड़ता है।
5. व्यावसायिकता के कुछ जोखिम या खतरा भी होते हैं। नैदानिक मनोविज्ञान इसका अपवाद नहीं कहा जा सकता है। सैनफोर्डस (Sanfords) ने व्यावसायिकता के कुछ ऐसे कार्य नियमों का उल्लेख किया है जिनसे उन जोखिम या खतरा पर प्रकाश पड़ता है।

❑

अध्याय 6

नैदानिक समस्याएँ
(CLINICAL PROBLEMS)

नैदानिक समस्या के अर्थ एवं प्रकार
(Meaning and Types of Clinical Problems)

नैदानिक समस्या से तात्पर्य वैसी समस्या से होता है जो साधारण या गंभीर रूप से व्यक्ति को सांवेगिक, सामाजिक एवं व्यक्तिगत रूप से इतना अधिक असंतुलित कर देता है कि उसे इन समस्याओं के समुचित समाधान के लिए किसी विशेषज्ञ जैसे नैदानिक मनोवैज्ञानिक या मनोरोगविज्ञानी (psychiatrist) की जरूरत पड़ जाती है। नैदानिक समस्याओं (clinical problems) को वर्गीकृत करने के लिए एक अति महत्त्वपूर्ण तंत्र (system) अमेरीकन मनोरोविज्ञानी संघ (American Psychiatric Association or APA) द्वारा विकसित किया गया है। इस तंत्र को विश्व प्रसिद्ध मिली है। इस तंत्र का नाम है— *'डागनोस्टिक एण्ड स्टैटिसटिकल मैनुअल ऑफ मेन्टल डिजोडरस* (Diagnostic and Statistical Manual of Mental Disorders or DSM) जिसा प्रथम संस्करण 1952 में प्रकाशित किया गया। इसमें कुल नैदानिक विकृतियों (clinical disorders) की 60 श्रेणियाँ (categories) थी जिनका इनमें वर्णन किया गया था। 1968 में DSM-I का दूसरा संस्करण प्रकाशित किया गया जिसमें नैदानिक विकृतियों की श्रेणियों को 60 से बढ़ाकर 145 कर दिया गया। DSM-II बहुत हद तक DSM-I के ही समान था क्योंकि इसमें भी नैदानिक श्रेणियों का वर्णन मनोविश्लेषिक सिद्धान्त (psychoanalytic theory) द्वारा काफी प्रभावित थे तथा मनोरोगीय शब्दों (psychiatric words) का उपयोग काफी किया गया था। 1974 में DSM के तीसरा संस्करण को प्रकाशित करने का कवायद प्रारंभ हो गया और 1980 में DSM-III का प्रकाशन हुआ। DSM-III में कई महत्त्वपूर्ण परिवर्तन किये गए जिसमें दो अतिमहत्त्वपूर्ण थे। पहला तो यह कि DSM-III में प्रत्येक नैदानिक समस्या की पहचान करने के लिये वाह्य एवं सुस्पष्ट नैदानिक कसौटी जिसमें कसौटी के बारे में विशिष्ट नियम उपलब्ध थे, बनाये गए तथा दूसरा परिवर्तन बहुध्रुवीय तंत्र (multiaxial system) की शुरूआत करना जिसमें किसी व्यक्ति को पाँच ध्रुवों (axes) पर वर्णन किया जाता था। DSM-III के प्रकाशित होने का परिणाम यह हुआ कि नैदानिक विकृतियों में शोध की गुणवत्ता तथा मात्रा दोनों में पर्याप्त वृद्धि हुई। फिर कुछ त्रुटियों के कारण DSM-III का संशोधित प्रारूप 1987 में प्रकाशित किया गया जिसे DSM-IIIR (revised) कहा गया जिसमें DSM-III के धनात्मक पहलुओं को बरकरार रखा गया तथा उसकी कुछ समस्याओं जैसे पदानुक्रमिक संगठन (hierarchical organisation) को हटा दिया गया। DSM-III R को पुनः संशोधित कर DSM-IV का प्रकाशन 1994 में किया गया। DSM-IV में 300 से ज्यादा नैदानिक श्रेणियों को सम्मिलित किया गया तथा किसी श्रेणी विशेष में व्यक्ति के होने या न होने के लिए कुछ निर्णयात्मक नियम(decesion rules) भी बनाए गए तथा इस संस्करण में बहुध्रुवीय तंत्र(multiaxial system) के प्रावधान को बरकरार रखा गया। 2000 में अमेरीकन मनोरोगविज्ञानियों संघ (American Psychiatric Association) द्वारा DSM-IV का पाठ्य संशोधन (Tex Revision) जिसे DSM-IV TR कहा गया, प्रकाशित हुआ। DSM-IV TR में DSM-IV से भिन्न कोई महत्त्वपूर्ण परिवर्तन नहीं किया गया और न तो कोई नयी विकृति (disoorder) को और न ही कोई उसके उपप्रकार (subtype) को जोड़ा गया है। सिर्फ परिवर्तन इतना ही किया गया है कि कुछ विकृतियों के वर्णन करने के लिए जो पाठ्य (text) थे, उसे अधिक सुष्पष्ट एवं वस्तुनिष्ठ कर दिया गया। इसके पीछे तर्क यह था कि DSM-IV को न केवल एक नैदानिक मैनुअल (diagnotic mannual) बल्कि एक शैक्षिक उपकरण (educational tool) के रूप में भी उपयोग किया जाता है। अतः इसके पाठ्य(text) में यत्र-यत्र परिवर्तन करना आवश्यक है ताकि 1992 के बाद होने वाले शोध परिणामों (research findings) को उसमें सम्मिलित किया जा सके। (ध्यान

रहे कि (DSM-IV का यद्यपि प्रकाशन 1994 में हुआ था परंतु इसमें 1992 तक के ही शोध परिणामों को सम्मिलित किया गया था) नैदानिक मनोविज्ञान में कई तरह की नैदानिक समस्याओं का उल्लेख मिलता है जिनमें से कुछ सामान्य एवं प्रमुख समस्याएँ निम्नांकित हैं—

(1) दुश्चिंता विकृति (Anxiety disorders)
(2) कायाप्रारूप विकृति (Samatoform disorders)
(3) विच्छेदी विकृति (Dissociative disorders)
(4) मनोदशा विकृति (Mood disorders)
(5) मनोविदालिता (Schizopherenia)
(6) मनोदैहिक समस्याएँ (Psychosomatic Problems)
(7) मनोविकारी समस्याएँ (Psychopathic Problems)
(8) अपराधी व्यवहार (Criminal behaviour)
(9) मानसिक दुर्बलता (Mental deficiency)
(10) स्कूल समस्याएँ (School Problems)
(11) वैवाहिक कुसमायोजन की समस्याएँ (Problems of Marital Maladjustments)
(12) बुढ़ापा की नैदानिक समस्याएँ (Clinical problems of Aging)
(13) आक्षेपी मस्तिष्कीय विकृति : मिरगी (Convulsive Brain disorders : Epilepsy)

इन सभी तरह की नैदानिक समस्याओं (clinical problems) का वर्णन हम अलग-अलग अनुच्छेदों में करेंगे।

दुश्चिंता विकृति
(Anxiety Disorders)

दुश्चिंता विकृति (anxiety disroder) जो सबसे प्रमुख नैदानिक समस्या है, से तात्पर्य उन मानसिक विकृतियों या समस्याओं से होती है जिसमें चिंता का स्तर इतना अधिक बढ़ जाता है कि उससे व्यक्ति का दिन प्रतिदिन का समायोजन कुप्रभावित हो जाता है।DSM-IV के अनुसार दुश्चिंता विकृति के मुख्य छह प्रकार होते हैं और केस्लर तथा उनके सहयोगियों (Kessler et al. 1994) के अनुसार वयस्क जनसंख्या के करीब 15 से 16% लोग दुश्चिंता विकृति के किसी-न-किसी प्रकार से अवश्य ही ग्रस्त होते हैं। दुश्चिंता विकृति के छह प्रकार निम्नांकित है—

(i) दुर्भीति विकृति (Phobic disorder)
(ii) सामान्यीकृत दुश्चिंता विकृति (Generalized anixety disorder or GAD)
(iii) भीषिका विकृति (Panic disorder)
(iv) मनोग्रसित-वाध्यता विकृति (Obsessive Compulsive disorder or OCD)
(v) तीक्ष्ण प्रतिवल विकृति (Acute stress disorder)
(vi) उत्तर अभिघात प्रतिक्षण विकृति (Posttraumatic Stress disorder or PTSD)

इन सबों का वर्णन इस प्रकार है—

(i) दुर्भीति विकृति (*phobic disorder*)—दुर्भीत्ति विकृति एक ऐसी नैदानिक समस्या है जिसमें व्यक्ति को विशिष्ट वस्तु, क्रिया या परिस्थिति से सतत (persistent) एवं असंगत डर (irrational fear) होता है। दुर्भीत्ति विकृति के मुख्य तीन श्रेणी होते हैं—एगोराफोविया (agoraphobia), सामाजिक दुर्भीति (social phobia) तथा विशिष्ट दुर्भीति (specific phobia)। एगोराफोविया में व्यक्ति ऐसे सार्वजनिक जगहों में जाने से डरता है जिससे पलायन (escape) संभव नहीं है या विभिषिका (panic) के समान लक्षण उत्पन्न होने पर उनकी कोई मदद करने के लिए उपलब्ध नहीं हो पायेगा। सामाजिक दुर्भीति (social phobia) में व्यक्ति वैसी सामाजिक परिस्थिति में जाने से डरता है जहाँ वह समझता है कि उसका मूल्यांकन (evalvation) किया जा सकता है। ऐसे लोग प्रायः जन-समूह के सामने बोलने या कुछ क्रिया करने में काफी डरते हैं। ऐसे लोग जन-समूह के बीच खाना खाने में भी डरते हैं, आम शौचगृह का इस्तमाल करने में भी काफी डरते हैं। विशिष्ट दुर्भीति (specific phobia) वैसी दुर्भीति होती है जिसमें व्यक्ति विशिष्ट वस्तु या परिस्थिति से काफी

डरता है। जैसे--कुछ लोग विशेष तरह के पशु, पक्षी या कीड़े-मकोड़े से काफी डरते हैं। उदाहरणस्वरूप, एरैकनोफोबिया (arachnophobia) अर्थात् मकड़ा से डर, साइनोफोबिया (cynophobia) अर्थात् कुत्ता से डर, तथा टोनिट्रोफोबिया (tonitrophobia) अर्थात् आँधी-तूफान से डर आदि विशिष्ट दुर्भीति के कुछ प्रमुख उदाहरण है।

(ii) सामान्यीकृत दुश्चिंता विकृति *(Generalized Anxiety Disorder or GAD)*—समान्यीकृत दुश्चिंता विकृति में व्यक्ति को एक ऐसा सामान्य एवं सतत् दुश्चिंता, आशंका या डर हमेशा बना होता है जिसका संबंध विशिष्ट वस्तु या परिस्थिति से नहीं होता है। अतः इसमें व्यक्ति को दुश्चिंता होती है परन्तु उसका स्वरूप मुक्त-प्रवाही (free-floating) होता है। इसमें व्यक्ति चिंतित तो रहता है परन्तु किस वस्तु या परिस्थिति या घटना से चिंतित है, नहीं बतला पाता है। इस तरह की नैदानिक समस्या बच्चों एवं किशोरों में अधिक होता है तथा महिलाएँ इनसे ज्यादा प्रभावित होती है।

(iii) भीषिका विकृति *(Panic disorder)*—इस तरह की विकृति में रोगी में बारम्बार भीषिका आक्षेप या दौरा(panic attack) होता है। इस तरह का दौरा पड़ने पर सांवेगिक रूप से तीव्र आशंका, भय तथा व्यक्तिलोप(depersonalization) के लक्षण विकसित हो जाते हैं। दैहिक रूप से (physically) इस तरह के दौरा पड़ने पर व्यक्ति का ह्रदय गति तीव्र हो जाता है, हाथ-पॉव ठंडा होने लगता है, सीने में दर्द होने लगता है तथा साँस थमने लगती है। संज्ञानात्मक रूप से (cognitively) इस तरह के दौरा में व्यक्ति यह सोचने के लिए वाध्य हो जाता है कि उसे दिल का दौरा (heart attack) पड़ सकता है और उसकी मृत्यु हो जाएगी या जल्दी ही उसे अपने अंगों पर से नियंत्रण खत्म हो जाएगा। इस तरह के नैदानिक समस्या में रोगी को विभीषिका का दौरा अचानक पड़ता है जो लगभग 10 मिनट तक रहता है और इस तरह का कई दौरा पड़ने के बाद रोगी को हमेशा यह चिंता या आशंका बनी होती है कि जल्दी ही उसे दूसरा दौरा भी पड़ सकता है।

(iv) मनोग्रसित-बाध्यता विकृति *(Obsessive-Compulsive disorder or OCD)*—DSM-IV में इस नैदानिक समस्या को भी महत्त्वपूर्ण माना गया है। सचमुच में इसमें मनोग्रसित और वाध्यता दो तरह की नैदानिक समस्याएँ होती हैं। मनोग्रसित(obsessive) में रोगी बार-बार किसी अतार्किक एवं असंगत विचारों को न चाहते हुए भी मन-ही-मन दोहराते रहता है। रोगी ऐसे विचारों की अर्थहीनता, असंगतता एवं अतार्किक स्वरूप को भलि-भाँति समझता है और उनसे छुटकारा भी पाना चाहता है परन्तु वह लाचार रहता है और एक ही विचार बार-बार उसके मन में आते रहता है जिससे उसकी मानसिक शांति इस हद तक क्षुब्ध हो जाती है कि उससे उसके समायोजन में वाधा पहुँचती है। वाध्यता (compulsion) दूसरी नैदानिक अवस्था होती है जिसमें एक तरह की क्रियात्मक प्रतिक्रिया होती है जहाँ रोगी अपनी इच्छा के विरुद्ध किसी क्रिया को बार-बार करने के लिए बाध्यता महसूस करता है। ऐसी क्रियाएँ अवांछित ही नहीं बल्कि अतार्किक एवं असंगत होती है। साफ-सुथरे हाथ को बार-बार धोने की क्रिया, ताला ठीक ढंग से लगा रहने पर भी उसे बार-बार झकझोर कर देखने, सड़क पर खड़े होकर आते-जाते गाड़ियों का नम्बर नोट करना आदि वाध्यता के कुछ प्रमुख उदाहरण हैं।

(v) तीक्ष्ण प्रतिवल विकृति *(Acute Stress disorder)*—इस नैदानिक समस्या में जब व्यक्ति को किसी अत्यधिक अभिघातज आसेधक (extreme traumatic stressor) से सामना करना पड़ता है तो उसके एक महीना के भीतर उसमें दुश्चिंता जिसमें अलगाव, सुन्नापन (numbing), अपने इर्द-गिर्द के वातावरण के प्रति सचेतता में कमी, व्यक्तित्व लोप (depresonalization), विच्छेदी स्मृतिलोप (dissociative amensia) आदि के लक्षण देखे जाते हैं। इसमें व्यक्ति में चिंता तथा उत्तेजना की अवस्था में वृद्धि देखी जाती है। ये सभी लक्षणों का स्वरूप ऐसा होता है कि व्यक्ति के सामाजिक, तथा व्यावसायिक कार्यों में और संबंधित समायोजन में काफी विघ्न पड़ता है। DSM-IV के अनुसार तीक्ष्ण प्रतिबल विकृति (acute stress disorder) कहलाने के लिए यह आवश्यक है कि ये सभी लक्षण कम-से-कम दो दिन तथा अधिक-से-अधिक चार सप्ताह तक हो और अभिघातज घटना के एक महीना के अंदर ही लक्षण विकसित हुए हों।

(vi) उत्तर अभिघातज प्रतिबल विकृति *(Posttraumatic Stress disorder or PTSD)*—इस तरह के नैदानिक समस्या में व्यक्ति को किसी गंभीर अभिघातज घटना जैसे किसी प्रियजन की मृत्यु, नौकरी का छुटन या ऐसी घटना जिससे व्यक्ति बुरी तरह घायल हो जाए आदि हो तो इससे व्यक्ति में तीव्र डर, आशंका, निस्सहायता (helplessness) शरीर में सुन्नापन (numbness) आदि उत्पन्न हो जाता है और व्यक्ति को इस ढंग की अनुभूतियाँ थोड़े-थोड़े समय पर बार-बार होती है तथा व्यक्ति आघात (trauma) से संबंधित उद्दीपकों या परिस्थिति से लगातार दूर रहने की इच्छा व्यक्ति करता है। DSM-IV की कसौटी के अनुसार यदि ये सारे लक्षण व्यक्ति में एक महीना से अधिक दिनों तक बने रहते हैं और उनसे उनका समायोजन कुप्रभावित होता हो तभी ही इसे PTSD की श्रेणी में रखा जा सकता है।

दुश्चिंता विकृति की उत्पत्ति के सामान्य कारण
(General Causes of Genesis of Anxiety Disorder)

दुश्चिंता विकृति की उत्पत्ति (genesis) के कुछ सामान्य कारण (general causes) बतलाये गए हैं। नैदानिक मनोवैज्ञानिकों एवं मनोरोगविज्ञानियों (psychiatrists) ने इन सामान्य कारणों को निम्नांकित तीन भाग में बाँटकर अध्ययन किया है—

(क) जैविक कारक (Biological factors)

(ख) मनोवैज्ञानिक कारक (Psychological factors)

(ग) सामाजिक-सांस्कृतिक कारक (Socio-cultural factors)

दुश्चिंता विकृति की उत्पत्ति में इन तीन कारकों की भूमिका का वर्णन इस प्रकार से किया जा सकता है—

(क) जैविक कारक *(Biological factors)*—दुश्चिंता विकृति की उत्पत्ति के कारणों में जैविक कारक पर नैदानिक मनोवैज्ञानिकों ने बल डाला है हालाँकि इसके पक्ष में दिये गए सबूत उतने अधिक ठोस नहीं हैं। जैविक कारकों में शरीरगठनात्मक कारक (constitutional factors) तथा आनुवांशिक कारकों (genetic factors) को मूलतः सम्मिलित किया गया है। सैनिकों एवं गैर-सैनिकों पर किये गए नैदानिक अध्ययनों से यह सबूत मिला है कि चिंता विकृति का रोग उन व्यक्तियों में अधिक होता है जिनके परिवार में इस रोग के होने का इतिहास पहले से रहा हो। पोलिन एवं उनके सहयोगियों (Pollin, et. al, 1969) ने अपने अध्ययन में पाया है कि एकांडी जुड़वाँ बच्चों (identical twins) के युग्म के सदस्य में भ्रात्रीय बच्चों (fraternal twins) के युग्म के सदस्य की अपेक्षा चिंता विकृति रोग के होने की दर (rate) 1.5 गुना अधिक होती है। इस निष्कर्ष से स्पष्ट है कि इसका रोग आनुवांशिक कारकों (genetic factors) से होता है। लेकिन कुछ लोगों ने पोलिन के अध्ययन के निष्कर्ष पर संदेह जाहिर करते हुए कहा है कि एकांडी बच्चों का वातावरण भ्रात्रीय बच्चों के वातावरण से अधिक समान होता है। अतः संभव है कि वातावरण में समानता के कारण उनके किसी एक सदस्य में इस रोग हो जाने पर दूसरे सदस्य में भी उस रोग के होने की संभावना अधिक होती है। उसके अलावा यौन, उम्र, शरीरगठनात्मक कारक (constitutional factors) एवं ग्रन्थीय कार्यों की अनियमितता आदि के रूप में दुश्चिंता विकृति की उत्पत्ति की व्याख्या की गयी है। परन्तु इन सबके पक्ष में प्रयोगात्मक सबूत की कमी होने से नैदानिक मनोवैज्ञानिकों ने इस पर अधिक बल नहीं डाला है।

(ख) मनोवैज्ञानिक कारक *(Psychological factors)*—दुश्चिंता विकृति की उत्पत्ति में मनोवैज्ञानिक कारकों की विशेष भूमिका बतलायी गयी है। सचमुच में देखा जाए तो दुश्चिंता विकृति की उत्पत्ति में जितना मनोवैज्ञानिक कारकों का हाथ है, उतना किसी भी अन्य कारकों का नहीं है। ऐसे प्रमुख मनोवैज्ञानिक कारक निम्नांकित हैं—

(i) चिन्ता-सुरक्षा *(Anxiety defense)*—अधिकतम नैदानिक मनोवैज्ञानिकों का मत है कि कोई भी तनावपूर्ण परिस्थिति जब व्यक्ति में अत्यधिक चिन्ता उत्पन्न कर देती है तो उसे अपने अहं (ego) को बचाने के लिए व्यक्ति कुछ अहं-सुरक्षात्मक उपायों को अपनाता है। परन्तु जब वह इन अहं-सुरक्षात्मक उपायों का प्रयोग अत्यधिक करना शुरू कर देता है तो उसका व्यवहार कुसमायोजित हो जाता है जिन्हें दुश्चिंता विकृति की संज्ञा दी जाती है।

(ii) दोषपूर्ण सीखना *(Faulty learning)*—दुश्चिंता विकृति की उत्पत्ति (genesis) कुछ कुसमायोजित व्यवहारों (maladaptive behaviours) को सीखने तथा कुछ आवश्यक सक्षमताओं (competencies) को न सीखने के फलस्वरूप भी होता है। जब किसी कारण से व्यक्ति में दिन-प्रतिदिन की समस्याओं का समाधान करने की आवश्यक सक्षमता नहीं होती है तो वह अपने आप को असुरक्षित, अपर्याप्त एवं चिन्तित पाता है। धीरे-धीरे उससे व्यक्ति में विशेष आदत एवं जीवन-शैली (life-style) विकसित हो जाती है जो असामाजिक होती है तथा जिससे उसमें दुश्चिंता विकृति की उत्पत्ति हो जाती है।

(iii) अवरुद्ध व्यक्तिगत विकास *(Blocked Personal growth)*—जब किसी कारण से व्यक्ति का अपना मूल्य (values), आशाएँ (hopes) एवं अस्तित्व (existence) अर्थहीन नजर आता है, तो वैसी परिस्थिति में उसका व्यक्तिगत विकास (personal growth) मानसिक रूप से अवरूद्ध हो जाता है और उसमें आवश्यक निपुणता एवं कौशल की कमी हो जाती है। इसके परिणामस्वरूप उसकी जीवनशैली (life-style) दोषपूर्ण हो जाती है। उसकी सारी शक्ति जीवन की कुछ प्रमुख जैविक आवश्यकताओं (biological needs) की पूर्त्ति करने में लगी रहती है। उसे व्यक्तिगत मानसिक विकास की ओर सोचने का मौका ही नहीं मिलता है। फलस्वरूप उसमें दुश्चिंता विकृति विकसित हो जाती है।

(ग) सामाजिक-सांस्कृतिक कारक(*Socio-cultural factors*)—दुश्चिंता विकृति की उत्पत्ति में कुछ सामाजिक-सांस्कृतिक कारकों का भी हाथ बतलाया गया हे। नैदानिक मनोवैज्ञानिकों एवं मनोरोगविज्ञानियो(psychiatrists) के अध्ययनों से यह स्पष्ट हुआ है कि विशेष प्रकार के दुश्चिंता विकृति कुछ खास प्रकार के सामाजिक-संस्कृति में अधिक देखने को मिलता है। जैसे—सामान्य रूप से रूपांतर हिस्टीरिया (hysteria) अविकसित देश की संस्कृति में अधिक देखने को मिलता है जबकि मनोग्रसित-बाध्यता विकृति तथा सामान्यीकृत दुश्चिंता विकृति विकसित देशों में अधिक देखने को मिलता है। उसी तरह से निम्न सामाजिक-आर्थिक स्तर के लोगों में रूपान्तर हिस्टीरिया (conversion hysteria) अधिक तेजी से विकसित होता पाया गया है जबकि मध्य एवं उच्च सामाजिक-आर्थिक स्तर के लोगों में समान्यीकृत दुश्चिंता विकृति तथा मनोग्रसित-बाध्यता विकृति (obsessive-compulsive disorder) अधिक देखने को मिलता है।

स्पष्ट हुआ कि दुश्चिंता विकृति जैसी नैदानिक समस्या की उत्पत्ति (genesis) के कई कारण हैं।

दुश्चिंता विकृति के उपचारी उपाय
(Remedial Measures of Anxiety Disorder)

दुश्चिंता विकृति के उपचार के तरीके भिन्न-भिन्न हैं। प्रविधि चाहे जो भी हो, इनके उपचारी प्रविधियाँ (remedial techniques) का मूल उद्देश्य चिन्ता उत्पन्न करने वाले लक्षणों को हलका करना या कम कर देना तथा व्यक्ति के मूल रक्षात्मक (defensive) एवं वर्जनीय (avoidant) जीवन शैली को परिवर्तित करना होता है। दुश्चिंता विकृति के उपचार (treatment) में जैविक चिकित्सा(biological therapy) तथा मनोवैज्ञानिक चिकित्सा(psychological therapy) दोनों को अलग-अलग या संयुक्त रूप से भी उपयोग किया जाता है। इन दोनों तरह के उपचारी उपायों (remedial measures) का वर्णन निम्नांकित है—

(क) औषधि चिकित्सा एवं अन्य जैविक चिकित्सा(*Drug therapy and other biological therapies*)—कुछ मनोरोगविज्ञानियों (psychiatrists) जैसे—वासुक, स्कूनोभर तथा गेलेनबर्ग (Bassuk, Schoonover & Gelenberg, 1983) का मत है कि मनःस्नायुविकृति के करीब 70% रोगियों का उपचार विभिन्न तरह के प्रशान्तकों (tranquilizers) जैसे भेलियम (valium) या लिब्रियम (librium) आदि औषध को खिलाकर आसानी से कर लिया जाता है। इन औषध के खाने से उनकी चिन्ता (anxiety) तथा मानसिक तनाव (mental tension) कम हो जाता है और उनमें संवेगात्मक स्थिरता (emotional stability) उत्पन्न होती है। इस औषध चिकित्सा के अलावा कुछ अन्य जैविक उपचारी प्रविधियाँ (biological remedial measures) जैसे—'एलेक्ट्रोस्लीप' (electrosleep) का भी उपयोग अधिक लाभप्रद बतलाया गया है। हर्स्ट तथा उनके सहयोगियों (Hearst et al., 1974) ने यह दिखलाया है कि सामान्यीकृत चिंता विकृति के कोई-कोई रोगियों में एलेक्ट्रोस्लीप(electrosleep) का प्रभाव ऐसा हुआ कि बहुत ही कम दिनों में उनमें सामान्यता(normalcy) कायम हो गयी। एलेक्ट्रोस्लीप एक ऐसी प्रविधि होती है जिसमें रोगी को निम्न-स्तरीय बोल्ट की वैद्युत आघात (electric shock) मस्तिष्क में प्रवाहित की जाती है और उससे रोगी धीरे-धीरे नींद की अवस्था में चला जाता है।

(ख) मनोवैज्ञानिक प्रविधियाँ (*Psychological techniques*)—नैदानिक मनोवैज्ञानिकों का दावा है कि दुश्चिंता विकृति के उपचार में मनोवैज्ञानिक विधियाँ जैविक विधियों (biological techniques) से अधिक लाभप्रद एवं उपयोगी है। इन प्रविधियों में वैयक्तिक चिकित्सा (individual therapies), व्यवहार चिकित्सा (behaviour therapy), पारिवारिक चिकित्सा (family therapy) तथा बहुमॉडल चिकित्सा (multimodel therapy) काफी प्रचलित है। इन सबका वर्णन निम्नांकित है—

(1) वैयक्तिक चिकित्सा (*Individual therapies*)—इस श्रेणी में आनेवाली चिकित्सा प्रविधियों का मूल उद्देश्य आत्म-सूझ का विकास, वास्तविक संदर्भ (realistic frame of reference), मूल्यों के संतोषजनक पैटर्न (satisfying pattern of values), समायोजनात्मक माँगों (adjustive demands) को पूर्ति करने का प्रभावकारी प्रविधियों के विकास पर बल डालना होता है। इस श्रेणी में अन्य चिकित्सा विधियों के अलावा क्लायंट-केन्द्रित चिकित्सा (client-centered therapy) तथा मनोवैश्लेषिक चिकित्सा (psychoanalytic therapy) के नाम विशेष रूप से उल्लेखनीय हैं।

(2) व्यवहार चिकित्सा (*Behaviour therapy*)—दुश्चिंता विकृति के उपचार में व्यवहार चिकित्सा (behaviour therapy) मूलतः कुसमायोजी व्यवहार (maladaptive behaviour) को दूर करने, आवश्यक सक्षमता (needed competencies) तथा सनायोजी व्यवहार (adaptive behaviours) को सीखने तथा उन पर्यावरणी हालातों को जो

कुसमायोजी व्यवहारों को पुनर्बलित करते हैं तथा संपोषित करते हैं, को दूर करने पर बल डालता है। व्यवहार चिकित्सा की कई प्रविधियाँ हैं जिनमें दुश्चिंता विकृति के रोगियों के लिए कुछ खास-खास प्रकार की प्रविधियाँ जैसे—क्रमबद्ध असंवेदीकरण (systematic desensitization), विरुचि चिकित्सा (aversion therapy), अन्तः स्फोटात्मक चिकित्सा (implosive therapy), फ्लडिंग (flooding) तथा मॉडेलिंग (modeling) काफी अधिक प्रचलित है। साँप दुर्भीति (snake phobia) के उपचार में मॉडलिंग का विशेष महत्त्व बैण्डुरा(Bandura, 1976) ने जताया है। आधुनिक चिकित्सकों द्वारा दुश्चिंता विकृति के उपचार में आजकल संज्ञानात्मक-व्यवहार चिकित्सा (cognitive-behaviour therapy or CBT) का प्रचलन बढ़ गया है।

(3) **पारिवारिक चिकित्सा** (*Family therapy*)—कुछ नैदानिक मनोवैज्ञानिकों जैसे फौक्स (Fox, 1996) तथा गुरमैन एवं कनिस्कर्न(Gurman & Krinskern, 1998) ने कहा है कि रोगग्रस्त पारिवारिक परिस्थिति(pathogenic family situation) से भी स्नायुविकृति (neurosis) संपोषित होती है। अतः इन लोगों का मत है कि ऐसे मानसिक रोगों का सही-सही उपचार तभी संभव है जब उनके परिवार के सभी सदस्यों को विश्वास में लेकर चिकित्सा की जाए। इस तरह की चिकित्सा मनोग्रस्ति-बाध्यता स्नायुविकृति (obsessive-compulsive neurosis) तथा सामान्यीकृत दुश्चिंता विकृति के रोगियों के उपचार में काफी लाभप्रद पाया गया है।

(4) **बहुमॉडल चिकित्सा** (*Multimodel therapy*)—बहुमॉडल चिकित्सा जैसे पद का प्रतिपादन लेजारस (Lazarus, 1981, 1985) द्वारा किया गया। यह चिकित्सा की एक ऐसी विधि है जिसमें दुश्चिंता विकृति के रोगियों का उपचार कई प्रविधियों को एक साथ मिलाकर किया जाता है। अध्ययनों से जो तथ्य सामने आये हैं उनसे यह पता चलता है कि इस तरह के बहुमॉडल चिकित्सा से दुश्चिंता विकृति के रोगियों के उपचार में अप्रत्याशित सफलता मिलती है। गोल्डफ्रिड (Goldfried, 1980) तथा गोल्डफ्रिड एवं साफ्रान (Goldfried & Safran, 1986) ने यह सुझाव दिया है कि ऐसे रोगी के स्नायुविकृति शैली (neurotic style) को नियंत्रित करने के लिए अन्तर्वैयक्तिक चिकित्सा (interpersonal therapy) तथा साथ-साथ ही विशेष कुसमायोजी लक्षण (maladaptive symptoms) को दूर करने के लिए व्यवहार चिकित्सा का प्रयोग यदि किया जाता है, तो इससे ऐसे रोगियों के उपचार में आशातीत सफलता मिल सकती है।

स्पष्ट हुआ कि दुश्चिंता विकृति जैसी नैदानिक समस्या के जो उपचारी तरीके (remedial measures) हैं, वे नाना प्रकार के हैं। अधिकतर आधुनिक मनोरोगविज्ञानियों (psychiatrists) तथा नैदानिक मनोवैज्ञानिकों का मत है कि यदि ऐसे रोगियों का उपचार जैविक चिकित्सा तथा मनोवैज्ञानिक चिकित्सा दोनों ही पद्धतियों से किया जाए तो इससे तुलनात्मक रूप से सफलता अधिक मिलेगी।

कायाप्रारूप विकृति
(Somatoform Disorder)

कायाप्रारूप विकृति DSM-IV में एक अन्य महत्त्वपूर्ण नैदानिक समस्या बतलाया गया है। इस तरह की विकृति में रोगी पेशीय या संवेदी या अन्य शारीरिक लक्षणों के बारे में बतलाता है परन्तु इन लक्षणों की जाँच के आधार पर कोई शारीरिक आधार के बारे में नहीं पता चलता है। ऐसे रोगी प्रायः यह बतलाते हैं कि उनके शरीर का अमुक अंग ठीक से कार्य नहीं करता है या उसके शरीर में अमुक रोग के लक्षण विकसित हो गये हैं परन्तु मेडिकल जाँच के आधार पर इन लक्षणों का कोई शारीरिक आधार नहीं पाया जाता है। रूपांतर हिस्ट्रीया (conversion hysteria), कायिक विकृति (somatization disorder), रोगभ्रम (hypochondriasis) शारीरिक दुष्रूपात्मक विकृति (dysmorphic disorder), कार्यप्रारूप दर्द विकृति (somatoform pain disorder) इस श्रेणी के नैदानिक समस्या के प्रमुख प्रकार है।

रूपातंर हिस्ट्रीया में रोगी कुछ तंत्रकीय क्षति (neurological damage) होने की शिकायत करता है हालांकि शारीरिक अंग तथा तंत्रिका तंत्र (nervous systems) बिलकुल ही दुरुस्त होते हैं। दूसरे शब्दों में, व्यक्ति की चिंता एवं मनोवैज्ञानिक संघर्ष (psychological conflict) दैहिक लक्षणों (physical symptoms) के रूप में बदल कर अभिव्यक्त होते हैं। कार्मिक विकृति (Somatization disorder) में रोगी बहुत तरह के ऐसे शारीरिक शिकायत करता है जिनका कोई स्पष्ट दैहिक आधार नहीं होता है। इन शारीरिक शिकायतों में सिरदर्द, थकान, पेट, पीठ और छाती में दर्द, हृदय की धड़कन में वृद्धि आदि सामान्य होते हैं। इसे *ब्रिक्वेट संलक्षण*(Briquet's Syndrome) भी कहा जाता है। रोगभ्रम(hypochondriasis) में व्यक्ति को हमेशा यह आशंका बनी होती है कि उसे कोई भयानक रोग हो गया है। शारीरिक दुष्रूपात्मक विकृति (**body dysmorphic disorder**) में व्यक्ति के मन में हमेशा यह बात बनी रहती है कि उसके शारीरिक आकार-प्रकार में कोई

बहुत बड़ा दोष उत्पन्न हो गया है। जैसे—ऐसा रोगी प्रायः यह सोच-सोच कर चिंतित रहता है कि उसका नाक का आकार पहले से भद्दा हो गया है या उसके चेहरे पर झुरिया आ गयी है या चेहरे पर बहुत अधिक बाल उग आये हैं, आदि आदि। कार्यप्रारूप दर्द विकृति (Somatoform pain disorder) में रोगी को होने वाला दर्द इतना तीव्र एवं गंभीर होता है कि उससे उसे काफी दुःख होता है तथा हानि होती है हालांकि इसमें कोई आंगिक विकृति (organic pathology) नहीं पायी जाती है।

कार्यप्रारूप विकृति के कारणों का जहाँ तक प्रश्न है, उसमें मनोविश्लेषणात्मक सिद्धान्त (psychoanalytic theory) के अनुसार ऐसे विकृति का कारण दमित आवेग या इच्छा होती है जो दैहिक लक्षणों में बदलकर अभिव्यक्त होती है। व्यवहारात्मक सिद्धान्त के अनुसार किसी वांछित लक्ष्य की प्राप्ति हेतु रोगी ऐसे लक्षणों को जानबूझकर सीख लेता है। इसकी चिकित्सा का जहाँ तक प्रश्न है, मनोविश्लेषणात्मक चिकित्सा में क्लायंट को चिकित्सक उसके दमित इच्छाओं एवं आवेगों से सामना कराकर उसमें सूझ विकसित करने की कोशिश करता है तथा व्यवहार चिकित्सा में चिंता को कम करने का प्रयास किया जाता है तथा वैसे व्यवहार को पुनर्बलित करने का प्रयास किया जाता है जिनसे उसके रोग के लक्षण दूर हो जाएँ।

विच्छेदी विकृति
(Dissociative disorders)

विच्छेदी विकृति भी DSM-IV में एक प्रमुख नैदानिक समस्या है जिसपर नैदानिक मनोवैज्ञानिकों ने काफी गंभीरतापूर्वक अध्ययन किया है। इस विकृति में व्यक्ति के चेतन (consciousnes), स्मृति तथा पहचान (identity) में क्षुब्धता उत्पन्न हो जाती है। इसमें व्यक्ति अपने महत्त्वपूर्ण व्यक्तिगत घटनाओं का प्रत्याह्वान (reall) करने में असमर्थ रहता है या कभी-कभी अपनी पहचान भूलकर एक नयी पहचान के साथ जिन्दगी प्रारंभ कर लेता है। कभी-कभी ऐसे लोग अपने घर को छोड़कर अन्य जगह चले जाते हैं और फिर कुछ दिनों के बाद इस नये जगह में अपने को अचानक पाकर स्तब्ध रह जाते हैं। विच्छेदी विकृति के चार प्रमुख प्रकार है—*विच्छेदी स्मृतिलोप* (dissociative amensia), *विच्छेदी आत्मविस्मृति* (dissociative fugue), *विच्छेदी पहचान विकृति* (Dissociative identity disorder or DID) तथा *व्यक्तित्वलोप विकृति* (depersonalization disorder)। विच्छेदी स्मृतियों में व्यक्ति किसी अभिघातक अनुभूति (traummatic experience) के बाद महत्त्वपूर्ण व्यक्तिगत सूचनाओं का प्रत्याह्वान करने में असमर्थ रहता है। विच्छेदी स्मृतिलोप में व्यक्ति अपने रहने के सामान्य स्थान से दूर चला जाता है, नयी पहचान बना लेता है और अपने गत जिन्दगी के बारे में सबकुछ भूल जाता है। विच्छेदी पहचान विकृति (dissociative identity disorder) में रोगी दो या दो से अधिक पूर्णतः स्वतंत्र व्यक्तित्व विकसित कर लेता है और प्रत्येक व्यक्तित्व का अपना-अपना व्यवहार पैटर्न, अपनी-अपनी स्मृति तथा अपने-अपने संबंध होते हैं। इसे *बहुव्यक्तित्व विकृति* (multiple personality disorder) भी कहा जाता है। व्यक्तित्वलोप विकृति में व्यक्ति का स्वयं के बारे में जो प्रत्यक्ष होता है, वह परिवर्तित होता है। उसे अनुभव होता है कि वह अपने शरीर से अलग होते चला जा रहा है या उसके शरीर के अंग के आकार में परिवर्तन होते जा रहा है।

विच्छेदी विकृति के कारणों की व्याख्या करने के लिए नैदानिक मनोविज्ञानियों ने कुछ सिद्धांत का प्रतिपादन किया है। मनोवैश्लेषिक सिद्धांत के अनुसार जब व्यक्ति अपने आत्मन् (self) का कुछ अवांछित पहलू या घटक को दमित कर देता है तो विच्छेदी विकृति (dissociative disorder) की उत्पत्ति होती है तथा बाल्यवस्था में जब व्यक्ति का दुरूपयोग किया जाता है या उसके साथ दुर्व्यवहार किया जाता है तो इससे DID की उत्पत्ति होती है। व्यवहारात्मक सिद्धांत (behavioural theory) के अनुसार जब व्यक्ति में दुश्चिंता का स्तर काफी ऊँचा है तो उसे पलायन अनुक्रिया (escape response) के रूप में विच्छेदी विकृति (dissociative disorder) विकसित होता है। मनोवैश्लेषिक तथा व्यवहारात्मक दोनों तरह की चिकित्साओं में चिकित्सक उन चिंताओं की पहचान करायी जाने पर बल डालते हैं जो विस्मरित स्मृति (forgotten materials) से साहचर्यित होते हैं।

मनोदशा विकृति
(Mood Disorders)

DSM-IV में मनोदशा विकृति को भी एक प्रमुख नैदानिक समस्या बतलाया गया है। इस विकृति में व्यक्ति के संवेग या सांवेगिक अभिव्यक्ति में ऐसी क्षुब्धता होती है कि उसकी कार्यक्षमता बुरी तरह प्रभावित हो जाती है। इसमें रोगी कभी

बहुत विषादी (depressive) हो जाता है तो कभी बहुत उत्तेजित हो जाता है। DSM-IV की पद्धति के अनुसार मनोदशा विकृति के दो प्रकार बतलाये गए हैं—*बड़ा विषाद* (major depression) तथा द्विध्रुवीय विकृति (bipolar disorder)। बड़ा विषाद को *एकध्रुवीय विषाद* (unipolar depression) भी कहा जाता है। एकध्रुवीय विषाद में रोगी काफी उदास रहता है। भूख, नींद तथा क्रिया स्तर में काफी कमी आती है। उसके शरीर का वजन भी काफी कम हो जाता है। द्विध्रुवीय विकृति में रोगी में उत्तेजन तथा विषाद दोनों बारी-बारी से होते पाये गए हैं। उत्तेजन की स्थिति में रोगी की मनःस्थिति काफी उत्थित (elevated) या चिड़चिड़ा होता है और वह अत्यधिक वातूनी, सक्रिय एवं चित्तविक्षेपी (distractible) हो जाता है। विषाद की अवस्था में तो वही लक्षण होते हैं जो एकध्रुवीय विषाद के होते हैं। इन दो प्रमुख मनोदशा विकृति के अलावा DSM-IV में दो अन्य चिरकालिक (chronic) मनोदशा विकृति का वर्णन किया गया है—*साइक्लोथीमिया* (cyclothymia) तथा *डायसथिमिया* (dysthymia)। साइक्लोथीमिया में व्यक्ति में विषादी मनःस्थिति तथा हाइपोमैनिया (hypomania) की मनःस्थिति अक्सर बार-बार होते पाये जाता है तथा डायसथिमिया में रोगी में केवल चिरकालिक रूप से विषादी अवस्था दिखता है। साइक्लोथीमिया तथा डायसथिमिया की पहचान तब होती है जब ये दोनों तरह की मनःस्थिति व्यक्ति में कम-से-कम दो सालों तक अवश्य बना रहा हो।

विषाद के कारण की व्याख्या करने के लिए कई मनोवैज्ञानिक सिद्धांत (psychological theories) हैं जिनमें मनोवैज्ञानिक सिद्धांत, संज्ञानात्मक सिद्धांत तथा अन्तर वैयक्तिक सिद्धांत(interpersonal theory) प्रधान है। मनोवैश्लेषिक सिद्धांत के अनुसार बड़ा विषाद (major depression) का कारण किसी ऐसे प्रियजन के साथ अचेतन तादात्म्य (unconscious identification) से होता है जिसे व्यक्ति त्याग चुका होता है और इससे व्यक्ति में उत्पन्न क्रोध स्वयं अपनी ओर निदेशित हो चुका होता है। बेक (Beck) द्वारा प्रतिपादित संज्ञानात्मक सिद्धांत के अनुसार विषादी अवस्था का मुख्य कारण नकारात्मक एवं अतार्किक आत्म-निर्णय (illogical self-judgement) है। निस्सहायता सिद्धांत (helplessness theory) या आशाविहीन सिद्धांत(hoplessness theory) के अनुसार किसी ऐसी परिस्थिति जिसे पलायन संभव नहीं हो या जो दुखदायी हो, में जब व्यक्ति की बाल्यावस्था की अनुभूतियाँ होती हैं, तो वयस्कावस्था में ऐसे व्यक्तियों में विषाद की अवस्था विकसित हो जाती है क्योंकि इससे व्यक्ति में निस्सहायता तथा निराशा का भाव तीव्र मात्रा में उत्पन्न होता है। प्रायः ऐसे व्यक्ति अपने जिन्दगी में हुए असफलताओं का कारण अपनी गलती एवं अपर्याप्तता को ही मानते हैं। अन्तर्वैयक्तिक सिद्धांत में विषाद का कारण ऐसे व्यक्तियों के अन्तःक्रिया में कुछ विशेष तरह की कमियाँ (deficits) होती हैं जो अन्य लोगों से उनमें नकारात्मक अनुक्रिया (negative response) उत्पन्न करता है। उक्त सभी सिद्धान्तों द्वारा द्विध्रुवीय विकृति (bipolar disorder) के विषादी अवस्था की भी व्याख्या होती है। इन सिद्धान्तों के अनुसार द्विध्रुवीय विकृति के उन्मादी अवस्था (manic phase) को व्यक्ति के अयोग्य मनोवैज्ञानिक अवस्था जैसे निम्न आत्म-सम्मान (low self-esteem) के प्रति एक सुरक्षा (defense) माना गया है।

मनोदशा विकृति (mood disorder) के कारणों (etiology) की व्याख्या करने के लिए कुछ जैविक सिद्धान्त (biological theory) का भी प्रतिपादन किया गया है। आरंभिक न्यूरोरसायन सिद्धान्त में विषाद तथा उन्माद का कारण मस्तिष्क के विशेष तंत्रिका पथों में न्यूरोट्रासमीटर जो तंत्रिका आवेगों को आगे बढ़ाते हैं, की मात्रा में अत्यधिक कमी होना बतलाया गया है। हाल में किये गए शोधों से यह स्पष्ट हुआ है कि उत्तरसंघीय ग्राहक (postsynaptic receptor) की भूमिका महत्त्वपूर्ण बतलायी गयी है। साथ-ही-साथ यह भी पता चला है कि हाइपोथैलेमिक, पीयूष(pituitary) तथा एड्रीनल ग्रन्थियों के अतिस्राव से भी व्यक्ति में वृहद विषाद (major depression) उत्पन्न होता है।

मनोदशा विकृति के कई मनोवैज्ञानिक एवं दैहिक चिकित्सा भी उपलब्ध हैं। मनोवैश्लेषिक चिकित्सा(psychoanalytic theory) में रोगी को बाल्यावस्था के क्षतियों, अपर्याप्तता तथा उनसे बाद में उत्पन्न आत्म-निन्दा (self-blame) में सूझ (insight) उत्पन्न करने की कोशिश की जाती है। बेक के संज्ञानात्मक चिकित्सा (cognitive therapy) का उद्देश्य रोगी के चिंतन के नकारात्मक एवं अतार्किक पैटर्न को पता लगाकर उन्हें घटना, आत्मन(self) तथा विपदाओं को एक वास्तविक दृष्टिकोण से देखना सीखलाया जाता है। फैंक्ल (Frankl) का अस्तित्ववादी चिकित्सा में विषादी व्यक्तियों को अपने दुःखों एवं तकलीफों का अध्यात्मिक ज्ञान कराया जाता है, और जीवन के लिए उत्तरदायी एवं स्वतंत्र महसूस करने का प्रशिक्षण दिया जाता है तथा अपने अस्तित्व में अर्थ एवं उद्देश्य ढूँढ़ने का भरसक प्रयास करवाया जाता है। मनोदशा विकृति के लिए कुछ जैविक चिकित्सा भी उपलब्ध है। इसमें वैद्युत आक्षेपी आघात (electroconvulsive shock) तथा अन्य कई तरह के विषाद-विरोधी औषध (antidepression drug) का वृहद विषाद (major depression) के उपचार में

सफलतापूर्वक उपयोग किया गया है। लिथियम कार्बेनिट (lithium carbonate) का उपयोग करके विषादी तथा उन्मादी अवस्थाओं की गंभीरता को कम करने में भी काफी सहायता मिली है।

मनोविदालिता
(Schizophrenia)

मनोविदालिता एक गंभीर नैदानिक समस्या है जिस पर DSM के सभी रूपांतरों (version) में बल डाला गया है। ऐतिहासिक रूप में मनोविदालिता के संप्रत्यय का विकास क्रेपलिन (Kraepelin) तथा बल्यूलर (Bleuler) के आरंभिक उपायों से हुआ है। मनोविदालिता एक ऐसी गंभीर मानसिक विकृति है जिसमें रोगी के चिंतन संवेग एवं व्यवहार में तीव्र क्षुब्धता उत्पन्न हो जाती है। ऐसे रोगी के चिंतन विकृत हो जाते हैं जिसमें विचार तार्किक रूप से संबंधित नहीं होते हैं, रोगी का प्रत्यक्षण एवं ध्यान दोषपूर्ण हो जाता है। इसका परिणाम यह होता है कि व्यक्ति वास्तविकता तथा अन्य लोगों से अपने आप को दूर कर लेता है और वह व्यामोह (delusion) तथा विभ्रम (hallucination) की दुनियाँ में खो जाता है। मोटे तौर पर मनोविदालिता के दो तरह के लक्षण (symptoms) होते हैं—धनात्मक (positive) तथा नकारात्मक (negative) धनात्मक लक्षणों में व्यवहारात्मक असंयम (behavioural excess) जैसे व्यामोह (delusion) विभ्रम (hallucination) तथा विघटित संभाषण(disorganized speech) आदि को सम्मिलित किया गया है। नकारात्मक लक्षणों (negative symptoms) में व्यवहारात्मक कमियों (behavioural deficit) को रखा गया है जिसें प्लैट प्रभाव[1] (Flat effect), इच्छा शक्ति की कमी, भाषण-अक्षमता (alogira), खुशी अनुभव करने की अक्षमता (anhedonia) आदि प्रमुख हैं। DSM-IV की कसौटी के अनुसार मनोविदालिता की पहचान तभी होती है जब उक्त लक्षणों का समूह कम-से-कम छह महीना तक रोगी से बना हुआ होता है।

DSM-IV में मनोविदालिता के मुख्य पाँच प्रकार बतलाये गए हैं जिनमें निम्नांकित तीन प्रकार महत्त्वपूर्ण हैं :

(a) विघटित मनोविदालिता *(Disorganized schizophrenia)*—इस तरह के मनोविदालिता में कुछ अस्पष्ट (diffuse) तथा प्रतिगामी या पश्चगामी लक्षण (regressive symptoms) देखने को मिलते हैं। विभ्रम तथा व्यामोह जो लैंगिक, रोगभ्रमी (hypochodrical) धार्मिक तथा दण्डात्मक स्वरूप के होते हैं, काफी अस्पष्ट एवं विघटित प्रकृति के होते हैं। रोगी बहुत कोशिश करने से कुछ अस्पष्ट बोल पाता है। प्लैट प्रभाव स्पष्ट रूप से देखने को मिलता है।

(b) कैटेटोनिक मनोविदालिता*(Catatonic schizophrenia)*—इस मनोविदालिता का सबसे प्रमुख लक्षण पेशीय क्षुब्धता (motor disturbances) हैं तथा रोगी कभी तो काफी उत्तेजना में आकर तरह-तरह के पेशीय क्रियाएँ करता है तो कभी वह एक ही तरह की पेशीय क्रिया जैसे एक पैर पर कई घंटों तक आराम से खड़ा बीता लेता है। ऐसे रोगियों में नकारात्मक प्रवृत्तियाँ काफी तेज होती हैं तथा वह दूसरों के सुझाव एवं निर्देश को नहीं मानता है और प्रायः वह दूसरों के बोले हुए शब्दों को दोहराते रहता है।

(c) व्यामोही मनोविदालिता *(Paranoid Schizophrenia)*—जैसा कि रोग से ही स्पष्ट है, इस तरह के मनोविदालिता पें रोगी में कुछ खास-खास तरह के व्यामोह जैसे दंड का व्यामोह (delusion of persecutions), बड़प्पन का व्यामोह (delusion of grandeur), ईर्ष्या का व्यामोह (delusion of jealousy) तथा संदर्भ का व्यामोह (delusion of reference) अधिक पाया जाता है। दंड का व्यामोह में अपने आप को दंडित करने का भाव तीव्र होता है, बड़पन के व्यामोह में रोगी में अपने आप में कोई बहुत बड़ी शक्ति या सत्ता होने का भाव विकसित हो जाता है। ईर्ष्या के व्यामोह में रोगी अपने यौन सहयोगी को अविश्वासी (unfaithful) समझने लगता है, तथा संदर्भ के व्यामोह में व्यक्ति को यह गलत विश्वास हो जाता है कि कुछ लोग अनावश्यक उसके बारे में ही बातचीत करते रहते हैं।

मनोविदालिता के कारण या हैतुकी (etiology) की व्याख्या करने के लिए कुछ शोध किये गये हैं। कुछ शोधों में जैविक विभिन्नता जैसे आनुवंशिक एवं जैवरसायनिक कारक मस्तिष्कीय विकृति (brain pathology) आदि को उत्तरदायी कारक बतलाया गया है। कई अध्ययनों में यह देखा गया कि उन व्यक्तियों में मनोविदालिता अधिक विकसित होता है

1. प्लैट प्रभाव (Flat effect) से तात्पर्य वैसे प्रभाव से होता है जहाँ कोई भी उद्दीपक (stimulus) रोगी में अनुक्रिया उत्पन्न करने में सफल नहीं होता है। रोगी पथराये हुए आँखों से वेजान होकर एकटक देखता रहता है। कोई भी उद्दीपक उसके इस अवस्था में परिवर्तन लाने में सफल नहीं हो पाता है।

जिनके माता-पिता में भी यह रोग था। इस तरह के आनुवंशिक पूर्ववृत्ति (genetic predisposition) के कुछ जैवरसायिक सहसंबंध (biochemical correlates) हैं। इस बिन्दु पर किये गए शोधों से यह स्पष्ट हुआ है कि मस्तिष्क के लिम्बिक क्षेत्र (limbic area) में डोपामाइन ग्राहकों (dopamine receptor) के बढ़ी हुई संवेदनशीलता (sensitivity) ही मनोविदालिता के धनात्मक लक्षण के कारण है तथा नकारात्मक लक्षण डोपामाइन न्यूनसक्रियता (unnderactivity) का परिणाम है। मनोविदालिता के वैसे रोगियों का जिनमें नकारात्मक लक्षण की प्रवलता होती है, की मस्तिष्क के भेंट्रिकल (ventricles) बढ़े हुए होते हैं। प्राक्अग्रभाग में क्षीणता तथा मस्तिष्कीय अग्रभाग में चयापचय की कमी होती है। कुछ अध्ययनों से यह भी स्पष्ट हुआ है कि निम्न सामाजिक आर्थिक वर्ग में मनोविदालिता का रोग अधिक होता है जिसका कारण अशंतः यह बतलाया गया है कि ऐसे परिवारों में प्रतिबल (stress) का स्तर अधिक होता है तथा अंशतः यह बतलाया गया है कि मनोविदालिता का रोग रोगी को उच्च-सामाजिक स्तर दिलवाने में एक तरह से मदद करता है। मनोविदालिता के रोगी की जिन्दगी में अस्पष्ट संचार तथा उच्च मानसिक संघर्ष अधिक देखने को मिलता है।

मनोविदालिता के उपचार के लिए जैविक तथा मनोवैज्ञानिक दोनों तरह की चिकित्साएँ उपलब्ध हैं। इस शताब्दी के आरंभ में जैविक चिकित्सा में इनसुलिन तथा वैद्युत आघातीय चिकित्सा और यहाँ तक कि सर्जरी (surgery) काफी लोकप्रिय थी परन्तु अब इनमें किसी का भी उपयोग इसलिए नहीं किया जाता है क्योंकि अब इनके उपचार के लिए न्यूरोलेपटिक (neuroleptic) औषध विशेषकर फेनोथियाजिनस् (phenothiazines) उपलब्ध हैं। इसका सफलतापूर्वक उपयोग आजकल इस नैदानिक समस्या के निदान या उपचार में किया जा रहा है। परन्तु कुछ लोगों का मत है कि मनोविदालिता का सम्पूर्ण उपचार केवल औषध से संभव नहीं है। इसके लिए यह भी आवश्यक है कि रोगी के अंतरामानसिक समस्याओं (intrapsychic problems) का भी समाधान किया जाए। फलतः कुछ मनोवैज्ञानिक चिकित्सा भी अनिवार्य है। मनोवैश्लेषिक चिकित्सा (psychoanalytic theory) के अनुसार मनोविदालिता सचमुच में बाल्यावस्था में हुए तिरस्कार तथा दुर्व्यवहार से उत्पन्न मानसिक दुःख से एक तरह का पश्चगमन (retreat) है। इस चिकित्सा में रोगी में इस तरह के मानसिक दुःख में एक तरह का सूझ उत्पन्न करने की कोशिश की जाती है। कुछ लोगों ने पारिवारिक चिकित्सा (family therapy) के सहारे परिवार के सदस्यों के अभिव्यक्त संवेग (expressed emotion) के उच्च स्तर को कम करने की कोशिश किया है क्योंकि इस तरह के अभिव्यक्त संवेग को रोग के पुर्नागमन (relapse) का एक प्रमुख कारण माना गया है। मनोविदालिता का सबसे उपयुक्त चिकित्सा वह है जिससे मनोवैज्ञानिक एवं जैविक दोनों तरह की चिकित्सा को संयुक्त रूप से दिया जाता है।

स्पष्ट हुआ कि मनोविदालिता जो एक महत्त्वपूर्ण नैदानिक समस्या है, के कई प्रकार हैं तथा उसके कई कारण भी हैं। इसकी चिकित्सा में मनोवैज्ञानिक तथा जैविक दोनों तरह के चिकित्सा को महत्त्वपूर्ण समझा जाता है।

मनोदैहिक समस्याएँ
(Psychophysiologic Problems)

अर्थ एवं स्वरूप (*Meaning and nature*)—मनोदैहिक समस्याएँ (psychophysiologic problems) एक ऐसी नैदानिक विकृति है जिसमें मनोरोगविज्ञानियों (psychiatrists) एवं नैदानिक मनोवैज्ञानिकों (clinical psychologists) ने 1930 के लगभग में अभिरुचि (interest) दिखलाना प्रारंभ किया है। इस तरह की विकृति में रोगी अपने सांवेगिक संघर्षों (emotional conflict) एवं चिन्ताओं की अभिव्यक्ति वास्तविक शारीरिक लक्षणों के रूप में करता है। इस तरह के इस रोग में रोगी में कुछ वास्तविक शारीरिक बीमारियाँ होती हैं परन्तु उनका कारण मनोवैज्ञानिक होता है न कि शारीरिक (physiological)। दूसरे शब्दों में, मनोदैहिक विकृति वैसी विकृति को कहा जाता है जिसमें रोग के लक्षण की अभिव्यक्ति शारीरिक होती है परन्तु उसका कारण शारीरिक न होकर मनोवैज्ञानिक होता है। अतः इस रोग का कारण सांवेगिक संघर्ष तथा चिन्ता आदि होता है। शायद यही कारण है कि इस रोग का नाम मनोदैहिक विकृति (psychosomatic disorder or psychophyhologic disorder) रखा गया है।

इस रोग की खास विशेषता यह बतलायी गयी है कि इसमें उन्हीं अंगों द्वारा रोग के लक्षण की अभिव्यक्ति होती है जो स्वायत्त तंत्रिका तंत्र (autonomous nervous system) के नियंत्रण मे होते हैं। स्वायत्त तंत्रिका तंत्र के नियंत्रण में रहने वाले कुछ प्रमुख अंगों के नाम हैं—हृदय (heart), गुर्दा (kidney), आँत (intestine), चर्म क्रियाएँ (skin activities) आदि। अतः स्पष्ट है कि इस रोग में इन्हीं प्रमुख शारीरिक अंगों में विकृतियाँ उत्पन्न होकर सांवेगिक संघर्षों

की अभिव्यक्ति होती है। किस्कर[1] (Kisker, 1964) ने अपनी परिभाषा में मनोदैहिक विकृति के स्वरूप के बारे में कुछ इस प्रकार कहा है, ''जब भीतरी सांवेगिक कठिनाइयों की अभिव्यक्ति उन शारीरिक तंत्रों द्वारा की जाती है जो स्वायत्त तंत्रिका द्वारा नियंत्रित या तंत्रिकोत्तेजित होती है, तो इस अवस्था को मनोदैहिक विकृति (psycophysiologic disorder) कहा जाता है।'' यहाँ ध्यान देने वाली बात यह है कि DSM-IV में मनोदैहिक विकृति (psychophysilogical disorder) नाम को हटाकर उसके जगह पर नया नाम दिया गया है—*मेडिकल अवस्था को प्रभावित करने वाला मनोवैज्ञानिक कारक* (Psychological factors affecting Medical condition)।

मनोदैहिक विकृति के प्रकार
(Types of Psychosomatic or Psychophysiologic Disorder)

मनोदैहिक विकृतियों(psychomatic disorders) को मनोरोगविज्ञानियों(psychiatrists) तथा नैदानिक मनोवैज्ञानिकों (clinical psychologists) ने शरीर के प्रभावित होने वाले अंगों के आधार पर कई श्रेणियों में विभाजित किया है। इसे आज मोटे तौर पर दो भागों में बाँटा गया है—पौराणिक मनोदैहिक विकृति (traditional psychophysiological disorer) एवं नयी मनोदैहिक विकृति (new psychophysiological disorder)। अमेरिकन मनश्चिकित्सीय संघ (American Psychiatric Association, 1968) ने पौराणिक मनोदैहिक विकृति को 5 भागों में बाँटा है—

(1) मनोदैहिक हृदयवाहिका विकृतियाँ *(Fsychophysiologic cardiovascular disorders)*—इस श्रेणी में हृदय एवं रक्तनलिकाओं (blood vessels) से संबंधित रोगों को रखा जाता है। इसमें हृदय गति में वृद्धि (tachycardia), एनजीएनल संलक्षण(anginal syndrome), हृदय-रक्तधमनी की विकृति(coronary heart diseases or CHD) सिरदर्द, अधसीसी (migraine) आदि मुख्य रूप से आते हैं।

(2) मनोदैहिक आमाशयांत्र की विकृति *(Psychophysiologic gastrointestinal disorder)*—इस श्रेणी में पाचन संस्थान (digestive tract) में उत्पन्न रोगों को रखा जाता है। इसमें एनोरेक्सीया नरभोसा (anorexia nervosa), बुलिमिया (bulimia), आँत का घाव(peptic ulcer), शोथ(colitis), पेचिश(dysentery), जठर-शोथ(gastritis) आदि प्रधान हैं।

(3) मनोदैहिक श्वसन विकृतियाँ *(Psychophysiologic respiratory disorders)*—इस श्रेणी में श्वसन तंत्र (respiratory system) से संबंधित रोगों को रखा जाता है। इसमें आने वाले कुछ प्रमुख रोग हैं—श्वसनी दमा (bronchial asthma), सामान्य सर्दी(common cold), फेफड़े का क्षय रोग(tuberculosis), उच्च श्वसन संलक्षण(hyperventilation syndrome)।

(4) मनोदैहिक त्वचा-संबंधी विकृतियाँ *(Psychophysiologic skin disorders)*—इस श्रेणी में त्वचा में उत्पन्न रोगों को मूलतः रखा जाता है। इसमें न्यूरोडरमैटोशिश (neurodermatosis), खरोचना एवं खुजलाहट (scraching and itching), एटोपिक डरमैटोशिश (atopic dermatosis) आदि को रखा जाता है।

(5) मनोदैहिक जननमूत्र विकृतियाँ *(Psychophysiologic genitourinary disorders)*—इस श्रेणी में यौन अंगों से संबंधित रोगों को रखा जाता है। इसमें मूलतः मासिक धर्म संबंधी विकृतियाँ (menstrual disorder), नपुंसकता (impotency), गर्भपात (abortion) आदि को रखा जाता है।

इसके अतिरिक्त आजकल के शोधों से यह पता चला है कि कुछ ऐसी शारीरिक बीमारियाँ जैसे कैंसर (cancer), मनोन्यूक्लिओओसिस (mononucleosis) आदि हैं जो मनोवैज्ञानिक कारकों एवं दैहिक कारकों के अतंक्रिया से उत्पन्न होते हैं। इसे *नया मनोदैहिक विकृति* (New psychophysilogical disorders) कहा गया है। शोधों से यह स्पष्ट हुआ है कि तनाव, मानसिक संघर्ष तथा प्रतिबल का प्रभाव शरीर के प्रतिरक्षक तंत्र (immune system) पर पड़ता है अर्थात् यह ठीक से कार्य नहीं करता है और व्यक्ति में बीमारी उत्पन्न हो जाती है। इस नये क्षेत्र को *साइकोन्यूरोइमूनोलॉजी* (Psychoneuroimmunology or PNI) कहा गया है। इस नये मनोदैहिक विकृति में मुख्य कैंसर (cancer) है। तनाव

1. "When the underlying emotional difficulties are expressed through body systems innervated by the autonomic nervous system, the resulting condition is called a psychophysiologic disorder."

—Kisker : *Disorganized Personality,* 1964, p. 298

या प्रतिबल से लिम्फोसाइटिस (lymphocytes) जो उजला रक्त कोशिका (white blood cells) है तथा जिसका उत्पादन लिम्फतंत्र (lymph system) द्वारा होता है की संख्या तथा कार्यवाही दोनों ही कुप्रभावित हो जाते हैं और व्यक्ति में कैंसर तथा अन्य संबंधित दैहिक रोग उत्पन्न हो जाते हैं। लिम्फोसाइटिस का मुख्य उद्देश्य व्यक्ति को एन्टीजेन (antigen) अर्थात् वैक्ट्रीया तथा वायरस आदि से बचाना होता है।

मनोदैहिक हृदयवाहिका विकृतियाँ (Psychophysiologic Cardiovasular Disorder)

हृदयवाहिका की विकृति सबसे सामान्य मनोदैहिक विकृति (psychophysiologic disorder) है। जैसा कि हम जानते हैं, सांवेगिक तनावों (emotional stresses) के प्रति हृदय की धड़कन अनियमित हो जाती है, रक्त-चाप में वृद्धि हो जाती है, नाड़ी गति भी तेज हो जाती है तथा मांशपेशियों में रक्त की आपूर्त्ति बढ़ जाती है तथा अन्तरावयवों (visceral organs) में रक्त की आपूर्त्ति कम हो जाती है। विषाद (depression) की सांवेगात्मक अवस्था उत्पन्न होने पर हृदय गति मंद पड़ जाती है तथा रक्त-चाप भी घट जाता है। मेंनजर तथा क्राउस (Mainser & Krause, 1940) ने अपने अध्ययन में पाया कि इस तरह मनोवैज्ञानिक अवस्था अर्थात् सांवेगिक अवस्था के सतत् (continuous) बने रहने से व्यक्ति में एलेक्ट्रोकार्डियोग्राम (Electocardiogram or ECG) की गड़बड़ी उत्पन्न हो जाती है।

हृदयवाहिका विकृति (cardiovasular disorders) में निम्नांकित विकृतियाँ अधिक सामान्य है—

(क) हृदयगति में वृद्धि (Tachycardia)

(ख) एनजाइनल संलक्षण (Anginal syndrome)

(ग) उच्च रक्त-चाप या आवश्यक हाइपरटेनशन (High blood pressure or Essential hypertension)

(घ) हृदय-रक्तधमनी की विकृति (Coronary heart diseases or CHD)

इन विकृतियों का वर्णन निम्नांकित है—

(क) हृदयगति में वृद्धि *(Tachycardia)*—यह एक ऐसी विकृति (disorder) है जिसमें रोगी के हृदय की गति में वृद्धि होने के साथ-ही-साथ हृदय सामंजस्य (heart rhythm) में अनियमितता होती है। इस तरह के रोगी जो अपने आन्तरिक संघर्षों (inner conflicts) की अभिव्यक्ति तीव्र हृदय गति एवं अनियमित हृदय सामंजस्य (heart rhythm) के माध्यम से करता है, कमजोरी महसूस करता है और कभी-कभी उसे साँस लेने में कठिनाई का भी अनुभव करता है। विकृति (disorder) जब गंभीरता की स्थिति में आ जाती है, तो रोगी में मानसिक शून्यता या बेहोशी भी उत्पन्न हो जाती है। अध्ययनों से यह स्पष्ट हो गया है कि इस विकृति में नाड़ी की गति जो सामान्यतः 72 स्पन्दन (beats) प्रति मिनट होता है, बढ़कर 150 स्पन्दन (beats) या उससे भी अधिक हो जाता है। हृदयगति में वृद्धि (tachycardia) का प्रकोप (attack) किसी भी समय तथा किसी भी परिस्थिति में हो सकता है। किस्कर (Kisker, 1964) ने अपने अध्ययनों के आधार पर बतलाया है कि यह विकृति (disorder) उन व्यक्तियों (individuals) में अधिक होता है जिनमें प्रतियोगिता (competition) की भावना तो काफी होती है परन्तु प्रतियोगिता में असफल होने का डर भी उतना ही अधिक होता है।

(ख) एनजाइनल संलक्षण *(Anginal syndrome)*—इस तरह की विकृति (disorder) में रोगी की छाती में अचानक तीव्र एवं जानलेवा दर्द हो जाता है। कभी-कभी इस तरह के दर्द का कारण तो कायिक हृदय रोग (organic heart disease) होता है परन्तु जब इस रोग का स्वरूप (nature) मनोदैहिक (psychophysiologic) होता है तो इस तरह के दर्द का कारण कोई-न-कोई सांवेगिक संघर्ष (emotional conflict) होता है। इस रोग के कई कारण बतलाये गए हैं जिनमें शारीरिक तंत्र (body system) का कमजोर होना, सामाजिक अनुबंधन (social conditioning) तथा किसी संघर्ष को सांकेतिक रूप से व्यक्त करने की आवश्यकता आदि प्रधान हैं। किस्कर (Kisker, 1964) ने एनजाइनल दर्द (anginal pain) के एक ऐसे केस का उदाहरण दिया है जिसमें एक पुरुष रोगी ने अपने डाक्टर को बतलाया है कि उसकी छाती में इतना दर्द होता है मानो उसकी छाती फट रही हो। उपचार के दौरान यह पता चला कि इसका कारण एक तीव्र सांवेगिक आघात (emotional shock) था जिसका कारण उसकी पत्नी का गैर पुरुष के साथ अनैतिक संबंध था। अन्त में डाक्टर की सलाह पर जब पत्नी ने गैर पुरुष के साथ अपने अनैतिक संबंध को समाप्त किया, तो पति का एनजाइनल दर्द भी धीरे-धीरे कमने लगा और अन्तोगत्वा वह समाप्त हो गया।

(ग) आवश्यक हाइपरटेंशन या उच्च रक्त-चाप *(Essential hypertension or high blood pressure)*—हाइपरटेंशन या उच्च रक्त-चाप हृदयवाहिका विकृतियाँ (cardiovascular disorders) में सबसे अधिक सामान्य विकृति है। इस विकृति में जैसा कि नाम से ही स्पष्ट है, शरीर में रक्तचाप (blood pressure) बढ़ जाता है तथा रोगी में सिरदर्द, चिड़चिड़ापन, अन्यमन्यस्कता आदि लक्षण स्पष्ट रूप से दिखते हैं। हाइपरटेंशन के कुछ ऐसे केसेज होते हैं जिसमें तो इस रोग का कारण शारीरिक (bodily) होता है और इस केसेज को तब मनोदैहिक विकृति (psychophysiologic disorder) में नहीं रखा जाता है। परन्तु हाइपरटेंशन के कुछ ऐसे केसेज होते हैं जिनका कारण स्पष्टतः शारीरिक न होकर सांवेगिक (emotional) होता है जिन्हें हम मनोदैहिक विकृति में रखते हैं।

मनोरोगविज्ञानियों (psychiatrists) एवं नैदानिक मनोवैज्ञानिकों (clinical psychologists) ने हाइपरटेंशन (hypertension) की सांवेगिक उत्पत्ति (emotional origin) की व्याख्या करने के कई सिद्धान्त (theory) का वर्णन किया है। *इन्नस्* (Innes, 1969) के सिद्धान्त के अनुसार कुछ व्यक्ति अपने व्यक्तित्व में क्रोध (anger) एवं रोष (rage) का तूफान छिपा रखते हैं भले ही वह ऊपर से शांत दिखाई देते हैं। ऐसे व्यक्तियों में हाइपरटेंशन का रोग उत्पन्न होने की संभावना तीव्र होती है। *इन्नस्* (Innes, 1969) ने हाइपरटेंशन के रोगियों के व्यक्तित्व के शीलगुणों (traits) का अध्ययन किया और बतलाया है कि ऐसे व्यक्तियों का माँ के साथ घनिष्ठ सांवेगिक संबंध होता है, इनमें दूसरों पर निर्भर रहने की आदत होती है, आत्म-विश्वास की कमी एवं असुरक्षा के भाव की क्षतिपूर्ति के रूप में आदर्शपूर्ण व्यवहार (perfectionistic behaviour) दिखलाने की आदत होती है। ऐसे रोगियों में जिन्दगी की कठिनाइयों (difficulties) से बचने के लिए कुछ विशेष औषध (drugs) सेवन करने की आदत तथा साथ-ही-साथ भोजन अधिक करने की प्रवृत्ति विकसित हो जाती है।

(घ) हृदय-रक्तधमनी की विकृति *(Coronary heart diseases or CHD)*—हृदय वाहिका विकृतियों (cardiovascular disorders) में हृदय-रक्तधमनी की विकृति भी एक सामान्य विकृति है और इस रोग से मरने वालों की संख्या भी काफी है। इस रोग में हृदय में खून की आपूर्त्ति करने वाली धमिनयों (arteries) में रक्त का थक्का जम जाता है जिसके कारण हृदय को खून की आपूर्त्ति उतनी नहीं हो पाती है जितनी की होनी चाहिए और वह बीमार पड़ जाता है। इससे हृदय के कुछ उत्तकें (tissues) नष्ट भी हो जाते हैं और रोगी में दिल का दौरा पड़ता है तथा वह जिन्दगी और मौत के बीच जुझने लगता है। इस रोग का कारण शारीरिक (physiological) होता है परन्तु कुछ केसेज में इसका कारण मनोवैज्ञानिक (psychological) भी होता पाया गया है। अध्ययनों से पता चला है कि सांवेगिक तनाव (emotional stress) इस रोग का सबसे प्रमुख कारण है। क्रोगर (Kroger, 1990) के अनुसार सांवेगिक तनाव एवं चिन्ता के कारण हृदय की मांशपेशियों (cardiac muscles) में उत्तेजना अधिक बढ़ जाती है, रक्त प्रवाह की मांशपेशियों (cardiac muscles) में उत्तेजना अधिक बढ़ जाती है, रक्त प्रवाह में परिधीय अवरोध (peripheral resistance) बढ़ जाता है तथा रक्त जमने की प्रक्रिया तीव्र हो जाती है। ये सभी कारक आपस में मिलकर हृदय को कमजोर (weak) कर देतें हैं और व्यक्ति इस रोग का शिकार हो जाता है। जोन्स (Jones, 1982) ने एक अध्ययन कर सांवेगिक तनाव एवं खून जमने की प्रक्रिया में धनात्मक सहसंबंध (positive correlation) दिखलाया है। इन्होंने अपना अध्ययन में पाया कि शांत प्रकृति के व्यक्तियों के शरीर से निकले खून को जमने में करीब 8 से 12 मिनट का समय लगा, शंकालु प्रवृत्ति के व्यक्तियों के शरीर से निकले खून को जमने में 4 से 5 मिनट का समय लगा तथा अत्यधिक व्यग्र उत्तेजित एवं डरे हुए व्यक्तियों के शरीर से निकले खून को जमने में मात्र 1 से 3 मिनट का समय लगा। अध्ययन से स्पष्ट हो जाता है कि व्यक्ति में संवेगात्मक तनाव एवं व्यग्रता होने से खून में जल्द जमने की प्रवृत्ति तीव्र हो जाती है। शायद यही कारण है कि जब किसी व्यक्ति में संवेगात्मक तनाव की स्थिति चिरकालिक (chornic) होती है, तो उनके उन रक्त नलिकाओं में खून जल्दी जमने लगता है जो हृदय को खून की आपूर्त्ति (supply) करता है। नतीजन, व्यक्ति में हृदय-रक्तधमनी की विकृति (coronary diseases) उत्पन्न हो जाता है। फ्रिडमैन एवं रोजेनमैन (Friedman & Rosenman, 1974) ने एक अध्ययन किया जिसमें इन्होंने 3000 व्यक्तियों को टाइप ए (Type A) व्यक्तित्व तथा टाइप बी (Type B) व्यक्तित्व में छाँटा और अगले आठ सालों तक उनके स्वास्थ्य का रिकार्ड रखे। परिणाम में यह देखा गया कि टाइप ए व्यक्तित्व में CHD दुगुना अधिक गति से टाईप बी व्यक्ति के तुलना में विकसित हुआ। हेयन्स (Haynes, 1994) ने भी अपने अध्ययन से इस तथ्य की संपुष्टि किया है।

मनोदैहिक आमाशयांत्र की विकृतियाँ
(Psychophysiologic Gastrointestinal Disorders)

इस रोग में व्यक्ति अपने सांवेगिक तनावों (emotional tension) की अभिव्यक्ति उन भागों में रोग उत्पन्न करके करता है जो पाचन संस्थान (digestive system) से जुड़े होते हैं। पाचन संस्थान द्वारा मूलतः तीन प्रमुख क्रियाएँ होती हैं—(i) पाचन क्रिया (digestive functions), (ii) शोषण की क्रिया (absorption) तथा (iii) मल-मूत्र त्यागने की प्रक्रिया (eliminative functions)। इन सभी क्रियाओं का नियंत्रण स्वायत्त तंत्रिका तंत्र (autono-mic nervous system) द्वारा होता है। जब व्यक्ति तनावपूर्ण स्थिति में काफी दिनों से होता है, तो सामान्य स्वायत्त कार्य (normal autonomic function) प्रभावित हो जाते हैं जिनसे पाचन संस्थान की क्रियाओं में गड़बड़ी हो जाती है और धीरे-धीरे व्यक्ति मनोदैहिक आमाशयांत्र की विकृतियों (physiological gastrointestinal disorders) से ग्रसित हो जाता है। इस श्रेणी में आने वाली प्रमुख विकृतियाँ (disorders) निम्नांकित हैं—

(क) आँत का घाव (Peptic Ulcer)
(ख) एनोरेक्सीया नरभोसा (Anorexia Nervosa)
(ग) बुलिमिया (Bulimia)
(घ) जठर-शोध (Gastritis)
(ङ) वृहदान्त्र शोध (Colitis)

DSM-IV में एनोरेक्सीया नरमोसा तथा बुलिमिया को अब एक स्वतंत्र रोग श्रेणी में रखा गया है जिसका नाम *खाने की विकृति* (eating disorders) है।

इन विकृतियों के नैदानिक स्वरूप (clinical picture) तथा कारणों (etiologies) का वर्णन निम्नांकित है—

(क) आँत का घाव (*Peptic ulcer*)—इस रोग में प्रायः छोटी आँत (small intestine) के ऊपरी हिस्से में या आमाशय (stomach) में एक खुला मुँह का जख्म या घाव हो जाता है। इस रोग का मुख्य लक्षण भोजन करने के एकाध-घंटे के बाद पेट में दर्द का होना है। दर्द के साथ-साथ प्रायः कै होता है या मिचली भी आती है। अत्यधिक गंभीर अवस्था होने पर रोगी के पेट के भीतर रक्त निकलता है जो मुँह के रास्ते से कभी-कभी कै द्वारा बाहर भी निकलने लगता है। अध्ययनों से पता चला है कि आँत का घाव उत्पन्न करने में आमाशय रस (gastric juice) का महत्त्व काफी अधिक है। इस रस की सार्थकता को सबसे पहले-पहल *जॉन यंग* (John Young) द्वारा 1803 में पेन्सिलवानिया विश्वविद्यालय (University of Pennsylvania) में दिखलाया गया था। इस आमाशय रस (gastric juice) में प्रमुख तत्त्व होते हैं—मुकस (mucus), पेपसिन (pepsin) तथा हाइड्रोक्लोरिक अम्ल (hydrochloric acid)। इसमें से हाइड्रोक्लोरिक अम्ल ही आँत का घाव (peptic ulcer) उत्पन्न करने में काफी महत्त्वपूर्ण भूमिका निभाता है। आँत के घाव से प्रभावित प्रत्येक रोगी में हाइड्रोक्लोरिक अम्ल की अधिकता देखी गयी है।

आँत का घाव (peptic ulcer) की उत्पत्ति में सतत् सांवेगिक तनाव (persistent emotional stress) का महत्त्व काफी बतलाया गया है। जब व्यक्ति इस तरह के सांवेगिक तनाव में अधिक दिनों से होता है तो उसके वेगस तंत्रिका (vagus nerve) का कार्य प्रभावित हो जाता है। वेगस तंत्रिका (vagus nerve) एक ऐसा तंत्रिका होता है जो आमाशय रस (gastric juice) तथा आमाशय को क्रमाकुचंक गति (peristaltic motions) को नियंत्रित करता है। वस्तुतः सतत् या चिरकालिक सांवेगिक तनाव (persistent or chronic emotional tention) के होने से वेगस तंत्रिका का नियंत्रण करीब-करीब हट जाता है और काफी अधिक मात्रा में आमाशय रस निकलने लगता है जो धीरे-धीरे आमाशय के दिवाल को गलाने लगता है जिससे अंततः आँत का घाव (peptic ucler) उत्पन्न हो जाता है।

आँत के घाव की उत्पत्ति में सांवेगिक तनाव (emotional stress) के महत्त्व को *ब्रैडी* (Brady, 1958) द्वारा एक प्रयोग में भी दिखलाया गया है। यह प्रयोग इस क्षेत्र का सबसे महत्त्वपूर्ण प्रयोग है। यह प्रयोग बन्दरों पर किया गया था। इन दोनों बंदरों को अगल-बगल में विशेष कुर्सी पर बैठाया गया। इनमें से एक बन्दर के बगल में एक लीभर (lever) लगा था जिसे दबा देने से बिजली का शॉक न तो उसे लगता था और ना ही उसके बगल वाले बन्दर को। इस बन्दर को कार्यपालक बन्दर (executive monkey) कहा गया। दूसरे बन्दर के बगल में भी इस तरह की लीभर (lever) लगा था परन्तु इस लीभर के दबाने या न दबाने से बिजली के शॉक का कोई संबंध नहीं था। इस बन्दर को नियंत्रित बन्दर

(control monkey) की संज्ञा दी गयी। दोनों बन्दरों को प्रतिदिन 6 घंटा का सत्र (session) दिया गया जिसमें लीभर दबाकर बिजली के आघात (electric shock) से छुटकारा पाने की अनुक्रिया को सीखना था। इसमें देखा गया कि 24वाँ दिन अचानक कार्यपालक बन्दर (executive monkey) आघात-बचाव सत्र (shock-avoidance session) के दौरान मर गया हालांकि उसकी तबियत पहले बिलकुल ही ठीक थी। इसके बाद उसकी शव-परीक्षा (autopsy) की गयी तो देखा गया कि छोटी आँत के ऊपरी भाग (upper intestine) पर घाव हो गया था अर्थात् उसमें आँत का घाव (peptic ulcer) विकसित हो गया था। उसके कुछ घंटों के बाद नियंत्रित बन्दर (control monkey) को जान से मार दिया गया और उसकी शव-परीक्षा (autopsy) की गयी तो पाया गया कि उसमें किसी प्रकार की कोई आमाशयांत्र की विकृति (gastrointestinal disorder) नहीं थी। *ब्रैडी* (Brady, 1958) के अनुसार कार्यपालक बन्दर (executive monkey) में सांवेगिक तनाव (emotional tension) नियंत्रित बन्दर (control monkey) में सांवेगिक तनाव की अपेक्षा अधिक थी क्योंकि उसमें इस बात की चिन्ता बनी रहती थी कि वह जल्द-से-जल्द लीभर दबाकर स्वयं अपने आप को एवं अपने साथी को किसी तरह से बचा सके। नियंत्रित बन्दर में ऐसी कोई चिन्ता नहीं थी। इस प्रयोग के परिणाम से यह स्पष्ट हो जाता है कि आँत का घाव (peptic ucler) उत्पन्न करने में सांवेगिक तनाव (emotional tension) की भूमिका काफी महत्त्वपूर्ण होती है।

होगर-पेटरसन (Hoger-Peterson, 1958) ने कई पशुओं पर प्रयोग करके एवं साथ-ही-साथ मानव रोगियों का नैदानिक प्रेक्षण (clinical observations) करके यह बतलाया है कि यह रोग उन मनुष्यों तथा पशुओं में अधिक होता है जिनमें प्रतियोगिता की भावना काफी अधिक होती है तथा साथ-ही-साथ जो अपने आप को हमेशा किसी-न-किसी काम में व्यस्त रखते हैं।

(ख) एनोरेक्सीया नरभोसा *(Anorexia Nervosa)*—इस विकृति में रोगी को भूख नहीं लगती है। इस तरह की विकृति (disorder) को सबसे पहले सर विलियम गल (Sir William Gull) ने 1874 में दिखलाया था। इस विकृति में रोगी के शरीर का वजन धीरे-धीरे कमता जाता है और बिना कसी कायिक रोग (organic pathology) के ही रोगी में भूख धीरे-धीरे कमती चली जाती है। यह रोग कम उम्र की औरतों में अधिक होता पाया गया है और कुछ अन्य लक्षण जैसे मासिक धर्म की गड़बड़ी (menstrual disturbances), धीमी हृदय गति (slow heart rate) तथा अन्य चयापचयी गड़बड़ियाँ (metabolic disturbances) आदि भी प्रधान हैं।

एनोरेक्सीया (anorexia) की शुरुआत बचपनावस्था में ही हो जाती है। ऐसे बालक जिन्हें कम भूख लगती है, अपने आप में एक संवेगात्मक समस्या (emotional problems) बन जाते हैं और फिर माता-पिता द्वारा खाना खाने पर बल दिया जाना ऐसी संवेगात्मक समस्याओं को और भी बढ़ा-चढ़ा देता है जिससे रोग की प्रगति तेज हो जाती है। लेसर(Lesser, 1980) ने अपने अध्ययन के आधार पर बतलाया है कि इस तरह की विकृति उन बालकों या व्यक्तियों में अधिक विकसित होती है जिन्हें मातृत्व अतिरक्षा (maternal overprotection) मिला होता है कि रोगी के घरों में कुछ विशेष अवांछनीय तत्त्व (undesirable element) मिला होता है। एनोरेक्सीया नरभोसा (anorexia nervosa) के कुछ ऐसे भी केसेज मिले हैं जिसमें देखा गया है कि रोगी के घरों में कुछ विशेष अवांछनीय तत्त्व (undesirable element) जैसे माँ एवं बेटी में विद्वेषता(hostility) आदि होते हैं। लैंगिक समायोजन(sexual adjustment) में गड़बड़ी तथा कुंठा से भी एनोरेक्सीया नरभोसा (anorexia nervosa) की अवस्था उत्पन्न हो जाती है।

(ग) बुलिमिया *(Bulimia)*—बुलिमिया एक ऐसी विकृति है जिसमें रोगी अत्यधिक खाना खाता है जिसके कारण उसमें मोटापन (obesity) बढ़ जाता है। इस तरह से यह मनोदैहिक विकृति एनोरेक्सीया नरभोसा (anorexia nervosa) से विपरीत की स्थिति होती है। मोटापा कभी-कभी कुछ अन्तःस्रावी ग्रन्थियों (endocrine glands) की गड़बड़ी के कारण भी उत्पन्न हो जाता है तो ऐसी अवस्था निश्चित रूप से मनोदैहिक (psychophysiologic) नहीं होता है। कुछ ऐसे भी केसेज होते हैं जिसमें मोटापा का कारण, सांवेगिक प्रतिक्रिया (emotional reactions) होते हैं। इस कारण से उत्पन्न विकृति (disorder) मनोदैहिक होता है। कुछ मनोरोगविज्ञानियों (psychiatrists) ने बुलिमिया (bulimia) में अत्यधिक खाने के व्यवहार को किसी अपूर्ण आवश्यकता (unfulfilled need) का एक प्रतिस्थापित संतुष्टि (substitute satisfaction) माना है। अध्ययनों से पता चलता है कि महिलाओं के अतिभक्षण (overeating) का कारण पुरुषों या विवाह के प्रति अचेतन स्तर पर एक तरह का विरोध (protest) करना होता है।

बुलमिया(bulimia) के कारण की व्याख्या मनोविश्लेषका(psychoanalysts) द्वारा भी किया गया है। मनोवैश्लेषिक सिद्धान्त(psychoanalytic theory) के अनुसार बुलिमिया के रोगी में मनौलैंगिक विकास(psychosexual development) के मुखावस्था (oral phase) से संबंधित गड़बड़ी (disturbances) पायी जाती है। जैसा कि हम जानते हैं, मनोलैंगिक अवस्था के मुखावस्था में बालक मुँह-संबंधी क्रियाओं एवं खाने-पीने की क्रियाओं में सार्वधिक दिलचस्पी लेता है। अगर इस अवस्था की समस्याएँ जो मूलतः उपर्युक्त क्रियाओं (activities) से संबंधित होती है, को ठीक ढंग से समाधान नहीं किया गया, तो मुखावस्था की आवश्यकताएँ वयस्कावस्था तक बनी रहती है जिसके परिणामस्वरूप व्यक्ति वयस्कावस्था में अतिभक्षण (overating) जैसा व्यवहार करता है।

(घ) जठर-शोध *(Gastritis)*—यह एक ऐसी मनोदैहिक विकृति है जिसमें रोगी में अपच (indigestion), अतिअम्लता (hyperacidity), मिचली (nausea), अत्यधिक गैस का होना आदि लक्षण पाये जाते हैं। कई अध्ययनों से यह स्पष्ट हो गया है कि जठर-शोध के उक्त लक्षण का संबंध चिन्ता, क्रोध तथा आत्मदोष (self-accusation) जैसी भावनाओं से अधिक है। जठर-शोध के कई कारण मनोरोगविज्ञानियों (psyschiatrists) द्वारा बतलाये गए हैं जिसमें एक प्रमुख कारण अनुबन्धन (conditioning) माना गया है। अगर बालक अपने परिवार में यह देखता है कि जब-जब किसी तरह का मनोवैज्ञानिक तनाव (psychological tension) माता या पिता के सामने आता है, तब उनमें (माता-पिता में) उक्त लक्षण विकसित कर जाते हैं तो वह इस तरह का प्रेक्षण (observation) कई बार किये जाने पर किसी तरह के सांवेगिक तनाव या मानसिक संघर्ष की अवस्था उत्पन्न होने पर जठर-शोध का लक्षण विकसित कर प्रतिक्रिया (reaction) व्यक्त करना सीख लेता है। होगर-पेटरसन (Hoger-Peterson, 1958) ने अपने अध्ययन में पाया कि जठर-शोध का रोग उन व्यक्तियों में अधिक विकसित होता है जिनमें प्रभुत्व (dominance) का शीलगुण अधिक होता है जिनके भाई-बहनों में आपस में विद्वेष (hostility) अधिक होता है तथा प्राधिकार (authority) के प्रति भीतर-भीतर प्रतिशोध एवं आक्रामकता (aggressiveness) का भाव अधिक होता है।

(ङ) वृहदान्त्र शोध *(Colitis)*—यह एक ऐसा मनोदैहिक विकृति (psychophysiologic disorder) है जिसमे बहुत तरह के लक्षण (symtoms) पाये जाते हैं जिनमें मूलतः अतिसार (diarrhoea), कब्जियत (constipation), पेट में दर्द तथा पैख़ाना में खून का आना सम्मिलित है। कुछ ऐसे केसेज होते हैं जिनमें उक्त लक्षण का कारण शारीरिक (bodily) भी होता है। अतः इन केसेज को मनोदैहिक (psychosomatic) नहीं माना जा सकता है। परन्तु कुछ केसेज ऐसे होते हैं जिनमें इन लक्षणों का कारण पूर्णतः मनोवैज्ञानिक (psychological) होता है। ऐसे केसेज स्पष्टतः मनोदैहिक विकृति (psychosomatic disorder) के उदाहरण होते हैं। ह्वाईट (White, 1939) ने अपने अध्ययन में पाया कि इस रोग की उत्पत्ति में सांवेगिक तनाव की भूमिका का अधिक महत्त्व होता है। उन्होंने वृहदान्त्र शोध (colitis) को दो भागों में बाँटा है--म्यूकस वृहदान्त्र शोध (mucous colitis) तथा अल्सरेटिव वृहदान्त्र शोध (ulcerative colitis)।

म्यूकस वृहदान्त्र शोध (mucous colitis) का प्रधान लक्षण यह है कि इसमें रोगी को खून तथा म्यूकस (mucous) मिला हुआ पैखाना होता है। सामान्यतः रोगी में भूख कम हो जाती है और वह अपच (indigestion) का शिकार हो जाता है। रोगी का पेट भारी रहता है तथा खाना खाने के बाद पेट में दर्द का अनुभव प्रारंभ हो जाता है। अल्सेरेटिव वृहदान्त्र शोध (ulcerative colitis) में वृहदान्त्र (colon) का म्यूकोसा (mucosa) कमजोर पड़ जाता है जिससे उसमें घाव हो जाता है और उससे खून निकलने लगता है।

चाहे म्यूकस वृहदान्त्र शोध हो या अल्सरेटिव वृहदान्त्र शोध (ulcerative colitis), इसकी उत्पत्ति प्रायः सांवेगिक कारणों से होता पाया गया है। सांवेगिक कारणों में परिवार में किसी की मृत्यु, संबंध-विच्छेद (divorce), नौकरी का छूटना तथा अन्य सामान्य कारकों द्वारा इस रोग की उत्पत्ति होता पाया गया है। गारमा (Garma, 1950) ने अपने अध्ययन में पाया कि वृहदान्त्र शोथ (colitis) उन व्यक्तियों में अधिक विकसित होता है जिनकी बुद्धि का स्तर सामान्य या सामान्य से ऊँचा होता है परन्तु इनमें उपयुक्त सांवेगिक अनुभूतियों (emotional experiences) की कमी होती है। जब-जब ऐसे व्यक्तियों के सामने किसी भी तरह की सांवेगिक कठिनाई उत्पन्न होती है, उनमें विषाद (depression) तथा आँत-संबंधी गड़बड़ी (bowel disturbances) उत्पन्न हो जाती है। ब्राउन (Brown, 1938) के अनुसार इस तरह का रोग उन व्यक्तियों मे अधिक होता है जिनमें आत्म-स्नेह (narcissism) की भावना अधिक होता है तथा जिनका ध्यान अपने शरोर के अंगों के कार्यों पर जरूरत से ज्यादा होता है। मनोलैंगिक विकास का स्तर ऐसे व्यक्तियों में अपरिपक्व (immature) होता है।

स्पष्ट हुआ कि मनोदैहिक आमाशायांत्र की विकृति के कई प्रकार होते हैं। प्रत्येक प्रकार में सांवेगिक तनाव (emotional stress) तथा मनोवैज्ञानिक संघर्ष (psychological conflict) की प्रधानता होती है।

मनोदैहिक श्वसन विकृतियाँ
(Psychophysiologic Respiratory Disorders)

मनोदैहिक श्वसन विकृतियाँ (psychophysiologic respiraroty disorders) वैसी विकृतियाँ हैं जिनमें रोगी को श्वसन-संबंधी कठिनाइयाँ होती हैं। ऐसा देखा गया है कि जब-जब रोगी संवेगात्मक तनाव एवं चिन्ता की परिस्थिति से घिर जाता है उसमें श्वसन-संबंधी विकृतियाँ उत्पन्न हो जाती हैं। कभी तो उसे दम घुटने का अनुभव होता है तो कभी उसे फेफड़ों में काफी दबाव का अनुभव होता है। इस श्रेणी में आने वाले कुछ प्रमुख विकृतियाँ इस प्रकार हैं—

(क) श्वसनी दमा (Bronchial Asthma)

(ख) सामान्य सर्दी (Common cold)

(ग) अतिश्वसन संलक्षण (Hyperventilation syndrome)

इन सबका वर्णन निम्नांकित है--

(क) श्वसनी दमा *(Bronchial Asthma)*—यह एक ऐसी विकृति (disorder) है जिसमें श्वसनी मांसपेशियों (bronchial muscles) में ऐंठन (spasms) से रोगी को श्वास लेने में कठिनाई होती है। मनोदैहिक श्वसन विकृति में इस रोग का कारण सांवेगिक तनाव एवं चिन्ता माना गया है। इस रोग में श्वसनी श्लेष्मल (bornchial mucusa) नें फूलन (inflammation) उत्पन्न हो जाता है तथा साथ-ही-साथ रोगी की छाती में ऐंठन होता है तथा उसमें खाँसी एवं श्वसन में घरघराहट (wheezing) आदि भी होता है। कुछ ऐसे भी केसेज देखे गए हैं जिनमें इन लक्षणों का कारण किसी खास तरह के तत्त्वों को व्यक्ति द्वारा सूंघ लिया जाना या खा जाना होता है। परन्तु अधिकतर केसेज में इस तरह के रोग का कारण मनोवैज्ञानिक (psychological) होता है।

मनोरोगविज्ञानियों (psychiatrists) एवं नैदानिक मनोवैज्ञानिकों (clinical psychologists) ने कई ऐसे बालक जो इस रोग से ग्रस्त थे, के व्यक्तित्व शीलगुणों (personality characteristics) का अध्ययन किया ताकि यह निश्चित किया जा सके कि किन-किन तरह के शीलगुणों वाले बालकों में यह रोग विकसित होता है। न्यूहॉस (Neuhaus, 1985) ने एक ऐसा ही अध्ययन किया और उसके आधार पर यह बतलाया है कि श्वसनी दमा (bronchial asthma) के रोग से प्रभावित बालक प्रायः औसत बुद्धि (average intelligence) से ऊपर के होते हैं और इनमें चिड़चिड़ापन, आक्रामकता तथा आत्म-विश्वास की कमी पायी जाती है। कनैप एवं उनके सहयोगियों (Kanape et al, 1975) ने एक ऐसा ही अध्ययन किया जिसमें उन्होंने वैसे वयस्कों (adults) के व्यक्तित्व शीलगुणों का अध्ययन किया है जो श्वसनी दमा (bronchial asthma) के रोग से ग्रसित थे। उन्होंने अपने अध्ययन में पाया है कि ऐसे वयस्कों में मातृत्व निर्भरता (maternal dependence) का एक लम्बा इतिहास होता है और जब-जब इनके सामने सांवेगिक परिस्थिति ऐसी आ जाती है जिसमें इन्हें माँ से अलग होने की संभावना बढ़ जाती है, तो इस रोग के लक्षण उभर कर सामने आ जाते हैं।

मनोवैश्लेषिक सिद्धान्त (Psychoanalytic theory) के अनुसार श्वसनी दमा (bronchial asthma) का कारण स्वयं के प्रति या अन्य दूसरों के प्रति एक तरह की आक्रामकता (aggression) बतलाया गया है। श्वसनी दमा का लक्षण विकसित करके रोगी अपने प्रति एक तरह की आक्रामकता का लक्षण दिखलाता है। कभी-कभी रोगी का लक्षण इतना गंभीर हो जाता है कि दूसरे लोग भी उसे ठीक ढंग से सहायता चाहकर भी नहीं कर पाते और तब ऐसी परिस्थिति में रोगी एक तरह से दूसरों के प्रति आक्रामकता (aggressiveness) दिखलाता है। कुछ मनोविश्लेषकों (psychoanalysts) का मानना है कि रोग का कारण क्रोध एवं चिन्ता का दमन (repression) होता है। कुछ अन्य मनोविश्लेषकों का मत है कि दमा (asthma) का कारण दूसरों से मदद मिलने की दमित इच्छा तथा अकेले न रहने का एक तरह का शैशव आग्रह (infantile appeal) होता है। मनोविश्लेषकों का मानना है कि श्वसनी दमा उन व्यक्तियों में प्रायः होता है जो कंजूस प्रकृति के होते हैं। जब-जब ऐसे व्यक्तियों को आर्थिक कठिनाई का सामना करना पड़ता है तब-तब इनमें श्वसनी दमा (bronchial asthma) के लक्षण उभर आते हैं।

इस तरह से स्पष्ट हुआ कि श्वसनी दमा के कई कारण हैं। आधुनिक मनोरोगविज्ञानियों (psychiatrists) की आम राय यह है कि श्वसनी दमा की उत्पत्ति में एक संवेदनशील स्वायत्त तंत्र (sensitive autonomic system), एलर्जी (allergy) की प्रवृत्ति (tendency) तथा सांवेगिक तनाव (emotional stress) का एक अनोखा संगम होता है।

(ख) सामान्य सर्दी (*Common cold*)—कुछ ऐसे भी सबूत मिले हैं जिनके आधार पर यह स्पष्ट रूप से कहा जाता है कि सामान्य सर्दी (common cold) में सांवेगिक तत्त्वों (emotional components) की प्रधानता होती है। कुछ केसेज सामान्य सर्दी, कुंठा (frustration), चिड़चिड़ापन (irritation), ध्यान अपनी ओर आकृष्ट करने की आवश्यकता, दु:खद परिस्थितियों (unpleasant situation) से दूर रहने की आवश्यकता आदि का प्रतिफल या प्रतिक्रिया होता है। मीरलू (Meerloo, 1980) ने अपने अध्ययन में पाया कि जब व्यक्ति तनावपूर्ण परिस्थिति (stress situation) में होता है तो उसमें सामान्य सर्दी (common cold) विकसित होने की संभावना अधिक होती है। मनोवैज्ञानिक रूप से (psychologically) सामान्य सर्दी अनेकों तरह के उद्देश्यों (purposes) को पूरा करता है। सामान्यतः यह आराम करने एवं प्रतिगमन (regression) का एक बहाना (excuse) होता है। कुछ लोगों में यह विद्वेष (hostility) तथा आक्रामकता (aggression) दिखलाने का एक तरीका होता है। एलेक्जेण्डर तथा सॉल (Alexander & Saul, 1940) ने अपने अध्ययन में पाया कि एक महिला शिक्षक जब-जब घबड़ाहट की परिस्थिति में आ जाती थी या किसी डरावने परिस्थिति से घिर जाती थी तो उसमें सामान्य सर्दी (common cold) के लक्षण दिखलाई पड़ते थे।

(ग) अति श्वसन संलक्षण (*Hyperventilation syndrome*)—यह एक ऐसी मनोदैहिक विकृति है जिसमें रोगी जरूरत से ज्यादा एवं जोर-जोर से श्वास लेता एवं छोड़ता है। इस तरह से श्वसन की गहराई एवं तीव्रता (rapidity) दोनों में ही वृद्धि हो जाती है। इस विकृति में रोगी में तरह-तरह के अन्य शारीरिक लक्षण (physiological symptoms) भी विकसित हो जाते हैं। जैसे इस विकृति में रोगी का सिर उड़ा-उड़ा रहना, चक्कर आना, शरीर सुन्न हो जाना तथा हाथ पाँव में झुनझुनी उत्पन्न होना आदि प्रधान रूप से देखे जाते हैं। रोगी की दृष्टि (vision) धुँधली हो जाती है तथा उसे ऐसा लगता है कि वह अब बेहोश हो जाएगा। कुछ रोगी यह भी बतलाते है कि उनकी छाती में भारीपन है तथा हृदय के अगल-बगल में दर्द हो रहा है। अध्ययनों से पता चला है कि अतिश्वसन संलक्षण (hyperventilation syndrome) की शुरुआत प्रायः एक ऐसी परिस्थिति से होती है जिसमें रोगी अत्यधिक चिन्तित हो जाता है तथा सांवेगिक प्रतिक्रियाएँ अधिक गंभीर हो जाती है। कुछ ऐसे भी केसेज देखे गये हैं जिनमें व्यक्ति जब चिंता स्वप्न (anxiety dream) तथा अन्य दूसरे तरह के भयानक स्वप्न देखता है, तो उसमें अतिश्वसन संलक्षण (hyperventilation syndrome) विकसित हो जाते हैं।

इस तरह से हम देखते हैं कि मनोदैहिक श्वसन विकृतियों के कई प्रकार हैं। इन प्रकारों में श्वसनी दमा (bronchial asthma) सबसे सामान्य मनोदैहिक श्वसन विकृति है जिसमें मनोवैज्ञानिक की रुचि अधिक रही है।

मनोदैहिक त्वचा-संबंधी विकृतियाँ (Psychophysiologic Skin Disorders)

मनोदैहिक त्वचा-संबंधी विकृति में उन विकृतियों को रखा गया है जो त्वचा से संबंधित हैं। मनोवैज्ञानिकों एवं मनोरोगविज्ञानियों (psychiatrists) में आमसहमति इस बात की है कि त्वचा एक ऐसा माध्य है जिससे सांवेगिक प्रतिक्रियाओं की स्पष्ट झलक मिलती है। जैसे—जब व्यक्ति किसी परिस्थिति में लज्जित हो जाता है, तो चेहरे की त्वचा में एक विशेष रंग उत्पन्न हो जाता है जिसे देखकर यह स्पष्ट रूप से समझ लिया जाता है कि वह लज्जित हो गया है। उसी तरह से तीव्र डर की अवस्था में त्वचा की छोटे-छोटे केशिकानलियों (capillaries) से खून बाहर चले जाते हैं जिससे त्वचा सूखी नजर आती है और व्यक्ति के चेहरे पर हवाई उड़ते नजर आते हैं। इस तरह से त्वचा सांवेगिक तनाव (emotional stress) अभिव्यक्त करने का एक प्रमुख माध्यम होती है क्योंकि इसमें छोटे-छोटे बहुत सारे रक्त नलिकाएँ (blood vessels) होतीं हैं जिनका नियंत्रण एवं संचालन स्वायत्ता तंत्रिका तंत्र (autonomic nervous system) द्वारा होता है। इसके अलावा, त्वचा विकृतियों (skin disorders) में एक महत्त्वपूर्ण सांवेगिक कारक होती है, जो अन्य रोगों में नहीं होता है और वह यह है कि त्वचा-संबंधी विकृतियों को छिपाया नहीं जा सकता है और इस विकृति को आसानी से दूसरों द्वारा देखा जा सकता है। त्वचा-संबंधी विकृति (skin disorders) में निम्नांकित विकृतियाँ अधिक सामान्य (common) हैं—

(क) न्यूरोडरमैटोसिस (Neurodermatosis)

(ख) खरोचना एवं खुजलाना (scratching and itching)

इन दोनों का वर्णन इस प्रकार है—

(क) न्यूरोडरमैटोसिस *(Neurodermatosis)*—न्यूरोडरमैटोसिस (Neurodermatosis) से तात्पर्य वैसे त्वचा-संबंधी विकृतियों (skin disorders) से होता है जो सांवेगिक अस्थिरता (emotional instability) की परिस्थिति में व्यक्ति में उत्पन्न होते हैं। इस श्रेणी में अनामिका (ring finger) का डरमैटोसिस या त्वचाशोथ (dermatosis), अंगूठा का त्वचाशोथ तथा होठों का त्वचाशोथ (dermatosis) प्रमुख हैं। कुछ ऐसे केसेज देखे गये हैं जिसमें अनामिका (ring finger) में त्वचा शोघ (dermatosis) उत्पन्न हो गया था अर्थात् अंगूठी के ठीक नीचे एवं उसके अगल-बगल की त्वचा में फूलन, लाली, लहर, फफोले आदि उत्पन्न हो गये थे। पहले तो इसका कारण अंगूठी के नीचे जमी कुछ गंदगी तथा धातु (metal) के प्रति प्रतिक्रिया समझी गयी। परन्तु बाद में जब अंगूठी को दूसरी अंगुली में पहना गया तो इस तरह का शोथ (determatosis) नहीं देखा गया। इसका स्पष्ट मतलब यह था कि इसका कारण कुछ मनोवैज्ञानिक था। एक अमेरिकन महिला की अनामिका (ring finger) में इसी ढंग का शोथ (determatosis) विकसित हो गया था जिसका कारण उसका एक ऐसे युवक के साथ शादी निश्चित होना था जिसे वह नहीं पसंद करती थी। जब वह शादी टूट गयी तो उसकी अनामिका का शोथ (dermatosis) भी अपने आप समाप्त हो गया। इस केस से यह बिलकुल ही स्पष्ट हो जाता है कि अनामिका का त्वचाशोथ (ring finger dermatosis) में सांवेगिक कारकों का महत्त्व होता है।

अंगूठा का त्वचाशोथ (dermatosis) भी मनोरोगविज्ञानियों (psychiatrists) एवं मनोवैज्ञानिकों के लिए एक विशेष रुचिकर विषय रहा है तथा उसमें भी इनलोगों में मनोवैज्ञानिक कारकों (psychological factors) की प्रधानता पायी है। कुछ मनोविश्लेषकों (psychoanalysts) का मत है कि अंगूठा का त्वचा शोथ (dermatosis) उन व्यक्तियों में पाया जाता है जो अपरिपक्व (immature) प्रकृति के होते हैं और जो जिन्दगी की समस्याओं से हमेशा जुझते रहते हैं। ऐसे लोगों में मुखावस्था (oral stage) में लौट जाने की तीव्र प्रवृत्ति होती है क्योंकि इस अवस्था की क्रियाओं से उन्हें शकुन मिलता है। फलस्वरूप, ऐसे लोग बड़े होकर भी अंगूठा चूसना प्रारंभ कर देते हैं क्योंकि इस अवस्था में उन्हें स्तनपान (breast feeding) तो माँ नहीं करा सकती है या दूध के बोतल में दूध भरकर तो उसे नहीं पिला सकती है। परन्तु चूँकि ऐसे लोग बड़े होकर अंगूठा चूसना एक असामाजिक एवं बचकाना कार्य समझते हैं, अतः उनमें मानसिक संघर्ष (mental conflict) होता है जिसका समाधान वे आसानी से अंगूठा में त्वचाशोथ (dermatosis) विकसित करके कर लेते हैं। शोथ चूँकि एक तरह का घाव ही होता है, अतः स्वभावतः वे उसे अब चूस नहीं पाते हैं और उनकी समस्या का समाधान भी हो जाता है। मनोविश्लेषकों की इस व्याख्या से स्पष्ट है कि अँगूठा का त्वचाशोथ (thumb dermatosis) में सांवेगिक कारकों (emotional factors) की भी भूमिका काफी होती है।

होठों के त्वचाशोथ (lips dermatosis) में भी सांवेगिक कारकों (emotional factors) की भूमिका पायी गयी है। ब्राऊन (Brown, 1977) के अनुसार होठों का त्वचाशोथ उन किशोरियों (adolescent girls) में तेजी से विकसित होता है जिसमें किसी युवक का प्यार पाने एवं चुम्बन किए जाने की तीव्र लालसा होती है। परन्तु सामाजिक बन्धन एवं नैतिक समस्याओं (moral problems) के कारण उनकी लालसा पूरी नहीं हो पाती है जिससे उनमें कुंठा (frustration) एवं सांवेगिक तनाव उत्पन्न हो जाता है जिससे बचाव के रूप में होठ में त्वचाशोथ (dermatosis) उत्पन्न हो जाता है। ब्राउन (Brown, 1977) की इस व्याख्या से स्पष्ट है कि होठों के त्वचाशोथ (dermatosis) की उत्पत्ति में भी सांवेगिक कारकों (emotional factors) की भूमिका होती है।

(ख) खरोंचना एवं खुजलाना *(Scratching and itching)*—कुछ ऐसे सबूत (evidences) मिले हैं जिसमें देखा गया है कि शरीर के किसी भाग में अधिक खुजलाहट एवं खरोंचने की प्रवृत्ति के पीछे मनोवैज्ञानिक कारण (psychological factor) होता है। किस्कर (Kisker, 1964) के अनुसार इस तरह की प्रवृत्ति का कारण दूसरों के प्रति आक्रामकता (aggression) दिखलाने की इच्छा का एक तरह से विस्थापन (displacement) होना है। जब व्यक्ति किसी कारण अपनी आक्रामकता दूसरों के प्रति नहीं दिखला सकता है तो उस आक्रामकता को अपने प्रति विस्थापित कर देता है जिसकी अभिव्यक्ति वह अत्यधिक खुजलाहट तथा खरोंचने के रूप में करके करता है।

इस तरह से हम देखते हैं कि त्वचा संबंधी विकृतियाँ (skin disorders) भी मनोवैज्ञानिक कारणों से उत्पन्न होती हैं। इन विकृतियों में न्यूरोडरमोटैशिस (neurodermatasis) प्रधान है।

मनोदैहिक जनन-मूत्र विकृतियाँ
(Psychophysiologic Genitourinary Disorders)

इस तरह की विकृतियाँ भी आजकल काफी देखने को मिलती है। इन विकृतियों का संबंध शरीर के श्रोणीय क्षेत्र (pelvic region) एवं इसके लैंगिक कार्यों (sexual functions) तथा पेशाब-पैखाना करने संबंधी कार्यों से होता है। ऐसी विकृतियों का कारण दैहिक (physical) भी हो सकता है तथा मनोवैज्ञानिक (psychological) भी। जब ऐसी विकृतियाँ मनोवैज्ञानिक कारकों (psychological factors) से उत्पन्न होती हैं, तो इसे मनोदैहिक जनन-मूत्र विकृति (psychophysiologic genitourinary disorders) की संज्ञा दी जाती है। इस श्रेणी में आने वाली प्रमुख विकृतियाँ निम्नांकित हैं—

(क) पेशाब-संबंधी विकृति (Urinary disturbances)

(ख) मासिक धर्म संबंधी विकृति (Menstrual disorders)

(ग) लैंगिक कार्यों की विकृतियाँ (Disturbances of sexual function)।

इन सबका वर्णन निम्नांकित है—

(क) पेशाब-संबंधी विकृति *(Urinary disturbances)*—चैपमैन (Chapman, 1968) ने अपने अध्ययन के आधार पर यह बतलाया कि पेशाब-संबंधी क्रियाओं का संबंध व्यक्ति के सांवेगिक अवस्थाओं से होता है। ऐसे भी मूत्रण क्षेत्र (urinary tract) में स्वायत्त तंत्रों (autonomic fibers) की प्रचुरता होती है, अतः इसका संबंध सांवेगिक अवस्थाओं से होना कोई आश्चर्य की बात नहीं है। इस तरह के संबंध का ही परिणाम है कि कुछ लोगों में दूसरों की उपस्थिति में पेशाब नहीं उतरता है या यदि उन्हें बोतल आदि में पेशाब करने को कहा जाय, तो उन्हें पेशाब होता ही नहीं है या वहुत थोड़ा होता है। स्ट्राव (Straub, 1989) ने एक प्रयोग किया जिसमें पाया कि पेशाब करने की बारंबारता (frequency) का संबंध चिन्ता, आक्रामकता तथा मानसिक संघर्षों (mental conflict) से काफी होता है। उसी तरह से पेशाब को बहुत देर तक रोक कर रखने की प्रवृत्ति का संबंध सांवेगिक दमन (emotional repression) तथा प्रत्याहारी इच्छाओं (withdrawal tendencies) से अधिक होता है।

कुछ मनोरोगविज्ञानियों (psychiatrists) ने बालकों में पाये जाने वाले ऐसी विकृतियों का अध्ययन किया है। एक ऐसी प्रमुख विकृति का नाम 'इन्यूरेसिस' (enuresis) या विछावन गीला करना (bed-wetting) है। कुछ बालकों में विछावन गीला करने की बुरी आदत होती है। इन बालकों का जब मनोविश्लेषणात्मक अध्ययन (psychoanalytic study) किया गया तो पाया गया कि इनमें अपने माता-पिता तथा अन्य ऐसे ही लोगों जैसे अभिभावकों (guardians) के प्रति उनमें तीव्र दोष एवं विद्वेष (hostility) की भावना थी। वे विछावन गीला कर अपने इस दमित दोष एवं विद्वेष की भावना की अभिव्यक्ति करते हैं।

(ख) मासिक धर्म संबंधी विकृतियाँ *(Menstrual disorders)*—महिलाओं में प्रत्येक मासिक धर्म होने के पहले एक खास तरह की सांवेगिक प्रतिक्रिया (emotional reaction) पायी जाती है जिसे प्राक्मासिक धर्म संबंधी तनाव (premenstural tension) कहा जाता है। इस तरह के तनाव में महिलाएँ प्रायः तुनुकमिजाजी प्रकृति की हो जाती है और उनमें भिन्न-भिन्न मात्राओं में चिन्ता (anxiety) पायी जाती है। सामान्यतः मासिक धर्म प्रारंभ होने पर तनाव कम जाता है परन्तु कभी-कभी मासिक धर्म प्रारम्भ होने पर गंभीरता और भी अधिक बढ़ जाती है। इन लक्षणों में बेचैनी, एकाग्रता (concentration) की कमी, अनुपयुक्त सांवेगिक प्रस्फोटन (emotional outbrusts), तुच्छ घटनाओं पर भी कस कर बरस जाना आदि मूल रूप से देखे जाते हैं। शारीरिक लक्षणों में सिरदर्द, कमर में दर्द तथा अनिद्रा प्रधान हैं। मासिक धर्म से संबंधित दो तरह की विकृतियाँ मूल रूप से देखने को मिलती है—डाइसमैनोरिया (dysmenorrhea) तथा मनोजनिक एमनोरिया (psychogenic amenorrhea) प्रधान हैं। डाइस्मैनोरिया (dysmenorrhea) में मासिक धर्म होने के साथ-साथ तीव्र दर्द होता है। अध्ययनों से पता चला है कि ऐसी महिलाओं में आक्रामकता (aggressiveness) तो अधिक थी ही साथ-ही-साथ इनमें दूसरों पर निर्भरता (dependency) वयस्कावस्था (adulthood) आ जाने पर भी अधिक थी। इनमें दूसरों की सहानुभूति एवं सुरक्षा पाने की लालसा भी तीव्र थी। क्रोगर तथा फ्रीड (Kroger & Freed 1975) के अध्ययन के अनुसार डाइस्मेनोरिया (dysmenorrhea) की शिकायत अधिकतर उन महिलाओं में होती है जिनमें पुरुष-सुलभ शारीरिक गुणों (masculine physical traits) की प्रधानता होती है। मनोसामाजिक एमनोरिया (psychogenic amenorrhea) में मासिक धर्म की कमी या कभी-कभी पूर्णतः यह बिना किसी कायिक कारण (organic cause) के ही रुक जाता है। क्रोगर

(Kroger, 1974) के अनुसार इस तरह की विकृति का संबंध कुछ खास-खास कारक जैसे—सांवेगिक आघात (emotional shock), लैंगिक संघर्ष (sexual conflict), गर्भ धारण करने की तीव्र इच्छा, माता या पिता की मृत्यु से उत्पन्न सांवेगिक तनाव आदि मूल रूप से पाया गया है।

(ग) लैंगिक कार्यों की विकृतियाँ *(Distrubances of sexual functions)*—जननमूत्र विकृतियों (genitourinary disorders) में कई तरह की लैंगिक विकृतियाँ (sexual dusturbances) भी सम्मिलित हैं। मनोनपुंसकता (psychic impotency) तथा मंदकामुकता (frigidity) ऐसी लैंगिक विकृतियों में प्रधान हैं। मनोनपुंसकता (psychic impotency) में पुरुष कुछ सांवेगिक कारणों से लैंगिक क्रिया करने तथा उससे आनंद उठाने में असमर्थ रहता है। ऐसी अवस्था में गंभीरे हो जाने से पुरुष को किसी भी हालत में लैंगिक कार्य के लिए तैयार नहीं किया जा सकता है। पुरुषों में इस तरह की मनोनपुंसकता (psychic impotency) के कई कारण बतलाये गये हैं। जैसे—कुछ ऐसे केसेज में पुरुष को अपने विपरीत लिंगी के साथ किसी प्रकार का तीव्र मानसिक संघर्ष का होना बतलाया गया है। कुछ केसेज में इसका कारण अव्यक्त समलिंगता (latent homosexuality) बतलाया गया है। डबलिन (Dublin, 1975) के अनुसार जब पुरुष यह देखता है कि उसका महिला सहयोगी (female partner) लैंगिक कार्य में अधिक अभिरुचि नहीं ले रही है, तो इससे भी पुरुष में मनोनपुंसकता (psychic impotency) विकसित हो जाती है। मनोनपुंसकता (psychic impotency) की उत्पत्ति में सांवेगिक तनाव के महत्त्व को एक मशहूर केस द्वारा इस प्रकार समझाया जा सकता है—''एक रात एक व्यक्ति ने यह स्वप्न देखा कि वह अपने दोस्त की पत्नी के साथ संभोग किया है। नींद टूटने पर इससे उसमें सांवेगिक तनाव की स्थिति बन गयी जो धीरे-धीरे मजबूत होते चली गयी। यद्यपि स्वप्न को दमित (repressed) कर दिया गया। परन्तु इसका प्रभाव व्यक्ति के शरीर पर इतना हुआ कि उसमें नपुंसकता (impotency) विकसित हो गयी।'' मनश्चिकित्सा (psychotherapy) के दौरान बाद में उस स्वप्न पर प्रकाश डाला गया और नपुंसकता के साथ उस स्वप्न के संबंध को उस व्यक्ति को समझाया गया। तब बाद में जाकर लैंगिक अक्षमता यानी नपुंसकता समाप्त हो गयी।

महिलाओं (females) में मनोनपुंसकता (psychic impotency) के तुल्य (equivalent) को मंदकामुकता (frigidity) की संज्ञा दी गयी है। इस तरह की अवस्था में महिलाओं में लैंगिक भाव (sexual feeling) की कमी पायी जाती है। कुछ महिलाओं में तो लैंगिक भाव (sexual feeling) की हल्की-फुल्की कमी होती है परन्तु कुछ महिलाओं में इस तरह के भाव की कमी अत्यन्त गंभीर रूप से हो जाती है। मनोवैज्ञानिक अध्ययनों से यह पता चला कि महिलाओं में मंदकामुकता (frigidity) के कई कारण बतलाये गए हैं जिनमें अत्यधिक दोष-भाव (excessive guilt feelings), रोग हो जाने का डर या घायल हो जाने का डर, विपरीत लिंग के व्यक्तियों के साथ विद्वेष, संघर्षपूर्ण लैंगिक लगाव (conflicting sexual attachment) तथा अव्यक्त समलिंगता (latent homosexuality) आदि अधिक प्रधान हैं। फ्रेंच एवं एलेक्जेण्डर (French & Alexander, 1948) के अध्ययन के अनुसार महिलाओं में मंदकामुकता (frigidity) एक तरह से आत्म-पर्याप्तता (self-sufficiency) तथा प्रभुत्व (dominance) की मनोवृत्ति का द्योतक होता है। कुछ महिलाएँ लैंगिक क्रिया में अपने निष्क्रिय भूमिका (passive role) को स्वीकार नहीं करना चाहती हैं और यह भावना धीरे-धीरे इतनी मजबूत हो जाती है कि उसमें मंदकामुकता (frigidity) के लक्षण स्पष्ट होने लगते हैं।

इस तरह से स्पष्ट हुआ कि मनोदैहिक जननमूत्र विकृतियों (psychophysiologic genitourinary disorders) में कई तरह की विकृतियाँ (disorders) आती हैं। इन विकृतियों में तथा लैंगिक कार्यों की विकृतियाँ (disturbances of sexual function) तथा पेशाब संबंधी विकृतियाँ तुलनात्मक रूप से अधिक सामान्य हैं।

मनोदैहिक विकृतियों की उत्पत्ति के सामान्य कारण
(General Etiology or Genesis of Psychophysiologic Disorders)

अन्य रोगों के समान ही मनोरोगविज्ञानियों (psychiatrists) ने मनोदैहिक विकृतियों (psychophysiological disorders) के तीन सामान्य कारण (general etiology) बतलाये हैं जो निम्नांकित हैं—

(क) जैविक कारक (Biological factors)

(ख) मनोसामाजिक कारक (Psychosocial factors)

(ग) सामाजिक-सांस्कृतिक कारक (Socio-cultural factors)

(क) जैविक कारक *(Biological factors)*—मनोदैहिक विकृतियों की व्याख्या जैविक कारकों (biological factors) के रूप में की गयी है क्योंकि कुछ मनोरोगविज्ञानियों (psychiatrists) का मानना है कि इन विकृतियों की उत्पत्ति में जैविक तत्त्वों (biological facts) की भूमिका काफी अधिक है। प्रमुख जैविक कारक निम्नांकित हैं—

(i) जननिक कारक(*Genetic factors*)—मनोदैहिक विकृतियों(psychosomatic disorders) में जननिक कारक का महत्त्व काफी बतलाया गया है। ग्रिगोरी तथा रोजेन (Gregory & Rozen, 1965) ने अपने अध्ययनों में पाया कि अल्सर या शोथ रोगियों (ulcer patients) के भाइयों में इस रोग के होने की संभावना अन्य व्यक्तियों में इस रोग के होने की संभावना से दुगुनी अधिक होती है। उसी तरह से श्वसनी दमा (bronchial asthma), उच्च रक्त-चाप (hypertension), अर्द्ध सिरदर्द या अधसीसी (migraine) भी उन्हीं व्यक्तियों में अधिक पाया जाता है जिनके संबंधियों में इस रोग का प्रकोप हो चुका होता है। इन अध्ययनों से यह पता चल जाता है कि मनोदैहिक विकृति (psychosomatic disorder) का कारण जननिक कारक (genetic factor) है हालाँकि कुछ अन्य अध्ययनों में इस दावा (claim) का खण्डन करते हुए यह कहा गया है कि इसमें सीखने (learning) तथा अनुभव (experience) की भूमिका से इनकार नहीं किया जा सकता है। परिवार में किसी को भी यदि किसी प्रकार का मनोदैहिक विकृति या रोग उत्पन्न हो जाता है, तो अन्य सदस्य को उनके व्यवहारों को प्रेक्षण (observation) करके उसे सीखने का मौका और फिर वैसे ही लक्षण विकसित करने की प्रेरणा भी मिलती है। इस आलोक में यह कहना है कि चूँकि परिवार के किसी एक सदस्य में रोग उत्पन्न होने पर अन्य सदस्यों में रोग उत्पन्न होने का कारण जननिक (genetic) होता है, बहुत उचित नहीं दीख पड़ता। इसमें अनुभव (experience) तथा सीखने (learning) जैसे कारकों की भूमिका भी होती है। इस तथ्य का समर्थन लिलजेफोर्स तथा राहे (Liljefors & Rahe, 1970) के अध्ययन से भी मिलता है। उन्होंने 32 एकांडी जुड़वाँ भाइयों (identical twin brothers) का अध्ययन किया जिसके प्रत्येक युग्म के एक सदस्य में हृदय रक्तधमनी की विकृति (coronory diseases) थी तथा दूसरा इस दृष्टिकोण से सामान्य था। जिस सदस्य में विकृति थी, वह अधिक कार्योन्मुखी (work-oriented), आराम कम करने की प्रवृत्ति वाला तथा घरेलू समस्याओं (home problems) से घिरे रहने वाले स्वभाव का आदमी थ। इससे स्पष्ट हो जाता है कि मनोदैहिक विकृति में जिन्दगी की तनावपूर्ण परिस्थिति (stress condition) की भूमिका भी अधिक होती है।

(ii) स्वायत्त क्रियाओं में अन्तर एवं शारीरिक दुर्बलता(*Differences in autonomic functions and somatic weaknesses*)—ओल्फ (Wolff, 1950) तथा रॉबिन्सन (Robinson, 1985) के अध्ययनों से यह स्पष्ट हो गया है कि अरुचिकर उद्दीपकों(aversive stimuli) या अरुचिकर परिस्थितियों(aversive situations) के प्रति बालक या वयस्क समान रूप से दैहिक प्रतिक्रिया (somatic reactions) नहीं करते हैं। कुछ लोग ऐसे उद्दीपकों के प्रति उच्च रक्त दबाव (hypertension) के रूप में तो कुछ अधसीसी (migraine) के रूप में तो कुछ श्वसनी दमा (bronchial asthma) के रूप में लक्षण विकसित कर प्रतिक्रिया (reaction) करते हैं। फ्रीडमैन तथा इवाई (Friedman & Iwsai, 1976) ने अपने अध्ययन में पाया कि जिन लोगों में तनावपूर्ण परिस्थिति में हृदय की धड़कन बढ़ जाती है, उसमें मनोदैहिक हृदय वाहिका विकृतियाँ (psychophysiologic cardiovascular diseases) होने की संभावना अधिक होती है तथा जिन लोगों में ऐसी परिस्थिति से घिर जाने पर आमाशय में स्राव (secrections) अधिक होने लगता है, उसमें आमाशय का घाव (peptic ulcer) तथा अन्य आमाशयतंत्र विकृतियाँ (gastrointestinal disorders) विकसित होने की संभावना अधिक होती है।

कुछ ऐसे सबूत मिले हैं जिनमें यह देखा गया है कि आनुवांशिकता (heredity), बीमारी (illness) या अन्य किसी दूसरे प्रकार के आघात (trauma) के कारण शरीर का कोई अंग काफी दुर्बल (weak) हो जाता है और व्यक्ति जब भी किसी संघर्षमय परिस्थिति (conflicting situation) में होता है या सांवेगिक तनाव की परिस्थिति में होता है, तो उसके उस अंग की क्रिया प्रभावित हो जाती है और संबंधित लक्षण विकसित हो जाते हैं। जैसे—जिस व्यक्ति का फेफड़ा जन्मजाती कुछ कारणों से या किसी बीमारी से या किसी प्रकार के आघात लगने से प्रभावित होकर कमजोर हो जाता है तो सांवेगिक तनाव की परिस्थिति में अत्यधिक उम्मीद यह होती है कि उसमें श्वसन संबंधी मनोदैहिक विकृतियाँ जैसे—श्वसनी दमा (bronchial asthma), अतिश्वसन संलक्षण (hyperventilation syndrome) आदि विकसित हो जाएगा। उसी तरह से जिन व्यक्तियों का किसी कारण से दुर्बल आमाशय (weak stomach) हो जाता है, तो सांवेगिक संघर्ष (emotional conflict) की परिस्थिति में उनमें आमाशयातंत्र की विकृतियों (gastrointestinal disorders) के रूप में लक्षण प्रस्फुटित होने की संभावना अधिक रहती है।

(iii) मस्तिष्कीय-अन्तरावयवी नियन्त्रण का भंग होना *(Disruption of corticovisceral control mechanism)*—मनोदैहिक विकृतियों की जैविक व्याख्या (biological explanation) मस्तिष्कीय-अन्तरावयवी नियंत्रण प्रक्रिया (corticovisceral control mechanism) के रूप में भी की गयी है। इस प्रक्रिया द्वारा स्वायत्त क्रियाओं (autonomic functioning) का नियंत्रण होता है। जब मस्तिष्कीय अन्तरावयवी नियंत्रण प्रक्रिया कार्य करना बंद कर देती है, तो व्यक्ति का समस्थिति (homeostasis) से संबंधित कार्य ठीक ढंग से सम्पन्न नहीं हो पाता है अर्थात् इसकी स्थिति में गड़बड़ी उत्पन्न हो जाती है। इसका परिणाम यह होता है कि व्यक्ति की सांवेगिक अनुक्रियाओं की तीव्रता में काफी वृद्धि हो जाती है और एक सामान्य समय सीमा (normal time limits) के भीतर व्यक्ति पुनः समस्थिति (homeostasis) या आन्तरिक शारीरिक संतुलन (internal physiological balance) बनाने में असमर्थ रहता है। सतत् तनाव (continued stress) की अवस्था में ऐसे लोगों में तब मनोदैहिक विकृति (psychophysiological disorder) उत्पन्न होने की संभावना तीव्र हो जाती है।

(ख) मनोसामाजिक कारक *(Psychosocial factor)*—मनोदैहिक विकृतियों की उत्पत्ति में मनोसामाजिक कारकों अर्थात् कुछ मनोवैज्ञानिक एवं सामाजिक कारकों की भूमिका का भी अध्ययन किया गया है हालाँकि इन कारकों का संबंध इन विकृतियों से स्पष्ट रूप से अभी तक नहीं जोड़ा जा सकता है। ऐसे मनो-सामाजिक कारकों में से कुछ प्रमुख कारक निम्नांकित हैं—

(i) व्यक्तित्व शीलगुण एवं अपर्याप्त समायोजन प्रारूप *(Personality characteristics and indequate adjustment patterns)*—कुछ ऐसे अध्ययन किये गए हैं जिनसे स्पष्ट हो गया है कि जब व्यक्ति में एक खास तरह के शीलगुणों (trait) की प्रबलता होती है, तो उसमें एक विशेष प्रकार के मनोदैहिक विकृति होने की संभावना अधिक हो जाती है। जैसे—डनबार (Dunbar, 1943, 1954) ने अपने अध्ययन के आधार पर बतलाया कि जिन लोगों में दृढ़ता (rigidty), किसी उद्दीपक के प्रति अतिसंवेदनशीलता, चिरकालिक विद्वेषता (chronic hostility) जैसे शीलगुणों की प्रधानता होती है उसमें उच्च रक्तचाप (hypertension) के होने की संभावना अधिक होती है। अन्य अध्ययनों में भी इस तरह के तथ्यों को समर्थन मिला है। जैसे—*किडसन* (Kidson, 1973) ने अपने अध्ययन में पाया कि जिन व्यक्तियों में असुरक्षा, चिन्ता, संवेदनशीलता आदि जैसे शीलगुणों की प्रधानता होती है, उनमें उच्च रक्तचाप जैसे मनोदैहिक विकृति विकसित होने की संभावना अधिक होती है। कुछ लोगों जैसे रॉबिन्सन तथा उनके सहयोगियों (Robinson et al, 1972) ने अपने उपर्युक्त तथ्य का खण्डन किया है और कहा है कि व्यक्तित्व शीलगुणों को मनोदैहिक विकृति (psychophysiological disorder) का कारण नहीं बल्कि प्रतिफल (product) मानना चाहिए।

कुछ अध्ययनों में तनावपूर्ण परिस्थिति में व्यक्ति की मनोवृत्ति (attitude) तथा समायोजन क्षमता (coping capacity) के संबंधों पर प्रकाश डाला गया है और यह बतलाया गया है कि कुछ खास-खास मनोदैहिक विकृति में एक विशेष तरह की समायोजन क्षमता (coping capacity) पायी जाती है। जैसे—शोथ (ulcers) के रोगियों में आम तौर पर यह देखा गया है कि उनमें यह भावना व्याप्त होती है कि जो उसे मिलना चाहिए था, जिन्दगी में नहीं मिल पाया है और इसलिए उसे प्राप्त करने का भरसक प्रयास करना चाहिए। उसी तरह उच्च रक्तचाप (hypertension) के रोगियों का समायोजन पैटर्न (adjustment pattern) कुछ ऐसा होता है जिससे वह अपने आप को विभिन्न परिस्थितियों में हमेशा सतर्क रखता है, वह अपने-आप को खतरा से घिरा पाता है इसलिए उससे दूर रहने के लिए वह भरसक चौकन्ना रहता है। कहने का तात्पर्य यह है कि एक खास ढंग की समायोजनशीलता का पैटर्न या प्रारूप होने पर व्यक्ति में उससे संबंधित मनोदैहिक विकृति (psychosomatic disorder) विकसित होता है। इस तथ्य की पुष्टि ग्राहम (Graham, 1962) ने अपने अध्ययनों के आधार पर किया है।

(ii) अन्तर्वैयक्तिक संबंध *(Interpersonal relationship)*—कई अध्ययनों से यह पता चला है कि कुछ कारणों जैसे—वैवाहिक दुःख, विवाह-विच्छेद या तलाक (divorce) तथा दोषपूर्ण पारिवारिक प्रारूप (pathogenic family patterns) से जब व्यक्ति का अन्तर्वैयक्तिक संबंध (interpersonal relationship) दोषपूर्ण हो जाता है, तो इसका प्रभाव उसके समायोजनशीलता पर बुरा पड़ता है और किसी सांवेगिक परिस्थिति या तनावपूर्ण परिस्थिति के होने पर प्रायः मनोदैहिक लक्षणों (psychosomatic symptoms) द्वारा अपनी प्रतिक्रिया व्यक्त करते हैं। ब्लूम, अशर एवं ह्वाईट (Bloom, Asher & White, 1978) ने अपने अध्ययनों में उपर्युक्त तथ्य की पुष्टि करते हुए कहा है कि वैसे व्यक्तियों जिन्हें तलाक का सामना करना पड़ा या जिनका वैवाहिक जीवन दुःखी था उनकी मृत्यु दर (death rate) विभिन्न तरह के मनोदैहिक विकृतियों

के कारण उन व्यक्तियों की तुलना में अधिक था जिनमें ऐसी कोई समस्या नहीं थी। स्ट्रोएब तथा स्ट्रोएब (Stroebe & Stroebe, 1983) ने अपने अध्ययन के आधार पर यह बतलाया है कि पति या पत्नी की मृत्यु हो जाने पर जिन्दा रहने वाले व्यक्ति में तरह-तरह की चिन्ताएँ उत्पन्न हो जाती हैं और उनमें मनोदैहिक विकृतियाँ (psychosomatic disorders) उत्पन्न हो जाते हैं और उनका जीवित रहना संभव नहीं हो पाता है। इन दोनों मनोवैज्ञानिकों ने अपने अध्ययन में पाया कि पुरुषों में अपनी पत्नी की मृत्यु का कम महिलाओं में अपने पति की मृत्यु के गम की तुलना में अधिक गंभीर होता है। अतः उनमें मनोदैहिक विकृतियाँ (psychosomatic disorders) उत्पन्न होने की संभावना अधिक होती है। शायद यही कारण है कि ऐसे पुरुषों में मृत्यु दर अधिक होती है। लिंक (Lynch, 1977) के अनुसार जिन व्यक्तियों में मानवीय संबंधों की कमी होती है तथा जो अकेले रहने के लिए बाध्य रहते हैं, उनमें मनोदैहिक हृदयवाहिका विकृतियाँ(cardiovascular disorders) विकसित होने की संभावना अधिक होती है। लिपटन एवं उनके सहयोगियों (Lipton et al, 1966) तथा ओल्डस्(Olds, 1970) ने अपने-अपने अध्ययनों में पाया कि श्वसनी दमा(bronchial asthma) के रोगियों की अधिकतर माताएँ अपने बच्चों के प्रति द्वैधवृत्ति (ambivalent) संबंध रखने वाली थीं अर्थात् वे अपने बच्चों को तभी तो काफी डाँट फटकार करती थीं तो कभी उसे जरूरत से ज्यादा दुलार-प्यार करती थीं। ऐसे परिवार के बच्चों में असुरक्षा(insecurity) तथा अतिनिर्भरता (overdependent) के शीलगुण अधिक थे, अतः वे किसी सांवेगिक तनाव की परिस्थिति में मनोदैहिक विकृतियों (psychophysiologic disorder) के लक्षण विकसित कर लेते थे।

(iii) तनाव का स्वरूप एवं प्रकार *(Nature and Type of stress)*—एलेक्जेण्डर (Alexander, 1950) ने अपने अध्ययन के आधार पर यह बतलाया है कि एक खास तरह के सांवेगिक तनाव (emotional stress) उत्पन्न होने पर एक विशेष प्रकार की मनोदैहिक विकृति (psychosomatic disorder) उत्पन्न होती है। जैसे—जिन व्यक्तियों को स्नेह, प्यार, अनुराग एवं दूसरों से सुरक्षा (protection) नहीं मिल पाता है, वे सांवेगिक रूप से अस्थिर हो जाते हैं तथा उनमें चिन्ता एवं क्रोध (anger) जैसे संवेग की अधिकता होने से आमाशय अम्ल (stomach acid) जरूरत से ज्यादा निकलने लगता है और व्यक्ति में आँत का शोथ (peptic ulcer) विकसित हो जाता है। हालाँकि कुछ आधुनिक अध्ययनों से इस तथ्य को समर्थन नहीं मिला है, फिर भी लोग यह मानते हैं कि कई तरह की तनावपूर्ण परिस्थितियों में उत्पन्न होने पर व्यक्ति में मनोदैहिक विकृतियाँ (psychophysiologic disorders) विकसित हो जाती है।

(iv) स्वायत्त तंत्रिका के कार्यों को सीखना *(Learning of the functions of autonomic nervous system)*—कुछ लोगों का मत है कि पुनर्बलन (reinforcement) तथा आकस्मिक अनुबन्धन (accidental conditioning) के आधार पर व्यक्ति वैसे कार्यों को करना सीख लेता है जो सामान्यतः स्वायत्त तंत्रिका तंत्र (autonomic nervous system) के अधीन होते हैं और इस तरह से उनमें मनोदैहिक विकृतियाँ (psychosomatic disorders) उत्पन्न हो जाते हैं। जैसे—जिन बच्चों का पेट खराब हो जाने पर उन्हें स्कूल जाने से प्रायः रोका जाता है, वे किसी भी सांवेगिक परिस्थिति के आने पर अन्तरावयवी अनुक्रियाओं (visceral responses) में गड़बड़ी करने की आदत सीख लेते हैं और आगे चलकर उनमें आमाशयातंत्र विकृतियाँ (gastrointestinal disorders) उत्पन्न होने की संभावना बढ़ जाती है।

इस तरह से हम देखते हैं कि मनोदैहिक विकृतियों के कई मनोसामाजिक कारण हैं जिनमें व्यक्तित्व शीलगुण, अपर्याप्त समायोजन प्रारूप तथा अन्तर्वैयक्तिक संबंधों (interpersonal relationship) को तुलनात्मक रूप से अधिक महत्त्वपूर्ण बतलाया गया है।

(ग) सामाजिक-सांस्कृतिक कारक *(Social-cultural factors)*—कुछ ऐसे सबूत मिले हैं जिनके आधार पर यह कहा जाता है कि मनोदैहिक विकृतियों की उत्पत्ति में सामाजिक-सांस्कृतिक कारकों (socio-cultural factors) की भी भूमिका होती है। जैसे—उस समाज में जिनकी संस्कृति आधुनिक वैज्ञानिक विकासों के पूर्ण चपेट में होती है, उनके सदस्यों में श्वसनी दमा (bronchial asthma), सिरदर्द (headaches), शोथ (ulcers) तथा उच्च रक्तचाप (hypertension) जैसे मनोदैहिक विकृतियाँ (psychosomatic disorders) अधिक विकसित होती हैं जबकि वैसे समाज में जिनमें आधुनिक संस्कृति का प्रभाव नहीं पड़ा है, ऐसी विकृतियाँ नहीं पायी जाती हैं। परन्तु जैसे-जैसे वे आधुनिक संस्कृति के चपेट में आते जा रहे हैं वैसे-वैसे उनमें इन विकृतियों(disorders) तथा साथ-ही-साथ आमाशयांत्र विकृति(gastrointestinal disorders) के उत्पन्न होने की संभावना बढ़ जाती है। कुछ लोगों जैसे पासामानिक (Pasamanick, 1962), रेनी एवं स्रौल (Rennie & Srole, 1956) ने अपने-अपने अध्ययनों के आधार पर यह बतलाया है कि उच्च सामाजिक-आर्थिक स्तर (high socio-economic status) के लोगों में शोथ (ulcers) एवं हृदय रोग अधिक होते हैं जबकि निम्न सामाजिक-आर्थिक स्तर के

लोगों में श्वसनी दमा(bronchial asthma) तथा संधिशोथ(arthritis) जैसी मनोदैहिक विकृतियाँ(psychophysiologic disorders) अधिक होती हैं हालाँकि कुछ अन्य लोगों ने मनोदैहिक विकृतियों एवं सामाजिक-आर्थिक स्तर (socio-economic status) में इस ढंग का कोई स्पष्ट संबंध होने से इनकार किया है।

निष्कर्षतः यह कहा जा सकता है कि मनोदैहिक विकृतियों (psychosomatic disorders) के कई कारण हैं। अगर सचमुच में किसी भी मनोदैहिक विकृति की उत्पत्ति को स्पष्ट रूप से समझना है, तो जैविक, मनोसामाजिक एवं सामाजिक-सांस्कृतिक कारकों (socio-cultural factors) पर संयुक्त रूप से ध्यान देना अनिवार्य है।

मनोदैहिक विकृतियों के उपचारी उपाय (Remedial Measures of Psychophysiologic Disorders)

मनोदैहिक विकृतियों के कई उपचारी उपाय हैं जिन्हें नैदानिक मनोवैज्ञानिकों (clinical psychologists) तथा मनोरोगविज्ञानियों (psychiatrists) ने मूलतः निम्नांकित चार भागों में बाँटा है—

(क) जैविक उपाय (Biological measures)

(ख) मनोसामाजिक उपाय (Psychosocial measures)

(ग) संयोजित उपचारी उपाय (Combined treatment measures)

(घ) सामाजिक-सांस्कृतिक उपचारी उपाय (Socio-cultural measures)

इन चारों की व्याख्या निम्नांकित है—

(क) जैविक उपाय *(Biological measures)*—मनोदैहिक समस्याओं से ग्रस्त रोगियों को पहले तात्कालिक (immediate) एवं दीर्घकालीन मेडिकल चिकित्सा (medical therapy) दिया जाता है जो विशेषतः हृदय रोग तथा रक्त-स्रावी शोथ(bleeding ulcers) में अधिक जरूरत होती है। इसके अलावा ऐसे रोगियों को कुछ विशेष जैविक उपचार (biological treatment) जैसे—हल्का प्रशांतक (mild tranquilizers) आदि भी दिया जाता है ताकि उसका सांवेगिक संघर्ष (emotional conflict) तथा चिन्ता (anxiety) आदि कम हो सके। उच्च रक्तचाप (high blood pressure or hypertension) को कम करने के लिए भी कुछ दवाओं (drugs) का उपयोग किया जाता है। ह्ग्स एवं उनके सहयोगियों (Hughes et al., 1986) ने अपने एक नवीनतम अध्ययन में यह दिखलाया है कि विषाद-विरोधी दवा (antidepressant drugs) द्वारा बुलिमिया (bulimia) जैसे रोग का सफलतापूर्वक उपचार किया जा सकता है।

गिब्सन (Gibson, 1974) मूरेज तथा जॉनसन (Murease & Johnson, 1974) तथा कोरा एवं ओहारा (Kora & Ohara, 1973) ने अपने-अपने अध्ययनों के आधार पर यह बतलाया है कि कई तरह के मनोदैहिक विकृतियों (psychophysiologic disorders) तथा अन्य चिन्ता-आधारित विकृतियों (anxiety-based disorders) के उपचार में *मोरिटा चिकित्सा* (Morita therapy) अधिक लाभदायक होता है। इस तरह को चिकित्सा विधि जापान में अमेरिका की अपेक्षा अधिक लोकप्रिय है। इस चिकित्सा विधि में रोगी को लगभग एक सप्ताह तक पूर्णतः आराम करने के लिए कहा जाता है। इस आराम की अवधि में पढ़ना-लिखना, किसी से मिलना-जुलना तक वर्जित रहता है। इस तरह से उन्हें बाह्य उद्दीपकों (external stimuli) के प्रभावन (exposure) से वंचित रखा जाता है। इस अवधि के समाप्त होने पर उसे धीरे-धीरे बाह्य उद्दीपकों के प्रभावन(exposure) में लाया जाता है और उसके प्रति अनुक्रिया में उन्हें एक तरह का धनात्मक पुनर्बलन (positive reinforcement) मिलता है। उसके बाद रोगी को पहले हल्का-फुल्का कोई साधारण कार्य करने को दिया जाता है और उसको धीरे-धीरे उनसे कठिन कार्य कराया जाता है। इस तरह के कार्य करने में उन्हें अन्य लोगों के साथ अन्तःक्रिया करनी पड़ती है और इस तरह से उसमें स्वस्थ अन्तर्वैयक्तिक संबंध (interpersonal relationship) विकसित होता है और उसमें आत्म-पर्याप्तता (self-sufficiency) का भाव विकसित हो जाता है जिससे वह अपने कुसमायोजी जीवन-शैली का परित्याग करके उसके जगह पर वह एक उद्देश्यपूर्ण एवं लक्ष्य-निर्देशित व्यवहार (goal-directed behaviour) सीखने में समर्थ हो पाता है।

(ख) मनोसामाजिक उपाय(*Psychosocial Measures*)—मनोदैहिक रोगों के उपचार के लिए कुछ मनोसामाजिक चिकित्साओं पर भी बल डाला गया है। नैदानिक मनोवैज्ञानिकों द्वारा यहाँ निम्नांकित चिकित्सा विधियों को अधिक महत्त्वपूर्ण बतलाया गया है—

(1) पारिवारिक चिकित्सा (*Family therapy*)—इस चिकित्सा विधि में सिर्फ रोगी को ही नहीं, बल्कि उसके

परिवार के सभी सदस्यों का तथा उनमें किये जा रहे संचार (communication) के पैटर्नस (patterns) का विश्लेषण किया जाता है तथा वैसे संचारों (communications) को बदलने पर बल डाला जाता है जो परिवार में धनात्मक संबंध विकसित करने में बाधक होते हैं। मिनुचीन (Minuchin, 1974) ने अपने अध्ययन के आधार पर यह बतलाया है कि एनोरेक्सिया नरभोसा(anorexia nervosa) के रोगी में पारिवारिक चिकित्सा(family therapy) बहुत ही लाभप्रद होता है।

(2) व्यवहार चिकित्सा *(Behaviour therapy)*—मनोदैहिक रोगों के उपचार में विशेषकर तनाव एवं चिन्ता पर आधारित विकृतियों के उपचार में ओल्प (Wolpe, 1969) ने रोगी को आराम करने का प्रशिक्षण (relaxation training) तथा असंवेदीकरण प्रविधि (desensitization technique) को अधिक महत्त्वपूर्ण एवं लाभप्रद बतलाया है। जैसे—उन्होंने इस प्रविधि के सहारे आँत का शोथ(peptic ulcer), अधसीसी(migraine) तथा न्यूरोडरमैटोसिस(neurodermatosis) का उपचार सफलतापूर्वक किया है। बाद में कौक्स(Cox, 1975) ने भी इन व्यवहारात्मक-विश्रांति प्रविधियों(behavioural-relaxation technique) को अन्य ऐसी ही चिन्ता-आधारित मनोदैहिक रोगों के उपचार में उपयोगी बतलाया है। व्यवहार चिकित्सा की विधि इस रोग के उपचार में एक महत्त्वपूर्ण पूर्वकल्पना (assumption) जो करता है, वह यह है कि चूँकि स्वायत्त अनुक्रियाएँ(autonomic responses) को व्यक्ति सीख लेता है अतः उन्हें विलोप(extinction) एवं विभेदात्मक पुनर्बलन (differential reinforcement) के माध्यम से अनाधिगम (unlearnt) भी किया जा सकता है। मनोदैहिक रोगों के उपचार में वायोफिडबैक प्रविधि (biofeedback technique) का भी प्रयोग नैदानिक मनोवैज्ञानिक ने सफलतापूर्वक किया है। यह एक ऐसी प्रविधि है जिसमें विशेष वैद्युत उपकरण के सहारे रोगी को अपनी शारीरिक क्रियाओं(physiological functions) के बारे में सूचना प्रदान (feedback) की जाती है। ऐसी शारीरिक क्रियाओं में अनैच्छिक क्रियाएँ प्रधान हैं। रोगी के इन अनैच्छिक क्रियाओं में परिवर्तन लाने का प्रशिक्षण देकर उनके कुसमायोजित व्यवहार को दूर करके उसकी जगह पर समयोजित व्यवहार को सीखलाया जाता है। इस प्रविधि द्वारा उच्च रक्तचाप (hypertension), सिरदर्द (headache), अधकसीसी(migraine) के उपचार आदि में काफी सफलता मिली है। बडजिन्सकी(Budzynski, 1974) ने अपने अध्ययन में पाया कि अधसीसी सिर दर्द (migraine headache) के करीब 81% रोगियों का उपचार बायोफिडबैक (biofeedback) की प्रविधि द्वारा की गयी। डेविस तथा उनके सहयोगियों (Davis et al, 1973) ने बायोफिडबैक द्वारा विश्रांति प्रशिक्षण देकर श्वसनी दमा (bronchial asthma) के रोगियों का सफलतापूर्वक उपचार किया।

(ग) संयोजित उपचार उपाय*(Combined treatment measures)*—संयोजित उपचार उपाय में मेडिकल चिकित्सा तथा मनोवैज्ञानिक चिकित्सा(psychological therapy) को एक साथ संयोजित कर चिकित्सा प्रदान की जाती है। मनोदैहिक विकृति (physiological disorder) के शारीरिक हालातों पर मेडिकल ध्यान (medical attention) दिया जाता है तथा इस रोग के मनोवैज्ञानिक हालातों पर उपचार मनोवैज्ञानिकों द्वारा किया जाता है। संयोजित उपचार प्रविधि (combined treatment means) की जरूरत कुछ विशेष प्रकार की विकृति जैसे एनोरेक्सिया नरभोसा(anorexia nervosa) के उपचार में अधिक दिखलाया गया है। जैसा कि हम जानते हैं, इस तरह की नैदानिक समस्या में रोगी में भूख बिल्कुल ही समाप्त हो जाती है और उसके शरीर का वजन बहुत ही कम हो जाता है। ऐसे रोगी को कभी-कभी अन्तःशिरा पोषण(intravenous feeding) की जरूरत होती है जिसे मेडिकल विशेषज्ञों द्वारा पूरा किया जाता है तथा चूँकि रोग ऐच्छिक नियंत्रण(voluntary control) में होता है, अतः चिकित्सा में मनोवैज्ञानिक कारकों (psychological factors) पर भी ध्यान देना आवश्यक हो जाता है। लियोन(Leon, 1983) तथा स्वार्ज(Schwartz, 1981) ने इस प्रविधि का सफलतापूर्वक उपयोग एनोरेक्सिया नरभोसा जैसी नैदानिक समस्या के उपचार में सफलतापूर्वक किया है।

(घ) सामाजिक-सांस्कृतिक उपाय *(Socio-cultural measures)*—इस तरह के उपायों का स्वरूप (nature) रोधात्मक (preventive) होता है तथा उसका उपयोग कुछ चुने हुए व्यक्तियों के समूह जिनमें रोग पनपने की संभावना अधिक होती है, के उपचार में सफलतापूर्वक किया जाता है। ऐसे व्यक्तियों के समूह की जीवन-शैली (life-style) को विशेष विधियों द्वारा परिवर्तित करने की कोशिश की जाती है ताकि उनमें रोग पनपने की संभावना कम हो जाए। जैसे—हम जानते हैं कि धूम्रपान (smoking) से फेफड़े का कैंसर तथा अन्य हृदय रोग की उत्पत्ति की संभावना अधिक हो जाती है। अतः विशेष विधि द्वारा धूम्रपान करने की आदत को उस समूह में जो धूम्रपान सर्वाधिक करता है (जैसे—किशोरों का समूह), यदि कम कर दिया जाए तो इससे हृदय संबंधित मनोदैहिक रोगों की उत्पत्ति की संभावना कम हो जाएगी। उसी तरह क्लोरेस्टोल(chlorostol) का संबंध हृदय रोग से धनात्मक होता पाया गया है और इस रोग से सबसे अधिक प्रभावित समूह है मध्यवर्गीय आयु(middle age) के व्यक्तियों का समूह। अतः इस समूह को इस तरह का भोजन करने की सिफारिश

करके तथा उसकी उपयोगिता बतलाकर हृदय से संबंधित मनोदैहिक रोग की उत्पत्ति की संभावना को कम किया जा सकता है जिसमें क्लोरोस्टोल की मात्रा कम हो।

निष्कर्षतः यह कहा जा सकता है कि मनोदैहिक रोग जैसी नैदानिक समस्या के सफल उपचार के लिए यह आवश्यक है कि उपचार के इन तीन प्रविधियों अर्थात् जैविक प्रविधि, मनोसामाजिक प्रविधि तथा सामाजिक-सांस्कृतिक प्रविधि को एक सूत्र में बाँधकर आगे बढ़ जाए।

मनोविकारी व्यक्तित्व की समस्याएँ (Problems of Psychopathic Personality)

अर्थ एवं स्वरूप (*Meaning and Nature*)—मनोविकारी व्यक्तित्व का अध्ययन नैदानिक मनोवैज्ञानिक तथा मनोरोगविज्ञानियों (psychiatrists) के लिए प्रारंभ से ही एक प्रमुख समस्या रही है। इसे अन्य नामों जैसे *समाजविकारी व्यक्तित्व* (sociopathic personality), *शारीरिक गठन संबंधी मनोविकारी व्यक्तित्व* (constitutional psychopathic personality) तथा *नैतिक मूढ़ता* (moral imbecility) से भी जाना जाता है। आधुनिक नैदानिक मनोवैज्ञानिकों एवं मनोरोगविज्ञानियों(psychiatrists) ने मनोविकारी व्यक्तित्व(psycho-pathic personality) को *समाज-विरोधी व्यक्तित्व* (anti-social personality) भी कहा है। मनोविकारी व्यक्तित्व से तात्पर्य वैसे व्यक्तित्व से होता है जो न तो स्नायुविकृत (neurotic) होते हैं और ना ही मनोविकृत (psychotic) होते हैं परन्तु वे सामाजिक रूप से अयोग्य (misfits) होते हैं परन्तु उनकी बुद्धि औसत या औसत से ऊपर होती है। कहने का तात्पर्य यह है कि सामान्य अवस्था में ऐसे व्यक्तियों को शारीरिक अथवा मानसिक रूप से बीमार नहीं कहा जा सकता है परन्तु ऐसे व्यक्ति समाज में शांति भंग करने वाले, दंगा करने वाले तथा सार्वजनिक संपत्ति को बर्बाद करने वाले होते हैं। शायद यही कारण है कि उसे DSM-IV में *समाज-विरोधी व्यक्तित्व* (anti-social personality) कहा गया। कारसन तथा बुचर[1] (Carson & Butcher 1992) ने समाज-विरोधी व्यक्तित्व या मनोविकारी व्यक्तित्व को परिभाषित करते हुए कहा है। ''समाज-विरोधी विकृति वाले व्यक्ति बिना पछतावा या किसी के प्रति निष्ठा दिखाये अपने आक्रमक एवं समाज-विरोधी व्यवहार द्वारा दूसरों के अधिकारों का हनन करते हैं। ऐसे समाज-विरोधी व्यक्तियों में बहुत सारे लोगों को ठीक से समझने के लिए विस्तृत उपाय करने के लिये पर्याप्त बुद्धि एवं सामाजिक आकर्षण होता है।''

उपर्युक्त वर्णन से स्पष्ट है कि समाज-विरोधी व्यक्तित्व एक ऐसा व्यक्तित्व विकृति होता है जिसमें व्यक्ति बिना किसी अवरोध का अनुभव किये ही समाज-विरोधी कार्य करता है। DSM-IV के वर्गीकरण पद्धति के अनुसार सिर्फ उन्हीं व्यक्तियों को समाज-विरोधी व्यक्तित्व (anti-social personality) की श्रेणी में रखा जाता है जो निम्नांकित कसौटी (criteria) के अनुरूप होते हैं—

(i) 15 साल की आयु से ही व्यक्ति में दूसरों के सम्मान न दिखाने की प्रवृति हो तथा दूसरों के अधिकार को हनन करने की प्रवृत्ति हो तथा निम्नांकित में से कम-से-कम तीन तरह के व्यवहार अवश्य किये जाते हों—
   (a) सामाजिक मानक के अनुरूप कार्य करने में असमर्थता जिससे उसे गिरफ्तार करने का पर्याप्त आधार बनता हो।
   (b) झूठ बोलकर या धोखा देकर कोई कार्य करने की प्रवृत्ति।
   (c) आवेगशीलता या आगे योजना बनाने की कमी।
   (d) चिड़चिड़पान तथा आक्रमणशीलता।
   (e) स्वयं या अन्य लोगों की सुरक्षा की प्रवाह न करना।
   (f) पश्चाताप की कमी।

---

1. "Individuals with antisocial personality disorder maximally violate the rights of other through argsessive, antisocial behavior, without remorse or loyality to anyone. Some antisocial personalities have enough intelligence and social charm to devise and carry out elaborate schemes for conning large numbers of people."
—Carson & Butcher : *Abnormal Psychology and Modern Life*, 1992, p. 272

(ii) ऐसे व्यक्तियों की उम्र 18 वर्ष या उससे ऊपर होना चाहिए।

(iii) ऐसे व्यक्तियो में समाज-विरोधी व्यवहार किसी तरह के मानसिक रोग के कारण नहीं उत्पन्न होना चाहिए।

समाज-विरोधी व्यक्तित्व की प्रमुख विशेषताओं में निम्नांकित प्रमुख हैं—

(i) अन्तःकरण का अपर्याप्त विकास (Inadequate conscience development)

(ii) चिन्ता एवं दोष-भाव की कमी (Lack of anxiety and guilt feeling)

(iii) उत्तरदायित्व रहित एवं आवेगशील व्यवहार (Irresponsible and impulsive behaviour)

(iv) अपने असामाजिक व्यवहार के लिए दूसरों को दोषी ठहराना (To blame others for own socially disapproved behaviour)

(v) अधिकारी व्यक्तियों का वहिष्कार (Rejection of authority figure)

(vi) गत अनुभूतियों से लाभ न उठाने की क्षमता (Inability to profit by past expriences)

(vii) अच्छा अन्तर्वैयक्तिक संबंध बनाये रखने की अक्षमता (Inability to maintain good interpersonal relationship)

मनोविकारी व्यक्तित्व की उत्पत्ति के कारण (Etiology or Genesis of Psychopathic Personality)

मनोविकारी व्यक्तित्व की उत्पत्ति के कारणों को तीन भागों में बाँटकर नैदानिक मनोवैज्ञानिकों ने उसकी व्याख्या किया है—

(क) जैविक कारक (Biological factors)

(ख) पारिवारिक कारक (Family factors)

(ग) सामाजिक-सांस्कृतिक कारक (Socio-cultural factors)

इन तीनों कारकों का वर्णन निम्नांकित है—

(क) जैविक कारक *(Biological factors)*—मनोविकारी व्यक्त्वि की व्याख्या कुछ जैविक कारकों के रूप में भी की गयी है। ऐसे व्यक्तित्व में आवेगशीलता (impulsiveness) तथा अनुशासनहीनता आदि का गुण अधिक होता है। अतः कुछ नैदानिक मनोवैज्ञानिकों ने इसकी व्याख्या जैविक कारकों के रूप में करना उपयुक्त (appropriate) समझा है। जैविक कारकों में निम्नांकित प्रमुख हैं—

(i) अपर्याप्त सांवेगिक उत्तेजन *(Deficient emotional arousal)*—लाइकेन (Lykken, 1957) तथा आइजेन्क (Eysenck, 1960) आदि द्वारा किये गए अध्ययनों से यह स्पष्ट हो गया है कि समाज-विरोधी व्यक्तित्व या मनोविकारी व्यक्तित्व (psychopathic personality) में सांवेगिक उत्तेजन (emotional arousal) की क्षमता पर्याप्त नहीं होती है। इसका परिणाम यह होता है कि वे तनावपूर्ण परिस्थितियों में बहुत कम चिन्तित होते हैं। फलस्वरूप उसमें सामान्य विवेक (normal consicence) की उत्पत्ति नहीं होती है और उन्हें किसी भी प्रकार के समाज-विरोधी कार्य (anti-social acts) करने में कोई हिचक नहीं होती है।

(ii) संज्ञानात्मक कार्यों में अपूर्णता *(Deficient in cognitive functions)*—कुछ नैदानिक मनोवैज्ञानिकों ने इस बात पर बल डाला है कि मनोविकारी व्यक्तित्व वाले व्यक्तियों में चूँकि संज्ञानात्मक कार्यों की अपूर्णता (deficit) होती है, अतः वे बहुत सारे समाज-विरोधी कार्य बिना किसी हिचक के करते पाये जाते हैं। गोरेन्स्टीन (Gorenstein, 1987) ने एक अध्ययन किया जिसमें उन्होंने यह पाया कि मनोविकारी व्यक्तित्व वाले व्यक्तियों में किसी वस्तु पर विस्तृत रूप से ध्यान देने की अक्षमता पायी जाती है जो स्पष्टतः इस बात की ओर संकेत करता है कि मस्तिष्क के अग्रपालि (frontal lobe) की संरचना (structure) तथा कार्यों में कुछ दोष (defect) है।

(iii) जननिक प्रभाव *(Genetic influence)*—मैकमिलन तथा कोफोड़ (MacMilian & Kofoed, 1984) ने कई मनोविकारी व्यक्तियों का विश्लेषण करके यह बतलाया है कि ऐसे लोगों में समाज-विरोधी व्यवहार करने की एक जन्मजात प्रवृत्ति होती है और यह जन्मजात प्रवृत्ति मूल रूप से जीन्स (genes) द्वारा उन्हें प्राप्त होते हैं। इसका स्पष्ट मतलब तब यह हुआ कि जिन व्यक्तियों के माता-पिता स्वयं समाज-विरोधी व्यक्तित्व के होते हैं, उनके बच्चों में समाज-विरोधी कार्य करने की प्रवृत्ति अधिक पायी जाती है।

(iv) उत्तेजन जिज्ञासा *(Stimulation seeking)*—कुछ अध्ययनों से यह पता चला है कि जिन व्यक्तियों में नयी-नयी उत्तेजनाओं (new stimulation) के प्रति अधिक जिज्ञासा उत्पन्न होती है अर्थात् जिन व्यक्तियों में कुछ नये-नये कारनामें करके नयी-नयी अनुभूति प्राप्त करने में आनन्द आता है, उनमें मनोविकारी व्यक्तित्व विकास होने की उम्मीद अधिक होती है। ऐसे व्यक्तियों में इस ढंग की अनुभूति प्राप्त करने की एक अतृप्त लालसा होती है जो उन्हें तरह-तरह के नये-नये समाज-विरोधी कार्य करने की प्रेरणा प्रदान करता है। जुकरमैन (Zuckerman, 1972) के अध्ययन के अनुसार ऐसे लोगों का संवेदन-प्राप्ति मापनी (sensation-seeking scale) पर हमेशा उच्च प्राप्तांक आता है जो अपने आप में यह बतलाता है कि ऐसे लोगों में आवेगशीलता अधिक होती है।

(ख) पारिवारिक संबंध *(Family relationship)*—कुछ नैदानिक मनोवैज्ञानिकों ने मनोविकारी व्यक्तित्व के कारणों को विभिन्न प्रकार के पारिवारिक संबंधों के रूप में व्याख्या किया है। ऐसे प्रमुख कारण निम्नांकित हैं—

(i) माता-पिता द्वारा तिरस्कार एवं असंगति दिखलाया जाना *(Parental rejection and inconsistency)*—मैककार्ड तथा मैककार्ड (McCard & McCard, 1964) ने मनोविकारी व्यक्तित्व (psychopathic personality) संबंधित अध्ययनों की समीक्षा (review) करके यह बतलाया है कि जब माता-पिता अपने बच्चों को बात-बात में तिरस्कृत करते हैं तथा उन्हें पर्याप्त अनुराग (affection) नहीं देते हैं तो इससे इन बच्चों में आगे चलकर मनोविकारी व्यक्तित्व (psychopathic personality) विकसित हो जाता है। वस (Bus, 1966) ने अपने अध्ययनों के आधार पर यह बतलाया है कि माता-पिता के दो तरह के व्यवहारों से मनोविकारी व्यक्तित्व की उत्पत्ति होती है। पहले तरह का व्यवहार वह है जहाँ माता-पिता अपने बच्चों से दूरी एवं तटस्थता (neutrality) का संबंध रखते हैं और उनके प्रति प्रेम-भाव या घनिष्ठ-संबंध का अभाव दिखलाते हैं। ऐसे व्यवहार से बच्चों में वयस्कावस्था आने तक समाज-विरोधी कार्यों को करने की पर्याप्त लालसा विकसित हो जाती है। दूसरे तरह के व्यवहार वे हैं जहाँ बच्चों को पुरस्कार तथा दण्ड दिए जाने में माता-पिता द्वारा असंगतता (inconsistency) बरती जाती है। किसी खास तरह के व्यवहार करने के लिए कभी तो बच्चों को पुरस्कार देते हैं तथा काफी उसे शाबासी देते हैं तो कभी उसी व्यवहार या उससे मिलता-जुलता व्यवहार करने पर वे उसे दण्ड देते हैं या कठोर सजा देते हैं। इस तरह की असंगति से बच्चों में आत्म-पहचान (self-identity) की भावना नहीं विकसित हो पाती है और वे समाज-विरोधी कार्य को एक अच्छा कार्य समझकर उसे खुलेआम एवं बिना हिचक के करना प्रारंभ कर देते हैं।

(ii) बचपनावस्था में माता-पिता को खो देना *(Loss of parents in childhood)*—कुछ अध्ययनों से यह पता चला है कि जिन बच्चों के सिर पर से बचपनावस्था में ही माता-पिता का साया किसी कारण से जैसे माता-पिता की मृत्यु से या आपस में विवाह-विच्छेद (divorce) या संबंध-विच्छेद (separation) से उठ जाता है, तो उनमें समाज-विरोधी व्यक्तित्व तेजी से विकसित होता है। ग्रीर (Greer, 1964) ने अपने अध्ययनों में पाया कि समाज-विरोधी व्यक्तित्व के एक समूह में 60% व्यक्ति ऐसे थे जो बचपन में ही अपने माता-पिता को खो चुके थे। माता-पिता के न होने से ऐसे बच्चों का सांवेगिक विकास (emotional development) नहीं हो पाता है जिसके फलस्वरूप उसमें समाज-विरोधी-व्यक्तित्व (anti-social personality) विकसित होने लगता है।

(iii) दोषपूर्ण पारिवारिक अन्तःक्रियाएँ *(Faulty family interactions)*—समाज विरोधी व्यक्तित्व का विकास दोषूपर्ण पारिवारिक अतंःक्रियाएँ (faulty family interactions) से भी विकसित होती है। हीभर (Heaver, 1943) तथा ग्रीनएक्र (Greenacre, 1945) ने अपने-अपने अध्ययनों के आधार पर यह बतलाया है कि जब परिवार में स्थिति ऐसी होती है कि माँ अपने बच्चों के प्रति अत्यधिक आसक्त (indulged) होती है तथा पिता अपने क्षेत्र में एक सफल व्यक्ति होते हैं और वे बच्चों को अनुराग एवं सहानुभूति समय के अभाव में नहीं दे पाते हैं तथा अपनी सफलता बनाए रखने के लिए वे बच्चों से दूरी बनाए रखते हैं तो इस दोषपूर्ण पारिवारिक परिस्थिति में पलने वाले बच्चों का व्यक्तित्व समाज-विरोधी (anti-social) हो जाता है।

(ग) सामाजिक-सांस्कृतिक कारक *(Socio-cultural factors)*—समाज-विरोधी व्यक्तित्व या मनोविकारी व्यक्तित्व (psychopathic personality) के कुछ सामाजिक-सांस्कृतिक कारक भी बतलाये गए हैं। प्रायः यह देखा गया है कि निम्न सामाजिक-आर्थिक समूहों (lower socio-economic groups) में समाज-विरोधी व्यक्तित्व अधिक तेजी से पनपता है। उसके अलावा इस तरह के व्यक्तित्व उस वातावरण में भी तेजी से पनपता है जिसमें सामाजिक मानक (social norms) की मान्यता समाप्त होती है, साथी-संगी का व्यवहार अवांछनीय होता है तथा समाज में आक्रामकता (aggressiveness) अधिक होती है।

स्पष्ट हुआ कि समाज-विरोधी व्यक्तित्व या मनोविकारी व्यक्तित्व की उत्पत्ति के कई कारण हैं। इन कारणों का संयुक्त विश्लेषण करने पर ही हम इस तरह के व्यक्तित्व के स्वरूप को पूर्णतः समझ सकते हैं।

मनोविकारी व्यक्तित्व की समस्याओं के उपचारी उपाय (Remedial Means of the Problems of Psychopathic personality)

नैदानिक मनोवैज्ञानिकों तथा मनोरोगविज्ञानियों के संयुक्त प्रयास से मनोविकारी व्यक्तित्व की समस्याओं का उपचार (treatment) बहुत हद तक करना संभव हो पाया है। प्रायः इस तरह के व्यक्तित्व के उपचार के लिए निम्नांकित चार तरह की प्रविधियों का उपयोग किया जाता है—

(1) वैयक्तिक चिकित्सा (individual therapy)

(2) सामूहिक चिकित्सा (group therapy)

(3) व्यवहार चिकित्सा (behaviour therapy)

(4) औषध चिकित्सा (drug therapy)

इन चारों का वर्णन निम्नांकित है—

(1) वैयक्तिक चिकित्सा (*Individual therapy*)—यह ऐसी चिकित्सा पद्धति है जिसमें मनोविकारी व्यक्तित्व वाले व्यक्ति को अपनी समस्या पर बिना किसी तरह के हिचकिचाहट के ही बोलने के लिए कहा जाता है। चिकित्सा सत्र (therapeutic session) में वह व्यक्ति और एक चिकित्सक होता है। चिकित्सक उसे अपनी समस्या के प्रत्येक पहलू के बारे में बतलाने में अपने उचित मनोवृत्ति दिखलाकर उसे मदद करता है। इस तरह के स्पष्ट एवं स्वतंत्र विचार-विमार्श के सहारे चिकित्सक ऐसे व्यक्ति की समस्याओं के प्रमुख कारणों पर प्रकाश डालता है तथा उस व्यक्ति को कुछ धनात्मक सुझाव (positive suggestion) आदि देकर उसकी समस्या को दूर करने की कोशिश करता है। इस चिकित्सा विधि की सफलता बहुत हद तक इस बात पर निर्भर करती है कि मनोविकारी व्यक्तित्व वाला व्यक्ति स्वयं कितना सहयोग दिखला रहा है।

(2) सामूहिक चिकित्सा (*Group therapy*)—इस चिकित्सा विधि में मनोविकारी व्यक्तित्व की समस्याओं का उपचार एक समूह में किया जाता है। समान समस्याओं से ग्रसित मनोविकारी व्यक्तित्व वाले व्यक्तियों की एक छोटी टोली या समूह तैयार कर लिया जाता है। इसमें कई चिकित्सक होते हैं जो ऐसे व्यक्तियों की समस्याओं का समाधान के लिए कुछ सामूहिक सुझाव देते हैं। ऐसे सुझाव को व्यवहार में लाकर मनोविकारी व्यक्तित्व वाले व्यक्ति अपनी समस्याओं से बहुत हद तक निपट पाते हैं।

(3) व्यवहार चिकित्सा(*Behaviour therapy*)—मनोविकारी व्यक्तित्व के उपचार की सबसे उत्तम प्रविधि व्यवहार चिकित्सा (behaviour therapy) बतलायी गयी है। बैण्डुरा (Bandura, 1969) एवं सुटकर, आर्कर तथा किलपैट्रीक (Sutker, Archer & Kilpatrick, 1979) ने अपने-अपने अध्ययनों से इस तथ्य की संपुष्टि की है। बैण्डुरा (Bandura, 1969) ने इस क्षेत्र में किए गए अध्ययनों से प्राप्त तथ्यों को मद्देनजर रखते हुए मनोविकारी व्यवहार (psychopathic behaviour) को व्यवहार चिकित्सा द्वारा परिवर्तित कर सुधारने में सम्मिलित निम्नांकित तीन कदमों को अधिक महत्त्वपूर्ण बतलाया है—

(i) अनुमोदनरहित (*disapproved*)—समाज-विरोधी व्यवहार के लिए दिए गए पुनर्बलन (reinforcement) को हटा देना और जहाँ संभव हो ऐसे व्यवहार के लिए दण्ड का प्रावधान करना।

(ii) वांछित व्यवहार (*desired behaviour*)—जिस व्यवहार को समाज-विरोधी व्यवहार के जगह पर सीखलाना है, उसका एक मॉडल (model) व्यक्ति के सामने प्रस्तुत करना और ऐसे व्यवहार का अनुकरण करने के लिए क्रमिक पुनर्बलन (graded reinforcement) का उपयोग करना।

(iii) जैसे-जैसे व्यक्ति वांछित व्यवहार पर नियंत्रण प्राप्त करते जाए, वैसे-वैसे धीरे-धीरे दिए गए पुनर्बलन को हटाते जाना।

उपर्युक्त कदमों के सहारे मनोविकारी व्यवहार को बहुत हद तक नियंत्रित करना तथा उसकी समस्याओं को दूर करना संभव हो पाता है।

भाइलैन्ट (Vaillant, 1975) ने यह सुझाव दिया है कि मनोविकारी व्यवहार (psychopathic behaviour) को हटाने एवं नियंत्रित करने में दण्ड (punishment) बहुत प्रभावकारी नहीं होता है। उन्होंने आगे यह भी बतलाया है कि मनोविकारी व्यवहार की समस्या को दूर करने के लिए व्यक्ति को एक ऐसी परिस्थिति में रखना आवश्यक है जहाँ व्यवहारात्मक नियंत्रण (behavioural control) संभव है ताकि वह आत्म-ध्वंसात्मक व्यवहार (self-destructive behaviour) न कर सके।

(4) औषध चिकित्सा *(Drug therapy)*—इस तरह की चिकित्सा प्रविधि में मनोविकारी व्यक्तित्व (psychopathic behaviour) को सुधारने एवं नियंत्रित करने के लिए कुछ औषध (drugs) का उपयोग किया जाता है। इसमें औषध के रूप में कुछ हल्के-फुल्के प्रशांतक (transquilizers) का उपयोग किया जाता है ताकि ऐसे व्यक्ति द्वारा ध्वंसात्मक व्यवहार (destructive behaviour) न किया जा सके। कुछ खास-खास तरह के मनोविकारी व्यवहार को नियंत्रित करने के लिए कुछ मनोरोगविज्ञानियों ने वैद्युत आक्षेपी चिकित्सा (electroconvulsive therapy) का भी प्रावधान किया है हालाँकि कुछ लोगों ने यह बतलाया है कि इस तरह की चिकित्सा अधिक लाभकारी (effective) नहीं होती है।

स्पष्ट हुआ कि मनोविकारी व्यवहार (psychopathic behaviour) को दूर करने तथा उसे नियंत्रित करने के लिए कई तरह की चिकित्सा विधि उपलब्ध है। सौभाग्य की बात यह है कि अधिकतम समाज-विरोधी व्यक्तित्व वाले व्यक्ति अपने आप ही 40 साल से आगे उम्र बढ़ने पर अपने समाज-विरोधी व्यवहार को अनुचित समझकर छोड़ देते हैं। इस उम्र में ऐसे व्यक्तियों में सामाजिक परिपक्वता तथा सूझ (insight) विकसित हो जाता है तथा उनके जैविक प्रेरणाओं (biological drives) में कमी आ जाती है। फलस्वरूप, इनके समाज-विरोधी व्यवहार में अपने आप कमी आ जाती है। ऐसे व्यक्तियों को *'पके हुए मनोविकारी व्यक्ति'* (burned-out psychopath) कहा जाता है। परन्तु अक्सर ऐसा देखा जाता है कि ऐसे व्यक्ति 40 साल के उम्र पर पहुँचने के पहले अधिक तबाही (havoc) कर चुके होते हैं तथा अपने को बर्बाद भी कर चुके होते हैं।

अपराधी व्यवहार
(Criminal Behaviour)

अर्थ एवं स्वरूप *(Meaning and nature)*—अपराधी व्यवहार की समस्या भी मनोवैज्ञानिकों के लिए एक प्रमुख समस्या है। अपराधी व्यवहार वैसे व्यवहार को कहा जाता है जिससे अपराधी कानून का उल्लंघन होता है तथा जिसके कारण व्यक्ति को किसी मान्यता प्राप्त दण्डाधिकारी से दण्ड दिया जा सकता है। स्पष्ट है कि अपराधी व्यवहार के स्वरूप का निर्धारण देश के अपराधी कानूनों (criminal laws) द्वारा निर्धारित होता है। किसी व्यवहार को अपराधी कहलाने के लिए यह आवश्यक है कि उस व्यवहार द्वारा समाज के कल्याण के लिए बनाए गए अपराधी कानूनों (criminal laws) का उल्लंघन होता हो। भारतीय समाज में चोरी करना, डकैती करना, हत्या करना, बलात्कार करना, अपहरण करना, दूसरे की सम्पत्ति को नुकसान पहुँचाना, घूस लेना या देना, कालाबाजारी करना, तस्करी करना, दहेज लेना या देना आदि प्रमुख अपराधी व्यवहार माने गए हैं और ऐसे व्यवहार व्यक्ति न करे इसके लिए पर्याप्त अपराधी नियम (criminal laws) बनाए गए हैं जिसका उल्लंघन करने से पर्याप्त दण्ड (punishment) का भी प्रावधान किया गया है। जेम्स ड्रीभर[1] (James Drever, 1984) ने इस संदर्भ (context) में अपराध (crime) को परिभाषित करते हुए कहा है, ''नियम के प्रतिकूल किया गया गंभीर दोष या आक्रमण जिसके लिए दण्ड दिया जाता है, अपराध कहलाता है।''

स्कौट[2] (Scott, 1961) के अनुसार, ''अपराध एक ऐसा व्यवहार या चूक (default) है जो समुदाय की अभिरुचि को पूर्वाग्रहित करता है और दण्डात्मक प्रावधान के साथ कानून द्वारा वर्जित होता है।''

सुदरलैण्ड एंव क्रेसी[3] (Sutherland & Cressey, 1965) के अनुसार, ''अपराधी व्यवहार उस व्यवहार को कहा जाता

---

1. "Crime is the grave offence against the law, and punishable as such."
—James Drever : *The Penguin Dictionary of Psychology,* 1984, p. 56.
2. "A crime is an act or default which prejudices the interests of the community and is forbidden by law under the pain of punishment."
—Scott : *Crime and Criminals,* 1961, p. 84.
3. "The criminal behaviour is behaviour in violation of the criminal law. No matter what the degree of immorality, reprehensibility or indecency of an act, it is not a crime unless it is prohibited by the criminal law."
—Sutherland & Cressey : *Principles of Criminology,* 1965, p.4

है जो अपराधी कानूनों का उल्लंघन करता है। किसी व्यवहार में चाहे कितनी भी मात्रा में अनैतिकता, निन्दा तथा निर्लज्जता क्यों न हो, उसे अपराधी व्यवहार तब तक नहीं कहा जाएगा जब तक कि वह अपराधी कानून द्वारा वर्जित न हो।''

उपर्युक्त परिभाषाओं का विश्लेषण करने से यह स्पष्ट हो जाता है कि किसी व्यवहार को अपराधी व्यवहार तब कहा जाता है जब उसमें निम्नांकित विशेषताएँ हों—

(i) अपराधी व्यवहार का स्वरूप ऐसा हो कि उससे अपराधी कानून (criminal law) का उल्लंघन होता हो। उस समाज-विरोधी व्यवहार को अपराध नहीं कहा जा सकता है जिससे अपराधी कानून का उल्लंघन नहीं होता है।

(ii) अपराधी व्यवहार के स्वरूप में इतनी गंभीरता हो कि अपराधी कानून का उल्लंघन होने से उसके लिए किसी अधिकारी द्वारा दंड दिए जाने का पर्याप्त प्रावधान हो।

(iii) अपराधी व्यवहार करने के पीछे व्यक्ति का स्पष्ट उद्देश्य (intention) हो। उद्देश्यहीन व्यवहार को अपराधी व्यवहार नहीं कहा जा सकता है। जैसे—यदि कोई व्यक्ति को बन्दूक से गोली चलाने के लिए बाध्य किया जाता है और उसके गोली चलाने से यदि किसी की मृत्यु भी हो जाती है, तो उसका यह व्यवहार अपराधी व्यवहार नहीं कहलायेगा क्योंकि उसे ऐसा करने के लिए बाध्य किया गया है।

स्पष्ट हुआ कि अपराधी व्यवहार को मात्र उसमें सन्निहित अनैतिकता एवं निर्लज्जता के आधार पर नहीं समझा जाता है बल्कि अनैतिकता एवं निर्लज्जता की मात्रा इतनी अधिक होनी चाहिए कि उससे अपराधी कानून का उल्लंघन होने से दण्ड मिलने का प्रावधान हो।

अपराधी व्यवहार के प्रकार
(Types of Criminal behaviour)

अपराधी व्यवहार को विशेषज्ञों ने कई भागों में बाँटा है। अधिकतर नैदानिक मनोवैज्ञानिकों एवं मनोरोगविज्ञानियों (psychiatrists) का कहना है कि अपराधी व्यवहारों को मूलतः दो भागों में बाँटा जा सकता है—

(1) महापराध (*Felony*)—इस श्रेणी में उन अपराधी व्यवहारों को रखा जाता है जिनका स्वरूप गंभीर होता है तथा जिसके लिए कठोर न्यायिक दण्ड दिए जाने का प्रावधान होता है। डकैती, हत्या, बलात्कार आदि जैसे अपराध को इस श्रेणी में रखा जाता है।

(2) उपापराध (*Misdemeanor*)—जैसा कि नाम से ही स्पष्ट है, इस श्रेणी में उन अपराधी व्यवहारों को रखा जाता है जो कम गंभीर स्वरूप के होते हैं तथा जिनके लिए मिलने वाला न्यायिक दण्ड अधिक गंभीर नहीं होता है। जैसे—किसी की मान हानि करना, झूठा आरोप लगाना, बिना टिकट का सफर करना, दूसरों से मामूली लड़ाई-झगड़ा कर लेना आदि इस श्रेणी के अपराध है।

स्कौट (Scott, 1961) ने सभी तरह के अपराधी व्यवहारों को निम्नांकित तीन भागों में बाँटा है—

(1) व्यक्तिगत अपराध (Personal offence)

(2) राज्य की सुरक्षा एवं प्रतिष्ठा कें खिलाफ अपराध (Offence against security and dignity of the state)

(3) सामाजिक कल्याण के खिलाफ अपराध (Offence against social welfare)

इन तीनों का वर्णन निम्नांकित है—

(1) व्यक्तिगत अपराध (*Personal offence*)—इस तरह के अपराध में वैसे अपराधी व्यवहारों को रखा जाता है जिससे किसी व्यक्ति विशेष को क्षति पहुँचता है। जैसे—हत्या, बलात्कार, चोरी, डकैती आदि को व्यक्तिगत अपराध की श्रेणी में रखा गया है।

(2) राज्य की सुरक्षा एवं प्रतिष्ठा के खिलाफ अपराध (*Crimes against security and diginity of the state*)—इस श्रेणी में उन अपराधी व्यवहारों को रखा जाता है जिसमें व्यक्ति सरकार, देश या राज्य के खिलाफ अनावश्यक आवाज उठाता है तथा अपराधी कानूनों का उल्लंघन करता है। जैसे—राजद्रोह (treason), ईशनिन्दा (blasphemy) को इस श्रेणी में रखा जाता है।

(3) सामाजिक कल्याण के खिलाफ अपराध (*Crime against social welfare*)—इस श्रेणी में उन अपराधी व्यवहारों को रखा जाता है जिसके करने से सामाजिक कल्याण (social welfare) जैसी महत्त्वपूर्ण संरचना की अवहेलना

होती है। जैसे—आय कर या बिक्री कर की चोरी, मिलावटी खाद्य सामग्रियों को बेचना, अनुचित जगह कूड़ा-कर्कट का अम्बार लगाना आदि इस श्रेणी के अपराध है।

कोलमैन तथा क्रेसी (Coleman & Cressey, 1987) ने अपराध को निम्नांकित तीन भागों में बाँटा है—

(1) अपीड़ित अपराध (Victimless crime)

(2) बाल अपराध (Juvenile delinquency)

(3) सफेदपोश अपराध (White-collar crime)

इन तीनों का वर्णन निम्नांकित है—

(1) अपीड़ित अपराध *(Victimless crime)*—इस श्रेणी में उन अपराधों को रखा जाता है जिसमें अपराध का निशाना बना व्यक्ति को किसी भी तरह की आर्थिक, शारीरिक एवं मानसिक पीड़ा नहीं होती है। वेश्यावृत्ति, समलैंगिकता (homosexuality), जुआ आदि को इसी श्रेणी के अपराध में रखा जाता है।

(2) बाल-अपराध *(Juvenile delinquency)*—जैसा कि नाम से ही स्पष्ट है, इस तरह के अपराध में वैसे अपराधी व्यवहारों को रखा जाता है जिसके करने वाले की आयु 18 वर्ष से नीचे होती है। आयु-सीमा एक देश से दूसरे देश में अलग-अलग हो सकती है।

(3) सफेदपोश अपराध *(White-collar crime)*—इस पद (term) का प्रयोग सबसे पहले सुदरलैण्ड (Sutherland) ने किया। कोई मध्यवर्गीय तथा उच्च वर्गीय व्यक्ति यदि कोई ऐसा अपराध करता है जिससे सामाजिक कल्याण को ठेस पहुँचता है, तो इसे सफेदपोश अपराध कहा जाता है। जैसे—घूस लेना, आयकर तथा बिक्री कर की चोरी करना आदि इस श्रेणी के अपराध हैं।

स्पष्ट हुआ कि अपराधी व्यवहार के कई प्रकार हैं जिन पर नैदानिक मनोवैज्ञानिकों ने प्रकाश डाला है।

अपराधी व्यवहार के कारण
(Causes of Criminal Behaviour)

आधुनिक समाजशास्त्रियों, नैदानिक मनोवैज्ञानिकों(clinical psychologists), सामाजिक मनोरोगविज्ञानियों कार्यकर्त्ताओं (social psychiatric worker) ने यह स्पष्ट किया है कि अपराधी व्यवहार के कोई एक कारण नहीं बल्कि कई कारण हैं जिन्हें मूलतः निम्नांकित तीन भागों में बाँटा जा सकता है—

(क) जैविक कारक (Biological factors)

(ख) मनोसामाजिक कारक (Psychosocial factors)

(ग) सामाजिक-सांस्कृतिक कारक (Socio-cultural factors)

इन कारकों की व्याख्या निम्नांकित है—

(क) जैविक कारक *(Biological factors)*—इसके अन्तर्गत अपराधी व्यवहार की व्याख्या कुछ उन कारकों के रूप में की गयी है जिनका संबंध आनुवांशिकता (heredity) तथा शारीरिक संगठन (bodily constitution) से होता है। इन कारकों में निम्नांकित को महत्त्वपूर्ण बतलाया गया है—

(1) लोमब्रोसियन सिद्धान्त *(Lombrosian theory)*—1870वीं दशाब्दी में सीजार लोमब्रोसो (Cesare Lombroso) ने अपराधी व्यवहार की व्याख्या करने के लिए एक विशेष सिद्धान्त का प्रतिपादन किया। इस सिद्धान्त के अनुसार अपराधी व्यवहार का कारण विशेष आनुवांशिक दोष (genetic defect) होता है। लोमब्रोसो (Lombroso) का मत था कि अपराध करने वाले व्यक्ति का व्यक्तित्व बहुत कुछ ऐसा होता है जो मानव विकास (human evolution) की प्रारंभिक अवस्था (primitive stage) में पाये जाने वाले व्यक्तित्व से मिलता-जुलता है। अपराधी के शरीर का गठन, कपाल (skull) तथा चेहरा एक खास प्रकार का होता है जो जन्म से ही स्पष्ट रहता है। इसे देखकर या स्केल के सहारे मापकर बचपनावस्था में ही अपराधी की पहचान की जा सकती है।

लोम्ब्रोसो (Lombroso) का यह सिद्धान्त अपने समय में काफी लोकप्रिय था। परन्तु 20वीं शताब्दी के प्रारंभ में ही चार्ल्स गोरिंग (Charles Goring) द्वारा किए गए अध्ययन से इस सिद्धान्त की मान्यता समाप्त हो गयी। इन्होंने अपराधियों के एक समूह की तुलना सामान्य व्यक्तियों के एक समूह से किया और पाया कि इन दोनों

समूहों में लोम्ब्रोसो द्वारा बतलाए गए शारीरिक आधारों पर कोई अन्तर नहीं था। इससे लोम्ब्रोसो (Lombroso) के सिद्धान्त की मान्यता समाप्त हो गयी।

(2) शेल्डन का शरीरगठनात्मक विभाजन *(Sheldon's constitutional type)*—शेल्डन (Sheldon, 1956) ने 200 अपराधियों का अध्ययन किया और बतलाया कि अधिकतर अपराधी का व्यक्तित्व मेसोमौर्फिक (mesomorphic) प्रकार का था। दूसरे शब्दों में, अधिकतर अपराधी का व्यक्तित्व ऐसा था जिनके शरीर की मांसपेशियाँ अधिक गठीली एवं मजबूत थीं तथा ऐसे व्यक्ति लम्बे कद के थे अर्थात् जिनका व्यक्तित्व मेसोमौर्फिक (mesomorphic) था। उन्होंने एण्डोमौर्फिक (endomorphic) तथा एक्टोमौर्फिक (ectomorphic) व्यक्तित्व वाले व्यक्तियों को नाममात्र की संख्या में अपराधी पाया। बाद में ग्लूएक तथा ग्लूएक (Glueck & Glueck, 1958) ने शेल्डन के इस विचारधारा का समर्थन किया है। मेसोमौर्फिक व्यक्तित्व वाले व्यक्तियों द्वारा अपराधी व्यवहार अधिक करने की प्रवृत्ति की व्याख्या करते हुए कहा गया कि मेसोमौर्फिक व्यक्तित्व वाले व्यक्ति ही इसे करने में अधिक सक्षम इसलिए होते हैं क्योंकि ऐसे कार्यों के लिए अधिक शारीरिक शक्ति तथा शारीरिक मजबूती (physical toughness) की जरूरत पड़ती है जो उनके व्यक्तित्व में पर्याप्त होता है।

(3) XYY क्रोमोजोम्स *(XYY Chromosomes)*—कुछ नैदानिक मनोवैज्ञानिकों एवं मनश्चिकित्सकों का मत है कि अपराधी व्यवहार का एक कारण असामान्य क्रोमोजोम्स पैटर्न होता है। सामान्यतः प्रत्येक मानव कोशिका में क्रोमोजोम्स का 23 युग्म होता है। 23वाँ युग्म यौन क्रोमोजोम्स (sex chromosomes) होता है जो महिला मे XX तथा पुरुष में XY होता है। कोई-कोई पुरुष में Y यौन क्रोमोजोम्स दो से अधिक होता है। अध्ययनों से यह पता चला है कि ऐसे पुरुष जिनमें XYY क्रोमोजोम्स होता है, अपराधी व्यवहार अधिक करते हैं।

(4) अन्य जैविक कारक *(Other biological factors)*—अपराधी व्यवहारों की व्याख्या कुछ अन्य जैविक कारकों के रूप में भी की गयी है। इसमें मस्तिष्कीय क्षति (brain damage), मानसिक मंदता (mental retardation), मनोक्रियात्मक मिरगी (psychomotor epilepsy) तथा बुढ़ापा में मस्तिष्कीय कोशिकाओं का क्षीण होना आदि प्रधान माना गया है। EEG के आधार पर किए गए अध्ययनों से उपयुक्त तथ्य की पुष्टि होती है।

(ख) मनोसामाजिक कारक *(Psychosocial factors)*—अपराधी व्यवहार की व्याख्या मनोसामाजिक कारकों के रूप में भी की गयी है। अधिकतर ऐसे कारकों का संबंध फ्रायड (Freud) द्वारा प्रतिपादित मनोविश्लेषण के सिद्धान्त से है। ऐसे प्रमुख कारकों का वर्णन निम्नांकित है—

(1) पराहं की शक्ति *(Super ego strength)*—प्रारंभिक समाजीकरण की प्रक्रिया में व्यक्ति में पराहं का विकास होता है। जब व्यक्ति को समाजीकरण की प्रक्रिया में वयस्कों (adults) के साथ स्वस्थकर, सौहार्द्रपूर्ण एवं स्नेहपूर्ण संबंध नहीं होता है, तो उनमें पराहं (super ego) ठीक से विकसित नहीं होता है। ऐसे बच्चे वयस्कावस्था में प्रवेश करने पर अपराधी बन जाते हैं क्योंकि पराहं अविकसित रहने पर उनमें नैतिकता (morality) का विकास नहीं होता है। फलस्वरूप, वे अनैतिक कार्य को करने में तनिक भी नहीं हिचकिचाते हैं और अपराधी बन बैठते हैं।

(2) अहम् की शक्ति *(Ego strength)*—समाजीकरण के दौरान ही पराहं (super ego) के पहले व्यक्ति में अहम् (ego) विकसित होता है। जब किसी कारण से अहम् बच्चों में ठीक ढंग से विकसित नहीं होता है तो उनके व्यक्तित्व द्वारा महत्त्वपूर्ण कार्य ठीक ढंग से नहीं किया जाता है। जैसे—ऐसे व्यक्तियों को अपने आवेगों (impulses) पर कोई नियंत्रण नहीं रह जाता है, ऐसे व्यक्ति किसी ठोस निर्णय पर जल्दी नहीं पहुँच पाते हैं तथा ऐसे व्यक्ति में संगठनात्मक क्षमताएँ (organizational abilities) की कमी पायी जाती है। इन गुणों के अभाव में ऐसे व्यक्तित्व को अपराधी बन जाने की संभावना तीव्र से तीव्रतम हो जाती है।

(3) कुंठा-आक्रामकता *(Frustration-aggression)*—डोलार्ड तथा उनके सहयोगियों द्वारा किए गए अध्ययनों से यह स्पष्ट हुआ है कि जब व्यक्ति में कुंठा (frustration) होती है, खासकर अनुचित कुंठा (unjust frustration) होती है, तो उससे उसमें आक्रामकता (aggressiveness) बढ़ती है और धीरे-धीरे ऐसे व्यक्तियों में अपराधी प्रवृत्तियाँ जोड़ पकड़ने लगती हैं। हेनरी एवं शार्ट (Henry & Short, 1990) ने अपने अध्ययन में 65 ऐसे अपराधियों का अध्ययन किया जिन्हें अपने अपराधी व्यवहार के लिए हिरासत में लिया गया था। इन अपराधियों में से 90% अपराधियों में आक्रामकता की प्रवृत्ति अधिक थी और उसी से प्रेरित होकर उन लोगों ने कई तरह के अपराधी व्यवहार किया था।

(4) समायोजन का एक तरीका (*One way of adjustment*)—कुछ नैदानिक मनोवैज्ञानिकों का मत है कि व्यक्ति अपराधी व्यवहार इसलिए करता है क्योंकि वह ऐसा करके अपने वातावरण (environment) के साथ समायोजन (adjustment) करता है। जब व्यक्ति सीधे तथा सामाजिक रूप से अनुमोदित ढंग से अपनी इच्छा तथा आवश्यकता की पूर्त्ति नहीं कर पाता है, तो वह परोक्ष, अनुचित एवं विचलित तरीकों को अपनाकर अपनी इच्छा एवं आवश्यकता की पूर्त्ति करता है। इसके परिणामस्वरूप व्यक्ति में अपराधी व्यवहार का जन्म होता है।

स्पष्ट हुआ कि अपराधी व्यवहार के अनेक मनोसामाजिक कारक हैं।

(ग) सामाजिक-सांस्कृतिक कारक (*Socio-cultural factors*)—अपराधी व्यवहार की व्याख्या सामाजिक-सांस्कृतिक कारकों (Socio-cultural factors) के रूप में भी की गयी है। प्रमुख ऐसे कारकों की व्याख्या निम्नांकित है—

(1) सामाजिक विघटन (*Social disorganization*)—अपराधी व्यवहार का एक कारण आधुनिक सामाजिक विघटन माना गया है। आधुनिक समय में सामाजिक मूल्यों (social values) तथा सामाजिक क्रमों (social order) में गिरावट आयी है। परिणामस्वरूप, सामाजिक मानकहीनता (social normlessness) की स्थिति बन गयी है जहाँ अधिकतर व्यक्ति अपने मन के अनुसार कार्य करता पाया जाता है। ऐसी स्थिति में व्यक्ति में व्याप्त थोड़ी-सी अपराधी प्रवृत्ति भी खुलकर अपना उग्र रूप धारण कर लेती है। शा तथा मैकके (Shaw & Mckay, 1992) ने एक अध्ययन किया जिसमें यह पाया है कि एक ही शहर के विभिन्न क्षेत्रों में अपराध की घटना की दर अलग-अलग होती है। शहर के झुग्गी-झोपड़ी वाले क्षेत्र में अपराध की घटनाएँ अधिक होती है। उसी तरह से शहर के घने आबादी वाले इलाकों में खासकर बीच शहर के इलाकों में उन इलाकों की अपेक्षा जो शहर के बाहरी क्षेत्रों में होते हैं तथा जहाँ आबादी कम होती है, अपराध अधिक होते हैं। इसका कारण यह है कि झुग्गी-झोपड़ी वाले इलाकों में सामाजिक विघटन (social disorganization) अधिक होता है। रेकलेस (Reckless, 1940) ने इस पर टिप्पणी करते हुए कहा है कि सामाजिक विघटन तथा शहरीकरण (urbanization) से अपराधी व्यवहार उत्पन्न नहीं होते हैं परन्तु वे अपराधियों को परोक्ष रूप से अपराधी व्यवहार करने के लिए प्रेरित करते हैं।

(2) पारिवारिक विघटन (*Family disruption*)—अपराधी व्यवहार का एक कारण पारिवारिक विघटन माना गया है। ब्लूम, अशर तथा व्हाईट (Bloom, Asher & White, 1978) ने अध्ययन किया जिसमें यह पाया गया है कि अधिकतम अपराधी ऐसे थे जो मृत्यु, संबंध-विच्छेद (divorce), अलगाव (separation) या अन्य परिस्थितियों के कारण अपने माता-पिता को बचपन में ही खो चुके थे। हक्सले (Huxley, 1965) ने अपने अध्ययन के आधार पर यह बतलाया है कि 'उजड़े घर' (broken homes) की भूमिका अपराधी व्यवहार उत्पन्न करने में काफी प्रत्यक्ष होता है। इन्होंने अपने अध्ययन में पाया कि अधिकतर अपराधी ऐसे परिवार से आते हैं जिनके माता-पिता स्वयं अनैतिक (immoral) व्यवहार के अभ्यस्त थे। इन्होंने यह भी पाया कि अधिकतर अपराधी बच्चे अनाथालय में या रिश्तेदारों के घर में पाले-पोषे गए थे या उनके सौतेले माँ-बाप थे।

(3) निम्न सामाजिक-आर्थिक स्तर (*Lower socio-economic level*)—अध्ययनों से स्पष्ट हुआ है कि सामाजिक-आर्थिक स्तर तथा अपराधी व्यवहार में नकारात्मक सहसंबंध (negative correlation) है। दूसरे शब्दों में, सामाजिक-आर्थिक स्तर निम्न होने से अपराधी व्यवहार की संख्या में वृद्धि होती है। सामाजिक-आर्थिक स्तर निम्न होने से गरीबी तथा अन्य आर्थिक कठिनाइयाँ अधिक हो जाती हैं जिनसे छुटकारा पाने के लिए व्यक्ति अपराधी व्यवहार करता है। एण्ड्रीव (Andrew, 1980) ने एक अध्ययन किया जिसमें उन्होंने पाया कि 112 अपराधियों के समूह में से 85 अपराधी निम्न सामाजिक-आर्थिक स्तर के परिवार के थे और वे आर्थिक तंगी से उबकर अपराध करना प्रारंभ कर दिए थे। रिसमैन (Reisman, 1985) ने भी अपने अध्ययन से इस तथ्य की पुष्टि किया है।

(4) प्रजाति (*Race*)—ऐसे तो अपराध सभी तरह के प्रजातियों द्वारा किया जाता है परन्तु कुछ ऐसे अध्ययन हुए हैं जिनसे यह संकेत मिलता है कि कुछ खास प्रजाति के लोगों द्वारा तुलनात्मक रूप से अपराध अधिक किया जाता है। थोमस (Thomas, 1982) के अध्ययन से स्पष्ट हुआ है कि अमेरिकन निग्रो द्वारा अमेरिकन श्वेत (American White) की तुलना में अधिक अपराध किए जाते हैं। उसका कारण बतलाते हुए यह कहा जाता है कि अमेरिकन निग्रो एक ऐसा समूह है जहाँ उन्हें आर्थिक एवं सामाजिक सुख-सुविधाएँ अमेरिकन श्वेत की तुलना में कम है। फलतः वे अपराधी व्यवहार करने की ओर अधिक आकर्षित होते हैं।

स्पष्ट हुआ कि अपराध के कई कारण है। अपराध की उत्पत्ति को समझने के लिए इन सभी कारकों का एक संयुक्त विश्लेषण आवश्यक है।

अपराधियों का उपचार
(Treatments of Criminals)

अपराधियों (criminals) के उपचार के लिए नैदानिक मनोवैज्ञानिकों द्वारा इधर हाल के वर्षों में कई उपायों को महत्त्वपूर्ण बतलाया गया है। इन उपायों को मूलतः दो भागों में बाँटा जा सकता है—

(क) दण्डात्मक प्रविधियाँ (Punitive measures)

(ख) पुनर्वास प्रविधियाँ (Rehabilitation measures)

इन दोनों का वर्णन निम्नांकित है—

(क) दण्डात्मक प्रविधियाँ *(Punitive measures)*—अपराधियों को तरह-तरह के दण्ड एवं कठोर सजा देकर उनका उपचार करने की विधि काफी पुरानी है। अपराधियों को दण्ड के रूप में उनसे कड़ी मेहनत करवाना, उन्हें तंग परिस्थितियों में रखना, अकेले में हाथ-पैर बाँध कर कमरे में छोड़ देना, कोड़ा मारना आदि कुछ सामान्य विधियाँ थीं। आजकल भी इनमें से कुछ विधि का उपयोग किया जाता है। इस तरह दण्ड (punishment) के मुख्य तीन उद्देश्य होते थे—

(i) दण्ड देकर अपराधियों से समाज अपना प्रतिशोध (revenge) लेता है। चूँकि वह दूसरों को क्षति पहुँचाता है, अतः उसे उसका परिणाम भुगतना ही चाहिए।

(ii) अपराधियों को दण्ड देने से खासकर उन्हें कैद की सजा देने से समाज को सुरक्षा मिलती है।

(iii) अपराधियों को दण्ड देने से उसे भविष्य में अपराध करने की प्रवृत्ति कम होती है। इतना ही नहीं, इस दण्ड तथा उसके परिणाम को देखकर अन्य व्यक्ति की अपराधी प्रवृत्ति में भी कमी आती है।

आधुनिक नैदानिक मनोवैज्ञानिकों तथा जेल विशेषज्ञों का मत है कि दण्ड से अपराधी प्रवृत्तियाँ कमती नहीं है। अतः इसका प्रयोग कम-से-कम किया जाना चाहिए। दण्ड न देकर यदि उन्हें सुधरने का मौका तथा पुनर्वास (rehabilitation) कराया जाए तो उससे अपराधी व्यवहार में कमी होने की संभावना काफी तीव्र हो जाती है।

(ख) पुनर्वास प्रविधियाँ *(Rehabilitation measures)*—आधुनिक समय में अपराधियों को एक सामान्य व्यक्ति के रूप में समझकर तथा उन्हें सुधरने का उचित मौका एवं प्रशिक्षण देने पर अधिक बल डाला जाता है ताकि उनमें आत्म-विश्वास उत्पन्न हो सके तथा वह आत्म-समर्थन (self-support) देते हुए कानून के तहत रहने वाला एक अच्छा नागरिक बन सके। इस दिशा में नैदानिक मनोवैज्ञानिकों द्वारा निम्नलिखित उपायों को अधिक अहमियत दी जाती है—

(i) जो व्यक्ति पहले बार अपराध किए हो, उन्हें परख-अवधि (probation) में रखकर सुधरने के पर्याप्त उपायों एवं सुझावों पर बल देना चाहिए। नैदानिक मनोवैज्ञानिकों का मत है कि अधिकतर व्यक्ति जो पहले बार अपराध किए होते हैं, वे आकस्मिक अपराधी (accidental criminals) होते है और संयोगवश कानून को अपने हाथ में ले लेते हैं। इन लोगों का यह भी सुझाव है कि यदि ऐसे व्यक्ति को जेल में भेज दिया जाता है, जहाँ अन्य कठोर अपराधी पहले से मौजूद होते हैं, तो वे उनकी संगति में आकर और पक्के अपराधी बन जाते हैं।

(ii) जेल में सभी अपराधियों को एक साथ नहीं रखना चाहिए। कुछ अपराधी खासकर के मानसिक रूप से मंदित अपराधियों को तो अन्य अपराधियों से अलग रखकर उन्हें सुधरने का प्रशिक्षण देना अनिवार्य है अन्यथा ऐसे अपराधी तेज बुद्धि के अपराधी के शिकार होकर और भी अधिक अपराध करना प्रारंभ कर देंगे।

(iii) नैदानिक मनोवैज्ञानिकों का यह भी सुझाव है कि अपराधियों को जेल या अन्य समान केन्द्रों में रखकर उनके सात मानवतापूर्ण व्यवहार (human treatment) करना चाहिए ताकि वे स्वयं ही अपने आप को सुधार सकें। कैद या जेल में रखकर यदि उन्हें कठोर सजा दी जाती है और उनके साथ अमानवीय व्यवहार (inhuman behaviour) करने से उनके भीतर जो कुछ भी थोड़ा बहुत मानव समझ-बूझ होती है, वह समाप्त हो जाती है और वे फिर एक सामान्य नागरिक बनने की हमेशा के लिए वंचित हो जाते हैं।

(iv) कैद या जेल में अपराधियों के लिए विभिन्न तरह के कार्यक्रम (programmes) भी क्रिया जाना चाहिए। इन्हें व्यावसायिक, शैक्षिक तथा मनोरंजक कार्यक्रम देकर उनकी अपराधी प्रवृत्ति को आसानी से रचनात्मक कार्यों की ओर मोड़ा जा सकता है। होवार्ड (Howard, 1980) ने अपने एक सर्वे में पाया कि जब ऐसे अपराधियों को जेल में व्यावसायिक, शैक्षिक एवं मनोरंजक कार्यक्रम में लगाया जाता है, तो इनकी रूझान में तेजी से परिवर्तन आता है और उनकी अपराधी प्रवृत्तियाँ काफी कम हो जाती है।

(v) अपराधी चाहे पुरुष हो या महिला, उच्च वर्ग का हो या मध्यम अथवा निम्न वर्ग का, उनके साथ सुधार प्रशिक्षण के दौरान समान ढंग से व्यवहार किया जाना चाहिए।

(vi) अपराधी को कैद या जेल में उनके द्वारा किए जाने वाले उत्तम व्यवहार के लिए उनकी सजा में कटौती किया जाना चाहिए। होवार्ड (Howard, 1989) के अनुसार ऐसा करने से उनमें अपराध न करने की प्रवृत्ति पुनर्बलित होकर मजबूत हो जाती है।

स्पष्ट हुआ कि नैदानिक मनोवैज्ञानिकों तथा अन्य विशेषज्ञों द्वारा अपराधियों को सुधारने की दिशा में महत्त्वपूर्ण एवं प्रशंसनीय कदम उठाए गए हैं।

अपराधी व्यवहार की रोकथाम
(Prevention of Criminal behaviour)

अपराधी व्यवहार व्यक्ति में उत्पन्न ही न हो, इसके लिए भी नैदानिक मनोवैज्ञानिकों ने कुछ सुझाव दे रखा है जिसको नजरअंदाज नहीं किया जा सकता है। ऐसे सुझावों में निम्नांकित प्रमुख हैं—

(1) बचपनावस्था में बच्चों में एक दुरुस्त व्यक्तित्व (wholesome personality) विकसित करने पर पर्याप्त बल दिया जाना चाहिए। माता-पिता घर में अनुकूल सांवेगिक वातावरण बनाकर, बच्चों के साथ दोस्ताना संबंध कायम करके तथा उनमें नैतिक विचारों का समावेश करके उनको अपराधी बनने से रोक सकते हैं। अपराधी व्यवहार का मूल कारण प्रारंभिक समाजीकरण (early socialization) का दोषपूर्ण होना माना गया है।

(2) कोई भी व्यक्ति एकाएक अपराधी नहीं हो जाता है बल्कि उनमें अपराधी प्रवृत्तियाँ धीरे-धीरे विकसित होती हैं। ऐसे सम्भावित अपराधी (potential criminal) की पहचान यथाशीघ्र करके उन्हें सुधारा जा सकता है तथा उन्हें कुख्यात अपराधी बनने से रोका जा सकता है।

(3) समाज से उन कारकों (factors) को हटा देना चाहिए जिनसे अपराधी प्रवृत्तियाँ उत्पन्न होकर जोर पकड़ती हैं। अवांछनीय घरों से बच्चों को दूर रखना, झुग्गी-झोपड़ी एवं गन्दी बस्तियों को विकसित नहीं होने देना, अलाभान्वित बच्चों को खेलने-कूदने तथा मनोरंजन के अन्य साधनों को उपलब्ध कराना तथा अपराध को रोकने के लिए किसी सक्रिय समूह का निर्माण करना आदि प्रमुख ऐसे कारक हैं जिनसे अपराधी प्रवृत्तियों पर काफी हद तक रोक-थाम संभव हो पाता है।

(4) कानून तोड़ने वाले व्यक्तियों पर सख्त निगरानी रखने तथा उससे कानून को ठीक ढंग से पालन कराने के लिए पुलिस दस्ता तथा प्रभावकारी कानूनी कोर्ट (effective law court) होना चाहिए। इससे सीमान्त अपराधी (borderline criminal) की गतिविधियाँ आगे नहीं बढ़ पाएँगी और वे कुख्यात अपराधी बनने से बच जायेंगे।

(5) अन्त में, यह भी कहना अनुचित नहीं होगा कि अपराधी व्यवहार की रोक-थाम (prevention) के लिए सरकार के पास नेक इरादा एवं स्वच्छ तथा निष्पक्ष मन होना चाहिए। अगर ऐसा नहीं होता है, तो अपराध का राजनीति (politics) से जो गठबंधन है, वह और भी मजबूत होता चला जाएगा।

स्पष्ट हुआ कि अपराधी व्यवहार की रोक-थाम की दिशा में भी नैदानिक मनोवैज्ञानिकों के सुझाव एवं प्रयास प्रशंसनीय हैं।

मानसिक दुर्बलता के अर्थ एवं स्वरूप
(Meaning and Nature of Mental Deficiency)

मानसिक दुर्बलता या मन्दन (Mental retardation) या जिसे मानसिक न्यूनता (mental deficiency) भी कहा जाता है, में मनोवैज्ञानिकों की अभिरुचि करीब 1935 के बाद जगी। उसके पहले इनलोगों द्वारा मानसिक दुर्बलता (mental deficiency) के अध्ययन पर न के बराबर ही ध्यान दिया गया था। *दी अमेरीकन एशोसियेशन ऑन मेन्टल रिटार्डेशन*[1] (The American Association on Mental Retardation, 1992) के अनुसार, ''मानसिक दुर्बलता का संबंध वर्तमान क्रियावाही में पर्याप्त परिसीमाओं से होता है। इसमें सार्थक रूप से अधोऔसत बौद्धिक क्रिया होती है तथा निम्नांकित उपयुक्त समायोजी कौशल क्षेत्रों में से दो या दो से अधिक में संबंधित परिसीमाएँ साथ-साथ होती हैं—संचार, आत्म-देखरेख, घरेलू जिंदगी, सामाजिक कौशल, सामुदायिक अनुप्रयोग, आत्म-दिशा, स्वास्थ्य, सुरक्षा, कार्यात्मक शिक्षा, अवकाश एवं कार्य। मानसिक दुर्बलता 18 साल की आयु के पहले ही अभिलक्षित होती है।''

इस परिभाषा से बहुत अधिक प्रभावित होकर DSM-IV (1994) में भी मानसिक दुर्बलता की परिभाषा लगभग इस प्रकार दी गयी है। DSM-IV के इस परिभाषा को डेभिसन एवं नील[1] (Davison & Neale, 1996) के शब्दों में इस प्रकार व्यक्त कर सकते हैं।

"DSM-IV में मानसिक दुर्बलता को समायोजी व्यवहार में कमी के साथ सार्थक रूप से अधोऔसत बौद्धिक कार्यवाही के रूप में परिभाषित किया जाता है तथा यह 18 वर्ष की आयु से पहले अभिलक्षित हो जाता है।''

(i) मानसिक दुर्बलता में व्यक्ति का बौद्धिक कार्यवाही (intellectual functioning) सार्थक रूप से अधोऔसत (subaverage) होता है। DSM-IV के कसौटी के अनुसार ऐसे व्यक्ति की बुद्धिलब्धि 70 से नीचे होता है।

(ii) व्यक्ति अपने उम्र के अनुसार वर्तमान समायोजी व्यवहार को नहीं कर पाता है तथा कम-से-कम इन क्षेत्रों में से दो में व्यक्ति की प्रभावशीलता काफी चिंताजनक होती है—संचार, आत्म देख-रेख (self-care), घरेलू जीवन, सामाजिक कौशल, सामुदायिक प्रयोग, आत्म-निदेश, कार्यात्मक शैक्षिक कौशल, स्वास्थ्य तथा सुरक्षा।

(iii) इस तरह की मानसिक दुर्बलता की शुरूआत अर्थात् इसके लक्षण 18 साल की आयु के पहले ही प्रारंभ हो जाता है। स्वाभावतः तब इस श्रेणी में उन लोगों को नहीं रखा जाता है जिनमें मानसिक दुर्बलता के लक्षण 18 साल की आयु के बाद किसी विशेष कारण जैसे मस्तिष्क क्षति (brain injury) या रोग से हुआ होता है।

मानसिक दुर्बलता की प्रमुख विशेषताएँ
(Major Characteristics of Mental Deficiency)

मानसिक रूप से दुर्बल बच्चों की पहचान, आसानी से कुछ निश्चित विशेषताओं (characteristics) के आधार पर कर लिया जाता है। मानसिक दुर्बलता की ऐसी प्रमुख विशेषताओं में निम्नांकित प्रमुख हैं—

(1) सीमित बौद्धिक क्षमता (*limited intellectual capacity*)—मानसिक दुर्बलता का सबसे प्रमुख लक्षण सीमित बौद्धिक क्षमता है। इसमें व्यक्ति का बुद्धि स्तर उम्र के अनुसार सामान्य से नीचे होता है। यही कारण है कि यह कहा जाता है कि मानसिक दुर्बलता में एक अधो-सामान्य मानसिक अवस्था (subnormal mental state) की अवस्था होती है।

(2) सीमित समायोजन योग्य व्यवहार (*limited adaptive behaviours*)—मानसिक दुर्बलता में समायोजन-योग्य व्यवहार की कमी पायी जाती है या ऐसा व्यवहार बहुत ही सीमित मात्रा में किया जाता है। अभियोजन-योग्य व्यवहार से तात्पर्य दिन-प्रतिदिन के सामान्य कार्यों को करने की क्षमता तथा शिक्षण एवं प्रशिक्षण ग्रहण करने की क्षमता से होती है। इन क्षमताओं की कमी से मानसिक रूप से दुर्बल व्यक्ति को अपने सामान्य कार्य के लिए भी दूसरों की देख-रेख की आवश्यकता पड़ती है।

(3) शारीरिक न्यूनता (*bodily inferiority*)—मानसिक दुर्बलता में मानसिक विकास तो सामान्य से कम होता ही है, साथ-ही-साथ शारीरिक विकास (physical development) भी सामान्य से हीन या न्यून होता है। ऐसे व्यक्तियों में इस न्यूनता के कारण एक शारीरिक विचित्रता दिखलाई देती है। जैसे—ऐसे लोगों के होंठ भद्दा, नाटा कद, चेहरे पर सूखापन, चमड़ी मोटी, आँख एवं नाक में निश्चित सामंजस्य की कमी आदि स्पष्ट रूप से देखने को मिलता है जिससे उसकी शारीरिक-न्यूनता की स्पष्ट झलक मिलती है।

---

1. "Mental retardation refers to substantial limitations in present functioning. It is characterised by significantly subaverage intellecutal functioning, existing concurrently with related limitations in two or more of the following applicable adaptive skill areas : communication, self-care, home living, social skills, community use, self-direction, health and safety, functional academics, leisure and work. Mental retardation manifests before age 18."
—The American Association on Mental Retardation, 1992, p.1

(4) सामाजिक अयोग्यता *(social disability)*—मानसिक रूप से दुर्बल व्यक्ति में बुद्धि का स्तर चूँकि सामान्य से कम होता है, इसलिए वे निःसंकोच होकर यौन-संबंधी अपराध एवं अन्य समाज-विरोधी कार्य करते हैं। ऐसे व्यक्तियों में कुछ प्रमुख सामाजिक शीलगुण जैसे—आत्म-संयम (self-restraint), आत्मरक्षा (self-protection), आत्म-निर्भरता (self-dependency), आत्म-सम्मान (self-esteem) तथा आत्म-विश्वास (self-reliance) आदि शीलगुणों की अपर्याप्तता देखी जाती है।

(5) शिक्षा एवं प्रशिक्षण की अपर्याप्तता *(incdequacy of education and training)*—मानसिक दुर्बलता से ग्रसित व्यक्तियों में उम्र के अनुसार शिक्षा (education) तथा प्रशिक्षण (training) प्राप्त करने की अक्षमता या अपर्याप्तता (indequacy) होती है। फलस्वरूप ऐसे लोग किसी प्रकार के औपचारिक (formal) तथा/या अनौपचारिक (informal) शिक्षण ग्रहण करने अथवा कोई कार्य करने में पर्याप्त प्रशिक्षण पाने में सर्वथा असमर्थ रहते हैं।

(6) सीमित प्रेरणा एवं संवेग *(limited motivation and emotion)*—मानसिक दुर्बलता (mental deficiency) से ग्रसित व्यक्ति में सामान्य संवेगों (normal emotions) तथा सामाजिक प्रेरणाओं (social motivations) की कमी पायी जाती है। फलस्वरूप, ऐसे व्यक्ति परिस्थिति के अनुकूल संवेग दिखला सकने में असमर्थ होते हैं तथा इनमें साधारण प्रेरणाएँ जैसे किसी लक्ष्य को प्राप्त करना, प्रभुत्व दिखलाने, दूसरों से मेल-जोल रखने आदि की नितान्त कमी पायी जाती है।

(7) संज्ञानात्मक दुर्बलता *(cognitive deficiency)*—मानसिक रूप से ग्रसित व्यक्तियों में संज्ञानात्मक दुर्बलता पायी जाती है जिसके फलस्वरूप ऐसे व्यक्तियों की स्मृति (memory), ध्यान (attention), चिन्तन (thinking) एवं प्रत्यक्षण (perception) काफी अविकसित होती है। फलतः इससे ग्रसित व्यक्ति की संज्ञानात्मक प्रक्रियाएँ (cognitive processes) काफी अत्यधिक मंदित एवं दयनीय होती है।

उपर्युक्त विशेषताओं के आधार पर मानसिक दुर्बलता (mental deficiency) की पहचान आसानी से कर ली जाती है। इससे मनोवैज्ञानिकों को फायदा यह होता है कि ऐसे बालकों की समस्याओं को दूर करने में तथा उनके पुनर्वास (rehabilitation) संबंधी समस्याओं पर प्रकाश डालने में विशेष फायदा होता है।

मानसिक दुर्बलता के स्तर या प्रकार
(Levels or Types of Mental Deficiency)

नैदानिक मनोवैज्ञानिकों के अनुसार मानसिक दुर्बलता (mental deficiency) के कई स्तर (level) या प्रकार बतलाए गए हैं। सच्चाई यह है कि इन लोगों द्वारा मानसिक दुर्बलता के स्तर का निर्धारण करने में कुछ कसौटियाँ (criteria) को सामने रखा गया है और उन्हीं के आधार पर उसके प्रकार या स्तर निर्धारित किया गया है। ऐसी कसौटियाँ (criteria) निम्नांकित तीन हैं—

(क) बुद्धि की कसौटी के आधार पर (On the basis of criterion of adaptive behaviour)

(ख) समायोजन-योग्य व्यवहार की कसौटी के आधार पर (On the basis of criterion of adaptive behaviour)

(ग) नैदानिक कसौटी के आधार पर (On the basis of clinical criterion)

इन तीनों का वर्णन निम्नांकित हैं—

(क) बुद्धि की कसौटी के आधार पर *(On the basis of criterion of intelligence)*—नैदानिक मनोवैज्ञानिकों (clinical psychologists) ने बुद्धि मापकर व्यक्ति की मानसिक दुर्बलता (mental deficiency) के विभिन्न स्तर का वर्णन किया है। उपर्युक्त बुद्धि परीक्षण द्वारा बुद्धि मापकर उसकी अभिव्यक्ति बुद्धि-लब्धि (intelligence quotient or I.Q.) में की जाती है। 90 से 110 की बुद्धिलब्धि को सामान्य या औसत बुद्धि-लब्धि माना गया है। व्यक्ति में 90 से बुद्धिलब्धि जितना ही कम होगा, उसमें मानसिक दुर्बलता (mental deficiency) का स्तर उतना ही गंभीर होगा। बुद्धि

1. "In DSM-IV mental retardation is defined as significantly subaverage intellectual functioning along with deficits in adaptive behaviour and occuring prior to age 18."

—Davison & Neale : *Abnormal Psychology, 1996, p. 458*

लब्धि की मात्रा के आधार पर प्रारंभ में मानसिक दुर्बलता (mental deficiency) के निम्नांकित तीन स्तर या प्रकार (type) बतलाए गए हैं–

(1) मूर्ख (*Moron*)–इस श्रेणी के मानसिक रूप से दुर्बल व्यक्तियों की बुद्धिलब्धि 50 से 69 के बीच होती है तथा इनकी मानसिक आयु 8 वर्ष या उससे थोड़ी अधिक होती है।

(2) मूढ (*Imbecile*)–इस श्रेणी के मानसिक रूप से दुर्बल व्यक्ति की बुद्धिलब्धि 20 से 49 के बीच होती है तथा मानसिक आयु (mental age) 3 से 7 साल के भीतर होती है।

(3) जड़ (*Idiot*)–इस श्रेणी के मानसिक रूप से दुर्बल व्यक्ति की बुद्धिलब्धि 20 से नीचे होती है तथा इनकी मानसिक आयु 3 साल से कम होती है।

उपर्युक्त विवरण से स्पष्ट है कि मानसिक दुर्बलता (mental deficiency) की सबसे कम गंभीर श्रेणी मूर्ख (moron) है जबकि जड़ (idiot) सबसे अधिक गंभीर श्रेणी है।

प्रारंभ में उपर्युक्त तीन श्रेणियों के अलावा एक और श्रेणी का भी उल्लेख मिलता है जिसे *जड़ पंडित* (Idiot savant) कहा जाता है। ऐसे लोगों की बुद्धिलब्धि तो कम अवश्य होती है परन्तु उनमें कुछ विशेष असाधारण क्षमता (ability) जैसे असाधारण स्मृति (exceptional memory), असाधारण सांगीतिक क्षमता या असाधारण यांत्रिक क्षमता (mechanical ability) आदि होती है।

आधुनिक समय में बुद्धि के आधार पर उपर्युक्त श्रेणियों यानी, मूर्ख (moron), मूढ़ (imbecile) तथा जड़ (idiot) का प्रचलन समाप्त हो गया है क्योंकि ऐसे पदों के साथ नकारात्मक संवेगात्मक भाव संबद्ध है। अतः आधुनिक नैदानिक मनोवैज्ञानिकों द्वारा बुद्धि की कसौटी पर मानसिक दुर्बलता के जो स्तर या प्रकार बनाए गए हैं उनका नामाकरण दूसरे ढंग से किया गया है। *अमेरिकन एशोसियेशन ऑन मेन्टल डिफिसियेन्सी* (American Association on Mental Deficiency or AAMD, 1973) तथा अमेरिकन मनोरोगविज्ञानी संघ (American Psychiatric Association) ने मिलकर बुद्धि के आधार पर मानसिक दुबर्लता के निम्नांकित चार प्रमुख स्तर (levels) या प्रकार (type) बतलाएँ हैं–

(1) साधारण मानसिक दुर्बलता (Mild mental retardation)
(2) मध्यवर्गीय मानसिक दुर्बलता (Moderate mental retardation)
(3) गंभीर मानसिक दुर्बलता (Severe mental retardation)
(4) अतिगंभीर मानसिक दुर्बलता (Profound mental retardation)

इन चारों का वर्णन निम्नांकित है–

(1) अल्प मानसिक दुर्बलता (*Mild mental retardation*)–इस श्रेणी की मानसिक दुर्बलता से ग्रस्त व्यक्तियों की बुद्धिलब्धि (I.Q.) 52–67 के बीच होती है तथा वयस्क हो जाने पर भी इनकी बौद्धिक क्षमता (intellectual level) 8 से 11 साल के बालकों के करीब होता है। इनका सामाजिक अभियोजन (social adjustment) लगभग किशोरों के बराबर होता है। इनमें किसी प्रकार की मस्तिष्कीय विकृति (brain pathology) तथा अन्य शारीरिक विसंगतियाँ (physical anomalies) नहीं होती हैं। ऐसे लोग कुछ शिक्षण ग्रहण करने योग्य (educable) होते हैं तथा माता-पिता के सहयोग एवं विशेष शैक्षिक प्रोग्राम (special educational programme) द्वारा इनके सामाजिक अभियोजन के स्तर को बढ़ाया जा सकता है तथा साधारण शैक्षणिक एवं व्यावसायिक कौशलों (skills) को अर्जित करने लायक इन्हें बनाया जा सकता है।

(2) साधारण मानसिक दुर्बलता (*Moderate mental deficiency*)–इस श्रेणी के मानसिक रूप से दुर्बल व्यक्तियों का बुद्धिलब्धि 35 से 51 के बीच होती है तथा वयस्क हो जाने पर भी इनकी बौद्धिक क्षमता 4 से 7 साल के बच्चों के बराबर होती है। इस तरह के व्यक्ति हल्का-फुल्का प्रशिक्षण पाने योग्य (trainable) होते हैं। फलस्वरूप इन्हें विशेष परीक्षण देकर अक्षरज्ञान कराया जा सकता है। इनकी शारीरिक बनावट बेडौल एवं कुरूप होती है तथा इनमें क्रियात्मक समन्वय (motor coordination) संबंधी दोष पाये जाते हैं। इनमें से कुछ लोग आक्रामक एवं बैरी प्रकृति (hostile tendency) के भी होते हैं।

(3) गंभीर मानसिक दुर्बलता (*Severe mental retardation*)–इस श्रेणी की मानसिक दुर्बलता की प्रकृति काफी गंभीर होती है और इसमें आने वाले व्यक्तियों का बुद्धिलब्धि 29–35 के बीच होता है। इन्हें *आश्रित दुर्बल*

(dependent retarded) भी कहा जाता है। ऐसे लोग अपनी देख-रेख स्वयं नहीं कर पाते हैं बल्कि वे दूसरों पर इसके लिए निर्भर रहते हैं। इन लोगों का क्रियात्मक (motor) एवं भाषण विकास (speech development) काफी दुर्बल एवं कमजोर होता है। इतना ही नहीं, इनमें संवेदी दोष (sensory defects) तथा क्रियात्मक विकलांगता भी होते हैं। विशेष प्रशिक्षण दिए जाने पर इनमें से कुछ साधारण व्यावसायिक कार्य (occupational tasks) किसी के निरीक्षण (supervision) में करने के लायक हो जाते हैं।

(4) अतिगंभीर मानसिक दुर्बलता *(Profound mental deficiency)*—मानसिक दुर्बलता का यह सबसे गंभीर प्रकार है। इससे ग्रस्त व्यक्ति की बुद्धि लब्धि 20 से नीचे होती है। ऐसे लोग साधारण-से-साधारण कार्य करना भी नहीं सीख पाते हैं। ऐसे व्यक्तियों में कई तरह के शारीरिक दोष होते हैं। इन लोगों में केन्द्रीय तंत्रिका तंत्र (central nervous system) से सम्बन्धित दोष भी होते हैं। फलस्वरूप ऐसे लोग अपने से न खा सकते हैं न कपड़ा पहन सकते हैं और न बाहरी खतरों से अपने आप को बचा ही सकते हैं। इन लोगों में गूंगापन (mutism), बहरापन (deafness), पेशीय संकुचन एवं ऐंठन आदि भी देखने को मिलता है। ऐसे लोगों का स्वास्थ्य खराब होता है तथा रोग से लड़ने की ताकत भी कम होती है। फलस्वरूप वे जल्दी ही परलोक सिधार जाते हैं।

स्पष्ट हुआ कि बौद्धिक क्षमता (intellectual capacity) के आधार पर मानसिक दुर्बलता के कई स्तर (level) या प्रकार होते हैं।

(ख) समायोजन-योग्य व्यवहार की कसौटी के आधार पर *(On the basis of criterion of adaptive behaviour)*—इस कसौटी में रोगी के प्रशिक्षण (training) एवं शैक्षिक अन्तःशक्तियों (educational potentials) के आधार पर मानसिक दुर्बलता के स्तर या प्रकार का निर्धारण किया जाता है। इस कसौटी के आधार पर मानसिक दुर्बलता (mental deficiency) के निम्नांकित तीन प्रकार (type) या स्तर (level) होते हैं जो निम्नांकित हैं—

(1) अप्रशिक्षण योग्य *(Untrainable)*—इस श्रेणी के मानसिक रूप से दुर्बल व्यक्ति अपने कम बौद्धिक क्षमता के कारण हमेशा दूसरों पर आधारित रहते हैं और किसी प्रकार के प्रशिक्षण से भी ये लोग किसी प्रकार का कोई फायदा नहीं उठा पाते हैं। मानसिक रूप से दुर्बल व्यक्तियों की कुल संख्या के लगभग 5% लोग ही इस श्रेणी में आते हैं।

(2) प्रशिक्षण योग्य *(Trainable)*—ऐसे लोगों की संख्या मानसिक रूप से दुर्बल कुल व्यक्तियों की संख्या का लगभग 20% होता है। ये लोग प्रशिक्षण (training) से कुछ हद तक अपने शैक्षिक एवं व्यावसायिक कौशलों को उन्नत बनाने में सफल हो पाते हैं। इसे टी मानसिक दुर्बलता (T mental retardation) भी कहा जाता है।

(3) शिक्षण ग्रहण योग्य *(Educable)*—ऐसे लोगों की संख्या मानसिक रूप से दुर्बल कुल व्यक्तियों की संख्या का लगभग 75% होता है। इस श्रेणी के लोगों की विशेषता यह है कि यदि इनकी शिक्षा-दीक्षा के लिए विशेष वर्ग (classes) चलाया जाय, तो ऐसे लोग एक प्रशंसनीय स्तर पर शैक्षिक उपलब्धि प्राप्त कर सकने में सफल हो सकते हैं तथा समाज में उपयुक्त समायोजन बहुत हद तक करने में सफल हो सकते हैं। इसे ई मानसिक दुर्बलता (E mental retardation) भी कहा जाता है।

(ग) नैदानिक कसौटी के आधार पर *(On the basis of clinical criteria)*—नैदानिक कसौटी के आधार पर भी मानसिक दुर्बलता के कई प्रकार बतलाए गए है। उन्हें नैदानिक प्रकार (clinical types) कहा जाता है। ऐसे प्रकारों में स्पष्ट रूप से कुछ-न-कुछ आंगिक कारण (organic causes) होते हैं। ऐसे नैदानिक प्रकारों में निम्नांकित सात प्रमुख हैं—

(1) डाउन्स संलक्षण (Down's Syndrome) या मंगोलिज्म (Mongolism)
(2) फेनिलकेटोन्युरिया (Phenylketonuria or PKU)
(3) बौनापन (Cretinism)
(4) लघुशीर्षता एवं दीर्घशीर्षता (Microcephaly and Macrocephaly)
(5) जलशीर्षता (Hydrocephaly)
(6) टर्नर संलक्षण (Turner's syndrome)
(7) क्लाइनफेल्टर संलक्षण (Klinefelter's syndrome)

इन सबका वर्णन निम्नांकित है—

(1) डाउन्स संलक्षण *(Down's Syndrome)* **या मंगोलिज्म** *(Mongolism)*—इस प्रकार की मानसिक दुर्बलता का वर्णन सबसे पहले-पहल लैंगडान डाउन (Langdan Down) ने 1886 ई॰ में किया था। इस श्रेणी के व्यक्तियों की बुद्धिलब्धि 25 से 50 के बीच होती है तथा इनकी मानसिक आयु 6-7 वर्ष तक की होती है। ऐसे व्यक्तियों के चेहरे की बनावट मंगोलियन जाति के लोगों से मिलती-जुलती है। इसलिए इसे *मंगोलिज्म* भी कहा जाता है। ऐसे व्यक्ति का चेहरा गोल, आँखें घँसी हुई, नाक छोटी और चपटी, हाथ छोटे परन्तु मोटे एवं जीभ पर एक गहरा दरार होता है। इनके बावजूद ऐसे लोग अपनी देख-रेख संबंधी कौशल तथा स्वीकार्य सामाजिक व्यवहार (acceptable social behaviour) बहुत हद तक सीखने में सफल हो जाते हैं। पहले के विशेषज्ञों का मत था कि डाउन संलक्षण (Down's Syndrome) वंशागत (hereditary) होते हैं। परन्तु इस सिद्धान्त की मान्यता कुछ सबूतों से गलत साबित हो गयी। फिर यह समझा गया कि इसकी कारण ग्रन्थीय विसंतुलन (glandular imbalance) है। परन्तु इसकी मान्यता भी अब समाप्त हो गयी। 1959 में फ्रांस के तीन वैज्ञानिकों जिनके नाम लेजेयुन (Lejeune), टर्पिन (Terpin) एवं गाउदिर (Gauthier) थे, ने यह स्पष्ट रूप से दिखला दिया कि ऐसे व्यक्तियों के क्रोमोजोम्स के 21वाँ युग्म में एक अतिरिक्त क्रोमोजोम्स होता है। फलस्वरूप ऐसे लोगों में क्रोमोजोम्स की संख्या 46 न होकर 47 होती है। डाउन संलक्षण (Down's Syndrome) का कोई संतोषजनक उपचार (effective treatment) की खोज अब तक नहीं हो पायी है।

(2) फेनिलकेटोन्यूरिया *(Phenylketonuria or PKU)*—PKU एक ऐसी मानसिक दुर्बलता है जिसका संबंध प्रोटीन चयापचय (Protein metabolism) में गड़बड़ी से होता है। इसमें जन्म के समय बच्चा सामान्य दीखता है। 6 से 12 महीने के भीतर मानसिक दुर्बलता के लक्षण दिखलाई पड़ते हैं। प्रारंभ में ऐसे बच्चों में लक्षण की शुरुआत कुछ विशेष शारीरिक लक्षण जैसे—कै, शरीर के पसीना का विचित्र गन्ध, कम्पन, एक्जिमा आदि से होती है। ऐसे बच्चों में गम्भीर (severe) से लेकर अतिगंभीर (profound) तक की मानसिक दुर्बलता पायी जाती है। ऐसे बच्चों की आँख, त्वचा एवं बाल के रंग फीके होते हैं। प्रोटीन चयापचय की गड़बड़ी से फेनिलालाइन (Phenylalanine) अधिक मात्रा में शरीर में जमा हो जाते हैं जो मस्तिष्क की कोशिकाओं (cells) को जर्जर बना देता है और बच्चों में मानसिक दुर्बलता (mental deficiency) उत्पन्न कर देता है।

PKU के प्रारंभिक पहचान के वैज्ञानिक तरीके निकल गए हैं तथा भोजन संबंधी नियंत्रण बताकर इनका उपचार भी किया जाता है। 6 माह की आयु के पहले कम मात्रा में फेनिलालाइन युक्त भोजन देकर इनकी मानसिक दुर्बलता के स्तर पर बहुत हदतक नियंत्रण पाया जा सकता है।

(3) बौनापन *(Cretinism)*—इस तरह की मानसिक दुर्बलता को *हाईपोथारोयाडिज्म* (hypothyroidism) भी कहा जाता है। यह दुर्बलता थायरायड हारमोन्स (thyroid hormones) की अत्यधिक कमी या अनुपस्थिति से उत्पन्न होती है। ऐसे व्यक्ति का कद बौना समान (dwarf-like) होता है। ये देखने में कुबड़े जैसे लगते हैं। इनका सिर बड़ा, गर्दन मोटी पर छोटी एवं आँखों की पलकें भी मोटी होती हैं। इनका यौन विकास (sex development) एवं संवेगात्मक विकास (emotional development) भी सीमित होता है। इनकी क्रियात्मक क्षमताओं (motor abilities) का विकास भी देर से होता है। लगभग 4½ वर्ष की आयु से पहले ऐसे बच्चे उठने, बैठने एवं चलने में असमर्थ रहते हैं। इनकी बुद्धिलब्धि 25-75 तक होती है। प्रायः ऐसे बच्चे शांत प्रकृति के होते हैं तथा अल्पभाषी होते हैं परन्तु दूसरे बच्चों के साथ खेल में, वे जिद्दीपना (stubbornness) दिखलाते पाए जाते हैं।

ऐसे बच्चों को हारमोन्स चिकित्सा (hormones therapy) विशेषकर थायरक्सीन की टीकिया या सूई नियमित रूप से देकर इनके मानसिक तथा शारीरिक अवस्था को सामान्य बनाया जा सकता है।

(4) लघुशीर्षता तथा वृहद्शीर्षता *(Microcephaly and Macrocephaly)*—मानसिक दुर्बलता के दोनों प्रकार का संबंध कपालीय विसंगति (crainal anomaly) से है। लघुशीर्षता (microcephaly) में व्यक्ति का सिर सामान्य से काफी छोटा होता है। ऐसे व्यक्तियों के सिर की परिधि (circumference) 17 ईंच से शायद ही कभी अधिक होता है जबकि सामान्य परिधि लगभग 22 इंच का होता है। पेनरोज (Penrose, 1963) के अनुसार ऐसे व्यक्तियों का कद छोटा एवं नाटा होता है परन्तु इनकी मांसपेशियों का गठन एवं यौन अंगों का विकास सामान्य (normal) होता है। ऐसे व्यक्तियों की मुख्य पहचान यह है कि इनके सिर शंकु-आकारीय (cone-shaped) होते हैं। ऐसे बालकों का बुद्धिलब्धि 25 के लगभग होता है। अतः इनकी मानसिक दुर्बलता गंभीर होती है। शायद ही कभी ऐसे बालकों में भाषा विकास

(language development) हो पाता है। ऐसे बच्चे मिलनसार प्रकृति के होते हैं तथा उनमें सतर्कता (alertness) एवं सक्रियता (active) जैसे व्यवहार देखने को मिलते हैं। प्रायः ऐसे बच्चे परिपक्वता (maturity) के उम्र में आने के पहले ही मर जाते हैं। मानसिक दुर्बलता के इस प्रकार का कोई अब तक प्रभावकारी उपचार (effective treatment) नहीं निकल पाया है परन्तु इसे रोकने (preventive) संबंधी उपायों में माताओं को गर्भावस्था में किसी तरह के संक्रमण (infection) एवं विकिरण (rediation) से बचने की सलाह दी जाती है क्योंकि इन दोनों तरह के कारकों का प्रभाव भ्रूण (fetus) के कपालीय संरचना पर पड़कर उनमें विकृति उत्पन्न कर सकता है।

वृहत्-शीर्षता (macrocephaly) में व्यक्ति का सिर जरूरत से ज्यादा बड़ा हो जाता है। इस तरह की मानसिक दुर्बलता में रोगी के मस्तिष्क के आकार (size) तथा वजन (weight) में गलिया कोशिकाओं (glia cells) जो मस्तिष्क के उत्तकों (tissues) का एक समर्थक संरचना (supporting strcuture) होती है, में असामान्य विकास से होता है। इसमें बच्चों में दृष्टि क्षीणता (visual impairment), कम्पन (convulsion) तथा अन्य स्नायविक लक्षण (neurological symptoms) भी देखने को मिलते हैं। ऐसे बच्चों की मानसिक दुर्बलता का स्तर गंभीर होता है। इनका कोई उपचार नहीं है परन्तु ऐसी दुर्बलता विरल (rare) होती है।

(5) जलशीर्षता *(Hydrocephaly)*—इस प्रकार की मानसिक दुर्बलता से ग्रस्त शिशु के मस्तिष्क में एक प्रकार का जलद्रव (fluid) जिसे सेरेब्रो-स्पाइनल द्रव्य (cerebrospinal fluid) कहा जाता है, अत्यधिक मात्रा में जमा हो जाता है जिससे मस्तिष्क का आकार बड़ा हो जाता है। गंभीरता बढ़ने पर शिशु में कम्पन एवं पक्षघात (paralysis) के भी लक्षण दिखलाई पड़ते हैं। मस्तिष्क में फैलाव (expansion) के कारण मस्तिष्कीय कोशिकाएँ काफी पतली हो जाती है और शिशु या व्यक्तियों में मानसिक दुर्बलता उत्पन्न हो जाती है। इनमें भी मानसिक दुर्बलता का स्तर गंभीर होता है। जलशीर्षता की अवस्था जन्मजात होती है परन्तु कभी-कभी यह उन बच्चों में भी विकसित हो जाता है जिनका विकास सामान्य होता है।

(6) टर्नर संलक्षण *(Turner's syndrome)*—इस तरह की मानसिक दुर्बलता (mental deficiency) सिर्फ बालिकाओं (females) में पायी जाती है। इस तरह की बालिकाओं की गर्दन-छोटी एवं झुकी होती है तथा इनमें लैंगिक अपरिपक्वता भी पाया जाता है। इनकी बुद्धि लब्धि 30-40 के लगभग होती है। इस तरह की मानसिक दुर्बलता का कारण यौन क्रोमोजोम्स (sex chromosomes) में गड़बड़ी होती है क्योंकि ऐसी बालिकाओं में सिर्फ एक ही X क्रोमोजोम्स (XO) पाया जाता है।

(7) क्लाइनफेल्टर संलक्षण *(Klinefelter's Syndrome)*—इस तरह की मानसिक दुर्बलता सिर्फ पुरुषों या बालकों में होती है। उससे ग्रस्ति बालक की विशेषताएँ कुछ अलग-अलग होतीं हैं परन्तु एक सामान्य विशेषता है जो सभी ऐसे बालकों में देखा जाता है, वह है यौन ग्रन्थि (sex gland) की न्यूनता। ऐसे बालकों में वयस्कता आ जाने पर भी उनका यौन ग्रन्थि अपरिपक्व होता है। इनकी बुद्धि लब्धि प्रायः 35-40 के बीच में होती है। इस तरह की मानसिक दुर्बलता का कारण भी यौन क्रोमोजोम्स की विसंगताएँ हैं। ऐसे बालकों में सामान्य यौन क्रोमोजोम्स XY न होकर XXY होता है अर्थात् एक X अतिरिक्त होता है।

स्पष्ट हुआ कि मानसिक दुर्बलता (mental deficiency) के कई प्रकार हैं और प्रत्येक की अपनी कुछ विशेषताएँ हैं जिनके आधार पर उनकी पहचान की जाती है।

मानसिक दुर्बलता के सामान्य कारण
(General Etiology or Causes of Mental Deficiency)

मानसिक दुर्बलता (Mental deficiency) का कभी तो कारण स्पष्ट होता है तो कभी कारण स्पष्ट नहीं होता है। मानसिक दुर्बलता के नैदानिक प्रकार (clinical types) का जहाँ तक प्रश्न है, इनके कारण तुलनात्मक रूप से अधिक स्पष्ट होते हैं। परन्तु अन्य प्रकारों में इसके कारण अधिक स्पष्ट नहीं होते हैं। फिर भी नैदानिक मनोवैज्ञानिकों ने इसके स्वरूप को स्पष्ट करने के लिए मानसिक दुर्बलता के कुछ सामान्य कारणों पर प्रकाश डाला है जिनमें निम्नांकित प्रमुख हैं—

(1) गंभीर संक्रमण *(Serious infection)*—जब शिशु जन्म के तुरंत बाद या गर्भवस्था में ही किसी प्रकार के गंभीर संक्रमण (serious infection) से ग्रसित हो जाता है, तो इससे मस्तिष्क का सामान्य विकास अवरुद्ध तथा मन्द

पड़ जाता है और उसमें विभिन्न स्तर की मानसिक दुर्बलता (mental deficiency) उत्पन्न हो जाती है। अध्ययनों से यह पता चला है कि जिन गर्भवती माताओं को गर्भ धारण के प्रथम तीन महीनों में रूबेला (rubella) या खेसरा (measles) जैसा संक्रामक रोग हो जाता है, उनके शिशुओं में जन्म के बाद मानसिक दुर्बलता के लक्षण दिखलाई पड़ते हैं। इसके अलावा गर्भास्था में कभी-कभी अन्य संक्रामक रोग जैसे साइटोमेगालिक रोग (cytomegalic disease) से माताएँ प्रभावित हो जाती है जिससे रोग के विषाणु (virus) भ्रूण (fetus) को प्रभावित कर देते हैं और उससे ऐसे शिशुओं में बाद में मानसिक दुर्बलता विकसित हो जाती है।

(2) नशा *(Intoxication)*—कुछ ऐसे सबूत मिले हैं जिनसे यह पता चलता है कि जब माताएँ गर्भावस्था में कुछ नशा करती है या वे कुछ औषधियों का नियमित रूप से सेवन करती हैं तो इससे भ्रूण की मानसिक अवस्था प्रभावित हो जाती है और उसमें मानसिक दुर्बलता उत्पन्न हो जाती है। गर्भावस्था में कुनैन (quinine), अर्सेनिक (arsenic), लीड (lead) तथा कार्बन मोनोक्साइड (carbon monoxide) से उत्पन्न नशा प्रायः शिशुओं में मानसिक दुर्बलता उत्पन्न करने में सक्रिय भूमिका निभाते हैं। जन्म के बाद भी जब बच्चे किसी तरह सालिसाइलेट (salicylate), लीड (lead) तथा अन्य कीटनाशी पदार्थों को किसी-न-किसी रूप में खा लेता है, तो इससे भी ऐसे बालकों में मानसिक दुर्बलता के लक्षण दीख पड़ने लगते हैं। केरनिकटेरस (Kernicterus) एक ऐसी मानसिक दुर्बलता है जो जन्म के तुरंत बाद कुछ-कुछ दिनों तक विषाक्त तत्त्वों (toxic elements) के खाने से उत्पन्न हो जाता है। इस तरह की मानसिक दुर्बलता से ग्रसित बच्चों में दूध पीने में कठिनाई, शरीर के तापक्रम में परिवर्तन होते रहना तथा असाधारण ढंग से रोना आदि कुछ प्रारम्भिक लक्षण होते हैं।

(3) क्रोमोजोम्स के रचना संबंधी दोष *(Defect in composition of chromosomes)*—सामान्यतः एक सामान्य व्यक्ति में क्रोमोजोम्स की संख्या 46 अर्थात् 23 युग्म (pair) होते हैं। मानसिक दुर्बलता के कुछ नैदानिक प्रकारों (clinical types) से जो सबूत मिले हैं उनमें यह स्पष्ट हुआ है कि ऐसे प्रकारों में से कुछ में क्रोमोजोम्स की संख्या 46 से अधिक होती है तथा कुछ में इसकी संख्या 46 से कम होती है। जैसे—डाउन संलक्षण में क्रोमोजोम्स की संख्या 47 होती है। उसी तरह से क्लाइनफेल्टर संलक्षण (Klinefelter's syndrome) में क्रोमोजोम्स की संख्या 47 ही होती है परन्तु टर्नर संलक्षण (Turner's syndrome) में क्रोमोजोम्स की संख्या 45 ही होती है। इस सब तथ्यों से स्पष्ट होता है कि मानसिक दुर्बलता का कारण क्रोमोजोम्स में रचना संबंधी दोष होते हैं।

(4) चयापचय, वर्द्धन एवं आहार की अनुपयुक्तता *(Inadequacy of metabolism, growth and nutrition)*—अनेक ऐसे सबूत मिले हैं जिनसे यह स्पष्ट हो गया है कि मानसिक दुर्बलता के लक्षण उन बालकों में भी स्पष्ट रूप से दिखाई देते हैं जिनमें चयापचय (metabolism), वर्द्धन (growth) एवं आहार (nutrition) से संबंधित गड़बड़ियाँ (disturbances) होती है। PKU जैसी मानसिक दुर्बलता का कारण प्रोटीन चयापचय (protein metabolism) की गड़बड़ी होती है तथा टे-सैक बीमारी (Tay-Sach's disease) जैसी मानसिक दुर्बलता का कारण बसा चयापचय (fat metabolism) में गड़बड़ी बतलायी गयी है। थायरायड ग्रन्थि के स्राव में कमी से बौनापन (cretinism) उत्पन्न होने पर हाइपोथयरयडिज्म (hypothyroidism) जैसी मानसिक दुर्बलता उत्पन्न होती है। इन सबूतों के आधार पर यह स्पष्ट हो जाता है कि मानसिक दुर्बलता का कारण चयापचय, वर्द्धन एवं आहार की अनुपयुक्तता भी है।

(5) मस्तिष्क के अंगों की क्षति *(Damages to the brain)*—मानसिक दुर्बलता का एक कारण मस्तिष्क के अंगों में क्षति होना बतलाया गया है। इस तरह की क्षति पूर्वप्रसूति अवस्था (prenatal period) तथा जन्म के बाद की अवस्था दोनों में ही हो सकती है। अध्ययनों से यह पता चला है कि जब गर्भवती महिला के गर्भाशय का यदि एक्स-रे (X-ray) द्वारा किरणित (radiate) किया जाता है तो इससे भ्रूण (fetus) को मस्तिष्कीय क्षति पहुँचती है और ऐसे शिशुओं को मानसिक रूप से दुर्बल होने की सम्भावना अधिक बढ़ जाती है। इसके अलावा मस्तिष्कीय क्षति (brain injury) अन्य अवस्थाओं जैसी किसी बाह्य दुर्घटना से सिर पर चोट लगना, मस्तिष्क के भीतर ट्यूमर (tumor) हो जाने से मस्तिष्कीय अंगों पर अनावश्यक दबाव पड़ने तथा जन्म की प्रक्रिया में डाक्टरों द्वारा फारसेप (forcep) आदि के प्रयोग से मस्तिष्क पर अनावश्यक बल पड़ने आदि से भी उत्पन्न हो सकता है। इन सब परिस्थितियों में शिशु में मानसिक दुर्बलता (mental deficiency) के उत्पन्न होने की सम्भावना काफी बढ़ जाती है।

(6) अज्ञात पूर्वप्रसूति प्रभाव *(Unknown prenatal influence)*—कुछ मानसिक दुर्बलता पूर्वप्रसूति काल (prenatal period) अर्थात् जन्म के पहले जब भ्रूण (fetus) गर्भावस्था में होता है, के दौरान कुछ अज्ञात कारकों से

उत्पन्न होता है। इस तरह की मानसिक दुर्बलता का कारण जन्मजात मस्तिष्कीय दोष (congenital cerebral defects) बतलाया गया है। मंगोलिज्म (monogolism), लघुशीर्षता (microcephaly), वृहद्शीर्षता (macrocephaly), जलशीर्षता (hydrocephaly) तथा एनेन सिफैली (anencephaly) ऐसे ही मानसिक दुर्बलता के कुछ उदाहरण हैं। एनेनसिफैली में शिशु में लघु मस्तिष्क, वृहत् मस्तिष्क एवं खोपड़ी की चौड़ी हड्डियों (flat bones) की पूर्व अनुपस्थिति पायी जाती है। यह अत्यन्त ही गंभीर प्रकार की मानसिक दुर्बलता है। ऐसी मानसिक दुर्बलता के प्रकारों के अध्ययन से यह स्पष्ट हो जाता है कि मानसिक दुर्बलता का एक कारण कुछ अज्ञात पूर्व प्रसूति कारक (unknown prenatal factor) होते हैं।

(7) सामाजिक-सांस्कृतिक वंचन (*Socio-cultural deprivation*)—कुछ विशेषज्ञों का मत है कि वातावरण-संबंधी आवश्यक तत्त्वों के अभाव में बच्चे संवेगात्मक रूप से उत्पन्न कुंठा (furstration) या वंचना (deprivation) के शिकार हो जाते हैं जिनसे उनमें मानसिक दुर्बलता उत्पन्न हो जाती है। कारसन (Carson, 1988) ने अपने अध्ययन के आधार पर बतलाया है कि जब शिशु को माता-पिता के स्नेह से वंचित रह जाना पड़ता है, तो इससे भी मानसिक दुर्बलता (mental deficiency) उत्पन्न होती है। इस तरह की वंचना के कई कारण हो सकते हैं जिनमें सामाजिक एवं आर्थिक स्तर का निम्न होना, माता-पिता का तलाक या मृत्यु या उनका अलगाव (separation), घरों में व्यक्तियों की संख्या अधिक होना आदि होता है। ऐसे परिवार के बच्चे जब स्कूल में पहुँचते हैं, तो उन्हें उनकी चाल-ढाल, बोलने-चालने का ढंग, वेश-भूषा आदि के आधार पर शिक्षक भी उसे मानसिक रूप से दुर्बल समझकर उनके साथ वैसा ही व्यवहार करते हैं। नतीजन, उनकी मानसिक दुर्बलता और तेजी से बढ़ती है।

(8) सांस्कृतिक-पारिवारिक कारक (*Cultural-familiar factor*)—मानसिक दुर्बलता (mental deficiency) का कारण सिर्फ वंचन (deprivation) ही नहीं होता है बल्कि यह भी होता है कि बच्चे ऐसे सांस्कृतिक वातावरण (cultural environment) में तुच्छ अन्तःक्रियाएँ (inferior interactions) ही अधिक करते हैं जो उनमें धीरे-धीरे मानसिक दुर्बलता (mental deficiency) की उत्पत्ति करने में प्रमुख भूमिका निभाता है। हेबर (Heber, 1970), टारजन एवं आसेनवर्ग (Tarjan & Eisenberg, 1972) ने अपने-अपने अध्ययनों में पाया है कि जब बच्चे ऐसे पारिवारिक-संस्कृति (familial cultural) से आते हैं जिनमें बौद्धिक उत्तेजन की कमी पायी जाती है तथा परिवार गरीबी से अभिशापित होता है, तो कम-से-कम ऐसे 58% बच्चे मानसिक रूप से अवश्य दुर्बल हो जाते हैं।

स्पष्ट हुआ कि मानसिक दुर्बलता के कई कारण होते हैं। इन कारणों के आलोक में मानसिक दुर्बलता के विभिन्न प्रकारों को समझने में काफी आसानी होती है।

मानसिक दुर्बलता के उपचार एवं रोक-थाम (Treatment and Prevention of Mental Deficiency)

ऐसे तो मानसिक दुर्बलता एक ऐसी विकृति (disorder) है जिसका पूर्णरूपेण उपचार (treatment) संभव नहीं है फिर भी मनोवैज्ञानिकों ने इसके उपचार-संबंधी कुछ आधुनिक तरीकों का आविष्कार किया है जिससे कुछ हद तक इनका उपचार संभव हो पाया है। इतना ही नहीं, मनोवैज्ञानिकों ने कुछ ऐसे उपायों का भी वर्णन किया है जिनसे मानसिक दुर्बलता की अवस्था की रोक-थाम (prevention) की जा सके। यहाँ हम इन दोनों तरह के उपायों (measures) पर विचार करेंगे जो निम्नांकित हैं—

(क) रोगहर चिकित्सीय प्रविधियाँ (*Curative Therapeutic techniques*)—इन प्रविधियों में उन उपायों को रखा जाता है जिनके उपयोग से मानसिक रूप से दुर्बल व्यक्तियों की बुद्धि स्तर को तो ऊँचा नहीं किया जा सकता है परन्तु निश्चित रूप से इस लायक बनाया जा सकता है कि वे कुछ अंशों तक आत्म-निर्भर होकर कम-से-कम साधारण कार्यों को बिना किसी की देख-रेख के कर सकें।

ऐसे उपायों में निम्नांकित प्रमुख हैं—

(1) माता-पिता की शिक्षा (*Educating the parents*)—मानसिक रूप से दुर्बल बच्चों के उपचार (treatment) में सबसे पहला कदम उसके माता-पिता को यह स्वीकार कराना होता है कि उनके बच्चे मानसिक रूप से कमजोर या दुर्बल हैं, जिनकी उचित देख-रेख एवं सहायता आवश्यक है। प्रायः देखा जाता है कि ऐसे बालकों के माता-पिता यह मानने के लिए तैयार नहीं होते कि उनके बच्चे मानसिक रूप से कमजोर हैं और यदि मानते भी हैं तो काफी देर करके। ऐसी

परिस्थिति में आवश्यकता इस बात की होती है कि माता-पिता को इस ढंग से शिक्षित किया जाए कि वे अपने बच्चों की ऐसी कमजोरियों को शैशवावस्था या प्रारम्भिक बाल्यावस्था (early childhood) में ही पहचान कर लें जिससे ऐसे बच्चों का उचित व्यक्तित्व एवं व्यावसायिक प्रशिक्षण तुरंत देकर आत्म-निर्भर बनाया जा सके।

(2) स्कूल प्रशिक्षण (*School training*)—मानसिक रूप से दुर्बल बच्चों को विशेषकर उन बच्चों को जिनकी मानसिक दुर्बलता साधारण (simple) है, स्कूल भेजकर इस ढंग से प्रशिक्षित किया जा सकता है कि वे कुछ व्यावसायिक कौशल (vocational skills) विकसित कर लें ताकि वे कामचलाऊ ढंग से अपनी जरूरतों को स्वयं पूरा करके कुछ हद तक आत्म-निर्भर हो सकें। स्कूल में ऐसे बच्चों की शिक्षा अलग से विशेष कक्षा (special class) में जहाँ मानसिक रूप से दुर्बल बच्चे ही हों, दिया जाना चाहिए। इनके विशेष पाठ्यक्रम (syllabus) तथा पुस्तक भी होनी चाहिए। स्कूल में इस तरह की विशेष कक्षा में रखकर मानसिक रूप से दुर्बल बच्चों को प्रशिक्षित करने के तीन फायदे (advantages) बतलाए गए हैं जो निम्नांकित हैं—

(i) विशेष कक्षा (special class) में चूँकि सभी मानसिक रूप से दुर्बल बच्चे ही रहते हैं, अतः उन्हें अन्य सामान्य बच्चों के साथ प्रतिस्पर्द्धा नहीं करना पड़ता है। इससे वे अपनी असफलता पर सामान्य बच्चों द्वारा हँसी उड़ाये जाने तथा अन्य इसी तरह के व्यवहारों से बच जाते हैं। परिणामतः उनमें हीनता का भाव विकसित नहीं होता है।

(ii) विशेष कक्षा (special classes) में विशेष रूप से तैयार किए पाठ्यक्रमों (syllabus) को पढ़ाना भी आसान होता है। इनमें क्रियात्मक संगठन (motor coordination), भाषा एवं अन्य वांछनीय व्यक्तित्व शीलगुणों के विकास पर अधिक बल डालकर इन बच्चों को अधिक-से-अधिक लाभान्वित किया जा सकता है।

(iii) मानसिक रूप से दुर्बल बच्चों को शिक्षक के विशेष ध्यान की जरूरत होती है जो सामान्य कक्षा (general class) में संभव न होकर इसी विशेष कक्षा (special class) में ही संभव हो पाता है।

(3) घरेलू प्रशिक्षण (*Home training*)—मनोवैज्ञनिकों का मत है कि मानसिक रूप से दुर्बल बच्चों का घरेलू प्रशिक्षण भी उनके उपचार में एक महत्त्वपूर्ण भूमिका निभाता है। घरेलू प्रशिक्षण में विशेषकर माता-पिता का स्नेह, भाई एवं बहनों का ऐसे बच्चों के प्रति उचित एवं अनुकूल मनोवृत्ति (attitude), तथा परिवार के अन्य सदस्यों द्वारा ऐसे बच्चों को परिवार का एक महत्त्वपूर्ण सदस्य माना जाना अधिक महत्त्वपूर्ण है। इस तरह का घरेलू माहौल होने से ऐसे बच्चों में आत्म-विश्वास उत्पन्न होने लगता है और धीरे-धीरे वे कुछ अंशों में आत्म-निर्भर हो जाते हैं।

(4) वातावरण में सुधार (*Improvement in environment*)—मानसिक रूप से दुर्बल बच्चों के उपचार की दिशा में कुछ मनोवैज्ञानिकों द्वारा यह सुझाव दिया गया है कि चूँकि ऐसे बच्चों में से अधिकतर बच्चे ऐसे पारिवारिक वातावरण से आते हैं जिनमें वंचन (deprivation) तीव्र होती है, अतः यदि इनके वातावरण को इस ढंग से उन्नत बना दिया जाता है कि उनका घरेलू-वातावरण बौद्धिक रूप से उत्तेजक हो, तो उनकी मानसिक दुर्बलता बहुत हद तक कम हो सकती है और वे कुछ सामाजिक मान-सम्मान भी प्राप्त कर सकते हैं,

(5) मेडिकल उपचार (*Medical treatment*)—मानसिक रूप से दुर्बल कुछ बच्चों का मेडिकल उपचार भी संभव है। मेडिकल उपचार में विशेषकर हारमोन्स चिकित्सा (hormones therapy) का विशेष महत्त्व बतलाया गया है। जैसे—हाइपोथायराडिज्म (hypothyroidism) या क्रेटिनिज्म की चिकित्सा थाइराक्सीन की सूई देकर या टिकिया खिलाकर आसानी से किया जा सकता है। उसी तरह से PKU जैसी मानसिक दुर्बलता की चिकित्सा भी विशेष प्रकार के आहार (special diets) देकर तथा कुछ आहार-संयम (control of diet) द्वारा किया जा सकता है।

(6) संस्थाकरण (*Institutionalization*)—गंभीर रूप से मानसिक दुर्बलता से ग्रसित बच्चों को किसी ऐसे संस्था में रखकर उपचार किया जाना चाहिए जहाँ उसके उपचार के लिए विशेष प्रबन्ध है। कुछ ऐसी संस्थाएँ हैं, जहाँ सिर्फ मानसिक रूप से कमजोर बच्चों को ही शिक्षित किया जाता है। ऐसा देखा गया है कि उन बच्चों को ऐसी संस्थाओं में शिक्षित करके उनमें पर्याप्त सामाजिक एवं व्यावसायिक कौशल (occupational skills) आसानी से विकसित किया जा सकता है।

(ख) रोक-थाम संबंधी उपाय (*Preventive measures*)—इस प्रविधि में उन उपायों को रखा जाता है जिनके सहारे मानसिक दुर्बलता को फैलने से रोका जा सकता है। ऐसे उपायों में प्रमुख निम्नांकित हैं—

(1) बन्ध्याकरण (*Sterilization*)—आधुनिक विशेषज्ञों द्वारा यह सुझाव दिया गया है कि मानसिक दुर्बलता को

फैलने से रोकने का एक सरल उपाय यह है कि इससे ग्रसित पुरुष या महिला का बन्ध्याकरण (sterilization) कर दिया जाए ताकि उनमें कोई सन्तान पैदा न हो सके। ऐसी परिस्थिति में मानसिक दुर्बलता का शिकार अगली पीढ़ी नहीं हो पायेगी और इस तरह से मानसिक दुर्बलता आगे नहीं बढ़ पायेगी।

(2) गर्भपात *(Abortion)*—यदि कोई मानसिक रूप से दुर्बल महिला गर्भवती हो ही जाती है, तो उसका गर्भपात करा देना चाहिए ताकि उनके बच्चे हो ही नहीं क्योंकि विशेषज्ञों का अनुमान है कि ऐसी स्त्रियों के बच्चों को भी मानसिक रूप से दुर्बल होने की संभावना 95% तक ही होती है।

(3) शादी पर रोक *(Ban on marriage)*—सरकार को चाहिएं कि विशेष कानून बनाकर मानसिक रूप से दुर्बल व्यक्ति विशेषकर गंभीर रूप से प्रभावित ऐसे व्यक्तियों को शादी करने पर रोक लगा दें। परन्तु सिर्फ कानून से ही नहीं काम चलेगा। इस दिशा में कानून को सख्ती से क्रियान्वयन करना भी अपेक्षित है।

स्पष्ट है कि मानसिक दुर्बलता के उपचार एवं उसके रोकने की अनेक प्रविधियाँ हैं। उपचार एवं रोक-थाम की प्रविधियों का एक साथ मिलाकर मानसिक दुर्बलता पर आसानी से काबू पाया जा सकता है।

मानसिक दुर्बलता तथा मानसिक रोग में अन्तर
(Difference between Mental Deficiency and Mental Disease)

मनोरोगविज्ञानियों एवं नैदानिक मनोविज्ञानियों के अनुसार मानसिक दुर्बलता (mental deficiency) तथा मानसिक रोग (mental disease) दोनों ही मानसिक विकृति (mental disorder) की श्रेणी में आते है क्योंकि दोनों ही के व्यवहारों में विसामान्यता (deviancy) पायी जाती है। इस समानता (similarity) के बावजूद इन दोनों में कुछ अन्तर है जो निम्नांकित हैं—

(1) मानसिक दुर्बलता (mental retardation) एक अधोसामान्य मानसिक अवस्था (sub-normal mental condition) होती है। दूसरे शब्दों में, इसमें बौद्धिक विकास एक खास स्तर पर आकर रूक जाता है। परन्तु मानसिक रोग (mental disease) में बुद्धि का विकास किसी स्तर पर आकर रुकता नहीं है फिर भी कुछ सांवेगिक समस्याओं के कारण रोगी अपनी बुद्धि का उपयोग उत्तम समायोजन करने में नहीं कर पाता है।

(2) मानसिक दुर्बलता प्रायः जन्मजात ही होती है। बहुत कम ही बच्चों में इस प्रकार की दुर्बलता जन्म के कुछ महीनों या वर्षों तक सामान्य रहने पर विकसित करता है। परन्तु अधिकतर मानसिक रोग जन्मजात नहीं होते ह, वे अर्जित होते हैं क्योंकि ऐसे रोगों की उत्पत्ति अनेक तरह के मनोसामाजिक (psychosocial) एवं सांस्कृतिक कारकों (cultural factors) से होती है।

(3) मानसिक दुर्बलता (mental deficiency) में व्यक्ति की बुद्धि सीमित (limited) होती है परन्तु मानसिक रोग में व्यक्ति की बुद्धि सीमित नहीं होती है बल्कि वे उसका सही दिशा में उपयोग करने में असमर्थ रहते हैं।

(4) मानसिक दुर्बलता से ग्रसित व्यक्तियों में उचित-अनुचित, नैतिक-अनैतिक कार्यों में अन्तर करने की क्षमता नहीं होती है। अतः वे समाज-विरोधी कार्य बिना किसी हिचकिचाहट के करते पाये जाते हैं। मानसिक रोग में ऐसी बात नहीं होती है। कुछ मानसिक रोग जैसे दुश्चिंता विकृति (anxiety disorder) ऐसे होते हैं जिसमें व्यक्तियों में तो उचित-अनुचित एवं नैतिक-अनैतिक का काफी ख्याल रहता है। अतः वे प्रायः समाज-विरोधी कार्य नहीं करते हैं।

(5) मानसिक रूप से दुर्बल व्यक्तियों में व्यक्तित्व का विघटन (disorganization) बहुत कम पाया जाता है जबकि मानसिक रोग में विशेषकर मनोविदालिता एवं मनोदशा विकृति (mood disorder) में व्यक्तित्व का गंभीर विघटन (severe disorganization) पाया जाता है।

(6) मानसिक दुर्बलता (mental deficiency) में विभ्रम (hallucination), भ्रम (illusion), व्यामोह (delusion), निद्राभ्रमण (sleep-walking), स्मृति लोप (amnesia) जैसे लक्षण नहीं पाये जाते हैं जबकि मानसिक रोगों में इन लक्षणों की प्रधानता होती है।

(7) मानसिक रूप से ग्रसित व्यक्तियों में आत्म-निर्भरता (self-dependency) आत्म-विश्वास एवं आत्म-सम्मान (self-esteem) जैसे गुणों की कमी होती है। अतः उन्हें अपने सामान्य कार्यों को करने के लिए भी दूसरों की देख-रेख आवश्यक हो जाती है। परन्तु मानसिक रोगों से ग्रस्त व्यक्तियों में ऐसी बात नहीं होती है। खासकर दुश्चिंता विकृति के रोगियों में तो उपयुक्त शीलगुण पर्याप्त मात्रा में होते हैं जिनमें उन्हें किसी की देख-रेख की जरूरत प्रायः नहीं पड़ती है।

(8) मानसिक रूप से दुर्बल व्यक्ति की शारीरिक रचना (bodily structure) प्रायः विकृत (distorted) एवं भद्दी होती है लेकिन मानसिक रोग से ग्रसित व्यक्तियों में किसी प्रकार की शारीरिक विकृति नहीं होती है और इनका शारीरिक रूप भद्दा भी नहीं होता है।

(9) मानसिक रूप से दुर्बल व्यक्तियों का उपचार (treatment) कठिन होता है। उनकी स्थिति में थोड़ा सुधार भले ही किया जा सकता है परन्तु पूर्णरूपेण उपचार कभी भी संभव नहीं है। मानसिक रूप से ग्रसित व्यक्तियों का उपचार विभिन्न वैज्ञानिक विधियों से पूर्णरूपेण संभव है।

(10) मानसिक दुर्बलता (mental deficiency) के ऐसे तो अनेक कारण है परन्तु उनमें जैविक कारण (biological causes) सबसे महत्त्वपूर्ण है। परन्तु मानसिक रोग के कारणों में जैविक कारक, मनोसामाजिक कारक (psychosocial factors) तथा सामाजिक-सांस्कृतिक (socio-cultural factors) तीनों ही अधिक महत्त्वपूर्ण हैं।

उपर्युक्त तथ्यों से स्पष्ट है कि मानसिक दुर्बलता (mental deficiency) तथा मानसिक रोग में अनेक अन्तर हैं जिसके आधार पर उनकी पहचान की जाती है।

स्कूल समस्याएँ तथा उनके उपचार
(School Problems and thier Treatments)

नैदानिक मनोवैज्ञानिकों का ध्यान कुछ वैसे समस्याओं की ओर भी गया है जिनसे स्कूल में छात्र और शिक्षक दोनों ही परेशान होते हैं। यह समस्या तो मूलतः होती है छात्रों की ही, परन्तु शिक्षकों के सामने प्रश्न यह उठ खड़ा होता है कि उनका समाधान कैसे किया जाए। इसके लिए वे नैदानिक मनोवैज्ञानिकों एवं परामर्श मनोवैज्ञानिकों (counselling psychologists) का दरवाजा खटखटाते हैं। छात्रों की यह समस्या न केवल शिक्षकों के लिए बल्कि माता-पिता के लिए भी सिरदर्द हो जाता है। फेयर्स (Phares, 1985) के अनुसार नैदानिक मनोवैज्ञानिक जिन स्कूल समस्याओं का अध्ययन प्रायः करते हैं, उनमें निम्नांकित प्रमुख हैं—

(1) मानसिक दुर्बलता से संबंधित समस्याएँ (Problems relating to mental deficiency)

(2) सीखने की अक्षमता से संबंधित समस्याएँ (Problems relating to learning disabilities)

(3) व्यवहार विकृति से संबंधित समस्याएँ (Problems relating to behaviour disorders)

(4) संचार विकृति से संबंधित समस्याएँ (Problems relating to communication disorders)

(5) प्रतिभाशाली बालकों से संबंधित समस्यांएँ (Problems relating to gifted and talented children)

इन सभी तरह की समस्याओं का वर्णन निम्नांकित हैं—

(1) मानसिक दुर्बलता से संबंधित समस्याएँ *(Problems relating to mental deficiency)*—बालकों में मानसिक दुर्बलता की समस्या एक गंभीर समस्या है। मानसिक रूप से दुर्बल बच्चे वे होते हैं जिनकी बौद्धिक क्षमता अपने वास्तविक आयु की तुलना में इतनी कम होती है कि उन्हें अपने दिन-प्रतिदिन की सामान्य जिन्दगी में समायोजन (adjustment) से संबंधित प्रकार की साधारण एवं जटिल समस्याएँ उत्पन्न हो जाती हैं। नैदानिक मनोवैज्ञानिक इन समस्याओं का समाधान करने में महत्त्वपूर्ण भूमिका निभाते हैं। स्कूल में ऐसे बच्चों की शिक्षा-दीक्षा के लिए सामान्य बुद्धि के बच्चों के लिए बनाए गए पाठ्यक्रम (syllabus) से अलग पाठ्यक्रम तैयार करने में, तथा विभिन्न तरह के श्रव्य-दृष्टि सहायता (audio-visual aids) से उनके बुद्धि स्तर को ऊँचा करने की भरपूर कोशिश करते हैं। ऐसे बच्चों को अपने हमजोलियों के साथ समायोजन की भी समस्या उठती है जिसे भी नैदानिक मनोवैज्ञानिक विभिन्न चिकित्सीय प्रविधियों जैसे खेल चिकित्सा (play therapy) तथा व्यवहार परिमार्जन (behaviour modification) के माध्यम से दूर करने की भरपूर कोशिश करते हैं।

(2) सीखने की अक्षमता से संबंधित समस्याएँ *(Problems relating to learning disabilities)*—स्कूल में कुछ ऐसे बच्चे होते हैं जिनकी उपलब्धि स्तर (achievement level) तथा क्षमता स्तर (ability level) में काफी अन्तर होता है। ऐसे बच्चों में बुद्धि क्षमता पर्याप्त होती है परन्तु फिर भी कुछ विशेष कठिनाइयों जैसे अधिक उत्तेजनशीलता, प्रत्यक्षणात्मक-कार्यात्मक दोष (perceptual-motor defects), स्मृति एवं चिन्तन दोष, ध्यान एकाग्रता से संबंधित कठिनाइयों आदि के कारण इनकी उपलब्धि स्तर कम हो जाती है। ऐसे बच्चों को जब स्कूल परामर्श (school counsellor) यां नैदानिक मनोवैज्ञानिक के पास लाया जाता है, तो उनके सामने मूलतः निम्नांकित समस्याएँ

(problems) उठ खड़ी होती है–

(i) ऐसे बच्चों की क्षमता स्तर की पहचान करना।

(ii) ऐसे बच्चों की उपलब्धि स्तर की पहचान करना।

(iii) उन कठिनाइयों का पता लगाना जिसके कारण बच्चों में पर्याप्त क्षमता स्तर के होने के बावजूद भी उपलब्धि स्तर में वृद्धि नहीं होना।

ऐसे बच्चों की समस्याओं की पहचान कर नैदानिक मनोवैज्ञानिक उनके उपचार के लिए निम्नांकित उपायों पर बल डालते हैं–

(i) क्षमता प्रशिक्षण *(Ability training)*–इसमें नैदानिक मनोवैज्ञानिक छात्रों को उस विशेष क्षेत्र में प्रशिक्षण देते हैं जिसके कारण उनके उपलब्धि स्तर में कमी आयी होती है। केपहार्ट (Kephart, 1971) के अनुसार प्रत्यक्षणात्मक-कार्यात्मक विकास (perceptual-motor development) की कमी जैसे नेत्र-हाथ समन्वय (eye-hand cordination) की कमी से प्रायः छात्रों की स्कूल उपलब्धियाँ काफी प्रभावित रहती हैं। अतः इनके अनुसार यदि इस क्षेत्र में प्रशिक्षण दिया जाए, तो ऐसे छात्रों की समस्याएँ बहुत हद तक समाप्त हो जाती हैं।

(ii) कौशल प्रशिक्षण *(Skill training)*–कौशल प्रशिक्षण में मनोवैज्ञानिक की पूर्वकल्पना (assuinption) यह होती है कि ऐसे बच्चों के निष्पादन या उपलब्धि में जो कमी है, वह एक ऐसी समस्या है जिसका कारण किसी प्रकार की अक्षमता (disability) नहीं बल्कि उसे सीखने का पर्याप्त अवसर का न मिलना है। अतः कौशल प्रशिक्षण में नैदानिक मनोवैज्ञानिक पहले उस व्यवहार को परिभाषित करते हैं जिसका शिक्षण देना चाहते हैं। फिर उस जटिल कौशल को छोटे-छोटे कौशल में विभाजित कर देते हैं और प्रत्यक्षण विधि (direct method) द्वारा इस छोटे-छोटे कौशल को सीखलाकर उसे निपुण बनाते हैं तथा उसके उपलब्धि स्तर (achievement level) को उन्नत बनाते हैं।

(3) व्यवहार विकृति से संबंधित समस्याएँ *(Problems relating to behaviour disorders)*–स्कूल में व्यवहार विकृति से संबंधित सनस्याएँ भी काफी महत्त्वपूर्ण है जिसपर स्कूल मनोवैज्ञानिकों एवं नैदानिक मनोवैज्ञानिकों (clinical psychologists) का ध्यान गया है। व्यवहार विकृति से ग्रस्त बच्चों की पहचान निम्नांकित कसौटी के आधार पर किया जाता है–

(i) ऐसे बच्चों में सीखने की अक्षमता पायी जाती है और ऐसी अक्षमता का कारण बौद्रिक, संवेदी (sensory) या अन्य स्वास्थ्य संबंधी कारक नहीं होते हैं।

(ii) ऐसे बच्चे अन्य बच्चों के साथ तथा शिक्षकों के साथ संतोषजनक अन्तर्वैयक्तिक संबंध (satisfactory interpersonal relationship) कायम करने में असमर्थ रहते हैं।

(iii) सामान्य अवस्थाओं में इन बच्चों का व्यवहार या भाव अनुपयुक्त रहते हैं।

(iv) ऐसे बच्चों में दुखद या विषाद (depression) की मनोदशा (mood) का हमेशा बना रहता है।

(v) व्यक्तिगत या स्कूल से संबंधित समस्याओं के आने पर उनमें शारीरिक लक्षण (physical symptoms) जैसे दर्द (pain) या डर (fears) आदि विकसित हो जाना।

इस तरह की श्रेणी में किशोर अपराध (juvenile delinquency), चारित्रिक विकृति (conduct disorder), व्यक्तित्व विकृति (personality disorder) आदि को रखा गया है। ऐसे बालकों की समस्याएँ शिक्षकों एवं अभिभावकों दोनों के लिए ही गंभीर होती हैं। अतः नैदानिक मनोवैज्ञानिकों (clinical psychologists) को ऐसे बच्चों की समस्याओं को प्राथमिकता देते हुए उपचार करना पड़ता है। ऐसे बच्चों में व्यवहार विकृति (behaviour disorder) का कारण मनोवैज्ञानिक (psychological) तथा दैहिक (physiological) दोनों ही रहा है। दैहिक कारकों में न्यूरोरसायनिक असंतुलन (neurochemical imblance) तथा आनुवांशिकता (heredity) को अधिक महत्त्वपूर्ण बतलाया गया है। मनोवैज्ञानिक कारकों (psychological factors) में बच्चों के माता-पिता तथा परिवार के अन्य लोगों के साथ माधुर्य संबंध का न होना तथा स्कूल में साथी-संगी एवं शिक्षकों द्वारा उपेक्षा किया जाना को प्रधान माना गया है। शिक्षकों द्वारा बच्चों से अनुपयुक्त प्रत्याशा (inappropriate expectations) किए जाने को भी व्यवहार विकृति का एक प्रमुख कारण माना गया है।

कॉफमैन (Kauffman, 1987) ने बच्चों की ऐसी समस्याओं के उपचार के लिए निम्नांकित पाँच मॉडल को

महत्त्वपूर्ण बतलाया है—

(i) मनोगतिकी मॉडल *(Psychodynamic model)*—इस मॉडल के अनुसार व्यवहार विकृति का कारण बच्चों के उपाहं (id), अहम् (ego) तथा पराहं (super ego) एवं उनकी अनुभूतियों (experiences) के बीच असंतुलन (imbalance) विकसित होने से होता है। अतः इस मॉडल के अनुसार व्यवहार विकृति के उपचार (treatment) के लिए मनोचिकित्सा (psycho-therapy) तथा सर्जनात्मक कार्यक्रम (creative projects) पर अधिक बल डाला जाता है।

(ii) जैविक मॉडल *(Biological model)*—इस मॉडल के अनुसार व्यवहार विकृति का कारण आनुवंशिकता (heredity) तथा अन्य जैविक-रासायिक कारक हैं। अतः इनका सही-सही उपचार मेडिकल चिकित्सा (medical therapy) ही है।

(iii) व्यवहारात्मक मॉडल *(Behavioural model)*—इस मॉडल के अनुसार व्यवहार विकृति अर्जित होती है। व्यक्ति विकृत व्यवहारों को सीखता है तथा उपयुक्त व्यवहारों एवं अनुक्रियाओं को नहीं सीख पाता है। अतः इसका सबसे उत्तम उपचार व्यवहार चिकित्सा (behaviour therapy) है जिसमें बच्चों के विकृत व्यवहारों को अपुनर्बलित (unreinforced) किया जाता है ताकि वे उसे भूल जाएँ तथा उसकी जगह पर उपयुक्त व्यवहार को पुनर्बलित किया जाता है ताकि वे उसे सीख लें।

(iv) पारिस्थतिकी मॉडल *(Ecological model)*—यह मॉडल बच्चों का अपने वातावरण के साथ अन्य लोगों तथा सामाजिक संस्थानों (social institutions) के साथ अन्तःक्रिया (interaction) पर बल डालता है। व्यवहार विकृति के उपचार के लिए इसमें बच्चों को परिवार, स्कूल, पास-पड़ोस तथा समुदाय में कैसे व्यवहार करना चाहिए, उसे सीखलाया जाता है।

हालाहान तथा कॉफमैन (Hallahan & Kauffman, 1978) ने बाद में व्यवहार विकृति की चिकित्सा के लिए एक और मॉडल का वर्णन किया है जो निम्नांकित है—

(v) मानवतावादी मॉडल *(Humanistic model)*—यह मॉडल का मानना है कि व्यवहार विकृति से ग्रसित बच्चे अपनी भावनाओं, विचारों एवं आत्मन् (self) से ठीक ढंग से अवगत नहीं हो पाते हैं। अतः इस मॉडल में ऐसे व्यवहार विकृतियों की चिकित्सा करने के लिए एक ऐसी व्यक्तिगत परिस्थिति (personalized situation) कायम की जाती है जिसमें बच्चे चिकित्सक के प्रति एक तादात्म्य (identification) विकसित कर लेते हैं और उनके द्वारा बतलाये गए व्यवहारों को सीख लेते हैं।

स्पष्ट हुआ कि व्यवहार विकृति की समस्या एक गंभीर समस्या है और इसके उपचार के लिए कई प्रविधियों पर बल डाला गया है।

(4) संचार विकृति से संबंधित समस्याएँ *(Problems relating to communication disorders)*—स्कूल में कुछ बच्चे ऐसे होते हैं जिनमें संचार से संबंधित समस्याएँ होती हैं। ऐसे बच्चों में दो तरह की विकृतियाँ (disorders) होती हैं—वाणी (speech) से संबंधित विकृतियाँ तथा दूसरा, भाषा (language) से संबंधित विकृतियाँ। वाणी से संबंधित विकृतियों की पहचान निम्नांकित तीन गुणों के आधार पर की जाती है—

(i) ऐसे बच्चों की वाणी सुनकर सुनने वाला व्यक्ति की मनोदशा प्रतिकूल (unfavourable) हो जाती हो।

(ii) ऐसे बच्चे अपनी भावनाओं का संचार ठीक ढंग से नहीं कर पाते हों।

(iii) ऐसे बच्चे सामाजिक रूप से कुसमायोजित (social maladjust) हों।

नैदानिक मनोवैज्ञानिकों का मत है कि किसी बच्चा में वाणी विकृति (speech disorder) है कि नहीं, इसका निर्णय करते समय उस बच्चे की उम्र को ध्यान में रखना आवश्यक हो जाता है। जैसे—यदि 3 साल का बच्चा यदि यह कहता है, "मैं उध लात नहीं खाऊँगा" (मैं दूध-भात नहीं खाऊँगा) तो यह एक वाणी विकृति का उदाहरण नहीं होगा परन्तु एक 14 वर्ष का बच्चा यदि ऐसे ही बोलता है, तो यह निश्चित रूप से वाणी विकृति का उदाहरण होगा।

कुछ बच्चे ऐसे होते हैं जिन्हें समझने योग्य भाषा (language) में अपने आप को व्यक्त करने में काफी कठिनाई होती है या उन्हें दूसरों की स्पष्ट भाषा को भी समझने में काफी कठिनाई होती है। इस तरह की विकृति को भाषा विकृति

(language disorder) कहा जाता है। नैदानिक मनोवैज्ञानिकों का मत है कि ऐसे बच्चें जिनमें भाषा विकृति काफी गंभीर होती है, उनमें सामाजिक विकास तथा स्कूल से संबंधित कई तरह की समस्याएँ उत्पन्न हो जाती हैं।

नैदानिक मनोवैज्ञानिकों का मत है कि कुछ संचार विकृतियाँ (speech disorders) आंगिक (organic) होती हैं तथा कुछ विकृतियाँ कार्यात्मक (functional) होती हैं। आंगिक होने से ऐसे विकृतियों का कारण कुछ शारीरिक असामान्यता (physiological abnormalities), जैसे—दाँत का न होना, वाणी मांसपेशियों (speech muscles) में पक्षाघात (paralysis), श्रवण दोष (hearing impairment) आदि प्रधान होते हैं। जब संचार विकृतियों का आधार कार्यात्मक (functional) होता है, तो इसका कारण शारीरिक न होकर पर्यावरणी प्रभाव (environmental influence) होते हैं। ऐसे बच्चों को वातावरण दोषपूर्ण मिलने के कारण वे अनुपयुक्त संचार (inappropriate communication) करना सीख लेते हैं।

जहाँ तक ऐसे बच्चों के उपचार का प्रश्न है, इसमें नैदानिक मनोवैज्ञानिक, मनोरोगविज्ञानी (psychiatrist) तथा अन्य पारामेडिकल विशेषज्ञ संयुक्त रूप से भाग लेते हैं। ये लोग बच्चों में पहले सुनने की क्षमता विकसित करने की कोशिश करते हैं तथा समान आवाज को शब्दों में विभेद करना उन्हें सीखलाते हैं। बच्चों को कठिन शब्द, वाक्य आदि बोलने के लिए सीखलाया जाता है। ऐसा प्रशिक्षण देते समय बच्चों के सामने एक उत्तम भाषा मॉडल प्रस्तुत किया जाता है, तथा उनके धनात्मक निष्पादन (positive performance) को पुरस्कृत किया जाता है तथा उन्हें सही-सही ढंग से बोलने के लिए प्रोत्साहित किया जाता है। मैकडोनाल्ड (MacDonald, 1989) ने एक अध्ययन किया और परिणाम में देखा कि 15 ऐसे बच्चों में करीब 7 बच्चों ने जिनमें संचार विकृति का आधार कार्यात्मक (functional) था, उपयुक्त ढंग की प्रशिक्षण से काफी लाभान्वित हुए।

स्पष्ट हुआ कि संचार विकृति से संबंधित समस्याओं की पहचान एवं उनका निराकरण नैदानिक मनोवैज्ञानिकों के प्रमुख कार्य क्षेत्र में है।

(5) प्रतिभाशाली बालकों से संबंधित समस्याएँ *(Problems relating to gifted and talented children)*—स्कूल की समस्याओं में प्रतिभाशाली बच्चों की समस्या अपने आप में विशेष अहमियत रखता है। ऐसे बच्चों की पहचान तथा उनकी समस्याओं के निराकरण के लिए शिक्षा मनोवैज्ञानिकों, नैदानिक मनोवैज्ञानिकों एवं शिक्षकों का संयुक्त हाथ होता है। गालाघेर (Gallagher, 1976) ने प्रतिभाशाली बच्चों की पहचान करने के लिए निम्नांकित प्रमुख विशेषताओं का उल्लेख किया है—

(i) होलिंगवर्थ (Hollingworth, 1975) के अनुसार अधिकतर प्रतिभाशाली बच्चे का घरेलू जीवन तथा सामाजिक आर्थिक पृष्ठभूमि उत्तम होती है हालाँकि ऐसे बच्चे अन्य पृष्ठभूमि से भी कभी-कभी आते हैं।

(ii) प्रतिभाशाली बच्चों का शारीरिक कद एवं स्वास्थ्य सामान्य बच्चों के शारीरिक कद एवं स्वास्थ्य से सामान्यतः श्रेष्ठ होता है।

(iii) प्रतिभाशाली बच्चे सामान्य बच्चों की तुलना में सांवेगिक रूप से अधिक स्थिर होते हैं तथा उनमें व्यक्तिगत समस्याओं (personal problems) को सुलझाने की क्षमता काफी होती है।

(iv) प्रतिभाशाली बच्चे प्रायः लोकप्रिय एवं सामाजिक रूप से स्वीकार्य (socially accepted) होते हैं।

(v) प्रतिभाशाली बच्चे सामान्यतः अन्य बच्चों की तुलना में उपलब्धि परीक्षण पर उत्तम प्राप्तांक पाने वाले होते हैं।

सिगो (Seagoe, 1974) ने प्रतिभाशाली बच्चों के विभिन्न समस्याओं का एक सामान्य सर्वेक्षण किया और यह बतलाया है कि इनकी निम्नांकित समस्याएँ अधिक प्रबल होती हैं—

(i) ऐसे बच्चे लापरवाह प्रकृति के होते हैं। वे प्रायः अपने सीमित ज्ञान या समझ-बूझ के आधार पर लम्बे एवं आडम्बरी कथन प्रस्तुत करते हैं,

(ii) किसी भी विचार गोष्ठी में अनावश्यक रूप से प्रभुत्व दिखलाने की कोशिश करते हैं।

(iii) प्रायः इनमें अगले कार्य या स्तर पर बढ़ने की अर्धर्यता देखी जाती है।

(iv) ऐसे बच्चे कौतूहली (curious) होते हैं।

(v) ऐसे बच्चों को किताब विशेषकर उपन्यास आदि पढ़ने में अधिक मन लगता है।

(vi) ऐसे बच्चे माननीकृत नियम (standardized rules) तथा प्रविधि के खिलाफ आवाज उठाने में तनिक भी नहीं हिचकिचाते हैं।

(vii) ऐसे बच्चों को दिन-प्रतिदिन की घटनाओं में जब स्पष्ट तर्क नहीं मिलता, तो वे कुंठित हो जाते हैं।

(viii) ऐसे बच्चे पुनरावृत्ति (repetition) से भी कुंठित हो जाते हैं।

(ix) ऐसे बच्चे हास्य आदि का प्रयोग अधिक करते हैं।

(x) ऐसे बच्चे बहुत ही जल्द किसी चीज या कार्य में रुचि खोने लगते हैं।

ऐसे बच्चों में यद्यपि कौशल की पर्याप्तता होती है, फिर भी उपयुक्त समस्याओं के कारण इन पर नैदानिक मनोवैज्ञनिक, स्कूल परामर्शदाताओं (school counsellors) तथा शिक्षा मनोवैज्ञानिकों को विशेष ध्यान देना पड़ता है। ऐसे बच्चों की समस्याओं का निराकरण करने के लिए उनके लिए विशेष पाठ्यक्रम तैयार करना, उच्च वर्गों को दिए जाने वाले कार्यक्रम में उनकी भागेदारी करना, विशेष योग्यता वाले शिक्षक की बहाली करना आदि प्रमुख हैं।

स्पष्ट हुआ कि स्कूल से संबंधित समस्याएँ भी कई प्रकार के हैं जिनका निराकरण करने के लिए नैदानिक मनोवैज्ञानिकों की सेवाएँ प्राप्त करने की कोशिश की जाती है।

वैवाहिक कुसमायोजन की समस्याएँ
(Problems of Marital Maladjustment)

विवाह एक ऐसा पवित्र बन्धन है जिसमें स्त्री एवं पुरुष एक-दूसरे के साथ मिल-जुलकर आजीवन साथ निभाने का वादा करके एक पारिवारिक जिन्दगी की शुरुआत करते हैं। परन्तु कभी-कभी विवाह के इस पवित्र बंधन की रोशनी शादी के कुछ ही दिनों बाद से धीमी होने लगती है। कारण—वैवाहिक कुसमायोजन (marital maladjustment)। वैवाहिक कुसमायोजन से तात्पर्य एक ऐसी हालात या परिस्थिति से होती है जहाँ पत्नी एवं पति को एक-दूसरे पर से आस्था खत्म हो जाती है और उनके वैवाहिक जिन्दगी में तरह-तरह की उलझनें एवं अड़चनें आने लगती हैं। नैदानिक मनोवैज्ञानिकों द्वारा किए गए अध्ययनों से यह स्पष्ट हुआ कि वैवाहिक कुसमायोजन के प्रमुख कारणों को निम्नांकित तीन भागों में बाँटा जा सकता है—

(क) पर्यावरणी कारक (Environmental factors)

(ख) संबंधात्मक कारक (Relational factors)

(ग) व्यक्तिगत कारक (Personal factors)

इन कारकों की व्याख्या निम्नांकित है—

(क) पर्यावरणी कारक (*Environmental factors*)—नैदानिक मनोवैज्ञानिकों का मत है कि वैवाहिक कुसमायोजन का एक प्रमुख कारण पर्यावरणी कारण है। प्रत्येक समुदाय की विशिष्ट पर्यावरणी समस्याएँ होती हैं। कुछ समुदाय खासकर गंदी बस्तियों एवं झुग्गी-झोपड़ियों में रहने वाले व्यक्तियों में शराब पीना, जुआ खेलना, धूम्रपान करना आदि जैसी बुरी लतें काफी होती हैं। पत्नी या पति दोनों ही इन लतों के शिकंजे में कसे नजर आते हैं। इन लतों का स्वाभाविक परिणाम घरेलू कलह होता है जो उनके दाम्पत्य जीवन की कड़ी को झकझोर देता है। इससे वैवाहिक कुसमायोजन अपनी चरम सीमा पर पहुँच जाती है जिसका अन्त संबंध-विच्छेद (divorce) या अलगाव (separation) से होता है। फेयर्स (Phares, 1988) के अनुसार कुछ समृद्ध परिवार (affluent family) का भी वातावरण इस प्रकार का होता है जिसमें इन लतों के अलावा दिखाने के लिए फिजुलखर्ची अधिक होता पाया जाता है। इसका भी प्रभाव वैवाहिक समायोजन पर खराब पड़ता है और दम्पत्ति के बीच छोटे-छोटे मुद्दों पर लड़ाई ठननी प्रारंभ हो जाती है।

(ख) संबंधात्मक कारक (*Relational factors*)—वैवाहिक कुसमायोजन का एक कारक पति या पत्नी के बीच के दोषपूर्ण संबंध से है। इसका संबंध कई कारकों से होता है जिसमें एक प्रमुख कारक यौन संबंध (sex relationship) होता है। यौन संबंध पत्नी तथा पति को शारीरिक एवं मानसिक रूप से एक-दूसरे के प्रति आकर्षित रखता है तथा उनके वैवाहिक संबंध को मजबूत रखता है। यह संबंध सचमुच में पति-पत्नी के संबंध को माधुर्य प्रदान करता है। नैदानिक मनोवैज्ञानिकों द्वारा किए गए सर्वे से यह स्पष्ट हुआ है कि जब किसी कारण से पति पत्नी से लैंगिक रूप से संतुष्ट नहीं रहता है या पत्नी पति से लैंगिक रूप से संतुष्ट नहीं रहती है, तो वे लोग वैकल्पिक माध्यम जैसे हस्तमैथुन

(masturbation), विवाहेत्तर यौन संबंध (extramarital sex relationship), कुंठा को कम करने के लिए शराब पीना आदि करना प्रारंभ कर देते हैं। इन सभी का परिणाम वैवाहिक कुसमायोजन (martial maladjustment) होता है।

(ग) व्यक्तिगत कारक *(Personal factors)*—वैवाहिक कुसमायोजन का एक अन्य महत्त्वपूर्ण कारक व्यक्तिगत कारक (personal factor) है। सफल वैवाहिक जीवन के लिए यह आवश्यक है कि दम्पत्ति को दो क्षेत्रों में सफलता मिले—पहला तो यह कि वे निश्चित रूप से अच्छे सहयोगी (partners) हों तथा उनमें एक-दूसरे के प्रति अच्छा स्नेह (love) हो। यदि इन दोनों क्षेत्रों में से किसी एक में या दोनों में ही दम्पत्ति को असफलता मिलती है, तो इसका असर उनके वैवाहिक जीवन पर बुरा पड़ता है। इस तरह की असफलता के कई कारण बतलाए गए हैं। नैदानिक मनोवैज्ञानिकों ने निम्नांकित कारणों को अधिक महत्त्वपूर्ण बतलाया है—

(i) पति या पत्नी में किसी कारणवश अहम्वाद (egoism) की भावना जब विकसित हो जाती है, तो इससे उनका व्यक्तिगत समायोजन (personal adjustment) दोषपूर्ण हो जाता है।

(ii) जब खर्च एवं आमद के संबंध में पति-पत्नी एक-दूसरे के साथ सहयोग नहीं कर पाते हैं, तो इससे उनका व्यक्तिगत समायोजन प्रभावित हो जाता है।

(iii) पारिवारिक उत्तरदायित्व (family responsibility) के बँटवारे में जब पत्नी या पति के प्रति या पति का पत्नी के प्रति रुख अनुचित होता है तथा असहयोगपूर्ण होता है, तो इससे भी उनका व्यक्तिगत समायोजन (personal adjustment) प्रभावित हो जाता है।

(iv) जब किसी कारण से पति-पत्नी का विश्वास एक-दूसरे पर से समाप्त हो जाता है, तो इससे भी उनका व्यक्तिगत समायोजन (personal adjustment) में कठिनाई होने लगती है।

स्पष्ट हुआ कि वैवाहिक कुसमायोजन के कई कारण है। इस नैदानिक समस्या का समाधान करने के लिए नैदानिक मनोवैज्ञानिकों द्वारा कुछ विशेष चिकित्सीय प्रविधियों को महत्त्वपूर्ण बतलाया गया है। ऐसे प्रविधियों में निम्नांकित प्रमुख हैं—

(i) पारिवारिक चिकित्सा *(Family therapy)*—नैदानिक मनोवैज्ञानिकों का मत है कि वैवाहिक कुसमायोजन दूर करने का सबसे उत्तम तरीका पारिवारिक चिकित्सा है जहाँ सिर्फ पति-पत्नी को ही नहीं, बल्कि परिवार के अन्य सदस्यों को भी जिनके साथ पति-पत्नी अन्तःक्रिया (interaction) करते हैं, की मनश्चिकित्सा की जाती है। इस तरह की चिकित्सा विधि की पूर्वकल्पना यह होती है कि वैवाहिक कुसमायोजन का कारण वह वातावरण होता है जिसमें पति-पत्नी को अधिकतर समय व्यतीत करना होता है। परिवार के अन्य सदस्यों जैसे—पिता, पुत्र, सास, श्वसुर आदि की बेरुखी मनोवृत्तियाँ वैवाहिक कुसमायोजन का स्रोत बनती है। अतः पारिवारिक चिकित्सा देकर नैदानिक मनोवैज्ञानिक वैवाहिक कुसमायोजन को दूर करने का एक अच्छा माहौल तैयार करते हैं। पैटर्सन (Patterson, 1971) के अनुसार पारिवारिक चिकित्सा से 10 वैवाहिक कुसमायोजित दम्पत्ति में से 8 को सफलतापूर्वक उपचार किया गया है। इससे वैवाहिक कुसमायोजन को दूर करने में पारिवारिक चिकित्सा की अहमियत स्पष्ट हो जाती है।

(ii) वैवाहिक चिकित्सा *(Marital therapy)*—वैवाहिक चिकित्सा एक तरह का पारिवारिक चिकित्सा ही है परन्तु इसमें चिकित्सा सत्र में सिर्फ पति-पत्नी पर ही ध्यान केन्द्रित किया जाता है। नैदानिक मनोवैज्ञानिक उनकी समस्याओं को सुनते हैं तथा उनके संबंधों को मधुर बनाने के लिए उचित सुझाव एवं तरीका भी बतलाते हैं।

स्पष्ट हुआ कि वैवाहिक कुसमायोजन के कारण चाहे जो भी हों उसकी चिकित्सा करके नैदानिक मनोवैज्ञानिक टूटे हुए दिल को फिर से जोड़ते हैं एवं उजड़े हुए घर को फिर से बसाते हैं।

बुढ़ापा की नैदानिक समस्याएँ
(Clinical Problems of Aging)

बुढ़ापा (old age) जिसे सामान्यतः 60-65 वर्ष या इससे ऊपर की अवस्था मानी जाती है, में भी कायिक मस्तिष्कीय विकृतियाँ (organic brain disorders) होती हैं। इस उम्र के कुछ लोगों में तो जो असामान्य लक्षण (abnormal symptoms) होते हैं, उसका कोई कायिक आधार (organic basis) नहीं होता है परन्तु कुछ लोगों में इस तरह के असामान्य लक्षण के स्पष्ट कायिक आधार (organic basis) होते हैं अर्थात् उनके मस्तिष्कीय उत्तक (brain tissues) तथा कोशिकाएँ (cells) नष्ट पाए जाते हैं। बुढ़ापा से संबंधित कायिक मस्तिष्कीय विकृतियाँ (organic brain disorders) निम्नांकित दो प्रकार की होती हैं—

(क) सेनाइल डेमेन्सिया (Senile dementia) तथा

(ख) मस्तिष्कीय आर्टेरियोस्क्लेरोसिस से संबंधित मनोविक्षिप्ति (psychosis with cerebral arteriosclerosis) इन दोनों का वर्णन इस प्रकार है—

(क) सेनाइल डेमेन्सिया *(Senile dementia)*—सेनाइल डेमेन्सिया 60 साल की उम्र होने पर या इसके बाद ही सामान्यतः प्रकाश में आता है। इस रोग में रोगी हर तरह का मानसिक ह्रास (mental deterioration) दिखलाता है और उसके मस्तिष्कीय उत्तक एवं कोशिकाएँ (cells) एक तरह से काफी घिस-पिट (deteriorate) जाती हैं। इसमें मानसिक ह्रास के साथ-साथ धीरे-धीरे शारीरिक ह्रास (physical deterioration) भी पाए जाते हैं।

इस रोग का नैदानिक स्वरूप (clinical picture) सच पूछा जाए तो रोगी के आत्मकेन्द्रित व्यवहार (self-centred behaviour) से प्रारंभ होता है। वह अन्य सभी चीजों में अभिरुचि लेना बन्द कर देता है और अपने आप में सिमट कर रहने की आदत डाल लेता है। ऐसे रोगियों में मानसिक सतर्कता की कमी तथा समायोजन की क्षमता में ह्रास होता देखा गया है। साथ-ही-साथ स्मृति में ह्रास, निर्णय न करने की क्षमता, घबराहट, संभ्रान्ति की अवस्था (period of confusion) आदि भी मूलतः देखने को मिलते हैं।

सेनाइल डेमेन्सिया (Senile dementia) के पाँच प्रकार बतलाए गए हैं। इन प्रकारों के लक्षण आपस में काफी मिलते-जुलते हैं फिर भी इनका अलग-अलग वर्णन इस प्रकार किया जा सकता है—

(1) साधारण ह्रास *(Simple deterioration)*—यह प्रकार सेनाइल मनोविकृति प्रतिक्रिया (senile psychotic reaction) का सबसे सामान्य प्रकार है जो करीब-करीब सभी अन्य प्रकारों का 50% होता है। जैसा कि नाम से ही स्पष्ट है, रोग के इस प्रकार में रोगी धीरे-धीरे अपने इर्द-गिर्द के वातावरण में अभिरुचि खो देता है, उसकी यादाश्त कमजोर हो जाती है, किसी भी तरह के परिवर्तन उसके लिए असहनीय होते हैं तथा उसमें अनिद्रा, बेचैनी, अनिर्णयाकता की स्थिति हमेशा बनी होती है।

(2) व्यामोही प्रतिक्रिया *(Paranoid reaction)*—यह प्रकार सेनाइल डेमेन्सिया (senile dementia) के अन्य प्रकारों से भिन्न होता है क्योंकि इसमें रोगी में स्थितिभ्रान्ति (disorientation), संभ्रान्ति (confusion) तथा स्मृति ह्रास (memory loss) आदि के लक्षण बहुत अधिक गंभीर तो नहीं होते हैं परन्तु व्यामोह (delusion) विशेषकर दण्ड व्यामोह (delusion of persecution) तथा साथ-साथ विभ्रम (hallucination) के लक्षण अधिक मजबूत दिखलाई पड़ते हैं। जैसे—वह इस व्यामोह (delusion) से ग्रसित हो सकता है कि परिवार के लोग उसे जान से मार देने का षड्यंत्र रच रहे हैं. वे उनके भोजन में विष मिलाकर उन्हें या तो बेहोश कर देंगें या जान से मार देंगे ताकि दौलत को हड़पने में कोई बाधा न पहुँच पाये।

(3) प्रेसवाइयोफ्रेनिक प्रकार *(Presbyophrenic type)*—सेनाइल डेमेन्सिया (senile dementia) का यह एक विरल (rare) प्रकार है जो सभी सेनाइल मनोविकृति (senile psychosis) के 10% से भी कम ही केसेज में पाए जाते हैं। यहाँ रोगी में हर्षपूर्ण मनोदशा होती है परन्तु उनमें स्मृति ह्रास (loss of memory) के लक्षण होते हैं। इस तरह के रोगी ऊपर से मानसिक रूप से सतर्क (alert) तो अवश्य दीखते हैं परन्तु वे अस्पष्ट शब्दों में ही बातचीत कर पाते हैं। वे अपने वर्तमान स्मृति ह्रास को 20 से 30 साल पहले की घटनाओं को या करके भर देते हैं। वे प्रायः बेचैन (restless) दिखलाई देते हैं और प्रायः कुछ उद्देश्यहीन कार्य में अपने आप को लगाकर रखते हैं।

(4) विषादी एवं उत्तेजित प्रकार *(Depressed and agitated types)*—इस प्रकार में रोगी गंभीर रूप से उदास रहता है तथा कभी-कभी वह गंभीर रूप से उत्तेजित भी हो जाता है। रोगी में तरह-तरह के व्यामोह (delusion) जैसे रोगभ्रमी व्यामोह (hypochondriacal delusion) तथा शून्यवादी विचारों का व्यामोह (nihilistic delusion) अत्यधिक देखने को मिलता है। कभी-कभी रोगी आत्म-दोषी (self-accusatory) भी हो जाता है और उसमें यह व्यामोह विकसित हो जाता है कि उसने कोई बड़ा पाप किया है जिसकी सजा उसे मिलनी ही चाहिए। कुछ केसेज में गरीबी का व्यामोह (delusion of poverty) भी विकसित हो जाता है और रोगी यह सोचने एवं समझने लगता है कि परिवार पर वह एक बोझ है और परिवार के सभी सदस्य उसे एक आर्थिक बोझ समझकर अवहेलना करते हैं।

(5) सन्निपाती एवं संभ्रान्तिपूर्ण प्रकार *(Delirious and confused types)*—रोग के इस प्रकार में रोगी काफी

बेचैन, झगड़ालू तथा असंगत (incoherent) दिखलाई पड़ता है। वह किसी को भी नहीं पहचानता है और उसमें समय एवं जगह की आत्मविस्मृति (disorientation) पूर्ण होता है। इस तरह की सन्निपाती अवस्था की शुरुआत प्रायः रोगी में कुछ तीव्र बीमारी या मानसिक आघात का झटका लगने से और भी गंभीर हो जाता है।

सेनाइल डेमेन्सिया (senile dementia) के जहाँ तक उपचार (treatment) का प्रश्न है, यदि सही ढंग से किया जाय तो इस रोग के लक्षण तो अवश्य कमते दीखते हैं परन्तु साथ-ही-साथ कुछ विशिष्ट लक्षण (residual symptoms) रह ही जाते हैं और रोगी धीरे-धीरे अपना शारीरिक एवं मानसिक स्वास्थ्य खोता ही जाता है।

(ख) मस्तिष्कीय आर्टेरियोस्क्लेरोसिस से संबंधित मनोविकृति *(Psychosis with cerebral arteriosclerosis)* —इस रोग के लक्षण बहुत हद तक सेनाइल डेसेन्सिया (senile dementia) से मिलते-जुलते हैं परन्तु इसके कुछ व्यवहारात्मक (behavioural) तथा संरचनात्मक (anatomical) लक्षण भिन्न होते हैं। प्रायः देखा गया है कि मस्तिष्कीय आर्टेरियोस्क्लेरोसिस में मस्तिष्क में खून की नलियाँ कुछ चर्बीदार पदार्थों के जमा हो जाने से खास-खास जगह पर काफी कड़ी हो जाती है जिसका नतीजा यह होता है कि धमनियों में खून का बहाव धीमा हो जाता है या कभी-कभी पूर्णतः रुक जाता है। इससे कभी-कभी धमनियाँ फट भी जाती है और मस्तिष्क के भीतर ही रक्त का बहाव होने लगता है। इस अवस्था को *'इन्टरासेरिब्रल हेमारेज'* (intracerebral hemorrhage) कहा जाता है जब खून की छोटी नलियों में अचानक रुकावट या फटन (reputure) उत्पन्न हो जाता है। तो इसे *छोटा स्ट्रोक* (small stroke) कहा जाता है परन्तु यदि जब खून की बड़ी नलियों में अचानक रुकावट (blocking) या फटन (reputure) आ जाता है, तो इसे बड़ा स्ट्रोक (large strock) या *'सेरिब्रोभैसकुलर दुर्घटना'* (cerebrovascular accident or CVA) कहा जाता है। इन दोनों में बड़ा स्ट्रोक में शारीरिक लक्षण (physical symptoms) तथा मनोवैज्ञानिक लक्षण (psychological symptoms) छोटे स्ट्रोक (small stroke) की तुलना में अधिक गंभीर होते हैं।

आधे से अधिक मस्तिष्कीय आर्टेरियोस्क्लेरोसिस (cerebral arteriosclerosis) में प्रायः लक्षण अचानक दिखलाई देते हैं। ऐसे रोगियों की चेतना अवस्था धुँधली पड़ जाती है तथा उनमें समय, स्थान तथा व्यक्ति की स्थिति-भ्रान्ति (disorentation) पायी जाती है। इसके अलावा शरीर के एक हिस्से में संवेदनशीलता की कमी हो जाती है। रोगी को अर्द्धचेतनावस्था में प्रायः अस्पताल में भर्ती कराया जाता है। ऐसे रोगियों में आक्षेपात्मक ऐंठन (convulsive seizures) भी अधिक देखने को मिलता है। रोगी पूर्णतः संभ्रान्तिपूर्ण अवस्था (confusional state) में होता है जो प्रायः कुछ दिनों तथा हफ्तों तक बना होता है। संभ्रान्तिपूर्ण अवस्था में छँटने के बाद भी रोगी में कुछ अवशिष्ट लक्षण (residual symptoms) बने रहते हैं जिसमें सांवेगिक अस्थिरता (emotional instability), चिड़चिड़ापन (irratibility), रोगभ्रमी व्यामोह (hypochondrical delusion) आदि प्रधान हैं। रोगी प्रायः कमजोर हो जाने, चक्कर आने, सिरदर्द, स्मृति दोष (memory defect), कार्य करने की अनिच्छा आदि की भी शिकायतें करता है।

सेनाइल डेमेन्सिया (senile dementia) से मस्तिष्कीय आर्टेरियोस्क्लेरोसिस एक विशेष अर्थ में भिन्न है। मस्तिष्कीय आर्टेरियोक्लेरोसिस में लक्षण अचानक दीख पड़ते हैं जबकि सेनाइल डेमेन्सिया में लक्षण धीरे-धीरे नजर आते हैं।

बुढ़ापा से संबंधित मस्तिष्कीय विकृतियों के कारण
(Etiology of Brain Disorders associated with old age)

बुढ़ापा से संबंधित मस्तिष्कीय विकृतियाँ (brain disorders associated with old age) के कई कारण बतलाए गए हैं जिनमें निम्नांकित तीन प्रमुख हैं—

(क) जैविक कारक (Biological factors)

(ख) मनोसामाजिक कारक (Psychosocial factors)

(ग) सामाजिक-सांस्कृतिक कारक (Socio-cultural factors)

इन तीन तरह के कारकों का वर्णन निम्नांकित है—

(क) जैविक कारक *(Biological factors)*—बुढ़ापा से संबंधित मनोविक्षिप्त व्यवहारों (psychotic behaviours) की उत्पत्ति में कुछ लोगों ने जैविक कारकों के महत्त्व को दिखलाया है हालाँकि यहाँ सबूतें (evidences) उतनी संगत (consistent) नहीं हैं। कुछ लोगों ने इस तरह का रोग वैसे व्यक्तियों में अधिक होते पाया है जिनके परिवार के बढ़े सदस्यों में यह रोग पहले हो चुका था। कुछ वैज्ञानिकों ने CVA (वृहत स्ट्रोक) के रोगियों में चयापचयी प्रक्रियाओं

(metabolic processes) तथा संचालन प्रक्रियाओं (circulatory processes) में स्पष्ट रूप से गड़बड़ी की सबूतें पायी हैं। सेनाइल मनोविकृति (senile psychosis) में मस्तिष्क के खून की नलियों में कम बहाव तथा निम्न ऑक्सीजन उपभोग (lower oxygen consumption) की सबूतें भी पायी हैं। गाल (Gal, 1959) ने अपने अध्ययन में मस्तिष्कीय क्षति (brain damage) तथा मनोविकृत व्यवहार (psychotic behaviour) में कोई खास संबंध नहीं पाया है। इन्होंने 65 साल से 94 साल के ऐसे रोगियों का मरणोत्तर अध्ययन (postmortem study) किया और पाया कि मस्तिष्कीय क्षति तथा मनोविकृत व्यवहारों में कोई सहसंबंध नहीं था। बल्कि उम्मीद के उल्टा यह पाया गया कि जिन रोगियों में हल्का मनोविक्षिप्त व्यवहारों (psychotic behaviour) के लक्षण थे, उनमें मस्तिष्कीय क्षति अधिक गंभीर थी तथा जिन रोगियों में गंभीर मनोविक्षिप्त व्यवहार के लक्षण थे, उनमें मस्तिष्कीय क्षति हल्का-फुल्का था।

(ख) मनोसामाजिक कारक *(Psychosocial factors)*—बुढ़ापा में उत्पन्न मनोविक्षिप्त व्यवहारों (psychotic behaviours) के कुछ मनोसामाजिक कारक (psychosocial factors) भी बतलाये गये हैं जिनमें निम्नांकित कारक महत्त्वपूर्ण हैं—

(i) प्राक्-मनोविकृति व्यक्तित्व *(Pre-psychotic personality)*—अध्ययनों से पता चला है कि जो व्यक्ति अवांछनीय व्यक्तित्व शीलगुणों (undesirable personality traits) से मनोवैज्ञानिक रूप से घिरे होते हैं, उनमें बुढ़ापा आने पर मनोविक्षिप्त व्यवहारों (psychotic behaviours) उत्पन्न होने की संभावना अधिक तीव्र होती है। विशेषकर जिन व्यक्तियों में सामाजिक अपर्याप्तता (social inadequacy), परिवर्तन के प्रति असंतोषजनक समायोजन, कठोरता (rigidity), शक तथा मनोग्रसित-वाध्यता (obsessive-compulsive) जैसी प्रवृत्तियाँ अधिक होती हैं, उनमें बुढ़ापा आने पर मनोविक्षिप्त व्यवहार (psychotic behaviour) विकसित होने की संभावना अधिक रहती है। इसके अलावा बुढ़ापा के प्रति नकारात्मक मनोवृत्ति (negative attitude) तथा नकारात्मक आत्म-प्रतिमा (negative self image) से भी इस अवस्था में व्यक्ति में मनोविक्षिप्त व्यवहार (psychotic behaviour) विकसित होते हैं।

(ii) तनाव उत्पन्न करने वाले कारक *(Stress factors)*—बुढ़ापा में कई कारक ऐसे हैं जो व्यक्ति में तनाव उत्पन्न कर देते हैं और जिनसे उनमें मनोविक्षिप्त व्यवहार (psychotic behaviour) उत्पन्न हो जाते हैं। ऐसा कहा जाता है कि इस अवस्था में जब व्यक्ति में तनाव उत्पन्न करने वाले कारक अधिक मजबूत होते हैं, तो मस्तिष्कीय क्षति (brain damage) अधिक होता है और व्यक्ति में मनोविक्षिप्त व्यवहार (psychotic behaviours) उत्पन्न हो जाते हैं। ऐसे कारकों में कुछ प्रमुख कारक निम्नांकित हैं—

(a) सेवानिवृत्ति तथा लघुकृत आय *(Retirement and reduced income)*—बुढ़ापा में सबसे महत्त्वपूर्ण कारक जो व्यक्ति में तनाव उत्पन्न करता है, सेवानिवृत्ति (retirement) को माना गया है। सेवानिवृत्ति होने पर व्यक्ति के मन में यह भावना घर करने लगती है कि उसकी उपयोगिताएँ तथा गुण समाप्त हो गये हैं और अब वह मृत्यु की गोद में जाने ही वाला है। इस तरह की भावना उसमें तनाव उत्पन्न कर देती है और उसमें मनोविकृत व्यवहार (psychotic behaviour) की बारंबारता बढ़ जाती है। इनता ही नहीं, सेवानिवृत्ति होने से उनकी आय कम जाती है और वित्तीय समस्याएँ उत्पन्न होकर उनके मानसिक स्वास्थ्य (mental health) को और भी बुरा कर देता है।

(b) अलगाव तथा एकांकीपन *(Isolation and loneliness)*—बुढ़ापा में व्यक्ति को अलगाव (isolation) तथा एकांकीपन (loneliness) का कटु अभाव भी होता है जो उसमें मनोविक्षिप्त व्यवहार (psychotic behaviour) उत्पन्न करता है। इस अवस्था में व्यक्ति पाता है कि उसके प्रियजनों एवं दोस्तों में से अधिकतर लोग संसार छोड़ चुके हैं। इतना ही नहीं, वह इस भाव से ग्रसित रहता है कि उसका पति (या पत्नी) जिसके साथ घनिष्ट संगति थी, भी अब इस दुनिया में नहीं है। वह इस तरह से अपने आप को सबसे अलग पाता है जिससे उसमें समायोजन (adjust) करने की क्षमता में कमी आ जाती है और मानसिक स्वास्थ्य (mental health) पर बुरा असर पड़ता है। इसके अलावा, उनके बच्चे भी प्रौढ़ हो जाते हैं जिनकी शादी हो चुकी होती है और वे इन्हें छोड़कर अपनी अलग दुनिया बसाने चले जाते हैं। इन सभी अनुभूतियों (experiences) का प्रभाव उन पर हानिकर होता है और वे मनोविकृत व्यवहारों (psychotic behaviours) के शिकार हो जाते हैं। इस अवस्था में व्यक्ति में दृष्टि (vision) तथा श्रवण (hearing) से संबंधित तरह-तरह की समस्याएँ उठकर उनके समायोजन की शक्ति को कमजोर कर देती है। स्वयं व्यक्ति को ही अपने आप पर दया आती है। इन सबका परिणाम उनके मानसिक स्वास्थ्य (mental health) पर बुरा पड़ता है और व्यक्ति में तरह-तरह के मनोविक्षिप्त व्यवहार (psychotic behaviour) उत्पन्न हो जाते हैं।

(c) मृत्यु तथा आशक्तता का भय *(Fear of death and invalidism)*—इस अवस्था में व्यक्ति की शारीरिक शक्ति और कमजोर पड़ जाती है और इस गिरते स्वास्थ्य से वह काफी चिन्तित हो जाता है। इतना ही नहीं, जब उन्हें मेडिकल सुविधा ऐसी परिस्थिति में किसी कारण नहीं मिल पाती है, तो इससे समस्या और भी गंभीर हो जाती है और उनका मानसिक स्वास्थ्य तेजी से गिरने लगता है। उम्र बीतने के साथ-ही-साथ उनमें यह भी भावना मजबूत होने लगती है कि अब वह मृत्यु के चंगुल में जा रहा है। वे यह सोचने लगते हैं कि उनके अधिकतर दोस्तों की मृत्यु हो चुकी है, अतः अब उनकी भी बारी आ गयी है जिससे वे चाहकर भी छुटकारा नहीं पा सकते हैं।

इस तरह से हम देखते हैं कि बुढ़ापा में होने वाले मनोविक्षिप्त व्यवहारों (psychotic behaviours) के कई मनोसामाजिक कारक हैं। इन कारकों से उनका मानसिक स्वास्थ्य काफी गिर जाता है और तरह-तरह के मनोविक्षिप्त व्यवहार (psychotic behaviour) उत्पन्न हो जाते हैं।

(ग) सामाजिक-सांस्कृतिक कारक *(Socio-cultural factors)*—कई अध्ययनों से यह पता चला है कि शहरी क्षेत्र में रहने वाले लोगों में बुढ़ापा में सेनाइल डेमेन्सिया (senile dementia) तथा मस्तिष्कीय आर्टेरियोस्क्लेरोसिस (cerebral arteriosclerosis) की बारंबारता (frequency) देहाती क्षेत्र में रहने वाले लोगों की अपेक्षा अधिक होती है। इसका कारण यह बतलाया गया है कि शहरी क्षेत्रों में कई कारकों जैसे—आवाज, भीड़, तथा अन्य समान कारकों से व्यक्ति में तनाव अधिक उत्पन्न होता है जो उन्हें रोगग्रस्त बना देता है। दूसरा कारण यह बतलाया गया है कि देहाती क्षेत्रों में घर के बूढ़े लोगों में तुलनात्मक रूप से कम मनोविक्षिप्त व्यवहार (psychotic behaviour) उत्पन्न होते हैं।

इस तरह से हम देखते हैं कि बुढ़ापा से संबंधित मनोविक्षिप्त व्यवहार (psychotic behaviours) के कई कारण हैं। इन कारणों में मनोसामाजिक कारणों (psychosocial factors) की प्राथमिकता अन्य कारणों की तुलना में अधिक है।

आक्षेपी मस्तिष्कीय विकृति : मिरगी
(Convulsive Brain Disorders : Epilepsy)

मिरगी एक ऐसी मस्तिष्कीय विकृति है जिससे रोगी की चेतना हल्की या गंभीर रूप से समाप्त हो जाती है तथा शरीर में ऐंठन या आक्षेप (convulsion) पैदा हो जाता है। आधुनिक मनोरोगविज्ञानियों (psychiatrists) तथा नैदानिक मनोवैज्ञानिकों का मत है कि मस्तिष्कीय कोशिकाओं (brain cells) के वैद्युत स्राव (electrical discharge) के आवर्तन (rhythm) की गड़बड़ी होने से इस रोग की उत्पत्ति होती है। एल्क्ट्रोएनसिफैलोग्राम Electro-encephalogram (EEG) से प्राप्त आँकड़ों से यह स्पष्ट हो गया है कि इस रोग से ग्रसित व्यक्तियों का मस्तिष्कीय तरंग (brain waves) का पैटर्न सामान्य व्यक्तियों के मस्तिष्कीय तरंग के पैटर्न से भिन्न होता है। मिरगी रोग में शारीरिक ऐंटन एवं चेतना की समाप्ति बहुत हद तक इस बात पर आधारित होता है कि मस्तिष्क का कौन-सा भाग प्रभावित हुआ है तथा वैद्युत स्राव की मात्रा तथा गंभीरता कितनी है। कोल्ब (Kolb, 1997) के अनुसार अमेरिका में प्रत्येक 200 व्यक्तियों में 1 व्यक्ति इस रोग से पीड़ित है। यद्यपि यह रोग सभी उम्र के व्यक्तियों में होता है, इसकी बारंबारता (frequency) बच्चों एवं किशारों में वयस्कों (adults) की तुलना में अधिक होती है।

मिरगी रोग पुराने समय से ही लोगों में देखने को मिला है तथा बहुत से महत्त्वपूर्ण व्यक्तियों में इस रोग की उपस्थिति पायी गयी है। सारासन (Sarason, 1972) के अनुसार मिरगी रोग का ऐतिहासिक विवरण हमें हमुराबी (Hammurabi) के नियमावली (code) में 2080 B.C. में मिलता है। संसार के प्रमुख व्यक्ति जैसे जुलियस सीजर (Julius Caeser), विलियम पिट (William Pitt), ऐलेक्जेण्डर दी ग्रेट (Alexander the Great), नेपोलियन आदि सभी मिरगी रोग के शिकार थे। हिपोक्रेट्स (Hippocrates) का कहना था कि मिरगी एक स्वाभाविक (natural) रोग है जिससे व्यक्ति को अधिक चिन्तित नहीं होना चाहिए।

मिरगी रोग के चार प्रकार बतलाये गये हैं जो निम्नांकित हैं—

(1) ग्रेंडमाल (Grand mal)

(2) पेटिट माल (Petit mal)

(3) जैकसोनियन प्रकार (Jacksonian type)

(4) मनोगतिक प्रकार (Psychomotor type)

इन चारों का वर्णन निम्नांकित है—

(1) ग्रैंडमाल *(Grand mal)*—मिरगी रोग का यह एक गंभीर प्रकार है जिसकी चार अवस्थाएँ (phases) होती हैं—औ अवस्था (aura phase), टौपिक अवस्था (topic phase), क्लोनिक अवस्था (clonic phase) तथा कोमा अवस्था (coma phase)। औरा अवस्था (aura phase) में रोगी को यह आभास होने लगता है कि आक्षेप (convulsion) होगा। इस चेतावनी का संकेत होते ही रोगी को कुछ असामान्य संवेदी अनुभूतियाँ जैसे अधिक डर, विचित्र गंध अनुभव करने या आवाज सुनने आदि की संवेदना होने लगती हैं। यह अवस्था रोगी को लेट जाने या बैठ जाने का एक तरह से पर्याप्त मौका देता है। दूसरी अवस्था टौपिक अवस्था (topic phase) की होती है जिसमें वास्तविक आक्षेप या ऐंठन प्रारंभ हो जाता है तथा रोगी का शरीर कड़ा हो जाता है तथा उसकी चेतना समाप्त हो जाती है। अगर उस समय वह खड़ा होता है, तो धमाका के साथ जमीन पर गिर पड़ता है। हाथ एवं पैर खींचने लगते हैं तथा आँखें पूरे रूप से खुल जाती हैं तथा पुतली फैल जाती है। इस अवस्था में रोगी में साँस भी रुकी-रुकी-सी होती है। यह अवस्था करीब 30 सेकेंड की होती है। इस अवस्था में EEG का पैटर्न 8 से 20 चक्र प्रति सेकेंड होता है जो तीव्र वैद्युत स्राव (electrical discharge) का संकेत देता है। तीसरी अवस्था क्लोनिक अवस्था (clonic phase) की होती है जिसमें शरीर की मांसपेशियाँ बारी-बारी से सिकुड़ती हैं तथा फैलती या खींचती हैं तथा यह कुछ मिनटों तक होता रहता है। इस अवस्था में रोगी के अंगों में तीव्र छटापटाहट होती है। उसके जबड़ा कभी खुलते हैं तो कभी बन्द होते हैं। बहुत उम्मीद इस बात की रहती है कि जबड़ा के इस तरह की क्रिया से उसके जीभ कट जायेंगे। इस अवस्था में EEG स्पाइक (spike) पहले के ही समान बना रहता है। कोमा अवस्था (coma stage) में रोगी अचेतन की अवस्था में होता है परन्तु उसका आक्षेप (convulsion) समाप्त हो जाता है। रोगी में फिर चेतनावस्था कभी-कभी तो तुरन्त आ जाती है परन्तु कभी-कभी घंटों बाद आती है। चेतना में आने पर उसे घटित घटनाओं की कोई याद नहीं रहती है। इस प्रकार के कुछ रोगी को तो पूरी जिन्दगी में मात्र एक या दो बार इस रोग का आक्रमण होता है परन्तु कुछ ऐसे भी रोगी हैं जिनमें इसका आक्रमण प्रायः प्रतिदिन होता है।

(2) पेटिट माल *(Patit mal)*—मिरगी के इस प्रकार में चेतना पूर्णतः समाप्त न होकर उसमें धुंधलापन या कमी हो जाती है। आक्रमण के समय व्यक्ति जो भी काम करता है, थोड़े क्षण के लिए रोगी कार्य रोक देता है और आगे की ओर या फर्श की ओर एकटक होकर देखने लगता है और चन्द सेकंड के बाद वह अपना सामान्य कार्य को पुनः करना प्रारंभ कर देता है। रोग के इस प्रकार के आक्रमण का प्रभाव इतना साधारण होता है कि कभी-कभी रोगी को उसके आक्रमण का एहसास भी नहीं होता है। वह मात्र यह सोचकर रह जाता है कि कुछ सेकंड के लिए उसका मस्तिष्क शून्य हो गया था। इस प्रकार का रोग बच्चों तथा किशोरों में अधिक होता है तथा 20 साल के उम्र के बाद शायद ही कभी होते देखा गया है। इस रोग का शिकार लड़कों की अपेक्षा लड़कियाँ अधिक होती है। इस रोग का आक्रमण कभी-कभी एक ही दिन में कई बार होता है तथा ग्रैण्ड माल (grand mal) के समान इस रोग में रोगी को कोई पहले से रोग के आक्रमण का कोई आभास नहीं होता है। कभी-कभी पेटिट माल धीरे-धीरे ग्रैंड माल में परिणत हो जाता है।

(3) जैकसोनियन टाइप *(Jacksonian Type)*—मिरगी के इस प्रकार का वर्णन सबसे पहले एक प्रसिद्ध न्यूरोवैज्ञानिक (neurologist) जैक्सन (Jackson) द्वारा किया गया था। रोग के इस प्रकार में शरीर के किसी एक हिस्से में जलन होने या सुन्न हो जाने की संवेदना या पेशीय सिकुड़न से प्रारंभ होती है। इन संवेदनाओं की गंभीरता मस्तिष्क के प्रभावित क्षेत्र पर आधारित होती है। फिर ऐसी संवेदना धीरे-धीरे पूरे शरीर में फैल जाती है। रोगी धीरे-धीरे अपनी चेतना खो देता है। इस प्रकार EEG स्पाइक (spike) में कमी आ जाती है और मस्तिष्कीय तरंग करीब 3 से 6 चक्र प्रति सेकंड होता है।

(4) मनोगतिक प्रकार *(Psychomotor type)*—रोग के इस प्रकार का सबसे महत्त्वपूर्ण लक्षण संवेदी या मानसिक (psychic) गड़बड़ी है जो एक व्यक्ति से दूसरे व्यक्ति में प्रायः भिन्न-भिन्न होता है। यद्यपि रोगी इस प्रकार में अपनी आंशिक चेतनावस्था में होता है, वह अपना सामान्य कार्य करता जाता है। कभी-कभी वह कुछ असामाजिक कार्य जैसे बलात्कार या हत्या आदि भी कर बैठता है। कुछ ऐसे रोगी कभी-कभी आत्महत्या का भी प्रयास करते हैं। बाद में जब वे पूर्ण चेतना में आते हैं तो उन्हें इन घटनाओं का स्मरण नहीं होता है। इस प्रकार में रोगी द्वारा किए गए आक्रामक एवं हिंसात्मक व्यवहार को देखकर लोग इसे मनोविक्षिप्ति (psychosis) के रोगी होने की भी भूल कर बैठते हैं। होलोवाक् तथा उनके सहयोगियों (Hollowach et al., 1961) के अनुसार इस रोग का आक्रमण करीब 10% बच्चों में होता है तथा वयस्कों में इसकी होने की संभावना 33% होती है।

मिरगी रोग के कई कारणों पर प्रकाश डाला गया है। इन कारणों को मोटे तौर पर निम्नांकित तीन भागों में बाँटा गया है।

(क) जैविक कारक (Biological factors)

(ख) मनोवैज्ञानिक कारक (Psychological factors)

(ग) सामाजिक-सांस्कृतिक कारक (Socio-cultural factors)

इन तीनों कारकों का वर्णन निम्नांकित है—

(क) जैविक कारक *(Biological factors)*—मनोरोगविज्ञानियों एवं अन्य विशेषज्ञों ने सभी मिरगी रोगों को दो सामान्य वर्गों में बाँटा है—लाक्षणिक मिरगी रोग (symptomatic epileptic disorder) तथा इडियोपैथिक मिरगी रोग (idiopathic epileptic disorder)। लाक्षणिक मिरगी रोग में स्पष्ट आंगिक (organic) कारण जैसे मस्तिष्कीय संक्रमण (infection), सिर दुर्घटना (head injury) आदि होते हैं। इडियोपैथिक मिरगी रोग में रोगी के मस्तिष्क में किसी प्रकार की क्षति नहीं पायी जाती है फिर भी रोग के लक्षण देखने को मिलते हैं। मिरगी रोग के इन दो सामान्य प्रकारों में से इडियोपैथिक मिरगी का जहाँ तक सवाल है उसका कोई कारण स्पष्टतः नहीं दीखता है। लेनोक्स (Lennox, 1960) के अनुसार इस तरह के रोग का कारण आनुवांशिकता (heredity) होता है। इनके अध्ययन के अनुसार इस तरह के रोगी के बच्चों एवं अन्य नजदीकी संबंधियों में इस रोग के उत्पन्न होने की दर 3.2 गुणा सामान्य लोगों की अपेक्षा अधिक होती है। फ्रीडलैण्डर (Friendlander, 1963) लेनोक्स (Lennox, 1960) तथा मार्शल एवं उनके सहयोगियों (Marshall et al., 1962) ने अपने अध्ययनों में इडियोपैथिक मिरगी का सुसंगतता दर (concordance rate) एकांडी जुड़वाँ बच्चों (identical twin children) में भ्रात्रीय जुड़वाँ बच्चों (fraternal twin children) की अपेक्षा अधिक होता है। इन अध्ययनों से यह संकेत मिलता है कि इडियोपैथिक मिरगी की उत्पत्ति में आनुवांशिकता (heredity) का एक महत्त्वपूर्ण स्थान है।

जहाँ तक लाक्षणिक मिरगी रोग (symptomatic epileptic disorder) का प्रश्न है, आधुनिक शोधों से यह स्पष्ट हो गया है कि इसमें कुछ मस्तिष्कीय विकृति (brain pathology) होते हैं जिससे असामान्य EEG पैटर्न अर्थात् असामान्य मस्तिष्कीय तरंग (brain waves) देखने को मिलता है। फ्रिडलैंडर (Friedlander, 1962) के अध्ययन के अनुसार कुछ संरचनात्मक (structural) या चयापचयी (metabolic) दोष के कारण जब तंत्रिकीय कोशिकाएँ (nerve cells) में अस्थिरता आ जाती है जिसके कारण वे या तो अधिक या कम न्यूरोनल उत्तेजन (neuronal stimulation) करना प्रारंभ कर देते हैं, तो इससे मिरगी रोग की उत्पत्ति होती है। कुछ लोगों का मत है कि अत्यधिक सांवेगिक तनाव से ऐसी तंत्रिका कोशिकाओं के कार्यों में अस्थिरता आ जाती है तथा मिरगी रोग की उत्पत्ति हो जाती है।

(ख) मनोवैज्ञानिक कारण *(Psychological factors)*—नैदानिक मनोवैज्ञानिकों ने मिरगी के उत्पन्न होने में कुछ मनोवैज्ञानिक कारकों की भूमिका पर भी बल डाला गया है। इन कारकों में निम्नांकित को अधिक महत्त्वपूर्ण बतलाया गया है—

(i) मनोवैज्ञानिक तनाव *(Psychological stress)*—अधिकतर नैदानिक मनोवैज्ञानिकों का मत है कि मनोवैज्ञानिक संघर्ष (psychological conflict), कुंठा एवं तनाव से उन व्यक्तियों में मिरगी का प्रकोप अधिक तीव्र हो जाता है जिनमें आंगिक रूप से (organically) ऐसे रोग के प्रति एक तरह का झुकाव पहले से मौजूद रहता है। कुप्पर (Kupper, 1966) द्वारा इस तरह के संबंध की प्रयोगात्मक पुष्टि की गयी है। इन्होंने सम्मोहनावस्था (hypnosis) में जब रोगी में मनोवैज्ञानिक कुंठा तथा मानसिक संघर्ष उत्पन्न हो जाने का सुझाव दिया तो देखा कि रोगी में आक्षेपात्मक दौरा या मिरगी का दौरा प्रारंभ हो जाता है। इससे स्पष्ट हो जाता है कि मनोवैज्ञानिकों के अनुसार मिरगी का आक्षेप एक तरह से रोगी के तनाव (tension) को कम करता है क्योंकि इस तरह की स्थिति में रोगी के मस्तिष्क के निचली केन्द्रों (lower centres) में स्राव (discharge) की मात्रा बढ़ जाती है जिससे सांवेगिक तनाव में कमी आ जाती है। प्राक्कल्पना (hypothesis) की जाँच मेट्राकोस एवं मेट्राकोस (Metrakos & Metrakos, 1975) ने अपने अध्ययन के आधार पर किया है।

(ii) विशेष व्यक्तित्व *(Typical personality)*—कुछ नैदानिक मनोवैज्ञानिकों की प्राक्कल्पना यह है कि मिरगी का दौरा कुछ विशेष तरह के व्यक्तित्व में ही होता है। इसे इन लोगों ने मिरगी रोग का व्यक्तित्व (epileptic personality) कहा है। गोल्डेनसोन (Goldensohn, 1965) ने अपने अध्ययन के आधार पर यह पाया है कि 30% से 75% मिरगी के रोगियों में कुछ व्यक्तित्व विकृति होती है। स्ट्रॉस (Strauss, 1969) तथा फरग्युसन एवं उनके सहयोगियों (Ferguson et al., 1969) ने कुछ विशेष तरह के कुसमायोजी व्यवहार जिसमें मनोविकारी व्यक्तित्व के शीलगुण होते हैं तथा मिरगी के दौरा पड़ने में सहसंबंध दिखलाया है। हेनरी (Henry, 1960) के अनुसार मिरगी के अधिक रोगी ऐसे थे जिनमें आत्मविश्वास की कमी थी तथा उनमें चिड़चिड़ापन (irritability) तथा अपनी गलतियों का दोष दूसरों पर मढ़ने की प्रवृत्ति अधिक थी। कुछ अध्ययनों में कुछ लक्षणात्मक मिरगी में जिसके रोगियों के शंखपालि (temporal lobe) में एक तरह का घाव (lesion) हो गया था, अधिक संवेदनशील, चिड़चिड़ा एवं आक्रमक प्रवृत्ति के लक्षण पाये गए।

(ग) सामाजिक-सांस्कृतिक कारक (*Socio-cultural factors*)—मिरगी रोग की उत्पत्ति में यद्यपि सामाजिक-सांस्कृतिक कारकों की भूमिका उतनी स्पष्ट नहीं है, फिर भी इतना तो स्पष्ट है कि इस रोग से कोई भी प्रजाति (race) अछूता नहीं है तथा इसकी प्रबलता एवं बारंबारता (frequency) निम्न सामाजिक-आर्थिक स्तर के परिवारों में अधिक होती है।

मिरगी रोग के जहाँ तक उपचार (treatment) एवं रोकथाम (prevention) का प्रश्न है, इस दिशा में कुछ सफलताएँ प्राप्त की गयी है। मिरगी के उपचार (treatment) के आजकल तीन प्रमुख साधन हैं—औषध (durgs), मनोवैज्ञानिक प्रबन्ध (psychological management) तथा सर्जरी (surgery)। कुछ विशेष ऐसे औषध उपलब्ध हैं जिनके सेवन से मिरगी रोग के दौरा पर काफी हद तक नियंत्रण रखा जा सकता है। डिलैनटिन (Dilantin) एक ऐसी ही दवा है जिससे इन रोगियों को काफी राहत पहुँचा है हालाँकि इस औषध के नियमित रूप से सेवन करने से कुछ परोक्ष प्रभाव (side effect) भी देखने को मिलते हैं। मिरगी रोग से पीड़ित व्यक्ति स्वयं अपने आप को एवं उसके परिवार वाले भी उसे एक बुरी निगाह से देखते हैं। इससे उनमें दोष एवं लज्जा की भावना की प्रधानता हो जाती है जिससे रोगी में सांवेगिक तनाव एवं कुंठा में वृद्धि हो जाती है और फिर उससे मिरगी रोग के उत्पन्न होने की बारंबारता में भी वृद्धि हो जाती है। अतः कुछ नैदानिक मरोवैज्ञनिकों ने इस रोग के उपचार के लिए रोगी एवं उसके परिवार के सदस्यों का परामर्श (counselling) एवं मनोचिकित्सा (psychotherapy) की सिफारिश की है ताकि ऐसे रोगियों को मनोवैज्ञानिक रूप से शांत एवं स्थिर रखा जाए। मिरगी रोग के उपचार की दिशा में सर्जरी (surgery) की भी भूमिका महत्त्वपूर्ण है। जब औषध या दवा खाने से रोगी की हालत में कोई सुधार की आशा नहीं दीखती है, तो वैसी परिस्थिति में सर्जिकल हस्तक्षेप (surgical intervention) की जरूरत हो जाती है। कुछ रोगियों के शंखपालि (temporal-lobe) में सर्जिकल चीर-फाड़ के सहारे विकृति को दूर करने पर अच्छा सुधार होता देखा गया है।

जहाँ तक इस रोग के रोकथाम (prevention) का प्रश्न है इस दिशा में कोई निश्चिन कदम तो नहीं उठाए गए हैं। परन्तु इस क्षेत्र के विशेषज्ञों का मत है कि यदि इस रोग की पहचान प्रारम्भिक अवस्था में करके उसका उपचार प्रारम्भ कर दिया जाता है, तो इसके रोकथाम करने की दिशा में अधिक सफलता मिलती है। उसी तरह से यदि रोगी को सामाजिक, आर्थिक एवं सांवेगिक दबावों एवं तनावों से मुक्त रखा जाता है, तो इससे भी उनमें मिरगी का दौरा बहुत हद तक नियंत्रित होता है।

स्पष्ट हुआ कि मिरगी के रोग के कई प्रकार हैं जिनके अलग-अलग लक्षण हैं। इसके कुछ विशिष्ट कारण हैं तथा इसके उपचार एवं रोकथाम की दिशा में किए गए प्रयास एक महत्त्वपूर्ण कदम है।

अध्याय सारांश
(Chapter Summary)

1. नैदानिक समस्या (Clinical problems) से तात्पर्य उस समस्या से होता है जो साधारण या गंभीर रूप से व्यक्ति को सांवेगिक, सामाजिक एवं व्यक्तिगत रूप से इतना अधिक असंतुलित कर देती है कि उसे इन समस्याओं को समुचित व्यवधान के लिए किसी विशेषज्ञ की जरूरत पड़ जाती है।
2. नैदानिक समस्याएँ कई तरह की होती हैं जिनमें प्रमुख हैं—दुश्चिंता विकृति, कार्यप्रारूप विकृति, विच्छेदी विकृति, मनोदशा विकृति, मनोविदालिता, मनोदैहिक समस्याएँ (psychoso-matic problems), मनोविकारी समस्याएँ (psychopathic problems), अपराधी व्यवहार (criminal behaviour), मानसिक दुर्बलता (mental retardation),

स्कूल समस्याएँ (school problems), वैवाहिक कुसमायोजन की समस्याएँ (problems of marital maladjustment), बुढ़ापा की नैदानिक समस्याएँ (climical problems of ageing) तथा मिरगी की समस्याएँ।

3. दुश्चिंता विकृति एक साधारण समस्या है। इसके कई प्रकार बतलाए गए हैं। दुश्चिंता विकृति की उत्पत्ति (genesis) के कुछ सामान्य कारण हैं जिनमें जैविक कारक, मनोवैज्ञानिक कारक तथा सामाजिक-सांस्कृति कारक (socio-cultural factors) महत्त्वपूर्ण हैं। इसके उपचारी उपायों में औषध चिकित्सा, जैविक चिकित्सा तथा मनोवैज्ञानिक प्रविधियाँ प्रमुख हैं।

4. कायप्रारूप विकृति(somatoform disorder) विच्छेदी विकृति(mood disorder) मनोविदालिता(schizophrenia) के कई प्रकार हैं तथा उनकी उत्पत्ति में कई तरह के कारकों की भूमिका अहम् बतलायी गयी है।

5. मनोदैहिक समस्याएँ (psychophysiologic problems) भी प्रमुख नैदानिक समस्या है जहाँ रोगी अपनी सांवेगिक संघर्षों एवं चिन्ताओं की अभिव्यक्ति वास्तविक शारीरिक लक्षणों के रूप में करता है। इसके तीन सामान्य कारण बतलाये गए हैं—जैविक कारक, मनोसामाजिक कारक तथा सामाजिक-सांस्कृतिक कारक। जहाँ तक इसके उपचारी उपायों का प्रश्न है, इसकी भी तीन प्रविधियाँ बतलायी गयी हैं—जैविक उपाय, मनोसामाजिक उपाय तथा संयोजित उपचारी उपाय (combined treatment measures)।

6. मनोविकारी व्यक्तित्व की समस्या को भी नैदानिक मनोवैज्ञानिकों द्वारा अधिक महत्त्व दिया गया है। इसे *समाज-विरोधी व्यक्तित्व* (anti-social personality) भी कहा जाता है। इस तरह के व्यक्तित्व की उत्पत्ति के तीन सामान्य कारण हैं—जैविक कारक, पारिवारिक कारक तथा सामाजिक-सांस्कृतिक कारक (socio-cultural factor)। इस तरह के व्यक्तित्व की समस्याओं का निराकरण करने के लिए कई तरह की चिकित्सा जैसे वैयक्तिक चिकित्सा, सामूहिक चिकित्सा, व्यवहार चिकित्सा तथा औषध चिकित्सा प्रमुख है।

7. अपराधी व्यवहार भी एक प्रमुख नैदानिक समस्या है। इसके कई प्रकार बतलाये गए हैं। तथा इसके कई कारण हैं।

8. मानसिक दुर्बलता (mental deficiency) एक अन्य प्रमुख नैदानिक समस्या है। DSM-IV में इसे समायोर्जा व्यवहार में कमी के साथ सार्थक रूप से अधोऔसत बौद्धिक कार्यवाही के रूप में परिभाषित किया जाता है तथा यह 18 वर्ष की आयु से पहले अभिलक्षित होता है। इसके कई प्रकार तथा कारण भी बतलाये गये हैं।

9. हाल के वर्षों में स्कूली बच्चों में तरह-तरह की समस्याएँ उत्पन्न हो गयी हैं जो भी नैदानिक मनोवैज्ञानिकों के लिए एक प्रमुख समस्या है।

10. वैवाहिक कुसमायोजन की समस्या भी प्रमुख नैदानिक समस्या है जिसके कई कारणों में से पर्यावरणी कारक संबंधात्मक कारक तथा व्यक्तिगत कारक मशहूर है।

11. बुढ़ापा की नैदानिक समस्याएँ भी महत्त्वपूर्ण हैं। बुढ़ापा से संबंधित दो तरह विकृतियों में सेनाइल डेमेनिया (senile dementia) तथा मस्तिष्कीय औटेरियोस्केलेरोसिस से संबंधित मनोविक्षिप्ति प्रमुख है।

12. आक्षेपी मस्तिष्कीय विकृति(conculsive brain disorder) विशेषकर मिरगी भी एक प्रमुख नैदानिक समस्या है जिसपर मनोवैज्ञानियों का ध्यान गया है।

❑

अध्याय 7

नैदानिक मूल्यांकन तथा मनोनिदान
(CLINICAL ASSESSMENT & PSYCHODIAGNOSIS)

नैदानिक मूल्यांकन के अर्थ एवं स्वरूप
(Meaning and Nature of Clinical Assessment)

कहा जाता है कि नैदानिक मनोवैज्ञानिकों का एक अति महत्त्वपूर्ण कार्य नैदानिक मूल्यांकन (clinical assessment) करना होता है। प्रश्न उठता है कि नैदानिक मूल्यांकन क्या है? इसका स्वरूप (nature) कैसे होता है?

नैदानिक मनोवैज्ञानिकों द्वारा नैदानिक मूल्यांकन (clinical assessment) जैसे पद (term) का प्रयोग दो अर्थों में किया गया है—

(i) व्यापक (generic) अर्थ में नैदानिक मूल्यांकन से तात्पर्य उन सभी प्रक्रियाओं से होता है जिसके सहारे नैदानिक मनोवैज्ञानिकों को रोगी के बारे में जानने एवं समझने में मदद मिलती है। इस विस्तृत अर्थ को मद्देनजर रखते हुए कोरचिन[1] (Korchin, 1986) ने नैदानिक मूल्यांकन को इस प्रकार परिभाषित किया है, "नैदानिक मूल्यांकन एक ऐसी प्रक्रिया है जिसके सहारे रोगी से संबद्ध महत्त्वपूर्ण निर्णय करने के लिए चिकित्सक रोगी को पूर्णरूपेण समझने की कोशिश करता है।" स्पष्ट हुआ कि इस व्यापक अर्थ में चिकित्सकों (clinicians) द्वारा रोगी को समझने की दिशा में किया गया कोई भी प्रयास को नैदानिक मूल्यांकन में शामिल किया जाएगा।

(ii) दूसरे अर्थ में नैदानिक मूल्यांकन (clinical assessment) से तात्पर्य सामान्य न होकर कुछ विशिष्ट प्रक्रिया से होती है। इस विशेष अर्थ में कोरचिन[2] (Korchin, 1986) ने ही नैदानिक मूल्यांकन को इस प्रकार परिभाषित किया है, "नैदानिक मूल्यांकन से तात्पर्य एक ऐसे उपागम या रीति से होता है जो अधिकांशतः नैदानिक निर्णय एवं अनुमान पर आधारित होता है और जो पूर्णरूपेण वैयक्तिक विश्लेषण करने के उद्देश्य से किसी एक परीक्षण का नहीं बल्कि परीक्षणमालाओं का उपयोग व्यक्ति के विभिन्न स्तरों एवं पहलुओं की पहचान करने में करता है।"

नैदानिक मूल्यांकन का यह दूसरा अर्थ पहले अर्थ से अधिक सामान्य (common) एवं विशिष्ट (specific) होने के नाते अधिक अहमियत रखता है।

इसी विशिष्ट अर्थ में नैदानिक मूल्यांकन (clinical assessment) को मर्फी तथा डेविडशोफर[3] (Murphy & Davidshofer, 1988) ने इस प्रकार परिभाषित किया है, "नैदानिक मूल्यांकन को सूचनाओं के विभिन्न पहलुओं का एक ऐसा समन्वय के रूप में परिभाषित किया जाता है जिससे मूल्यांकित होने वाले व्यक्ति की वर्तमान स्थिति का एक पूर्णरूपेण मूल्यांकन होता है।"

1. "Clinical assessment is the process by which clinicians gain understanding of the patient necessary for making informed decisions." —Korchin : *Modern Clinical Psychology,* 1986, p. 124.
2. "Clinical assessment describes a mode or approach that depends heavily on clinical judgement and inference and uses batteries rather than single tests to tap different levels and facets of the person with the goal of yielding a full-bodied personalistic analysis." —Korchin : *Modern Clinical Psychology,* 1986, p. 127
3. "Clinical assessment may be defined as the integration of multiple pieces of information into an overall evaluation of the present state of the individual being assessed." —Murphy & Davidshofer : *Psychology Testing,* 1988, p. 270

इन परिभाषाओं का विश्लेषण करने से यह स्पष्ट होता है कि नैदानिक मनोवैज्ञानिकों द्वारा नैदानिक मूल्यांकन की प्रक्रिया सम्पन्न करने में मुख्यतः दो तरह के कार्य किए जाते हैं। विगिन्स (Wiggins, 1973) के अनुसार ये दो कार्य निम्नांकित हैं—

(i) नैदानिक मूल्यांकन की प्रक्रिया में नैदानिक मनोवैज्ञानिक रोगी के बारे में महत्त्वपूर्ण आँकड़ों का संग्रहण करते हैं। इसके लिए नैदानिक मनोवैज्ञानिक माननीकृत परीक्षण (standardized test), प्रक्षेपण परीक्षण (projective test), साक्षात्कार तथा व्यवहारात्मक प्रेक्षण (behavioural observation) आदि का उपयोग करते हैं।

(ii) नैदानिक मूल्यांकन में नैदानिक मनोवैज्ञानिक रोगियों के बारे में इन विभिन्न स्रोतों से न केवल आँकड़ों का संग्रहण करते हैं बल्कि उसे एक साथ समन्वित करके रोगी के बारे में एक समस्त मूल्यांकन (evaluation) करते हैं।

स्पष्ट हुआ कि नैदानिक मूल्यांकन (clinical assessment) एक जटिल प्रक्रिया होती है जिसमें चिकित्सक रोगी के बारे में विभिन्न स्रोतों से आँकड़ों का संग्रहण (integration) करता है ताकि रोगी के बारे में एक समस्त मूल्यांकन (overall assessment) किया जा सके।

मनोनिदान के अर्थ एवं प्रकार
(Meaning and Type of Psychodiagnosis)

निदान या रोग-निदान (diagnosis) एक ऐसा पद है जिसका प्रयोग आयुर्विज्ञान (medicine), नैदानिक मनोविज्ञान तथा विशेष शिक्षा (special education) में अधिक होता है। निदान से तात्पर्य किसी रोग की पहचान से तथा इसका रोगी की अन्य अवस्थाओं के साथ संबंध जानने से होता है। आयुर्विज्ञान में निदान शारीरिक लक्षणों के आधार पर किया जाता है जबकि नैदानिक मनोविज्ञान में किसी मनोवैज्ञानिक विकृति का निदान मनोवैज्ञानिक लक्षणों (psychological symptoms) के आधार पर की जाती है। मनोनिदान (psychodiagnosis) एक ऐसी विशिष्ट प्रविधि (specialized technique) है जिसमें मनोवैज्ञानिक विधि एवं तरीकों के माध्यम से मनोवैज्ञानिक विकृतियों की सीमा (extent) एवं स्वरूप की पहचान की जाती है। अतः यह एक तरह का नैदानिक परीक्षण (clinical testing) की प्रक्रिया का परिणाम होता है।

होल्ट (Holt, 1968) ने निदान (diagnosis) के दो प्रकार बतलाए हैं—

(i) चारित्रिकीय निदान (Characterologial diagnosis) तथा

(ii) लक्षणात्मक निदान (Symptomatic diagnosis)

चारित्रिकीय निदान (characterological diagnosis) में चिकित्सक रोगी की मानसिक रोग के किसी एक प्रकार या श्रेणी में रखकर निदान संबंधी कार्य पूरा कर लेते हैं। सचमुच में निदान का यह प्रकार सीमित अर्थ (narrower sense) की ओर इशारा करता है।

चिकित्सकों का उद्देश्य रोगी के रोग के प्रकार को सिर्फ सुनिश्चित नहीं करना होता है बल्कि रोगी के व्यक्तित्व की संरचना एवं गत्यात्मकी (dynamics) को समझने तथा उसके समायोजन करने की शक्तियों की पहचान करना भी होता है। उनके द्वारा इस प्रकार का किया गया निदान लक्षणात्मक निदान का उदाहरण होगा।

इन दोनों तरह के निदान में लक्षणात्मक निदान की अहमियत चारित्रिकीय निदान (characterological diagnosis) से अधिक बतलायी गयी है। निदान का मुख्य कार्य (function) मानसिक रोगों को वर्गीकृत करने में नैदानिक मनोवैज्ञानिकों को मदद करना होता है।

जहाँ तक नैदानिक मूल्यांकन (clinical assessment) तथा मनोनिदान (psychodiagnosis) का संबंध है, ऐसा कहा जाता है कि नैदानिक मूल्यांकन की प्रक्रिया एक विस्तृत एवं जटिल प्रक्रिया है जिसमें मनोनिदान की प्रक्रिया सम्मिलित होती है। किसी भी नैदानिक मूल्यांकन की प्रक्रिया को पूरा करने में नैदानिक मनोवैज्ञानिकों को पहले मनोनिदान (psychodiagnosis) अर्थात् नैदानिक परीक्षण (clinical testing) की प्रक्रिया पूरी करनी पड़ती है। मनोनिदान या निदान मनोवैज्ञानिक मापन (psychological assessment) का परिणाम होता है।

नैदानिक मूल्यांकन प्रक्रिया के तत्त्व
(Components of Clincal Assessment Process)

नैदानिक मूल्यांकन की प्रक्रिया में चार संबंधित तत्त्व (components) होते हैं। इन्हें संबंधित इसलिए कहा जाता है क्योंकि ये तत्त्व एक-दूसरे का आधार बनते हैं जिससे नैदानिक मूल्यांकन की प्रक्रिया सम्पन्न होती है। ये चार संबंधित तत्त्व निम्नांकित हैं—

(1) मूल्यांकन की योजना (Planning for assessment)

(2) मूल्यांकन आँकड़ों का संग्रहण (Collecting assessment data)

(3) मूल्यांकन आँकड़ों का संसाधन (Processing assessment data)

(4) मूल्यांकन आँकड़ों का संचारण (Communicating assessment data)

इन चार तत्त्वों का वर्णन निम्नांकित हैं—

(1) मूल्यांकन की योजना *(Planning for assessment)*—नैदानिक मूल्यांकन में नैदानिक मनोवैज्ञानिकों के सामने मैकरेनोल्ड्स (Mc Reyonlds, 1975) के अनुसार एक प्रमुख एवं आरम्भिक प्रश्न जो उठता है, वह यह है—नैदानिक मनोवैज्ञानिक रोगी के बारे में क्या जानना चाहते हैं? इसी से जुड़ा दूसरा प्रश्न जिसपर यहाँ विचार किया जाता है, वह है कि नैदानिक मनोवैज्ञानिकों को व्यक्ति या रोगी के बारे में कितनी सूचना चाहिए? आदि-आदि।

नैदानिक मनोवैज्ञानिक जिस व्यक्ति का मूल्यांकन करता है, उसके उन चरों (variables) के बारे में जानना चाहता है जो उसके भीतर या चारों तरफ इर्द-गिर्द होते हैं तथा जिनसे उनका व्यवहार प्रभावित होता है। इसके लिए मनोवैज्ञानिकों ने कई तरह के मॉडल (models) का भी निर्माण किया है। ऐसा देखा गया है कि नैदानिक मनोवैज्ञानिक मूलतः व्यक्तित्व शीलगुणों, गत इतिहास, वर्तमान पर्यावरणी कारक, अन्तर्वैयक्तिक अंतःक्रिया (interpersonal interactions), जैविक चर, आत्मन् एवं वास्तविकता का प्रत्यक्षण आदि के बारे में महत्त्वपूर्ण सूचना प्राप्त करने की कोशिश करते हैं। किसी एक व्यक्ति से नैदानिक मनोवैज्ञानिक, उसकी आयु, यौन, वजन आदि के बारे में सूचना प्राप्त करने के अलावा और भी जितने तरह की सूचना वह प्राप्त करता सकता है, उसे निम्नांकित सात स्तरों (levels) में बाँटा जाता है—

(i) दैहिक स्तर *(Somatic level)*—इसमें रोगी या व्यक्ति के रक्त समूह, स्वायत्त अनुक्रिया पैटर्न (autonomic response pattern), यकृत एवं गुर्दा कार्य, हृदय गति, वंशानुगत गुण, किसी प्रकार के रोग आदि से संबंधित सूचना को रखा जाता है।

(ii) शारीरिक स्तर *(Physical level)*—इसमें व्यक्ति के वजन, ऊँचाई, यौन, शारीरिक आकार-प्रकार एवं आँख के रंग आदि से संबंधित सूचनाओं को रखा जाता है।

(iii) जनसांख्यिकीय स्तर *(Demographic level)*—इसमें व्यक्ति का नाम, आयु, पता, दूरभाष संख्या, पेशा, शिक्षा, आय, वैवाहिक स्तर, आश्रितों की संख्या आदि से संबंधित सूचना को रखा गया है।

(iv) स्पष्ट व्यवहारात्मक स्तर *(Overt behavioural level)*—इसमें व्यक्ति के पठन क्षमता, नेत्र-हाथ समन्वय, बातचीत करने का कौशल, व्यावसायिक सामर्थ्यता, धूमपान की आदतें, अन्तर्वैयक्तिक निश्चियात्मकता (interpersonal assertiveness) आदि से संबंधित सूचना को रखा जाता है।

(v) संज्ञानात्मक/बौद्धिक स्तर *(Cognitive/intellectual level)*—इसमें व्यक्ति द्वारा बुद्धि परीक्षणों के एकांशों के प्रति किया गया अनुक्रिया, संज्ञानात्मक जटिलता या सूचना संसाधन के परीक्षण पर निष्पादन, वास्तविकता प्रत्यक्षण के परीक्षण के प्रति की गयी अनुक्रिया आदि से संबंधित सूचना को रखा जाता है।

(vi) संवेगात्मक/भावात्मक स्तर *(Emotional / affective level)*—इसमें व्यक्ति में होने वाले तरह-तरह के भाव, मनोदशा को मापने के लिए बने परीक्षण के प्रति की गयी अनुक्रियाओं से संबंधित सूचनाओं को रखा जाता है।

(vii) पर्यावरणी स्तर *(Environmental level)*—इसमें व्यक्ति के आवास का स्थान एवं विशेषता, कार्य जरूरतें (job requirements), परिवार का भौतिक एवं व्यवहारात्मक विशेषताएँ, विशिष्ट संस्कृति या उपसंस्कृति मानकों (subcultural standards) का स्वरूप, सामान्य आर्थिक अवस्थाओं से संबद्ध सूचनाएँ होती हैं।

उक्त तरह की सूचनाओं को एकत्रित करने के लिए नैदानिक मनोवैज्ञानिक प्रायः साक्षात्कार, परीक्षण, प्रेक्षण तथा जीवन-रिकार्ड (life records) केस अध्ययन निर्देशिका (case study guide) आदि का उपयोग करते हैं।

(2) मूल्यांकन आँकड़ों का संग्रहण *(Collection of assessment data)*—नैदानिक मूल्यांकन के इस प्रक्रिया में उन स्रोतों पर विचार किया जाता है जिनके माध्यम से नैदानिक मनोवैज्ञानिक मूल्यांकन आँकड़ों का संग्रहण करते हैं। मैकरेनोल्ड्स (McReynolds, 1975) के अनुसार निम्नांकित चार प्रमुख स्रोत हैं जिनके माध्यम से रोगी या व्यक्ति के बारे में मूल्यांकन आँकड़ें एकत्रित किया जाता है—

(a) साक्षात्कार (interviews)

(b) परीक्षण (tests)

(c) प्रेक्षण (observations)

(d) जीवन-अभिलेख (life records)

इन चारों का वर्णन निम्नांकित है—

(a) साक्षात्कार *(interviews)*—नैदानिक मनोवैज्ञानिक रोगियों के बारे में आँकड़ा संग्रह करने के लिए साक्षात्कार का उपयोग प्रायः करते हैं। इसमें साक्षात्कारकर्त्ता या नैदानिक मनोवैज्ञानिक रोगी से तरह-तरह की बातें करके उनकी समस्याओं के बारे में सूचना प्राप्त करने की कोशिश करता है। साक्षात्कार की खास विशेषता यह होती है कि इसमें व्यक्ति (या रोगी) के शाब्दिक (verbal) तथा अशाब्दिक (nonverbal) दोनों तरह के व्यवहारों के बारे में सूचना प्राप्त हो जाती है।

पेटर्सन (Peterson, 1968) ने साक्षात्कार द्वारा प्राप्त आँकड़ों की वैधता पर शक जाहिर करते हुए कहा है कि ऐसे आँकड़ों को व्यक्ति तथा उसके पर्यावरण के बारे में एक सच्चा आँकड़ा नहीं माना जा सकता है तथा उसकी वैधता तथा विश्वसनीयता पर भरोसा करने के पहले ठीक ढंग से जाँच कर लेना आवश्यक है। कैम्पवेल एवं बर्टोन (Campbell & Burton, 1968), वैलश् (Walsh, 1967) द्वारा किए गए अध्ययनों से यह स्पष्ट हो गया है कि साक्षात्कार कई कारणों से विकृत (distorted) हो जाता है। इन कारणां में निम्नांकित मुख्य हैं—

(i) साक्षात्कारकर्त्ता की अपनी विशेषताओं एवं उनके द्वारा पूछे गए प्रश्नों के स्वरूप से साक्षात्कार का स्वरूप विकृत हो सकता है।

(ii) व्यक्ति या क्लायंट की विशेषताओं जैसे उनकी स्मृति, सही-सही सूचना को बतलाने की अनिच्छा से भी साक्षात्कार के स्वरूप में विकृति आ जाती है।

(iii) विशेष परिस्थिति जिसमें साक्षात्कार की प्रक्रिया होती है, उससे भी साक्षात्कार में विकृति आ जाती है।

(b) परीक्षण *(Tests)*—नैदानिक मनोवैज्ञानिकों द्वारा क्लायंट के बारे में आँकड़ा इत्ट्ठा करने के लिए तरह-तरह के मनोवैज्ञानिक परीक्षणों का उपयोग किया जाता है। मनोवैज्ञानिक परीक्षण एक ऐसा परीक्षण होता है जिसमें क्लायंट को माननीकृत उद्दीपकों या एकांशों (items) का एक सेट होता है और उसके प्रति वे अपनी प्रतिक्रिया व्यक्त करते हैं। एमएमपीआई (MMPI), एमपीआई (MPI) ईपीक्यू (EPQ) रोर्शाक परीक्षण (Rorschach test), टीएटी (TAT) आदि कुछ प्रमुख मनोवैज्ञानिक परीक्षण हैं जिनका उपयोग नैदानिक मनोवैज्ञानिक क्लायंट के बारे में आँकड़ा इकट्ठा करने में करते हैं। मनोवैज्ञानिक परीक्षण की एक खास विशेषता यह होती है कि परीक्षण प्रत्येक क्लायंट को समान परिस्थिति में एक ही तरह के उद्दीपकों (stimuli) को सामने प्रतिक्रिया करने के लिए रखता है। इसके अलावा मनोवैज्ञानिक परीक्षण द्वारा आँकड़ें संग्रहण करने में निम्नांकित विशेष लाभ मनोवैज्ञानिकों को होता है—

(i) परीक्षण का स्वरूप प्रायः माननीकृत (standardized) होता है। परिणामतः इससे परीक्षण क्रियान्वयनकर्त्ता (test administrator) द्वारा किसी प्रकार का पूर्वाग्रह आदि दिखलाया जाना संभव नहीं हो पाता है।

(ii) परीक्षण के एकांशों के प्रति किए गए अनुक्रियाओं का अनुवाद चूँकि प्राप्तांकों (scores) में संभव है, अतः क्लायंट के व्यवहार का परिमाणात्मक व्याख्या (quantitative explanation) संभव हो पाता है।

(iii) परीक्षण की एक अन्य प्रमुख विशेषता यह है कि इसके द्वारा नैदानिक मनोवैज्ञानिक एक क्लायंट के व्यवहार को अनेकों क्लायंट के व्यवहार के साथ तुलना कर पाते हैं। परिणामतः परीक्षण द्वारा तुलनात्मक अध्ययन भी संभव हो जाता है।

इन सबों के बावजूद परीक्षण को एक ऐसा जादूगरी उपकरण नहीं माना जा सकता है जो क्लायंट के बारे में हमेशा सच ही उगले। प्रायः देखा गया है कि परीक्षण की वैधता तथा विश्वसनीयता संदेह के घेरे में होता है। प्रायः कुछ

मनोवैज्ञानिक परीक्षण ऐसे होते हैं जिन्हें माननीकृत नहीं कहा जा सकता है तथा जिससे प्राप्त आँकड़े के मनोमितिक गुणों (psychometric quality) की वैधता को स्वीकार नहीं किया जा सकता है।

(c) प्रेक्षण *(Observation)*—क्लायंट के बारे में आँकड़ा संग्रह करने की इस विधि में प्रेक्षक क्लायंट के व्यवहार को अपनी अभिरुचि के अनुसार परिस्थिति में प्रत्यक्ष रूप से प्रेक्षण करता है तथा फिर उसके आधार पर कोई महत्त्वपूर्ण अनुमान पर पहुँचता है। प्रेक्षण का उद्देश्य क्लायंट जो करता है, उससे एक कदम आगे बढ़कर यह देखना होता है कि वास्तव में वह क्या करता है। सचमुच में नैदानिक मनोवैज्ञानिक यहाँ उस मशहूर कहावत से निर्देशित होते हैं जो इस प्रकार से हैं-*क्रियाएँ शब्दों से अधिक तेजी से बोलती हैं (Actions speak lounder than words)*।

कुछ नैदानिक मनोवैज्ञानिकों द्वारा प्रेक्षण को नैदानिक मूल्यांकन (clinical assessment) का सबसे वैध तरीका बतलाया गया है क्योंकि यह प्रत्यक्ष होता है तथा इसमें क्लायंट की स्मृति, अभिप्रेरण, अनुक्रिया शैली तथा परिस्थिति पूर्वाग्रह (situation bais) आदि से उत्पन्न होने वाली समस्याएँ अपने आप समाप्त हो जाती हैं। प्रेक्षण का एक अन्य लाभ यह है कि इसमें व्यवहार का मूल्यांकन सामाजिक एवं परिस्थितिजन्य संदर्भ में की जाती है न कि किसी अमूर्त परिस्थिति में। इससे प्रेक्षण से प्राप्त आँकड़ों की विश्वसनीयता लगभग समाप्त हो जाती है। प्रेक्षण का एक अन्य लाभ यह भी बतलाया गया है कि इससे क्लायंट के व्यवहार का वर्णन विस्तृत रूप से एवं विशिष्ट ढंग से होता है।

इन लाभों के बावजूद प्रेक्षणात्मक मूल्यांकन में एक मुख्य दोष सम्मिलित है जिसके कारण इसे पूर्णतः समस्या स्वतंत्र नहीं कहा जा सकता है। प्रेक्षणात्मक आँकड़े की वैधता तथा विश्वसनीयता कई कारणों से प्रभावित होती है जिनमें प्रेक्षक की त्रुटियाँ या पूर्वाग्रह, प्रेक्षण के दौरान क्लायंट के व्यवहार पर प्रेक्षक की असावधानी का प्रभाव तथा कुछ विशिष्ट परिस्थितिजन्य कारक प्रमुख हैं।

(d) जीवन-अभिलेख *(Life-records)*—नैदानिक मूल्यांकन के इस प्रविधि में क्लायंट के गत जीवन के विभिन्न क्षेत्रों में उसके द्वारा किए गए व्यवहारों का एक अभिलेख तैयार किया जाता है और उसका विश्लेषण करके क्लयांट के बारे में महत्त्वपूर्ण सूचना प्राप्त की जाती है। इसमें क्लायंट के स्कूली जीवन की घटनाओं, पुलिस अभिलेख (police record), मेडिकल अभिलेख (medical records), चिट्ठियाँ प्राप्त पुरस्कार, आयकर प्रतिवेदन, लिखी गयी डायरियाँ, सर्जनात्मक अभिलेख (creative records) आदि का विश्लेषण किया जाता है।

जीवन-अभिलेख विधि में क्लायंट को कोई नयी अनुक्रिया नहीं करनी होती है जैसा कि साक्षात्कार, परीक्षण तथा प्रेक्षण आदि में करना होता है। इसलिए इस बात की संभावना न के बराबर है कि प्राप्त आँकड़े स्मृति, अभिप्रेरण, अनुक्रिया शैली (response style) तथा कोई परिस्थितिजन्य कारक से विकृत होंगे। जीवन-अभिलेख तैयार करने में नैदानिक मनोवैज्ञानिकों को कोई विशेष खर्च तथा परेशानी भी नहीं होती है क्योंकि यह एक विस्तृत-कोण कैमरा लेंस (wide-angle camera lens) के समान होता है जिसके द्वारा कई वैसी चीजों को भी अपने में समेट लिया जाता है जिसे अन्य तरीकों से अपने नियंत्रण में लाना संभव नहीं हो पाता है।

परन्तु जीवन-अभिलेख प्रविधि से संबंधित कुछ दोष भी हैं क्योंकि इससे संबंधित कुछ विकृतियाँ (distortions) भी हैं। यह प्रायः देखा गया है कि जीवन अभिलेख में उद्धत घटनाएँ पूर्ण नहीं होती हैं। उसमें इस बात का भी उल्लेख नहीं होता है कि व्यक्ति अमुक घटना के बारे में क्या अनुभव किया था और क्यों अनुभव किया था।

स्पष्ट हुआ कि क्लायंट के बारे में आँकड़े इकट्ठा करने के लिए नैदानिक मनोवैज्ञानिकों के पास चार प्रविधियाँ हैं। नैदानिक मनोवैज्ञानिकों क्लायंट के बारे में आँकड़ा एकत्रिक करने में शायद ही कभी किसी एक स्रोत या प्रविधि का उपयोग करते हैं। अतः इनमें से वे आवश्यकतानुसार कई स्रोत का उपयोग करके क्लयांट के बारे में महत्त्वपूर्ण सूचना प्राप्त करते हैं। इसे *बहुमूल्यांकन स्रोत* (multiple assessment sources) कहा जाता है जिसे कई दृष्टिकोणों से नैदानिक मनोवैज्ञानिक द्वारा काफी महत्त्वपूर्ण माना गया है।

(3) मूल्यांकन आँकड़ों का संसाधन *(Processing assessment data)*—जब मूल्यांकन आँकड़े संग्रह कर लिए जाते हैं, तो नैदानिक मनोवैज्ञानिक यह जानने की कोशिश करते हैं कि उनका अर्थ क्या है? दूसरे शब्दों में, नैदानिक मूल्यांकन (clinical assessment) के वास्तविक लक्ष्य को प्राप्त करने के लिए यह आवश्यक हो जाता है कि प्राप्त आँकड़े का मौलिक स्वरूप को 'व्याख्या' तथा 'निष्कर्ष' के प्रारूप में बदला जाए। नैदानिक मूल्यांकन के इस प्रक्रिया को *आँकड़ा संसाधन* (data processing) या *नैदानिक अनुमान* (clinical inference) या *नैदानिक निर्णय* (clinical judgment) कहा जाता है।

नैदानिक निर्णय या अनुमान को उसके लक्ष्य (goal), मॉडल (model) तथा पृथक्करण के स्तर (level of astraction) के रूप में समझा जा सकता है। नैदानिक अनुमान के मुख्य तीन लक्ष्य (goals) होते हैं—*वर्गीकरण* (classification), *वर्णन* (description) तथा *भविष्यकथन* (prediction)। वर्गीकरण में क्लायंट की विकृति (disorder) को वर्गीकृत किया जाता है। जैसे—क्लायंट दुश्चिंता विकृति (anxiety disorder) का रोगी है। वर्णन (description) में उसके विकृति के लक्षणों एवं कारणों पर सविस्तार प्रकाश डाला जाता है। जैसे—क्लायंट में दुश्चिंता की मात्रा दूसरों लोगों की उपस्थिति से काफी तीव्र हो जाती है। भविष्यकथन (prediction) में इस बात का अनुमान लगाया जाता है कि क्लायंट किस तरह की चिकित्सा से काफी अधिक लाभान्वित होगा। जैसे—यह भविष्यकथन किया जा सकता है कि क्लायंट संज्ञानात्मक चिकित्सा से अधिक लाभान्वित होगा। नैदानिक अनुमान या निर्णय का संबंध निर्णयकर्त्ता या अनुमानकर्त्ता द्वारा स्वीकृत नैदानिक मनोविज्ञान के मॉडल से भी होता है। यदि किसी नैदानिक मनोवैज्ञानिक को यह पता चलता है कि क्लायंट ने आत्महत्या (sucide) का प्रयास किया है, तो जो व्यवहारात्मक मॉडल (behavioural model) को मानने वाले नैदानिक मनोवैज्ञानिक हैं, वे इस नैदानिक निर्णय पर पहुँचेंगे कि क्लायंट की अपनी जिन्दगी में पुनर्बलन (reinforcement) की कमी हो गयी है और उसका आत्महत्या का यह प्रयास उसके प्रति की गयी एक प्रतिक्रिया (reaction) है। मनोविश्लेषणात्मक मॉडल को मानने वाले नैदानिक मनोवैज्ञानिक यह कहेंगे कि क्लायंट अपने माता-पिता के साथ उचित-तादात्म्य (identification) नहीं स्थापित कर सका है, क्योंकि माता-पिता से उसे बाल्यावस्था में उचित लाड़-प्यार नहीं मिल पाया है। इसी तरह से परिघटनात्मक मॉडल (phenomenological model) को मानने वाले नैदानिक मनोवैज्ञानिक कहेंगे कि क्लायंट ने अपनी जिंदगी के बारे में दोषपूर्ण पूर्वकल्पना कर रखा है तथा उसका वर्द्धन (growth) बाधित हुआ है।

पृथक्करण के स्तर (level of abstraction) के ख्याल से नैदानिक अनुमान के दो मुख्य प्रकार के होते हैं—*निम्नतर स्तर* (lower level) तथा *उच्चतर स्तर* (higher level)। भिन्न-स्तरीय निर्णय या अनुमान वैसे अनुमान को कहा जाता है जो मौलिक आँकड़ों से बहुत भिन्न या विशिष्ट नहीं होते अर्थात् ऐसे अनुमान को कहा जाता है जो मौलिक आँकडों से बहुत भिन्न या विशिष्ट नहीं होते हैं अर्थात् ऐसे अनुमान मौलिक आँकड़ों के सतही स्तर पर होते हैं परन्तु वे निर्णयकर्त्ता के अनुभव, विशेष सैद्धान्तिक मॉडल तथा उनके अन्तर्ज्ञानी अनुभूतियाँ (intentive experiences) पर पूर्णतः आधारित होते हैं। उच्च स्तरीय अनुमान वैसे अनुमान को कहा जाता है जिसमें निर्णयकर्त्ता प्राप्त मूल्यांकन आँकड़ों को सतही स्तर से काफी आगे जाकर सामान्यीकृत (generalize) करता है। इसमें मूल्यांकन आँकड़ों को क्लायंट के बारे में एक समग्र तस्वीर बनाने के ख्याल से संसाधित किया जाता है। इसमें क्लायंट के बारे में जो अनुमान लगाया जाता है, वह मौलिक आँकड़ों से तो काफी भिन्न होता है परन्तु वे सभी नैदानिक मनोवैज्ञानिक के अनुभव एवं सैद्धान्तकि मॉडल द्वारा निर्देशित होते हैं।

विग्गिन्स् (Wiggins, 1973) तथा गुडएनफ (Goodenough, 1949) आदि नैदानिक मनोवैज्ञानिकों द्वारा किए गए शोधों से यह स्पष्ट हुआ है कि नैदानिक अनुमान में मूल्यांकन आँकड़ों को तीन दृष्टिकोणों से देखा जाता है। प्रतिदर्श (samples), सहसंबंधी (correlates) तथा चिह्न (signs)। इन तीनों दृष्टिकोणों का वर्णन निम्नांकित है—

(a) प्रतिदर्श *(samples)*—जब मूल्यांकन आँकड़ों को क्लयांट के कई व्यवहारों का एक प्रतिनधिक या नमूना माना जाता है तो इस पहलू को प्रतिदर्श (sample) की संज्ञा दी जाती है। इसे एक उदाहरण से इस प्रकार समझा जा सकता है—मान लिया जाए कि नैदामिक मनोवैज्ञानिक के पास एक ऐसा क्लायंट (client) आता है जिसने 20 नींद की गोलियाँ एक साथ खाकर आत्महत्या का प्रयास किया। परन्तु उसके इस व्यवहार को परिवार के किसी सदस्य द्वारा देख लिया जाता है और परिवार के लोग उसे जल्दी अस्पताल पहुँचाते हैं जहाँ डॉक्टर उसे बचा लेते हैं।

उक्त घटना को क्लायंट के व्यवहार का एक प्रतिदर्श (sample) माना जा सकता है और उससे नैदानिक मनोवैज्ञानिक निम्नांकित निर्णय पर पहुँच सकते हैं—

(i) क्लायंट को जान लेवा या प्राणघातक दवाइयों का ज्ञान है।

(ii) क्लायंट नहीं चाहता है कि कोई उसे बचा ले क्योंकि उसके इस प्रयास को करने के पहले उसके बारे में कोई नहीं जानता था।

(iii) समान परिस्थिति के आने पर भविष्य में वह ऐसा ही आत्महत्या का प्रयास फिर करेगा।

उक्त नैदानिक निर्णयों से यह स्पष्ट है कि इसे एक निम्न-स्तरीय निर्णय (low level judgment) ही माना जा सकता है क्योंकि इन निर्णयों में कहीं भी इस बात की व्याख्या करने की कोशिश नहीं की गयी है कि क्लायंट ने क्यों आत्महत्या का प्रयास किया है बल्कि इन निर्णयों या अनुमानों में मात्र यह दिखाने की कोशिश की गयी है कि किसी विशेष परिस्थिति में क्लायंट क्या करने में सामर्थ्य है।

(b) सहसंबंधी *(correlates)*—सहसंबंधी में नैदानिक मनोवैज्ञानिक क्लायंट द्वारा दिखलाए गए व्यवहार के आधार पर उसके जीवन के पहलुओं के बारे में अनुमान लगाने की कोशिश करते हैं। इस सहसंबंधी-उन्मुखी (correlate-oriented) उपागम को मनोमितिकी उपागम (psychometric approach) भी कहा जाता है। उक्त क्लायंट के बारे में यद्यपि कोई अतिरिक्त सूचना नैदानिक मनोवैज्ञानिक को मालूम नहीं है, फिर भी उसके बारे में मनोवैज्ञानिक कुछ ऐसे पहलुओं के बारे में तो अनुमान लगा सकते हैं जो उससे सहसंबंधित प्रायः होता है। ऐसे अनुमानों में निम्नांकित प्रमुख हैं—

(i) क्लायंट विधवा या विधुर या अविवाहित हो जिसके परिणामस्वरूप वह अकेला रहने के लिए बाध्य हो।

(ii) क्लायंट हाल में किसी कारण से काफी खिन्न या दुःखी हुआ हो।

(iii) क्लायंट को परिवार के सदस्यों या अपने दोस्तों से सांवेगिक समर्थन कम-से-कम मिला हो।

उक्त तरह के अनुमान से यह स्पष्ट हो जाता है कि इस पहलू के आधार पर उच्च-स्तरीय अनुमान लगाया जाता है जो दो तरह के तथ्यों पर आधृत होता है—पहला क्लायंट के व्यवहार के बारे में ज्ञात तथ्य तथा दूसरा नैदानिक मनोवैज्ञानिक का यह ज्ञान कि किस तरह के व्यवहार के साथ किस तरह का व्यवहार संबंधित होता है। सच्चाई यह है कि इस तरह का अनुमान प्राप्त मौलिक आँकड़ों के सतही मूल्य से काफी आगे होता है और इसे विभिन्न तरह के चरों (variables) जैसे— आयु, यौन, वैवाहिक स्तर, विषाद (depression) के बीच ज्ञात संबंध का आनुभविक समर्थन होता है। इन चरों के बीच जितना ही अधिक मजबूत संबंध होता है, नैदानिक अनुमान उतना ही यथार्थ एवं मजबूत होता है। सहसंबंधी दृष्टिकोण (correlate viewpoints) का दोष यह है कि यह किसी सैद्धान्तिक मॉडल (theoretical model) पर आधारित नहीं होता है।

(c) चिह्न *(sign)*—इसमें नैदानिक मनोवैज्ञानिक क्लायंट द्वारा दिखलाए गए व्यवहार को अन्य ऐसे व्यवहारों का संकेत या चिह्न मान लेते हैं जो तुलनात्मक रूप से कम स्पष्ट होता है। अगर गौर से देखा जाए तो उक्त क्लायंट द्वारा किया गया आत्महत्या का प्रयास से कुछ गंभीर समस्या की ओर संकेत मिल सकता है जो निम्नांकित है—

(i) क्लायंट में मौजूद आक्रमक आवेग की उन्मुखता स्वयं अपनी ओर हो गयी है।

(ii) क्लायंट का व्यवहार द्वारा अंतरामानसिक संघर्ष (intrapsychic conflict) का संकेत मिलता है।

(iii) नींद की गोली खाने का व्यवहार क्लायंट में दूसरों की सहायता पाने के अचेतन की लालसा का संकेत प्रदान करता है।

चिह्न (sign) तथा अनुमान (inference) के बीच का संबंध का आधार सैद्धान्तिक चिन्तन (theoretical speculation) होता है। स्पष्टतः तब मूल्यांकन आँकड़ें (assessment data) कुछ संकेत या चिह्न प्रदान करते हैं तथा सिद्धान्त द्वारा उस चिह्न का अर्थ प्रदान किया जाता है।

उक्त विवरण से यह स्पष्ट है कि अनुमान के स्तर (level of inference), मूल्यांकन आँकड़ा के दृष्टिकोण (views of assessment data) तथा सैद्धान्तिक मॉडल (theoretical models) आपस में सहसंबंधित (interrelated) है। जब मूल्यांकन आँकड़ों को मात्र एक प्रतिदर्श (sample) के रूप में समझा जाता है, तो नैदानिक अनुमान का स्तर निम्न होता है तथा सैद्धान्तिक मॉडल जिससे अनुमान यहाँ निर्देशित होता है, निश्चित रूप से व्यवहारात्मक मॉडल (behavioural model) होता है। परन्तु जब मूल्यांकन आँकड़ा को चिह्न या संकेत (sign) के रूप में लिया जाता है, तो नैदानिक अनुमान का स्तर ऊँचा होता है तथा ऐसी परिस्थिति में मनोगत्यात्मक (psychodynamic) या परिघटनात्मक मॉडल (phenomenological model) द्वारा अनुमान निर्देशित होगा। इन दोनों दृष्टिकोणों के बीच जहाँ मूल्यांकन आँकड़ा को सहसबंधी (correlates) के रूप में लिया जाता है, नैदानिक अनुमान का स्तर निम्न से साधारण (moderate) होता है तथा यहाँ चरों के बीच संबंध के सांख्यकीय विश्लेषण पर बल डाला जाता है।

मूल्यांकन आँकड़ा के संसाधन की प्रक्रिया औपचारिक सांख्यकीय प्रविधियों (formal statistical procedures) पर

या अनौपचारिक आत्मनिष्ठ प्रविधियों पर आधारित हो सकता है। अनौपचारिक प्रविधि या उपागम में मूल्यांकन आँकड़ों को मूलतः चिह्न या संकेत (sign) के रूप में लिया जाता है तथा यह मूल्यांकन आँकड़ों के सांख्यिकीय विश्लेषण पर आधारित होता है। औपचारिक प्रविधि या उपागम में मूल्यांकन आँकड़ों को एक सहसंबंधी (correlates) के रूप में देखा जाता है तथा यह मूल्यांकन आँकड़ों के बारे में नैदानिक मनोवैज्ञानिक के आत्मनिष्ठ निर्णयों पर आधारित होते हैं। औपचारिक तथा अनौपचारिक दोनों ही प्रविधियों का नैदानिक मनोविज्ञान के इतिहास से गहरा संबंध है। अनौपचारिक प्रविधि फ्रायड (Freud) के दृष्टिकोणों को प्रतिबिम्बित करता है तथा औपचारिक प्रविधि प्रयोगात्मक मनोविज्ञान तथा कुछ विशेष मनोवैज्ञानिकों जैसे गाल्टन (Galton), कैटेल (Cattell), बिने (Binet) आदि के योगदानों से प्रभावित होकर नैदानिक मनोविज्ञान में प्रवेश किया है। नैदानिक मनोवैज्ञानिक नैदानिक अनुमान की प्रक्रिया में चाहे औपचारिक दृष्टिकोण अपनाये या अनौपचारिक दृष्टिकोण अपनाये, इतना तो अवश्य है कि नैदानिक अनुमान की प्रक्रिया को यथार्थ एवं वस्तुनिष्ठ होने के लिए मनोवैज्ञानिक में नैदानिक अन्तर्ज्ञान (clinical intuition) तथा उसमें नैदानिक सुविज्ञता (clinical expertise) का होना आवश्यक है।

(4) मूल्यांकन आँकड़ों का संचारण *(Communicating assessment data)*--क्लायंट के बारे में प्राप्त आँकड़ों का नैदानिक मनोवैज्ञानिक ठीक ढंग से व्याख्या करते हैं ताकि वह मनोवैज्ञानिक रूप से सार्थक दीख सके तथा पाठकगण उसका वास्तविक अर्थ ज्ञात कर सके। इसके लिए यह आवश्यक है कि व्याख्या ठीक ढंग से तथा सुसंगत तरीके से एक विशेष ढंग के प्रारूप (form) में उपस्थित किया जाए। मूल्यांकन परिणाम (assessment results) के इस संगठित प्रारूप को *मनोवैज्ञानिक रिपोर्ट* (psychological report) या मूल्यांकन रिपोर्ट (assessment report) कहा जाता है। अगर मूल्यांकन के परिणाम का अधिकतम महत्त्व दिया जाना है, तो यह आवश्यक है कि रिपोर्ट स्पष्ट (clear), प्रासंगिक (relevant) एवं संभावित उपभोक्ताओं (intended consumer) के लिए लाभदायक हो। इसका मतलब यह हुआ कि एक उत्तम मनोवैज्ञानिक रिपोर्ट (psychological report) के तीन अपेक्षित गुण होते हैं--

(a) स्पष्टता (clarity)

(b) प्रासंगिकता (relevance)

(c) लाभदायिकता (usefulness)

इन तीनों पर यहाँ प्रकाश डालना आवश्यक है--

(a) रिपोर्ट की स्पष्टता *(Clarity of reports)*--मूल्यांकन रिपोर्ट की पहली कसौटी स्पष्टता है। किसी भी मनोवैज्ञानिक रिपोर्ट को संगत एवं महत्त्वपूर्ण होने के लिए यह आवश्यक है कि उसमें जो भी बातें कहीं गयी हो वह सुस्पष्ट हो तथा किसी भी हालत में वह द्विअर्थी न हो। अगर रिपोर्ट में स्पष्टता की कमी होगी तो इससे कठिनाई बढ़ेगी तथा रिपोर्ट की गलत व्याख्या की जा सकती है और रिपोर्ट की गलत व्याख्या होने से उसके आधार पर लिया गया निर्णय उचित न होकर अनुचित हो सकता है। कभी-कभी यह भी देखा गया है कि मूल्यांकनकर्त्ता (assessor) रिपोर्ट में विशिष्ट शब्दों का उपयोग अधिक करते हैं। ऐसी परिस्थिति में भी पाठक की कठिनाई बढ़ जाती है और कोई सार्थक अर्थ उससे नहीं निकल पाता है। ओलाइभ (Olive, 1972), टालेन्ट एवं रिस (Jallent & Reiss, 1959) ने अपने अध्ययनों के आधार पर यह बतलाया है कि कुछ खास-खास कारक जैसे रिपोर्ट की अत्यधिक लम्बाई, तकनीकी सूचनाओं की अधिकतम तथा सुसंगत संगठन (coherent organization) की कमी से भी रिपोर्ट में अस्पष्टता बढ़ती है।

(b) लक्ष्य से प्रासंगिकता *(Relevance to goals)*--मूल्यांकन रिपोर्ट का दूसरा प्रमुख कसौटी यह है कि यह उस लक्ष्य के अनुसार प्रासंगिक (relevant) होना चाहिए जिससे प्रेरित होकर मूल्यांकन किया गया है। इसके लिए यह आवश्यक है कि नैदानिक अनुमान के लक्ष्य सुस्पष्ट हो ताकि रिपोर्ट को उसी के अनुसार प्रासंगिक बनाकर उपस्थित किया जाए। अगर नैदानिक अनुमान का लक्ष्य क्लायंट के व्यवहार को वर्गीकृत (classify) करना है, तो रिपोर्ट में वर्गीकरण से संबंधित सूचना पर बल डाला जाना चाहिए। उसी तरह यदि नैदानिक अनुमान का उद्देश्य क्लायंट के वर्तमान व्यवहार का वर्णन करना है, तो रिपोर्ट में संबंधित वर्णन (descriptions) पर बल दिया जाना चाहिए। अगर नैदानिक अनुमान का उद्देश्य क्लायंट के बारे में भविष्यकथन (prediction) करना है, तो रिपोर्ट में ऐसे ही भविष्य कथनों को उजागर करना चाहिए।

दुर्भाग्यवश कुछ मनोवैज्ञानिक रिपोर्ट ऐसे होते हैं जिसमें प्रासंगिकता की कमी होती है क्योंकि नैदानिक अनुमान के उद्देश्य स्पष्ट नहीं होते हैं। ऐसी परिस्थिति में मनोवैज्ञानिक रिपोर्ट में मूल्यांकनकर्त्ता (assessor) के सैद्धान्तिक पूर्वाग्रह (theoretical bias) तथा व्यक्तिगत शैली की अभिव्यक्ति अधिक तथा क्लायंट के व्यवहार की अभिव्यक्ति कम होती है।

(c) रिपोर्ट की लाभदायिकता *(Usefulness of reports)*—मनोवैज्ञानिक रिपोर्ट की तीसरी कसौटी यह है कि उसमें लाभदायिकता (usefulness) का गुण होना चाहिए। दूसरे शब्दों में, रिपोर्ट में कुछ ऐसी बातें होनी चाहिए जिसे हम पहले से क्लायंट के बारे में नहीं जानते हों। प्रायः ऐसा देखने को मिलता है कि रिपोर्ट पहली नजर में लाभदायक लगता हो परन्तु सचमुच में उसमें वास्तविक मूल्य की कोई खास सूचना नहीं होता है। ऐसी समस्या तब उत्पन्न होती है जब मूल्यांकनकर्त्ता ने या तो लाभदायक सूचना संग्रह ही नहीं किया हो या फिर वह प्राप्त आँकड़ों के बारे में लाभदायक कथन तैयार ही नहीं किया हो। पहली परिस्थिति तब उत्पन्न होती है जब नैदानिक मनोवैज्ञानिक ने ऐसी प्रविधि या परीक्षण का उपयोग करके क्लायंट के बारे में आँकड़े इकट्ठा किया है जिनमें वर्धक वैधता (incremental validity) की कमी हो। दूसरी परिस्थिति तब उठती है जब रिपोर्ट में उन बातों से भिन्न कोई दूसरी बात नहीं होती है जिसे सामान्य गत अनुभूति तथा सामान्य बोध (common sense) के आधार पर कहा जा सकता है।

अगर नैदानिक मनोवैज्ञानिक स्पष्टता, प्रासंगिकता तथा लाभदायिकता के उक्त कसौटियों के अनुकूल मनोवैज्ञानिक रिपोर्ट तैयार करते हैं, तो वह निश्चित रूप से एक उत्तम रिपोर्ट होगा। परन्तु मनोवैज्ञानिक रिपोर्ट को एक उत्तम कहलाने के लिए यह भी आवश्यक है कि उसे एक संगठित प्रारूप (organized outline) के रूप में उपस्थित किया जाना चाहिए और इसके लिए मनोगत्यात्मक मॉडल, व्यवहारात्मक मॉडल तथा परिघटनात्मक मॉडल (phenomenological model) के अनुरूप कुछ अलग-अलग प्रारूप नैदानिक मनोवैज्ञानिकों द्वारा तैयार किया गया है।

स्पष्ट हुआ कि नैदानिक अनुमान के चार प्रमुख तत्त्व हैं। नैदानिक अनुमान को वस्तुनिष्ठ एवं वैज्ञानिक होने के लिए यह आवश्यक है कि इन चार तत्त्वों की अपेक्षाओं का पूर्ण समावेश उसमें हो।

नैदानिक मूल्यांकन के उद्देश्य
(Purposes of Clinical Assessment)

नैदानिक मूल्यांकन की शुरुआत इसलिए होती है कि कोई एक ऐसा व्यक्ति होता है जो रोगी (patient) के बारे में अधिक जानना चाहता है। वह व्यक्ति स्वयं रोगी भी हो सकता है या कोई अन्य व्यक्ति जैसे—नैदानिक मनोवैज्ञानिक, माता-पिता, शिक्षक, पड़ोसी आदि। रोगी के बारे में विशेष अभिरुचि दिखाकर जानने वाला व्यक्ति चाहे कोई भी क्यों न हो, कुछ ऐसी समस्याएँ या प्रश्न अवश्य होते हैं जो रोगी को चिकित्सक (clinician) के पास लाता है और जिनसे पूरी मूल्यांकन प्रक्रिया निर्देशित (guide) होती है। ऐसे प्रश्नों को नैदानिक मनोविज्ञान में *प्रेषणीय प्रश्न* (referral questions) कहा जाता है।

नैदानिक मूल्यांकन (clinical assessment) के कई उद्देश्य बतलाए गए हैं जिनमें निम्नांकित प्रमुख हैं—

(i) आधाररेखीय सूचना प्रदान करना (To provide baseline information)

(ii) उपचार के बाद रोगी की स्थिति का मूल्यांकन करना (To evaluate patient's status after treatment)

(iii) चिकित्सयी हस्तक्षेप की योजना बनाना एवं उसे निर्देशित करना (To plan and guide therapeutic intervention)

(iv) निदान के लिए उपयुक्त वातावरण तैयार करना (To provide appropriate environment for diagnosis)

(v) रोगी के भविष्य के व्यवहार के बारे में पूर्वानुमान लगाना (To predict future behaviours of the patients)

इन उद्देश्यों की सविस्तार व्याख्या निम्नांकित है—

(i) आधाररेखीय सूचना प्रदान करना *(To provide baseline information)*—नैदानिक मूल्यांकन (clinical evaluation) का एक प्रमुख उद्देश्य रोगी की वर्तमान अवस्था अर्थात् चिकित्सा प्रदान करने की पहले की अवस्था की पहचान करना होता है। इस अवस्था की सूचनाओं को आधाररेखीय सूचना (baseline information) कहा जाता है। इन सूचनाओं से कुछ ऐसे आँकड़ें चिकित्सक को मिल जाते हैं जिसकी तुलना उपचार होने के बाद मिलने वाले आँकड़े से की जाती है और नैदानिक हस्तक्षेप (clinical intervention) की प्रभावशीलता को आँका जाता है। अतः नैदानिक

मूल्यांकन में आधाररेखीय सूचना उपलब्ध कर सचमुच में नैदानिक हस्तक्षेप (clinical intervention) की वैधता (validity) को समझा जाता है।

(ii) उपचार के बाद रोगी की स्थिति का मूल्यांकन करना *(To evaluate patient's status after the treatment)*—उपचार (treatment) के बाद रोगी की स्थिति का मूल्यांकन करना भी नैदानिक मूल्यांकन का एक उद्देश्य होता है। इस तरह के मूल्यांकन को *उपचारोत्तर मूल्यांकन* (posttreatment evaluation) कहा जाता है। इसमें उन विशेष परिस्थितियों का वर्णन होता है जिसके प्रतिकूल व्यवहार करने पर रोगी को पुनः उपचार के लिए किसी चिकित्सक से सलाह-मशविरा करने की सिफारिश रहती है। हालाँकि एक क्रमबद्ध (systematic) उपचारोत्तर मूल्यांकन का प्रबंध गहन तौर पर चिकित्सीय शोध (therapy research) के संदर्भ में ही किया जाता है, परन्तु फिर भी उपचारोत्तर मूल्यांकन का प्रावधान नैदानिक मनोवैज्ञानिक मूल्यांकन (assessment) करते समय भी काफी सतर्कता से करते हैं।

(iii) चिकित्सीय हस्तक्षेप की योजना बनाना तथा उसे निर्देशित करना *(To plan and guide therapeutic intervention)*—नैदानिक मूल्यांकन का यह सबसे महत्त्वपूर्ण उद्देश्य है। चिकित्सक रोगी के व्यक्तित्व की संरचना (structure), गतिकी (dynamics), उसकी मुख्य आवश्यकताओं एवं संघर्षों, रक्षात्मक युक्तियों (defense mechanisms) आदि के बारे में सूचनाएँ एकत्रित करके एक विशेष योजना बनाता है। इस योजना से नैदानिक मनोवैज्ञानिक को रोगी के उपचार करने में तो मदद मिलती ही है, साथ-ही-साथ उसे चिकित्सा के संबंध में कुछ विशेष निर्णय (decisions) लेने में भी सहायता मिलती है। जैसे—इस तरह की योजना बनाकर चिकित्सक यह निर्णय आसानी से ले सकता है कि रोगी को किस तरह का चिकित्सक चाहिए, चिकित्सीय अवधि (therapeutic hours) की बारंबारता कितनी होनी चाहिए तथा रोगी के किन-किन पहलुओं पर विशेष ध्यान देना चाहिए आदि-आदि। इस तरह से नैदानिक मूल्यांकन का एक प्रमुख उद्देश्य चिकित्सीय हस्तक्षेप की योजना बनाना तथा उसके आधार पर चिकित्सीय प्रक्रिया को निर्देशित करना होता है।

(iv) निदान के लिए उपयुक्त वातावरण तैयार करना *(To provide appropriate environment for diagnosis)*—नैदानिक मूल्यांकन का एक अन्य उद्देश्य रोग का निदान (diagnosis) करने से होता है। नैदानिक मूल्यांकन करने के बाद नैदानिक मनोवैज्ञानिक इस निष्कर्ष पर पहुँचते हैं कि रोगी का रोग किस श्रेणी का है, उसका स्वरूप क्या है आदि-आदि। इससे न रोग के उपचार (treatment) में ही मदद मिलती है बल्कि यह नैदानिक मनोवैज्ञानिक के प्रशासनिक एवं वैधानिक जवाबदेहियों को निभाने में भी मदद करता है।

(v) रोगी के भविष्य के व्यवहारों के बारे में पूर्वानुमान लगाना *(To predict about future behaviour of the patient)*—नैदानिक मूल्यांकन का उद्देश्य भविष्य में रोगी द्वारा किए जाने वाले व्यवहारों के बारे में पूर्वानुमान लगाना होता है। जैसे—नैदानिक मूल्यांकन के आधार पर प्रायः यह सुनिश्चित करने की कोशिश की जाती है कि क्या भविष्य में रोगी इतना अधिक विषादी (depressed) प्रकृति का हो जाएगा कि आत्महत्या कर ले सकता है, क्या उसे मानसिक अस्पताल से घर भेज दिया जाए ताकि वह अपना काम-काज, देख-रेख आदि स्वयं कर सके, क्या उसे अभी अमुक कार्य करने की अनुमति दी जाए तो उसे सफलता मिलेगी आदि-आदि। नैदानिक मूल्यांकन द्वारा ऐसे प्रश्नों से संबंधित व्यवहारों का उत्तर ढूँढ़ने का प्रयास किया जाता है। मनोवैज्ञानिक अध्ययनों से जो तथ्य सामने आए हैं, उससे यह स्पष्ट हुआ है कि नैदानिक मूल्यांकन के आधार पर सही-सही पूर्वानुमान करना निम्नांकित तीन बातों पर आधारित होता है—

(i) उन मनोसामाजिक परिस्थिति (psychosocial situation) की विशेषताओं पर पूर्वानुमान की सफलता निर्भर करती है जिससे होकर रोगी अभी गुजर रहा है।

(ii) मनोसामाजिक परिस्थिति से अच्छे ढंग से निपटने के लिए रोगी में समायोजन कितनी है?

(iii) रोगी के व्यक्तित्व शीलगुण कैसे हैं?

इन तीनों गुणों के जान लेने के बाद नैदानिक मूल्यांकन के आधार पर रोगी द्वारा भविष्य में किए गए व्यवहारों का सही-सही आकलन करना आसान हो जाता है।

स्पष्ट हुआ कि नैदानिक मूल्यांकन के कुछ निश्चित उद्देश्य होते हैं। इन उद्देश्यों की पूर्ति कर नैदानिक मूल्यांकन की प्रक्रिया सफलीभूत हो पाती है।

नैदानिक मूल्यांकन की अवस्थाएँ
(Stages of Clinical Assessment)

नैदानिक मूल्यांकन की कुछ निश्चित अवस्थाएँ होती हैं जिनसे होकर इस तरह के मूल्यांकन की प्रक्रिया पूरी होती है। सुन्डवर्ग एवं टाइलर (Sundberg & Tyler, 1962) के अनुसार ऐसी अवस्थाएँ निम्नांकित चार हैं—

(i) आयोजन की अवस्था (Stage of preparation)

(ii) निवेश की अवस्था (Stage of input)

(iii) संसाधन की अवस्था (Stage of processing)

(iv) निर्गत की अवस्था (Stage of output)

इन अवस्थाओं का वर्णन निम्नांकित है—

(i) आयोजन की अवस्था *(Stage of prepration)*—नैदानिक मूल्यांकन की पहली अवस्था आयोजन की अवस्था होती है। इस अवस्था में नैदानिक मनोवैज्ञानिक रोगी की समस्याओं के बारे में सभी तरह की संभावित सूचनाएँ एकत्रिक करते हैं। प्रेषणीय प्रश्नों (referral questions) के आधार पर रोग के स्वरूप के बारे में वे कुछ निश्चित अंदाज लगाते हैं और फिर उसके आधार पर वे यह भी तय कर पाते हैं कि नैदानिक मूल्यांकन में आगे किस तरह का कदम उठाना चाहिए। इस तरह से इस अवस्था में नैदानिक मनोवैज्ञानिक नैदानिक मूल्यांकन करने के सभी प्रारम्भिक तैयारियाँ करते हैं।

(ii) निवेश की अवस्था *(Stage of input)*—इस अवस्था में नैदानिक मनोवैज्ञानिक रोगी के व्यक्तित्व के विभिन्न पहलुओं के बारे में साक्षात्कार, प्रेक्षण तथा मनोवैज्ञानिक परीक्षणों के माध्यम से आँकड़ों का संग्रहण करते हैं। इस अवस्था में परिस्थितियों के बारे में भी पता लगाया जाता है जिसमें रोगी के लक्षण (symptoms) में उग्रता अधिक बढ़ जाती है।

(iii) संसाधन की अवस्था *(Stage of processing)*—इस अवस्था में नैदानिक मनोवैज्ञानिक या मनोरोगविज्ञानी (psychiatrists) दूसरी अवस्था में के प्राप्त आँकड़ों का विश्लेषण करते हैं तथा उनकी व्याख्या करते हैं। सचमुच में नैदानिक मूल्यांकन करने में यह अवस्था अधिक क्रान्तिक (critical) होती है क्योंकि इस अवस्था की थोड़ी-सी भूल से चिकित्सीय प्रविधि की गुणवत्ता सीधे प्रभावित हो जाती है। सुण्डवर्ग तथा टाइलर (Sundberg & Tyler, 1962) ने नैदानिक मूल्यांकन में इस अवस्था को सर्वोपरि बतलाया है।

(iv) निर्गत की अवस्था *(Stage of output)*—इस अवस्था में रोगी को यह बतलाया जाता है कि उसकी समस्या के मुख्य पहलू क्या हैं तथा उसे दूर करने के लिए आगे कौन-सी नैदानिक क्रिया (clinical actions) की जा सकती है? इस अवस्था में नैदानिक मनोवैज्ञानिक रोगी को अपने विश्वास में लेने की कोशिश करते हैं तथा उसे एक उपयुक्त मार्गदर्शन करते हैं।

स्पष्ट हुआ कि नैदानिक मूल्यांकन (clinical assessment) की कई अवस्थाएँ होती हैं जिससे गुजरकर इस तरह के मूल्यांकन की प्रक्रिया में सुदृढ़ता आती है।

नैदानिक मूल्यांकन की प्रविधियाँ
(Techniques of Clinical Assessment)

नैदानिक मूल्यांकन (clinical assessment) का एक प्रमुख उद्देश्य रोगों का निदान (diagnosis) करना होता है। नैदानिक मनोवैज्ञानिक नैदानिक मूल्यांकन के इस उद्देश्य की पूर्त्ति करने के लिए कुछ विशेष प्रविधियों (techniques) के प्रयास का सिफारिश किया है। इन प्रविधियों में निम्नांकित प्रमुख हैं—

(क) केस अध्ययन प्रविधि (Case study technique)

(ख) नैदानिक साक्षात्कार (Clinical interview)

(ग) नैदानिक प्रेक्षण विधि (Clinical observation method)

(घ) मनोवैज्ञानिक परीक्षण (Psychological tests)

इन प्रविधियों तथा उनके नैदानिक उपयोगिताओं (diagnostic uses) का वर्णन हम अलग-अलग अनुच्छेदों में करेंगे।

केस अध्ययन प्रविधि
(Case Study Technique)

मानसिक रोगों के निदान (diagnosis) में केस अध्ययन प्रविधि एक ऐसी प्रविधि है जिसका उपयोग नैदानिक मनोवैज्ञानिक तथा मनश्चिकित्सक दोनों ही करते हैं। केस अध्ययन प्रविधि एक ऐसी प्रविधि है जिसमें रोगी के व्यक्तित्व की संरचना, गतिकी (dynamics), उसकी कमजोरियाँ एवं प्रबलता (strengths), विकासात्मक पूर्ववृत्तियाँ (developmental antecedents), भविष्य में रोगी के बारे में किया जाने वाला निर्णय आदि के बारे में अध्ययन किया जाता है। स्पष्ट है कि केस अध्ययन विधि में चिकित्सक रोगी के बारे में एक विस्तृत इतिहास तैयार करता है तथा उसका विश्लेषण करता है।

कोमर[1] (Comer, 1995) के अनुसार, ''केस अध्ययन प्रायः एक व्यक्ति का विस्तृत एवं व्याख्यात्मक वर्णन होता है। यह व्यक्ति की पृष्ठभूमि, वर्तमान परिस्थितियों एवं लक्षणों का वर्णन करता है। इसमें विशेष प्रकार के उपचार के परिणाम एवं अनुप्रयोग का भी वर्णन होता है और इसमें इस बात का भी अंदाज लगाया जाता है कि व्यक्ति की समस्या किस तरह विकसित हुई थी।'' कोरचिन (Korchin, 1986) के अनुसार एक परिपक्व एवं पूर्ण केस अध्ययन (case study) विधि उसे कहा जाता है जिसमें रोगी के व्यक्तित्व की संरचना (structure) एवं गतिकी (dynamics) की व्याख्या छह संदर्शों (perspectives) से की जाती है अर्थात् एक परिपक्व एवं पूर्ण केस अध्ययन में रोगी के व्यक्तित्व की संरचना प्रेरणात्मक (motivational), संरचनात्मक (structural), विकासात्मक (developmental), अनुकूलन (adaptation), पारिस्थतिकी (ecological) तथा जैविक (biological) संदर्शों से की जाती है। फलस्वरूप इस विधि में रोगी के बारे में प्रायः इस तरह का प्रश्न किया जाता है—

रोगी किस तरह की समस्या से ग्रस्त है? किस तरह की समस्या सबसे अधिक मात्रा में रोगी को कष्ट पहुँचा रही है? रोगी किस तरह का व्यक्ति है? वह क्या अपअनुकूली व्यवहार (maladaptive behaviour) करता है? वह अपने-आप को सामाजिक वातावरण (social environment) से कैसे संबंधित करता है? उसके जीवन में तनाव के प्रमुख स्रोत एवं स्वरूप क्या है? वह इन तनावों से निबटने के लिए कौन-कौन-सा रास्ता अपनाता है? रोगी को किस तरह का नैदानिक हस्तक्षेप (clinical intervention) की जरूरत है? रोग के उपचार के लिए क्या किया जा सकता है और किस सीमा तक किया जा सकता है? उसके क्या परिणाम हो सकते हैं? आदि-आदि प्रश्नों का उत्तर केस अध्ययन विधि में ढूँढ़ा जाता है।

बेलर (Beller, 1962), हुबर (Huber, 1961) तथा मेनिनगर, मेमैन तथा प्रुऐसर (Menninger, Mayman & Pruyser, 1962) ने अपने विशेष शोधों (researches) के आधार पर नैदानिक केस अध्ययन विधि (clinical case study method) का एक प्रारूप (form) तैयार किया जो नैदानिक मनोवैज्ञानिकों के बीच काफी लोकप्रिय है। इस प्रारूप की खास विशेषता यह है कि इसमें रोगी के वर्तमान, भूत एवं भविष्य तीनों पहलुओं से संबद्ध प्रश्नों का एक अनोखा संगम देखने को मिलता है जिससे रोगी के बारे में जो तस्वीर उभर कर सामने आती है, वह नैदानिक रूप से (clinically) काफी उपयोगी सिद्ध होती है। इस प्रारूप का वर्णन निम्नांकित है—

नैदानिक केस अध्ययन का एक सामान्य प्रारूप[2]
(A General Form of a Clinical Case Study)

1. वर्तमान स्थिति *(Present status)*—इसमें नैदानिक मनोवैज्ञानिक रोगी के निम्नांकित चार पहलुओं से संबद्ध प्रश्नों का उत्तर जानना चाहते हैं—

(अ) दिन-प्रतिदिन की जिन्दगी में अनुकूलन *(Adaptation in life situations)*—रोगी अपने दिन-प्रतिदिन की जिन्दगी में कौन-कौन-सा कार्य करता है तथा कैसे करता है? क्या उसका कार्य निष्पादन (work performance) आदर्शता के स्तर पर है या उससे नीचे है?

---

1. "A case study is a detailed and often interpretive description of one person. It describes the persons's background, present circumstances, and symptoms. It may also describe the application and results of a particular treatment, and it may speculate about how the person's problem developed." —Comer : *Aboormal Psychology,* 1995, p. 71
2. कोरचिन (Korchin, 1986) द्वारा बतलाए गए प्रारूप पर आधृत।

(ब) लाक्षणिक व्यवहार *(Symptomatic behaviours)*--इसमें निम्नांकित तीन तरह के व्यवहारों के बारे में सूचना एकत्रित किया जाता है—

(i) स्वयं रोगी के दृष्टिकोण से वह कौन-सी समस्या है जो उसे काफी कष्ट पहुँचा रही है? उसके वर्तमान लक्षण क्या हैं?

(ii) परिवार के सदस्यों की राय में रोगी किस तरह का विचलित व्यवहार (deviant behaviour) दिखलाता है? वे लोग रोगी के किस व्यवहार से सबसे ज्यादा परेशान रहते हैं?

(iii) मूल्यांकन कर रहे चिकित्सक के दृष्टिकोण से मनोवैज्ञानिक क्षुब्धता के आधार क्या हैं? क्या रोगी चिन्तन विकृति से ग्रस्त है या वास्तविकता-मूल्यांकन के दोष से ग्रस्त है? क्या रोगी में चिन्ता, विषाद तथा अन्य नकारात्मक संवेग की गंभीरता इतनी अधिक है कि उसे नियंत्रित करना संभव नहीं है? क्या क्षुब्धता उत्पन्न करने वाले मानसिक संघर्ष स्पष्टतः दिखलाई पड़ते हैं? क्या रोगी में मनोग्रस्तिज विचार (obsessional thoughts), स्मृति दोष, समस्या समाधान की अक्षमता आदि जैसी चीजें भी मौजूद हैं?

(स) नैदानिक देख-रेख की प्रेरणा तथा मानसिक स्वास्थ्य के प्रति पूर्वधारणा *(Motivation for clinical care for preconceptions about mental health)*—रोगी को उपचारगृह (clinic) में लाने पर उसके मन में क्या प्रत्याशाएँ (expectations) होती हैं? क्या वह यह उम्मीद करता है कि उसके रोग के लक्षण समाप्त हो जाएँगे या उसके व्यक्तित्व में परिवर्तन आ जाएगा या वह प्रभावशाली ढंग से व्यवहार करना प्रारंभ कर देगा? मानसिक रोग तथा मानसिक स्वास्थ्य के बारे में उनके अपने विचार कैसे हैं? क्या उनमें मनोवैज्ञानिक मानसिकता है? आदि-आदि प्रश्नों का उत्तर ढूँढ़ने का प्रयास किया जाता है।

(द) उपचारगृह में व्यवहार एवं वर्ताव *(Appearance and behaviour in clinic)*—क्या उपचारगृह में रोगी चिन्तित नजर आता है? क्या उसके व्यवहार से यह पता चलता है कि वह प्रतिरक्षा (defense) का सहारा प्रायः लेता है? क्या उसके व्यवहार से असहयोगिता का भाव दीखता है?

II. अभिव्यक्त व्यक्तित्व *(Manifest Personality)*—इसमें नैदानिक मनोवैज्ञानिक रोगी के निम्नांकित चार पहलुओं से संबद्ध प्रश्नों का उत्तर जानना चाहते हैं—

(अ) जैविक विशेषता *(Biological features)*—क्या रोगी का स्वास्थ्य ठीक है? उसका शारीरिक संगठन कैसा है? उसका मेडिकल इतिहास (medical history) क्या है?

(ब) चित्तप्रकृति *(Temperament)*—क्या रोगी तुनुकमिजाजी प्रकृति का है या उसे अपने संवेग पर नियंत्रण है? क्या वह आवेगशील (impulsive) है? क्या उसमें धनात्मक या ऋणात्मक संवेग की प्रबलता होती है? क्या उसके संवेग उम्र एवं परिस्थिति के अनुरूप है? क्या उसके हाव-भाव तनावपूर्ण एवं बाध्यकारी (compulsive) हैं?

(स) अभिव्यक्त व्यक्तित्व शीलगुण *(Manifest personality traits)*—रोगी अपने व्यक्तित्व को किन-किन शीलगुणों से युक्त पाता है? दूसरे लोग उसे किस गुणों के रूप में जानते हैं?

(द) अन्तर्वैयक्तिक व्यवहार *(Interpersonal behaviour)*—रोगी का व्यवहार दूसरे लोगों के साथ कैसा है? क्या दूसरे लोग उसे पसन्द करते हैं या उसकी प्रशंसा करते हैं? रोगी का अन्य लोगों के साथ प्राथमिक संबंध (primary relationship) कैसे हैं? उसके किस तरह के दोस्त हैं और उसकी संख्या कितनी है?

III. व्यक्तित्व गतिकी एवं संरचना *(Personality dynamics and structure)*—इसमें निम्नांकित तीन तरह की सूचनाओं से संबद्ध प्रश्न किए जाते हैं—

(अ) अभिप्रेरक एवं भावकृति *(Motives and affects)*—रोगी के प्रमुख चेतन एवं अचेतन अभिप्रेरक क्या है? वे कैसे आपस में संबंधित हैं? क्या उनमें आपस में संघर्ष होता है? रोगी की चिन्ता, दोष-भाव, बैरपूर्ण भाव आदि का संबंध किन वस्तुओं या व्यक्तियों से अधिक है? रोगी को सबसे आनन्द किस चीज से आता है?

(ब) नैतिक सिद्धान्त, सामाजिक मूल्य तथा मनोवृत्ति *(Moral principles, social values and attitudes)*—रोगी के मुख्य नैतिक सिद्धान्त कैसे हैं? उनके मुख्य विश्वास क्या हैं? क्या उसका अंतःकरण (conscience) सख्त है, दृढ़ एवं भ्रष्टाचारी (corruptible) है? क्या उनके विचार परिपक्व हैं या बचकाना है?

(द) अहंकार्य तथा अभिज्ञान *(Ego functions and Identity)*—इस संदर्भ में रोगी के अंह शक्ति (ego strength), रक्षात्मक एवं अभियोजनात्मक प्रक्रम (coping mechanism), चिन्तन संगठन (thought organization), प्रबुद्ध अभिज्ञान (identity) एवं आत्म-संप्रत्यय (self-concept) से संबंधित प्रश्नों को पूछकर सूचनाएँ एकत्रित की जाती हैं।

IV. सामाजिक निर्धारक तथा वर्तमान जीवन की परिस्थिति *(Social determinants and current life situation)*—इस शीर्षक के तहत निम्नांकित चार तरह की सूचनाएँ एकत्रित की जाती हैं—

(अ) समूह सदस्यता तथा भूमिकाएँ *(Group memberships and roles)*—रोगी किस तरह के सामाजिक समूह से अपना संबंध रखता है? रोगी के संदर्भ समूह (reference group) क्या हैं? क्या रोगी के सामाजिक एवं व्यक्तिगत अभिज्ञान (identity) में संगतता (congruency) हैं?

(ब) परिवार *(Family)*—रोगी का पारिवारिक संबंध कैसा है? रोगी का अपने माता-पिता, बच्चों तथा पति या पत्नी के साथ कैसा संबंध है? उसके वर्तमान पारिवारिक तंत्र कैसे कार्य कर रहे हैं? आदि।

(स) शिक्षा एवं कार्य *(Education and work)*—इसमें रोगी के स्कूल एवं कार्य-सम्बन्धी इतिहास तैयार किए जाते हैं। क्या रोगी अपने कार्य निष्पादन, आय एवं कार्य की अवस्थाओं से संतुष्ट है? क्या उसे कार्य से विश्राम मिलता है? उसके हॉबी या शौक (hobby) क्या हैं?

(द) सामाजिक पारस्थितिकी *(Social ecology)*—रोगी किस तरह के सामाजिक एवं भौतिक समाज में रहता है? क्या वह अपने घर में रहता है या दूसरों के घर में रहता है? क्या वह सामुदायिक कार्य में भाग लेता है? क्या उसका भौतिक वातावरण भीड़-भाड़ एवं कोलाहलपूर्ण है? आदि।

V. मुख्य तनाव एवं उससे निबटने की अन्त:शक्ति *(Major stresses and coping potential)*—रोगी के वर्तमान जिन्दगी में तनाव के मुख्य स्रोत क्या है? क्या ऐसे स्रोत का स्वरूप सामाजिक है या उनका स्वरूप कुछ ऐसा है जो उनके नियंत्रण से बाहर है, जैसे—बेरोजगारी, गरीबी आदि है? क्या ऐसे तनाव अन्तर्वैयक्तिक संबंध तथा विवाह या प्यार आदि के संबंधों में विफलता के कारण तो नहीं हुए हैं? अपनी प्रयासों से किस सीमा तक रोगी इन तनावों से बच पाता है? उसके पास किस तरह का सामाजिक उपाय इससे निबटने के लिए उपलब्ध है?

VI. व्यक्तित्व विकास *(Personality development)*—यहाँ रोगी के व्यक्तित्व विकास से संबंधित कुछ तथ्यों को इकट्ठा किया जाता है। इस सिलसिले में रोगी के प्रारम्भिक जीवन की अनुभूतियों एवं अन्य महत्त्वपूर्ण लोगों जैसे—माता-पिता, भाई-बहन आदि के संबंधों के स्वरूप की जानकारी के लिए कुछ प्रश्न किए जाते हैं।

VII. केस निर्माण *(Formulation of the case)*—यहाँ रोगी के निम्नांकित तीन पहलुओं के बारे में सूचना प्राप्त करने की कोशिश की जाती है—

(अ) व्यक्तित्व की संश्लिष्ट व्याख्या *(Synthetic interpretation of personality)*—यहाँ रोगी के प्रमुख वर्णनात्मक एवं संरचनात्मक पहलुओं को समझने की कोशिश की जाती है। संदर्भ में रोगी के मनोवैज्ञानिक क्षुब्धता (psychological disturbances) को समझने की कोशिश की जाती है। क्या ऐसा कोई सबूत मिलता है जिससे रोगी को अपनी विकृति (pathology) को और भी अधिक मजबूत करने में बल मिलता है?

(ब) सामान्य नैदानिक छवि *(Overall diagnostic impression)*—किसी मानक नाम पद्धति (nomenclature) के रूप में रोगी की अवस्था का क्या संज्ञा दी जानी चाहिए? रोगी के वर्तमान अवस्था की पहचान करने के लिए अन्य कौन-कौन-सी मनश्चिकित्सीय विशेषताओं (psychiatric diagnoses) पर पहल करना चाहिए। आदि।

(स) विशिष्ट दुष्क्रिया *(specific dysfunction)*—यहाँ यह निर्धारित करने की कोशिश की जाती है कि किन-किन क्षेत्रों में रोगी ठीक ढंग से कार्यरत रहता है तथा किन-किन क्षेत्रों में वह ठीक ढंग से कार्य नहीं कर पाता है? क्या रोगी में स्मृति दोष, चिन्तन दोष, तीव्र तंत्रिकातापी प्रणोदन (intense neurotic drive) आदि भी हैं जिसकी व्याख्या अलग से की जा सकती है?

VIII. सिफारिशें एवं पूर्वानुमान *(Recommendations and Predictions)*—केस अध्ययन का यह पहलू महत्त्वपूर्ण होता है और यहाँ निम्नांकित तीन अंशों पर बल डाला जाता है—

(अ) वांछित परिणाम *(Desired outcomes)*—यदि रोगी एक स्वस्थ व्यक्ति बनना चाहता है तो उसमें कौन-कौन गुणों या परिस्थितियों में परिवर्तन लाना आवश्यक है? उसकी प्रमुख वर्द्धन आवश्यकताएँ (growth needs) कौन-कौन हैं जो चिकित्सीय हस्तक्षेप के लिए महत्त्वपूर्ण तथ्य एवं लक्ष्य बन सके?

(ब) संभावित हस्तक्षेप (*Possible interventions*)—यहाँ निम्नांकित तीन पहलुओं के बारे में जानने का प्रयास की जाती है—

(i) पर्यावरणी एवं सामाजिक (*Environmental and social*)—क्या रोगी के जिन्दगी की वर्तमान अवस्थाओं में परिवर्तन कर देने से उसका मानसिक तनाव कम हो जाएगा? क्या रोगी के निकटतम संबंधी के साथ परामर्श किया जा सकता है जो उसके (रोगी के) जिन्दगी की वर्तमान अवस्थाओं में परिवर्तन लाकर उसके तनाव को कम कर सकता है?

(ii) मनोचिकित्सा (*Psychotherapy*)—क्या रोगी के लिए मनोचिकित्सा उपयोगी होगी? यदि हाँ, तो मनोचिकित्सा के किस प्रकार का उपयोग किया जाना चाहिए? क्या दी जाने वाली मनोचिकित्सा का स्वरूप वैयक्तिक (individual) या सामूहिक (group) होना चाहिए? आदि।

(iii) अन्य चिकित्सीय हस्तक्षेप (*Other therapeutic interventions*)—क्या रोगी के लिए मानसिक अस्पताल की सेवा उपलब्ध करना आवश्यक है? क्या रोगी को औषध (drugs) की आवश्यकता है? क्या रोगी को अन्य चिकित्सा जैसे वैद्युत-आघात चिकित्सा (electro-shock therapy) की जरूरत है?

(स) भविष्य के जिन्दगी का क्रम (*Course of the future life*)—नैदानिक हस्तक्षेप (clinical intervention) के बाद रोगी के भविष्य की जिन्दगी के बारे में किस तरह का पूर्वानुमान (prediction) लगाया जा सकता है? क्या अभी कोई ऐसी बात है जिसका पूर्वानुमेय परिणाम (predictable consequences) हो सकता है? रोगी को भविष्य में किस तरह का मनोवैज्ञानिक या सामाजिक हस्तक्षेप की जरूरत है?

केस अध्ययन के उपर्युक्त प्रारूप को मोटे तौर पर निम्नांकित प्रमुख शीर्षकों में बाँटा जा सकता है—

(i) परिचय-संबंधी सूचनाएँ (Indentifying information)—रोगी का नाम, उम्र, यौन, पता, धर्म, पेशा आदि।
(ii) समस्या (Problem)
(iii) चिकित्सक के पास आने का कारण (Reason for referral)
(iv) पारिवारिक इतिहास (Family history)
(v) स्वास्थ्य एवं मेडिकल इतिहास (Health & medical history)
(vi) स्कूल एवं शैक्षिक पृष्ठभूमि (School & educational background)
(vii) व्यक्तिगत एवं सामाजिक समायोजन (Personal & social adjustment)
(viii) कार्य एवं व्यावसायिक रिकार्ड (Work & occupational record)
(ix) वैवाहिक इतिहास एवं समायोजन (Marital history & adjustment)
(x) व्यक्तित्व वर्णन (Personality description)
(xi) सिफारिशें एवं पूर्वानुमान (Recommendations & Predictions)

केस अध्ययन (case study) के उपर्युक्त प्रारूप से यह स्पष्ट है कि इसमें रोगी के वर्तमान, भूत एवं भविष्य तीनों के बारे में एक स्थूल अंदाज लगाया जाता है। इसमें रोगी की वर्तमान समस्याओं के आलोक में संभावित नैदानिक हस्तक्षेप (clinical intervention) का भी व्योरा होता है।

फ्रायड (Freud, 1909) द्वारा 4 साल का बच्चा जिसका नाम हांस (Hans) था तथा जिसमें घोड़ा से डरने की अनुक्रिया विकसित हो गयी थी, का किया गया अध्ययन अधिक मशहूर है। उसी तरह से रोजेनथल (Rosenthal, 1963) द्वारा चार एकांडी चतुष्क (identical quadruplet) बहनों का केस अध्ययन जो 20 साल की उम्र में सभी के सभी मनोविदालिता के रोगी हो गयीं थी, काफी मशहूर हैं। ये चारों बहनें *गिनेन बहनें* (Genain sisters) के नाम से मशहूर हैं।

इस विधि के कुछ गुण एवं दोष हैं। नैदानिक दृष्टिकोण से इस विधि के प्रमुख गुण निम्नांकित हैं—

(i) इस विधि द्वारा रोगी के व्यक्तित्व-संबंधी समस्याओं का एक सम्पूर्ण तस्वीर मिलता है। इसका फल यह होता है कि नैदानिक मूल्यांकन (clinical assessment) की प्रक्रिया भरोसेमन्द (dependable) होती है।

(ii) नैदानिक केस अध्ययन विधि (clinical case study method) से नैदानिक मनोवैज्ञानिकों को वर्तमान समय में रोग के निदान (diagnosis) में मदद मिलती है तथा भविष्य में संभावित नैदानिक हस्तक्षेपों को विशिष्ट करने में काफी मदद मिलती है।

(iii) नैदानिक केस अध्ययन रोगी के रोग के स्वरूप को सही-सही समझने का एक विशेष आईना (mirror) होता है, (टाइलर, 1991)। इस तरह की विशिष्टता अन्य विधियों में नहीं मिलती है।

(iv) क्रेटोयविल, मौट्ट तथा डौडसन (Kratochwill, Mott & Dodson, 1994) के अनुसार, केस अध्ययन से किसी सिद्धान्त को समर्थन भी प्रदान किया जाता है। जैसे—सिगमंड फ्रायड ने छोटा बच्चा जिसका नाम हांस (Hans) था, के केस अध्ययन का उपयोग इस अर्थ में काफी किये। उनका यह पूर्ण विश्वास था कि हांस का यह केस से इस बात का पूर्ण समर्थन मिलता है कि लड़कों में मातृत्व मनोग्रन्थि (oedipus complex) होता है, इस तरह की मनोग्रन्थि से दुर्भीति (phobia) की व्याख्या होती है तथा वाल्यावस्था की लैंगिकता का व्यक्तित्व विकास में महत्त्वपूर्ण भूमिका होती है। हांस में इन सभी संप्रत्ययों को वे होते पाये थे।

(v) कुछ मनोवैज्ञानिकों का मत है कि केस अध्ययन द्वारा कुछ सैद्धान्तिक पूर्व कल्पनाओं (theoretical assumptions) को चुनौती भी दिया जा सकता है। जैसे—कुछ मनोवैश्लेषकों (psychoanalysts) का मत है कि अगर रोगी के स्पष्ट लक्षणों (overt symptoms) को व्यवहारपरक विधियों (behavioural techniques) से दूर करने की कोशिश की जाती है, तो रोगी में कुछ नये लक्षण विकसित हो जाएगें। इस प्रक्रिया, को *लक्षण प्रतिस्थापन* (symptom substituion) कहा जाता है। परन्तु वोल्प (Wolpe, 1986) तथा मार्अर तथा माऊर्र (Mowrer & Mowrer 1983) ने कई ऐसे अध्ययनों का उल्लेख किया है जिसमें रोगी को व्यवहार चिकित्सा की प्रविधियों से विश्लेषण करने पर बाद में किसी प्रकार का कोई नया लक्षण रोगी में नहीं विकसित हुआ। इससे यह स्पष्ट हो जाता है कि केस अध्ययन का एक विशेष लाभ यह भी है कि इसके द्वारा कुछ सैद्धान्तिक पूर्वकल्पनाओं को चुनौती दिया जाता है।

(vi) लेहमान (Lehman, 1999) के अनुसार केस अध्ययन का एक विशेष लाभ यह भी है कि इस विधि द्वारा कुछ वैसे असाधारण समस्याओं का भी आसानी से अध्ययन किया जा सकता है जो इतना कम होते हैं कि उनका न तो सामान्य प्रेक्षण किया जा सकता है और न ही तुलना। जैसे—नैदानिक मनोविज्ञान में बहु-व्यक्तित्व विकृति (multiple personality disorder) के बारे में प्राप्त तथ्य एवं सूचनाएँ स्पष्टतः एक महिला के केस अध्ययन पर ही आधारित था जिनके तीन वैकल्पिक व्यक्तित्व थे तथा प्रत्येक व्यक्तित्व की स्मृति, पसंद तथा व्यक्तिगत आदतें भिन्न-भिन्न थीं। यह केस *थ्री फेसेज ऑफ ईभ* (Three faces of Eve) के नाम से मशहूर है।

इन गुणों (merits) के बावजूद इस विधि की कुछ परिसीमाएँ (limitations) हैं जो निम्नांकित हैं—

(i) इस विधि का स्वरूप कुछ जटिल बतलाया गया है। इसमें सम्मिलित किए गए प्रश्नों को ठीक ढंग से तैयार करने के लिए नैदानिक सूझ-बूझ, समझ एवं कौशलता (skills) की काफी अधिक मात्रा में जरूरत पड़ती है। फलतः इसका प्रयोग एक अच्छे प्रशिक्षित एवं कुशल नैदानिक मनोवैज्ञानिक ही सही अर्थ में कर सकते हैं।

(ii) इस विधि का स्वरूप आत्मनिष्ठ (subjective) होता है। फलस्वरूप इसकी वैधता (validity) तथा विश्वसनीयता (reliability) संदेह के घेरे में होती है।

(iii) कुछ नैदानिक मनोवैज्ञानिकों का मत है कि केस अध्ययन विधि द्वारा अतिगंभीर रूप से मानसिक रोगों से ग्रस्त रोगिथों का नैदानिक मूल्यांकन (clinical assessment) नहीं किया जा सकता है। फलस्वरूप, इस विधि का कार्य-क्षेत्र सिमट कर साधारण मानसिक रोगों से ग्रसित रोगियों के नैदानिक मूल्यांकन तक ही रह जाता है।

इन अवगुणों या परिसीमाओं के बावजूद नैदानिक केस अध्ययन विधि की महत्ता नैदानिक मनोवैज्ञानिकों के लिए काफी अधिक बतलायी गयी है।

नैदानिक साक्षात्कार के अर्थ एवं स्वरूप
(Meaning and Nature of Clinical Interview)

साक्षात्कार नैदानिक मूल्यांकन (clinical assessment) तथा मनोचिकित्सा (psychotherapy) के लिए एक महत्त्वपूर्ण प्रविधि माना गया है। साक्षात्कार चाहे नैदानिक मूल्यांकन के लिए किया जा रहा हो या मनोचिकित्सा के लिए, इसमें रोगी तथा चिकित्सक के बीच प्रत्यक्ष (direct) रूप से एक आमने-सामने (face to face) परिस्थिति में एक निश्चित उद्देश्य के साथ अन्तःक्रिया (interaction) की जाती है। इसी अर्थ में कोरचीन[1] (Korchin, 1986) ने

1. "The interview, clinical or otherwise, is a conversation with a purpose. (Bingham & Moore, 1924)".
—Korchin : *Modern Clinical Psychology,* (1986, p. 169)

साक्षात्कार (interview) को इस प्रकार परिभाषित किया है, ''साक्षात्कार, नैदानिक या अन्य, एक उद्देश्य के साथ किया गया बातचीत है।'' (बिन्घम एवं मुर्रे, 1924)

मर्फी तथा डेविडशोफर[1] (Murphy & Davidshofer, 1988) के अनुसार, ''नैदानिक साक्षात्कार परीक्षक एवं परीक्षार्थी के बीच एक कम संरचित अन्तःक्रिया है।''

इन परिभाषाओं का विश्लेषण करने से हमें नैदानिक साक्षात्कार (clinical interview) के कुछ खास-खास विशेषताओं की ओर ध्यान जाता है। इन विशेषताओं में से निम्नांकित प्रमुख हैं—

(i) नैदानिक साक्षात्कार में अन्य सभी तरह के साक्षात्कार के ही समान परीक्षक अर्थात् चिकित्सक तथा परीक्षार्थी (examinee) अर्थात् रोगी के बीच एक अन्तःक्रिया (interaction) होती है।

(ii) नैदानिक साक्षात्कार मूलतः असंरचित (unstructured) होता है। इसका मतलब यह हुआ कि ऐसे साक्षात्कार में पूछे जाने वाले प्रश्नों का स्वरूप साक्षात्कार के ही दौरान रोगी के नैदानिक समस्या के स्वरूप के आलोक में निश्चित करके चिकित्सक पूछता है।

(iii) नैदानिक साक्षात्कार का मुख्य उद्देश्य रोगी से पूछ-ताछ कर ऐसे आँकड़ों (data) का संग्रह करना होता है जिसके आधार पर रोगी समस्याओं को समझने एवं उसे दूर करने की दिशा में कुछ महत्त्वपूर्ण सुझाव देने में सहुलियत हो। नैदानिक साक्षात्कार में रोगी के व्यवहार तथा चिकित्सक द्वारा उत्तेजित किए गए प्रतिक्रियाओं (reactions) द्वारा महत्त्वपूर्ण आँकड़ें मिलते हैं।

स्पष्ट हुआ कि नैदानिक साक्षात्कार रोगी तथा चिकित्सक के बीच एक ऐसा असंरचित साक्षात्कार (unstructured interview) होता है जिसका एक निश्चित उद्देश्य होता है।

नैदानिक साक्षात्कार के उद्देश्य
(Purposes of Clinical Interview)

नैदानिक साक्षात्कार के कुछ निश्चित उद्देश्य होते हैं। इसका सामान्य उद्देश्य नैदानिक मूल्यांकन (clinical assessment) के लिए महत्त्वपूर्ण आँकड़ा (data) प्रदान करना होता है। इसके अलावा इस तरह के साक्षात्कार के कुछ विशिष्ट उद्देश्य होते हैं जो निम्नांकित हैं—

(i) नैदानिक मूल्यांकन के अलावा नैदानिक कार्य को सम्पन्न करने के लिए विश्वसनीय अन्तर्वैयक्तिक संबंध (interpersonal relationship) स्थापित करना।

(ii) रोगी की समस्याओं के बारे में महत्त्वपूर्ण सूचना प्राप्त करना।

(iii) उपचार-गृह (clinic) के कार्यों, चिकित्सा तथा अन्य किसी तरह के नैदानिक कार्यक्रम से सभी को अवगत कराना।

(iv) अपनी समस्याओं से छुटकारा पाने के लिए तथा अपने-आप को उन्नत बनाने के लिए किए गए प्रयासों को सहारा देना।

उपर्युक्त उद्देश्यों या लक्ष्यों की प्राप्ति के ख्याल से नैदानिक मनोवैज्ञानिक नैदानिक साक्षात्कार करते हैं। इन उद्देश्यों में से जितना ही अधिक-से-अधिक उद्देश्य की पूर्त्ति होगी, साक्षात्कार की प्रबलता एवं महत्ता उतनी ही अधिक होगी।

नैदानिक साक्षात्कार के प्रकार
(Types of Clinical Interview)

नैदानिक साक्षात्कार के कई प्रकार बतलाये गए हैं। उद्देश्यों के अनुरूप ऐसे साक्षात्कार के स्वरूप में भी परिवर्तन होते हैं। नैदानिक साक्षात्कार के प्रमुख प्रकार निम्नांकित हैं—

(1) अंतर्ग्रहण-प्रवेश साक्षात्कार (Intake admission interview)

(2) केस इतिहास साक्षात्कार (Case history interview)

---

1. "The clinical interview represents a less structured interaction between the examiner and the examinee."
—Murphy & Davidshofer : *Psychological Testing,* 1988, p. 373

(3) नैदानिक साक्षात्कार (Diagnostic interview)

(4) प्राक्परीक्षण तथा पश्चपरीक्षण साक्षात्कार (Pretest and Posttest interview)

(5) विमर्श साक्षात्कार (Crisis interview)

(6) प्राक्चिकित्सा साक्षात्कार (Pretherapy interview)

(7) शोध साक्षात्कार (Research interview)

(8) मानसिक स्थिति परीक्षण (Mental Status Examination)

इन सबका वर्णन निम्नांकित हैं—

(1) अंतर्ग्रहण-प्रवेश साक्षात्कार (*Intake-admission interview*)—जैसा कि नाम से ही स्पष्ट है, इस तरह का साक्षात्कार वैसे साक्षात्कार को कहा जाता है जिसमें साक्षात्कारकर्त्ता तथा रोगी सूचनाओं का पारस्परिक आदान-प्रदान (mutual exchange) करते हैं ताकि रोगी की समस्याओं के बारे में क्या किया जा सकता है, इसके बारे में एक पारस्परिक निर्णय (mutual decision) किया जा सके। इस तरह के साक्षात्कार द्वारा रोगी को उपचार-गृह (clinic) के बारे में परिचय कराया जाता है तथा साक्षात्कार में रोगी की इच्छाएँ (wishes), उपचार के लिए प्रेरणा (motivation), उपचार-गृह से उसकी उम्मीदें (expectations) आदि पर बल डाला जाता है। अंतर्ग्रहण-प्रवेश साक्षात्कार प्रायः मनश्चिकित्सीय सामाजिक कार्यकर्त्ता (psychiatric social worker) द्वारा सम्बन्ध किये जाते हैं।

इस तरह के साक्षात्कार के मुख्य तीन उद्देश्य होते हैं—

(i) अंतर्ग्रहण-प्रवेश साक्षात्कार का उद्देश्य यह निश्चित करना होता है कि रोगी क्यों उपचार-गृह (clinic) में आया है और वह उपचार-गृह से क्या चाहता है?

(ii) अन्तर्ग्रहण-प्रवेश साक्षात्कार द्वारा यह निश्चित किया जाता है कि उपचार-गृह की सुविधाएँ एवं सेवाएँ कहाँ तक रोगी की आवश्यकताओं की पूर्त्ति कर सकता है।

(iii) अंतर्ग्रहण-प्रवेश साक्षात्कार द्वारा रोगी को उपचार-गृह का फीस, प्रविधियाँ (techniques), नीतियाँ (policies) तथा कार्यकर्त्ताओं की सक्षमता (competencies) के बारे में रोगी को बतलाया जाता है।

प्रायः अंतर्ग्रहण-प्रवेश साक्षात्कार आमने-सामने की परिस्थिति में किया जाता है परन्तु कभी-कभी उपचार-गृह में आने के पहले रोगी टेलिफोन द्वारा उपचार-गृह तथा वहाँ उपलब्ध सुविधाओं के बारे में पूछताछ करता है। ऐसी परिस्थिति में टेलिफोन साक्षात्कारकर्त्ता (telephone interviewer) को काफी सावधानीपूर्वक एवं कौशलतापूर्वक अपना कार्य करना पड़ता है।

अंतर्ग्रहण-प्रवेश साक्षात्कार की महत्ता को ट्रेसी (Tracy, 1977) ने अपने अध्ययन में दिखलाया है। इन्होंने अपने अध्ययन के आधार पर यह बतलाया है कि यदि अंतर्ग्रहण-प्रवेश साक्षात्कार सही-सही ढंग से किया जाता है, तो इससे अन्य दूसरे प्रकार के साक्षात्कार में तो सहुलियत होती ही है, साथ-ही-साथ इससे रोग की उपचार (treatment) की अवधि में सार्थक रूप में कमी आती है। वर्ग[1] (Berg, 1954) ने इस तरह के साक्षात्कार के नैदानिक महत्त्व (clinical importance) को इन शब्दों में आँका है, "यह कहना कोई अशियोक्ति नहीं होगी कि एक गड़बड़ अंतर्ग्रहण-प्रवेश साक्षात्कार से उपचार की अवधि लम्बी हो जाती है जबकि एक प्रभावशाली साक्षात्कार से उपचार की अवधि छोटी होती है।"

(2) केस-इतिहास साक्षात्कार (*Case-history interview*)—केस-इतिहास साक्षात्कार जिसे *सामाजिक-इतिहास साक्षात्कार* (Social-history interview) भी कहा जाता है, में जहाँ तक संभव हो पाता है, विस्तृत रूप से रोगी के व्यक्तिगत एवं सामाजिक इतिहास तैयार किया जाता है। इस तरह के साक्षात्कार में बचपनावस्था तथा वयस्कावस्था की अनुभूतियों के बारे में सूचना एकत्रित किया जाता है तथा इसमें शैक्षिक, लैंगिक, मेडिकल, धार्मिक, माता-पिता के प्रभावों एवं मनोविकृतियों से संबंधित तथ्यों को सम्मिलित किया जाता है। इस तरह के साक्षात्कार में रोगी द्वारा चेतन रूप से याद किए गए तथा वस्तुनिष्ठ ढंग से बतलाए गए तथ्यों पर अधिक बल डाला जाता है तथा रोगी की समस्याओं से संबंधित

---

1. **"It is no exaggeration to assert that a bungled intake-interview can prolong treatment while an effective one can shorten it." —Berg : *An Introduction to Clinical Psychology,* 1954, p. 103**

सांवेगिक अनुभूतियों (emotional experiences) की खोज एवं पहचान पर कम बल डाला जाता है। रोगी उपर्युक्त तथ्यों से संबंधित अनुभूतियों को कैसे अभिव्यक्त करता है—क्या वह उसकी अभिव्यक्ति खुले शब्दों में करता है या दबे शब्दों में करता है—को साक्षात्कार में अधिक महत्त्व दिया जाता है।

केस-इतिहास साक्षात्कार से रोगी के बारे में जो आँकड़े तैयार होते हैं, उसका विशेष फायदा (advantage) यह होता है कि उसके माध्यम से रोगी के व्यक्तित्व संरचना एवं कार्य (functioning) को समझने में काफी मदद मिलती है। इससे रोगी की समस्याओं को एक उचित ऐतहासिक-विकासात्मक संदर्भ (historical-developmental context) में समझने का भी मौका मिलता है। इससे उसके नैदानिक महत्त्व एवं चिकित्सीय आशय (therapeutic implication) को भी ठीक ढंग से समझने में मदद मिलती है।

केस-इतिहास साक्षात्कार में कौन-कौन से विधियों को सम्मिलित किया जा सकता है, इसके बारे में सुन्डवर्ग (Sundberg, 1977) ने एक सामान्य प्रारूप (general outline) प्रदान किया है जिसे मनोवैज्ञानिकों ने काफी लाभप्रद बतलाया है। इस प्रारूप में निम्नांकित 16 एकांशों (items) या विषयों को सम्मिलित किया गया है—

(i) पहचान संबंधी आँकड़े *(Indentifying data)*—इसमें रोगी का नाम, यौन, पेशा, पता, जन्म-तिथि, जन्म-स्थान, धर्म तथा शिक्षा आदि के बारे में सूचना एकत्रित किया जाता है।

(ii) उपचार-गृह *(Clinic)*—इसमें आने का कारण तथा वहाँ की सेवाओं के बारे में रोगी की प्रत्याशाओं (expectations)।

(iii) वर्तमान परिस्थिति *(Present situation)*—इसमें रोगी अपने दिन-प्रतिदिन के व्यवहार के बारे में बतलाता है तथा अपने हाल के संभावित परिवर्तनों के बारे में भी बतलाता है।

(iv) पारिवारिक समूह *(Family constellation)*—इसमें रोगी अपने परिवार के सदस्यों के व्यवहारों जैसे—माता के व्यवहार, पिता के व्यवहार तथा परिवार के अन्य सदस्यों के व्यवहारों के बारे में सूचना प्राप्त की जाती है। रोगी अपने परिवार में किए गए भूमिकाओं को भी अभिव्यक्ति यहाँ करता है।

(v) प्रारम्भिक संस्मृति *(Early recollections)*—इसमें रोगी बचपनावस्था में प्रमुख घटनाओं एवं संस्मृतियों का वर्णन करता है।

(vi) जन्म एवं विकास *(Birth and development)*—इसमें रोगी या उसके बारे में जानकारी रखने वाला कोई भी व्यक्ति यह बतलाता है कि वह किस उम्र में चलना प्रारंभ किया था, किस उम्र में बोलना प्रारंभ किया था, अपने उम्र के अन्य बच्चों की तुलना में उनकी कौन-कौन-सी समस्याएँ थीं तथा रोगी अपने बचपन की अनुभूतियों के प्रति कैसा विचार रखता था।

(vii) स्वास्थ्य *(Health)*—बचपन में उसके स्वास्थ्य कैसे थे, अभी उसका स्वास्थ्य कैसा है, किस गंभीर बीमारी से वह प्रभावित था या है, औषध या अल्कोहल लेने से संबंधित समस्या यदि कुछ हो तो, उसके बारे में भी रोगी बतलाता है।

(viii) शिक्षा एवं प्रशिक्षण *(Education and training)*—इसमें रोगी अपनी शिक्षा-दीक्षा के स्तर के बारे में बतलाता है तथा वह अपने विशेष अभिरुचियों एवं उपलब्धियों पर भी प्रकाश डालता है।

(ix) कार्य रिकार्ड *(Work record)*—वह कौन-सा नौकरी या कार्य करता है, उस कार्य से संतुष्टि एवं अपनी मनोवृत्ति का भी उल्लेख करता है।

(x) मनोरंजन एवं अभिरुचियाँ *(Recreation and interests)*—इसमें रोगी अपने ऐच्छिक कार्य, पढ़ाई, अभिरुचि, हॉबी (hobby) आदि के बारे में बतलाता है।

(xi) लैंगिक विकास *(Sexual development)*—इसमें रोगी अपने प्रथम लैंगिक अनुभूतियों को बतलाता है तथा लैंगिक क्रियाओं के प्रकार के बारे में भी बतलाता है।

(xii) वैवाहिक एवं पारिवारिक आँकड़े *(Marital and family data)*—इसमें वैवाहिक जिन्दगी की संतुष्टि के स्तर, अपने परिवार की कोई महान घटना, वर्तमान परिवार की तुलना पहले के परिवार से करके रोगी कुछ महत्त्वपूर्ण सूचना करता है।

(xiii) आत्मवर्णन *(Self-description)*—इसमें रोगी अपने कमजोरियों, विशेषताओं एवं अपने आदर्शों के बारे में बतलाता है।

(xiv) पसंद एवं जीवन के प्रमुख परिवर्तनशील बिन्दुएँ *(Choice and major turning points of life)*—यहाँ रोगी अपने जीवन के सबसे महत्त्वपूर्ण पसंद, निर्णय एवं परिवर्तन को उजागर करता है।

(xv) भविष्य के प्रति रुख *(View of the future)*—यहाँ रोगी अगले कुछ वर्षों में क्या घटने की उम्मीद करता है और इन घटनाओं के होने के लिए क्या जरूरी है, का अनुमानित व्योरा देता है।

(xvi) अन्य कोई सूचना *(Any other information)*—यहाँ रोगी को अपने बारे में वैसी सूचना देने को कहा जाता है जिसे अबतक उसे पूछा नहीं गया हो।

केस-इतिहास साक्षात्कार में सामान्यतः उपर्युक्त सूचनाओं को रोगी से ही पूछा जाता है। परन्तु कभी-कभी विशेष परिस्थिति में जैसे जब रोगी छोटा बालक है या किसी कारण से सूचना देने योग्य नहीं है या मानसिक रूप से दुर्बल (mentally retarded) है तो वैसी परिस्थिति में रोगी के परिवार के कोई सदस्य या वैसा कोई भी व्यक्ति जो रोगी के बारे में विस्तृत जानकारी दें सकता हो, सूचना देता है।

(3) निदानसूचक साक्षात्कार *(Diagnostic Interview)*—मनोरोगविज्ञानियों (psychiatrists) तथा नैदानिक मनोवैज्ञानिकों के लिए निदानसूचक साक्षात्कार का महत्त्व पहले और आज भी अन्य साक्षात्कार से अधिक है। इस तरह के साक्षात्कार की उत्पत्ति मानसिक अस्पतालों में क्रेपलिनियन ढंग से (Kraepelinian tradition) उपचार में हुई तथा इसे *मानसिक स्तर परीक्षा* (Mental status examination) भी कहा जाता है। जिसकी चर्चा अलग से आगे की गयी है। इस तरह के साक्षात्कार का प्रयोग अधिक गंभीर रूप से क्षुब्ध (disturbed) व्यक्तियों के लिए किया जाता है। इस साक्षात्कार में कुछ खास-खास निश्चित प्रश्नों को पूछकर नैदानिक मनोवैज्ञानिक या मनोरोगविज्ञानी रोगी के बारे में एक ऐसे निश्चित निदान (diagnosis) पर पहुँचते हैं कि उससे रोगी के लक्षणों, उसकी गंभीरता (severity), उसका इतिहास तथा भविष्य में होने वाले अभिव्यक्तियों (manifestations) के बारे में स्पष्ट रूप से पता चलता है। वेल्स एवं रूस्क (Wells & Ruesch, 1945) के अनुसार इस तरह के साक्षात्कार में रोगी की अभिव्यक्ति (expression) के ढंग, मुद्रा (posture), साक्षत्कार के दौरान विशिष्ट व्यवहार, संवेग, मनोदशा (moods), चिन्तन, बुद्धि तथा असमान्य मानसिक प्रवृत्तियों जैसे दुर्भीति (phobias) एवं स्थिर-व्यामोही विचार (paranoid ideas) आदि पर अधिक ध्यान दिया जाता है। कोरचिन (Korchin, 1986) के अनुसार इस तरह के साक्षात्कार द्वारा निम्नांकित छह तरह की सूचनाएँ प्राप्त करने की कोशिश की जाती है—

(i) बुद्धि एवं चिन्तन प्रक्रियाएँ *(Intellect and thought processes)*—इसमें रोगी के जटिल चिन्तन, लघुकालीन स्मृति (short-term memory), दीर्घ कालीन स्मृति (long-term memory), समस्या-समाधान क्षमता आदि का पता लगाया जाता है।

(ii) प्रत्यक्षण की विकृतियाँ *(Disorders of perception)*—इसमें रोगी के प्रत्यक्षण संबंधी विकृतियों जैसे—विभ्रम (hallucination), भ्रम (ilusions), तथा अन्य दूसरे तरह की संबद्ध विकृतियों का पता लगाया जाता है।

(iii) ध्यान एवं उन्मुखता *(Attention and Orientation)*—इसमें रोगी में समय ज्ञान, जगह एवं व्यक्तियों की पहचान, ध्यान केन्द्रित करने की क्षमता, ध्यान-भंगता आदि से संबंधित समस्याओं को निरूपित किया जाता है।

(iv) सांवेगिक अभिव्यक्ति *(Emotional expression)*—यहाँ यह सुनिश्चित करने की कोशिश की जाती है कि रोगी में प्रबलकारी संवेग, उसकी उपयुक्तता तथा गंभीरता कैसी है तथा रोगी को उसपर नियंत्रण की क्षमता कितनी है।

(v) सूझ एवं आत्म-संप्रत्यय *(Insight and self-concept)*—यहाँ यह सुनिश्चित किया जाता है कि रोगी में अपनी बीमारी एवं विकृतियों के संभावित कारणों को समझने की क्षमता कितनी है। उसका अपने प्रति विचार वास्तविक है या अतिरंजित (exaggerated) है।

व्यवहार एवं बाह्यकृति *(Behaviour and appearance)*—इसमें साक्षात्कार के समय रोगी की आनन अभिव्यक्ति, अभिव्यक्ति-संबंधी क्रियाएँ (expressive movements), दृश्यमान शारीरिक प्रतिक्रियाएँ (visible physiological reactions) एवं पोशाक आदि पर ध्यान दिया जाता है।

निदानसूचक साक्षात्कार में रोगी का प्रत्यक्ष प्रेक्षण (direct observation) उपर्युक्त क्षेत्रों में करके उसकी समस्याओं के स्वरूप एवं लक्षणों के बारे में एक सामान्य निष्कर्ष पर पहुँचा जाता है।

निष्कर्षतः यह कहा जा सकता है कि निदानसूचक साक्षात्कार की महत्ता निम्नांकित परिस्थितियों में होती है—

(i) जब साक्षात्कार का उद्देश्य रोगी के प्रारंभिक परख (preliminary screening) करना हो तो निदानसूचक साक्षात्कार काफी उपयोगी सिद्ध होती है।

(ii) ऐसे साक्षात्कार मनोविक्षिप्ति (psychosis) के रोगियों के लिए अधिक लाभप्रद तथा मनःस्नायुविकृति (psychoneurosis) के रोगियों के लिए बहुत कम लाभप्रद होता है।

(iii) जब इस तरह के साक्षात्कार को अन्य दूसरे तरह के मूल्यांकन प्रविधियों (assessment techniques) के साथ संयोजित (combined) करके उसका प्रयोग किया जाता है, तो ऐसे साक्षात्कार काफी लाभदायक सिद्ध होते हैं।

(4) प्राक्परीक्षण एवं पश्चपरीक्षण साक्षात्कार *(Pretest and Posttest interview)*—नैदानिक मूल्यांकन (clinical assessment) में मनोवैज्ञानिक परीक्षणों (psychological tests) विशेषकर बुद्धिपरीक्षण तथा व्यक्तित्व परीक्षण की काफी अहमियत बतलायी गयी है। प्राक्परीक्षण साक्षात्कार वैसे साक्षात्कार को कहा जाता है जो रोगी पर मनोवैज्ञानिक परीक्षणों को क्रियान्वयन करने के पहले सम्पन्न किया जाता है। कोई भी नैदानिक मनोवैज्ञानिक रोगी पर मनोवैज्ञानिक परीक्षण पहले सम्पर्क में ही प्रारंभ नहीं कर देते हैं बल्कि पहले से वे एक साक्षात्कार लेते हैं जिसे प्राक्परीक्षण साक्षात्कार (pretest interview) कहा जाता है। प्राक्परीक्षण साक्षात्कार के निम्नांकित दो उद्देश्य (purpose) होते हैं—

(i) रोगी के साथ एक सौहार्द्रपूर्ण संबंध कायम करना ताकि वास्तविक परीक्षण कार्य काफी अच्छे वातावरण में सम्पन्न हो सके।

(ii) वास्तविक परीक्षण प्रविधियों के बारे में रोगी को बतलाना। बहुत से रोगी के मन में मनोवैज्ञानिक परीक्षण-कार्य (testing) के प्रति अनावश्यक रूप से आशंकाएँ एवं डर बनी होती हैं जिनसे परिणाम प्रभावित होने की संभावना होती है। प्राक्परीक्षण साक्षात्कार में रोगी को परीक्षणों के स्वरूप, उनके उद्देश्य तथा उपयोगिताओं के बारे में बतलाया जाता है ताकि रोगी के मन से अनावश्यक आशंकाएँ एवं डर दूर हो जाएँ।

पश्चपरीक्षण साक्षात्कार (posttesting interview) वैसे साक्षात्कार को कहा जाता है जिसे रोगी पर परीक्षण-कार्य (testing) समाप्त होने के बाद किया जाता है। इस तरह के साक्षात्कार का उद्देश्य कुछ वैसे प्राक्कल्पनाओं (hypotheses) की जाँच करना है जिसे नैदानिक मनोवैज्ञानिक परीक्षण-कार्य (testing) करते समय बना रखते हैं। इस तरह के साक्षात्कार से प्राप्त आँकड़ों द्वारा परीक्षण परिणाम की वैधता (validity) की पुष्टि होती है तथा अन्य नैदनिक कार्यों में उसे विशेष मदद मिलती है।

(5) संकटकालीन साक्षात्कार *(Crisis Interview)*—संकटकालीन साक्षात्कार वैसे साक्षात्कार को कहा जाता है जिसमें साक्षात्कारकर्त्ता जो आवश्यक नहीं है कि एक नैदानिक मनोवैज्ञानिक ही हो, रोगी की समस्याओं का अध्ययन मौलिक रूप से करते हैं तथा उन्हें दूर करने के लिए कुछ तुरंत ही विशेष प्रावधान करते हैं। ऐसे साक्षात्कार औषधि सेवन से संबंधित समस्याओं, वैसे माता-पिता जो अपने बच्चों को गाली-गलौज से भयभीत रखते हैं, तथा वैसे व्यक्ति जिसमें 'अकेलापन' का भय काफी होता है, के लिए लाभदायक सिद्ध हुआ है। संकटकालीन साक्षात्कार वैसे मानसिक रोगियों को भी राह दिखलाता है जिन्हें यह नहीं मालूम होता है कि वे अपनी समस्याओं का निदान के लिए किस तरह के नैदानिक मनोवैज्ञानिक या मनश्चिकित्सक के पास जाएँ।

(6) प्राक्चिकित्सा साक्षात्कार *(Pretherapy interview)*—इस तरह के साक्षात्कार को *प्राक्उपचार साक्षात्कार* (pretreatment interview) भी कहा जाता है। इसी तरह का साक्षात्कार, जैसा कि नाम से ही स्पष्ट है, उपचार प्रारंभ होने के पहले सम्पन्न किया जाता है। अन्य दूसरे तरह के साक्षात्कार का उद्देश्य रोगी से कुछ सूचनाएँ प्राप्त करना होता है, परन्तु इस तरह के साक्षात्कार का उद्देश्य रोगी को चिकित्सीय विधि के बारे में कुछ सूचना देना, उन्हें चिकित्सा के प्रति अभिप्रेरित करना, उनके मन से चिकित्सा के बारे में अनावश्यक शंका एवं डर को दूर करना तथा एक ऐसा सामान्य वातावरण तैयार करना होता है जिसमें चिकित्सा संबंधी प्रस्तावित कार्यक्रम को रोगी द्वारा खुशी-खुशी स्वीकार किया जा सके। इस तरह के साक्षात्कार में रोगी को मनोचिकित्सा से होने वाले संभावित फायदों को तो बतलाया जाता है परन्तु इस सिलसिले में रोगी से कोई वादा नहीं किया जाता है। इसमें नैदानिक मनोवैज्ञानिक विस्तृत विचार-विमर्श (discussion) करके रोगी में चिकित्सीय विधियों के प्रति तीव्र अभिप्रेरणा (strong motivation) जगाने की कोशिश करता है।

(7) शोध साक्षात्कार *(Research interview)*—शोध साक्षात्कार वैसे साक्षात्कार को कहा जाता है जिसका

उद्देश्य रोगी के बारे में कुछ जाननां नहीं होता है बल्कि कुछ खास-खास शोध प्रश्नों के बारे में उत्तर जानना होता है। ऐसे शोध प्रश्नों का संबंध स्पष्टतः रोगी की समस्याओं से ही होता है। शोध साक्षात्कार अधिक संरचित (structured) होते हैं तथा किसी निश्चित समस्या पर केन्द्रित होते हैं। साक्षात्कार का प्रारूप (form) एवं विषय (content) किसी रोगी की विशेष आवश्यकता द्वारा निर्धारित न होकर अध्ययन के प्रमुख उद्देश्यों द्वारा निर्धारित होते हैं। शोध साक्षात्कारकर्त्ता सभी रोगियों से एक ही शोध समस्या के बारे में एक ही तरह के प्रश्नों को समान निश्चित क्रम में पूछता है और उनके द्वारा दिए गए उत्तरों का आपस में तुलना करके एक निश्चित निष्कर्ष पर पहुँचता है। जैसे—शोध साक्षात्कारकर्त्ता (research interviewer) साक्षात्कार कर यह सुनिश्चित करने की कोशिश कर सकता है कि किस ढंग से साक्षात्कार आक्रमकता (aggression) की मात्रा को मापता है ताकि हमलोग बाद में उसे आक्रामक व्यवहार (aggressive behaviour) के साथ सहसंबंधित कर सकें? कहाँ तक सांवेगिक विशेषणों के प्रयोग के बाद में कुंठा उत्पन्न करने वाली परिस्थितियों में रोगी द्वारा किए जाने वाले व्यवहार की व्याख्या होती है? आदि-आदि प्रश्नों का उत्तर शोध साक्ष्तत्कार के माध्यम से दी जाने की कोशिश की जाती है।

(8) मानसिक स्थिति परीक्षा *(Mental Status Examination)*—मानसिक स्थिति परीक्षा (या मानसिक स्थिति साक्षात्कार) सचमुच में मनोरोगविज्ञानी प्रथा (psychiatric tradition) की उपज है। हालांकि इसे साक्षात्कार का ही एक विशेष प्रारूप माना गया है, वास्तव में यह एक ऐसा प्रोटोकोल (protocol) होता है जिसके माध्यम से क्लायंट के बारे में चिकित्सक अपने प्रेक्षणों (observations) को संगठित करता है। सचमुच में यह मेडिकल डॉक्टरों द्वारा रोगी का किया गया दैहिक परीक्षण (physical examination) के तुल्य होता है। इस तरह की परीक्षा पूरे साक्षात्कार के दौरान चलती रहती है परंतु नैदानिक विशेषज्ञ कुछ खाश तरह के व्यवहारों के बारे में जानने के लिए कुछ प्रश्न करते हैं। सियास्सी (Siassi, 1984) का मत है कि मानसिक स्थिति परीक्षण प्रेक्षण नैदानिक साक्षात्कार की पूरी अवधि तक होनी चाहिए तथा अन्त में नैदानिक विशेषज्ञ को कुछ विशेष घटना/व्यवहार के बारे में जानने के लिए प्रश्न करना चाहिए। हेकर एवं थोर्प (Hecker & Thorpe, 2005) के अनुसार मानसिक स्थिति परीक्षा में निम्नांकित प्रमुख बिन्दुओं पर नैदानिक विशेषज्ञ विशेष रूप से ध्यान देते हैं—

(1) सामान्य प्रकरण तथा व्यवहार *(General appearance and behaviour)*—इसके तहत नैदानिक विशेषज्ञ क्लायंट के हाव-भाव, पोशाक, व्यक्तिगत स्वास्थ्य (personal hygiene), उसकी सक्रियता (activity) स्तर आदि पर विशेष रूप से ध्यान देते हुए प्रेक्षण करते हैं।

(2) संभाषण एवं चिन्तन *(Speech and thought)*—यहाँ नैदानिक विशेषज्ञ इस बात का प्रेक्षण करते हैं कि क्या क्लायंट का संभाषण (speech) में संगतता (cohesiveness) है? क्या वह एक सामान्य रूप से बात-चीत करता है? क्लायंट बहुत देर तक बात-चीत के दौरान चुप रहता है? क्या क्लायंट को अपनी भावों की अभिव्यक्ति करने में कठिनाई का अनुभव होता है? क्या उसके चिन्तन में व्यामोही तत्त्व (delusional element) है? आदि आदि।

(3) चेतना *(Consciousness)*—यहाँ कुछ इस तरह के प्रश्नों पर विशेष रूप से नैदानिक विशेषज्ञ ध्यान देते हैं—क्या क्लायंट सतर्क तथा ध्यानमग्न रहता है? क्या उसके चेतन में अस्पष्टता रहती हैं? आदि।

(4) प्रत्यक्षण *(Perception)*—क्या क्लायंट में साक्षात्कार या इसके पूर्व विभ्रम (hallucinations) के सबूत उपलब्ध हैं? जैसे प्रश्नों का प्रेक्षण यहाँ किया जाता है।

(5) मनोग्रस्ति *(Obsession)* **एवं बाध्यता** *(Compulsions)*—क्या क्लायंट बाध्यतापूर्ण व्यवहार (compulsive behaviour) (जैसे, बार-बार अपने नब्ज की जाँच करना) करता है? क्या क्लायंट बार-बार एक ही तरह के चिन्तन में अपने को लीन रखता है? क्या वह अपने मनोग्रस्ति तथा/या बाध्यता से उत्पन्न चिड़चिड़ापन से अवगत है? आदि प्रश्नों पर विशेष रूप से विचार किया जाता है।

(6) उन्मुखता *(Orientation)*—क्या क्लायंट यह समझता है कि वह कहाँ है? वर्ष, सप्ताह तथा दिन आज कौन-सा है? अभी कितना समय हुआ है? आदि प्रश्नों पर यहाँ विचार किया जाता है।

(7) स्मृति *(Memory)*—क्या क्लायंट पहले घटे घटनाओं के बारे में बतला पाता है? क्या कुछ सेकंड या मिनट पहले की घटनाओं को याद रखता है? आदि प्रश्नों पर यहाँ विचार किया जाता है तथा प्रेक्षण किया जाता है।

(8) ध्यान एवं सांकेन्द्रिता *(Attention and Concentration)*—क्या क्लायंट का ध्यान आसानी से विकर्षित

(distracted) हो जाता है या वह किसी वस्तु या घटना पर ध्यान लम्बे समय तक केन्द्रित करके रख पाता है? प्रायः इसकी जाँच करने के लिए क्लायंट को 100 से 7 घटाते हुए पीछे की दिशा में गिनती करने के लिए कहा जाता है। इसे नैदानिक विशेषज्ञों ने 'क्रम 7' (serial 7) की संज्ञा दिया है।

(9) सामान्य सूचना *(General Information)*—क्या क्लायंट सामान्य सूचनाओं को उदाहरणार्थ, भारत का राष्ट्रपति कौन है? गंगा नदी कहाँ से निकलती है? भारत के प्रथम मुख्य न्यायाधीश कौन थे? आदि जैसे प्रश्नों का उत्तर दे पाता है? पर विचार करते हुए नैदानिक विशेषज्ञ प्रेक्षण करते हैं।

(10) बुद्धि *(Intelligence)*—इसमें नैदानिक विशेषज्ञ क्लायंट के तर्कणा क्षमता (reasoning abilities), शब्दावली (vocabulary), सामान्य सूचनाएँ जिनसे उनके बौद्धिक स्तर के बारे में एक सामान्य अनुमान लगाया जा सके, के बारे में प्रेक्षण करते हैं।

(11) सूझ एवं निर्णय *(Insight and Judgement)*—क्या क्लायंट अपनी समस्याओं का एक संगत प्रस्तुति कर पाता है? क्या वह किसी क्रिया/या व्यवहार के संभावित परिणाम (probable outcome) को समझ पाता है? आदि जैसे प्रश्नों पर विचार कर उनका प्रेक्षण किया जाता है।

(12) उच्चतर संज्ञानात्मक कार्य *(Higher Cognitive functioning)*—क्या क्लायंट अमूर्त रूप से सोच सकता है? इसकी जाँच करने के लिए प्रायः नैदानिक विशेषज्ञ क्लायंट को किसी मुहावरे या कहावत का अर्थ बतलाने के लिए कह सकते हैं जिसमें उसे अमूर्त ढंग से चिन्तन करने की आवश्यकता पड़ती है। जैसे क्लायंट से पूछा जा सकता है कि ''सौ चूहे खाकर बिल्ली हज को'' का अर्थ बतलावें।

उपर्युक्त मानसिक स्थिति परीक्षा (mental status examination) एक असंरचित मानसिक स्थिति परीक्षण (unstructureed mental status examination) का उदाहरण है जिसके प्रमुख दो दोष (limitations) बतलाये गए हैं—

(a) इस तरह के मानसिक स्थिति परीक्षण की विश्वसनीयता (reliability) पर लोगों ने संदेह जाहिर किया है। नैदानिक विशेषज्ञों के बीच इस बिन्दु पर पर्याप्त मतभेद है कि इस परीक्षण के भीतर आने वाले विभिन्न क्षेत्रों का मापन कैसे किया जाए तथा क्लायंट द्वारा बतलाये गए अनुक्रियाओं की वास्तविक व्याख्या किस तरह से की जाय।

(b) इस तरह की असंरचित मानसिक स्थिति परीक्षा में मानकीय आँकड़ों (normative data) की कमी होती है। इस कमी के कारण क्लायंट द्वारा दिये गए अनुक्रियाओं की तुलना किसी मानक (norms) से नहीं हो पाती है। फलतः उनकी व्याख्या अधूरी एवं अर्थहीन रहती है।

इन आलोचनाओं को दूर करने के ख्याल से कई संरचित मानसिक स्थिति परीक्षा (structured mental status examination) विकसित किया गया है। ऐसे परीक्षाओं में सबसे लोकप्रिय *'मिनी मेंटल स्टेट्स एक्जामिनेशन'* (Mini Mental Status Examination) है। इस परीक्षा में कुल 30 एकांश (items) हैं जिनका उत्तर देने में सामान्यतः 10 मिनट का समय लगता है। इसके द्वारा उन्मुखता (orientation), प्रत्याह्वान, लघुकालीन स्मृति (short-term memory), अवधान/सांकेन्द्रिता (attention/concentration), भाषा बोध (language comprehension) आदि का प्रेक्षण किया जाता है। इस परीक्षा की खाशियत यह है कि इसका मानक (norms) भी उपलब्ध है तथा यह विच्छेद प्राप्तांक (cut-off score) भी प्रदान करता है जिसकी तुलना सामान्य (normal), विक्षिप्त (demented) तथा मनोरोगीय जीव-संख्या (psychiatric population) से आसानी से की जा सकती है तथा इसके आधार पर एक अर्थपूर्ण निष्कर्ष पर पहुँचा जा सकता है। इसके बावजूद, इस संरचित मानसिक स्थिति परीक्षा का दोष यह है कि यह क्लायंट के लिखित एवं शाब्दिक (verbal) अनुक्रियाओं पर अधिक बल डालता है। फलतः इसका उपयोग वैसे क्लायंट के लिए बहुत वैज्ञानिक नहीं रह जाता है जिसका अंग्रेजी द्वितीय भाषा (second language) के रूप में होता है।

स्पष्ट हुआ कि नैदानिक साक्षात्कार के कई प्रकार हैं। नैदानिक दृष्टिकोण से इन साक्षात्कारों में निदानसूचक साक्षात्कार (diagnostic interview), केस-इतिहास साक्षात्कार (case-history interview) का महत्त्व अन्य साक्षात्कारों से अधिक है।

नैदानिक साक्षात्कार के चरण या अवस्थाएँ
(Steps or Stages of Clinical Interview)

नैदानिक साक्षात्कार के कुछ निश्चित उद्देश्य होते हैं जिनमें रोगी के बारे में नैदानिक सूचना प्राप्त करना तथा उन्हें अपनी समस्याओं से छुटकारा पाने के लिए मार्गदर्शन करना प्रमुख है। इन उद्देश्यों की पूर्ति के लिए यह आवश्यक है कि नैदानिक साक्षात्कार किस तरह से एवं किन अवस्थाओं से होकर सम्पन्न होता है, इस पर ध्यान दिया जाए। ऐसी अवस्थाओं (stages) को सामान्यतः तीन भागों में बाँटा गया है—

(अ) प्रारंभिक अवस्था (Opening phase)
(ब) मध्य अवस्था (Middle phase)
(स) अन्तिम अवस्था (Final phase)

इन तीनों अवस्थाओं का वर्णन निम्नांकित है—

(अ) प्रारंभिक अवस्था *(Opening phase)*—इस प्रारंभिक अवस्था में नैदानिक मनोवैज्ञानिक या चिकित्सक नम्रतम ढंग से रोगी को विश्वास में लेते हुए नैदानिक अन्तःक्रिया (interaction) प्रारंभ करता है। सचमुच में चिकित्सक अपने को मेजबान (host) तथा रोगी को एक मेहमान (guest) की निगाह से देखता है। एक मेजबान के रूप में पहले उससे बहुत ही अनौपचारिक ढंग से यह पूछता है कि उसे उपचारगृह (clinic) खोजने में कोई कठिनाई तो नहीं हुई, अपना परिचय देता है और रोगी से उनका परिचय अति सामान्य ढंग से पूछता है।

उपर्युक्त प्रारंभिकताओं के पूरा होते-होते ऐसे उम्मीद की जाती है कि रोगी अपने को उपचार-गृह (clinic) के नये वातावरण में ठीक ढंग से समायोजित कर लेता है। इसके बाद चिकित्सक रोगी से पहला नैदानिक प्रश्न अतिसामान्य ढंग से पूछता है, ''आप बतलायें कि आपको किस तरह की समस्या ने यहाँ आने के लिए बाध्य कर दिया।'' रोगी इस प्रश्न के उत्तर के रूप में अपनी वर्तमान समस्याओं एवं कठिनाइयों पर खुले शब्दों में बतलाना प्रारंभ कर देता है। चिकित्सक बीच-बीच में उत्सावर्द्धक प्रश्नों को पूछकर रोगी का हौसला बुलन्द करते हैं और रोगी अपनी समस्याओं का पर्दाफाश करता जाता है। इस अवस्था में चिकित्सक कम-से-कम प्रश्नों को पूछता है ताकि रोगी अपनी समस्याओं को अपने ढंग से खुले शब्दों में अभिव्यक्त कर सके। इस तरह से इस अवस्था में चिकित्सक न तो गहन पूछताछ करता है और न ही मूकदर्शक की ही भूमिका निभाता है। बीच-बीच में हल्का-फुल्का टिप्पणी करते हुए साक्षात्कार को आगे बढ़ने देता है। इस प्रारम्भिक अवस्था में रोगी कभी-कभी काफी चिन्तित दीख पड़ता है और उसके मन में तरह-तरह की आशांकाएँ रहती हैं। चिकित्सक रोगी को अधिक-से-अधिक प्रोत्साहन देकर एवं उसमें ध्यानमग्न अभिरुचि (attentive interest) दिखलाकर उनकी इन आशंकाओं से उन्हें मुक्त करता है। इस कार्य को चिकित्सक कुछ उदाहरण देकर न की व्याख्या प्रस्तुत कर आसानी से कर लेते हैं। रोगी अपनी समस्याओं की अभिव्यक्ति करते समय कुछ दुःखद संवेगों एवं भावों से घिर जाता है। ऐसी परिस्थिति में चिकित्सक सहानुभूति एवं स्नेह दिखलाकर उनके दुःखद भावों एवं संवेगों के प्रभावों को कम करने की कोशिश करता है।

संक्षेप में, इस अवस्था में चिकित्सक रोगी को अपने बारे में परिचय देने, अपनी वर्तमान समस्याओं के बारे में बतलाने तथा उपचार-गृह में आने के कारणों पर प्रकाश डालने के लिए कहता है। उनके इस प्रयास में चिकित्सक बीच-बीच में कुछ उत्साहवर्द्धक प्रश्नों को पूछकर रोगी का हौसला बुलन्द रखता है।

(ब) मध्य अवस्था *(Middle phase)*—इस अवस्था में चिकित्सक रोगी की समस्याओं एवं चरित्र के बारे में एक सामयिक प्राक्कल्पना (provisional hypothesis) बना लेने के उद्देश्य से उनकी समस्याओं की गहराई में जाकर पूछ-ताछ करता है। जैसे—चिकित्सक निम्नांकित चार तरह के प्रश्नों का उत्तर इस अवस्था में जान लेना चाहते हैं—

(i) रोगी की वर्तमान शिकायत तथा समस्यात्मक लक्षण (problematic symptoms) क्या है? उसके जिन्दगी के वर्तमान हालात क्या हैं?

(ii) क्या उसकी जिन्दगी में अभी हाल में ही कुछ ऐसे तनावपूर्ण घटना घटे जिससे उनका समायोजन प्रक्रम (adjustment mechanism) इतना अधिक क्षुब्ध हो गया कि उसे वर्तमान समस्या से जूझना पड़ रहा है?

(iii) रोगी किस तरह का व्यक्ति है? उसके व्यक्तित्व के शीलगुण, चरित्र, क्षमताएँ, कमजोरियाँ, संघर्ष, भाव, संवेग आदि कैसे हैं? क्या हाल में ही उसके व्यवहारों में कोई महत्त्वपूर्ण परिवर्तन आया था? आदि-आदि।

(iv) क्या रोगी की वर्तमान समस्या के पीछे कोई संगत (relevant) आंगिक कारक (organic factor) है जिसके कारण उन्हें मेडिकल उपचार (medical treatment) की जरूरत है?

चूँकि उपर्युक्त सभी क्षेत्रों का गहन रूप से परख तो संभव नहीं हो पाता है अतः चिकित्सक को मात्र उतने ही तरह की सूचनाओं से अपने-आप को संतुष्ट होना पड़ता है जिसके आधार पर वे रोगी की समस्याओं के बारे में कम-से-कम एक सामयिक प्राक्कल्पना (provisional hypothesis) बना सकने में समर्थ हो सके।

इस अवस्था के साक्षात्कार में कोई निश्चित प्रश्न या विषय नहीं होते हैं जिसपर विशेष ध्यान देने का प्रश्न उठता है। चिकित्सक रोगी द्वारा दिए गए उत्तरों में से ही कुछ संकेत तथा प्रसंग (references) को चुन लेता है तथा उसका प्रयोग उपयुक्त मोड़ पर करके रोगी की वर्तमान समस्या के बारे में जानना चाहता है। जैसे—रोगी द्वारा अपने परिवार के सदस्यों के बारे में बता दिए जाने के बाद चिकित्सक यह पूछ सकता है, ''अभी आपने अपने माता के बारे में जिक्र किया था। क्या आप उनके बारे में और कुछ कह सकते हैं?'' इस अवस्था के साक्षात्कार में चिकित्सक की यह भरपूर कोशिश रहती है कि वह उन विषयों पर अधिक-से-अधिक ध्यान दे जिससे उनकी वर्तमान समस्या (problems) एवं लक्षणों को समझने में मदद मिलती है। रोगी द्वारा पुनरावर्त्ती प्रसंगों (repetitive references) पर तथा उन प्रसंगों पर जिनके बारे में वह थोड़ा-सा कहकर निकल जाना चाहता है या फिर काफी विस्तार से वर्णन करता है, चिकित्सक विशेष ध्यान देता है क्योंकि ऐसे प्रसंग रोगी के वर्तमान लक्षणों एवं समस्याओं को समझने में अधिक लाभकारी सिद्ध होते हैं।

(स) अन्तिम अवस्था (*Final phase*)—नैदानिक साक्षात्कार की इस अन्तिम अवस्था में साक्षात्कार समाप्त होता है। साक्षात्कार समाप्त करने के पहले रोगी में उपचार-गृह से बाहर आने के बाद भी मानसिक शांति बना रहे, इसके लिए चिकित्सक को विशेष तरह से रोगी के साथ पेश आना पड़ता है। साक्षात्कार सचमुच में रोगी के लिए कठिन अनुभूति होती है क्योंकि वह अपने दुःखद अनुभूतियों एवं चिन्ताओं को चिकित्सक से कह चुका होता है। ऐसा सोच-सोच कर वह बाद में परेशान एवं चिन्तित हो सकता है। चिकित्सक रोगी के प्रति पर्याप्त सहानुभूति दिखलाकर उनसे घर जाकर आराम करने की सलाह देता है। इस बिन्दु पर चिकित्सक को एक सावधानी यह बरतनी पड़ती है कि वह रोगी के प्रति सहानुभूति दिखलाते समय उसकी माँगों तथा इच्छाओं के प्रति आँख मूँदकर दिखलाया गया अनुमोदन या शर्तहीन स्नेह (unconditional affection) नहीं दिखलावे क्योंकि इससे रोगी को हानि अधिक तथा लाभ कम होता है। जहाँ तक संभव हो, चिकित्सक को रोगी के वर्तमान भावनाओं, इच्छाओं, आवश्यकताओं का कद्र करते हुए भविष्य में किए जाने वाले नैदानिक हस्तक्षेप (clinical intervention) की ओर उन्हें उन्मुख करना चाहिए।

स्पष्ट हुआ कि नैदानिक साक्षात्कार की तीन अवस्थाएँ होती हैं। इन तीन अवस्थाओं में मध्य अवस्था (middle phase) ही साक्षात्कार की मुख्य अवस्था होती है जहाँ से रोगी के बारे में विशेषकर उनकी समस्याओं के बारे में चिकित्सक को सर्वाधिक सूचना मिल पाती है।

नैदानिक साक्षात्कार की विश्वसनीयता एवं वैधता
(Reliability and Validity of Clinical Interview)

नैदानिक साक्षात्कार की विश्वसनीयता (reliability) तथा वैधता (validity) दो ऐसे पहलू हैं जिनसे नैदानिक मूल्यांकन (clinical assessment) की उपयोगिता सीधे प्रभावित होती है। एक विश्वसनीय एवं वैध नैदानिक साक्षात्कार से नैदानिक मूल्यांकन की उपयोगिता काफी बढ़ जाती है।

नैदानिक साक्षात्कार की विश्वसनीयता से तात्पर्य इस बात से होता है कि दो या दो से अधिक चिकित्सक (clinicians) एक ही रोगी के बारे में प्राप्त एक ही तरह के साक्षात्कार आँकड़ों का विश्लेषण करके एक ही तरह के निष्कर्ष पर पहुँच रहे हैं। मैटाराजो (Matarazzo, 1965) ने साक्षात्कार पर आधारित कई मनश्चिकित्सीय निदानों (psychiatric diagnosis) की समीक्षा किया। उन्होंने अपने समीक्षा के आधार पर यह बतलाया कि अधिकतर ऐसे साक्षात्कार की विश्वसनीयता (reliability) काफी कम थी। स्कौट (Scott, 1958), मेहलमैन (Mehlman, 1952) तथा जिगलर एवं फिलिप्स (Zigler & Phillips, 1961) ने भी अपने-अपने अध्ययनों में नैदानिक साक्षात्कार की विश्वसनीयता पर शक जाहिर किया है।

नैदानिक साक्षात्कार की विश्वसनीयता की कमी के कई कारण बतलाए गए हैं जिनमें निम्नांकित प्रमुख हैं—

(i) रौटर (Rotter, 1954) के अनुसार अधिकतर साक्षात्कारकर्त्ता साक्षात्कार के विशिष्ट लक्ष्य (specific goal)

को परिभाषित नहीं करते हैं। उन्हें यह पता नहीं होता है कि ऐसे साक्षात्कार के आधार पर क्या पूर्वकथन (prediction) किया जाता है तथा वे कौन-कौन कसौटियाँ (criteria) हैं जिनसे साक्षात्कार को संबंधित किया जा सकता है। इन महत्त्वपूर्ण तथ्यों के अभाव में साक्षात्कार की विश्वसनीयता कम होना स्वाभाविक है।

(ii) रौटर (Rotter, 1954) ने ही अपने अध्ययन के आधार पर यह बतलाया है कि नैदानिक साक्षात्कार में प्रायः उन शीलगुणों को जिनका आकलन करना है, ठीक ढंग से परिभाषित नहीं की जाती है। फलस्वरूप ऐसे साक्षात्कार की विश्वसनीयता कम हो जाती है। जैसे—उपर्युक्त परिभाषा के अभाव में अहम् शक्ति (ego strength) का अर्थ दो साक्षात्कारकर्त्ता अलग-अलग ढंग से लगायेंगे। ऐसी परिस्थिति में साक्षात्कार की विश्वसनीयता (reliability) का कम होना बिलकुल ही स्वाभाविक है।

(iii) नैदानिक साक्षात्कार में विश्वसनीयता की कमी का एक कारण साक्षात्कार का अपना पूर्वाग्रह (prejudice or bias) बतलाया गया है। चयनात्मक प्रत्यक्षण (selective perception), अपनी आवश्यकता एवं उम्मीदों को दूसरों पर प्रक्षेपित करना, दूसरों के व्यवहारों के प्रति अतिसवंदेनशीलता (over sensitivity) तथा साक्षात्कारकर्त्ता की विभिन्न मनोवृत्तियाँ आदि कुछ ऐसे पूर्वाग्रह है जो चिकित्सक में पाये जाते हैं और इनसे साक्षात्कार की विश्वसनीयता प्रभावित होती है। इस तथ्य की पुष्टि राईस (Rice, 1929) तथा काहालान एवं उनके सहयोगियों (Cahalan et al., 1947) ने अपने अध्ययन के आधार पर किया है।

जहाँ तक नैदानिक साक्षात्कार की वैधता (validity) का प्रश्न है, यहाँ भी तस्वीर धुँधली ही है। जब नैदानिक साक्षात्कार अपने उद्देश्यों का पूर्वानुमान लगाने में खरा उतरता है, तो समझा जाता है कि उसकी वैधता बनी हुई। कई अध्ययनों से यह स्पष्ट हुआ कि नैदानिक साक्षात्कार के आधार पर किए गए पूर्वानुमान गलत साबित हुए हैं। इतना ही नहीं, ऐसे साक्षात्कार की वैधता को किसी वस्तुनिष्ठ कसौटी (objective criteria) के अभाव में भी ज्ञान करना संभव नहीं हो पाया है। जैनिस (Jains, 1958) ने अपने अध्ययन में बतलाया कि अस्पताल में भर्ती किए गए मेडिकल रोगियों ने ऑपरेशन के कुछ ही दिनों बाद ऑपरेशन से पहले मन में उत्पन्न चिन्ता, डर एवं आशंकाओं को बतलाने में असमर्थ रहे। चूँकि इन अनुभूतियों को रोगी भूल जाता है या उनका विकृत प्रत्याह्वान (distorted recall) करता है, अतः उससे साक्षात्कार की वैधता कम हो जाती है। कैनफर एवं फिलिप्स (Kanfer & Phillips, 1970) ने भी उपर्युक्त तथ्य की पुष्टि की है और कहा है कि चूँकि व्यक्ति का आत्म-प्रतिवेदन (self-reports) बहुत हद तक व्यक्ति के शिक्षण इतिहास एवं वर्तमान उद्दीपक परिस्थितियों द्वारा निर्धारित होता है, अतः साक्षात्कार के आधार पर किया गया पूर्वानुमान में त्रुटियाँ (errors) होना स्वाभाविक है। अतः नैदानिक साक्षात्कार की वैधता काफी प्रभावित हो जाती है।

नैदानिक साक्षात्कार की विश्वसनीयता एवं वैधता को उत्तम बनाने के लिए कुछ महत्त्वपूर्ण सुझाव
(Some Important Suggestions about Improving the Reliability and Validity of Clinical Interview)

नैदानिक साक्षात्कार की विश्वसनीयता तथा वैधता को उन्नत बनाने की दिशा में कुछ सुझाव दिए गए हैं जिनमें निम्नांकित प्रमुख हैं—

(1) चिकित्सक (clinician) को चाहिए कि जब रोगी साक्षात्कार के लिए सम्पर्क करे, तो वह रोगी के अभिप्रेरणाओं एवं प्रत्याशाओं (expectations) को ठीक ढंग से समझ लें।

(2) चिकित्सक को अपने उद्दीपक मूल्यों (stimulus values) से पूर्णतः अवगत होना चाहिए। दूसरे शब्दों में उसे अपने पूर्वाग्रहों (prejudices) एवं सांस्कृतिक मूल्यों (cultural values) से पूर्णतः अवगत होना चाहिए ताकि वह इन सबका प्रभाव अपने साक्षात्कार पर नहीं पड़ने दे।

(3) जहाँ तक संभव हो चिकित्सक को चाहिए कि वह एक संरचित (structured) या मानक साक्षात्कार निर्देशिका (standard interview guide) का उपयोग करें।

(4) चिकित्सक को साक्षात्कार के उद्देश्य एवं उसकी कसौटी को स्पष्टतः परिभाषित कर देना चाहिए।

(5) चिकित्सक के मन में इस बात की स्पष्टता होनी चाहिए कि वह साक्षात्कार के आधार पर क्या पूर्वकथन (predict) करेगा तथा क्या सिफारिश करेगा।

(6) चिकित्सक को स्पष्टतः यह निर्धारित कर लेना चाहिए कि वह रोगी से किस तरह का आँकड़ा प्राप्त करना चाहता है जिसपर वह अपना पूर्वकथन आधारित कर सके।

नैदानिक साक्षात्कार के गुण एवं दोष
(Strength and Weaknesses of Clinical Interview)

नैदानिक साक्षात्कार के कुछ गुण (strengths) एवं दोष (weaknesses) हैं। इसके प्रमुख गुणों का उल्लेख इस प्रकार किया जा सकता है—

(i) नैदानिक मूल्यांकन (clinical assessment) करने में नैदानिक साक्षात्कार की विधि अन्य विधियों विशेषकर मनोवैज्ञानिक परीक्षणों (psychological tests) से अधिक लचीला (flexible) तथा विस्तृत होता है।

(ii) नैदानिक साक्षात्कार द्वारा रोगी की समस्याओं एवं व्यक्तिगत संरचनाओं के प्रति कम समय में अधिक-से-अधिक सूचनाएँ एकत्रित की जा सकती हैं।

(iii) नैदानिक साक्षात्कार में रोगी की समस्याओं का मूल्यांकन एक स्वाभाविक परिस्थिति (natural situation) के समान परिस्थिति में किया जाता है क्योंकि इसमें किए गए अन्तःक्रियाएँ (interactions) सामान्य सामाजिक जिन्दगी (ordinary social life) के समान होती हैं।

(iv) चूँकि नैदानिक साक्षात्कार में किसी प्रकार के कोई उपकरण (apparatus) तथा कृत्रिम कार्य (artifical tasks) की जरूरत नहीं पड़ती है, अतः इसकी लोकप्रियता तथा निर्भरता नैदानिक मूल्यांकन के अन्य विधियों की तुलना में अधिक है।

(v) नैदानिक साक्षात्कार द्वारा रोगी के बारे में कुछ ऐसे अशाब्दिक संकेत (nonverbal cues) आसानी से मिल जाते हैं जिससे नैदानिक मूल्यांकन में विशेष मदद मिलती है।

(vi) इस तरह के साक्षात्कार में रोगी के बोलने एवं अपनी समस्या को अभिव्यक्त करने का पूरा-पूरा मौका मिलता है। इस तरह का मौका उन्हें मनोवैज्ञानिक परीक्षणों में नहीं मिल पाता है क्योंकि प्रायः वहाँ उन्हें प्रश्नों का उत्तर 'हाँ' या 'नहीं' में ही देना होता है। इस गुण के कारण नैदानिक साक्षात्कार पर निर्भरता काफी बढ़ जाती है।

इस गुणों के बावजूद नैदानिक साक्षात्कार के कुछ अवगुण (weaknesses) हैं जो निम्नांकित हैं—

(i) नैदानिक साक्षात्कार का सबसे बड़ा अवगुण यह बतलाया गया है कि इसमें प्रायः साक्षात्कारकर्त्ता (interviewer) अपना पूर्वाग्रह (prejudice or bias) दिखलाता है जिससे इसकी विश्वसनीयता तथा वैधता पर बुरा असर पड़ता है।

(ii) नैदानिक साक्षात्कार में समय एवं परिश्रम अधिक लगता है।

(iii) नैदानिक साक्षात्कार में चिकित्सक एक ही समय में रोगी के लिए एक उद्दीपक (stimulus) का कार्य करता है तथा साथ-ही-साथ उसे रोगी के क्रियाओं का एक प्रेक्षक (observer) एवं व्याख्याकर्त्ता (interpreter) के रूप में भी कार्य करना पड़ता है, अतः इस तरह के साक्षात्कार को एक कठिन एवं जटिल विधि मानी गयी है जिसपर वैज्ञानिक ढंग से निर्भर नहीं किया जा सकता है।

इन अवगुणों के बावजूद नैदानिक साक्षात्कार (clinical interview) को नैदानिक मूल्यांकन का एक मूल (basic), सबसे अधिक प्रयोग होने वाला एवं सबसे अधिक शक्तिमान साधन माना गया है।

नैदानिक साक्षात्कार का निदानसूचक अनुप्रयोग
(Diagnostic Uses of Clinical Interview)

साक्षात्कार (interview) नैदानिक मूल्यांकन (clinical assessment) का एक प्रमुख साधन (tool) माना गया है। नैदानिक मनोवैज्ञानिकों के लिए इसका अनुप्रयोग (uses) विशेषकर निदानसूचक कार्यों (diagnostic activities) में अधिक महत्त्वपूर्ण बतलाया गया है। इसके प्रमुख अनुप्रयोगिताओं (uses) का वर्णन इस प्रकार किया जा सकता है—

(1) साक्षात्कार से प्राप्त आँकड़ों का विश्लेषण करके नैदानिक मनोवैज्ञानिक को रोगी की नैदानिक समस्याओं का मूल्यांकन करने में काफी मदद मिलती है। फेयर्स (Phares, 1984) ने इसके दो कारण बतलाये हैं। पहला तो यह कि इससे रोगी की समस्याओं का आकलन उनके द्वारा स्पष्टतः बतलाए गए तथ्यों के आधार पर होता है। दूसरा यह कि

साक्षात्कार के दौरान रोगी बहुत सारे ऐसे अशाब्दिक संकेत (nonverbal cues) देते हैं जिनसे भी नैदानिक मूल्यांकन करने में काफी सहुलियत होती है। इस तरह का अशाब्दिक संकेत हमें अन्य दूसरे विधियों में नहीं मिलता है।

(2) कुछ साक्षात्कार विशेषकर केस-इतिहास साक्षात्कार (case-history interview) तथा निदानसूचक साक्षात्कार (diagnostic interview) की उपयोगिता नैदानिक मनोविज्ञान में काफी अधिक बतलायी गयी है। लैण्डी एवं टम्बो (Landy & Tumbo, 1980) तथा स्किमिट (Schmitt, 1976) ने नैदानिक साक्षात्कार के क्षेत्र में किए गए अध्ययनों की समीक्षा किया और बतलाया है कि साक्षात्कार एक ऐसा साधन है जो रोगी की समस्याओं से संबंधित पहलुओं को भूत, वर्तमान एवं भविष्य तीनों दृष्टिकोण से समझने में मदद करता है। इस कारण से इससे प्राप्त तथ्य के आधार पर जो नैदानिक मूल्यांकन किए जाते हैं, उसकी उपयोगिता अचुनौतीपूर्ण होती है।

(3) नैदनिक साक्षात्कार में रोगी तथा नैदानिक मनोवैज्ञानिक के बीच एक सौहार्द्रपूर्ण संबंध (cordial relationship) कायम हो जाता है। इस तरह के संबंध का विशेष फायदा रोगी और नैदानिक मनोवैज्ञानिक या चिकित्सक को मनश्चिकित्सा (psychotherapy) के दौरान मिलता है। मनश्चिकित्सा के दौरान चिकित्सीय संबंध कायम करने में सुविधा होती है तथा रोगी को अपरिचित चिकित्सक होने से स्वतंत्र साहचर्य (free association) आदि करने में कोई झिझक नहीं होती है।

(4) नैदानिक साक्षात्कार की एक उपयोगिता यह भी बतलायी गयी है कि इससे पश्चचिकित्सीय अवस्था (posttherapeutic state) में रोगी की भावनाओं एवं इच्छाओं का कद्र करने तथा उसे विश्वास में रखने में काफी मदद मिलती है। इस कार्य में पश्चचिकित्सीय साक्षात्कार (posttherapeutic interview) की भूमिका अधिक सराहनीय बतलायी गयी है।

निष्कर्षतः यह कहा जा सकता है कि साक्षात्कार का नैदानिक अनुप्रयोग नैदानिक मूल्यांकन में काफी अधिक है क्योंकि इससे रोगी को भूत, वर्तमान एवं भविष्य तीनों ही दृष्टिकोण से समझने का पर्याप्त मौका मिलता है।

नैदानिक प्रेक्षण प्रविधि
(Clinical Observation Method)

नैदानिक मूल्यांकन की अन्य प्रविधि नैदानिक प्रेक्षण प्रविधि (clinical observation method) है जिसमें नैदानिक मनोवैज्ञानिक रोगी को जिन्दगी की महत्त्वपूर्ण परिस्थितियों में किए गए व्यवहारों का सीधे प्रेक्षण करते हैं और प्राप्त आँकड़ों का विश्लेषण करके एक निश्चित नैदानिक निर्णय (clinical judgment) पर पहुँचते हैं। विक[1] (Weick, 1568) ने प्रेक्षण विधि को इस प्रकार परिभाषित किया है, ''प्रेक्षण विधि में व्यवहारों का चयन, उत्तेजन, अभिलेखन तथा कूटसंकेतन किया जाता है।'' अगर हम इस परिभाषा पर ध्यान दें तो यह स्पष्ट होगा कि इसमें सम्मिलित किये गये विन्दुओं द्वारा करीब सभी तरह के प्रेक्षात्मक तथ्यों की व्याख्या होती है। इसके मुख्य बिन्दु निम्नांकित हैं—

(i) प्रेक्षक पहले व्यक्तियों, व्यवहारों, घटनाओं, परिस्थितियों, समय आदि का चयन करता है ताकि उनपर ध्यान दिया जा सके।

(ii) प्रेक्षक अब यह निर्णय करता है कि क्या उसे अमुक तरह की घटना या व्यवहार स्वतः होने का इंतजार किया जाए या फिर उसे विशेष तरह से उत्पन्न या उत्तेजित किया जाए।

(iii) प्रेक्षक अब प्रेक्षण कार्य करने के लिए विशेष योजना (plan) बनाता है। इसके लिए वह श्रव्य (audio) या दृश्य अभिलेखन तंत्रों, दैहिक मानिटरिंग तथ्यों का उपयोग करता है।

(iv) यहाँ प्रेक्षक एक ऐसा अभिलेखन तंत्रों (recording system) विकसित करता है जिसमें मूल प्रेक्षयों (raw observations) को व्यवहार्य आयामों (usable dimensions) में बदला जा सके।

नैदानिक मनोविज्ञान में प्रेक्षण विधियों का प्रयोग कई रूपों में किया गया है जिनमें फेयर्स (Phares, 1984) के अनुसार निम्नांकित तीन प्रमुख हैं—

(1) स्वाभाविक प्रेक्षण (Naturalistic observation)

1. Observation method is "selection, provocation, recording and encoding of...behaviours." Weick (1968). Systematic Observational Methods. In Linzey & Aronson (Eds). *Handbook of Social Psychology*, vol. II, 2nd ed. p. 360

(2) आत्म-सलाह (Self-monitoring)

(3) नियंत्रित प्रेक्षण (Controlled observation)

इन तीनों को नैदानिक प्रेक्षण के तीन उपागम (approach) भी कहा जाता है और इनका वर्णन निम्नांकित है—

(1) स्वाभाविक प्रेक्षण (*Naturalistic observation*)—इस विधि में प्रशिक्षित प्रेक्षक (trained observer) रोगी के व्यवहारों का सीधा प्रेक्षण एक स्वाभाविक परिस्थिति जैसे—स्कूल, घर, दफ्तर आदि में करते हैं। ऐसे प्रेक्षण करने में प्रेक्षक रोगी के लक्ष्य व्यवहार (target behaviour) को पहले परिभाषित कर लेते हैं और उसका प्रेक्षण क्रमबद्ध रूप से (systematically) करके रोगी की वर्तमान समस्याओं का मूल्यांकन (assessment) करते हैं।

नैदानिक मनोविज्ञान में स्वाभाविक प्रेक्षण (naturalistic observation) के तीन प्रकार अधिक देखने को मिलते हैं—

(i) घरेलू प्रेक्षण (Home observation)

(ii) स्कूल प्रेक्षण (Shool observation)

(iii) अस्पताल प्रेक्षण (Hospital observation)

इन तीनों का वर्णन निम्नांकित है—

(i) घरेलू प्रेक्षण (*Home observation*)—इस तरह के प्रेक्षण में नैदानिक मनोवैज्ञानिक या प्रेक्षक रोगी के घर पर जाकर उनके परिवार के अन्य सदस्यों के साथ किए प्रेक्षणों को रेकार्ड करता है। इसके लिए पैटर्सन (Patterson, 1977) ने एक विशेष तंत्र (system) विकसित किया है जिसे 'Behavioural Coding System' (BCS) कहा जाता है। BCS का उपयोग ऐसे बच्चों के व्यवहारों के प्रेक्षण के लिए किया जाता है जो आक्रामकता (aggressiveness) तथा अनुपालन (complinace) के क्षेत्र में समायोजन संबंधी समस्या दिखलाते हैं। इस विधि में प्रशिक्षित प्रेक्षक परिवार के अन्य सदस्यों के साथ ऐसे बच्चों द्वारा किए गए अंतक्रियाओं को दोपहर का भोजन करते समय या उससे पहले एक-दो घंटा समय देकर प्रेक्षण करते हैं। BCS में 28 श्रेणियाँ (categories) होती हैं और प्रति 6 मिनट में परिवार के प्रत्येक सदस्य द्वारा किए जाने वाले व्यवहारों को किसी भी उपर्युक्त श्रेणियों में से किसी भी एक उपयुक्त श्रेणी में अंकित किया जाता है। BCS के 28 श्रेणियों का वर्णन इस प्रकार है—

Patterson's Behaviour Coding System

AP	:	Approval	HU	:	Humiliate	PP	:	Positive Physical contact
AT	:	Attention	IK	:	Ignore	RC	:	Receive
CM	:	Command	LA	:	Laugh	SS	:	Self-stimulation
CN	:	Command (negative)						
CO	:	Compliance	NC	:	Noncompliance	TA	:	Talk
CR	:	Cry	NE	:	Negativism	TE	:	Tease
DI	:	Disapproval	NO	:	Normative	TH	:	Touching, Handling
DP	:	Dependency	NR	:	No Response	WH	:	Whine
DS	:	Destructiveness	PL	:	Play	WE	:	Work
HR	:	High rate	PN	:	Negative Physical contact	YE	:	Yell

मैश, टरडाल एवं एण्डरसन (Mash, Terdal & Anderson, 1973) ने एक दूसरा प्रेक्षणात्मक तंत्र (observational system) का निर्माण किया है जो BCS के ही समान है परन्तु इसके द्वारा माता-पिता एवं बच्चों के बीच हुए अन्त:क्रियाओं (parent-child interaction) का मापन कर नैदानिक मूल्यांकन (clinical assessment) किया जाता है। लेविनसोन तथा शेफर (Lewinsohn & Shaffer, 1971) ने एक दूसरा तंत्र विकसित किया है जिसमें घर में परिवार के सदस्यों में हुए अन्त:क्रियाओं को अंकित किया जाता है। इसके द्वारा विषादी रोगियों (depressed patients) के

अंतःक्रियाओं का प्रेक्षण किया जाता है। गौट्टमैन (Gottman, 1977) ने दम्पत्ति के अंतक्रियाओं (couple interaction) को मापने के लिए एक जटिल कूटसंकेतन तंत्र (complex coding system) विकसित किया है जिसे दम्पत्ति अंतक्रिया कूटसंकेतन तंत्र (Couples Interaction coding system or CISS) कहा जाता है। इससे प्रत्येक शाब्दिक कथन को उसके अतर्वस्तु (cantent), भाव (affect) तथा संदर्भ (context) के रूप में एकीकृत किया जाता है। CISS द्वारा दो तरह के व्यवहारों के अध्ययन में विशेष मदद मिलती है। पहला, इस प्रविधि में दम्पति जोड़े में एक व्यक्ति का दूसरे व्यक्ति पर पड़ने वाले सिर्फ प्रभाव का ही अध्ययन नहीं होता है बल्कि गत अंतक्रियाओं के बाद में पड़ने वाले प्रभावों का अध्ययन होता है। इस प्रविधि द्वारा दम्पतियों द्वारा दिखलाये गये संवेगों (emotions) का भी अध्ययन संभव होता है।

(ii) स्कूल प्रेक्षण *(School observation)*—नैदानिक बाल मनोवैज्ञानिक (clinical child psychologist) स्कूल में कुछ व्यवहारात्मक समस्याओं (behavioural problems) का सीधा प्रेक्षण करके नैदानिक मूल्यांकन करते हैं। ऐसे समस्याओं में बच्चों का व्यवहार का वर्ग में ध्वंसात्मक होना, खेल के मैदान में उनका व्यवहार आक्रामक होना, वर्ग में अत्यधिक डरा रहना, एकाग्रता की कमी तथा शिक्षक के साथ हमेशा चिपका रहना आदि प्रधान होते हैं। ऐसी समस्याओं का प्रेक्षण स्वाभाविक परिस्थिति में करके नैदानिक मनोवैज्ञानिक नैदानिक मूल्यांकन (clinical assessment) करते हैं। इसके लिए विजोऊ तथा उनके सहयोगियों (Bijou et al., 1968), केन्ट तथा उनके सहयोगियों (Kent et al., 1974) तथा ओलिरी एवं वेकर (O'Leary & Becker, 1967) ने कई तरह के कोडिंग तंत्र (coding system) का निर्माण किया है। इस तरह के प्रेक्षक का केन्द्र बिन्दु वर्ग का कोई एक बच्चा तथा उसका अन्य बच्चों के साथ किया गया अंतक्रिया हो सकता है या बारी-बारी से प्रेक्षक कई बच्चों के अंतक्रियाओं का प्रेक्षण कर सकता है या सम्पूर्ण वर्ग का एक साथ प्रेक्षण कर सकता है।

(iii) अस्पताल प्रेक्षण *(Hospital observation)*—इस तरह के प्रेक्षण में अस्पताल के नैदानिक विशेषज्ञ रोगी के व्यवहार का अस्पताल में प्रेक्षण करते हैं और विशेष मापनी (scale) या तंत्र (system) के सहारे उन व्यवहारों को दिंए गए श्रेणियों में अंकित करते हैं। बाद में उसका विश्लेषण करके वे रोगी का नैदानिक मूल्यांकन (clinical assessment) करते हैं। इस सिलसिले में दो तंत्रों का नाम विशेष रूप से उल्लेखनीय है। विटेनवार्न (Wittenborn, 1955) ने एक विशेष प्रेक्षणात्मक मापनी (observational scale) विकसित किया जिसे विटेनवार्न मनश्चिकित्सीय रेटिंग मापनी ('Wittenborn Psychiatric Rating Scale') कहा गया। इसमें 52 मापनी (scales) होते हैं और प्रत्येक में कई वर्णनात्मक कथन (descriptive statements) होते हैं जिनके सहारे रोगी के व्यवहारों का प्रेक्षण किया जाता है। प्रत्येक व्यवहार से संबंधित प्राप्तांक (score) को एक साथ जोड़ दिया जाता है और उसके आधार पर विभिन्न मनश्चिकित्सीय श्रेणियों (psychiatric categories) जैसे—चिन्ता (anxiety), मनोविदालिता (schizophrenia) आदि के रूप में उसे विभूषित किया जाता है। मेरीओटो एवं पॉल (Mariotto & Paul, 1974) ने एक दूसरा अस्पताल प्रेक्षणात्मक साधन (Hospital observational device) निर्मित किया जिसे समय प्रतिदर्श व्यवहार परक पड़तालसूची (Time Sample Behavioural Checklist or TBSC) कहा गया। यह एक ऐसा पड़ताल सूची (checklist) है जिसके द्वारा गंभीर रूप से क्षुब्ध रोगियों के व्यवहारों का प्रेक्षण लगातार एक खास-खास समय अन्तरालों के बाद किया जाता है।

स्वाभाविक प्रेक्षण (naturalistic observation) के कुछ गुण (strengths) तथा दोष (weaknesses) हैं। इसके प्रमुख गुण (strengths) निम्नांकित हैं—

(i) स्वाभाविक प्रेक्षण (naturalistic observation) में चूँकि रोगियों के व्यवहारों का प्रेक्षण एक वास्तविक स्वाभाविक परिस्थिति में किया जाता है, अतः इससे प्राप्त आँकड़ों पर निर्भरता अधिक होती है तथा इसके आधार पर किया गया प्रेक्षण की सत्यता अधिक होती है।

(ii) इस विधि द्वारा गंभीर एवं हल्के-फुल्के क्षुब्ध (disturbed) दोनों ही तरह के रोगियों के व्यवहारों का प्रेक्षण आसानी से किया जाता है।

इस विधि के कुछ अवगुण (weaknesses) हैं जो निम्नांकित हैं—

(i) इस विधि द्वारा नैदानिक मूल्यांकन (clinical assessment) करने के लिए यह आवश्यक है कि प्रेक्षक काफी अच्छे ढंग से प्रशिक्षित हों अन्यथा इस विधि की विश्वसनीयता एवं वैधता संदेह के घेरे में आ जाती है।

(ii) इस विधि द्वारा नैदानिक मूल्यांकन करने में धन, समय एवं श्रम काफी अधिक लगते हैं।

(iii) इस विधि द्वारा नैदानिक मूल्यांकन करते समय प्रेक्षक से कई त्रुटियाँ हो जाती हैं जिसके कारण प्राप्त परिणाम दोषपूर्ण हो जाते हैं और उनकी सत्यता समाप्त हो जाती हैं। प्रायः देखा गया है कि प्रेक्षक कुछ ऐसे व्यवहारों का प्रेक्षण नहीं करते जिन्हें उनको करना चाहिए था तथा मात्र तुच्छ, अर्थहीन व्यवहारों का प्रेक्षण पर अधिक ध्यान दे बैठते हैं। ऐसी त्रुटियों से उनके प्रेक्षण की वैधता लगभग समाप्त हो जाती है।

(ब) आत्म-विमर्श *(Self-monitoring)*—नैदानिक मनोवैज्ञानिक स्वाभाविक प्रेक्षण (naturalistic observation) के कुछ दोषों को दूर करने के ख्याल से इस तरह के प्रेक्षण विधि का प्रतिपादन किया है। यह एक ऐसी विधि है जिसमें व्यक्ति अपने व्यवहारों, चिन्तन एवं संवेगों का प्रेक्षण स्वयं करता है तथा स्वयं ही उसका अंकन (recording) भी करता है। इस विधि में रोगी को चिकित्सक एक डायरी दे देता है जिसमें एक दिए हुए समय तक होने वाले लक्ष्य व्यवहारों (target) behaviour) की तीव्रता, आवृत्ति (frequency) तथा अवधि रोगी लिखते जाता है। प्रायः इस विधि का प्रयोग कुछ विशेष नैदानिक समस्याओं जैसे—मोटापा (obesity), धूम्रपान, मद्यव्यसनता (alcoholism) के मूल्यांकन में काफी किया जाता है। किमिनेरियो एवं उनके सहयोगियों (Ciminero et al., 1977) तथा माहनी (Mahoney, 1977) ने *नैदानिक आत्म-विमर्श प्रविधि* (Clinical Self-monitoring technique) का प्रतिपादन किया है जिसकी नैदानिक उपयोगिता काफी अधिक सिद्ध हुई है।

आत्म-विमर्श (self-monitoring) प्रविधि के भी कुछ गुण (strength) एवं दोष (weaknesses) हैं। इसके प्रमुख गुण निम्नांकित हैं—

(i) आत्म-विमर्श से प्राप्त आँकड़ों से चिकित्सक तथा रोगी दोनों को ही यह स्पष्ट शब्दों में साफ-साफ पता चल जाता है कि लक्ष्य व्यवहार की आवृत्ति (frequency) तथा गंभीरता कितनी है।

(ii) इस विधि में रोगी का ध्यान अवांछित व्यवहारों पर स्पष्ट रूप से जाता है। फलस्वरूप उनमें स्वयं ही इसे नियंत्रित करने की विशेष प्रेरणा जगती है।

(iii) इस विधि में रोगी पर्यावरणी उद्दीपकों (environmental stimuli), उनसे उत्पन्न व्यवहारों का परिणाम तथा वैसे व्यवहार जिससे वे पहले अवगत नहीं थे, के बीच संबंधों को समझ पाता है। ऐसा समझ आ जाने से रोगी चिकित्सीय सत्रों (therapeutic sessions) में ठीक ढंग से सहयोग करता है।

(iv) इस तरह की प्रविधि द्वारा प्रेक्षण करने में समय, श्रम एवं धन तीनों की काफी बचत होती है।

आत्म-विमर्श (self-monitoring) के कुछ अवगुण (weaknesses) भी हैं जो निम्नांकित हैं—

(i) कभी-कभी रोगी अपने व्यवहारों का प्रेक्षण करने में गलती कर देता है। इतना ही नहीं, वह अपने व्यवहारों के प्रेक्षणों को जान-बूझ कर विकृत (distort) कर देता है।

(ii) गंभीर रूप से क्षुब्ध रोगियों के साथ इस तरह की विधि उपयुक्त (appropriate) नहीं होती है क्योंकि ऐसे रोगी आत्म-प्रेक्षण करने की स्थिति में नहीं होते हैं।

(iii) कुछ ऐसे रोगी होते हैं जो आत्म-विमर्श की पूरी प्रक्रिया को अर्थहीन एवं बेतुका समझकर व्यवहारों का प्रेक्षण नहीं करते हैं। ऐसे रोगी का मत होता है कि हम जिसके काबिल नहीं हैं, वह काम कैसे कर सकते हैं।

(स) नियंत्रित प्रेक्षण *(Controlled observation)*—इस तरह की विधि में प्रेक्षक रोगियों या व्यक्तियों के व्यवहारों को एक नियंत्रित परिस्थिति में रखकर प्रेक्षण करते हैं और उसका नैदानिक मूल्यांकन करते हैं। बच्चों में धोखेबाजी व्यवहार (deceitful behaviour) जैसे—चोरी करना, झूठ बोलना, बेईमानी करना आदि से संबंधित नैदानिक समस्याओं का मूल्यांकन करने के लिए हार्टशोंन तथा मे (Hartshorne & May, 1928) ने एक विशेष प्रेक्षणात्मक प्रारूप (observational profile) तैयार किया था। लेजारस (Lazarus, 1961) ने रोगी में बन्द जगहों से संबंधित दुर्भीति व्यवहार (catstrophic behaviour) का अध्ययन करने के लिए रोगी को एक ऐसे कमरे में रखकर अध्ययन किया है जिसकी दीवार कार्डबोर्ड की बनी हुई थी तथा जिन्हें धीरे-धीरे खिसकाकर कमरा के आकार को छोटा किया जा सकता था। वर्नस्टीन एवं निटजेल (Bernstein & Nietzel, 1973) ने एक विशेष प्रेक्षणात्मक प्रविधि (observational technique) जिसे *व्यवहारात्मक परिहार परीक्षण* (Behaviour Avoidance Test or BAT) कहा जाता है, विकसित किया है। इस प्रविधि द्वारा दुर्भीति ग्रस्त व्यक्ति (phobic person) में डरने वाले वस्तुओं (feared objects)

जैसे—साँप, कुत्ता, बिल्ली आदि की उपस्थिति में उनके परिहार व्यवहार (avoidance behaviour) का अध्ययन किया जाता है। बैण्डुरा (Bandura, 1969) ने रोगियों में चिन्ता तथा दुर्भीति व्यवहार जैसे नैदानिक समस्याओं का अध्ययन करने के लिए कुछ विशेष फिल्म आदि का प्रयोग किया।

कुछ नैदानिक मनोवैज्ञानिकों ने भूमिका-निर्वाह (role playing) जैसी प्रविधि का भी उपयोग नियंत्रित प्रेक्षण (controlled observation) के रूप में नैदानिक मूल्यांकन (clinical assessment) के लिए किया है। गोल्डफ्रिड तथा डेविसन (Goldfried & Davison, 1976) ने स्वाग्रहिता व्यवहार (assertive behaviour) से संबंधित समस्याओं के नैदानिक मूल्यांकन (clinical assessment) में इस विधि का प्रयोग सफलतापूर्वक किया है।

नियंत्रित प्रेक्षण का विशेष लाभ यह बतलाया गया है कि इसमें नैदानिक मनोवैज्ञानिक को स्वाभाविक परिस्थिति (natural situation) के उत्पन्न होने तक इंतजार नहीं करना पड़ता है। फलतः इसमें कम समय लगता है और नैदानिक मूल्यांकन अपेक्षाकृत जल्द होता है। इस तरह के प्रेक्षण का अवगुण यह बतलाया गया है कि नियंत्रित प्रेक्षण द्वारा सभी तरह की नैदानिक समस्याओं का विशेषकर गंभीर मानसिक समस्याओं का प्रेक्षण ठीक ढंग से नहीं किया जाता है।

निष्कर्षतः यह कहा जा सकता है कि प्रेक्षण विधि जिसमें कई उपविधियाँ जैसे—स्वाभाविक प्रेक्षण (naturalistic observation), आत्म-विमर्श (self-monitoring) तथा नियंत्रित प्रेक्षण (controlled observation) हैं, का उपयोग नैदानिक समस्याओं के मूल्यांकन (assessment) में काफी किया जाता है।

मनोवैज्ञानिक परीक्षण के अर्थ
(Meaning of Psychological Test)

नैदानिक मूल्यांकन (clinical assessment) में मनोवैज्ञानिक परीक्षणों की भूमिका सबसे अधिक महत्त्वपूर्ण बतलायी गयी है। इसकी भूमिका पर प्रकाश डालने के पहले मनोवैज्ञानिक परीक्षण किसे कहते हैं, यह बतलाना उचित है। मनोवैज्ञानिक परीक्षण शाब्दिक (verbal) या अशाब्दिक अनुक्रियाओं या अन्य व्यवहारों द्वारा सम्पूर्ण व्यक्तित्व के एक या एक से अधिक पहलुओं को वस्तुनिष्ठ रूप से मापने का एक माननीकृत उपकरण (standardized instrument) है। क्रॉनबैक[1] (Cornbach, 1965) के अनुसार "परीक्षण व्यक्ति के व्यवहारों को प्रेक्षण करने तथा उसे एक संख्यात्मक मापनी या श्रेणी पद्धति द्वारा वर्णन करने की एक क्रमबद्ध कार्य-विधि है।"

एनासटेसी[2] (Anastasi, 1968) के अनुसार, "एक मनोवैज्ञानिक परीक्षण मूल रूप से व्यवहारों के प्रातदर्श का वस्तुनिष्ठ एवं माननीकृत माप है।"

इन परिभाषाओं से स्पष्ट है कि मनोवैज्ञानिक परीक्षण (psychological test) के दो प्रमुख सामान्य गुण होते हैं—

(i) मनोवैज्ञानिक परीक्षण प्रायः एक वस्तुनिष्ठ माननीकृत माप (objective standardized measure) होता है। इसका मतलब यह हुआ कि मनोवैज्ञानिक परीक्षण एकांश विश्लेषण (item analysis), विश्वसनीयता (realiability), वैधता (validity) तथा मानक (norms) आदि गुणों से युक्त होता है। शायद यही कारण है कि इसमें वस्तुनिष्ठता (objectivity) का गुण होता है।

(ii) मनोवैज्ञानिक परीक्षण दो या दो से अधिक व्यक्तियों की तुलना व्यक्ति के किसी एक या अनेक पहलुओं पर किसी आंकिक मापनी (numerical scale) या श्रेणी प्रणाली (category system) द्वारा करने में मदद करता है।

एक उत्तम मनोवैज्ञानिक परीक्षण में कम-से-कम अन्य बातों के अलावा वस्तुनिष्ठता (objectivity), विश्वसनीयता (reliability), वैधता (validity) एक मानक (norms) के गुण अवश्य ही होते हैं। नैदानिक मनोवैज्ञानिक ऐसे परीक्षणों को नैदानिक मूल्यांकन (clinical assessment) के रूप में प्रयोग करने के पहले इन गुणों पर उनकी परख कर लेते हैं।

---

1. "A test is a systematic procedure for observing a person's behaviour and describing it with the aid of numerical scale or category system." —Cronbach : *Essentials of Psychological Testing,* 1970, p. 26
2. "A psychological test is essentially objective and standardized measure of a sample of behaviour." —Anastasi : *Psychological Testing,* 1968, p. 21

मनोवैज्ञानिक परीक्षणों का नैदानिक प्रकार
(Clinical Types of Psychological Test)

नैदानिक मनोवैज्ञानिक नैदानिक मूल्यांकन (clinical assessment) में सभी तरह के मनोवैज्ञानिक परीक्षणों का उपयोग तो नहीं करते हैं; जिन मनोवैज्ञानिक परीक्षणों का उपयोग वे सर्वाधिक करते हैं, उनमें निम्नांकित परीक्षण अधिक महत्त्वपूर्ण हैं—

(1) बुद्धि परीक्षण (Intelligence Test)

(2) अभिक्षमता परीक्षण (Aptitude Test)

(3) मस्तिष्कीय क्षति मापने का परीक्षण (Test of assessing Brain damage)

(4) व्यक्तित्व परीक्षण (Personality Test)

इन सबका वर्णन निम्नांकित है—

(1) बुद्धि परीक्षण (*Intelligence test*)—बुद्धि परीक्षण द्वारा नैदानिक मनोवैज्ञानिक रोगी की वर्तमान सामान्य क्षमता (general ability) का मापन करते है। बौद्धिक क्षमता का मापन करके नैदानिक मनोवैज्ञानिक यह पता करते हैं कि व्यक्तित्व विघटन (personality disorganization) से कितनी मात्रा में रोगी की बुद्धि प्रभावित हुई है। ऐसे तो कई तरह के बुद्धि परीक्षण हैं जिनका प्रयोग नैदानिक मनोवैज्ञानिक करते हैं। परन्तु उनमें सबसे अधिक प्रयोग निम्नांकित **बुद्धि परीक्षणों**[1] का होता है।

(a) बिने परीक्षण (Binet Test)

(b) वेक्सलर मापनी (Wechsler scales)

(c) गुडएनफ ड्रा-ए-मैन परीक्षण (Goodenough Draw-a-Man Test)

(d) रैभेन परीक्षण (Raven Test)

(e) एलेक्जेण्डर क्रियात्मक परीक्षणमाला (Alexander's Performance Battery)

इन सबका संक्षिप्त विवरण निम्नांकित है—

(a) बिने परीक्षण (*Binet Test*)—बिने परीक्षण का निर्माण फ्रांस में 1905 में किया गया था। तब इनका नाम *बिने-साइमन-मापनी* (Binet-Simon Scale) था जिसमें कुल 30 एकांश (items) थे जिनके द्वारा व्यक्ति की बुद्धि मापी जाती है। इस परीक्षण का अमेरिका में अंग्रेजी अनुवाद किया गया। परीक्षण नैदानिक दृष्टिकोण से इतनी महत्त्वपूर्ण साबित हुई कि इसके कई संशोधन (revision) किये गए। इसका सबसे महत्त्वपूर्ण संशोधन 1960 में स्टैनफोर्ड विश्वविद्यालय (Standord University) में किया गया जो तीसरा संशोधन था। वर्तमान समय में यह परीक्षण अपने पाँचवें संस्करण में है। अधिकतर नैदानिक मनोवैज्ञानिक यह मानते हैं कि यह बुद्धि परीक्षण 4 से 12 साल के बच्चों के लिए काफी अधिक उपयुक्त है जबकि वयस्कों की बुद्धि मापने के लिए यह उतना उपयुक्त नहीं दीखता है हालाँकि परीक्षण का दावा है कि वयस्कों की भी बुद्धि की माप होती है।

(b) वेक्सलर मापनी (*Wechsler Scale*)—वेक्सलर ने व्यक्तियों की बुद्धि मापने के लिए तीन मापनी बनाये हैं—Wechsler Adult Intelligence Scale (WAIS), Wechsler Intelligence Scale for Children (WISC) तथा Wecshler Perschool and Primary Scale of Intelligence (WPPSI)। WAIS द्वारा वयस्कों की बुद्धि मापी जाती है; WISC द्वारा 6 से 16 साल के बच्चों की बुद्धि मापी जाती है तथा WPPSI द्वारा प्राक्स्कूली बच्चों अर्थात् 4 साल से 6 साल के उम्र तक के बच्चों की बुद्धि मापी जाती है। इन तीनों परीक्षणों का स्वरूप लगभग एक ही समान है क्योंकि तीनों परीक्षणों में शाब्दिक परीक्षण (verbal scale) तथा क्रियात्मक परीक्षण (performance scale) होते हैं जिनके माध्यम से व्यक्तियों की बुद्धि की माप होती है।

(c) गुडएनफ ड्रा-ए-मैन परीक्षण (*Goodenough Draw-a-Man Test*)—इस परीक्षण का निर्माण गुडएनफ (Goodenough) जो एक महिला मनोवैज्ञानिक थी, द्वारा 1926 में किया गया। इससे व्यक्ति की बुद्धि का एक स्थूल

---

1. इन बुद्धि परीक्षणों की विस्तृत व्याख्या के लिए अध्याय-7 देखें।

माप होता है। इसमें बुद्धि मापे जाने वाले बच्चे को एक पुरुष का चित्र बनाना होता है। चित्र बनाने में लगा समय एवं उसकी सामान्य आकृति के आधार पर बुद्धि की माप की जाती है। हैरिस (Harris, 1963) ने इस परीक्षण का संशोधन 1963 में जिसका नाम *गुडएनफ-हैरिस ड्राइंग परीक्षण* कहा गया और इसमें जिस बच्चे की बुद्धि मापी जाती है, उसे एक महिला और स्वयं का भी चित्र बनाना होता है।

(d) रैवेन प्रोग्रसिव मैट्रीसेज *(Raven Progressive Matrices)*—इस परीक्षण का निर्माण ग्रेट-ब्रिटेन (Great Britain) में जे० सी० रैवेन (J.C. Raven) द्वारा 1930वीं दशाब्दी के मध्य में अर्थात् 1936 में किया गया। यह बुद्धि का एक अशाब्दिक माप (nonverbal measure) है और इसके द्वारा स्पीयिरमैन के बुद्धि सिद्धान्त के g-कारक का मापन होता है। इस परीक्षण द्वारा ज्यामितिक चित्रों (geometrical figures) में छिपे तार्किक संबंधों को ढूँढ़ने की क्षमता का मापन होता है। इसे *मानक प्रोग्रेसिव मैट्रीसेज* (Standard Progressive Matrices या SPM) भी कहा जाता है।

(e) एलेक्जेण्डर क्रियात्मक परीक्षणमाला *(Alexander's Performance Battery)*—इस परीक्षणमाला में तीन परीक्षण हैं जिनका उपयोग बुद्धि मापने में किया जाता है। वे तीन परीक्षण हैं—कोह ब्लाक डिजाइन परीक्षण (Koh Block Design test), पास-अलोंग परीक्षण (Pass-Along test) तथा घन रचना परीक्षण (Cube Construction test)। ये तीनों परीक्षण बुद्धि के क्रियात्मक माप (performance measure) हैं और व्यक्ति द्वारा दिये हुए डिजाइन या मॉडल को बनाने में लगे समय एवं त्रुटियों की संख्या को मद्देनजर रखते हुए उसकी बुद्धि की माप की जाती है।

(2) अभिक्षमता परीक्षण *(Aptitude test)*—अभिक्षमता परीक्षण द्वारा व्यक्ति की अभिक्षमता (aptitude) की माप होती है। ऐसे परीक्षण की उपयोगिता छात्रों की समस्याओं खासकर वर्ग या क्लास (class) में उत्पन्न होने वाली समस्याओं जैसे—अंकगणित, संस्कृत, अंग्रेजी आदि सीखने से संबंधित समस्याओं की पहचान करके उसके उपयुक्त उपचार (treatment) के लिए सिफारिश करने में काफी बतलायी गयी है। इसका प्रयोग नैदानिक मनोवैज्ञानिक छात्रों को उनके अन्तःशक्ति (potentials) के बारे में परिचय दिलाने में भी करते हैं। अभिक्षमता परीक्षणों में जिसका उपयोग नैदानिक मनोवैज्ञानिक द्वारा सर्वाधिक किया जाता है, डिफरेंसियल एप्टिटयूड टेस्ट (Differential Aptitude Test (DAT) जिसमें 8 उप परीक्षण हैं तथा जेनरल एप्टिटयूड टेस्ट बैट्री (General Aptitude Test Battery (GATB) जिसके द्वारा 9 अभिक्षमताओं का मापन होता है, प्रमुख हैं। DAT द्वारा मापे गए 8 अभिक्षमता इस प्रकार हैं—शाब्दिक चिन्तन (verbal reasoning), संख्यात्मक क्षमता (numerical ability), अमूर्त्त चिन्तन (abstract reasoning), दैशिक संबंध (space relation), यांत्रिक चिन्तन (mechanical reasoning), लिपिक-गति और परिशुद्धता (clinical speed and accuracy) तथा भाषा उपयोग (language usage) एवं हिज्जे परीक्षण (spelling test)। GATB द्वारा मापे गए 9 अभिक्षमताएँ इस प्रकार हैं—बुद्धि (Intelligence, G), शाब्दिक अभिक्षमता (verbal aptitude, V), संख्यात्मक अभिक्षमता (Numerical aptitude, N), दैशिक अभिक्षमता (spatial aptitude, S), आकार प्रत्यक्षण (Form perception, F), लिपिक प्रत्यक्षण (Clerical perception, Q), पेशीय समन्वय (Motor coordination, K), अंगुली निपुणता (Finger dexterity, F) तथा हस्त निपुणता (Motor dexterity, M)।

(3) मस्तिष्कीय क्षति मापने का परीक्षण *(Test of assessing brain damage)*—नैदानिक मनोवैज्ञानिक के यहाँ आने वाले बहुत सारे रोगी ऐसे होते हैं जिनके मस्तिष्क में कुछ आंगिक परिवर्तन (organ change) हुए होते हैं। जब ऐसे आंगिक परिवर्तन की मात्रा अधिक होती है तो मेडिकल विधि जैसे—एक्स-रे (X-ray) तथा EEG प्रविधियों द्वारा उनका पता आसानी से चल जाता है। परन्तु जब इसकी मात्रा कम होती है, तो ऐसी प्रविधियाँ एक तरह से नाकामयाब साबित होती है और मनोवैज्ञानिकों को कुछ मनोवैज्ञानिक परीक्षणों का सहारा लेना पड़ता है। ऐसे परीक्षण[1] तीन तरह के होते हैं—अमूर्त्त चिन्तन परीक्षण (Tests of astract reasoning), ह्रास परीक्षण (Test of deterioration) तथा प्रत्यक्षणात्मक-क्रियात्मक परीक्षण (Perceptual-motor test), अमूर्त्त चिन्तन परीक्षण में गोल्डस्टीन एवं स्कीर्र (Goldstein & Scheerer, 1941) द्वारा विकसित परीक्षण अधिक लोकप्रिय है। उसी तरह से बैवकौक (Babcock, 1930) द्वारा निर्मित मानसिक ह्रास परीक्षण (Mental deterioration test) तथा प्रसिद्ध मनोरोगविज्ञानी बेन्डर (Bender) द्वारा निर्मित बेन्डर-गेस्टाल्ट परीक्षण (Bender-Gestalt test) नैदानिक मनोवैज्ञानिकों के बीच रोगी के मस्तिष्कीय क्षति के आंगिक आधार (organic basis) को मापने का लोकप्रिय परीक्षण है।

---

1. इन परीक्षणों का अर्थात् मस्तिष्कीय क्षति को मापने वाले मनोवैज्ञानिक परीक्षणों की विस्तृत व्याख्या अध्याय 9 में देखी जा सकती है।

(4) व्यक्तित्व परीक्षण (*Personality test*)—नैदानिक मनोवैज्ञानिकों द्वारा बुद्धि परीक्षण के समान व्यक्तित्व परीक्षण[1] का उपयोग भी नैदानिक मूल्यांकन में काफी अधिक किया जाता है। नैदानिक मनोवैज्ञानिकों द्वारा नैदानिक मूल्यांकन करने में आत्म-रिपोर्ट आविष्कारिका (self-report inventories) या व्यक्तित्व आविष्कारिका (personality inventories) एवं प्रक्षेपण विधियाँ (projective methods) दोनों का ही उपयोग किया जाता है। व्यक्तित्व आविष्कारिका की संख्या अनेक हैं जिसमें नैदानिक मनोवैज्ञानिकों द्वारा सबसे अधिक प्रयोग किया जाने वाला परीक्षण—माइनेसोटा मल्टीफेज़ीक व्यक्तित्व-आन्विकारिका (Minnesota Multiphasic Personlity Inventory or MMPI), गिलफोर्ड-जिम्मरमैन टेम्परामेन्ट सर्वे (Guilford-Zimmerman Temperament Survey or GZTS) तथा एडवार्डस परसनल प्रेफरेन्स अनुसूची (Edwards Personal Preference Schedule or EPIPS) है। उसी तरह से प्रक्षेपण परीक्षणों (projectice tests) में सबसे अधिक उपयोग में आनेवाली परीक्षण रोर्शाक परीक्षण (Rorschach test), विषय-आत्मबोधन परीक्षण (Thematic Apperception test), हाल्जमैन स्याही धब्बा परीक्षण (Holtzman Inkblot test), ड्रा-ए-परसन परीक्षण (Draw a-Person Test) तथा हाऊस ट्री-परसन (House-Tree-Person test) आदि हैं। इन परीक्षणों के प्रयोग से रोगी के व्यक्तित्व में हुए क्षुब्धता (disturbance) तथा विघटन (disorganization) के स्तर की पहचान की जाती है जिससे चिकित्सकों को उपचारी साधन (remedial means) अपनाने में मदद मिलती है।

स्पष्ट हुआ कि नैदानिक मूल्यांकन करने में नैदानिक मनोवैज्ञानिक कई तरह के मनोवैज्ञानिक परीक्षणों का उपयोग करते हैं। इन परीक्षणों में बुद्धि परीक्षणों तथा व्यक्तित्व परीक्षणों का प्रयोग तुलनात्मक रूप से अधिक बारंबारता के साथ की जाती है।

मनोवैज्ञानिक परीक्षण का निदानसूचक अनुप्रयोग
(Diagnostic Uses of Psychological Test)

नैदानिक मूल्यांकन (clinical assessment) में मनोवैज्ञानिक परीक्षणों की अहमयित काफी रही है। एक संतोषजनक नैदानिक मूल्यांकन के लिए मनोवैज्ञानिक परीक्षणों का उपयोग अन्य साधनों (tools) जैसे नैदानिक साक्षात्कार (clinical interview) आदि के साथ किया जाता है। मनोवैज्ञानिक परीक्षण के प्रमुख निदानसूचक अनुप्रयोग (uses) को निम्नांकित ढंग से व्याख्या की जाती है—

(1) मनोवैज्ञानिक परीक्षणों के प्रयोग से नैदानिक मनोवैज्ञानिकों को रोगी की बौद्धिक क्षमता, प्रमुख व्यक्तित्व विकृतियों, मस्तिष्कीय क्षति, उनका रूझान आदि का स्तर पता चल जाता है। इसका परिणाम यह होता है कि उन्हें अपने प्राप्त आँकड़ों के आधार पर रोग की पहचान करने तथा उनके लक्षणें के स्वरूप को समझने में काफी मदद मिलती है।

(2) मनोवैज्ञानिक परीक्षणों से रोगी के बारे में जो तथ्य या सूचना मिलते हैं, उनमें वैधता (validity) तथा निर्भरता अधिक होती है क्योंकि ऐसे परीक्षण माननीकृत (standardized) होते हैं।

(3) मनोवैज्ञानिक परीक्षणों के माध्यम से नैदानिक मूल्यांकन करना इसलिए आसान होता है क्योंकि इसमें साक्षात्कार के समान रोगी को किस अप्रिय एवं चिन्ता उत्पन्न करने वाली परिस्थिति का सामना नहीं करना पड़ता है खासकर जब प्रक्षेपण परीक्षणों (projective tests) का उपयोग किया जाता है तो रोगी को यह पता भी नहीं चलता है कि उसके द्वारा दिये गए अनुक्रियाओं के अर्थ क्या होंगे। फलतः नैदानिक मनोवैज्ञानिक को जो तथ्य प्राप्त होते हैं, वे वास्तविक होते हैं और उनके आधार पर किया गया नैदानिक मूल्यांकन की निर्भरता अधिक होती है।

(4) मनोवैज्ञानिक परीक्षणों द्वारा नैदानिक मनोवैज्ञानिक को न केवल निदान (diagnosis) में ही है बल्कि मनश्चिकित्सा (psychotherapy) में भी काफी मदद मिलती है।

(5) मनोवैज्ञानिक परीक्षणें की उपयोगिता न केवल नैदानिक मनोवैज्ञानिकों के लिए ही है बल्कि मनोरोगविज्ञानियों (psychiatrists) के लिए भी क्राफी है। मनोवैज्ञानिक परीक्षणों में विशेषकर मस्तिष्कीय क्षति (brain damage) का मूल्यांकन करने वाले मनोवैज्ञानिक परीक्षणों की नैदानिक उपयोगिता मनोरोगविज्ञानियों के लिए काफी बतलायी गयी है क्योंकि रोगी में मस्तिष्कीय क्षति की मात्रा कम रहने पर इनका मेडिकल परीक्षण जैसे एक्स-रे तथा EEG विधि उस क्षति की पहचान करने में असमर्थ रह जाता है और ऐसी परिस्थिति में रोगी पर मनोवैज्ञानिक परीक्षणों का क्रियान्वयन

1. व्यक्तित्व परीक्षण की विस्तृत व्याख्या अध्याय 10 में देखी जा सकती है।

(administration) आवश्यक हो जाता है क्योंकि यही ऐसा परीक्षण है जिसके माध्यम से कम मात्रा में हुए मस्तिष्कीय क्षति की भी पहचान की जा सकती है।

स्पष्ट हुआ कि मनोवैज्ञानिक परीक्षणों की नैदानिक उपयोगिता या अनुप्रयोग काफी ठोस (concrete) है जिसके कारण नैदानिक मूल्यांकन (clinical assessment) करने में इसकी उपेक्षा नहीं की जा सकती है।

मनोवैज्ञानिक परीक्षण के गुण एवं दोष
(Strengths and Weaknesses of Psychological Tests)

नैदानिक मनोविज्ञान तथा मनोरोगविज्ञान (psychiatry) में मनोवैज्ञानिक परीक्षण की उपयोगिता काफी अधिक है। इसकी उपयोगिता पर टिप्पणी करते हुए कार्ल मेनिनगर[1] (Karl Menninger) ने बहुत ही अच्छे ढंग से कहा है, ''आधुनिक मनोवैज्ञानिक परीक्षण की सहायता के बिना मनोरोगविज्ञान को उतना ही पुराना तथा प्रचलन के बाहर माना जाता है जितना कि विकलांग विज्ञान (Orthopedics), को एक्स-रे के बिना।'' मनोवैज्ञानिक परीक्षणों की नैदानिक उपयोगिता इसलिए अधिक बतलायी गयी है क्योंकि इसके कुछ स्पष्ट गुण (strength) हैं जिनमें निम्नांकित प्रमुख हैं—

(i) मनोवैज्ञानिक परीक्षणों के सहारे रोगी के बारे में महत्त्वपूर्ण सूचनाएँ जैसे उसके व्यक्तित्व शीलगुणों, बौद्धिक क्षमताओं आदि से संबंधित सूचनाएँ सरल ढंग से प्राप्त हो जाती हैं जिससे नैदानिक मूल्यांकन की प्रक्रिया काफी आसान हो जाती है।

(ii) मनोवैज्ञानिक परीक्षण चूँकि माननीकृत (standardized) होते हैं, अतः उनमें वस्तुनिष्ठता (objectivity) अधिक होती है। फलतः इससे प्राप्त तथ्य पर नैदानिक मनोवैज्ञानिकों को भरोसा अधिक रहता है।

(iii) मनोवैज्ञानिक परीक्षणों द्वारा रोगी के मस्तिष्कीय क्षति (brain damage) की मात्रा की भी पहचान नैदानिक मनोवैज्ञानिक आसानी से कर लेते हैं।

(iv) मनोवैज्ञानिक परीक्षण न केवल नैदानिक परीक्षण-कार्य (clinical testing) बल्कि शैक्षिक परीक्षण-कार्य (educational testing) तथा औद्योगिक परीक्षण-कार्य (industrial testing) में भी काफी लाभप्रद साबित हुआ है।

इन गुणों के बावजूद मनोवैज्ञानिक परीक्षणों की कुछ परिसीमाएँ (limitations) हैं जिनपर भी ध्यान देना आवश्यक है—

(i) नैदानिक मूल्यांकन करने में मनोवैज्ञानिक परीक्षण का उपयोग काफी खर्चीला (costly) होता है। अतः इसका प्रयोग करने से पहले इससे प्राप्त परिणाम या फल के बारे में सोच-समझ लेना आवश्यक है।

(ii) मनोवैज्ञानिक परीक्षण द्वारा नैदानिक मूल्यांकन करने में काफी समय लगता है। हाथावे (Hathaway, 1959) के अनुसार नैदानिक मनोवैज्ञानिकों को परीक्षण-कार्य (testing) में जरूरत से ज्यादा समय देना पड़ता है। उन्हें इस समय को कम-से-कम 40% कम कर देना चाहिए।

(iii) कुछ रोगी ऐसे होते हैं जो मनोवैज्ञानिक परीक्षणों पर उत्तर देना एक विचित्र, कृत्रिम एवं चिन्ता उत्पन्न करने वाला अनुभव मानते हैं। फलतः ऐसे रोगियों के लिए मनोवैज्ञानिक परीक्षण की उपयोगिता बहुत नहीं रह जाती है।

(iv) कभी-कभी मनोवैज्ञानिक परीक्षणों का क्रियान्वयन ऐसे लोगों द्वारा होते देखा गया है जो स्वयं ही उससे संबंधित जवाबदेहियों (responsibilities) को जैसे दिये गए उत्तरों को गुप्त रखना, परीक्षण-कार्य से संबंधित नैतिक मानक (ethical standards) को बनाये रखना आदि नहीं निभा पाते हैं। फलतः प्राप्त आँकड़ों का दुष्प्रयोग हो जाता है।

इन परिसीमाओं के बावजूद मनोवैज्ञानिक परीक्षणों की उपयोगिता तथा उनका प्रचलन नैदानिक मूल्यांकन (clinical assessment) की प्रक्रिया में अधिक है।

मनोवैज्ञानिक परीक्षणों पर के निष्पादन को प्रभावित करने वाले कारक
(Factors influencing Performance on Psychological Tests)

नैदानिक मनोवैज्ञानिकों ने कुछ ऐसे कारकों की पहचान किया है जिनसे मनोवैज्ञानिक परीक्षणों पर रोगी के निष्पादन (performance) प्रभावित होते हैं। ऐसे कारकों को निम्नांकित चार भागों में बाँटा गया है—

1. "The practice of psychiatry without the assistance of modern psychological testing is as old-fashioned and out-of-date as would be the practice of Orthopedics without the X-ray." —Menninger, 1947

(क) परीक्षण से संबद्ध चर (Test variables)

(ख) परीक्षक से संबंद्ध चर (Examiner variables)

(ग) परिस्थितिजन्य चर (Situational variables)

(घ) रोगी से संबद्ध चर (Patient variables)

इन चारों तरह के चरों या कारकों का वर्णन निम्नांकित है—

(क) परीक्षण से संबद्ध चर *(Test variables)*—कुछ ऐसे कारक हैं जो परीक्षण से संबद्ध होते हैं और रोगी द्वारा परीक्षण के एकांशों पर दिये गए उत्तरों को प्रभावित करते हैं। ऐसे कारकों में निम्नांकित प्रमुख हैं—

(i) परीक्षण के एकांशों का स्वरूप *(Nature of test items)*—परीक्षण के एकांश कई तरह के हो सकते हैं। वे प्रश्न के रूप में हो सकते हैं या कथन (statement) के रूप में हो सकते हैं। परीक्षण के एकांश का स्वरूप स्याही के धब्बा के समान हो सकता है या फिर किसी वस्तु या व्यक्ति का स्पष्ट चित्र हो सकता है। एकांशों में उत्तरों की श्रेणियाँ दो हो सकती हैं, तीन हो सकती हैं या उससे अधिक भी हो सकती हैं। अध्ययनों से पता चला है कि एकांश के इन भिन्न-भिन्न रूपों में रोगी द्वारा दिये जाने वाले उत्तर का स्वरूप काफी अधिक प्रभावित हो जाता है।

(ii) परीक्षण में एकांशों का क्रम या परीक्षणमाला में विभिन्न परीक्षणों का क्रम *(Sequence of items in the test or sequence of subtests in test battery)*—किसी परीक्षण में एकांशों का क्रम (sequence) क्या है, इसका भी प्रभाव परीक्षण निष्पादन (test performance) पर पड़ता है। परीक्षण के प्रारंभ में दिये गए कुछ एकांशों से रोगी में एक खास प्रत्याशा (expectation) या मानसिक सेट (mental set) उत्पन्न हो जाता है जो बाद के एकांशों पर दिये जाने वाले उत्तरों को प्रभावित करता है। उसी तरह से किसी परीक्षणमाला में कई परीक्षण होते हैं। प्रारंभ में आने वाले परीक्षण का स्वरूप बाद में आने वाले परीक्षण पर दिये जाने वाले उत्तरों को प्रभावित करता है।

(iii) निर्देश *(Instruction)*—प्रत्येक मनोवैज्ञानिक परीक्षण के एकांशों का उत्तर कैसे दिया जाए, इसके लिए कुछ निर्दिष्ट निर्देश होते हैं। निर्देश कभी-कभी स्वयं ही अस्पष्ट होते हैं और रोगी के मन में संभ्राति (confusion) उत्पन्न कर देते हैं या उनका स्वरूप ही कुछ ऐसा होता है जिससे कई अर्थ निकलने लगते हैं। इनसे परीक्षण निष्पादन (test performance) सीधे प्रभावित करता है।

(iv) क्रियान्वयन की विधि *(Method of administration)*—परीक्षण का स्वरूप ऐसा हो सकता है कि उसे वैयक्तिक ढंग से (individiually) क्रियान्वयन किया जा सकता है या फिर समूह (group) में क्रियान्वयन किया जा सकता है। रोगी को सभी एकांशों का उत्तर एक सीमित समय में देना हो सकता है या समय की कोई पाबन्दी नहीं हो सकती है। अध्ययनों से स्पष्ट हुआ है कि क्रियान्वयन की विधि में अन्तर होने से परीक्षण पर रोगी का निष्पादन (performance) काफी अधिक प्रभावित हो जाता है।

(ख) परीक्षक से संबद्ध चर *(Examiner variables)*—कुछ ऐसे कारक होते हैं जो परीक्षण के परीक्षक (test examiners) से संबंधित होते हैं और निष्पादन (performance) को प्रभावित करते हैं। ऐसे चरों या कारकों में नैदानिक दृष्टिकोण से निम्नांकित दो प्रमुख हैं—

(i) व्यक्तित्व की विशेषताएँ *(Personality characteristics)*—परीक्षक के उम्र, यौन, प्रजाति (race) जाति (caste), सांस्कृतिक विभिन्नताएँ या समानताएँ आदि का प्रभाव परीक्षण निष्पादन पर पड़ता है। परीक्षक के इन विशेषताओं एवं रोगी के इन विशेषताओं में समानता होने पर परीक्षण निष्पादन एक तरह से प्रभावित होता है तथा अन्तर होने से परीक्षण निष्पादन दूसरे तरह से प्रभावित होता है।

(ii) रोगी के प्रति मनोवृत्ति *(Attitude towards patient)*—मासलिंग (Masling, 1966), रोजेनथल (Rosenthal, 1967) द्वारा दिये गये अध्ययनों से यह स्पष्ट हुआ है कि रोगी के प्रति चिकित्सक की अपनी मनोवृत्ति (attitude) का भी प्रभाव परीक्षण के निष्पादन (test performance) पर पड़ता है। परीक्षक रोगी के प्रति उदार मनोवृत्ति रखने वाला हो सकता है या निरूत्साही (cold) मनोवृत्ति रखने वाला हो सकता है। परीक्षक को रोगी से कुछ खास उम्मीद हो सकती है या फिर वह तटस्थ हो सकता है। इन सबका प्रभाव परीक्षण निष्पादन (test performance) पर पड़ता है।

(ग) परिस्थितिजन्य चर *(Situational variables)*—कुछ कारक परीक्षण के वातावरण से संबद्ध होते हैं और परीक्षण के निष्पादन (performance) को प्रभावित करते हैं। ऐसे कारकों में निम्नांकित तीन प्रमुख हैं—

(i) भौतिक कारक *(Physical factors)*—जिस कमरे में परीक्षण का क्रियान्वयन किया जा रहा है, वहाँ की रोशनी का स्तर, शोरगुल, कमरे का आकार-प्रकार, कमरे के फार्नीचर एवं सज्जा-सामग्री आदि का प्रभाव परीक्षण के निष्पादन (test performance) पर पड़ता है।

(ii) सामाजिक संदर्भ *(Social context)*—सामाजिक संदर्भ जिसमें परीक्षण किया जा रहा है, उसका भी प्रभाव परीक्षण के निष्पादन पर पड़ता है। परीक्षण-कार्य (testing) अस्पताल में या उपचार-गृह में या कोर्ट में या कॉलेज की कक्षा में या कोई अन्य सामाजिक संदर्भ में हो सकता है। रोगी इन सभी सामाजिक संदर्भों को एक समान या एक अर्थ में नहीं लेकर भिन्न-भिन्न अर्थों में लेता है जिससे उनका परीक्षण निष्पादन (test performance) प्रभावित होता है।

(iii) नैदानिक संबंद्ध *(Clinical relationship)*—रोगी तथा चिकित्सक के संबंधों का भी प्रभाव परीक्षण निष्पादन पर पड़ता है। क्या चिकित्सक रोगी को पहले साक्षात्कार ले चुका है? क्या रोगी को चिकित्सक पर विश्वास है? इन प्रश्नों का उत्तर स्वीकारात्मक होने से एक ढंग से तथा नकारात्मक होने से दूसरे ढंग से प्रभावित होता है।

(घ) रोगी से संबद्ध चर *(Patient variables)*—कुछ ऐसे भी चर या कारक हैं जो रोगी से संबद्ध होते हैं और परीक्षण के निष्पादन को प्रभावित करते हैं। ऐसे चरों या कारकों में निम्नलिखित प्रमुख हैं—

(1) परीक्षण-कार्य के प्रति रोगी की सामान्य मनोवृत्ति *(Attitudes of patient towards testing in general)*—रोगी का परीक्षण-कार्य (testing) के प्रति जो सामान्य मनोवृत्ति होती है, उसका प्रभाव भी परीक्षण निष्पादन (test performance) पर पड़ता है। यहाँ निम्नलिखित दो बातें अधिक अहमियत रखती हैं—

(i) परीक्षण के साथ उनकी गत अनुभूति *(Previous experience with tests)*—यदि रोगी को यह पता है कि मनोवैज्ञानिक परीक्षणों के एकांशों के उत्तर कैसे दिये जाते हैं तथा उनका निर्माण आदि कैसे एवं किस उद्देश्य से किया जाता है, तो इसका भी प्रभाव परीक्षण के निष्पादन (test performance) पर पड़ता है।

(ii) परीक्षण-कार्य के प्रति सामाजिक-सांस्कृतिक मनोवृत्ति *(Socio-cultural attitudes towards testing)*—प्रत्येक रोगी का अपना एक सामाजिक-सांस्कृतिक समूह (socio-cultural group) होता है जिसमें एक खास तरह की मनोवृत्ति (attitudes) तथा मूल्य (value) होते हैं। इन मनोवृत्तियों एवं मूल्यों का प्रभाव परीक्षण के निष्पादन (test performance) पर पड़ता है क्योंकि परीक्षण-कार्य के प्रति उनका रूख बहुत हद तक इन मूल्यों एवं मनोवृत्तियों द्वारा प्रभावित होते हैं।

(2) परीक्षण-कार्य के खास सत्र को मनोवृत्ति *(Attitude in particular testing session)*—परीक्षण कार्य के सत्र में रोगी की विशेष मनोवृत्ति द्वारा परीक्षण निष्पादन (test performance) प्रभावित होत है। यहाँ भी तीन बातें महत्त्वपूर्ण बतलायी गयी है—

(i) रोगी का प्रेरणात्मक स्तर *(Motivational level of patient)*—परीक्षण-कार्य (testing) करते समय रोगी कार्य में कितना अधिक या कम अभिरुचि दिखला रहा है, एक महत्त्वपूर्ण कारक है। क्या वह परीक्षण पर अपने निष्पादन को उन्नत बनाने के लिए तत्पर है या कोई बहाना बनाकर निकल जाना चाहता है? क्या वह परीक्षण-कार्य में पूर्ण सहयोग दिखला रहा है या नहीं? इन सभी बातों का प्रभाव परीक्षण निष्पादन (test performance) पर पड़ता है। मनोविदालिता (schizophreina) पर किये गए अध्ययनों से यह स्पष्ट हो गया है कि ऐसे रोगी का सामान्य क्षमता परीक्षण (general ability test) पर निष्पादन (performance) के कम होने का कारण उनकी बुद्धि-स्तर में कमी नहीं थी बल्कि उनकी अभिरुचि, अभिप्रेरण एंव सहयोग की भावना की कमी थी।

(ii) अनुक्रिया शैली या अनुक्रिया तत्परता *(Response style or Response set)*—रोगी की विशेष अनुक्रिया शैली (response style) या अनुक्रिया तत्परता (response set) का भी प्रभाव परीक्षण निष्पादन (test performance) पर पड़ता है। अनुक्रिया शैली या तत्परता से तात्पर्य एक ऐसी अनुक्रिया मनोवृत्ति (response attitude) से होती है जो रोगी को दिये गए उत्तरों में से एक खास तरह का उत्तर चुनने के लिए बाध्य करता है। व्यक्तित्व आविष्कारिका (personality inventories) के क्षेत्र में किये गए अध्ययनों से यह स्पष्ट हुआ है कि समनुमति (acquiescence), विचलन सेट (deviation set), सामाजिक वांछनीयता (social desirability) आदि प्रमुख अनुक्रिया मनोवृत्ति है,

जिनसे एकांशों के उत्तर प्रभावित होते हैं। समनुमति में रोगी प्रत्येक एकांश का उत्तर दिये गए 'हाँ-नहीं' में से 'हाँ' के रूप में देता है; विचलन सेट में व्यक्ति असाधारण एवं सीमान्त (extreme) अनुक्रिया के रूप में उत्तर देता है तथा सामाजिक वांछनीयता (social desirability) में रोगी अपना उत्तर सामाजिक रूप से अनुमोदित दिशा में देना पसंद करता है। इन विभिन्न अनुक्रिया मनोवृत्ति (response attitude) से परीक्षण के निष्पादन (test performance) बुरी तरह प्रभावित होते हैं।

(iii) परीक्षण के एकांशों की सामाजिक-सांस्कृतिक व्याख्या *(Socio-cultural interpretation of test item)*—प्रत्येक रोगी की अपनी सामाजिक-सांस्कृतिक मनोवृत्ति होती है जिसके संदर्भ में वह परीक्षण के एकांशों की व्याख्या करता है। एकांशों में 'प्रायः', 'कभी-कभी', 'बहुधा' लिखे रहते हैं जिसका अर्थ रोगी अपनी इस मनोवृत्ति के संदर्भ में लगाता है जो परीक्षण-निर्माता (test constructor) के अर्थ से भिन्न हो सकता है। ऐसी परिस्थिति में परीक्षण निष्पादन (test performance) काफी प्रभावित हो जाने की संभावना बनी होती है।

(2) रोगी की अवस्था *(Patient's state)*—रोगी की अपनी शारीरिक अवस्था, मनोवैज्ञानिक अवस्था (psychological state) तथा निर्देश समझने एवं दिये गए कार्य को करने की क्षमता से भी परीक्षण निष्पादन प्रभावित होता है। शारीरिक अवस्था में रोगी की थकान, भूख, प्यास, औषध खाने की आदत, शारीरिक दर्द एवं विकलांगता आदि प्रधान हैं। उसी तरह से मनोवैज्ञानिक कारकों में रोगी की वर्तमान सांवेगिक अवस्था से परीक्षण के निष्पादन (test performance) काफी प्रभावित होते देखे गए हैं।

(3) रोगी का व्यक्तिगत गुण *(Personal attributes of patient)*—रोगी की व्यक्तिगत गुण जैसे—उसकी आवश्यकता, प्रेरणा, शीलगुण, क्षमता, संघर्ष (conflicts) आदि का भी प्रभाव परीक्षण के निष्पादन पर पड़ता देखा गया है। रोगी की आवश्यकता, प्रेरणा, मूल्य, क्षमता आदि अनुकूल हुए तो उससे परीक्षण का निष्पादन अच्छा होता है अन्यथा परिस्थिति प्रतिकूल होने पर परीक्षण का निष्पादन उतना अच्छा नहीं होता है।

स्पष्ट हुआ कि मनोवैज्ञानिक परीक्षण पर के निष्पादन कई तरह के चरों (variables) द्वारा प्रभावित होते हैं। चिकित्सक को इन परीक्षण पर के प्राप्तांकों की व्याख्या करने में इन चरों पर ध्यान देना आवश्यक है।

नैदानिक अनुसंधान की परिसीमाएँ
(Limitations of Clinical Investigation)

नैदानिक मनोवैज्ञानिक विभिन्न अनुसंधान विधियों के सहारे यह कोशिश करते हैं कि कुछ ऐसे सामान्य नियम का पता लगाया जा सके जिनके माध्यम से मनोवैज्ञानिक विकृतियों को समझा जा सके, उसे रोका जा सके तथा उसका उपचार किया जा सके। परन्तु कई तरह के ऐसे तथ्य सामने आये हैं जिनके कारण नैदानिक मनोवैज्ञानिकों का यह प्रयास अधिक सफल नहीं हो पाया है। अतः इन समस्याओं पर विचार करना आवश्यक है। नैदानिक मनोवैज्ञानिकों के अनुसार ऐसी परिसीमाओं को निम्नांकित पाँच विन्दुओं में उपस्थित किया जा सकता है—

(i) नैदानिक प्रयोज्यों की कुछ आवश्यकताएँ एवं अधिकार हैं जिनका आदर करने के लिए अनुसंधानकर्त्ता विवश होते हैं *(Climical subjects have needs and rights that investigators are obliged to repeat)*—नैदानिक अनुसंधान में मानव प्रयोज्यों के कुछ मानवीय एवं असैनिक (civil) अधिकार होते हैं जिनका आदर नैदानिक वैज्ञानिकों को करना ही पड़ता है। जैसे—यदि नैदानिक वैज्ञानिक बच्चों के साथ किये गए दुव्यर्वहार (abuse) के मनोवैज्ञानिक प्रभाव का अध्ययन करना चाहते हैं तो वे इसके लिए उनके माता-पिता को अपने बच्चों के साथ दुर्व्यवहार करने का निर्देश तो नहीं दे सकते हैं। इस तरह की नैतिक मान्यताओं (ethical cosiderations) द्वारा एक तरह से उन नैदानिक अनुसंधानों पर रोग लग जाता है जिसे वे स्वेच्छा से करना चाहते हैं।

(ii) मानव व्यवहार का उद्भव जटिल होता है *(The origins of human behaviour are complex)*—मानव व्यवहार एक ही समय में सामान्यतः कई तरह के कारकों से प्रभावित होता है। इसका परिणाम यह होता है कि नैदानिक वैज्ञानिकों को यह पता करना संभव नहीं हो पाता है कि अमुक व्यवहार का मुख्य कारण कौन है। यहाँ तक कि जब अनुसंधानकर्त्ता पूरे नियंत्रित परिस्थिति में भी किसी व्यवहार का अध्ययन करता है, तो कुछ अवांछित कारक प्रयोज्यों के चिंतन, भाव एवं क्रियाओं को प्रभावित कर देते हैं। इन सबों का परिणाम यह होता है कि नैदानिक वैज्ञानिक यह नहीं समझ पाते हैं कि अमुक व्यवहार का क्या वास्तविक कारण है। ऐसी परिस्थिति में नैदानिक अनुसंधान को सही-सही ढंग से करना संभव नहीं हो पाता है।

(iii) मनुष्यों का व्यवहार परिवर्तनशील होता है *(The behaviour of human beings are changeable)*—मनुष्यों के व्यवहार, मनोदशा (moods) तथा चिंतन में काफी परिवर्तन होते रहते हैं। क्या व्यक्ति जिसे नैदानिक मनोवैज्ञानिक आज अध्ययन कर रहे हैं, ठीक वही है जो वह कल था? क्या उसके आज के भाव तथा प्रत्यक्षण ठीक वहीं है जो कल थे? शायद नहीं। एक ही व्यक्ति में इस तरह के परिवर्तन होने से नैदानिक वैज्ञानिकों के लिए नैदानिक अनुसंधान करना मुश्किल हो जाता है जिससे कोई ठोस निष्कर्ष निकाला जा सकता है।

(iv) मानव आत्म-चेतनता से नैदानिक अनुसंधान प्रभावित होता है *(Human self-awareness may influence the results of clinical investigations)*—हैरिस एवं लाहे (Harris & Lahey, 1986) के अनुसार जब मानव प्रयोज्यों को यह पता हो जाता है कि उनके व्यवहारों का अध्ययन किया जा रहा है, तो वे इस ढंग से व्यवहार करने लगते हैं जो उनके सामान्य पैटर्नस से भिन्न होता है। प्रत्यशित ढंग से अनुक्रिया करने या अपने आप को वांछित रूप में उपस्थित कर वे न केवल अध्ययन को पूर्वाग्रहित कर देते हैं बल्कि अनुसंधानकर्ता द्वारा उनपर दिया जाने वाला ध्यान के कारण उनके प्रत्यक्षण एवं भाव में भी पर्याप्त अंतर हो जाता है। इन सबों का परिणाम यह होता है कि नैदानिक अनुसंधान बुरी तरह प्रभावित हो जाता है और उससे किसी वैज्ञानिक निष्कर्ष पर पहुँचना संभव नहीं हो पाता है।

(v) नैदानिक अनुसंधानकर्त्ता अपने प्रयोज्यों के साथ विशेष संबंध रखते हैं *(Clinical investigators have a special link to their subjects)*—नैदानिक मनोवैज्ञानिकों एवं अनुसंधानकर्त्ताओं में कभी-कभी कुछ वैसी मनोदशा (mood) एवं चिंतन में परिवर्तन होता है तथा पारिवारिक समस्याओं से वे घिर जाते हैं जैसा कि वे अध्ययन कर रहे होते हैं। वे प्रयोज्यों के दर्द एवं तकलीफ के साथ तादात्म्य (identification) स्थापित कर लेते हैं तथा उनकी समस्याओं के कारण तथा आशय (implication) के बारे में व्यक्तिगत राय या मत विकसित कर लेते हैं। इसका सबसे अच्छा उदाहरण हमें बहुत सारे प्रयोगों के *रोजेन्थल प्रभाव* (Rosenthal effect) में तथा सिगमंड फ्रायड द्वारा विश्लेषित हांस नाम का छोटा बच्चा (Little Hans) के केस अध्ययन में देखने को मिलता है। इन सबों का परिणाम यह होता है कि नैदानिक अनुसंधान की वैधता तथा विश्वसनीयता काफी कम हो जाती है।

इन परिसीमाओं का परिणाम यह होता है कि नैदानिक अनुसंधान तो दोषपूर्ण हो ही जाता है, साथ ही साथ नैदानिक वैज्ञानिकों को असामान्य व्यवहार का अध्ययन करने के लिए कई अलग-अलग विधियों का उपयोग करना पड़ता है। अगर इन सभी विधियों के परिणाम एक ही दिशा में आते हैं तो नैदानिक मनोवैज्ञानिकों को अपने कौशल पर पूर्ण विश्वास होता है। परन्तु यदि भिन्न-भिन्न परिणाम आते हैं तो वे स्वीकार करते हैं कि संबद्ध नैदानिक क्षेत्र में उनका ज्ञान सीमित है।

अध्याय सारांश
(Chapter Summary)

1. नैदानिक मूल्य (clinical assesment) एक जटिल प्रक्रिया होती है जिसमें चिकित्सक रोगी के बारे में विभिन्न स्रोतों से आँकड़ों का संग्रहण करता है ताकि रोगी के बारे में एक समस्त मानांकन किया जा सके।
2. निदान (diagnosis) से तात्पर्य किसी रोग की पहचान करने से तथा रोगी के अन्य अवस्थाओं के साथ उसका संबंध जानने से होता है। मनोनिदान (Psychodiagnosis) एक ऐसी विशिष्टि प्रविधि है जिसमें मनोवैज्ञानिक विधि एवं तरीकों के माध्यम से मनोवैज्ञानिक विकृतियों की सीमा (extent) एवं स्वरूप की पहचान की जाती है।
3. नैदानिक मूल्यांकन के पाँच प्रमुख उद्देश्य हैं जिनपर प्रकाश डाला गया है।
4. नैदानिक मूल्यांकन की चार अवस्थाएँ होती हैं—आयोजन की अवस्था, निवेश की अवस्था, संसाधन की अवस्था तथा निर्गत की अवस्था (stage of output)।
5. नैदानिक मूल्यांकन की चार प्रविधियाँ हैं—केस अध्ययन विधि (case study method), नैदानिक साक्षात्कार (clinical interview), प्रेक्षण प्रविधि (observation technique) तथा मनोवैज्ञानिक परीक्षण (psychological test)।
6. केस अध्ययन विधि में रोगी के बारे में प्रेरणात्मक, संरचनात्मक, विकासात्मक, अनुकूलन (adaptation), पारिस्थतिकी (ecological) तथा जैविक संदर्शों (perspective) से सूचना प्राप्त करने की कोशिश की जाती है। इस विधि के गुण एवं दोषों पर भी प्रकाश डाला गया है।

7. नैदानिक साक्षात्कार (clinical interview) रोगी तथा चिकित्सा के बीच एक विशेष उद्देश्य से किया गया आमने-सामने की अन्तःक्रिया (interaction) है। इसके चार प्रमुख उद्देश्यों का वर्णन किया गया है।
8. नैदानिक साक्षात्कार के सात प्रकारों का वर्णन किया गया है—अन्तर्ग्रहण प्रवेश साक्षात्कार, केस इतिहास साक्षात्कार, नैदानिक साक्षात्कार, प्राक्‌परीक्षण तथा पश्च परीक्षण साक्षात्कार, विमर्श, साक्षात्कार, प्राक्‌चिकित्सा साक्षात्कार तथा शोध साक्षात्कार (research interview)।
9. नैदानिक साक्षात्कार के तीन चरण या अवस्थाएँ हैं—प्रारंभिक अवस्था (Opening phase), मध्य अवस्था (Middle phase) तथा अन्तिम अवस्था (Final phase)।
10. नैदानिक साक्षात्कार की विश्वसनीयता तथा वैधता को प्रभावित करने वाले कारकों का भी वर्णन किया गया है। साथ-ही-साथ इसकी विश्वसनीयता तथा वैधता को उन्नत बनाने के तरीकों पर भी प्रकाश डाला गया है।
11. नैदानिक साक्षात्कार के छः गुणों तथा तीन अवगुणों का उल्लेख किया गया है।
12. नैदानिक साक्षात्कार के नैदानिक अनुप्रयोग (diagnostic uses) पर भी प्रकाश डाला गया है।
13. नैदानिक मूल्यांकन की अन्य प्रमुख विधि प्रेक्षण विधि है जिसमें तीन उपविधियों का वर्णन किया गया है—स्वाभाविक प्रेक्षण, (self-observation), आत्म-निर्देश (self-monitoring) तथा नियंत्रित प्रेक्षण (controlled observation)। प्रत्येक उपविधि के गुण एवं दोष का वर्णन भी किया गया है।
14. मनोवैज्ञानिक परीक्षण के अर्थ एवं उसका नैदानिक प्रकार (clinical types) का वर्णन किया गया है। चार तरह के मनोवैज्ञानिक परीक्षणों का वर्णन किया गया है—बुद्धि परीक्षण, अभिक्षमता परीक्षण, मस्तिष्कीय क्षति मापने का परीक्षण तथा व्यक्तिगत परीक्षण।
15. मनोवैज्ञानिक परीक्षणों के नैदानिक अनुप्रयोग (diagnostic uses) का भी वर्णन किया गया है। ऐसे पाँच अनुप्रयोगों का वर्णन किया गया है।
16. मनोवैज्ञानिक परीक्षण के गुण एवं दोषों पर भी प्रकाश डाला गया है।
17. अन्त में उन चरों या कारकों का विस्तृत वर्णन किया गया है जिससे रोगी का मनोवैज्ञानिक परीक्षण पर निष्पादन (performance) प्रभावित होता है।
18. नैदानिक अनुसंधान के पाँच परिसीमाओं का भी उल्लेख किया गया है जिनसे यह काफी प्रभावित होता है।

❑

अध्याय 8

बुद्धि का मापन : बुद्धि परीक्षण
(MEASUREMENT OF INTELLIGENCE : INTELLIGENCE TEST)

बुद्धि के अर्थ एवं स्वरूप (Meaning and Nature of Intelligence)

बुद्धि एक ऐसा सामान्य पद है जिसका प्रयोग हम अपने दिन-प्रतिदिन के बोल-चाल की भाषा में काफी करते हैं। तेजी से सीखने तथा समझने, अच्छा स्मरण एवं तार्किक चिन्तन आदि गुणों के लिए हम दिन-प्रतिदिन की भाषा में बुद्धि शब्द का प्रयोग करते हैं।

मनोविज्ञान में 'बुद्धि' शब्द का प्रयोग इस सामान्य अर्थ से हटकर विशेष अर्थ में होता है। प्रारंभ से ही मनोवैज्ञानिकों ने बुद्धि शब्द को परिभाषित करने की कोशिश की है। सबसे पहले बोरिंग (Boring, 1923) ने बुद्धि की एक औपचारिक परिभाषा (formal definition) दिया और कहा कि बुद्धि परीक्षण जो मापता है, वही बुद्धि है। (Intelligence is what intelligence test measures)। परन्तु इस परिभाषा से बुद्धि के स्वरूप के बारे में किसी निश्चित अर्थ का पता नहीं चलता है। फिर बुद्धि को मापने के लिए बहुत परीक्षण हैं। इनमें से किस परीक्षण द्वारा किये गए मापन को बुद्धि कहा जाएगा। बोरिंग के बाद अनेक मनोवैज्ञानिकों ने बुद्धि को भिन्न-भिन्न ढंग से परिभाषित करने की कोशिश किया है। इन सभी परिभाषाओं को मूलतः तीन भागों में बाँटा जा सकता है—

(i) पहली श्रेणी में उन परिभाषाओं को रखा जा सकता है जिसमें बुद्धि को वातावरण के साथ समायोजन (adjustment) करने की क्षमता के आधार पर परिभाषित किया गया है। जो व्यक्ति जितनी ही जल्दी से वातावरण के साथ समायोजन कर लेता है, उसे उतनी ही तीव्र बुद्धि का समझा जाता है।

(ii) दूसरी श्रेणी में उन परिभाषाओं को रखा गया है जिसमें बुद्धि को सीखने की क्षमता के रूप में परिभाषित किया गया है। जिस व्यक्ति में यह क्षमता जितनी ही अधिक होती है, वह उतना ही बुद्धिमान समझा जाता है।

(iii) तीसरी श्रेणी में उन परिभाषाओं को रखा गया है जिसमें बुद्धि को अमूर्त चिन्तन (abstract reasoning) करने की क्षमता के रूप में परिभाषित किया गया है। यह क्षमता जिस व्यक्ति में जितनी ही अधिक होती है, वह उतना ही बुद्धिमान समझा जाता है।

परन्तु बाद में अधिकतर मनोवैज्ञानिकों द्वारा यह अनुभव किया गया कि इन तीनों श्रेणियों की परिभाषाओं का एक ही सामान्य दोष है और वह यह है कि प्रत्येक श्रेणी की परिभाषाओं में बुद्धि के मात्र एक पहलू या पक्ष को आधार मानकर बुद्धि को परिभाषित किया गया है। वास्तव में बुद्धि में सिर्फ एक ही तरह की क्षमता या पहलू सम्मिलित नहीं होती है बल्कि अनेक तरह की क्षमताएँ जिन्हें सामान्य क्षमता (general ability) कहा जाता है, सम्मिलित होता है। इस उद्देश्य को ध्यान में रखते हुए कुछ मनोवैज्ञानिकों ने बुद्धि को दूसरे ढंग से परिभाषित किया है। इन परिभाषाओं में से निम्नांकित तीन सर्वश्रेष्ठ परिभाषाओं को नीचे दिया जा रहता है—**वेक्सलर**[1] (Whechsler, 1939) के अनुसार, ''बुद्धि एक समुच्चय या सार्वजनिक क्षमता है जिसके सहारे व्यक्ति उद्देश्यपूर्ण क्रिया करता है, विवेकशील चिन्तन करता है तथा वातावरण के साथ प्रभावकारी ढंग से समायोजन करता है।''

1. **"Intelligence is the aggregate or global capacity of the individual to act purposefully, to think rationally and to deal effectively with his environment." —Wechsler : *Measurement of Adult Intelligence, 1939***

रॉबिन्सन तथा रॉबिन्सन[1] (Robinson & Robinson, 1965) के अनुसार, ''बुद्धि से तात्पर्य संज्ञानात्मक व्यवहारों के सम्पूर्ण वर्ग से होता है जो व्यक्ति में सूझ द्वारा समस्या समाधान करने की क्षमता, नयी परिस्थितियों के साथ समायोजन करने की क्षमता, अमूर्त रूप से सोचने की क्षमता तथा अनुभवों से लाभ उठाने की क्षमता को दिखलाता है।''

स्टोडार्ड[2] (Stoddard, 1941) के अनुसार, ''बुद्धि उन क्रियाओं को समझने की क्षमता है जिनकी विशेषताएँ (1) कठिनता (2) जटिलता (3) अमूर्त्तता (4) मितव्ययिता (5) किसी लक्ष्य के प्रति अनुकूलनशीलता (6) सामाजिक मान तथा (7) मौलिकता की उत्पत्ति, होती है और कुछ परिस्थिति में वैसी क्रियाओं को जो शक्ति की एकाग्रता तथा सांवेगिक कारकों के प्रति प्रतिरोध (resistance) दिखलाता है, करने की प्रेरणा देती है।''

सिक्कारेली एवं मेयर[3] (Ciccarelli & Meyer, 2006) ने भी बुद्धि को कुछ इसी ढंग से परिभाषित किया है, ''बुद्धि अपनी अनुभूतियों से सीख लेने, उससे ज्ञान प्राप्त करने तथा नयी समस्याओं का समाधान करने या नयी परिस्थितियों के साथ समायोजन स्थापित करने के लिए संसाधनों का उपयोग करने की क्षमता होती है।''

इन सभी उत्तम परिभाषाओं की एक सामान्य विशेषता यह है कि इन परिभाषाओं में बुद्धि को कई तरह की क्षमताओं का योग माना गया है। यही कारण है कि ऐसी परिभाषाएँ काफी प्रचलित तथा लोकप्रिय (popular) है। इन परिभाषाओं का एक सामान्य विश्लेषण करने पर हम निम्नांकित तथ्य पर पहुँचते हैं—

(i) बुद्धि विभिन्न क्षमताओं का संपूर्ण योग (aggregate) होता है। इसका मतलब यह हुआ कि बुद्धि में किसी एक प्रकार की क्षमता नहीं होती है। इसमें कई प्रकार की क्षमताएँ होती हैं। इन क्षमताओं का पूर्ण योग ही बुद्धि कहलाता है।

(ii) बुद्धि के सहारे व्यक्ति किसी समस्या के समाधान में सूझ (insight) का सहारा लेता है। इतना ही नहीं, किसी समस्या के समाधान में गत अनुभूतियों का लाभ वह इसी बुद्धि के कारण ही उठा पाता है।

(iii) बुद्धि के सहारे व्यक्ति उद्देश्यपूर्ण क्रियाएँ (purposeful act) करता है। जो व्यक्ति जितनी ही अधिक उद्देश्यपूर्ण एवं सार्थक क्रियाएँ करता है, उसे उतना ही अधिक बुद्धिमान माना जाता है। निरर्थक तथा उद्देश्यहीन क्रियाएँ करने वाले व्यक्ति को कम बुद्धि का समझा जाता है। अतः बुद्धि का स्वरूप कुछ ऐसा होता है कि इसके सहारे व्यक्ति उद्देश्यपूर्ण क्रियाएँ करता है।

(iv) बुद्धि व्यक्ति को वातावरण के साथ प्रभावकारी ढंग से समायोजन (adjustment) या अनुकूलन (adaptation) करने में मदद करता है। अधिक बुद्धि वाले व्यक्ति अपने-आप को किसी भी वातावरण में ठीक ढंग से समायोजन कर लेते हैं। इन व्यक्तियों की समायोजन की क्षमता देखकर अन्य लोग भी काफी प्रभावित होते हैं। कम बुद्धिवाले व्यक्ति में इस तरह के समायोजन की क्षमता कम होती है और व्यक्ति में वातावरण से संबंधित समायोजन की कई समस्याएँ उत्पन्न हो जाती हैं।

(v) बुद्धि से व्यक्ति में विवेकशील चिन्तन (rational thinking) तथा अमूर्त चिन्तन करने में भी मदद मिलती है। इसका मतलब यह हुआ कि जो व्यक्ति बुद्धिमान होता है, उसके सोचने एवं चिन्तन करने का तरीका विवेकपूर्ण, तर्कपूर्ण एवं युक्तिसंगत होता है। ऐसे व्यक्तियों में अमूर्त चिन्तन की क्षमता भी अधिक होती है। कम बुद्धि वाले व्यक्ति का चिन्तन अविवेकपूर्ण तथा तर्कहीन होता है। ऐसे व्यक्ति में अमूर्त चिन्तन करने की क्षमता भी कम होती है। ऐसे व्यक्तियों में चिन्तन करने तथा कार्य करने में असंगति (inconsistency) अधिक पायी जाती है।

---

1. "Intelligence refers to the whole class of cognitive behaviours which reflect an individual's capacity to solve problems with insight, to adapt himself to new situations, to think abstractly and to profit from his experiences."
—Robinson & Robinson : *The Mentally retarded children,* 1965

2. "Intelligence is the ability to understand activites that are characterized by (i) difficulty (2) complexity (3) abstractness (4) economy (5) adaptiveness to a goal (6) social value (7) emergence of originals, and to maintain such activities under conditions that demand a concentration of energy and resisteance to emotional factors."
—Stoddard : *On the Meaning of Intelligence.* 1941

3. "Intelligence is the ability to learn from one's experiences, acquire knowledge and use resources effectively in adapting to new situations or solving problems." —Cicarrelli & Meyer, *Psychology,* 2006, p. 362

(vi) बुद्धिमान व्यक्ति प्रायः कठिन एवं जटिल कार्य को समझकर करते हैं। इनके कार्यों में मौलिकता अधिक होती है।

ऊपर के वर्णन से स्पष्ट है कि बुद्धि का स्वरूप कुछ ऐसा होता है जिसे किसी एक कारक (factor) या क्षमता के आधार पर नहीं समझा जा सकता है। इसमें भिन्न-भिन्न प्रकार की क्षमताएँ होती हैं। थर्स्टन (Thurstone, 1938) ने अपने अध्ययन के आधार पर बतलाया है कि बुद्धि में कुछ 7 ऐसी क्षमताएँ (abilities) होती हैं जिसे प्रधान मानसिक क्षमताएँ कहा जाता है। गिलफोर्ड (Guilford, 1967) ने यह बतलाया है कि बुद्धि में कुल 150 ऐसी क्षमताएँ (abilities) होती हैं।

बुद्धि के सिद्धान्त (Theories of Intelligence)

बुद्धि के स्वरूप की व्याख्या करने के लिए मनोवैज्ञानिकों ने कई तरह के सिद्धान्तों का प्रतिपादन किया है। नैदानिक मनोविज्ञान के लिए उनकी उपयोगिता को ध्यान में रखते हुए यह कहा जा सकता है कि इन सिद्धान्तों में कारक सिद्धान्त (Factor theories) या मनोमितिकी सिद्धान्त (psychometric theories) सबसे अधिक महत्त्वपूर्ण है। अतः हम यहाँ सिर्फ ऐसे ही सिद्धान्तों में से कुछ अतिप्रमुख सिद्धान्तों का वर्णन करेंगे। इस सिद्धान्तों में प्रमुख निम्नांकित हैं—

(1) स्पीयरमैन का द्विकारक सिद्धान्त (Spearman's Two-factor theory)

(2) थर्स्टन का समूह कारक सिद्धान्त (Thurstone Group factor theory)

(3) बहुकारक सिद्धान्तः थॉर्नडाइक तथा गिलफोर्ड (Multifactor theory : Thorndkie & Guilford)

(4) पदानुक्रमिक सिद्धान्त (Hierarchical theory)

(5) कैटेल का सिद्धान्त (Catell's theory)

(1) स्पीयरमैन का द्विकारक सिद्धान्त *(Spearman's two-factor theory)*—इस सिद्धान्त का प्रतिपादन ब्रिटेन के मनोवैज्ञानिक स्पीयरमैन जिन्हें कारक विश्लेषण का जनक (father of factor analysis) कहा जाता है, द्वारा 1904 में किया गया। इन्होंने कारक विश्लेषण की प्रविधि द्वारा कई प्रयोगात्मक अध्ययनों से प्राप्त आँकड़ों का विश्लेषण किया और बतलाया कि बुद्धि की संरचना (structure) में मूल रूप से दो कारक (factor) निहित होते हैं—*सामान्य कारक (general factor* या g-factor) तथा *विशिष्ट कारक* (special factor या s-factor)।

स्पीयरमैन के अनुसार g-कारक से तात्पर्य यह होता है कि प्रत्येक व्यक्ति में एक मानसिक कार्य करने की एक सामान्य क्षमता (general capacity) भिन्न-भिन्न मात्रा में मौजूद होती है। यही कारण है कि g-कारक को स्पीयरमैन में मानसिक ऊर्जा (mental energy) की संज्ञा दी है। स्पीयरमैन के अनुसार जिन व्यक्तियों में g-कारक जितना ही अधिक होगा वह व्यक्ति उतना ही अधिक सभी तरह के मानसिक कार्यों को करने में प्रवीण होगा। स्पीयरमैन के अनुसार g-कारक की दो प्रमुख विशेषताएँ हैं—

(i) पहला तो यह कि g-कारक पर सचमुच में किसी तरह के शिक्षण, प्रशिक्षण (training) पूर्व अनुभूति (past experiences) आदि का प्रभाव नहीं पड़ता है। यही कारण है कि इस g-कारक को एक जन्मजात (innate factor) माना गया है।

(ii) प्रत्येक व्यक्ति में g-कारक की मात्रा निश्चित (fixed) होती है। परन्तु इसका अर्थ यह नहीं है कि सभी व्यक्तियों में इसकी मात्रा समान होती है। वास्तव में, प्रत्येक व्यक्ति में प्रत्येक मानसिक कार्य करने की जो क्षमता होती है, वह निश्चित होती है। किसी में इस क्षमता की मात्रा अधिक हो सकती है तथा किसी में इसकी मात्रा कम हो सकती है।

स्पीयरमैन (Spearman) का यह भी विचार था कि प्रत्येक मानसिक कार्य करने में कुछ विशिष्टता (specificity) की भी जरूरत पड़ती है क्योंकि प्रत्येक मानसिक कार्य एक-दूसरे से कुछ-न-कुछ भिन्न होता है। स्पीयरमैन ने इस कारक को s-कारक कहा है। s-कारक की तीन विशेषताएँ बतलायी गयी हैं—

(i) पहला, s-कारक का स्वरूप परिवर्तनशील होता है। एक मानसिक क्रिया में एक तरह के s-कारक की आवश्यकता होती है तो दूसरे तरह की मानसिक क्रिया में दूसरे तरह के s-कारक की आवश्यकता होती है।

(ii) दूसरा, एक ही व्यक्ति में s-कारक की मात्रा भिन्न-भिन्न कार्यों के लिए निश्चित नहीं होती है। एक कार्य के लिए उस व्यक्ति में s-कारक की मात्रा कम हो सकती है। जैसे—एक व्यक्ति में गाना गाने का s-कारक अधिक हो सकता है परन्तु उसी व्यक्ति में पेंटिग के लिए जिस s-कारक की जरूरत है, उसकी मात्रा कम हो सकती है।

(iii) तीसरा, s-कारक पर व्यक्ति के प्रशिक्षण (training), पूर्व अनुभूतियों (past experiences) आदि का काफी प्रभाव पड़ता है। प्रशिक्षण देकर हम किसी खास मानसिक कार्य के लिए आवश्यक g-कारक की मात्रा को बढ़ा सकते हैं। दूसरे शब्दों में, प्रशिक्षण देकर हम किसी को अच्छा 'तबला मास्टर' बना सकते हैं या अच्छा पेन्टर बना सकते हैं।

स्पीयरमैन ने g-कारक तथा s-कारक के समर्थन में सहसंबंध विधि (correlational method) के सहारे कुछ सबूत भी प्रदान किया है। इन्होंने भिन्न-भिन्न तरह की मानसिक क्षमता मापने वाले परीक्षणों (tests) जैसे—शाब्दिक-बोध परीक्षण, स्मृति परीक्षण (memory test), विवेक परीक्षण (reasoning test) आदि को व्यक्तियों के एक बड़े समूह पर क्रियान्वयन किया और इन परीक्षणों के बीच सहसंबंध ज्ञात किया। परिणाम में देखा गया कि सहसंबंध गुणांक धनात्मक (positive) एवं ऊँचा (high) था जो .62 से लेकर .85 तक का था। इस तरह के उच्च धनात्मक सहसंबंध से क्या पता चलता है? स्पीयरमैन के अनुसार निश्चित रूप से प्रत्येक व्यक्ति में कोई ऐसी मानसिक ऊर्जा या शक्ति होती है जो व्यक्ति को भिन्न-भिन्न परीक्षणों (tests) में समान रूप से मदद करती है। इसी मानसिक शक्ति को स्पीयरमैन ने g-कारक कहा है। ऊपर वर्णन किये गए सहसंबंध गुणांकों से अपने-आप ही s-कारक का भी प्रमाण कहा है। भिन्न-भिन्न परीक्षणों (tests) को आपस में सहसंबंधित करने पर सहसंबंध गुणांक धनात्मक तो था परन्तु पूर्ण (perfect) अर्थात् 1.00 नहीं था। ऐसा क्यों? सहसंबंध पूर्ण नहीं होना अपने-आप में इस बात की सूचना देता है कि प्रत्येक परीक्षण (test) द्वारा मापी गयी मानसिक क्षमता में कुछ विशिष्टता की जरूरत होती है। यदि इन सभी परीक्षणों द्वारा मापी गयी मानसिक क्षति (mental capacity) में सिर्फ g-कारक ही होता है, तो सहसंबंध पूर्ण यानी 1.00 होता। परन्तु 1.00 से कम सहसंबंध इस बात का द्योतक हो जाता है प्रत्येक मानसिक क्षमता या कार्य को करने में कुछ ऐसी विशिष्टता (specificity) की जरूरत होती है, जो अन्य मानसिक कार्य या क्षमता की विशिष्टता से भिन्न होती है।

स्पीयरमैन के द्विकारक सिद्धान्त की उपर्युक्त व्याख्या से स्पष्ट है कि स्पीयरमैन के अनुसार बौद्धिक कार्य में g-कारक तथा s-कारक दोनों ही सम्मिलित होते हैं। इन दोनों कारकों में g-कारक की महत्ता अधिक दी गयी है। g-कारक कम होने से व्यक्ति को किसी भी बौद्धिक कार्य करने में पूर्ण सफलता नहीं मिलेगी। इसीलिए स्पीयरमैन के बुद्धि सिद्धान्त हो G-कारक सिद्धान्त (G-factor theory) भी कहा गया है। इसे *राजसी सिद्धान्त* (Monarchic theory) भी कहा जाता है क्योंकि इसमें g-कारक की सर्वोच्चता पर बल डाला गया है।

स्पीयरमैन के द्विकारक सिद्धान्त की कुछ आलोचनाएँ भी की गयी है जो निम्नांकित हैं—

(i) स्पीयरमैन के सिद्धान्त की बुद्धि की व्याख्या सिर्फ दो कारकों यानी g-कारक तथा s-कारक के आधार पर की गयी है। थर्स्टन (Thurstone, 1938) एवं गिलफोर्ड (Guilford, 1967) ने स्पीयरमैन के इस तथ्य की आलोचना किया है और कहा है कि बुद्धि की व्याख्या दो तत्त्वों या कारकों से संभव नहीं है। सचमुच में बुद्धि की व्याख्या करने के लिए अनेक कारकों की जरूरत पड़ती है जिसका स्पीयरमैन ने कल्पना भी नहीं किया है।

(ii) जैसा कि स्पीयरमैन के सिद्धान्त से स्पष्ट है, स्पीयरमैन ने भिन्न-भिन्न मानसिक कार्यों या क्षमताओं के परीक्षणों के बीच उच्च धनात्मक सहसंबंध की व्याख्या g-कारक के आधार पर किया है। उन्होंने बतलाया है कि उच्च सहसंबंध का कारण इन परीक्षणों द्वारा मापे गए क्षमताओं के बीच अधिक समानता है जिसे उन्होंने g-कारक की संज्ञा दी है। आलोचकों का मत है कि विभिन्न परीक्षणों के बीच उच्च धनात्मक सहसंबंध g-कारक के अलावा भी कुछ ऐसे कारक हैं जिनके कारण हो सकता है। आलोचकों का कहना है कि g-कारक के अलावा कुछ समूह-कारक भी हैं जिसे मनोवैज्ञानिकों ने मध्यवर्ती कारक (intermediate factors) कहा है, जिसके कारण भी उच्च धनात्मक सहसंबंध हो सकता है। स्पीयरमैन ने अपने सिद्धान्त में इन समूह कारकों की ओर प्रकाश नहीं डाला है।

इन आलोचनों के बावजूद स्पीयरमैन का बुद्धि सिद्धान्त बहुत ही महत्त्वपूर्ण सिद्धान्त है और इसे मनोवैज्ञानिकों ने बुद्धि के अन्य कारक सिद्धान्तों की एक नींव मानते हैं।

(2) थर्स्टन का समूह कारक सिद्धान्त *(Thurstone group factor theory)*—इस सिद्धान्त का प्रतिपादन थर्स्टन (Thurstone, 1938) द्वारा किया गया है जो कई वर्षों तक उनके द्वारा किए गए कारक विश्लेषण (factor analysis) से प्राप्त तथ्यों (facts) पर आधारित है।

इस सिद्धान्त के अनुसार जैसा कि नाम से ही स्पष्ट है, बुद्धि की व्याख्या कई कारकों के आधार पर की जाती है न कि सिर्फ दो कारकों के आधार पर जैसा कि स्पीयरमैन के सिद्धान्त में कहा गया था। इस सिद्धान्त के अनुसार किसी बुद्धिमत्तापूर्ण कार्य (intellectual work) में अनेक छोटे-छोटे विशिष्ट कारक या तत्त्व नहीं पाये जाते हैं (जो अलग-अलग मानसिक क्षमता को द्योतक होते हैं) और साथ-ही-साथ किसी बुद्धिमत्तापूर्ण कार्य में g-कारक की प्रधानता (predominance) नहीं होती है, (जैसा कि स्पीयरमैन ने कहा था)। इससे स्पष्ट है कि थर्स्टन ने स्पीयरमैन के g-कारक की मान्यता अस्वीकृत किया है। थर्स्टन के सामूहिक-कारक सिद्धान्त में कुछ मानसिक क्रियाओं या क्षमताओं (mental abilities) का एक सामान्य प्रधान कारक (common primary factor) होता है जो उन सभी मानसिक प्रक्रियाओं को आपस में एक सूत्र में बाँधे रखता है तथा साथ-ही-साथ इन मानसिक क्रियाओं को अन्य मानसिक क्रियाओं से भिन्न रखता है। ऐसी सभी मानसिक क्रियाएँ जिनका एक प्रधान कारक होता है, आपस में सहसंबंधित होती हैं और एक साथ मिलकर एक समूह का निर्माण करती है। इस समूह का प्रतिनिधित्व करने वाले कारक को *प्रधान क्षमता* (primary ability) की संज्ञा दी जाती है। इसी तरह से दूसरे तरह की मानसिक क्रियाओं को एक सूत्र में बाँधने वाला एक अन्य प्रधान कारक या क्षमता (primary factor or ability) होती है। ऐसी सभी प्रक्रियाओं का एक अन्य समूह होता है। फिर तीसरे तरह की मानसिक क्षमताओं का एक तीसरा प्रधान कारक (primary factors) होता है जो उन सभी क्षमताओं को आपस में बाँधकर रखता है। इसी तरह की चौथी, पाँचवीं तथा कई प्रधान क्षमताएँ या करक हुआ करते हैं। इस तरह से थर्स्टन के सिद्धान्त के अनुसार, भिन्न-भिन्न मानसिक प्रक्रियाएँ अपने अलग-अलग प्रधान कारकों (primary factors) द्वारा एक सूत्र में बँधकर अलग-अलग समूह (group) का निर्माण करती है। अतः बुद्धि में मानसिक क्षमताओं के कई समूह होते हैं जिनमें से प्रत्येक समूह का अपना अलग-अलग एक प्रधान कारक (primary factor) होता है जो उन सभी मानसिक क्षमताओं को एक सूत्र में बाँधे रहता है। ऐसे प्रधान कारक एक-दूसरे से स्वतंत्र (independent) हुआ करते हैं अर्थात् उनमें नाम मात्र का ही सहसंबंध (correlation) होता है। परन्तु किसी प्रधान कारक के अन्तर्गत आने वाली विभिन्न तरह की मानसिक क्षमताएँ (mental abilities) आपस में काफी सहसंबंधित (correlated) होती है।

थर्स्टन (Thurstone) ने अपने सिद्धान्त में सात प्रधान क्षमताओं (primary mental abilities) का स्पष्टीकरण किया है। उन्होंने इन सात प्रधान क्षमताओं को मापने के लिए एक परीक्षणमाला (battery) भी तैयार किया जिसे *'प्रधान मानसिक क्षमताओं का परीक्षण'* (Test of Primary Mental Abilities या PMA tests) की संज्ञा दी गयी है। इन सात प्रधान मानसिक क्षमताओं का वर्णन निम्नांकित हैं—

(i) शाब्दिक अर्थ क्षमता *(Verbal meaning ability or V)*—शब्दों तथा वाक्यों के अर्थ समझने की क्षमता को शाब्दिक अर्थ क्षमता कहा गया जिसे अक्षर 'V' द्वारा संबोधित किया गया।

(ii) शब्द-प्रवाह क्षमता *(Word-fluency ability or W)*—दिये हुए शब्दों से असंबंधित या अलग शब्दों को सोचने की क्षमता को शब्द-प्रवाह क्षमता कहा गया। इसे अक्षर 'W' से संबोधित किया गया।

(iii) दैशिक क्षमता *(Spatial ability or S)*—किसी दिए हुए स्थान (space) में काल्पनिक रूप से वस्तुओं को परिचालन (manipulate) करने की क्षमता को दैशिक क्षमता कहा गया। इसे अक्षर 'S' से संबोधित किया गया।

(iv) आंकिक क्षमता *(Numerical Ability or N)*—परिशुद्धता तथा तीव्रता के साथ आंकिक परिकलन (numerical calculation) करने की क्षमता को आंकिक क्षमता (numerical ability) कहा गया और इसे अक्षर 'N' द्वारा संबोधित किया गया।

(v) तर्क क्षमता *(Reasoning ability or R)*—वाक्यों के समूह या अक्षरों के समूह में छिपे नियम (principle) की खोज करने की क्षमता को तर्क क्षमता कहा गया। इसे अक्षर 'R' द्वारा संबोधित किया गया।

(vi) स्मृति क्षमता *(Memory ability or M)*—किसी पाठ, विषय या घटना को जल्द-से-जल्द याद करने की क्षमता को स्मृति क्षमता (memory ability) कहा गया। इसे अक्षर 'M' द्वारा संबोधित किया गया।

(vii) प्रत्यक्षणात्मक गति क्षमता *(Perceptual speed ability or P)*—किसी घटना या वस्तु की विस्तृतता (details) को तेजी से प्रत्यक्षण करने की क्षमता को प्रत्यक्षणात्मक गति क्षमता कहा गया। इसका सम्बोधन 'P' अक्षर द्वारा किया गया।

इस तरह से हम देखते हैं कि थर्स्टन ने अपने सिद्धान्त में सात प्रधान क्षमताओं के आधार पर बुद्धि की व्याख्या किया

है। ये सभी क्षमताएँ एक-दूसरे से स्वतंत्र (indepdendent) होती हैं यानी, आपस में सहसंबंधित नहीं होती हैं। स्पीयरमैन ने थर्स्टन के इस सिद्धान्त को *अल्पतंत्रीय सिद्धान्त* (Oligarchical theory) कहा है।

एटकिन्सन, एटकिन्सन तथा हिलगार्ड (Atkinson, Atkinson & Hilgard, 1983) ने थर्स्टन के सिद्धान्त की समीक्षा की और बतलाया कि इस सिद्धान्त में भी कुछ दोष हैं, जो इस प्रकार हैं—

(i) थर्स्टन ने इस बात पर काफी बल डाला है कि उनके द्वारा प्रतिपादित सात प्रधान क्षमताएँ (seven primary mental abilities) एक-दूसरे से स्वतंत्र (independent) हैं अर्थात् उनमें सहसंबंध (correlation) नहीं है। परन्तु कई मनोवैज्ञानिकों ने यह स्पष्ट रूप से पाया है कि ये सभी क्षमताएँ आपस में पूर्णतः स्वतंत्र नहीं है बल्कि वे बहुत हद तक सहसंबंधित (correlated) हैं।

(ii) थर्स्टन के अनुसार, चूँकि ये सभी सात क्षमताएँ आपस में स्वतंत्र होती हैं, अतः g-कारक के समान कोई कारक वास्तव मं नहीं होता है। इसी आधार पर थर्स्टन ने स्पीयरमैन के g-कारक को अस्वीकृत किया था। लेकिन जब सचमुच में ये सात क्षमताएँ स्वतंत्र न होकर आपस में सहसंबंधित पाये गए तो ऐसी परिस्थिति में स्पीयरमैन के g-कारक को ही समर्थन मिल जाता है। थर्स्टन ने भी इस आलोचना को एक तरह से स्वीकार किया है और कहा है कि वे अर्थात् सात क्षमताएँ प्रथम-क्रम (first-order) के g-कारक नहीं है बल्कि द्वितीय-क्रम के g-कारक (second-order g-factor) हैं।

(iii) थर्स्टन के सिद्धान्त का आधार कारक विश्लेषण (factor analysis) था। कारक विश्लेषण द्वारा कितनी तरह की क्षमताएँ (abilities) की पहचान की जा सकती है, यह तो निश्चित (fixed) नहीं है। सचमुच में यह परीक्षण (test) के एकांशों के स्वरूप पर निर्भर करता है। अतः थर्स्टन द्वारा यह निश्चित कर देना कि बुद्धि में मूलतः सात ही तरह की प्रधान मानसिक क्षमताएँ होती हैं, न ही उचित है और न ही वैज्ञानिक। यही कारण है कि अन्य कार्यकर्त्ताओं (investigators) जैसे—गिलफोर्ड (Guilford, 1967), एकस्ट्रोम तथा उनके सहयोगियों (Ekstrom et al, 1976) ने बुद्धि में 20 से 150 तरह की क्षमताओं (abilities) की पहचान की है।

इन आलोचनों के बावजूद भी थर्स्टन का यह सिद्धान्त काफी लोकप्रिय सिद्धान्त है तथा स्पीयरमैन के सिद्धान्त से इसे अधिक श्रेष्ठ (superior) माना गया है।

(3) बहुकारक सिद्धान्त *(Multi-factor theory)*—बहुकारक सिद्धान्त में थॉर्नडाइक (Thorndike) तथा गिलफोर्ड (Guilford) के सिद्धान्तों को रखा गया है।

थॉर्नडाइक (Thorndike) ने स्पीयरमैन के सिद्धान्त का खण्डन करते हुए कहा कि सिर्फ दो कारकों (factors) या तत्त्वों के मिलने से बुद्धि की रचना नहीं होती है बल्कि इसकी रचना बहुत से छोटे-छोटे तत्त्वों या कारकों के मिलने से होती है। प्रत्येक कारक या तत्त्व एक विशिष्ट मानसिक क्षमता का प्रतिनिधित्व करते हैं तथा साथ-ही-साथ एक-दूसरे से स्वतंत्र (indepdenent) होते हैं। ऐसे ही बहुत से कारकों के आपस में मिलने से बुद्धि की रचना होती है, ठीक वैसे ही जैसे अनेक ईंटों के मिलने से एक मकान का निर्माण होता है। जिस तरह प्रत्येक ईंट एक-दूसरे से स्वतंत्र होते हुए भी अपना योगदान करके एक मकान का निर्माण करता है, ठीक उसी तरह से अनेक विशिष्ट मानसिक क्षमताएँ जो एक-दूसरे से स्वतंत्र होती हैं, मिलकर बुद्धि का निर्माण करती हैं। अतः थॉर्नडाइक के इस सिद्धान्त के अनुसार कोई सामान्य बुद्धि नाम की चीज नहीं होती है जैसा कि स्पीयरमैन ने कहा था। बुद्धि कई विशेष मानसिक क्रियाओं या क्षमताओं का एक योग (aggregate) है फ्रीमैन[1] (Freeman, 1965) के अनुसार, ''इस सिद्धान्त के अनुसार, तब सामान्य बुद्धि के समान कोई चीज नहीं होती है, सिर्फ इसमें बहुत-सी विशिष्ट क्रियाएँ (highly specific acts) होती है।''

थॉर्नडाइक के इस सिद्धान्त के अनुसार व्यक्ति के भिन्न-भिन्न मानसिक क्रियाओं (mental acts) के बीच सहसंबंध का कारण g-कारक नहीं होता है बल्कि उन मानसिक प्रक्रियाओं में कई उभयनिष्ठ तत्त्व (common elements) पाये जाते हैं जो वैसे सहसंबंध के लिये उत्तरदायी होता है। दिये हुए मानसिक क्रियाओं में जितने ही अधिक उभयनिष्ठ तत्त्व (common elements) होंगे, उनके बीच सहसंबंध (correlation) उतना ही अधिक होगा। उदाहरणार्थ, मान लिया जाय कि मानसिक कार्य X तथा Y में अलग-अलग 10-10 तत्त्वों या कारकों की जरूरत है। इन तत्त्वों या कारकों में से 8 ऐसे तत्त्व हैं जो इन दोनों तरह की मानसिक प्रक्रियाओं को पूरा करने में उभयनिष्ठ (common) है। ऐसी परिस्थिति

1. "According to this theory, then there is really no such factor as general intelligence; there are only many highly specific acts."
—Freeman : *Theory and Practice of Psychological Testing,* 1965, p. 160

में इन दोनों कार्यों के बीच उच्च धनात्मक सहसंबंध होगा। दूसरी तरफ थोड़ी देर के लिए मान लिया जाय कि इन दोनों मानसिक कार्यों के बीच मात्र दो-दो ही तत्त्व ऐसे हैं जिन्हें उभयनिष्ठ (common) कहा जा सकता है। ऐसी परिस्थिति में इन दोनों कार्यों के बीच धनात्मक संबंध तो होगा परन्तु काफी कम। इस तरह थॉर्नडाइक ने तत्त्वों या कारकों की उभयनिष्ठता (commonness) के आधार पर स्पीयरमैन के g-कारक की एक तरह से आलोचना की है।

थॉर्नडाइक का यह भी विचार था कि कुछ मानसिक कार्य ऐसे होते है जिनके तत्त्वों या कारकों में उभयनिष्ठता (commonness) कम होती है। ऐसा इसलिए होता है क्योंकि प्रत्येक ऐसे मानसिक कार्य का स्वरूप भिन्न-भिन्न होता है। जैसे—यदि कार्य 'अ' तथा कार्य 'ब' ऐसे हैं जिनको पूरा करने में अलग-अलग 20-20 कारकों या तत्त्वों की जरूरत पड़ती है और उनमें से 15-15 कारक ऐसे हैं जो उभयनिष्ठ न होकर अउभयनिष्ठ (uncommon) हैं, तो ऐसी परिस्थिति में इन दोनों कार्यों के बीच धनात्मक सहसंबंध की मात्रा कम होगी। तत्त्वों या कारकों के बीच इस तरह की उभयनिष्ठता के कारण ही दो मानसिक कार्यों या उनके मापने के लिए बने परीक्षणों (tests) के बीच सहसंबंध पूर्ण (perfect) नहीं होता है। इस तरह की व्याख्या देकर थॉर्नडाइक ने स्पीयरमैन के s-कारक की भी आलोचना की है क्योंकि इस व्याख्या से स्पष्ट हो जाता है कि दो मानसिक कार्यों या उन्हें मापने के लिए बने परीक्षणों (tests) के बीच कम सहसंबंध s-कारक के कारण नहीं होता है बल्कि इसलिए होता है क्योंकि इन दोनों मानसिक कार्यों के तत्त्वों (elements) या कारकों के बीच उभयनिष्ठता (uncommonness) होती है।

परन्तु यदि ध्यानपूर्वक देखा जाय तो थॉर्नडाइक का सिद्धान्त स्पीयरमैन के सिद्धान्त से मौलिक रूप से भिन्न नहीं है। सचमुच में थॉर्नडाइक ने g-कारक को एक तरह से स्वीकार किया है क्योंकि स्पीयरमैन ने जिसे सामान्य कारक या तत्त्व (general factor or element) कहा है उसे थॉर्नडाइक ने उभयनिष्ठ तत्त्व (common element) कहा है तथा जिसे स्पीयरमैन ने विशिष्ट कारक (spcific factor) या s-कारक कहा है, उसे थॉर्नडाइक ने अउभनिष्ठ तत्त्व (uncommon element) कहा है। इन दोनों सिद्धान्तों में अन्तर है तो सिर्फ इतना कि स्पीयरमैन ने g-कारक को छोटी-छोटी इकाइयों (units) या उपकारकों (subfactors) में नहीं बाँटा है जबकि थॉर्नडाइक ने उसे कई उपकारकों (subfactors) का योग (aggregate) माना है।

बहुकारक सिद्धान्त (multifactor theory) में थॉर्नडाइक का सिद्धान्त अब एक पुराना एवं क्लासिकी सिद्धान्त माना जाने लगा है। अतः मनोवैज्ञानिकों ने इसी श्रेणी के एक-दूसरे सिद्धान्त जिसे गिलफोर्ड (Guilford, 1967) ने प्रतिपादित किया है, पर अधिक ध्यान देने लगे हैं। गिलफोर्ड के इस सिद्धान्त को *त्रिविमीय सिद्धान्त* (three dimensional theory) या *बुद्धि-संरचना सिद्धान्त* (Structure-of-Intellect theory) भी कहा जाता है।

गिलफोर्ड का विचार था कि बुद्धि के सभी तत्त्वों (elements) को तीन विमाओं (dimensions) में सुसज्जित किया जा सकता है। वे तीन निम्नांकित हैं—

(1) संक्रिया (Operation)
(2) विषय-वस्तु (Content)
(3) उत्पादन (Product)

इन तीनों विमाओं का वर्णन निम्नांकित हैं—

(1) संक्रिया *(Operation)*—संक्रिया से तात्पर्य व्यक्ति द्वारा किये जाने वाले मानसिक प्रक्रिया के स्वरूप से होता है। दिए गए कार्य को करने में व्यक्ति द्वारा की गयी मानसिक क्रियाओं का स्वरूप क्या है, की व्याख्या संक्रिया में होती है। गिलफोर्ड ने संक्रिया के आधार पर मानसिक क्षमताओं (mental abilities) को पाँच भागों में बाँटा गया है—मूल्यांकन (Evaluation), अभिसारी चिन्तन (Convergent thinking), आपसी चिन्तन (Divergent thinking), स्मृति अभिलेखन (Memory reacording), स्मृति धारणा (Memory retention), संज्ञान (Cognition) (चित्र—8.1 देखें)। एक उदाहरण लें—मान लिया जाय कि किसी व्यक्ति को सहशिक्षा (co-education) के गुण-दोष बतलाते हुए एक छोटा लेख लिखने के लिए कहा जाता है। इस उदाहरण में उपर्युक्त पाँच मानसिक क्षमताओं में से मूल्यांकन (evaluation) की संक्रिया (operation) होते पायी जाएगी। उसी तरह यदि किसी व्यक्ति को ईंट (brick) का असाधारण प्रयोग बतलाने के लिए कहा जाय तो इसमें पाँच में से कौन-सी संक्रिया का उपयोग अधिकतम होगा? बतलाइए। इस अवस्था में होने वाली संक्रिया को अपसारी चिन्तन (divergent thinking) कहा जाएगा।

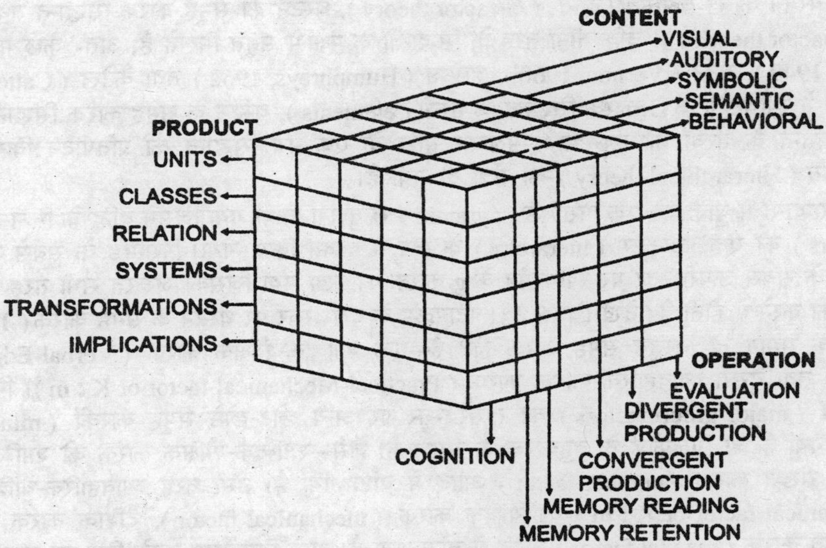

चित्र 8.1 : गिलफोर्ड का त्रिविमीय मॉडेल (Guilford's Tridimensional Model)

(2) विषय-वस्तु *(Contents)*—इस विमा से तात्पर्य उस क्षेत्र (area) से होता है जिनके एकांशों या सूचनाओं (information) के आधार पर संक्रियाएँ (operations) किये जाते हैं। गिलफोर्ड के अनुसार ऐसे एकांशों या सूनचाओं को पाँच भागों में बाँटा गया है (चित्र—8.1 देखें)। वे पाँच भाग हैं—चाक्षुष (Visual) श्रव्य (auditory) सांकेतिक (Symbolic), शाब्दिक (Semantic) तथा व्यावहारिक (Behavioural)। जैसे—ऊपर के उदाहरण में जिसमें मूल्यांकन की संक्रिया तथा अपसारी चिन्तन की संक्रिया सम्मिलित थी, की विषय-वस्तु स्पष्टतः शाब्दिक (Semantic) की श्रेणी का था। ऐसा भी हो सकता है कि व्यक्ति को दिये गए सूचनाओं एवं एकांशों जिसके आधार पर उसे कोई संक्रिया (operation) करना हो, शाब्दिक न होकर चित्र (figure) के रूप में हो। ऐसी परिस्थिति में विषय-वस्तु का स्वरूप आकृति चाक्षुष (Visual) कहा जायगा।

(3) उत्पाद *(Products)*—इस विमा से तात्पर्य किसी विशेष प्रकार की विषय-वरतु (contents) द्वारा की गयी संक्रिया (operation) के परिणाम (product) से होता है। इस तरह के परिणाम को गिलफोर्ड ने छह भागों में बाँटा है जो इस प्रकार है—इकाई (Units), वर्ग (Classes), सम्बन्ध (Relations), पद्धतियाँ (Systems), रूपान्तरण (Transformation) तथा आशय (Implication)। ऊपर के उदाहरण में 'ईंट' का असाधारण प्रयोग के रूप में बताये गए उत्तरों को उत्पादन (product) की विशेष श्रेणी अर्थात् सम्बन्ध उत्पादन (relation or product) की श्रेणी में रखा जायेगा।

इस तरह से स्पष्ट हुआ कि गिलफोर्ड ने अपने सिद्धान्त में बुद्धि की व्याख्या तीन विमाओं (dimensions) के आधार पर की है और प्रत्येक विमा के कई कारक हैं। संक्रिया (operation) विमा के 6 कारक, विषय-वस्तु विमा के 5 कारक तथा उत्पादन (product) विमा के 6 कारक हैं। इस तरह गिलफोर्ड के अनुसार बुद्धि में कुल मिलाकर $6 \times 5 \times 6 = 180$ कारक (factor) होते हैं।

गिलफोर्ड के इस सिद्धान्त की आलोचना करते हुए फेयर्स (1984) ने कहा है कि गिलफोर्ड का सिद्धान्त वास्तव में एक सिद्धान्त के रूप में नहीं लगता है बल्कि इसे बुद्धि की वर्गीकरण (classification or taxonomy) करने की एक पद्धति यदि कहा जाय, तो यह अधिक उचित होगा। ब्रौडी तथा ब्रौडी (Brody & Brody, 1976) ने अपने अध्ययन में पाया कि गिलफोर्ड द्वारा बतलाये गये अलग-अलग कारक-संरचनाएँ (factor structures) बहुत ही स्पष्ट नहीं दीख पड़ती हैं।

(4) पदानुक्रमिक सिद्धान्त *(Hierarchial theory)*—ऊपर में बुद्धि के मूलतः तीन तरह के सिद्धान्तों का वर्णन

किया गया है—स्पीयरमैन का G-कारक सिद्धान्त, (G-factor theory), थर्स्टन का समूह कारक सिद्धान्त तथा बहुकारक सिद्धान्त (Multifiactor theories)। चूँकि तीनों तरह के सिद्धान्तों के पक्ष में सबूत मिलते हैं, अतः कुछ मनोवैज्ञानिकों जैसे—बर्ट (Burt, 1949), वर्नन (Vernon, 1960), हम्फ्रेज (Humphreys, 1962) तथा कैटेल (Cattell, 1971) आदि मनोवैज्ञानिकों ने स्पीयरमैन के G-कारक सिद्धान्त के तत्त्वों (elements), थर्स्टन के समूह कारक सिद्धान्त के तत्त्वों तथा बहुकारक सिद्धान्त के तत्त्वों को एक साथ मिलाकर बुद्धि के एक नये सिद्धान्त का प्रतिपादन किया है जिसे *पदानुक्रमिक सिद्धान्त* (Hierarchical theory) की संज्ञा दी गयी है।

पदानुक्रमिक सिद्धान्त में बुद्धि को एक पिरामिड (pyramid) से तुलना किया गया जिसमें बुद्धि के भिन्न-भिन्न तत्त्वों या कारकों (factors) को एक पदानुक्रम (hierarchy) के रूप में व्यक्त किया गया। पिरामिड के सबसे ऊपरी भाग में यानी, पदानुक्रम के सबसे ऊपरी स्तर पर स्पीयरमैन के g-कारक को रखा गया जिसकी जरूरत सभी तरह के बौद्धिक या मानसिक कार्य को करने में होती है (देखें चित्र 8.2)। पदानुक्रम के दूसरे स्तर पर थर्स्टन के समह कारक (Thurstone group factors) के समान दो विस्तृत समूह कारक होते हैं—एक शाब्दिक-शैक्षिक कारक (Verbal-Educational factor or V : ed) तथा दूसरा व्यावहारिक-यांत्रिक कारक (Practical-Mechanical factor or K : m)। फिर इन दो प्रमुख समूह कारकों (major group factors) को तीसरे स्तर पर अन्य छोटे-छोटे समूह कारकों (minor group factors) में बाँटा गया है जो गिलफोर्ड के बहुकारक के समान है। जैसे—शाब्दिक-शैक्षिक कारक को शाब्दिक कारक (verbal factor), संख्या कारक (number factor) आदि में बाँटा गया है। उसी तरह व्यावहारिक-यांत्रिक कारक (Practical-Mechanical factor or K : m) को यांत्रिक कारक (mechanical factor), दैशिक कारक (spatial factor), हस्तचालित कारक (manual factor) आदि में बाँटा गया है। आगे विश्लेषण करके फिर इन कारकों को भी छोटे-छोटे उपकारकों (sub-factors) में बाँटा जा सकता है। पदानुक्रम के सबसे निचले स्तर पर स्पीयरमैन का s-कारक होता है जिसके द्वारा एक ऐसी क्षमता का बोध होता है जिसकी जरूरत सिर्फ एक खास मानसिक कार्य में ही होती है।

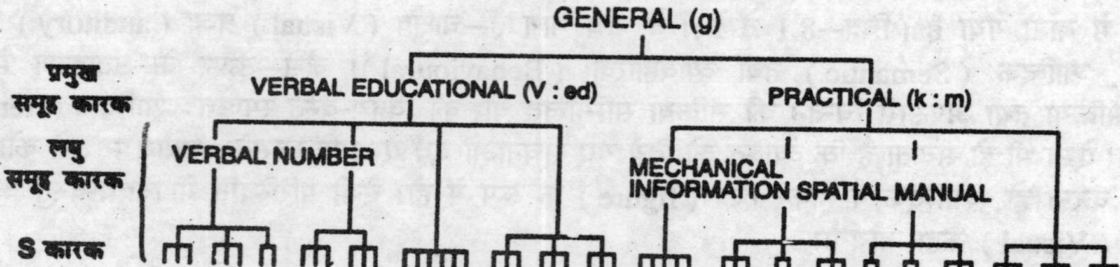

चित्र 8.1 : गिलफोर्ड का त्रिविमीय मॉडेल (Guilford's Tridimensional Model)

इस तरह हम देखते हैं कि बुद्धि के पदानुक्रमिक सिद्धान्त में बुद्धि को एक ऐसा पदानुक्रम मॉडल (hierarchical model) के रूप में व्यक्त किया गया है जिसका आकार एक वंश-वृक्ष (genealogical tree) के समान होता है जहाँ g-कारक सबसे ऊपरी सतह पर s-कारक सबसे निचली सतह पर तथा अन्य संकीर्ण समूह कारकों (narrower group factors) को इन दोनों के बीच रखा गया है।

(5) कैटेल का सिद्धान्त (*Cattell's theory*)—कैटेल (Cattell, 1971) ने भी बुद्धि के एक सिद्धान्त का प्रतिपादन किया है जो स्पीयरमैन के सिद्धान्त के g- कारक पर ही आधारित है। उन्होंने दो द्वितीय-क्रम कारकों (second-order factors) की पहचान किया है जिससे g-कारक दो विशेष क्षमताओं या तत्त्वों में बँट जाते हैं—

(i) तरल क्षमता (*fluid ability*)—तरल क्षमता से तात्पर्य व्यक्ति के जैविक क्षमताओं (biological capacities) से है जो जन्मजात है। तरल क्षमता का संबंध मूलतः चिन्तन क्षमता (reasoning ability) से होता है। इस क्षमता के आधार पर व्यक्ति दिये गए उद्दीपकों (stimuli) में जैसे संख्या या अक्षर क्रमों में एक खास संबंध ढूँढ़ पाता है।

(ii) ठोस क्षमता (*crystallized ability*)—ठोस से तात्पर्य व्यक्ति के उन कौशलों (skills) एवं ज्ञान (knowledge) से होता है जिसे व्यक्ति अपने जीवन काल में सीखता है।

यद्यपि ये दोनों तरह की क्षमताएँ आपस में काफी संबंधित होती हैं, फिर भी हार्न (Horn, 1985) तथा हार्न एवं

कैटेल (Horn & Cattell, 1967) ने यह स्पष्ट किया है कि ये दोनों तरह की क्षमताएँ संप्रत्यात्मक रूप से (conceptually) एक-दूसरे से भिन्न हैं और दोनों में भिन्न-भिन्न तरह के विकासात्मक प्रवृत्ति (developmental trends) पाये जाते हैं।

बुद्धि का नैदानिक मापन
(Clinical Measurement of Intelligence)

नैदानिक मनोवैज्ञानिक कुछ निश्चित उद्देश्य से रोगियों (patients) की बुद्धि की माप करते हैं। इन उद्देश्यों के साथ बुद्धि के किये गये मापन को नैदानिक मापन कहा जाता है। बुद्धि के नैदानिक मापन क्यों किये जाते हैं? इसका उत्तर यह है कि ऐसे मापन के कुछ निश्चित उद्देश्य होते हैं जिनकी प्राप्ति के लिए नैदानिक मापन किये जाते हैं। वे उद्देश्य निम्नांकित तीन हैं—

(i) व्यक्तियों में मानसिक दुर्बलता (mental retaradation) के स्तर को पता लगाने के लिए नैदानिक मनोवैज्ञानिक बुद्धि का मापन करते हैं।

(ii) रोगी के बौद्धिक स्तर पर व्यक्तित्व विघटन (personality disorganization) के पड़ने वाले संभावित प्रभावों का अध्ययन करने के लिए नैदानिक मनोवैज्ञानिक द्वारा बुद्धि की माप की जाती है।

(iii) बुदि-स्तर के माध्यम से यानी उसे माप करके रोगी के व्यक्तित्व के शीलगुणों का पता लगाने के लिए भी नैदानिक मनोवैज्ञानिक बुद्धि की माप करते हैं।

(iv) बुद्धि मापन से नैदानिक मनोवैज्ञानिकों को रोगी के व्यवहारों का प्रेक्षण एक माननीकृत अवस्था में करने में मदद मिलती है। इससे नैदानिक मनोवैज्ञानिकों को कई ऐसे संकेत मिल जाते हैं जिनके आधार पर नैदानिक मूल्यांकन (clinical assessment) करने में उसे काफी आसानी होती है।

नैदानिक मनोवैज्ञानिक रोगियों की बुद्धि की माप करने के लिए प्रायः वैयक्तिक बुद्धि परीक्षण (individual intelligence test) न कि सामूहिक बुद्धि परीक्षण (group intelligence test) को अधिक अहमियत देते हैं। प्रमुख बुद्धि परीक्षण जिसका नैदानिक मापन में उपयोग किया जाता है, वे निम्नांकित हैं—

1. बिने परीक्षण (Binet test)
2. वेक्सलर मापनी (Wechsler Scales)
3. रैवने प्रोग्रेसिव मैट्रीसेज (Raven's Progressive Martices)
4. गुडएनफ ड्रा-ए-मैन परीक्षण (Goodenough Draw-a-Man Test)
5. बच्चों के लिए निर्मित कॉफमैन मूल्यांकन परीक्षाफल (Kaufman Assessment Battery for Children or K-ABC)
6. बुडकौक-जॉनसन साइको-इडुकेशनल परीक्षणमाला (Woodcock-Johnson Psycho-Educational Battery)
7. पीवॉडी चित्र शब्दावली परीक्षण (Peabody Picture Vocabulary Test)

इन परीक्षणों का वर्णन हम अलग-अलग अनुच्छेद में करेंगे।

बिने परीक्षण
(Binet tests)

बुद्धि परीक्षण के इतिहास में बिने परीक्षण की अहमियत नैदानिक दृष्टिकोण से काफी अधिक बतलायी गयी है। इसका प्रमुख कारण यह है कि बिने परीक्षण (Binet test) ऐसा माननीकृत बुद्धि परीक्षण (Standardized intelligence test) है जिसकी ओर मनोवैज्ञानिकों का ध्यान शुरू से ही गया है तथा इस परीक्षण को समय-समय पर संशोधन (revision) कर उसे और भी अधिक उत्तम बनाने का प्रयास जारी रखा गया है।

इस परीक्षण का निर्माण फ्रेंच मनोवैज्ञानिक अलफ्रेड बिने (Alfred Binet) द्वारा थियोडोर साइमन (Theodore Simon) जो एक मेडिकल डॉक्टर थे, की सहायता से की गयी। फ्रेंच सरकार ने मानसिक रूप से दुर्बल (mentally retarded) बच्चों की पहचान करने के लिए एक बुद्धि परीक्षण का निर्माण का कार्य-भार बिने पर सौंपा था। बिने ने साइमन की मदद से एक बुद्धि परीक्षण का निर्माण 1905 में किया जिसे तब *बिने-साइमन मापनी* (Binet-Simon Scale) के

नाम से पुकारा गया। इस परीक्षण में कुल 30 एकांश (items) थे जिनके द्वारा मूलतः बच्चों में भाषा का प्रयोग तथा चिन्तन एवं बोध (comprehension) आदि का मापन होता था। ये सभी एकांश बढ़ते हुए क्रम में सुसज्जित थे। यह एक वैयक्तिक रूप से क्रियान्वित परीक्षण (individually administered test) था जिसका प्रथम संशोधन 1908 में किया गया। इस संशोधन की मुख्य विशेषता यह थी कि इसमें कुछ नये एकांशों को जोड़े गए तथा कुछ संतोषजनक पुराने एकांशों को हटा दिया गया। 1908 के संशोधन के बाद इस परीक्षण में एकांशों की संख्या बढ़कर 58 हो गयी।

इस परीक्षण का अंग्रेजी रूपान्तर गोडार्ड (Goddard) द्वारा 1911 में अमेरिका में किया गया और विभिन्न मानसिक अस्पतालों एवं उपचार-गृहों में इसका प्रयोग मानसिक रूप में कमजोर बच्चों की पहचान में धड़ल्ले से किया जाने लगा। अमेरिका में इसके कई संशोधन (revision) फिर बाद में हुए। जैसे--कुह्लमान (Kuhlmann) ने इसका संशोधन 1912, 1922 तथा 1939 में किया। यर्क (Yerkes) ने इसका संशोधन 1915 एवं 1923 में किया तथा हेरिंग (Hering) में इसका संशोधन 1922 में किया।

नैदानिक दृष्टिकोण से इस परीक्षण का सबसे महत्त्वपूर्ण संशोधन एल॰ एम॰ टरमैन (L.M. Terman) द्वारा 1916 में स्टैनफोर्ड विश्वविद्यालय में किया गया। इस संशोधन ने परीक्षण में चार चाँद लगा दिया। इसकी लोकप्रियता दिन-दुनी तथा रात-चौगुनी ढंग से बढ़ी। इस संशोधन को स्टैनफोर्ड-बिने (Stanford-Binet) के नाम से पुकारा गया। इस संशोधन की प्रमुख विशेषता यह थी कि इसमें बुद्धि लब्धि (intelligence quotient or I.Q.) के संप्रत्यय का सबसे पहली बार समावेश किया गया। इस परीक्षण के दो तुल्य फार्म थे—L फार्म तथा M फार्म। 1937 में इस परीक्षण का पुनः संशोधन किया गया और यह संशोधन टरमैन तथा मेरिल (Terman & Merill) द्वारा किया गया और इसे *नया संशोधित स्टैनफोर्ड-बिने परीक्षण'* या संक्षेप में *'दी 1937 बिने'* (The 1937 Binet) कहा गया। इस संशोधन की खास विशेषता यह थी कि 1916 की तुलना में इसके माननीकरण (standardization) को अधिक उन्नत बना दिया गया तथा इसकी वैधता (validity) को अधिक उत्तम किया गया। इसके अलावा परीक्षण के ऊपरी तथा निचली उम्र-सीमाओं का विस्तार किया गया।

स्टैनफोर्ड-बिने मापनी का तीसरा संशोधन 1960 में टरमैन तथा मेरिल द्वारा ही किया गया और इसके द्वारा 2 साल के बच्चों से लेकर 22 वर्ष 11 महीना तक के वयस्कों की बुद्धि मापने का दावा किया गया। इस संशोधन में परीक्षण के तुल्य फार्म (equivalent form) के स्वरूप को बनाये रखा गया। इस संशोधन में 1937 संशोधन के उत्तम एकांशों को रखा गया तथा पुराने एवं अनुपयुक्त एकांशों को हटा दिया गया। अधिकतर चिकित्सकों का मत है कि 4 साल से 12 साल के बच्चों के लिए यह परीक्षण काफी प्रेरणात्मक (motivating) है। इस परीक्षण का चौथा संशोधन 1986 में किया गया। इस संशोधन में स्टैनफोर्ड बिने मापनी को और भी अधिक सर्वोत्कृष्ट बना दिया।

स्टैनफोर्ड-बिने-मापनी का संशोधन वर्ष

(Revision Years of Stanford-Binet Scale)

प्रथम संशोधन	— 1916
द्वितीय संशोधन	— 1937
तृतीय संशोधन	— 1960
चतुर्थ संशोधन	— 1986

इस संशोधन की कई प्रमुख विशेषताएँ हैं जो निम्नांकित हैं—

(i) इस परीक्षण में 15 अनुच्छेद (sections) हैं जिनमें से 11 अनुच्छेद में शाब्दिक परीक्षणों (vebral tests) को रखा गया है जिसके माध्यम से परिमाणात्मक चिन्तन (quantitative reasoning), लघुकालीन स्मृति (short-term memory) आदि का मापन होता है। शाब्दिक एकांशों (verbal items) पर उतना अधिक बल पहले के संशाधनों में नहीं दिया गया था।

(ii) पहली बार इस संशोधन में परीक्षण के विभिन्न अनुच्छेदों को बुद्धि के महत्त्वपूर्ण सिद्धान्तों पर आधारित किया गया। इस संशोधित परीक्षण के सैद्धान्तिक मॉडल (theoretical model) के तीन स्तर (level) बनाये गए हैं। स्तर I (level I) पर स्पीयरमैन के g-कारक को रखागया है जिसे स्तर II (level II) पर लाकर बहुत कुछ कैटेल के सिद्धान्त के अनुसार तीन भागों में बाँटा गया है—ठोस क्षमता (crystallized abilities), तरल या विश्लेषणात्मक क्षमता (fluid or analytical abilities) तथा लघुकालीन स्मृति (short-term memory)। फिर तीसरे स्तर (level III) पर ठोस क्षमता को दो भागों में बाँटा गया है—शाब्दिक चिन्तन (verbal reasoning) तथा परिमाणात्मक चिन्तन (quantitative reasoning)। अन्त में प्रत्येक ऐसी क्षमता को मापने के लिए परीक्षण के एकांशों को एक खास ढंग से संबंधित किया गया है (चित्र—8.4) देखें।

स्तर I : g

स्तर II : ठोस क्षमताएँ (Crystallized abilities | तरल/विश्लेषणात्मक क्षमताएँ (Fluid/analytical (abilities) | लघुकालीन स्मृति (Short-term memory)

स्तर III : शाब्दिक चिन्तन (Verbal Reasoning) | परिमाणात्मक चिन्तन (Quantitative Reasoning) | अमूर्त/दृष्टि चिन्तन (Abstract/Visual (Reasoning)

उपपरीक्षण

शाब्दिक चिन्तन	परिमाणात्मक चिन्तन	अमूर्त/दृष्टि चिन्तन	लघुकालीन स्मृति
(i) शब्दावली (Vocabulary)	(i) परिमाणात्मक (Quantitative)	(i) पैटर्न विश्लेषण (Pattern analysis)	(i) बीड स्मृति (Bead memory)
(ii) बोध (Comprehension)	(ii) संख्या क्रम (Number series)	(ii) नकल (Coping)	(ii) वाक्यों की स्मृति (Memory for sentences)
(iii) बेतुकापन (Absurdities)	(iii) सूत्र निर्माण (Equation building)	(iii) मैट्रीसेज (Matrices)	(iii) अंकों की स्मृति (Memory for digits)
(iv) शाब्दिक संबंध (Verbal relations)	(iv) कागज मोड़ना तथा काटना (Paper folding and cutting)		(iv) वस्तुओं की स्मृति (Memory for objects)

चित्र–8.4 : स्टैनफोर्ड-बिने का सैद्धान्तिक मॉडल (Theoretical Model of Stanford-Binet, 1986)

(iii) इस संशोधित परीक्षण में मानसिक आयु (mental age) के संप्रत्यय को हटा दिया गया है और बुद्धि लब्धि (intelligence quotient) के संप्रत्यय को एक नया संप्रत्यय (concept) यानी *'मानक आयु प्राप्तांक'* (Standard Age Score या SAS) द्वारा प्रतिस्थापित किया गया है। SAS का निर्धारण प्रत्येक उप-परीक्षण पर व्यक्ति के निष्पादन (performance) की तुलना उसी आयु समूह के व्यक्तियों के निष्पादन से करके की जाती है। जैसे—यदि एक आठ साल का बालक अन्य आठ साल के बालकों की तुलना में उपपरीक्षणों पर उत्तम निष्पादन प्राप्त करता है तो उसका SAS ऊँचा होगा परन्तु यदि अन्य आठ साल के बालकों की तुलना में उसका निष्पादन खराब होता है, तो उसका SAS कम हो जाएगा। इससे स्पष्ट है कि SAS का अर्थ क़रीब-करीब वही है जो IQ का था।

(iv) इस संशोधित परीक्षण का प्रत्येक उप-परीक्षण में खुले प्रश्न (open-ended questions) या कार्य होते हैं जो सिलसिलेवार ढंग से (progressively) कठिन होते जाते हैं। इस परीक्षण के तीन उप-परीक्षण अर्थात् शब्दावली परीक्षण (Vocabulary test), बोध परीक्षण (Comprehension test) तथा नकल परीक्षण (Copying test) से दिये गए उदाहरणों से परीक्षण की इस विशेषता का स्पष्टीकरण होता है (चित्र—8.5 देखें)

शब्दावली परीक्षण
(Vocabulary Test)

निम्नलिखित को परिभाषित करें—

(अ) गेंद (ब) सिक्का (स) वाद-विवाद (द) टाल-मटोल

बोध परीक्षण
(Comprehension Test)

निम्नलिखित प्रश्नों का उत्तर दें :

(अ) घरों में दरवाजे क्यों होते हैं?

(ब) पुलिस क्यों होती है?

(स) लोग कर (tax) क्यों देते हैं?

(द) राजनैतिक पार्टी से लोग क्यों संबंध रखते हैं?

नकल परीक्षण
(Copying test)

निम्नांकित चित्रों को देखकर बनायें—

(अ) 

(ब) 

(स) 

(द) 

चित्र–8.5 : स्टैनफोर्ड-बिने (1986) में प्रयुक्त एकांशों से मिलता-जुलता एकांश

चित्र—8.5 में दिये गए तीनों परीक्षणों में हम देखते हैं कि जैसे-जैसे हम 'अ' से 'द' की ओर बढ़ते हैं, व्यक्ति के लिए कार्य सिलसिलेवार ढंग से आसान से कठिन होता जाता है।

स्टैनफोर्ड-बिने मापती (Stanford-Binet Scale, 1986) द्वारा 2 साल के बच्चों से लेकर 33 साल के वयस्कों तक की बुद्धि का मापन होता है। कम उम्र के बच्चों के (2 साल से 6 साल तक) लिए चार-चार महीने का अंतराल देकर मानक (norms) तैयार किए गए हैं; 6 साल से 12 साल के बच्चों के लिए 6-6 महीना के अंतराल देकर मानक तैयार किये गए हैं। 12 से 18 साल के व्यक्तियों के लिए एक-एक साल के अन्तराल देकर मानक तैयार किये गए हैं। 18 साल से 23 के वयस्कों के लिए 5-5 साल का अन्तराल देकर तथा 23 से 33 साल साल के वयस्कों के लिए 10 साल का अन्तराल देकर मानक तैयार किया गया है। छोटे बच्चों के लिए कम ही समय का अन्तराल देकर मानक इसलिए तैयार किये गये हैं क्योंकि इस अवस्था में संज्ञानात्मक विकास (cognitive development) तेजी से होता है। स्पष्टतः तब स्टैनफोर्ड-बिने मापनी एक आयु मापनी (age scale) है क्योंकि इससे आयु-स्तर के अनुकूल एकांशों का समूहन (grouping) किया गया है।

स्टैनफोर्ड-बिने मापनी का पाँचवाँ संस्करण 2003 में प्रकाशित हुआ है। इस संस्करण में मापनी के प्रत्येक एकांश की समीक्षा लिंग (gender), सांस्कृतिक, सामाजिक-आर्थिक, क्षेत्रीय पूर्वाग्रहों (biases) के ख्याल से किया गया है। पाँचवां संस्करण दो अर्थों में चतुर्थ संस्करण से भिन्न है। पहला तो यह कि पंचम संस्करण में एक सम्पूर्ण मापनी बुद्धि लब्धि (full scale IQ), शाब्दिक तथा अशाब्दिक बुद्धि लब्धि (verbal and non-verbal IQ) तथा पाँच संयुक्त सूचक (five composite indices) ज्ञात किये जाते हैं। दूसरा, पंचम संस्करण में विभिन्न प्राप्तांकों के लिए मानक विचलन 15 पर निर्धारित किया जाता है जबकि चतुर्थ या इसके पहले के संस्करण में यह 16 पर निर्धारित था।

स्टैनफोर्ड-बिने का नैदानिक मूल्यांकन
(Clinical Evaluation of Stanford-Binet)

स्टैनफोर्ड-बिने परीक्षण के कुछ गुण (merits) तथा परिसीमाएँ (limitations) हैं जिनपर नैदानिक मनोवैज्ञानिकों ने बल डाला है। इसके प्रमुख गुण निम्नांकित हैं—

(i) स्टैनफोर्ड-बिने परीक्षण की सबसे आमूल गुण जो अन्य बुद्धि परीक्षणों में प्रायः देखने को नहीं मिलता है, वह यह है कि परीक्षण का वर्तमान प्रारूप द्वारा मौलिक परीक्षण में प्रस्तावित बुद्धि के मूल अर्थ को परिवर्तित नहीं किया गया है। मौलिक परीक्षण के दोनों गुणों अर्थात् बुद्धि को चिन्तन (reasoning), बोध (comprehension) तथा निर्णय (judgement) के रूप में परिभाषित करना तथा बुद्धि के आयु-संदर्भीय मापन (age-referenced measurement) को स्टैनफोर्ड-बिने परीक्षण (1986) द्वारा कायम रखा गया। अन्य बुद्धि परीक्षणों के संशोधन में देखा गया है कि परीक्षण के मूल अर्थ एवं संरचना को पूर्णतः परिवर्तित कर दिये जाते हैं। ऐसी बात स्टैनफोर्ड-बिने मापनी के साथ नहीं है।

(ii) अनेकों अध्ययनों से यह स्थापित हो चुका है कि स्टैनफोर्ड-बिने परीक्षण एक विश्वसनीय (reliable) तथा वैध (valid) परीक्षण है। थॉर्नडाइक, हेगन एवं स्टाट्टलर, (Thorndike, Hagen & Stattler, 1990) के अनुसार स्टैनफोर्ड-बिने के 15 उपपरीक्षणों की औसत विश्वसनीयता (average reliability) .88 तथा सभी आयु स्तरों पर संयुक्त SAS की विश्वसनीयता .95 से अधिक है। इस परीक्षण की वैधता .40 से .75 तक की है।

(iii) इस परीक्षण द्वारा बच्चों एवं वयस्कों दोनों की बुद्धि की माप होती है।

उपर्युक्त गुणों के कारण नैदानिक मनोवैज्ञानिकों द्वारा इस परीक्षण का उपयोग काफी अधिक किया जा रहा है।

स्टैनफोर्ड-बिने की कुछ परिसीमाएँ भी हैं जिनमें निम्नलिखित प्रमुख हैं—

(i) 2½ वर्ष से 5½ वर्ष के बच्चों की बुद्धि मापन के लिए इस परीक्षण को कुछ लोगों नें अधिक विश्वसनीय नहीं पाया है।

(ii) उसी तरह से कुछ मनोवैज्ञानिकों का मत है कि वैसे बच्चे जिनकी बुद्धिलब्धि 140 या इससे भी अधिक है, उसके लिए भी यह परीक्षण अधिक विश्वसनीय नहीं है।

इन हल्के-फुल्के परिसीमाओं के बावजूद स्टैनफोर्ड बिने मापनी की लोकप्रियता काफी अधिक है तथा नैदानिक मनोवैज्ञानिकों के बीच इस परीक्षण की लोकप्रसिद्धि अधिक है। बिने-साइमन मापनी (1960) का भारतीय अनुकूलन भी एस॰ के॰ कुलश्रेष्ठ (S.K. Kulshresth) द्वारा किया गया है।

वेक्सलर बुद्धि मापनी
(Wechsler Intelligence Scales)

डेविड वेक्सलर (David Wechsler) जो अमेरिका के न्यूर्याक सिटी के बेलेभ्यू अस्पताल (Bellevue hospital) में एक मनोरोगविज्ञानी (psychiatrist) थे, स्टैनफोर्ड-बिने मापनी से बहुत संतुष्ट नहीं थे। यह बात 1935-38 की है जब स्टैनफोर्ड-बिने परीक्षण अपने दूसरे संशोधित रूप में (The Binet, 1937) प्रकाशित हो गया था। उस समय के इस स्टैनफोर्ड-बिने परीक्षण का एक प्रमुख दोष यह था कि उसके द्वारा वयस्कों की बुद्धि की माप नहीं होती थी। फलस्वरूप, वेक्सलर ने वयस्कों की बुद्धि की माप करने के लिए 1939 में एक अलग से वैयक्तिक परीक्षण (individual test) का निर्माण किया जिसका नाम *वेक्सलर-बेलेभ्यू बुद्धि मापनी* (Wechsler-Bellvue intelligence scale) रखा गया। इस मापनी द्वारा वयस्क की बुद्धि की मापन आसानी से की जाती थी। इस मापनी के दो भाग थे—शाब्दिक मापनी (Verbal Scale) तथा क्रियात्मक मापनी (Performance scale)। 1955 ई॰ में इस परीक्षण का संशोधित संस्करण (revised edition)। प्रकाशित किया गया जिसका नाम *वेक्सलर वयस्क बुद्धि मापनी* (Wechsler Adult Intelligence Scale या WAIS) रखा गया। इस परीक्षण को 1981 में पुनः संशोधित किया गया जिसे 'WAIS–R' कहा गया। 'WAIS–R' के दो भाग थे—शाब्दिक मापनी (Verbal scale) तथा क्रियात्मक मापनी (Performance scale)। शाब्दिक मापनी में 6 उपपरीक्षण (six subtests) थे तथा क्रियात्मक मापनी में 5 उप-परीक्षण (subtests) थे। इस तरह से कुल मिलाकर इसमें 11 उप-परीक्षण थे। 1997 में WAIS-R का पुनः संशोधन किया गया जिसे WAIS-III कहा गया जिसमें 7 शाब्दिक मापनी तथा 7 कियात्मक मापनी है।

'WAIS–III' की शाब्दिक मापनी (Verbal Scale) के 7 उपपरीक्षणों एवं उनका वर्णन निम्नांकित हैं—

(1) सूचना परीक्षण *(Information test)*—इसमें 29 एकांश (items) हैं जिनके द्वारा कुछ ऐसी सामान्य सूचनाओं के बारे में ज्ञान (knowledge) का मापन होता है जिसे एक सामान्य वयस्क से उम्मीद की जाती है।

(2) बोध परीक्षण *(Comprehension test)*—इस परीक्षण में 16 एकांश या प्रश्न हैं जिनके द्वारा व्यक्ति से यह पूछा जाता है कि क्यों किसी चीज को किया जाना चाहिए या उसे अमुक परिस्थिति में क्या करनी चाहिए? इससे व्यक्ति में समझ या सूझ की स्तर का मापन होता है।

(3) अंक विस्तार परीक्षण *(Digit Span test)*—इसमें तीन अंकों से लेकर नौ अंकों तक के क्रम को परीक्षक पढ़ता है जिसे सुनकर उसी क्रम में या विलोम क्रम में उन अंकों को बोलना रहता है। इस परीक्षण द्वारा लघुकालीन स्मृति (short-term memory) का मापन होता है।

(4) शब्दावली परीक्षण *(Vocabulary test)*—इसमें 35 शब्द होते हैं जिसे पढ़कर तथा लिखकर परीक्षक व्यक्ति को देता है। व्यक्ति को उन शब्दों को परिभाषित करना होता है या उसका अर्थ बतलाना होता है।

(5) अंकगणितीय परीक्षण *(Arithmetic test)*—इसमें 14 साधारण गणितीय समस्याएँ होती हैं जिसे बिना कागज एवं पेंसिल की मदद से व्यक्ति को समाधान करना होता है। इससे व्यक्ति का परिमाणात्मक चिन्तन का मापन होता है।

(6) समानता परीक्षण *(Similarities test)*—इसमें 14 प्रश्न होते हैं और रोगी को प्रत्येक प्रश्न में दिये गये वस्तुओं के बीच समानता (similarity) बतलाना होता है।

(7) अक्षर-संख्या अनुक्रमिकता *(Letter-number sequencing)*—यह एक पूरक परीक्षण (supplementary test) है जिसका उपयोग व्यक्ति के बौद्धिक स्तर के बारे में अतिरिक्त सूचना प्राप्त करने के लिए किया जाता है। इसके द्वारा व्यक्ति की चलन स्मृति (working memory) तथा अवधान (attention) का मापन होता है।

WAIS–III के क्रियात्मक परीक्षण (performance test) के उपपरीक्षण (subtest) निम्नांकित हैं—

(1) चित्र-पूर्ति परीक्षण *(Picture completion test)*—इसमें 20 चित्र होते हैं और प्रत्येक चित्र से कुछ महत्त्वपूर्ण अंश गायब होता है। व्यक्ति को यह बतलाना होता है कि कौन-सा अंश गायब है। इसके द्वारा एकाग्रता तथा असंगतता (incongruity) के समझ की माप होती है।

(2) चित्र व्यवस्था परीक्षण *(Picture arrangement test)*—इस परीक्षण में 10 समस्याएँ होती हैं। प्रत्येक समस्या में 3 से 6 कार्ड होते हैं जिन्हें खास क्रम में सज्जित करने से एक कहानी बन जाती है। प्रत्येक समस्या के कार्डों को उल्टे-पुल्टे क्रम में दिया जाता है तथा व्यक्ति को उसे समय सीमा के भीतर अर्थपूर्ण ढंग से सज्जित करना होता है। इससे निर्णय करने की क्षमता, पूर्वाभास करने की क्षमता तथा योजना बनाने की क्षमता का मापन होता है।

(3) ब्लॉक डिजाइन परीक्षण *(Block Design Test)*—इस परीक्षण में 9 कार्ड पर 9 आकार चित्र बने होते हैं। दिए गए ब्लॉक जिसके भाग (sides) लाल, उजला तथा उजला और लाल दोनों ही रंग से रंगे होते हैं, की मदद से व्यक्ति को विशिष्ट आकार चित्र के समान चित्र बनाना होता है। इस परीक्षण द्वारा अशाब्दिक बुद्धि (non-verbal intelligence) जैसे दृष्टि-गत समन्वय (visual-motor coordination) तथा विश्लेषण-संश्लेषण क्षमता (analytic-synthetic ability) आदि का मापन होता है।

(4) वस्तु-सज्जीकरण परीक्षण *(Object assembly test)*—इसमें चार ऐसी समस्याएँ होती हैं जिनके अंश सभी कटे होते हैं। व्यक्ति को प्रत्येक समस्या के सभी कटे हुए अंशों को जोड़ते हुए सुव्यवस्थित कर दिये गए समस्या की वस्तु (object) को बनाना होता है। यह अत्यन्त ही सरल कार्य होता है और इसके द्वारा व्यक्ति के बोध(comprehension) क्षमता का मापन होने के साथ-ही-साथ दृष्टि-पेशीय समन्वय (visual-motor coordination) का भी मापन होता है।

(5) अंक प्रतीक परीक्षण *(Digit Symbol test)*—इस परीक्षण में व्यक्ति को संकेत-प्रतिस्थापन कार्य (code-substitution test) करना पड़ता है जिसमें संख्याओं की एक लम्बी कतार होती है जिसके नीचे के खाली स्थानों को व्यक्ति को भरना पड़ता है। इस कार्य के लिए संकेत (key) दिये रहते हैं जिसमें 1 से 9 तक अंक होते हैं और प्रत्येक अंक के साथ एक चिह्न (symbol) होता है। अंकों के नीचे की खाली जगह में उपयुक्त चिह्न को लिखना होता है। व्यक्ति 90 सेकेण्ड के भीतर जितने संकेतों को भर सकता था, भरता है।

(6) मैट्रीक्स तर्कणा परीक्षण *(Matrix reasoning test)*—इसके द्वारा आगमनात्मक तर्कणा (inductive reasoning) का मापन होता है।

(7) सांकेतिक खोज परीक्षण *(Symbolic search test)*—इसके द्वारा व्यक्ति में किसी सूचना को तीव्रता से संसाधित करने की क्षमता का मापन होता है।

इस तरह से हम देखते हैं कि WAIS–III में 7 शाब्दिक परीक्षण तथा 7 क्रियात्मक परीक्षण होते हैं। 7 शाब्दिक परीक्षणों पर व्यक्ति द्वारा प्राप्त मानक अंकों (standard scores) को तथा 7 क्रियात्मक परीक्षण पर के मानक अंकों को जोड़कर इन दोनों मापनियों पर अलग-अलग प्राप्तांक (scores) प्राप्त किया जाता है। शाब्दिक मापनी तथा क्रियात्मक मापनी पर आये प्राप्तांकों को जोड़कर सम्पूर्ण मापनी प्राप्तांक (full scale score) प्राप्त किया जाता है। इन प्राप्तांकों को विचलन बुद्धि लुब्धि (Deviation I.Q.) में बदल दिया जाता है जहाँ माध्य 100 तथा मानक विचलन 15 होता है। कई अध्ययनों से स्पष्ट हुआ है कि WAIS–III की विश्वसनीयता (reliability) तथा वैधता (validity) का स्तर काफी संतोषजनक है। कॉफमैन (Kaufman, 1990) के अनुसार WAIS से केवल बुद्धिलब्धि प्राप्तांक ही नहीं मिलते हैं बल्कि उसके उपपरीक्षण के प्राप्तांकों के पैटर्न (patern) से विशेष तरह के अनुमान निकालने में नैदानिक मनोवैज्ञानिकों को मदद मिलती है। कुछ नैदानिक मनोवैज्ञानिकों ने उपपरीक्षण के प्राप्तांकों के इस पैटर्न के आधार पर रोगी के मस्तिष्कीय क्षति (brain damage) के बारे में सफलतापूर्वक अंदजा लगाया है तो कुछ मनोवैज्ञानिकों ने ऐसे प्राप्तांकों के पैटर्न के आधार पर व्यक्तित्व गतिकी जैसे आवेगशीलता (impulsivity) तथा सांवेगिक अस्थिरता के बारे में सफलतापूर्वक पता किया है। WAIS-III का पुनः संशोधन 2005 में किया गया है जिसे WAIS-IV कहा जाता है।

वेक्सलर ने बच्चों की बुद्धि मापने के लिए भी दो अलग-अलग मापनी (scale) का निर्माण किया है जो निम्नांकित हैं—

(अ) Wechsler Intelligence Scale for Children (WISC) तथा

(ब) Wechsler Preschool and Primary Scale of Intelligence (WPPSI)।

WISC का निर्माण 1949 में 5 साल से 15 साल के वच्चों की बुद्धि मापने के लिए किया गया। 1974 में WISC को संशोधित कर और अधिक उन्नत बनाया गया तथा इसे WISC–R कहा गया है। 1991 में WISC का नवीनतम संशोधित प्रारूप का प्रकाशन हुआ जिसे WISC-III कहा गया है। इसकी खास विशेषता यह है कि इसमें WISC-R के मौलिक ढाँचा को बरकरार रखा गया है परन्तु उसके पुराने एकांशों, काफी कठिन तथा आसान एवं संस्कृति भारित एकांशों को हटाकर उसके जगह पर अधिक वैध एकांशों को रखा गया है। WISC–III में भी दो तरह के मापनी थे—शब्दिक मापनी (Verbal Scale) तथा क्रियात्मक मापनी (Performance Scale)। शाब्दिक मापनी के छह उपपरीक्षण (Subtest) थे जो निम्नांकित हैं—

(1) सूचना परीक्षण (Information test)

(2) समानता परीक्षण (Similarities test)

(3) अंकगणितीय परीक्षण (Arithmetic test)

(4) शब्दावली परीक्षण (Vocabulary test)

(5) बोध परीक्षण (Comprehension test)

(6) अंक विस्तार परीक्षण (Digit Span test)—यह एक वैकल्पिक परीक्षण (alternate test) है जिसका प्रयोग किसी भी एक शाब्दिक परीक्षण के बदले में किया जा सकता है।

क्रियात्मक-परीक्षण (Performance Scale) के भी छह उपपरीक्षण (subtest) हैं जो निम्नांकित है—

(1) चित्र-पूर्ति परीक्षण (Picture Completion test)

(2) चित्र-व्यवस्था परीक्षण (Picture arrangement test)

(3) ब्लॉक सुसज्जीकरण परीक्षण (Block Assembly test)

(4) वस्तु सुसज्जीकरण परीक्षण (Object Assembly test)

(5) संकेतीकरण परीक्षण (Coding test)

(6) संकेत खोज परीक्षण (Symbol Search Test)—एक वैकल्पिक परीक्षण (alternate test) है जिसका प्रयोग संकेतीकरण परीक्षण के बदले किया जा सकता है।

स्पष्ट हुआ कि WISC-III के उपपरीक्षण बहुत हद तक WAIS–R के उपपरीक्षण के समान (similar) और इसमें वैसे प्रश्न तथा कार्य होते हैं जो बच्चों के लिए उपयुक्त होता है। इस परीक्षण में भी मानक अंको (standard scores) के आधार पर शाब्दिक परीक्षण पर प्राप्तांक क्रियात्मक परीक्षण पर प्राप्तांक तथा दोनों को जोड़कर सम्पूर्ण मापनी प्राप्तांक (Full scale score) ज्ञात किया जाता है तथा उन्हें फिर विचलन बुद्धि लब्धि (deviation IQ) में बदल लिया जाता

है। WISC–III की विश्वसनीयता (reliability) तथा वैधता (validity) कई अध्ययनों में भी काफी संतोषजनक पाया गया है। शाब्दिक बुद्धिलब्धि प्राप्तांक, क्रियात्मक बुद्धिलब्धि प्राप्तांक तथा सम्पूर्ण मापनी बुद्धिलब्धि प्राप्तांक के अतिरिक्त WISC-III को चार अन्य कारकों के रूप में भी व्याख्या करने का प्रावधान रखा गया है—शाब्दिक बोध (Verbal comprehension) प्रत्यक्षज्ञानात्मक संगठन (Perceptual organization), ध्यानभंगता से स्वतंत्रता (freedom from distractibility) तथा गति संसाधन (processing speed)। इसमें प्रथम दो बहुत हद तक क्रमशः शाब्दिक एवं क्रियात्मक बुद्धिलब्धि के ही समान हैं। WISC-III का नवीनतम संशोधन किया जा चुका है तथा यह WISC-IV के नाम से अभी उपलब्ध है।

WPPSI का निर्माण 1968 में वेक्सलर द्वारा 4 साल से लेकर 6½ साल के बच्चों की बुद्धि को मापने के लिए किया गया। इसका संशोधित प्रारूप 1989 में प्रकाशित किया गया जिसे WPPSI-R से कहा गया जिसकी खास विशेषता यह है कि इसमें अब 3 साल के आयु के बच्चों की बुद्धि को मापना भी संभव हो पाया हे। इस परीक्षण के करीब-करीब आधे एकांश (items) WISC–R से लिए गए हैं तथा इस परीक्षण में भी शाब्दिक परीक्षण (Verbal scale) तथा क्रियात्मक मापनी (Performance scale) हैं। इस परीक्षण के शाब्दिक परीक्षण में छह उपपरीक्षण (subtests) हैं तथा क्रियात्मक मापनी में पाँच उपपरीक्षण हैं। इस तरह से कुल मिलाकर ग्यारह उपपरीक्षण हैं। शाब्दिक मापनी (Verbal Scale) के छह उपपरीक्षण इस प्रकार हैं–

(1) सूचना परीक्षण (Information test)
(2) शब्दावली परीक्षण (Vocabulary test)
(3) अंकगणितीय परीक्षण (Arithmetic test)
(4) समानता परीक्षण (Similarities test)
(5) बोध परीक्षण (comprehension test)
(6) वाक्य परीक्षण (Sentence test)—यह एक वैकल्पिक परीक्षण (alternative test) है जिसका प्रयोग किसी भी शाब्दिक मापनी के बदले में किया जा सकता है।

क्रियात्मक मापनी (Performance Scale) के पाँच उपपरीक्षण निम्नांकित हैं–

(1) पशु घर परीक्षण (Animal House test)
(2) चित्र-पूर्ति परीक्षण (Picture Completion test)
(3) भूल-भूलैया परीक्षण (Mazes test)
(4) ज्यामितीय डिजाइन परीक्षण (Geometric design test)
(5) ब्लॉक डिजाइन परीक्षण (Block Dsign test)

WPPSI में तीन परीक्षणों को छोड़कर बाकी सभी परीक्षण वही है जो WISC-III के थे। वे तीन नये परीक्षण हैं- -पशु घर परीक्षण (Animal House Test), वाक्य परीक्षण (Sentence test) तथा ज्यामितीय डिजाइन परीक्षण (Geometric design test)। वाक्य परीक्षण में बच्चों को परीक्षक (examiner) द्वारा बोले गए वाक्य को बोलकर ही दोहराना होता है। पशु घर परीक्षण में बच्चा को रंगीन सिलिंडर को पशुओं के चित्र से संबंधित करना पड़ता है। पशुघर परीक्षण एक तरह का वैकल्पिक परीक्षण है जिसका उपयोग किसी भी क्रियात्मक परीक्षण के बदले किया जा सकता है। ज्यामितीय डिजाइन परीक्षण में बच्चा को कई तरह के ज्यामितीय डिजाइन एवं आकारों (shapes) को दिए गए कागज पर पेंसिल के सहारे बनाना होता है। इसका नवीनतम संस्करण जिसे WPPSI-III कहा जाता है, प्रकाशित हो चुका है।

प्रत्येक उपपरीक्षण पर आये प्राप्तांक को एक मानक प्राप्तांक (standard score) में जिसका माध्य (Mean) = 10 तथा मानक विचलन (standard deviation) = 3 होता है, में बदल दिया जाता है। फिर उसके आधार पर शाब्दिक, क्रियात्मक एवं सम्पूर्ण मापनी प्राप्तांक ज्ञात किया जा सकता है और उसे विचलन बुद्धि लब्धि (deviation I.Q.) में जिसका माध्य = 100 एवं मानक विचलन = 15 होता है, बदल दिया जाता है। WAIS–IV तथा WISC–IV के समान WPPSI भी एक काफी विश्वसनीय (reliable) एवं वैध (valid) बुद्धि मापनी है। शाब्दिक एवं क्रियात्मक परीक्षण की औसत विश्वसनीयता .90 पाया गया है तथा वैधता गुणंक .75 से .80 तक पाया गया है।

वेक्सलर द्वारा प्रतिपादित तीनों मापनियों (WAIS–IV, WISC–IV तथा WPPSI-III) एक तरह का बिन्दु-मापनी (point-scale) है जिसमें प्रत्येक विषय क्षेत्र (content area) के लिए एक अलग प्राप्तांक दिये जाते हैं।

वेक्सलर मापनी का नैदानिक मूल्यांकन
(Clinical Evaluation of Wchsler Scales)

वैक्सलर द्वारा निर्मित WAIS–IV, WISC–IV तथा WPPSI-III का संयुक्त मूल्यांकन एनासटेसी तथा अरविना (Anastasi & Urbina, 2005) द्वारा काफी संतोषजनक ढंग से किया गया। इस मूल्यांकन में इन परीक्षणों के कुछ ऐसे गुण एवं दोषों पर प्रकाश डाला गया है जो नैदानिक दृष्टिकोण से काफी महत्त्वपूर्ण है। इन परीक्षणों के गुणों को इस प्रकार बतलाया गया है—

(1) WAIS–IV, WISC–IV तथा WPPSI-III की तुलना अन्य वैयक्तिक रूप से (individually) क्रियान्वित बुद्धि परीक्षणों से करने पर यह स्पष्ट होता है कि इन परीक्षणें में माननीकरण प्रतिदर्श (standardization sample) का आकार बड़ा था तथा उसमें जीवसंख्या (population) के प्रतिनिधित्व का गुण था। एनासटेसी का मत है कि इस तरह का प्रतिदर्श के आधार पर जो मानक (norms) तैयार किए गए हैं, उनके आधार पर प्राप्तांकों की होने वाली व्याख्या अधिक वैज्ञानिक एवं निर्भर योग्य होती है।

(2) वेक्सलर के इन तीनों परीक्षणों की नैदानिक उपयोगिता बच्चों एवं वयस्कों की बौद्धिक स्तर का पता लगाने में इतनी अधिक बतलायी गयी है कि अधिकतर चिकित्सकों द्वारा इसे नैदानिक मूल्यांकन (clinical assessment) का एक अपरिहार्य साधन (indispensible tool) माना गया है।

वेक्सलर मापनी के कुछ अवगुण (limitations) भी बतलाये गए हैं जो निम्नांकित हैं—

(1) यदि हम वेक्सलर के इन तीनों मापनियों की तुलना स्टैनफोर्ड-बिने परीक्षण (Standford-Binet-test) से करें तो पायेंगे कि इन तीनों मापनियों के क्रियान्वयन करने में तुलनात्मक रूप से समय एवं श्रम दोनों ही अधिक लगते हैं। कुछेक नैदानिक मनोवैज्ञानिकों का मत है कि नैदानिक मूल्यांकन करने में कभी-कभी वेक्सलर मापनी के इस परिसीमा (limitation) के कारण उन्हें कोई दूसरा बुद्धि परीक्षण के क्रियान्वयन के लिए मजबूर होना पड़ता है।

(2) एनासटेसी तथा अरविना (Anastasi & Urbina, 2005) का कहना है कि इन तीनों मापनियों का सबसे अधिक कमजोर बिन्दु यह है कि इसकी वैधता (validity) से संबंधित आनुभविक आँकड़ों (empirical data) की कमी है। ऐसी परिस्थिति में इन मापनियों पर आधारित नैदानिक मूल्यांकन (clinical assessment) की वैधता एवं निर्भरता पर स्वभावतः शंका होने लगती है।

(3) इन परीक्षणों में आत्मनिष्ठता (subjectivity) अधिक है क्योंकि कुछ एकांश के उत्तर की उपयुक्तता के बारे में अलग-अलग परीक्षक अलग-अलग निर्णय लेने के लिए बाध्य हो जाते हैं।

इन परिसीमाओं के बावजूद वेश्लर मापनी जैसा दूसरा कोई मापनी अभी नैदानिक मूल्यांकन (clinical assessment) के लिए उपलब्ध नहीं है।

इसकी लोकप्रियता का सबूत इससे भी मिल जाता है कि अमेरिका के बाहर भी इस परीक्षण का उपयोग काफी हो रहा है। भारत में वेक्सलर मापनी का खासकर WAIS का भारतीय अनुकूलन पी॰ रामा लिंगास्वामी द्वारा करके इसे भारतीय परिस्थिति में भी काफी उपयोगी बनाया है। इसका अनुकूलन स्पैनिश (Spanish) भाषा में भी किया जा चुका है तथा वेक्सलर (Wechsler, 1968) के अनुसार गत् 30 वर्षों से इसका सफलतापूर्वक उपयोग किया जा रहा है। लोपेज एवं टाऊसिंग (Lopez & Taussing, 1992) के अनुसार इसका उपयोग हिस्पैनिक (Hispanic) संस्कृति के लोगों की बुद्धि मापने के लिए भी सफलतापूर्वक किया जा रहा है।

वेक्सलर मापनियों का नैदानिक अनुप्रयोग
(Clinical or Diagnostic uses of Wechsler Scales)

वेक्सलर द्वारा प्रतिपादित बुद्धि परीक्षण के तीनों मापनियों द्वारा नैदानिक मूल्यांकन करने में सबसे अधिक मदद नैदानिक मनोवैज्ञानिकों को मिली है। शायद यही कारण है कि इन मापनियों की नैदानिक उपयोगिताएँ सर्वाधिक बतलायी गयी है। कई नैदानिक मनोवैज्ञानिकों एवं मनश्चिकित्सकों ने वेक्सलर के तीनों बुद्धि मापनियों अर्थात् WAIS-IV, WISC-IV तथा WPPSI-III के नैदानिक उपयोगिताओं की संयुक्त समीक्षा किया है और निम्नांकित उपयोगिताओं पर अधिक बल डाला है—

(1) वेक्सलर (Wechsler) ने अपने मापनियों (intelligence scales) के आधार पर मानसिक ह्रास (mental deterioration) की विशेष सूचक (index) जिसे ह्रास सूचक (Deterioration index) कहा गया है, की पहचान की है जिसकी उपयोगिता नैदानिक मूल्यांकन में काफी बतलायी गयी है। वेक्सलर का मत था कि उनके विभिन्न उपपरीक्षणों में से कुछ उपपरीक्षण ऐसे हैं जिनके द्वारा मापी गयी क्षमता उम्र बीतने के साथ-साथ सामान्यतः कमती जाती है तथा कुछ उपपरीक्षण ऐसे हैं जिनके द्वारा मापी गई क्षमता उम्र बीतने से किसी तरह से प्रभावित नहीं होते हैं और वे स्थिर (stable) बनी होती है। पहले तरह के उपपरीक्षणों को वेक्सलर (Wechsler) ने *डोन्ट होल्ड परीक्षण* (Don't Hold Test) कहा है जिसमें अंक विस्तार परीक्षण (Digit Span test), समानता परीक्षण (Similarities test), अंक-चिह्न परीक्षण (Digit-Symbol test) तथा ब्लॉक डिजाइन परीक्षण (Block Design test) को रखा गया है। दूसरे तरह के उपपरीक्षण को *होल्ड परीक्षण* (Hold Test) कहा गया है जिसमें शब्दावली परीक्षण (Vocabulary test), सूचना परीक्षण (Information test), वस्तु सज्जीकरण परीक्षण (Object-assembly test) तथा चित्र-पूर्ति परीक्षण (Picture Completion test) को रखा गया है। वेक्सलर के अनुसार जब डोन्ट होल्ड परीक्षण (Don't Hold test) पर के प्राप्तांक होल्ड परीक्षण पर के प्राप्तांक से काफी कम होती है, उससे व्यक्ति में विकृति-संबद्ध ह्रास (pathology-related dificit) होने का अंदाज लगाया जाता है। उन्होंने ह्रास सूचक (Deterioration Index या DI) को ज्ञात करने का एक सूत्र भी दिया है जो निम्नांकित है—

$$DI = \frac{\text{Hold} - \text{Don't Hold}}{\text{Hold}}$$

उदाहरणार्थ, यदि किसी व्यक्ति को होल्ड परीक्षण (Hold Tests) पर कुल प्राप्तांक 80 आया और डोन्ट होल्ड परीक्षण (Don't Hold Test) पर कुल प्राप्तांक (total scores) 30 आया तो उसका DI उपर्युक्त सूत्र के अनुसार होगा—

$$DI = \frac{50-30}{30} = \frac{20}{30} = .666 = .67$$

इस तरह का DI से नैदानिक मनोवैज्ञानिकों को रोगियों के बौद्धिक क्षमता की दुर्बलता के संभावित कारणों को निरूपित करने में विशेष मदद मिलती है।

(2) वेक्सलर (Wechsler) ने सभी 11 उपपरीक्षणों पर आये प्राप्तांकों की तुलना पर भी बल डाला है। इस तरह की तुलना से सभी ग्यारह उपपरीक्षणों के प्राप्तांकों में आपसी परिवर्तनशीलता (variation) की मात्रा का पता चलता है। इस तरह की परिवर्तनशीलता की मात्रा को फैलाव (Scatter) या पैटर्न (Pattern) तक की संज्ञा दी गयी है। अगर रोगी सभी 11 उपपरीक्षणों पर करीब-करीब एक समान निष्पादन (performance) करता है, तो इनके प्राप्तांकों (scores) में फैलाव (Scatter) कम होगा और ऐसे रोगी में विकृति (pathology) की संभावना कम होती है। परन्तु यदि प्राप्तांकों का फैलाव बढ़ता है अर्थात् उपपरीक्षणों के कुल प्राप्तांकों में उतार-चढ़ाव ज्यादा है, तो उससे रोगी में विकृति (pathology) होने की संभावना तीव्र हो जाती है। नैदानिक मनोवैज्ञानिकों के लिए वेक्सलर मापनियों से मिलने वाली इस तरह की सूचना की अहमियत नैदानिक मूल्यांकन में काफी होती है। इन लोगों ने अपने अध्ययन के आधार पर यह बतलाया है कि मनोविदालिता (Schizophrenia) के रोगियों में उपपरीक्षण के प्राप्तांकों में फैलाव काफी अधिक होती है। इसे *फैलाव विश्लेषण* (scatter analysis) या *पैटर्न विश्लेषण* (pattern analysis) कहा जाता है।

(3) नैदानिक मनोवैज्ञानिकों को वेक्सलर मापनी के किसी भी एक उपपरीक्षण पर व्यक्ति द्वारा प्राप्त किये गए अंकों के स्वरूप से भी बहुत कुछ ऐसी सूचना मिलती है, जो उनके नैदानिक मूल्यांकन के लिए बहुमूल्य साबित होती है। चूँकि सभी उपपरीक्षण के एकांशों (items) को बढ़ती हुई कठिनाई स्तर में सुसज्जित करके रखा गया है, अतः यह उम्मीद की जाती है कि एकांशों की एक खास संख्या तक व्यक्ति सही-सही उत्तर दे पायेगा और वैसे एकांश जिसका सही उत्तर वह नहीं दे पाता है, उसके बाद के सभी एकांशों पर उसे असफलता ही मिलेगी क्योंकि ऐसे सभी एकांशों की कठिनता स्तर उत्तरोत्तर बढ़ती जाती है। परन्तु यदि कोई व्यक्ति सरल एकांशों का सही उत्तर नहीं दे पाता है परन्तु कठिन एकांशों का सही उत्तर देने में सफल हो जाता है, तो इस अनियमितता से यह पता चलता है कि व्यक्ति किसी कारण से आशंकित हो गया है या चिन्तित हो गया है और फिर उसमें कोई गंभीर तथा स्थायी विकृति है जैसा कि मस्तिष्कीय-क्षतिग्रस्त रोगियों (brain-damaged patients) में देखने को मिलता है।

(4) नैदानिक मनोवैज्ञानिकों को वेक्सलर मापनियों के शाब्दिक बुद्धि लब्धि (Verbal IQ) तथा क्रियात्मक बुद्धि लब्धि (Performance IQ) में होने वाले अन्तर से भी कुछ महत्त्वपूर्ण सूचना मिलती है जिसकी उपेक्षा नैदानिक मूल्यांकन (clinical assessment) में नहीं की जा सकती है। यदि किसी व्यक्ति की शाब्दिक बुद्धि लब्धि क्रियात्मक बुद्धिलब्धि से 15 या उससे अधिक बिन्दुओं (points) से अधिक होती है, तो नैदानिक मनोवैज्ञानिक यह अनुमान लगाते हैं कि व्यक्ति में विषाद (depression) आदि की प्रबलता है। दूसरे तरफ यदि क्रियात्मक बुद्धि लब्धि शाब्दिक बुद्धि लब्धि से काफी अधिक होती है, तो समझा जाता है कि व्यक्ति में मनोविकारी प्रवृत्तियाँ (psychopathic tendencies), हिस्ट्रीकल लक्षण (hysterical symptoms) तथा आत्मरूपकामुकता की प्रवृत्ति (narcissistic tendencies) की प्रबलता है।

स्पष्ट हुआ कि वेक्सलर मापनियों द्वारा नैदानिक मनोवैज्ञानिकों को नैदानिक मूल्यांकन (clinical assessment) करने में इतनी महत्त्वपूर्ण एवं सार्थक सूचनाएँ मिलती हैं कि उनका नजरअंदाज कतई नहीं किया जा सकता है।

स्टैनफोर्ड-बिने तथा वेक्सलर मापनी का तुलनात्मक अध्ययन : नैदानिक दृष्टिकोण
(A Comparative Study of Stanford-Binet and Wechsler Scales : A Clinical Outlook)

नैदानिक मनोवैज्ञानिकों द्वारा उपचारगृह (clinics) तथा मानसिक अस्पताल (mental hospital) में जितने तरह की बुद्धि परीक्षणों का क्रियान्वयन किया जाता है उसमें स्टैनफोर्ड बिने परीक्षण (Stanford-Binet test) तथा वेक्सलर परीक्षण (Wechsler scales) का नाम सबसे ऊपर में आता है। नैदानिक दृष्टिकोण से इन दोनों परीक्षणों में कुछ समानता (similarities) तथा विषमताएँ (dissimilarities) हैं। ऐसी प्रमुख समानताएँ (similarities) निम्नांकित हैं—

(1) स्टैनफोर्ड-बिने तथा वेक्सलर मापनी दोनों ही चिकित्सकों को रोगी के व्यवहारों का एक मानक परिस्थिति (standard situation) में प्रेक्षण करने का मौका देते हैं क्योंकि इन दोनों परीक्षणों के क्रियान्वयन में एक मानक निर्देश (standard instruction) का पालन किया जाता है।

(2) इन दोनों तरह के बुद्धि परीक्षणों में चिकित्सक रोगी के साथ एक सौहार्द्रपूर्ण संबंध (warm relationship) अर्थात् घनिष्ठ संबंध (rapport) स्थापित करता है क्योंकि ऐसे संबंधों का इन परीक्षण-कार्यों पर सर्वाधिक प्रभाव पड़ता है।

(3) स्टैनफोर्ड-बिने तथा वेक्सलर-मापनी दोनों में ही कई ऐसे कार्य (tasks) होते हैं जिनसे रोगी की अभिरुचि एवं अभिप्रेरणा (motivation) बनी होती है।

(4) स्टैनफोर्ड-बिने तथा वेक्सलर मापनी दोनों में रोगी की बुद्धि की अभिव्यक्ति विचलन बुद्धि लब्धि (deviation intelligence quotient) के रूप में होती है। स्टैनफोर्ड-बिने में विचलन बुद्धि लब्धि का माध्य (Mean) 100 तथा मानक विचलन (Standard deviation) 15 होता है जबकि वेक्सलर मापनी में भी विचलन बुद्धि का माध्य 100 तथा मानक विचलन 15 ही होता है।

(5) स्टैनफोर्ड-बिने तथा वेक्सलर मापनी दोनों को ही अधिक शक्तिशाली नैदानिक साधन (clinical tools) माना गया है जो चिकित्सक को रोगी के बौद्धिक स्तर का निर्धारण करने में मदद करते हैं।

(6) इन दोनों ही बुद्धि परीक्षणों की विश्वसनीयता (reliability) अधिक है तथा उनकी वैधता (validity) का स्तर भी लगभग समान ही है। इन दोनों ही परीक्षणों के निर्माण में एक बड़ा आदर्शात्मक प्रतिदर्श (normative sample) का प्रयोग किया गया है जो बड़ा है तथा जीवसंख्या का पर्याप्त प्रतिनिधित्व (representation) करता है।

इन समानताओं (similarities) के बावजूद इन दोनों परीक्षणों में कुछ मौलिक अन्तर हैं जो निम्नांकित हैं—

(1) स्टैनफोर्ड-बिने परीक्षण एक आयु मापनी (age scale) है जबकि वेक्सलर मापनी एक बिन्दु मापनी (point scale) है। बिन्दु मापनी का मतलब यह हुआ कि इसमें प्रत्येक सही अनुक्रिया के लिए एक या दो अंक प्रदान किये जाते हैं तथा विषय क्षेत्र (content area) के अनुरूप एकांशों का समूहन (grouping) किया जा सकता है तथा उन्हें बढ़ते कठिनाई स्तर में सुसज्जित किया जा सकता है। उदाहरणार्थ, अमूर्त चिन्तन (abstract thinking) से संबंधित सभी एकांशों को एक साथ रखा जा सकता है तथा सामान्य ज्ञान से संबंधित एकांशों को एक साथ दूसरे समूह में रखा जा सकता है। फिर प्रत्येक समूह के एकांशों को बढ़ते क्रम में सुव्यवस्थित किया जाता है। बिन्दु मापनी के कारण ही वेक्सलर प्रत्येक विषय क्षेत्र (content area) के लिए अलग-अलग परीक्षण बना सके जिसमें रोगी को अलग-अलग कुल प्राप्तांक

मिलता था। आयु मापनी (age scale) में ऐसी बात नहीं होती है। इसमें प्रत्येक विषय क्षेत्र के लिए आयु के अनुरूप एकांशों (items) का समूहन (grouping) किया जाता है। जैसे—पाँच साल की आयु के लिए स्टैनफोर्ड-बिने परीक्षण में ऐसे एकांश हो सकते हैं जिनके माध्यम से निर्णय, एकाग्रता (concentration) तथा शब्दावली (vocabulary) का मापन होता हो परन्तु छह साल की आयु के लिए इन विषय क्षेत्र (content area) से संबंधित एकांश दूसरे जगह एक साथ हो सकते हैं। उसके अलावा, आयु मापनी में प्रत्येक सही अनुक्रिया के लिए व्यक्ति को कोई अंक नहीं दिये जाते हैं। रोगी एक विशिष्ट उम्र पर के सभी एकांशों का जब तक सही उत्तर नहीं देता है, उसे उस उम्र के लिए निर्धारित साख (credit) नहीं मिलता है। संभव है कि किसी उम्र के लिए कुल 4 एकांश हों और रोगी मात्र तीन एकांश का ही सही उत्तर दे पाये। ऐसी परिस्थिति में इन तीन सही उत्तरों के लिए उसे कोई अंक नहीं दिये जाते हैं और न ही उस उम्र के लिए निर्धारित साख (credit) का ही वह हकदार हो पाता है।

(2) स्टैनफोर्ड-बिने परीक्षण चूँकि एक आयु मापनी (age scale) है, अतः इसके द्वारा कुछ विशिष्ट बौद्धिक कार्यों को मापना संभव नहीं है। इस परीक्षण द्वारा ही एक ही तरह का प्रतिफल (outcome) प्राप्त होता है और वह है बुद्धि लब्धि (IQ) का जिसका संबंध रोगी के सामान्य मानसिक क्षमता (general mental ability) से होता है। परन्तु वेक्सलर मापनी में प्रत्येक रोगी को तीन तरह का प्रतिफल या प्राप्तांक मिलते हैं—शाब्दिक बुद्धि लब्धि (Verbal IQ), क्रियात्मक बुद्धि लब्धि (Performance IQ) तथा सम्पूर्ण मापनी बुद्धि लब्धि (Full scale IQ)। इसका परिणाम यह होता है कि रोगी के बौद्धिक स्तर तथा उनके विचलनों के बारे में भी अंदाज लगाने का अच्छा मौका चिकित्सक को मिल पाता है।

(3) वेक्सलर मापनी पर आये प्राप्तांकों का पैटर्न विश्लेषण (Pattern analysis) संभव है जिसमें नैदानिक मनोवैज्ञानिकों या चिकित्सक प्रत्येक उपपरीक्षण (subtest) पर रोगी की कमजोरियों एवं अच्छाइयों का मूल्यांकन करता है ताकि उसकी मूल समस्याओं के बारे में अंदाज लगाया जा सके। जैसे—मनोविदालिता के रोगी में शब्दावली (vocabulary) तथा ज्ञान (knowledge) के सामान्य स्तर में ह्रास होने के पहले उनके निर्णय (judgement) तथा एकाग्रता (concentration) की क्षमता में ह्रास (deterioration) होता है। अतः पैटर्न विश्लेषण से यदि यह पता चलता है कि किसी रोगी की एकाग्रता तथा निर्णय करने की क्षमता मापने वाले उपपरीक्षण पर आया प्राप्तांक कम है तथा शब्दावली एवं ज्ञान मापन संबंधी उपपरीक्षण पर प्राप्तांक अधिक है, तो इससे उसमें मनोविदालिता रोग की पहचान की जा सकती है। इस तरह का पैटर्न विश्लेषण की सुविधा स्टैनफोर्ड-बिने परीक्षण में स्पष्ट तौर पर नहीं है।

स्पष्ट हुआ कि स्टैनफोर्ड-बिने परीक्षण तथा वेक्सलर मापनी यद्यपि दोनों ही द्वारा रोगी के बौद्धिक स्तर की माप होती है, फिर भी ये दोनों ही में नैदानिक दृष्टिकोण से काफी भिन्नता है।

रैवेन प्रोग्रेसिव मैट्रीसेज
(Raven's Progressive Matrices)

इस परीक्षण का निर्माण जे॰ सी॰ रैवेन (J.C. Raven) द्वारा 1930वीं दशाब्दी (decade) के लगभग मध्य में अर्थात् 1936 में किया गया। इस परीक्षण द्वारा स्पीयरमैन के बुद्धि-सिद्धान्त के g-कारक (g-factor) का मापन होता है। यह एक तरह का अशाब्दिक (non-verbal) बुद्धि परीक्षण हैं तथा इसका स्वरूप भाषारहित (non-language) होने के कारण इसका उपयोग विभिन्न संस्कृतियों के व्यक्तियों के बुद्धि मापन में सफलतापूर्वक किया गया है। अतः यह एक तरह का संस्कृति स्वतंत्र बुद्धि परीक्षण (Culture free intelligence test) है।

रैवेन प्रोग्रेसिव मैट्रीसेज (Raven's Progressive Matrices) में बहुविकल्पी एकांश (multiple-choice items) होते हैं। प्रत्येक एकांश में मैट्रीक्स (matrix) के रूप में प्रत्यक्षणात्मक अनुरूपता (perceptual analogy) का कार्य सम्पन्न होता है। सामान्यतः प्रत्येक मैट्रीक्स में तीन कॉलम (column) एवं दो रो (row) होते हैं। मैट्रीक्स के चित्र कुछ ऐसे होते हैं कि वे प्रत्येक कॉलम एवं प्रत्येक रो के चित्रों से अर्थपूर्ण ढंग से संबंधित होते हैं। प्रत्येक मैट्रीक्स का एक अंश जो नीचे दायें-हाथ के कोने में होता है, लुप्त (missing) होता है। व्यक्ति को 6 या 8 वैकल्पिक चित्रों में से चुनकर यह बतलाना होता है कि कौन-सा चित्र मैट्रीक्स के लुप्त स्थान पर अर्थपूर्ण ढंग से बैठेगा। (चित्र—8.5 देखे) इस परीक्षण का मूल उद्देश्य विभिन्न अशाब्दिक सामग्रियों (non-verbal materials) जैसे ज्यामितिक चित्रों में छिपे तार्किक संबंधों (logical relationship) को ढूँढ़ने की क्षमता का मापन करना है।

रैवेन प्रोग्रेसिव मैट्रीसेज (Raven's Progressive Matrices) के निम्नांकित तीन प्रारूप (form) हैं—

(1) स्टैण्डर्ड प्रोग्रेसिव मैट्रीसेज़ (Standard Progressive Matrices या SPM)

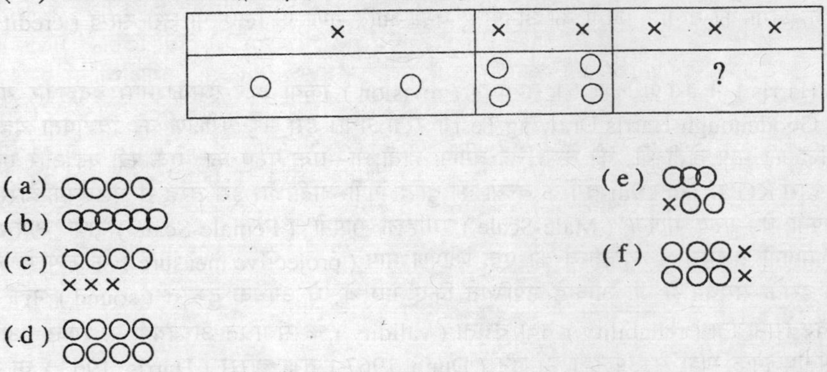

चित्र–8.6 : रैवेन प्रोग्रेसिव मैट्रीसेज के एकांशों के समान एक एकांश

(2) रंगीन प्रोग्रेसिव मैट्रीसेज (Coloured Progressive Matrices या CPM)

(3) उच्चतर प्रोग्रेसिव मैट्रीसेज (Advanced Progressive Matrcies या APM)

इन तीनों का वर्णन निम्नांकित हैं—

स्टैण्डर्ड प्रोग्रेसिव मैट्रीसेज में कुल 60 मैट्रीसेज है जिन्हें 5 सेटों में बाँटा गया है। प्रत्येक सेट में 12-12 मैट्रीसेज हैं जिनके समाधान के लिए करीब-करीब एक ही तरह के नियम (Principles) की जरूरत पड़ती है। इन मैट्रीसेज की कठिनाई स्तर अलग-अलग होती है। मैट्रीसेज के इन पाँच सेटों के समाधान में प्रत्यक्षणात्मक विभेद (perceptual discrimination), परिभ्रमण (rotation) तथा पैटर्नस का क्रमपरिवर्तन (permutation) आदि से संबंधित क्षमताओं की जरूरत पड़ती है। SPM द्वारा 5 साल से ऊपर के बच्चों तथा वयस्कों की मापन होता है।

CPM में 12-12 मैट्रीसेज के तीन सेट होते हैं। ये सभी मैट्रीसेज रंगीन होते हैं और SPM के मैट्रीसेज की तुलना में काफी आसान होते हैं। इसके द्वारा 4 साल से 10 साल के बच्चों की बुद्धि की माप होती है तथा 10 साल से ऊपर की वैसे बच्चों की बुद्धि की भी माप होती है जो मानसिक रूप से दुर्बल (mentally retarded) होते हैं।

APM का प्रयोग उन व्यक्तियों के लिए किया जाता है जो बौद्धिक रूप से थोड़ा श्रेष्ठ होते हैं और जिनके लिए SPM के मैट्रीसेज काफी आसान मालूम पड़ते हैं। APM में भी 12-12 मैट्रीसेज के तीन सेट होते हैं और इन मैट्रीसेज की कठिनतास्तर अधिक होती है जिसके समाधान के लिए सूक्ष्म प्रत्यक्षज्ञानात्मक विभेदीकरण की क्षमता की जरूरत पड़ती है।

रैवेन प्रोग्रेसिव मैट्रीसेज का उपयोग नैदानिक परिस्थिति में उतना नहीं हुआ है जितना कि स्टैनफोर्ड-बिने परीक्षण (Stanford-Binet test) तथा वेक्सलर मापनियों (Wechsler Scales) का हुआ है। कुछ नैदानिक मनोवैज्ञानिकों का मत है कि रैवेन प्रोग्रेसिव मैट्रीसेज खासकर के SPM तथा CPM का प्रयोग उन बच्चों की बुद्धि मापने में उपयोगी सिद्ध हुआ है जो मानसिक रूप से दुर्बल है तथा जिनमें तार्किक चिन्तन (logical thinking) की कमी होती है।

गुडएनफ ड्रा-ए-मैन परीक्षण (Goodenough Draw-a-Man Test)

नैदानिक मनोवैज्ञानिकों द्वारा इस परीक्षण का प्रयोग बुद्धि मापने में तब किया जाता है जब उन्हें कम समय में रोगी के बुद्धि के बारे में एक स्थूल (rough) सूचना की जरूरत पड़ती है। इसे कुछ मनोवैज्ञानिकों ने बिने-साइमन परीक्षण के संपूरक (supplement) के रूप में भी प्रयोग किया है। इस परीक्षण का निर्माण गुडएनफ जो एक महिला मनोवैज्ञानिक थी, द्वारा 1926 में किया गया था। व्यक्ति को इसमें एक पुरुष का चित्र बनाने को कहा जाता है। इस परीक्षण द्वारा बच्चों की बुद्धि की माप की जाती है। चूँकि 'पुरुष' का चित्र एक ऐसा चित्र है, जिससे सभी बच्चे परिचित होते हैं, अतः गुडएनफ ने इसे उपयुक्त समझकर अपने परीक्षण में समावेश किया था। पुरुष का चित्र बनाने में कलात्मक कौशलों (artistic skill) को महत्त्व नहीं दिया जाता है परन्तु बच्चों के संप्रत्यात्मक चिन्तन (conceptual thinking) तथा प्रेक्षण

(observation) की क्षमता पर निश्चित रूप से बल दिया जाता है और इसके लिए उसे विशेष अंक भी मिलते हैं। इसके अलावा चित्र में शरीर के अंगों को दर्शाने, अंगों का अनुपात, वस्त्र आदि गुणों के लिए भी उसे साख (credit) प्रदान किया जाता है।

1963 में हैरिस (Harris) ने इस परीक्षण का संशोधन (revision) किया और इसका नाम बदलकर *गुडएनफ-हैरिस ड्राइंग परीक्षण* (Goodenough-Harris Drawing Test) रखा गया। इस नये परीक्षण की विशेषता यह थी कि इसमें बच्चा जिसकी बुद्धि की माप होती थी, को तीन चित्र बनाना होता था—एक पुरुष का, एक स्त्री का और एक स्वयं अपना। इस परीक्षण के द्वारा KG से लेकर 9th वर्ग के बच्चों की बुद्धि मापी जाती थी। इस तरह से गुडएनफ-हैरिस ड्राइंग परीक्षण के तीन उपमापनी थे—*पुरुष मापनी* (Male-Scale), महिला मापनी (Female-Scale) तथा *आत्म मापनी* (Self-Scale)। आत्म-मापनी सचमुच में व्यक्तित्व का एक प्रेक्षपण माप (projective measure) के रूप में विकसित किया गया था हालाँकि इसके समर्थन में जो आँकड़े उपस्थित किए गए थे, वे अधिक दुरुस्त (sound) नहीं थे।

इस परीक्षण की विश्वसनीयता (reliability) तथा वैधता (validity) के संबंधित अध्ययनों से स्पष्ट हुआ कि ये दोनों ही गुण काफी संतोषजनक मात्रा में उपलब्ध हैं। डन (Dunn, 1967) तथा हैरिस (Harris, 1963) के अनुसार विश्वसनीयता गुणांक .68 से .90 तक का पाया गया है तथा वैधता गुणांक .50 तक पाया गया है।

गुडएनफ परीक्षण चूँकि एक संस्कृति-स्वतंत्र परीक्षण (culture-free test) है, अतः इसका प्रयोग सभी संस्कृतियों में हुआ है। नैदानिक परिस्थितियों में भी विशेषकर उपचारगृह में इस परीक्षण का उपयोग स्टैनफोर्ड-बिने परीक्षण तथा अन्य शाब्दिक बुद्धि मापनी (Verbal intelligence scales) के संपूरक (supplement) के रूप में काफी किया गया है। गुडएनफ-हर्रिस ड्राइंग परीक्षण के तकनीकी गुणों को उन्नत बनाने के लिए इसका संशोधन नागलियरी (Naglieri, 1988) द्वारा किया गया। इस संशोधित प्रारूप का नाम है—ड्रा-ए-परसन : ए क्वानटिटेटिव स्कोरिंग सिस्टम (Draw-A-Person : A Quantitative Scoring System)। इसे संक्षेप में DAP कहा गया है। DAP में तुलनात्मक रूप से नवीनतम एवं विस्तृत मानक (detailed norms) तैयार किये गए हैं। इसमें क्रियान्वयन विधि (administrative method) को भी पहले से भिन्न एवं उन्नत बनाया गया है तथा इसका प्राप्तांक-लेखन विधि (scoring system) भी पहले से काफी उन्नत (improved) है तथा इस ढंग का है कि उसमें आत्मनिष्ठता (subjectivity) काफी कम रह गयी है। उन्नति के इन तमाम दावों के बावजूद इस संशोधित प्रारूप की आलोचना यह कहकर की गयी है कि इसके द्वारा इसमें संशोधित प्राप्तांक-लेखन (scoring) के लाभों के समर्थन में कोई खाश सबूत नहीं पाया गया है।

बच्चों के लिए निर्मित कॉफमैन मूल्यांकन परीक्षणमाला
(Kaufman Assessment Battery for Children or K-ABC)

इस परीक्षण का निर्माण कॉफमैन तथा कॉफमैन (Kaufman & Kaufman, 1983) द्वारा किया गया है और बुद्धि का यह एक वैयक्तिक माप है। नैदानिक मनोवैज्ञानिकों ने इस परीक्षण का उपयोग अपने उपचार-गृहों में बच्चों की बुद्धि मापने के लिए काफी किया है। इसकी लोकप्रियता का अंदाज इसी से लगाया जा सकता है कि 1987 तक इसका उपयोग करके करीब दस लाख बच्चों की बुद्धि मापी जा चुकी थी। मनोवैज्ञानिकों ने इसकी लोकप्रियता के निम्नांकित तीन मुख्य कारण बतलायें हैं—

(i) K-ABC, स्टैनफोर्ड-विने परीक्षण (Stanford-Binet test) के समान बुद्धि के एक वैज्ञानिक एवं उत्तम सिद्धान्त अर्थात् कैटेल द्वारा प्रतिपादित सिद्धान्त पर आधारित है।

(ii) K-ABC में सांस्कृतिक पूर्वाग्रहों (cultural biases) को काफी नियंत्रित कर रखा गया है। फलतः इसके सहारे विभिन्न संस्कृति के बच्चों की बुद्धि की माप आसानी से किया जाता है।

(iii) K-ABC में ठोस बुद्धि (crystallized intelligence) तथा तरल बुद्धि (fluid intelligence) को एक-दूसरे से अलग करने की कोशिश की गयी है तथा साथ-ही-साथ कुछ इस तरह की नैदानिक सूचना (diagnostic information) भी प्रदान करने की कोशिश की गयी है जो यह निश्चित कर पाता है कि क्यों बच्चे कुछ कार्य पर उत्तम निष्पादन दिखाते हैं तथा कुछ कार्य पर खास निष्पादन दिखाते हैं।

K-ABC, का उपयोग 2½ साल से 12½ साल के बच्चों की बुद्धि मापने के लिए किया जाता है। परीक्षण के एकांशों

में अशाब्दिक चीजां जैसे चित्र एवं आकृतियों का अधिकतर उपयोग किया जाता है जिसके माध्यम से बच्चों को विभिन्न तरह का सूचना संसाधन कार्य (information processing task) करना पड़ता है। इस परीक्षण के मुख्य दो भाग हैं—मानसिक संसाधन खंड (mental processing section) तथा उपलब्धि खंड (achievement section)। मानसिक संसाधन खंड द्वारा तरल बुद्धि (fluid intelligence) का मापन होता है जबकि उपलब्धि खंड (achievement section) द्वारा ठोस बुद्धि (crystallized intelligence) का मापन होता है। मानसिक संसाधन मापनी (mental processing scale) को दो भागों में बाँटा गया है-क्रमिक संसाधन (sequential processing) तथा समकालिक संसाधन (simultaneous processing)। क्रमिक संसाधन में समस्याओं को एक-एक करके बच्चे समाधान करते हैं जैसा कि हम दिन प्रतिदिन की जिन्दगी में वित्तीय समस्याओं का समाधान करते हैं। समकालिक संसाधन में बच्चे को दिये गए भिन्न-भिन्न सूचनाओं को एक साथ संगठित करना पड़ता है और तब वह समस्या का समाधान करता है जैसा कि हम एक अनुच्छेद के अर्थ को समझने में करते हैं। उपलब्धि मापनी (achievement score) द्वारा शब्दावली (vocbulary), सामान्य ज्ञान, अंकगणित का ज्ञान आदि का मापन होता है।

कई प्रयोगात्मक अध्ययनों से यह स्पष्ट हो चुका है कि K-ABC, एक विश्वसनीय (reliable) तथा वैध (valid) परीक्षण है। कॉफमैन तथा कैम्फॉस (Kaufman & Kamphaus, 1984) ने K-ABC का कारक विश्लेषण (factor analysis) किया जिससे यह पता चलता है कि मानसिक प्रक्रिया परीक्षणों अर्थात् क्रमिक संसाधन तथा समकालिक संसाधन का मौलिक संगठन (fundamental organisation) आनुभाविक रूप से बिलकुल ही सही है। इससे परीक्षण में रचनात्मक वैधता (constrnct validity) होने का सबूत मिलता है।

K-ABC का सबसे प्रमुख लाभ यह है कि इसके द्वारा तरल बुद्धि तथा ठोस बुद्धि दोनों का मापन अलग-अलग होता है तथा तरल बुद्धि को परीक्षण में दो भागों में अर्थात् क्रमिक तथा समकालिक प्रक्रियाओं में बाँटा गया है। मर्ज (Merz, 1984) ने परीक्षण के इस दावे पर आशंका व्यक्त किया है और कहा है कि यह स्पष्ट नहीं है कि मानसिक संसाधन द्वारा वास्तव में तरल बुद्धि का ही मापन होता है। गिलफोर्ड (Guilford, 1980) ने तो यहाँ तक कह दिया है कि तरल बुद्धि नाम की कोई चीज सचमुच में होती ही नहीं है। फिर भी K-ABC, को आधुनिक समय में बुद्धि परीक्षण के क्षेत्र में एक महत्त्वपूर्ण उपलब्धि माना गया है।

बुडकौक-जॉनसन साइको-इडुकेशनल परीक्षणमाला
(Woodcock-Johnson Psycho-Educational Battery)

इस परीक्षणमाला का निर्माण वुडकौक तथा जॉनसन (Woodcock& Johnson, 1977, 1989) द्वारा किया गया। इस परीक्षण का उपयोग सामान्यतः बच्चों की बुद्धि मापने के लिए किया जाता है परन्तु इसका उपयोग वयस्कों की बुद्धि मापने में भी सफलतापूर्वक किया गया है। इस परीक्षण माला में 27 उपपरीक्षण हैं जिनके माध्यम से संज्ञानात्मक क्षमता, शैक्षिक उपलब्धि (acadamic achievement) तथा वैयक्तिक अभिरुचि (individual interests) का मापन होता है। इस परीक्षाफल का प्राप्तांक लेखन काफी कठिन है तथा इस बात का भी सबूत है कि क्षमता तथा उपलाब्धि उपपरीक्षण एक-दूसरे से उतना स्वतंत्र नहीं है जितना कि होने का दावा किया गया था।

पीवॉडी चित्र शब्दावली परीक्षण
(Peabody Picture Vocabulary Test or PPVT)

इस परीक्षण का निर्माण डन (Dunn. 1959, 1965) द्वारा 2½ साल के बच्चों से लेकर 18 साल के वयस्कों तक की बुद्धि मापने के लिए की गयी है। इस परीक्षण में चार-चार चित्र के 150 सेट होते हैं। व्यक्ति को यह बतलाना होता है कि परीक्षक द्वारा बोले गए शब्द का चार चित्रों में से किससे सही-सही ढंग से वर्णन होता है। स्पष्टतः यह एक शाब्दिक परीक्षण (verbal test) है और उपचारगृहों (clinics) में इसका प्रयोग मात्र एक स्कीनिंग उद्देश्यों (screening purpose) से ही किया जाता है।

स्पष्ट हुआ कि नैदानिक मनोवैज्ञानिकों द्वारा कई तरह के बुद्धि परीक्षणों का उपयोग किया जाता है। इन बुद्धि परीक्षणों में स्टैनफोर्ड-बिने परीक्षण (Stanford-Binet test) तथा वेक्सलर बुद्धि मापनी (Wechsler intelligence scale) का प्रयोग अन्य बुद्धि परीक्षणों की तुलना में अधिक किया गया है।

बुद्धि परीक्षणों का नैदानिक अनुप्रयोग
(Clinical Uses of Intelligence test)

नैदानिक मनोवैज्ञानिक मानसिक अस्पताल या उपचारगृहों में नैदानिक मूल्यांकन (clinical assessment) करने में बुद्धि परीक्षणों का प्रयोग करते हैं। बुद्धि परीक्षणों में वे वैयक्तिक बुद्धि परीक्षण (individual intelligence tests) का ही अधिक प्रयोग करते हैं। स्टैनफोर्ड-बिने परीक्षण (Stanford-Binet test), वेक्सलर मापनी (Wechsler scales), गुडएनफ-हैरिश ड्राइंग परीक्षण (Goodenough–Haris Drawing test) आदि परीक्षणों का उपयोग काफी किया जाता है। प्रश्न यहाँ यह उठता है कि क्या वे इन परीक्षणें का उपयोग रोगी के बौद्धिक स्तर को मापने में सिर्फ करते हैं या इनसे उसे कुछ और भी फायदा होता है? अधिकतर नैदानिक मनोवैज्ञानिकों का मत है कि नैदानिक अन्तःक्रिया (clinical interaction) से बुद्धि परीक्षणों की उपयोगिता कुछ विस्तृत हो जाती है। नैदानिक मनोवैज्ञानिकों के अनुसार बुद्धि परीक्षणों की कुछ प्रमुख उपयोगिताएँ निम्नांकित हैं—

(1) सामान्य बौद्धिक स्तर का आकलन *(Estimation of general intellectual level)*—बुद्धि परीक्षणों की सबसे स्पष्ट नैदानिक उपयोगिता रोगी के सामान्य बौद्धिक स्तर (general intellectual level) का आंकलन करने में है। नैदानिक मनोवैज्ञानिक बुद्धि परीक्षणों का उपयोग करके रोगी के वर्तमान अन्तःशक्ति (current potential) का पता लगाते हैं और उसे आधार रेखा (base line) मानकर उनकी वर्तमान उपलब्धियों का मूल्यांकन करते हैं। इससे चिकित्सक को अन्तःशक्ति एवं उपलब्धियों में होने वाले अन्तर के स्तर का पता चलता है। इससे रोगी की समस्याओं को समझने एवं उसके बारे में प्राक्कल्पना (hypotheses) बनाने में काफी मदद मिलती है।

(2) शैक्षिक सफलता के पूर्वकथन *(Prediction of academic success)*—चाहे स्टैनफोर्ड-बिने परीक्षण हो या वेक्सलर मापनी हो या अन्य बुद्धि परीक्षण हो, उसके आधार पर छात्रों की शैक्षिक सफलता के बारे में पूर्वकथन (prediction) किया जाता है। यद्यपि बुद्धि परीक्षण के प्राप्तांकों तथा स्कूल के शैक्षिक निष्पादन (academic performance) संप्रत्यात्मक रूप से (conceptually) समरूप (identical) नहीं है, फिर भी इन दोनों के बीच काफी घनिष्ठ धनात्मक सहसंबंध (positive correlation) है। अतः यदि बौद्धिक क्षमता का स्तर ऊँचा है, तो यह उम्मीद की जाती है कि उसके शैक्षिक निष्पादन का स्तर भी ऊँचा होगा। परन्तु कभी-कभी ऐसा देखा जाता है कि किसी छात्र की बौद्धिक क्षमता ऊँचा होने पर भी शैक्षिक निष्पादन कर स्तर नीचा ही रहता है। इस तरह के अन्तर को नैदानिक मनोवैज्ञानिक समझने की कोशिश करते हैं तथा उसके संभावित कारणों के बारे में कुछ प्राक्कल्पना (hypotheses) बनाते हैं और फिर उसका अध्ययन करते हैं।

(3) व्यक्तित्व का मूल्यांकन *(Appraisal of personality)*—आधुनिक नैदानिक मनोवैज्ञानिकों का मत है कि बुद्धि परीक्षणों पर प्राप्तांकों (scores) से व्यक्ति की बुद्धि के अलावा उसके व्यक्तित्व-संबंधी समस्याओं का भी अंदाज लगता है। फलतः बुद्धि परीक्षणों की एक नैदानिक उपयोगिता व्यक्तित्व के मूल्यांकन करने में भी है। आधुनिक नैदानिक मनोवैज्ञानिकों का मत है कि सिर्फ यह नहीं महत्त्वपूर्ण है कि रोगी को बुद्धि परीक्षण के एकांशों पर सफलता मिली या असफलता थोड़े अंकों से प्राप्त हुई या अधिक अंकों से? क्या रोगी अपने खराब निष्पादन (poor performance) के लिए कोई बहाना ढूँढ़ता है? क्या वह आसान एकांशों पर असफल हो जाता है और कठिन एकांशों पर सफल हो जाता है? विभिन्न उपपरीक्षणों (subtests) पर रोगी के निष्पादन का पैटर्निंग (patterning) किस तरह का है? क्या रोगी शब्दावली परीक्षण (vocabulary test) पर अच्छा करता है तथा चित्र-व्यवस्था परीक्षण (Picture arrangement test) तथा अंक-विस्तार परीक्षण (Digit span test) पर उसका निष्पादन खराब हो जाता है? क्या शाब्दिक बुद्धि लब्धि क्रियात्मक बुद्धि लब्धि से अधिक है? क्या रोगी को परीक्षण के एकांशों का उत्तर देने के लिए बीच-बीच में प्रोत्साहन जरूरी हो जाता है? आदि-आदि। इन प्रश्नों के उत्तर में रोगी के व्यक्तित्व संबंधी समस्याओं के बारे में आसानी से अंदाज लगाया जाता है। रॉबिन (Robin, 1965), फ्रैंक (Frank, 1970) द्वारा किये गये अध्ययनों से ऐसे प्रश्नों के उत्तर के आधार पर मनोविदालिता (schizophrenia), विषाद (depression), मस्तिष्कीय क्षति (brain damage), मद्यव्यसनता (alcoholism) आदि प्रवृत्तियों का पता चलता है।

स्पष्ट हुआ कि बुद्धि परीक्षणों की नैदानिक उपयोगिता कई दृष्टिकोणों से अधिक है। शायद यही कारण है कि नैदानिक मूल्यांकन में बुद्धि परीक्षण का उपयोग काफी अहमियत रखता है।

अध्याय सारांश
(CHAPTER SUMMARY)

1. बुद्धि व्यक्ति की एक सार्वजनिक क्षमता है जिसके सहारे व्यक्ति विवेकशील चिन्तन करता है, उद्देश्यपूर्ण क्रिया करता है तथा वातावरण के साथ प्रभावकारी ढंग से समायोजन करता है।
2. बुद्धि के पाँच मनोमितिकी सिद्धान्तों (psychometric theories) का वर्णन किया गया है। ये सिद्धान्त हैं—स्पीयरमैन का g- कारक सिद्धान्त, थर्स्टन का समूह कारक सिद्धान्त, बहुकारक सिद्धान्त, पदानुक्रमिक सिद्धान्त (Hierarchical theory) तथा कैटेल का सिद्धान्त (Cattell's theory)।
3. बुद्धि का नैदानिक मापन के प्रमुख साधनों या परीक्षणों का विस्तृत वर्णन किया गया है। इन परीक्षणों में बिने परीक्षण (Binet test), वेक्सलर मापनी, रैवेन प्रोग्रेसिव मैट्रीसेज, गुडएनफ ड्रा-ए-मैन परीक्षण कॉफमैन एवीसी (Kaufman-ABC), वुडरॉक-जॉनसन साइको इडुकेशनल परीक्षणमाला (Woodrock-Johnson Psycho-Educational Battery) पीवॉडी चित्र शब्दावली परीक्षण (Peabody Picture Vocabulary test या PPVT) आदि प्रमुख हैं। इन परीक्षणों का मूल्यांकन (evaluation) भी किया गया है।
4. वेक्सलर मापनी की नैदानिक अहमियत को ध्यान में रखते हुए उसकी नैदानिक उपयोगिता का वर्णन अलग से किया गया है।
5. स्टैनफोर्ड-बिने परीक्षण तथा वेक्सलर मापनियों का तुलनात्मक अध्ययन नैदानिक दृष्टिकोण से किया गया है। ऐसे अध्ययन में इन दोनों बुद्धि परीक्षणों की समानताओं (similarities) तथा विषमताओं (dissimilarities) पर बल डाला गया है।
6. बुद्धि परीक्षणों के नैदानिक अनुप्रयोगों (clinical uses) पर भी प्रकाश डाला गया है। इनके अनुप्रयोगों या उपयोगिता को उजागर करने के लिए तीन बिन्दुओं पर प्रकाश डाला गया है।

❑

अध्याय 9

न्यूरोमनोवैज्ञानिक मूल्यांकन
(NEUROSPSYCHOLOGICAL ASSESSMENT)

न्यूरोमनोवैज्ञानिक मूल्यांकन के अर्थ एवं उद्देश्य
(Meaning and Purpose of Neuropsychological Assessment)

नैदानिक मनोविज्ञान के नवीनतम क्रिया-कलापों पर यदि हम ध्यान दें तो यह स्पष्ट हो जाएगा कि इसमें न्यूरोमनोवैज्ञानिक मूल्यांकन (neuropsychological assessment) की महत्ता बढ़ी है। गोल्डेन तथा कुपरमैन (Golden & Kumerman, 1980) के अनुसार आधुनिक समय में नैदानिक मनोवैज्ञानिकों की अभिरुचि मस्तिष्कीय व्यवच्छेदन (brain anatomy) तथा मानव व्यवहार के संबंधों के अध्ययन में बढ़ने से न्यूरोमनोवैज्ञानिक मूल्यांकन में भी अभिरुचि बढ़ गयी है। फेयर्स[1] (Phares, 1986) के शब्दों में न्यूरोमनोवैज्ञानिक मूल्यांकन को इस प्रकार परिभाषित किया जाता है, *"न्यूरोमनोवैज्ञानिक मूल्यांकन मस्तिष्कीय कारकों तथा रोगी द्वारा दिखलाये गए समस्यात्मक व्यवहारों से संबंधित प्रश्नों का उत्तर देने का प्रयास करता है।"*

नैदानिक मनोवैज्ञानिकों के यहाँ आने वाले मानसिक रोगियों में से कुछ ऐसे होते है जिनकी समस्या का कारण आंगिक (organic) होता है तथा जिनमें सूक्ष्म मस्तिष्कीय क्षति (subtle brain damage) के चिह्न होते हैं। जब ऐसे मस्तिष्कीय क्षति काफी सुस्पष्ट (pronounced) होते हैं, तो मेडिकल विशेषज्ञ जैसे मनोरोगविज्ञानी (psychiatrists) अपने विशेष प्रविधियों जैसे एक्स-रे (X-ray) तथा EEG (Electro-encephalogram) द्वारा उसका आसानी से पता लगा लेते हैं और रोगी की समस्यात्मक व्यवहारों (problematic behaviour) के कारणों को निरूपित कर लेते हैं और उसी संदर्भ में उनका उपचार भी प्रारंभ हो जाता है। परंतु जब मस्तिष्कीय क्षति का स्वरूप हल्का एवं सूक्ष्म होता है, तो उनकी पहचान इन मेडिकल प्रविधियों से नहीं हो पाती है और ऐसे रोगी को किसी नैदानिक मनोवैज्ञानिक के यहाँ उपचार (treatment) के लिए भेज दिया जाता है। नैदानिक मनोवैज्ञानिक को ऐसे रोगियों का जिनमें व्यवहारात्मक समस्या (behavioural problems) का कारण सूक्ष्म मस्तिष्कीय क्षति होता है, उपचार करना सबसे कठिन कार्य होता है। फिर भी अपने विशेष मनोवैज्ञानिक परीक्षणों का उपयोग करके वे ऐसे रोगियों की पहचान करते हैं तथा उनके उपचार के लिए विशेष सिफारिशें (recommendations) करते हैं। इस पूरी प्रक्रिया को न्यूरोमनोवैज्ञानिक मूल्यांकन (neuropsychological assessment) कहा जाता है। इसके मुख्य उद्देश्य निम्नांकित हैं:—

(i) न्यूरोमनोवैज्ञानिक मूल्यांकन में कुछ वैसे विशिष्ट परीक्षणों (specialized tests) का उपयोग किया जाता है जिनका उद्देश्य मस्तिष्कीय दुष्क्रिया (brain dysfunction) की पहचान संभव है।

(ii) न्यूरोमनोवैज्ञानिक मूल्यांकन का एक उद्देश्य मस्तिष्कीय क्षति या दुष्क्रिया(dysfunction)के स्वरूप(nature) की पहचान करना होता है। जैसे—क्या यह प्रत्यक्षणात्मक क्षति (perceptual loss) है या संज्ञानात्मक क्षति (cognitive loss) है।

(iii) इस तरह के मूल्यांकन में यह भी सुनिश्चित करने की कोशिश की जाती है कि क्या सचमुच में वास्तविक मस्तिष्कीय क्षति है जो रोगी में समस्यात्मक व्यवहार उत्पन्न कर रहा है? यदि हाँ, तो उसका स्वरूप क्या है? क्या क्षति

1. "Neuropsychological assessment attempts to answer questions about the relationship between brain factors and the probelms being exhibited by the patient." —Phares : *Clinical Psychology,* 1986, p. 260

मस्तिष्क के किसी खास भाग में है या वह अधिकतर भागों में फैला है? किसी खास भाग में मस्तिष्कीय क्षति होने से सिर्फ उससे संबंधित व्यवहार भी प्रभावित होते हैं परन्तु यदि क्षति मस्तिष्क के कई भागों में फैले होते हैं, तो उससे रोगी के कई तरह के व्यवहार में समस्याएँ उत्पन्न हो जाती हैं।

(iv) न्यूरोमनोवैज्ञानिक मूल्यांकन का उद्देश्य रोगी के देख-रेख (care) तथा पुनर्वास (rehabilitation) में भी मदद करना होता है। इस तरह के क्रमिक मूल्यांकन से चंगा होने की दर तथा पूर्व जीवन शैली को प्रारंभ करने की उम्मीद के बारे में भी पर्याप्त सूचना मिलती है।

(v) न्यूरोमनोवैज्ञानिक मूल्यांकन द्वारा कुछ वैसा साधारण मस्तिष्कीय क्षति की उपस्थिति की पहचान किया जा सकता है जिसके पहचान करने में अन्य नैदानिक परीक्षणों (dignostic tests) के परिणाम संदेहजनक रहे हैं।

(vi) न्यूरोमनोवैज्ञानिक मूल्यांकन का एक संबंधित लक्ष्य असाधारण मस्तिष्कीय संगठन (unusual brain organization) जो वामहस्तिक (left-handers) व्यक्तियों में या फिर वैसे लोगों में जिनमें बाल्यावस्था में मस्तिष्कीय चोट पहुँची हो, की पहचान करना होता है।

ग्रिगोरी[1] (Gregory, 2004) के अनुसार, *''न्यूरोमनोवैज्ञानिक मूल्यांकन ज्ञात या संदिग्ध मस्तिष्कीय दुष्क्रिया वाले व्यक्तियों की पहचान करने और उपचार करने के लिए विशिष्ट परीक्षणों का अनुप्रयोग है।''*

नैदानिक मनोवैज्ञानिकों द्वारा किये गए अध्ययनों से यह स्पष्ट हुआ है कि मस्तिष्कीय क्षति (brain damage) के कई तरह के प्रभाव देखने को मिले हैं जिनमें बौद्धिक ह्रास (intellectual deterioration), दृष्टि प्रत्यक्षण, श्रवण प्रत्यक्षण तथा गति-संबंधी प्रत्यक्षण में दोष, ऐच्छिक कार्यात्मक समन्वय (voluntary motor-co-ordination) की कमी, स्मृति, भाषा, ध्यान, संप्रत्यात्मक व्यवहार, सांवेगिक प्रतिक्रियाओं में कमी आदि प्रधान हैं।

न्यूनतम मस्तिष्कीय दुष्क्रिया का संप्रत्यय
(Concept of Minimal Brain Dysfunction or MBD)

आधुनिक नैदानिक मनोवैज्ञानिकों के बीच यह एक महत्त्वपूर्ण संप्रत्यय (concept) है। न्यूनतम मस्तिष्कीय दुष्क्रिया (Minimal Brain Dysfunction or MBD) एक ऐसी श्रेणी है जिसमें उन सभी बच्चों को रखा जाता है जिनमें तरह-तरह के संज्ञानात्मक (cognitive) एवं व्यवहारात्मक (behavioural) विकृतियाँ (disorders) देखने को मिलती हैं। ऐसे बच्चों में तंत्रिका विज्ञानी (neurologists) मस्तिष्कीय क्षति का कोई स्पष्ट चिह्न नहीं पाते हैं। ऐसे बच्चों के व्यवहारों में अन्य वार्ता के अलावा अतिउत्तेजना, समन्वय समस्या (co-ordination problem), लघु अवधान विस्तार (short attention span), एकाग्रता की अक्षमता, आवेगशीलता (impulsivity), पठन समस्याएँ (reading problems), अवज्ञा (disobedience), लड़ाई-झगड़ा (fighting) आदि प्रमुख हैं। ऐसे बच्चों का वर्ग में निष्पादन (performance) काफी खराब होता है। राई एवं राई (Rie & Rie, 1980) तथा सौण्डर्स (Saunders, 1989) द्वारा इस क्षेत्र में किये गए अध्ययनों की समीक्षा (review) करने के बाद इस निष्कर्ष पर पहुँचा गया कि ऐसे बच्चों में जो सूक्ष्म मस्तिष्कीय क्षति होती है तथा जिसकी पहचान न्यूरोनैदानिक विधियों (neurodiagnostic methods) द्वारा नहीं हो पाती है, नैदानिक मनोवैज्ञानिकों के लिए एक विशेष चुनौती का कार्य रहा है। वे ऐसे बच्चों द्वारा दिखलाए जाने वाले व्यवहारात्मक समस्याओं को परिभाषित करने एवं उसे अन्य व्यवहारों से अलग करने में तल्लीन हैं हालाँकि कुछ ऐसे लोग भी हैं जिनका विश्वास यह है कि MBD जैसी श्रेणी हकीकत में नहीं होता है और यह उन लोगों के मस्तिष्क की उपज है जो मस्तिष्कीय कार्यों के स्वरूप को ठीक ढंग से नहीं समझते हैं।

न्यूरोमनोवैज्ञानिक मूल्यांकन का अनुप्रयोग
(Applications of Neuropsychological Assessment)

न्यूरोमनोवैज्ञानिक मूल्यांकन का उपयोग कुछ खास-खास विकृतियों की पहचान करने तथा संबंधित रोगियों की देखभाल करने में काफी उपयोगी सिद्ध हुआ है। इस तरह के मूल्यांकन का विशेष अनुप्रयोग निम्नांकित है:—

1. न्यूरोमनोवैज्ञानिक मूल्यांकन वैसे रोगियों के लिए अधिक उपयोगी सिद्ध हुआ है जिनमें प्रमस्तिष्कीय भैसकुलर

---

1. "Neuropsychological assessment is the application of specialized tests for purposes of diagnosing and treating individuals with known or suspected brain dysfunction." —Gregory : *Psychological Testing,* 2004, p. 327

विकृति (cerebral vascular disorders), तीव्र आघातीय क्षति (acute traumatic lesion), न्यूप्लाज्म (neoplasm) तथा मिरगी (epilepsy) के केसेज काफी मुख्य होते हैं। परंतु यह वैसे रोगियों के केसेज में बहुत उपयोगी नहीं बतलाया गया है जो मस्तिष्क संदूषण (infection) से ग्रसित हो, बहुस्लेटोसिस (multiple sclerosis) या डिमेनसिया (dementia) से ग्रसित हो क्योंकि इनमें से कोई भी विकृति या रोग स्थानीकृत (localized) नहीं होता है।

2. प्रमस्तिष्कीय टयूमर (cerebral tumours) के केसेज में न्यूरोमनोवैज्ञानिक मूल्यांकन द्वारा कुछ ऐसे आधाररेखा (baselines) प्रस्तुत किये जाते हैं ताकि सर्जरी, किरणन (irradiation) या रसायनचिकित्सा (chemotherapy) का आरंभिक तथा उत्तर (later) प्रभावों के बारे में जानने में विशेष रूप से सहायता मिलता है। किरणन सबूतों (radiological evidences) के अभाव में न्यूरोमनोवैज्ञानिक अध्ययनों द्वारा नैदानिक न्यूरोलोजिक मूल्यांकन (clinical neurological assessment) को इन रोगों के परिणामस्वरूप होनें वाले मस्तिष्कीय दुष्क्रिया (brain dysfunction) के बारे में सबूत प्रदान करके उन्हें उन्नत बनाया जा सकता है।

3. फोकल मिरगी (focal epilepsy) में उत्पन्न मस्तिष्कीय चोट या क्षति (lesion) के प्राक्आपरेटिव स्थानीकरण (preoperative localization) की पहचान में न्यूरोमनोवैज्ञानिक मूल्यांकन महत्त्वपूर्ण भूमिका निभाता है। प्रायः यह देखा गया है कि ऐसे मिरगी रोगियों द्वारा किरणन या अन्य न्यूरोलोजिकल परीक्षणों (neurological tests) में कोई धनात्मक लक्षण के सबूत नहीं मिलते हैं हालांकि उनमें स्पष्टतः स्थानीकृत व्यवहारात्मक कमियाँ (behavioural deficits) पाये जाते हैं। इतना ही नहीं, शंखपालिक मिरगी (temporal lobe epilepsy) में तो न्यूरोलौजिकल मूल्यांकन द्वारा हिप्पोकैम्पल क्षति की पहचान तो असंभव ही सा होता है। अतः इसकी भी यथोचित पहचान करने में न्यूरोमनोवैज्ञानिक मूल्यांकन काफी सहायता प्रदान करता है।

4. न्यूरोमनोवैज्ञानिक मूल्यांकन का उपयोग विभिन्न तरह की गति विकृतियों (movement disorders) जैसे पारकिन्सन रोग (Parkinson's disease) में जो औषधीय उपचार (pharamacological treatments) किये जाते हैं, उनका अवांछित पार्श्वप्रभाव (side effect) की गंभीरता को पहचानने में भी काफी किया जाता है। ऐसे औषधों का सेवन करने से रोगी में जो पार्श्वप्रभाव होते हैं, उसकी अभिव्यक्ति संज्ञानात्मक कार्यों में अवांछित ह्रास के रूप में होती है। इसका अंदाजा न्यूरोमनोवैज्ञानिक मूल्यांकन से आसानी से हो जाता है।

हालांकि इन प्रमुख अनुप्रयोगों (applications) के अलावा भी न्यूरोमनोवैज्ञानिक मूल्यांकन की भूमिका विभिन्न तरह के निदान (diagnosis) तथा उपचार में काफी है, फिर भी इसकी कुछ परिसीमाएँ (limitations) हैं जिनपर भी विचार करना आवश्यक है। न्यूरोमनोवैज्ञानिक मूल्यांकन एक जटिल प्रक्रिया होती है और इसमें प्राप्त परिणाम का मानांकन (evaluation) करने के लिए विस्तृत एवं गहन प्रशिक्षण की जरूरत होती है। कुछ मनोवैज्ञानिक परीक्षणों यथा बुद्धि परीक्षणों एवं व्यक्तित्व परीक्षणों के परिणाम की व्याख्या करने का अनुभव मात्र के आधार पर न्यूरोमनोवैज्ञानिक मूल्यांकन प्रारंभ करना एक जोखिम भरा कार्य के समान होता है। ऐसे न्यूरोमनोवैज्ञानिक को अर्धपरिपक्व न्यूरोमनोवैज्ञानिक[1] कहा जायेगा जो एक साधारण व्यक्ति से भी बदतर माने जायेंगे (A half-baked neuropsychologist is worst than none at all)।

मस्तिष्क-व्यवहार संबंध का मॉडल
(Model of Brain-Behaviour Relationship)

न्यूरोमनोवैज्ञानिक परीक्षण के कई प्रकार हैं। इनमें से कुछ ऐसे परीक्षण हैं जिनका स्वरूप वैयक्तिक (individual) है और वे व्यक्ति या रोगी की जरूरतों को ध्यान में रखकर उपयोग में लाये जाते हैं। दूसरे तरह कुछ ऐसे निश्चित परीक्षणमाला (fixed test batteries) भी है जिनमें कई तरह के उपपरीक्षण (sub tests) हैं और उनका उपयोग अधिकतर रोगियों या व्यक्तियों के न्यूरोमनोवैज्ञानिक स्थिति को मापने के लिए प्रायः किया जाता है। इस तरह से स्पष्ट होता है कि न्यूरोमनोवैज्ञानिक परीक्षण के कई प्रकार हैं। इन सबों को एक संगठनात्मक आकार (organizational shape) देने के ख्याल से वेनेट्ट (Bennett, 1988) ने मस्तिष्क-व्यवहार संबंध (brain-behaviour relationship)

1. यह कथन हेब (Hebb) के उस मशहुर कथन पर आधृत है जिसमें उन्होंने कहा था कि अर्धपरिपक्व मनोवैज्ञानिक एक साधारण व्यक्ति से भी बदतर माने जाते हैं ("A half-baked psychlogist is worse than none at all")।

का सरलतम मॉडल (simplified model) का निर्माण किया है। इस मॉडल की खाशियत यह है कि इसके ही अनुसार विभिन्न न्यूरोमनोवैज्ञानिक परीक्षणों को एक संगठित प्रारूप दिया जाना संभव हो पाया है। इस मॉडल के अनुसार प्राप्त होने वाली सूचनाओं को मस्तिष्क द्वारा विभिन्न श्रेणियों में विश्लेषित करके उसे क्रिया में बदला जाता है और न्यूरोमनोवैज्ञानिक परीक्षण द्वारा एक या उससे अधिक श्रेणी का मापन किया जाता है। इन श्रेणियों का वर्णन निम्नांकित है:—

1. संवेदी निवेष (Sensory input)
2. अवधान एवं सांद्रता (Attention and Concentration)
3. अधिगम एवं स्मृति (Learning and Memory)
4. भाषा (Language)
5. स्थानिक एवं परिचालनीय परीक्षण (Spatial and manipulatory ability)
6. कार्यपालक कार्य (Exceutive functions)

(a) तार्किक विश्लेषण (Logical analysis)
(b) संप्रत्यय निर्माण (Concept formation)
(c) तर्कणा (Reasoning)
(d) नियोजन (Planning)
(e) चिन्तन में लचीलापन (Flexibility in thinking)

7. पेशीय निर्गत (Motor output)

इन सातों श्रेणियों का ऊपर वर्णित क्रम में ही मस्तिष्क द्वारा सूचनाओं को विश्लेषित किया जाता है जिसका चित्रण चित्र 8.1 में किया गया है।

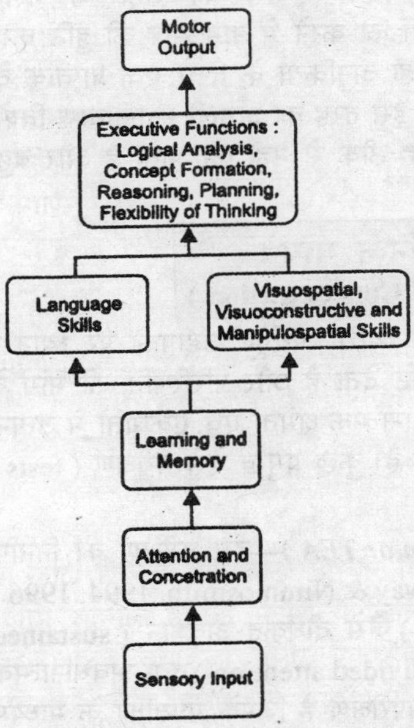

चित्र 9.1 : मस्तिष्क व्यवहार-संबंध का संप्रत्यात्मक मॉडल (Conceptural Model of brain-behaviour relatioship)

संवेदी निवेश का न्यूरोमनोवैज्ञानिक मापन (Neuropsychological Assessment of Sensory Input)

कुछ महत्त्वपूर्ण प्रक्रियाओं यथा प्रत्यक्षण, चिन्तन, नियोजन (planning) तथा क्रियाओं (actions) की परिशुद्धता (accuracy) के लिए यह आवश्यक है कि विभिन्न ज्ञानेन्द्रियों के माध्यम से प्राप्त होने वाली संवेदी सूचनाओं को ठीक ढंग से ग्रहण किया जाए। इस क्षेत्र में किये गए न्यूरोमनोवैज्ञानिक मापन (neuropsychological assessment) में संवेदी क्षमताओं का बहुआयामी परीक्षा (multimodal examination) होती है। ऐसे तो इस तरह के मापन के लिए कई विधियों एवं परीक्षणों का उपयोग किया जाता है, परंतु इनमें निम्नांकित दो तुलनात्मक रूप से अधिक लोकप्रिय हैं:—

1. संवेदी-प्रत्यक्षज्ञानात्मक परीक्षा (*Sensory-Perceptual Examination*)—रीटान तथा क्लोभ (Reitan & Klove, 1995) ने एक ऐसी ही परीक्षा विधि विकसित किया जिसके माध्यम से संवेदी-प्रत्यक्षज्ञानात्मक क्षमताओं की जाँच कर व्यक्ति के मस्तिष्कीय दुष्क्रियाओं (brain dysfunction) के बारे में अनुमान लगाया जाता है। इस परीक्षा विधि में दृष्टि (vision), श्रवण (learning) तथा स्पर्श (touch) के क्षेत्र में किये गए एक पार्श्वी (unilateral) तथा द्विपार्श्वी (bilateral) उत्तेजनों के बारे में व्यक्ति को बतलाना होता है। इसमें दिया गया कार्य या उत्तेजन (stimulation) इतना सरल होता है कि एक सामान्य व्यक्ति शायद ही कभी कोई त्रुटि करता है। जैसे, व्यक्ति या रोगी का आँख बंदकर या उस पर पट्टी बाँधकर उससे पूछा जाता है कि उसके किस हाथ को स्पर्श किया जा रहा है या किस कान द्वारा चुटकी बजाने की आवाज सुना गया है या उसके हथेलियों पर किस संख्या

का अनुरेखन (tracing) किया गया है। अगर व्यक्ति लगातार शरीर के किसी एक भाग के उत्तेजन की पहचान करने में दूसरे भाग के उत्तेजन की पहचान की अपेक्षा अधिक त्रुटि करता है, तो इससे मस्तिष्कीय दुष्क्रिया की स्थिति का पता चलता है। जैसे, जो व्यक्ति दायें हाथ में किए गए उत्तेजनों की पहचान करने में त्रुटि करता है, तो इससे सामान्यतः बायें भित्तीय पालि (left parietal lobe) के उत्तरकेन्द्रीय गाइरस (postcentral gyrus) में क्षति (lesion) होने का अनुमान लगाया जाता है। उसी तरह से दायें तरफ का दृष्टि दोष (visual defects) से बायें दृष्टिपालि में मस्तिष्कीय दोष का पता चलता है तथा दायें कान द्वारा आवाज को संसाधित करने में कठिनाई से बायें शंख पालि (left temporal lobe) के सुपिरियर भाग (superior portion) में क्षति (lesion) होने का अंदाज लगाया जाता है।

2. अँगुली स्थानीकरण परीक्षण *(Finger localization test)*—इस परीक्षण द्वारा मस्तिष्कीय क्षति ह्रास उत्पन्न संभावित संवेदी नुकसान (sensory losses) के माध्यम से पता लगाया जाता है या यूँ कहा जाय कि संवेदी नुकसान या क्षति के आधार पर मस्तिष्कीय दुष्क्रिया के बारे में अंदाज लगाया जाता है। अधिकतर अँगुली स्थानीकरण परीक्षण में व्यक्ति को बिना देखे यह बतलाना होता है कि कौन-कौन अँगुली को स्पर्श किया गया है। बेन्टन (Benton, 1994) ने एक ऐसा ही मशहूर अँगुली स्थानीकरण परीक्षण विकसित किया है जिसमें 60 एकांश होते हैं और उसके तीन भाग (parts) होते हैं—पहला भाग में कुल मिलाकर 20 प्रयास दिये जाते हैं जिसमें प्रत्येक हाथ के लिए 10-10 प्रयास होते हैं। व्यक्ति के हाथ की किसी अँगुली को एक पेंसिल के माध्यम से स्पर्श किया जाता है जिसे वह देखता रहता है। व्यक्ति को स्पर्श किये गए अँगुली के बारे में उसका नाम बतलाकर या उसे स्पर्श करके बतलाना होता है। दूसरा भाग में भी कुल 20 प्रयास दिये जाते हैं जिसमें 10-10 प्रयास दोनों हाथ की अँगुलियों के साथ दिये जाते हैं। इस भाग में व्यक्ति अपनें हाथ की अँगुलियों को देख नहीं पाता है और उसे स्पर्श किये गए अँगुली के बारे में उसका नाम लेकर या उसे छूकर बतलाना होता है। तीसरा भाग में भी कुल 20 प्रयास दिये जाते हैं जिसमें 10-10 प्रयास प्रत्येक हाथ की अँगुलियों के लिए दिये जाते हैं। इस भाग में व्यक्ति की नजर से हाथ की अँगुलियाँ ओझल होती हैं और उसके दो अँगुली को एक साथ स्पर्श किया जाता है जिसके बारे में उन्हें उन अँगुलियों का नाम लेकर या उन्हें स्पर्श करके बतलाना होता है। इस परीक्षण में इस तरह कुल 60 प्रयास दिये जाते हैं और प्रत्येक प्रयास में दिये गए उत्तर को 'सही' या 'गलत' के रूप में प्राप्तांक लेखन किया जाता है। एक सामान्य व्यक्ति इन अनुक्रियाओं को करने में नाम मात्र की त्रुटि करता है और लगभग उनके सही उत्तरों का माध्य (Mean) 56 से 60 (प्रत्येक सही अनुक्रिया के लिए एक प्राप्तांक देने पर) के बीच होता है। परंतु यदि किसी व्यक्ति में मस्तिष्कीय दुष्क्रिया होती है तो इस तरह का अँगुली स्थानीकरण विशेष कर दूसरे तथा तीसरे भाग में किये जाने वाले अँगुली स्थानीकरण का कार्य वह ठीक से नहीं कर पाता है और बहुत सारी त्रुटियाँ होते पायी जाती हैं।

अवधान तथा एकाग्रता का न्यूरोमनोवैज्ञानिक मापन
(Neuropsychological Assessment of Attention and Concentration)

मस्तिष्क के अवधानात्मक क्षमता (attentional capacity) के माध्यम से व्यक्ति अर्थपूर्ण उद्दीपकों पर ध्यान दे पाता है तथा बहुत सारे उद्दीपकों (stimulus) में से असंगत उद्दीपकों को छाँट देता है और परिस्थिति की माँग के अनुरूप विभिन्न वैकल्पिक उद्दीपकों पर भी ध्यान दे पाता है। इस तरह के अवधानात्मक क्षमता एवं एकाग्रता में उत्पन्न कमी से व्यक्ति की मस्तिष्कीय दुष्क्रिया (brain dysfunction) का पता चलता है। कुछ प्रमुख ऐसे परीक्षण (tests) निम्नांकित हैं:—

1. दिन प्रतिदिन अवधान का परीक्षण *(Test of Everyday Attention or TEA)*—इस परीक्षण का निर्माण लंदन में रोबर्टसन, वार्ड, रिजवे तथा निम्मोस्मीथ (Robertson, Ward, Ridgeway & Nimmosmith, 1994, 1996) द्वारा किया गया। TEA द्वारा अवधान के विभिन्न उपतत्त्व (subcomponents) जैसे दीर्घकृत अवधान (sustained attention), चयनात्मक अवधान (selective attention), विभाजित अवधान (divided attention) तथा अवधानात्मक स्वीचिंग (attentional switching) का मापन होता है। इस परीक्षण में आठ उपपरीक्षण हैं जिनके प्राप्तांकों के माध्यम से मस्तिष्कीय क्षति के बारे में अंदाज लगाया जाता है। सामान्यतः ऐसे व्यक्तियों का इन परीक्षणों पर घटिया निष्पादन (poor performance) होता है।

2. सतत निष्पादन परीक्षण *(Continuous Performance Test or CPT)*—इस परीक्षण का निर्माण रोसभोल्ड, मीटस्की, सारासन (Rosvold, Mitskey & Sarason, 1956) द्वारा किया गया तथा इसके द्वारा दीर्घीकृत अवधान

(sustained attention) या जिसे सर्तकता (vigilance) भी कहा जाता है, का मापन होता है। इस परीक्षण में पर्दे पर कुछ अक्षरों की सतत उपस्थिति (continuous presententation) प्रस्तुत की जाती है। कुछ प्रयासों (trials) में व्यक्ति को विशेष अक्षर (जैसे D) उपस्थित होने पर उसे कुंजी दबाना होता है तथा कुछ अन्य प्रयासों में व्यक्ति को तब कुंजी दबाना होता है जब कोई अक्षर विशेष अक्षर के बाद उपस्थित होता है। जब व्यक्ति लक्ष्य उद्दीपक (target stimulus) को देखकर कुंजी दबाने में असफल होता है, तो इससे लुप्ति की त्रुटि (error of omission) समझा जाता है औंर जब व्यक्ति किसी गैर लक्ष्य उद्दीपक (nontarget stimulus) के प्रति कुंजी दबाता है, तो इसे करण त्रुटि (error of commission) समझा जाता है। सामान्य व्यक्तियों में ऐसी त्रुटियाँ न के बराबर होती हैं परंतु मस्तिष्कीय क्षति (brain damaged) वाले व्यक्ति तथा मस्तिष्कीय दोष उत्पन्न करने वाली अवस्थाएँ (brain impairing conditions) जिनमें अतिक्रियाशीलता (hyper-activity), औषध प्रभाव (drug effects), मनोविदालिता (schizophrenia) आदि प्रधान होते हैं, में व्यक्ति का निष्पादन बहुत ही घटिया होता है।

3. गतिगान श्रवण क्रमिक जोड़ कार्य *(Paced Auditory Serial Addition Task or PASAT)*—ग्रौनवाल तथा राइटसन (Gronwall & Wrightson, 1974) के अनुसार PASAT को मानसिक खोज (mental tracking) का एक महत्त्वपूर्ण सूचक माना है। यह एक सरल परीक्षण है जिसमें व्यक्ति ध्यानपूर्वक औडियोटेप के माध्यम से प्रस्तुत किये गये अंकों के क्रम (series) को सुनता है और अंकों के प्रत्येक आनुकमिक जोड़े (successive pairs) को जोड़ता है। इस प्रकार से यदि अंकों का क्रम 5-2-7-3-4 है, तो उसे 7-9-10-7 के रूप में अनुक्रिया करना होगा। PASAT में 10 अंकों की अभ्यास शृंखला होती है जिसमें प्रत्येक 2.4 सेकेंड के बाद नया अंक उपस्थित किया जाता है। इस परीक्षण में 61 उद्दीपक (अतः इसमें 60 बार जोड़ की क्रिया की जरूरत होती है) होते हैं तथा चार उपस्थित गति (presentation speed) होती है। अंकों के बीच 2.4 सेकेंड, 2.0 सेकेंड, 1.6 सेकेंड तथा 1.2 सेकेंड का अंतर हो। प्रत्येक उपस्थिति दर पर अंकों के लिए गए जोड़ों में परिशुद्धता का प्रतिशत ज्ञात करके इस परीक्षण पर चार प्राप्तांक ज्ञात किये जाते हैं। इस परीक्षण में कार्य को संप्पन करने में जटिल मानसिक प्रक्रियाएँ सम्मिलित होती हैं। इस परीक्षण पर उत्तम निष्पादन के लिए यह आवश्यक है कि व्यक्ति दो अंकों को लघु-कालीन स्मृति में रखें, मन-ही-मन उसे जोड़े, उत्तर बतलावे, लघुकालीन स्मृति में अंतिम दो संख्याओं को रखें, शृंखला के नवीनतम अंक को लघुकालीन स्मृति में स्थापित करे और तब फिर उसी पूरे क्रम को दोहराये। सामान्य व्यक्ति तो इस ढंग का मानसिक कार्य कुछ कठिनाई के साथ अवश्य कर लेते हैं परंतु मस्तिष्कीय क्षतिग्रस्त व्यक्ति को इस ढंग का जटिल मानसिक कार्य करने में समय तथा त्रुटियाँ दोनों ही अधिक होती हैं। कनकूसन (Concussion) के रोगियों की पहचान करने में PASAT की भूमिका अहम् है। कनकूसन में सिर पर चोट लगने के कारण चेतना की एक परिवर्तित अवस्था उत्पन्न होती है जिसमें अस्थायी स्मृतिलोप (amnesia), मिचली, कमजोर नब्ज, मंद श्वसनगति (slow respiration) आदि लक्षण मुख्य होते हैं हालाँकि कोई स्पष्ट आंगिक मस्तिष्कीय क्षति (organic brain damage) नहीं पायी जाती है।

4. क्रमिक रूप से सात को घटना *(Substracting Serially sevens)*—यह एक ऐसा सरल कार्य है जिसमें व्यक्ति में अवधनात्मक क्षमता तथा एकाग्रता की माप आसानी से होती है तथा इसका उपयोग 'मानसिक स्थिति परीक्षा' (Mental Status Examination) में प्रायः होता है। इससे व्यक्ति को 100 की संख्या से प्रारंभ करके उसमें से सात घटाते हुए आगे तबतक बढ़ने के लिए कहा जाता है जबतक कि ऐसा न हो। जैसे 97, फिर उसमें से सात घटाने पर 90, फिर उसमें से 7 घटाने पर 83, और इसी तरह आगे तबतक कार्य करने के लिए कहा जाता है जब ऐसा करना संभव नहीं हो। परीक्षक (examiner) यहाँ अन्य बातों के अलावा निम्नांकित तीन बातों पर ध्यान देता है—पहला, व्यक्ति ने कितना गलत घटाव (subtraction) किया, दूसरा प्रत्येक घटाव में कितना समय लिया तथा तीसरा कितने बार घटाने के सिलसिले में 5 सेकेंड से ज्यादा ठहराव किया। स्ट्रव तथा ब्लैक (Strub & Black, 1985) ने अपने अध्ययन के आधार पर यह बतलाया है कि सामान्य व्यक्ति जिनमें किसी प्रकार की मस्तिष्कीय क्षति नहीं हुई होती है, यह कार्य तो आसानी से कर लेता है परंतु जिनमें ऐसी क्षति होती है, वे घटाव की क्रिया बहुत धीरे-धीरे कर पाते हैं, उनमें त्रुटि की दर उच्च होती है तथा उनमें घटाव का कार्य करते हुए आगे बढ़ने की तीव्र अक्षमता पायी जाती है।

उपर्युक्त प्रमुख परीक्षणों के अलावा कुछ ऐसे परीक्षण है जिनके माध्यम से अवधानात्मक कारक की जाँच होती है। जैसे वेक्सलर बुद्धि परीक्षण का अंक विस्तार परीक्षण (digit span test) तथा अंकगणितीय परीक्षण (arithmetic test) द्वारा तात्कालिक श्रवण अवधान (immediate audition attention) की उत्तम माप होती है। उसी तरह से

वेक्सलर परीक्षण का अंक संकेत परीक्षण (digit symbol test) से अवधानात्मक विकर्षणता (attentional distractibility) से स्वतंत्रता (freedom) की माप होती है और मस्तिष्कीय क्षति वाले व्यक्ति की पहचान की जाती है।

अधिगम तथा स्मृति का न्यूरोमनोवैज्ञानिक मापन (Neuropsychological Assessment of Learning and Memory)

कुछ ऐसे परीक्षण हैं जिनके माध्यम से अधिगम तथा उसके संबंधित मानसिक प्रक्रिया स्मृति की माप करके व्यक्ति में मस्तिष्कीय दुष्क्रिया (brain dysfunctioning) के बारे में अनुमान लगाया जाता है। ऐसे न्यूरोमनोवैज्ञानिक परीक्षणों में कुछ प्रमुख परीक्षण निम्नांकित हैं:—

1. वेक्सलर स्मृति मापनी तृतीय *(Wechsler Memory Scale-III)*—इस मापनी का निर्माण मौलिक रूप से वेक्सलर (Wechsler) द्वारा 1945 में किया गया जिसका तीसरा संस्करण टुलस्की, झू तथा लेडवेयर (Tulsky, Zhu & Ledbetter, 1997) द्वारा प्रकाशित किया गया। इस परीक्षण में स्मृति के कई आयामों का मापन 17 उपपरीक्षणों (subtests) द्वारा होता है। इसमें 10 प्राथमिक उपपरीक्षण (primary subtests) हैं तथा 7 ऐच्छिक (optional) उपपरीक्षण हैं। इन परीक्षणों में 10 प्राथमिक उपपरीक्षण (primary subtests) हैं जिनके नाम इस प्रकार हैं:—

तात्कालिक प्रत्याह्वान उप परीक्षण *(Immediate Recall Substests)*

1. तार्किक स्मृति I *(Logical Memory I)*—व्यक्ति को सुनाये गए लघु कहानियों से कुछ आवश्यक तत्त्वों का प्रत्याह्वान करना होता है।

2. आकृति I *(Façes I)*—इस लक्ष्य आकृतियों को दिखलाने के बाद 'हाँ-नहीं' में प्रत्याह्वान लिया जाता है। प्रत्येक आकृति को दो-दो सेकेंड के लिए दिखलाया जाता है।

3. शाब्दिक युग्मित साहचर्य I *(Verbal Paired Associates I)*—इसमें आठ युग्मित एकांशों में से प्रत्येक का पहला पद दिखाने पर व्यक्ति दूसरा पद का प्रत्याह्वान करता है।

4. पारिवारिक तस्वीर I *(Family Picture I)*—पारिवारिक दृश्यों में व्यक्तियों की क्रियाओं के स्थानीकरण का प्रत्याह्वान करना।

5. अक्षर संख्या शृंखला *(Letter-Number Sequencing)*—इसमें व्यक्ति यादृच्छिक संख्याओं एवं अक्षरों को एक सही क्रम में सुव्यवस्थित करता है।

6. स्थानिक विस्तार *(Spatial span)*—इसमें कुछ ब्लॉक (blocks) होते हैं जिसपर संख्या लिखे होते हैं। व्यक्ति को अग्रगामी (forward) एवं पश्चगामी (backward) शृंखलाओं में इसे क्रमबद्ध करना होता है।

विलम्बित प्रत्याह्वान उपपरीक्षण *(Delayed Recall Substests)*

7. तार्किक स्मृति II (Logical Memory II)
8. आकृति II (Faces II)
9. शाब्दिक युग्मित साहचर्य II (Verbal Paired Associates II)
10. पारिवारिक तस्वीर II (Family Pictures II)

विलम्बित प्रत्याह्वान उपपरीक्षणों में तात्कालिक उपपरीक्षण के ही उद्दीपकों का प्रत्याह्वान 30 मिनट विलम्ब से लिया जाता है।

इन परीक्षणों के माध्यम से स्मृति के इन प्रमुख आयामों का वर्णन होता है—*श्रवण तात्कालिक* (auditory immediate), *श्रवण विलम्बित* (auditory delayed), *दृष्टि तात्कालिक* (visual immediate), *दृष्टि विलम्बित* (visual delayed), *तात्कालिक स्मृति* (immediate memory), *श्रवण प्रत्यभिज्ञान विलम्बित* (auditory recognition delayed), *सामान्य स्मृति* (general memory) तथा *कार्यरत स्मृति* (working memory)। जिन व्यक्तियों में मस्तिष्कीय दुष्क्रिया तथा तंत्रकीय विकृतियाँ (neurological disorders) होती हैं, उनका निष्पादन स्मृति के इन सभी आयामों पर घटिया होता है और इस तरह से ऐसे व्यक्ति की पहचान आसानी से की जाती है।

2. रे श्रवण शाब्दिक अधिगम परीक्षण *(Rey Auditory Verbal Learning Test or RAVLT)*—19वीं

शताब्दी के आरंभ में इडोआर्ड क्लापैरेड (Edouard Claparede) ने स्मृति परीक्षण का निर्माण किया था जिसमें व्यक्ति को 15 शब्दों की एक सूची होती है जिसके प्रत्येक शब्दों को बारी-बारी से सुनाया जाता है और फिर व्यक्ति उसका मुक्त प्रत्याह्वान (free recall) करता है। रे (Ray, 1964) द्वारा इनमें कुछ संशोधन किया गया और फिर इसे रे *श्रवण शाब्दिक अधिगम परीक्षण* (Rey Auditory Verbal Learning Test or RAVLT) के नाम से जाना गया। इस परीक्षण में परीक्षक (examiner) प्रति शब्द एक सेकेंड की दर से 15 संज्ञा शब्दों को पढ़ता है। व्यक्ति इनमें से जितना हो सके उन शब्दों का प्रत्याह्वान किसी भी क्रम में करता है। फिर दूसरी बार परीक्षक पूरी सूची को उसी दर से पढ़ता है और उन सभी शब्दों को (जिसका प्रत्याह्वान पहली बार कर चुके भी हैं) का प्रत्याह्वान किसी भी क्रम में करने के लिए कहता है। इस तरह से पाँच बार पूरी सूची उपस्थित किया जाता है और फिर उसका प्रत्याह्वान किया जाता है। इसके बाद एक बाधक प्रयास (interference trial) दिया जाता है जिसमें शब्दों की नयी सूची दी जाती है। इसके बाद एक प्रत्यभिज्ञान प्रयास (recognition trial) दिया जाता है जिसमें व्यक्ति या परीक्षार्थी को एक लम्बा लिखित पाराग्राफ दिया जाता है जिसमें बाधक सुने शब्दों को चिह्नित करना होता है। इस तरह से RAVLT द्वारा कई तरह के निष्पादनों (performance) के लिए प्राप्तांक मिलते हैं—प्रत्येक आरंभिक पाँच प्रयासों में प्रत्याह्वान किये गए शब्दों की संख्या (अधिकतम 15), सभी पाँच प्रयासों में प्रत्याह्वान किये गए शब्दों की संख्या (अधिकतम 75), बाधक सूची देने के बाद तात्कालिक प्रत्याह्वान (immediate recall) तथा प्रत्यभिज्ञान प्राप्तांक (recognition score)। तंत्रकीय समस्या (neurological problems) तथा विशेष तरह के मस्तिष्कीय क्षति वाले रोगियों का निष्पादन इन सभी आयामों पर घटिया (poor) होता है। ऐसे घटिया निष्पादन के आधार पर ऐसे रोगियों की पहचान न्यूरोमनोवैज्ञानिक आसानी से कर लेते हैं।

3. फूल्ड वस्तु-स्मृति मूल्यांकन *(Fuld object-memory evaluation)*—इस परीक्षण का निर्माण फूल्ड (Fuld, 1977) द्वारा किया गया। इसके द्वारा प्रौढ़ व्यक्तियों में स्मृति दोष (memory impairement) का मापन होता है। इस परीक्षण में 10 सामान्य घरेलू वस्तुओं जैसे गेंद, बोतल, चमचा, कैंची आदि को बारी-बारी से एक छोटा थैला में रखकर परीक्षार्थी को इस निर्देश के साथ दिया जाता है कि बंद थैले में ऊपर से छू कर बतलावें कि वस्तु क्या है। इसके बाद फिर उन्हें उस वस्तु का थैला से निकालने के लिए कहा जाता है ताकि वे यह देख लें कि वे सही थे या गलत। इस तरह से जब सभी 10 वस्तुओं की पहचान सही-सही कर ली जाती है, व्यक्ति के सामने एक बाधक कार्य (distractor task) दिया जाता है जिसमें विशेष अर्थगत श्रेणी (semantic category) जैसे 'सब्जी', 'भोजन', व्यक्ति का नाम आदि के भीतर के शब्दों को जिनसे व्यक्ति में सुख या दुःख का भाव उत्पन्न होता है, उपस्थित किये जाते हैं जिन्हें पढ़कर उन्हें बतलाना होता है। इसके बाद परीक्षार्थी से पहले देखे गये वस्तुओं (थैला के) में से जितना का प्रत्याह्वान कर सकता है, उसे करने के लिए कहा जाता है। प्रत्येक प्रत्याह्वान के बाद उसे यह बतला दिया जाता है कि वह किस वस्तु का नाम अभी नहीं बतला पाया है। इस प्रविधि को *चयनात्मक स्मरण* (selective reminding) कहा जाता है। इस तरह से परीक्षार्थी को चार और अतिरिक्त प्रयास दिये जाते हैं जिनमें उन्हें उन वस्तुओं का प्रत्याह्वान करना होता है। प्रत्येक प्रयास के बाद बाधक कार्य (distractor task) भी दिये जाते हैं। पाँच मिनट का अंतराल देकर विलम्बित प्रत्याह्वान (delayed recall) की भी जाँच की जाती है। अन्त में इस परीक्षा में एक बहुवरण प्रत्यभिज्ञान परीक्षण (multiplication recgognition test) का भी उपयोग किया जाता है।

कई अध्ययनों से यह स्पष्ट हुआ है कि फूल्ड परीक्षण का उपयोग अलझीमर रोग (Alzheimer's disease) से उत्पन्न तंत्रकीय समस्या (neurological problems) की पहचान में सफलतापूर्वक किया गया है। इस रोग की आरंभिक अवस्था का सबसे प्रमुख लक्षण स्मृति लोप (memory loss) होता है। ऐसा देखा गया है कि प्रौढ़ व्यक्ति जिनमें स्मृति दोष पाया जाता है, इस परीक्षरण पर कम प्राप्तांक ला पाते हैं तथा साथ-ही-साथ चयनात्मक स्मरण(selective reminding) से इन्हें नाम मात्र का फायदा होता है।

इसके अतिरिक्त और भी कई ऐसे स्मृति एवं अधिगम परीक्षण हैं जिनका उपयोग मस्तिष्कीय दुष्क्रिया (brain dysfunctioning) की पहचान करने के लिए किया जाता है। इनमें कैलिफोर्निया शाब्दिक अधिगम परीक्षण II (California Verbal Learning Test II), वेन्टन दृष्टि धारण परीक्षण (Benton Visual Retention Test), रीभरमीड व्यवहारपरक स्मृति परीक्षण (Rivermead Behavioural Memory Test) आदि प्रधान हैं।

भाषाई कार्यों का न्यूरोमनोवैज्ञानिक मापन
(Neuropsychological Assessment of Language Functions)

न्यूरोमनोवैज्ञानिक मापन व्यक्ति के भाषाई कार्यों (language functions) के माध्यम से भी किया जाता है। न्यूरोमनोवैज्ञानिकों की अभिरुचि इस बात में प्रबल होती है कि व्यक्ति में बोलने, पढ़ने, लिखने तथा दूसरों की बातों को समझने की क्षमता कितनी है। इन क्षमताओं के आधार पर वे बायाँ प्रमस्तिष्कीय गोलार्द्ध (left cerebral hemisphere) की सम्पूर्णता (integrity) के बारे में आसानी से अंदाज लगा पाते हैं। न्यूरोमनोवैज्ञानिक कई तरह के भाषाई दोषों तथा दुष्क्रियाओं (dysfunction) जिन्हें सामूहिक रूप से (collectively) *एफासिया* (aphasia) कहा जाता है, का मापन करके मस्तिष्कीय क्षति (brain damage) की स्थिति का पता लगाते हैं। जैसा कि हम जानते हैं, एफाशिया की उत्पत्ति का संबंध किसी-न-किसी तरह की मस्तिष्कीय क्षति से होता है। एफाशिया की मापन में न्यूरोमनोवैज्ञानिक सामान्यतः निम्नांकित तीन प्रविधियों का उपयोग करते हैं:—

1. अमानकीकृत नैदानिक परीक्षण (Non-standardized clinical examination)
2. मानकीकृत स्क्रीनिंग परीक्षण (Standardized screening test)
2. एफाशिया का एक सघन नैदानिक परीक्षण (Comprehensive diagnostic test)

इन तीनों का वर्णन निम्नांकित है:—

1. अमानकीकृत नैदानिक परीक्षा *(Non-standardized clinical examination)*—इस तरह की परीक्षा में व्यक्ति में उत्पन्न एफाशिया के विभिन्न पहलुओं का गहन प्रेक्षण किया जाता है। रिटान (Reitan, 1984, 85) तथा लीजाक (Lezak, 1995) इसके प्रमुख समर्थक रहे हैं। एफाशिया की इस परीक्षा में जिन तत्त्वों के मापन पर बल डाला जाता है, उनमें प्रमुख हैं—*स्वतः संभाषण* (spontaneous speech), *वाक्यों एव वाक्यांशों की पुनरावृत्ति* (repetition of sentences and phrases), *बोले गए भाषा का बोध* (comprehension of spoken language), *शब्द खोज* (word finding), *पठन* (reading), *लेखन एवं नकल करना* (writing copying) तथा *परिकलन* (calculation)। इन तत्त्वों का प्रेक्षण करके परीक्षक फिर एफाशिया की गंभीरता (severity) का पता लगाने के लिए एक रेटिंग मापनी (rating scale) का उपयोग करते हैं। एफाशिया के लिए किया गया इस तरह की नैदानिक परीक्षा (clinical examination) का विशेष लाभ यह है कि इसमें सरलता, लचीलापन एवं संक्षिप्पतता (brevity) का गुण मौजूद होता है जिससे इसकी लोकप्रियता अधिक है।

2. मानकीकृत स्क्रिनिंग परीक्षण *(Standardized Screening Test)*—इस तरह का परीक्षण अमानकीकृत नैदानिक परीक्षा (nonstandardized clinical examination) के ही समान लगभग होता है। अंतर इतना ही है कि मानकीकृत स्क्रिनिंग परीक्षण में परीक्षण के क्रियान्वयन एवं प्राप्तांक-लेखन (scoring) के लिए वस्तुनिष्ठ एवं ठोस निर्देश होता है जबकि ऐसी वस्तुनिष्ठता अमानकीकृत नैदानिक परीक्षण में नहीं होती है। इस तरह के कई परीक्षण उपलब्ध हैं जिनके माध्यम से एफाशिया की गंभीरता की माप होती है। इनमें से *रिटान-इनडियाना एफाशिया स्क्रिनिंग परीक्षण* (Reitan-Indiana Aphasia Screening Test) काफी मशहूर है। इस परीक्षण के एकांशों के माध्यम से कुछ ऐसे कार्य परीक्षार्थी को दिये जाते हैं जिनका वह नाम बतलाता है, या हिज्जे करता है या पढ़ता है, या उसे दोहराता है या फिर कुछ परिकलन (calculation) करता है। सामान्य व्यक्ति को इन कार्यों को संपन्न करने में न तो कोई कठिनाई होती है और न ही कोई त्रुटि ही। परंतु एफाशिया से ग्रस्त व्यक्ति को इन कार्यों को करने में कठिनाई होने के साथ-ही-साथ त्रुटि भी काफी होती है। माननीकृत स्क्रिनिंग परीक्षण का सामान्य दोष यह है कि इसके द्वारा एफाशिया के सूक्ष्म प्रकार की पहचान सामान्यतः नहीं हो पाती है।

3. एफाशिया की माप के लिए सघन परीक्षण *(Comprehensive Diagnostic test for aphasia)*—इस तरह का परीक्षण एक काफी विस्तृत एवं सघन परीक्षण होता है जिसका उपयोग तब किया जाता है जब परीक्षक या अनुसंधानकर्त्ता को यह भलिभाँति ज्ञात होता है कि व्यक्ति एफाशिया का रोगी है। इस परीक्षण के माध्यम से भाषाई कौशलों (language skills) की एक ऐसी रूपरेखा (profile) सामान्यतः तैयार की जाती है कि जिसके आधार पर उपचार के बारे में कोई योजना (planning) करने में सुविधा होती है। कुछ प्रमुख ऐसे परीक्षणों का संक्षिप्त विवरण निम्नांकित है—

(i) वोस्टोन डायगनोस्टिक एफाशिया परीक्षा *(Boston Diagnostic Aphasia Examination)*—यह एक काफी विस्तृत परीक्षण है जिसमें 46 उपमापनी (subscales) हैं जिनके माध्यम से संगीत (music), स्थानिक (spatial), परिकलन (computation) तथा लेखन कौशल के सात प्रकारों के अलावा एफाशिया के कुछ पारम्परिक माप (traditional measures) उपलब्ध है जिनके फ्रेंच एवं हिन्दी वर्तनी (version) भी उपलब्ध हैं। इस परीक्षरण का निर्माण गुडग्लास, काप्लान तथा वार्रेसी (Goodglass, Kaplan & Barresi, 2000) द्वारा किया गया है।

(ii) वेस्ट्रन एफाशिया बैट्री *(Western Aphasia Battery)*—इस परीक्षण का निर्माण कर्टेज (Kertesz, 1979) द्वारा किया गया। इस परीक्षण में शाब्दिक प्रवाहिता (verbal fluency), श्रवण बोध (auditory comprehension) तथा एफाशिया संलक्षण (aphasia syndrome) की पहचान करने के विशिष्ट उद्देश्य से बोले गए शब्दों की पुरावृत्ति (repetition) आदि सम्मिलित होते हैं।

(iii) पोर्थ इन्डेक्स ऑफ कमुनिकेटिव एविलिटी *(Porch Index of Communicative Ability)*—यह एक ऐसा परीक्षणमाला (battery) जिसमें 18 उपपरीक्षण होते हैं और प्रत्येक उपपरीक्षण में 10-10 एकांश होते हैं। इन 18 उपपरीक्षण में चार शाब्दिक, आठ हाव-भाव संबद्ध (gestural) तथा छह आलेखीय (graphic) प्रवृति के होते हैं। यह एक बहुत ही विश्वसनीय माप है और इसके द्वारा रोगी के निष्पादन में हुए लघु परिवर्तनों की भी माप आसानी से हो जाती है। इस परीक्षण का निर्माण पोर्च (Porch, 1983) द्वारा किया गया।

(v) बहुभाषीय एफाशिया परीक्षा *(Multilingual Aphasia Examination)*—इस परीक्षण में 11 उपपरीक्षण तथा कुछ रेटिंग मापनी (rating scales) होते हैं और इनके माध्यम से दृष्टि नामकरण (visual naming), पुनरावृत्ति (repetition), प्रवाहिता (fluency), हिज्जे (spelling) तथा अन्य भाषाई चरों का मापन होता है।

स्पष्ट हुआ कि इन परीक्षणों के माध्यम से व्यक्ति में एफाशिया की स्थति की गंभीरता का पता लगाकर फिर उसके आधार पर मस्तिष्कीय क्षति या अन्य न्यूरोलोजिकल समस्याओं के बारे में अंदाज लगाया जाता है।

स्थानिक एवं हस्तकौशल क्षमताओं का न्यूरोमनोवैज्ञानिक मापन
(Neuropsychological Assessment of Spatial and Manipulatory ability)

स्थानिक (spatial) तथा हस्तकौशल क्षमता (manipulatory ability) को मापने वाले परीक्षणों का एक साथ मिलाकर *रचनात्मक निष्पादन का परीक्षण* (Tests of constructional Performance) भी कहा जाता है। सचमुच में रचनात्मक निष्पादन परीक्षण में प्रत्यक्षज्ञानात्मक क्रिया (perceptual activity) क्रियात्मक अनुक्रिया (motor response) के साथ संयोजित होती है और इसमें हमेशा स्थानिक तत्त्व (spatial component) भी सम्मिलित होता है। चूँकि रचनात्मक क्षमता में कई तरह के जटिल कार्य (complex functions) सम्मिलित होते हैं, अतः हल्का मस्तिष्क दुष्क्रिया से भी रचनात्मक निष्पादन (constructional performance) में कुछ-न-कुछ दोष उत्पन्न हो जाते हैं। रचनात्मक निष्पादन के परीक्षणों को मोटे तौर पर दो भागों में बाँटा गया है:—

(1) आरेखण परीक्षण (Drawing tests)

(2) सज्जीकरण परीक्षण (Assembly tests)

इन दोनों परीक्षणों का वर्णन निम्नांकित है:—

(1) आरेखण परीक्षण *(Drawing test)*—इस परीक्षण में व्यक्ति को कुछ उद्दीपक आकृति (stimulus figures) दे दिये जाते हैं और वह इन आकृतियों को जितना सही ढंग से हो सकता है, दिये गए कागज के सादे पन्ने पर आरेखित करता है और आरेखण में हुए त्रुटियों के आधार पर मस्तिष्क क्षति (brain damage) का अंदाज लगाया जाता है।

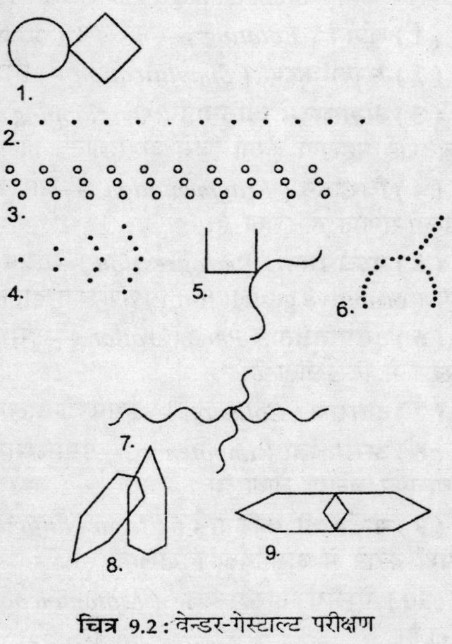

चित्र 9.2 : वेन्डर-गेस्टाल्ट परीक्षण

इस श्रेणी का सबसे उत्तम परीक्षण **वेन्डर दृष्टि पेशीय गेस्टाल्ट परीक्षण** (Bender Visual Motor Gestalt **Test**) है जिसका निर्माण एक महिला मनोरोगविज्ञानी (psychiatrist) लाऊरेटा बेण्डर (Lauretta Bender) द्वारा 1938 में किया गया। ये अमेरिका के न्यूयार्क सिटी में वेल्यभ्यू अस्पताल (Bellevue hospital) में कार्यरत थीं। इन्होंने गेस्टाल्ट मनोविज्ञान (Gestalt psychology) में जो एक जर्मन स्कूल था, के योगदानों से कुछ साधारण डिजाइन (simple design) का चयन किया और उनका उपयोग उन्होंने व्यक्तित्व विकृतियों से ग्रसित रोगियों के प्रत्यक्षणात्मक प्रक्रियाओं (perceptual processes) के अध्ययन में किया और बाद में उसका उपयोग मस्तिष्कीय क्षति (brain damage) वाले रोगियों की पहचान में सफलतापूर्वक की जाने लगी। इस परीक्षण में कुल 9 अति साधारण चित्र होते हैं। रोगी को एक-एक चित्र बारी-बारी से दिया जाता है जो चित्र को सामने रखकर वैसा ही चित्र बनाने की कोशिश करता है (चित्र 8.2 देखें)।

स्पष्टतः तब इस परीक्षण में स्मृति (memory) की जाँच नहीं होती है। दिये गए आकृति या चित्र के समान चित्र बनाने में रोगी कई तरह की त्रुटियाँ करता है। इन त्रुटियों में चित्र घूर्णन (figure rotation), पुनरावृत्ति (perseveration) तथा समन्वय में कमी (integration failures) आदि प्रधान हैं और चिकित्सकों का मत है कि इन्हीं त्रुटियों से मस्तिष्कीय क्षति (brain damage) वाले रोगियों की पहचान की जाती है। लुबिन तथा उनके सहयोगियों (Lubin et al., 1971) के अनुसार यह परीक्षण मस्तिष्कीय क्षति (brain damage) की परख करने में सबसे अधिक प्रयोग होने वाला परीक्षण है। इस परीक्षण का प्राप्तांक-लेखन योजना (scoring scheme) बच्चों के लिए अलग है तथा वयस्कों के लिए अलग है। बहुत से चिकित्सक इस प्राप्तांक-लेखन योजना का उपयोग न करके इसके जगह पर अपने अनुभवों (experiences) तथा अन्तर्ज्ञान (intuition) का उपयोग करते हैं। लैक्स (Lacks, 1982) जो एक महिला न्यूरोमनोवैज्ञानिक हैं, के अनुसार यह परीक्षण कम समय लेने वाला एक कम खर्चीला प्रविधि है तथा इसका प्रयोग मस्तिष्कीय क्षति के रोगियों की पहचान में काफी अधिक किया गया है। टोलोक तथा ब्राननिगन (Tolok & Brannign, 1980) ने अपने अध्ययनों के आधार पर यह बतलाया है कि इस परीक्षण का सफलतापूर्वक उपयोग विषाद (depression), दुश्चिंता प्रतिक्रिया (anxiety reaction), समायोजन से संबंधित समस्याओं एवं सीखने से संबंधित कठिनाइयों की पहचान करने में भी की जाती है।

लैक्स (Lacks, 1999) ने अपने विशिष्ट शोधों के आधार पर 13 ऐसे गुणात्मक संकेतों की पहचान किया है जिनमें से यदि आरेखण के विश्लेषण में कोई पाँच संकेत उपस्थित मिलते हैं, तो यह समझा जाता है कि व्यक्ति में मस्तिष्कीय क्षति (brain damage) के लक्षण मौजूद हैं। वे 13 बिंदु निम्नांकित हैं:—

(1) घूर्णन *(Rotating)*—आरेखण (drawing) में आकृति को 80° से 180° तक घुमाया गया हो।

(2) सरलीकरण *(Simplification)*—चित्र को अधिक सरल बना दिया गया हो।

(3) अंशछादन कठिनाई *(Overlapping difficulty)*—किसी एक ऐसी आकृति के हिस्से को आरेखित करने में कठिनाई महशूश करना जिसे अंशछादित होना चाहिए।

(4) विखंडन *(Fragmentation)*—आरेखण में आकृति को इतना खंडित कर दिया जाता है कि उसका समग्र गेस्टाल्ट समाप्त हो जाता है।

(5) पश्चगमन *(Retrogression)*—इसमें दिये गए उद्दीपक आकृति की अपेक्षा अधिक अपरिष्कृत गेस्टाल्ट प्रारूप (primitive gestalt form) उपस्थित होता है।

(6) दृढ़प्रतिज्ञता *(Perseveration)*—इसमें व्यक्तिगत उद्दीपक आकृति की विशेषताओं को वर्तमान आकृति के आरेखण में दिखलाता है।

(7) टकराव *(Collision)*—इसमें दो अलग-अलग आकृतियों को एक दूसरे पर आच्छादित दिखलाया जाता है।

(8) असमर्थता *(Impotence)*—इसमें आरेखण में आकृति को अपने व्यक्तिगत संतुष्टि के लिए मिटाया जाता है तथा फिर बनाया जाता है।

(9) बन्दी की कठिनाई *(Closure difficulty)*—इसमें व्यक्ति आकृति के विभिन्न नजदीकी हिस्सों को आपस में स्पर्श कराने में असमर्थता दिखलाता है।

(10) पेशीय असमन्यव *(Motor incoordination)*—आरेखित आकृति में हुआ कम्पन स्पष्ट रूप से दीखता है।

(11) कोणीय कठिनाई *(Angular difficulty)*—इसमें आरेखण में व्यक्ति कोणीय अंशों (angular parts) को दिखलाने में कठिनाई महशूश करता है।

(12) संसक्ति *(Cohesion)*—इसमें किसी एक आरेखण के उपभाग के आकार में पृथक कमी या बढ़ोत्तरी (isolated decrease or increase) होता है।

(13) अगर पूरे परीक्षण के सभी चित्रों के आरेखण में वह 15 मिनट से अधिक समय लेता है, तो इसे एक अन्य त्रुटि में गिनती की जाती है।

बेण्डर-गेस्टाल्ड परीक्षण (Bender-Gestalt test) का सबसे महत्त्वपूर्ण अनुकूलन (adaptation) हट्ट (Hutt, 1977) द्वारा किया गया। इस अनुकूलन में बेण्डर-गेस्टाल्ट परीक्षण के प्राप्तांक-लेखन विधि (scoring method) को काफी उन्नत बनाया गया तथा इसमें इस परीक्षण को एक प्रक्षेपण परीक्षण (projective test) के रूप में व्यवहृत किया गया। यहाँ पूर्वकल्पना (assumption) की जाती है कि आकृतियों के रेखांकन (drawings) को बनाने तथा उसका स्पष्टीकरण (elaboration) करने में रोगी अपने मानसिक संघर्षों एवं प्रमुख आवश्यकताओं (needs) का प्रक्षेपण करता है। हट्ट (Hutt) द्वारा किए गए अनुकूलन (adaptation) को *'बेण्डर-गेस्टाल्ट का हट्ट अनुकूलन'* (Hutt adaptation of Bender-Gestalt) कहा गया है और इसकी तीन अवस्थाएँ होती हैं जो निम्नांकित हैं:—

(a) नकल अवस्था *(Copy phase)*—इस अवस्था में बेण्डर-गेस्टाल्ट परीक्षण के आकृतियों को रोगी को दे दिया जाता है जो उन आकृतियों का नकल अलग कागज पर उतारता है।

(b) विस्तरण अवस्था *(Elaboration phase)*—इस अवस्था में रोगी को बेण्डर-गेस्टाल्ट परीक्षण के मूल आकृतियों (original figures) को तथा उनके द्वारा रेखांकित किये गए आकृतियों को दे दिया जाता है और उन रेखांकित आकृतियों को अपनी इच्छानुसार परिवर्तित करने के लिए कहा जाता है ताकि वह पहले से अधिक उत्तम या उन्नत दीख पड़े।

(c) साहचर्य अवस्था *(Association phase)*—इस अवस्था में रोगी बेण्डर-गेस्टाल्ट परीक्षण के मूल आकृतियों को देखता है तथा साथ-ही-साथ अपने द्वारा रेखांकित आकृतियों को भी देखता है तथा वह परीक्षक को यह बतलाने की कोशिश करता है कि प्रत्येक आकृति से उसके मन में कैसे साहचर्य आते हैं।

इस परीक्षण के प्रोटोकाल (test protocol) की व्याख्या करने में रेखांकित किए गए आकृतियों की विशेषताओं, इन आकृतियों को उन्नत बनाने के लिए किए गए विस्तरण (elaboration) का स्वरूप तथा साहचर्य का प्रकार आदि को ध्यान में रखा जाता है। बेन्डर-गेस्टाल्ट परीक्षण के हट्ट अनुकूलन के प्राप्तांक-लेखन (scoring) में रेखांकित आकृतियों के कम-से-कम निम्नांकित आठ विशेषताओं पर अधिक ध्यान दिया जाता है क्योंकि उनसे नैदानिक मनोवैज्ञानिक को विशेष नैदानिक संकेत (clinical cues) मिलते हैं। वे विशेषताएँ हैं:—

(i) रेखांकन का क्रम (sequences of drawings), (ii) प्रथम रेखांकन की स्थिति (position of first drawing), (iii) जगह का प्रयोग (use of space), (iv) संघट्टन (collision), (v) कोर का प्रयोग (use of margin), (vi) समापन से संबंधित कठिनाई (closure difficulty), (vii) सरलीकरण (simplification), (viii) गति की दिशा में संगतता (consistency in direction of movement)।

बेण्डर-गेस्टाल्ट परीक्षण की एक परिसीमा(limitation)यह बतलायी गयी है कि इसकी वैधता कार्यात्मक मनोविक्षिप्ति (functional psychosis) की पहचान में पर्याप्त नहीं है। कुछ लोगों का मत है कि यह परीक्षण मस्तिष्कीय क्षति (brain damage) का एक स्थूल निदान (gross diagnosis) करने में सफल होता है परन्तु एक विशिष्ट एवं स्थान-निर्धारित निदान (localized diagnosis) करने में सफल नहीं है। इस परीक्षण का प्राप्तांक-लेखन (scoring) वस्तुनिष्ठ न होकर काफी आत्मनिष्ठ (subjective) है। मालोनी एवं वार्ड[1] (Maloney & Ward, 1976) के शब्दों में इस अन्तिम निष्कर्ष पर पहुँचा जा सकता है, *''मस्तिष्कीय क्षति के रोगियों को पहचानने में यद्यपि उसका प्रयोग व्यापक ढंग से हुआ है, बेण्डर-गेस्टाल्ट परीक्षण। को मस्तिष्कीय दुष्क्रिया के सामान्य प्रभाव का एक संवेदनशील माप के रूप में स्वीकृत नहीं किया जा सकता है।''*

---

1. "Despite its widespread use in screening for brain damage, the Bender-Gestalt is not considered a sensitive measure of the general effects of cerebral dysfunction."

—Moloney & Ward : *Psychological Assessment*, 1976, p. 269

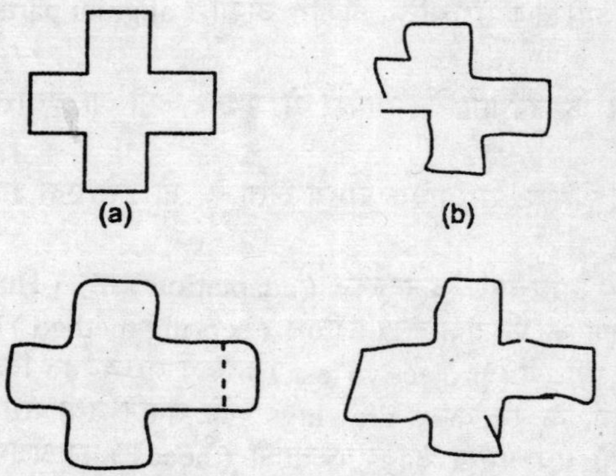

चित्र 9.3 : ग्रीक क्रास कार्य (Greek Cross task)

इसके अतिरिक्त रिटान एवं ओल्फसन (Reitan & Wolfson, 1993) ने एक विशेष तरह का आरेखण कार्य जिसे ग्रीक क्रास (Greek Cross)आरेखण कार्य कहा गया, के सहारे भी मस्तिष्कीय दोष (brain impairment) को समझने की कोशिश किया। चित्र 8.3 में ग्रीक क्रास (Greek cross) को दिखलाया गया और इसका आरेखण व्यक्ति को अलग कागज पर बिना पेंसिल उठाये ही करना होता है। आरेखण में हुए गुणात्मक त्रुटियाँ (qualitative errors) के आधार पर व्यक्ति के मस्तिष्कीय क्षति (brain damage) की गंभीरता के बारे में अनुमान लगाया जाता है।

2. सज्जीकरण परीक्षण *(Assembly test)*—इस तरह के परीक्षण में व्यक्ति को एक त्रिविमीय निर्माण कार्य (three dimension construction tasks) करने के लिए दिया जाता है और इसमें हुई त्रुटि के आधार पर मस्तिष्कीय क्षति (brain damage) की गंभीरता के बारे में अनुमान लगाया जाता है। वेन्टन (Benton et. al., 1994) ने *त्रिविमीय ब्लाक रचना परीक्षण* (three dimensional block construction test) का निर्माण किया जिसमें तीन ब्लाक मॉडल होते हैं और जिसे व्यक्ति या रोगी को एक-एक करके सामने उपस्थित किया जाता है। व्यक्ति को अलग ट्रे में रखे गए ब्लाकों में से उचित ब्लाक की मदद से दिये गए मॉडल का वास्तविक प्रारूप तैयार करने के लिए कहा जाता है। ब्लाक निर्माण में हुई लुप्ति (omission), जोड़ (additions), प्रतिस्थापन (substitutions) तथा विस्थापन (displacement) जिसके लिए अलग-अलग प्राप्तांक दिये जाते हैं, के आधार पर मस्तिष्कीय दुष्क्रिया (brain dysfunction) के बारे में अंदाज लगाया जाता है।

स्पष्ट हुआ कि स्थानिक (spatial) एवं हस्त-कौशल क्षमताओं (manipulation abilities) के आधार पर भी न्यूरोलोजिक विकृतियों (neurological disorders) का पता लगाया जाता है।

कार्यपालक क्रियाओं का न्यूरोमनोवैज्ञानिक मापन
(Neuropsychological Measurement of Executive Functions)

कार्यपालक क्रियाओं (executive functions) का मापन करके भी न्यूरोमनोवैज्ञानिक मस्तिष्कीय क्षति का अंदाज लगाते हैं। इन क्रियाओं में कई तरह के कार्य यथा तार्किक विश्लेषण (logical analysis), संप्रत्ययकरण (conceptualization), तर्कणा (reasoning), योजना (planning) तथा चिंतन में लचीलापन (flexibility) आदि सम्मिलित होते हैं। इन कार्यपालक कार्यों का मापन न्यूरोमनोवैज्ञानिकों के लिए एक असाधारण उलझन तो अवश्य पैदा करता है परंतु इस उलझन का समाधान कुछ विशेष परीक्षणों का उपयोग करके करते हैं। *पोर्टेस मेज परीक्षण* (Porteus Mazes Test), *विसकौनसीन कार्ड सॉर्टिंग परीक्षण* (Wisconsin Card Sorting Test) तथा *टिंकरटाय परीक्षण* (Tinkertoy test) होल्ड-डान्डहोल्ड परीक्षण (Hold-Don't Hold test) आदि कुछ ऐसे ही परीक्षणों के उदाहरण हैं जिनके माध्यम से कार्यपालक कार्यों को मापा जाता है। इनका वर्णन इस प्रकार है:—

1. पोर्टेस भूलभूलैया परीक्षण *(Porteus Maze Test)*—इस परीक्षण का निर्माण पोर्टेस (Porteus, 1965) द्वारा किया गया। इसके द्वारा व्यक्ति में नियोजन (planning) करने की क्षमता तथा दूरदर्शिता (foresightedness) की माप होती है। इस परीक्षण में बिना पेंसिल को उठाये हुए व्यक्ति को उन भूलभूलैया के रास्ते में एक लाइन खींचनी होती है जिनकी कठिनता स्तर धीरे-धीरे बढ़ते जाती है। स्मीथ (Smith, 1960) तथा टो (Tow, 1955) के अध्यनानुसार जिन व्यक्तियों के अग्रपालि (frontal lobe) में क्षति (damage) हुई होती है, वे लोग इस कार्य को करने में काफी कठिनाई महशूश करते हैं तथा साथ-ही-साथ अधिक त्रुटि भी करते हैं। मैक तथा पैटर्सन (Mack & Patterson, 1995) ने अपने अध्ययन के आधार पर यह बतलाया है कि पोर्टेस भूलभूलैया परीक्षण वैसे प्रौढ़ रोगियों जो अल्झीमर रोग (Alzheimer disease) से ग्रस्त है, कार्यपालक क्षमताओं (executive functions) की माप उत्तम ढंग से करता है।

2. विसकोनसिन कार्ड सॉर्टिंग परीक्षण *(Wisconsion Card Sorting Test)*— इस परीक्षण द्वारा भी व्यक्ति के कार्यापालक क्षमता (exceutive functions) की माप आसानी से की जाती है। इस परीक्षण के द्वारा भी अग्रपालि

(frontal lobe) की क्षति का अनुमान लगाया जाता है। इस परीक्षण का उद्देश्य व्यक्ति के अमूर्त्त चिन्तन (abstract thinking) तथा सेट (set) को परिवर्तित करने की क्षमता का मापन होता है। इस परीक्षण में व्यक्ति या रोगी को 64 कार्ड का एक पैकेट दिया जाता है। प्रत्येक कार्ड पर कार्ड संख्या, चार संकेतों (त्रिभुज, तारा, क्रास या सर्किल) में से कोई एक संकेत तथा चार रंगों (लाल, हरा, पीला या नीला) में से कोई एक रंग छपा होता है। कोई भी दो कार्ड एक समान नहीं होता है। व्यक्ति को इन सभी कार्डों को एक अज्ञात नियम के अनुसार छाँटना होता है। जैसे, अज्ञात नियम हो सकता है कि रंग के अनुसार छाँटा जाय या आकृति के अनुसार छाँटा जाय। छाँटने के बाद परीक्षक 'सही' या 'गलत' के रूप में अपनी अनुक्रिया देता है। जब किसी एक कतार (row) में व्यक्ति 10 सही अनुक्रिया कर चुका होता है, तो परीक्षक बिना बतलाये नियम बदल देता है। इस तरह से सॉर्टिंग का कार्य तबतक चलता रहता है जबतक कि 10 सही अनुक्रियाओं का कम-से-कम छह कतार न हो जाए। ग्रिभ तथा उनके सहयोगियों (Greve et al, 2002) के अनुसार इस परीक्षण द्वारा आसानी से वैसे रोगियों में होने वाले प्रगति की माप की जाती है जिनमें हाल में ही किसी प्रकार का मस्तिष्कीय आघात (brain waves) के शिकार होने के फलस्वरूप उपचार किया जा रहा हो।

3. टिंकरटाय परीक्षण (*Tinkertoy test*)—इस परीक्षण का निर्माण लिजाक (Lezak, 1982) द्वारा किया गया। यह एक ऐसा परीक्षण है जिसमें रोगी या व्यक्ति को एक संरचित प्रारूप (structured format) के भीतर अपने कार्यपालक क्षमताओं (executive functions) को दिखलाने का पर्याप्त मौका दिया जाता है। टिंकरटाय सेट का 50 टुकड़ों को एक टेबूल पर रखकर व्यक्ति से कहा जाता है कि इन टुकड़ों के सहारे कम-से-कम 5 मिनट के भीतर जो भी रचना करना चाहते हैं, करें। यदि किसी रचना में आप ज्यादा समय लेना चाहते हैं, तो ले सकते हैं। इन विभिन्न रचनाओं के बनाने में प्रयोग किये गए टुकड़ों की संख्या, रचना में गतिशीलता (mobility), सममिति (symmetry) तथा रचनाओं के नामकरण आदि के आधार व्यक्ति को सामान्यतः –1 से +12 तक का प्राप्तांक दिया जाता है। अध्ययनों से यह स्पष्ट हुआ है कि मस्तिष्कीय क्षतिग्रस्त वाले रोगी बहुत कम टुकड़ों का उपयोग कर कोई विशेष रचना या डिजाइन तैयार करते हैं और ऐसी डिजाइन में बिखराव एवं अस्पष्टता भी काफी होती है। इतना नहीं, ऐसे व्यक्ति अपने द्वारा बनाये गये रचनाओं का नामकरण भी नहीं कर पाते हैं।

4. होल्ड-डोन्ट होल्ड परीक्षण (*Hold-Don't Hold Test*)—होल्ड-डोन्ट होल्ड परीक्षण द्वारा भी मस्तिष्कीय क्षति (brain damage) के रोगियों की पहचान की जाती है। इस परीक्षण की एक पूर्वकल्पना (assumption) यह है कि विभिन्न गति से उम्र बीतने के साथ मानसिक कार्यों (mental functions) में ह्रास होते हैं। नैदानिक मनोवैज्ञानिकों का मत है कि उम्र बीतने से या मस्तिष्कीय क्षति होने से शाब्दिक कौशलों (verbal skills) में कोई विशेष ह्रास नहीं होता है। ऐसे कौशलों (skills) को मापने वाले परीक्षणों को *होल्ड परीक्षण* (Hold test) कहा जाता है। परन्तु कुछ ऐसे कौशल हैं जिनमें उम्र बीतने के साथ तेजी से ह्रास होता है। इसे *डोन्ट-डोल्ड परीक्षण* (Don't Hold test) कहा जाता है। वेक्सलर बुद्धि मापनी (Wechsler intelligence scale) में अंक-विस्तार परीक्षण (Digit Span test), समानता परीक्षण (similarities test), अंक-चिह्न (Digit-Symbol test), तथा ब्लॉक डिजाइन परीक्षण (Block Design test), डोन्ट-होल्ड परीक्षण के उदाहरण हैं तथा शब्दावली परीक्षण, सूचना परीक्षण (Information test), वस्तु-सज्जीकरण परीक्षण (object-assembly test) चिह्न-आपूर्ति परीक्षण (Picture Completion test) होल्ड परीक्षण (Hold test) के उदाहरण हैं।

नैदानिक मनोवैज्ञानिकों द्वारा शाब्दिक कौशलों (verbal skills) में शब्दावली (vocabulary) को एक ऐसा विमा माना है जो उम्र बीतने से या मस्तिष्कीय क्षति में होने से सबसे कम प्रभावित होता है या इसमें सबसे कम कमी होती है। यही कारण है कि शब्दावली में हुए ह्रास को इन लोगों द्वारा आधार रेखा (base-line) बनाया गया है और अन्य कौशलों में हुए ह्रास की तुलना शब्दावली में हुए ह्रास से किया है। इस पूर्वकल्पना (assumption) को आधार मानकर वैबकॉक (Babcock) ने मानसिक ह्रास (mental deterioration) का एक परीक्षण बनाया जिसे *वैबकॉक मानसिक ह्रास परीक्षण* (Babcock Test of Mental Deterioration) कहा जाता है। इस परीक्षण में दो भाग (parts) हैं—पहला भाग में स्टैनफोर्ड-बिने मापनी (Stanford-Binet Scale, 1916) के शब्दावली परीक्षण (vocabulary test) को रखा गया हे तथा दूसरे भाग में रोगी की मानसिक दक्षता (mental efficiency) को मापने के लिए गति (speed) एवं नयी सीखना (new learning) से संबंधित एकांशों को रखा गया है। बौद्धिक ह्रास (intellectual derioration) की मात्रा को शब्दावली परीक्षण (vocabulary test) तथा मानसिक दक्षता परीक्षण अर्थात् गति एवं नये सीखना परीक्षण के प्राप्तांकों में हुए अंतर के आधार पर आँका जाता है। मस्तिष्कीय क्षति वाले रोगियों में यह अन्तर अधिक होता है। ऐसे

रोगियों का शब्दावली परीक्षण पर के निष्पादन में तो कोई विशेष कमी नहीं आती है परन्तु मानसिक दक्षता परीक्षण पर के निष्पादन में काफी कमी आ जाती है।

मानसिक ह्रास (mental deterioration) को मापने के लिए वैबकॉक (Babcock) के ही समान एक दूसरा परीक्षण शिपले (Shipley) तथा हार्टफोर्ड रिट्रिट (Hartford Retreat) द्वारा 1940 में बनाया गया तथा इसका नाम *शिपले-हार्टफोर्ड मापनी* (Shipley-Hartford Scale) रखा गया है। इस परीक्षण के दो भाग हैं—पार्ट I तथा पार्ट II। पार्ट I में शब्दावली परीक्षण (vocabulary test) को रखा गया है तथा दूसरे पार्ट II में अमूर्त चिन्तन परीक्षण (abstract thinking test) को रखा गया है। रोगी के इन दोनों परीक्षणों के निष्पादन (performance) में होने वाले अन्तरों के आधार पर उसका बौद्धिक ह्रास (intellectual deterioration) की माप की जाती है। इन दोनों परीक्षणों पर के प्राप्तांकों के संबंधों को संप्रत्यात्मक लब्धि (conceptual quotient) के रूप में अभिव्यक्त किया जाता है। मस्तिष्कीय क्षति वाले रोगियों में संप्रत्यात्मक लब्धि काफी कम होती है।

1939 में जब वेक्सलर ने वैक्सलर-वैलेभ्यू बुद्धि परीक्षण (Wechsler-Bellevue Intelligence Scale) का प्रतिपादन किया, तो मानसिक ह्रास (mental deterioration) के अध्ययन में एक नया मोड़ उत्पन्न हो गया। इस परीक्षण में क्रियात्मक मापनी (performance scale) तथा शाब्दिक मापनी (verbal scale) है और इन दोनों के कई उपपरीक्षण (subtests) हैं। इस मापनी में, जैसा कि ऊपर कहा गया है, कुछ होल्ड परीक्षण (Hold test) हैं तथा कुछ डोन्ट्-परीक्षण (Don't Hold test) हैं। इन दोनों परीक्षणों के तुलनात्मक अध्ययन करके वैक्सलर ने ह्रास-सूचक (Deterioration Index or DI) ज्ञात किया है जिसका सूत्र इस प्रकार है—

$$\text{Deterioration Index} = \frac{\text{Hold} - \text{Don't Hold}}{\text{Hold}}$$

इस DI से आंगिक मस्तिष्कीय क्षति (organic brain damage) की पहचान होती है हालाँकि कुछ नैदानिक मनोवैज्ञानिकों ने इसे एक असंतोषजनक सूचक बता कर अस्वीकृत कर दिया है। वेक्सलर परीक्षण में मस्तिष्कीय क्षति (brain damage) के रोगियों की पहचान परिमाणात्मक (quantatively) तथा गुणात्मक (qualitatively) दोनों ही ढंग से होती है। जब रोगी का क्रियात्मक बुद्धि लब्धि (performance IQ) शाब्दिक बुद्धि लब्धि (verbal IQ) से अधिक कम होती है, तो इससे मस्तिष्कीय क्षति (brain damage) के संकेत मिलते हैं। ऐसे रोगियों का ब्लॉक डिजाइन परीक्षण तथा अंक-चिह्न परीक्षण (Digit-symbol test) पर निष्पादन विशेषकर अधिक खराब होता है। ऐसे रोगियों का शाब्दिक अमूर्त क्षमता (verbal abstract ability) जिसका मापन समानता परीक्षण (similarity test) से होता है, पर भी निष्पादन (performance) काफी खराब होता है। इन परिमाणात्मक सूचकों के अलावा वेक्सलर बुद्धि मापनी में मस्तिष्कीय क्षति के कुछ गुणात्मक संकेत (qualitative signs) भी उपलब्ध होते हैं। इनमें धीमी अनुक्रिया (slow responses), निष्फल, चिन्तन, कुंठा, सहन (frustration toleration) की क्षीण शक्ति तथा भावशून्यता (**apathy**) आदि प्रधान होते हैं जिसका अवलोकन परीक्षक (examiner) परीक्षण-कार्य (testing) के दौरान के व्यवहारों को स्पष्ट रूप से करता है।

स्पष्ट हुआ कि व्यक्ति के कार्यपालक क्षमताओं की माप के आधार पर भी व्यक्ति में मस्तिष्कीय क्षति की स्थिति का पता लगाया जाता है।

पेशीय निर्गत का न्यूरोमनोवैज्ञानिक मापन (Neuropsychological Assessment of Motor Output)

न्यूरोमनोवैज्ञानिकों द्वारा व्यक्ति के हस्तकौशल गति (manipulative skills) तथा परिशुद्धता (accuracy) का मापन करके भी उसके मस्तिष्कीय क्षति की स्थिति का पता लगाने की कोशिश की गयी है। लिजाक (Lezak, 1995) इस क्षेत्र के अग्रणी अनुसंधानकर्त्ता हैं। इनके अनुसार हस्तकौशल गति एवं परिशुद्धता जिन्हें एक साथ मिलाकर पेशीय निर्गत (motor output) कहा जाता है, को तीन तरह के प्रमुख परीक्षणों द्वारा मापने की कोशिश की गयी है जो इस प्रकार है:—

1. फिंगर-टैपिंग परीक्षण *(Finger-Tapping Test)*—इस परीक्षण द्वारा पेशीय दक्षता (motor dexterity) की माप होती है। इस परीक्षण में व्यक्ति दोनों हाथ के तर्जनी (index finger) से 10 सेकेंड तक टेलिग्राफ कुंजी जैसे लीभर को दबाता तथा छोड़ता है। यह कार्य दोनों हाथों से कई प्रयासों तक करना होता है तथा फिर दोनों हाथों के तर्जनी द्वारा

किए गए इन निष्पादनों का औसत ज्ञात किया जाता है। सामान्यतः यह देखा गया है कि अप्रबल हाथ (nondominant hand) अर्थात् बायाँ हाथ का निष्पादन अर्थात् टैपिंग दर (tapping rate) प्रबल हाथ अर्थात् दायाँ हाथ का निष्पादन अर्थात् टैपिंग दर (tapping rate) दायाँ हाथ के निष्पादन का मात्र 80% होता है। यदि इस मानक में परिवर्तन होता है तो इससे उस मस्तिष्कीय गोलार्द्ध में क्षति (lesion) का अनुमान लगाया जाता है जो मंद हाथ के विपरीत पड़ता है। दूसरे शब्दों में यदि बायाँ हाथ का निष्पादन दायाँ हाथ के निष्पादन का मात्र 50% होता है, तो इसका मतलब यह हुआ कि व्यक्ति दायाँ गोलार्द्ध में क्षति (lesion) उत्पन्न हुई है।

2. परडू पेगबोर्ड परीक्षण *(Purdue Pegboard Test)*—पेशीय हस्तकौशल (motor manipulative) को मापने का यह एक लोकप्रिय परीक्षण है। इसमें व्यक्ति को बायें हाथ, दायें हाथ तथा फिर दोनों हाथ से एक साथ दिये गये कुछ खूटियों (pegs) को छेद (holes) में रखना होता है। बायें हाथ से 30 सेकेंड, दायें हाथ से 30 सेकेंड तथा फिर दोनों हाथ से 30 सेकेंड तक यह कार्य करना होता है। इसका मतलब यह हुआ कि सम्पूर्ण परीक्षण का क्रियान्वयन चन्द मिनट में हो जाता है। यदि किसी हाथ द्वारा खूँटी लगाने का कार्य मंद गति से होता है, तो इससे यह अनुमान लगाया जाता है कि व्यक्ति के मस्तिष्क के उस हाथ के विपरीत गोलार्द्ध में क्षति (lesion) है। जैसे बायाँ हाथ द्वारा यदि मन्द गति से कार्य होता है, तो इसका मतलब दायाँ गोलार्द्ध में क्षति हुई होती है। परंतु यदि दोनों हाथ द्वारा खूँटी लगाने की अनुक्रिया मंदित होती है, तो इसका मतलब द्विपार्श्विक मस्तिष्कीय क्षति (bilateral brain damage) से होता है।

क्लोभ (Klove, 1963) ने पेग-बोर्ड परीक्षण का एक परिवर्तित प्रारूप प्रस्तुत किया है जिसे *ग्रुभड पेग बोर्ड परीक्षण* (Groved Pegboard Test) कहा जाता है। इस परिवर्तित परीक्षण में प्रत्येक खूँटी में एक तरफ एक पीठ (ridge) होता है। इस पीठ या उभरे भाग के कारण प्रत्येक खूँटी को छेद में रखकर उसे ठीक से फिट करने के लिए उसे घुमाना भी होता है, अतः इस कार्य में पेशीय दक्षता (motor dexterity) के अतिरिक्त जटिल समन्वय (complex coordination) की भी आवश्यकता होती है। हालैंड तथा डिलानी (Hoaland & Delaney, 1981) के अनुसार पार्श्वीय मस्तिष्कीय क्षति (lateralized brain damage) को मापने का यह एक उत्तम परीक्षण है।

3. रेखा आरेखण कार्य *(Line Tracing Task)*—लिजाक (Lezak, 1995) का मत है कि पेशीय कौशल को मापने के लिए कोई जरूरी नहीं है कि एक परीक्षण हो ही। अतः इन्होंने रेखा आरेखण कार्य को ही पेशीय समन्वय एवं कौशल मापने का एक उत्तम माध्यम बतलाया है। इस कार्य को संपन्न करने के लिए व्यक्ति को एक कलम तथा एक कागज जिसपर कुछ आकृति बने होते हैं, दे दिया जाता है। उनसे यह कहा जाता है कि इस कागज पर की आकृति के आकार पर जितना तेजी से हो सके, उस पेंसिल से रेखा खींचे। इन रेखाओं को खींचने में हुई त्रुटियाँ जैसे लाइन को अधूरा छोड़ देना, आकृतियों के बाहर भी रेखा खींचना आदि के आधार पर उसके मस्तिष्कीय दुष्क्रिया (brain dysfunction) का अंदाज लगाया जाता है।

स्पष्ट हुआ कि मस्तिष्क-व्यवहार संबंध के मॉडल के अनुसार सात विभिन्न मानसिक प्रक्रियाओं का न्यूरोमनोवैज्ञानिक मापन करके मस्तिष्कीय क्षति का पता लगाया जाता है। इसके अतिरिक्त इस तरह के मापन के लिए कुछ परीक्षण मालाएँ (test batteries) भी विकसित किये गए हैं। इस तरह की परीक्षणमालाओं की विशेषता यह है कि इसमें प्रत्येक परीक्षण (test) में कई उपपरीक्षण (subtests) हैं जिनके माध्यम से विभिन्न तरह के मानसिक, संवेदी एवं पेशीय कार्यों में अनियमितता को मापकर मस्तिष्कीय क्षति के बारे में अनुमान लगाया जाता है। अतः यहाँ उनकी चर्चा अपेक्षित है।

न्यूरोमनोवैज्ञानिक मापन के लिए परीक्षणमालाएँ
(Test Batteries for Neuropsychological Assessment)

न्यूरोमनोवैज्ञानिक मापन के लिए अबतक कई वैयक्तिक परीक्षणों (individual tests) की चर्चा की जा चुकी है। परंतु व्यवहारिक दृष्टिकोण से ऐसा देखा गया है कि अधिकतर न्यूरोमनोवैज्ञानिक मापन के लिए वैयक्तिक परीक्षण का उपयोग न करके एक निश्चित परीक्षण माला (fixed battery) का ही उपयोग करना अधिक महत्त्वपूर्ण समझते हैं। यहाँ हम दो ऐसे महत्त्वपूर्ण परीक्षणमालाओं (test batteries) का जिक्र करेंगे जिनका नाम है—*हालस्टीड-रिटान न्यूरोमनोवैज्ञानिक*

परीक्षण माला (Halsteed-Reitan Neuropsychological Battery) तथा *लूरिया-नेब्रास्का न्यूरोमनोवैज्ञानिक परीक्षणमाला* (Luria-Nebraska Neuropsychological Battery)। परंतु इन दोनों परीक्षणों का विस्तृत जानकारी देने के पहले हम इन न्यूरोमनोवैज्ञानिक परीक्षणमाला के मुख्य उद्देश्यों (purposes) की चर्चा करेंगे।

न्यूरोमनोवैज्ञानिक परीक्षणमाला के उद्देश्य (Purposes of Neuropsychological Test Batteries)

न्यूरोमनोवैज्ञानिक परीक्षणमाला के कई उद्देश्य (purposes) हैं। स्मीथ (Smith, 1995) के अनुसार ऐसे उद्देश्यों को निम्नांकित चार प्रमुख भागों में बाँटकर बतलाया जा सकता है:—

1. न्यूरोनिदान में मदद करना *(To aid in neurodiagnosis)*—न्यूरोनिदान की संपुष्टि में न्यूरोमनोवैज्ञानिक परीक्षण काफी उपयोगी सिद्ध हुए हैं। कई बार न्यूरोलौजिक अवस्थाएँ (neurological condition) ऐसी होती हैं जिनके लिए उचित निदान (diagnosis) मुश्किल होती है। जैसे कुछ रोगी ऐसे होते हैं जिनके न्यूरोलौजिकल कारण (neurological cause) तथा कार्यात्मक विकृति (functional disorder) जैसे मनोविदालिता (schizophrenia) में अस्पष्टता होती है। ऐसी परिस्थिति में न्यूरोमनोवैज्ञानिक परीक्षणमालाओं द्वारा उचित निदान करने में काफी सहायता मिलती है।

2. भविष्य के निष्पादन को मापने के लिए आधार रेखा स्थापित करना *(To establish baseline for measuring future performances)*—न्यूरोमनोवैज्ञानिक परीक्षणों का उद्देश्य रोगी के भविष्य के निष्पादन की उचित व्याख्या एवं मापन के लिए एक आधाररेखा (baseline) की स्थापना करना भी होता है। अगर मस्तिष्कीय दुष्क्रिया के रोगियों को उपचार प्रारंभ करने के पहले न्यूरोमनोवैज्ञानिक परीक्षण देकर उसकी स्थिति की जाँच कर ली जाती है, तो इससे फिर बाद में किये गए ऐसे परीक्षणों के माध्यम से यह आसानी से जाना जा सकता है कि रोगी में उपचार देने से उन्नति हुई है या नहीं।

3. रोगी के बारे में पूर्वानुमानिक कथन तैयार करने में मदद करना *(To help in making prognostic statement about clients)*—न्यूरोमनोवैज्ञानिक परीक्षणों के आधार पर यह पूर्वानुमान लगाया जा सकता है कि रोगी को दिये जाने वाले उपचार से भविष्य में किस दर से चंगा हो सकता है। मियर तथा स्मीथ (Meier & Smith, 1994) का मत है कि इस तरह के पूर्वानुमानिक कथन से मस्तिष्कीय दुष्क्रिया वाले रोगियों के पुनर्वास (rehabilitation) के बारे में कोई योजना बनाने में भी पर्याप्त मदद मिलती है।

4. पुनर्वास के लिए योजना बनाने में मदद *(Aid in planning for rehabili-tation)*—गोल्डेन तथा एण्डरसन (Golden & Anderson, 1978) का मत है कि न्यूरोमनोवैज्ञानिक परीक्षणों के माध्यम से मस्तिष्कीय क्षति रोगियों (brain injured patients) के लिए पुनर्वास कार्यक्रम (rehabilitation programme) सुनिश्चित करना काफी आसान हो जाता है। मस्तिष्क क्षति का विस्तृत क्षेत्र एवं उसके व्यवहारपरक स्वरूप (behavioural nature) को न्यूरोमनोवैज्ञानिक परीक्षण के ही आधार पर सही-सही ढंग से जाना जा सकता है तथा फिर उसके संदर्भ में उनके पुनर्वास की रूप-रेखा तैयार किया जा सकता है।

स्पष्ट हुआ कि न्यूरोमनोवैज्ञानिक परीक्षण के कई विशिष्ट उद्देश्य हैं। इन उद्देश्यों की प्राप्ति बहुत हद तक उचित परीक्षणमाला का चयन तथा परीक्षक का अपना अन्तर्ज्ञात (intuition) निर्भर करता है।

हालस्टीड-रिटान न्यूरोमनोवैज्ञानिक परीक्षणमाला (Halstead-Reitan Neuropsychological Test-battery)

इस परीक्षणमाला का निर्माण हालस्टीड (Halstead, 1947) द्वारा किया गया जिसका संशोधित एवं वर्द्धित प्रारूप उनके ही छात्र रिटान (Reitan, 1974) द्वारा प्रकाशित किया गया तथा इसका नाम *हालस्टीड-रिटान न्यूरोमनोवैज्ञानिक परीक्षणमाला* रखा गया है। इस परीक्षणमाला का उपयोग 15 साल एवं उससे अधिक आयु के व्यक्तियों में मस्तिष्कीय क्षति (brain damage) की पहचान करने के लिए किया जाता है परन्तु इसके दो और तर्जुमा या रूपांतर (version) हैं जिनका उपयोग 9 से 14 एवं 5 से 8 साल के बच्चों के लिए अलग-अलग किया जाता है। इस परीक्षण को पूरा करने

में करीब 6 घंटा या उससे कुछ अधिक समय लगता है। इस परीक्षण के आधार पर इन्डेक्स ऑफ इम्पयेरमेन्ट (Index of Impairment) ज्ञात किया जाता है। इसके अतिरिक्त यह परीक्षण विभिन्न कौशलों (skills) में व्यक्ति के कार्यों का भी मापन करता है। इस परीक्षणमाला में निम्नांकित 11 मापनियों (scales) को सम्मिलित किया गया है।

(i) माइनेसोटा मल्टीफेजिक पर्सनालिटी इन्वेन्ट्री *(Minnesota Multiphasic Personality Inventory)*—इस परीक्षण द्वारा 10 नैदानिक आयामों (clinical dimensions) का मापन होता है। इसके मौलिक प्रारूप में 550 एकांश हैं तथा इसके संशोधित प्रारूप (revised form) जिसे MMPI-2 कहा जाता है, में 567 एकांश हैं और इसके द्वारा भी वही 10 नैदानिक आयामों पर रोगी की स्थिति का आकलन होता है। वे दस नैदानिक आयाम या मापनी हैं—रोगभ्रम (hypochondriasis), विषाद (depression), हिस्ट्रीया (hysteria), मनोविकृत विचलन (psychopathic deviation), पुरुषत्व-नारीत्व (masculinity-feminity), स्थिर-व्यामोह (paranoia), मलेदौर्बल्यता (psychesthenia), मनोविदालिता (schizophrenia), अल्पोन्माद (hyppomania) तथा सामाजिक अन्तर्मुखता (social introversion) है।

(ii) वेक्सलर वयस्क बुद्धि मापनी-संशोधित *(Wechsler Adult Intelligence Scale Revised or WAIS-R)*—इस परीक्षण द्वारा रोगी की बुद्धि एवं अन्य संबंध आयामों जैसे ह्रास सूचक (deterioration index) आदि का पता लगाया जाता है। इसके दो भाग हैं—शाब्दिक मापनी (verbal scale) जिसमें छह उपपरीक्षण अर्थात् सूचना (information) परीक्षण, बोध परीक्षण (comprehension test), अंक-विस्तार परीक्षण (digit span test), शब्दावली परीक्षण (vocabulary test), अंकगणितीय परीक्षण (arithmetic test) तथा समानता परीक्षण (similarity test) हैं। क्रियात्मक मापनी (performance scale) में पाँच उपपरीक्षण अर्थात् चित्र पूर्ति परीक्षण (picture completion test), चित्र व्यवस्था परीक्षण (picture arrangement test), ब्लॉक डिजाइन परीक्षण (block design test), वस्तु सज्जीकरण परीक्षण (object assembly test) तथा अंकप्रतीक परीक्षण (digit symbol test)।

(iii) श्रेणी परीक्षण *(Category test)*—इस परीक्षण में 208 स्लाइड्स (slides) होते हैं और उसे देखकर व्यक्ति को उन्हें सही-सही श्रेणियों में छाँटना होता है। आरंभ में तो यह कार्य आसान रहता है परन्तु आगे चलकर इसकी कठिनता स्तर में वृद्धि हो जाती है। परीक्षण द्वारा व्यक्ति की मानसिक दक्षता (mental efficiency) तथा अमूर्त्त संप्रत्ययों के निर्माण करने की क्षमता का मापन होता है।

(iv) स्पर्श निष्पादन परीक्षण *(Tactual performance test)*—इस परीक्षण द्वारा व्यक्ति की पेशीय गति (motor speed), स्पर्श तथा गतिबोधक प्रत्यक्षण (kinesthetic perception) एवं अप्रसांगिक स्मृति (incidental memory) का मापन होता है। इसमें व्यक्ति के आँख पर पट्टी बाँध दिया जाता है और उसके सामने एक ऐसा बड़ा बोर्ड (board) रखा जाता है जिसमें 10 विभिन्न आकारों के ब्लॉक को फिट किया जा सकता है। व्यक्ति को यह कार्य तीन बार करना होता है—एक बार अपने एक हाथ से, फिर दूसरे बार दूसरे हाथ से और अंतिम बार दोनों हाथों से कार्य सम्पन्न होने के बाद बोर्ड को हटा दिया जाता है और आँख पर से पट्टी भी हटा दिया जांता है। व्यक्ति को अपनी स्मृति से बोर्ड तथा उसके उपयुक्त जगह में रखे गये विभिन्न ब्लाकों के चित्र का आरेखण अपनी स्मृति से करना होता है।

(v) लय परीक्षण *(Rhythm test)*—इस परीक्षण द्वारा व्यक्ति के अशाब्दिक श्रव्य प्रत्यक्षण (nonverbal auditory perception), ध्यान एवं एकाग्रता (concentration) की क्षमता का मापन होता है। इसमें लय ताल (rhythm bits) के 30 जोड़े होते हैं जिन्हें एक-एक करके सुनने के बाद व्यक्ति को यह बतलाना होता है कि लय ताल का जोड़ा एक-दूसरे के समान है या भिन्न है।

(vi) संभाषण-आवाज प्रत्यक्षण परीक्षण *(Speech-Sound Perception test)*—इस परीक्षण द्वारा व्यक्ति के शाब्दिक श्रव्य प्रत्यक्षण (verbal auditory perception), ध्यान एवं एकाग्रता की क्षमता का मापन होता है। इसमें सुने गये अर्थहीन शब्दों को दिये गए सूची में खोजकर वैसे ही शब्दों के साथ व्यक्ति को मिलान करना होता है।

(vii) अंगुली टैपिंग परीक्षण *(Finger Tapping test)*—इस परीक्षण द्वारा पेशीय गति (motor speed) का मापन होता है। इसमें व्यक्ति को अपने तर्जनी से 10 सेकेंड तक के लिए जितना तेजी से हो सके लीभर (lever) दबाना होता है। दोनों हाथों से कई प्रयासों तक यह कार्य किया जाता है और फिर उसका आपस में तुलना किया जाता है।

(viii) ट्रेल मेकिंग परीक्षण *(Trail Making test)*—इसमें व्यक्ति को वृत्तों का एक सेट दिया जाता है और ये सभी वृत्त क्रमांकित या अक्षरांकित होते हैं और उन्हें तेजी के साथ एक सतत क्रम (consecutive sequence) में एक रेखा खींचते हुए जोड़ना होता है। इसके द्वारा व्यक्ति के दृष्टि स्कैनिंग (visual scanning) की क्षमता तथा विभिन्न सेट को समन्वित करने की क्षमता आदि का मापन होता है।

(ix) पकड़ शक्ति परीक्षण *(Strength of Grip test)*—इस परीक्षण में व्यक्ति डायनेमोमीटर (dynamometer) को प्रत्येक हाथ से दबाता है और उसके आधार पर दायाँ हाथ तथा बायाँ हाथ के पकड़ की शक्ति का तुलनात्मक अध्ययन हो पाता है।

(x) संवेदी प्रत्यक्षणात्मक परीक्षण *(Sensory Perceptual test)*—इस परीक्षण में व्यक्ति को स्पर्श, श्रवण एवं दृष्टि उत्तेजनों का प्रत्यक्षण करना होता है। वह इन उद्दीपकों को शरीर के प्रत्येक भाग पर बारी-बारी से और फिर दोनों तरफ एक साथ दिया जाता है। इन तीनों में से प्रत्येक प्रत्यक्षण को वैयक्तिक रूप से तथा फिर कोई मानक परिवर्तन (standard variation) से तुलना करके किया जाता है।

(xi) एफासिया स्क्रिनिंग परीक्षण *(Aphasia Screening Test)*—इस परीक्षण द्वारा प्रत्यभिज्ञान (recognition) तथा भाषा अनुप्रयोग (language usage) के कई पहलुओं का मापन होता है। साथ-ही-साथ, ज्यामितीय प्रारूप को पुनरुत्पादन करने तथा साधारण क्रियाओं को मूकाभिनय (pantomime) करने की क्षमता आदि का मापन होता है।

सचमुच में श्रेणी परीक्षण, स्पर्श निष्पादन परीक्षण, लय परीक्षण, संभाषण-आवाज प्रत्यक्षण परीक्षण तथा अंगुली टैपिंग परीक्षण ही मिलकर हालस्टीड-रिवन परीक्षणमाला का निर्माण कर देते हैं। परंतु व्यवहारिक रूप से इस परीक्षणमाला में छह अन्य परीक्षणों को भी सम्मिलित किया गया है।

इस परीक्षणमाला पर व्यक्ति का मूल्यांकन निम्नांकित चार तरीकों से किया जाता है—

(i) रोगी के निष्पादन के स्तर की तुलना मानक समूह (standard group) के निष्पादन से किया जाता है। उन परीक्षणों के निष्पादन के लिए क्षति या हानि सूचकांक (impairment index) ज्ञात किया जाता है जिसमें रोगी का निष्पादन नैदानिक रूप से घटिया पसार (deficient range) में पड़ता है।

(ii) परीक्षण पर के निष्पादन का पैटर्न विश्लेषण (pattern analysis) किया जाता है जिसमें परीक्षणमाला के विभिन्न परीक्षणों पर के निष्पादन का आपस में तुलना की जाती है। जैसे—अक्सर शाब्दिक बुद्धिलब्धि प्राप्तांक की तुलना क्रियात्मक बुद्धिलब्धि प्राप्तांक से करके रोगी के मस्तिष्कीय क्षति का अंदाज लगाया जाता है।

(iii) व्यक्ति के शरीर के दायें अंगों के निष्पादन की तुलना शरीर के बायें अंगों के निष्पादन से की जाती है और यदि इन दोनों में अधिक अंतर होता है, तो मस्तिष्क के दोनों गोलार्द्धों (hemisphere) के दोषपूर्ण कार्यों के बारे में अंदाज लगाया जाता है।

(iv) न्यूरोमनोवैज्ञानिक हमेशा विकारी चिह्नों (pathognomanic signs) का भी पता लगाने की कोशिश करते है क्योंकि इन चिह्नों से कुछ ऐसे आंगिक समस्याओं का पता चलता है जो स्पष्टतः किसी विकृति की ओर इशारा करता है।

लूरिया-नेब्रास्का न्यूरोमनोवैज्ञानिक परीक्षणमाला (Luria-Nebraska Neuropsychological Battery)

न्यूरोमनोवैज्ञानिक मापन के लिए लूरिया-नेब्रास्का न्यूरोमनोवैज्ञानिक परीक्षणमाला (Luria-Nebraska Neuropsychological Battery or LNNB) एक अतिमहत्त्वपूर्ण निश्चित परीक्षणमाला (fixed battery) है। इस परीक्षण के विकास का आधार मशहूर रूसी मनोवैज्ञानिक (psychiatrist) ऐलेक्जेण्डर लूरिया (Alexander Luria) द्वारा कई वर्षों तक न्यूरोलोजिक रोगियों पर किया गया शोधकार्य है। यह परीक्षण वर्तमान समय में अपने तीसरे संस्करण में है जिसे LNNB-III कहा गया है।

इस परीक्षण में कुल 269 एकांश (items) हैं। इन एकांशों के माध्यम से 11 विभिन्न तरह के न्यूरोमनोवैज्ञानिक निष्पादन (neuropsychological performance) के बारे में सूचना मिलती है। क्रियान्वयन (administration) तथा प्राप्तांक-लेखन (scoring) मैनुअल में उल्लेखित कसौटी के अनुरूप सभी एकांशों में 0, 1 या 2 का प्राप्तांक देकर

प्राप्तांक-लेखन किया जाता है। सभी समान एकांशों को एक श्रेणी में रखा जाता है और इस तरह इसमें कुल 11 मापनी हैं जिन्हें C_1 से C_{11} तक में बाँटा गया है। प्रत्येक मापनी द्वारा एक स्वतंत्र क्षमता (ability) का मापन होता है जिसका उल्लेख निम्नांकित है:—

C_1 पेशीय (*C_1 Motor*)—इसके एकांशों द्वारा समन्वय, गति, आरेखण (drawing) तथा अन्य जटिल क्षमताओं का मापन होता है।

C_2 लय (*C_2 Rhythm*)—इसके एकांशों द्वारा शाब्दिक लयबद्ध उद्दीपकों (verbal rhythmic stimuli) तथा अशाब्दिक लयबद्ध उद्दीपकों पर ध्यान देने, विभेदित करने तथा उन्हें उत्पन्न करने की क्षमता का मापन होता है।

C_3 स्पर्श (*C_3 Tactile*)—इसमें व्यक्ति को स्पर्श से उद्दीपकों अर्थात् उद्दीपकों को छूकर बतलाना होता है तथा साथ-ही-साथ कलाई पर आरेखित उद्दीपकों को भी बतलाना होता है।

C_4 दृष्टि (*C_4 Visual*)—इसमें व्यक्ति को कुछ आरेखण (drawings) की पहचान करनी होती है। इस तरह के आरेखण में परस्परछादी आरेखण (overlapping drawings) तथा अस्पष्ट आरेखण की भी पहचान करनी होती हैं। इससे व्यक्ति आनुक्रमिक मैट्रीसेज (progressive matrices) का समाधान भी करता है।

C_5 ग्रहणशील संभाषण (*C_5 Receptive Speech*)—इसके द्वारा व्यक्ति में ध्वनिग्राम (phonemes) में अन्तर करने की क्षमता तथा वाक्यों, वाक्यांशों (phrases) तथा शब्दों को समझने की क्षमता का मापन होता है।

C_6 अभिव्यंजक संभाषण (*C_6 Expressive Speech*)—इसके द्वारा आवाजों, शब्दों एवं वाक्यों को धारा प्रवाह ढंग से उच्चारण करने की क्षमता तथा वर्णित (described) वस्तु या चित्रित वस्तुओं (pictured objects) की पहचान करने की क्षमता की माप होती है।

C_7 लेखन (*C_7 Writing*)—इसके द्वारा सामान्यतः पेशीय-लेखन क्षमता (motor writing abilities) का मापन होता है तथा श्रुतलेखन (dictation) की क्षमता की भी माप होती है।

C_8 पठन (*C_8 Reading*)—इसके द्वारा व्यक्ति में अक्षरों, शब्दों तथा वाक्यों को पढ़ने की क्षमता का मापन होता है तथा साथ-ही-साथ अक्षरों को शब्दों तथा आवाजों में संश्लेषित करने की क्षमता का भी मापन होता है।

C_9 अंकगणित (*C_9 Arithmetic*)—इसमें व्यक्ति को साधारण गणितीय परिकलन करना होता है तथा गणितीय चिह्नों एवं संख्या संरचनाओं को समझने की क्षमता की भी माप होती है।

C_{10} स्मृति (*C_{10} Memory*)—इसमें व्यक्ति को आनुमानिक (inference) तथा अनानुमानिक (non-inference) अवस्थाओं में शाब्दिक तथा अशाब्दिक उद्दीपकों को याद करने की क्षमता का मापन होता है।

C_{11} बुद्धि (*C_{10} Intelligence*)—इसके द्वारा बुद्धि के कुछ तत्त्व जैसे तर्कणा, संप्रत्यय निर्माण (concept formation) तथा जटिल गणितीय समस्या समाधान की क्षमता आदि का मापन होता है।

प्रत्येक मापनी पर के मूल प्राप्तांक (raw score) को ही टी प्राप्तांक (T score) में बदल दिया जाता है जिसका माध्य (Mean) = 50 तथा मानक विचलन (Standard deviation) = 10 होता है। इस परीक्षण पर उच्च प्राप्तांक से अधिक मनोरोग (psychopathology) होने का अंदाज मिलता है। 70 से ऊपर का प्राप्तांक द्वारा मस्तिष्कीय दोष (brain impairment) होने का अनुमान लगाया जाता है। इस पूरे परीक्षण के क्रियान्वयन में 2½ घंटे का समय लगता है।

इस परीक्षण पर के निष्पादन (performance) के आधार पर तीन सार मापनी (summary scale) की व्युत्पत्ति (derivation) की गयी है—

S_1 विकारी (*S_1 Pathognomonic*)—इसके द्वारा वास्तविक दैहिक पुनर्लाभ (actual physical recovery) तथा मस्तिष्क के कार्यात्मक पुनर्संगठन (functional reorganization) के बाद होने वाले क्षतिपूर्ति की मात्रा का पता चलता है। इस पर उच्च प्राप्तांक आने से यह पता चलता है कि ऐसी क्षतिपूर्ति कम हुई है। इस मापनी के एकांश का स्वरूप कुछ ऐसा होता है कि उनका उत्तर कोई भी सामान्य व्यक्ति दे पाता है परंतु मस्तिष्कीय क्षतिग्रस्त व्यक्ति शायद ही उनका उत्तर दे पाते हैं।

S_2 बायाँ गोलार्द्ध *(S_2 Left hemisphere scale)*—इसके द्वारा शरीर के दायें तरफ के पेशीय एवं संवेदी कार्यों का मापन होता है। फलतः जब कोई व्यक्ति अपने शरीर के दायें हिस्से वाले अंगों से यथोचित कार्य नहीं कर पाता है, तो यह पता चलता है कि उसका बायाँ गोलार्द्ध क्षतिग्रस्त है।

S_3 दायाँ गोलार्द्ध *(S_3 Right hemisphere scale)*—इस मापनी द्वारा शरीर के बायें भाग के पेशीय एवं संवेदी कार्यों का मापन होता है। इस भाग में क्षति होने से व्यक्ति अपने शरीर के बायें अंगों द्वारा ठीक ढंग से पेशीय एवं संवेदी क्रियाओं को नहीं कर पाता है।

LNNB के कुछ लाभ (advantages) तथा अलाभ (disadvantages) भी बतलाये गए हैं। इसके प्रमुख लाभ निम्नांकित हैं:—

1. LNNB के क्रियान्वयन में लगभग 2½ घंटे का समय लगता है जबकि हालस्टीड-रिटान परीक्षण (Halstead Reitan test) के क्रियान्वयन में छह घंटे से अधिक का समय लगता है।

2. कई मनोवैज्ञानिकों का मत है कि LNNB द्वारा मस्तिष्कीय क्षति के ऐसे सूक्ष्म प्रभावों की भी पहचान आसानी से कर ली जाती है जिसे अभी तक अन्य न्यूरोलोजिक परीक्षाओं (neurological examinations) द्वारा पहचानना संभव नहीं हो पाता है।

3. LNNB द्वारा शिक्षा के स्तर पर पड़ने वाले प्रभावों को नियंत्रित करना आसान हो पाता है। ब्रिकमैन तथा सेलिगमैन (Brickman & Seligman, 2006) का मत है कि इस परीक्षण द्वारा शिक्षा के स्तर को इस तरह से नियंत्रित किया गया है कि जो व्यक्ति कम पढ़ा-लिखा है, वह इसी बात के कारण कम प्राप्तांक परीक्षण पर नहीं प्राप्त कर सके।

LNNB के कुछ अलाभ भी हैं जो इस प्रकार हैं:—

(1) LNNB का हालस्टीड रिटान परीक्षण के समान विस्तृत पृष्ठभूमि या उपयोग अबतक नहीं बतलाया गया है।

(2) LNNB द्वारा वांछित सूचनाओं की माँग यह होती है कि जो व्यक्ति उसका उपयोग करने जा रहा है उसे उस सैद्धान्तिक तंत्र (theoretical system) का विस्तृत ज्ञान होना चाहिए जिसपर परीक्षण आधारित होता है। यह अलाभ इस बात से कोई खाश महत्त्व नहीं रखता है कि इस ढंग की जरूरत करीब-करीब सभी परीक्षणों की होती है। स्पष्ट हुआ कि LNNB का लाभ की तुलना में अलाभ की बिन्दुएँ उतनी मजबूत नहीं हैं।

लाभदायक न्यूरोमनोवैज्ञानिक परीक्षण की विशेषताएँ
(Characteristics of Useful Neuropsychological Tests)

किसी भी न्यूरोमनोवैज्ञानिक परीक्षण को लाभदायक होने के लिए यह आवश्यक है कि उसमें कुछ अपेक्षित गुण या विशेषताएँ हों। कई अध्ययनों की समीक्षा के बाद इस निष्कर्ष पर पहुँचा गया है कि एक न्यूरोमनोवैज्ञानिक परीक्षण के अपेक्षित गुण निम्नांकित पाँच हैं—

1. सम्पूर्णता *(Thoroughness)*—किसी भी न्यूरोमनोवैज्ञानिक परीक्षण को तभी लाभप्रद माना जा सकता है जब उसमें विभिन्न तरह के कार्यों को मापने की क्षमता हो। जैसे, इस परीक्षण में उस गोलार्द्ध (hemisphere) को पहचान करने की क्षमता हो जिससे भाषा नियंत्रित होता हो, सामान्य बुद्धि तथा स्मृति की माप करता हो, उसमें संवेदी (sensory), प्रत्यक्षज्ञानात्मक (perceptual), तथा पेशीय कार्यों (motor functions) को मापने की क्षमता हो; भाषाई कार्यों (language functions) को भी मापने की क्षमता हो तथा बायाँ एवं दायाँ अग्रपालि (frontal lobe) के कार्यों को मापने की क्षमता हो।

2. समय *(Time)*—एक लाभप्रद (useful) न्यूरोमनोवैज्ञानिक परीक्षण की अन्य विशेषता यह है कि उसे क्रियान्वयवन करने म कम से कम समय लगे क्योंकि मस्तिष्कीय क्षति (brain damage) वाले रोगी प्रायः कमजोर होते हैं और आसानी से थक जाते हैं।

3. सुगमता एवं खर्च *(Ease and Cost)*—ऐसे परीक्षण में सुगमता (easiness) का गुण होना अनिवार्य है। परीक्षण में कियान्वयन (admistration) के ख्याल से सुगमता (easiness) होना चाहिए। परीक्षा का स्वरूप ऐसा होना चाहिए कि उनका क्रियान्वयन तो आसान हो ही साथ-ही-साथ उनके परिणाम की व्याख्या करने में संगतता (consistency)

हो। इसके लिए यह आवश्यक है कि परीक्षण का एक मानक प्रारूप (standard format) हो तथा उसका प्राप्तांक लेखन (scoring) वस्तुनिष्ठ ढंग से किया जाना संभव हो। परीक्षण की कीमत भी बहुत अधिक नहीं हो क्योंकि इससे परीक्षण का उपयोग कुप्रभावित होता है।

4. अनुकूलनशीलता *(Adaptability)*—प्रायः यह देखा गया है कि मस्तिष्कीय क्षति वाले रोगी बहुत ही चलत (mobile) नहीं होते हैं क्योंकि या तो वे बिछावन से जकड़े (bedridden) होते हैं या फिर चक्रकुर्सी (wheelchair) पर ही इधर-उधर चलने वाले होते हैं। अतः न्यूरोमनोवैज्ञानिक परीक्षणों का स्वरूप रोगी या व्यक्ति के स्वास्थ्य के आलोक में निर्धारित सीमा (constraints) से अनुकूलनीय (adaptable) तथा सुलभ (portable) हो।

5. लचीलापन *(Flexibility)*—न्यूरोमनोवैज्ञानिक परीक्षणों को अन्य मनोवैज्ञानिक परीक्षणों के समान लगातार शोधों के नये परिणाम के आलोक में उन्नत बनाया जाता है। अतः न्यूरोमनोवैज्ञानिक परीक्षण का स्वरूप ऐसा होना चाहिए कि उन्हें इस नये आँकड़ों से उन्नत बनाया जा सके। कभी-कभी ऐसा देखा गया कि कुछ न्यूरोमनोवैज्ञानिक परीक्षण में इतने जटिल सूत्र तथा अन्य प्राप्तांक (score) का उल्लेख होता है कि परीक्षण को उन्नत बनाने की दिशा में रुकावट पैदा करते हैं। इससे परीक्षण में लचीलापन का गुण बनता है।

स्पष्ट हुआ कि एक लाभप्रद एवं उत्तम न्यूरोमनोवैज्ञानिक परीक्षण के कुछ निश्चित गुण होते हैं जिसके कारण उनकी लोकप्रियता अन्य परीक्षणों के कारण अधिक होती है।

भारतवर्ष में न्यूरोमनोवैज्ञानिक मापन
(Neuropsychological Assessment in India)

भारत में न्यूरोमनोवैज्ञानिक मापन (Neuropsychological assessment) के तीन सामान्य प्रकार देखने को मिलते हैं:—

1. न्यूरोमनोवैज्ञानिक परीक्षणमाला (Neuropsychological battery)
2. वैद्युतीय दैहिक मापन (Electrophysiological measures)
3. सूचना संसाधन परीक्षण (Information processing test)

इन तीनों का वर्णन निम्नांकित है:—

1. न्यूरोमनोवैज्ञानिक परीक्षणमाला *(Neuropsychlogical battery)*—भारत में लूरिया-नेब्रास्का न्यूरोमनोवैज्ञानिक परीक्षणमाला (Luria-Nebraska Neuro-psychological Battery or LNNB) का अनुकूलन मार्वा तथ वार्नेस (Marwah & Barnes, 1991) द्वारा किया गया है और इसका सफलतापूर्वक उपयोग अग्रपालि (frontal lobe), शंखपालि (temporal lobe) तथा भित्तीय पालि (parietal lobe) में क्षति (lesion) के प्रभाव की पहचान करने के लिए मुकुन्दन, राव, जैन, जयकुमार तथा शैलजा (Mukundan, Rao, Jain, Jayakumar & Shailaja, 1991) द्वारा किया गया। इस अनुकूलित परीक्षण का सफलतापूर्वक उपयोग पंडा (Panda, 1988) द्वारा भी मस्तिष्कीय क्षति के रोगियो की पहचान करने के लिए किया।

2. वैद्युतीय-दैहिक माप *(Electrophysiological measures)*—इस तरह के माप में व्यक्ति या रोगी के विभिन्न तरह के विकृतियों के उत्पन्न होने में मस्तिष्कीय एवं दैहिक परिवर्तनों को मापा जाता है और उसके आधार पर विकृति की गंभीरता का अंदाज लगाया जाता है। जैसे, मुकुन्दन, रेड्डी, हेज तथा शंकर (Mukunda, Reddy, Hedge & Shanker, 1990) सिर में उत्पन्न आघात (head trauma) के दीर्घकालीन प्रभाव को मापने के लिए एक इस तरह का अध्ययन किए। खन्ना, मुकुन्दन तथा चन्नावासावन्ना (Khanna, Mukandan & Channabasavanna, 1989) ने मनोग्रस्ति-बाध्यता विकृति (obsessive-compulsive disorders) में अग्रपालि (frontal lobe) की भूमिका का अध्ययन ऐसे ही मापों से किया था।

3. सूचना संसाधन परीक्षण *(Information Processing Test)*—ऐसे परीक्षण के माध्यम से सिर के चोट (head injury) का मापन एवं उसका उपचार (remediation) के लिए उपयोग किया जाता है जिसमें विभिन्न मस्तिष्कीय कार्यों की जाँच एक क्रम में करके उसके बारे में अंदाज लगाया जाता है। राव, गंगधार एवं हेज (Rao, Gangadhar and Hedge, 1985) ने इन परीक्षणों का उपयोग सफलतापूर्वक इस कार्य के लिए किया तथा मिरगी रोगियों के मस्तिष्कीय

लय का सफलतापूर्वक अध्ययन करने के लिए प्रसादराव तथा राव (Prasadrao & Rao, 1992) ने किया है।

इन तीन तरह के परीक्षणों का आशय (implication) विभिन्न तरह के केसेज या रोगियों के प्रबंधन में बहुत ही महत्त्वपूर्ण है। जहाँ मस्तिष्कीय दुष्क्रिया (brain dysfunction) के परीक्षण रोगियों के मस्तिष्कीय कमी (deficits) के स्थानीकरण (localization) तथा उसके पार्श्विकरण (lateralization) के रूप में भिन्नता करने में मदद करता है और इस तरह से परोक्ष रूप में पुनर्वास (rehabilitation) में मदद करता है, वहाँ सूचना संसाधन परीक्षण निदान (diagnosis) तथा उपचार को नियमित बनाने में मदद करता है।

भारत में भी कुछ विशेष तरह के न्यूरोमनोवैज्ञानिक परीक्षणों का निर्माण किया गया है जिनमें निम्नांकित तीन परीक्षण अधिक लोकप्रिय हुए हैं :

(a) पीजीआई बैट्री ऑफ ब्रेन डायस्फंक्सन (PGI Battery of Brain dysfunction)

(b) ऐम्स कमप्रिहेनसिव न्यूरोसाइकोलोजिक बैट्री (AIIMS Comprehensive Neuropsychological Battery)।

(c) निम्हान्स न्यूरोसाइकोलोजिक बैट्री (NIMHANS Neuropsychological Battery)।

इन तीनों का संक्षिप्त विवरण यहाँ अपेक्षित हैं—

(a) पीजीआई बैट्री ऑफ ब्रेन डायस्फंक्सन *(PGI Battery of Brain Dysfunction or PGIBBD)*—इस परीक्षण का निर्माण डॉ॰ द्वारका प्रसाद एवं डॉ॰ एस॰ के॰ वर्मा (Dr. Dwarka Prasad & Dr. S. K. Verma) द्वारा 1990 में मनोरोगविज्ञान विभाग (Department of Psychiatry) पीजीआई, चंडीगढ़ द्वारा किया गया। PGIBBD ऐकिक उपागम (Unitary approach) पर आधारित है तथा इसमें कारकीय प्रतिदर्श डिजाइन (factorial sampling design) का उपयोग किया गया है। इस परीक्षण के उपयोग के बाद एक ऐसा मनोमितिक प्रोफाइल (psychometric profile) तैयार होता है जिसके सहारे वैसे रोगियों को जिनमें आंगिक मस्तिष्कीय दुष्क्रिया (Organic brain dysfunction) है, को वैसी व्यक्तियों से आसानी से भिन्न कर लिया जाता है जिनमें ऐसी कोई दुष्क्रिया नहीं होती है। इस परीक्षण के निर्माण में 20–45 वर्ष के भारतीय युवा प्रयोज्यों ने भाग लिया। इस परीक्षण के आयु मानक (age normms) तथा शैक्षिक ग्रेड मानक (educational grade norms) उपलब्ध है। इस परीक्षणमाला (battery) में पाँच उपपरीक्षण (subtests) है जिनका नाम इस प्रकार है— *पीजीआई मेमोरी स्केल* (PGI Memory scale), *रिभाइज्ड भाटिया शार्ट स्केल ऑफ इन्टेलिजेन्स* (Revised Bhatia Short scale of Intelligence), *भर्वल एडल्ट इन्टेलिजेन्स स्केल* (Verbal adult Intelligence scale), *नाहोर-वेन्सन टेस्ट ऑफ परस्पेटुअल एक्युटी* (Nahar-Benson Test of Perceptual acquity) तथा *वेन्डर विजुअल मोटर गेसटाल्ट टेस्ट* (Bender-Visual Motor Gestalt test)। इस पूरे परीक्षणमाला के क्रियान्वयन में दो घंटे का समय लगता है। उपपरीक्षणों की विश्वसनीयता (reliability) 0.69 से 0.85 तक का है तथा विभिन्न कसौटियों के साथ परीक्षणमाला की वैधता (Validity) भी पर्याप्त है। इस परीक्षण पर के प्राप्तांकों की व्याख्या के उपरान्त संज्ञानात्मक दुष्क्रिया (Cognitive dysfunction) का एक सार्वभौम रेटिंग (global rating) प्राप्त होता है।

(b) ऐम्स क्रमप्रिहेनसिव न्यूरोसाइकोलोजिकल बैट्री *(AIIMS Comprehensive Neuropsychological Battery)*—एल॰ सूर्यगुप्त तथा उनके सहयोगियों (S. Surya Gupta et. al., 2000) द्वारा इस परीक्षणमाला का निर्माण ऐम्स (AIIMS), नयी दिल्ली में किया गया। इस परीक्षणमाला का निर्माण लूरिया-नेब्रास्का न्यूरोसाइकोलोजिकल बैट्री (Luria-Nebraska Neuropsychological Battery) पर आधारित है और इसे निदान (diagnosis) तथा पुनर्वास (rehabilitation) दोनों के लिए उपयोगी बताया गया है। इसमें कुल 160 एकांश हैं जो हिन्दी भाषा में है और इसमें 10 बुनियादी मापनी (basic scales) हैं। इसके 10 बुनियादी मापनी के नाम इस प्रकार हैं— *पेशीय मापनी* (Motor scale), *स्पर्शी मापनी* (Tactile scale), *दृष्टि मापनी* (Visual scale), *ग्राह्य संभाषण मापनी* (Receptive speech scale), *अभिव्यंजक संभाषण मापनी* (Expressive speech scale), *पठन मापनी* (Reading scale), *लेखन मापनी* (Writing scale), *अंकगणितीय मापनी* (Arithmetic scale), *स्मृति मापनी* (Memory scale) तथा *बौद्धिक प्रक्रिया मापनी* (Intellectual processes scale)। इन 10 मापनियों से ही तीन अन्य अंतर्वस्तु मापनी (Content scale) भी व्युत्पन्न किये गए हैं, जिनके नाम इस प्रकार हैं— पैथोगनोमोनिक मापनी (Pathognomonic scale), बायाँ गोलार्द्ध मापनी (Left hemisphere scale) तथा दायाँ गोलार्द्ध मापनी (Right hemisphere scale)। इस परीक्षणमाला द्वारा

15 साल से 80 साल के व्यक्तियों में मस्तिष्कीय क्षति (brain lesion) की पहचान (identification), स्थितिकरण (localization) तथा पार्श्विकीकरण (lateralization) के बारे में अंदाज लगाया जाता है।

इस परीक्षण की परीक्षण-पुनर्परीक्षण विश्वसनीयता (test-retest reliability) 0.79 से 0.98 तथा आंतरिक संगतता विश्वसनीयता (internal consistency reliability) 0.79 से 0.99 तक है। इस परीक्षण की वैधता (validity) भी पर्याप्त है क्योंकि इसके द्वारा मस्तिष्कीय क्षतिग्रस्त रोगियों को आसानी से मनोविदालता (schizophrenia) तथा सामान्य व्यक्तियों से भिन्न किया जाता है। इस परीक्षण के क्रियान्वयन से करीब 3 घंटे का समय लगता है।

(c) निम्हान्स न्यूरोसाइकोलोजिकल बैट्री *(NIMHANS Neuropsychological Battery)*—इस परीक्षणमाला का निर्माण शोबिनी राव तथा उनके सहयोगियों (Shobini Rao et. al., 2004) द्वारा निम्हान्स (NIMHANS) में किया गया। उस परीक्षणमाला के अन्तर्गत 19 उपपरीक्षण (subtests) हैं जिनके द्वारा विभिन्न क्षेत्रों जैसे स्मृति, वाचिक अधिगम (verbal learning), गति (speed) अवधान (attention), कार्यपालक कार्य (executive functions), बोध (comprehension), आदि में न्यूरोमनोवैज्ञानिक कमियों (neuropsychological deficit) का मापन होता है। इस परीक्षणमाला द्वारा कुल सात क्षेत्रों (domains) के 16 कार्यों (functions) का मापन होता है। कारकीय प्रतिदर्श डिजाइन (factorial sampling design) का उपयोग करते हुए इस परीक्षणमाला का मानक (norms) 18 से 65 वर्ष की आयु के व्यक्तियों के लिए विकसित किया गया है। इस परीक्षणमाला के विभिन्न उपपरीक्षणों (subtests), उनके क्षेत्रों (domains) तथा कार्यों (functions) का वर्णन निम्नांकित हैं :

(i) **गति परीक्षण** *(Tests of speed)*—इन परीक्षणों द्वारा पेशीय (motor) तथा मानसिक (mental) गति का मापन होता है। अंगुली टैपिंग परीक्षण (Finger tapping test) द्वारा पेशीय गति (motor speed) तथा अंक-संकेत परीक्षण (digit symbol test) द्वारा मानसिक गति का मापन होता है। पहले परीक्षण के क्रियान्वयन में 5 मिनट तथा दूसरे परीक्षण के क्रियान्वयन में 7 मिनट का समय लगता है।

(ii) **अवधान परीक्षण** *(Tests of attention)*—इस श्रेणी के परीक्षणों द्वारा केन्द्रित (focused), दीर्घीकृत (subtained) तथा विभक्त (divided) अवधान का मापन होता है। रंग खोज परीक्षण (Colour traits test) जिसके क्रियान्वयन में 10 मिनट का समय लगता है, द्वारा केन्द्रित अवधान का मापन होता है। अंक निगरानी परीक्षण (Digit vigilance test) जिसके क्रियान्वयन में करीब 15 मिनट का समय लगता है, द्वारा दीर्घीकृत अवधान तथा त्रिक परीक्षण (Triad test) जिसके क्रियान्वयन में 7 मिनट का समय लगता है, द्वारा विभिक्त अवधान का मापन होता है। त्रिक परीक्षण का निर्माण निम्हान्स (NIMHANS) में किया गया है।

(iii) **कार्यपालक कार्यों का परीक्षण** *(Tests of Executive Functions)*—कार्यपालक कार्यों की रूचि में विभिन्न तरह के कार्यों जैसे— शाब्दिक प्रवाहिता (Verbal fluency), डिजाइन प्रवाहिता (design fluency), कार्यरत स्मृति (Working memory), श्रेणी प्रवाहिता (Category fluency), योजना बनाना (Planning) तथा सेट अन्तरण क्षमता (Set shifting ability) तथा अनुक्रिया अवरोध (response inhibition) आदि सम्मिलित होते हैं। इन कार्यों का मापन विभिन्न परीक्षणों यथा नियंत्रित वाचिक शब्द साहचर्य परीक्षण (Controlled oral word associate test) (क्रियान्वयन समय 3 मिनट), डिजाइन प्रवाहिता परीक्षण (Design fluency test) (क्रियान्वयन समय 12 मिनट), एन बैक परीक्षण : शाब्दिक (N Back test : Verbal) (क्रियान्वयन समय 12 मिनट), एन बैक परीक्षण : दृष्टि (N Back test : visual), (क्रियान्वयन समय 10 मिनट), आत्म-क्रमित निर्देश परीक्षण (Self- ordered pointing test) (क्रियान्वयन समय 10 मिनट), टॉवर ऑफ लंदन परीक्षण (Tower of London test) (क्रियान्वयन समय 30 मिनट), विसकोनसिन कार्ड छाँट परीक्षण (Wisconsin Card sorting test) (क्रियान्वयन समय 30 मिनट) तथा स्ट्रूप परीक्षण (Stroop test) (क्रियान्वयन समय 20 मिनट) द्वारा होता है।

(iv) **बोध परीक्षण** *(Test of Comprehension)*—इस श्रेणी के परीक्षणों द्वारा शाब्दिक बोध (Verbal comprehension) का मापन होता है। बोले गए संभाषण (spoken speech) को समझने की क्षमता का मापन इस परीक्षण द्वारा होता है। सांकेतिक परीक्षण (Token test) द्वारा भिन्न-भिन्न जटिलताओं के संदर्भ में बोले गए समादेशों (spoken commands) का मापन होता है।

(v) **शाब्दिक अधिगम एवं स्मृति का परीक्षण** *(Test of Verbal learning and memory)*—इस श्रेणी के परीक्षणों द्वारा शब्द सूचि (Word list) की स्मृति एवं अधिगम (learning) के तत्त्वों का मापन होता है। शब्द सूचियों के लिए रे द्वारा निर्मित श्रवण शाब्दिक अधिगम परीक्षण (Rey's Auditory verbal learning test) जिसके क्रियान्वयन में 30 मिनट का समय लगता है, का उपयोग किया जाता है। तार्किक स्मृति (logical memory) के लिए उद्धरण परीक्षण (Passage test) जिसके क्रियान्वयन में 10 मिनट का समय लगता है, का उपयोग किया जाता है।

(vi) **दृष्टिदैहिक संरचना का परीक्षण** *(Tests of Visuospatial constructions)*—इस परीक्षण द्वारा देखे गए आकृति को त्रिविमीय (three dimensional) या द्विविमीय (two dimensional) आकृति में बदलने की क्षमता का मापन होता है। इस क्षमता का मापन रे द्वारा निर्मित जटिल चित्र परीक्षण (Rey's complex figure test) जिसके क्रियान्वयन करने में 10 मिनट का समय लगता है, द्वारा किया जाता है।

(vii) **दृष्टि अधिगम एवं स्मृति का परीक्षण** *(Tests of Visual learning and memory)*—इस श्रेणी के परीक्षणों द्वारा दृष्टि सामग्रियों को सीखने एवं याद रखने की क्षमता का मापन होता है। जटिल चित्र परीक्षण (Complex figure test) तथा डिजाइन अधिगम परीक्षण (Design learning test) द्वारा इस क्षमता का मापन होता है। पहले परीक्षण के क्रियान्वयन में 15 मिनट तथा दूसरे परीक्षण के क्रियान्वयन में लगभग एक घंटा का समय लगता है।

स्पष्ट हुआ कि भारतीय परिपेक्षण में भी विभिन्न तरह के न्यूरोमनोवैज्ञानिक परीक्षणों को विकसित एवं निर्मित कर सराहनीय कार्य किए गए हैं।

अध्याय सारांश
(Chapter Summary)

1. न्यूरोमनोवैज्ञानिक मूल्यांकन (neuropsychological assessment) ज्ञात या संदिग्ध मस्तिष्कीय दुष्क्रिया वाले व्यक्तियों की पहचान करने और उपचार करने के लिए विशिष्ट परीक्षणों का एक महत्त्वपूर्ण अनुप्रयोग है।
2. न्यूनतम मस्तिष्कीय-दुष्क्रिया (Minimum Brain Dysfunction or MBD) एक ऐसी श्रेणी होती हैं जिसमें उन सभी बच्चों को रखा जाता है जिनमें तरह-तरह के संज्ञानात्मक एवं व्यवहारात्मक विकृतियाँ तो देखने को मिलतीं हैं परंतु मस्तिष्कीय क्षति (brain damage) का कोई स्पष्ट सबूत नहीं मिलता है।
3. न्यूरोमनोवैज्ञानिक मूल्यांकन के कई अनुप्रयोग हैं जिनमें चार प्रमुख अनुप्रयोगों पर अधिक बल डाला गया है।
4. मस्तिष्क-व्यवहार संबंध मॉडल (brain-behaviour relationship model) मस्तिष्क को प्राप्त होने वाली सूचनाओं को मस्तिष्क द्वारा विभिन्न श्रेणियों में विश्लेषित करके उसे क्रिया में बदलकर अध्ययन करता है और न्यूरोमनोवैज्ञानिक परीक्षण द्वारा एक या उससे अधिक श्रेणी का मापन किया जाता है। इस मॉडल के अनुसार ऐसी सात श्रेणियो की पहचान की गयी है।
5. एक श्रेणी में संवेदी निवेश (sensory input) का न्यूरोमनोवैज्ञानिक मापन रखा गया है जो संवेदी-प्रत्यक्षज्ञानात्मक परीक्षण (sensory-perceptual examination) तथा अँगुली स्थानीकरण परीक्षण (finger localization test) द्वारा संपन्न होता है।
6. दूसरी श्रेणी में अवधान एवं एकाग्रता (concentration) का न्यूरोमनोवैज्ञानिक मापन रखा गया है जिसके लिए दिन-प्रतिदिन अवधान का परीक्षण (Test of Everyday Attention or TEA), गतिमान श्रवण क्रमिक जोड़ कार्य (Paced Auditory Serial Addition Task or PASAT), क्रमिक रूप से सात को घटाना (Subtracting serial seven) आदि का उपयोग किया जाता है।
7. तीसरी श्रेणी में अधिगम (learning) तथा स्मृति (memory) के न्यूरोमनोवैज्ञानिक मापन को रखा गया है तथा इसके लिए वेक्सलर स्मृति मापनी तृतीय (Wechsler Memory Scale-III), रे श्रवण शाब्दिक अधिगम परीक्षण

(Rey Auditory Verbal Learning Test or RAVLT), फूल्ड वस्तु स्मृति मूल्यांकन (Fuld Object Memory Evaluation) का उपयोग किया जाता है।

8. चौथी श्रेणी में भाषाई कार्यों (language functions) का न्यूरोमनोवैज्ञानिक मापन को रखा गया है जिसके लिए अमाननीकृत नैदानिक परीक्षण, माननीकृत स्क्रीनिंग परीक्षण तथा एफाशिया का एक सघन नैदानिक परीक्षण का उपयोग किया जाता है।
9. पाँचवीं श्रेणी में स्थानिक (spatial) तथा हस्तकौशल क्षमताओं का न्यूरोमनोवैज्ञानिक मापन को रखा गया है तथा इस कार्य के लिए आरेखणपरीक्षण (drawing test) तथा सज्जीकरण परीक्षण (assembly test) प्रमुख हैं। वेन्डर-गेस्टाल्ट परीक्षण (Bender-Gestalt test) आरेखण परीक्षण का एक प्रमुख प्रकार है।
10. कार्यपालक क्रियाओं (executive functions) के न्यूरोमनोवैज्ञानिक मापन को एक छठी श्रेणी में रखा गया है तथा इस कार्य के लिए पोटेर्स भूलभूलैया परीक्षण (Porteus Maze test), विसकोनसिन कार्ड सॉर्टिंग परीक्षण (Wisconsin Card sorting test), टिकरटाय परीक्षण तथा होल्ड-डान्ट होल्ड परीक्षण (Hold-Don't Hold test) को रखा गया है।
11. सातवीं श्रेणी में पेशीय निर्गत (motor output) का न्यूरोमनोवैज्ञानिक मापन को रखा गया है तथा इस कार्य के लिए फिंगर टैपिंग परीक्षण (Finger-Tapping test) परडू पेगबोर्ड परीक्षण (Purdue Pegboard test), रेखा आरेखण कार्य आदि परीक्षणों का उपयोग किया जाता है।
12. न्यूरोमनोवैज्ञानिक मापन के लिए कुछ निश्चित परीक्षणमालाओं (test batteries) का उपयोग किया जाता है जिनमें दो प्रमुख हैं—हालस्टीड-रिटान न्यूरोमनोवैज्ञानिक परीक्षणमाला (Halstead-Reitan Neuropsycholgical Battery) तथा लूरिया-नेब्रास्का न्यूरोमनोवैज्ञानिक परीक्षणमाला (Luria-Nebraska Neuropsy-chological Battery) प्रमुख हैं।
13. एक उत्तम एवं लाभदायक न्यूरोमनोवैज्ञानिक परीक्षण के पाँच विशेष गुण बतलाये गए हैं—सम्पूर्णता, समय, सुगमता एवं खर्च, अनुकूलनशीलता तथा लचीलापन।
14. भारत में न्यूरोमनोवैज्ञानिक मापन के तीन प्रकार बतलाये गए हैं—न्यूरोमनोवैज्ञानिक परीक्षणमाला, वैधुतीय दैहिक मापन तथा सूचना संसाधन परीक्षण। भारतवर्ष में तीन लोकप्रिय न्यूरोमनोवैज्ञानिक परीक्षणमाला विकसित किये गये हैं।

❑

अध्याय 10

व्यक्तित्व का मापन : व्यक्तित्व परीक्षण
(MEASUREMENT OF PERSONALITY : PERSONALITY TEST)

व्यक्तित्व के अर्थ एवं स्वरूप
(Meaning and Nature of Personality)

मनोवैज्ञानिकों ने व्यक्तित्व के अध्ययन में शुरू से ही काफी अभिरुचि दिखलायी है। अतः यह बिलकुल ही स्वाभाविक है कि व्यक्तित्व की अनेकों परिभाषाएँ दी गयीं हों। आलपोर्ट (Allport, 1937) ने व्यक्तित्व की दी गयी परिभाषाओं (definitions) को एकत्रित किया और पाया कि उस समय तक व्यक्तित्व की 49 परिभाषाएँ दी जा चुकी हैं। इन परिभाषाओं को उन्होंने फिर कई श्रेणियों में विभाजित कर उनका विशेष अध्ययन किया। परिभाषाओं के क्रम में सबसे पुरानी परिभाषा (यानी, सबसे पहली परिभाषा) व्यक्तित्व शब्द की उत्पत्ति से संबंधित संप्रत्यय पर आधारित है।

व्यक्तित्व का अंग्रेजी अनुवाद Personality है जो लैटिन शब्द परसोना (Persona) से बना है जिसका अर्थ नकाब (mask) से होता है जिसे नायक नाटक करते समय पहनते हैं। इस शाब्दिक अर्थ को ध्यान में रखते हुए व्यक्तित्व को बाहरी वेश-भूषा तथा बाह्य दिखावे (external appearance) के आधार पर परिभाषित किया गया है। जिस व्यक्ति का बाहरी दिखावा भड़कीला होता था, उसका व्यक्तित्व अच्छा समझा जाता था तथा जिस व्यक्ति का बाहरी दिखावा साधारण होता था, उसका व्यक्तित्व उतना अच्छा नहीं समझा जाता था। परन्तु इस तरह की परिभाषा को तुरंत ही अवैज्ञानिक घोषित किया गया और उसके बाद धीरे-धीरे एक-एक करके विभिन्न मनोवैज्ञानिकों ने व्यक्तित्व की अनेकों परिभाषाएँ दीं। ऐसी परिभाषाओं की संख्या 49 थीं जिसका विश्लेषण करने के बाद आलपोर्ट (Allport, 1937) ने अपनी ओर से व्यक्तित्व की 50वीं परिभाषा दिया जो आज भी अनेकों मनोवैज्ञानिकों को मान्य है क्योंकि यह परिभाषा काफी विस्तृत (comprehensive) तथा वैज्ञानिक है।

आलपोर्ट[1] (Allport, 1937) के अनुसार, ''व्यक्तित्व उन मनोशारीरिक तंत्रों का गतिशील या गत्यात्मक संगठन है जो वातावरण में उसके अपूर्व समायोजन को निर्धारित करते हैं।''

आलपोर्ट की इस परिभाषा में व्यक्तित्व के भीतरी गुणों (inner qualities) तथा बाहरी गुण यानी व्यवहार दोनों को सम्मिलित किया गया है, परन्तु उन्होंने व्यक्तित्व के भीतरी गुणों पर तुलनात्मक रूप से अधिक बल डाला है।

आइजेन्क[2] (Eysenck, 1952) के अनुसार, ''व्यक्तित्व व्यक्ति के चरित्र, चित्तप्रकृति, ज्ञानशक्ति तथा शरीरगठन का करीब-करीब एक स्थायी एवं टिकाऊ संगठन है जो वातावरण में उसके अपूर्व समायोजन का निर्धारण करता है।''

इस परिभाषा तथा आलपोर्ट की परिभाषा में काफी समानता (similarity) है। आइजेन्क ने आलपोर्ट के ही समान व्यक्तित्व को परिभाषित करने में व्यक्तित्व के भीतरी गुणों (inner qualities) तथा बाहरी गुण यानी व्यवहार को सम्मिलित किया है परन्तु भीतरी गुणों पर अधिक बल डाला है। इस तरह से आलपोर्ट तथा आइजेन्क दोनों के ही परिभाषाओं में व्यवहार (behaviour) पक्ष पर कम बल डाला गया है। वाल्टर मिसकेल (Walter Mischael, 1981) ने हाल ही में

1. "Personality is the dynamic organization within the individual of those psychological system that determines his unique adjustments to his environment." —Allport, *Personality : A Psychological Interpretation*, 1937.
2. "Personality is more or less stable and enduring organisation of a person's character, temperament, intellect and physique that determines his unique adjustments to his environments."

—Eysenck : *The Scientific Study of Personality*. 1952, p. 16

एक ऐसी परिभाषा दी है जो आधुनिक मनोवैज्ञानिकों के बीच अधिक लोकप्रिय (popular) हो पायी है तथा जिसमें आलपोर्ट तथा आइजेन्क की परिभाषा की कमी भी दूर हो गयी है क्योंकि इस परिभाषा में व्यक्तित्व के भीतरी गुणों (inner qualities) के अलावा व्यवहार (behaviour) पर भी समान रूप से बल डाला गया है।

वाल्टर मिसकेल[1] (Walter Mischel, 1981) के अनुसार, ''प्रायः व्यक्तित्व से तात्पर्य व्यवहार के उस विशिष्ट पैटर्न (जिसमें चेतन एवं संवेग भी सम्मिलित होते हैं) से होता है जो प्रत्येक व्यक्ति के जिन्दगी की परिस्थितियों के साथ होने वाले समायोजन का निर्धारण करता है।''

ऊपर में तीन प्रमुख मनोवैज्ञानिकों की परिभाषाओं का उल्लेख किया गया है। इनमें से प्रथम दो पहले की परिभाषा (आलपोर्ट एवं आइजेन्क) है तथा अन्तिम (मिसकेल) हाल ही में दी गयी परिभाषा है। इन तीनों परिभाषाओं का एक संयुक्त विश्वलेषण (joint analysis) करने पर व्यक्तित्व का अर्थ स्पष्ट हो जाएगा। इसका एक संयुक्त विश्लेषण इस प्रकार है—

(1) मनोशारीरिक तंत्र *(Psychophysical system)*—व्यक्तित्व एक ऐसा तंत्र (system) है जिसके मानसिक (psychological) तथा शारीरिक (physical) दोनों ही पक्ष होते हैं। यह तंत्र ऐसे तत्त्वों (elements) का एक गठन होता है जो आपस में अन्तःक्रिया (interaction) करते हैं। इस तंत्र के मुख्य तत्त्व शीलगुण (trait), संवेग (emotion), आदत (habit), ज्ञानशक्ति (intellect), चित्तप्रकृति (temperament), चरित्र (character), अभिप्रेरक (motive) आदि हैं जो सभी मानसिक गुण हैं। परन्तु इन सब का आधार शारीरिक (physical) अर्थात् व्यक्ति के ग्रन्थीय प्रक्रियाएँ एवं तंत्रिकीय प्रक्रियाएँ (neural processes) होती हैं। इसका स्पष्ट मतलब हुआ कि व्यक्तित्व न तो पूर्णतः मानसिक (psychological) है और न पूर्णतः शारीरिक ही। व्यक्तित्व इन दोनों तरह के पक्षों का मिश्रण है।

(2) गत्यात्मक संगठन *(Dynamic organisation)*—गत्यात्मक संगठन से तात्पर्य यह होता है कि मनोशारीरिक तंत्र (psychophysical system) के भिन्न-भिन्न तत्त्व (elements) जैसे—शीलगुण (traits), आदत (habits) आदि एक-दूसरे से इस तरह से संबंधित होकर संगठित होते हैं कि उन्हें एक-दूसरे से पूर्णतः अलग नहीं किया जा सकता है। इस संगठन में परिवर्तन (change) संभव है। यही कारण है कि उसे एक गत्यात्मक संगठन (dynamic organization) कहा जाता है। इस तरह से गत्यात्मक संगठन से स्पष्ट मतलब यह है कि व्यक्तित्व के शीलगुण या अन्य तत्त्व आपस में इस तरह से संगठित होते हैं कि उनमें परिवर्तन भी होते रहते हैं। जैसे—कोई व्यक्ति नौकरी पाने के पहले ईमानदार (honest), उत्तरदायी (responsible) तथा समयनिष्ठ (punctual) हो सकता है परन्तु नौकरी मिलने के कुछ वर्षों बाद उसमें उत्तरदायित्व तथा समयनिष्ठता का शीलगुण ज्यों-का-त्यों हो सकता है परन्तु संभव है कि उसमें ईमानदारी का गुण बदलकर बेईमानी का गुण विकसित हो जाए। इस उदाहरण में पहले के तीन गुणों के संगठन में नौकरी मिलने के बाद एक परिवर्तन दिखलाया गया है। ऐसा भी संभव है कि इन तीनों शीलगुणों का संगठन नौकरी मिलने के बाद पूर्णतः बदल जाय (यानी, इसके तीनों शीलगुणों में परिवर्तन हो जाय)। शीलगुणों के संगठन (organisation) में इस तरह का परिवर्तन गत्यात्मक संगठन (dynamic organisation) का उदाहरण है। इस तरह के संगठन में विसंगठन (disorganisation) भी सम्मिलित होता है जिसके सहारे असामान्य व्यवहार (abnormal behaviour) की व्याख्या होती है। दूसरे शब्दों में, यदि किसी व्यक्ति के शीलगुणों के संगठन में इस ढंग का परिवर्तन आ जाता है कि उसका व्यवहार विसंगठित (disorganised) हो जाता है जिसके फलस्वरूप वह असामान्य व्यवहार अधिक करने लग जाता है तो इसे एक गत्यात्मक संगठन (dynamic organisation) की ही श्रेणी में रखेंगे।

(3) वातावरण में अपूर्व समायोजन का निर्धारण *(Determination of unique adjustment to environment)*—प्रत्येक व्यक्ति में मनोशारीरिक गुणों का एक ऐसा गत्यात्मक संगठन (dynamic organisation) पाया जाता है कि उसका शारीरिक व्यवहार वातावरण में अपने-अपने ढंग का अपूर्व (unique) होता है। वातावरण समान होने पर भी प्रत्येक व्यक्ति का व्यवहार (behaviour), विचार (thought), होने वाले संवेग (emotion) आदि अपूर्व होता है जिसके कारण उस वातावरण के साथ समायोजन (adjust) करने का ढंग भी प्रत्येक व्यक्ति में अलग-अलग होता है। आइजेन्क (Eysenck), आलपोर्ट (Allport) तथा मिसकेल (Mischel) ने इस पक्ष पर समान रूप से अपनी-अपनी परिभाषाओं में बल डाला है। यही कारण है कि 1961 में आलपोर्ट (Allport) ने अपनी 1937 की परिभाषा के अन्तिम

---

1. **"Personality usually refers to the distinctive patterns of behaviour (including thoughts and emotion) that characterize each individual's adaptation to the situations of his or her life."**

—Mischel : *Introduction to Personality,* 1981, p. 2।

पाँच शब्द बदलकर इस प्रकार कर दिये—*"Unique adjustments to his environments."* की जगह पर *"Characteristic behaviour and thought"* को सम्मिलित किया गया। इस परिवर्तन का उद्देश्य यह बतलाना था कि व्यक्ति का व्यवहार मात्र अनुकूली (adaptive) ही नहीं होता है बल्कि कथनीय (expressive) भी होता है। इसका मतलब यह हुआ कि व्यक्ति वातावरण के साथ सिर्फ समायोजन (adjustment) या अनुकूलन (adaptation) ही नहीं करता है बल्कि उस वातावरण के साथ इस तरह की अन्तःक्रिया करता है कि उस वातावरण को भी व्यक्ति के साथ अनुकूलन या अभियोजन योग्य होना पड़ता है।

निष्कर्ष तौर पर यह कहा जा सकता है कि व्यक्तित्व में भिन्न-भिन्न शीलगुणों (traits) का एक ऐसा गत्यात्मक संगठन (dynamic organisation) होता है जिसके कारण व्यक्ति का व्यवहार तथा विचार किसी भी वातावरण में अपने ढंग का अर्थात् अपूर्व (unique) होता है।

व्यक्ति का नैदानिक मापन
(Clinical Measurement of Personality)

नैदानिक मनोवैज्ञानिक व्यक्तित्व का मापन कई विशिष्ट उद्देश्यों में करते हैं। उनके द्वारा इन उद्देश्यों को मद्देनजर रखकर किया गया व्यक्तित्व मापन को नैदानिक मापन (clinical measurement) कहा जाता है। इस तरह के मापन का सबसे प्रमुख उद्देश्य नैदानिक मूल्यांकन(clinical assessment) कर रोगी का उपचार(treatment) सही दिशा में करना होता है।

नैदानिक मनोवैज्ञानिकों द्वारा व्यक्तित्व मापन के लिए जितने भी परीक्षणों का उपयोग किया जाता है, उन्हें निम्नांकित दो प्रमुख भागों में बाँटा जा सकता है—

(क) वस्तुनिष्ठ व्यक्तित्व परीक्षण (Objective personality tests), तथा

(ख) प्रक्षेपण परीक्षण (Projective tests)

इन दोनों का वर्णन निम्नांकित हैं—

(क) वस्तुनिष्ठ व्यक्तित्व परीक्षण *(Objective personality tests)*—वस्तुनिष्ठ व्यक्तित्व परीक्षण वैसे परीक्षण को कहा जाता है जिसमें उद्दीपक (stimulus) के रूप में एक शब्द या एक वाक्य होता है और अनुक्रिया (response) के रूप में व्यक्ति दिये गए कई उत्तरों(answers) में से किसी एक का चयन करता है। नैदानिक उपयोग के लिए वस्तुनिष्ठ व्यक्तित्व परीक्षण के निर्माण तथा उसकी उत्कृष्ठता को बनाये रखने के लिए निम्नांकित चार तरह के मॉडल या उपागम (approaches) विकसित किए गए हैं और प्रत्येक मॉडल पर आधारित कुछ परीक्षणों का निर्माण किया गया है। वे चार मॉडल निम्नांकित हैं—

(1) प्रत्यक्ष मूल्य मॉडल या तार्किक या युक्तिसंगत उपागम(Face value model or Logical or rational approach)

(2) अनुभवजन्य मॉडल या उपागम (Empirical model or approach)

(3) कारक-वैश्लेषिक मॉडल या उपागम (Factor-analytic model or approach)

(4) सैद्धान्तिक मॉडल या उपागम (Theoretical model or approach)

इन चारों मॉडल की व्याख्या निम्नांकित हैं—

(1) प्रत्यक्ष मूल्य मॉडल *(Face value model)*—व्यक्तित्व का वस्तुनिष्ठ मापन का सबसे पहला उपागम या मॉडल प्रत्यक्ष मूल्य मॉडल (face value model) है जिसका विकास अमेरिका में प्रथम विश्वयुद्ध (First Word War) के दौरान हुआ। इसे तार्किक या युक्तिसंगत उपागम (logical or rational approach) भी कहा जाता है। इस मॉडल की विशेषता यह है कि इस पर आधारित परीक्षण के एकांशों (items) का स्वरूप बिलकुल ही स्पष्ट एवं प्रत्यक्ष होता है जिसे पढ़कर रोगी भी समझ जाता है कि इन एकांशों के उद्देश्य क्या है। इस मॉडल पर आधारित परीक्षणों के एकांश कुछ इस तरह होते हैं—

(i) क्या आपको अनिद्रा की शिकायत है?

(ii) क्या आप किसी जलसा या पार्टी में जाने की बात से चिन्तित रहते हैं?

ऐसे एकांशों का स्वरूप बिलकुल ही स्पष्ट है जिसे पढ़कर रोगी स्वयं भी समझ जाता है कि उससे क्या पूछा जा रहा है। इस मॉडल में रोगी या व्यक्ति द्वारा ईमानदारी से अनुक्रिया करने की पूर्वकल्पना (assumption) की जाती है

और साथ-ही-साथ यह भी पूर्वकल्पना की जाती है कि व्यक्ति अपने शीलगुणों एवं विशेषताओं से पूर्णतः अवगत होता है।

इस मॉडल की मान्यता पर आधारित सबसे पहला व्यक्तित्व परीक्षण वुडवर्थ (Woodworth) द्वारा 1917 में बनाया गया। इस परीक्षण का नाम *वुडवर्थ परसनल डाटा शीट* (Woodworth Personal Data Sheet) रखा गया। यह पहली समायोजन आविष्कारिका (adjustment inventory) थी जिसका उपयोग सांवेगिक रूप से क्षुब्ध व्यक्तियों की समायोजनशीलता (adjustability) को मापने तथा ऐसे व्यक्तियों की पहचान करने के लिए किया गया।

1930 तक इस मॉडल या उपागम की परिसीमाएँ (limitations) इतनी स्पष्ट हो गयीं कि इसका प्रयोग लगभग नहीं किया जाने लगा तथा इसका एक विकल्प (substitute) खोजा जाने लगा। इस मॉडल के प्रमुख परिसीमाओं (limitations) में एकांशों की स्पष्टता के कारण रोगी द्वारा मनगढ़ंत उत्तर (faked answer) दिया जाना तथा अन्य दूसरे तरह के अनुक्रिया पूर्वाग्रह (response bias) को दिखलाना प्रधान है। फलतः इसके जगह पर वस्तुनिष्ठ व्यक्तित्व मापन के अनुभवजन्य मॉडल (empirical model) का विकास किया गया।

(2) अनुभवजन्य मॉडल या उपागम (*Empirical model or approach*)—इस मॉडल द्वारा प्रत्यक्ष मूल्य मॉडल (face value model) की कुछ परिसीमाएँ दूर हो जाती हैं। इस मॉडल की विशेषता यह है कि इसके अनुसार तैयार किये गये परीक्षणों में सिर्फ उन एकांशों को ही रखा जाता है जो एक खास नैदानिक समूह (clinical group) तथा सामान्य व्यक्तियों के समूह (normal group) के बीच स्पष्ट अन्तर करने में सफल हो पाते हैं। अनुभवजन्य मॉडल का सार (essence) तत्त्व यही है। इस मॉडल पर आधारित कई परीक्षण हैं जिन्हें नैदानिक मनोविज्ञान के क्षेत्र में अभूतपूर्व सफलता मिलती है। इस तरह के परीक्षण में *माइनेसोटा मल्टीफेजिक व्यक्तित्व आविष्कारिका* (Minnesota Multiphasic Personality Inventory or MMPI) सबसे प्रमुख है। इसकी व्याख्या अलग से की जायगी। *कैलिफोर्निया व्यक्तित्व आविष्कारिका* (California Personality Inventory or CPI) को भी इसी में रखा गया है।

(3) कारक-वैश्लेषिक मॉडल (*Factor analytic model*)—इस मॉडल ने वस्तुनिष्ठ व्यक्तित्व मापन (objective personality measurement) को और भी श्रेष्ठता प्रधान किया। इस मॉडल का आधार कारक-विश्लेषण (factor analysis) है जिसमें मनोवैज्ञानिकों द्वारा विभिन्न व्यक्तित्व परीक्षणों से प्राप्त परिणामों (results) को सहसंबंधित किया जाता है ताकि एकमात्र ऐसा परीक्षण विकसित किया जाए जिसके द्वारा अन्य सभी सहसंबंधित (correlate) किये गए परीक्षणों के मुख्य विमाओं (dimensions) का मापन किया जा सके। इस मॉडल पर आधारित कई लोगों के प्रयास प्रशंसनीय हैं जिनमें गिलफोर्ड (Guilford), कैटेल (Cattell) तथा आइजेन्क (Eysenck) के नाम अधिक उल्लेखनीय है तथा इन लोगों द्वारा निर्मित व्यक्तित्व परीक्षणों (personality tests) की नैदानिक उपयोगिता भी काफी अधिक बतलायी गयी है। इन परीक्षणों की व्याख्या भी हम अलग से करेंगे।

(4) सैद्धान्तिक मॉडल या उपागम (*Theoretical model*)—इस मॉडल के अनुसार वस्तुनिष्ठ व्यक्तित्व मापन के लिए बनने वाले परीक्षणों द्वारा मानव व्यक्तित्व के सिद्धान्तों (theories) का उपयोग करते हुए एकांशों का चयन किया जाता है। उदाहरणास्वरूप, यदि व्यक्तित्व का कोई सिद्धान्त व्यक्तित्व को तीन तत्त्वों (elements) जैसे—मनोदशा (moods), चिन्तन (thoughts) एवं व्यवहार (behaviour) में बाँटता है, तो इन तीनों विमाओं को मापने वाले एकांशों को व्यक्तित्व परीक्षण में रखा जाएगा। चयन किये गए ऐसे एकांशों का स्वरूप कुछ ऐसा होता है कि उनके अर्थ प्रत्यक्ष एवं स्पष्ट होते हैं जैसा कि प्रत्यक्ष मूल्य मॉडल (face value model) पर आधारित परीक्षण के एकांश होते हैं। सैद्धान्तिक मॉडल पर आधारित सबसे उत्तम वस्तुनिष्ठ परीक्षण *एडवार्डस परसनल प्रेफरेन्स सिडुल* (Edwards Personal Preference Schedule) है जिसका निर्माण एडवार्डस (Edwards) द्वारा किया गया तथा जो नैदानिक मनोवैज्ञानिकों के हाथ में काफी उपयोगी सिद्ध हो पाया। इस परीक्षण का वर्णन हम अलग से करेंगे।

(ख) प्रक्षेपण परीक्षण (*Projective test*)—इसका वर्णन आगे के अनुच्छेद में किया गया है।

अनुभवजन्य उपागम : एम एम पी आई
(Empirical Approach : MMPI)

माइनेसोटा मल्टीफेजिक व्यक्तित्व आविष्कारिका (Minnesota Multiphasic Personality Inventory or MMPI) वस्तुनिष्ठ व्यक्तित्व परीक्षणों में सबसे अधिक प्रयोग में आने वाले नैदानिक परीक्षण (clinical test) है। इस परीक्षण का

निर्माण 1940 में हाथावे एवं मैककीनली (Hathaway & Mckinley) द्वारा किया गया तथा इसका प्रकाशन 1943 में किया गया। मूलतः (originally) इस परीक्षण में 8 नैदानिक मापनियाँ (clinical scales) थीं परन्तु बाद में दो और नैदानिक मापनियों को जोड़ दिया गया। इस तरह से इस परीक्षण में कुल 10 नैदानिक मापनियाँ (clinical scales) हैं जिनके द्वारा 10 रोगात्मक शीलगुणों (pathological traits) का मापन होता है। इस तरह से MMPI का मूल उद्देश्य रोगी के व्यक्तित्व के रोगात्मक शीलगुणों (pathological traits) का मापन करना होता है न कि सामाजिक शीलगुणों (social traits) का। बुचर (Butcher, 1984) के अनुसार इस मापनी की लोकप्रियता इस बात से साबित हो जाती है कि करीब 46 से अधिक देशों में 115 भाषाओं से अधिक में इसका अनुवाद किया जा चुका है।

इस परीक्षण में मौलिक रूप से 550 एकांश (items) थे जिनका चयन अनुभवजन्य (empirical) नियमों या कसौटी रूप-रेखा (criterion keying) पर आधारित है। प्रत्येक एकांश का उत्तर दिये गए तीन उत्तरों में से चुनकर करना होता है। वे तीन उत्तर हैं—

'सही' (True), 'गलत' (False), 'नहीं कह सकते' (Cann't say)

MMPI के कई संशोधित (revised) प्रारूप तैयार किए गए हैं जिनमें सबसे नवीनतम संशोधन को MMPI-2 के नाम से जाना जाता है। यह संशोधन वुचर, डाहस्ट्रोम, ग्राहम, टेलेगन तथा केमर(Butcher, Dahlstrom, Grahm, Tellegen & Kaemmer, 1989) द्वारा किया गया। MMPI-2 में 10 नैदानिक मापनी हैं तथा तीन मुख्य वैधता मापनी (validity scales) हैं। निटजेल, वर्नस्टीन तथा मिलिक (Neitzel, Bernstein & Milich, 1994) के अनुसार इन तीन वैधता मापनी के अतिरिक्त एक और वैधता मापनी है जिसे '?' (या Cannot say) से संकेतिक किया जाता है तथा इसमें उन एकांशों को रखा जाता है जिसका उत्तर व्यक्ति नहीं दे पाता है। इन सभी चार वैधता मापनियों का संबंध आविष्कारिका के वैधता (validity) से कुछ भी नहीं है बल्कि इनके द्वारा विभिन्न तरह के वैसी मनोवृत्तियों का पता चलता है जिनसे परीक्षण पर की अनुक्रियाएँ विकृत हो जाती हैं। इन सभी मापनियों में कुल मिलाकर 641 एकांश हैं परन्तु 74 एकांश एक मापनी से दूसरे मापनी में सामान्य होने से MMPI-2 में कुल 567 एकांश बच जाते हैं। MMPI-2 के दो फार्म हैं—*वयस्क फार्म* जिसका उपयोग वयस्कों के व्यक्तित्व मापन में होता है तथा *किशोर फार्म* (adolescent form) जिसका उपयोग केवल वयस्कों के व्यक्तित्व मापन के लिए होता है तथा इसे MMPI-A कहा गया है। MMPI-2 का क्रियान्वयन एक समूह में या फिर अकेले ही एक व्यक्ति पर किया जा सकता है। इसके सभी 10 नैदानिक मापनी एवं वैधता मापनी का वर्णन इस प्रकार है—

नैदानिक मापनी (*Clinical Scales*)

1. रोगभ्रम (*Hypochandriasis or HS*)—इस मापनी में कुल 32 एकांश हैं और इसके द्वारा उस प्रवृत्ति की माप होती है जिसमें व्यक्ति अपने शारीरिक स्वास्थ्य एवं शारीरिक कार्य के बारे में जरूरत से ज्यादा चिंता दिखलाता है।

2. विषाद (*Depression D*)—इस मापनी में कुल 57 एकांश है और इसके द्वारा भावात्मक विकृति (affective disorder) से संबंध प्रवृत्तियाँ जैसे उदासी, क्षमता में ह्रास, अभिरुचि एवं ऊर्जा में कमी आदि का मापन होता है।

3. रूपान्तर हिस्ट्रीया (*Conversion hysteria Hy*)—इस मापनी में 60 एकांश हैं और इसके द्वारा एक ऐसा स्नायुविकृत प्रवृत्ति का मापन होता है जिसमें रोगी मानसिक संघर्ष एवं चिंताओं से छुटकारा पाने के लिए कोई-न-कोई शारीरिक लक्षण विकसित कर लेता है।

4. मनोविकृत विचलन (*Psychopathic deviation Pd*)—इस मापनी में 50 एकांश हैं तथा इसके द्वारा व्यक्ति में सामाजिक एवं नैतिक मानकों को अवहेलना करने वाली प्रवृत्तियाँ तथा दंडात्मक अनुभूतियों से भी कुछ न सीखने की प्रवृत्ति का मापन होता है।

5. पुरुषत्व-नारीत्व (*Masculinity-Feminity M-f*)—इस मापनी में 56 एकांश हैं तथा इसके द्वारा व्यक्ति के सीमांतीय यौन भूमिका (extreme sex role) करने की प्रवृत्ति की माप होती है।

6. स्थिर व्यामोह (*Paranoia Pa*)—इस मापनी में 40 एकांश हैं जिनके द्वारा व्यक्ति में असामान्य शक करने की प्रवृत्ति तथा दंडात्मक एवं उत्कृष्ठता से संबंधित गलत विश्वास या भ्रान्ति (delusion) का मापन होता है।

7. मनोदौर्बल्यता (*Psychesthenia or Pt*)—इस मापनी में कुल 48 एकांश हैं जिनके द्वारा व्यक्ति में मनोग्रस्ति (obsession), बाध्यता (compulsion), असामान्य डर आदि का मापन होता है।

8. मनोविदालिता *(Schizophrenia Sc)*—इस मापनी में 78 एकांश हैं और इसके द्वारा व्यक्ति में असामान्य चिंतन या व्यवहार करने की प्रवृत्ति का मापन होता है।

9. अल्पोन्माद *(Hypomania or Ma)*—इस मापनी में 46 एकांश हैं और इसके द्वारा व्यक्ति के सांवेगिक उत्तेजन, अतिक्रिया (overactivity) तथा विचारों का विखराब (flight of ideas) आदि का मापन होता है।

10. सामाजिक अन्तर्मुखता *(Social Introversion or Si)*—इस मापनी में 69 एकांश हैं और इसके द्वारा व्यक्ति के कुछ विशेष प्रवृत्तियाँ जैसे लजालुपना, अन्य लोगों में अभिरुचि न दिखाने की प्रवृत्ति तथा असुरक्षा आदि का मापन होता है।

इस तरह से नैदानिक मापनियों में कुल 536 एकांश हैं।

वैधता मापनी *(Validity Scales)*

? *(Cannot Say)*—इसके अंतर्गत उन एकांशों को रखा जाता है जिनका उत्तर व्यक्ति नहीं दे पाया है। जब इसमें अधिक एकांशों को रखा जाता है, तो इससे यह पता चलता है कि व्यक्ति एकांशों को नहीं समझ रहा है या परीक्षक (tester) के साथ सहयोग नहीं कर रहा है या वह रक्षात्मक मनोवृत्ति (defensive attitude) विकसित कर लिया है।

L. *(Lie)*—इस मापनी के 15 एकांश हैं और इसके द्वारा व्यक्ति में झूठ बोलने या अपने आप को गलत ढंग से पेश करने की प्रवृत्ति का मापन होता है।

F. *(Frequency or Infrequency)*—इस मापनी में 60 एकांश हैं। इस पर उच्च प्राप्तांक आने से यह पता चलता है कि व्यक्ति लापरवाही से परीक्षण एकांशों के प्रति अनुक्रिया किया है या वह जानबूझ करके अपने रोगात्मक लक्षणों को बढ़ा-चढ़ाकर व्यक्त किया है।

K. *(Correction)*—इस मापनी के 30 एकांश हैं और इसके द्वारा व्यक्ति में अपनी समस्याओं के बारे में या तो अत्यधिक सुरक्षात्मक दृष्टिकोण (defensive outlook) या फिर उसके बारे में बहुत ज्यादा कहने की प्रवृत्ति का मापन होता है। उच्च K प्राप्तांक से यह पता चलता है कि उसने अपनी समस्या को दबा दिया है तथा निम्न K प्राप्तांक से यह पता चलता है कि उसने अपनी समस्या को बढ़ा-चढ़ा कर उपस्थित किया है। चाहे K प्राप्तांक उच्च हो या निम्न हो, इससे इस बात का संकेत मिलता है कि पाँच नैदानिक मापनियों पर के प्राप्तांकों को संशोधित करने की जरूरत है।

इस तरह से यह स्पष्ट हुआ है कि MMPI-2 में मौलिक MMPI के सभी मापनियों को बरकरार रखते हुए उनके एकांशों को संशोधित किया गया है। MMPI-2 की फिर भी कुछ अपनी और विशेषताएँ हैं जो इस प्रकार हैं—

(i) MMPI-2 के एकांशों को समूहन (grouping)[1] करके 15 नये अंतर्वस्तु मापनी (content scales) बनाए गए हैं जिसके द्वारा व्यक्तित्व के 15 ऐसे कारकों को मापना संभव हो पाया है जिसे पहले के 10 नैदानिक मापनियों द्वारा मापना संभव नहीं था। चिंतन (anxiety) डर (fear), क्रोध (anger), टाईप ए व्यक्तित्व (Type A personlity), समाज-विरोधी प्रवृत्तियाँ (anti-social tendencies), सामाजिक उदासी (social discomfo , पारिवारिक समस्याएँ आदि इसके कुछ मुख्य उदाहरण हैं।

(ii) MMPI-2 में दो और नये वैधता मापनियों (validity scales) को जोड़ा गया है जिसका उपयोग उपर्युक्त चार वैधता मापनी के साथ-साथ करना होता है। ये दो वैधता मापनी हैं—भ्रिन (VRIN) तथा ट्रिन (TRIN)। इन दोनों मापनियों द्वारा परीक्षण एकांशों के प्रति असंगत ढंग से उत्तर देने की प्रवृत्ति का मापन होता है। बेरी तथा उनके सहयोगियों (Berry et al. 1997) द्वारा इन दोनों नये वैधता मापनियों की प्रभावशीलता (effectiveness) की जाँच की जा रही है।

MMPI की नैदानिक उपयोगिताएँ (clinical uses) काफी अधिक है। आजकल इस परीक्षण पर के प्राप्तांकों की व्याख्या प्रोफाइल विश्लेषण (profile analysis) के आधार पर न कि किसी एक मापनी पर के प्राप्तांकों के आधार पर किया जाता है। जैसे—प्रारंभ में यदि Sc मापनी पर किसी व्यक्ति को उच्च प्राप्तांक (high score) आ जाता था, उसकी पहचान मनोविदालिता (schizophrenia) के रूप में की जाती थी। परन्तु आजकल इस तरह का विश्लेषण नहीं किया जाता है। आजकल कई मापनियों के प्राप्तांकों के स्वरूप को देखकर किसी रोगात्मक शीलगुण के होने या न होने का अंदाज किया जाता है। जैसे—किसी व्यक्ति का कुल प्राप्तांक (total score) D, Pd, Pa तथा Sc मापनियों पर जब अधिक होता है, तो उसे मनोविक्षिप्ति (psychosis) का रोगी समझा जाता है। दूसरे तरफ किसी व्यक्ति के प्राप्तांक का पैटर्न

1. समूहन (grouping) से तात्पर्य विभिन्न नैदानिक मापनियों से कुछ एकांशों को हू-ब-हू रूप में लेकर एक नया मापनी बनाने से होता है। ऐसे मापनी को अंतर्वस्तु मापनी (content scale) कहा गया है।

(pattern) Hs, D, Hy, तथा Pt पर अधिक आने से रोगी को मनःस्नायुविकृति (psychoneurosis) का रोगी समझा जाता है। Pd, Sc तथा Ma मापनियों पर उच्च प्राप्तांक आने से रोगी में व्यक्तित्व विकृति (personality disorder) या अपराधी शीलगुणों (delinquent traits) के होने की उम्मीद की जाती है।

MMPI के कुछ गुण (merits) तथा दोष भी बतलाये गए हैं। इसके प्रमुख गुणों में निम्नांकित उल्लेखनीय हैं—

(i) जब नैदानिक मनोवैज्ञानिकों को रोगी की समस्याओं की गंभीरता के बारे में कम समय एवं कम खर्च पर सूचना मनश्चिकित्सीय निदान (psychiatric diagnosis) की ढाँचा (framework) के तहत चाहिए, तो वैसी परिस्थिति में MMPI के समान कोई दूसरा उत्तम परीक्षण उनके सामने नहीं होता है।

(ii) MMPI समूह या वैयक्तिक परिस्थिति (individual situation) दोनों में ही मनश्चिकित्सीय निदान (psychiatric diagnosis) करने में एक सफल परीक्षण सिद्ध हुआ है।

(iii) MMPI की वैधता तथा नैदानिक उपयोगिताओं के सफल प्रमाण हमें इस बात से भी मिल जाते हैं कि अब तक इससे संबंधित करीब 6,000 शोध पत्र (research articles) प्रकाशित हो चुके हैं और इनमें से अधिकतर मनश्चिकित्सीय निदान (psychiatric diagnosis) के क्षेत्र हैं। MMPI के एकांशों के समूह से अबतक जैसा कि डालस्ट्रोम (Dahlstron, 1985) ने कहा है, करीब 500 नये मापनी (scale) विकसित किये गए हैं जो अपने आप में एक रिकार्ड है और इससे इसकी उपयोगिता एवं सार्थकता पर प्रकाश पड़ता है।

(iv) आधुनिक समय में MMPI का प्राप्तांक-लेखन (scoring) एवं व्याख्या (interpretation) कम्प्यूटर (computer) से होने लगा है। इसके तीन फायदे (advantages) बताये गए हैं जो निम्नांकित हैं—

(a) कम्प्यूटराइज्ड तंत्र (computerized system) से प्राप्तांक-लेखन (scoring) के जटिल-से-जटिल नियम को काफी प्रभावी ढंग से लागू करना संभव हो पाता है। इससे MMPI की नैदानिक व्याख्या की विश्वसनीयता (reliability) बढ़ जाती है।

(b) कम्प्यूटराइज्ड प्राप्तांक-लेखन तंत्र (computerized system) से किसी व्यक्ति विशेष द्वारा विभिन्न मापनियों पर आये प्राप्तांकों की सरल व्याख्या कम-से-कम समय में संभव हो पाती है।

(c) अधिकतर मनोवैज्ञानिकों का मत है कि कम्प्यूटराइज्ड व्याख्या (computerized interpretation) वैयक्तिक नैदानिक व्याख्या (individual clinical interpretation) से कम खर्चीला होता है।

माटाराजो (Matarazzo, 1986) तथा मर्फी (Murphy, 1987) द्वारा की गयी समीक्षा (review) से यह स्पष्ट हुआ है कि MMPI की कम्प्युटराइज्ड व्याख्या से MMPI की नैदानिक उपयोगिता अधिक बढ़ गयी है।

इन सबके बावजूद इस परीक्षण के कुछ दोष (demerits) हैं जो निम्नांकित हैं—

(i) अधिकतर आधुनिक नैदानिक मनोवैज्ञानिकों का मत है कि MMPI का साननीकरण प्रतिदर्श (standardization sample) प्रतिनिधिक (representative) नहीं था। फलस्वरूप, इस परीक्षण पर के विभिन्न मापनियों पर के प्राप्तांकों की विश्वसनीय व्याख्या संभव नहीं है। जब विश्वसनीय व्याख्या संभव नहीं है, तो इसके आधार पर किया गया नैदानिक निर्णय (clinical judgement) अवश्य ही बेतुका होगा।

(ii) परीक्षण की लंबाई काफी अधिक है तथा इसमें बहुत से फालतू (reduntant) एकांश भी हैं।

(iii) MMPI के विभिन्न नैदानिक मापनियों (clinical scales) की विश्वसनीयता गुणांक (reliability coefficient) काफी कम बतलाया गया है।

(iv) MMPI के एकांशों का स्वरूप ऐसा है जिनका उत्तर अनुक्रिया सेटों (response sets) से काफी प्रभावित हो जाता है।

(v) MMPI के विभिन्न नैदानिक मापनियाँ (clinical scales) एक-दूसरे से स्वतंत्र न होकर सहसंबंधित (correlated) पाए गए हैं। नतीजतन, इस मापनी पर रोगी द्वारा आये प्राप्तांकों (scores) की उचित व्याख्या नहीं हो पाती है। MMPI-2 में करीब 74 एकांशों को एक से अधिक मापनियों में उपयोग किया गया है जिससे इसके कई मापनी एक दूसरे से स्वतंत्र न होकर सहसंबंधित हो गये हैं।

इन अवगुणों के बावजूद MMPI का नैदानिक मूल्यांकन (clinical assessment) में काफी महत्त्वपूर्ण भूमिका है और कई कारण हैं जिनके चलते इसका प्रयोग जारी है। इन कारणों में प्रमुख कारण इस परीक्षण की मितव्ययिता

(economy) है। जैसा कि हाथावे[1] (Hathaway, 1972) ने कहा है, ''MMPI का मेरा मुख्य प्रतिरक्षा यह होगा कि इससे कई तरह की सूचनाएँ कम कीमत पर कम पेशेवर समय में प्रदान किया जाता है।''

अनुभवजन्य उपागम : कैलिफोर्निया व्यक्तित्व आविष्कारिका (Empirical approach : California Personality Inventory)

अनुभवजन्य उपागम (empirical approach) पर आधारित दूसरा वस्तुनिष्ठ व्यक्तित्व परीक्षण जिसकी नैदानिक उपयोगिता(clinical utilities) बतलायी गयी है, वह है—*कैलिफोर्निया व्यक्तित्व आविष्कारिका*(California Personality Inventory or CPI)। इस आविष्कारिका को हैरिसन गफ (Harison Gough) द्वारा प्रतिपादित किया गया है जिसे 1957 में प्रकाशित किया गया। इसमें कुल 480 एकांश (items) हैं और प्रत्येक एकांश का उत्तर 'सत्य-असत्य' (True-False) के रूप में व्यक्ति को देना होता है। इस 480 एकांश में से 180 एकांश MMPI से लिए गए हैं। CPI में कुल 18 मापनियाँ (scales) हैं जिनमें से 15 मापनियों द्वारा व्यक्तित्व के 15 विमाओं (dimensions) जैसे—उत्तरदायित्व, प्रभुत्व, समाजीकरण आदि का मापन होता है तथा 3 मापनियों द्वारा अनुक्रिया पूर्वाग्रह (response bias) का मापन होता है। इस परीक्षण का उपयोग मनश्चिकित्सीय निदान (psychiatric diagnosis) में नहीं होता है परन्तु अन्य दूसरे कार्यों के लिए नैदानिक मनोवैज्ञानिक इसका उपयोग करते हैं। इस आविष्कारिका के 18 मापनी (scales) निम्नांकित हैं—

CPI के 18 मापनी

1. प्रभुत्व (Dominance : Do)
2. स्तर के लिए क्षमता (Capacity for status : Cs)
3. सामाजिकता (Sociability : Sy)
4. सामाजिक उपस्थिति (Social presence : Sp)
5. आत्म-स्वीकृति (Self-acceptance : Sa)
6. कुशल-क्षेम का ज्ञान (Sense of well-ebing : Wb)
7. उत्तरदायित्व (Responsibility : Re)
8. सामाजिकरण (Socialization : So)
9. आत्म-नियंत्रण (Self-control : Sc)
10. सहनशीलता (Tolerance : To)
11. उत्तम छवि (Good impression : Gi)
12. सामुदायिकता (Communality : Cm)
13. अनुरूपण के माध्यम से उपलब्धि (Achievement via Conformance : Ac)
14. स्वतंत्रता के माध्यम से. उपलब्धि (Achievement via Independence : Ai)
15. बौद्धिक क्षमता (Intellectual efficiency : Ie)
16. मनोवैज्ञानिक मानसिकता (Psychological mindedness : Py)
17. लचीलापन (Flexibility : Fx)
18. नारीत्व (Feminity : Fe)

इस 18 मापनी में से Wb, Gi तथा Cm वैधता मापनी (validity scale) हैं जिनका व्यक्तित्व के विभिन्न विमाओं (dimensions) के मापन से कोई मतलब नहीं है। इस परीक्षण द्वारा व्यक्ति के उन विमाओं का मापन करता है जिसका संबंध अन्तर्वैयक्तिक व्यवहार (interpersonal behaviour) तथा सामाजिक अन्तःक्रिया (social interaction) से होता है।

---

1. "My chief defense of the MMPI would be the large amount of information provided at a low cost in less professional time." —Hathway : *Objective Personality Assessment,* 1972, p. 22

इस परीक्षण की नैदानिक उपयोगिता (clinical utilities) प्रत्यक्ष न होकर अप्रत्यक्ष है। इस परीक्षण के कुछ मापनियों (scales) पर के कुछ प्राप्तांकों के संयोगों (combinations) के आधार पर नैदानिक मनोवैज्ञानिक व्यक्ति के व्यवहारों को समझते हैं तथा उसका पूर्वकथन (prediction) करते हैं। इस कार्य के लिए यह आवश्यक है कि नैदानिक मनोवैज्ञानिक काफी प्रशिक्षित (trained) हों। मिगार्गी (Megargee, 1972) ने CPI से संबंधित शोधों की समीक्षा करके यह बतलाया है कि इस परीक्षण के आधार पर मनोवैज्ञानिक कई सामाजिक संदर्शों (social contexts) में रोगी के व्यवहारों का पूर्वानुमान लगा पाते हैं तथा संभावित अपराधजन्य व्यवहार (potentital delinquent behaviour) की पहचान कर सकते हैं।

कारक वैश्लेषिक उपागम : गिलफोर्ड, कैटेल तथा आइजेंक
(Factor Analytic approach : Guilford, Cattell & Eysenck)

कारक वैश्लेषिक उपागम के तहत वस्तुनिष्ठ व्यक्तित्व परीक्षण (objective personality test) के निर्माण में गिलफोर्ड, आइजेंक तथा कैटेल ने अहम् भूमिका निभाया है। इन तीनों मनोवैज्ञानिकों ने कारक विश्लेषण (factor analysis) के आधार पर जों परीक्षण बनाये हैं, वे नैदानिक मनोवैज्ञानिकों के नैदानिक निर्णय (clinical judgement) तथा शोधों (researches) के लिए काफी महत्त्वपूर्ण सिद्ध हुए हैं।

जे॰ पी॰ गिलफोर्ड (J.P. Guilford) ने कारक विश्लेषण (factor analysis) के आधार पर चार व्यक्तित्व परीक्षण (personality inventories) का निर्माण किया। इनमें से अन्तिम परीक्षण का नाम गिलफोर्ड-जिमरमैन टेम्परामेन्ट सर्वे (Guilford-Zimmerman Temperament Survey or GZTS) था। इसे उन्होंने प्रथम तीन आविष्कारिकाओं (inventories) से एकांशों (items) को लेकर बनाया था। वे तीन आविष्कारिकाएँ थीं—Inventory of Factors STDCR (Social introversion, Thinking introversion, Depression, Cycloid tendencies & Restraint), Guilford-Martin Inventory factors (GAMIN) तथा Guilford-Martin Personality Inventory। GZTS में कुल 300 एकांश (items) हैं तथा इसके द्वारा 10 व्यक्तित्व विमाओं (personality dimensions) का मापन होता है। वे 10 विमाएँ निम्नांकित हैं—

GZTS की 10 विमाएँ (dimensions)

1. सामान्य क्रिया (General activity : G)
2. आत्मसंयम (Restraint : R)
3. प्रभुत्व (Ascendance : A)
4. सामाजिकता (Sociability : S)
5. सांवेगिक स्थिरता (Emotional-Stability : E)
6. वस्तुनिष्ठता (Objectivity : O)
7. दोस्ती (Friendliness : F)
8. मननशीलता (Thoughtfulness : T)
9. वैयक्तिक संबंध (Personal relations : P)
10. पुरुषत्व (Measculinity : M)

GZTS की नैदानिक उपयोगिता उतनी नहीं है जितना कि MMPI का। कारण स्पष्ट है। GZTS द्वारा सामान्य व्यक्तित्व (normal personality) का मापन होता है जबकि MMPI द्वारा असामान्य व्यक्तित्व का। फिर भी कुछ नैदानिक मनोवैज्ञानिकों का मत है कि GZTS के विभिन्न मापनियों पर के कुल प्राप्तांकों का एक प्रोफाइल विश्लेषण (Profile analysis) करने पर कुछ रोगियों के व्यवहारों को विभिन्न सामाजिक संदर्भ में पूर्वानुमान लगाना संभव हो पाता है।

कारक विश्लेषण (factor analysis) पर आधारित गिलफोर्ड के इस प्रयास से आर॰ बी॰ कैटेल (R.B. Cattell) को अधिक प्रेरणा मिली और उन्होंने कारक विश्लेषण के ही आधार पर एक परीक्षण बनाया जिसका नाम कैटेल 16 *व्यक्तित्व कारक प्रश्नावली* (Cattell 16 PF Questionnaire) रखा गया तथा जिसका प्रकाशन 1949 में इन्टीच्यूट फॉर परसनालिटी एण्ड ऐबिलिटी टेस्टिंग (Institute for Personality and Ability Testing या IPAT) द्वारा किया गया। इसे संक्षेप में 16 PF कहा जाता है। इस परीक्षण के निर्माण में कैटेल ने आलपोर्ट तथा ओडबर्ट (Allport & Odbert, 1936)

द्वारा बतलाये गए 4000 से 4500 विश्लेषणों को लिया जिसके द्वारा व्यक्तित्व की विशेषताओं का वर्णन होता था। चूँकि उस समय कारक-विश्लेषण की कुछ परिसीमाएँ (limitation) थीं, इसलिए कैटेल ने उन्हें मात्र समानता के आधार पर 45 शब्द-समूह में श्रेणीकृत (categorize) किया। इन 45 शब्द-समूहों को कैटेल (Cattell) ने कारक विश्लेषित (factor analyze) किया और उससे मात्र 16 कारकों (factors) को पृथक किया गया और इन्हें मापने के लिए जिस प्रश्नावली का निर्माण किया गया उसे16 PF प्रश्नावली कहा गया। कैटेल के अनुसार इस सभी 16 कारकों द्वारा व्यक्तित्व के 16 स्रोत शीलगुणों (source traits) का मापन होता है।

16 PF के कई फार्म हैं तथा इसका क्रियान्वयन किशोरों तथा वयस्कों दोनों पर किया जाता है। जिस फार्म का सबसे अधिक उपयोग होता है, उसमें 187 एकांश हैं तथा उसके द्वारा 16 विमाओं या शीलगुणों का मापन होता है। ये सभी 16 मापनी स्वतंत्र (independent) है। अतः प्रत्येक मापनी के एकांशों द्वारा सिर्फ उसी मापनी से संबंधित विमा (dimension) का मापन होता है। परन्तु चूँकि वे सभी-के-सभी द्वारा व्यक्तित्व का ही मापन होता है, अतः उनमें कुछ अन्तरसंबंध (interrelationship) पाये गए है। 16PF के सभी शीलगुण द्विध्रुवीय (bipolar) हैं। 16 शीलगुणों को मापने के लिए बने 16 मापनी (scales) पर उच्च प्राप्तांक (high score) तथा कम प्राप्तांक (low score) का विशेष मतलब होता है। इन सभी 16 विमाओं के अक्षर संकेत (letter symbol) भी प्रदान किए गए हैं। इन विमाओं के नाम तथा उनका संक्षिप्त विवरण निम्नांकित हैं—

1. हार्दिकता *(Warmness)*—इसे कैटेल ने 'A' अक्षर से संकेतित किया था, क्योंकि इसका मूल नाम (original name) 'Affectia-Sizia' था। शीलगुण के इस भाग अर्थात् 'A' के दो ध्रुव (pole) हैं—संयमी (reserved) तथा निर्गामी (outgoing)। किसी व्यक्ति को प्रश्नावली के इस भाग पर यदि निम्न प्राप्तांक (low score) आता है, तो उसे संयमी (reserved), शान्त (cool) तथा अवैयक्तिक (impersonal) समझा जाता है, परन्तु अधिक प्राप्तांक (high score) आने पर उसे निर्गामी (outgoing), हार्दिक (warm), लोगों को स्नेह देनेवाला, आरामतलब (easy-going) समझा जाता है। कुल एकांश की संख्या इसमें 10 हैं।

2. बुद्धि *(Intelligence)*—इसे 'B' अक्षर द्वारा संकेतिक किया गया, क्योंकि कैटेल के अनुसार यह एक तरह का क्षमता शीलगुण (ability trait) है। इसके भी दो ध्रुव (pole) हैं—कम बुद्धि (less intelligence) तथा उच्च बुद्धि (high intelligence)! प्रश्नावली के इस भाग पर कम प्राप्तांक आने से व्यक्ति को कम बुद्धि का तथा मूर्त चिंतन (concrete thinking) करनेवाला समझा जाता है परन्तु यदि उच्च प्राप्तांक (high score) आता है, तो उसे अधिक बुद्धि का तथा अमूर्त चिन्तन (abstract thinking) करनेवाला समझा जाता है। कुल एकांश की संख्या इसमें 13 है।

3. अहं शक्ति *(Ego-strength)*—या सांवेगिक स्थिरता *(Emotional stability)*—इसे 'C' अक्षर से संकेतित किया गया है। यह एक तरह का चित्तप्रकृति शीलगुण (temperament trait) है। इसके भी दो ध्रुव (pole) हैं—सांवेगिक अस्थिरता (emotional upset) तथा सांवेगिक स्थिरता (emotional stability)। प्रश्नावली के इस भाग पर कम प्राप्तांक (low score) आने से व्यक्ति को अधैर्य (impatient) तथा सांवेगिक रूप से अस्थिर प्रकृति का समझा जाता है, परन्तु यदि व्यक्ति को उच्च प्राप्तांक (high score) आता है तो उसे सांवेगिक रूप से स्थिर, परिपक्व (mature) तथा धैर्य रखनेवाला व्यक्ति समझा जाता है। कुल एकांश की संख्या इसमें 13 है।

4. प्रभुत्व *(Dominance)*—इसे 'E' अक्षर से संकेतिक किया गया है और यह भी एक तरह का चित्तप्रकृतिक शीलगुण (temperament trait) है। इसके भी दो ध्रुव (pole) हैं—प्रभुत्व (dominance) तथा विनम्रता (submissiveness)। प्रश्नावली के इस भाग पर अधिक प्राप्तांक (high score) आने से व्यक्ति को प्रबल (dominant), निश्चयात्मक (assertive) तथा खुला विचार रखनेवाला व्यक्ति समझा जाता है, परन्तु निम्न प्राप्तांक (low score) आने पर व्यक्ति को विनम्र (submissive) तथा नमनशील (accommodating) समझा जाता है। कुल एकांश की संख्या इसमें 13 है।

5. उद्वेलन *(Surgency)*—इसे 'F' अक्षर द्वारा संकेतित किया गया है। यह भी एक प्रकार की चित्तप्रकृति शीलगुण (temperament trait) है। इसके दो ध्रुव इस प्रकार हैं—शान्त (sober) तथा मस्तमौला (happy-go-lucky)। प्रश्नावली के इस भाग पर कम प्राप्तांक (low score) आने पर यह समझा जाता है कि व्यक्ति अधिक गंभीर (serious), शांत (sober) तथा विवेकपूर्ण (prudent) प्रकृति का है तथा उच्च प्राप्तांक (high score) का अर्थ यह समझा जाता है कि व्यक्ति प्रफुल्ल (cheerful), उत्साही (enthusiastic) तथा अपने विचारों की स्पष्ट अभिव्यक्ति करनेवाला है। कैटेल के अनुसार इस शीलगुण में उत्पन्न विभिन्नता का करीब 55% अंशों का निर्धारण अनुवांशिकता द्वारा होता है। कुल एकांश की संख्या इसमें 13 है।

6. पराहं शक्ति *(Superego strength)*—इसे कैटेल ने 'G' अक्षर से संकेतित किया है। इसके भी दो ध्रुव (poles) हैं—कर्त्तव्यनिष्ठ (conscientious) तथा स्वार्थसाधक (expedient)। प्रश्नावली के इस भाग पर कम प्राप्तांक (low score) आने का अर्थ यह है कि व्यक्ति स्वार्थसाधक (expedient) प्रकृति का है तथा अपने स्वार्थ की पूर्ति के लिए सामाजिक नियमों की अवहेलना करता है। परन्तु, उच्च प्राप्तांक (high score) आने पर व्यक्ति को सामाजिक नियमों को माननेवाला तथा उसके प्रति समानुरूपता (conformity) दिखानेवाला समझा जाता है। कुल एकांश की संख्या इनमें 10 है।

7. निर्भीकता *(Boldness)*—इसे 'H' अक्षर द्वारा संकेतित किया गया है तथा कैटेल ने इसका मूल नाम (original name) 'Parmia-Threctia' रखा था। इस विमा (dimension) के भी दो ध्रुव हैं—निर्भीक (bold) तथा लज्जालु (shy)। प्रश्नावली के इस भाग पर निम्न प्राप्तांक (low score) आने से समझा जाता है कि व्यक्ति लज्जालु (shy), कायर (timid) तथा धमकियों के प्रति अधिक संवेदनशील (sensitive) प्रकृति का है। उच्च प्राप्तांक (high score) आने पर व्यक्ति को सामाजिक रूप से निर्भीक (socially bold), जोखिम उठानेवाला तथा निडर प्रकृति का समझा जाता है। कुल एकांश की संख्या इसमें 13 है।

8. संवेदनशीलता *(Sensitivencess)*—इसे 'I' अक्षर द्वारा संकेतिक किया गया है। कैटेल (Cattell) ने इसका मूल नाम (original name) 'Premsia-Harria' दिया था। इस विमा (dimension) के दो ध्रुव इस प्रकार हैं—स्नेह (tender-minded) तथा निष्ठुर (tough-minded)। प्रश्नावली के इस भाग पर उच्च प्राप्तांक (high score) आने पर व्यक्ति को मृदुं-प्रकृति, संवेदनशील तथा परिशुद्ध (refined) प्रकृति का समझा जाता है, परन्तु निम्न प्राप्तांक (low score) आने पर उसे निष्ठुर (tough-minded), असंवेदनशील (insensitive) तथा उदण्ड (tough) प्रकृति का समझा जाता है। कुल एकांश की संख्या इसमें 10 है।

9. संदिग्धता *(Supiciousness)*—इसे 'L' अक्षर से संकेतिक किया गया है। कैटेल ने इसका मूल नाम (original name) 'Protension-Alaxia रखा था। इसके दो ध्रुव (pole) इस प्रकार हैं—संशयालु (suspicious) तथा विश्वासी (trusting)। प्रश्नावली के इस भाग पर उच्च प्राप्तांक आने पर समझा जाता है कि व्यक्ति अधिक संशयालु (suspicious), अविश्वासी (skeptical) परन्तु जल्दी बेवकूफ न बननेवाला (hard to-fool) होता है। निम्न प्राप्तांक आने पर व्यक्ति को अधिक विश्वासी (trusting) समायोजनशील (adaptable) एवं मिलनसार प्रकृति का समझा जाता है। कुल एकांश की संख्या इसमें 10 है।

10. कल्पनाशीलता *(Imaginativeness)*—इसे 'M' अक्षर से संकेतिक किया जाता है। केटैल ने इसका मूल नाम (original name) 'Autia-Praxernia' रखा था। इसके दो ध्रुव इस प्रकार हैं—कल्पनाशील (imaginative) तथा व्यावहारिक (practical)। प्रश्नावली के इस भाग पर उच्च प्राप्तांक (high score) आने पर व्यक्ति को अधिक कल्पनाशील (imaginative), अव्यावहारिक (impractical) तथा अन्यमनस्यकता (absent-mindedness) से पूर्ण माना जाता है। परन्तु, निम्न प्राप्तांक (low score) आने पर व्यक्ति को व्यावहारिक (paractical), रूढ़िवादी (conventional) तथा वास्तविकताओं को ध्यान में रखकर चलनेवाला समझा जाता है। कुल एकांश की संख्या इसमें 13 है।

11. विवेकपूर्णता *(Shrewdness)*—इसे 'N' अक्षर से संकेतिक किया गया है। इसके दो ध्रुव इस प्रकार हैं—विवेकपूर्ण (shrewd) तथा निष्कपट (forthright)। प्रश्नावली के इस भाग पर उच्च प्राप्तांक आनें से यह समझा जाता है कि व्यक्ति विवेकपूर्ण (shrewd), पॉलिशदार (polished) तथा फूँक-फूँककर कदम रखनेवाला है। निम्न प्राप्तांक आने पर व्यक्ति को निष्कट (forthright), खरा विचार रखनेवाला तथा अमिथ्याभिमानी (unpretentious) प्रकृति का समझा जाता है। कुल एकांश की संख्या इसमें 10 है।

12. दोष-प्रवृत्त *(Guilt prone)*—इसे 'O' अक्षर से संकेतिक किया गया है। इसके दो ध्रुव हैं—शांतिप्रिय (placid) तथा आशंकित (apprehensive)। प्रश्नावली के इस भाग पर उच्च प्राप्तांक (high score) आने पर व्यक्ति को आशंकित (apprehensive), आत्म-दोषी (self-blaming) तथा असुरक्षात्मक भाव से पूर्ण समझा जाता है तथा निम्न प्राप्तांक आने पर व्यक्ति को अपने से पूर्ण संतुष्ट, अपने पर पूर्ण विश्वास रखनेवाला तथा शांत प्रकृति का समझा जाता है। कुल एकांश की संख्या इसमें 13 है।

13. आमूल परिवर्तनवाद-रूढ़िवाद *(Radicalism-Conservatism)*—इसे 'Q_1' से संकेतिक किया गया है। इसके दो ध्रुव हैं—आमूल परिवर्तनदाद (radicalism) तथा रूढ़िवाद (conservatism)। प्रश्नावली के इस भाग पर उच्च प्राप्तांक (high score) आने पर व्यक्ति को नए-नए परिवर्तनों को सहर्ष स्वीकार करनेवाला, नवीनता (novelty) को पसंद करनेवाला तथा उदार प्रकृति (liberal) समझा जाता है। कम प्राप्तांक (low score) आने पर व्यक्ति को रूढ़िवादी, नवीनता से दूर रहनेवाला, किसी भी तरह के परिवर्तन को जल्द स्वीकार न करनेवाला समझा जाता है। कुल एकांश की संख्या इसमें 10 है।

14. आत्म-पर्याप्ति–समूह निष्ठा *(Self-sufficiencey–Group adherence)*—इसे 'Q_2' से संकेतिक किया गया है। इस विमा के दो ध्रुव हैं—आत्म-पर्याप्त (self-sufficient) तथा समूह-निष्ठ (group-tied)। प्रश्नावली के इस भाग पर उच्च प्राप्तांक आने पर व्यक्ति को आत्म-निर्देशित (self-directed), आत्म-पर्याप्त (self-sufficient) तथा उपायकुशल (resourceful) प्रकृति का समझा जाता है, परन्तु निम्न प्राप्तांक आने पर व्यक्ति को समूह-उन्मुखी (group-oriented) तथा सामाजिक प्रकृति का समझा जाता है। एकांश की कुल संख्या इसमें 10 है।

15. उच्च आत्म-संप्रत्यय–निम्न संगठन *(High self-concept–low integration)*—इसे अक्षर 'Q_3' से संकेतिक किया गया है। इस विमा के भी दो ध्रुव हैं—नियंत्रित (controlled) तथा असावधान (casual)। प्रश्नावली के इस भाग पर उच्च प्राप्तांक आने पर यह समझा जाता है कि व्यक्ति नियंत्रित (controlled) तथा सामाजिक रूप से नियमनिष्ठ है, परन्तु निम्न प्राप्तांक (low score) आने पर यह समझा जाता है कि व्यक्ति अनियंत्रित (uncontrolled), अनुशासनहीन (indisciplined) तथा आवेगी (impulsive) है। एकांश की कुल संख्या इससे 10 है।

16. आर्गिक तनाव *(Ergic tension)*—इसे 'Q_4' से संकेतित किया गया है। इसके भी दो ध्रुव हैं—क्षुब्ध या तनावपूर्ण (tense) तथा विश्रांत (relaxed)। प्रश्नावली के इस भाग पर उच्च प्राप्तांक (high score) आने से व्यक्ति को तनावपूर्ण (tense), बेचैन (restless) तथा प्रेरणा का उच्च स्तर (high level of drive) से ओत-प्रोत समझा जाता है। परन्तु निम्न प्राप्तांक (lowscore) आने पर व्यक्ति को विश्रांत (relaxed) तथा शांत (composed) प्रकृति का समझा जाता है तथा साथ-ही-साथ इसमें प्रेरणा का स्तर काफी नीचा होता है। एकांश की कुल संख्या इसमें 13 है।

इन 16 कारकों को प्रथम क्रम कारक (first-order factors) कहा गया है और इन्हीं कारकों के माध्य (mean) से कुछ द्वितीय क्रम के कारकों (second-order factors) को ज्ञात किया गया है जो इस प्रकार है—चिंता (anxiety), वहिर्मुखता, (extroversion), स्वतंत्रता (independence), तंत्रिकातापिता (neuroticism), नेतृत्व (leadership), वैवाहिक समायोजन (martial adjustment) तथा आत्मपरकता (subjectivity) आदि। अभी हाल में कैटेल तथा क्लाईव (Cattell & Klive, 1977) ने 16PF के सिर्फ क्यूकारक (Q factors) के पूरक के रूप में 7 और नये स्रोत शीलगुणों (source traits) की पहचान किया है जिन्हें D, J, K, P. Q5, Q6 तथा Q7 के रूप में संकेतिक किया गया है।[1] उत्तेजनशीलता (excitability) के लिए D, उत्साही बनाम वैयक्तिकता (Zestful versus Individualistic) के लिए J, अशिष्टता बनाम परिपक्व समाजीकरण (Boorishvess versus Mature socalization) के लिए K, प्रसन्नचित आकस्मिकता (Sanguine casualness) के लिए P, सामूहिक समर्पण (Group dedication) के लिए Q5, सामाजिक कलगी (Social panache) के लिए Q6 तथा स्पष्ट आत्म अभिव्यक्ति (Explicit self expression) के लिए Q7 का उपयोग किया गया। इन सात शीलगुणों में से D, J, K, तथा P का आधार एल-आँकड़ा तथा क्यू-आँकड़ा (Q-data) दोनों ही है परन्तु Q5, Q6 तथा Q7 उत्पत्ति सिर्फ क्यू-आँकड़ों से ही हुआ है। इस तरह से अब कैटेल ने 16 मौलिक तथा 7 नये शीलगुणों अर्थात् कुल 23 स्रोत शीलगुणों (source traits) की पहचान कर रखा गया है। मौलिक 16 कारकों के आधार पर कैटेल 8 द्वितीय क्रम के कारक (second-order factors) तथा 23 शीलगुणों के विस्तरित सेट के आधार पर 12 द्वितीय क्रम कारकों (second-order factors) की पहचान किया है। ड्रेगर (Dreger, 1977) के अनुसार 16PF के कुछ ऐसे प्रारूप (versions) भी तैयार किये गए हैं जिनके द्वारा प्राक्स्कूली बच्चों से लेकर किशोरों तक के व्यक्तित्व संरचनाओं का भी मापन संभव है। इस परीक्षण की विश्वसनीयता गुणांक .34 से .93 तक का पाया गया है तथा संप्रत्यय वैधता (construct validity) .85 तक की पायी गयी है।

16 PF की नैदानिक उपयोगिता काफी है क्योंकि यह विभिन्न नैदानिक परिस्थितियों में सफलतापूर्वक प्रयोग किया गया। इसकी नैदानिक उपयोगिताओं (clinical uses) पर इस प्रकार प्रकाश डाला जा सकता है—

1. इन अक्षर संकेतों को देने से 16PF में 'A' से 'Q' तक प्रारंभ होने वाले संकेतों में जो रिक्ति (gap) रह गयी थी, वह पूरी हो गयी।

(i) परामर्श एवं मानसिक स्वास्थ्य केन्द्रों (mental health centres) में 16PF का प्रयोग स्क्रीनिंग उद्देश्यों के लिए किया जाता है।

(ii) ऐसे केन्द्रों में इस परीक्षण का उपयोग उपचार मूल्यांकन (treatment evaluation) के एक साधन (tool) के रूप में भी किया गया है।

(iii) व्यावसायिक मनोविज्ञान (vocational psychology) में इस परीक्षण का उपयोग विभिन्न व्यावसायिक समूहों के व्यक्तित्व प्रोफाईल (personality profiles) के निर्धारण में काफी किया गया है।

कुछ नैदानिक मनोवैज्ञानिकों ने 16 PF के प्रयोग में उत्पन्न कुछ कठिनाइयों की ओर भी ध्यान आकृष्ट कराया है। इस परीक्षण के मापनियों के कुछ नामों से अधिकतर रोगी अपनी अज्ञानता दिखलाते हैं। फलस्वरूप, नैदानिक मनोवैज्ञानिकों को उन मापनियों की संतोषजनक व्याख्या करने में कुछ कठिनाई अनुभव होता है हालाँकि इनका मानना है कि ऐसे मापनियों का मनोमितिक गुण (psychometric property) अन्य मापनियों की तुलना में काफी दुरुस्त है।

यद्यपि 16PF परीक्षण में सम्मिलित किये गए स्रोत शीलगुणों से सामान्य व्यक्तित्व का मापन होता है तथा सामान्य शीलगुणों एवं स्नायुविकृत शीलगुणों (neurotic traits) में अंतर करना संभव है, फिर भी कैटेल (Catell) ने यह तर्क प्रस्तुत किया कि इसके द्वारा विचलित व्यवहार (deviant behaviour) के सभी पहलुओं तथा मनोविक्षिप्त व्यक्तियों (psychotics) के सभी विशेषताओं का मापन नहीं होता है। इसलिए उन्होंने सामान्य तथा असामान्य व्यक्तित्व क्षेत्रों के सतही शीलगुणों (surface traits) का कारक विश्लेषण (factor analysis) करके 12 नये कारकों की पहचान किया है जिसके आधार पर मनोविकृति (psychopathology) को मापा जा सके। इन 12 कारकों को मापने के लिए उन्होंने एक विशेष प्रश्नावली (Questionnaire) का निर्माण किया है जिसे *नैदानिक विश्लेषण प्रश्नावली* (Clinical Analysis Questionnaire या CAQ) की संज्ञा दी गयी है। CAQ के निर्माण में 16 PF को भी एक साथ सम्मिलित कर लिया गया है। नैदानिक मनोवैज्ञानिकों के लिए कैटेल द्वारा निर्मित CAO की उपयोगिता 16PF से कम नहीं है। इन सभी बारह कारकों की सूची तथा संकेताक्षर निम्नांकित है—

CAQ द्वारा मापे जाने वाले बारह असामान्य स्रोत शीलगुण

कारक	सामान्य स्रोत शीलगुण	असामान्य स्रोत शीलगुण
D_1	निम्न रोगभ्रम (Low hypochondriasis)	उच्च रोगभ्रम (high hypochondriasis)
D_2	जोशीलायन (Zestfulness)	आत्मघाती विरक्ति (suicidal disgust)
D_3	निम्न विचारमग्न असंतोष (Low brooding discontent)	उच्च विचारमग्न असंतोष (high brooding discontent)
D_4	निम्न चिंतित विषाद (low anxious depression)	उच्च चिंतित विषाद (high anxious depression)
D_5	उच्च शक्ति सुखाभास (high energy emphoria)	निम्न शक्ति सुखाभास (low energy emphoria)
D_6	निम्न दोष तथा विद्वेष (low guilt and resentment)	उच्च दोष तथा विद्वेष (high guilt and resentment)
D_7	निम्न उबन विषाद (low bored depression)	उच्च उबन विषाद (high bored depression)
P_a	निम्न स्थिर व्यामोह (low paranoia)	उच्च स्थिर व्यामोह (high paranoia)
P_p	निम्न मनोविकृति विचलन (low psychopathic depression)	उच्च मनोविकृति विचलन (high psychopathic depression)
S_c	निम्न मनोविदालिता (low schizophrenia)	उच्च मनोविदालिता (high schizophrenia)
A_s	निम्न मनोदौर्बल्यता (low psychesthenia)	उच्च मनोदौर्व्यलता (high psychesthenia)
P_s	निम्न सामान्य मनोविक्षिप्ति (low general psychosis)	उच्च सामान्य मनोवि क्षलिप्त (high general psychosis)

इन सभी 12 कारकों का वर्णन इस प्रकार है—

1. D_1 : इस कारक द्वारा व्यक्ति में रोगभ्रम (hypochondriasis) के शीलगुण (trait) का मापन होता है। यदि इस पर उच्च प्राप्तांक आता है, तो इससे यह संकेत मिलता है कि व्यक्ति अपनी शरीर के विभिन्न अंगों के कार्यों एवं स्वास्थ्य के प्रति अनावश्यक रूप से चिंतित रहता है। अतः उच्च D_1 एक असामान्य स्रोत शीलगुण का उदाहरण है। इस पर यदि उसे निम्न प्राप्तांक आता है, तो यह संकेत मिलता है व्यक्ति खुश है, उसका मन ठीक से काम करता है तथा बुरे स्वास्थ्य होने का डर नहीं होता है। अतः निम्न D_1 एक सामान्य स्रोत शीलगुण (normal source trait) का उदाहरण है।

2. D_2 : इस के द्वारा व्यक्ति के आत्मघाती तथा आत्म-बर्वादी की प्रवृत्ति का मापन होता है। जब व्यक्ति को इस मापनी या कारक पर उच्च प्राप्तांक (high score) आता है, तो यह पता चलता है कि व्यक्ति अपनी जिन्दगी से ऊबा हुआ है, विरक्ति (disgust) का अनुभव करता है तथा अपने आप को बर्वाद कर देने की प्रवृत्ति रखता है। अतः उच्च D_2 प्राप्तांक से स्पष्टतः एक असामान्य स्रोत शीलगुण (abnormal source trait) का पता चलता है। दूसरे तरफ यदि D_2 पर निम्न प्राप्तांक आता है तो यह समझा जाता है कि व्यक्ति अपनी जिन्दगी से संतुष्ट है तथा उसमें कोई मृत्यु की इच्छा नहीं है। अतः निम्न D_2 एक सामान्य स्रोत शीलगुण है।

3. D_3 : इसके द्वारा व्यक्ति की आवेगशीलता तथा उत्तेजनशीलता (excitement) का पता चलता है। D_3 पर अधिक प्राप्तांक आने पर व्यक्ति अधिक उत्तेजना दिखाता है, बेचैन रहता है, तरह-तरह के जोखिम-भरा व्यवहार करता है तथा नयी-नयी अनुभूति प्राप्त करने में आनन्द उठाता है। उच्च D_3 स्पष्टतः एक असामान्य शीलगुण है। दूसरे तरफ जब व्यक्ति को D_3 पर निम्न प्राप्तांक आता है, तो वह खतरनाक तथा साहस को चुनौती देने वाला कार्य को सामान्यतः नहीं करता है तथा उसे नये उत्तेजन की आवश्यकता भी नहीं होती है।

4. D_4 : इससे व्यक्ति में चिंतापूर्ण विषादी प्रवृत्तियाँ (depressive tendencies) का मापन होता है। जब व्यक्ति को D_4 पर उच्च प्राप्तांक आता है, तो इससे यह संकेत मिलता है कि व्यक्ति में घबड़ा देने वाला स्वप्न आता है, किसी व्यवहार को ठीक ढंग से नहीं करता है, तनावग्रस्त रहता है तथा प्रायः अस्त-व्यस्त (upset) रहता है। उच्च D_4 एक असामान्य स्रोत शीलगुण है। परन्तु जब किसी व्यक्ति का D_4 पर निम्न प्राप्तांक आता है, तो वह एक सामान्य स्रोत शीलगुण होने का संकेत देता है क्योंकि ऐसा व्यक्ति आपातकालीन परिस्थिति में भी शांत दीखता है तथा अपने इर्द-गिर्द की परिस्थितियों के साथ विश्वासपूर्ण ढंग से निबटता है।

5. D_5 : इसके द्वारा व्यक्ति के शक्तिहीनतायुक्त विषाद (depression) का संकेत मिलता है। उच्च प्राप्तांक आने पर व्यक्ति में चिंता, थकान का भाव, तथा परिस्थिति से निबटने की शक्ति में कमी महसूस होता है। यह निश्चित रूप से निम्न विषाद (low energy depression) का उदाहरण है जो एक असामान्य स्रोत शीलगुण का उदाहरण है। दूसरे तरफ जब शक्ति को D_5 पर निम्न प्राप्तांक आता है, तो व्यक्ति अपने कार्य में उत्साह का अनुभव करता है, उसे अपने शरीर में पूर्ण शक्ति का एहसास होता है तथा उसे अच्छी नींद आती है। यह सब निश्चित रूप से एक सामान्य शीलगुण (normal trait) का उदाहरण है।

6. D_6 : इसके द्वारा व्यक्ति में दोष-भाव तथा विद्वेष के भाव का पता चलता है। D_6 पर उच्च प्राप्तांक आने से व्यक्ति में दोष-भाव (guilt feeling) तीव्र होता है, गलत होने पर वह अपने आप को दोषी समझता है तथा अपने आपकी आलोचना भरपूर करता है। इस तरह से उच्च D_6 एक असामान्य स्रोत शीलगुण है। परन्तु जब D_6 पर व्यक्ति को निम्न प्राप्तांक आता है, तो वह दोष भाव से मुक्त रहने वाला व्यक्ति होता है तथा कोई काम पूरा नहीं होने पर या अधूरा रह जाने पर भी अच्छी नींद सोता है। यह एक सामान्य शीलगुण है।

7. D_7 : इसके द्वारा व्यक्ति में उबाऊ विषाद (bored depression) जैसे असामान्य शीलगुण का मापन होता है। D_7 पर उच्च प्राप्तांक लाने वाले व्यक्तियों में इस तरह का असामान्य शीलगुण होता है। ऐसे व्यक्ति अन्य लोगों के साथ सम्पर्क रखने से भागते हैं, अलगाव इन्हें पसंद होता है तथा अन्य लोगों के बीच होने पर उन्हें एक तरह का तकलीफ होता है। D_7 पर निम्न प्राप्तांक एक सामान्य शीलगुण का संकेत देता है। ऐसे व्यक्ति शांत प्रकृति के होते हैं, अन्य लोगों के साथ मिलना-जुलना इन्हें पसंद होता है तथा वे खुशमिजाज होते हैं।

8. P_a : इसके द्वारा व्यक्ति में स्थिर व्यामोह (paranoaia) के शीलगुण का मापन होता है। P_a पर उच्च प्राप्तांक आने पर व्यक्ति में स्थिर व्यामोह की प्रबलता देखी जाती है। ऐसे व्यक्ति को यह विश्वास होता है कि उसे दंडित किया

जा सकता है, जहर दिया जा सकता है, तथा उसके साथ दुर्व्यवहार किया जा सकता है। यह निश्चित रूप से एक असामान्य शीलगुण है। दूसरे तरफ यदि P_a पर व्यक्ति को कम प्राप्तांक आता है, तो उसे एक सामान्य शीलगुण माना जाता है। ऐसे व्यक्ति में पर्याप्त विश्वास होता है तथा इसमें ईर्ष्या या द्वेष तथा दंडित किये जाने का भाव नही होता है।

9. P_p : इसके द्वारा व्यक्ति में मनोविकृत विचलन (psychopathic deviation) की प्रवृत्ति की माप होती है। P_p पर उच्च प्राप्तांक आने पर इस बात का संकेत मिलता है कि ऐसे व्यक्ति अपने या दूसरों के समाज-विरोधी व्यवहार के प्रति संतोषजनक मनोवृत्ति दिखाते हैं, आलोचना से इन्हें चोट नहीं पहुँचती है तथा भीड़-भाड़ इन्हें पसंद होता है। दूसरे तरफ यदि किसी व्यक्ति का प्राप्तांक P_p पर कम आता है तो ऐसे लोग सामान्य व्यवहार दिखलाते हैं, स्थापित नियम को नहीं तोड़ते हैं तथा कोई भी गैर-कानूनी व्यवहार नहीं दिखाते हैं।

10. S_C : इससे व्यक्ति में मनोविदालिता (schizophrenia) की प्रवृत्ति की माप होती है। जब किसी व्यक्ति को S_c मापनी पर उच्च प्राप्तांक आता है, तो उसमें मनोविदालिता के होने का स्पष्ट अंदाज मिलता है। ऐसे लोग बिना किसी स्पष्ट स्रोत के ही किसी की आवाज सुनते हैं; वास्तविकता से दूर रहते हैं तथा इन्हें अपने आवेगों एवं इच्छाओं पर कोई नियंत्रण नहीं रह जाता है। दूसरे तरफ यदि किसी व्यक्ति को S_c पर कम प्राप्तांक आता है, तो उसमें मनोविदालिता की अनुपस्थिति पायी जाती है। ऐसे व्यक्ति आत्मन् (self) तथा अन्य व्यक्तियों का एक वास्तविक मूल्यांकन करते हैं, सांवेगिक सामंजस्य (emotional harmomy) बनाये रखते हैं तथा प्रतिगमनात्मक व्यवहार (repressive behaviour) की कमी पायी जाती है।

11. A_S : इसके द्वारा व्यक्ति में मनोदौर्बल्यता (psychesthenia) की प्रवृत्ति का मापन होता है। इस पर उच्च प्राप्तांक आने पर यह पता चलता है कि इसमें व्यक्ति में कुछ कार्य करने के लिए तुरंत-तुरंत आवर्त्तीय विचार (repetitive ideas) एवं आवेग मन में आते रहते हैं। निश्चित रूप से यह एक असामान्य शीलगुण है। दूसरे तरफ जब व्यक्ति में इस पर निम्न प्राप्तांक आता है, तो इनमें अवांछित विचार या चिंतन बार-बार नहीं आते हैं तथा वह कोई वाध्यतापूर्ण आदत (compulsive habit) नहीं दिखलाता है।

12. P_s : इसके द्वारा व्यक्ति में सामान्य मनोविक्षिप्ति (general psychosis) जैसे असामान्य स्रोत शीलगुण का मापन होता है। उच्च प्राप्तांक आने पर व्यक्ति में हीनता के भाव की प्रधानता होती है तथा वह अयोग्यहीनता, संकोचशीलता तथा आसानी से आत्म-नियंत्रण खो जाने की प्रवृत्ति को दिखाता है। स्पष्टतः यह एक असामान्य स्रोत शीलगुण है। दूसरे तरफ जब किसी व्यक्ति को P_s के मापनी पर कम प्राप्तांक आता है, तो उसमें सामान्य मनोविक्षिप्ति के शीलगुण की कमी पायी जाती है जो एक सामान्य स्रोत शीलगुण की ओर इशारा करता है। ऐसे व्यक्ति अपने आप को उत्तम निर्भरयोग्य तथा स्मार्ट समझकर व्यवहार करते हैं।

स्पष्ट हुआ कि CAQ के सभी 12 कारकों पर उच्च प्राप्तांक एक असामान्य शीलगुण तथा निम्न प्राप्तांक एक सामान्य शीलगुण का संकेत देते हैं।

नैदानिक मनोवैज्ञानिकों द्वारा एक अन्य महत्त्वपूर्ण व्यक्तित्व परीक्षण जो कारक वैश्लेषिक उपागम (Factor analytic approach) पर आधारित है, का वर्णन किया गया है—आइजेन्क व्यक्तित्व प्रश्नावली (Eysenck Personality Questionnaire or EPQ)। इस परीक्षण का निर्माण ब्रिटिश मनोवैज्ञानिक आइजेन्क (Eysenck) द्वारा कई वर्षों तक अध्ययन करने के फलस्वरूप किया गया। पहले चरण में इस परीक्षण का नाम मॉडस्ले व्यक्तित्व आविष्कारिका (Maudsley Personality Inventory or MPI) था तथा इसके द्वारा व्यक्तित्व के मात्र दो विमाओं का (dimensions) का मापन होता था—वर्हिमुखता-अन्तर्मुखता (Extraversion-introversion or E) तथा स्नायुविकृति-स्थिरता (Neuroticism-stability or N)। बाद में इन्होंने कारक विश्लेषण के आधार पर व्यक्तित्व के एक अन्य विमा को भी महत्त्वपूर्ण बतलाया जिसे मनोविकृतता-पराहं शक्ति (Psychoticism-super ego strength or P) कहा गया। EPQ द्वारा इन तीन द्विध्रुवीय विमाओं (bipolar dimensions) अर्थात् E, N तथा P का भी मापन होता है। इन तीनों का वर्णन निम्नांकित हैं—

(1) बहिर्मुखता-अन्तमुर्खता *(Extraversion-Introversion or E)*—आइजेन्क का E से तात्पर्य व्यक्ति के ऊर्जाओं (energies) की अभिव्यक्ति की दिशा में होती है अर्थात् व्यक्ति अपनी शारीरिक ऊर्जाओं की अभिव्यक्ति बाहरी दुनियाँ की वस्तुओं, व्यक्तियों आदि के प्रति अधिक करता है या अपने चिन्तन एवं भावनाओं (feelings) की आन्तरिक दुनियाँ की ओर अधिक करता है। पहले तरह के व्यक्ति को बहिर्मुखी (extravert) तथा दूसरे तरह के व्यक्ति

को अन्तर्मुखी (introvert) कहा जाता है। बहिर्मुखी व्यक्ति सामाजिक तथा आवेगशील स्वभाव के होते हैं एवं नयी-नयी अनुभूतियों से आनन्दित होते हैं। अन्तर्मुखी व्यक्ति को अकेलापन पसंद होता है, असामाजिक होते हैं, अधिक चौकस बरतने वाले होते हैं तथा वे परिवर्तनोमुखी नहीं होते हैं। EPQ में बहिर्मुखता (extraversion) की पहचान कुछ प्रश्नों के प्रति दिये गये स्वीकारात्मक उत्तर (affirmative answer) से होती है। ऐसे प्रश्न का एक नमूना इस प्रकार है—

क्या आप अधिक सामाजिक अन्तक्रियाएँ करना पसंद करते हैं?

उसी तरह से EPQ अन्तर्मुखता की पहचान निम्नांकित प्रश्नों के प्रति स्वीकारात्मक उत्तर से होती है—

क्या आपको लोगों से मिलना-जुलना अधिक पसंद नहीं है?

क्या आपको अकेले रहना अधिक पसंद आता है?

आइजेन्क ने बहिर्मुखता-अन्तर्मुखता विमा का दैहिक आधार (physiological level) भी बतलाया है जो नैदानिक मनोवैज्ञानिकों के लिए काफी महत्त्वपूर्ण साबित हुआ है क्योंकि इनसे उन्हें नैदानिक मूल्यांकन करने में काफी मदद मिलती है। बहिर्मुखी (extravert) तथा अन्तर्मुखी के व्यवहारों में अंतर का कारण इन दोनों के मस्तिष्कीय उत्तेजन स्तर (cortical excitation level) में अन्तर होता है। बहिर्मुखी व्यक्तियों के मस्तिष्कीय उत्तेजन स्तर सामान्यतः कम होता है। ऐसे लोगों को उत्तेजित करने के लिए उत्तेजनों की तीव्रता अधिक होनी चाहिए। अन्तर्मुखी व्यक्तियों का मस्तिष्कीय उत्तेजन स्तर अधिक होता है और उद्दीपन की तीव्रता कम होने पर भी वे उत्तेजित हो जाते हैं। इस तरह से उत्तेजित होने की प्रवृत्ति ऐसे व्यक्तियों को सांवेगिक रूप से आवेगशील बना देता है तथा उसमें अस्थिरता उत्पन्न कर देता है। नैदानिक मनोवैज्ञानिकों को ऐसे व्यक्तियों में मानसिक विक्षुब्धता (mental disturbance) होने की आशंका इससे अधिक रहती है।

(2) स्नायुविकृति-स्थिरता *(Neuroticism-Stability or N)*—EPQ का यह दूसरा प्रमुख विमा है। स्नायुविकृति (neuroticism) से तात्पर्य सांवेगिक अस्थिरता (emotional instability) तथा कुसमायोजन (maladjustment) से होता है। EPQ में स्नायुविकृति की पहचान निम्नांकित तरह के प्रश्नों के प्रति दिये गए स्वीकारात्मक उत्तरों (affirmative answers) से की जाती है—

क्या आप अकारण ही चिंतित रहते हैं?

क्या आपको प्रायः चिड़िचिड़ापन की अनुभूति होती है?

स्नायुविकृति व्यक्तियों में दमन की प्रवृत्ति तीव्र होती है। इनके विचारों एवं क्रियाओं में मन्दता पायी जाती है तथा ऐसे व्यक्तियों में सांवेगिक नियंत्रण कम होता है। इस विमा के दूसरी छोर पर स्थिरता होती है जिसकी ओर बढ़ने से उक्त व्यवहारों या लक्षणों की मात्रा घटती जाती है और व्यक्ति में स्थिरता (stability) आती जाती है।

आइजेन्क के अनुसार N विमा का भी एक दैहिक आधार है जो नैदानिक मनोवैज्ञानिकों को महत्त्वपूर्ण संकेत प्रदान करता है। उनके अनुसार N तथा स्वायत्त तंत्रिकातंत्र प्रतिक्रिया क्षमता (autonomic nervous system reactivity) में गहरा सहसंबंध (correlation) होता है। आइजेन्क के अनुसार जिन व्यक्तियों का स्वायत्त तंत्रिका तंत्र (autonomic nervous system) अधिक प्रतिक्रियाशील (reactive) होता है, इनमें उपयुक्त पर्यावरण की अवस्था मिलते ही स्नायुविकृति रोगों (neurotic disorders) के विकसित होने की संभावना काफी तीव्र हो जाती है। उद्दीपनों के प्रति सांवेगिक रूप से तीव्र अनुक्रिया करने की प्रवृत्ति मानसिक रोगों के विकास में एक प्रमुख पूर्ववर्ती कारक (predisposing factor) के रूप में प्रधान समझा जाता है। EPQ द्वारा प्रदत्त इस सूचक की नैदानिक उपयोगिता काफी है।

(3) मनोविकृतता-पराहं शक्ति *(Psychoticism–Super Ego strength or P)*—EPQ द्वारा मापी जाने वाली यह तीसरी विमा है। मनोविकृतता की व्याख्या करते हुए आइजेन्क ने कहा है कि व्यक्तित्व का यह विमा मानसिक रोग की एक विशेष श्रेणी जिसे मनोविक्षिप्ति (Psychosis) कहा जाता है, के तुल्य (equivalent) नही है। हाँ, इतना अवश्य है कि मनोविक्षिप्ति (psychosis) रोग से पीड़ित व्यक्ति में मनोविक्षिप्तिता (psychoticism) के गुण अधिक होगें। मनोविक्षिप्तिता की विमा में मुख्य रूप से क्षीण एकाग्रता (poor concentration), क्षीण स्मृति (poor memory), क्रूरता (cruelty) असंवेदनशीलता (insensitivity), दूसरों के प्रतिसौहार्द्रपूर्ण संबंध की कमी, किसी प्रकार के खतरे के प्रति असतर्कता, सृजनात्मकता (creativity) की कमी आदि गुण पाये जाते हैं। P विमा के दूसरे छोर पर पराहं की क्रियाएं होती हैं। जैसे-जैसे इस छोर की ओर बढ़ते हैं उक्त लक्षणों या व्यवहारों की मात्रा घटती जाती है और व्यक्ति में आदर्शत्व (ideality) तथा नैतिकता (morality) की मात्रा बढ़ती जाती है।

P विमा का भी दैहिक आधार (physiological basis) आइजेन्क ने बताया है। आइजेन्क द्वारा किए गए अध्ययनों से यह स्पष्ट हुआ है कि पुरुषों में महिलाओं की अपेक्षा मनोविक्षिप्तता (psychoticism) अधिक होती है। इस प्रकार आइजेन्क ने पुरुष यौन हारमोन्स (male sex hormones) को बहुत हद तक मनोविक्षिप्तिता (psychoticism) का दैहिक आधार माना है।

EPQ की नैदानिक उपयोगिताओं की व्याख्या इस प्रकार की गयी है—

(i) EPQ का प्रयोग कई अध्ययनों में स्नायुविकृत (neurotic) एवं सामान्य व्यक्तियों में अन्तर करने के लिए सफलतापूर्वक किया गया है। इन अध्ययनों में आइजेन्क (Eysenck, 1980), फोस्टर (Foster, 1981), फोली (Foley, 1985) का अध्ययन विशेष रूप से उल्लेखनीय है।

(ii) EPQ का प्रयोग उन व्यक्तियों की पहचान करने में काफी सफलतापूर्वक किया गया जिनमें मनःस्नायुविकृति (psychoneurosis) तथा मनोविक्षिप्ति (psychosis) की पूर्ववृत्ति (predisposition) अधिक मजबूत होती है।

इन उपयोगिताओं के बावजूद कुछ नैदानिक मनोवैज्ञानिकों का मत है कि EPQ को नैदानिक रूप से एक परिपूर्ण परीक्षण नहीं माना जा सकता है तथा MMPI की तुलना में इसकी उपयोगिता काफी सीमित है क्योंकि इससे स्नायुविकृति एवं मनोविक्षिप्तता के अलावा अन्य नैदानिक विमाओं के बारे में कोई सूचना नहीं मिलती है।

सैद्धान्तिक उपागम : एडर्वाड्स परसनल प्रेफरेंस सिड्यूल
(Theoretical approach : Edwards Personal Preference Schedule or EPPS)

एडवार्डस परसनल प्रेफरेंस सिड्यूल (Edwards Personal Preference Schedule or EPPS) ऐलेन एडवार्डस (Allen Edwards) द्वारा निर्मित किया गया है तथा इसे 1954 में प्रकाशित किया गया। इस परीक्षण के सभी एकांश व्यक्तित्व के एक विशेष सिद्धान्त जिसे मर्रे (Murray) का *आवश्यकता सिद्धान्त* (need theory) कहा जाता है, के अनुरूप निर्मित किया गया है। *मर्रे हारवार्ड मनोवैज्ञानिक उपचारगृह* (Harward Psychological clinic) में एक मनोवैज्ञानिक थे जिन्होंने व्यक्तित्व की 15 मुख्य आवश्यकताओं (Needs) का उल्लेख अपने सिद्धान्त में किया। एडवार्डस ने इन सभी 15 आवशयकताओं को मापने के लिए इस मापनी का निर्माण किया। एकांशों का निर्माण इस तरह से किया गया कि वे सामाजिक वांछनीयता (social desirability) जैसा अनुक्रिया सेट (response set) से न प्रभावित हों। इस परीक्षण में 15 मापनियों द्वारा 15 आवश्यकताओं का मापन होता है और इसके अलावा एक अतिरिक्त मापनी (additional scale) भी है जिससे अनुक्रिया संगतता (response consistency) का मापन होता है तथा जिससे व्यक्ति में व्याप्त अनुक्रिया सेटों (response sets) की पहचान की जाती है। इस अतिरिक्त मापनी में 15 एकांश है और यह अतिरिक्त मापनी MMPI की वैधता मापनी (validity scale) के समान है। EPPS के 15 मापनियों की आवश्यकताओं का वर्णन इस प्रकार है—

EPPS के विभिन्न मापनी और उनका वर्णन (descriptions)

1. उपलब्धि *(Achievement)*—सफल होना, समस्याओं एवं कठिन उलझनों का समाधान करना तथा अन्य लोगों की तुलना में कार्यों का उत्तम ढंग से सम्पन्न करना।

2. सम्मान, श्रद्धा *(Deference)*—दूसरों से सुझाव प्राप्त करना, यह पता लगाना कि दूसरे लोग क्या सोचते हैं, तथा उनके निर्देश को स्वीकार करना।

3. व्यवस्था *(Order)*—किसी लिखित कार्य को स्वच्छ एवं संगठित रखना, किसी कठिन कार्य पर काम प्रारंभ करने के पहले सोच-विचार लेना।

4. प्रदर्शन *(Exhibition)*—चतुर एवं विनोदपूर्ण बातें करना, मनोरंजन कहानियाँ एवं चुटकुला सुनाना तथा अपनी अभिव्यक्तियों को दूसरे द्वारा परखे जाने में आनंदित होना।

5. स्वतंत्रता *(Autonomy)*—अपनी इच्छानुसार कहीं आना और जाना, जो इच्छा हो वह खुलकर कहना, अरूढ़िवादी (unconventional) चीजों को करना।

6. संबंधन *(Affiliation)*—अपने दोस्तों के प्रति निष्ठा दिखलाना, दोस्तों के समूह में भाग लेना, दोस्तों के लिए कार्य करना।

7. अंत:स्वीकरण (*Intraception*)—अपनी अभिप्रेरणाओं एवं भावनाओं का विश्लेषण करना, दूसरों का प्रेक्षण करना तथा दूसरों के व्यवहारों का विश्लेषण करना।

8. सहायता (*Succorance*)—दूसरों को संकट में मदद करना, दूसरों से प्रोत्साहन प्राप्त करना तथा दूसरों की सहानुभूति प्राप्त करना।

9. प्रभुत्व (*Dominance*)—अपने विचारों के लिए तर्क देना, नेतृत्व करना, दूसरों को प्रभावित करना।

10. अपमान (*Abasement*)—गलत काम करने पर दोष भाव (guilt feeling) का होना, किसी कार्य में असमर्थ होने पर दोष अपने ऊपर स्वीकार करना।

11. पोषण (*Nurturance*)—संकट में अपने दोस्तों की मदद करना, भाग्यहीन लोगों को मदद करना तथा दूसरों के साथ दयालुतापूर्वक व्यवहार करना।

12. परिवर्तन (*Change*)—नयी चीजों को करना, नवीनतम अनुभव प्राप्त करना, भ्रमण करना, नयी जवाबदेहियों के साथ प्रयोग करना।

13. सहनशीलता (*Endurance*)—किसी कार्य को पूरा होने तक करते रहना, कोई भी प्रारंभ किये गए कार्य को पूरा करना तथा किसी कार्य पर कठिन मेहनत करना।

14. विषमलिंगता (*Heterosexuality*)—विपरीत लिंग के व्यक्तियों के साथ घूमना-फिरना, विपरीत लिंग के व्यक्तियों के साथ सामाजिक क्रियाएँ करना।

15. आक्रामकता (*Aggression*)—विरोधी बिन्दुओं पर प्रहार करना, दूसरों की आलोचना करना, दूसरों के बारे में जैसा आप सोचते हैं, वैसा कह देना।

16. संगतता (*Consistency*)—यह निर्धारित करना कि व्यक्ति द्वारा समेलित युग्म (matching pairs) पर दी गयी अनुक्रिया में संगतता है या नहीं।

EPPS की नैदानिक उपयोगिताओं (clinical uses) पर इस प्रकार प्रकाश डाला गया है—

(i) EPPS द्वारा रोगी के व्यक्तित्व के अधमकीपूर्ण विमाओं (non-threatening dimensions) का मापन होता है।

(ii) EPPS के परिणामों का खुला विचार-विमर्श से रोगियों को आत्म-अन्वेषण (self-exploration) करने के लिए पर्याप्त उद्दीपक मिलता है।

(iii) EPPS के पारिभाषित कथनों (definitional statements) जिनसे रोगी के व्यक्तित्व की आवश्यकताओं का मापन होता है, से रोगी में प्रतिरक्षात्मकता (defensiveness) की कमी होती है। इससे परीक्षण-कार्ग (testing) की सार्थकता में वृद्धि होती है।

इन नैदानिक उपयोगिताओं के बावजूद EPPS के कुछ परिसीमाएँ (limitations) हैं जो निम्नांकित हैं—

(i) EPPS पर किये गए शोधों (researches) से यह स्पष्ट हुआ है कि इस परीक्षण से सामाजिक वांछनीयता (social desirability) का प्रभाव पूर्णतः दूर नहीं हो पाया है।

(ii) EPPS की वैधता (validity) की संपुष्टि कई अध्ययनों में नहीं हो पायी है।

इन सबके बावजूद EPPS का प्रयोग मार्गदर्शन केन्द्रों (guidance centres), व्यावसायिक परामर्श (vocational counselling) तथा स्कूल परामर्श (school counselling) में काफी हुआ है।

वस्तुनिष्ठ व्यक्तित्व परीक्षण के गुण एवं दोष
(Merits and Demerits of Objective Personality Tests)

यह हम देख चुके हैं कि नैदानिक मनोवैज्ञानिकों द्वारा वस्तुनिष्ठ व्यक्तित्व परीक्षण का प्रयोग नैदानिक मूल्यांकन (clinical evaluation) में काफी किया जाता है। इस प्रयोग से इन परीक्षणों के कुछ गुण (merits) एवं दोष (demerits) उभर कर सामने आये हैं। इन परीक्षणों के कुछ सामान्य गुण का वर्णन निम्नांकित हैं—

(i) वस्तुनिष्ठ व्यक्तित्व परीक्षण व्यक्तित्व का 'शीघ्रगामी माप' (quick measure) है। इनके द्वारा रोगियों के व्यक्तित्व को कम समय में आसानी से मापा जाता है।

(ii) वस्तुनिष्ठ व्यक्तित्व परीक्षण (objective personality test) के प्राप्तांक-लेखन (scoring) एवं व्याख्या अधिक वस्तुनिष्ठ (objective) होती हैं। फलतः रोगियों के बारे में इससे प्राप्त परिणाम में अधिक निर्भरता होती है।

(iii) नैदानिक मनोवैज्ञानिक के लिए कुछ वस्तुनिष्ठ व्यक्तित्व परीक्षण जैसे MMPI का योगदान इतना अधिक असमानान्तर (unparallel) है कि उसे इसका एक विशेष गुण के रूप में उद्धृत किया जाता है क्योंकि एक साथ 10 महत्त्वपूर्ण रोगात्मक शीलगुणों (pathological traits) का मापन किसी अन्य परीक्षण द्वारा नहीं हो पाता है।

इन गुणों के बावजूद वस्तुनिष्ठ व्यक्तित्व परीक्षण के कुछ अवगुण या खामियाँ हैं जो निम्नांकित हैं—

(i) वस्तुनिष्ठ व्यक्तित्व परीक्षण के एकांश बिल्कुल ही स्पष्ट होते हैं जिसे पढ़कर या सुनकर रोगी यह समझ जाता है कि उससे क्या पूछा जा रहा है। फलतः वह सही उत्तरों को कभी-कभी छुपाकर उसके जगह पर मनगढ़ंत उत्तर (faked answers) दे देने में समर्थ हो जाता है। इससे नैदानिक मूल्यांकन की वैधता को चुनौती मिलती है और नैदानिक मनोवैज्ञानिक द्वारा किया गया नैदानिक निर्णय दोषपूर्ण हो जाता है।

(ii) कुछ विशेषज्ञों का मत है कि वस्तुनिष्ठ व्यक्तित्व परीक्षण द्वारा व्यक्तित्व का मापन अलग-अलग शीलगुणों (traits) द्वारा होता है जो वैज्ञानिक रूप से उचित नहीं है क्योंकि व्यक्तित्व की व्याख्या इस तरह के पृथक् कारकों (discrete factors) के रूप में संभव नहीं है। फ्रीमैन (Freeman, 1962) के अनुसार चूँकि वस्तुनिष्ठ व्यक्तित्व परीक्षण में व्यक्तित्व का मापन सम्पूर्ण रूप से (as a whole) नहीं होता है, अतः इस विधि को बहुत वैज्ञानिक नहीं माना जा सकता है।

(iii) वस्तुनिष्ठ व्यक्तित्व परीक्षण में शाब्दिक एकांश (verbal items) होते हैं जिनका क्रियान्वयन सिर्फ उन रोगियों पर किया जा सकता है जो भाषा समझते हैं तथा जो उसका उत्तर एकांशों को पढ़कर एवं समझकर दे सकते हैं। इसका मतलब यह हुआ कि नैदानिक मनोवैज्ञानिक इन परीक्षणों का उपयोग अत्यन्त छोटे बालकों एवं अनपढ़ वयस्क रोगियों पर नहीं कर सकते हैं।

इन कुछ परिसीमाओं के बावजूद वस्तुनिष्ठ व्यक्तित्व परीक्षण की उपयोगिता नैदानिक परिस्थिति तथा गैर नैदानिक परिस्थिति में ही काफी बनी हुई है।

प्रक्षेपण परीक्षण
(Projective Tests)

अर्थ (*Meaning*)—प्रक्षेपण प्रविधि द्वारा व्यक्तित्व की माप परोक्ष रूप से होती है। प्रक्षेपण परीक्षण वैसे परीक्षण को कहा जाता है। जिसकें एकांश (items) अस्पष्ट एवं असंगठित (unstructured) होते हैं और जिसके प्रति अनुक्रिया करके व्यक्ति अपने भिन्न-भिन्न प्रकार की शीलगुणों की अभिव्यक्ति करता है। एक्सनर (Exner, 1976) के अनुसार प्रक्षेपण पविधि का इतिहास पुराना है। यद्यपि इसका प्रयोग प्राचीनकाल में भी होता था, इसका आधुनिक इतिहास का प्रारंभ बिन्दु फ्रेंसिस गाल्टन (Francis Galton, 1879) के उस सुझाव से होता है जिसमें उन्होंने शब्द-साहचर्य विधि (word association method) के उपयोग पर बल डाला था। बिने तथा हेनरी (Binet & Henri, 1896) ने कुछ तस्वीरों (pictures) की प्रक्षेपण प्रविधि (projective test) के रूप में उपयोग किया था तथा क्रेपलिन (Kreapelin) ने 19वीं शताब्दी के उत्तरार्द्ध में शब्द-साहचर्य परीक्षण (word-association test) जो एक सरल प्रक्षेपण विधि है, का प्रयोग किया।

इस संक्षिप्त इतिहास के बावजूद प्रक्षेपण विधि के उपयोग के लिए सही प्रेरणा रोर्शाक (Rorschach) के प्रयासों से मिला जिन्होंने स्याही के धब्बे (inkblots) के सहारे 1921 में मशहूर प्रक्षेपण परीक्षण जिसे रोर्शाक परीक्षण (Rorschach test) कहा गया, का निर्माण किया। प्रक्षेपण परीक्षण (projective test) की यह वैज्ञानिक शुरुआत मानी जाती है। 1935 में मार्गन तथा मर्रे ने विषय-आत्मबोधन परीक्षण (Thematic Apperception Test या TAT) का निर्माण किया जो प्रेक्षण विधि के क्षेत्र में दूसरी अभूतपूर्व सफलता मानी गयी है।

प्रक्षेपण परीक्षण का इतिहास चाहे जो भी कहता हो, नैदानिक मनोवैज्ञानिकों (clinical psychologists) के लिए इसकी उपयोगिता काफी बतलायी गयी है। आधुनिक समय में 'प्रक्षेपण परीक्षण' (projective test) जैसे पद को लोकप्रिय बनाने का श्रेय फ्रैंक (Frank, 1939) को जाता है। फ्रैंक (Frank) के अनुसार इस परीक्षण में व्यक्ति के सामने कुछ अस्पष्ट (vague) तथा असंगठित (unstructured) उद्दीपक (stimulus) या परिस्थिति दिया जाता है। ऐसे उद्दीपकों

एवं परिस्थितियों के प्रति व्यक्ति कुछ अनुक्रियाएँ (responses) करता है। इन अनुक्रियाओं के सहारे व्यक्ति अचेतन रूप से अपनी इच्छाओं, त्रुटियों एवं मानसिक संघर्षों (mental conflict) को प्रक्षेपित करता है। इस अर्थ में इंगलिश एवं इंगलिश[1] (English & English, 1958) ने प्रक्षेपण प्रविधि (projective technique) को परिभाषित करते हुए कहा है, ''ऐसी परिस्थिति जो कोई खास अनुक्रिया उत्पन्न नहीं करती हो, में व्यक्तियों के व्यवहारों का प्रक्षेपण करके उस व्यक्ति के व्यवहार के खास प्रारूप को पता लगाने की विधि का प्रक्षेपण विधि कहा जाता है।''

लिण्डजे[2] (Lindzey, 1961) ने प्रक्षेपण परीक्षण (projective test) का एक काफी विस्तृत (comprehensive) परिभाषा दिया है जिसे अधिकतर मनोवैज्ञानिकों ने काफी उपयोगी बतलाया है। इनके अनुसार, ''प्रक्षेपण विधि एक ऐसा उपकरण है जो व्यवहार के अचेतन या गुप्त पहलू के प्रति विशेष रूप से संवेदनशील होता है, व्यक्ति में नाना प्रकार की अनुक्रियाओं को प्रोत्साहन देता है, काफी बहुविमीय (multidimensional) होता है, तथा यह व्यक्ति को परीक्षण के उद्देश्यों से कम-से-कम अवगत कराते हुए असाधारण रूप में अहम् अनुक्रियात्मक आँकड़े प्रस्तुत करता है। यह भी प्रायः सच होता है कि प्रक्षेपण परीक्षण द्वारा प्रस्तुत किये गए उद्दीपक सामग्री प्रायः अस्पष्ट होते हैं तथा वर्णनकर्ता को सम्पूर्ण विश्लेषण (holistic analysis) पर निर्भर करना होता है, परीक्षण से काल्पनिक अनुक्रिया उत्पन्न होती है तथा परीक्षण का कोई सही या गलत अनुक्रिया नहीं होता है।''

इन परिभाषाओं का विश्लेषण करने में हमें प्रक्षेपण परीक्षण (projective test) के स्वरूप के बारे में निम्नांकित तथ्य प्राप्त होते हैं—

(i) प्रक्षेपण परीक्षण का उद्दीपक सामग्री (stimulus materials) असगठित (unstructured) एवं अस्पष्ट होते हैं।

(ii) इस तरह के असंगठित उद्दीपक सामग्री के प्रति व्यक्ति को अपनी अनुक्रिया देने के लिए बाध्य किया जाता है और ऐसा करके वह अपनी आवश्यकताओं (needs), इच्छाओं एवं संघर्षों (conflict) की अभिव्यक्ति करता है।

(iii) प्रक्षेपण परीक्षण व्यक्तित्व मापन का एक परोक्ष (indirect) विधि है क्योंकि इसमें व्यक्ति को परीक्षण का उद्देश्य (purpose) पता नहीं रहता है या इसमें कम-से कम उद्देश्य प्रच्छन्न (disguised) अवश्य ही रहते हैं।

(iv) प्रक्षेपण परीक्षण में व्यक्ति को अनुक्रिया देने की स्वतंत्रता (freedom) होती है। प्रश्नावली (questionnaire) विधि में ऐसी स्वतंत्रता नहीं होती है क्योंकि इसमें अक्सर व्यक्ति को 'हाँ'-'नहीं' में ही उत्तर देना होता है।

(v) प्रक्षेपण परीक्षण पर के अनुक्रिया की व्याख्या से व्यक्ति को अधिक-से-अधिक चरों (variables) के बारे में ज्ञान प्राप्त होता है, अर्थात् ऐसे परीक्षण बहुउद्देशीय (multidimensional) होते हैं। जैसे—इस तरह के परीक्षण से नैदानिक मनोवैज्ञानिकों को रोगी की आवश्यकताओं (needs), समायोजन (adjustments), अहम् प्रतिरक्षा (ego defenses), मनश्चिकित्सक श्रेणियाँ (psyciatric categories) आदि के बारे में एक साथ पता चल जाता है। प्रश्नावली विधि से व्यक्तिगत मापन में प्रायः ऐसा संभव नहीं होता है क्योंकि इनका संबंध किसी एक ही विमा जैसे समायोजन (adjustment) या आवश्यकता (need) आदि से ही संबंधित होते हैं।

प्रक्षेपण परीक्षण की पूर्वकल्पनाएँ
(Assumptions of Projective Tests)

प्रक्षेपण परीक्षणों की कुछ पूर्वकल्पनाएँ (assumptions) होती हैं। मैकफारलेन तथा टुडेनहाम (MacForlane &

---

1. "The projective test is a procedure for discovering a person's characteristic mode of behaviour by observing his behaviour in response to a situation that does not elicit or compel a particular response."
—English & English : *A Comprehensive dictionary of Psychological terms and Psychoanalytical terms.* 1958

2. "A projective technique is an instrument that is considered especially sensitive to covert or unconscious aspects of behaviour, it permits or encourages a wide variety of subject responses, is highly multidimensional, and it evokes unusually rich or profuse response data with a minimum of subject's awareness concerning the purpose of the test. Further, it is very often true that stimulus material presented by the projective test is ambiguous, interpreters depend upon holistic analysis, the test evokes fantasy responses, and there are no correct or incorrect responses to the test."
—Lindzey : *Projective technique and Cross-cultural research,* 1961 p. 45

Tuddenhm, 1951) ने इन पूर्वकल्पनाओं का वर्णन काफी उत्तम ढंग से किया है। इन लोगों ने इन पूर्वकल्पनाओं में निम्नांकित को अधिक महत्त्वपूर्ण बतलाया है—

(i) नैदानिक मनोवैज्ञानिकों का ऐसा विश्वास है कि इस परीक्षण पर दिये गए अनुक्रियाओं द्वारा रोगी के व्यक्तित्व के बारे में किसी तरह का नैदानिक निर्णय करने के लिए पर्याप्त सूचनाएँ (information) होती हैं।

(ii) नैदानिक मनोवैज्ञानिकों का यह भी विश्वास है कि प्रक्षेपण परीक्षण विभिन्न रोगियों में उनके व्यक्तित्व के स्थायी सारतत्व (durable essence) को समान रूप से (equally) प्रकट करता है।

(iii) नैदानिक मनोवैज्ञानिकों की यह भी एक पूर्वकल्पना होती है कि व्यक्ति की अनुक्रियाओं का मनोवैज्ञानिक निर्धारक (psychological determinants) महत्त्वपूर्ण होते हैं। प्रक्षेपण परीक्षणों के अनुक्रिया में इन निर्धारकों की भूमिका काफी सराहनीय होती है।

स्पष्ट है कि प्रक्षेपण परीक्षणों के कुछ निश्चित पूर्वकल्पनाएँ (assumptions) हैं जिन्हें नैदानिक मनोवैज्ञानिको द्वारा ध्यान में रखा जाता है।

प्रक्षेपण परीक्षण के प्रकार
(Types of Projective tests)

प्रक्षेपण परीक्षण के कई रूप एवं प्रकार है। लिण्डजे (Lindzey, 1961) ने इस विभिन्न प्रकारों को निम्नांकित पाँच प्रमुख भागों में बाँटा है—

(1) साहचर्य प्रविधि *(Association techniques)*—इस श्रेणी में उन प्रक्षेपण प्रविधियों को रखा जाता है जिसमें परीक्षण के उद्दीपकों (stimuli) जैसे शब्द या चित्र को देखकर व्यक्ति जल्द-से-जल्द यह बतलाता है कि उनके लिए उसके क्या अर्थ है या उससे किस तरह का साहचर्य (association) मन में आता है। *शब्द साहचर्य परीक्षण* (word association test) तथा *रोर्शाक परीक्षण* (Rorschach test) को इसी श्रेणी में रखा जाता है।

(2) रचना प्रविधि *(Construction techniques)*—इस प्रविधि में चित्र या तस्वीर को देखकर व्यक्ति को एक कहानी की रचना करनी होती है या कभी-कभी उसे विशेष रेखांकन (drawing) आदि भी करना होता है। कहानी लिखने या रेखांकन करने में कोई समय सीमा नहीं होती है परन्तु व्यक्ति के कहानी का सार तथा अनुक्रिया करने क ढंग को महत्त्वपूर्ण समझा जाता है। इस श्रेणी में टीएटी (TAT), *ब्लैकी परीक्षण* (Blacky test) तथा *मेक-ए-पिक्चर स्टोरी (Make-a-Picture story)* महत्त्वपूर्ण है।

(3) पूर्ति प्रविधि *(Completion techniques)*—इसमें व्यक्ति की कुछ अधूरी कहानी, वाक्य कार्टून या अन्य उद्दीपक दे दिये जाते हैं और वह उन्हें अपनी ओर से पूरा करता है। इसमें *वाक्य पूर्ति परीक्षण* (Sentence completion test), *रोजेनविग तस्वीर-कुंठा अध्ययन* (Rosenwig Picture-Frustration Study), *मेडलिन थॉमस पूर्ति कहानी परीक्षण* (Madeleine Thomas Completion Stories Test) जैसे परीक्षणों को रखा गया है।

(4) पसंद या क्रम प्रविधि *(Choice or ordering techniques)*—इस श्रेणी के परीक्षण में व्यक्ति दिए गए विकल्पों (alternatives) में से चुनता है, उन्हें अपने पसंद (preference) के क्रम में सुसज्जित करता है या दिए गए सामग्रियों को सुव्यवस्थित करता है। इसके लिए उसे शाब्दिक व्याख्या (verbal explanation) करना भी पड़ सकता है या नहीं भी करना पड़ सकता है। *स्जोन्डी परीक्षण* (Szondi test) तथा *टामकिन्स-हार्न तस्वीर व्यवस्था परीक्षण* (Tomkins--Horn Picture Arrangement test) इसके उदाहरण हैं।

(5) अभिव्यंजक प्रविधि *(Expressive technique)*—इस श्रेणी के परीक्षण में व्यक्ति अपने व्यक्तित्व की अभिव्यक्ति करने के लिए कुछ ड्राइंग, पेटिंग, खेल या नाटक आदि करता है। इसमें व्यक्ति अपने आप को कैसे अभिव्यक्ति करता है, इसे उतना ही महत्त्वपूर्ण समझा जाता है जितना कि उसकी अभिव्यक्ति (expression) का प्रतिफल (product)। मैकोवर *ड्रा-ए-परसन परीक्षण* (Machoever Draw-a-Person test), *फिंगर पेन्टिंग* (finger painting), *टाय वर्ल्ड* (Toy World Test) इसके उत्तम उदाहरण हैं।

स्पष्ट हुआ कि प्रक्षेपण विधि के कई प्रकार हैं। इन प्रकारों में से साहचर्य प्रविधि (Association techniques) तथा रचना प्रविधि (Construction technique) की नैदानिक उपयोगिता तुलनात्मक रूप से अधिक बतलायी गयी है।

प्रक्षेपण परीक्षण के प्रमुख नैदानिक प्रकार (Major Clinical Types of Projective Test)

नैदानिक मनोवैज्ञानिकों द्वारा नैदानिक मूल्यांकन (assessment) तथा निर्णय (judgement) करने में प्रक्षेपण परीक्षण (projective test) की भूमिका काफी सराहनीय बतलायी गयी है। ऐसे तो प्रक्षेपण परीक्षण (projective test) के कई प्रकार हैं, परन्तु उनमें से जिन परीक्षणों का उपयोग नैदानिक मनोवैज्ञानिकों द्वारा सर्वाधिक किया जाता रहा है, निम्नांकित प्रमुख हैं—

(1) शब्द साहचर्य परीक्षण (Words Association Test)
(2) वाक्य-पूर्ति परीक्षण (Sentence Completion Test)
(3) रोर्शाक स्याही धब्बा परीक्षण (Rorschach Inkblot Test)
(4) विषय-आत्मबोधन परीक्षण (Thematic Apperception Test)
(5) ड्रा-ए-परसन परीक्षण (Draw-a-Person Test)

इन परीक्षणों का वर्णन निम्नांकित हैं—

(1) शब्द साहचर्य परीक्षण *(Words Association Test)*—शब्द साहचर्य परीक्षण एक ऐसा परीक्षण होता है जिसमें रोगी को एक-एक करके कुछ शब्द उपस्थित किया जाता है और उसे अपने मस्तिष्क में आने वाले सबसे पहला शब्द बतलाना होता है। अगर मनोविज्ञान के इतिहास पर हम एक नजर दौड़ायें, तो वह स्पष्ट हो जाएगा कि 19वीं शताब्दी में कुछ मनोवैज्ञानिकों जैसे सर फ्रेंसिस गाल्टन (Sir Francis Galton) तथा विलियम वुंट (Wilhelm Wundt) ने शब्द साहचर्य परीक्षण का उपयोग किया था परन्तु इन लोगों ने इसका उपयोग नैदानिक परिस्थिति (clinical setting) में न करके व्यक्ति के प्रतिक्रिया समय (reaction time) का अध्ययन करने के लिए किया था। नैदानिक परिस्थिति मे इस परीक्षण का उपयोग फ्रायड (Freud) एवं उनके सहकर्मियों (colleagues) जैसे सी० जी० युंग (C.G. Jung) ने किया क्योंकि इन लोगों का मानना था कि शब्दों के प्रति रोगी द्वारा दिये गए साहचर्य तथा उसके आन्तरिक आवश्यकता (needs) एवं संघर्ष (conflicts) में सबंध होता है।

मनोविश्लेषकों (psychoanalysts) में युंग (Jung) का नाम सर्वप्रथम आता है जिन्होंने रोगी के व्यक्तित्व के भीतर छिपे सांवेगिक मनोग्रन्थि (emotional complexes) को पता लगाने में शब्द साहचर्य परीक्षण का उपयोग किया। उन्होंने 100 शब्दों की एक मानक सूची (standard list) तैयार किया और रोगियों द्वारा दिए गए इन शब्दों के प्रति किए गए अनुक्रियाओं (responses) का विश्लेषण करके वे रोगी के व्यक्तित्व में छिपे संघर्षों (conflict) के बारे में महत्त्वपूर्ण जानकारी प्राप्त की। युंग द्वारा तैयार किए गए इस मानक सूची को यूरोप में उस समय में नैदानिक मनोवैज्ञानिकों ने काफी स्वागत किया। इससे प्रोत्साहन पाकर 1910 में अमेरिका में केन्ट तथा रोजानोफ (Kent & Rosenoff) ने एक शब्द साहचर्य परीक्षण विकसित किया। इसका माननीकरण (standardization) सामान्य व्यक्तियों एवं मानसिक रोगियों दोनों के एक बड़े समूह पर किया गया। तीसरा शब्द साहचर्य परीक्षण जिसकी नैदानिक उपयोगिता अधिक बतलायी गयी है, उसे रैपापोर्ट तथा उनके सहयोगियों द्वारा 1940 में विकसित किया गया। रैपापोर्ट के इस परीक्षण में कुल 60 शब्द थे जो मनोविश्लेषणात्मक सिद्धान्त (psychoanalytic theory) पर आधारित थे तथा इसका उद्देश्य आक्रामकता (aggression) तथा लैंगिकता (sexuality) को मापना था।

शब्द साहचर्य परीक्षण में रोगियों द्वारा दिये गए अनुक्रियाओं (responses) का विश्लेषण दो स्तरों पर किया जाता है—

(i) औपचारिक स्तर (formal level) तथा
(ii) विषय-वस्तु स्तर (content level)

औपचारिक स्तर पर रोगी द्वारा लिए गए प्रतिक्रिया समय (अर्थात् उद्दीपक शब्द उपस्थित करने तथा रोगी द्वारा अनुक्रिया (response) करने के बीच का समय) तथा उनके द्वारा की गयी अनुक्रिया के विभिन्न प्रारूपों (forms) को ध्यान में रखा जाता है। प्रतिक्रिया समय अधिक होने से समझा जाता है कि संबंद्ध उद्दीपक शब्द (stimulus words) रोगी के ऐसे अनुभूतियों (experiences) तथा साहचर्यों (associations) को छू रहा है जिससे उसके मन में चिन्ता उत्पन्न हो रही है या किसी प्रकार का दोष-भाव (guilt-feeling) उत्पन्न हो रहा है। इसके अलावा, अनुक्रिया शब्द

(response word) के कई प्रारूप (form) भी होते हैं जिनसे रोगी के व्यक्तित्व के बारे में महत्त्वपूर्ण संकेत मिलते हैं। जैसे—कभी-कभी रोगी उद्दीपक शब्द को ही दोहरा देता है (कुर्सी-कुर्सी)। कभी-कभी वह उद्दीपक शब्द को ही थोड़ा परिवर्तित कर बोल देता है (पुस्तक-पुस्तकालय) तथा कभी-कभी वह उद्दीपक शब्द के आवाज (न कि अर्थ) से मिलता-जुलता दूसरा शब्द बोल देता है (रोटी-चोटी)। इन प्रारूपों के भी विशेष अर्थ होते हैं। प्रायः ऐसे प्रारूप से वह पता चलता है कि रोगी अपने आप को किसी चिन्ता (anxiety) से बचाने के लिए एक प्रतिरक्षा (defense) अपना रहा है।

विषय-वस्तु स्तर (content level) पर विश्लेषण करके भी रोगी के सांवेगिक रुकावट (emotional blocking), चिन्ता, दोष (guilt) एवं अवरोध (resistance) का पता लगाया जाता है। इस स्तर पर रोगी द्वारा बोले गए अनुक्रिया शब्दों के सांकेतिक अर्थ (symbolic meaning) का अध्ययन रोगी के मानसिक संघर्ष के गत्यात्मक स्वरूप (dynamic nature) को समझने की कोशिश की जाती है। यहाँ अनुक्रिया शब्दों (response words) के अर्थ का अध्ययन करके रोगी की अभिप्रेरणा एवं अचेतन संघर्ष (unconscious conflict) के बारे में जाना जाता है। जैसे—यदि किसी रोगी ने 'कमरा' शब्द (उद्दीपक शब्द) सुनकर 'सोना' (अनुक्रिया शब्द) बोलता है, तो यह स्पष्ट है कि वह अपनी समस्याओं के प्रति कोई संकेत नहीं दे रहा है। परन्तु यदि वह 'कमरा' शब्द को सुनकर 'घृणा' शब्द बोलता है, तो यह स्पष्ट है कि वह स्पष्टतः एक अधिक वैयक्तिक साहचर्य (highly personal association) प्रदान कर रहा है जिसका नैदानिक महत्त्व काफी हो सकता है।

कुछ नैदानिक मनोवैज्ञानिकों ने शब्द साहचर्य परीक्षण (words assocation test) के क्रियान्वयन पर आपत्ति जताया है जो निम्नांकित हैं—

(i) कुछ नैदानिक मनोवैज्ञानिकों का मत है कि रोगी के व्यक्तित्व के बारे में मोटे तौर पर यह परीक्षण काफी सीमित सूचनाएँ ही प्रदान कर पाता है।

(ii) इस परीक्षण द्वारा बहुत समय बर्बाद करने पर रोगी के बारे में बहुत कम ऐसी सूचनाएँ मिल पाती हैं जो नैदानिक दृष्टिकोण से महत्त्वपूर्ण होती हैं।

इन आपत्तियों के कारण आधुनिक मनोनिदान (modern psychodiagnosis) में इस परीक्षण का उपयोग बहुत अधिक नहीं हो पाया है। फिर भी कुछ नैदानिक मनोवैज्ञानिकों का आज भी यह मत है कि यह परीक्षण उन रोगियों के व्यक्तित्व के बारे में जानने के लिए महत्त्वपूर्ण उपकरण (instrument) हो सकता है जो गंभीर रूप से निषेधित (inhibited) है और अपने आप के बारे में ठीक ढंग से बातचीन करने में कठिनाई महसूस करते हैं।

(2) वाक्य पूर्ति परीक्षण *(Sentence Completion test)*—यह एक ऐसा प्रक्षेपण परीक्षण है जिसमें रोगी को आंशिक या अधूरे वाक्यों की एक तैयार सूची पेश की जाती है और रोगी उन वाक्यों के अर्थ को ध्यान में रखते हुए उसे पूरा करता है। इस परीक्षण का सबसे पहला उपयोग जर्मनी में इबिंगहास (Ebbinghaus) द्वारा बौद्धिक स्तर के मापन के रूप में एक अप्रक्षेपण परीक्षण (non-projective test) के रूप मे किया गया। व्यक्तित्व के मापन के रूप में वाक्य-पूर्ति परीक्षण का पहला गंभीर प्रयास 1930 वाले दशक में प्रारंभ हुआ और इस तरह का पहला परीक्षण राहेडे एवं हिलड्रेथ (Rohde & Hildreth, 1940) द्वारा निर्मित किया गया। द्वितीय विश्वयुद्ध के समय विभिन्न मूल्यांकन कार्यक्रमों (evaluation programmes) के लिए भी कई वाक्य-पूर्ति परीक्षण का निर्माण किया गया।

वाक्य-पूर्ति परीक्षण के क्षेत्र में नैदानिक दृष्टिकोण से सबसे महत्त्वपूर्ण परीक्षण रौटर (Rotter) द्वारा किया गया जिन्होंने एक ऐसे ही परीक्षण का निर्माण किया जिसका नाम रौटर इनकम्पलिट सेन्टेन्स ब्लैक (Rotter Incomplete Sentence Blank or RISB) रखा गया जिसका उद्देश्य सांवेगिक कुसमायोजन (emotional maladjustment) से ग्रस्त रोगियों की पहचान कर अलग करना है। इस परीक्षण में 40 अधूरे वाक्य (incomplete sentence) होते हैं जिसे रोगी अपने ओर से कोई अर्थ जोड़ते हुए पूरा करता है। RISB के एकांशों के कुछ उदाहरण इस प्रकार है—

(i) मैं पसंद करता हूँ ....
(ii) मैं जानना चाहता हूँ ....
(iii) सोते समय ....
(iv) घर पर आने पर ....
(v) सबसे खुशगवार समय ....

RISB की विशेषता यह है कि इसे समूह में या वैयक्तिक रूप से (individually) किसी भी तरह क्रियान्वयन किया जा सकता है। इस परीक्षण में मनोमितीय गुण (psychometric properties) संतोषजनक होने से इसकी नैदानिक उपयोगिता बढ़ी है। परन्तु कुछ नैदानिक मनोवैज्ञानिक RISB से असंतोष प्रकट करते हुए कहा है कि चूँकि इस परीक्षण के माध्यम से रोगी के व्यक्तित्व के गत्यात्मक (dynamic) तथा गहरे स्तर तक नहीं पहुँचा जा सकता है, अतः इसका उपयोग नैदानिक मूल्यांकन (clinical assessment) में करने से कोई विशेष लाभ नहीं होगा। भारत में रौट्टर मापनी (Rotter scale) का हिन्दी अनुकूलन (Hindi adapatation) प्रो॰ एस॰ के॰ वर्मा, वी॰ सी॰ खन्ना एवं एन॰ एन॰ विग (N. N. Wig) द्वारा 1985 में किया गया जिसे पीजीआई वाक्य पूर्त्ति परीक्षण (PGI Sentence Completion Test) की संज्ञा दी गयी। इस परीक्षण में तीन माननीकृत फार्म (Standardized forms) है : फार्म जी (G) फार्म एम (M) तथा फार्म एस (S) फार्म जी सामान्य उपयोग के लिए, फार्म एम विवाहितों के लिए तथा फार्म फॉर्म एस छात्रों के लिए बनाया गया है।

(3) रोर्शाक परीक्षण *(Rorschach test)*—अधिकतर आधुनिक मनोवैज्ञानिक यह मानते हैं कि सच्चे अर्थ में प्रक्षेपण परीक्षण की वैज्ञानिक शुरूआत रोर्शाक स्याही-धब्बा परीक्षण (Rorschach test) से होती है। यदि हम मनोविज्ञान के इतिहास की ओर झाँकें तो यह स्पष्ट होगा कि हालाँकि स्याही-धब्बा का एक मनोवैज्ञानिक परीक्षण के रूप में प्रयोग जर्मन मनोवैज्ञानिक विलियम स्टर्न (Wilhelm Stern) द्वारा किया गया था जिन्होंने 19वीं शताब्दी के उत्तरार्द्ध में ऐसे स्याही के धब्बों के माध्यम से कल्पना (imagination) की प्रक्रिया का अध्ययन किया था एवं 1895 में अलफ्रेड बिने (Alfred Binet) ने यह सुझाव दे रखा था कि स्याही-धब्बों का प्रयोग व्यक्तित्व के गुणों को मापने में उत्तम ढंग से किया जा सकता है। हरमान रोर्शाक (Hermann Rorschach) ने ही स्याही-धब्बा परीक्षण (Ink blot test) का निर्माण वैज्ञानिक ढंग से किया तथा उसका माननीकरण (standardization) किया। यह परीक्षण नैदानिक मनोवैज्ञानिकों के लिए काफी महत्त्वपूर्ण सिद्ध हुआ।

चित्र 9.1 : रोर्शाक परीक्षण का एक नमूना कार्ड

रोर्शाक परीक्षण में 10 कार्ड होते हैं और प्रत्येक कार्ड में अर्थहीन परन्तु द्विपक्षीय संतुलित (bilaterally symmetrical) स्याही के धब्बे होते हैं। चित्र—9.1 में रोर्शाक परीक्षण के एक-कार्ड को नमूना के रूप में दिखलाया गया। इस परीक्षण का निर्माण हरमान्न रोर्शाक (Hermann Rorschach) जो स्वीटजरलैंड के एक मनोरोगविज्ञानी (Psychiatrist) थे, द्वारा 1921 में किया गया। इस परीक्षण के 10 कार्ड में पाँच में काला एवं धूसर (grey) स्याही के धब्बे होते हैं, दो में काला (black), धूसर एवं लाल रंग के स्याही के धब्बे होते हैं तथा तीन कार्ड पर बहुरंगीन (multicoloured) स्याही के धब्बे होते हैं। सभी कार्ड एक-एक करके रोगी को दिया जाता है। चिकित्सक (clinician) रोगी को पहला कार्ड देता है और निर्देश देता है, "मुझे बतलायें कि इसमें आप क्या देख रहे हैं—यह आपको कैसा लगता है। कोई सही या गलत उत्तर नहीं है। सिर्फ यह बतलायें कि यह आपको कैसा लगता है।" रोगी द्वारा दिए गए उत्तरों को हु-ब-हु (verbatim) चिकित्सक लिख लेता है। बाद में एक-एक करके सभी कार्ड एक क्रम में रोगी को दिये जाते हैं और रोगी द्वारा दिये गए उत्तरों को चिकित्सक हु-ब-हु लिखते जाता है। कुछ चिकित्सक यह भी लिखते जाते हैं कि प्रत्येक कार्ड में पहली अनुक्रिया कार्ड देने के कितना समय बाद में की गई तथा प्रत्येक कार्ड पर रोगी द्वारा कितना कुल समय दिया गया। कुछ चिकित्सक रोगी द्वारा अनुक्रिया करते समय कार्ड की स्थिति (position) को भी लिखते जाते हैं। कार्ड की स्थिति दाँयें ऊपर (right side up) दाँयें नीचे (right side down), उल्टा (upside down) कुछ भी हो सकता है। रोगी द्वारा किये गए सभी स्वैच्छिक टिप्पणियाँ एवं विस्मय की अभिव्यक्तियां (exclamations) को भी चिकित्सक लिखते जाता है।

हरमान्न रोर्शाक (Hermann Rorschach)

सभी 10 कार्ड के क्रियान्वयन हो जाने पर चिकित्सक अगले चरण में यानी पूछताछ (inquiry) की अवस्था मे प्रवेश करते हैं। यहाँ रोगी को एक-एक करके उन सभी अनुक्रियाओं की याद दिलायी जाती है जिसे उन्होंने कार्डवार

(cardwise) दिया था और उनसे पूछा जाता है कि उनकी उक्त अनुक्रिया के आधार क्या था तथा साथ-ही-साथ उन्हें यह भी बतलाने को कहा जाता है कि कार्ड के किस भाग में वह वस्तु अवस्थित (located) हैं। इस अवस्था में रोगी को अपनी अनुक्रिया का स्पष्टीकरण करने का भी मौका मिलता है।

इस अवस्था के बाद रोर्शाक परीक्षण (Rorschach test) पर दिये गए अनुक्रियाओं का प्राप्तांक-लेखन (scoring) होता है। ऐसे तो विशेषज्ञों के बीच इस बिन्दु पर थोड़ा मतभेद हैं, लेकिन सामान्यतः निम्नांकित तीन प्रमुख श्रेणियों के रूप में रोर्शाक अनुक्रियाओं का प्राप्तांक-लेखन किया जाता है—

(i) स्थान-निरूपण (Location)
(ii) निर्धारक (Determinants)
(iii) विषय-वस्तु (Contents)

इन तीनों का वर्णन निम्नांकित हैं—

(i) स्थान-निरूपण *(Location)*—प्राप्तांक-लेखन की इस श्रेणी में इस बात का निर्णय किया जाता है कि रोगी की अनुक्रिया का आधार स्याही के पूरे धब्बे से है या उसके कुछ अंश से। अगर अनुक्रिया का आधार पूरा धब्बा होता है, तो उसे एक खास अक्षर संकेत, यानी W से अंकित किया जाता है। यदि अनुक्रिया का आधार धब्बे का बड़ा एवं सामान्य अंश (common detail) होता है तो इसके लिए D तथा असामान्य एवं छोटे अंश के आधार पर अनुक्रिया होने से उसके लिए Dd का प्रयोग किया जाता है। काफी छोटे एवं विरले अंश पर आधारित अनुक्रिया को dd से तथा सिर्फ उजले स्थानों अर्थात् धब्बे को छोड़कर बाकी स्थानों के आधार पर किये गए अनुक्रिया को S से अंकित करते है।

(ii) निर्धारक *(Determinants)*—इस प्राप्तांक-लेखन श्रेणी में इस बात का निर्णय किया जाता है कि धब्बे के किस गुण (feature) के कारण व्यक्ति ने अमुक अनुक्रिया (response) की है। जैसे—मान लिया जाए कि व्यक्ति ने किसी धब्बे में 'चमगादड़' (bat) होने की अनुक्रिया की है। इस अनुक्रिया की निर्धारक श्रेणी में इस बात का निर्णय किया जायेगा कि व्यक्ति ने धब्बे के किस गुण अर्थात् आकार (Form), रंग (colour), गति (Movement) आदि में से किसके आधार पर ऐसी अनुक्रिया की है। इस श्रेणी में भी अक्षर संकेतों का प्रयोग किया जाता है। मानव आकार (Form) के लिए F, शुद्ध रंग (pure colour) के लिए C, मानव गति अनुक्रिया (human movement response) के लिए M, पशु गति अनुक्रिया (animal movement response) के लिए FM तथा निर्जीव गति अनुक्रिया (inanimate movement response) के लिए m आदि का प्रयोग किया जाता है। स्पष्ट आकार (clear form) के कारण अनुक्रिया होने पर F+ तथा अस्पष्ट आकार (vague form) के कारण अनुक्रिया होने पर F− का प्रयोग किया जाता है। शुद्धरंग (pure colour) के आधार पर दी गयी अनुक्रिया (जैसे—सूर्यास्त या सूर्योदय) के लिए C, अगर अनुक्रिया का आधार रंग और आकार दोनों होता है जिसमें रंग को तुलनात्मक रूप से अधिक महत्त्वपूर्ण समझा जाता है (जैसे—उद्यान) तो इसके लिए CF परन्तु आकार (form) रंग से अधिक महत्त्वपूर्ण बतलाया जाता है, (जैसे—एक लाल दरवाजा) तो इसके लिए FC का प्रयोग किया जाता है। शेडिंग अनुक्रिया (shading response) अर्थात् बनावट (texture) के लिए c तथा त्रिविमीय अनुक्रिया (three-dimensional response) के लिए K संकेत का प्रयोग किया जाता है।

(iii) विषय-वस्तु *(Content)*—प्राप्तांक-लेखन की इस श्रेणी में यह तय किया जाता है कि व्यक्ति द्वारा दी गयी अनुक्रिया की विषय-वस्तु (content) या स्वरूप (nature) क्या है। विषय-वस्तु मनुष्य होने पर उसके लिए H तथा पशु होने पर उसके लिए A के संकेत का प्रयोग किया जाता है। मानव के किसी अंग के विवरण (human details) होने पर Hd तथा पशु के किसी अंग के विवरण (animal details) के लिए Ad, आग के लिए Fi, यौन (sex) के लिए Sx, घरेलू वस्तुओं के लिए Hh का प्रयोग किया जाता है।

इन तीन प्रमुख प्राप्तांक-लेखन (scoring) श्रेणियों के अलावा रोर्शाक परीक्षण पर दिए गए अनुक्रियाओं में लोकप्रिय (popular) अनुक्रिया या मौलिक अनुक्रिया (original response) की भी पहचान की जाती है। मौलिक अनुक्रिया से तात्पर्य उस अनुक्रिया से होता है जो अनेकों व्यक्तियों द्वारा किसी कार्ड के प्रति अक्सर दिये जाते हैं। इसका अक्षर संकेत (letter symbol) P है। जैसे—प्रथम कार्ड में पूरे धब्बे को चमगादड़ (bat) या तितली (butter fly) के रूप में देखना एक लोकप्रिय अनुक्रिया (popular response) का उदाहरण है। इसी तरह से प्रत्येक कार्ड के लिए कुछ अनुक्रियाओं को लोकप्रिय अनुक्रिया (popular response) की श्रेणी में रखा गया है। कभी-कभी रोगी कुछ अनुक्रियाओं को एक साथ संगठित (organized) कर एक नयी अनुक्रिया बना लेता है। इस तरह के संगठन का अक्षर संकेत Z है।

प्राप्तांक-लेखन (scoring) कर लेने के बाद उनकी व्याख्या (interpretation) की जाती है और रोगी के व्यक्तित्व

(personality) के बारे में महत्त्वपूर्ण अंदाज लगाये जाते हैं। यदि किसी रोगी द्वारा अधिक संख्या में W की अनुक्रिया की गयी है, तो इससे उत्तम बौद्धिक स्तर एवं अमूर्त चिन्तन (abstract reasoning) की क्षमता का पता चलता है। अगर W अनुक्रिया में पर्याप्त जटिलता (complexity) एवं यथार्थता होती है, तो इससे अमूर्त्तता एवं समग्रता (integration) के उच्च स्तर का पता चलता है। D अनुक्रियाओं से रोगी में किसी वस्तु को स्पष्ट रूप से देखने तथा समझने की क्षमता का बोध होता है। इससे रूढ़िवादी चिन्तन (conventional thinking) की क्षमता का भी पता चलता है। Dd अनुक्रिया जो एक सामान्य वयस्क द्वारा दी गयी कुल अनुक्रियाओं का 5% से अधिक नहीं होता है, द्वारा व्यक्ति के चिन्तन में अस्पष्टता को दिखलाता है। 5% से अधिक होने पर मनोविदाली प्रकृति (schizophrenic tendency) का पता चलता है। dd से अहंकेन्द्रित चिन्तन (egocentric thinking) का पता चलता है। S अनुक्रिया यदि कुल अनुक्रिया की संख्या से 5% अधिक होती है, तो इससे रोगी में विरोधात्मक या नकारात्मक प्रवृत्ति (negativistic tendency) का पता चलता है और यह निष्क्रिय-आक्रामक (passive-aggressive) व्यक्ति में अधिक पाया जाता है। कुछ चिकित्सकों का मत है कि इससे सर्जनात्मक (creative) एवं मौलिक चिन्तकों (original thinkers) की पहचान भी की जाती है।

F अनुक्रिया की अधिकता से चिन्तन करते समय एकाग्रता (concentration) की क्षमता का बोध होता है। इससे अहम् नियंत्रण (ego control) की क्षमता का भी पता चलता है। F अनुक्रियाओं में F + तथा F – दोनों हो सकते हैं। F + की अधिकता से यह पता चलता है कि रोगी में दृढ़ता (rigidity) का गुण अधिक है तथा स्वाभाविकता (spontaneity) एवं सांवेगिक सहृदयता (emotional warmth) की कमी का पता चलता है। F – की अनुक्रियाओं की अधिकता से रोगी में सांवेगिकता (impulsivity), सांवेगिक प्रभुत्व (emotional dominance) तथा तार्किक चिन्तन की अक्षमता आदि गुणों का पता चलता है। रंग अनुक्रियाओं (colour responses) का संबंध रोगी के संवेगात्मक जिन्दगी (emotional life) से होता है। शुद्ध C (Pure C) की अनक्रिया से बौद्धिक नियंत्रण (intellectual control) की कमी, आवेगशीलता (impulsivity), अति उत्तेजनशीलता, कोई कार्य करने के पहले कम-से-कम सोच विचार करने का गुण आदि का पता चलता है। एक सामान्य व्यक्तित्व में C, FC एवं CF में खास तरह का समन्वय पाया जाता है। शेडिंग अनुक्रियाओं यानी c (छोटा सी) तथा K अनुक्रियाओं की उपस्थिति रोगी में उच्च स्तरीय चिन्ता (anxiety) को बतलाता है। रोर्शाक का मत था कि मनःस्नायुविकृति (psychoneurosis) के रोगियों में 'रंग आघात' (colour shock) की घटना देखने को मिलती है जिसमें रोगी रंगीन कार्ड को देखकर थोड़े समय के लिए चकित होता जाता है और उस कार्ड का प्रतिक्रिया समय (reaction time) सामान्यतः अधिक हो जाता है। गति अनुक्रियाओं (F, Fm तथा M) की अधिकता से व्यक्ति में काल्पनिक क्रियाओं (fanciful activities) को करने की क्षमता तथा उसकी कल्पना शक्ति का बोध होता है। रैपापोर्ट (Rappaport) के अनुसार ऐसे लोगों में बौद्धिक रूप से सतर्कता काफी पायी जाती है और वे अपने भावात्मक अभिव्यक्तियों को चिन्तन एवं कल्पना से आसानी से प्रतिस्थापित (substitute) कर लेते हैं।

यद्यपि विषय-वस्तु (content) का महत्त्व स्थान-निरूपण (location) तथा निर्धारक (determinants) की श्रेणियों की तुलना में कम पाया जाता है, फिर भी इससे रोगी के व्यक्तित्व संरचना (personality structure), वैयक्तिक अभिरुचि, मानसिक संघर्ष (mental conflict) आदि के बारे में महत्त्वपूर्ण सूचनाएँ मिलती हैं। रोर्शाक परीक्षण पर विभिन्न प्रकार के विषय-वस्तु (contents) का होना रोगी के संपुष्ट विचार एवं अभिरुचि को बतलाते हैं। सीमित एवं रूढ़ियुक्त विषय-वस्तु से व्यक्ति या रोगी के सीमित बौद्धिक क्षमता सीमित अनुभवों के होने, दृढ़ता (rigidity), अत्यधिक चिन्ता, चिन्ताग्रस्त आशंकाओं की ओर संकेत करता है। A तथा Ad अनुक्रियाओं को मिलाकर A% तथा H एवं Hd अनुक्रियाओं को मिलाकर H% ज्ञात किया जाता है। A% अधिक होने से बौद्धिक संकीर्णता (intellectual constriction), सांवेगिक असंतुलन तथा सामाजिक अपरिपक्वता (social immaturity) का पता चलता है। P अनुक्रिया असंतुलन तथा सामाजिक अपरिपक्वता (social immaturity) का पता चलता है। P अनुक्रिया की अधिकता से रूढ़िगत चिन्तन (conventional thinking) तथा इसकी कमी से व्यक्ति में सामाजिक अनुरूपता (social conformity) के शीलगुण की कमी होने का अंदाज मिलता है। एक्सनर (Exner, 1974) के अनुसार P अनुक्रियाओं से व्यक्ति सर्जनात्मकता (creativity) का भी बोध होता है। Z अनुक्रियाओं से व्यक्ति में उच्च सर्जनात्मकता एवं निपुणता आदि का बोध होता है।

रोर्शाक परीक्षण (Rorscach test) के कुछ नैदानिक उपयोगिताएँ (clinical utilities) तथा अवगुण (demerits) हैं। इसकी प्रमुख नैदानिक उपयोगिताएँ निम्नांकित हैं—

(i) रोर्शाक परीक्षण द्वारा नैदानिक मनोवैज्ञानिक रोगियों के व्यक्तित्व के बारे में जो आँकड़ा प्राप्त कर पाते हैं, वे अनुक्रिया सेट (response set) से स्वतंत्र होते हैं। अतः उन पर अधिक-से-अधिक भरोसा किया जाता है।

(ii) रोर्शाक परीक्षण द्वारा रोगी के बौद्धिक (intellectual) तथा अबौद्धिक शीलगुण (non-intellectual traits) दोनों के ही बारे में ज्ञान प्राप्त हो जाता है।

(iii) रोर्शाक परीक्षण द्वारा नैदानिक मनोवैज्ञानिकों को रोगी की लैंगिक अभिरुचि (sexual interest) के बारे में स्पष्ट पता चलता है। रोर्शाक कार्ड के कुछ क्षेत्र लैंगिक क्षेत्र (sexual areas) के रूप में सुनिश्चित किए गए हैं और इनके प्रति की गयी अनुक्रियाओं से रोगी की लैंगिक अभिरुचि का स्पष्ट पता चल जाता है। व्यक्तित्व प्रश्नावलियों के एकांश के अर्थ स्पष्ट रहने से रोगी के लैंगिक अभिरुचि (sexual interest) के बारे में पता लगाना संभव नहीं हो पाता है। इस तरह की अभिरुचि के माध्यम से नैदानिक मनोवैज्ञानिकों को नैदानिक मूल्यांकन (clinical evaluation) तथा नैदानिक निर्णय (clinical judgement) करने में विशेष मदद मिलती है।

इनके बावजूद रोर्शाक परीक्षण के कुछ अवगुण हैं जो निम्नांकित हैं—

(i) रोर्शाक परीक्षण में 10 कार्ड होते हैं और प्रत्येक कार्ड पर एक या एक से अधिक अनुक्रिया (response) रोगी देता है। यहाँ रोगी द्वारा दी जाने वाली अनुक्रिया की संख्या कोई सीमित नहीं है। परिणामस्वरूप, इस परीक्षण से मिलने वाला प्राप्तांक (score) अविश्वसनीय (unreliable) होता है और उनका वितरण वैषम्य (skewed) भी होता है। इससे परीक्षण की विश्वसनीयता (reliability) तथा वैधता (validity) पर बुरा प्रभाव पड़ता है।

(ii) रोर्शाक परीक्षण से संबंधित किये गए शोध कार्यों को ध्यान में रखते हुए कुछ नैदानिक मनोवैज्ञानिक इस निष्कर्ष पर पहुँचे हैं कि परीक्षण सभी उद्देश्यों (purposes) के लिए समान रूप से वैध (valid) नहीं है। जैसे—रोर्खाख परीक्षण द्वारा रोगी की आवश्यकता (needs) एवं संघर्ष के क्षेत्रों की पहचान ठीक से नहीं होती है।

(iii) रोर्शाक परीक्षण को नैदानिक मनोवैज्ञानिकों ने एक तरह का नियंत्रित साक्षात्कार (controlled interview) माना है जहाँ परीक्षण स्वयं महत्त्वपूर्ण नहीं होता है बल्कि इसकी उपयोगिता चिकित्सक के कौशल (skill) एवं संवेदनशीलता (sensitivity) पर निर्भर करता है। यदि चिकित्सक स्वयं योग्य एवं कौशलयुक्त (skillful) नहीं है, तो परीक्षण की नैदानिक उपयोगिता लगभग समाप्त हो जाती है।

(iv) रोर्शाक परीक्षण का प्राप्तांक-लेखन (scoring) कई चिकित्सकों के अच्छे प्रयासों के बावजूद भी वस्तुनिष्ठ नहीं हो सका है और प्राप्तांक-लेखनकर्ता (scorer) की अपनी इच्छा का प्रभाव उसपर काफी पड़ता है। इसका परिणाम यह होता है कि एक रोर्शाक प्रोटोकोल (Rorschach protocol) की व्याख्या यदि कई चिकित्सकों द्वारा की जाती है, तो उनमें समरूपता न होकर विभिन्नता हो जाती है जिससे वे लोग एकजुट होकर रोगी के व्यक्तित्व के बारे में किसी निश्चित निष्कर्ष पर नहीं पहुँच पाते हैं।

इन अवगुणों के बावजूद रोर्शाक परीक्षण का उपयोग नैदानिक में काफी अधिक हुआ है और आज भी हो रहा है।

रोर्शाक परीक्षण के वर्णन किए गए कई अवगुणों में प्रथम अवगुण को दूर करने के ख्याल से तथा स्याही के धब्बे वाली परीक्षणों (ink blot tests) के मनोमितिक गुणों (psychometric qualities) को उन्नत बनाने के ख्याल से होल्जमैन (Holtzman, 1961, 1975) ने एक दूसरा परीक्षण बनाया जिसे *होल्जमैन स्याही-धब्बा परीक्षण* (Holtzman Ink blot Test या HIT) कहा गया। इस परीक्षण के दो फार्म हैं और प्रत्येक फार्म में 45-45 कार्ड हैं जिसपर स्याही के धब्बे बने होते हैं। दोनों फार्म चूँकि तुल्य (equivalent) है, अतः किसी एक का भी प्रयोग करके व्यक्ति की भाप की जा सकती है। प्रत्येक कार्ड के प्रति अधिक-से-अधिक एक अनुक्रिया रोगी को करना होता है। इसका प्राप्तांक-लेखन 22 श्रेणियों में बाँटकर किया जाता है। रोगी के उम्र एवं मनश्चिकित्सीय स्तर (psychiatric status) के अनुकूल कई तरह के मानक (norms) उपलब्ध हैं। इतना होने के बावजूद व्यक्तित्व मापन में इसकी लोकप्रियता उतनी नहीं है जितनी की रोर्शाक परीक्षण की है।

(4) विषय-आत्मबोधन परीक्षण *(Thematic Apperception Test or TAT)*—नैदानिक मनोविज्ञान के क्षेत्र में प्रयोग किए गए प्रक्षेपण विधियों में विषय-आत्मबोधन परीक्षण (Thematic Apperceptionn Test) दूसरा महत्त्वपूर्ण परीक्षण है। इस परीक्षण का निर्माण मर्रे (Murray, 1935) ने हारवार्ड विश्वविद्यालय में किया। बाद में यानी 1938 में मार्गन (Morgăn) के साथ मिलकर इन्होंने इस परीक्षण का संशोधन किया। यह परीक्षण मर्रे (Murray) द्वारा प्रतिपादित व्यक्तित्व की आवश्यकता सिद्धान्त (need theory) पर आधारित है।

मौलिक रूप से (originally) TAT का निर्माण मनोविश्लेषणात्मक दृष्टिकोण (psychoanalytical viewpoint)

से व्यक्तित्व मापने के लिए किया गया था। आजकल इस परीक्षण का प्रयोग अधिकतर चिकित्सक रोगी के मनोवैज्ञानिक आवश्यकताओं (psychological needs) जैसे उपलब्धि की आवश्यकता (need for achievement), संबंधन (affiliation) की आवश्यकता, निर्भरता (dependency) की आवश्यकता, शक्ति (power) की आवश्यकता तथा यौन (sex) की आवश्यकता आदि को मापने के लिए करते हैं तथा अन्तःक्रिया (interaction) करता है। इस तरह से रोर्शाक परीक्षण(Rorschach test) के मुकाबले में TAT का प्रयोग नैदानिक मनोवैज्ञानिकों द्वारा रोगी के व्यक्तित्व के अन्तर्वस्तु (content) तथा सामाजिक अन्तःक्रिया (social interaction) को मापने के लिए किया जाता है।TAT का प्रयोग कर नैदानिक मनोवैज्ञानिक कोई विशेष निर्णय करने में समर्थ हो पाते हैं, जैसे—''यह रोगी प्राधिकारी (authority figures) के प्रति विद्वेषी (hostile) है परन्तु फिर भी वह उनका स्नेह एवं अनुमोदन (approval) चाहता है।'' परन्तु रोर्शाक परीक्षण का प्रयोग करके नैदानिक मनोवैज्ञानिक अधिक प्रकारात्मक(typological) एवं निरपेक्ष(categorical) निर्णय कर पाते हैं। जैसे—''यह रोगी वहिर्मुखी (extraverted) है।'' या ''यह रोगी मनोविकृतिय समायोजन (psychopathic adjustment) करता है।'' आदि-आदि। कहने का तात्पर्य यह है किTAT के मुकाबले में रोर्शाक परीक्षण(Rorchach test) द्वारा व्यक्तित्व की संरचना(structure) की व्याख्या एक औपचारिक ढंग से (formal way) यानी प्रकारात्मक (typological) ढंग से ही संभव है।

टीएटी का क्रियान्वयन (Administration of TAT)

TAT में, जैसा कि मर्रे एवं मार्गन ने कहा है, कुल 31 कार्ड होते हैं जिनमें से 30 कार्ड पर कुछ अस्पष्ट तस्वीरें न कि स्याही के धब्बा (ink blots) होते हैं। बाकी एक कार्ड सादा होता है। इस 30 कार्ड में से 19 कार्ड रोगी के उम्र (age) एवं यौन (sex) के अनुसार चुन लिये जाते हैं तथा एक सादा कार्ड को लेकर उनका क्रियान्वयन रोगी पर किया जाता है। इस तरह से किसी एक रोगी पर अधिक-से-अधिक 20 कार्ड जिसमें एक सादा कार्ड भी सम्मिलित होता है, का प्रयोग किया जा सकता है। व्यवहार में नैदानिक मनोवैज्ञानिक किसी एक रोगी पर 6 से 12 कार्ड का ही क्रियान्वयन करते हैं। प्रत्येक कार्ड के आधार पर रोगी को एक कहानी लिखना होता है जिसका स्वरूप ऐसा होता है कि उसमें भूत, वर्तमान तथा भविष्य तीनों तरह के घटनाओं का समावेश हो सके। सादा कार्ड पर रोगी को अपनी ओर से कोई तस्वीर मानकर कहानी लिखना होता है।

बाद में TAT पर लिखे गये कहानियों का विश्लेषण किया जाता है। कहानियों का विश्लेषण कैसे किया जाए, इस सिलसिले में विशेषज्ञों में मतभेद अवश्य है परन्तु सामान्यतः उनका विश्लेषण छह श्रेणियों में बाँटकर किया जाता है—(i) कहानी का नायक (hero), (ii) नायक की आवश्यकता (need), प्रयास (strivings) एवं विशेषताएँ, (iii) प्रेस (press) अर्थात् नायक पर लगने वाला पर्यावरणी बल (environmental forces), (iv) सार (theme) अर्थात् प्रेस-आवश्यकता-परिणाम (need-press-outcome) का संयोग, (v) कहानी के मुख्य पात्रों की भावात्मक प्रतिक्रिया (affective tone) तथा (vi) परिणाम (outcome)। कहानी के नायक (hero) की आवश्यकता (need), मूल्य (values) तथा प्रत्याशा (expectations) व्यक्ति या रोगी की अपनी आवश्यकताओं, मूल्यों एवं प्रत्याशाओं को प्रतिबिम्बित करती है। लिण्डजे (Lindzey, 1952) तथा ऐरोन (Eron, 1952) के अनुसार एक विषादी रोगी (depressed patient) कहानी में सिर्फ भूत की घटनाओं पर बल डालता है, वर्तमान की घटनाओं से उनका संबंध न के बराबर होता है तथा भविष्य-की घटनाओं का वर्णन तो लेशमात्र भी नहीं होता है। दमनकारी व्यक्तियों (repressive people) जैसे हिस्ट्रीया के रोगियों द्वारा कहानियों में वर्तमान पर अधिक बल डाला जाता है तथा इनके कहानियों में भविष्य के कुछ अस्पष्ट एवं काल्पनिक रूप से सुखद घटनाओं का पूर्वानुमान लगाया जाता है। मनोविदालिता के रोगी भूत, वर्तमान एवं भविष्य की घटनाओं को उलट-पुलट कर कहानी में लिखते हैं।

TAT की प्रमुख नैदानिक उपयोगिताओं (clinical uses) में निम्नांकित प्रमुख हैं—

(i) TAT द्वारा रोगियों के प्रमुख आवश्यकताओं (needs) की पहचान करने में विशेष मदद मिलती है। इन आवश्यकताओं की पहचान हो जाने से चिकित्सकों को नैदानिक मूल्यांकन करने तथा फिर किसी खास नैदानिक निर्णय (clinical judgement) पर पहुँचने में विशेष सुविधा होती है।

(ii) TAT द्वारा विशेष तरह के रोगियों जैसे विषादी रोगियों (depressive patients), हिस्ट्रीयकल व्यक्तित्व (hysterical personality) एवं मनोविदालिता के रोगियों की भी पहचान करने में विशेष मदद मिलती है हालाँकि अधिकतर चिकित्सक ऐसा मानते हैं कि मात्र TAT के आधार पर इन रोगियों के बारे में किसी निश्चित निष्कर्ष पर पहुँचना बहुत वैध नहीं है।

(iii) TAT द्वारा रोगी की समस्याओं का केन्द्रबिन्दु (focal point), उनकी आवश्यकताओं (needs) तथा उनके सामाजिक अन्तःक्रिया या सामाजिक संबंधों के स्वरूप को ठीक ढंग से समझने में मदद मिलती है।

इन उपयोगिताओं के बावजूद TAT की कुछ परिसीमाएँ (limitations) हैं जो निम्नांकित हैं—

(i) TAT के कहानियों की व्याख्या (interpretation) अधिक आत्मनिष्ठ (subjective) है। इसका प्रधान कारण यह है कि TAT के प्राप्तांक-लेखन तंत्र (scoring system) में अभी तक लोगों ने गंभीर अभिरुचि नहीं दिखलायी है।

(ii) कुछ नैदानिक मनोवैज्ञानिकों ने इस तरह का साक्ष्य (evidences) प्रस्तुत किया है जिससे यह स्पष्ट हो जाता है कि TAT पर दिखलाये गए आवश्यकताओं (needs) तथा रोगी के व्यवहारों में कोई संबंध नहीं होता है। इसका मतलब यह हुआ कि TAT द्वारा रोगी के स्पष्ट व्यवहार (overt behaviour) का पूर्वकथन (prediction) नहीं होता है। कहने का तात्पर्य यह है कि यदि किसी रोगी में TAT के प्राप्तांकों के अनुसार कोई अमुक आवश्यकता (need) अधिक प्रबल पायी गयी तो इसका मतलब यह नहीं हुआ कि उस आवश्यकता की अभिव्यक्ति रोगी स्वतः अपने व्यवहारों में करेगा। लेसर (Lesser 1957) ने एक अध्ययन किया जिसमें स्कूल के बच्चों में कल्पना आक्रामकता (fantasy aggression) तथा स्पष्ट आक्रमक व्यवहारों (overt aggressive behaviour) के बीच कोई संबंध नहीं पाया गया है। विलसन तथा लासन (Wilson & Lawson, 1976) ने भी अपने अध्ययन से TAT के इस परिसीमा (limitations) की संपुष्टि किया है।

(iii) TAT विभिन्न तरह के परिस्थितिजन्य कारकों (situational factors) से अधिक प्रभावित होता पाया गया है। फलतः इसके परिणाम की विश्वसनीयता (reliability) अधिक नहीं रह जाती है। हैरिसन (Harison, 1965) ने अपने अध्ययन के आधार पर यह बतलाया है कि परीक्षण-कार्य की परिस्थिति (testing situation) तथा परीक्षक (examiner) दो ऐसे चर (variables) हैं जिनमें से TAT अनुक्रियाएँ (responses) काफी अधिक प्रभावित होती हैं तथा जिसे चिकित्सक (clinician) को ध्यान में रखना अति आवश्यक है। मुसेन एवं स्कोडेल (Mussen & Scodel, 1955) ने अपने अध्ययन में पाया कि TAT कार्ड पर रोगी द्वारा दी जाने वाली लैंगिक अनुक्रियाएँ उस समय कुछ दब जाती है जब परीक्षक (examiner) अधिक उम्र का व्यक्ति होता है। मर्स्टीन (Murstein, 1958) ने अपने अध्ययन में पाया कि TAT कहानियों में अभिव्यक्त सांवेगिक स्वर-शैली (emotional tone) कार्ड के तस्वीरों की संरचना (structure) एवं कार्ड की सुदंरता से प्रभावित होता पाया गया है। इन सबका परिणाम यह होता है कि TAT कहानियों के विश्लेषण के आधार पर किया गया नैदानिक निर्णय (clinical judgement) अधिक विश्वसनीय नहीं रह जाता है।

इन अवगुणों के बावजूद TAT की नैदानिक उपयोगिता (clinical uses) काफी है और नैदानिक मूल्यांकन (clinical assessment) करने में इस परीक्षण का उपयोग अन्य परीक्षणों के साथ प्रायः किया जाता है।

TAT से मिलते-जुलते कुछ अन्य परीक्षण भी हैं जिनका प्रयोग नैदानिक मनोवैज्ञानिकों द्वारा यदा-कदा किया जाता है। इन परीक्षणों में *मेक-ए-पिक्चर परीक्षण* (Make-a-Picture Test or MAPS) जिसे शनीडमैन (Shneidman, 1952) द्वारा विकसित किया गया है, प्रमुख है। इसमें रोगी को मनुष्यों एवं पशुओं के दिये गए विभिन्न आकारों के आधार पर तस्वीर बनाना होता है। इसके बाद बनाये गए इस तस्वीर के आधार पर रोगी एक कहानी लिखता है और उसका विश्लेषण कर चिकित्सक (clinician) रोगी के व्यक्तित्व के बारे में अंदाज लगाता है। इसके अलावा बेलाक तथा बेलाक (Bellack & Bellack, 1952) द्वारा बच्चों के लिए एक विशेष परीक्षण बनाया गया जिसे *चिल्ड्रेन-आत्मबोधन परीक्षण* (Children Apperception Test or CAT) कहा गया। CAT के तस्वीरों में पशुओं को मानवीय क्रियाएँ (human activities) करते दर्शाया गया है, जो बच्चों को अधिक आनन्दायक एवं उनकी कल्पनाशक्ति को ग्राह्य होते हैं। इसके आधार पर लिखी गई कहानियों का विश्लेषण करके चिकित्सक बच्चों के व्यक्तित्व गतिकी (personality dynamics)

के बारे में पता लगाते हैं। ब्लम (Blum, 1905, 1968) ने एक विशेष परीक्षण बच्चों के लिए ही बनाया है जिसे *ब्लैकी परीक्षण* (Blacky Test) कहा गया। इस परीक्षण के कार्डों में कार्टून तस्वीर (Cartoon pictures) होते हैं जो ब्लैकी नाम का एक कुत्ता के विभिन्न साहसी कार्यों को दर्शाता है। प्रत्येक कार्ड के तस्वीर का संबंध मनोलैंगिक विकास (psychosexual development) के विशेष अवस्था (stage) से संबंधित होता है। इस परीक्षण के कार्डों पर दर्शाए गए तस्वीरों के आधार पर बच्चा कहानी लिखता है और उसका विश्लेषण करके उसके व्यक्तित्व के गतिकी (dynamics) के बारे में अंदाज लगाया जाता है।

RT तथा TAT में अन्तर
(Difference between RT and TAT)

रोर्शाक परीक्षण (Rorschach test or RT) तथा TAT दोनों ही प्रक्षेपण परीक्षण (projective test) हैं जिनके द्वारा रोगी के व्यक्तित्व का मूल्यांकन किया जाता है। इस समानता के बावजूद इन दोनों में अन्तर है जो निम्नांकित हैं—

(1) RT के कार्डों का उद्दीपक सामग्री (stimulus material) TAT के कार्डों का उद्दीपक सामग्रियों से अधिक अस्पष्ट (vague) एवं असंरचित (unstructured) होता है। तुलनात्मक रूप से TAT कार्ड के उद्दीपक चित्र अधिक स्पष्ट होते हैं।

(2) RT द्वारा व्यक्तित्व की अन्तर्वस्तु (content) का मापन होता है जबकि TAT द्वारा व्यक्तित्व की संरचना (structure) का मापन होता है।

(3) RT के आधार पर रोगी के बारे में प्रकारात्मक (typological) एवं निरपेक्ष (categorical) निर्णय करना संभव हो पाता है जबकि TAT के आधार पर इस प्रकार का प्रकारात्मक निर्णय करना संभव नहीं हो पाता है। RT के आधार पर यह कहा जा सकता है कि अमुक रोगी वहिर्मुखी (extraverted) है या वह मनोविकृतीय समायोजन (psychotic adjustment) से ग्रस्त है। परन्तु TAT के आधार पर रोगी के बारे में इस तरह का प्रकारात्मक निर्णय करना संभव नहीं हो पाता है।

(4) TAT द्वारा मूलतः रोगी की प्रमुख आवश्यकताओं (needs) का मापन होता है जबकि RT द्वारा रोगी के मानसिक संघर्षों, अचेतन की इच्छाओं एवं बौद्धिक स्तर का मापन होता है।

(5) RT में 10 कार्ड हैं जो मानक सेट (standard set) हैं। TAT में 31 कार्डों का मानक सेट होता है और उनमें से रोगी की आयु एवं यौन के अनुसार कुल 20 कार्ड का चयन करके उसका क्रियान्वयन रोगी पर किया जाता है।

(6) अधिकतर नैदानिक मनोवैज्ञानिकों का मत है कि RT की विश्वसनीयता (reliability) एवं वैधता (validity) TAT विश्वसनीयता एवं वैधता से थोड़ा अधिक है।

स्पष्ट हुआ कि RT एवं TAT एक-दूसरे से भिन्न हैं—

(7) ड्रा-ए-परसन परीक्षण (*Draw-a-Person Test or DAP test*)—इस परीक्षण का निर्माण कैरेन मैकोवर (Karen Machover, 1949) द्वारा किया गया। इस परीक्षण का भी प्रयोग नैदानिक परिस्थितियों (clinical settings) में किया गया है। इस परीक्षण में व्यक्ति या रोगी को मानव के दो चित्र का रेखांकन (drawing) करने के लिए कहा जाता है। पहले, उन्हें एक व्यक्ति के तस्वीर को रेखांकन करने के लिए कहा जाता है और इस कार्य को पूरा कर लेने के बाद, उस रेखांकित व्यक्ति के विपरीत लिंगी व्यक्ति का रेखांकन करने के लिए कहा जाता है। जब रोगी या व्यक्ति रेखांकित करते रहता है, तो चिकित्सक कुछ खास-खास चीजों जैसे—रेखांकित शरीर के अंग, रोगी द्वारा किये गए शाब्दिक अभिव्यक्तियाँ (verbalizations), तथा वास्तविक रेखांकन प्रक्रियाओं से संबंधित अन्य कारकों पर विशेष रूप से ध्यान देता है। रोगी द्वारा किये गए रेखांकन के आधार पर रोगी के आवेगों, चिन्ताओं एवं अन्य सांवेगिक अवस्थाओं का अंदाज लगाया जाता है। रोगी द्वारा रेखांकन कार्य समाप्त होने के बाद चिकित्सक उससे कुछ पूछ-ताछ (inquiry) करता है। इस पूछ-ताछ की अवस्था में रेखांकित तस्वीरों का उम्र, पेशा एवं पारिवारिक संबंधों (family relationship) के बारे में कुछ प्रश्न किये जाते हैं।

मेकोवर (Mcachover) ने रेखांकित तस्वीरों या चित्रों के कई औपचारिक (formal) एवं संरचनात्मक पहलुओं की पहचान की है जिसके आधार पर उसकी व्याख्या करने में काफी सहूलियत होती है। जैसे—रेखांकित चित्र में सिर का

आकार बड़ा दर्शाए जाने का अर्थ रोगी में उच्चतर बौद्धिक क्षमता एवं आवेग नियंत्रण की क्षमता से होती है। 'आँख' की स्पष्टता दिखलाये जाने का अर्थ उसमें कुछ सामाजिक समस्याओं का होना तथा स्थिर-व्यामोह (paranoia) की प्रवृत्ति होने का अंदाज किया जाता है। स्त्री के तस्वीर में स्तन को दर्शाए जाने का अर्थ लैंगिक अपरिपक्वता (sexual immaturity) तथा लैंगिक पूर्वाग्रह (sexual precoccuptions) से होता है। इसी तरह से अन्य शारीरिक रचनाओं के अलग-अलग नैदानिक अर्थ बतलाये गए हैं। स्वेनसन (Swenson, 1957, 1968) एवं रोबैक (Roback, 1968) द्वारा DPA परीक्षणों पर किये गए शोधों में रेखांकित तस्वीरों के अंशों एवं उनके अर्थ के बतलाये गए संबंधों की पुष्टि नही की गयी है। फिर भी लुबिन, लारसेन एवं माटाराजो (Lubin, Larsen & Matarazzo, 1984) की समीक्षा (review) के अनुसार नैदानिक मनोवैज्ञानिकों द्वारा प्रयोग किए गए 10 मुख्य प्रक्षेपण परीक्षणों (projective test) में DAP परीक्षण का नाम आता है।

स्पष्ट हुआ कि नैदानिक परिस्थितियों में विभिन्न तरह के प्रक्षेपण परीक्षणों (projective tests) का प्रयोग किया जाता है। इन परीक्षणों में रोर्शाक परीक्षण (Rorschach test) एवं TAT का प्रयोग सार्वधिक होता है।

प्रक्षेपण परीक्षण के गुण एवं दोष
(Merits and Demerits of Projective Test)

प्रक्षेपण परीक्षण का उपयोग नैदानिक परिस्थिति (clinical setting) एवं अनैदानिक परिस्थिति (nonclinical setting) दोनों में ही किया जाता है। उसके इस प्रयोग से इन परीक्षणों के कुछ गुण (merits) एवं दोष (demerits) को प्रकाश में लाया है। इसके प्रमुख गुणों को इस प्रकार उजागर किया जा सकता है—

(i) सम्पूर्ण व्यक्तित्व का मूल्यांकन *(Evaluation of whole personality)*—प्रक्षेपण परीक्षण द्वारा व्यक्तित्व के कुछ निश्चित शीलगुणों (traits) का ही मापन नहीं होता है, बल्कि इस परीक्षण द्वारा व्यक्तित्व का एक सम्पूर्ण एवं सार्वभौम (global) मापन होता है। इन परीक्षणों के माध्यम से रोगी की आवश्यकताओं (needs), आकांक्षाओं, बौद्धिक स्तर, सर्जनात्मकता (creativity) आदि सबका मापन हो पाता है। इसका विशेष फायदा यह होता है कि रोगी के व्यक्तित्व को एक सम्पूर्ण दृष्टिकोण से समझने में मदद मिलती है।

(ii) मनगढ़ंत उत्तरों का अभाव *(Lack of faked answer)*—प्रक्षेपण परीक्षण के एकांशों का स्वरूप कुछ ऐसा होता है जिससे रोगी को यह पता नहीं चल पाता है कि उससे क्या मापन हो रहा है जबकि वस्तुनिष्ठ व्यक्तित्व परीक्षणों के एकांश के अर्थ स्पष्ट होने से रोगी यह समझ जाता है कि उससे क्या पूछा जा रहा है। फलतः वस्तुनिष्ठ परीक्षणों में रोगी वास्तविक उत्तर को छिपाकर उसके जगह मनगढ़ंत उत्तर (faked answer) को देने में समर्थ हो पाता है। परन्तु प्रक्षेपण परीक्षण में इस तरह के मनगढ़ंत उत्तर देने की गुंजाइश नहीं होती है। फलस्वरूप, प्रक्षेपण परीक्षण द्वारा रोगी के व्यक्तित्व को समझने में तुलनात्मक रूप से काफी मदद मिलती है।

(iii) संस्कृति-स्वतंत्र क्रियान्वयन *(Culture-free administration)*—प्रक्षेपण परीक्षण के एकांशों का स्वरूप चूँकि प्रायः चित्रीय (pictorial) एवं अभाषाई होता है, अतः इसका क्रियान्वयन किसी भी संस्कृति के रोगियों पर किया जा सकता है। इसका एक विशेष फायदा यह होता है कि विभिन्न संस्कृति के रोगियों के व्यक्तित्व गतिकी (personality dynamics) को समझने एवं उनका तुलनात्मक अध्ययन करने में काफी सुविधा होती है। वस्तुनिष्ठ परीक्षणों में चूँकि भाषा का प्रयोग होता है, अतः एक ही परीक्षण का प्रयोग सभी देशों में भाषा की विभिन्नता के कारण संभव नहीं है।

(iv) अचेतन के संघर्षों का विश्वसनीय अध्ययन *(Reliable study of conflict of unconscious)*—प्रक्षेपण परीक्षण द्वारा अचेतन के मानसिक संघर्षों को आसानी से जान लिया जाता है। प्रक्षेपण परीक्षण के एकांशों का स्वरूप चूँकि असंरचित (unstructured) एवं अस्पष्ट (vague) होता है, अतः रोगी अपने अचेतन की इच्छाओं एवं संघर्षों का प्रक्षेपण दिये गए उत्तरों में स्पष्ट रूप से करता है। इससे नैदानिक मनोवैज्ञानिकों को रोगी के व्यक्तित्व को समझने में काफी मदद मिलती है।

इन गुणों के बावजूद प्रक्षेपण परीक्षण के कुछ अवगुण भी हैं जो निम्नांकित हैं—

(i) प्राप्तांक-लेखन एवं व्याख्या में आत्मनिष्ठता *(Subjectivity in scoring and interpretation)*—प्रक्षेपण परीक्षण की सबसे बड़ी खामी (limitation) यह बतलायी गयी है कि इनका प्राप्तांक-लेखन (scoring) तंत्र में

वस्तुनिष्ठता (objectivity) नहीं है। चिकित्सक एवं विशेषज्ञों को अपनी इच्छा एवं स्वेच्छा का सहारा लेकर रोगी द्वारा दिये गए उत्तरों का प्राप्तांक-लेखन करने का अवसर पर्याप्त होता है। फलस्वरूप, इसमें आत्मनिष्ठता (subjectivity) अधिक हो जाती है। जब प्राप्तांक-लेखन तंत्र आत्मनिष्ठ होती है, तो उसकी व्याख्या में भी आत्मनिष्ठता आ जाती है। शायद यही कारण है कि एक ही रोर्शाक प्रोटोकोल या TAT प्रोटोकोल से कई चिकित्सक अलग-अलग निष्कर्ष पर पहुँचकर अलग-अलग ढंग से नैदानिक मूल्यांकन (clinical evaluation) कर बैठते हैं।

(ii) विश्वसनीयता तथा वैधता का असंतोषजनक स्तर *(Unsatisfactory level of reliability and validity)*—प्रक्षेपण परीक्षण का सामान्य दोष (common demerit) यह है कि इनकी विश्वसनीयता (reliability) तथा वैधता (validity) के पक्ष में जो आनुभविक साक्ष्य (empirical evidence) उपस्थित किये गए हैं, वे संतोषजनक नहीं हैं। विशेषकर प्रक्षेपण परीक्षण की वैधता रोगियों के केस इतिहास (case history) के साथ संबंधित कर ज्ञात किया जाता है। कुछ विशेषज्ञों एवं चिकित्सकों ने केस इतिहास को एक वैज्ञानिक कसौटी (scientific criteria) नहीं माना है। फलतः इन परीक्षणों की वैधता पर अधिक विश्वास नहीं किया जाता है।

(iii) वैज्ञानिक सबूत की कमी *(lack of scientific evidence)*—अधिकतर मनोरोगविज्ञानियों (psychiatrists) का मत है कि प्रक्षेपण परीक्षण के विभिन्न सूचकों (indices) एवं व्यक्तित्व के शीलगुणों (traits) के बीच में प्रत्याशित संबंध (expected relationship) होने का कोई वैज्ञानिक सबूत (scientific evidence) नहीं मिलता है।

(iv) सिद्धान्त आधृत सबूत की कमी *(lack of theory-based support)*—कुछ नैदानिक मनोवैज्ञानिकों का मत है कि वस्तुनिष्ठ परीक्षणों जैसे EPPI के समान प्रक्षेपण परीक्षण का आधार कोई अर्थपूर्ण एवं परीक्षणीय (tastable) सिद्धान्त नहीं है। फलतः इसके द्वारा किए गए व्यक्तित्व मापन से कोई ठोस निष्कर्ष नहीं निकलता है।

(v) मानकीकरण की कमी *(Lack of standordization)*—अधिकांश प्रक्षेपण परीक्षण में मानकीकरण की कमी होती है। फलतः उन्हें क्रियान्वयन करने में कोई एकरूपता (uniformity) नहीं होती है। इसके अलावा, मानकीकरण में कमी होने से परीक्षण की विश्वसनीयता एवं वैधता तो कुंठित हो ही जाती है। मासलिंग (Masling, 1960) ने अपने अध्ययन के आधार पर यह भी दिखलाया है कि परीक्षक (examiner) के यौन से प्रक्षेपण परीक्षण पर दिये गए अनुक्रियाओं की संख्या एवं प्रकार (type) काफी हद तक प्रभावित होती है।

स्पष्ट हुआ कि प्रक्षेपण परीक्षण की जहाँ एक ओर कुछ गुण है तो इसके कुछ अवगुण भी हैं। इन अवगुणों के बावजूद नैदानिक परिस्थिति (clinical setting) में प्रक्षेपण परीक्षण का उपयोग काफी होता पाया है और आज भी हो रहा है।

अध्याय सारांश
(Chapter Summary)

1. व्यक्तित्व भिन्न-भिन्न शीलगुणों का एक ऐसा गत्यात्मक संगठन (dynamic organization) है जिसके कारण व्यक्ति का व्यवहार एवं विचार किसी भी वातावरण में अपने ढंग का अपूर्व (unique) होता है।
2. व्यक्तित्व का नैदानिक मापन (clinical measurement) करने के लिए मुख्यतः दो तरह के परीक्षणों (tests) का उपयोग किया जाता है—वस्तुनिष्ठ व्यक्तित्व परीक्षण(objective personality test) तथा प्रक्षेपण परीक्षण(projective test)। वस्तुनिष्ठ व्यक्तित्व परीक्षण में चार विभिन्न उपागमों(approaches) पर आधारित कई तरह के परीक्षण विकसित किए गए हैं। इन परीक्षणों में MMPI, CPI, GZTS, 16 PF तथा EPPS आदि प्रधान हैं।
3. वस्तुनिष्ठ व्यक्तित्व परीक्षण के गुण एवं दोषों का भी वर्णन किया गया है।
4. प्रक्षेपण परीक्षणों (projective tests) में रोर्शाक परीक्षण (Rorscach test), TAT, शब्द-साहचर्य परीक्षण (Words Association Test), वाक्य पूर्ति-परीक्षण (Sentence Completion Test), आदि प्रमुख है। प्रत्येक की नैदानिक उपयोगिताओं (clinical uses) एवं दोषों (demerits) का विवेचन किया गया है।
5. प्रक्षेपण परीक्षण (projective test) के गुण (merits) तथा अवगुण (demerits) पर भी प्रकाश डाला गया है।

❑

अध्याय 11

व्यवहारात्मक वैद्यक

(BEHAVIOURAL MEDICINE)

व्यवहारात्मक वैद्यक (Meaning of Behavioural Medicine)

व्यवहारात्मक वैद्यक (behavioural medicine) व्यवहारात्मक नियमों (principles) के उपयोग का एक नया क्षेत्र है। इसे स्वास्थ्य मनोविज्ञान (health psychology) का एक प्रमुख तत्त्व माना गया है। सचमुच में व्यवहारात्मक वैद्यक जैसे शास्त्र(discipline) की उत्पत्ति मनोवैज्ञानिकों तथा मेडिकल डाक्टरों द्वारा संयुक्त रूप से रोगी के निदान(diagnosis). उपचार (treatment) एवं निवारण (prevention) के लिए किए गए प्रयासों से हुआ है। इसमें रोगों का निवारण तथा उपचार में मनोवैज्ञानिक विधियों की उपयोगिता पर पर्याप्त बल डाला जाता है और इसे मेडिकल डाक्टरों द्वारा भी स्वीकार किया गया है। व्यवहारात्मक वैद्यक की एक उत्तम परिभाषा स्वार्ज एवं बिस[1] (Schwartz & Weiss, 1977) द्वारा दी गयी है जो येल विश्वविद्यालय में 1977 में मनोवैज्ञानिक तथा मेडिकल डाक्टरों के हुए कन्फरेंस में सहमति पर आधारित है—

''व्यवहारात्मक वैद्यक एक ऐसा क्षेत्र है जो दैहिक स्वास्थ्य तथा बीमारी को समझने के लिए उपयुक्त प्रविधियों तथा व्यवहारात्मक-विज्ञान ज्ञान के विकास से तथा इन प्रविधियों एवं ज्ञान को निराकरण, निदान, उपचार एवं पुनर्वास पर उपयोग से संबंधित होता है। मनोविकृति, स्नायुविकृति, द्रव्य दुरुपयोग को सिर्फ इसलिए सम्मिलित कर लिया जाता है क्योंकि वे कुछ हद तक दैहिक विकृतियों की उत्पत्ति में योगदान करते हैं।

मिलर[2] (Miller, 1983) के अनुसार, ''व्यवहारात्मक वैद्यक एक अन्तरशास्त्रीय क्षेत्र हैं जो स्वास्थ्य एवं रोग से संबंधित संगत व्यवहारात्मक एवं जैव मेडिकल ज्ञानों को संगठित करता है। इसका संबंध मौलिक शोध, जो अभी की प्रमुख आवश्यकता है, से होता है तथा यह पुनर्निवास, चिकित्सा, निदान तथा रोकथाम की प्रविधियों एवं अपने ज्ञान के अनुप्रयोग से भी संबंधित होता है।

यदि हम उक्त परिभाषाओं की व्याख्या करें तो यह स्पष्ट होगा कि व्यवहारात्मक वैद्यक की कुछ प्रमुख विशेषताएँ हैं जिनमें निम्नांकित प्रमुख हैं—

(i) व्यवहारात्मक वैद्यक में दैहिक स्वास्थ्य (physical health) से जुड़ी समस्याओं को समझने में व्यवहारात्मक ज्ञान(behavioural knowledge) की उपयोगिता पर बल डाला जाता है। सचमुच में यह एक नया कदम है क्योंकि मनोविज्ञान में पहले ऐसा कभी नहीं होता था।

---

1. "Behaioural medicine is the field concerned with the development of behavioual science knowledge and techniques relevant to the understanding of physical health and illness and application of this knowledge and these techniques to prevention, diagnosis, treatment and rehabilitation." Psychosis, neurosis and substance abuse are included only to so far as they countribute to physcial disorders as amend point".
—Schwartz & Weiss : *Yale Conference on Behavioural Medicine,* 1977, p. 102
2. "Behavioural medicine is an interdisciplinary field that integrates behavioural and biomedical knowledge relevant to health and disease. ...It is concerned with basic research, which at present is one of its greatest needs, and also with the application of its knowledge and techniques to prevention, diagnosis, therapy and rehabilitation."
—Miller : Behavioural medicine. *Annual Review of Psychology,* 1983, p. 2-3.

(ii) व्यवहारात्मक ज्ञान तथा मनोवैज्ञानिक प्रविधियों के सहारे दैहिक रोगों का निदान (diagnosis), निवारण (prevention), उपचार (treatment) तथा पुनर्वास (rehabilitation) आदि का प्रयास किया जाता है। इस कदम का स्वागत मेडिकल डाक्टरों द्वारा भी किया गया है जैसा कि येल विश्वविद्यालय के कन्फरेंस में जो 1977 में हुआ था तथा जिसमें मनोवैज्ञानिक तथा मेडिकल डाक्टर दोनों ही भाग ले रहे थे तथा दोनों मिलकर उक्त परिभाषा का सूत्रीकरण किया था।

(iii) व्यवहारात्मक वैद्यक की उक्त परिभाषा में नैदानिक मनोविज्ञान के परम्परागत विषयों जैसे मनोविक्षिप्त (psychosis), स्नायुविकृति (neurosis) तथा अन्य द्रव्य दुरूपयोग (substance abuse) को वहिष्कृत (exclude) नहीं किया गया है और व्यवहारात्मक औषध विशेषज्ञ इन समस्याओं का अध्ययन सिर्फ इसलिए करते हैं क्योंकि इनके द्वारा भी दैहिक स्वास्थ्य (physical health) को समझने में कुछ मदद मिलती है। इनका अध्ययन विशेषज्ञ वैसे नही करते हैं जैसे कि नैदानिक मनोवैज्ञानिक करते हैं।

(iv) हालाँकि उक्त परिभाषा में इस तथ्य का उल्लेख नहीं किया गया है, उक्त सम्मेलन (conference) में यह भी तय किया गया था कि व्यवहारात्मक औषध में शोध तथा सेवा (practice) में मेडिकल डाक्टर तथा व्यवहारात्मक वैज्ञानिकों (behavioural scientists) संयुक्त रूप से प्रयास करेंगे और किन्हीं एक की सेवा को दूसरे से प्रमुख न मानकर समस्तरीय माना जाएगा।

स्पष्ट हुआ कि व्यवहारात्मक वैद्यक एक नया क्षेत्र है जिसमें मेडिकल डाक्टर तथा नैदानिक मनोवैज्ञानिकों दोनों मिलकर दैहिक स्वास्थ्य तथा बीमारियों का निदान, उपचार निवारण तथा पुनर्वास से संबंधित प्रयास करते हैं।

प्राथमिक निवारण के प्रति व्यवहारात्मक उपागम
(Behavioural approaches to Primary prevention)

प्राथमिक निवारण (primary prevention) एक महत्त्वपूर्ण संप्रत्यय है जिसका उपयोग न केवल नैदानिक मनोविज्ञान में बल्कि व्यवहारात्मक वैद्यक (behavioural medicine) में भी हुआ है। प्राथमिक निवारण से तात्पर्य उन निवारणों (preventions) से होता है जिन्हें समस्या उत्पन्न होने के पहले ही कार्य रूप दिया जाता है। इस तरह से प्राथमिक निवारण में समस्या या रोग को उत्पन्न होने के पहले ही उसे रोकने का प्रयास किया जाता है। जब प्राथमिक निवारण का आधार कुछ व्यवहारात्मक नियमों का पालन करना होता है, तो इस तरह के उपागम या दृष्टिकोण को प्राथमिक निवारण के प्रति व्यवहारात्मक उपागम की संज्ञा दी जाती है। व्यवहारात्मक वैद्यक विशेषज्ञों ने कई तरह के दैहिक विकृतियों जैसे हृदय रोग (heart diseases), धूम्रपान अवसान (smoking cessation) वजन-नियंत्रण (weight control), मनोवैज्ञानिक तनाव आदि में व्यवहारात्मक नियमों (behavioural principles) का उपयोग सफलतापूर्वक किया है। इन उपयोग का वर्णन यहाँ अपेक्षित हैं—

(a) हृदय रोग के निवारण में व्यवहारात्मक नियमों का उपयोग (*Application of behavioural principles in prevention of heart disease*)—आजकल हृदय रोग मनुष्यों का एक प्रमुख रोग साबित हो चुका है तथा अधिकतर मौत हृदय रोग के कारण होता पाया गया है। अध्ययनों से यह भी स्पष्ट है कि हृदय रोग के बहुत सारे जोखिम कारकों (risk factors) को व्यक्ति के व्यवहारों में परिवर्तन करके कम किया जा सकता है तथा इस तरह से व्यक्ति को हृदय रोग से बचने में काफी मदद किया जा सकता है। व्यवहारों में परिवर्तन के कुछ सुझाव निम्नांकित हैं—

(i) अगर आप धूमपान करते हैं, तो इसे बंद कर दें या फिर उसे कम कर दें।

(ii) अगर आपका शारीरिक वजन अपनी आयु तथा शारीरिक ढाँचा के अनुरूप न होकर उससे अधिक है, तो उसे कम करें।

(iii) ऐसा भोजन खाये जिसमें खास कर पशु वसा (animal fat) तथा नमक (salt) कम-से-कम हो।

(iv) व्यायाम लगातार करे और उतना करे जितना कि आपका दैहिक अवस्था आज्ञा देता हो।

(v) आराम करने के लिए कुछ समय निकालें।

यद्यपि हृदय रोग निवारण के लिए उपर्युक्त व्यवहारात्मक नियम काफी सरल है, फिर भी इस क्षेत्र के शोधों जिसे मारस्टोन (Marston, 1970), होपफूल-हरिस (Hopeful-Harris, 1980), डिमैटी एवं डिनिकोला (Dimatteo & Dinicola, 1982) द्वारा किया गया है, अधिकतर लोग इन व्यवहारात्मक परिवर्तन को अपने जीवन में लागू करने में अधिक कठिनाई महसूस करते हैं। इसका कारण यह है कि उक्त नियमों में सिर्फ यह कहा गया है कि हृदय रोग निवारण के लिए लोगों को अपने व्यवहार में परिवर्तन करना चाहिए परन्तु उसमें यह नहीं बतलाया गया है कि उसमें किस तरह से परिवर्तन करना चाहिए।

(b) धूमपान के निवारण में व्यवहारात्मक नियमों का उपयोग (*Application of behavioural principles* *in prevention of smoking*)—अधिकतर लोग सिर्फ यह समझते हैं कि सिगरेट पीने से फेफड़ा का कैंसर होने की संभावना बढ़ जाती है। परन्तु सच्चाई यह है कि सिगरेट पीने से अन्य गंभीर चिरकालिक(chronic) रोग जैसे चिरकालिक श्वासनली-शोध (bronchitis), इमफिसीमा (emphysema), वृक्क-संबंधी रोग तथा परिधीय संचालन समस्याओं (peripheral circulation problems) के होने की संभावना काफी तीव्र हो जाती है। इस क्षेत्र में किये गये अध्ययनों के आधार पर धूम्रपान को कम करने या रोकने के लिए निम्नांकित व्यवहारात्मक नियमों(behavioural principles) को उपयोगी बतलाया गया है।

(i) सिगरेट पीने की बारंबारता में प्रतिदिन धीरे-धीरे कमी करें।

(ii) सिगरेट पीने वालों से दोस्ती न रखे।

(iii) स्वयं माता-पिता या परिवार के अन्य वयस्क बच्चों के सामने सिगरेट न पीयें।

(iv) सिगरेट पीने से होने वाले तात्कालिक समस्याओं से व्यक्ति को अवश्य करायें।

(c) वजन नियंत्रण में व्यवहारात्मक नियमों का उपयोग(*Application of behavioural principles to weight control*)—आधुनिक समय में बहुत सारे लोग के शरीर का वजन आदर्श स्तर से अधिक होता पाया गया है। इस अवस्था को मनोविज्ञान में मोटापन (obesity) कहा गया है। एब्राहम एवं जॉनसन (Abraham & Johnson, 1979) के अनुसार जब व्यक्ति का शारीरिक वजन वांछित स्तर से 120 प्रतिशत अधिक होता है, तो इसे 'मोटापन' की संज्ञा दी जाती है और ऐसा 'मोटापन' कई रोगों की उत्पत्ति में भी सहायक होता है। इन रोगों में हृदय रोग, मधुमेह (diabetes) तथा अन्य चिरकालिक रोग (chronic diseases) प्रधान हैं।

यद्यपि मोटापा का कारण दैहिक(physiological) हो सकता है परन्तु सच्चाई यह है कि मोटापा मनोवैज्ञानिक कारणों से भी होता है। रौडीन तथा जॉनसन(Rodin & Johnson, 1997) के अध्ययन के अनुसार मोटापा दैहिक एवं मनोवैज्ञानिक दोनों कारकों की अंतक्रिया (interaction) से उत्पन्न होता है। चूँकि इसका कारण मनोवैज्ञानिक भी होता है, अतः कुछ मनोवैज्ञानिकों ने मोटापा को कम करने के लिए ऐसे व्यक्तियों के व्यवहारों में कुछ परिवर्तन करने का सुझाव दिया है और कहा है कि इन सुझावों से उनका मोटापन काफी हद तक नियंत्रित हो सकता है। ऐसे सुझावों में निम्नांकित प्रनुख हैं—

(i) नियंत्रित किये जाने वाले व्यवहारों का उल्लेख किया जाना—इसमें मोटे व्यक्ति से यह कहा जाता है कि वे इसका अभिलेख (record) तैयार करें कि वे क्या खाते हैं, किस परिस्थिति में खाते हैं खाने के पहले तथा बाद में उसे कैसा अनुभव होता है, आदि आदि।

(ii) उन उद्दीपकों की पहचान करना जो खाना खाने के ठीक पहले मौजूद रहते हैं—इसमें परिस्थिति की उन विशेषताओं की पहचान की जाती है जो खाने के व्यवहार के ठीक पहले उपस्थित होकर इस व्यवहार को पुनर्बलित करते हैं। जैसे—क्या वह घर के किसी भाग में पहुँचते ही उसे खाने का मन कर जाता है, क्या खाने का टेबुल (dining table) देखकर उसे खाने की इच्छा उत्पन्न हो जाती है, क्या घर में किसी अन्य सदस्य को खाते देखकर उसे खाने की इच्छा हो जाती है?

(iii) खाने के व्यवहार को नियंत्रित करने के लिए व्यवहार संबंधी विधियों (behavioural methods) को लागू करना—खाने के व्यवहार को नियंत्रित करने के लिए निम्नांकित बातों पर ध्यान देने के लिए प्रायः कहा जाता है—

(a) खाते समय दूरदर्शन न देखें।

(b) खाते समय किसी से मनोरंजक बातें न करें।

(c) खाते समय इस बात की गिनती करें कि कितनी बार आपके मुँह में भोजन को रखा है।

(d) खाते समय दूसरी ओर अर्थात् भोजन से भिन्न ओर आकर्षित कर देने वाला कोई भी व्यवहार न करें।

(iv) खाने के परिणाम को परिवर्तित कर दें—यहाँ कुछ ऐसी विधियों को विकसित किया जा सकता है जिसमें जब वे बतलाये गए निर्देशों का अनुपालन करते हैं तो उन्हें पुरस्कृत किया जाए। जैसे—ऐसे व्यक्ति को चबाने की अनुक्रिया की बारंबारता को तबतक गिनते रहने के लिए कहा जा सकता है जबतक कि उनका सम्पूर्ण योग एक अमुक स्तर पर न पहुँच जाय।

ओल्प (Wolpe, 1981) ने अपने अध्ययन में यह पाया है कि जब उपर्युक्त चार प्रविधियों को एक साथ ठीक ढंग से लागू किया जाता है, तो उससे व्यक्ति के शरीर का वजन काफी हद तक नियंत्रित हो जाता है तथा उसका मोटापन काफी कम हो जाता है।

गौण निवारण के प्रति व्यवहारात्मक उपागम
(Behavioural Approach to Secondary Prevention)

व्यवहारात्मक वैद्यक विशेषज्ञों(behavioural medicine specialist) ने व्यवहारात्मक विधि का उपयोग उन व्यक्तियों में रोगों के रोकथाम (prevention) के लिए भी किया है जिनमें कोई अमुक रोग होने की संभावना तीव्र है। इस प्रक्रिया

को *गौण निवारण* (secondary prevention) की संज्ञा दी गयी है। उदाहरण के रूप में निम्नांकित दो तरह की विकृतियों (disorders) के गौण निवारण में व्यवहारात्मक नियमों एवं सिद्धान्तों के उपयोग का वर्णन किया जा रहा है—

(1) क्रौनिक आवस्ट्रक्टीव पुलमोनरी रोग(*Chronic Obstructive Pulmonary disease or COPD*)—COPD एक ऐसा रोग है जिसमें श्वसन संबंधी असामान्यताएँ पायी जाती हैं जो दमा (asthma) या चिरकालिक श्वसनी शोथ (chronic bronchitis), इस्फाईसीमा (emphysema) आदि के कारण उत्पन्न होता है। इस रोग का परिणाम यह होता है कि धीरे-धीरे रोगी की शारीरिक क्षमता में ह्रास होती है और रोगी का असमय निधन हो जाता है। ऐसा देखा गया है कि अधिकतर COPD के रोगियों में धूम्रपान का एक लम्बा इतिहास पाया जाता है।

COPD का सामान्यतः चिकित्साशास्त्र (medicine) में कोई सटीक इलाज नहीं है। प्रायः मेडिकल डाक्टर उपचार के रूप में श्वसन नली के फूलन (inflamation) को कम करने तथा कभी-कभी उसे ऑक्सीजन की आपूर्ति की मात्रा विशेष उपाय करके बढ़ाकर रोगी को राहत पहुँचाने की कोशिश करते हैं। परन्तु व्यवहारात्मक वैद्यक विशेषज्ञों(behavioural medicine specialists) ने कुछ व्यवहारात्मक विधियों (behavioural methods) द्वारा COPD के रोगियों के हालत में सुधार लाने का प्रयास किया है ताकि उनकी गंभीरता बढ़े नहीं। ऐसी विधियों में निम्नांकित प्रमुख हैं—

(i) कापलान एवं एटकिन्स(Kaplan &Atkins, 1981) ने अपने अध्ययन के आधार पर यह बतलाया है किCOPD के रोगियों को संरचित व्यायाम कार्यक्रम (structured exercise programme) में भाग लेना चाहिए। व्यायाम से उनका रोग का उपचार तो नहीं होगा परन्तु इससे ऑक्सीजन उपयोग की उत्तम प्रक्रिया, दैहिक अनुबंधन(physical conditioning) तथा जीवन की गुणवत्ता में सुधार होगी। मोजर तथा उनके सहयोगियों (Moser et al., 1980) ने अपने अध्ययन में पाया है कि COPD के रोगी जो व्यायाम करते हैं, उन्हें अस्पताल में आने की जरूरत कम पड़ती है तथा उन्हें कम-से-कम संदूषण (infection) होता है।

(ii) व्यायाम कार्यक्रम में ऐसे रोगियों की अभिरुचि को जिन्दा रखने के लिए व्यवहारात्मक वैद्यक विशेषज्ञों (behavioural medicine specialists) द्वारा संज्ञानात्मक(cognitive) तथा व्यवहार परिमार्जन(behaviour modification) की प्रविधियों को अधिक उपयोगी बतलाया गया है। कापलान तथा एटकिन्स (Kaplan &Atkins, 1981) ने अपने अध्ययन में यह देखा है कि जब उक्त प्रविधियों द्वारा रोगियों में व्यायाम के प्रति उत्तम मनोवृत्ति उत्पन्न कर दी जाती है और इसके परिणामस्वरूप जब वे लगातार व्यायाम करना प्रारंभ कर देते हैं तो इसके जीवन की उत्कृष्ठता में वृद्धि हो जाती है और उनकी यह समस्या थम जाती है।

(2) मधुमेह (*Diabetes*)—मधुमेह एक ऐसा रोग है जिसमें चीनी की मात्रा रक्त में सामान्य से काफी अधिक हो जाती है क्योंकि पैनक्रियाज (pancreas) से निकलने वाला हारमोन (hormone) अर्थात् इनसुलिन (insulin) की कमी हो जाने से कोशिकाएँ ग्लूकोज (glucose) को अपने में स्वीकार नहीं कर पाती हैं। फलतः ग्लूकोज की मात्रा रक्त में बढ़ जाती है। चूँकि मधुमेय एक ऐसा रोग है जिससे तरह-तरह के रोग अर्थात् अंधेपन, हृदय रोग, तथा अन्य संदूषित रोग (infectious disease) के होने की संभावना बढ़ जाती है, अतः इसकी गंभीरता अधिक है। इसकी गंभीरता को ध्यान में रखकर व्यवहारात्मक वैद्यक विशेषज्ञों (behavioural medicine experts) ने कुछ विशेष सुझाव दिया है जो उनकी गंभीरता को कम कर सकता है। ऐसे कुछ सुझाव इस प्रकार है—अध्ययनों से यह स्पष्ट हुआ है कि मोटापा (obesity) मधुमेह का एक प्रमुख जोखिम कारक (risk factor) हैं क्योंकि 60 से 90% मधुमेह के रोगियों का शारीरिक वजन सामान्य से काफी अधिक पाया जाता है। स्काइलर (Skyler, 1996) के अनुसार ऐसे रोगियों को कम-से-कम मात्रा में कैलोरी-प्रधान भोजन करना चाहिए तथा शारीरिक परिश्रम तथा व्यायाम अधिक करना चाहिए। इससे रक्त में चीनी की असामान्य स्तर बहुत हद तक अपने आप संशोधित होकर सामान्य हो जाएगा।

स्पष्ट हुआ कि गौण निवारण (secondary prevention) में भी व्यवहारात्मक वैद्यक विशेषज्ञों की भूमिका सराहनीय है। इन लोगों द्वारा दिये गये सुझावों से रोगी अपने व्यवहार में परिवर्तन करके अपने रोग की गंभीरता को बहुत हद तक कम कर सकता है।

टरशियरी निवारण के प्रति व्यवहारात्मक उपागम
(Behavioural Approaches to Tertiary Prevention)

व्यवहारात्मक वैद्यक विशेषज्ञों की भूमिका टरशियरी निवारण(tertiary prevention) में भी होता है। टरशियरी निवारण का अर्थ वही होता है जो सामान्यतः पौराणिक उपचार (treatment) का होता है। टरशियरी निवारणं में विशेषज्ञ ऐसे व्यक्तियों को लेते हैं जिनमें रोग उत्पन्न हो चुका है तथा वे विशेष ढंग से कोशिश करके उस रोग की गंभीरता को कम करने का सक्रिय प्रयास करते हैं।

दैहिक रोगों के उपचार में व्यवहारात्मक विधियों (behavioural methods) की उपयोगिता विशेषकर वायोफिडबैक (biofeedback) की उपयोगिता काफी सराहनीय है। बायोफिडबैक एक ऐसी प्रविधि है जिसमें विशेष वैद्युत उपकरण (electronic equipment) के सहारे रोगी को अपने शारीरिक क्रियाओं विशेषकर अनैच्छिक क्रियाओं (involuntary activities) के बारे में सूचना प्रदान की जाती है तथा उन क्रियाओं में परिवर्तन लाने का प्रशिक्षण देकर उनके कुसमायोजित व्यवहार को दूर करके उसकी जगह पर समायोजित व्यवहार सिखलाया जाता है और इस तरह से उसके रोग की गंभीरता को कम किया जाता है। और्नस्टीन (Ornstein, 1972) ने वायोफिडबैक के सहारे तनाव (stress) को नियंत्रण करने में काफी सफलता पाया जाता है। जॉनसन (Johnson, 1992) ने वायोफिडबैक का सफलतापूर्वक उपयोग सिरदर्द को कम करने में किया है। कुछ लोगों जैसे स्टरमैन (Sterman, 1979) ने वायोफिडबैक का सफलतापूर्वक उपयोग उच्च रक्त चाप के नियंत्रण में किया है।

अन्य व्यवहारात्मक प्रविधियों जैसे सम्मोहन (hypnosis) तथा विरुचि अनुबंधन (aversion conditioning) आदि का भी उपयोग कई दैहिक रोगों के उपचार में सफलतापूर्वक किया गया है। जैसे—*ब्रुक्सिज्म* (Bruxism) एक ऐसी अवस्था होती है जिसमें रोगी अकारण दाँत पीसता रहता है या उसे कटकटाता रहता है। यह अवस्था चिरकालिक स्वरूप का होने पर दाँत घिसकर असामान्य रूप से छोटी हो जाती है, मसूढ़े में फूलन उत्पन्न हो जाता है। दाँत में दर्द बढ़ जाता है तथा अपरिपक्व रूप से दाँत निकलवाने की आवश्यकता पड़ जाती है। ब्रुक्सिज्म का मनोवैज्ञानिक उपचार करके यह दिखलाया गया है कि यह मेडिकल उपचार से तुलनात्मक रूप से कम खर्चीला है। हेलर एवं स्ट्रांग (Heller & Strang, 1973) ने एक प्रयोग किया है जिसमें ब्रुक्सिज्म का सफल मनोवैज्ञानिक उपचार करके दिखलाया गया है। इस प्रयोग में रोगी के कान में कुछ ऐसे उपकरण (instrumental) लगा दिये गए कि जिसके सहारे वे स्पष्ट रूप से दाँत पिसने या कटकटाने से उत्पन्न आवाज को सुन सके। जब पाँच मिनट के भीतर तीन इस तरह का आवाज उत्पन्न होता था या उसे सुनाई देता था तो आकर्णक (earphone) के माध्यम से उसे तीव्र धमाकेदार आवाज सुनाया जाता था। यह तीव्र धमाकेदार आवाज एक तरह के विरुचि उद्दीपक(aversive stimulus) का कार्य करता था। परिणाम में देखा गया कि मात्र सात सत्र(sessions) में ही दाँत पीसने तथा कटकटाने का औसत दर प्रति मिनट 1.75 से घटकर मात्र .65 हो गया। इस परिणाम से यह स्पष्ट होता है कि दैहिक रोगों के उपचार में व्यवहारात्मक विधियाँ (behavioural methods) भी उपयोगी सिद्ध होता है।

इसी तरह से कुछ मनोवैज्ञानिकों ने विशेष व्यवहारात्मक विधि अर्थात् स्वजनन प्रशिक्षण (autogenic training) के माध्यम से हाथ के अत्यधिक ठंडेपन(extreme coldness) को दूर करने में सफलता पाया है। सुरविट तथा उनके सहयोगियों (Survit et al., 1876) ने अपने अध्ययन में ऐसे रोगियों (जिनमें हाथ अत्यधिक ठंडा हो जाने की बीमारी थी) का दो समूह लिया—एक समूह को स्वजनन प्रशिक्षण दिया गया तथा दूसरे समूह को इस तरह का प्रशिक्षण नहीं दिया गया। स्वजनन प्रशिक्षण एक ऐसा प्रशिक्षण हैं जिसमें व्यक्तियों का शारीरिक तापक्रम पर नियंत्रण रखना सीखलाया जाता है। परिणाम में देखा गया कि प्रशिक्षण पाने वाले समूह ने अपने हाथ के ठंढेपन में प्रशिक्षण नहीं पाने वाले समूह की तुलना में करीब 50% कमी महसूस किया। इस अध्ययन से यह भी स्पष्ट है कि दैहिक रोगों के उपचार में अर्थात् टरशियरी देख-भाल (tertiary care) में व्यवहारात्मक विधियाँ काफी उपयोगी हैं।

सामान्य निष्कर्ष—ऊपर में तीनों तरह के निवारण(prevention) अर्थात् प्राथमिक निवारण(primary prevention), गौण निवारण (secondary prevention) तथा टरशियरी निवारण (tertiary prevention) में व्यवहारात्मक विधियों (behavioural methods) की उपयोगिता पर विचार किया गया। इनके उपयोगिताओं को ध्यान में रखते हुए यह कहा जा सकता है कि व्यवहारात्मक वैद्यक (behavioural medicine) आगे आने वाले समय में निश्चित रूप से एक नया एवं चुनौतीपूर्ण क्षेत्र में उभरकर आने वाला है।

अध्याय सारांश
(Chapter Summary)

1. व्यवहारात्मक वैद्यक (behavioural medicine) एक ऐसा क्षेत्र है जिसमें व्यवहारात्मक विधियों (behavioural methods) द्वारा रोगों का निवारण (prevention) किया जाता है।
2. कापलान ने निवारण (prevention) के तीन प्रकार बतलायें हैं—प्राथमिक निवारण (primary prevention), गौण निवारण (secondary prevention) तथा टरशियरी निवारण (tertiary prevention)। इन तीनों तरह के निवारण में व्यवहारात्मक वैद्यक (behavioural medicine) की उपयोगिता सिद्ध हो चुकी है।
3. व्यवहारात्मक वैद्यक आगे आने वाले समय में एक महत्त्वपूर्ण एवं चुनौतीपूर्ण क्षेत्र के रूप में उभरकर आने जा रहा है।

❑

अध्याय 12

नैदानिक हस्तक्षेप : मनश्चिकित्सा
(CLINICAL INTERVENTION : PSYCHOTHERAPY)

नैदानिक हस्तक्षेप या मनश्चिकित्सा का अर्थ
(Meaning of Clincial Intervention or Psychotherapy)

सामान्यतः किसी अस्वस्थ व्यक्ति को औषध (drug), शल्य (surgery) आदि प्रविधियों से पुनः स्वस्थ बनाने की प्रक्रिया को उपचार (treatment) या चिकित्सा (therapy) की संज्ञा दी जाती है। मानसिक रूप से अवस्थ एवं सांवेगिक रूप से विक्षुब्ध व्यक्तियों की मनोवैज्ञानिक विधियों से उचार करना मनश्चिकित्सा (psychotherapy) कहा जाता है। इसे नैदानिक हस्तक्षेप (clinical intervention) भी कहा जाता है क्योंकि इसमें नैदानिक मनोवैज्ञानिक अपनी व्यवसायी या पेशेवर क्षमता (professional capacity) का उपयोग करते हुए मानसिक रूप से या सांवेगिक रूप से विक्षुब्ध व्यक्ति के व्यवहार को प्रभावित करने की कोशिश करता है। सामान्यतः मनश्चिकित्सा का उपयोग उन मानसिक रोगियों के लिए लाभकारी होता है जो मनःस्नायुविकृति (psychoneurosis) से पीड़ित होते हैं। इसका उपयोग दूसरे प्रकार के मानसिक रोगियों जैसे मनोविक्षिप्ति या मनोविकृति (psychosis) के रोगियों के साथ भी किया जाता है परन्तु ऐसे रोगियों को मनश्चिकित्सा के अलावा मेडिकल चिकित्सा (medical therapy) भी देना अनिवार्य होता है।

मनश्चिकित्सा की कुछ प्रमुख परिभाषाएँ इस प्रकार दी गयी हैं—

ओलवर्ग[1] (Wolberg, 1967) के अनुसार, ''मनश्चिकित्सा सांवेगिक प्रकृति की समस्याओं के लिए उपचार का एक प्रारूप है जिसमें एक प्रशिक्षित व्यक्ति जान-बूझकर एक रोगी के साथ पेशेवर संबंध इस उद्देश्य से कायम करता है कि उसमें धनात्मक व्यक्तित्व वर्द्धन तथा विकास हो, व्यवहार के विक्षुब्ध पैटर्न के मंदित वर्तमान लक्षणों को दूर किया जा सके या उसमें परिमार्जन किया जा सके।''

रौटर[2] (Rotter, 1976) के अनुसार, ''मनश्चिकित्सा मनोवैज्ञानिक की एक सुनियोजित क्रिया होती है जिसका उद्देश्य व्यक्ति की जिन्दगी में ऐसा परिवर्तन लाना होता है जो उसकी जिन्दगी को भीतर से अधिक खुश तथा अधिक संरचनात्मक या दोनों ही बनाता है।''

निटजील, वर्नस्टीन एवं मिलिक[3] (Nietzel, Bernstein & Milich, 1991) के अनुसार, ''मनश्चिकित्सा में कम-से-कम दो सहभागी होते हैं जिसमें एक को मनोवैज्ञानिक समस्याओं से निबटने में विशेष प्रशिक्षण तथा सुविज्ञता प्राप्त

1. "Psychotherapy is a form of treatment for problems of an emotional nature in which a trained person deliberately establishes a professional relationship with a patient with the object of removing, modifying a retarding existing symptoms of mediating distrubed patterns of behaviour and of promoting positive personality growth and development. —Wolberg : *The techniques of Psychotherapy,* 1967, p.3
2. "Psychotherapy...is planned activity of the psychologists, the purpose of which is to accomplish changes in the individual that make his life adjustment potentially happier. more constructive or both." —Rotter : *Clinical Psychology.* 1971, p.79
3. "Psychotherapy consists of a relationship between at least two participants, one of whom has special training and expertise in handling psychological problems and one of whom is experiencing a problem in adjustment and has entered the relationship in order to alleviate this problem. The psychotherapeutic relationship is a nurturant but purposeful alliance in which several methods, largely psychological in nature, are employed to bring about the changes desired by the client."—Nietzel, Bernstein & Milich : *Introduction To Clinical Psychology,* 1991, p.251

होती है और उसमें से एक समायोजन में समस्या का अनुभव करता है और वे दोनों समस्या को कम करने के लिए एक विशेष संबंध कायम किये होते हैं। मनश्चिकित्सकीय संबंध एक पोषक परन्तु उद्देश्यपूर्ण संबंध होता है जिसमें मनोवैज्ञानिक स्वरूप की कई विधियों का उपयोग क्लायंट में बाधित परिवर्तन लाने के लिए किया जाता है।''

इन परिभाषाओं का विश्लेषण से यह स्पष्ट होता है कि मनश्चिकित्सा में रोगी तथा चिकित्सक के बीच वार्तालाप होता है जिसके माध्यम से रोगी अपनी सांवेगिक समस्याओं एवं मानसिक चिन्ताओं की अभिव्यक्ति करता है तथा चिकित्सक विशेष सहानुभूति, सुझाव एवं सलाह देकर रोगी में आत्म-विश्वास एवं आत्म-सम्मान कायम करता है जिससे रोगी की समस्याएँ धीरे-धीरे समाप्त होते चली जाती है और उसमें ठीक ढंग से समायोजन करने की क्षमता पुनः विकसित हो जाती है। मनश्चिकित्सा या नैदानिक हस्तक्षेप के स्वरूप को अधिक स्पष्ट करने के लिए यह आवश्यक है कि मनश्चिकित्सा में निहित निम्नांकित तीन मौलिक तथ्यों पर प्रकाश डाला जाए—

(a) सहभागी (participants)

(b) चिकित्सीय संबंध (therapeutic relationship)

(c) मनश्चिकित्सा की प्रविधि (techniques of psychotherapy)

इन तीनों तथ्यों का वर्णन निम्नांकित है—

(a) सहभागी *(Participants)*—मनश्चिकित्सा में दो सहभागी (participants) होते हैं—पहला सहभागी क्लायंट या रोगी होता है तथा दूसरा सहभागी चिकित्सक (therapist) होता है। क्लायंट वह व्यक्ति होता है जिसमें सांवेगिक या मानसिक क्षुब्धता (disturbance) इतनी अधिक उत्पन्न हो जाती है कि उसे किसी प्रशिक्षित चिकित्सक की मदद अपनी समस्याओं के समधान के लिए लेना पड़ जाता है। रोगी में समस्या की क्षुब्धता की मात्रा अधिक भी हो सकती या फिर थोड़ी भी हो सकती है। मनोवैज्ञानिकों द्वारा किये गए शोधों से यह स्पष्ट हुआ है कि मनश्चिकित्सा के लिए सबसे उत्तम क्लायंट या रोगी वह होता है जिसमें कुछ खास-खास गुण होते हैं। जैसे—मनश्चिकित्सा से सबसे अधिक लाभ उन रोगियों को होता है जो बुद्धिमान, अभिप्रेरित, शाब्दिक (verbal), अपने व्यवहार में परिवर्तन लाने के लिए साधारण मात्रा में चिन्ता दिखाते हों तथा चिकित्सक को अपनी समस्याओं के बारे में ठीक से जानकारी दे सकते हों। गुरमैन तथा राजीन (Gurman & Razin, 1971) ने अपने अध्ययन से इस तथ्य की संपुष्टि किया है।

मनश्चिकित्सा का दूसरा सहभागी (participant) चिकित्सक (therapist) होता है। चिकित्सक वह व्यक्ति होता है जो अपने विशेष प्रशिक्षण तथा अनुभव के कारण क्लायंट या रोगी को अपनी क्षुब्धताओं (disturbance) से निबटने में मदद करता हो। चिकित्सा के लिए यह आवश्यक है कि उसमें विशेष कौशल (skills) हो और वह विशेष रूप से प्रशिक्षित हो ताकि वह क्लायंट की क्षुब्धताओं को समझ सके और तब उसके साथ इस ढंग से अन्तःक्रिया कर सके कि वह (क्लायंट) फिर अपनी समस्याओं या क्षुब्धताओं से ठीक ढंग से निबट सके। एक उत्तम चिकित्सा में पर्याप्त कौशल तथा प्रशिक्षण के अलावा कुछ व्यक्तिगत गुण भी होना चाहिए। प्रसिद्ध मनश्चिकित्सक कार्ल रोजर्स (Carl Rogers) के अनुसार एक उत्तम चिकित्सक में परानुभूति (empathy), प्रमाणिकता (genuiness) तथा शर्तहीन धनात्मक सम्मान देने की क्षमता अवश्य होनी चाहिए। इसके अलावा इनमें क्लायंट की समस्याओं को ठीक ढंग से सुनने, बिना निर्णायक (judgemental) दृष्टिकोण दिखलाये बोध (understanding) तथा संवेदनशीलता (sensitivity) का भाव दिखाने आदि की क्षमता होनी चाहिए।

(b) चिकित्सीय संबंध *(Therapeutic relationship)*—मनश्चिकित्सा का दूसरा महत्त्वपूर्ण पहलू चिकित्सक तथा क्लायंट के बीच विकसित विशेष संबंध (relationship) होता है जिसे चिकित्सीय संबंध (therapeutic relationship) कहा जाता है। चिकित्सीय संबंध वैसा संबंध होता है जिसमें चिकित्सा तथा रोगी दोनों ही यह जानते हैं कि वे लोग वहाँ क्यों एकत्रित हुए हैं तथा उनकी अन्तःक्रियाओं का नियम तथा लक्ष्य (goals) क्या है।

मनश्चिकित्सा की शुरुआत चिकित्सीय अनुबन्ध (therapeutic contract) से होता है जिसमें उपचार का लक्ष्य, चिकित्सा की प्रविधि जिसका उपयोग किया जाना है, संभावित जोखिम तथा चिकित्सा एवं रोगी के वैयक्तिक जवाबदेहियों (responsibilities) का उल्लेख होता है। औरलिनस्की एवं होवार्ड (Orlinsky & Howard, 1986) के अनुसार चिकित्सीय अनुबन्ध एक तरह की रूपरेखा (blueprint) के रूप में कार्य करता है जो चिकित्सीय संबंध को इस तरह का बनने में मदद करता है जिसमें क्लायंट सक्रिय निर्णयकर्त्ता के रूप में न कि सहायता पाने वाले एक निष्क्रिय व्यक्ति के रूप में कार्य करता है।

चिकित्सक की यह कोशिश रहती है कि वह रोगी के साथ एक ऐसा भद्र संबंध बना सके कि वह अर्थात् रोगी अपने व्यवहार में परिवर्तन लाने के लिए काफी उत्सुक रहे। कोरचीन (Korchin, 1976) ने यह स्पष्टतः कहा है कि चिकित्सीय

संबंध में आसक्ति (attachment) तथा अनासक्तिक या अलगाव (detachment) का संतुलन (balance) होना चाहिए। स्ट्रप तथा हैडले (Strupp & Hadley, 1979) के अनुसार कुछ रोगी या क्लायंट ऐसे होते हैं जिनके साथ चिकित्सीय संबंध तेजी से विकसित होते हैं तथा कुछ ऐसे क्लायंट होते हैं जिनके साथ इस ढंग का संबंध नहीं विकसित हो पाता है और चिकित्सा की प्रगति धीमी पड़ जाती है। स्ट्रप (Strupp, 1989) तथा औरलिनस्की एवं होवार्ड (Orlinsky & Howard, 1986) द्वारा इस क्षेत्र में किये गए अध्ययनों से यह स्पष्ट हुआ है कि एक उत्तम चिकित्सीय संबंध में अन्य बातों के अलावा निम्नांकित अपेक्षित गुण होता है—

(i) क्लायंट एवं चिकित्सक के बीच चिकित्सीय संबंध में नैतिक बचनबद्धता होती है जिसमें गोपनीयता (confidentiality) प्रमुख है। चिकित्सक रोगी के गोपनीयता की रक्षा करता है तथा चिकित्सा के दौरान बतलाये गए बातों को किसी अन्य व्यक्ति से नहीं बतलाता है।

(ii) चिकित्सीय संबंध इस ढंग का होना चाहिए कि चिकित्सक रोगी के कल्याण को सर्वाधिक प्राथमिकता दे।

(iii) उस चिकित्सीय संबंध को उत्तम माना जाता है जिसमें भूमिका-निवेश (role-investment), परानुभूतीय गूँज (empathic resonance) तथा परस्पर प्रतिज्ञापन (mutual affirmation) जैसे तीन तत्त्व होते हैं। भूमिका निवेश (role investment) से तात्पर्य इस बात से होता है कि चिकित्सक तथा रोगी दोनों ही चिकित्सा को सफल बनाने में व्यक्तिगत प्रयास करते हैं। परानुभूतीय गूँज (empathic resonance) से तात्पर्य इस बात से होता है कि चिकित्सा के दौरान किस हद तक चिकित्सक तथा रोगी दोनों ही समान दृष्टिकोण रखते हैं। परस्पर प्रतिज्ञापन से तात्पर्य इस बात से होता है कि किस सीमा तक चिकित्सक तथा रोगी एक-दूसरे की भलाई के लिए ध्यान देते हैं।

(iv) स्ट्रप (Strupp, 1999) ने इस बात पर बल डाला है कि चिकित्सीय परिणाम उत्तम होने के लिए यह आवश्यक है कि चिकित्सीय संबंध को रोगी एक कृत्रिम या बनावटी संबंध के रूप में न लेकर उसे एक वास्तविक संबंध के रूप में प्रत्यक्षण करें।

स्पष्ट हुआ कि चिकित्सीय संबंध (therapeutic relationship) मनश्चिकित्सा का एक महत्त्वपूर्ण तत्त्व है जिसकी अपनी कुछ विशेषताएँ हैं।

(c) मनश्चिकित्सा की प्रविधि (*Techniques of psychotherapy*)—मनश्चिकित्सा की कई प्रद्धतियाँ हैं। मनश्चिकित्सा के प्रत्येक पद्धति की अपनी-अपनी प्रविधियाँ हैं। मनश्चिकित्सा की प्रविधियों में अन्तर होने का मुख्य कारण उनके पीछे छिपे व्यक्तित्व सिद्धान्त तथा वे सारे परिवर्तन हैं जो चिकित्सक रोगी में उत्पन्न करना चाहता है। यद्यपि मनश्चिकित्सा के कई प्रकार हैं, फिर भी कई प्रविधियाँ ऐसी हैं जो उन सभी प्रकारों में सामान्य (common) है। इन प्रविधियों का स्वरूप मूलतः मनोवैज्ञानिक होता है न कि दैहिक या मेडिकल। नैदानिक हस्तक्षेप या मनश्चिकित्सा के कुछ ऐसी प्रमुख प्रविधियाँ इस प्रकार हैं—

(i) सूझ उत्पन्न करना (*Fostering insight*)—मनश्चिकित्सा की एक प्रविधि रोगी के मनोवैज्ञानिक समस्याओं में सूझ उत्पन्न करना है। सूझ उत्पन्न करने के लिए रोगी में आत्म-मूल्यांकन तथा आत्म-ज्ञान विकसित करने की कोशिश की जाती है। सूझ उत्पन्न करने के लिए चिकित्सक रोगी के व्यवहार की व्याख्या भी करते हैं। फ्रायड ने रोगी में सूझ उत्पन्न करने पर सबसे अधिक बल डाला था जिसमें अचेतन के प्रभावों का मूल रूप से विश्लेषण किया जाता है। क्लायंट को यह समझाया जाता है कि वे क्यों इस तरह का व्यवहार करते हैं। यदि वे ऐसा समझ जाते हैं तो इससे नये व्यवहार की उत्पत्ति उसमें होती है जिसे सूझ कहा जाता है।

(ii) सांवेगिक अशांति को कम करना (*Reducing emotional discomfort*)—मनश्चिकित्सा में रोगी के सांवेगिक अशांति की मात्रा को इतना कम कर दिया जाता है कि वह चिकित्सा में आगे ठीक ढंग से सहयोग कर सके तथा अपने व्यवहार में स्थायी परिवर्तन लाने के लिए अभिप्रेरित रहे। सांवेगिक अशांति को कम करने का उत्तम तरीका यह है कि रोगी के सांवेगिक शक्ति (emotional strength) को उत्तम चिकित्सीय संबंध द्वारा बढ़ाया जाए। जब रोगी यह समझता है कि चिकित्सक उसका एक व्यक्तिगत दोस्त है जिसपर भरोसा किया जा सकता है, तो उसमें स्वतः सांवेगिक स्थिरता (emotional stability) उत्पन्न होती है।

(iii) विरेचन को प्रोत्साहित करना (*Encouraging catharsis*)—चिकित्सक की उपस्थिति में रोगी को अपने संवेगों, भावों आदि की खुली अभिव्यक्ति करने के लिए कहा जाता है। इस प्रक्रिया को विरेचन (catharisis) कहा जाता है। इस तरह से विरेचन की प्रक्रिया द्वारा कुछ वैसे दबे हुए संवेग की अभिव्यक्ति होती है जिसे स्वयं रोगी बहुत समय पहले से नहीं जानता था। चिकित्सक ऐसे संवेगों को अभिव्यक्त करने में रोगी को भरपूर प्रोत्साहन देता है। उन्हें ऐसी

उम्मीद रहती है कि इससे रोगी के दुखदायक भावों एवं संवेगों को समझने में मदद मिलेगी और वह फिर कुछ खास-खास संवेगों से बिल्कुल ही नहीं डरेगा या चिंतित होगा।

(iv) नयी सूचना देना *(Providing new information)*—मनश्चिकित्सा का स्वरूप शैक्षिक (educational) होता है। चिकित्सक रोगी को प्रत्यक्ष या अप्रत्यक्ष रूप से कुछ नयी-नयी सूचनाओं को देता है ताकि रोगी के वर्तमान ज्ञान में उत्पन्न खाई या विकृति को संशोधित किया जा सके। इस सिलसिले में रोगी को चिकित्सक कभी-कभी कोई विशेष तरह के विषय या क्षेत्र (जो उनकी समस्या से संबंधित होता है) को पढ़ने का भी सुझाव देते हैं। इसे संदर्भिका चिकित्सा (bibliotherapy) कहा जाता है। नयी सूचना प्राप्त होने से रोगी में एक ऐसा संदर्भ उत्पन्न होता है जो उन्हें उन समस्याओं से निबटने में मदद करता है जो उन्हें असाधारण परन्तु समाधेय (solvable) दीखते हैं।

(v) परिवर्तन के लिए उम्मीद एवं विश्वास विकसित करना *(Developing faith and expetancy for change)*—मनश्चिकित्सा में रोगी में उत्तम परिवर्तन के लिए विश्वास तथा प्रत्याशा (expectancy) उत्पन्न की जाती है। चिकित्सक हर तरह से परिस्थिति को इस ढंग से मोड़ते हैं कि रोगी में यह विश्वास उत्पन्न हो जाए कि उसे मदद की जा रही है तथा निश्चित रूप से उसके व्यवहार में धनात्मक परिवर्तन होंगे तथा उनकी सांवेगिक समस्याएँ कम हो जाएगीं। इस लक्ष्य की प्राप्ति के लिए चिकित्सक विरेचन, रोगी के भावों की व्याख्या तथा उत्तम चिकित्सीय संबंध का निर्माण आदि जैसी प्रविधियों का सहारा लेते हैं।

स्पष्ट हुआ कि मनश्चिकित्सा एक जटिल प्रक्रिया हैं जिसमें चिकित्सक रोगी के साथ अन्तःक्रिया करके एक ऐसा उत्तम चिकित्सीय संबंध का निर्माण करते हैं कि रोगी की सांवेगिक एवं मनोवैज्ञानिक समस्याओं का उत्तम निदान हो पाता है।

मनश्चिकित्सा के उद्देश्य या लक्ष्य
(Goals or Pruposes of Psychotherapy)

मनश्चिकित्सा का सामान्य उद्देश्य रोगी के संवेगात्मक समस्याओं एवं मानसिक तनाव को दूर करके उसमें सामर्थ्य (competency), आत्म-बोध (self-actualization), पर्याप्त परिपक्वता (adequate maturation) आदि विकसित करना होता है। इन सामान्य उद्देश्यों के अलावा मनश्चिकित्सा (psychotherapy) के कुछ विशिष्ट उद्देश्य या लक्ष्य हैं जो निम्नांकित हैं—

(i) रोगी के अपअनुकूलित व्यवहारों (maladapted behaviours) में परिवर्तन लाना (To change the maladaptive behvariours of the patient)

(ii) रोगी के अन्तर्वैयक्तिक संबंध एवं अन्य दूसरे तरह के सामर्थ्य को विकसित करना (To develop interpersonal relationship and other competencies of the patient)

(iii) रोगी के आन्तरिक संघर्षों को एंव व्यक्तिगत तनाव को कम करना (To reduce inner conflicts and personal tensions of the patient)

(iv) रोगी में अपने इर्द-गिर्द के वातावरण एवं स्वयं अपने बारे में बने अयथार्थ पूर्वकल्पनाओं में परिवर्तन लाना (To modify inaccurate assumptions of the patients about self and the immediate enviornment)

(v) रोगी में अपअनुकूलित व्यवहार को सम्पोषित करने वाले कारकों या अवस्थाओं को दूर करना (To remove those factors or conditions that maintain maladaptive behaviour in the patient)

(vi) रोगी को अपने वातावरण की वास्तविकताओं के साथ अच्छी तरह समायोजन करने में सहयोग प्रदान करना (To help the patients to make adjustment with the realities of the environment)

(vii) आत्म-बोध एवं आत्मसूझ को सुस्पष्ट करना (To foster a clear cut sense of self-identity and self-insight)

सुन्डवर्ग एवं टाइलर (Sundberg & Tyler, 1962) ने मनश्चिकित्सा (psychotherapy) के विभिन्न पहलुओं एवं इस क्षेत्र में किये गए शोधों (researches) की समीक्षा किया और बतलाया कि मनोश्चिकित्सा (psychotherapy) के प्रमुख उद्देश्यों (goals) या लक्ष्यों में निम्नांकित सर्वाधिक उत्कृष्ट है—

(i) उपयुक्त कामों को करने के लिए रोगी की प्रेरणा को मजबूत करना (strengthening the patients motivation to do the right things)

(ii) भावों की अभिव्यक्ति द्वारा सांवेगिक दबावों को कम करने में मदद करना (reducing emotional pressure by facilitating the expression of feeling)

(iii) वर्द्धन के लिए सामर्थ्यता की अभिव्यक्ति करना (releasing the potential for growth)
(iv) अपनी आदतों को बदलने में मदद करना (helping in changing the habits)
(v) रोगी के संज्ञानात्मक रचनाओं को परिवर्तित करना (modifying the cognitive structure of patients)
(vi) आत्म-ज्ञान प्राप्त करना (gaining the self-knowledge)
(vii) अन्तर्वैयक्तिक संबंधों एवं संचारों को प्रोत्साहित करना (facilitating interpersonal relations and communication)
(viii) ज्ञान प्राप्त करने एवं निर्णय करने में प्रोत्साहन करना (gaining knowledge and facilitating decision making)
(ix) शारीरिक अवस्थाओं में परिवर्तन करना (altering bodily states)
(x) चेतन की वर्तमान अवस्था को परिवर्तित करना (altering the present state of consciousness)
(xi) रोगी के सामाजिक वातावरण को परिवर्तित करना (changing the social environment of the patient)

इन सबों का वर्णन निम्नांकित है—

(i) रोगी द्वारा सही कार्य करने की प्रेरणा को मजबूत करना *(Strengthing the patient's motivation to do right things)*—मनश्चिकित्सा का चाहे जो प्रकार क्यों न हों, मनश्चिकित्सक हमेशा यह कोशिश करते हैं कि वे रोगी को सही कार्य करने की प्रेरणा को तीव्र करे। सचमुच में मनश्चिकित्सा का यह एक सामान्य उद्देश्य (common purpose) है जो काफी महत्त्वपूर्ण है। रोगी अधिक वांछनीय ढंग से (desirable ways) व्यवहार कर सके इसके लिए सुझाव, अनुनय (persuation), सम्मोहन (hypnosis) आदि जैसे तरकीबों का सहारा लिया जाता है।

(ii) तीव्र भावों की अभिव्यक्ति करके सांवेगिक दबाव को कम करना *(Reducing emotional pressure by facilitating the expression of intense feelings)*—मनश्चिकित्सा का एक उद्देश्य रोगी के भीतर छिपे भावों (feelings) की अभिव्यक्ति कराना होता है। इसके पीछे तर्क यह छिपा होता है कि जब रोगी अपने भीतर छिपे क्षुब्धता (disturbance) उत्पन्न करने वाले भावों की अभिव्यक्ति करता है, तो इससे उसका सांवेगिक दबाव कम हो जाता है तथा रोगी की मानसिक बीमारी की गंभीरता बहुत ही कम हो जाती है। फ्रायड ने इस तरह के सांवेगिक मुक्ति (emotional release) को *विरेचन* (catharsis) कहा है।

(iii) रोगी के अन्तःशक्ति को वर्धन एवं विकास के लिए मुक्त करना *(Releasing the potentials of patients for grwoth and development)*—इस उद्देश्य के पीछे मनश्चिकित्सकों की मान्यता यह होती है कि व्यक्ति की जिन्दगी एक निश्चित विकास रेखा के अनुरूप हमेशा बढ़ती है और जब उसके इस सामान्य वर्द्धन प्रवृत्ति में किसी प्रकार की अवरुद्धता आदि होती है तो उससे मनःस्नायुविकृति (psychoneurosis) तथा अन्य मानसिक रोगों की उत्पत्ति होती है। अतः मनश्चिकित्सा का उद्देश्य इन अवरोधों को दूर करना होता है ताकि रोगी के वर्द्धन तथा विकास की अन्तःशक्ति (potential) फल-फूल सके। अन्तःशक्तियों के इस तरह के वर्द्धन तथा विकास पर रोजर्स (Rogers) तथा मैसलो (Maslow) द्वारा जिन्होंने मानवतावादी चिकित्सा प्रतिपादन किया है, सर्वाधिक बल डाला गया है। अतः यह कहा जा सकता है कि मनचिश्कित्सा का लक्ष्य रोगी में वर्द्धन के मौलिक अंतःशक्तियों को प्रस्फूटित करना होता है। इस बिन्दु पर **सुंडवर्ग** तथा **टाइलर**[1] (Sundberg & Tyler, 1961) ने बहुत ही सटीक टिप्पण करते हुए इस प्रकार कहा है, *''मनश्चिकित्सक को एक मैकनिक जो औजार या उपकरण में दोष का पता लगाता है तथा उसका मरम्मत करता है, के रूप में नहीं समझा जाना चाहिए बल्कि उसे एक माली के रूप में समझा जाना चाहिए जो पौधा को जिसमें वर्द्धन की आंतरिक प्रवृत्ति है, की छँटाई करता है, उचित धूप, पोषक पदार्थ तथा नमी देकर उसे उत्तेजित करता है।''*

(iv) अवांछित एवं अनुचित आदतों को परिवर्तित करना *(Changing undesirable and inappropriate habits)*—मनश्चिकित्सा का एक उद्देश्य एक ऐसी परिस्थिति का उत्पन्न करना होता है जिसमें रोगी के अवांछित, अनुचित एवं संकट उत्पन्न करने वाली आदतों का प्रतिस्थापन नयी वांछित आदतों से किया जा सके। इसके लिए मनश्चिकित्सक अनुबंधन (conditioning) तथा सीखने के सामान्य नियमों का सहारा लेते हैं तथा वे ऐसे वांछित आदतों

1. "The psychothrapist should not be thought of as machanic, locating and repairing defects in pieces of equipment, but rather as more of a gardner, removing weeds, providing light, nutrients and moisture to stimulate a plan intrinsically disposed to grow."—Sundberg & Tyler : The Practice of Psychological testing in clinical sciences in the U.S. *American Psychologist,* 1961, p. 289

के बाद पुनर्बलन देकर उसको सीखलाने की कोशिश करते हैं। आजकल इसके अलावा अन्य परिष्कृत (sophisticated) विधियों का भी उपयोग रोगी के अवांछित आदतों को परिवर्तित करने में किया जाता है।

(v) रोगी की संज्ञानात्मक संरचना में परिमार्जन करना *(Modifying the cognitive structure of the patient)*—मनश्चिकित्सा का एक उद्देश्य यह भी है कि रोगी अपने बारे में, दूसरे व्यक्तियों के बारे में तथा वातावरण के अन्य वस्तुओं एवं घटनाओं आदि के बारे में पूर्णतः अवगत हो तथा इस संज्ञानात्मक संरचना में व्याप्त असंगतता (inconsistencies) को पहचाने तथा उसे आवश्यकतानुसार परिवर्तित करे क्योंकि इस तरह की असंगतता से व्यक्ति की सामान्य अवधारणा (conceptions) विकृत हो जाती है और वह रोग का शिकार हो जाता है।

(vi) रोगी के ज्ञान को तथा प्रभावी निर्णयों को लेने की क्षमता में वृद्धि करना *(Increasing the patient's knowledge and his capacity for effective decisions)*—मनश्चिकित्सा का उद्देश्य रोगी के वर्तमान ज्ञान को इस लायक बना देना होता है कि वह अपनी जिन्दगी में प्रभावी निर्णय ले सके। उसे विभिन्न अवसरों के बारे में पर्याप्त ज्ञान दिया जाता है तथा प्रत्येक विकल्प के पक्ष-विपक्ष में तथ्य उनके सामने रखा जाता है तथा फिर उन्हें ऐसी परिस्थितियों का सामना कराके ऐसी क्षमता धीरे-धीरे विकसित की जाती है कि वे अपने जीवन के सभी महत्त्वपूर्ण निर्णय को लेने में सक्षम हो सके।

(vii) रोगी में आत्म-ज्ञान या सूझ में वृद्धि करना *(Increasing self-knowledge or insight)*—मनश्चिकित्सा का उद्देश्य रोगी में पर्याप्त सूझ विकसित करना होता है ताकि वह यह समझ सके कि वह किस तरह व्यवहार करता है तथा क्यों वैसा व्यवहार करता है। ऐसा करने के लिए मनश्चिकित्सक अचेतन में छिपे इच्छाओं को चेतन में लाते हैं। जब रोगी अपने अचेतन की अभिप्रेरणों एवं इच्छाओं को चेतन में लाकर उसे समझने की कोशिश करता है, तो उससे उसमें आत्म-ज्ञान या सूझ उत्पन्न होता है और रोगी की कुसमायोजी व्यवहार की गंभीरता में कमी होने लगता है।

(viii) अन्तर्वैयक्तिक संबंधों पर बल दिया जाना *(Emphasizing interpersonal relationship)*—मनश्चिकित्सा का एक उद्देश्य यह भी स्पष्ट करना होता है कि किस तरह से रोगी का व्यवहार उसके चिन्तन से प्रभावित होता है और उसका व्यवहार किस तरह से चिन्तन के विभिन्न पहलुओं पर निर्भर करता है। इसमें रोगी तथा अन्य लोगों के बीच हुए संचार (communication) पर पर्याप्त बल डाला जाता है जिससे अन्तर्वैयक्तिक संबंध को अधिक संतोषजनक बनाया जा सकता है। यदि गौर से देखा जाए तो मनश्चिकित्सा में स्वयं ही एक नया अन्तर्वैयक्तिक संबंध सम्मिलित होता है जो स्पष्टतः उस संबंध से मेल नहीं खाता है जिसे रोगी अपनी जिन्दगी में विकसित किये हुए होता है। ऐसी परिस्थिति में मनश्चिकित्सक विशेष रूप से इस बात का ख्याल रखते हैं कि अन्तर्वैयक्तिक संबंध का स्वरूप इस प्रकार का हो जिससे रोगी को अपनी वास्तविक जिन्दगी के अन्य लोगों के साथ सामाजिक अन्तःक्रिया करने में सहुलियत हो।

(ix) रोगी के सामाजिक वातावरण में परिवर्तन उत्पन्न करना *(Bringing changes in social environment of patient)*—मनश्चिकित्सा का चाहे जो भी प्रारूप क्यों न हो, इसका एक मुख्य उद्देश्य रोगी के सामाजिक वातावरण में परिवर्तन लाना होता है। किसी भी रोगी का वास्तविक भलाई तो तब होता है जब वह अपने दिन प्रतिदिन की जिन्दगी में ठीक ढंग से समायोजन कर सके। यद्यपि रोगी का सामाजिक वातावरण जिसमें वह दूसरों से तथा दूसरे संस्थानों (institutions) से प्रभावित होता है, मनश्चिकित्सा के नियंत्रण से बाहर होता है, फिर भी कोशिश इस बात की जाती है कि रोगी के सामाजिक वातावरण के एजेन्टों को इस ढंग से प्रभावित किया जाए जिससे उसमें पर्याप्त परिवर्तन आ जाए और रोगी का सामाजिक जीवन सुखमय हो सके।

(x) रोगी के शारीरिक प्रक्रियाओं में परिवर्तन लाना ताकि उसके दर्दनाक अनुभूतियों को कम किया जा सके तथा शारीरिक चेतना में वृद्धि की जा सके *(Changing the bodily or somatic processes in order to reduce painful feelings and/or increase body awareness)*—मनश्चिकित्सा में यह एक पूर्वकल्पना रहती है कि मन (mind) तथा शरीर (body) दोनों ही एक-दूसरे को प्रभावित करते हैं। स्वच्छ मन के लिए स्वच्छ शरीर का होना आवश्यक है। मनश्चिकित्सक का मत है कि रोगी के शारीरिक दुःखों या दर्दनाक अनुभूतियों को कम करके तथा उनमें शारीरिक चेतना में वृद्धि करके मनश्चिकित्सा की परिस्थिति के लिए उन्हें अधिक उपयोगी बनाया जा सकता है। यही कारण है कि कुछ मनश्चिकित्सा (psychotherapy) जैसे व्यवहार चिकित्सा में 'विश्राम प्रशिक्षण' (relaxation training) देकर उनके तनाव एवं चिन्ता को दूर किया जाता है और इसे *प्रतिअनुबंधन* (counterconditioning) के लिए आवश्यक भी माना जाता है। उसी तरह से रोगी के शारीरिक चेतना में वृद्धि करने के लिए विभिन्न तरह के व्यायामों (exercises) जो भारतीय योग के नियमो पर आधारित होते हैं, का सहारा लिया जा सकता है। इन सबों का परिणाम यह होता है कि रोगी अपने वास्तविक जिन्दगी में ठीक ढंग से समायोजन स्थापित करने में सफल हो जाता है।

(xi) रोगी के चेतन अवस्थाओं में इस तरह का परिवर्तन करना ताकि उसमें आत्म-बोध (self-awareness), नियंत्रण तथा सर्जनात्मकता की क्षमता में वृद्धि हो सके *(Altering state of consciousness in order to extend self-awareness, control and creativity)*—मनश्चिकित्सा का एक उद्देश्य यह भी होता है कि रोगी के चेतन अवस्था में इस ढंग का परिमार्जन या परिवर्तन किया जाए कि उससे उसमें अपने व्यवहारों पर अधिक नियंत्रण की क्षमता बढ़ जाए, उसमें सर्जनात्मक क्षमता में वृद्धि हो जाए तथा आत्म-बोध में भी वृद्धि हो जाए। इन सब क्षमताओं के विकास के लिए तरह-तरह की प्रविधि जिसमें मनन (mediation), अलगाव (isolation) तथा चेतन विस्तार (consciounsess expansion) आदि प्रमुख हैं, का सहारा लिया जाता है। इन सब विधियों से रोगियों में आत्म-ज्ञान (self-knowledge) तथा आत्म-निर्भरता, आत्म-सामर्थ्यता आदि जैसे गुणों का विकास होता है।

स्पष्ट हुआ कि मनश्चिकित्सा के कई गुण हैं। इन लक्ष्यों में से अधिक-से-अधिक लक्ष्यों की पूर्त्ति होने से मनश्चिकित्सा की प्रभावशीलता काफी बढ़ जाती है।

मनश्चिकित्सा के प्रकार
(Types of Psychotherapy)

जैसा कि हम जानते हैं, मनश्चिकित्सा मानसिक रोगों के उपचार की मनोवैज्ञानिक विधि होती है। इसमें सांवेगिक क्षुब्धताओं का उपचार दैहिक विधि से न करके मनोवैज्ञानिक विधियों से की जाती है। चूँकि सांवेगिक क्षुब्धताओं के उपचार करने की मनोवैज्ञानिक विधियाँ अनेक हैं, अतः मनश्चिकित्सा (psychotherapy) के भी कई प्रकार बतलाये गए हैं। मनश्चिकित्सा के पाँच प्रमुख सामान्य प्रकार हैं और फिर प्रत्येक के कई उपप्रकार हैं जिनका वर्णन इस प्रकार है—

(1) मनोगतिकी चिकित्सा *(Psychodynamic therapy)*—मनोगतिकी चिकित्सा से तात्पर्य एक ऐसे मनोवैज्ञानिक उपचार दृष्टिकोण से होता है जिसमें व्यक्ति या रोगी के व्यक्तित्व गतिकी (personality dynamics) पर मनोविश्लेषणात्मक परिप्रेक्ष्य (psychoanalytic perspective) में बल डाला जाता है। इस चिकित्सा के तहत पाँच प्रमुख उपप्रकार हैं जो इस प्रकार हैं—

(i) फ्रायड का मनोविश्लेषिक चिकित्सा (Freud's psychoanlytic therapy)
(ii) एडलर का वैयक्तिक चिकित्सा (Adler's Individual therapy)
(iii) युंग का विश्लेषणत्मक चिकित्सा (Jun's Analytical therapy)
(iv) अहं विश्लेषण (Ego analysis)
(v) संक्षिप्त मनश्चिकित्सा (Brief Psychotherapy)
(vi) वस्तु संबंधी चिकित्सा (Object relation therapy)
(vii) अन्तर्वैयक्तिक मनोगत्यात्मक चिकित्सा (Interpersonal Psychodynamic therapy)

इन सबों का वर्णन अगले अध्याय में किया जाएगा।

(2) व्यवहार चिकित्सा *(Behaviour therapy)*—व्यवहार चिकित्सा में कुसमायोजी या अपअनुकूलित व्यवहार (maladapative behaviour) के जगह पर समायोजी या अनुकूलित व्यवहार (adaptive behaviour) पैवलव, स्कीन्नर तथा वैण्डुरा द्वारा बतलाये गए सिद्धान्तों पर आधारित प्रविधियों द्वारा सीखलाया जाता है।

इन सबों का वर्णन आगे अध्याय में किया जाएगा।

(3) संज्ञानात्मक व्यवहार चिकित्सा *(Cognitive behaviour therapy)*—इस तरह की चिकित्सा में चिकित्सक रोगी के संज्ञानात्मक प्रक्रियाओं जैसे—चिन्तन, प्रत्यक्षण, मूल्यांकन तथा आत्म-कथनों (self-statements) को ध्यान में रखते हुए चिकित्सा प्रदान करता है। इसके चार प्रमुख उपप्रकार हैं—

(i) रैशनल-इमोटिव चिकित्सा (Rational-Emotive therapy)
(ii) संज्ञानात्मक चिकित्सा (Cognitive therapy)
(iii) तनाव-टीका चिकित्सा (Stress-inculation therapy)
(iv) बहुआयामी चिकित्सा (Multi-model therapy)

इन चारों का वर्णन आगे के अध्याय में किया गया है।

(4) मानवतावादी-अनुभवजन्य चिकित्सा *(Humanistic-Experiental Therapy)*—इस चिकित्सा मे रोगी की समस्याओं का समाधान उनके भीतर छिपे अन्त:शक्तियों (potentials) एवं अस्तित्वात्मक पहलुओं के आलोक में की जाती है। इसके अन्तर्गत निम्नांकित तरह के चिकित्सा प्रकारों को रखा गया है—

(i) क्लायंट केन्द्रित चिकित्सा (Client-centered therapy)
(ii) अस्तित्वात्मक चिकित्सा (Existential therapy)
(iii) गेस्टाल्ट चिकित्सा (Gestalt therapy)
(iv) लोगो चिकित्सा (Logotherapy)
(v) नियम भूमिका चिकित्सा (Fixed-role therapy)

इन सबों की व्याख्या अलग अध्याय में आगे की जाएगी।

(5) सामूहिक चिकित्सा *(Group therapy)*—सामूहिक चिकित्सा में रोगी का उपचार एक समूह में न कि वैयक्तिक रूप से की जाती है। इसके अन्तर्गत निम्नांकित पाँच प्रकार के चिकित्सक पद्धति को रखा गया है—

(i) मनोनाटक (Psychodrama)
(ii) पारिवारिक चिकित्सा (Family therapy)
(iii) वैवाहिक या युग्म चिकित्सा (Marital or Couple therapy)
(iv) संव्यवहार विश्लेषण (Transactional analysis)
(v) सामूहिक मुठभेड़ चिकित्सा (Encounter group therapy)

इन सबों की व्याख्या आगे अलग अध्याय में की जाएगी।

स्पष्ट हुआ कि मनश्चिकित्सा के मुख्य पाँच प्रकार हैं और इन पाँचों प्रकार के कई उपप्रकार है। यह भी स्पष्ट हुआ कि मनश्चिकित्सा के कई प्रारूप हैं जिनमें से कुछ व्यक्ति विशेष पर बल डालते हैं, कुछ व्यक्तियों के समूह पर बल डालते हैं तथा कुछ एक ही परिवार के सदस्यों पर बल डालते हैं। नोरक्रॉस, प्रोचास्का गालाघेर (Norcross, Prochaska & Gallagher, 1989) के एक सर्वे किया जिसमें उन्होंने मनश्चिकित्सा के विभिन्न प्रारूपों के प्रति करीब 579 नैदानिक मनोवैज्ञानिकों की अपनी उन्मुखता का विश्लेषण किया जिसके अनुसार करीब 21% नैदानिक मनोविज्ञानी मनोगत्यात्मक चिकित्सा, 16% मनोविज्ञानी व्यवहार चिकित्सा, 13% मनोवैज्ञानिकों संज्ञानात्मक व्यवहार चिकित्सा, 12% मानवतावादी-अनुभावात्मक चिकित्सा, 9% अन्य चिकित्सा तथा 29% मनोवैज्ञानिक ग्रहणशील (eclectic) उपागम अर्थात् कई चिकित्सकीय पद्धति को एक साथ मिलकर एक नया दृष्टिकोण अपनाते हुए रोगियों का उपचार करते हैं।

स्पष्ट हुआ कि मनश्चिकित्सा के कई प्रकार हैं। इन प्रकारों का एक सरल वर्गीकरण या सामान्य वर्गीकरण प्रस्तुत करने के ख्याल से कारसन तथा बुचर (Carson & Butcher, 1992) ने अपने एक अति चर्चित वर्गीकरण पद्धति का वर्णन किया है जिसका वर्णन यहाँ अपेक्षित है। इस पद्धति का आधार चिकित्सीय ध्यान (therapeutic attention) के लिए प्रमुख क्लायंट उपतंत्र (client subsystem) है। इनके अनुसार सामान्यतः किसी भी मनश्चिकित्सा में नियंत्रित चार पहलूओं पर ध्यान दिया जाता है—भाव (affect), व्यवहार (behaviour), संज्ञान (cognition) तथा पर्यावरण (environment)। इसे अंग्रेजी शब्द के प्रथम अक्षरों को मिलाकर ABCE ढाँचा या पैमाना कहा जाता है। इसी के अनुसार करसन एवं बुचर ने मनश्चिकित्सा के निम्नांकित चार प्रबल (dominant) प्रकार बतलाये हैं जो इस प्रकार हैं—

(i) टाईप 'ए' चिकित्सा *(Type A therapy)*—इसे टाईप 'ए' मनश्चिकित्सा इसलिए कहा जाता है क्योंकि इस तरह की पद्धति में क्लायंट के भाव (affect) या संवेग, चिंता (anxiety) में परिवर्तन लाकर उसका उपचार करने की कोशिश किया जाता है। इसके अन्तर्गत फ्रायडियन मनश्चिकित्सा, फ्रायडियन मनश्चिकित्सा के विभिन्न विकल्प (alternatives) क्लासिकी अनुबंधन पर आधारित व्यवहार चिकित्सा एवं फ्लडिंग (flooding), अतः स्फोटात्मक चिकित्सा (implosive therapy) आदि प्रमुख हैं। सभी तरह के जैविक चिकित्साओं (biological therapies) को भी इसी के अन्तर्गत रखा जाता है।

(ii) टाईप बी चिकित्सा *(Type B therapy)*—इसके अन्तर्गत उन सभी चिकित्साओं को रखा जाता है जिसका स्पष्ट उद्देश्य रोगी के अपअनुकूली व्यवहार (maladaptive behaviour) में परिवर्तन लाना होता है। क्रियाप्रसूत अनुबंधन (operant conditioning) पर आधारित सभी तरह के व्यवहार चिकित्सा को इस श्रेणी में रखा जाता है क्योंकि इनका उद्देश्य पुनर्बलन संभाव्यता (reinforcement contingencies) में जोड़-तोड़ करके रोगी के अपअनुकूली व्यवहार में स्पष्ट ढंग से परिवर्तन लाना होता है।

(iii) टाईप सी चिकित्सा *(Type C therapy)*—इस तरह की चिकित्सा में रोगी के संज्ञान अर्थात् उसके सूझ-बूझ, प्रत्यक्षण विश्वास आदि में परिवर्तन लाकर उनका उपचार की कोशिश की जाती है। *रैसनल-इमोटिव चिकित्सा* (Rational Emotive therapy), *बेक का संज्ञानात्मक चिकित्सा* (Beck's cognitive therapy) तथा *तनाव-टीका चिकित्सा* (Stress-inoculation therapy) को इसी श्रेणी में रखा गया है।

(iv) टाईप ई चिकित्सा *(Type E therapy)*—इस तरह की चिकित्सा में रोगी के माता-पिता, शिक्षक, दोस्त, पड़ोसियों आदि के पर्यावरणी प्रतिक्रियाओं (ennironmental reactions) में परिवर्तन करके उसका उपचार करने की कोशिश की जाती है। अन्तर्वैयक्तिक चिकित्सा (interpersonal therapy) तथा सामुदायिक चिकित्सा (community therapy) को इस श्रेणी की चिकित्सा में रखा गया है।

यद्यपि चिकित्सा के उपयुक्त चार प्रकार काफी लोकप्रिय हैं, फिर भी इनका दोष यह है कि इन चार चिकित्सा में चिकित्सा के केवल प्रबल श्रेणियों को ही रखा जा सकता है, सभी तरह के चिकित्साओं को नहीं। इस परिसीमा को स्वयं करसन एवं बुचर ने भी स्वीकार किया है।

मनचिकित्सा का तरीका
(Modes of Psychotherapy)

मनश्चिकित्सा के तरीका (modes) से तात्पर्य इस बात से होता है कि मनश्चिकित्सा किस प्रकार सम्पन्न की जाती है तथा किस परिस्थिति में संपन्न की जाती है। मनश्चिकित्सा के दो तरीका (modes) का वर्णन किया गया है—

(क) वैयक्तिक तरीका (individual mode)

(ख) सामूहिक तरीका (group mode)

इन दोनों का वर्णन अलग-अलग इस प्रकार है—

(क) वैयक्तिक तरीका *(Individual mode)*—वैयक्तिक तरीका वैसे तरीका को कहा जाता है जिसमें चिकित्सा की परिस्थिति ऐसी होती है जिसमें एक चिकित्सक तथा एक रोगी होता है तथा चिकित्सक विशेष मनोवैज्ञानिक प्रविधि अपनाकर चिकित्सा की प्रक्रिया संपन्न करते हैं। क्लायंट-केन्द्रित चिकित्सा (client centred therapy), मनोविश्लेषणात्मक चिकित्सा (psychonalytic therapy) तथा व्यवहार चिकित्सा (behaviour therapy) में चिकित्सक वैयक्तिक तरीका ही अपनाकर रोगी का उपचार करते हैं। इन सभी चिकित्सकों का वर्णन आगे अलग-अलग अध्याय में की जाएगी।

(ख) सामूहिक तरीका *(Group mode)*—सामूहिक तरीका वैसे तरीका को कहा जाता है जिसमें चिकित्सक रोगी का चिकित्सा अकेले में न करके एक समूह में करते हैं। ऐसे समूह सामान्यतः दो प्रकार के होते हैं—समूह असंबधित व्यक्तियों (unrelated individuals) का भी हो सकता है या समूह में सभी एक ही परिवार के सदस्य हो सकते हैं। जब चिकित्सा का समूह असंबंधित व्यक्तियों का होता है, तो उसे *सामूहिक चिकित्सा* (group therapy) कहा जाता है परन्तु जब चिकित्सा समूह एक ही परिवार के सदस्य से बना होता है, तो इसे *पारिवारिक चिकित्सा* (family therapy) कहा जाता है और जब चिकित्सा में सिर्फ पति एवं पत्नी को ही सम्मिलित किया जाता है, तो उसे *वैवाहिक चिकित्सा* (marital therapy) कहा जाता है। इन सभी तरह के चिकित्सा का वर्णन आगे अलग-अलग अध्याय में किया जाएगा।

नैदानिक मनोवैज्ञानिकों द्वारा मनश्चिकित्सा के इन दोनों तरीकों का उपयोग किया जाता है। किस परिस्थिति में वे किस तरह की चिकित्सा का उपयोग करेंगे, यह रोगी की समस्या तथा चिकित्सक का अपना प्रशिक्षण, कौशल आदि पर निर्भर करता है।

वैयक्तिक चिकित्सा तथा समूह चिकित्सा में मुख्य अंतर निम्नांकित है—

(i) वैयक्तिक चिकित्सा में सिर्फ एक रोगी की ही चिकित्सा चिकित्स्क करते हैं जबकि सामूहिक चिकित्सा में एक साथ कई रोगियों का उपचार संभव हो जाता है।

(ii) वैयक्तिक चिकित्सा में व्यक्तित्वगतिकी तथा अचेतन के संघर्षों को गहराई से जानना संभव हो पाता है परन्तु सामूहिक चिकित्सा में चिकित्सक के लिए इस तरह का प्रयास संभव नहीं हो पाता है।

(iii) वैयक्तिक चिकित्सा के उपचार में सामूहिक चिकित्सा की तुलना में कम खर्च लगता है।

(iv) वैयक्तिक चिकित्सा की प्रविधियाँ सामूहिक चिकित्सा की प्रविधियों की तुलना में अधिक व्यापक है।

चिकित्सीय चरों का स्वभाव
(Nature of Therapeutic Variables)

मनश्चिकित्सा की प्रक्रिया कुछ ऐसे कारकों या चरों से प्रभावित होती है जो उस प्रक्रिया में महत्त्वपूर्ण भूमिका निभाते हैं तथा मनश्चिकित्सा के परिणाम (outcome) को प्रभावित करते हैं। नैदानिक मनोवैज्ञानिकों द्वारा ऐसे पाँच कारकों की पहचान की गयी है जिसकी चर्चा आगे **'मनश्चिकित्सा का मूल्यांकन'** वाले अध्ययन में किया गया है।

नैदानिक हस्तक्षेप का क्रम
(Course of Clinical Intervention)

नैदानिक हस्तक्षेप या मनश्चिकित्सा के विभिन्न प्रकार हैं। यदि हम उन प्रकारों पर ध्यान दें तो यह स्पष्ट होगा कि मनश्चिकित्सक एक खास क्रम में प्रविधियों का अनुसरण करते हुए चिकित्सा की प्रक्रिया जारी रखते हैं। नैदानिक हस्तक्षेप के इस क्रम (course) को होकानसन (Hokanson, 1983) ने निम्नांकित पाँच चरणों में क्रमबद्ध किया है–

(i) आरंभिक सम्पर्क (intitial contact)

(ii) मूल्यांकन (assessment)

(iii) उपचार का लक्ष्य (goals of treatment)

(iv) उपचार को क्रियान्वयन करना (implementing treatment)

(v) समायन, मूल्यांकन तथा अनुवर्तन (termination, evaluation and follow-up)

इन पाँचों चरणों का वर्णन निम्नांकित है–

(1) आरंभिक सम्पर्क *(Initial contact)*–नैदानिक हस्तक्षेप या मनश्चिकित्सा की यह पहली अवस्था होती है जिसमें क्लायंट उपचार-गृह (clinic) में प्रवेश करता है तथा चिकित्सक से पहला सम्पर्क करता है। इसमें रोगी या क्लायंट के मन में तरह-तरह की आशंकाएँ, शक, चिन्ता आदि होती है। कुछ क्लायंट तो मेडिकल उपचार तथा मनश्चिकित्सा में अंतर को समझ भी नहीं पाते हैं। इस अवस्था में क्लायंट को यह बतलाया जाता है कि उपचार-गृह में क्या होता है तथा रोगियों को की जाने वाली सेवाओं से उसे अवगत कराया जाता है। इसका क्लायंट की मनोवृत्ति पर तथा चिकित्सा में सहयोग देने की इच्छा पर अनुकूल प्रभाव पड़ता है। इसके अतिरिक्त क्लायंट को यहाँ उपचार गृह के अन्य कर्मचारियों उनकी योग्यताओं, उनकी फीस आदि के बारे में भी बतलाया जाता है। यहाँ यह भी तय किया जाता है कि क्लायंट से आगे सम्पर्क जारी रखा जा सकता है या उसे किसी अन्य पेशेवर या चिकित्सक के पास चिकित्सा के लिए भेजा जा सकता है।

(2) मूल्यांकन *(Assessment)*–जब यह निश्चित कर लिया जाता है कि क्लायंट से आगे सम्पर्क रखा जा सकता है, तो उसकी समस्याओं के नूल्यांकन के लिए उसे फिर कुछ दिनों तक उपचार गृह में बुलाया जाता है। क्लायंट की समस्या के वास्तविक स्वरूप को ध्यान में रखते हुए कई तरह के मूल्यांकन प्रविधियों का उपयोग किया जाता है। विभिन्न तरह के मनोवैज्ञानिक परीक्षणों द्वारा रोगी के बारे में कई तरह की सूचनाएँ एकत्रित की जाती हैं। इतना ही नहीं, रोगी या क्यालांट का एक केस इतिहास (case history) भी तैयार किया जाता है। इस सिलसिले में कभी-कभी क्लायंट के परिवार के सदस्यों एवं उसके मित्रों का भी साक्षात्कार आवश्यक हो जाता है। कभी-कभी क्लायंट को ही विभिन्न परिस्थितियों में अपने व्यवहारों, चिंतनों एवं भावों का आत्म-निरीक्षण करके उसके बारे में बतलाने के लिए कहा जाता है। कुछ क्लायंट की समस्याओं से निबटने के लिए अन्य श्रेणी के पेशेवरों जैसे मेडिकल डाक्टर से भी सम्पर्क करना आवश्यक हो जाता है। जिन क्लायंट की समस्या का संबंध बेरोजगारी तथा आर्थिक पहलुओं से होता है, उसके लिए चिकित्सक सामाजिक कार्यकर्त्ताओं (social workers) तथा कार्य सलाहकार (job counselors) से भी संबंध स्थापित करते हैं। अन्त में विभिन्न स्रोतों से प्राप्त सूचनाओं को विश्लेषित करने के बाद उनका प्रारंभिक समन्वय (preliminary integration) किया जाता है जिससे रोगी की समस्याओं का आरंभिक परिक्लपना (initial conceptalization) की जाती है।

(3) उपचार का लक्ष्य *(Goals of treatment)*–मूल्यांकन आँकड़ों के समन्वित करने के बाद चिकित्सक तथा क्लायंट एक साथ समस्या के बारे में क्रमबद्ध रूप से विचार-विमर्श करना तथा उसका निदान के लिए क्या किया जा सकता है, पर भी विचार करना प्रारम्भ कर देते हैं। इसमें क्लयांट तथा चिकित्सक के बीच एक तरह का अनुबन्ध (contract) तैयार किया जाता है जिसमें चिकित्सक क्लायंट की समस्याओं को दूर करने का वादा करता है और रोगी

अपनी इच्छओं एवं उद्देश्यों का उल्लेख करता है। इस अनुबन्ध में चिकित्सा का लक्ष्य, चिकित्सा की अवधि, चिकित्सा का सामान्य प्रारूप, चिकित्सीय सत्र की आवृत्ति, खर्च, क्लायंट की जवाबदेहियों आदि का भी उल्लेख होता है। चिकित्सा की प्रक्रिया जैसे-जैसे आगे बढ़ती है, अनुबन्धन के कुछ प्रावधानों को परिवर्तित भी करना पड़ता है। चिकित्सा के दौरान क्लायंट के बारे में अतिरिक्त सूचनाएँ प्राप्त होती हैं जिनके संदर्भ में अनुबन्ध के प्रावधानों में परिवर्तन करना पड़ता है। अक्सर देखा गया है कि कुछ क्लायंट ऐसे होते हैं कि चिकित्सा के दौरान चिकित्सक के प्रति उनमें अतिरिक्त विश्वास पैदा हो जाता है और ऐसी परिस्थिति में वे उपचार के लक्ष्य को और आगे बढ़ाने के लिए तत्पर रहते हैं।

(4) उपचार का क्रियान्वयन करना *(Implementing the treatment)*—मनश्चिकित्सा के इस चरण में उपचार का विशिष्ट प्रारूप तैयार किया जाता है। जब आरंभिक लक्ष्य (initial goals) निर्धारित कर लिये जाते हैं, तो यह निश्चित किया जाता है कि मनश्चिकित्सा का कौन प्रारूप रोगी या क्लयांट के लिए अधिक उपयुक्त होगा। क्लायंट-केन्द्रित चिकित्सा, व्यवहार चिकित्सा, मनोविश्लेषणात्मक चिकित्सा आदि में से कोई भी चिकित्सा द्वारा रोगी का उपचार किया जाता है। क्लायंट की समस्याओं के संदर्भ में चिकित्सा के प्रारूप के बारे में रोगी से विचार-विमर्श किया जाता है। इतना ही नहीं, रोगी से घर पर क्या करने की उम्मीद की जाती है, इसके बारे में भी उसे बतला दिया जाता है।

(5) समापन, मूल्यांकन तथा अनुवर्तन *(Termination, Evaluation and Follow-up)*—जब चिकित्सक को यह विश्वास हो जाता है कि क्लायंट अपनी समस्याओं को स्वयं ही निबटा लेता है, समापन की प्रक्रिया प्रारंभ की जाती है। समापन अचानक नहीं करके क्रमिक ढंग से होता है। चिकित्सा सत्र की बारंबारता को धीरे-धीरे घटाया जाता है। समापन की अवस्था में चिकित्सक रोगी के मन में उत्पन्न होने वाले भावनाओं का भी ख्याल करता है।

चिकित्सा के दौरान रोगी में हुई प्रगति का भी मूल्यांकन किया जाता है। संबंधित आँकड़ों को एकत्रित करके इसलिए रखा जाता है कि रोगी अपने द्वारा किये गए प्रयासों का तथा उपचारगृह द्वारा किये गए प्रयासों का वस्तुनिष्ठ मूल्यांकन स्वयं कर सके। इससे उपचार गृह तथा संबंधित चिकित्सक की प्रतिभा एवं कौशल का उचित जानकारी भी लोगों को होती है। अनुवर्तन द्वारा चिकित्सा परिणाम की प्रभावशीलता का अनुमान लगाया जाता है। इसके लिए कुछ शोध प्रोजेक्ट (research project) की भी शुरूआत की जाती है।

स्पष्ट हुआ कि नैदानिक हस्तक्षेप या मनश्चिकित्सा के क्रम (course) में कई चरण होते हैं जिनसे होकर इसकी प्रक्रिया संपन्न होती है।

नैदानिक हस्तक्षेप के मूल्यांकन की विधियाँ
(Methods of Evaluating Clinical Intervention)

नैदानिक हस्तक्षेप के मूल्यांकन के कई विधियाँ हैं। नैदानिक मनोवैज्ञानिकों ने ऐसी आठ विधियों का प्रतिपादन किया है जिनका वर्णन आगे 'मनश्चिकित्सा का मूल्यांकन' वाले अध्याय में किया गया है। ये आठ विधियाँ हैं—केस अध्ययन, सहसंबंधात्मक अध्ययन, नैदानिक सर्वे, प्रयोगात्मक अध्ययन, अनुरूप शोध अध्ययन, परसोनोलिस्टक अध्ययन, मेटा-विश्लेषण (meta-analysis) तथा परिणाम-मापन विधियाँ।

नैदानिक हस्तक्षेप या मनश्चिकित्सा के मूल्यांकन में निहित समस्याएँ
(Problems involved in Evaluation of Clinical intervention or Psychotherapy)

मनश्चिकित्सा या नैदानिक हस्तक्षेप की प्रभावशीलता की जाँच एक कठिन कार्य है। इसकी प्रभावशीलता की जाँच मनश्चिकित्सा के परिणाम (outcome) को माप कर किया जाता है। सच पूछा जाय तो मापन की यह प्रक्रिया एक अयथार्थ विधियों पर आधारित है जिससे अयथार्थ एवं आत्मनिष्ठ आँकड़ें (subjective data) प्राप्त होते हैं। मनश्चिकित्सा के परिणाम की माप कई विधियों द्वारा की जाती है और इन सबों की विशिष्ट समस्याएँ हैं जिनका अब हम यहाँ अवलोकन करेंगे—

(1) रोगी के व्यवहार में होने वाले परिवर्तन के बारे में चिकित्सक की धारणा *(Therapist's impression of changes that have occurred in patient's behaviour)*—स्पष्टतः, दिये गए चिकित्सा के कारण रोगी के व्यवहार में होने वाले परिवर्तन को चिकित्सक के अनुमान के आधार पर मापना एक भ्रामक सूचक है क्योंकि प्रत्येक चिकित्सक अपने आप को योग्य एवं सफल चिकित्सक मानता है। इतना ही नहीं, यह भी देखा गया है कि चिकित्सक जानबूझ कर जटिल रोग से ग्रस्त रोगी की चिकित्सा जल्द-से-जल्द यह कहकर समाप्त कर देते हैं कि उनके विशेष कौशल, गुण आदि के कारण रोगी पूर्णतः चंगा हो गया। स्पष्ट है कि इस सूचकांक (index) के आधार पर चिकित्सा के परिणाम (outcome) का मूल्यांकन करना कितना भ्रामक है।

(2) स्वयं रोगी का अपना मत *(Opinion expressed by patient himself)*—चिकित्सा के परिणाम का मूल्यांकन रोगी के मत, विचार आदि के आधार पर करना भी समस्यात्मक है। प्रायः देखा गया है कि रोगी मात्र चिकित्सक को खुश करने के लिए यह कह देता है कि वह अब पहले से अच्छा अनुभव कर रहा है। इसके पीछे उसकी छिपी एक और मंशा यह होती है कि ऐसा कहकर वह अपने आप को अधिक ग्राह्यशील (receptive) तथा प्रखर बुद्धि के होने का दिखावा कर सकता है। स्पष्टतः तब ऐसी परिस्थिति में चिकित्सा के परिणाम का मूल्यांकन एक समस्या ही बना रहती है।

(3) रोगी के दोस्त तथा परिवार के सदस्यों का मत *(Opinion expressed by members of family and friends)*—चिकित्सक के परिणाम को रोगी के परिवार के सदस्यों तथा दोस्तों द्वारा अभिव्यक्त विचारों के आधार पर मूल्यांकित करना भी समस्यात्मक है। इसका कारण यह है कि परिवार के सदस्यों तथा दोस्तों में भी रोगी को चंगा देखने की प्रवृत्ति मजबूत होती है और इस प्रवृत्ति के दवाब में आकर वे उसे चंगा हो जाने का समझ तुरंत बना लेते हैं।

(4) व्यक्तित्व परीक्षण के प्राप्तांकों की तुलना *(Comparrison of scores of personality test)*—चिकित्सा के परिणाम का मूल्यांकन रोगी द्वारा चिकित्सा प्रारंभ होने के पहले व्यक्तित्व परीक्षण पर आये प्राप्तांकों की तुलना चिकित्सा के बाद व्यक्ति परीक्षण पर आये प्राप्तांकों की तुलना के आधार पर की जाती है। यद्यपि मूल्यांकन की यह कसौटी में थोड़ी वस्तुनिष्ठता (objectivity) है, फिर भी इस कसौटी में दो तरह की मुख्य समस्याएँ हैं—पहला तो यह कि व्यक्तित्व परीक्षण पर के प्राप्तांक से यह पता नहीं चलता है कि क्लायंट अपने वास्तविक जिन्दगी में किस तरह से व्यवहार करेगा। दूसरा यह कि चिकित्सा प्रारंभ होने के पहले और बाद में व्यक्तित्व परीक्षण प्राप्तांक में आये अंतरों से इस बात का कोई सबूत नहीं मिलता है कि चिकित्सा से व्यवहार में हुए परिवर्तन स्थायी होंगे। इन दोनों कारकों के कारण मनश्चिकित्सा के परिणाम का मूल्यांकन दोषपूर्ण एवं समस्यात्मक हो जाता है।

(5) कुछ चयनित स्पष्ट व्यवहार में परिवर्तन *(Changes in some selected overt behaviour)*—चिकित्सा के परिणाम का मूल्यांकन रोगी द्वारा किये गए कुछ विशेष व्यवहार में हुए परिवर्तन के आधार पर भी किया जाता है। हालाँकि चिकित्सकों के बीच आम मान्यता यह है कि मूल्यांकन का यह कसौटी अन्य कसौटियों की तुलना में सरल एवं सुरक्षित (safe) है, फिर भी इसमें समस्याएँ हैं। एक समस्या तो यह है कि चिकित्सा परिस्थिति में व्यक्ति के व्यवहार में होने वाले परिवर्तन अन्य परिस्थिति में सामान्यीकृत (generalize) नहीं हो पाते हैं। इसके अलावा रोगी के व्यवहार में परिवर्तन जिसे चिकित्सक चयनित करते हैं, सचमुच में वह चिकित्सक के लक्ष्य को प्रतिबिम्बित करता है। जैसे—एक चिकित्सक चिकित्सा को अधिक प्रभावी कह सकता है जब उसका रोगी अपने बच्चों पर आक्रमक व्यवहार दिखाना कम कर देता है। परन्तु दूसरा चिकित्सक चिकित्सा को तब प्रभावकारी कहता है जब उसका रोगी वर्द्धन-उन्मुखी (growth-oriented) तथा आत्म-निर्देशित (self-directed) व्यक्ति के रूप में व्यवहार करने लगता है।

इन समस्याओं के बावजूद मनश्चिकित्सा के परिणाम की प्रभावशीलता को मापने के लिए नैदानिक मनोवैज्ञानिकों तथा मनश्चिकित्सकों द्वारा काफी प्रयास किये जा रहे हैं तथा इन लोगों द्वारा कुछ ऐसे परिणाम कसौटी (outcome measures) को भी ढूँढ़ा जा रहा है जिससे समस्या कम-से-कम उत्पन्न हो सके।

अध्याय सारांश
(Chapter Summary)

1. जब नैदानिक मनोवैज्ञानिक अपने पेशेवर क्षमता (professional capacity) में रोगी के व्यवहार को प्रभावित करके उसमें वांछित परिवर्तन लाता है, तो इसे नैदानिक हस्तक्षेप (clinical intervention) कहा जाता है। उसे मनश्चिकित्सा (psychotherapy) भी कहा जाता है। मनश्चिकित्सा के स्वरूप को समझने के लिए यह आवश्यक हैं इसके सहभागियों (participants) अर्थात् रोगी एवं चिकित्सक, चिकित्सीय संबंध तथा मनश्चिकित्सा की प्रविधि आदि को भी जाना जाए।
2. मनश्चिकित्सा के दो तरीकों (modes) का वर्णन किया गया है—वैयक्तिक तरीका (individual mode) तथा सामूहिक तरीका (group mode)।
3. नैदानिक हस्तक्षेप (clinical intervention) का क्रम (sequence) के पाँच चरण हैं—आरंभिक सम्पर्क, मूल्यांकन, उपचार का लक्ष्य, उपचार को क्रियान्वयन करना, समापन, मूल्यांकन तथा अनुवर्तन।
4. मनश्चिकित्सा का मूल्यांकन एक कठिन कार्य है क्योंकि इसमें पाँच तरह की समस्याएँ स्पष्ट रूप से सम्मिलित होती हैं।

❑

अध्याय 13

मनोगत्यात्मक चिकित्सा
(PSYCHODYNAMIC THERAPY)

मनोगत्यात्मक चिकित्सा : अर्थ एवं ऐतिहासिक परिप्रेक्ष्य
(Psychodynamic Therapy : Meaning and Historical Perspective)

मनोगत्यात्मक चिकित्सा (psychodynamic therapy) मनश्चिकित्सा का सबसे लोकप्रिय एवं पुराना प्रारूप है। मनोगत्यात्मक चिकित्सा से तात्पर्य एक ऐसे मनोवैज्ञानिक उपचार दृष्टिकोण से होता है जिसमें व्यक्ति या रोगी के व्यक्तित्व गतिकी (personality dynamics) पर मनोविश्लेषणत्मक परिप्रेक्ष्य (psychonalytic perspective) में बल डाला जाता है! इसे *मनोविश्लेषण-उन्मुखी चिकित्सा* (Psychoanalytically-oriented therapy) या *मनोवैश्लेषिक चिकित्सा* (psychoanalytic therapy) भी कहा जाता है।

इस चिकित्सा विधि का प्रतिपादन सिगमण्ड फ्रायड (Sigmund Freud) द्वारा किया गया। मनोवैश्लेषिक चिकित्सा (psychonalytic therapy) एक ऐसी गहन एवं दीर्घकालीन प्रविधि है जिसमें दमित स्मृतियों, चिन्तनों, डर, आशंकाओं एवं मानसिक संघर्षों जो संभवतः आरंभिक मनोलैंगिक विकास (psychosexual development) में उत्पन्न समस्याओं के कारण पैदा होते हैं, का पता लगाया जाता है तथा व्यक्ति को वास्तविकता के संदर्भ में व्यवहार करने में मदद करता है। इस प्रविधि में ऐसा समझा जाता है कि इन दमित इच्छओं एवं मानसिक संघर्षों में जब रोगी को सूझ उत्पन्न हो जाता है, तो रोगी स्वयं ही उनके दमन (repression) एवं अन्य संबंधित रक्षात्मक प्रक्रमों (defense mechanism) पर अमनी ऊर्जा बर्बाद नहीं करता है। ऐसी परिस्थिति में व्यक्ति अपने व्यक्तित्व गतिकी को विभिन्न चिन्ताओं एवं आशंकाओं से उत्पन्न समस्याओं को चेतन स्तर पर ही सुलझाने की कोशिश करते हैं। इसमें उनमें उत्तम व्यक्तित्व संगठन (personality intergration) उत्पन्न होता है तथा उसके जीवन शैली में सुधार आता है।

जैसा कि ऊपर कहा गया है, मनोविश्लेषणात्मक चिंकित्सा की शुरूआत सिगमंड फ्रायड (Sigmund Frued) द्वारा की गयी। इन्हें मनश्चिकित्सा (psychotherapy) का *संस्थागक* (founder) कहा जाता है। फ्रायड के यहूदी पिता ऊन व्यापारी थे और ये अपने माता-पिता के सबसे बड़ा संतान थे। इन्होंने 1881 में वियाना विश्वविद्यालय से एम॰ डी॰ (M.D.) की उपाधि प्राप्त की और 1881 में ही वे एक शोध पद पर कार्य भी करने लगे। उसी समय, उनका संबंध जोसेफ व्रियूर (Joseph Breuer) से होता है जो 'अन्ना ओ' (Miss Anna O) नामक महिला का उपचार कर रहे थे। यह महिला हिस्ट्रीया रोग से ग्रस्त थी। इस महिला के बाँह एवं पैर में अंगघात (paralysis) तथा दृष्टिहीनता की शिकायत बिना किसी शारीरिक आधार के ही थी। व्रियूर ने अन्ना को सम्मोहित किया और सम्मोहन के दौरान वह कुछ ऐसी अनुभूतियों को बतला सकी जिनसे वे स्वयं ही अवगत सामान्यतः नहीं थी। इन अनुभूतियों को बतला देने से उनमें सामान्यता के लक्षण दीखने लगे तथा उनकी दैहिक लक्षण लगभग समाप्त हो गए। व्रियूर ने इसे 'बातचीत उपचार' (talking cure) कहा। व्रियूर की इस प्रविधि से फ्रायड काफी प्रभावित हुए और वे उनके साथ मिलकर हिस्ट्रीया तथा मनश्चिकित्सा के एक सिद्धान्त का भी प्रतिपादन किया।

'अन्ना ओ' के 'बातचीत उपचार' प्रविधि से लेकर मृत्यु अर्थात् 1939 तक फ्रायड अपने रोगियों का गहन प्रेक्षण किये और अपने प्राप्त अनुभूतियों के आधार पर मानव व्यक्तित्व की गतिकी (dynamics) तथा संरचना, मनोविकृति (psycho-pathology) के स्वरूप तथा मनोवैज्ञानिक उपचार (psychological treatment) के बारे में विभिन्न तरह के प्राक्कल्पनाओं (hypothesis) विकसित किये जिनसे मनोविश्लेषण को एक मनश्चिकित्सा की प्रविधि के रूप में विकसित

होने का पर्याप्त मौका मिला। इस सिलसिले में उनकी महत्त्वपूर्ण कृति *'दी इन्टरप्रेटेशन ऑफ ड्रीम'* (The Interpretation of Dreams) जो 1900 में प्रकाशित हुई, सबसे अधिक महत्त्व रखता है।

मनोविश्लेषणात्मक चिकित्सा के लक्ष्य
(Goals of Psychoanalytic Therapy)

मनोविश्लेषणात्मक चिकित्सा का मौलिक लक्ष्य रोगी को अपने आप को उत्तम ढंग से समझने में मदद करने से होता है ताकि वह रोगी पहले से अधिक समायोजी ढंग से सोच सके तथा व्यवहार कर सके। इस चिकित्सा में पूर्वकल्पना यह होता है कि जब रोगी यह देख पाता है कि कुसमायोजी ढंग से व्यवहार करने के क्या वास्तविक कारण है (जो प्रायः अचेतन में होते हैं) तथा जब वे यह देखते हैं कि वे कारण बहुत ठोस एवं वैध (valid) नहीं है, तो वे अपने आप कुसमायोजी ढंग से व्यवहार करना बंद कर देते हैं। इस तरह से रोगी का लक्षण अपने आप दूर हो जाता है।

फ्रायड (Freud, 1938) ने मनोविश्लेषणात्मक चिकित्सा का लक्ष्य पर प्रकाश डालते हुए कहा है कि मनोविश्लेषणात्मक परिस्थिति कुछ इस प्रकार की होती है—रोगी का अंह उसके आंतरिक मानसिक संघर्षों से कमजोर पड़ जाता है। इन मानसिक संघर्षों में उपाहं (id) का मूलप्रवृत्तिक माँग (instinctual demands) तथा पराहं (super ego) की नैतिकतापूर्ण माँग (moral demands) का महत्त्वपूर्ण योगदान होता है। विश्लेषक रोगी को इन मानसिक संघर्षों से उत्पन्न समस्याओं से निबटने में उन्हें मदद करता है। इस उद्देश्य से रोगी तथा विश्लेषक दोनों मिलकर पराहं तथा उपाहं की उक्त प्रवृतियों से निबटने के लिए युद्ध स्तर पर कार्य प्रारंभ कर देते हैं। इस कार्य में रोगी तथा विश्लेषक या चिकित्सक एक-दूसरे को मदद करते हैं। रोगी का बीमार अहं विश्लेषक के सामने उन सभी सामग्रियों को सामने रखता है जो उनका आत्म-प्रत्यक्षण (self-perception) उपलब्ध कराता है। विश्लेषक उन सामग्रियों को जो रोगी के अचेतन द्वारा प्रभावित हो चुका होता है, की नयी व्याख्या प्रदान करता है जिससे रोगी को अपनी अज्ञानता तथा भूल का एहसास हो पाता है। अन्ततोगत्वा इससे अंह को अपने खोये मानसिक ऊर्जा पर पर्याप्त नियंत्रण बढ़ जाता है और उसके व्यवहार में सामान्यता आने लगती है।

उक्त मनोविश्लेषणात्मक परिस्थिति की व्याख्या से तब यह स्पष्ट होता है कि मनोविश्लेषणात्मक उपचार के निम्नांकित तीन मुख्य उद्देश्य हैं—

(a) रोगी के समस्यात्मक व्यवहार के कारणों में बौद्धिक एवं सांवेगिक (emotional) सूझ विकसित करना। इस तरह का सूझ रोगी में एक दो मनोविश्लेषणात्मक सत्र में न विकसित होकर कई सत्रों से गुजरने के बाद विकसित होता है।

(b) रोगी में सूझ विकसित होने के बाद उस सूझ का आशय (implication) के बारे में पता लगाना होता है।

(c) धीरे-धीरे रोगी के उपाहं (id) तथा पराहं (super ego) की क्रियाओं पर अहं (ego) के नियंत्रण को बढ़ाना होता है।

मनोवैश्लेषिक चिकित्सा के उक्त महत्त्वपूर्ण लक्ष्यों को प्राप्त करने की प्रक्रिया में रोगी के व्यक्तित्व का क्रमिक पुनर्संरचना (gradual reconstruction) सम्मिलित होती है। यह प्रक्रिया बहुत लम्बी चलती है (करीब तीन से पाँच सत्र प्रति सप्ताह 2 साल से 15 साल तक की अवधि तक), इसकी फीस भी काफी अधिक होती है (करीब 100 डॉलर प्रति घंटा) तथा इसमें उच्चस्तरीय चिकित्सीय कौशल की जरूरत पड़ती है। इन कारणों से मनोविश्लेषणात्मक उपचार के महत्त्वकांक्षी चिकित्सीय कौशल की जरूरत पड़ती है। इन कारणों से मनोविश्लेषणात्मक उपचार के महत्वाकांक्षी लक्ष्य पर पहुँचना असंभव नहीं तो कठिन अवश्य होता है।

फ्रायडियन मनोविश्लेषणात्मक चिकित्सा
(Freudian Psychoanalytic Therapy)

मनश्चिकित्सा (psychotherapy) के इतिहास में फ्रायड (Freud) पहले ऐसे व्यक्ति थे जिन्होंने मानसिक विकृतियों से ग्रसित लोगों के उपचार में मनोवैज्ञानिक विधियों (psychological methods) का वैज्ञानिक प्रयोग किया। इनके द्वारा प्रतिपादित विधि को मनोवैश्लेषिक चिकित्सा (psychoanalytic therapy) या मनोगतिकी चिकित्सा (psychodynamic therapy) की संज्ञा दी गयी है।

फ्रायड द्वारा प्रतिपादित चिकित्सा में व्यक्ति के दमित इच्छाओं, चिन्तन, संघर्ष एवं डर आदि पर मनोवैश्लेषिक

दृष्टिकोण से प्रकाश डाला जाता है। ऐसे संघर्ष, इच्छाओं, डर आदि को अचेतन (unconscious) से बाहर निकालकर उसमें पर्याप्त सूझ (insight) विकसित करने की कोशिश की जाती है ताकि उससे उत्पन्न होने वाले संवेगात्मक एवं समायोजन संबंधी कठिनाइयों को रोगी ठीक ढंग से सुलझा सके। इस प्रविधि में चिकित्सक को *मनोविश्लेषक* (psychoanalyst) या संक्षेप में *विश्लेषज्ञक* (analyst) भी कहा जाता है। इस विधि को *निर्देशात्मक चिकित्सा* (directive therapy) भी कहा जाता है।

फ्रायड द्वारा प्रतिपादित मनोवैश्लेषिक चिकित्सा पर यदि हम ध्यान दें तो पायेंगे कि यह चिकित्सा कुछ खास-खास चरणों (stages) में सम्पन्न किया जाता है। इनमें प्रमुख चरण (stage) निम्नांकित हैं—

(1) स्वतंत्र साहचर्य की अवस्था (stage of free association)
(2) प्रतिरोध की अवस्था (stage of resistance)
(3) स्वप्न-विश्लेषण की अवस्था (stage of dream-analysis)
(4) स्थानान्तरण की अवस्था (stage of transference)
(5) समापन की अवस्था (stage of termination)

इन अवस्थाओं का वर्णन निम्नांकित है—

(1) स्वतंत्र साहचर्य की अवस्था *(Stage of free association)*—फ्रायड की चिकित्सा प्रणाली की सबसे पहली अवस्था स्वतंत्र साहचर्य (free association) की होती है। रोगी को एक मन्द-प्रकाश (semi-dark) कक्ष या कमरा में एक आरामदेह एवं गद्दीदार कोच (coach) पर लेटा दिया जाता है तथा चिकित्सक रोगी की दृष्टि से ओझल होकर अर्थात् पीछे बैठ जाता है। चिकित्सक रोगी से कुछ देर तक सामान्य ढंग से बातचीत कर एक सौहार्द्रपूर्ण (rapport) वातावरण स्थापित कर लेता है और रोगी से यह अनुरोध करता है कि उसके मन में जो कुछ भी आता जाए, उसे वह बिना किसी संकोच के कहता जाए, चाहे वे विचार सार्थक हों या निरर्थक हों, नैतिक हों या अनैतिक हों। रोगी की बातों को चिकित्सक ध्यानपूर्वक सुनता है और यदि कहीं उसे हिचकिचाहट आदि होती है, तो चिकित्सक या विश्लेषण उसकी मदद करते हैं। इस प्रविधि की *स्वतंत्र साहचर्य की विधि* (method of free association) कहा जाता है जिसका उद्देश्य रोगी के अचेतन में छिपे अनुभवों, मनोलैंगिक इच्छाओं (psychosexual wishes) एवं मानसिक संघर्षों को कुरेदकर अचेतन स्तर पर लाना होता है।

(2) प्रतिरोध की अवस्था *(Stage of resistance)*—प्रतिरोध की अवस्था स्वतंत्र साहचर्य (free association) की अवस्था के बाद उत्पन्न होती है। रोगी जब अपने मन में आने वाले किसी भी तरह के विचारों को कहकर विश्लेषक (analyst) को सुनाता है, तो इसी प्रक्रिया में एक ऐसी अवस्था आ जाती है जहाँ वह अपने मन के विचारों को व्यक्त नहीं करना चाहता है और वह या तो अचानक चुप हो जाता है या कुछ बनावटी बात जान-बूझकर करने लगता है। इस अवस्था को *प्रतिरोध की अवस्था* (stage of resistance) कहा जाता है। प्रतिरोध की अवस्था तब उत्पन्न होती है जब रोगी के मन में शर्मनाक एवं चिन्ता उत्पन्न करने वाली बात आ जाती है जिसे वह विश्लेषक को नहीं बतलाना चाहता है। फलस्वरूप वह चुप हो जाता है या उसकी जगह पर कुछ दूसरी बनावटी बातें करने लगता है। विश्लेषक या चिकित्सक इस प्रतिरोध की अवस्था को खत्म करने का प्रयास करता है ताकि चिकित्सा में प्रगति हो सके। प्रतिरोध को खत्म करने के लिए वह सुझाव, सम्मोहन (hypnosis), लिखकर विचार व्यक्त करने, पेन्टिंग, चित्रांकन (drawing) आदि का सहारा लेता है। वह रोगी से घनिष्ठ संवेगात्मक संबंध स्थापित कर उसका विश्वासपात्र बनता है ताकि प्रतिरोध की इच्छाओं की अभिव्यक्ति आसानी से हो सके। प्रतिरोध समाप्त करना चिकित्सक या विश्लेषक के लिए चुनौतीपूर्ण कार्य होता है जिसे काफी सावधानीपूर्वक करना होता है।

(3) स्वप्न-विश्लेषण की अवस्था *(Stage of dream-analysis)*—रोगी के अचेतन में दमित प्रेरणाओं, बाल्यावस्था की मनोलैंगिक इच्छाएँ (psychosexual desires) एवं मानसिक संघर्षों को कुरेदकर चेतन-स्तर पर लाने के लिए विश्लेषक रोगी के स्वप्न का अध्ययन एवं उसका विश्लेषण करता है। फ्रायड के अनुसार स्वप्न में व्यक्ति अपने अचेतन की दमित इच्छाओं की पूर्ति करता है। अतः रोगियों के *स्वप्नों* का विश्लेषण करके चिकित्सक उसके अचेतन के संघर्षों एवं चिन्ताओं के बारे में जान पाते हैं। रोगी के स्वप्नों के अव्यक्त विषयों (latent contents) के अर्थ को विश्लेषक (analyst) उन्हें समझाता है जिससे रोगी को अपने मानसिक संघर्ष (mental conflict) एवं संवेगात्मक कठिनाई के वास्तविक कारण को समझने में मदद मिलती है।

(4) स्थानान्तरण की अवस्था *(Stage of transference)*—चिकित्सीय सत्र (therapeutic session) के दौरान जैसे-जैसे रोगी एवं चिकित्सक के बीच अन्तःक्रिया (interaction) होते जाती है, दोनों के बीच जटिल एवं सांवेगिक नये संबंध (relationship) भी उभर कर सामने आ जाते हैं। इसका परिणाम यह होता है कि रोगी अक्सर अपने गत जिन्दगी (past life) में जैसी मनोवृत्ति शिक्षक, माता या पिता या दोनों के प्रति बना रखा था, वैसी ही मनोवृत्ति वह चिकित्सक के प्रति विकसित कर लेता है। इसे ही *स्थानान्तरण* (transference) की संज्ञा दी जाती है। स्थानान्तरण विकसित होने से रोगी शांत मन से एवं पूर्व विश्वास के साथ अपने विचारों की अभिव्यक्त करता है। उसे यह विश्वास हो जाता है कि चिकित्सक एक ऐसे व्यक्ति हैं जिनके समक्ष वह अपनी व्यक्तिगत इच्छाओं एवं मानसिक द्वन्द्वों के बारे में खुलकर अभिव्यक्त कर सकता है। इस तरह से रोगी विश्लेषक को ही अपनी घृणा अथवा प्रेम दोनों का ही पात्र मान बैठता है और अचेतन में संचित संवेगात्मक एवं भावात्मक प्रवाहों का उसकी ओर प्रदर्शन करने लगता है।

स्थानान्तरण (transference) के तीन प्रकार होते हैं—

(i) धनात्मक स्थानान्तरण *(Positive transference)*—इसमें रोगी विश्लेषक के प्रति अपने स्नेह एवं प्रेम की प्रतिक्रियाओं को दिखलाता है।

(ii) ऋणात्मक स्थानान्तरण *(Negative transference)*—इसमें रोगी विश्लेषक के प्रति अपनी घृणा एवं संवेगात्मक विलगाव की प्रतिक्रियाओं की अभिव्यक्ति करता है।

(iii) प्रति स्थानान्तरण *(Counter transference)*—इसमें विश्लेषक ही रोगी के प्रति स्नेह, प्रेम एवं संवेगात्मक लगाव दिखाता है।

जहाँ तक धनात्मक स्थानान्तरण का प्रश्न है, इससे चिकित्सा का वातावरण पहले से और भी अधिक सौहार्द्रपूण बन जाता है और रोगी सुरक्षित अनुभव करता है तथा वह अचेतन की दमित इच्छाओं की अभिव्यक्ति खुलकर करता है। ऋणात्मक स्थानान्तरण में चिकित्सक रोगी की घृणा एवं आक्रामक व्यवहारों का केन्द्र होता है। अतः यहाँ उन्हें काफी सूझ-बूझ से काम लेना पड़ता है तथा वह रोगी का विश्वासपात्र बनकर उसके घृणा भावों को स्पष्ट करता है ताकि चिकित्सा में प्रगति आगे की ओर बनी रहे। प्रतिस्थानान्तरण (counter transference) की स्थिति से विश्लेषक (analyst) की अक्षमता (inefficiency) का पता चलता हैं और ऐसे विश्लेषक के बारे में फ्रायड ने कहा है कि उन्हें पहले अपना मनोविश्लेषण करवा लेना चाहिए। ऐसे विश्लेषक या चिकित्सक को आदर्श (ideal) नहीं माना जाता है। चाहे धनात्मक स्थानान्तरण हो या ऋणात्मक स्थानान्तरण हो, चिकित्सक अपने आप को निर्लिप्त (univolved) रखते हुए चिकित्सा को आगे बढ़ाता है जो स्पष्टतः एक कठिन कार्य है।

(5) समापन की अवस्था *(Stage of termination)*—चिकित्सा के अन्त में विश्लेषक (analyst) के सफल प्रयास के फलस्वरूप रोगी को अपने संवेगात्मक कठिनाई एवं मानसिक संघर्षों के अचेतन कारणों का एहसास होता है जिससे रोगी में अन्तर्दृष्टि या सूझ (insight) का विकास होता है। रोगी में सूझ का विकास हो जाने से उसके आत्म-प्रत्यक्षण (self-perception) तथा सामाजिक प्रत्यक्षण (social perception) में परिवर्तन आ जाता है। इससे रोगी की मनोवृत्ति, विश्वास एवं मूल्यों (values) में धनात्मक परिवर्तन होता है। रोगी में सूझ का विकास हो जाने से चिकित्सक रोगी से धीरे-धीरे संबंध-विच्छेद करने का प्रयास करता है। यहाँ चिकित्सक को एक महत्त्वपूर्ण सावधानी जो बतरनी पड़ती है, वह यह है कि संबंध-विच्छेद वह अचानक न करे क्योंकि ऐसा करने से कभी-कभी रोगी में नये लक्षण प्रकट हो जाते हैं।

फ्रायडियन मनोविश्लेषणात्मक विधि (psychoanalytical method) के कुछ गुण (merits) एवं अवगुण (demerits) हैं। इसके प्रमुख गुण निम्नांकित हैं—

(i) मनोविश्लेषणात्मक चिकित्सा द्वारा चिकित्सा चूँकि अचेतन की दमित इच्छाओं, संघर्षों एवं उलझनों को सुलझा कर किया जाता है, अतः इससे जो उपचार होता है, वह अधिक स्थायी होता है और रोगी में पुनः उसी रोग के लक्षण उपचार के बाद कभी दोबारा नहीं दीख पड़ते हैं। चूँकि इस विधि में अचेतन की गहराइयों में जाकर उसे कुरेदा जाता है तथा संवेगात्मक कठिनाइयों एवं मानसिक उलझनों का कारण का पता लगाया जाता है, इसलिए इसे *गहरी चिकित्सा* (depth therapy) भी कहा जाता है।

(ii) मनोविश्लेषणात्मक चिकित्सा के विधि को एक महत्त्वपर्ण विधि इसलिए भी माना जाता है क्योंकि इस विधि

द्वारा मानसिक रोग के कारण का पहले पता लगा लिया जाता है और बाद में उसका उपचार उसी आलोक में किया जाता है। फलस्वरूप यह विधि चिकित्सा की अन्य विधियों से उत्तम मानी जाती है जिनमें मूलतः सिर्फ लक्षणात्मक उपचार (symptomatic treatment) पर ही अधिक बल डाला जाता है।

(iii) यह प्रविधि हिस्ट्रीया, स्नायुविकृत विषाद (neurotic depression), अन्तर्मुखी (intro-vert) तथा कम अभिप्रेरित रोगियों के लिए सबसे अधिक प्रभावकारी माना गया है।

इन गुणों के बावजूद इस विधि के कुछ अवगुण (demerits) हैं जो निम्नांकित हैं—

(i) इस विधि द्वारा उपचार (treatment) में काफी समय लगता है। सामान्यतः इस विधि द्वारा उपचार में एक रोगी को प्रति हफ्ता तीन से पाँच बार तक लगातार कई महीनों तक और यहाँ तक कि कभी-कभी वर्षों तक विश्लेषक के पास आना पड़ता है। समय अधिक लगने के कारण चिकित्सा की यह विधि व्यावहारिक (practical) नहीं रह जाती है। रोगी चिकित्सा से उबने लगता है और उसकी कठिनाइयाँ घटने के बजाय बढ़ने लगती है।

(ii) इस उपचार विधि में समय अधिक लगने से विश्लेषक अधिक रोगियों का उपचार चाह कर भी नहीं कर पाता है।

(iii) चिकित्सा की यह विधि खर्चीली भी काफी अधिक है। प्रत्येक सत्र (session) जिसकी संख्या प्रति हफ्ता पाँच तक की होती है, रोगी को अलग-अलग फीस देना पड़ता है। अतः इस विधि द्वारा सिर्फ धनी वर्ग के रोगी ही लाभन्वित हो पाते हैं।

(iv) चिकित्सा की इस विधि का उपयोग काफी छोटे बालकों या काफी बूढ़े लोगों पर सफलतापूर्वक नहीं किया जा सकता है क्योंकि इन दोनों श्रेणियों के लोग चिकित्सा के दौरान उतना सहयोग नहीं कर पाते हैं जितनी जरूरत पड़ती है। इतनी ही नहीं, इन दोनों तरह के व्यक्तियों में चिकित्सक को सूझ उत्पन्न करना एक टेढ़ी खीर के समान होता है। जब सूझ ठीक ढंग से उत्पन्न नहीं हो पाती है, तो रोगी की समस्या का समाधान भी ठीक ढंग से नहीं हो पाता है।

(v) मनोवैश्लेषिक चिकित्सा विधि का एक दोष यह भी बतलाया गया है कि इसके लिए विश्लेषक (analyst) को कुशल एवं प्रशिक्षित होना अनिवार्य है। सभी तरह के चिकित्सक इस विधि का संचालन सही-सही ढंग से नहीं कर पाते हैं। परिणामतः यह विधि लोकप्रिय नहीं हो पायी है।

(vi) इस तरह की चिकित्सा से वही रोगी अधिक लाभान्वित होते हैं जिनकी शिक्षा की स्तर अधिक होती है। कम शिक्षित रोगी चूँकि उत्तम शाब्दिक अन्तःक्रिया (verbal interaction) चिकित्सीय सत्र के दौरान करने में असमर्थ होते हैं, अतः वे उसमें लाभान्वित नहीं हो पाते हैं।

इन परिसीमाओं (limitations) के बावजूद यह विधि चिकित्सा की एक महत्त्वपूर्ण विधि है। कुछ संशोधनों के साथ आज भी इस विधि का उपयोग नैदानिक मनोवैज्ञानिकों (clinical psychologists) तथा मनोरोगविज्ञानियों (psychiatrists) द्वारा शोधों (researches) एवं चिकित्सा में की जा रही है। यह चिकित्सा विशेषकर उन रोगियों के लिये आज भी काफी लाभप्रद है जो अपना आत्म-मूल्यांकन (self-evaluation) या अपनी आस्थाओं में सूझ (insight) गहन रूप से विकसित करना चाहते हैं।

मनोविश्लेषणात्मक विकल्प
(Psychoanalytic Alternatives)

फ्रायड द्वारा प्रतिपादित मौलिक मनोवैश्लेषिक चिकित्सा विधि में आगे चलकर नव-फ्रायडियन, युंग, एडलर, औटोरैंक, अहं विश्लेषकों (ego analysts), बेलाक एवं स्माल (Bellak & Small) द्वारा महत्त्वपूर्ण परिमार्जन (modification) किये गए। युंग (Jung) ने स्वप्न तथा प्रतीकात्मक प्रक्रियाओं पर अधिक बल डाला, रैंक ने 'जन्माघात' (birth trauma) को अधिक महत्त्वपूर्ण बतलाया जबकि एडलर तथा अन्य नव-फ्रायडवादियों ने संस्कृति, सीखना-सामाजिक संबंधों को मूलप्रवृत्तिक बलों (instinctual forces) की तुलना में अधिक महत्त्वपूर्ण बतलाया। यद्यपि इन लोगों द्वारा चिकित्सा में उक्त संप्रत्ययों पर बल डालकर चिकित्सा पद्धति के मौलिक प्रविधि में कुछ परिवर्तन अवश्य ला सकने में समर्थ हुए हैं, फिर भी इन परिवर्तनों से चिकित्सा में स्वतंत्र साहचर्य (free association), स्वप्न विश्लेषण (dream analysis) एवं व्याख्या, स्थानान्तरण तथा प्रतिरोध (resistance) के महत्त्व में न के बराबर परिवर्तन आया।

मनोविश्लेषणात्मक विकल्प के रूप में यहाँ निम्नांकित चार तरह की चिकित्सा पद्धति पर बल डाला जाएगा—

(क) एडलर का वैयक्तिक चिकित्सा (Adler's individual therapy)

(ख) युंग का विश्लेषणात्मक चिकित्सा (Jung's analytical therapy)

(ग) अहं वैश्लेषिक चिकित्सा (Ego analytic therapy)

(घ) संक्षिप्त मनश्चिकित्सा (Brief psychotherapy)

(ङ) अन्तर्वैयक्तिक मनोगत्यात्मक चिकित्सा (Interpersonal psychodynamic therapy)

इन सबों का वर्णन निम्नांकित है—

एडलर का वैयक्तिक चिकित्सा
(Adler's Individual therapy)

एडलर पहले ऐसे मनोवैज्ञानिक थे जिन्होंने अपने आप को फ्रायडियन मनोविश्लेषण से अलग कर एक नयी विचारधारा का शुरूआत किया जिसमें दी जाने वाली चिकित्सा को *वैयक्तिक चिकित्सा (individual therapy)* की संज्ञा दी गयी। एडलर के अनुसार कुसमायोजी व्यवहार (maladapative behaviour) का कारण उपाहं (id) तथा पराहं (super ego) के आवेगों का अहं (ego) के साथ टकराव नहीं होता है बल्कि दोषपूर्ण जीवनशैली (life styles) तथा मन में गलत धारणाओं का विकास होता है। चिकित्सा सत्र में रोगी को यही समझाया जाता है कि उसके कुसमायोजी व्यवहार का कारण उसकी गलत धारणाएँ एवं दोषपूर्ण जीवनशैली है। रोगी को तब उचित मनोवृत्ति विकसित करने में मदद की जाती है तथा उन्हें सामाजिक अभिरुचि (social interest), साहस (courage) तथा सामान्य बोध (common sense) की दिशा में अपने जीवन शैली में धनात्मक परिवर्तन लाने की सलाह दी जाती है। इस तरह से चिकित्सा सत्र का केन्द्र बिन्दु यह होता है कि व्यक्ति को अपने दोषपूर्ण जीवन शैली से अवगत कराया जाए और फिर उसमें परिवर्तन लाने के लिए प्रोत्साहित किया जाए। इसके लिए चिकित्सक कई तरह की प्रविधियों का उपयोग करते हैं जिनमें निम्नांकित चार प्रमुख हैं—

अल्फ्रेड एडलर
(Alfred Adler)

(a) मॉडलिंग *(Modeling)*—इस प्रविधि में चिकित्सक अपने आप को व्यक्ति के सामने सामाजिक अभिरुचि (social interest) का एक उत्तम मॉडल के रूप में पेश करते हैं और रोगी को मॉडल के अनुरूप व्यवहार करने की सलाह देते हैं।

(b) कार्य निर्धारण *(Task setting)*—इसमें रोगी को कुछ ऐसे नये कार्य करने के लिए दिये जाते हैं जिससे उपचार में मदद मिलती है क्योंकि इस नये कार्य को करने से उसकी गलत धारणा तथा मनोवृत्ति में परिवर्तन आते हैं।

(c) विशेष प्रतिरूप उत्पन्न करना *(Creating images)*—इसमें रोगी को किसी आदर्श जीवन शैली के बारे में बतलाया जाता है और उसे फिर अपने दोषपूर्ण जीवन शैली के बारे में बतलाकर उस आदर्श जीवन शैली से तुलना करने को कहा जाता है और उसी के अनुरूप अपने जीवन-शैली में परिवर्तन लाने के लिए कहा जाता है।

(d) पुश-बटन प्रविधि *(Push-button technique)*—जब रोगी अपने आप को अपने संवेगों के कब्जा में होने की विवशता जाहिर करता है तो चिकित्सक उसे इसे गलत धारणा का परिणाम बतलाते हुए यह कहते हैं कि वह अपने गत दुखदायी अनुभूति की याद करे और उससे उत्पन्न नकारात्मक सांवेगिक भाव पर ध्यान दें। इसके बाद रोगी को इस ओर से ध्यान हटाकर (अर्थात् चिन्तनरूपी मशीन का बटन दबाकर) गत सुखदायी अनुभूति की याद करने के लिए कहा जाता है तथा उत्पन्न धनात्मक संवेगों पर ध्यान देने के लिए कहा जाता है। इस तरह से दो तरह के सांवेगिक स्थितियों के बीच आगे-पीछे करने से यह पता चलता है कि रोगी को अपने संवेगों पर कितना नियंत्रण है।

मोसाक एवं ड्रिकुर्स (Mosak & Dreikurs, 1973) ने एडलेरियन मनश्चिकित्सा (Adlerian psychotherapy) के निम्नांकित प्रमुख लक्ष्य (goal) बतलाये हैं—

(i) रोगी तथा चिकित्सक के बीच एक उत्तम चिकित्सीय संबंध (therapeutic relationship) को स्थापित करना तथा उसे संपोषित करना।

(ii) व्यक्ति के जीवन शैली (life style) तथा लक्ष्यों को पता लगाना तथा साथ-ही-साथ यह भी पता लगाना कि उनसे व्यक्ति का व्यवहार किस तरह से प्रभावित होता है।

(iii) ऐसी व्याख्या या सुझाव देना जिससे रोगी अपने जीवन-शैली तथा उसके परिणामों में सूझ विकसित कर सके।

(iv) रोगी की मनोवृत्ति को इस तरह से मोड़ देना ताकि रोगी में एक समायोजी जीवन शैली उत्पन्न हो सके। दूसरे शब्दों में रोगी में उत्पन्न सूझ को रचनात्मक क्रिया में बदलना।

एडलर के अनुसार वैयक्तिक चिकित्सा में सम्मिलित चरण निम्नांकित हैं—

(i) पहले चरण में रोगी के कुसमायोजित व्यवहार के कारणों का पता लगाया जाता है। ऐसा करने के लिए रोगी के साथ उत्तम सौहार्द्रपूर्ण (rapport) संबंध स्थापित कर लिया जाता है। विश्लेषक रोगी से बातचीन करके कारणों का पता लगाता है। एडलर के अनुसार व्यक्ति का दोषपूर्ण जीवन-शैली (style of life), हीनता का भाव तथा अतिरंजित इच्छाओं के कारण ही रोगी में कुसमायोजी व्यवहार की उत्पत्ति सामान्यतः होते पायी जाती है।

(ii) दूसरे चरण में रोगी द्वारा बतलाये गए स्वप्नों का विश्लेषण किया जाता है, ताकि कुसमायोजित लक्षणों के उपयुक्त एवं वास्तविक कारणों का पता लगाया जा सके।

(iii) तीसरे चरण में रोगी को अपने सामाजिक जीवन में व्यवहार करने के लिए प्रोत्साहित किया जाता है तथा उसमें महसूस की गयी कठिनाइयों को बतलाने के लिए कहा जाता है।

(iv) चौथे चरण में विश्लेषक उन कठिनाइयों का विश्लेषण इस ढंग से रोगी के सामने करता है कि रोगी उन परिस्थितियों से अपने आप को बचा सके जिससे उसमें आत्म-धोखा (self-deception) की स्थिति उत्पन्न होती है।

(v) पाँचवें और अंतिम चरण में रोगी में सूझ विकसित हो जाता है क्योंकि रोगी के विवेक एवं व्यावहारिक पहलुओं का संबंध अन्तदर्शी पहलू से स्थापित हो जाता है।

वैयक्तिक चिकित्सा के प्रमुख लाभ (advantages) निम्नांकित है—

(i) वैयक्तिक चिकित्सा का आधार रोगी के जीवन की वास्तविक या व्यवहारिक घटना होती है। फलस्वरूप इससे जो सूझ रोगी में उत्पन्न होता है, उसका प्रभाव उसपर स्थायी होता है। परिणामस्वरूप रोगी के कुसमायोजी लक्षण स्थायी तौर पर दूर हो जाते हैं और उनके व्यवहार में पूर्णता तथा व्यवहारिकता आ जाती है।

(ii) वैयक्तिक चिकित्सा में फ्रायडियन मनोविश्लेषणात्मक चिकित्सा की तुलना में कम खर्च तथा समय लगता है।

(iii) सारासन (Sarason, 1989) के अनुसार वैयक्तिक चिकित्सा बाध्यता व्यवहार (compulsive behaviour) तथा दुश्चिंता विकृति (anxiety disorder) के रोगियों के लिए अधिक प्रभावी होता है।

(iv) वैयक्तिक चिकित्सा द्वारा वैसे सामान्य व्यक्तियों (normal individuals) की भी सहायता की जाती है जिनमें दोषपूर्ण जीवनशैली तथा गलत धारणाओं के कारण कुछ समस्याएँ उत्पन्न हो गयी होती हैं।

(v) एडलेरियन चिकित्सा वैयक्तिक (individual) तथा सामूहिक (group) दोनों तरह की परिस्थिति के लिए सुगम एवं उपयोगी बतलाया गया है। इसका मतलब यह हुआ कि इस चिकित्सा विधि का उपयोग वैयक्तिक चिकित्सा (individual therapy) तथा सामूहिक चिकित्सा (group therapy) दोनों के रूप में की जा सकती है जो इसका एक विशेष लाभ बतलाया गया है।

इन लाभों के बावजूद एडलरियन चिकित्सा के कुछ दोष (limitations) या अवगुण (demerits) हैं जो इस प्रकार हैं—

(i) एडलेरियन चिकित्सा द्वारा मनोविक्षिप्ति (psychosis) के रोगियों का उपचार संभव नहीं है।

(ii) मानसिक मंदता (mental deficiency), औषध व्यसन (drug addiction) तथा मद्यपानता (alcoholism) के रोगी भी इस चिकित्सा प्रविधि से लाभ नहीं उठा पाते हैं।

(iii) एडलेरियन प्रविधि को फ्रायडियन प्रविधि की तुलना में अधिक कठिन बतलाया गया है क्योंकि यहाँ चिकित्सा का मूल उद्देश्य रोगी के जीवन शैली में परिवर्तन लाकर उसके कुसमायोजी व्यवहार को दूर करना होता है।

इन अवगुणों के बावजूद एडलेरियन प्रविधि का उपयोग मानसिक रोगियों के उपचार में प्रायः किया जाता है।

युंग का विश्लेषणात्मक चिकित्सा
(Jung's Analytical therapy)

युंग (Jung) भी फ्रायड के मनोविश्लेषण (psychoanalysis) से काफी प्रभावित थे परन्तु कुछ खास बिन्दुओं पर फ्रायड से मतभेद हो जाने के कारण उन्होंने रोगियों के उपचार के लिए एक अलग चिकित्सा विधि का प्रतिपादन किया जिसे *वैश्लेषिक चिकित्सा* (analytical therapy) कहा जाता है।

युंग ने इस चिकित्सा विधि में रोगी के दमित लैंगिक इच्छाओं एवं उलझनों (conflicts) पर फ्रायड की तुलना में कम बल डाला है। इसके बदले में उन्होंने वैयक्तिकता (individuation) पर अधिक बल डाला है। वैयक्तिकता एक ऐसी प्रक्रिया है जिसमें व्यक्ति अपने आत्मन (self) के भिन्न-भिन्न पहलुओं को एक साथ मिलाकर एक संगठित सम्पूर्णता (unified whole) विकसित करता है। युंग के अनुसार चिकित्सा का उद्देश्य व्यक्ति को एक पूर्णतः संतुलित व्यक्ति बनाना होता है और इसके लिए यह आवश्यक है कि आत्मन् के विवेकपूर्ण पहलुओं को उसके अन्तदर्शी पहलुओं (intuitive aspects) के साथ मिलाया जाए। उनका अन्तदर्शी पहलू अचेतन में होता है जिसे चेतन स्तर पर लाना आवश्यक है क्योंकि जबतक अन्तदर्शी पक्ष अचेतन में दबा रहता है तबतक इसका संबंध व्यक्ति के व्यवहारिक एवं विवेकपूर्ण पहलुओं से नहीं जोड़ा जा सकता है और व्यक्ति मानसिक रोग से छुटकारा नहीं पा सकता है। अन्तदर्शी पहलुओं को चेतन स्तर पर लाने के लिए युंग ने शब्द साहचर्य (word association) तथा स्वप्न विश्लेषण का प्रतिपादन किया। जब दोनों तरह की प्रविधियों से उसके आत्मन् (self) का अन्तदर्शी भाग चेतन पर आ जाता है तो रोगी अपने आप को एक विस्तृत एवं सम्पूर्णता के दृष्टिकोण से देखता है जिससे उसमें मानसिक शांति (mental peace) एवं सामंजस्य (harmony) विकसित हो जाता है और वह समायोजनशील व्यवहार करने लगता है। इससे उसके मानसिक रोग के लक्षण दूर हो जाते हैं।

कार्ल युंग
(Carl Jung)

विश्लेषणात्मक चिकित्सा (analytical therapy) में निम्नांकित चरण या कदम मुख्य रूप से सम्मिलित होते हैं—

(i) रोगी से पहले उत्तम सौहार्द्रपूर्ण संबंध स्थापित करके उसके अचेतन की इच्छाओं एवं उलझनों को समझने की कोशिश चिकित्सक द्वारा किया जाता है।

(ii) ऐसी इच्छाओं एवं उलझनों को जानने के लिए चिकित्सक द्वारा शब्द साहचर्य प्रविधि तथा स्वप्न विश्लेषण की प्रविधि अपनायी जाती है।

(iii) तीसरे चरण में व्यक्ति के अचेतन की इच्छाओं एवं उलझनों का संबंध आत्मन् (self) के विवेकी पहलुओं (rational aspects) से जोड़ने का प्रयास किया जाता है। इसके लिए चिकित्सक द्वारा रोगी को पुनर्शिक्षा (reducation) दिया जाता है ताकि वह (रोगी) अपनी समस्याओं के समाधान में एक सूझ विकसित कर ले और अन्ततोगत्वा उसमें इच्छाशक्ति (will power) की उत्पत्ति हो जाए।

(iv) चौथा चरण समापन की होती है जिसमें धीरे-धीरे चिकित्सक रोगी से सम्पर्क की बारंबारता में कमी कर देता है,

विश्लेषणात्मक चिकित्सा प्रविधि के प्रमुख लाभ (advantages) निम्नांकित हैं—

(i) इस प्रविधि द्वारा चिकित्सक में समय, धन तथा श्रम तीनों की तुलनात्मक रूप से बचत होती है। फ्रायडियन चिकित्सा की तुलना में इस प्रविधि द्वारा चिकित्सा कम खर्च, कम मेहनत तथा कम समय में संपन्न कर लिया जाता है।

(ii) इस प्रविधि द्वारा प्रदत्त चिकित्सा का प्रभाव अधिक प्रभावकारी (effective) होता है क्योंकि इसमें रोगी के अंतदर्शी पहलुओं (intuitive aspects) को चेतन स्तर पर लाकर रोगी में सूझ विकसित करने की कोशिश की जाती है।

(iii) इस प्रविधि पर इसलिए भी भरोसा अधिक होती है क्योंकि इसमें अचेतन की इच्छाओं को जानने के लिए सिर्फ स्वप्न विश्लेषण का ही नहीं बल्कि शब्द साहचर्य का भी उपयोग किया जाता है। चूँकि शब्द साहचर्य एक प्रक्षेपण प्रविधि (projective technique) है, इसलिए इसके निष्कर्ष को अधिक विश्वसनीय होना बिलकुल ही स्वाभाविक है।

इन लाभों के बावजूद विश्लेषणात्मक चिकित्सा की कुछ परिसीमाएँ (limitations) या अवगुण हैं जो इस प्रकार हैं—

(i) विश्लेषणात्मक चिकित्सा प्रविधि को मनोविक्षिप्ति (psychosis) के रोगियों के उपचार के लिए उपयुक्त नहीं बतलाया गया है।

(ii) इस प्रविधि द्वारा रोगी के उपचार के लिए यह आवश्यक है कि चिकित्सक विशेष रूप से प्रशिक्षित हो तथा उन्हें शब्द साहचर्य परीक्षण तथा उससे प्राप्त आँकड़ों का विश्लेषण का उत्तम ज्ञान हो। साधारण चिकित्सक इस प्रविधि का उपयोग सफलतापूर्वक नहीं कर पाते हैं।

(iii) इस प्रविधि द्वारा किया गया चिकित्सा अधिक लोकप्रिय नहीं हो सका जो इस बात का परोक्ष सबूत देता है कि इस विधि द्वारा संपन्न मनश्चिकित्सा के परिणाम (outcome) संतोषजनक नहीं थे।

स्पष्ट हुआ कि युंग के विश्लेषणात्मक चिकित्सा में जहाँ एक ओर जहाँ कुछ लाभ है तो उसमें कुछ हानि भी सम्मिलित है।

अहं-वैश्लेषिक चिकित्सा (Ego Analytic therapy)

मनोवैज्ञानिकों का एक समूह ऐसा है जो फ्रायड द्वारा प्रतिपादित नियमों एवं संप्रत्ययों का एडलर (Adler) के समान पूर्णतः अस्वीकृत न करके उसमें कुछ परिमार्जन किया है और उसे अपनी चिकित्सा पद्धति में उपयोग किया है। इस समूह को अहं-वैश्लेषिक (ego-analysts) कहा गया है। इनमें हार्टमान (Hartmann, 1939) फ्रायड की सुपुत्री अन्ना फ्रायड (Anna Freud), क्रिस (Kris, 1950), इरिक्सन (Erikson 1956) तथा रैपापोर्ट (Rapaport, 1953) मुख्य रूप से मशहूर हैं। इन लोगों का मत है कि अहं (ego) का कार्य उपाहं (id) तथा वास्तविक दुनिया (real world) के उलझनों (conflict) को सुलझाने में मध्यस्ता ही करना नहीं है बल्कि और भी अन्य महत्त्वपूर्ण कार्य करना है। अहं का कार्य स्पष्टतः अचेतन के संघर्षों या उलझनों को सुलझाने तथा दुश्चिंता से बचाने के अतिरिक्त भी बहुत कुछ है। इन लोगों के अनुसार अहं के अन्य कार्यों में समायोजी कार्य (adaptive function), तथा उलझन-मुक्त कार्य (conflict free functions) भी हैं जिसमें स्मृति, सीखना तथा प्रत्यक्षण आदि भी सम्मिलित होते हैं।

अहं विश्लेषकों द्वारा प्रतिपादित चिकित्सा फ्रायड द्वारा प्रतिपादित चिकित्सा से कुछ मात्रा में ही भिन्न हैं जो इस प्रकार हैं—

(i) अहं विश्लेषकों के चिकित्सा का लक्ष्य पुनर्शिक्षणीय (reeducative) होता है जबकि फ्रायडियन मनोवैश्लेषिक चिकित्सा का लक्ष्य पुनर्संरचनात्मक (reconstructive) होता है।

(ii) अहं विश्लेषकों की चिकित्सा में शैशवावस्था की अनुभूतियाँ (infantile experiences) तथा स्थानांतरण स्नायुविकृति (transference neurosis) पर फ्रायडियन मनोवैश्लेषिक चिकित्सा की तुलना में कम बल डाला जाता है।

(iii) अहं-वैश्लेषिक चिकित्सा (ego-analytic therapy) में व्यक्ति के वर्तमान समस्याओं पर अधिक जबकि फ्रायडियन मनोवैश्लेषिक चिकित्सा में व्यक्ति जिन्दगी की अनुभूतियों एवं संस्करणों पर अधिक बल डाला जाता है।

अहं-वैश्लेषिक चिकित्सा (ego-analytic therapy) में चिकित्सक निम्नांकित पूर्वकल्पना (assumptions) करके चिकित्सा-कार्य करता है—

(i) मानव व्यवहार का निर्धारण मूलप्रवृत्ति (instinct) द्वारा न होकर अहं (ego) द्वारा किये गए विभिन्न कार्यों द्वारा होता है।

(ii) मूलप्रवृत्ति (instinct) या उपाहं (id) तथा वास्तविकता से अलग हटकर अहं (ego) की स्वायत्तता (autonomy) होती है।

(iii) अहं (ego) समायोजी सीखना (adaptive learning) तथा पर्यावरणी निपुणता (environmental mastery) के लिए ऐसा प्रणोद (drives) उत्पन्न करता है जो लैंगिक तथा आक्रमक मूलप्रवृत्ति से भिन्न होता है।

(iv) महिला लैंगिकता (female sexuality) पुरुष लैंगिकता (male sexuality) से कम न होकर समकक्ष होता है।

(v) उपाहं (id), अहं (ego) तथा पराहं (super ego) द्वारा व्यक्तित्व की संरचना (structure) की संतोषजनक व्याख्या नहीं होती है।

(vi) मनश्चिकित्सा आरंभिक बाल्यावस्था की अनुभूतियों को खोजबीन करने का एक माध्यम से कहीं कुछ अधिक है। सचमुच में चिकित्सा एक विशेष संबंधात्मक अनुभूति होती है जिसमें एक ऐसा धनात्मक वर्द्धन की अंतःशक्ति(potential) छिपी होती है जिसमें क्लायंट या रोगी आत्म-सिद्धि (self-actualization) की ओर अग्रसर होता है।

(vii) सर्जनात्मकता (creativity) तथा अनुराग प्रणोद के लिए व्यक्ति में अंतःशक्ति (potential) छिपी रहती है।

(viii) विशेष क्रिया (activity) तथा लचीलेपन को मनश्चिकित्सा के लिए आवश्यक माना जाता है।

अहं-वैश्लेषिक चिकित्सा में निम्नांकित चरण या कदम (steps) सम्मिलित होते हैं—

(i) क्लायंट के साथ सौहार्द्रपूर्ण (rapport) संबंध स्थापित करके उनकी वर्तमान समस्याओं के बारे में उन्हें बतलाने के लिए कहा जाता है।

(ii) चिकित्सक क्लायंट को इन समस्याओं के बारे में निर्भिक ढंग से तथा एक ऐसे सोच-समझ के साथ बतलाने के लिए कहते हैं कि उन्हें मनोविश्लेषण की पुराने विधियों जैसे स्वप्न विश्लेषण तथा स्वतंत्र साहचर्य (free association) का उपयोग न करना पड़े तो उत्तम होगा। यहाँ क्लायंट को विशेष तरह की अनुभूतियों जैसे माता-पिता के साथ उलझनों एवं अन्य भयानक अनुभूतियों के बारे में बतलाने के लिए कहा जाता है।

(iii) चिकित्सक क्लायंट को विशेष सुझाव पुनर्शिक्षा देकर उनकी वर्तमान समस्याओं को सुलझाने तथा उसमें एक नयी दिशा तथा सूझ उत्पन्न करता है।

(iv) अन्त में जब क्लायंट समस्याओं से निबटने में अपने आप सक्षम हो जाता है, तो चिकित्सक धीरे-धीरे क्लायंट से मिलना कम करता है। प्रति सप्ताह तीन चिकित्सीय सत्र से दो और फिर दो से एक और फिर महीना में एक सत्र देकर चिकित्सीय सत्र की बारंबारता में कमी करके चिकित्सा का समापन करता है।

अहं-वैश्लेषिक चिकित्सा (ego-analytic therapy) के कुछ गुण एवं दोष हैं। इसके प्रमुख गुण या लाभ निम्नांकित हैं—

(i) ब्लैंक एवं ब्लैंक (Blanck & Blanck, 1974) के अनुसार इस चिकित्सा पद्धति में चूँकि क्लायंट के वर्तमान लक्षणों तथा उनसे संबंधित घटनाओं के बीच के संबंध को समझने पर बल डाला जाता है, अतः चिकित्सा का परिणाम (outcome) स्थायी एवं प्रभावी होता है।

(ii) फोर्ड एवं अर्बन (Ford & Urban, 1963) का मत है कि इसमें रोगी के चिकित्सीय संबंध में पुनर्शिक्षा के माध्यम से विश्वास उत्पन्न किया जाता है। इसलिए इस चिकित्सा विधि द्वारा रोगी के कुसमायोजी व्यवहारों के लक्षण तेजी से दूर होते हैं।

(iii) इस चिकित्सा में चूँकि चिकित्सक रोगी के व्यक्तित्व के स्नायुविकृति पहलुओं (neurotic aspects) को ही नहीं बल्कि भावात्मक पहलुओं (effective aspects) तथा उनकी आपस की अन्तःक्रियाओं को भी समझता है, इसलिए इसके द्वारा की गयी चिकित्सा में समग्रता तथा गहनता का विशेष गुण होता है।

इन गुणों के बावजूद अहं-वैश्लेषिक चिकित्सा के कुछ अवगुण भी हैं जो इस प्रकार हैं—

(i) इस चिकित्सा प्रविधि में अंतरण (transference) तथा स्वतंत्र साहचर्य (free association) जैसी प्रविधि को पर्याप्त महत्त्व नहीं दिया जाता है, अतः चिकित्सा की प्रक्रिया का परिणाम बहुत निर्भर योग्य नहीं होता है।

(ii) इस चिकित्सा पद्धति में स्वप्न विंश्लेषण जैसे महत्त्वपूर्ण प्रविधि का उपयोग न के बराबर किया जाता है जिससे भी मनोवैज्ञानिकों ने इस पद्धति की वैधता तथा सफलता पर आशंका जतायी है।

इन अवगुणों के बावजूद अहं-वैश्लेषिक चिकित्सा आधुनिक नैदानिक मनोवैज्ञानिकों के बीच काफी लोकप्रिय है। इस बिन्दु पर विनर[1] (Weiner, 1976) ने बहुत ही उत्तम निष्कर्ष दिया है जो इस प्रकार है, ''चूँकि अहं-वैश्लेषिक उपागम में बहुत सारे योग्य चिकित्सकों के विचार किसी एक पद्धति के सैद्धान्तिक उत्केन्द्रता या विशिष्ट शब्दावली से जुड़े बिना ही सम्मिलित होते हैं और चूँकि यह व्यक्तित्व विकास तथा मनोविकृति के बहुचर्चित मनोगत्यात्मक संप्रत्ययों से संबंधित है, यह वर्तमान नैदानिक पेशा में सबसे अधिक प्रयुक्त मनश्चिकित्साओं में से है।''

---

1. "Becasue the ego-analytic approach incorporates the thinking of many able clinicians, without being tied to the theoretical eccentricities or idiosyncratic terminology of any one systemitizer and because it relates closely to widely employed psychodynamic conceptualizations of psycho-pathology and personality development, it is among the most community applied psychotherapies in current clinical practice."

—Winer : *Clinical Methods in Psychology,* 1976, p. 349

संक्षिप्त मनश्चिकित्सा
(Brief Psychotherapy)

संक्षिप्त मनश्चिकित्सा एक ऐसी मनश्चिकित्सा पद्धति है जो मनोविश्लेषणात्मक चिकित्सा के नियमों एवं सिद्धान्तों पर ही लगभग आधारित होता है परन्तु अंतर इतना ही है कि यह संक्षिप्त एवं निश्चित अवधि तक चलने वाली चिकित्सा है। यह एक आपातकालीन संकट-उन्मुखी चिकित्सा है जो समस्या या संकट से घिरे व्यक्तियों में उत्पन्न तीव्र संवेग एवं अभिप्रेरण पर आधारित होता है। संक्षिप्त मनश्चिकित्सा का उद्देश्य व्यक्तित्व की पुनर्संरचना (reconstuction) न होकर तात्कालिक लक्षणों को दूर करना होता है। इस तरह की मनश्चिकित्सा की अवधि कुछ सत्रों से लेकर अधिकतम एक साल तक का होता है। संक्षिप्त मनश्चिकित्सा के आरंभिक पथप्रदर्शकों में फेरेनक्जी (Frenczi, 1920) तथा एलेक्जेण्डर एवं फ्रेंच (Alexander & French, 1946) तथा शिकागो स्कूल (Chicago school) का नाम प्रमुख हैं।

हाल ही बेलाक एवं स्माल (Bellack & Small, 1965) ने एक इस तरह की चिकित्सा विकसित किया है। मान (Mann, 1973) ने एक ऐसी ही मनश्चिकित्सा की पद्धति विकसित की है जिसे उन्होंने *'समय-बंधित मनश्चिकित्सा'* (time-limted psychotherapy) कहा है। इसमें मात्र 12 उपचार सत्र (treatment session) होता है जिसका उद्देश्य रोगी को वर्तमान लक्षणों से छुटकारा दिलाना होता है। हाल ही स्ट्रप तथा विन्डर (Strupp & Binder, 1984) ने संक्षिप्त मनश्चिकित्सा का एक अन्य प्रकार विकसित किया है जिसे *'समय-बंधित गत्यात्मक मनश्चिकित्सा'* (time-limited dynamic psycholgy) की संज्ञा दी गयी है। इसमें करीब 25-30 उपचार सत्र दिये जाते हैं तथा जिसमें मनोगत्यात्मक नियमों एवं सिद्धान्तों का उपयोग करते हुए रोगी के वर्तमान लक्षणों को ही सिर्फ दूर करने की कोशिश नहीं की जाती है बल्कि रोगी के व्यक्तित्व की संरचना में स्थायी परिमार्जन लाने की भी कोशिश की जाती है।

स्पष्ट हुआ कि संक्षिप्त मनश्चिकित्सा के विभिन्न रूपों या प्रकारों पर भिन्न-भिन्न लोगों द्वारा बल डाला गया है। कौस एवं सियांग (Koss & Shiang, 1995) के अनुसार, संक्षिप्त मनश्चिकित्सा के रूप विभिन्न क्यों न हों परन्तु उनमें निम्नांकित छह बिन्दुओं की उभयनिष्ठता (communality) अवश्य पायी जाती है—

(i) सभी संक्षिप्त मनश्चिकित्सा की प्रविधियों में मूल्यांकन (assessment) तेजी से होता है।

(ii) संक्षिप्त मनश्चिकित्सा की सभी प्रविधियों में रोगी से यह स्पष्ट कर दिया जाता है कि चिकित्सा सीमित अवधि तक ही चलेगा तथा छह से पच्चीस सत्रों में लाभ होने की उम्मीद की जाती है।

(iii) संक्षिप्त चिकित्सा में लक्ष्य ठोस (concerte) होता है और रोगी के बदतर (worst) लक्षणों को दूर करने, अपने जीवन में बीत रहे घटनाओं को समझने में, उसे मदद करने पर तथा भविष्य में रोगी को उत्तम समायोजन करने में मदद करने पर बल डाला जाता है।

(iv) संक्षिप्त चिकित्सा के सत्र में रोगी के वर्तमान जिन्दगी तथा व्यवहारों की व्याख्या की ओर अधिक तथा उसके भावों के ऐतिहासिक महत्त्व की ओर कम ध्यान दिया जाता है।

(v) संक्षिप्त चिकित्सा में चिकित्सक के प्रति धनात्मक हस्तांतरण (positive transference) को बढ़ावा दिया जाता है ताकि रोगी चिकित्सक के सुझाव एवं राय को ठीक ढंग से स्वीकार कर सके।

(vi) संक्षिप्त चिकित्सा के चिकित्सों में आप राय यह होती है कि मनश्चिकित्सा से रोगी चंगा नहीं होता है परन्तु यह निश्चित रूप से रोगी को अपनी जिन्दगी के तनावों एवं चिन्ताओं से अपने आप को बचाने में यह मदद करता है।

संक्षिप्त मनश्चिकित्सा (brief psychotherapy) में सम्मिलित चरण निम्नांकित हैं—

(i) आरंभिक बातचीत करके रोगी के साथ उत्तम सौहार्द्र (rapport) स्थापित कर लिया जाता है और उससे अपनी समस्याओं के बारे में मुक्तकंठ से बतलाने के लिए कहा जाता है।

(ii) दूसरे चरण में रोगी द्वारा बतलाये गए स्वप्नों का विश्लेषण भी किया जाता है ताकि उसके लक्षण के पीछे छिपे अचेतन कारणों को जाना जा सके।

(iii) तीसरे चरण में रोगी द्वारा चिकित्सक को एक योग्य एवं मदद करने वाला विशेषज्ञ के रूप में ग्रहण किये जाने के ख्याल से वह अर्थात् चिकित्सक अंतरण (transference) को बढ़ावा देता है।

(iv) चौथे चरण में चिकित्सक रोगी की समस्याओं और उनके पीछे छिपे कारणों का एक समग्र व्याख्या (global interpretation) करता है ताकि तेजी से रोगी में सूझ उत्पन्न हो जाए। चिकित्सक इस तरह की व्याख्या में व्यवहारों के अचेतन निर्धारकों (unconscious determinants) पर अधिक बल डालता है।

(v) अंतिम चरण समापन का होता है जिसमें चिकित्सक रोगी से धीरे-धीरे अपना संबंध-विच्छेद करने लगता है क्योंकि रोगी को अब चिकित्सक की मदद की जरूरत नहीं रह जाती है।

संक्षिप्त मनश्चिकित्सा का मुख्य लाभ यह बतलाया गया है कि इसके द्वारा चिकित्सा करने में चूँकि समय कम लगता है, अतः इसका उत्तम परिणाम कम समय में ही देखने के लिए उपलब्ध हो जाता है। दूसरे शब्दों में, रोगी कम समय में ही अपने समस्यात्मक लक्षणों से छुटकारा पा लेता है। फिर भी इस मनश्चिकित्सा के मुख्य दो अवगुण (demerits) हैं जो निम्नांकित हैं—

(i) चूँकि इस मनश्चिकित्सा में कम समय में ही रोगी का उपचार करने का प्रयास किया जाता है, अतः इसके द्वारा किये गए उपचार का परिणाम बहुत स्थायी नहीं होता है। अक्सर देखा गया है कि कुछ समय बीतने के बाद रोगी में पुराने लक्षण फिर धीरे-धीरे वापस आने लगते हैं।

(ii) कई नैदानिक मनोवैज्ञानिकों का मत है कि इस तरह की चिकित्सा का उपयोग सिर्फ उसी परिस्थिति में करना चाहिए जब रोगी में विशेष आपातकालीन अवस्था उत्पन्न हो गयी हो। सामान्य परिस्थिति में इस तरह की मनश्चिकित्सा का उपयोग लाभकारी नहीं होगा क्योंकि इस तरह की चिकित्सा में रोगी के व्यक्तित्व की पुनर्संरचना (restructuring) पर कोई बल नहीं डाला जाता है।

उक्त परिसीमाओं के आलोक में यह कहा जा सकता है कि संक्षिप्त मनश्चिकित्सा का उपयोग का निर्णय लेने में परिस्थिति को अच्छी तरह से जाँच कर लेना चाहिए क्योंकि इसकी सीमाएँ काफी स्पष्ट एवं घातक हैं।

वस्तु-संबंध चिकित्सा (Object-Relation therapy)

आधुनिक समय में मनोविश्लेषणात्मक चिकित्सा के क्षेत्र में एक महत्त्वपूर्ण विकल्प वस्तु-संबंध चिकित्सा (object-relation therapy) है जिसका आधार वस्तु-संबंध सिद्धान्त (object-relation theory) है। जैसा कि हम जानते हैं, इस सिद्धान्त का प्रतिपादन कई ब्रिटिश विश्लेषकों (British analysts) जिसमें फेयरबेंन (Fairbairn, 1952), विनिकोट्ट (Winicott, 1965), क्लिन (Klin, 1975), मार्गरेट मेहलर (Margaret Mahler, 1975), ओटो कर्नवर्ग (Otto Kernberg, 1976) एवं कोहूट (Kohut, 1983) आदि के नाम मुख्य हैं, द्वारा किया गया। वस्तु-संबंध सिद्धान्त में माँ-शिशु अन्तक्रिया (mother-infant interaction) से उत्पन्न होने वाले अन्तर्वैयक्तिक संबंध (interpersonal relationship) तथा अहं की शक्ति एवं संरचना पर उसके पड़ने वाले प्रभाव का अध्ययन किया जाता है। जब इस संबंध का स्वरूप कुछ ऐसा होता है कि शिशु महत्त्वपूर्ण आरंभिक आवश्यकताओं की पहचान नहीं कर पाता है, तो उसमें संगठित सम्पूर्ण आत्मन् (unified self) का विकास नहीं हो पाता है और उसका आत्मन् (self) दोषपूर्ण हो जाता है जो शिशु की जिन्दगी में आगे चलकर व्यक्तित्व विकृति (personality disorders) के रूप में अभिव्यक्त होता है। चिकित्सा सत्र के दौरान विश्लेषक का मुख्य कार्य एक अनुक्रियाशील, ह्रार्दिक (warm) एवं परानुभूतिपूर्ण (empathic),. आत्म-वस्तु (self-object) के रूप में अपने आप को पेश करना होता है ताकि रोगी अपने शिशुकाल के आरंभिक आवश्यकताओं की अभिव्यक्ति करने में प्रोत्साहित हो सके। इससे रोगी की आत्मन् (self) पूरित होती है और इस प्रक्रिया को आत्म-पूरण (self-completion) कहा जाता है। कोहट (Kohut, 1983) ने आत्म-पूरण के लिए तीन तरह के आत्म-वस्तु हस्तांतरण (self-object transference) को महत्त्वपूर्ण बतलाया है जो निम्नांकित है—

(a) दर्पण हस्तांतरण (*Mirror transference*)—इस तरह के हस्तांतरण में आत्म-वस्तु (self-object) द्वारा (अर्थात् विश्लेषक द्वारा) आत्म प्रदर्शन (exhibitionistic) की आवश्यकता (need) तथा भव्य या प्रतापी (grandiose) आवश्यकता ही पहचान की जाती है एवं उसकी प्रशंसा की जाती है।

(b) आदर्शात्मक हस्तांतरण (*Idealizing transference*)—इस तरह के हस्तांतरण में आत्म-वस्तु द्वारा संरक्षण तथा शामक (soothing) आवश्यकताओं की पहचान कर उनकी प्रशंसा की जाती है।

(c) सर्वसम हस्तान्तरण (*Twinship transference*)—इस तरह के हस्तांतरण में आत्म-वस्तु द्वारा दूसरे व्यक्ति के साथ घनिष्ठता (closeness) दिखाने की आवश्यकता की पहचान की जाती है तथा उसकी प्रशंसा की जाती है।

व तु-संबंध चिकित्सा में सम्मिलित प्रमुख चरण निम्नांकित हैं—

(i) प्रथम चरण में रोगी के साथ विश्लेषक हार्दिक संबंध स्थापित करके एक उत्तम आत्म-वस्तु (self-object) की भूमिका प्रदान करता है।

(ii) रोगी के शैशवाकाल के उन आरंभिक आवश्यकताओं की पहचान की जाती है जिसकी अपर्याप्त अभिव्यक्ति से वह एक संगठित आत्मन् (unified whole) विकसित करने में सफल नहीं हो सका। ऐसी आवश्यकताएँ तीन होती हैं—दर्पणात्मक (mirroring), आदर्शात्मक (idealizing) तथा सर्वसमात्मक (twining)।

(iii) तीसरे चरण में एक ऐसा चिकित्सीय संबंध (therapeutic relationship) कायम करने की कोशिश की जाती है जिसे आवश्यकता-तुष्टि संबंध (need-gratifying relationship) कहा जा सके। सचमुच में विश्लेषक इस चिकित्सीय संबंध को रोगी के लिए एक ऐसा दूसरा अवसर के समान मानते हैं जिसमें रोगी उस संतुष्टि को आसानी से प्राप्त कर ले सकता है जो शैशवावस्था में प्राप्त करने से वह वंचित रह चुका था। इसके लिए विश्लेषक एक अनुक्रियाशील हार्दिक एवं परानुभूतिपूर्ण भूमिका करता है।

(iv) चौथे चरण रोगी में यह ज्ञान विकसित होती है कि उसका वर्तमान व्यक्तित्व उलझन किस तरह से आरंभिक सांवेगिक वंचनों (emotional deprivation) से उत्पन्न हुआ है।

(v) पाँचवें और अंतिम चरण में विश्लेषक रोगी से अपना संबंध धीरे-धीरे विच्छेदित कर लेते हैं।

वस्तु-संबंध चिकित्सा के कुछ गुण एवं दोष या परिसीमाएँ (limitations) हैं। इसका प्रमुख गुण (merits) निम्नांकित हैं—

(i) इसमें एक आवश्यकता तुष्टि संबंध (need-gratifying relationship) विकसित होने पर बल डाला जाता है। इससे रोगी में आरंभिक सांवेगिक वंचनों (early emotional deprivations) की क्षतिपूर्ति तेजी से होती है।

(ii) इस चिकित्सा में अहं समर्थन (ego-support) तथा स्वीकृति (acceptance) पर अधिक बल डाला जाता है। फलतः रोगी में उत्पन्न मनोवैज्ञानिक आघात (psychological trauma) तेजी से दूर हो जाते हैं।

इन गुणों के बावजूद इस चिकित्सा के कुछ परिसीमाएँ हैं जो इस प्रकार हैं—

(i) वस्तु-संबंध चिकित्सा यद्यपि मनोगत्यात्मक विकल्पी चिकित्सा है, फिर भी इसकी लौलुपता एवं झुकाव मानवतावादी चिकित्सा (humanistic therapy) की ओर अधिक है क्योंकि इसमें कुछ वैसे ही संप्रत्ययों तथा प्रक्रियाओं पर अधिक बल डाला गया है। इसे कुछ अन्य विश्लेषकों ने काफी गंभीरता से लिया है।

(ii) लेभाईन (Levine, 1985) का मत है कि क्लासिकी मनोविश्लेषकों ने वस्तु-संबंध चिकित्सा के परिणाम पर शक जाहिर करते हुए कहा है कि रोगी की वर्तमान समस्याओं का कहाँ तक इससे निदान हो पायेगा, कहना मुश्किल है क्योंकि इसमें मात्र स्नेह या अनुराग द्वारा चिकित्सा करने पर बल डाला गया है।

इन परिसीमाओं के बावजूद वस्तु-संबंध चिकित्सा अभी कुछ विश्लेषकों (analysts) के बीच काफी लोकप्रिय है।

अन्तर्वैयक्तिक मनोगत्यात्मक चिकित्सा
(Interpersonal Psychodynamic therapy)

इस चिकित्सा पद्धति का प्रतिपादन हैरी स्टैक सुलिभान (Harry Stack Sullivan) द्वारा किया गया। इस चिकित्सा में रोगी तथा उसके सामाजिक वातावरण के अन्तःक्रिया (interaction) पर बल डाला जाता है। सुलिभान जिन्हें नव-फ्रायडियन (neo-Freudian) भी कहा जाता है, का मत है कि रोगी की मूल कठिनाई वास्तविकता का गलत प्रत्यक्षण किया जाना है जो मूलतः माता-पिता तथा बच्चों के अन्तर्वैयक्तिक संबंध में विघटन (disorganization) से उत्पन्न होता है। सुलिभान के अनुसार चिकित्सक अन्तर्वैयक्तिक संबंधों का एक विशेषज्ञ प्रेक्षक (expert observer) होता है जो रोगी या क्लायंट को यह स्पष्ट करता है कि किस तरह से उसका विशेष संज्ञान तथा संबंधित दोषपूर्ण व्यवहार शैली उसे अपनी जिन्दगी उत्तम ढंग से जीने में कठिनाई उत्पन्न कर रहा है। जब रोगी इस पहलू को समझ लेता है तो अधिक समायोजनशील तरीकों से व्यवहार करने के लिए प्रेरित हो उठता है।

सुलिभान द्वारा प्रतिपादित चिकित्सा में फोर्ड एवं अर्बन (Ford & Urban, 1963) के अनुसार निम्नांकित चरण सम्मिलित होते हैं—

(i) पहले चरण में चिकित्सक रोगी की प्रमुख समस्याओं की समीक्षा (review) करता है।

(ii) दूसरे चरण में उन व्यवहारों का पता लगाया जाता है जो उसकी समस्या के आलोक में संगत होते हैं।

(iii) तीसरे चरण में समस्या के सामान्य रूप-रेखा या प्रकार के बारे में एक निर्णय (decision) लिया जाता है।

(iv) चौथे चरण में रोगी की सम्पूर्ण अनुक्रियाओं का सावधानीपूर्वक एवं विस्तृत अध्ययन किया जाता है।

(v) पाँचवें चरण में रोगी की चिन्ताओं, परिवर्जन पैटर्न (avoidance pattern) तथा वह अन्तर्वैयक्तिक परिस्थिति जिसमें वे होते हैं, का पता लगाया जाता है।

(vi) छठे चरण में रोगी को इन विभिन्न पैटर्नों के बारे में विस्तार रूप से बतलाया जाता है।

(vii) सातवें चरण में रोगी को इन दुश्चिंताओं के मुख्य तथ्यों से अवगत कराया जाता है।

(viii) आठवें चरण में रोगी को उन दुश्चिंताओं का व्यवहार पर पड़ने वाले प्रभावों से अवगत कराया जाता है।

(ix) नौवें चरण में यह देखा जाता है कि रोगी में चिन्ता की तीव्रता धीरे-धीरे कम जाती है क्योंकि उसे अपनी चिन्ता का कारण समझ में आ जाता है।

स्पष्ट हुआ कि सुलीभान द्वारा प्रतिपादित चिकित्सा में रोगी के विभिन्न व्यवहारों पर क्रमबद्ध ध्यान देकर उनकी समस्याओं को दूर करने की कोशिश की जाती है।

मनोगत्यात्मक अन्तर्वैयक्तिक चिकित्सा (psychodynamic interpersonal theory) का समकालीन उदाहरण (contemporary example) क्लरमैन तथा विसमैन (Klerman & Weissman, 1984) द्वारा प्रतिपादित अन्तर्वैयक्तिक चिकित्सा है। इसमें सम्मिलित चरण लगभग वही है जो सुलिभान के चिकित्सा पद्धति में हैं तथा विषाद (depression) के रोगियों के लिए इसे अधिक लाभकारी बतलाया गया है।

अन्तर्वैयक्तिक चिकित्सा (interpersonal therapy) के निम्नांकित लाभ या गुण बतलायें गए है—

(i) इस तरह की चिकित्सा विषाद, मनोदशा (mood) तथा व्यक्तित्व विकृतियों (personality disorders) के रोगियों के उपचार के लिए काफी लाभदायक सिद्ध हुआ है।

(ii) कौश तथा वुचर (Koss & Butcher, 1996) के अनुसार चूँकि इसमें रोगी तथा चिकित्सक दोनों ही एक साथ कड़ी मेहनत करते हैं और विशिष्ट एवं नियन्त्रणीय लक्ष्य पर ध्यान केन्द्रित करते हैं, अतः इस चिकित्सा का परिणाम (outcome) फ्रायडियन मनश्चिकित्सा के परिणाम से कम प्रभावी नहीं होता पाया गया है।

इन गुणों के बावजूद इस चिकित्सा के कुछ अवगुण भी हैं जो इस प्रकार हैं—

(i) इस तरह की चिकित्सा द्वारा दुर्भीति (phobia) तथा मनोग्रस्ति-बाध्यता (obsessive-compulsive) के रोगियों का उपचार उत्तम परिणाम के साथ नहीं किये जाते हैं। विशमैन (Weissman, 1989) ने अपने शोधों के आधार पर इस तथ्य की संपुष्टि किया है।

(ii) अन्तर्वैयक्तिक चिकित्सा में चिकित्सक बहुत ध्यान देकर रोगी के कई व्यवहारों में से कुछ सीमित व्यवहारों को चुन लेता है। इसका परिणाम यह होता है कि ऐसे चिकित्सा में एक समय में रोगी के व्यवहारों, मनोवृत्तियों एवं भावों के सीमित प्रसार (range) पर ही ध्यान दिया जा सकता है। इससे अनावश्यक रूप से चिकित्सा के सम्पूर्ण लक्ष्य की प्राप्ति में बाधा पहुँचती है।

इन अवगुणों के बावजूद सुलिभान द्वारा प्रतिपादित अन्तर्वैयक्तिक चिकित्सा कुछ विशेषज्ञों जैसे डिमासकिओं (Di Mascio), होरोविज (Horowitz), ग्रीनवर्ग (Greenberg) आदि के बीच काफी लोकप्रिय है।

सामान्य निष्कर्ष (*General Conclusion*)—स्पष्ट हुआ कि फ्रायडियन मनोविश्लेषणात्मक चिकित्सा के मौलिक स्वरूप से कुछ लोगों ने बिलकुल ही हटकर तथा कुछ लोगों ने उनकी चिकित्सा में कुछ परिमार्जन करके कई तरह के चिकित्सा पद्धति का विकास किया है। इन दोनों तरह के चिकित्सा पद्धतियों को मनोविश्लेषण के विकल्प (Psychonalytic alternatives) के तहत वर्णन किया गया है। एडलर का वैयक्तिक चिकित्सा, युंग का वैश्लेषाणात्मक चिकित्सा, अहं-विश्लेषक चिकित्सा (ego-analytic therapy), संक्षिप्त मनश्चिकित्सा (brief psychotherapy) तथा अन्तर्वैयक्तिक मनोगत्यात्मक चिकित्सा (Interpersonal psychodymic therapy) आदि प्रमुख हैं। इसके अलावा ओटो रैंक (Otto Rank) द्वारा प्रतिपादित इच्छा चिकित्सा (will therapy) को भी मनोविश्लेषण के विकल्प में रखा जाता है परन्तु उसकी

लोकप्रियता सीमित होने के कारण उसकी चर्चा नहीं की गयी है। ओटो रैंक ने फ्रायड से संबंध विच्छेद करने के बाद इच्छा चिकित्सा का प्रतिपादन किया। संक्षेप में इस चिकित्सा में अचेतन एवं रोगी के गत जिन्दगी के अन्वेषण को तुलनात्मक रूप से कम महत्त्व दिया जाता है। रैंक के अनुसार रोगी में उत्तम स्वास्थ्य बनाये रखने की एक जन्मजात इच्छा होती है और यही इच्छा से उसमें परिपक्व स्वतंत्रता का भाव उत्पन्न होता है। चिकित्सक रोगी के भीतर वर्द्धन के लिए छिपे अन्तःशक्ति (potential) का एक मददगार के रूप में न कि अचेतन को खोजनबीन करने वाला के रूप में मात्र कार्य करता है। रैंक के इस विचार से आगे चलकर कार्ल रोजर्स ने प्रेरणा लेकर क्लायंट केन्द्रित चिकित्सा का प्रतिपादन किया।

अध्याय सारांश
(Chapter Summary)

1. मनोगत्यात्मक चिकित्सा (psychodynamic therapy) से तात्पर्य एक ऐसे मनोवैज्ञानिक उपचार दृष्टिकोण से होता है जिसमें क्लायंट या रोगी के व्यक्तित्व गतिकी पर मनोवैश्लेषिक परिप्रेक्ष्य (psychonalytic perspective) में बल डाला जाता है। फ्रायड द्वारा प्रतिपादित मनोगत्यात्मक चिकित्सा को मनोवैश्लेषिक चिकित्सा (psychoanalytic therapy) कहा जाता है।
2. मनोवैश्लेषिक चिकित्सा के मुख्य तीन उद्देश्य हैं जिसमें रोगी को अपनी समस्या में सूझ विकसित करना प्रमुख है। यही कारण है कि उसे सूझ-उन्मुखी चिकित्सा (insight-oriented therapy) भी कहा जाता है।
3. फ्रायड द्वारा प्रतिपादित मनश्चिकित्सा के पाँच चरण हैं तथा इनके गुण-दोष भी हैं जिनपर विशेष रूप से प्रकाश डाला गया है।
4. मनोवैश्लेषिक चिकित्सा प्रविधि के बहुत सारे विकल्प (alternatives) हैं जिनमें पाँच प्रमुख विकल्पों पर गंभीरतापूर्वक विचार किया गया है। वे पाँच प्रमुख विकल्प हैं—युंग की विश्लेषणात्मक चिकित्सा, एडलर का वैयक्तिक चिकित्सा, अहं वैश्लेषिक चिकित्सा (ego analytic therapy), संक्षिप्त मनश्चिकित्सा (brief psychotherapy) तथा अन्तर्वैयक्तिक मनोगत्यात्मक चिकित्सा (interpersonal psychodynamic therapy)।
5. प्रत्येक पाँच वैकल्पिक चिकित्सा प्रविधियों की आलोचनात्मक व्याख्या अलग-अलग की गयी है।

❑

अध्याय 14

व्यवहार चिकित्सा एवं संज्ञानात्मक-व्यवहार चिकित्सा
(BEHAVIOUR THERAPY AND COGNITIVE BEHAVIOUR THERAPY)

व्यवहार चिकित्सा का अर्थ, स्वरूप एवं पूर्वकल्पनाएँ (Meaning, Nature and Assumptions of Behaviour Therapy)

व्यवहार चिकित्सा (behaviour therapy) एक ऐसा पद है जो नैदानिक मनोविज्ञान में काफी लोकप्रिय है। लिण्डस्लेय, स्कीन्नर तथा सोलोमोन (Lindsley, Skinner & Solomon) द्वारा एक शोध पत्र जिसे 1953 में प्रकाशित किया गया था, इस पद अर्थात् 'व्यवहार चिकित्सा' के पद का उपयोग सबसे पहले-पहले किया गया था। इन मनोवैज्ञानिकों द्वारा यद्यपि इसका उपयोग बाद में नहीं किया गया परन्तु एक-दूसरे मनोवैज्ञानिक अर्थात् आइजेन्क (Eysenck) ने इसका उपयोग जारी रखा। आजकल इसका उपयोग नैदानिक मनोविज्ञान में काफी अधिक किया जाता है।

'व्यवहार चिकित्सा' के बदले में कभी-कभी व्यवहार परिमार्जन (Behaviour modification) पद का भी उपयोग किया जाता है। यद्यपि इन दोनों पदों को एक-दूसरे के जगह पर काफी उपयोग किया गया है फिर भी कुछ मनोवैज्ञानिकों द्वारा इन दोनों में अंतर किया जाता है। जिन मनोवैज्ञानिकों द्वारा व्यवहार चिकित्सा का आधार स्कीन्नर द्वारा बतलाये गये नियमों या सिद्धान्तों को प्रमुख माना जाता है, वे 'व्यवहार परिमार्जन' (behaviour modification) का उपयोग करते हैं जबकि जिन मनोवैज्ञानिकों द्वारा इस तरह के चिकित्सा का आधार क्लासिकी अनुबंधन, सामाजिक सीखना (social learning) तथा/या संज्ञानात्मक सीखना माना जाता है, वे व्यवहार चिकित्सा पद का अधिक प्रयोग करते हैं। परन्तु इन दोनों पदों का उक्त अंतर कोई जटिल समस्या उत्पन्न नहीं करता है और लोगों द्वारा इन दोनों पदों को एक-दूसरे के जगह पर प्रायः उपयोग किया जाता है।

अब प्रश्न उठता है कि *व्यवहार चिकित्सा क्या है?* व्यवहार चिकित्सा मनश्चिकित्सा की एक ऐसी प्रविधि है जिसमें मानसिक रोगों का उपचार कुछ ऐसी विधियों से किया जाता है जिसका आधार अनुबंधन (conditioning) के क्षेत्र में विशेषकर पैवलव (Pavlov) तथा स्कीन्नर द्वारा तथा संज्ञानात्मक सीखना के क्षेत्र में किये गए प्रमुख सिद्धांत एवं नियम होते हैं। ओल्प[1] (Wolpe, 1969) जो व्यवहार चिकित्सा के जाने-माने समर्थक हैं, ने व्यवहार चिकित्सा को इस प्रकार परिभाषित किया है, "व्यवहार चिकित्सा अपअनुकूलित व्यवहार को परिवर्तित करने के ख्याल से प्रयोगात्मक रूप से स्थापित अधिगम या सीखने के नियमों का उपयोग है। अपअनुकूलित आदतों को कमजोर किया जाता है तथा उनका त्याग किया जाता है; अनुकूलित आदतों की शुरूआत की जाती है तथा मजबूत किया जाता है।"

उक्त परिभाषा से यह स्पष्ट है कि व्यवहार चिकित्सा में अपअनुकूलित व्यवहार के जगह पर अनुकूलित व्यवहार (adaptive behaviour) को मजबूत करने की कोशिश की जाती है ताकि व्यक्ति सामान्य ठीक ढंग से करे।

व्यवहार चिकित्सा में अपअनुकूलित व्यक्ति के बारे में निम्नांकित दो पूर्वकल्पनाएँ (assumptions) की जाती हैं—

(i) अपअनुकूलित या कुसमायोजित व्यक्ति (maladapted person) वैसे व्यक्ति को कहा जाता है जो जिन्दगी की समस्याओं से निबटने के लिए पर्याप्त सामर्थ्य किसी कारणवश नहीं विकसित कर पाये या सीख पाये।

---

1. "Behaviour therapy is the use of experimentally established principles of learning for the purpose of changing unadaptive behaviour. Unadaptive habits are weakened and eliminated; adaptive habits are iniated and strengthened."
—Wolpe : *The Practice of Behaviour Therapy.* 1969 p. vii

(ii) ऐसे व्यक्ति कुछ दोषपूर्ण समायोजन पैटर्न (faulty adjustment pattern) सीख लेते हैं जो किसी-न-किसी स्रोत से पुनर्बलित होकर अपने आप संपोषित (maintained) होते रहते हैं।

व्यवहार चिकित्सा की कुछ पूर्वकल्पनाएँ (assumptions) होती हैं जो इस प्रकार हैं—

(i) अधिकतर असामान्य व्यवहार को व्यक्ति सामान्य व्यवहार के समान ही सीखता है तथा उसे संपोषित (maintain) करता है।

(ii) सामाजिक अधिगम (social learning) के सिद्धान्तों (principles) का उपयोग करके अधिकतर असामान्य व्यवहार को परिमार्जित किया जा सकता है।

(iii) व्यक्ति विशिष्ट परिस्थिति में क्या करता है, के आधार पर उसका (अर्थात् व्यक्ति का) वर्णन किया जा सकता है।

(iv) व्यवहार के वर्तमान निर्धारकों का मूल्यांकन किया जाना चाहिए।

(v) उपचार विधियाँ ठीक ढंग से उल्लेखित होती है तथा उनका मूल्यांकन वस्तुनिष्ठ ढंग से किया जाता है।

(vi) उपचार परीणाम (treatment outcomes) का मूल्यांकन जिंदगी की वास्तविक परिस्थिति में किये सामान्यीकरण (generalization) तथा उन्हें कितने समय तक के लिये संपोषित करके रखा जाता है, के आधार पर किया जाता है।

(vii) व्यवहार चिकित्सा में माता-पिता, शिक्षक तथा अन्य लोगों से काफी मनोवैज्ञानिक मदद (psychological assistance) लिया जाता है ताकि समस्या व्यवहार जिस परिस्थिति में होता है, उसी में पर्याप्त परिमार्जन (modification) किया जाना चाहिए।

व्यवहार चिकित्सा में अपअनुकूलित व्यवहार (maladaptive behaviour) को परिवर्तित कर उसकी जगह पर अनुकूलित व्यवहार सीखलाने का प्रयत्न किया जाता है। इस क्षेत्र के प्रमुख नैदानिक मनोवैज्ञानिकों जैसे फारकास (Farkas, 1980), रॉस (Ross, 1985), काजडिन (Kazdin, 1978) आदि द्वारा किये गये शोधों के आधार पर व्यवहार चिकित्सा के कुछ प्रमुख नियमों (principles) का प्रतिपादन किया गया है जो इस प्रकार है—

(i) सामान्य व्यवहार तथा असामान्य व्यवहार में निरंतरता (continuity) होती है जो यह बतलाता है कि अधिगम या सीखने के जो मौलिक नियम हैं, वे दोनों तरह के व्यवहार पर लागू होते हैं। दूसरे शब्दों में, तब यह कहा जा सकता है कि व्यक्ति अपअनुकूलित व्यवहार को उन्हीं मनोवैज्ञानिक प्रक्रियाओं के माध्यम से सीखता है जिनके माध्यम से वह अनुकूलित व्यवहार को सीखता है।

(ii) व्यवहार चिकित्सा का मुख्य उद्देश्य व्यक्ति द्वारा स्पष्ट रूप से किये गए अपअनुकूलित व्यवहार को परिमार्जित करना होता है। ऐसे व्यवहार से संबंधित संज्ञान एवं संवेगों पर भी प्रत्यक्ष रूप से ध्यान दिया जाता है।

(iii) व्यवहार चिकित्सा की जितनी भी प्रविधियाँ (techniques) हैं, वे प्रयोगात्मक मनोविज्ञान के सैद्धान्तिक मूल तथा आनुभविक तथ्यों (empirical findings) पर आधृत हैं। प्रारंभ के दिनों में व्यवहार चिकित्सा मुख्यतः सीखने के सिद्धान्तों के तथ्यों पर आधृत था परन्तु आजकल इसका आनुभविक आधार (empirical foundations) उसके कहीं अधिक विस्तृत है।

(iv) व्यवहार चिकित्सा में रोगी के वर्तमान समस्याओं पर न कि उसके बाल्यावस्था की अनुभूतियों या ऐतिहासिक पृष्ठभूमि पर बल डाला जाता है।

(v) व्यवहार चिकित्सा में उपचार के प्रयोगात्मक मूल्यांकन (experimental evaluation) के प्रति बचनबद्धता होती है। इसमें सिर्फ उन्हीं प्रविधियों (techniques) को सम्मिलित किया जाता है जिनका विभिन्न तरह के प्रयोगात्मक समूह डिजाइन द्वारा वैज्ञानिक रूप से जाँच कर किया गया हो।

(vi) व्यवहार चिकित्सा में चिकित्सक यद्यपि वैज्ञानिक रूप से जाँचकर लिये गये प्रविधियों को ही अपनाता है फिर भी वह अपनी सेवा प्रदान करने में नैतिक नियमों एवं दुरूस्त नैदानिक सिद्धान्तों के अनुरूप निर्णय लेने के लिए बाध्य होता है। व्यवहार चिकित्सा में समस्या आधृत प्रविधियों (problem-focused techniques) पर अधिक बल डाला जाता है।

उक्त नियमों को ध्यान में रखते हुए एक व्यवहार चिकित्सक की प्रक्रिया को संपन्न करते हैं और वे अपने रोगियों के कल्याण के लिए कार्यरत रहते हैं।

व्यवहार चिकित्सा की ऐतिहासिक पृष्ठाभूमि
(Historical background of Behaviour therapy)

अधिकतर व्यवहारवादी नैदानिक मनोवैज्ञानिक (behavioural clinicians) व्यवहार चिकित्सा की बुनियादी संबंध का स्रोत प्रसिद्ध अमेरिकन मनोवैज्ञानिक जे॰ बी॰ वाटसन (J. B. Watson) को मानते हैं। सचमुच में वाटसन तथा रेनर (Watson & Rayner, 1920) ने अलबर्ट (Albert) नामक बच्चा एवं उजला चूहा (white rat) पर मशहूर प्रयोगशाला प्रयोग किया जो व्यवहारवादी नैदानिक मनोवैज्ञानिकों के लिए प्रेरणा स्रोत है। इस अध्ययन में यह दिखलाया गया कि एक बच्चा में स्नायुविकृति (neurosis) किस तरह से विकसित होता है। पैवलोवियन अनुबंधन के नियमों के आलोक में अलबर्ट के सामने एक उजला चूहा रखा गया ताकि वह उसके साथ खेल सके। जैसे ही वह खेलना प्रारंभ करता था, एक तीव्र आवाज उत्पन्न कर दिया जाता था जिससे वह डर जाता था। कुछ प्रयासों के बाद यह देखा गया कि अलबर्ट उजला चूहा को मात्र देखकर ही डरने लगा और इतना ही नहीं, अन्य सभी उजले रोयेंदार चीजों से भी वह डरने लगा। मेरी कभर जोन्स (Mary Cover Jones, 1924) ने एक प्रयोग करके यह दिखलाया कि किस तरह से ऐसे अर्जित डर (learned fears) को दूर किया जा सकता है। इनका प्रयोग 3 साल का एक बच्चा जिसका नाम पीटर (Peter) था, पर किया गया। पीटर चूहों, खरगोश तथा अन्य समान जानवरों से डरता था। इस डर को कम करने के ख्याल से जोन्स ने पिंजड़े में बंद खरगोश को पीटर के सामने धीरे-धीरे नजदीक उस समय लाया जब पीटर खाना खा रहा था। ऐसा कई बार किया गया तो देखा गया है कि डर उत्पन्न करनेवाला वस्तु अर्थात् खरगोश भोजन (food) के साथ साहचर्यित हो गया और कुछ महीनों के बाद खरगोश से पीटर के मन में व्याप्त डर बिलकुल ही समाप्त हो गया। अगर हम ध्यानपूर्वक देखें तो वाटसन तथा जोन्स का उक्त अध्ययन 30 साल बाद ओल्प (Wolpe) द्वारा प्रतिपादित व्यवहार चिकित्सा के विकास का एक महत्त्वपूर्ण पूर्ववर्ती कारक (antecendent factor) था।

जैसा कि अलवर्ट (Albert) तथा पीटर (Peter) के अध्ययनों से स्पष्ट है, व्यवहार चिकित्सा का सबसे पहला सैद्धान्तिक स्रोत पैवलोवियन अनुबंधन तथा हल (Hull) द्वारा प्रतिपादित सीखने का सिद्धान्त है। 1950 वाले दशक में दक्षिण अफ्रीका के दो मनोवैज्ञानिकों अर्थात् जोसेफ ओल्फ (Joseph Wolpe) तथा अर्नोल्ड लेजारस (Arnold Lazarus) तथा लंदन के मॉडस्लेय विश्वविद्यालय (Maudsely University) में हांस आइजेन्क (Hans Eysenck) ने पशु शोधों के परिणामों को मनुष्यों की चिन्ता के ग्रहण एवं उससे छुटकारा दिलाने में उपयोग करने लगे और इस तरह से धीरे-धीरे व्यवहार चिकित्सा का विकास होता गया।

जिस समय ओल्प (Wolp), लेजारस (Lazarus) तथा आइजेन्क (Eysenck) अपने अनुबंधन प्रविधियों का विकास कर रहे थे, क्रियाप्रसूत अनुबंधन (operant conditioning) का भी प्रभाव स्पष्टतः दीखने लगा था। स्कीन्नर (Skinner, 1953), लिंडस्लेय एवं स्कीन्नर (Lindsley & Skinner, 1954) ने अपने शोधों से यह दिखला रहे थे कि अस्पताल में भर्ती किये गए मनोविक्षिप्ति (psychosis) के रोगियों के व्यवहारों को क्रियाप्रसूत विधियों (operant conditioning) से परिवर्तित किया जा सकता है। जब वातावरण को इस ढंग से नियंत्रित किया जा सकता है कि रोगी द्वारा कुछ विशेष तरह की अनुक्रिया करने पर कुछ विशेष तरह का उसे परिणाम (पुरस्कार) प्राप्त हो, तो उनके व्यवहारों में सार्थक परिवर्तन संभव है।

स्पष्ट हुआ कि पैवलोवियन अनुबंधन तथा क्रियाप्रसुत अनुबंधन (operant conditioning) की प्रविधियों पर आधृत स्पष्ट व्यवहारों (overt behaviour) में परिमार्जन पर आरंभिक व्यवहार चिकित्सकों द्वारा अधिक बल डाला गया तथा ये लोग व्यवहार में संज्ञानात्मक स्वरूप (cognitive nature) का पूर्णतः उपेक्षा किये। लेकिन 1954 में जुलियन रौटर (Julian Rotter) ने अपनी प्रसिद्ध पुस्तक *'सोसल लार्निंग एण्ड क्लिनिकल साइकोलॉजी'* (Social Learning and Clinical Psychology) में यह स्पष्ट रूप से बतलाया कि प्राणी का व्यवहार पुनर्बलन (reinforcement) के मूल्यों (values) तथा साथ-ही-साथ इस प्रत्याशा (expectation) से ऐसे व्यवहार भविष्य में करने से उन्हें पुनर्बलन मिलेगा, दोनों से ही निर्धारित होता है। इस सिलसिले में अल्बर्ट वैण्डुरा (Albert Bandura) द्वारा व्यवहार के परिमार्जन में सामाजिक सीखना योगदान की भी अहमियत काफी थी। रौटर (Rotter) तथा वैण्डुरा (Bandura) जैसे मनोवैज्ञानिकों

द्वारा जो संज्ञानात्मक पहलू (cognitive aspects) पर बल डाला गया है, उससे व्यवहार चिकित्सा का स्वरूप विस्तृत तो हुआ ही है साथ-ही-साथ उसके सेवायोग्य स्वरूप की भी लोकप्रियता बढ़ी है।

व्यवहार चिकित्सा की औपचारिक पहचान 1950 वाले दशक के उत्तरार्द्ध में तथा 1960 वाले दशक के प्रारंभ में हुआ। इस अवधि में नैदानिक मनोविज्ञान में उपचार के व्यवहारवादी तरीकों पर अत्यधिक बल डाला जा रहा था। मनश्चिकित्सा की प्रभावशीलता को आइजेन्क (Eysenck) द्वारा खुला चुनौती दिया जाना, नैदानिक मूल्यांकन से अत्यधिक असंतुष्टि तथा व्यवहार विकृति (behaviour disorder) के मेडिकल मॉडल के प्रति असंतोष के कारण नैदानिक मनोवैज्ञानिकों द्वारा व्यवहार चिकित्सा को चिकित्सा के अन्य पौराणिक विधियों की तुलना में अधिक महत्त्व दिया गया। इसका परिणाम यह हुआ कि व्यवहार चिकित्सा की औपचारिक शुरूआत दक्षिण अफ्रीका (South Africa), इंगलैंड तथा संयुक्त राज्य अमेरिका में बहुत हद तक स्वतंत्र रूप से हुआ परन्तु इनमें आपसी सहयोग बना हुआ था। दक्षिणी अफ्रिका में जोसेफ ओल्प (Joseph Wolpe) ने जो शोध किया, उससे उनकी प्रसिद्ध पुस्तक *'साइकोथिरापी वाई रेसिप्रोकल इनहिविसन'* (Psychotherapy by Reciprocal Inhibition) प्रकाशित हुई जिसमें उन्होंने असंवेदीकरण (desensitization) की प्रविधि को विकसित किया। फिर इस सिलसिले में उनके दो छात्रों अर्थात् स्टेनले रैचमैन (Stanely Rachman) तथा अर्नोल्ड लेजारस (Arnold Lazarus) ने इस क्षेत्र में महत्त्वपूर्ण योगदान किये। लंदन में दो महत्त्वपूर्ण व्यक्तियों अर्थात् हांस आइजेन्क (Hans Eysenck) तथा एम॰ बी॰ शापिरो (M.B. Shapiro) ने व्यवहार चिकित्सा की कुछ प्रविधियों अर्थात् फ्लडिंग (Flooding), असंवेदीकरण (desensitization) तथा विरुचि चिकित्सा (aversion therapy) के क्षेत्र में महत्त्वपूर्ण योगदान किये। अमेरिका में व्यवहार चिकित्सा के क्षेत्र में डनलप (Dunlop) जिन्होंने 1930 वाले दशक में बुरी आदतों को छुड़ाने में नकारात्मक अभ्यास (negative practice) का उपयोग किया, साल्टर (Salter, 1949) ने सांवेगिक अभिव्यक्ति की क्षमता को बढ़ाने के ख्याल से एक विशेष चिकित्सीय प्रविधि जिसे *'अनुबंधित प्रतिवर्त चिकित्सा'* (Conditional Reflex Therapy) कहा गया, का प्रतिपादन किया, आदि के योगदान महत्त्वपूर्ण हैं। सचमुच में अमेरिका में व्यवहार चिकित्सा का क्रिस्टलीकरण दो कारकों के परिणामस्वरूप हुआ-पहला कारक था कि आइजेन्क द्वारा व्यवहार चिकित्सा में किये गए योगदानों को औपचारिक रूप से स्वीकार किया जाना तथा दूसरा, देश में कई ऐसे पुस्तकों का प्रकाशन होना जिनसे व्यवहार परिमार्जन की प्रविधि मजबूत हुई।

आज की स्थिति यह है कि व्यवहार चिकित्सा पूरे संसार में नैदानिक मनोवैज्ञानिकों के लिए एक महत्त्वपूर्ण चिकित्सा पद्धति बन गयी है। इस क्षेत्र में दर्जनों पेशेवर जनरल (professional journals) हैं जो नैदानिक मनोविज्ञान के क्षेत्र में व्यवहारवादी उपागमों पर बल डालते हैं। इन जनरलों में प्रमुख है—*विहेभियर थिरापी* (Behaviour Therapy), *विहेभियर मॉडिफिकेशन* (Behaviour Modification), *कॉगनिटीव थिरापी एण्ड रिसर्च* (Cognitive therapy and Research), *जरनल ऑफ विहेवियर थिरापी एण्ड एक्सपेरिमेन्टल साइकियेट्री* (Journal of Behaviour Therapy and Experiental Psychiatry)।

व्यवहार चिकित्सा की प्रविधियाँ
(Techniques of Behaviour Therapy)

व्यवहार चिकित्सा की कई प्रविधियाँ हैं जिनमें निम्नांकित प्रमुख हैं—

(1) क्रमबद्ध असंवेदीकरण (Systematic desensitization)

(2) विरुचि चिकित्सा (Aversion Therapy)

(3) अन्तःस्फोटात्मक चिकित्सा (Implosive therapy) एवं फ्लडिंग (Flooding)

(4) दृढ़ग्राही चिकित्सा (Assertive therapy)

(5) संभाव्यता प्रबंधन (Contingency Management)

(6) मॉडलिंग (Modeling)

(7) वायोफिडबैक विधि (Biofeedback method)

इन सभी प्रविधियों का वर्णन हम अलग-अलग अनुच्छेद में करेंगे।

क्रमबद्ध असंवेदीकरण
(Systematic Desensitization)

व्यवहार चिकित्सा की यह विधि सबसे लोकप्रिय एवं महत्त्वपूर्ण विधि है जिसका प्रतिपादन साल्टर (Salter, 1949) तथा ओल्प (Wolpe, 1958) द्वारा किया गया। इस विधि का उपयोग तब किया जाता है जब रोगी में परिस्थिति के प्रति उत्तम ढंग से अनुक्रिया करने की क्षमता होती है परन्तु वह ऐसा नहीं करके उससे डर कर या चिंतित होकर अनुक्रिया करता है। क्रमबद्ध असंवेदीकरण मूलतः चिंता कम करने की एक प्रविधि है जो इस स्पष्ट नियम पर आधृत है कि एक ही समय में व्यक्ति चिंता (anxious) तथा विश्राम दोनों की अवस्था में एक साथ नहीं हो सकता है। इसमें रोगी को पहले विश्राम की अवस्था में होने का प्रशिक्षण दिया जाता है और जब वह इस विश्राम की अवस्था में होता है, तो उसमें चिंता उत्पन्न करने वाले उद्दीपकों को बढ़ते क्रम में दिया जाता है। अन्ततोगत्वा, रोगी चिंता उत्पन्न करने वाले उद्दीपकों के प्रति असंवेदित हो जाता है क्योंकि रोगी उन्हें विश्राम की अवस्था में ग्रहण करने की अनुभूति प्राप्त कर चुका होता है। ओल्प (Wolpe) का मत है कि क्रमबद्ध असंवेदीकरण की सफलता का कारण यह है कि यह विधि अनुबंधन के नियमों (principle of counterconditioning) पर आधृत होता है। चिन्ता के जगह पर विश्रांति (relaxation) का प्रतिस्थापन प्रतिअनुबंधन का उदाहरण है।

ओल्प (Wolpe) के अनुसार क्रमबद्ध असंवेदीकरण की प्रविधि के तीन चरण (steps) होते हैं जो निम्नांकित हैं—

(i) आराम करने का प्रशिक्षण (*Training in relaxation*)—इस अवस्था में रोगी को विश्राम करने का प्रशिक्षण दिया जाता है। यह कार्य चिकित्सा के पहले 5-6 सत्रों (sessions) में पूरा किया जाता है। इन सत्रों में रोगी को अपनी मांशपेशियों को संकुचित करने और अचानक उन्हें ढीला करने का प्रशिक्षण तबतक दिया जाता है जबतक कि रोगी पूर्णरूप विश्राम की अवस्था प्राप्त करने में सफल नहीं हो जाता है। विश्राम का प्रशिक्षण देने में क्रमिक विश्राम प्रशिक्षण (progressive relaxation training) जिसे जैकोवसन द्वारा 1938 में प्रतिपादित किया गया था, को अपनाया जाता है। इस विधि में विभिन्न तरह के अभ्यासों (exercises) जिसमें कुछ सेकंड के लिए मांशपेशियों को कड़ा (tense) किया जाता है तथा फिर कुछ सेकंड के लिए नरम किया जाता है, के माध्यम से रोगी को मानसिक एवं दैहिक रूप से आराम करने का प्रशिक्षण दिया जाता है। कभी-कभी विश्राम का प्रशिक्षण देने में सम्मोहन (hypnosis), औषध तथा मनन (meditation) आदि का भी सहारा लेना पड़ता है।

(ii) चिंता के पदानुक्रम का निर्माण (*Construction of hierachies of anxieties*)—इस अवस्था में चिकित्सक उन उद्दीपकों की एक सूची तैयार करता है जिनसे रोगी में चिंता उत्पन्न होती है। इस सूची की विशेषता यह होती है कि ऐसे उद्दीपकों को एक आरोही क्रम (ascending order) में सुव्यस्थित कर रखा जाता है अर्थात् सबसे कम चिंता उत्पन्न करने वाले उद्दीपक को सबसे नीचे, उससे अधिक चिंता उत्पन्न करने वाले उद्दीपक या परिस्थिति को उससे ऊपर और इसी तरह क्रमिक रूप से एक के बाद एक करते हुए सबसे अधिक चिंता उत्पन्न करने वाले उद्दीपक या परिस्थिति को सबसे ऊपर में रखा जाता है। जैसे—यदि कोई महिला अपने पति के प्रति ईर्ष्या एवं चिंता के भाव से ग्रस्त हो जाती है तो वार्तालाप के दौरान चिकित्सक उन भिन्न-भिन्न उद्दीपकों या परिस्थितियों की एक सूची तैयार करेगा जिसमें उस महिला को अपने से ईर्ष्या होती है। संभव है कि पत्नी यह कहे कि उसे सबसे अधिक चिंता एवं ईर्ष्या उस समय होती है जब वह अपने पति को किसी सुंदर लड़की से हँस-हँसकर बातचीत करते हुए देखती है। इससे कम चिंता उसे उस समय होती है जब वह उसके ऑफिस की किसी महिला से बातचीत करते देखती है और सबसे कम चिंता उस समय होती है जब वह अपने पति को किसी नवयुवती पर टकटकी लगाये देखती है। इन तीनों तरह की परिस्थितियों को क्रमशः 1, 2 एवं 3 क्रम में सूचीबद्ध वह कर लेगा इसके बाद वास्तविक असंवेदीकरण (desensitization) की प्रक्रिया प्रारंभ की जाती है।

(iii) असंवेदीकरण की कार्य-विधि (*Desensitization precedure*)—असंवेदीकरण की प्रक्रिया उपर्युक्त दोनों अवस्थाओं (stages) के बाद ही प्रारंभ की जाती है। इस अवस्था में रोगी आँख बंदकर के आराम कुर्सी पर बैठ जाता है और चिकित्सक सबसे पहले एक तटस्थ परिस्थिति का वर्णन करता है और रोगी को यह निर्देश दिया जाता है कि वह इन परिस्थितियों की कल्पना करे और अपने को पूर्ण विश्राम की स्थिति में भी रखे। रोगी यदि इस तटस्थ उद्दीपक के बाद भी शांत रहता है तो उसके सामने रोगी द्वारा बतलाये गए चिन्तोत्पादक उद्दीपक परिस्थिति की सूची में सबसे कम चिन्ता उत्पन्न करने वाली परिस्थिति या उद्दीपक का वर्णन किया जाता है। इसके बाद सूची में उससे अधिक चिंता उत्पन्न

करनेवाली परिस्थिति का वर्णन किया जाता है और इसी तरह क्रमशः बढ़ते हुए मूल्य की चिन्तोपादक परिस्थितियों का एक के बाद एक करके वर्णन किया जाता है। इसी क्रम में जिस चिन्तोत्पादक परिस्थिति की कल्पना करने पर रोगी की विरामावस्था भंग हो जाती है, सत्र वही रोक दिया जाता है। इस तरह से कई दिनों तक सत्र देकर रोगी को चिन्तोत्पादक परिस्थितियों की कल्पना करने और उसकी उपस्थिति में शांत रहने का प्रशिक्षण दिया जाता है। चिकित्सा तबतक जारी रहता है जबतक कि रोगी पूर्णरूपेण उस परिस्थिति में भी शांत रहने में सफल नहीं हो जाता है जिससे अधिकतम चिन्ता (सूची के अनुसार) उसमें उत्पन्न होती थी। इन सभी सत्रों की अवधि 30 मिनट की होती है और प्रति सप्ताह 2 से 3 बार सत्र दिये जाते हैं।

असंवेदीकरण (desensitization) प्रविधि के कई प्रारूप (form) हैं जिनमें निम्नांकित दो अधिक प्रचलित हैं—

(i) सामूहिक असंवेदीकरण *(Group desensitization)*—इस प्रारूप में कई रोगियों को जिनका लक्षण लगभग समान होता है एक साथ बिठाकर चिन्ता उत्पन्न करने वाली परिस्थितियों या उद्दीपकों का एक सामान्य पदानुक्रम (hierarchy) तैयार किया जाता है। पदानुक्रम में ऊपर की ओर बढ़ना उस बिन्दु पर रोक दिया जाता है जब उन रोगियों में से सबसे कम चिन्तित रोगी को सफलता मिल जाती है।

(ii) इन विवो असंवेदीकरण *(In vivo desensitiziation)*—यह एक बहुत ही लोकप्रिय प्रारूप है जिसमें जीवन की वास्तविक परिस्थिति में विभिन्न तरह के चिन्ता उत्पन्न करने वाले उद्दीपकों से क्रमिक ढंग से रोगी का सामना कराया जाता है। इसमें मांशपेशियों को नरम करने का प्रशिक्षण के विकल्प में स्वयं चिकित्सक ही होते हैं जो रोगी को विभिन्न तरह के वातारण में ले जाकर चिंता अवरोधक (anxiety inbihition) का कार्य करते हैं। ब्रिन्टविक एवं सोलियोम (Bryntwick & Solyom, 1973) ने असंवेदीकरण के इस प्रारूप का उपयोग दुर्भीति (phobia) के गंभीर रोगी के उपचार में काफी सफलतापूर्वक किया है।

उपयोग *(Application)*—क्रमबद्ध असंवेदीकरण की प्रविधि का सफलतापूर्वक उपयोग निम्नांकित परिस्थिति में किया गया है—

(i) क्रमबद्ध असंवेदीकरण का उपयोग विभिन्न तरह के दुर्भीति (phobia) के रोग के उपचार में सफलतापूर्वक किया है। कुछ लोगों ने इस प्रविधि का उपयोग कुछ असाधारण दुर्भीति जैसे बैलून से डरना, हवा के झोंका से डरना, कोई विशेष अंक से डरना, नाटे लोगों से डरना, गंदा कमीज से डरना आदि के उपचार में सफलतापूर्वक किया है।

(ii) क्रमबद्ध असंवेदीकरण का उपयोग उस परिस्थिति में भी किया जाता है जहाँ व्यक्तियों में चिन्ता तात्कालिक स्पष्ट न होकर छिपी होती है। ऐसी अवस्था में व्यक्ति को ध्यान केन्द्रित करने में कठिनाई होना, खराब स्मृति संभ्राति (confusion), बोलने में धाराप्रवाहिता की कमी, लैंगिक अनिच्छा, पेशीय कार्यों की असंगतता आदि पायी जाती है। इन लक्षणों के उपचार में क्रमबद्ध असंवेदीकरण उत्तम माना गया है। व्यामोह (delusion), हिस्ट्रीकल पक्षाघात (hysterical paralysis), मद्यपानता (alcoholism), औषध-दुरुपयोग (drug abuse) आदि के उपचार में भी यह उपयोगी सिद्ध हुआ है।

(iii) मनोदैहिक रोगों में मनोवैज्ञानिक पक्ष अर्थात् रोगी के चिन्ता को कम करने में भी क्रमबद्ध असंवेदीकरण की प्रविधि सफल साबित हुआ है हालाँकि इसके दैहिक पक्ष के उपचार में तो मेडिकल उपचार (medical treatmnet) ही अधिक लाभप्रद साबित हुआ है।

मूल्यांकन *(Evaluation)*—क्रमबद्ध असंवेदीकरण की प्रविधि एक काफी लाभदायक चिकित्सीय विधि है। पॉल (Paul, 1969) ने इस प्रविधि पर आधृत शोधों के परिणामों के आलोक में यह बतलाया है कि यह प्रविधि उन चिन्ता समस्याओं को दूर करने में एक असमानान्तर विधि साबित हुआ है जिनमें चिन्ता करने वाली परिस्थिति या उद्दीपक बिलकुल ही स्पष्ट होता है। शायद यही कारण है कि दुर्भीति के रोगियों के उपचार में इस विधि को काफी सफलता मिली है।

फिर भी इस प्रविधि के साथ कुछ कठिनाइयाँ हैं जिनमें निम्नांकित प्रमुख हैं—

(i) इस प्रविधि द्वारा सभी तरह के रोगियों की चिन्ताओं तथा डर का उपचार नहीं किया जा सकता है। ओल्प (Wolpe, 1969) के अनुसार निम्नांकित तीन तरह के रोगियों के उपचार में यह विधि लाभप्रद साबित नहीं हुई है—

(a) ऐसे रोगी जिन्हें विश्राम की अवस्था में आने में काफी कठिनाई महसूस होती है।

(b) ऐसे रोगी जो चिन्ता उत्पन्न करने वाली परिस्थितियों के बारे में वास्तविक सूचना न देकर भ्रामक सूचना देते हैं।

(c) ऐसे रोगी जिनकी कल्पनाशक्ति कमजोर होती है।

(ii) जिन चिन्ता आधृत समस्याओं की उत्पत्ति एक उद्दीपक (stimulus) से न होकर अनेक उद्दीपकों से होती है, उनका भी उपचार क्रमबद्ध असंवेदीकरण से ठीक ढंग से नहीं होता है। जैसे—मनोग्रसित-बाध्यता स्नायुविकृति (obsessive-compulsive nuerosis), दर्दनाक आघात (panic attack), एगोराफोबिया (agoraphobia) आदि के उपचार में यह प्रविधि अधिक सफलीभूत नहीं हो पाया है।

(iii) डेविडसन तथा विलसन (Davidson & Wilson, 1973) का मत है कि क्रमबद्ध असंवेदीकरण की प्रक्रिया सचमुच में प्रतिअनुबंधन (counterconditioning) पर आधृत न होकर विलोपन (extinction) पर आधृत है। जब रोगी बार-बार चिन्तोत्पादक परिस्थिति का सामना करता है परन्तु उसमें कोई बुरी अनुभूति नहीं उत्पन्न होती है तो अन्ततोगत्वा चिन्ता से संबंधित अनुक्रियाओं का अपने आप विलोपन हो जाता है।

इन कठिनाइयों के बावजूद हम कह सकते हैं कि क्रमबद्ध असंवेदीकरण आज भी नैदानिक मनोवैज्ञानिकों के लिए एक उत्तम रूप से वैधीकृत (best-validated) उपचार प्रविधि है।

विरुचि चिकित्सा
(Aversion Therapy)

विरुचि चिकित्सा व्यवहार चिकित्सा की एक ऐसी विधि है जिसमें चिकित्सक रोगी को अवांछित व्यवहार (unwanted behaviour) न करने का प्रशिक्षण कुछ दर्दनाक (painful) या असुखद उद्दीपकों को देकर करता है। इस तरह की प्रविधि में चिन्ता उत्पन्न करने वाली परिस्थिति या उद्दीपक के प्रति रोगी में एक तरह की विरुचि (aversion) पैदा कर दी जाती है जिससे उससे उत्पन्न होने वाला अवांछित या कुसमायोजित व्यवहार अपने आप धीरे-धीरे बंद हो जाता है। रोगी में विरुचि (aversion) उत्पन्न करने के लिए दंड (punishment), बिजली का आघात तथा कुछ विशेष दवा (drug) आदि का उपयोग किया जाता है। अधिकतर विरुचि चिकित्सा में क्लासिकी अनुबंधन के नियमों का ही पालन किया जाता है। परन्तु कुछ विरुचि विधि (aversion methods) में दंड का भी उपयोग किया जाता है जिसमें रोगी द्वारा अवांछित व्यवहार किये जाने के तुरंत बाद उसे दंड देकर उसमें ऐसे व्यवहार के प्रति विरुचि उत्पन्न कर दी जाती है। ऐसी परिस्थिति में विरुचि चिकित्सा में तब क्रियाप्रसूत अनुबंधन (operant conditioning) के नियमों का पालन किया जाता है।

ऐतिहासिक पृष्ठभूमि (*Historical background*)—विरुचि चिकित्सा के उपयोग का इतिहास कई शताब्दी पुराना है। उल्मान एवं क्रेसनर (Ulmann & Krasner, 1975) ने स्पष्टतः यह सबूत देते हुए कहा है कि पुराने समय में इसका उपयोग रोमन द्वारा प्राय· किया जाता था जिसमें वे नशाखोरों या मद्यपों के शराब के बोतल में सर्पमीन (eel) मिला देते थे ताकि वे उन्हें पीकर पचा नहीं पावें और इस तरह से धीरे-धीरे इस प्रक्रिया द्वारा उनमें शराब के प्रति एक तरह की विरुचि उत्पन्न हो जाए। एक रूसी मनश्चिकित्सक जिसका नाम कैनटोरोविच (Kantorovich, 1930) है, पहले ऐसे वैज्ञानिक हैं जिन्होंने वैज्ञानिक तरीके से इसका उपयोग मद्यपानता (alcoholism) से ग्रसित रोगियों की चिकित्सा में किया था। मद्यपानता की चिकित्सा में रोगी के सामने शराब की बोतल प्रस्तुत करने पर जब वह पीने के लिए आगे हाथ बढ़ाता था तो उसे बिजली का आघात दिया जाता था। यहाँ तक कि शराब की गंध अथवा उसके स्वाद की कल्पना करने पर भी उसे बिजली का आघात दिया जाता था। इस प्रक्रिया को बार-बार दोहराने के बाद परिणाम में यह देखा गया कि इसमें रोगी में शराब के प्रति आकर्षण की जगह विरुचि (aversion) का भाव विकसित हो गया और धीरे-धीरे उसने शराब पीना छोड़ दिया। लोभास (Lovass, 1977) ने बिजली के आघात द्वारा दंडित कर गंभीर रूप से आत्म-विमोही बच्चे (autistic children) का इस विधि द्वारा उपचार करने में सफलता पाया है।

विरुचि चिकित्सा की प्रविधि एवं उपयोग (*Procedures and application of aversion therapy*)—विरुचि चिकित्सा में जैसा कि नाम से ही स्पष्ट है, रोगी में अवांछित व्यवहार के प्रति एक तरह की विरुचि उत्पन्न की जाती है। विरुचि उत्पन्न करने के लिए सामान्यतः दो तरह के हानिकर या अनिष्टकर उद्दीपकों को दिया जाता है—बिजली का आघात (electric shock) तथा एक ऐसा रासायनिक औषध जिससे या तो रोगी में मतली (nausea) उत्पन्न होता है या अस्थायी तौर पर उसके श्वसन को अवरुद्ध करता है। इन दोनों तरह के प्रमुख उद्दीपकों के अलावा कभी-कभी रोगी

में विरुचि उत्पन्न करने के लिए ऐसे उद्दीपक भी दिये जाते हैं जिनसे उसे बदबूदार गंध या उसे खराब स्वाद का अनुभव होता हो।

आधुनिक नैदानिक मनोवैज्ञानिकों द्वारा बिजली का आघात देकर दंडित करते हुए उपचार की इस विधि को लोगों द्वारा नैतिकता (morality) के आधार पर आलोचना किया गया है और इसे एक उत्तम विधि नहीं बतलाया गया है। आजकल विरुचि चिकित्सा में लोग बिजली के आघात से कम हानिकारक प्रविधि जैसे अन्य अनुक्रियाओं का विभेदी पुनर्बलन (differential reinforcement of other responses) जिसे संक्षेप में DOR कहा जाता है, का उपयोग करना प्रारंभ कर दिया है। DOR में उस व्यवहार को पुनर्बलित किया जाता है जो अवांछित व्यवहार या कुसमायोजित व्यवहार के विरुद्ध होते हैं। जैसे--जो बालक समाज-विरोधी व्यवहार करता है, उसे रचनात्मक कार्य करने पर धनात्मक पुनर्बलन देने से धीरे-धीरे अपने आप ही उसमें समाज-विरोधी कार्य के प्रति विरुचि (aversion) उत्पन्न हो जाएगी। DOR का प्रयोग आधुनिक नैदानिक मनोवैज्ञानिकों जिनमें कार्र (Carr, 1984) तथा रूसो (Russo, 1991) का नाम अधिक मशहूर है, द्वारा सफलतापूर्वक कई तरह की विकृतियों जैसे धूपमान करना, औषधि व्यसन (durg addiction), जुआ खेलना, लैंगिक विसामान्ताएँ आदि के उपचार में किया जाता है।

अभी हाल में विरुचि चिकित्सा (aversion therapy) का एक विशेष प्रकार जिसे *अस्पष्ट संवेदीकरण* (covert sensitization) कहा जाता है, का प्रतिपादन जोसेफ कौटेला (Joseph Cautela, 1980) द्वारा किया गया। इस प्रविधि में रोगी को अवांछित व्यवहार करने के बाद मिलने वाले अरुचिकर परिणामों (aversive consequences) के बारे में कल्पना करने के लिए कहा जाता है। ऐसा बार-बार करने से उस अवांछित व्यवहार के प्रति एक तरह की विरुचि रोगी में उत्पन्न हो जाती है। कौटेला तथा कियरनी (Cautela & Kearney, 1986) के अनुसार ऐसे अस्पष्ट संवेदीकरण द्वारा उत्पन्न विरुचि (aversion) कई दृष्टिकोणों से बिजली का आघात से उत्पन्न विरुचि या रसायनिक पदार्थ द्वारा उत्पन्न विरुचि से अधिक लाभप्रद होता है। कुछ ऐसे लाभ निम्नांकित हैं—

(i) अस्पष्ट संवेदीकरण के कोई परोक्ष प्रभाव (side effect) रोगी पर नहीं पड़ता है।

(ii) अस्पष्ट संवेदीकरण में न तो काई विशिष्ट मेडिकल कर्मचारी और न ही कोई विशिष्ट उपकरण का ही प्रभाव पड़ता है।

(iii) अस्पष्ट संवेदीकरण की प्रविधि को आसानी से विभिन्न तरह की परिस्थितियों में लागू किया जा सकता है।

इन लाभों के बावजूद अस्पष्ट संवेदीकरण जैसे विरुचि चिकित्सा का प्रमुख दोष यह है कि इससे उन रोगियों को कोई खास लाभ नहीं होता है जिनमें स्पष्ट रूप से कल्पना करने की क्षमता नहीं होती है या फिर ऐसी क्षमता सीमित होती है। ऐसे रोगियों को इस प्रविधि से तभी लाभ पहुँच सकता है जब उन्हें उत्तम ढंग से कल्पना करने का प्रशिक्षण दे दिया जाए।

विरुचि चिकित्सा के कुछ लाभ एवं अलाभ हैं। इसके प्रमुख लाभ (advantages) इस प्रकार हैं—

(i) विरुचि चिकित्सा कुछ खास तरह के रोगियों विशेष कर मद्यपानता के रोगियों के अपअनुकूली व्यवहार (maladaptive behaviour) के उपचार में अधिक लाभप्रद साबित हुआ है।

(ii) बेकर तथा ब्रैन्डन (Baker & Brandon, 1988) के अनुसार विरुचि चिकित्सा का रोगी के व्यवहार पर बहुत ही तीव्र प्रभाव पड़ता है जिसके कारण वह शीघ्र ही अपअनुकूली व्यवहार का त्याग करके अनुकूली व्यवहार करना सीख लेता है।

इन लाभों के बावजूद विरुचि चिकित्सा के निम्नांकित अलाभ हैं जिसके चलते इसकी लोकप्रियता कमी है—

(i) विरुचि चिकित्सा द्वारा रोगी के व्यवहार में परिवर्तन तो तेजी से अवश्य होता है परन्तु वह परिवर्तन स्थायी (stable) नहीं होता है।

(ii) मास्टरस एवं उनके सहयोगियों (Masters et al. 1987) ने यह शक जाहिर किया है कि विरुचि प्रविधियाँ शायद ही कभी उपयुक्त वैकल्पिक व्यवहार (alternative behaviour) रोगी में उत्पन्न कर पाता है।

(iii) विरुचि प्रविधियों का उपयोग करने की अनुमति समाज सामान्यतः नहीं देता है क्योंकि ऐसी प्रविधियों को अनैतिक समझा जाता है।

(iv) विरुचि चिकित्सा का पार्श्व प्रभाव (side effect) भी पड़ता देखा गया है क्योंकि इससे रोगी में सामान्यीकृत डर (generalized fear) तथा आक्रमकता (aggressiveness) में पहले की तुलना में काफी वृद्धि हो जाती है।

इन अलाभों के कारण गत दशकों में विरुचि चिकित्सा का नैदानिक उपयोग तथा शोध दोनों में काफी कमी आयी हे। आजकल विरुचि प्रविधि का उपयोग तभी किया जाता है जब अन्य विधियों द्वारा रोगी का उपचार किसी कारण से संभव नहीं हो पाता है।

अंतःस्फोटात्मक चिकित्सा तथा फ्लडिंग (Implosive Therapy and Flooding)

अंतःस्फोटात्मक चिकित्सा (implosive therapy) तथा फ्लडिंग दो ऐसी प्रविधियाँ हैं जो विलोपन (extinction) के नियम पर आधारित हैं। इन दोनों तरह की चिकित्सा प्रविधि की मुख्य पूर्वकल्पना यह है कि व्यक्ति किसी उद्दीपक या परिस्थिति के प्रति इसलिए डरते हैं या चिंतित रहते हैं क्योंकि वे यह सचमुच में नहीं सीख पाये हैं कि ऐसे उद्दीपक या परिस्थिति वास्तव में खतरनाक नहीं है। जब उन्हें ऐसी परिस्थिति में या उद्दीपकों के बीच कुंछ समय तक लगातार रखा जाता है तो वे धीरे-धीरे यह सीख लेते हैं कि उनकी चिंता या डर निराधार हैं। इस तरह से उपयुक्त पुनर्बलन (reinforcement) के अभाव में उनकी चिंता या डर धीरे-धीरे विलोपित हो जाती है।

अंतःस्फोटात्मक चिकित्सा के मुख्य समर्थक स्टाम्फ एवं लेविस (Stampfl & Levis, 1967) हैं। इसे *'इन भिट्रो असंवेदीकरण'* (in vitro desensitization) भी कहा जाता है। अतः यह प्रविधि ओल्प (Wolpe) के क्रमबद्ध असंवेदीकरण (systematic desensitization) की प्रविधि से काफी मिलती-जुलती है। अंतर सिर्फ इतना ही है कि इसमें कम चिन्तोत्पादक उद्दीपक या परिस्थिति से बढ़ते हुए क्रम में क्रमशः अधिक चिन्तोत्पादक उद्दीपक या परिस्थिति प्रस्तुत नहीं की जाती है बल्कि रोगी को सर्वाधिक चिन्तोत्पादक परिस्थिति के बारे में कल्पना (imagine) करने के लिए कहा जाता है तथा चिंता से संबंधित विरुचिकर दृश्यों (aversive scenes) को दिमाग में ताजा करने के लिए प्रोत्साहित किया जाता है। इस चिकित्सा में रोगी को अधिक सुझावग्राही (suggestible) बनाने के ख्याल से कभी-कभी सम्मोहन (hypnosis) या औषध (drugs) भी दिया जाता है। इस तरह के चिकित्सीय सत्र में चिकित्सक रोगी में सर्वाधिक चिंता उत्पन्न करने की परिस्थिति पैदा करने की भरपूर कोशिश करता है। इस तरह के कई सत्रों के बाद रोगी यह महसूस करने लगता है कि वह व्यर्थ ही वैसे उद्दीपकों या परिस्थिति से चिंतित रहता था क्योंकि उससे वास्तव में कोई हानि नहीं होती है। इसका परिणाम यह होता है कि अपअनुकूली व्यवहार धीरे-धीरे विलोपित हो जाता है।

अंतःस्फोटात्मक चिकित्सा की प्रक्रिया को स्टाम्फ (Stampfl, 1975) ने एक विशेष नैदानिक केस (clinical case) से व्याख्या किया है जो इस प्रकार है—

एक कमसिन महिला (young woman) पानी से काफी डरती थी और उसे डर था कि वह पानी में डूब जाएगी। इससे परेशान होकर वह कभी भी पानी में तैर नहीं पाती थी। हालाँकि वह समझती थी कि यह उनका एक अयुक्तिसंगत (irrational) डर है फिर भी वह पानी से इतनी डरी रहती थी कि टब में नहाते समय वह एक *'जीवन संरक्षक'* (life preserver) पहन कर स्नान करती थी। चिकित्सक ने उन्हें यह कहा कि वह कुछ समय तक यह कल्पना करे कि किसी गहरे एवं पानी से भरे टब में बिना जीवन संरक्षक पहने की स्नान कर रही है। प्रारंभ में इस दृश्य की कल्पना करने में महिला को काफी चिंता उत्पन्न हुई। परन्तु फिर भी उसे इस दृश्य की कल्पना बार-बार करने के लिए कहा गया और यहाँ तक कि उसे इस तरह की कल्पनायुक्त अभ्यास करने के लिए 'गृह कार्य' दिया जाता था। अन्त में महिला जब इस तरह के चिन्तोत्पादक परिस्थिति की कल्पना करने के बावजूद किसी प्रकार की कोई हानि न होते पायी, तो उसकी चिंता समाप्त हो गयी। चौदह चिकित्सा सत्र के बाद महिला बिना किसी चिंता के ही टब में स्नान कर सकने में सफल रही और इस तरह से अपअनुकूलित व्यवहार समाप्त हो गयी।

फ्लडिंग (Flooding) एक व्यवहार चिकित्सा की एक दूसरी प्रविधि है जो अंतःस्फोटात्मक चिकित्सा से काफी मिलती-जुलती है। इसे *'इन भिभो प्रविधि'* (in vivo techniques) भी कहा जाता है। चिकितसा की इस प्रविधि में रोगी को चिन्तोत्पादक परिस्थिति के बारे में कल्पना करने लिए नहीं कहा जाता है बल्कि उसे उस तरह की वास्तविक परिस्थिति में रखकर उपचार किया जाता है। इस विधि का उपयोग उन व्यक्तियों पर किया जाता है जो चिंता उत्पन्न करने वाली परिस्थिति या उद्दीपक के बारे में ठीक ढंग से किसी कारण से कल्पना नहीं कर पाते हैं। जैसे—मान लिया जाए कि किसी

ऐसे रोगी का उपचार इस प्रविधि द्वारा करना है जो ऊँचे स्थान पर जाने से अयुक्तिसंगत ढंग से (irrationally) डरता है। तब ऐसे व्यक्ति को किसी ऊँचें मकान या जगह पर ले जाया जाएगा और वहाँ से नीचे देखने के लिए कहा जाएगा। इससे व्यक्ति चिंता उत्पन्न करने वाली परिस्थिति से वास्तवकि रूप से अनावृत्त (expose) तो होता ही है साथ-ही-साथ उसमें यह समझ भी विकसित हो जाती है कि जिस परिस्थिति से वह डरता था वह वास्तव में ऐसी परिस्थिति नहीं थी। धीरे-धीरे वह इस तरह की परिस्थिति में होते हुए भी चिंतामुक्त हो जाता है।

आधुनिक समय में फ्लडिंग प्रविधि का प्रादुर्भाव दो तरह के प्रयोगों से हुआ है—पहला प्रयोग मोरमैन (Moerman) द्वारा *'प्रयोगात्मक स्नायुविकृति'* (experimental neurosis) पर किया गया जिसमें यह दिखलाया गया कि पशु में प्रायोगिक ढंग से उत्पन्न चिंता को उसे डर या चिंता उत्पन्न करने वाली परिस्थिति में रहने के लिए बाध्य करके कम किया जा सकता है। दूसरे तरह के प्रयोग परिवर्जन सीखना (avoidance learning) के क्षेत्र में हुए हैं जिनमें मोटे तौर पर यह दिखलाया गया है कि बलित अनावरण (forced exposure) का चिकित्सीय महत्त्व काफी होता है।

कुछ मनोवैज्ञानिकों द्वारा अंतःस्फोटात्मक चिकित्सा तथा फ्लडिंग (flooding) का तुलनात्मक अध्ययन किया गया है। जैसे—इमेलकाम्प एवं वेसेल्स (Emmelkamp & Wessels, 1975) ने इन दोनों का तुलनात्मक अध्ययन करते हुए यह कहा है कि फ्लडिंग अंतःस्फोटात्मक चिकित्सा से अधिक लाभकारी होता है क्योंकि फ्लडिंग का आधार वास्तविकता न कि कल्पना होता है। फोए एवं कोजाक (Foa & Kozak, 1985) ने यह मत जाहिर किया है कि साधारण दुर्भीति (simple phobia) के उपचार में फ्लडिंग प्रविधि अंतःस्फोटात्मक प्रविधि से अधिक लाभकारी होता है। स्टेकिटी एवं फोए (Steketee & Foa, 1985) ने फ्लडिंग प्रविधि का उपयोग मनोग्रस्ति-बाध्यता स्नायुविकृति (obsessive compulsive methods) के उपचार में सफलतापूर्वक किया है।

अंतःस्फोटात्मक चिकित्सा तथा फ्लडिंग दोनों ही अनावरण प्रविधि (exposure technique) हैं जिनके कुछ लाभ एवं अलाभ हैं। इनके प्रमुख लाभ इस प्रकार हैं—

(i) इन दोनों तरह की प्रविधियों में रोगी को चिन्तोत्पादक परिस्थिति से अनावृत्त करके उपचार किया जाता है। फलतः किया गया उपचार तुलनात्मक रूप से अधिक स्थायी होता है।

(ii) कमजोर कल्पनाशक्ति वाले रोगियों को अनावरण प्रविधि विशेषकर फ्लडिंग से अधिक लाभ होता है।

इसके बावजूद अनावरण प्रविधियों के कुछ अलाभ (disadvantage) भी हैं जिनमें निम्नांकित प्रमुख हैं—

(i) अनावरण प्रविधि में चूँकि रोगी में कल्पना या वास्तवकि परिस्थिति में रखकर बहुत अधिक चिंता उत्पन्न करने की कोशिश की जाती है, अतः कभी-कभी रोगी में इसका तीव्र पार्श्व प्रभाव (side effect) होता पाया गया है। प्रायः रोगियों में घबराहट तथा आक्रमकता जैसे व्यवहार देखने को मिलते हैं।

(ii) अनावरण प्रविधि सभी तरह के रोगियों विशेषकर गंभीर प्रकृति के मानसिक रोगियों के लिये उपयुक्त साबित नहीं होता है।

इन कारणों से 1970 वाले दशक से अनावरण प्रविधियाँ का नैदानिक महत्त्व काफी कमने लगा है। मास्टरस तथा उनके सहयोगियों (Masters et al., 1987) ने यह स्पष्ट कहा है कि दोनों ही अनावरण विधियाँ अपने विशेष अलाभीय कारकों (disadvantageous factors) के कारण अपनी लोकप्रियता काफी खो चुकी है।

दृढ़ग्राही चिकित्सा या प्रशिक्षण
(Assertiveness Therapy or Training)

दृढ़ग्राही चिकित्सा या प्रशिक्षण व्यवहार चिकित्सा की एक अन्य प्रमुख प्रविधि है। इसका उपयोग उन व्यक्तियों के उपचार करने के लिए किया जाता है जिन्हें अनुबंधित चिंता अनुक्रियाओं के कारण अन्य लोगों के साथ अन्तर्वैयक्तिक संबंध (interpersonal relationship) कायम करने में असमर्थता महसूस होती है। कुछ व्यक्ति ऐसे होते हैं जो अन्य व्यक्तियों के साथ उत्तम अंतर वैयक्तिक संबंध स्थापित नहीं कर पाते हैं जिससे उनमें हीनता, तुच्छता एवं चिंता का भाव उत्पन्न हो जाता है। ऐसे लोग अनावश्यक रूप से मानसिक तनाव से घिरे रहते हैं। ऐसे लोग चिन्तित, क्रोधित तथा उत्साहहीन लगते हैं। इनका आत्म-सम्मान कम हो जाता है तथा तरह-तरह के मनोवैज्ञानिक लक्षण विकसित हो जाते हैं।

दृढ़ग्राही चिकित्सा में ऐसे लोगों को दूसरों पर प्रभाव डालने का प्रशिक्षण देकर आत्म-सम्मान को ऊँचा उठाया जाता है। दूसरे शब्दों में, ऐसे लोगों में निश्चयात्मकता (assertiveness) के गुण को मजबूत किया जाता है। निश्चयात्मकता

से तात्पर्य अपनी भावनाओं की इस ढंग से अभिव्यक्ति करने से होता है कि उससे दूसरों के अधिकार तथा मनोभाव को किसी प्रकार का कोई ठेस न लगे।

दृढ़ग्राही चिकित्सा के मुख्य दो उद्देश्य बतलाये गए हैं—

(i) अगर व्यक्ति में पर्याप्त सामाजिक कौशल (social skills) नहीं है, तो दृढ़ग्राही चिकित्सा का उद्देश्य ऐसे व्यक्तियों को यह बतलाना होता है कि वे अपने आप को किस तरह से प्रभावी ढंग से अभिव्यक्त करेंगे।

(ii) दृढ़ग्राही चिकित्सा का दूसरा उद्देश्य संज्ञानात्मक अवरोधों (cognitive obstacles) को दूर करना होता है ताकि व्यक्ति ठीक ढंग से आत्म-अभिव्यक्ति (self-expression) कर सके।

उक्त दोनों उद्देश्यों की प्राप्ति से व्यक्ति में एक उत्तम व्यक्ति होने का भाव विकसित होता है और उनमें स्पष्ट व्यवहार एवं चिंतन का एक ऐसा पैटर्न विकसित होता है कि व्यक्ति को उपयुक्त सामाजिक पुरस्कार मिलता है तथा अपनी जिन्दगी से उत्तम संतुष्टि होती है। दृढ़ग्राही चिकित्सा क्लासिकी अनुबंधन (classical conditioning) और साधनात्मक या क्रियाप्रसूत अनुबंधन (instrumental or operant conditioning) में से किसी भी अनुबंधन के नियमों पर आधारित हो सकता है।

ऐतिहासिक पृष्ठभूमि (*Historical background*)—दृढ़ग्राही प्रशिक्षण की ऐतिहासिक पृष्ठभूमि पर यदि हम ध्यान दें, तो यह स्पष्ट होगा कि इसके मौलिक प्रारूप का उपयोग अन्य कई चिकित्सीय प्रविधियों में इसका औपचारिक प्रादुर्भाव के पहले ही उपयोग किया जा चुका था। जैसे—मोरेनो (Moreno, 1946) द्वारा प्रतिपादित मनोनाटक (Psychodrama) में रोगियों को विशिष्ट भूमिकाओं को कराकर उन्हें स्वतः क्रिया करने एवं भावनाओं की अभिव्यक्ति करने के लिए प्रोत्साहित किया जाता था। जार्ज केली (George Kelly, 1955) द्वारा प्रतिपादित निश्चित भूमिका चिकित्सा (fixed role therapy) में भी रोगी को एक ऐसे मॉडल की भूमिका करने के लिए प्रोत्साहित किया जाता है जिसका व्यवहार उसके अपने व्यवहार से अधिक महत्त्वपूर्ण लगते है। सचमुच में दृढ़ग्राही प्रशिक्षण का प्रथम क्रमबद्ध वर्णन साल्टर (Salter, 1949) द्वारा प्रतिपादित अनुबंधित प्रतिवर्त चिकित्सा (conditioned reflex therapy) को माना गया है। साल्टर ने अवरोधित रोगियों (inhibited clients) को अपनी इच्छाओं को ठीक ढंग से अभिव्यक्त करने के ख्याल से कई उत्तेजनशील प्रविधियों (excitatory techniques) का प्रतिपादन किया जिनमें निम्नांकित प्रमुख थे—

(i) आनन वार्ता (facial talk) इसमें रोगी को अनुभव किये गये संवेग के अनुरूप आनन अभिव्यक्ति (facial expression) करने के लिए प्रोत्साहित किया जाता था।

(ii) अपने परस्पर विरोधी (compliment) विचारों की अभिव्यक्ति करने का प्रशिक्षण दिया जाता था।

(iii) दूसरों के प्रशंसोक्ति (compliment) को किस तरह स्वीकार करते हुए उन्हें किस तरह से धन्यवाद ज्ञापन किया जाना चाहिए।

दृढ़ग्राही प्रशिक्षण में सबसे महत्त्वपूर्ण व्यक्तित्व जोसेफ ओल्प (Joseph Wolpe) को माना गया है जिन्होंने 1949 में दृढ़ग्राही या निश्चयात्मक व्यवहार को चिंता अवरोधक (anxiety inhibitor) माना है। ओल्प ने ऐसे दृढ़ग्राही व्यवहार (assertive behaviour) को अन्तर्वैयक्तिक चिंता (interpersonal anxiety) का अवरोधक माना है और विशिष्ट दृढ़ग्राही कौशलों में रोगियों को सफलतापूर्वक प्रशिक्षित करके दृढ़ग्राही प्रशिक्षण के महत्त्व को सिद्ध कर सकने में समर्थ हुए।

दृढ़ग्राही प्रशिक्षण की क्रियाविधि (*Procedure of assertive training*)—यद्यपि दृढ़ग्राही प्रशिक्षण एकाकी परिस्थिति में अर्थात् एक-एक रोगी पर स्वतंत्र रूप से किया जा सकता है, अधिकतर ऐसे प्रशिक्षण रोगियों का एक समूह बनाकर संपन्न किया जाता है। ऐसे प्रशिक्षण के मुख्य चार तत्त्व (components) होते हैं जो इस प्रकार हैं—

(i) पहले चरण में दृढ़कथन (assertion) को स्पष्ट रूप से परिभाषित किया जाता है तथा उसे आक्रमकता एवं विनम्रता (submissiveness) से भिन्न किया जाता है।

(ii) दूसरे चरण में विभिन्न सामाजिक परिस्थितियों में रोगी के अधिकारों (rights) तथा अन्य व्यक्तियों के अधिकारों के वर्णन पर प्रकाश डाला जाता है।

(iii) तीसरे चरण में दृढ़कथन में राह में संज्ञानात्मक अवरोधों (cognitive obstacles) की पहचान करके उसे दूर करने की कोशिश की जाती है।

(iv) चौथे चरण में रोगी दृढ़ग्राही व्यवहार (assertive behaviour) करने का अभ्यास करता है।

इस चौथे एवं अंतिम चरण को काफी महत्त्वपूर्ण माना गया है। इस चरण में चिकित्सक रोगी द्वारा किये जाने वाले व्यवहारों को करके उसे दिखाता है और इस तरह से चिकित्सक दृढ़ग्राही व्यवहार (assertive behaviour) का एक मॉडल के रूप में कार्य करता है। उसके इस प्रयास को चिकित्सक पुनर्बलित (reinforce) करता है तथा उसे और अधिक उन्नत बनाने के लिए तरह-तरह का सुझाव देता है। इस तरह कुछ रिहर्सल के बाद रोगी जिन्दगी की वास्तविक परिस्थिति में नये विचारों एवं व्यवहारों को करने के लिए प्रोत्साहित किया जाता है। बाद के सत्रों में इस दिशा में रोगी को मिली सफलताओं एवं असफलताओं का विश्लेषण किया जाता है। ऐसे सत्रों में फिर नये सामाजिक कौशलों का अभ्यास किया जाता है। यह पूरा क्रम (sequence) को तबतक दोहराया जाता है जबतक कि रोगी को आगे प्रशिक्षण पाने की आवश्यकता नहीं रह जाती है।

मनोवैज्ञानिकों द्वारा किये गए अध्ययनों से यह स्पष्ट हुआ है कि दृढ़ग्राही प्रशिक्षण की उपयोगिता काफी अधिक है। इससे कई तरह के रोगियों का उपचार सफलतापूर्वक किया जा सकता है। जैसे—दृढ़ग्राही प्रशिक्षण द्वारा वैवाहिक समस्याओं से ग्रसित पत्नी-पति, कॉलेज के ऐसे छात्र जिनमें अन्तर्वैयक्तिक समस्याएँ गंभीर हैं, लजालु एवं अंतर्मुखी वयस्क, औषध व्यसनी, मद्यपान व्यसनी तथा आक्रमक प्रकृति वाले व्यक्तियों का उपचार आसानी से किया जाता है।

दृढ़ग्राही प्रशिक्षण के कुछ लाभ (advantages) तथा अलाभ (disadvantages) हैं। इसके प्रमुख लाभ निम्नांकित हैं—

(i) जब व्यक्ति में अपअनुकूलित व्यवहार का कारण आत्म-निश्चयात्मकता (self-assertiveness) की कभी होती है, तो इस तरह की चिकित्सा से रोगी को सर्वाधिक लाभ होता है। प्रायः यह देखा गया है कि लजालू, संकोचशील एवं अंतर्मुखी व्यक्तित्व वाले व्यक्तियों में आत्म-निश्चयात्मकता की कमी पायी जाती है। अतः ऐसे व्यक्तियों को इस चिकित्सा विधि से अधिक लाभ होता है।

(ii) कॉलेज छात्रों एवं उपचार गृह या मानसिक अस्पताल में भर्ती किये गए रोगियों के अध्ययन से यह स्पष्ट हुआ है कि जिन व्यक्तियों को दृढ़ग्राही प्रशिक्षण (assertive training) मिला होता है, वे उन व्यक्तियों से अधिक उत्तम एवं लाभप्रद स्थिति में (समायोजी व्यवहार के दृष्टिकोण से) होते हैं जिन्हें ऐसा प्रशिक्षण नहीं मिला होता है।

इन लाभों के बावजूद दृढ़ग्राही के कुछ अलाभ हैं जो इस प्रकार हैं—

(i) ओल्प (Wolpe, 1969) के अनुसार दृढ़ग्राही चिकित्सा द्वारा उन दुर्भीतियों के रोगियों का उपचार नहीं किया जा सकता है जिनका संबंध अवैयक्तिक उद्दीपकों (nonpersonal stimuli) से होता है।

(ii) दृढ़ग्राही चिकित्सा कुछ विशेष तरह की अन्तर्वैयक्तिक परिस्थितियों के लिए भी लाभकारी नहीं होता पाया गया है। जैसे—जब व्यक्ति को कुछ व्यक्तियों द्वारा तिरस्कृत कर दिया जाता है तो दृढ़ग्राही व्यवहार से ऐसे व्यक्तियों की समस्या का समाधान न होकर बल्कि उनमें आक्रमक व्यवहार ही उत्पन्न होने लगता है।

इन अलाभों के बावजूद दृढ़ग्राही चिकित्सा की प्रभावशीलता (effectiveness), नैदानिक मनोवैज्ञानिकों के बीच अधिक है तथा कभी वे क्रियाप्रसूत अनुबंधन तथा कभी क्लासिकी अनुबंधन के नियमों के अनुकूल इस चिकित्सा विधि का उपयोग करके रोगी का उपचार करते हैं।

संभाव्यता प्रबंधन
(Contingency Management)

संभाव्यता प्रबंधन एक ऐसा सामान्य पद है जिसके अन्तर्गत उन सभी चिकित्सीय प्रविधियों को रखा जाता है जो क्रियाप्रसूत अनुबंधन (operant conditioning) के नियमों का उपयोग करते हुए व्यक्ति के व्यवहार में परिवर्तन, परिणामों (consequences) को नियंत्रित करके किया जाता है। 'संभाव्यता' (contingency) शब्द से इस ओर इशारा होता है कि विशेष परिणाम (consequence) (जैसे पुरस्कार या दंड) व्यक्ति के सामने तभी उपस्थित किया जाता है जब उसके द्वारा सिर्फ उस व्यवहार को किया जाता है जिसे मजबूत करना है या कमजोर करना है। बुटजिन, एकोसेला

एवं एलाय[1] (Bootzin, Acocella & Alloy, 1993) के शब्दों में इसे इस प्रकार परिभाषित किया जा सकता है, ''किसी अनुक्रिया की आवृत्ति को परिवर्तित करने के ख्याल से उस अनुक्रिया के परिणाम में किया गया जोड़-तोड़ को संभाव्यता प्रबंधन कहा जाता है।''

संभाव्यता प्रबंधन के तहत कई चिकित्सा प्रविधियों को रखा गया है जिनमें निम्नांकित छह प्रमुख हैं—

(i) शेपिंग (Shaping)
(ii) समय वहिर्गामी (Time-out)
(iii) संभाव्यता अनुबन्ध (Contingency contracting)
(iv) अनुक्रिया लागत (Response cost)
(v) प्रीमैक नियम (Premack Principle)
(vi) सांकेतिक व्यवस्था (Token economies)

इन सबों का वर्णन निम्नांकित है—

(i) शेपिंग *(Shaping)*—इस प्रविधि को कभी-कभी आनुक्रमिक सन्निकटन (successive approximation) भी कहा जाता है। इस प्रविधि में व्यक्ति में पहले एक वांछित व्यवहार वैसे व्यवहार को पुनर्बलित करके विकसित किया जाता है जो उस वांछित व्यवहार के सन्निकट होता है। फिर धीरे-धीरे सिर्फ उसी व्यवहार को चयनात्मक रूप से पुनर्बलित किया जाता है जो वांछित व्यवहार के बिलकुल समान होता है और इस तरह से अंतिम वांछित व्यवहार को फिर व्यक्ति सफलतापूर्वक कर सकने में सफल हो पाता है। शेपिंग प्रविधि का उपयोग वैसे व्यवहारों की उत्पत्ति में लाभप्रद साबित हुआ है जो व्यक्ति के वर्तमान क्षमता से थोड़ा ऊपर होता है। इसके अलावा इसका सफलतापूर्वक उपयोग कम बोलने वाले बच्चों को ठीक से बोलने में तथा असगत शौच आदत (toilet habits) को बच्चों में सुचारु करने तथा मानसिक रूप से मंदित बच्चों को आत्म-निर्भर एवं कुछ कौशल सीखलाने में सफलतापूर्वक किया गया है।

(ii) समय वहिर्गामी *(Time out)*—यह एक ऐसी प्रविधि है जो सचमुच में विलोपन (extinction) का एक विशिष्ट प्रारूप है जिसमें अवांछित व्यवहार की आवृत्ति में कमी व्यक्ति को उस परिस्थिति से दूर करके या हटा करके किया जाता है जिसमें उस व्यवहार को करने के लिए पर्याप्त पुनर्बलक (reinforces) मौजूद होते हैं। जैसे—एक बच्चा जो वर्ग में अक्सर अनुशासनहीन व्यवहार करता है, उसे वर्ग से हटाकर उसके अनुशासनहीन व्यवहार को कम किया जा सकता है। वर्ग से हटा देने से ऐसे अनुशासनहीन व्यवहार अन्य छात्रों द्वारा उसके इस व्यवहार पर ध्यान देकर जो पुनर्बलित होता है, वह नहीं हो पाता है जिससे धीरे-धीरे ऐसा व्यवहार स्वतः विलोपित हो जाता है।

(iii) संभाव्यता अनुबन्ध *(Contingency contracting)*—इस चिकित्सीय प्रविधि में रोगी तथा चिकित्सक के बीच एक औपचारिक सहमति या अनुबन्ध (contract) होता है। इसमें दोनों के लिए कुछ विशिष्ट तरह के व्यवहार के परिणामों का स्पष्ट उल्लेख होता है। स्टुआर्ट (Stuart, 1971) के अनुसार इस तरह के अनुबन्ध के मुख्य पाँच तत्त्व होते हैं—

(a) अनुबन्धन के प्रति रोगी एवं चिकित्सक दोनों की जवाबदेहियों का उल्लेख।
(b) अनुबन्ध की शर्त्तों को पूरा किये जाने पर मिलने वाला पुरस्कार का उल्लेख।
(c) अनुबन्ध के प्रावधानों के साथ अनुपालन को मानीटर करने के लिए विशेष तंत्र (system) का निर्माण।
(d) असाधारण कार्यों के लिए कुछ विशेष लाभ देने का उल्लेख।
(e) अनुबन्धन के शर्त्तों की असफलता होने पर दंड का उल्लेख।

सचमुच में संभाव्यता अनुबन्ध में शर्त के मुताबिक बहुत सारे व्यवहार-परिवर्तन की प्रविधियों का संगठित किया जाता है। इसका उपयोग कई तरह की परिस्थितियों में किया गया है। जैसे—वुड एवं जकोवसन (Wood & Jacobson, 1985) ने संभाव्यता अनुबन्ध का उपयोग वैवाहिक तनाव (marital stress) को दूर करने में, बोऊडीन (Boudin, 1972) ने

---

1. "The mainpulation of the consequence of a response in order to change the frequency of that response is called contingency management." —Bootzin, Acocella & Alloy : *Abnormal Psychology,* 1993 p. 513-514

औषध व्यसन को कम करने में, ब्रोनेल तथा फ्रोरिट (Brownell & Foreyt, 1985) ने मोटापा कम करने में तथा ऐलेक्जेण्डर तथा पारसन्ल (Alexander & Parsons, 1973) ने पारिवारिक झंझट को कम करने में सफलतापूर्वक किया है।

कुछ ऐसे भी नैदानिक मनोवैज्ञानिक हैं जो इस बात से सहमत नहीं हैं कि रोग के उपचार के लिए औपचारिक अनुबन्ध (formal contract) की कोई आवश्यकता नहीं है। विडियर एवं रोर्र (Widiger & Rorer, 1984) ने तो यहाँ तक दावा किया है कि कुछ विशेष तरह के नैदानिक हस्तक्षेप (clinical intervention) के लिए तो औपचारिक अनुबन्ध (formal contract) किया जाना संभव ही नहीं है।

(iv) अनुक्रिया लागत *(Response Cost)*—अनुक्रिया लागत की प्रविधि एक तरह से दंड संभाव्यता (punishment contingency) है जिसमें व्यक्ति को अवांछित व्यवहार करने पर मिलने वाला पुरस्कार से हाथ धोना पड़ता है या देय सुविधा को हटा लिया जाता है। यातायात एवं पार्किंग नियम को तोड़ने पर किया जाने वाला आर्थिक दंड अनुक्रिया लागत का उत्तम उदाहरण है। उसी तरह से शरारती व्यवहार करने पर किसी बच्चा को दूरदर्शन कार्यक्रम देखने से वंचित करना भी अनुक्रिया लागत का एक उदाहरण होगा।

अनुक्रिया लागत प्रविधि का सफलतापूर्वक उपयोग कई तरह की नैदानिक समस्याओं जैसे आक्रमक व्यवहार, शैक्षिक समस्याएँ, धूम्रपान की समस्या, अत्यधिक खाना खाने की समस्या, आत्म-दोषी ठहराने की बुरी आदत को दूर करने में किया गया है। काजडिन एवं उनके सहयोगियों (Kazdin et al., 1972) ने अनुक्रिया लागत की इस लोकप्रियता का मुख्य कारण इसमें निहित दो स्पष्ट लाभ (advantages) बतलाया है जो इस प्रकार है—

(a) अनुक्रिया लागत के परिणामस्वरूप जो अवांछित व्यवहार व्यक्ति करना छोड़ना सीखता है, वह अन्य दूसरे तरह के मिलने वाले दंड के परिणामस्वरूप ऐसा ही सीखे गये व्यवहार की अपेक्षा अधिक स्थायी होता है।

(b) दंड के अधिक तीव्र एवं विरुचिकर (aversive) प्रभावों के समान अनुक्रिया लागत में मिलने वाला दंड का कोई पार्श्व प्रभाव (side effect) नहीं होता है।

(v) प्रीमैक नियम *(Premack Principle)*—इसे कभी-कभी *ग्रैंडमा नियम* (Grandma's rules) भी कहा जाता है। इस प्रविधि में वांछित व्यवहार को व्यक्ति को उससे अधिक आकर्षक व्यवहार करने की छूट देकर पुनर्बलित किया जाता है। जैसे—जब किसी बच्चों को यह कहा जाता है कि उसे संगीत का पाठ पूरा करने पर ही खेलने की अनुमति दी जाएगी तो यह प्रीमैक नियम का एक उत्तम उदाहरण होगा।

(vi) सांकेतिक व्यवस्था *(Token economies)*—सांकेतिक व्यवस्था एक ऐसी प्रविधि है जिसमें कुसमायोजित व्यवहार को दूर करने के लिए रोगी को उपयुक्त व्यवहार करना कुछ संकेत (token) के रूप में ठोस पुनर्बलन (tangile reinforcer) देकर सीखलाया जाता है। बाद में रोगी अपनी इच्छानुसार उस संकेत को देकर वांछित वस्तु या सुविधा या लाभ प्राप्त कर सकता है। इस तरह से संकेत यहाँ एक तरह से मुद्रा (money) के रूप में कार्य करता है। सांकेतिक व्यवस्था के मुख्य चार तत्त्व (components) होते हैं जो निम्नांकित हैं—

(a) लक्ष्य व्यवहार *(Target behaviour)*—यह तत्त्व इस ओर इशारा करता है कि रोगी, चिकित्सक तथा अन्य संबंधित कर्मचारी आपस में मिलकर इस बात का निर्धारण करते हैं कि कौन व्यवहार को परिवर्तित करना है। ऐसे व्यवहार को लक्ष्य व्यवहार कहा जाता है। जैसे—जब रोगी किसी मानसिक रोगशाला में भर्त्ती होता है तो उसके सामाजिक अन्त:क्रिया तथा आत्म-मदद (self-help) से संबंधित व्यवहार को लक्ष्य व्यवहार बनाया जाता है।

(b) विनिमय के रूप में संकेत *(Token as medium of exchange)*—सांकेतिक व्यवस्था में कुछ संकेत जैसे—कागज या कूट के बने रंगीन गोलाकार या आयताकार टुकड़े तथा सिक्का के समान सोने का पानी चढ़ा धातु के कुछ वस्तुएँ आदि होते हैं जिन्हें व्यक्ति को वांछित व्यवहार करने पर दिया जाता है।

(c) प्रोत्साहित करने वाला पुनर्बलक *(Backup reinforcer)*—सांकेतिक व्यवस्था में संकेत के बदले में मिलने वाला कोई विशेष सामान या सेवाएँ होती हैं। भोजन, मनोरंजन की सुविधाएँ, अस्पताल से कुछ समय के लिए छुट्टी तथा अन्य आरामदेह सुविधाएँ कुछ प्रमुख प्रोत्साहन प्रदान करने वाला पुनर्बलक के रूप में उपयोग किये जाने वाले चीजें हैं।

(d) विनिमय का नियम *(Rules of exchanges)*—सांकेतिक व्यवस्था में विनिमय के कुछ स्पष्ट नियम होते हैं जिसमें इस बात का स्पष्ट उल्लेख होता है कि लक्ष्य व्यवहार करने के बाद उसे कितना संकेत (tokens) मिलेगा तथा

किसी विशेष प्रोत्साहन प्रदान करने वाला पुनर्बलक को प्राप्त करने के लिए उसे कितना संकेत प्राप्त करना होगा। परिस्थिति के अनुसार विनिमय के नियम में परिवर्तन लाया जाता है ताकि किसी प्रकार की गड़बड़ी न हो सके।

मनश्चिकित्सीय संस्थान में सांकेतिक व्यवस्था पर पहला रिपोर्ट एलौन एवं अजरीन (Ayllon & Azrin, 1965) द्वारा प्रकाशित किया गया जिन्होंने चिरकालिक महिला रोगियों में सांकेतिक व्यवस्था की प्रविधि द्वारा आत्म-देखरेख व्यवहार (self-care behaviour) को काफी प्रोत्साहित किया। बुर्चार्ड (Burchard, 1967) तथा कोहेन (Cohen, 1968) ने सांकेतिक व्यवस्था के सहारे समाज-विरोधी व्यवहार (antisocial behaviour) तथा अपराधी व्यवहार में परिवर्तन लाने में सफलता प्राप्त किया है। पॉल (Paul, 1982) ने इसका सफलतापूर्वक उपयोग मनोविदालिता के चिरकालिक रोगियों के उपचार में किया है।

नैदानिक मनोवैज्ञानिकों का मत है कि जब उपयुक्त व्यवहार के लिए संकेत (token) का उपयोग एक पुनर्बलक (reinforcer) के रूप में किया जाता है तो इसके कई स्पष्ट लाभ (advantages) हैं जिनमें निम्नांकित प्रमुख हैं—

(i) व्यक्ति जितना ही अधिक वांछनीय व्यवहार करता है, वह उतना ही अधिक संकेत (token) अर्जित कर पाता है।

(ii) संकेत का स्वरूप कुछ ऐसा होता है कि उससे कोई प्रत्यक्ष संतुष्टि तो होती नहीं है। इसलिए उसका प्रोत्साहन मूल्य (incentive value) बना रहता है।

(iii) संकेत द्वारा उचित व्यवहार या निष्पादन तथा पुनर्बलन (reinforcement) के बीच होने वाला देरी (delay) को संकेत द्वारा प्रायः कम कर दिया जाता है।

(iv) यह बात पूर्णतः रोगी पर छोड़ दिया जाता है कि वह कितना संकेत अर्जित कर सकता है तथा किस तरह से उसका उपयोग वांछित वस्तुओं की प्राप्ति में किया जा सकता है।

(v) संकेत द्वारा रोगी के संस्थान के वातावरण तथा बाह्य वातावरण के माँग की टूरी को पूरा किया जाता है।

संकेत व्यवस्था प्रविधि के कुछ लाभ (advantage) तथा अलाभ (disadvantages) है। इसका प्रमुख लाभ निम्नांकित है—

(i) इस चिकित्सा प्रविधि द्वारा गंभीर रूप से मानसिक रूप से ग्रस्त रोगियों का उपचार संभव है। जैसे—मनोविदालिता (schizophrenia), अपराधियों एवं समस्यात्मक स्कूली बच्चों की अनुशासनहीनता जैसे व्यवहार का उपचार किया जाता है।

(ii) इस प्रविधि द्वारा रोगी में सामाजिक जीवन एवं विभिन्न व्यवसाय से संबंधित वांछित व्यवहारों को विकसित करने में काफी मदद मिली है।

(iii) इस चिकित्सा पद्धति के संचालन में चिकित्सक में विशेष कौशल की आवश्यकता नहीं होती है। अतः इसमें संचालन संबंधी कोई कठिनाई नहीं होती है।

(iv) इस चिकित्सा पद्धति में समय तथा श्रम अन्य प्रविधियों की तुलना में कम लगता है।

इन लाभों के बावजूद इस चिकित्सा पद्धति के कुछ अलाभ (disadvantages) हैं जिनमें निम्नांकित प्रमुख हैं—

(i) सांकेतिक व्यवस्था पद्धति से रोगी का किया गया उपचार प्रायः स्थायी नहीं होता है। जब रोगी मानसिक अस्पताल या उपचार गृह से बाहर निकलकर वास्तविक जिन्दगी में पहुँचता है तो उस तरह का सांकेतिक पुनर्बलन (token reinforcement) न मिलने के अभाव में रोगी के विलोपित अवांछित व्यवहार पुनः लौट जाते हैं।

(ii) आजकल सांकेतिक व्यवस्था पद्धति की लोकप्रियता में इसलिए भी कम आयी है क्योंकि इसके संचालन के लिए पर्याप्त संख्या में अस्पताल में कर्मचारी प्रायः उपलब्ध कई कारणों से नहीं हो पाते हैं।

(iii) किली (Keely, 1990) के अनुसार सांकेतिक व्यवस्था पद्धति से किसी रोग के बारे में प्राप्त परिणाम का सामान्यीकरण (generalization) कई कारणों से संभव नहीं हो पाता है।

(iv) सांकेतिक व्यवस्था पद्धति से उपचार किये जाने पर रोगी में कभी-कभी कुछ बुरी आदत जैसे—दूसरों पर निर्भर होने तथा दूसरों से कुछ पाने की आदत विकसित हो जाती है।

इन अलाभों के बावजूद सांकेतिक व्यवस्था का उपयोग नैदानिक मनोवैज्ञानिकों खासकर वैसे नैदानिक मनोवैज्ञानिकों जो व्यवहार चिकित्सा के नियमों से कम वाकिफ भी होते हैं, अधिक लोकप्रिय है।

मॉडलिंग
(Modeling)

जैसा कि नाम से ही स्पष्ट है, मॉडलिंग एक ऐसी प्रविधि है जो प्रेक्षणात्मक सीखना (observational learning) पर आधारित है। इस प्रविधि में दूसरे व्यक्ति जैसे माता-पिता या चिकित्सक को रोगी एक खास व्यवहार करते देखता है तथा साथ-ही-साथ उस व्यवहार से मिलने वाले परिणामों से भी अवगत होता है। इस तरह के प्रेक्षण के आधार पर रोगी खुद भी वैसा ही व्यवहार करना धीरे-धीरे सीख लेता है। मॉडलिंग की प्रभावशीलता को बैण्डुरा, ब्लैनकार्ड तथा रिट्टर (Bandura, Blanchard & Ritter, 1969) के एक आरंभिक अध्ययन में सबसे पहले दिखलाया गया था। इस अध्ययन में रोगी को सर्प दुर्भीति (snake phobia) दूर करने की कोशिश की गयी थी। ऐसे अनेकों कई और अध्ययन करने के बाद वैण्डुरा तथा उनके सहयोगियों द्वारा इस निष्कर्ष पर पहुँच गया कि सर्प दुर्भीति के करीब 90% रोगियों को इस प्रविधि द्वारा सफलतापूर्वक उपचार किया जाना संभव हो पाया।

मॉडलिंग के उक्त मौलिक प्रविधि में नैदानिक मनोवैज्ञानिकों द्वारा कई महत्त्वपूर्ण परिमार्जन (modifications) किये गए हैं। सबसे सामान्य परिमार्जन को *सहभागी मॉडलिंग* (participant modeling) कहा जाता है। सहभागी मॉडलिंग में रोगी एक जीवित मॉडल को कुछ करते हुए देखता है या किसी सुरक्षित परिस्थिति में रोगी धीरे-धीरे डरने वाले वस्तु से निदेशित सम्पर्क (guided contact) स्थापित करता है। जैसे—यदि रोगी यह देखता है कि मॉडल साँप पकड़े हुए हैं या मॉडल के शरीर पर साँप रेंग रहा है, तो रोगी को भी धीरे-धीरे साँप पकड़ने तथा फिर उसे अपने शरीर पर रेंगने देने के लिए कहा जाता है। ऐसा करने से रोगी में धीरे-धीरे साँप से डर समाप्त होने लगता है और उसकी चिंता कमने लगती है। मॉडल का दूसरा महत्त्वपूर्ण परिमार्जन को *गुप्त मॉडलिंग* (covert modeling) कहा जाता है। गुप्त मॉडलिंग में रोगी को एक ऐसे मॉडल की कल्पना करने के लिए कहा जाता है जो वैसा व्यवहार कर रहा होता है जिसे वह अपनाना या सीखना चाहता है। ऐसा बार-बार करने से उस वांछनीय व्यवहार (desired behaviour) को करने की प्रवृत्ति रोगी में विकसित हो जाती है। काऊटेला (Cautela, 1971) तथा काऊटेला एवं उनके सहयोगियों (Cautela et al., 1974) ने सर्प दुर्भीति दूर करने में गुप्त मॉडलिंग को जीवित मॉडलिंग (live modeling) के समान ही प्रभावी माना है। काजडिन (Kazdin, 1975) ने गुप्त मॉडलिंग का सफलतापूर्वक उपयोग उन समस्याओं के उपचार में किया है जिसमें निश्चयात्मकता (assertiveness) की कमी पायी जाती है।

अभी हाल में ऐसा देखा गया है कि कई व्यवहार चिकित्सा कार्यक्रम जो अस्पताल में भर्त्ती हुए रोगियों पर किया जाता है, में मॉडलिंग की लोकप्रियता काफी बढ़ी है। बेलाक, हरसेन एवं टर्नर (Bellackq, Hersen & Turner, 1976) ने तीन चिरकालिक मनोवादिलता के रोगियों में विभिन्न तरह के डरों को मॉडलिंग, भूमिका निर्वाह (role playing) तथा धनात्मक पुनर्बलन (positive reinorcement) के सहारे दूर करने में सफल हुए।

मॉडलिंग के कुछ लाभ (advanages) तथा अलाभ (disadvantages) हैं। इसके प्रमुख लाभ निम्नांकित हैं—

(i) मॉडलिंग में किसी प्रकार का प्रत्यक्ष धनात्मक पुनर्बलन का उपयोग नहीं होता है। इसमें रोगी मॉडल के व्यवहार का मात्र प्रेक्षण करके अपने संज्ञान (cognition) में उचित परिवर्तन करता है और फिर व्यवहार में परिवर्तन करता है। फलतः इससे व्यवहार में हुआ परिवर्तन तुलनात्मक रूप से अधिक स्थायी होता है।

(ii) मासरमैन (Masserman, 1943) तथा वैण्डुरा (Bandura, 1969) के अनुसार मॉडलिंग कुछ विशेष परिस्थिति में खासकर वैसी परिस्थिति में जहाँ रोगी में निश्चयात्मकता जैसे महत्त्वपूर्ण सामाजिक व्यवहार की कमी होती है, काफी लाभप्रद साबित हुआ है।

इन लाभों के बावजूद मॉडलिंग के कुछ अलाभ (disadvantages) भी हैं जो निम्नांकित हैं—

(i) मॉडलिंग की सफलता इस बात पर आधृत होता है कि रोगी मॉडल तथा उसके व्यवहार को कितना अधिक ध्यान देकर देखता है तथा उसे महत्त्वपूर्ण समझकर उसके व्यवहार करने की इच्छा व्यक्त करने की कोशिश करता है। अक्सर देखा गया है कि रोगी मॉडल के व्यवहार को मात्र एक नाटक समझकर उसकी उपेक्षा करता है। ऐसी समझ वाले रोगियों के उपचार में मॉडलिंग बहुत प्रभावकारी सिद्ध नहीं होता है।

(ii) मॉडलिंग की प्रविधि को सफल होने के लिए यह आवश्यक है कि चिकित्सक में सामाजिक कौशल (social skills) हो। जिन चिकित्सकों में ऐसे कौशल की कमी पायी जाती है, वे इस प्रविधि से उपचार करने में अधिक लाभन्वित नहीं हो पाते हैं।

इन अलाभों के बावजूद मॉडलिंग प्रविधि की उपयोगिता खास करके दुर्भीति के रोग के उपचार में काफी अधिक है। आज भी कई व्यवहार चिकित्सक इस प्रविधि का उपयोग करके दुर्भीति के रोगियों का उत्तम उपचार कर रहे हैं।

वायोफिडबैक विधि
(Biofeedback Method)

वायोफिडबैक एक ऐसी व्यवहार चिकित्सा है जिसे निटीजिल तथा उनके सहयोगियों (Neitzel et al., 1991) ने संभाव्यता प्रबंधन (contingency management) का ही एक अनोखा प्रारूप (unique version) माना है। व्यक्ति जब अपने आंतरिक एवं स्वायत्त अनुक्रियाओं (autonomic responses) का नियंत्रण व्यवहारपरक विधियों (behavioural methods) से करता है, तो इसे *वायोफिडबैक* (biofeedback) कहा जाता है। इस प्रविधि में विशेष वैद्युत उपकरण के सहारे रोगी को अपनी शारीरिक क्रियाओं के बारे में सूचना प्रदान की जाती है। ऐसी शारीरिक क्रियाओं में मूलतः अनैच्छिक क्रियाओं जैसे हृदय की गति, रक्त चाप, त्वचा का तापक्रम, मस्तिष्कीय तरंग (brain waves) तथा अन्य संबंधित कार्य जिनका संचालन मूलतः स्वायत्त तंत्रिका तंत्र (autonomic nervous system) से होता है, प्रधान होते हैं। इन अनैच्छिक क्रियाओं में परिवर्तन लाने का प्रशिक्षण देकर रोगी को कुसमायोजित व्यवहार को दूर करके उसकी जगह पर समायोजित व्यवहार (adaptive behaviour) को सीखलाया जाता है। वायोफिडबैक विधि द्वारा उपचार करने में निम्नांकित चरण (steps) सम्मिलित होते हैं—

(i) रोगी को उस शारीरिक अनुक्रिया (physiological response) जिसमें परिवर्तन लाना है, को मानीटर विशेष वैद्युत उपकरण द्वारा किया जाता है।

(ii) उपकरण द्वारा सूचनाओं को श्रवण (auditory) या दृश्य संकेतों (visual cuses) के रूप में परिवर्तित कर उसे रोगी के सामने रखा जाता है।

(iii) रोगी उस संकेत में परिवर्तन अपनी शारीरिक क्रियाओं में परिवर्तन करके करता है।

जैसे मान लिया जाए कि यदि कोई व्यक्ति सिरदर्द से प्रभावित है तो उसके सिर पर इलेक्ट्रोड लगा दिया जाएगा जो सिर के क्षेत्र से छोटे-छोटे पेशीय क्रियाओं को ग्रहण कर उसे एक विशेष आवाज में बदल देगा। पेशीय क्रियाओं में परिवर्तन होने से आवाज में भी परिवर्तन होगा। रोगी का कार्य उस आवाज में कमी लाना या उसे समाप्त करना होगा जिससे यह पता चलेगा कि पेशीय तनाव समाप्त हो गया या कम हो गथा अर्थात् सिरदर्द कम हो गया या समाप्त हो गया। ऐसा बार-बार करने में अन्ततोगत्वा रोगी अपने सिरदर्द को कम करने में सफल हो पाता है।

वायोफिडबैक प्रविधि का उपयोग कई तरह के रोगों जैसे उच्च रक्तचाप (high blood pressure), सिरदर्द, अनियमित हृदय गति तथा रेनाऊड रोग (Raynaud's disease) जिसमें निम्न रक्त बहाव बनने के कारण हाथ या पैर में कोथ (gangrene) हो जाता है, के उपचार में सफलतापूर्वक किया गया है। अभी हाल में कासिसी तथा मैकग्लिन (Cassisi & McGlynn, 1988) ने वायेफिडबैक का सफलतापूर्वक उपयोग रात्रिक ब्रक्सीज्म (nocturual bruxism) के उपचार में किया है। इस रोग में रोगी नींद में दाँत कटकटाता एवं पीसता है जिससे सिरदर्द, आनन दर्द (facial pain) तथा दंत समस्याएँ (dental problems) आदि उत्पन्न हो जाती हैं। इसमें एक विशेष वैद्युतीय उपकरण द्वारा रोगी के नींद हमें होने पर उसके चहेरे के मांशपेशीय तनावों को मॉनीटर (monitor) किया जाता है। इसे EMG कहा जाता है। जब EMG एक क्रान्तिक स्तर (critical level) पर पहुँच जाता है, तो इससे घंटी की आवाज होती है तथा रोगी नींद से उठ जाता है और ब्रक्सीज्म (bruxism) का व्यवहार समाप्त हो जाता है। इसे बार-बार करके ब्रक्सीज्म को काफी हद तक नियंत्रित कर दिया जाता है।

वायोफिड प्रविधि द्वारा चाहे जिस तरह के रोग का उपचार क्यों न किया जा रहा हो, एक मॉनीटर तथा पुनर्निवेशन उपकरण (feedback apparatus) रोगी के शरीर से लगा दिया जाता है जो बाद में कुछ शारीरिक या मानसिक उपाय करके वांछित दिशा में अपनी आंतरिक अनुक्रिया में परिवर्तन करता है। अधिकतर केसेज़ में इस परिवर्तन के लिए परिणाम ज्ञान की पुनर्बलक (reinforce) के रूप में उपयोग किया जाता है परन्तु कभी-कभी प्रशंसा या मौद्रिक पुरस्कार (monetary reward) को भी पुनर्बलक के रूप में उपयोग किया जाता है।

वायोफिडबैक प्रविधि के कुछ लाभ (advantages) तथा अलाभ (disadvantages) हैं। इसके प्रमुख लाभ निम्नांकित हैं—

(i) वायोफिडबैक द्वारा ऐसे रोगों के उपचार में अधिक मदद मिलती है जिनका एक स्पष्ट दैहिक आधार होता है। मिलर (Miller, 1983) ने ऐसे रोगों के उपचार में वायोफिडबैक को नैदानिक रूप से एक काफी सम्पन्न विधि माना है।

(ii) वायोफिडबैक प्रविधि द्वारा उपचार में तुलनात्मक रूप से अधिक वस्तुनिष्ठता, विश्वसनीयता तथा वैधता है।

इन लाभों के बावजूद वायोफिडबैक विधि के कुछ अलाभ हैं जो निम्नांकित हैं—

(i) वायोफिडबैक में मॉनीटर करने के लिए जो वैद्युतीय उपकरण का उपयोग किया जाता है, वह काफी कीमती होता है। फलस्वरूप, इसका उपयोग सभी तरह के चिकित्सक नहीं कर पाते हैं।

(ii) वायोफिडबैक प्रविधि द्वारा उपचार गृह या मानसिक अस्पताल के परिसर में किये गए परिवर्तनों को व्यक्ति अपनी वास्तविक जिन्दगी में बनाकर सामान्यतः नहीं रख पाता है।

(iii) रीड, कैटकीन तथा गोल्डवैंड (Reed, Katkin & Goldband, 1986) ने अपने अध्ययन के आधार पर यह बतलाया है कि वायोफिडबैक जैसे जटिल एवं कीमती प्रविधि द्वारा जो व्यक्ति के व्यवहार में परिवर्तन आते हैं, उतना परिवर्तन या उससे अधिक परिवर्तन आसानी से उससे आसान प्रविधि जैसे—विश्रांति प्रशिक्षण (relaxation training) द्वारा उत्पन्न किया जा सकता है। ऐसी परिस्थिति में तब वायोफिडबैक जैसी प्रविधि का कोई सार्थक महत्त्व नहीं रह जाता है।

इन अलाभों या परिसीमाओं के बावजूद धीरे-धीरे आजकल अधिकतर मानसिक अस्पतालों में वायोफिडबैक प्रविधि की लोकप्रियता बढ़ते जा रही है।

व्यवहार चिकित्सा का मूल्यांकन
(Evaluation of Behaviour Therapy)

हमलोग यह देख चुके हैं कि व्यवहार चिकित्सा की कई विधियाँ हैं और प्रत्येक विधि की कुछ लाभ एवं परिसीमाएँ (limitations) हैं। नैदानिक मनोवैज्ञानिकों ने व्यवहार चिकित्सा का एक समग्र मूल्यांकन (overall evaluation) किया है तथा इसके गुण एवं दोषों का वर्णन किया है। इसके गुण या प्रमुख लाभ निम्नांकित हैं—

(i) व्यवहार चिकित्सा एक संक्षिप्त एवं यथार्थ विधि है। मार्क्स (Marks, 1982) के अनुसार चूँकि इस चिकित्सा विधि में लक्ष्य व्यवहार जिसका उपचार करना निश्चय कर लिया जाता है तथा जिस प्रविधि का उपयोग करना है, उसे भी तय कर लिया जाता है, अतः इस विधि के परिणाम अधिक निर्भर योग्य होते हैं एवं इसके परिणाम को एक वैज्ञानिक प्रारूप में रिपोर्ट किया जा सकता है, विचार-विमर्श किया जा सकता है तथा यथार्थपूर्ण ढंग से मूल्यांकन किया जा सकता है।

(ii) काजडिन एवं विलसन (Kazdin & Wilson, 1978) के अनुसार व्यवहार चिकित्सा चूँकि सीखने के नियमों पर स्पष्टतः आधारित होता है, अतः इसमें चिकित्सक की योग्यता एवं दक्षता आदि पर कोई विशेष निर्भरता नहीं रहती है। कम दक्ष चिकित्सक भी इस विधि का उपयोग सफलतापूर्वक कर पाते हैं।

(iii) व्यवहार चिकित्सा का तीसरा लाभ यह है कि इसके द्वारा उपचार करने में अन्य विधियों की तुलना में कम समय एवं खर्च लगता है। इसमें सहयोगी कार्यकत्ताओं की भी जरूरत कम पड़ती है। इस विधि का स्वरूप कुछ ऐसा होता है कि इसे आसानी से समपेशेवरों (paraprofessional) तथा अपेशेवरों (non-professionals) दोनों को उसमें प्रशिक्षित किया जा सकता है। अतः व्यवहार चिकित्सा की विधि अधिक व्यवहारिक एवं लोकप्रिय है।

(iv) व्यवहार चिकित्सा ने लक्षण प्रतिस्थापन (symptom substitution) के संप्रत्यय को निरर्थक साबित करते हुए यह दिखलाया है कि मानसिक रोगों को सिर्फ मेडिकल मॉडल के दृष्टिकोण से देखना अनुचित है तथा इसका मनोगतिकी विकल्प (psychodynamic alternative) भी उपलब्ध है।

इन लाभों के बावजूद व्यवहार चिकित्सा के कुछ अलाभ या परिसीमाएँ (limitations) हैं जिनमें निम्नांकित प्रमुख हैं—

(i) व्यवहार चिकित्सा सभी तरह की मानसिक विकृतियों के उपचार के लिए लाभप्रद नहीं बतलाया गया है। जैसे—मनोविदालिता (schizophrenia) के रोगी, आत्म-विमोही बच्चे (antistic children) तथा गंभीर रूप से विषादी रोगी (seriously depressed patients) आदि के उपचार में यह विधि बहुत अधिक लाभप्रद साबित नहीं होता है।

(ii) व्यवहार चिकित्सा को कुछ नैदानिक मनोवैज्ञानिकों ने सतही (superficial) कहा है। चूँकि व्यवहार चिकित्सा में रोगी के गत् अनुभूतियों को महत्त्व नहीं दिया जाता है, अतः रोगी में सूझ विकसित करना इसका मुख्य लक्ष्य नहीं होता है, तथा इसका संबंध किसी स्पष्ट सैद्धान्तिक समस्याओं से नहीं होता है। यह चिकित्सा उन लोगों के लिए खोखला नजर आता है जो रोगी में आत्म-बोध (self-understanding) तथा आत्म-स्वीकार (self-acceptance) के विकास पर अधिक बल डालते हैं।

(iii) कुछ आलोचकों का मत है कि व्यवहार चिकित्सा द्वारा रोगी के लक्षण स्थायी तौर पर दूर नहीं होते हैं बल्कि उससे मात्र लक्षण प्रतिस्थापन (symptom substitution) होता है। लक्षण प्रतिस्थापन से तात्पर्य एक ऐसी प्रक्रिया से होती है जिसमें रोगी में किसी समस्या के उपचार के दौरान उस समस्या से संबंधित लक्षण तो दूर हो जाते हैं परन्तु बाद में उनमें कुछ दूसरे रोग के लक्षण इसलिए विकसित हो जाते हैं क्योंकि इसमें लक्षण के अन्तर्निहित कारणों को समझने की कोशिश नहीं की जाती है।

(iv) कुछ नैदानिक मनोवैज्ञानिकों का मत है कि व्यवहार चिकित्सा में रोगी को वैयक्तिक स्वतंत्रता (individual freedom) पर एक तरह से अंकुश लग जाता है। इसका कारण यह है कि इस तरह की चिकित्सा में चिकित्सक अपने मूल्यों (values) के अनुरूप रोगी के व्यवहार को समझने की कोशिश करते हैं तथा उसमें जोड़-तोड़ (manipulation) करते हैं।

(v) ग्रॉसवर्ग (Grossberg, 1997) ने यह कहा है कि व्यवहार चिकित्सा उन समस्याओं जिनकी प्रकृति अस्पष्ट होती है तथा उनका स्वरूप अस्तित्ववादी (existential) होता है, का उपचार करने में अधिक सफल नहीं हुआ है। जैसे—यदि किसी व्यक्ति में विषाद (depression) या चिंता का अपरिभाषित प्रारूप है अर्थात् उसका स्रोत अस्पष्ट है, तो क्या व्यवहार चिकित्सा से उसका उपचार संभव है? ग्रॉसवर्ग ने इस क्षेत्र में किये गए शोधों की समीक्षा के आधार पर यह बतलाया है कि इसका उत्तर नकारात्मक ही होगा।

इन परिसीमाओं या अलाभों के बावजूद व्यवहार चिकित्सा की उपयोगिता आधुनिक नैदानिक मनोवैज्ञानिकों के बीच काफी अधिक है। खासकर असंवेदीकरण, मॉडलिंग, वायोफिडवैक प्रविधियों की लोकप्रियता तुलनात्मक रूप से काफी अधिक है।

व्यवहार चिकित्सा तथा मनोवैश्लेषिक चिकित्सा का एक तुलनात्मक अध्ययन
(A Comparative Study of Behaviour Therapy and Psychoanalytic Therapy)

व्यवहार चिकित्सा तथा मनोवैश्लेषिक चिकित्सा (Psychoanalytic therapy) मनश्चिकित्सा के दो प्रमुख प्रकार हैं। इन दोनों तरह की मनश्चिकित्सा का प्रमुख समानता बिन्दु यह है कि इनके द्वारा सिर्फ उन्हीं मानसिक विकृतियों (mental disorders) का उपचार संभव है जिनका स्वरूप गंभीर नहीं होता है। इस समानता के बावजूद इन दोनों तरह की मनश्चिकित्साओं में निम्नांकित अंतर है—

(i) व्यवहार चिकित्सा स्पष्ट रूप से एक औपचारिक सिद्धान्त एवं नियम पर आधारित होता है। फलतः इससे कई तरह की जाँचनीय अनुमान लगाना संभव हो पाता है। वैसे व्यवहार चिकित्सा स्पष्टतः अनुबंधन सिद्धान्त (conditioning theory) पर आधृत होता है। परन्तु मनोवैश्लेषिक चिकित्सा (psychoanalytic therapy) एक असंगत सिद्धान्त (inconsistent theory) पर आधारित होता है जिसका प्रतिपादन कभी भी स्पष्ट रूप से नहीं किया गया।

(ii) व्यवहार चिकित्सा का आधार नियंत्रित प्रेक्षण (controlled observation) या प्रयोग है। यह मूलतः क्लासिकी अनुबंधन (classical conditioning), प्रयोग, क्रियाप्रसूत अनुबंधन (operant canditioning) प्रयोग, प्रेक्षणात्मक सीखना (obervational learning) प्रयोगों से प्राप्त तथ्यों पर आधारित होता है। दूसरे तरफ मनोवैश्लेषिक चिकित्सा का आधार इस तरह का प्रयोग या नियंत्रित प्रेक्षण न होकर नैदानिक प्रेक्षण (clinical observation) होता है। इस तरह की चिकित्सा मूलतः चिकित्सक के निजी प्रेक्षणों एवं अनुभवों पर आधारित होता है।

(iii) व्यवहार चिकित्सा में रोगी के लक्षणों को अपअनुकूली अनुबंधित अनुक्रिया (unadaptive conditioned response) माना जाता है। इसका मतलब यह हुआ कि इसमें यह समझा जाता है कि जब व्यक्ति अपअनुकूलित अनुक्रिया को सीखता है, तो इससे विशेष प्रकार के लक्षण (symptoms) विकसित होते हैं। दूसरे तरफ, मनोवैश्लेषिक चिकित्सा में रोगी के लक्षण अचेतन कारणों या अचेतन मनोग्रन्थि (unconscious complexes) का परिणाम माना जाता है। दूसरे

शब्दों में, इस चिकित्सा की मान्यता यह है कि व्यक्ति में किसी अमुक रोग के लक्षण विकसित होने का कारण उसका अचेतन संघर्ष (unconscious conflict) होता है।

(iv) व्यवहार चिकित्सा में मानसिक विकृति (mental disorder) के लक्षणों को *दोषपूर्ण सीखना* (faulty learning) का सबूत माना जाता है जबकि मनोवैश्लेषिक चिकित्सा में मानसिक विकृति के लक्षणों को *दमन* (repression) का सबूत माना जाता है।

(v) व्यवहार चिकित्सा में चिकित्सक यह मानते हैं कि लाक्षणिकी (symptomatology) का निर्धारण वैयक्तिक विभिन्नता (individual difference) तथा आकस्मिक पर्यावरणी परिस्थितियों (accidental enviromental circumstances) से होता है। दूसरे तरफ मनोवैश्लेषिक चिकित्सा में लाक्षणिकी का निर्धारण रक्षा प्रक्रमों (defence mechanisns) जैसे दमन (repression), प्रतिक्रिया निर्माण (reaction formation) प्रक्षेपण (projection) प्रतिस्थापन (displacement), आदि से होता है। फ्रायड के अनुसार इन रक्षा प्रक्रमों का उपयोग सभी लोग करते हैं परन्तु जब उसका उपयोग अधिक होने लगता है, तो वह विशेष लक्षण का निर्धारक बन जाता है।

(vi) व्यवहार चिकित्सा में सभी तरह की चिंता विकृतियों (anxiety disorders) का उपचार का संबंध रोगी के वर्तमान आदतों से होता है तथा उसकी ऐतिहासिक विकास (historical development) को असंगत एवं अनुपयुक्त समझा जाता है। परन्तु मनोवैश्लेषिक चिकित्सा में ऐसी बात नहीं होती है और इसमें रोगी के चिंता विकृतियों के उपचार का संबंध सीधे उसके ऐतिहासिक विकास से संबंधित होता है। दूसरो शब्दों में, इस चिकित्सा में रोगी का उपचार तबतक ठीक ढंग से नहीं किया जा सकता है जबतक कि उसक गत इतिहास (past history) को अर्थात् उनके जीवन की घटनाओं एवं अंतक्रियाओं को विस्तृत रूप से नहीं जाना जाए।

(vii) व्यवहार चिकित्सा में रोगी को चंगा उसके लक्षणों का उपचार करके किया जाता है। दूसरे शब्दों में, यह कहा जा सकता है कि व्यवहार चिकित्सा में रोगी के अपअनुकूली अनुक्रियाओं (unadaptive responses) को विलोपित करके और उसके जगह पर वांछित अनुक्रियाओं (desirable responses) को सीखा कर किया जाता है। परन्तु मनोवैश्लेषिक चिकित्सा (psychoanlytic therapy) में रोगी को चंगा उसके स्वयं के लक्षणों का उपचार करके नहीं किया जा सकता है बल्कि रोगी के अचेतन के संघर्षो (conflict) एवं गतिकी (dynamics) को सावधानीपूर्वक दूर करके किया जाता है।

(viii) मनोवैश्लेषिक चिकित्सा द्वारा मानसिक विकृतियों के उपचार में रोगी के स्वप्नों, लक्षणों, क्रियाओं आदि की व्याख्या काफी अहमियत रखता है परन्तु व्यवहार चिकित्सा में यद्यपि कि ऐसी व्याख्या आत्मनिष्ठ एवं अनुपयुक्त न भी हो, तो भी उसका कोई खास महत्त्व नहीं होता है।

(ix) मनोवैश्लेषिक चिकित्सा में लाक्षणिक उपचार (symptomatic treatment) से सचमुच में रोगी में कुछ नये लक्षणों का जन्म एवं विस्तरण होता है। एक ओर उसमें एक मानसिक विकृति के लक्षण तो समाप्त हो जाते हैं परन्तु कुछ नये लक्षणों का उदय हो जाता है। परन्तु व्यवहार चिकित्सा में ऐसी बात नहीं है और इसमें लाक्षणिक उपचार देने पर रोगी में स्थायी स्वास्थ्यलाभ प्राप्त करता है वशर्ते कि स्वायत्त (autonomic) एवं कंकाली (skeletal) अनुबंधित अनुक्रियाएँ (conditioned responses) पूर्णत विलोपित कर दी गयी हों।

(x) मनोवैश्लेषिक चिकित्सा में रोगी तथा चिकित्सक के बीच स्थानांतरण संबंध (transference relationship) मानसिक विकृतियों के उपचार के लिए आवश्यक होता है। स्थानांतरण संबंध एक ऐसा संबंध होता है जिसमें चिकित्सा के दौरान रोगी चिकित्सा के साथ सांवेगिक लगाव विकसित कर लेता है जिसके परिणामस्वरूप वह उसे एक ऐसे व्यक्ति के रूप में पहचान करता है जो बीते दिनों में उसके सांवेगिक संघर्ष (emotional conflict) का केन्द्र रहा हो। व्यवहार चिकित्सा में मानसिक विकृतियों के उपचार के लिए रोगी एवं चिकित्सक के बीच इस ढंग का व्यक्तिगत संबंध की आवश्यकता नहीं होती है हालाँकि ऐसा संबंध निश्चित रूप से कुछ विशेष परिस्थिति में लाभदायक हो सकता है।

स्पष्ट हुआ कि मनोवैश्लेषिक चिकित्सा तथा व्यवहार चिकित्सा एक-दूसरे से भिन्न हैं हालाँकि दोनों ही मनश्चिकित्सा के ही प्रकार हैं।

संज्ञानात्मक व्यवहार चिकित्सा
(Cognitive Behaviour Therapy or CBT)

अर्थ एवं स्वरूप (*Meaning and Nature*)—व्यवहार चिकित्सा में व्यक्ति के प्रेक्षणीय व्यवहार (observable behaviour) तथा प्रेक्षणीय पुनर्बलन (observable reinforcements) में सबंध जोड़कर कुसमायोजित व्यवहार को हटाने तथा समायोजित व्यवहार को सीखलाने की कोशिश की जाती है। व्यवहार चिकित्सा में रोगी के आंतरिक घटनाओं जैसे उसके चिंतन, प्रत्यक्षण (perception), मूल्यांकन तथा आत्म-कथनों (self-statements) आदि पर कोई ध्यान नहीं दिया जाता है। दूसरे शब्दों में, व्यवहार चिकित्सा में चिकित्सक रोगी के संज्ञानात्मक प्रक्रियाओं (cognitive process) की उपेक्षा करते हैं। संज्ञानात्मक व्यवहार चिकित्सा जिसे संक्षेप में *संज्ञानात्मक चिकित्सा* (cognitive therapy) भी कहा जाता है, में रोगी के इन संज्ञानात्मक प्रक्रियाओं को ध्यान में रखते हुए चिकित्सा की जाती है जो तुलनात्मक रूप से अधिक लाभप्रद साबित हुआ है। इस तरह से संज्ञानात्मक व्यवहार चिकित्सा को परिभाषित करते हुए यह कहा जा सकता है कि यह एक ऐसा व्यवहार चिकित्सा है जिसमें मानसिक रोग का कारण संज्ञान या चिन्तन माना जाता है तथा विभिन्न तरह की प्रविधियों को अपनाकर रोगी का संज्ञानात्मक पुनर्संरचना (cognitive restructuring) किया जाता है ताकि रोगी गलत चिन्तन तथा विश्वास का त्याग करके उसके जगह पर उपयुक्त चिन्तन एवं विश्वास विकसित करके समायोजी व्यवहार (adaptive behaviour) करने में सफल हो पाता है। निटीजिल, वर्नस्टीन तथा मिलिक[1] (Nietzel, Bernstein & Milich, 1991) के शब्दों में संज्ञानात्मक चिकित्सा को इस प्रकार परिभाषित किया जाता है, "संज्ञानात्मक चिकित्सा को ऐसे उपचार उपागम के रूप में परिभाषित किया जाता है जो रोगी के संज्ञान (विश्वास, स्कीमा, आत्म-कथन तथा समस्या-समाधान उपायों) को प्रभावित करके उसके कुसमायोजी व्यवहार को परिवर्तित करने का कोशिश करता है।" इस परिभाषा का विश्लेषण करने पर हमें संज्ञानात्मक व्यवहार चिकित्सा के स्वरूप के बारे में निम्नांकित तथ्य प्राप्त होते हैं—

(i) संज्ञानात्मक व्यवहार चिकित्सा में रोगात्मक व्यवहार का कारण गलत संज्ञान या चिंतन माना जाता है।

(ii) इस चिकित्सा में रोगी के इस गलत संज्ञान या चिंतन को दूर करके उसके जगह पर सही संज्ञान या चिंतन विकसित करने की कोशिश की जाती है। इस प्रक्रिया को *संज्ञानात्मक पुनर्संरचना* (cognitive restructring) कहा जाता है।

संज्ञानात्मक व्यवहार चिकित्सा के निम्नांकित तीन प्रमुख लक्ष्य (goal) होते हैं—

(i) रोगी के लक्षणों को दूर करके उन्हें समस्या समाधान में मदद करना।

(ii) रोगी को कुछ इस ढंग की युक्तियों (strategies) को विकसित करने में मदद करना जिसके सहारे वह अपने भविष्य की समस्याओं से निबट सके।

(iii) रोगी को इस ढंग से मदद करना ताकि वह अपने अतार्किक (illogical) तथा आत्म-हीनता की सोच से हटकर तार्किक (logical) तथा धनात्मक विचारों पर अपना ध्यान लगा सके।

संज्ञानात्मक व्यवहार चिकित्सा के प्रकार (*Types of Cognitive behaviour therapy*)—संज्ञानात्मक व्यवहार चिकित्सा के मुख्य प्रकार निम्नांकित हैं—

(i) रैसनल-इमोटिव चिकित्सा (Rational-Emotive Therapy or RET)

(ii) बेक का संज्ञानात्मक चिकित्सा (Beek's Cognitive Therapy)

(iii) तनाव-टीका चिकित्सा (Stress-Inoculation Therapy)

(iv) सामाजिक समस्या समाधान (Social Problem Solving)

(v) बहुआयामी चिकित्सा (Multimodel Therapy)

इन सबों का वर्णन हम अलग-अलग अनुच्छेद में करेंगे।

---

1. "Cognitive therapy can be defined as a treatment approach that attempts to modify maladaptive behaviour by influencing a client's cognitions (beliefs, schemas, self-statements and problem-sloving strategies)."

—Nietzel, Bernstein & Milich : *Introduction to Clinical Psychology,* 1994, p. 318

रैसनल-इमोटिव चिकित्सा
(Rational-Emotive Therapy or RET)

इस चिकित्सा विधि का प्रतिपादन एल्वर्ट इल्लिस (Albert Ellis, 1958, 1973, 1975) द्वारा किया गया। इसे संक्षेप में RET कहा जाता है। इस चिकित्सा विधि की पूर्वकल्पना यह होती है कि रोगी का सांवेगिक एवं मनोवैज्ञानिक समस्याओं का कारण बाह्य तनाव (external stress) नहीं होता है बल्कि आंतरिक एवं अतर्कसंगत विचारों एवं विश्वासों से होता है जो व्यक्ति में होता है तथा जो उन्हें यह सोचने के लिए/ बाध्य करता है कि उनकी खुशी के लिए उनकी इच्छाओं की पूर्त्ति आवश्यक है। यहाँ चिकित्सक रोगी के ऐसे अविवेकपूर्ण व्यवहार तथा विश्वासों की खोजबीन करता है जिसे वह वर्षों से स्वीकार किये हुए होता है और जिसके परिणामस्वरूप उसका व्यवहार कुसमायोजित हो गया होता है। चिकित्सक रोगी के मन में ऐसे विश्वासों को हटाकर उनमें नया विश्वास तथा संज्ञान (cognition) विकसित करता है ताकि वह फिर से समायोजित या अनुकूलित व्यवहार (adaptive behaviour) करने लगे। इस तरह से RET में चिकित्सक रोगी के विश्वास तंत्रों (belief systems) तथा आत्म-कथनों (self-statements) को पुनर्संगठित करने की भरपूर कोशिश करता है। जैसा कि ऊपर कहा जा चुका है, चिकित्सक यही मान कर चलते हैं कि रोगी के गलत विश्वास-तंत्र एवं आदर्शवादी आत्म-कथन (जैसे—मैं प्रत्येक कार्य समय पर हमेशा करता हूँ, मैं कभी झूठ नहीं बोलता, आदि-आदि) ही उसके धनात्मक आत्म-योग्यता (positive self-worth) तथा संतोषजनक सांवेगिक संबंध कायम करने में बाधक सिद्ध होते हैं। अतः ऐसे आत्म-कथनों एवं इससे संबंधित विश्वास तंत्रों को बदल देना चाहिए। ऐसा करने के लिए चिकित्सक कई विधियों का उपयोग करते हैं जिनमें निम्नांकित दो काफी प्रचलित हैं—

अल्वर्ट इल्लिस
(Albert Ellis)

(i) पहली विधि तो वह है जिसमें रोगी के गलत विश्वासों का विवेकपूर्ण तथ्यों से सामना कराया जाता है ताकि रोगी अपने आप ही नकारात्मक संवेगात्मक परिणामों से लड़ सके और उसकी व्यर्थता को समझकर अपने मस्तिष्क से उसे निकाल फेंके।

(ii) दूसरी प्रविधि वह है जिसमें चिकित्सक व्यवहारोन्मुख प्रविधियों (behaviourally-oriented techniques) को अपनाकर रोगी के व्यवहार एवं चिन्तन में परिवर्तन लाता है। जैसे—चिकित्सक रोगी को गृह-कार्य के रूप में कुछ आत्म-पुनर्बलन व्यवहार अभ्यास करने को दे देता है। अपने गलत विश्वास के विरुद्ध कार्य करते समय रोगी को मन-ही-मन यह सोचने के लिए कहा जाता है, ''मैं सचमुच में एक अच्छा काम कर रहा हूँ।''

RET के कुछ विशेष लाभ (advantages) तथा अलाभ (disadvantages) हैं। इसके प्रमुख लाभ निम्नांकित हैं—

(i) RET द्वारा आसानी से सामान्य चिन्ता, बोलने की चिन्ता (speech anxiety) तथा परीक्षण चिन्ता (test anxiety) के बारे में रोगी के मन में उत्पन्न होने वाले आत्म-कथनों (self-reports) को आसानी से कम किया जा सकता है।

(ii) कुछ ऐसे सबूत प्राप्त हुए हैं जिनसे यह पता चलता है कि RET अत्यधिक क्रोध, विषाद (depression) तथा समाज-विरोधी व्यवहार (anti-social behaviour) को कम करने में प्रभावी होता है।

(iii) RET द्वारा टाईप ए व्यवहार (Type A behaviour) में भी कमी आती है।

(iv) RET द्वारा उन लोगों की भी मदद की जाती है जो सांवेगिक रूप से बीमार न होकर स्वस्थ हैं परन्तु दिन-प्रतिदिन की समायोजन में कुछ सामान्य कठिनाई होती है।

(v) कैनगेलोसी तथा उनके सहयोगियों (Cangelosi et al., 1980) के अध्ययन के अनुसार RET उचित आत्म-संप्रत्यय (self-concepts) विकसित करने में भी मदद करता है।

इन लाभों के बावजूद RET की कुछ परिसीमाएँ (limitations) या अलाभ हैं जो इस प्रकार हैं—

(i) RET कुछ खास रोग जैसे—एगोराफोविया (agoraphobia) के उपचार में अन्य प्रविधियों की तुलना में घटिया है।

(ii) सामाजिक चिन्ता (social anxiety) को कम करने में RET अन्य दूसरी प्रविधि जैसे—क्रमबद्ध असंवेदीकरण (systematic desensitization) की तुलना में तुच्छ (inferior) साबित हुआ है।

(iii) स्मिथ (Smith, 1983) ने अपने शोधों के आधार पर यह बतलाया है कि इस बात का बहुत ही हल्का सबूत है कि यह प्रविधि रोगी के चिन्तन की अयुक्तिसंगतता (irrationality) कम करके अपना प्रभाव डालता है।

इन परिसीमाओं या अलाभों के बावजूद RET की लोकप्रियता नैदानिक मनोवैज्ञानिकों के बीच अधिक है क्योंकि इसके द्वारा रोगी अपने वातावरण को अधिक तर्कसंगत ढंग से समझना सीखता है।

बेक का संज्ञानात्मक चिकित्सा
(Beck's Cognitive Therapy)

इस चिकित्सा विधि का प्रतिपादन ए० टी० बेक (A. T. Beck, 1979) द्वारा विषादी रोगियों (depressed patients) के उपचार के लिए किया गया था। बाद में इसका उपयोग चिन्ता विकृतियों (anxiety disorders) तथा दुर्भीति (phobia) के रोगियों के उपचार में भी किया गया। बेक की इस चिकित्सा पद्धति की मूलभूत पूर्वकल्पना (fundamental assumption) यह है कि *विषाद जैसी समस्या मूलतः स्वयं अपने बारे में, अपने वातावरण के बारे में तथा अपने भविष्य के बारे में रोगी द्वारा अतार्किक चिन्तन (illogical thinking) के कारण उत्पन्न होता है।* सचमुच में विषादी लक्षणों द्वारा रोगी अपनी जिन्दगी की घटनाओं के बारे में तरह-तरह की तार्किक त्रुटियों (logical errors) तथा विकृतियों (distortions) को दर्शाता है। इस तरह के अतार्किक स्कीमा रोगी को अपने बारे में, अपनी दुनिया के बारे में तथा अपने भविष्य के बारे में निराशवादी ढंग से सोचने के लिए मजबूर करता है। बेक ने इन तीन तरह के अतार्किक एवं गलत स्कीमा को *'संज्ञानात्मक त्रिक'* (cognitive triad) कहा है। बेक ने विषादी रोगियों में विकृत चिंतन (distorted thinking) के कई प्रकारों का वर्णन किया है जिनमें निम्नांकित प्रमुख हैं—

ए० टी० बेक
(A. T. Beck)

(i) मनचाहा अनुमान *(Arbitrary inference)*—इसमें रोगी अपर्याप्त या अतर्कसंगत सूचनाओं के आधार पर अपने बारे में अनुमान लगाता है। जैसे—यदि कोई व्यक्ति यह विचार रखता है कि वह बेकार है क्योंकि उसे अमुक पार्टी में नहीं बुलाया गया तो यह मनचाहा अनुमान का उदाहरण होगा।

(ii) आवर्धन *(Magnification)*—इसमें रोगी किसी छोटी घटना को बढ़ा-चढ़ा कर काफी विस्तारित कर देता है जैसे—यदि कोई व्यक्ति यह सोचता है कि उसके द्वारा बनाया गया सम्पूर्ण मकान बेकार हो गया क्योंकि उसमें पूजाघर के लिए कोई जगह नहीं बच सका, तो इस तरह का विषादी चिंतन आवर्धन का उदाहरण होगा।

(iii) न्यूनीकरण *(Minimization)*—इसमें रोगी बड़ी घटना को संकुचित कर उसके बारे में विकृत ढंग से सोचता है। अतः यह आवर्धन के विपरीत है। जैसे—यदि कोई छात्र यह सोचता है कि इतनी कठिन परीक्षा में वह मात्र भाग्य का साथ देने में सफल हो पाया है क्योंकि सच्ची बात तो यह है कि वह एक मूर्ख एवं बुद्धिहीन ही है, तो यह न्यूनीकरण का उदाहरण होगा।

(iv) चयनात्मक चिन्तन *(Selective thinking)*—इसमें व्यक्ति परिस्थिति के किसी एक पहलु पर ही ध्यान देता है जबकि अन्य संगत तथ्यों (relevant facts) की उपेक्षा करता है जिसपर सचमुच में ध्यान देने से परिस्थिति की गम्भीरता कम हो सकती थी।

(v) अति सामान्यीकरण *(Over generalization)*—इसमें व्यक्ति किसी एक घटना या तथ्य के आधार पर ही ऐसा निष्कर्ष पर पहुँचता है जिसे वह उन सभी घटनाओं तथा परिस्थितियों के लिए सच मान लेता है जो इस मौलिक घटना से प्रत्यक्ष रूप से संबंधित भी नहीं होता है।

(vi) वैयक्तिकीकरण *(Personalization)*—इसमें व्यक्ति उन घटनाओं का भी जवाबदेही अपने ऊपर ले लेता है जो किसी भी तरह से इससे संबंधित नहीं होता है।

संज्ञानात्मक चिकित्सा में RET के समान रोगी को अपने विश्वास में परिवर्तन लाने के लिए प्रोत्साहित नहीं किया जाता है बल्कि उन्हें कुछ ऐसे प्रयोगात्मक अपूर्वाग्रहित (unbiased) व्यवहार करने के लिए प्रोत्साहित किये जाते हैं ताकि वे अपने बारे में कुछ ऐसे तथ्य या सूचना इकट्ठा कर सके जिससे वे स्वयं ही अपने गलत विश्वास को हटा सकने में समर्थ हो सके। संज्ञानात्मक चिकित्सा में रोगी के पाँच संबंधित उपायों पर बल डाला जाता है—

(i) संज्ञान (cognition), संवेग (affect) तथा व्यवहार (behaviour) के बीच संबंधों की पहचान करना।

(ii) नकारात्मक संज्ञानात्मक त्रिक (negative cognitive triad) के परिणामों को मॉनीटर करना।

(iii) इन गलत विश्वासों एवं विकृतियों के पक्ष तथा विपक्ष में सबूतों की परख करना।

(iv) गलत एवं अनुचित संज्ञानों के विकल्प के रूप में अधिक वास्तविक व्याख्या प्रस्तुत करना।

(v) कुछ 'गृह-कार्यों' को करना जिसमें रोगी नये चिंतन उपायों का रिहर्सल करता है तथा समस्याओं के साथ ठीक ढंग से निपटता है।

बेक के संज्ञानात्मक चिकित्सा (cognitive therapy) के कुछ लाभ (advantages) तथा अलाभ (disadvantages) हैं। इसके प्रमुख लाभ निम्नांकित हैं—

(i) मिलर तथा वरमैन (Miller & Berman, 1983) ने बेक के संज्ञानात्मक चिकित्सा द्वारा दिये गये संज्ञानात्मक व्यवहारात्मक चिकित्सा का मेटाविश्लेषण (meta-analysis) किया और पाया कि उत्तर-उपचार प्रभाव आकार (posttreatment effect size) .83 था तथा संज्ञानात्मक चिकित्सा के उपचार का माध्य प्रभाव आकार (mean effective size) अन्य उपचारों की तुलना में .21 था। बाद में विषादी रोगियों के लिए संज्ञानात्मक चिकित्सा का मेटाविश्लेषण करने के बाद इस निष्कर्ष पर पहुँच गया कि ऐसे रोग के लिए संज्ञानात्मक चिकित्सा अन्य पद्धति से अधिक गुणकारी एवं प्रभावकारी होता है। सापिरो तथा सापिरो (Shapiro & Shapiro, 1982) ने भी अपने अध्ययन के आधार पर इस तथ्य की संपुष्टि किया है।

(ii) डाबसन (Dobson, 1989) ने अपने अध्ययन के आधार पर यह बतलाया है कि बेक द्वारा प्रतिपादित संज्ञानात्मक चिकित्सा से अन्य चिकित्सा पद्धतियों जैसे—औषध चिकित्सा, असंज्ञानात्मक-व्यवहारपरक उपचार पद्धतियों की तुलना में लघु-कालीन उन्नति (short-term improvement) अधिक होता है।

इन लाभों के बावजूद बेक के संज्ञानात्मक चिकित्सा के कुछ अलाभ हैं जिनमें निम्नांकित प्रमुख हैं—

(i) रश तथा उनके सहयोगियों (Rush et al., 1982) ने अपने अध्ययन में पाया कि विषादी रोगियों के उपचार में औषध-चिकित्सा द्वारा उत्पन्न प्रभाव संज्ञानात्मक चिकित्सा द्वारा उत्पन्न प्रभाव से तीव्र एवं श्रेष्ठ होता है। ऐसी परिस्थिति में विषाद के उपचार में संज्ञानात्मक चिकित्सा को अधिक वजन देना उपयुक्त न होगा।

(ii) संज्ञानात्मक चिकित्सा जितना विषादी रोगियों के लिए लाभप्रद है उतना ही लाभप्रद यह अन्य रोगों के लिए नहीं है।

इन अलाभों के बावजूद संज्ञानात्मक चिकित्सा की लोकप्रियता संज्ञानात्मक व्यवहार चिकित्सा में अधिक है।

तनाव-टीका चिकित्सा
(Stress-Inoculation Therapy)

यह चिकित्सा विधि एक तरह का आत्म-निर्देशन विधि (self-instructional method) है। इस चिकित्सा में पूर्वकल्पना यह होती है कि रोगी की समस्या का मूल कारण उसके कुसमायोजित विश्वास (maladaptive belief) होता है जो व्यक्ति में नकारात्मक सांवेगिक अवस्था (negative emotional states) एवं तरह-तरह के कुसमायोजित व्यवहार उत्पन्न करता है। इस चिकित्सा विधि में यह निश्चित किया जाता है कि रोगी किन-किन तरह के तनावों से ग्रस्त रहता है तथा उसके बाद फिर उसके संज्ञान में किस तरह से परिवर्तन लाया जा सकता है ताकि वह इन तनावों के साथ ठीक ढंग से समायोजन करके चिन्तामुक्त हो सके। तनाव-टीका विधि के तीन चरण (steps) हैं जो निम्नांकित हैं—

(i) सर्जनात्मक तैयारी की अवस्था (*Stage of cognitive preparation*)—इस अवस्था में चिकित्सक तथा रोगी एक साथ मिलकर समस्या या तनाव उत्पन्न करने वाले उद्दीपकों या परिस्थितियों के प्रति रोगी का विश्वास एवं मनोवृत्ति का पता लगाते हैं तथा रोगी में व्याप्त उनसे संबंधित आत्म-कथनों (self-statements) का पता लगाया जाता है। आत्म-कथन से तात्पर्य वैसे कथन से होता है जो रोगी समस्या के बारे में अक्सर कहा करता है। चिकित्सक एवं रोगी दोनों मिलकर कुछ ऐसे नये आत्म-कथन तैयार करते हैं जो रोगी के लिए अधिक समायोजी (adaptive) साबित होता है।

(ii) अधिग्रहण एवं पूर्वाभ्यास की अवस्था (*Stage of acquisition and rehearsal*)—इस अवस्था में रोगी समायोजित आत्म-कथनों (adaptive self-statements) को सीखता है तथा तनाव उत्पन्न करने वाली काल्पनिक परिस्थिति में ही उनका अभ्यास करता है।

(iii) उपयोग एवं अभ्यास की अवस्था *(Stage of application and practice)*—इस अवस्था में रोगी तनाव उत्पन्न करनेवाली वास्तविक परिस्थिति में सीखे गये संज्ञानात्मक उपायों एवं अन्य नये-नये समायोजन की प्रविधियों का उपयोग करता है। परिस्थिति को इस ढंग से सुव्यवस्थित किया जाता है कि रोगी को पहले हल्का-फुल्का तनाव उत्पन्न करने वाली परिस्थिति में रखा जाता है और जैसे-जैसे उसमें आत्म-विश्वास आता जाता है, उसे अन्य गंभीर रूप से उत्पन्न करने वाले तनाव में रखकर उसमें आत्म-विश्वास एवं नये-नये समायोजी विश्वास (adaptive belief) उत्पन्न करने की कोशिश की जाती है।

तनाव टीका चिकित्सा का सफलतापूर्वक उपयोग कई तरह की नैदानिक समस्याओं के उपचार में किया गया है। जैसे— मैकेनवाम (Meichnamm, 1975) ने इस विधि का उपयोग चिंता के उपचार में, टर्क (Turk, 1974) ने इसका उपयोग दर्द (pain) निवारण में तथा जेनी एवं वालरस्कीम (Jenni & Wollershein, 1979) ने टाईप ए व्यवहार के उपचार में सफलतापूर्वक किया है।

सामाजिक समस्या समाधान (Social Problem Solving or SPS)

कुछ मनोवैज्ञानिक उलझन (distress) का स्वरूप ऐसा होता है जहाँ व्यक्ति यह विश्वास करता है कि इनका जन्म कुछ वैसी समस्याओं से हुआ है जिनका उनके पास कोई समाधान नहीं था। ऐसी उलझनों को दूर करने के लिए *सामाजिक समस्या समाधान* (Social Problem Solving or SPS) जैसी प्रविधि का प्रतिपादन मूलतः डीजूरीला एवं गोल्डफ्रिड (D'zurilla & soldfried, 1971), गोल्डफ्रिड एवं डीजूरीला (Goildfried & D'zurilla) तथा कैनफर एवं वुसेनमेयर (Kanfer & Busenmeyer, 1982) द्वारा किया गया। SPS के माध्यम से जो मनश्चिकित्सा प्रदान की जाती है, उसमें निम्नांकित चरण (steps) मुख्य हैं—

(i) रोगी को पहले यह विश्वास करना सीखलाया जाता है कि उनकी मनोवैज्ञानिक उलझन असाधित समस्या (unsolved problem) के प्रति एक प्रतिक्रिया है और उन्हें उन समस्याओं को एक धमकी (threats) के रूप में न लेकर एक चुनौती या विशेष अवसर के रूप में स्वीकार करना चाहिए।

(ii) इसके बाद रोगी को यह पहचान करना सीखलाया जाता है कि वे समस्याएँ क्या हो सकती हैं या फिर किस तरह की हो सकती हैं।

(iii) तीसरे चरण में रोगी को उन समस्याओं का जितना अधिक-से-अधिक वैकल्पिक समाधान हो सकता है, उसके बारे में बिना उसके संभावित औचित्य के सोचने के लिए कहा जाता है। इस तरह इस अवस्था में रोगी का विक्षिप्तिकण (brainstroming) किया जाता है।

(iv) चौथे चरण में प्रत्येक समाधान के परिणाम के बारे में सोचने के लिए कहा जाता है।

(v) पाँचवें चरण में उसे एक निर्णय पर पहुँचकर उसे कार्यरूप देने के लिए प्रोत्साहित किया जाता है।

(vi) अंतिम चरण में कार्यान्वित निर्णय के आधार पर विशेष लक्ष्य पर पहुँचने की प्रभावशीलता का मूल्यांकन किया जाता है।

कुछ नैदानिक शोधों से यह स्पष्ट हुआ हैं SPS एक काफी लाभदायक संज्ञानात्मक व्यवहार चिकित्सा विधि है। ऐसी इसकी कुछ लाभदायक उपयोगिताएँ निम्नांकित हैं—

(i) लारेंस (Lawrence, 1989) ने अपने अध्ययन में पाया है कि SPS द्वारा प्रशिक्षित किये जाने पर रोगी अपनी विषादी प्रतिक्रिया (depressive reaction) को उन रोगियों की तुलना में जिन्हें SPS से प्रशिक्षण नहीं दिया गया था, कम करने में सफल हो पाये। नेजू (Nezu, 1990) ने भी अपने शोध में कुछ इसी प्रकार के परिणाम पाये।

(ii) विसवर्ग (Weissbeg, 1981) तथा इलियास एवं क्लैबी (Elias & Clabby, 1989) ने अपने-अपने शोधों में यह स्पष्ट रूप से पाया है कि SPS द्वारा प्रशिक्षण प्राप्त करने पर स्कूली बच्चों में अन्य बच्चों की तुलना में जिन्हें ऐसा प्रशिक्षण प्राप्त नहीं हुआ था, उत्तम समस्या-समाधान कौशल विकसित करने में सफल हो पाये।

(iii) वेडील (Bedeel, 1982) ने SPS को मनश्चिकित्सीय रोगियों (psychiatric patients) के लिए अधिक लाभदायक बतलाया है।

(iv) चैनी, ओलियरी तथा मार्लाट (Chany, O'Leary & Marlatt, 1978) ने SPS को अल्कोहल कुप्रयोग (alcohol abuse) की सुधारने में भी काफी लाभदायक बतलाया है।

इन उपयोगिताओं के बावजूद SPS को निम्नांकित बिन्दुओं पर आलोचना किया गया है—

(i) कुछ नैदानिक मनोवैज्ञानिकों की मान्यता यह है कि SPS प्रशिक्षण में इस बात पर बल डाला जाता है कि व्यक्ति को किसी भी कुंठा या समस्या पर नियंत्रण पाने के लिए हमेशा एक प्रभावशाली कदम उठाना चाहिए। इससे रोगी को नुकसान होने की संभावना अधिक होती है क्योंकि इस तरह की मान्यता से व्यक्ति में 'टाईप-ए' (Type-A) व्यक्तित्व का विकास होने की संभावना काफी बढ़ जाती है।

(ii) SPS द्वारा सभी तरह के मानसिक उलझनों विशेषकर जटिल मानसिक उलझनों का समाधान संभव नहीं है।

इन अलाभों के बावजूद SPS का उपयोग संज्ञानात्मक व्यवहार चिकित्सा की एक प्रविधि के रूप में काफी अधिक की जाती है।

बहुआयामी चिकित्सा (Multimodel Therapy)

इस तरह के संज्ञानात्मक-व्यवहारपरक (cognitive-behavioural) पद्धति का विकास लेजारस (Lazarus, 1973, 1989) द्वारा किया गया है। इस चिकित्सा पद्धति में जैसा कि नाम से ही स्पष्ट है, नैदानिक मनोवैज्ञानिक कई तरह के चिकित्सीय दृष्टिकोणों को एक साथ संयोजित करके रोगी का उपचार करते हैं। लेजारस का मत है कि कोई भी व्यक्ति निम्नांकित सात विभिन्न आयामों का संग्रहण होता है—

(i) व्यवहार (Behaviour)
(ii) भावात्मक प्रक्रियाएँ (Affective processes)
(iii) संवेदन (Sensations)
(iv) प्रतिमा (Images)
(v) संज्ञान (Cognition)
(vi) अन्तर्वैयक्तिक संबंध (Interpersonal relationship)
(vii) औषध (Drugs)

इन सातों का संक्षेप में लेजारस ने 'BASIC ID' के रूप में संक्षिप्तिकरण किया है। लेजारस के इस चिकित्सा पद्धति की मान्यता यह है कि एक प्रभावी चिकित्सक को इन सातों या उनमें से कुछ क्षेत्रों की समस्याओं की पहचान कर उनके उपयुक्त चिकित्सा पद्धति का उपयोग करना चाहिए। इन समस्याओं की पहचान करके यहाँ चिकित्सक उन्हें एक खास क्रम में सुव्यवस्थित करता है और तब प्रत्येक समस्या का समाधान के लिए उपयुक्त चिकित्सीय विधि को अपनाया जाता है। लेजारस ने यह स्पष्ट किया है कि उपयुक्त चिकित्सीय प्रविधि के उपयोग के बारे में निर्णय करने में नैदानिक मनोवैज्ञानिक को अपना विशेष स्कूल या संप्रदाय संबंधन या सैद्धान्तिक दृष्टिकोण पर बल न डालकर खुले विचार से उस पर मनन करना चाहिए।

बहुआयामी चिकित्सा का एक प्रमुख लाभ यह है कि चूँकि इसमें रोगी की समस्याओं की पहचान विभिन्न दृष्टिकोणों से की जाती है और उसी के अनुरूप चिकित्सा की जाती है, अतः इससे रोगी की समस्याओं का उपचार एक विस्तृत दृष्टिकोण से होता है। इससे रोगी पर स्थायी प्रभाव पड़ता है और उसमें समायोजी लक्षण तेजी से विकसित होते हैं। इस चिकित्सा पद्धति का दोष यह है कि इसका संचालन करना एक कठिन एवं जटिल कार्य है। इतना ही नहीं, इस चिकित्सा पद्धति में चिकित्सक को काफी कुशल एवं सूझ-बूझ वाला व्यक्ति होना चाहिए क्योंकि समस्या का विश्लेषण कई क्षेत्रों या दृष्टिकोणों से करना होता है। ओल्प (Wolpe, 1984) ने इस चिकित्सा पद्धति की आलोचना करते हुए यह भी कहा है कि इस तरह की पद्धति मौलिक व्यवहारवादी नियमों से काफी भिन्न है तथा व्यवहार चिकित्सा के मौलिक शक्ति को कमजोर करने वाला पद्धति है। इन अलाभों के बावजूद बहुआयामी चिकित्सा मनश्चिकित्सा के विभिन्न स्कूलों को मिलाकर एक समन्वित ढंग की चिकित्सा विकसित करने का एक सफल प्रयास है।

संज्ञानात्मक-व्यवहार चिकित्सा का मूल्यांकन (Evaluation of Cognitive-Behaviour Therapy)

संज्ञानात्मक-व्यवहार चिकित्सा के विभिन्न प्रविधियों का एक सामान्य अवलोकन करने के बाद हम इस निष्कर्ष पर पहुँचते हैं कि इससे कुछ स्पष्ट लाभ (advantages) तथा अलाभ (disadvantages) हैं। इसके प्रमुख लाभ इस प्रकार हैं—

(i) संज्ञानात्मक चिकित्सकों (cognitive therapists) का मत है कि इस चिकित्सा पद्धति का व्यवहारिक मूल्य (practical value) अन्य चिकित्सा पद्धति के व्यवहारिक मूल्य से अधिक है। इन लोगों का मत है कि संज्ञानात्मक चिकित्सा पद्धति इतनी सरल प्रविधि है कि इसका अनुप्रयोग किसी भी नैदानिक मनोवैज्ञानिक द्वारा आसानी से किया जा सकता है।

(ii) संज्ञानात्मक चिकित्सा कुछ मानसिक रोगों के लिए एक अचूक एवं सबसे उत्तम चिकित्सा पद्धति साबित हुआ है क्योंकि इसका परिणाम (outcome) अधिक प्रभावी एवं धनात्मक पाया गया है। जैसे--होलोन एवं गार्वर (Hollon & Garber, 1990) ने संज्ञानात्मक चिकित्सा को विषादी रोगियों (depressive patients) के लिए सर्वाधिक उपयोगी बतलाया है। होलोन तथा बेक (Hollon & Beck, 1986) ने विषादी रोग के लिए इसे कुछ औषध (drugs) से भी अधिक उपयोगी बतलाया है।

(iii) माइकेलसन तथा मारकियोनी (Michelson & Marchione, 1991) ने संज्ञानात्मक व्यवहार चिकित्सा को चिंता विकृति (anxiety disorders) तथा बेक एवं फ्रीमैन (Beck & Freeman, 1990) ने इसे कुछ व्यक्तित्व विकृति एवं व्यसनी विकृति (addictive disorders) के लिए भी काफी लाभदायक माना है।

(iv) संज्ञानात्मक चिकित्सा का एक अन्य विशेष लाभ यह है कि इस तरह की चिकित्सा पद्धति में एक स्पष्ट नियमावली (manual) होता है जिसमें यह स्पष्ट निर्देश होता है कि पद्धति को किस ढंग से क्रियान्वयन किया जाता है तथा उसका मूल्यांकन किया जाता है। जैसे--बेक, शा एवं इमरी (Beck. Shaw & Emery, 1979) ने विषादी रोगियों के उपचार के लिए संज्ञानात्मक चिकित्सा के क्रियान्वयन एवं मूल्यांकन के लिए एक विशेष नियमावली का उपयोग किया है जिससे इस चिकित्सा का अनुप्रयोग (application) और भी सरल हो गया है।

इन लाभों के बावजूद संज्ञानात्मक चिकित्सा के कुछ अलाभ (disadvantages) भी हैं जो इस प्रकार हैं--

(i) कुछ नैदानिक मनोवैज्ञानिकों का मत है कि व्यक्ति की जिन्दगी हमेशा विवेकी (rational) नहीं होता है और किसी व्यक्ति के लिए मात्र इतना समझ लेने से कि उसकी जिन्दगी अविवेकी पूर्वकल्पनाओं (irrational assumptions) पर आधारित है, से पर्याप्त चिकित्सीय परिवर्तन नहीं आ जाते हैं। कभी-कभी अविवेकी चिन्तन निरंतर बने रहते हैं और उसके व्यवहार को प्रभावित करते रहते हैं हालाँकि रोगी उसे अविवेकी समझकर उसे दूर करने का भरसक प्रयास करता है।

(ii) कुछ ऐसी परिस्थितियाँ भी होती हैं जिसमें व्यक्ति दुनिया के प्रति अपना दृष्टिकोण बदलना कठिन पाता है या वह ऐसा नही कर पाता है। फलतः ऐसी समस्याओं का उपचार संज्ञानात्मक चिकित्सा से होना संभव नहीं हो पाता है। गरीबी, अपमानजनक शादी (abusive marriage), खराब कार्य परिस्थिति आदि कुछ ऐसी ही परिस्थितियाँ हैं।

(iii) विडेल एवं टर्नर (Biedel & Turner, 1986) ने संज्ञानात्मक व्यवहार चिकित्सा में निम्नांकित तीन तरह के संप्रत्ययात्मक कठिनाइयों का उल्लेख किया है--

(a) संज्ञान (cognition) पद की परिभाषा असंगत (inconsistent) ढंग से दी गयी है। इस चिकित्सा पद्धति में संज्ञान को कभी एक प्रक्रिया (process) मानकर परिभाषित किया गया है तो कभी उसे एक परिणाम (outcome) मानकर परिभाषित किया गया है।

(b) कई सांवेगिक विकृतियों (emotional disorders) का कारण विकृत संज्ञान (distorted cognition) नहीं होते पाये गए हैं। इससे इस चिकित्सा पद्धति की मौलिक पूर्वकल्पना को ठेस पहुँचती है।

(c) परम्परागत व्यवहार चिकित्सा तथा संज्ञानात्मक व्यवहार चिकित्सा के बीच अंतर करना कठिन है क्योंकि अधिकतर संज्ञानात्मक व्यवहार चिकित्सा कई असंज्ञानात्मक प्रविधियों (noncognitive techniques) जैसे--विशेष भूमिका निर्वाह, उल्लिखित गृह कार्य आदि का भी उपयोग उपचार में करते हैं।

संज्ञानात्मक चिकित्सा को संज्ञानात्मक चिकित्सा के उक्त तीन संप्रत्ययात्मक कठिनाइयों पर विशेष रूप से ध्यान देना चाहिए।

उक्त अलाभों के बावजूद संज्ञानात्मक व्यवहार चिकित्सा का उपयोग काफी किया जाता है। आधुनिक नैदानिक मनोवैज्ञानिकों का मत है कि संज्ञानात्मक व्यवहार चिकित्सा को यदि व्यवहार चिकित्सा की प्रविधियों के साथ मिलाकर उपयोग किया जाता है, तो उसका परिणाम अधिक गुणकारी एवं लाभकारी होता है।

अध्याय सारांश
(Chapter Summary)

1. व्यवहार चिकित्सा मनश्चिकित्सा की एक ऐसी प्रविधि है जिसमें मानसिक रोगों का उपचार कुछ ऐसी विधियों से किया जाता है जिसका आधार अनुबन्धन (conditioning) के क्षेत्र में विशेषकर पैवलव, स्कीन्नर द्वारा प्रतिपादित सीखने के नियम तथा संज्ञानात्मक सीखना के क्षेत्र में किये गए प्रमुख सिद्धान्त एवं नियम हैं।
2. जहाँ तक व्यवहार चिकित्सा की ऐतिहासिक पृष्ठभूमि का प्रश्न है, इसका बुनियादी स्रोत प्रसिद्ध अमेरिकन मनोवैज्ञानिक जे॰ वी॰ वाटसन (J.B. Watson) हैं। बाद में ओल्प (Wolpe), लेजारस (Lazarus), स्कीन्नर (Skinner) तथा लिंडस्ले एवं स्कीनर(Lindsley & Skinner) आदि के योगदानों से व्यवहार चिकित्सा का क्षेत्र काफी विकसित हुआ है।
3. क्रमबद्ध असंवेदीकरण(systematic desensitization) व्यवहार चिकित्सा की एक प्रमुख विधि है जिसका प्रतिपादन साल्टर (Salter) तथा ओल्प (Wolpe) द्वारा किया गया। इसमें रोगी को पहले विश्राम की अवस्था में होने का प्रशिक्षण दिया जाता है और जब वह इस विश्राम की अवस्था में होता है तो उसमें चिंता उत्पन्न करने वाले उद्दीपकों को बढ़ते क्रम में दिया जाता है। अन्त में रोगी चिंता उत्पन्न करने वाले उद्दीपक के प्रति असंवेदित हो जाता है क्योंकि रोगी उन्हें विश्राम की अवस्था में ग्रहण करने की पूर्व अनुभूति प्राप्त कर चुका होता है।
4. विरुचि चिकित्सा (aversion therapy) व्यवहार चिकित्सा की एक ऐसी विधि है जिसमें चिकित्सक रोगी को अवांछित व्यवहार न करना कुछ विरुचिकर या असुखद उद्दीपकों को देकर सीखलाता है।
5. दृढ़ग्राही चिकित्सा या प्रशिक्षण में व्यक्ति को दृढ़ग्राही व्यवहार करना सीखलाया जाता है। यहाँ चिकित्सक दृढ़ग्राही व्यवहार के एक मॉडल के रूप में कार्य करता है। बाद में रोगी को वही व्यवहार करने के लिए प्रोत्साहित किया जाता है।
6. अंतःस्फोटात्मक चिकित्सा तथा फ्लडिंग (Flooding) दो ऐसी प्रविधियाँ हैं जो विलोपन (extinction) के नियम पर आधारित हैं। अंतःस्फोटात्मक चिकित्सा में रोगी को सर्वाधिक चिन्तोत्पादक परिस्थिति के बारे में कल्पना करने के लिए कहा जाता है तथा चिंता से संबंधित विरुचिकर दृश्यों को दिमाग में ताजा करने के लिए प्रोत्साहित किया जाता है। इसे 'इन भिट्रो' (in Vitro) प्रविधि भी कहा जाता है। फ्लडिंग (Flooding) में रोगी को चिन्तोत्पादक परिस्थिति के बारे में कल्पना करने के लिए नहीं कहा जाता है बल्कि उसे उस तरह की वास्तविक परिस्थिति में रखकर उपचार किया जाता है। इसे 'इन भिभो' (in Vivo) प्रविधि भी कहा जाता है।
7. संभाव्यता प्रबंधन (contingency management) एक सामान्य पद है जिसके अन्तर्गत व्यवहार चिकित्सा के उन सभी प्रविधियों को रखा जाता है जो क्रियाप्रसूत अनुबंधन (operant conditioning) के नियमों पर आधारित होते हैं। किसी अनुक्रिया की आवृत्ति में परिवर्तन करने के ख्याल से उस अनुक्रिया के परिणाम जैसे—पुरस्कार या दंड में किया गया जोड़-तोड़ को संभाव्यता प्रबंधन कहा जाता है।
8. मॉडलिंग (modeling) व्यवहार चिकित्सा की एक ऐसी प्रविधि है जो प्रेक्षणात्मक सीखना (observational learning) के नियम पर आधारित है। वैण्डुरा (Bandura) इसके प्रमुख समर्थक हैं। इसमें रोगी किसी मॉडल को एक ऐसा व्यवहार करता देखता है जिससे वह डरता था। परन्तु मॉडल को निडर होकर वह व्यवहार करते देखकर यह सीख लेता है कि उस व्यवहार को करने में वास्तव में डरने की कोई बात नहीं है। सर्प दुर्भीति (snake phobia) को दूर करने में मॉडलिंग एक काफी सफल प्रविधि साबित हुआ है।
9. वायोफिडबैक विधि व्यवहार चिकित्सा की एक अन्य विधि है जिसमें व्यक्ति अपनी आंतरिक एवं स्वायत्त क्रियाओं में परिवर्तन करना सीखता है। इस प्रविधि द्वारा मूलतः शारीरिक रोगों जैसे सरदर्द, अनियमित हृदयगति, उच्च रक्तचाप आदि का उपचार किया जाता है।
10. व्यवहार चिकित्सा का एक समग्र मूल्यांकन किया गया है जिसमें इसके चार लाभों एवं पाँच अलाभों का वर्णन किया गया है।
11. संज्ञानात्मक व्यवहार चिकित्सा के पाँच प्रमुख कारकों का उनके गुण एवं दोषों के साथ वर्णन किया गया है। इन प्रकारों में रैसनल इमोटिव चिकित्सा, बेक का संज्ञानात्मक, चिकित्सा, तनाव-टीका चिकित्सा, सामाजिक समस्या समाधन एवं बहुआयामी चिकित्सा (multimodel therapy) को रखा गया है।
12. संज्ञानात्मक व्यवहार चिकित्सा का एक समग्र (overall) मूल्यांकन किया गया है जिसमें इसके चार लाभों तथा तीन अलाभों का वर्णन किया गया है।

❑

अध्याय 15

मानवतावादी-अनुभवात्मक चिकित्सा
(HUMANISTIC–EXPERIENTIAL THERAPY)

मानवतावादी-अनुभवात्मक चिकित्सा के स्वरूप एवं लक्ष्य
(Nature and Goals of Humanistic-Experiential Therapy)

मानवतावादी-अनुभवात्मक चिकित्सा एक सूझ-केन्द्रित (insight-focused) चिकित्सा है जो इस बात की पूर्वकल्पना करता है कि किसी भी असामान्य व्यवहार का उपचार व्यक्ति की आवश्यकता तथा प्रेरणा (motivation) के स्तर में वृद्धि करके की जा सकती है। इसे *मनश्चिकित्सा का परिघटनात्मक मॉडल* (phenomenological model) भी कहा जाता है। इस उपागम या मॉडल में मानव व्यवहार का आधार चेतन अनुभूति (conscious experience) बतलाया गया है। इस चिकित्सा पद्धति में व्यक्ति को सर्जनात्मक तथा उत्तरोत्तर आगे बढ़ने वाला प्राणी माना जाता है जो अन्य बातें समान रहने पर, अपने भीतर छिपे अन्तःशक्ति का अनुभव करके अपने व्यवहार का चेतन रूप से मार्गनिर्देशन भी करते रहता है। जब उसके इस समझ में गड़बड़ी उत्पन्न होती है या उसके अस्तित्व पर प्रतिबंध लगता है, तो व्यक्ति में असामान्य व्यवहार की उत्पत्ति होती है।

मानवतावादी-अनुभवात्मक चिकित्सा या परिघटनात्मक चिकित्सा का मुख्य सार (themes) एवं लक्ष्य को इस प्रकार उल्लिखित किया जा सकता है—

(i) इस चिकित्सा में क्लायंट को एक व्यक्ति के रूप में वर्द्धित करने पर पर्याप्त बल डाला जाता है। इसमें चिकित्सक क्लायंट या रोगी को अपने अनोखे अन्तःशक्ति (potential) को पहचानने एवं उस तक पहुँचने में उसे मदद करते हैं। यहाँ पूर्वकल्पना यह होती है कि जब क्लायंट अपनी अन्तःशक्ति के करीब होगा, तो वह बिना किसी के मदद के ही जिन्दगी की समस्याओं का समाधान अपने ही कर सकने में सफल होगा।

(ii) परिघटनात्मक चिकित्सा में चिकित्सक तथा क्लायंट की भूमिका स्तरीय एवं परस्पर होता है। जहाँ मनोगत्यात्मक चिकित्सा में चिकित्सा एवं रोगी में 'डाक्टर-रोगी' का संबंध होता है तथा व्यवहार चिकित्सा में इन दोनों में 'शिक्षक-छात्र' का संबंध होता है, वहाँ परिघटनात्मक मॉडल में चिकित्सक एवं रोगी का संबंध 'माली और फूल' के संबंध के समान होता है। जिस तरह से माली अपने विशेष प्रयास से फूल को उन्नत बनाता है, ठीक उसी तरह से चिकित्सक क्लायंट के भीतर छिपे अन्तःशक्ति का वर्द्धन करता है और कलायंट को स्पष्टतः इस संबंध का लाभ पहुँचाता है।

(iii) इस चिकित्सा में क्लायंट तथा चिकित्सक के बीच के सबंध को एक प्रधान कारक माना जाता है जिसके सहारे वर्द्धन (growth) होती है। यह एक वास्तविक अन्तर्वैयक्तिक संबंध होता है जो क्लायंट में ऐसे मानवीय अनुभूतियों को उत्पन्न करता है जो अपने आप क्लायंट में वर्द्धन लाता है।

(iv) इस तरह की चिकित्सा की सारभूत कल्पना यह होती है कि क्लायंट की बीती अनुभूतियों को परिवर्तित नहीं किया जा सकता है तथा वह क्लायंट के भविष्य के लिए उतना महत्त्वपूर्ण नहीं होता है जितना कि वर्तमान होता है। इसलिए इस तरह की चिकित्सा में चिकित्सीय संबंध के तात्कालिक अनुभूतियों (immediate experience) को काफी महत्त्वपूर्ण माना जाता है।

(v) इस चिकित्सा में यह भी पूर्वकल्पना की जाती है कि अधिकतर क्लायंट सामान्य (normal) लोगों के ही समान होते हैं। क्लायंट वातावरण के प्रति अपने विशेष प्रत्यक्षण के अनुरूप ही व्यवहार करते हैं। अतः चिकित्सक वातावरण पर रोगी की नजरों से देखकर ही उनकी समस्याओं को समझने की कोशिश करते हैं।

उक्त तथ्यों के अनुरूप परिघटनात्मक मॉडल (phenomenological model) में रोगियों का उपचार किया जाता है। इस मॉडल के तहत निम्नांकित चिकित्सा को मुख्य रूप से रखा गया है—

(i) क्लायंट केन्द्रित चिकित्सा (Client-Centered therapy)

(ii) गेस्टाल्ट चिकित्सा (Gestalt therapy)

(iii) लोगो चिकित्सा (Logotherapy)

(iv) अस्तित्ववादी चिकित्सा (Existential therapy)

इन सबों का वर्णन हम अलग-अलग अनुच्छेदों में करेंगे।

क्लायंट-केन्द्रित चिकित्सा (Client-Centered Therapy)

इस चिकित्सा का प्रतिपादन कार्ल रोजर्स (Carl Rogers) द्वारा 1940 के दशक में किया गया। इसे अन्य नामों जैसे *व्यक्ति केन्द्रित चिकित्सा* (Person-centered therapy) या *अनिदेशित चिकित्सा* (non-directive therapy) भी कहा जाता है।

रोजर्स ने अपनी चिकित्सा विधि में रोगी के लिए क्लायंट (client) तथा चिकित्सक (therapist) के लिए सलाहकार (councellor) शब्द का प्रयोग किया है। रोजर्स फ्रायड के इन दोनों विचारों को अस्वीकृत कर दिये हैं—पहला अविवेकी मूलप्रवृत्ति (irrational instinct) से व्यक्ति का व्यवहार प्रभावित होता है तथा दूसरा चिकित्सीय प्रक्रिया में चिकित्सक को एक निदेशक, व्याख्याता तथा जाँचकर्त्ता (prober) के रूप में कार्य करना होता है। रोजर्स का मत है कि चिकित्सा एक प्रक्रिया (process) होती है न कि विभिन्न प्रविधियों का एक सेट। इनका मत है कि चिकित्सक क्लायंट की समस्या का समाधान मात्र उन्हें कुछ कहकर या कुछ पढ़ाकर नहीं कर सकते हैं। रोजर्स के अनुसार की वास्तविक प्रक्रिया ''अगर...तब'' ("If...then") प्रतिज्ञाप्ति से प्रारंभ होता है। इसका मतलब यह हुआ कि यहाँ मान्यता यह होती है कि अगर चिकित्सक द्वारा सही परिस्थिति उत्पन्न की जाती है, तब क्लायंट में अपने आप परिवर्तन आयेगा और उसमें वर्द्धन होगा।

रोजर्स (Rogers, 1961) ने मानव प्रकृति तथा उन तरीकों जिनके सहारे उसे समझा जा सकता है, के बारे में निम्नांकित पूर्वकल्पनाएँ किया है—

(i) व्यक्ति को उनके अपने प्रत्यक्षण तथा भाव के आधार पर ही सही ढंग से जाना जा सकता है।

(ii) स्वस्थ्य लोग अपने व्यवहार से पूर्णतः अवगत होते हैं।

(iii) स्वस्थ्य लोग जन्मजात रूप से उत्तम एवं प्रभावी होते हैं। वे तभी क्षुब्ध एवं अप्रभावी हो जाते हैं जब उनमें दोषपूर्ण सीखने की अनुभूति होती है।

(iv) स्वस्थ्य लोग उद्देश्यपूर्ण (purposive) तथा लक्ष्य-निदेशित (goal-directed) होते हैं। वे पर्यावरण के उद्दीपकों के प्रभावों के प्रति निष्क्रिय रूप से अनुक्रिया नहीं करते हैं बल्कि वे लोग आत्म-निदेशित (self-directive) होते हैं।

(v) चिकित्सक को क्लायंट के लिए घटनाओं में जोड़-तोड़ करके उसे अनुरूप नहीं बनाना चाहिए बल्कि उसे वैसी अवस्था उत्पन्न करनी चाहिए कि क्लायंट स्वतंत्र होकर कोई निर्णय अपने ले सके।

उक्त पूर्वकल्पनाओं के आलोक में चिकित्सक चिकित्सीय प्रक्रिया को संचालित करता है।

क्लायंट-केन्द्रित चिकित्सा का उद्देश्य क्लायंट में ऐसी नयी अनुभूति पैदा करना होता है जिससे वर्द्धन प्रक्रिया का पुनर्चलन (restart) हो सके। इसके लिए चिकित्सक को इस प्रकार व्यवहार करना पड़ता है—

(i) चिकित्सा प्रक्रिया में चिकित्सक क्लायंट की व्यक्त इच्छाओं एवं भावनाओं के प्रति इस ढंग से अनुक्रिया करता है जो योग्य एवं उत्कर्ष (worth) अवस्थाओं की उत्पत्ति में बाधक नहीं होता है।

(ii) चिकित्सा प्रक्रिया में चिकित्सक क्लायंट को जैसा वह वर्तमान में है, पूर्णतः स्वीकार करता है।

(iii) चिकित्सा प्रक्रिया में चिकित्सक क्लायंट को एक व्यक्ति के रूप में स्वीकार कर कार्य करता है।

उक्त तथ्यों के अनुरूप इस चिकित्सा में एक ऐसी अन्तर्वैयक्तिक संबंध (interpersonal relationship) को

उत्पन्न किया जाता है जिसका उपयोग व्यक्तिगत वर्द्धन (personal growth) के लिए क्लायंट आगे करता है। रोजर्स के अनुसार इस तरह का वर्द्धन-उत्पन्न करने वाला संबंध (growth enhancing relationship) की उत्पत्ति के लिए चिकित्सक में अन्य बातों के अलावा निम्नांकित तीन गुणों (qualities) का होना अनिवार्य है।

(i) बिना शर्त के धनात्मक सम्मान (Unconditional positive regard)

(ii) परानुभूति (Empathy)

(iii) संगतता (Congruence)

इन तीनों का वर्णन इस प्रकार है--

(i) शर्त्तहीन धनात्मक सम्मान *(Unconditional positive regard)*—रोजर्स की चिकित्सा पद्धति में चिकित्सक द्वारा शर्त्तरहित धनात्मक सम्मान दिखलाया जाना चिकित्सा की सफलता के लिए अतिआवश्यक माना जाता है। इस तरह की मनोवृत्ति से निम्नांकित तीन तरह के संकेत मिलते हैं—

(a) चिकित्सक क्लायंट पर एक व्यक्ति के रूप में विशेष ध्यान (care) देते हैं।

(b) चिकित्सक उन्हें स्वीकार (accept) करते हैं।

(c) चिकित्सक क्लायंट के परिवर्तन की क्षमता में विश्वास (trust) रखता है।

इन तीनों पहलुओं का वर्णन इस प्रकार है—

(a) चिकित्सक क्लायंट पर एक व्यक्ति के रूप में विशेष ध्यान देते हैं *(The therapist cares about the client as a person)*—चिकित्सक क्लायंट पर एक व्यक्ति के रूप में विशेष ध्यान देते हैं और इस कार्य को वे कई तरह से संपन्न करते हैं जिनमें सबसे उत्तम ढंग अस्वत्वात्मक रूप से ध्यान देना (nonpossessive caring) है जिसमें वास्तविक धनात्मक भाव की अभिव्यक्ति होती है। इसे कई तरीकों से किया जाता है परन्तु सबसे उत्तम तरीका वह है जिसमे चिकित्सक क्लायंट से सीधे यह कहता है कि वह उनकी बातों को ध्यान से सुन रहा है और उनकी बातें काफी दिलचस्प उन्हें लग रही है। इससे क्लायंट में आत्म-अभिव्यक्ति की तीव्र प्रेरणा जागती है।

(b) चिकित्सक क्लायंट को स्वीकार करते हैं *(The therapist accepts the client)*—चिकित्सक के शर्त्तरहित धनात्मक सम्मान (unconditional positive regard) में शर्त्तरहित (unconditional) शब्द इस ओर इशारा करता है कि चिकित्सक क्लायंट को बिना किसी अपना फैसला या निर्णय के ही उसे स्वीकार (accept) करता है। क्लायंट को स्वीकार करने का अपने आप में यह अर्थ होता है कि चिकित्सक अपनी भूमिका से संबंधित बहुत से कार्यों को नहीं करता है। इसमें अन्य बातों के अलावा प्रमुख यह है कि वह क्लायंट की भावों (feelings) को अपनी ओर से व्याख्या करने से दूर रहता है। रोजर्स का विश्वास है कि एक मानव के रूप में चिकित्सक द्वारा स्वीकार किया जाना अपने आप ही क्लायंट में वर्द्धन-उत्पन्न करने वाली अनुभूति को जन्म देता है। इस तरह से क्लायंट केंन्द्रित चिकित्सा में चिकित्सक क्लायंट के भावों को न तो अनुमोदित करता है और ना ही उसे नामंजूर करता है बल्कि उसे मात्र स्वीकार करता है। ऐसा भी हो सकता है कि चिकित्सक क्लायंट के भाव तथा विचार से असहमत हो परन्तु फिर भी वह तटस्थ होकर बिना किसी तरह की प्रतिक्रिया दिखलाये उसे स्वीकार करके क्लायंट में वर्द्धन-उत्पन्न करने वाली अनुभूतियों को बढ़ावा देता है।

(c) चिकित्सक क्लायंट के परिवर्तन की क्षमता में विश्वास रखता है *(Therapist trusts the client's ability to change)*—शर्त्तहीन धनात्मक सम्मान का 'धनात्मक' (positive) शब्द इस ओर इशारा करता है कि चिकित्सक क्लायंट के समस्या समाधान एवं वर्द्धन की अन्तःशक्ति (potential) में विश्वास रखता है। रोजर्स का मत है कि यदि क्लायंट यह समझता है कि चिकित्सक को उसकी अन्तःशक्ति (potential) में विश्वास नहीं है, तो क्लायंट में आत्म-निर्भरिता का विकास नहीं होने का खतरा उत्पन्न हो जाता है। दूसरे तरफ यदि क्लायंट यह समझता है कि उसकी अन्तःशक्ति में चिकित्सक को विश्वास है, तो इससे उसमें आत्म-निर्भर होने का गुण विकसित होता है। इसके लिए कम-से-कम रोजर्स को निम्नांकित तीन चीजें नहीं करना चाहिए। पहला, चिकित्सक को किसी प्रकार की राय क्लायंट को नहीं देनी चाहिए। दूसरा, चिकित्सक को क्लायंट के लिए किसी प्रकार की जवाबदेही नहीं लेनी चाहिए तथा तीसरा, चिकित्सक को क्लायंट के लिए किसी प्रकार निर्णय अपनी ओर से नहीं लेना चाहिए।

(ii) परानुभूति *(Empathy)*—रोजर्स के अनुसार परानुभूति से तात्पर्य इस बात से होता है कि चिकित्सक क्लायंट

के भावों को ठीक से समझे और वह पर्यावरण को अपनी नजर से न देखकर क्लायंट की नजर से देखें। जब क्लायंट यह समझता है कि चिकित्सक ठीक वैसा ही प्रत्यक्षण कर रहा है जैसा कि वह करता है तो इससे चिकित्सीय संबंध मजबूत हो जाते हैं। इसे रोजर्स ने *परानुभूतिक समझ* (empathic understanding) की संज्ञा दिया है।

क्लायंट-केन्द्रित चिकित्सा में चिकित्सक को सिर्फ परानुभूतिक मनोवृत्ति (emphathic attitude) ही नहीं दिखाना चाहिए बल्कि उन्हें इस तरह की मनोवृत्ति को क्लायंट से संचारित (communicate) भी करना चाहिए। इसे चिकित्सक क्लायंट की बातों को सक्रिय होकर सुनकर निभाता है। परानुभूतिक मनोवृत्ति को संचारित करने में *परावर्तन* (reflection) की भूमिका पर रोजर्स ने अधिक बल डाला है। परावर्तन में चिकित्सक क्लायंट के विचारों एवं व्यक्तव्यों को मात्र दोहराता नहीं है बल्कि इसमें वह क्लायंट के भावों को और अधिक स्वच्छ, स्पष्ट बना कर उन्हें स्वीकार करता है। इस तरह से परावर्तन द्वारा दो तरह के उद्देश्यों की पूर्त्ति होती है। पहला, इसके माध्यम से चिकित्सक अपने सांवेगिक समझ की इच्छा को संचारित करते हैं तथा दूसरा इसके माध्यम से क्लायंट को चिकित्सक अपने भावों (feelings) के प्रति ठीक ढंग से अवगत करा पाते हैं।

रोजर्स का मत है कि चिकित्सीय सत्र में परानुभूति की मनोवृत्ति बहुत धीरे-धीरे न कि एक-दो सत्रों में ही उत्पन्न हो जाता है। चिकित्सक द्वारा उपयोग किये गये परावर्तन को देखकर क्लायंट धीरे-धीरे यह समझने लगता है कि चिकित्सक उन्हें तथा उनकी भावों को स्वीकार कर रहा है।

(iii) संगतता *(Congruence)*—संगतता या जिसे *यथार्थता* (genuineness) भी कहा जाता है, से तात्पर्य इस बात से होता है कि चिकित्सक को क्लायंट के साथ एक यथार्थ एवं वास्तविक संबंध विकसित करना चाहिए और वह जितना ही अधिक ऐसा संबंध विकसित करने में समर्थ होगा, वह उतना ही सफल होगा। इसके लिए यह आवश्यक है कि चिकित्सक के भाव (feeling) तथा क्रियाएँ (actions) एक-दूसरे के साथ संगत (congruent) हो। यद्यपि यह सही है कि किसी भी चिकित्सक के लिए संगतता को प्राप्त करना एक कठिन कार्य है, फिर भी एक चिकित्सक को सफल होने के लिए अपने भावों एवं व्यवहारों में संगतता दिखाना अनिवार्य होता है क्योंकि ऐसा होने से वह एक *वास्तविक मानवीय संबंध* (real human relationship) को कायम कर पाता है।

जैसा कि उपर्युक्त सम्पूर्ण व्याख्या से यह स्पष्ट है कि क्लायंट केन्द्रित चिकित्सा एक ''अगर...तब'' ("If...then") पूर्वकल्पना की ओर इशारा करता है। इसका मतलब यह हुआ कि अगर चिकित्सक द्वारा सही एवं ठीक हालात या अवस्था उत्पन्न किया जाता है, तब क्लायंट में परिवर्तन (change) होगा। अब प्रश्न उठता है कि रोजर्स के इस चिकित्सा पद्धति में वे कौन-कौन-सी विमाएँ (dimensions) हैं जिसमें क्लायंट में परिवर्तन चिकित्सा के दौरान होते हैं? रोजर्स (Rogers, 1961) ने ऐसी छह विमाओं का वर्णन किया है जो इस प्रकार है—

(i) क्लायंट के अभिज्ञा में वृद्धि *(Increase in awareness of client)*—इस तरह की चिकित्सा में क्लायंट अपनी उन भावों (feelings) के निकट सम्पर्क में आता है जिसे वह पहले अपनी अभिज्ञा (awareness) से दूर रखता था। इसके अतिरिक्त क्लायंट अपनी वर्तमान अनुभूतियों पर ध्यान अधिक केन्द्रित करता है। इससे क्लायंट में आत्म-अभिज्ञा (self-awareness) में काफी वृद्धि होती है।

(ii) आत्म-स्वीकरण में वृद्धि *(Increased self-acceptance)*—रोजर्स द्वारा प्रतिपादित इस चिकित्सा के दौरान धीरे-धीरे क्लायंट आत्म-आलोचना (self-criticism) करता पाया जाता है तथा वह आलोचना अपने आप के प्रति अधिक स्वीकार करते हुए देखा जाता है। अब वह अपने भावों एवं व्यवहारों का उत्तरदायित्व अपने ऊपर लेना अधिक शुरू कर देता है तथा अन्य लोगों तथा परिस्थिति पर दोष मढ़ना धीरे-धीरे कम कर देता है।

(iii) संज्ञानात्मक लोच में वृद्धि *(Increased cognitive flexibility)*—क्लायंट-केन्द्रित चिकित्सा रोगी के संज्ञानात्मक आबद्धता (cognitive fixedness) को दूर करके उसमें संज्ञानात्मक लोच लाता है। केली (Kelley, 1955) ने यह स्पष्ट रूप से साबित किया है जब व्यक्ति वातावरण को एक निश्चित एवं आबद्ध ढंग से प्रत्यक्षण करता है, तो इससे समस्या उत्पन्न होती है। जैसे—सभी राजनीतिज्ञ धोखेबाज होते हैं, ऐसा सोचना संज्ञानात्मक आबद्धता का एक उदाहरण है। क्लायंट-केन्द्रित चिकित्सा इस तरह की संज्ञानात्मक आबद्धता दूर करके परिस्थिति को विभिन्न ढंग से प्रत्यक्षण करने की प्रेरणा क्लायंट को देता है ताकि उसे वस्तुस्थिति का ठीक ढंग से ज्ञान हो सके।

(iv) अन्तर्वैयक्तिक आराम में वृद्धि *(Increased interpresonal comfort)*—रोजर्स द्वारा प्रतिपादित चिकित्सा

में जैसे-जैसे चिकित्सीय सत्र में वृद्धि होती जाती है, क्लायंट अपने विभिन्न तरह के संबंधों में अधिक-से-अधिक आराम या सुख-चैन का अनुभव करता है। क्लायंट सुरक्षात्मक अन्तर्वैयक्तिक उपागमों (defensive interpersonal approaches) का त्याग कर देता है और उसे जैसा वह है, के बारे में अन्य लोगों को बताकर काफी खुशी होती है।

(v) आत्म-आस्था में वृद्धि *(Increase in self-reliance)*—जैसे-जैसे चिकित्सा सत्र आगे बढ़ता है, क्लायंट दूसरों पर कम निर्भर रहने लगता है तथा उसे अपनी क्षमताओं पर अधिक-से-अधिक भरोसा हो जाता है। इसका परिणाम यह होता है कि क्लायंट विभिन्न सामाजिक परिस्थितियों जैसे—शादी, पार्टी, भाषण, आदि की परिस्थिति में बिलकुल ही डरता नहीं है क्योंकि वह यही समझता है कि जो वह सोचता है, वह उतना ही महत्त्वपूर्ण है जितना दूसरे लोग सोचते हैं।

(vi) क्लायंट के स्पष्ट व्यवहारों में परिवर्तन *(Changes in overt behaviour of the client)*—क्लायंट-केन्द्रित चिकित्सा में क्लायंट के स्पष्ट व्यवहारों (overt behaviour) में काफी परिवर्तन आ जाते हैं। उसका व्यवहार पहले से अधिक परिपक्व हो जाता है तथा आत्मन् (self) वस्तुनिष्ठ विचार एवं वास्तविकता पर आधृत हो जाता है तथा उसके व्यवहार में मनोवैज्ञानिक तनाव की स्पष्ट कमी देखी जाती है।

क्लायंट में उक्त तरह के परिवर्तन अचानक न होकर चिकित्सीय सत्र के दौरान धीरे-धीरे होता पाया जाता है।

क्लयांट केन्द्रित चिकित्सा का मूल्यांकन *(Evaluation of client-centred Terapy)*—इस तरह की चिकित्सा के कुछ लाभ (advantages) तथा अलाभ (disadvantages) है। इसके प्रमुख लाभ निम्नांकित हैं—

(i) साधारण कुसमायोजित व्यवहार के लिए क्लायंट-केन्द्रित चिकित्सा (client-centred therapy) को अधिकतर नैदानिक मनोवैज्ञानिकों द्वारा एक उत्तम प्रविधि माना गया है क्योंकि यह विधि एक सरल विधि है और क्लायंट के व्यक्तिगत पहल (personal initiative) से ही चिकित्सा का अधिकतर कार्य सम्पन्न हो जाता है।

(ii) क्लायंट-केन्द्रित चिकित्सा मनोगतिकी (psychodynamics) के किसी विशिष्ट सिद्धान्त के समर्थन पर निर्भर नहीं करता है। अतः नैदानिक मनोवैज्ञानिको इसका प्रयोग अधिक किया है और इस कारण इसकी लोकप्रियता काफी बनी हुई है।

(iii) रोजर्स तथा उनके सहयोगियों को इस बात की दुहाई दी जाती है कि इन लोगों ने चिकित्सा की प्रक्रिया (process) तथा परिणाम (outcomes) को पहली बार वस्तुनिष्ठ बनाने पर इतना जोर दिया। सचमुच में इन्हीं के प्रयासों के कारण चिकित्सा के विशेष कमरे की अत्यधिक गुप्तता (excessive privacy) भंग हो पायी और इन्होंने ही प्रथम बार चिकित्सीय सत्र (therapy sessions) को टेप रेकार्डिंग (tape recording) करने पर बल डाला ताकि अन्य शोधकर्त्ताओं द्वारा भी उसका बाद में विश्लेषण कर प्रक्रिया एवं परिणाम की जाँच किया जा सके।

इन लाभों के बावजूद क्लायंट-केन्द्रित चिकित्सा की कुछ अलाभ (disadvantages) भी हैं जो इस प्रकार है—

(i) क्लायंट केन्द्रित चिकित्सा गंभीर मानसिक रोगों के लिए उपयुक्त नहीं होता है। चूँकि ऐसे रोगी गंभीर रूप से विक्षिप्त होते हैं, अतः उनमें व्यक्तिगत पहल का अभाव होता है तथा आत्म-सिद्धि (self-actualization) के अभिप्रेरण की बहुत कमी पायी जाती है। इसका प्रभाव यह होता है कि वे इस तरह के चिकित्सा का लाभ नहीं उठा पाते हैं।

(ii) कुछ नैदानिक मनोवैज्ञानिकों का मत है कि क्लायंट-केन्द्रित चिकित्सा क्लायंट की समस्याओं की गहराई (depth) में न पहुँचकर मात्र सतह पर ही रह जाता है। अतः इस चिकित्सा पद्धति से जो समस्या का समाधान होता है, वह ठीक ढंग से नहीं हो पाता है और क्लायंट के रोग के लक्षण को फिर से लौट आने की संभावना तीव्र हो जाती है।

(iii) रोजर्स ने यह पूर्वकल्पना किया है कि व्यक्ति का व्यवहार हमेशा एक विशेष अभिप्रेरण जिसे आत्म-सिद्धि (self-actualization) की आवश्यकता कहा जाता है, से निदेशित होता है। अब प्रश्न यह उठता है कि जब व्यक्ति का व्यवहार हमेशा इसी आत्म-सिद्धि की अभिप्रेरण से निर्धारित होता है तो वह दोषपूर्ण विचार (faulty ideas) को किस तरह से सीख लेता है? इतना ही नहीं, ऐसे दोषपूर्ण विचार किन परिस्थितियों में सीखे जाते हैं तथा इस तरह के दोषपूर्ण सीखना से उसके किस तरह की आवश्यकता तथा अभिप्रेरण की तुष्टि होती है? इन प्रश्नों का उत्तर क्लायंट-केन्द्रित चिकित्सा में नहीं मिलता है।

(iv) आधुनिक नैदानिक मनोवैज्ञानिकों द्वारा क्लायंट-केन्द्रित चिकित्सा का उपयोग ठीक उस रूप में नहीं किया जाता है कि जिस रूप में रोजर्स द्वारा उसे प्रारंभ में प्रतिपादित किया गया था। वे इसमें अन्य सरल मार्गों को अपनाकर इसका उपयोग करते पाये गये हैं।

(v) ब्यूटलर तथा उनके सहयोगियों (Beutler et al., 1986) तथा लैमबर्ट तथा उनके सहयोगियों (Lambert et al., 1986) ने अपने-अपने अध्ययनों के आधार यह बतलाया है कि रोजर्स की यह पूर्वकल्पना सही नहीं है कि इस तरह की चिकित्सा का धनात्मक परिणाम (positive outcome) चिकित्सक के परानुभूति (empathy), यथार्थता (genuineness) तथा सौहार्द्रता (warmth) से संबंधित होता है या उसपर आधरित होता है।

इन अलाभों के बावजूद क्लायंट-केन्द्रित चिकित्सा का उपयोग आजकल नैदानिक मनोवैज्ञानिकों एवं मनोविश्लेषकों द्वारा काफी किया जाता है क्योंकि इसकी विधि सरल एवं सुगम है।

गेस्टाल्ट चिकित्सा (Gestalt Therapy)

गेस्टाल्ट चिकित्सा का प्रतिपादन फ्रेडेरिक एस॰ (फ्रिज) पर्ल्स (Frederich S. (Fritz) Perls, 1967, 1970) द्वारा किया गया है। 'गेस्टाल्ट' (Gestalt) पद का अर्थ होता है—सम्पूर्ण (whole)। गेस्टाल्ट चिकित्सा मन तथा शरीर की एकता (unity) पर बल डालता है जिसमें चिन्तन, भाव तथा क्रिया के समन्वय (intergration) की आवश्यकता पर सर्वाधिक बल डाला जाता है।

रोजर्स (Rogers) के समान पर्ल्स का भी यह विश्वास था कि व्यक्ति में एक जन्मजात अच्छाई (innate goodness) होता है तथा उसके इस प्रकृति को अभिव्यक्त करने का मौका दिया जाना चाहिए। जब व्यक्ति किसी कारण से इस जन्मजात गुण की अभिव्यक्ति से वंचित होता है या यह गुण कुंठित हो जाता है, तो मनोवैज्ञानिक समस्याएँ (psychological problems) की उत्पत्ति होने लगती है। गेस्टाल्ट चिकित्सक व्यक्ति के सर्जनात्मक (creative) तथा सार्थक पहलुओं पर न कि नकारात्मक एवं विकृत पहलुओं पर (जिसपर मनोविश्लेषकों द्वारा अधिक बल डाला जाता है) बल डालता है। गेस्टाल्ट चिकित्सा का मुख्य लक्ष्य रोगी को अपनी आवश्यकता, इच्छा एवं आशंकाओं को समझने एवं स्वीकार करने में मदद करना होता है तथा साथ-ही-साथ उन्हें इस बात से भी अवगत कराना होता है कि अपने लक्ष्य तक पहुँचने में तथा उन आवश्यकताओं की तुष्टि करने में वे किस तरह असफल रहे।

गेस्टाल्ट चिकित्सा का मुख्य लक्ष्य रोगी के वर्द्धन की रुकी प्रक्रिया को फिर से चालू करना होता है। इस लक्ष्य की प्राप्ति निम्नांकित दो तरह से किया जाता है—

(i) रोगी को उन भावों से अवगत कराने जो उनके व्यक्तित्व के प्रमुख हिस्सा है, परन्तु जिसे उसने ठीक से नहीं समझने के कारण अलग रखा था, की कोशिश की जाती है।

(ii) रोगी को उन भावों एवं मूल्यों (values) से अवगत कराया जाता है जिसे वे यह समझते हैं कि उनके व्यक्तित्व का यथार्थ हिस्सा है जबकि सच्चाई यह है कि व्यक्ति उन्हें दूसरे लोगों से लिया है।

इस तरह से गेस्टाल्ट चिकित्सा में रोगी या क्लयांट को आत्मन् (self) के उन यथार्थ पहलुओं को पुनः ग्रहण करने के लिए प्रोत्साहित किया जाता है जिसे पहले अस्वीकृत कर दिया गया होता है तथा उन पहलुओं को अस्वीकृत करने के लिए प्रोत्साहित किया जाता है जो उनके व्यक्तित्व के नहीं होते हैं। जब रोगी व्यक्तित्व के सभी पहलुओं को एकत्रित तथा संगठित करता है तो वह जैसा वह वास्तव में है, उसके लिए उत्तरदायित्व लेने के लिए तैयार हो जाता है। गेस्टाल्ट चिकित्सा में वर्तमान अनुभूतियों पर बल डाला जाता है न कि दमित आवेगों या स्मृतियों की प्राप्ति पर तथा भविष्य के बारे में अनुमान लगाने की अनुभूतियों पर। इन दोनों तरह की अनुभूतियों चिकित्सा के लक्ष्य से विचलन (deviation) माना जाता है। इसे उन्होंने *वास्तविकता से पलायन* (escape from reality) की संज्ञा दिया है।

पर्ल्स के अनुसार क्लायंट के वास्तविक जिन्दगी को उन्नत बनाने एवं चिकित्सा में विकास के लिए यह आवश्यक है कि रोगी को वर्तमान की अनुभूतियों में जानकारी बढ़े तथा उसमें अपने कार्यों के लिए उत्तरदायित्व को समझने की तत्परता बढ़े। इस तरह से गेस्टाल्ट चिकित्सा में तीन महत्त्वपूर्ण संप्रत्यय हैं जो इस प्रकार हैं—

(i) वर्तमान की अनुभूतियाँ (here and now experiences)

(ii) जानकारी (awareness)

(iii) उत्तरदायित्व (responsibility)

इन तीनों का वर्णन निम्नांकित हैं—

(i) वर्तमान की अनुभूतियाँ *(Here and now experiences)*—पर्ल्स ने स्पष्ट शब्दों में कहा है कि गेस्टाल्ट चिकित्सा में वर्तमान (here and now) महत्त्वपूर्ण होता है और चिकित्सा का उद्देश्य इसी वर्तमान रोगियों के विश्वास को सुदृढ़ करना होता है। रोगी की समस्याओं का उत्तर भूत (past) में ढूँढ़ना अर्थहीन होगा। पर्ल्स (Perls, 1970) के ही शब्दों में वर्तमान के महत्त्व को इस प्रकार समझा जा सकता है, "मेरे लिए वर्तमान के सिवा किसी का भी अस्तित्व नहीं है। वर्तमान = अनुभव = चेतना = वास्तविकता। भूत बीत चुका होता है तथा भविष्य आने वाला होता है। सिर्फ वर्तमान ही सामने होता है।" गेस्टाल्ट चिकित्सक के अनुसार जब वर्तमान (now) तथा भूत या भविष्य के चिन्तनों (precoccupations) में अंतर होता है, तो रोगी में चिंता उत्पन्न होती है। इसलिए चिकित्सा के दौरान चिकित्सक भरपूर यह कोशिश करता है कि रोगी का ध्यान उसके वर्तमान भावों, चिन्तनों एवं अनुभूतियों पर रहे।

(ii) जानकारी *(Awareness)*—जानकारी से तात्पर्य अनुभूतियों को स्वीकार करने की क्षमता से होती है।

(iii) उत्तरदायित्व *(Responsibility)*—गेस्टाल्ट चिकित्सा का यह एक महत्त्वपूर्ण संप्रत्यय (concept) है जिसमें व्यक्ति अपनी क्रियाओं एवं भावों की जवाबदेही अपने कंधों पर लेता है।

लेविटस्काई एवं पर्ल्स (Levitsky & Perls, 1970) के अनुसार गेस्टाल्ट चिकित्सा में दो तरह की प्रविधियाँ (techniques) सम्मिलित होती हैं। एक को नियम (rules) तथा दूसरे को खेल या गेम (game) कहा जाता है। गेस्टाल्ट चिकित्सा के प्रमुख नियम (rules) इस प्रकार हैं—

(i) रोगी को वर्तमान काल में बातचीत करने के लिए कहा जाता है। बीते यादों एवं भविष्य की प्रत्याशाओं (anticipations) से रोगी को दूर रहने के लिए कहा जाता है।

(ii) बातचीत किसी के बारे में नहीं बल्कि सामानान्तर स्तर पर किया जाता है।

(iii) रोगी में उत्तरदायित्व (responsibility) का भाव उत्पन्न करने के लिए उसे "मैं" शब्द का प्रयोग अधिक-से-अधिक करने के लिए कहा जाता है।

(iv) रोगी सतत् रूप से (continually) तात्कालिक अनुभूतियों (immediate experience) पर ध्यान केन्द्रित करता है।

(v) कोई गप-शप या इधर-उधर की बात नहीं की जाती है।

(vi) यह कोशिश की जाती है कि रोगी कोई प्रश्न न करें क्योंकि प्रश्नों को अपने विचार व्यक्त करने का एक निष्क्रिय तरीका न कि सूचना प्राप्त करने का एक तरीका समझा जाता है।

गेस्टाल्ट चिकित्सा में कुछ तथाकथित गेस्टाल्ट गेम्स (Gestalt Games) भी किये जाते हैं। जैसे—रोगी जब अपने बारे में कुछ कहता है तो उसे कहा जाता है कि वह यह कहे, "मैं उसकी जवाबदेही लेता हूँ।" जैसे—"मैं बहुत खुश व्यक्ति नहीं हूँ।" उसी तरह से एक अन्य तथाकथित गेम में रोगी को जोर-जोर से बोलकर उस टिप्पणी या वाक्य को दोहराने के लिए कहा जाता है जिसे चिकित्सक महत्त्वपूर्ण समझकर कहता है। इसी तरह के अन्य गेम जैसे भूमिका-निर्वाह गेम (role-playing game) भी रोगी को करने के लिए कहा जाता है जिसमें रोगी को भिन्न-भिन्न तरह की भूमिका (role) करनी पड़ती है।

गेस्टाल्ट चिकित्सा (Gestalt therapy) में निम्नलिखित संप्रत्ययों (concepts) को भी महत्त्वपूर्ण माना गया है क्योंकि इन सबसे रोगी की वर्तमान अवस्थाओं को समझने में मदद मिलती है—

(i) टापडौग तथा अंडरडौग *(Top dog-Underdog)*—गेस्टाल्ट चिकित्सा में टापडौग से तात्पर्य करीब-करीब वही है जो फ्रायड के सिद्धान्त में पराहं (super ego) का है तथा अंडरडौग से तात्पर्य वही है जो फ्रायड के सिद्धान्त में उपाहं (id) का है। जब व्यक्ति के इन दोनों पहलुओं में संघर्ष होता है तो रोगी को वार्तालाप के माध्यम से इन दोनों की भूमिका करनी पड़ती है ताकि आत्मन् (self) के इन दोनों संघर्षात्मक पहलुओं को आपस में समन्वित कर सके।

---

1. "To me nothing exists except the now. Now = expereice = awareness = reality. The past is no more and the future not yet. Only me now exists."
—Perls : *Gestalt Therapy Now,* 1970, p. 14

(ii) स्वप्न *(Dreams)*—गेस्टाल्ट चिकित्सा द्वारा चिकित्सा में स्वप्न का भी उपयोग किया जाता है परन्तु मनोविश्लेषकों से भिन्न ढंग से। पर्ल्स का मानना है कि स्वप्न का प्रत्येक तत्त्व चाहे उसका स्वरूप मानव से संबंधित हो या किसी अन्य वस्तु से संबंधित हो, द्वारा रोगी के व्यक्तित्व के एक असंबद्ध (alienated) अंश का प्रतिनिधित्व होता है। चिकित्सा सत्र में रोगी को अपने स्वप्न के बारे में वर्तमान काल का उपयोग करते हुए बतलाना होता है और इस तरह से उसे स्वप्न के विषय के अनुरूप भूमिका करनी होती है। गेस्टाल्ट चिकित्सकों का मत है कि स्वप्न के विभिन्न वस्तुओं या व्यक्तियों की भूमिका का निर्वाह करने में आत्मन् (self) के असंबद्ध अंशों को रोगी समझता है तथा ऐसा समझ विकसित कर लेने पर उसे पुनः समन्वित करने में सफलता मिलती है।

(iii) रक्षाएँ *(Defenses)*—गेस्टाल्ट चिकित्सा का उद्देश्य रोगी द्वारा खोले गए तथाकथित गेम्स (games) के पीछे छिपी रक्षाएँ (defenses) का पता लगाना है। पर्ल्स (Perls) का कहना है कि स्नायुविकृत व्यवहार (neurotic behaviour) में ऐसी रक्षाओं के कई तहें (layers) होती हैं। ऐसे व्यवहार के पहले तह में रोगी स्वयं अपने आप को सामना करने से कतराता है और वह तरह-तरह के चिन्ता, दुर्भीति (phobias) एवं आशंकाओं से अपने आप को घिरा पाता है। गेस्टाल्ट चिकित्सक का कार्य इस रक्षात्मक तह (defensive layer) को हटाकर रोगी को वास्तविकता से अवगत कराना होता है। इस तरह की वास्तविक जानकारी होने से रोगी में सम्पूर्णता एवं प्रफूल्लता (aliveness) आती है।

(iv) अशाब्दिक व्यवहार का उपयोग *(Use of nonverbal behaviour)*—गेस्टाल्ट चिकित्सा से क्लायंट के अशाब्दिक व्यवहारों का भी उपयोग किया जाता है क्योंकि इससे कुछ महत्त्वपूर्ण सूचनाएँ मिलती हैं। चिकित्सक को चिकित्सा सत्र के दौरान क्लायंट क्या कहता है तथा वह क्या करता है, पर काफी ध्यान देना होता है। उनके इन अशाब्दिक व्यवहारों से कुछ ऐसे महत्त्वपूर्ण सूचनाएँ मिलती हैं जो क्लायंट द्वारा बोलकर दी गयी सूचनाओं के विपरीत होती हैं और वे चिकित्सा के लिए काफी महत्त्वपूर्ण माने जाते हैं क्योंकि इसके आधार पर क्लायंट द्वारा उपयोग किया गया रक्षात्मक प्रतिक्रियाओं का वास्तविक अर्थ समझने में मदद मिलती है।

(v) नैतिक प्रेक्ष्य *(Moral percepts)*—नारैनजो (Naranjo, 1970) ने गेस्टाल्ट चिकित्सा के कुछ प्रमुख बिन्दुओं को जिसे उन्होंने 'नैतिक प्रेक्ष्य' (moral percepts) कहा है, इस प्रकार संक्षिप्त रूप से व्याख्या किया है—

(a) वर्तमान में रहना *(live now)*—रोगी को हमेशा वर्तमान के बारे में न कि भविष्य या भूत के बारे में सोचना चाहिए।

(b) उपस्थित वस्तुओं के बारे में सोचना *(live here)*—रोगी या क्लायंट को सिर्फ सामने उपस्थित वस्तुओं के बारे में सोचना चाहिए, अनुपस्थित वस्तुओं या व्यक्तियों के बारे में नहीं।

(c) कल्पना करना बंद करना *(Stop imagining)*—रोगी को सिर्फ वास्तविक चीजों या घटनाओं के बारे में सोचना चाहिए।

(d) क्लायंट को अनावश्यक चिंतन को बंद करना चाहिए।

(e) रोगी को अपने विचारों की अभिव्यक्ति सीधे करनी चाहिए, उसकी व्याख्या या उसमें जोड़-तोड़ नहीं करना चाहिए।

(f) रोगी को दुखकर तथा सुखकर दोनों तरह की वस्तुओं से अवगत होना चाहिए।

(g) रोगी को वे सभी विचार एवं चिंतन जो उनके अपने नहीं हैं, के बारे में सोचना नहीं चाहिए।

(h) रोगी को वास्तविकता का आदर करना चाहिए और उससे अपने आप को पूर्णतः संबद्ध रखना चाहिए।

गेस्टाल्ट चिकित्सा के कुछ लाभ (advantages) तथा कुछ अलाभ (disadvantages) हैं। इसके प्रमुख लाभ निम्नांकित हैं—

(i) गेस्टाल्ट चिकित्सा में वर्तमान (here-and-now), उत्तरदायित्व (responsibility), अनुभव (experience) तथा अभिज्ञा (awareness) पर अधिक बल डालकर यह स्पष्टतः दिखला दिया गया है कि क्लायंट के व्यवहार में परिवर्तन करने के लिए उसके गत अनुभूतियों (past experiences) का विश्लेषण आवश्यक नहीं है। इससे सूझ-उन्मुखी चिकित्सा में एक तरह की क्रांति उत्पन्न हुई है।

(ii) गेस्टाल्ट चिकित्सा की संचालन विधियाँ काफी सरल एवं सुगम है। इसका परिणाम यह होता है कि इस तरह की चिकित्सा बहुत उपयोगी सिद्ध होता है।

इसके बावजूद गेस्टाल्ट चिकित्सा के कुछ अलाभ हैं जिनमें निम्नांकित प्रमुख हैं—

(i) गेस्टाल्ट चिकित्सा की विधि वस्तुनिष्ठ (objective) न होकर आत्मनिष्ठ (subjective) है। फेयर्स (Phares, 1984) के अनुसार इस चिकित्सा की विधि में इतनी अधिक विभिन्नता या विविधता है कि उसके आधार पर कोई संगठित एवं समन्वित वस्तुनिष्ठ आँकड़े प्राप्त करना संभव नहीं है।

(ii) गेस्टाल्ट चिकित्सा में रोगी के वर्तमान पर बल डाला जाता है तथा उसके भूत एवं भविष्य की पूर्णरूपेण अवहेलना की जाती है। परिणामस्वरूप, कुछ मनोवैज्ञानिकों का मत है कि इस चिकित्सा से जो लाभ होता है, वह स्थायी न होकर अस्थायी होता है।

(iii) फेयर्स (Phares, 1984) के अनुसार गेस्टाल्ट चिकित्सा की अलोकप्रियता का एक कारण यह भी है कि इनके समर्थकों द्वारा इसपर शोध के विचार का हमेशा विरोध किया गया। अस्पष्ट कारणों से इनके समर्थकों द्वारा इससे संबंधित शोध को मानवता विरोधी बतलाया गया। इस पर कोरचिन[1] (Korchin, 1986) ने बिलकुल ही ठीक टिप्पणी किया है, ''अबतक गेस्टाल्ट चिकित्सा का कोई क्रमबद्ध लेखा-जोखा नहीं तैयार किया गया है। इसकी प्रभावशीलता या इसके विशेष प्रविधि के मूल्य से संबंधित कोई गुणात्मक शोध सबूत नहीं है।''

इन अलाभों के बावजूद गेस्टाल्ट चिकित्सा उन नैदानिक मनोवैज्ञानिकों के लिए एक उत्तम चिकित्सा पद्धति रहा है जिन्हें मानवतावादी सिद्धान्तों में अधिक विश्वास है।

लोगोचिकित्सा (Logotherapy)

लोगोचिकित्सा की प्रविधि विकटर फ्रैंक्ल (Victor Frankl, 1963, 1965, 1967) द्वारा विकसित की गयी है। चिकित्सा की यह विधि अस्तित्वात्मक सिद्धान्तों पर आधारित है। अतः कुछ लोगों ने इसे *अस्तित्वात्मक चिकित्सा (existential therapy)* का ही एक भाग माना है। ध्यान रहे कि लोगो चिकित्सा का प्रतिपादन मनश्चिकित्सा की पौराणिक विधियों को विस्थापित करने के लिए नहीं बल्कि उसके पूरक (supplement) के रूप में किया गया है।

लोगो चिकित्सा (logotherapy) में 'लोगो' (logo) से तात्पर्य 'अर्थ' (meaning) से होता है। अतः इसे शाब्दिक भाषा में अर्थ पर आधारित चिकित्सा (therapy of meaning) कहा गया है। इस तरह की चिकित्सा में व्यक्ति की जिन्दगी में अर्थहीनता के भाव से उत्पन्न होनेवाली समस्याओं एवं चिन्ताओं को दूर करने की कोशिश का जाती है। दूसरे शब्दों में, इस तरह की चिकित्सा का संबंध व्यक्ति के अस्तित्ववादी समस्याओं (existential problems) को दूर करना होता है क्योंकि ऐसी समस्याएँ आध्यात्मिक (spiritual) एवं मनोवैज्ञानिक तथ्य उत्पन्न करती हैं। इस तरह की चिकित्सा में रोगी के गत जिन्दगी की ऐतिहासिक पुनर्संरचना पर बल न डालकर उसके समकालीन आध्यात्मिक समस्याओं और भविष्य या आगे के आशय (implications) को समझने पर बल डाला जाता है।

फ्रैंक्ल (Frankl) के अनुसार व्यक्ति का सबसे प्रमुख अभिप्रेरक 'अर्थ-की-इच्छा' (will-to-meaning) होता है। 'अर्थ-की-इच्छा' से तात्पर्य अपनी जिन्दगी के आध्यात्मिक एवं मनोवैज्ञानिक पहलुओं के अर्थ एवं संगतता (relevance) को वास्तविक ढंग से समझकर उसके अनुरूप व्यवहार करने से होता है। फ्रैंक्ल का यह मानना है कि व्यक्ति में यह अभिप्रेरक आत्म-सिद्धि (self-actualization) का अभिप्रेरक एवं तनाव कम करने की इच्छा से अधिक प्रबल होता है। जब व्यक्ति की इस आवश्यकता या अभिप्रेरक की संतुष्टि नहीं होती है तो इससे अस्तित्वात्मक कुंठा (existential frustration) उत्पन्न होती और इससे व्यक्ति की जिन्दगी में अर्थहीनता (meaningless) के भाव की उत्पत्ति हो जाती है जिसे फ्रैंक्ल ने *अस्तित्वात्मक रिक्तता* (existential vaccum) कहा है। इस तरह के अस्तित्वात्मक रिक्तता का भाव आधुनिक जटिल जिन्दगी में बढ़ गयी है और दिनोंदिन बढ़ती जा रही है। इस तरह का भाव मनःस्नायुविकृति (psychoneurosis) तथा मनोविक्षिप्ति (psychosis) के साथ भी हो सकता है या इन दोनों की अनुपस्थिति में भी व्यक्ति में हो सकता है। शायद यही कारण है कि फ्रैंक्ल ने यह स्पष्ट कर दिया है कि लोगोचिकित्सा मनश्चिकित्सा का एक प्रतिस्थापन या प्रतिस्थायी (substitute) न होकर एक संपूरक (complement) होता है।

---

1. "As yet no systematic account has been written of Gestalt therapy. There is virtually no research evidence of its effectiveness or the value of particular techniques." —Korchin : *Modern Clinical Psychology,* 1986, p. 367

फ्रैंक्ल के अनुसार जब व्यक्ति की अपनी जिन्दगी की आध्यात्मिक (spiritual) या दार्शनिक समस्याओं एवं स्नेह (love) तथा जीवन-मृत्यु आदि से संबंधित अर्थ (meaning) में दिशा-विहीनता उत्पन्न हो जाती है, तो इससे अस्तित्वात्मक कुंठा उत्पन्न हो जाती है जिसे व्यक्ति पहले अपने स्तर से दूर करने की कोशिश करता है। जब व्यक्ति में ऐसी कुंठा की मात्रा अत्यधिक हो जाती है जिससे वह उसके नियंत्रण से बाहर हो जाता है, तो उससे स्नायुविकृति लक्षणों (neurotic symptoms) की उत्पत्ति होती है जिसे फ्रैंक्ल ने *न्यूजेनिक स्नायुविकृति* (neuogenic neurosis) कहा है। इस तरह की स्नायुविकृति में सचमुच में अर्न्तोद (drives) अभिप्रेरक या मूलप्रवृत्तियों (instincts) के बीच किसी तरह का संघर्ष (conflict) नहीं पाया जाता है बल्कि व्यक्ति के नैतिक सिद्धान्तों का एक टकराव पाया जाता है। ऐसे टकराव से उत्पन्न संघर्षों को दूर करना लोगोचिकित्सा का मुख्य उद्देश्य है।

लोगोचिकित्सा में रोगी या क्लायंट को अपनी जिन्दगी के उत्तरदायित्व से जानकारी कराने की कोशिश की जाती है क्योंकि मानव अस्तित्व के लिए ऐसी जानकारी मूलभूत तत्त्व हैं। चिकित्सक यहाँ रोगी पर अपने मूल्यों (values) को थोपने की कोशिश नहीं करता है बल्कि रोगी के गिरते हुए आध्यात्मिक मूल्यों के प्रति उन्हें सजग एवं सतर्क कर देता है ताकि उसकी जवाबदेही वे अपने ऊपर लें एवं आध्यात्मिक संघर्षों में सूझ-बूझ विकसित कर सकें।

फ्रैंक्ल द्वारा प्रतिपादित लोगोचिकित्सा की दो विधियाँ सबसे अधिक लोकप्रिय हो पायी हैं जो इस प्रकार हैं—

(i) परस्पर विरोधी अभिप्राय की विधि (tecnique of paradoxical intention)

(ii) अचिंतन की प्रविधि (technique of dereflection)

ये दोनों ही प्रविधियाँ मनःस्नायुविकृति (psychoneurosis) खासकर के मनोग्रसित-बाध्यता (obsessive-compulsive) तथा दुर्भीति (phobia) के रोगियों के उपचार में काफी ख्याति प्राप्त कर चुकी है। परस्पर विरोधी अभिप्राय की प्रविधि व्यवहार चिकित्सा के अन्तःस्फोटात्मक चिकित्सा (implosive therapy) से मिलता-जुलता है। इस प्रविधि में रोगी को सचेत होकर वैसा व्यवहार या अनुक्रिया करने के लिए कहा जाता है जो उसमें चिंता या आशंका उत्पन्न करता है। इस तरह के परस्पर दिरोधी इच्छा धीरे-धीरे व्यक्ति के डर (fear) को प्रतिस्थापित कर देती है। जैसे—जिस व्यक्ति में एक बड़े समूह के सामने बोलने में डर एवं घबड़ाहट होती है, उसे ऐसे समूह के सामने डरने या घबड़ाने के लिए प्रोत्साहित किया जाएगा। फ्रैंक्ल के अनुसार परस्पर विरोधी तथ्य (paradoxical fact) यहाँ यह है कि जब वह ऐसा जान-बूझकर करना चाहेगा तो वह नहीं कर पायेगा अर्थात् उसमें डर या घबड़ाहट नहीं होगा।

अचिंतन (dereflection) की प्रविधि में रोगी को चिन्ता उत्पन्न करनेवाली परिस्थिति या व्यवहार से ध्यान हटाकर अन्य रचनात्मक तथ्यों की ओर लाने की कोशिश की जाती है। इससे रोगी में नयी चेतना, आध्यात्मिकता एवं सूझ-बूझ विकसित हो जाती है।

फ्रैंक्ल के लोगोचिकित्सा के कुल लाभ (advantages) तथा अलाभ (disadvantages) हैं। इसके प्रमुख लाभ निम्नांकित हैं—

(i) लोगोचिकित्सा ही मात्र एक ऐसी चिकित्सा पद्धति है जिसके सहारे मानव के अस्तित्वात्मक समस्याओं से उत्पन्न मनोवैज्ञानिक तनावों को दूर किया जा सकता है।

(ii) लोगोचिकित्सा रोगी को अपनी जिन्दगी में अर्थपूर्ण ढंग से रहने एवं घटनाओं को समझने की उन्मुखता प्रदान करता है।

इसके बावजूद लोगोचिकित्सा के कुछ अलाभ (disadvantages) भी हैं जिनमें निम्नांकित प्रमुख हैं—

(i) लोगोचिकित्सा में क्रमबद्धता नहीं है।

(ii) लोगोचिकित्सा के कुछ संप्रत्यय (concepts) ऐसे हैं जिन्हें समझना कठिन है।

(iii) लोगोचिकित्सा में आत्मनिष्ठता (subjectivity) अधिक तथा वस्तुनिष्ठता (objectivity) कम है। परिणामस्वरूप, इस चिकित्सा के परिणाम (outcome) अधिक धनात्मक नहीं हो पाते हैं।

इन अलाभों के बावजूद लोगोचिकित्सा को मानव समस्याओं खासकर अस्तित्वात्मक समस्याओं से उत्पन्न चिंता को दूर करने का एक उत्तम साधन माना गया है।

अस्तित्ववादी चिकित्सा
(Existential Therapy)

इस चिकित्सा विधि के प्रमुख समर्थक विन्सवैन्गार (Bisnwanger, 1942) तथा मे, एन्जिल एवं एलेनवर्गर (May, Angel & Ellenberger, 1958) हैं। यद्यपि इस चिकित्सा विधि में रोगी के उपचार या चिकित्सा में कोई निश्चित कार्य-विधि (procedure) तो अपनायी नहीं जाती हैं परन्तु इसमें प्रत्येक व्यक्ति की वैयक्तिकता (uniqueness) तथा उसके मूल्यों एवं भावों (feelings) को समझकर रोगी के स्वस्थकर अस्तित्व के लिए एक माहौल तैयार किया जाता है। यद्यपि अस्तित्ववाद (existentialism) में व्यक्ति के स्वतंत्र इच्छाओं (free will) तथा उत्तरदायित्व (responsibility) पर अधीक बल डाला जाता है, इसमें उन चिंताओं को भी महत्त्वपूर्ण माना गया है जिसे व्यक्ति अपनी जिन्दगी में मुख्य पसंद या चयन (choice) करने में अनुभव करता है। ऐसे पसंद या चयन को अस्तित्ववादी चयन (existential choice) कहा जाता है। ऐसे चयन पर व्यक्ति का अस्तित्व निर्भर करता है। किसी अमुक नौकरी को करना या उसे न करना ऐसे ही अस्तित्ववादी चयन का एक उदाहरण है। अस्तित्ववादी मनोवैज्ञानिकों का मत है कि सचमुच में जीवित रहने के लिए व्यक्ति को उन चिन्ताओं से अवगत करना ही पड़ता है जो अस्तित्ववादी चयन (existential choices) से उत्पन्न होते हैं। सामान्यतः अस्तित्ववादी चिन्ता निम्नलिखित स्रोतों से उत्पन्न होता है—

(i) यह चिंतन कि हमलोग एक दिन मर जाऐंगे, अस्तित्ववादी चिंता उत्पन्न करता है।

(ii) यह चिंतन कि हमलोग अकेले हैं, अस्तित्ववादी चिंता उत्पन्न करता है।

(iii) यह चिंतन कि हमलोग को अपने निर्णय लेना है, उसके अनुरूप कार्य करना है तथा फिर उसके परिणामों का भुगतना है, अस्तित्ववादी चिंतन उत्पन्न करता है।

(iv) यह चिंतन कि आकस्मिक परिस्थितियों जैसे दुर्घटना आदि के साथ हमलोग लड़ नहीं सकते हैं, अस्तित्ववादी चिन्ता उत्पन्न करता है।

(v) यह चिंतन कि हमें अपनी जिन्दगी को सँवारने की जवाबदेही हम पर है, अस्तित्ववादी चिंतन उत्पन्न करता है।

अस्तित्ववादी चिकित्सा का उद्देश्य व्यक्ति को उक्त तरह की चिंताओं से मुक्त करना होता है। ऐसा करने के लिए यहाँ चिकित्सक रोगी के चेतन तथा उपचेतन की क्रियाओं के अध्ययन तक अपने आप को बाँधकर नहीं रखते हैं बल्कि वे रोगी को उसके इर्द-गिर्द की वास्तविकता पर ध्यान केन्द्रित करके व्यक्ति को उसके आंतरिक पहलुओं का पुनर्निर्माण (reconstruct) करने में मदद करते हैं। इसके लिए चिकित्सक विन्सवैन्गार (Winswanger, 1942) द्वारा विकसित विधि जिसे 'डेजिन एनालिसिस' (Dasein anlysis or existential analysis) की संज्ञा दी गयी है, का भी अनुसरण करते हैं।

अस्तित्ववादी चिकित्सा के प्रमुख लक्ष्य (goal) निम्नांकित हैं—

(i) अस्तित्ववादी चिकित्सक रोगी को परिघटनात्मक दृष्टिकोण (phenomenological frame or refernces) अपनाने की सलाह देकर उसके प्रतिसमर्थन एवं परानुभूति (empathy) दिखाते हैं। इसके बाद चिकित्सक उसे अपना व्यवहार, भाव, संबंध एवं जिन्दगी के सही अर्थ को समझाते हैं। चिकित्सक क्लायंट को गत एवं वर्तमान पसंदगियों या चयनों (choices) से रोगों को सामना कराते हैं तथा उसका स्पष्टीकरण करते हैं। इन दोनों में से रोगी के वर्तमान चयनों को वे अधिक महत्त्वपूर्ण मानते हैं।

(ii) अस्तित्ववादी चिकित्सक रोगी या क्लायंट को एक खुला एवं स्नेहपूर्ण वातावरण में अपने आप को दूसरों से संबंधित करने की पर्याप्त प्रेरणा देता है ताकि रोगी का यह चिंता दूर हो सके कि वह अकेला है।

(iii) अस्तित्ववादी चिकित्सा का लक्ष्य रोगी या क्लायंट में वर्द्धन तथा उचित चयन के लिए छिपे अन्तःशक्ति (potential) से उसे अवगत कराना है। अस्तित्ववादी चिकित्सा में यह मानकर चिकित्सक चलते हैं कि क्लायंट प्रत्येक क्षण अपना अस्तित्व नये ढंग से उत्पन्न करता है ताकि वह अर्थपूर्ण ढंग से जीवित रह सके।

अस्तित्ववादी चिकित्सा के लाभ (advantages) तथा अलाभ (disadvantages) हैं। इसके प्रमुख लाभ इस प्रकार हैं—

(i) अस्तित्ववादी चिकित्सा एक ऐसी पहली चिकित्सा है जिसमें रोगी को अपने भीतर छिपे अन्तःशक्ति से अवगत कराकर उसे अर्थपूर्ण ढंग से जीवित रहने की प्रेरणा दी जाती है।

(ii) टिल्लिक (Tillich, 1992) के अनुसार अस्तित्ववादी चिकित्सा का एक विशेष लाभ यह है कि चूँकि इस तरह की चिकित्सा में क्लायंट अपने अस्तित्व को वास्तविक ढंग से समझने की कोशिश करता है इसलिए इससे अस्तित्ववादी स्नायुविकृति (existential neurosis) के लक्षणों को स्थायी रूप से दूर करने में काफी मदद मिलती है।

इसके बावजूद अस्तित्ववादी चिकित्सा के कुछ अलाभ (disadvantages) हैं जो इस प्रकार हैं—

(i) अस्तित्ववादी चिकित्सा का सबसे मुख्य आलोचना यह है कि इसमें यह नहीं स्पष्ट है कि क्लायंट में वर्द्धन उत्पन्न करने के लिए किन-किन तरह के चिकित्सीय प्रविधियों का उपयोग किया जाएगा। इससे चिकित्सा की वैधता संदेह के घेरे में आ जाती है।

(ii) अस्तित्ववादी चिकित्सा में स्पष्ट एवं ठोस संक्रियाओं की जिसके माध्यम से वैज्ञानिक शोध किये जा सके हैं, की कमी है। यद्यपि अस्त्विवादी चिकित्सक कई सफल केसेज का प्रकाशन कर चुके हैं, इस क्षेत्र में कोई शोध नहीं किया गया है।

(iii) अस्तित्ववादी चिकित्सक के नजर में आधुनिक विज्ञान मानव में मानवीय मूल्यों को कम करता है। अतः इन लोगों का विश्वास है कि विज्ञान का व्यक्ति पर उपयोग करने से व्यक्ति की वैयक्तिकता (uniqueness) समाप्त हो जाता है। इससे गानवीय चिंता समाप्त न होकर और बढ़ सकती है।

(iv) अस्तित्ववादी चिकित्सा क्लायंट के व्यक्तिगत अनुभूतियों पर अधिक निर्भर करता है। आलोचकों का मत है कि क्लायंट का व्यक्तिगत अनुभूति अनोखा (unique) होता है, चिकित्सक यह कैसे समझ जाते हैं कि वे रोगी के इस आंतरिक अनुभूति को ठीक उसी ढंग से जान पाते हैं जैसा कि वह स्वयं जानता है? इस प्रश्न का उत्तर अस्तित्ववादी चिकित्सा में नहीं मिल पाता है।

(v) कुछ आलोचकों का मत है कि अस्तित्ववादी चिकित्सा को एक चिकित्सा प्रविधि न कहकर चिकित्सक द्वारा अपनाया गया एक सामान्य, मनोवृत्ति (attitude) कहना अधिक उचित है। इस पर रोल्लो मे[1] (Rollo May, 1961) ने बहुत ही सटीक टिप्पणी की है जो इस प्रकार है, "अस्तित्ववादी चिकित्सा चिकित्सक की एक पद्धति नहीं है बल्कि मनुष्यों की संरचना को तथा उनकी अनुभूतियों जो सभी प्रविधियों का आधार होती है, को समझने से संबंधित होता है।"

इन अलाभों के बावजूद अस्तित्ववादी चिकित्सा का यह मौलिक तथ्य कि व्यक्ति का अस्तित्व सतत रूप से पुनर्माजित हो रहा है तथा व्यक्ति अपनी पुरानी गलतियों एवं निष्फलों का कैदी नहीं होता है, अन्य दूसरे तरह के चिकित्सक का एक मुख्य आधार है।

मानवतावादी-अनुभवात्मक चिकित्सा या परिघटनात्मक चिकित्सा का मूल्यांकन
(Evaluation of Humanistic-Experiential therapy or Phenomenological therapy)

स्पष्ट हुआ कि परिघटनात्मक चिकित्सा या मानवतावादी-अनुभवात्मक चिकित्सा में चिकित्सक कई तरह की प्रविधियों का उपयोग करके क्लायंट या रोगी का उपचार करते हैं। यदि हम इस चिकित्सा का एक समग्र रूप से मूल्यांकन करें, तो इसके कुछ बिन्दुओं पर विशेष प्रकाश पड़ता है।

इन बिन्दुओं में कुछ इसके लाभ (advantages) तथा कुछ इसके अलाभ (disavantages) की ओर इशारा करते हैं। प्रमुख लाभ की बिन्दु निम्नांकित हैं—

(i) इस चिकित्सा में क्लायंट के किसी खास व्यवहार पर बल न डालकर उसे एक समग्र प्राणी (whole person) के रूप में अध्ययन किया जाता है। इसका विशेष लाभ यह होता है कि क्लायंट की समस्याओं को ठीक ढंग से समझने में मदद मिलती है।

---

1. "Existential therapy is not a system of therapy but an attitude toward therapy, not a set of new techniques but a concern with the understanding of the structure of the human being and his experience that must underline all techniques." —May : *Existential Psychology*, 1961, p. 18-19

(ii) इस चिकित्सा में क्लायंट के आंतरिक बलों एवं अन्तःशक्तियों को समझने पर चूँकि बल डाला जाता है, अतः इसके द्वारा क्लायंट की समस्या को जड़ से उखाड़ फेंकने में काफी मदद मिलती है।

(iii) अस्तित्ववादी चिकित्सा रोगी में सच्चा आत्म-ज्ञान (self-knowledge) उत्पन्न करने में सक्षम होता है।

(iv) कुछ नैदानिक मनोवैज्ञानिकों का मत है कि परिघटनात्मक चिकित्सा रोगी में एक ऐसी नयी उम्मीद या प्रत्याशा उत्पन्न करता है जो अन्य दूसरे तरह की चिकित्सा जैसे व्यवहार चिकित्सा तथा मनोविश्लेषणात्मक चिकित्सा उत्पन्न नही करता है। इसका कारण यह है कि परिघटनात्मक चिकित्सा में क्लायंट या रोगी के अपने विचार या इच्छा को सर्वाधिक आदर किया जाता है।

इन लाभों के बावजूद परिघटनात्मक चिकित्सा के कुछ अलाभ (disadvantages) हैं जिनमें निम्नांकित प्रमुख हैं—

(i) परिघटनात्मक उपचार अस्पष्ट (vague) होने के साथ-ही-साथ अवास्तविक (unrealistic) होता है। कुछ नैदानिक मनोवैज्ञानिकों का मत है कि इस चिकित्सा पद्धति की विधि को प्रायः एक प्रक्रिया (process) के रूप में बतलाया गया है जिसे स्पष्टतः समझना कठिन है। जैसे—नैदानिक मनोवैज्ञानिकों ने इस प्रक्रिया पर शक जाहिर किया है कि क्या सचमुच में चिकित्सा के दौरान कोई चिकित्सक अनिदेशात्मक (nondirective) तथा अनिर्णयात्मक (unjudgmental) हो सकता है?

(ii) परिघटनात्मक उपचार कार्यविधि (treatment procedures) अधूरा (incomplete) होता है। जैसा कि हम जानते हैं, इस तरह की चिकित्सा में मूल्यांकन (assessment) को कोई खास महत्त्व नहीं दिया जाता है। परिणामस्वरूप नैदानिक परीक्षणों जिनके माध्यम से रोगी के पृष्ठभूमीय कारकों (background factors) की पहचान की जाती है, पर अधिक बल नहीं डाला जाता है। फलतः इस तरह का उपचार एक तरह से आंशिक एवं अधूरा ही होता है।

(iii) परिघटनात्मक चिकित्सा या मानवतावादी-अनुभवात्मक चिकित्सा की भाषा में काफी अस्पष्टता होती है। इस तरह की चिकित्सा में अक्सर क्लायंट, वर्द्धन, आत्म-सिद्धि (self-actualization), सर्जनात्मकता (creativity), वैयक्तिकता (individuality) आदि जैसे पदों का उपयोग किया जाता है। आलोचकों का कहना है कि इन पदों का अर्थ वस्तुनिष्ठ एवं सुस्पष्ट नहीं होता है तथा इसके अर्थ में इसलिए भी संभ्रांति उत्पन्न होता है क्योंकि इनका प्रयोग परिघटनात्मक विज्ञान (phenomenolgy) से हटकर दूसरे क्षेत्रों में भी अलग-अलग अर्थों में किया जाता है।

(iv) मानवतावादी-अनुभवात्मक चिकित्सा का गुणकारी प्रभाव पर मतैक्यता नहीं है। एक ओर इस चिकित्सा के समर्थकों द्वारा इसके गुणकारी प्रभाव का दावा किया गया है जबकि इस चिकित्सक के आलोचकों का दावा यह है कि इस चिकित्सा के गुणकारी (beneficial) प्रभाव नहीं होते हैं तथा इस तरह की चिकित्सा के परिणाम का मूल्यांकन सिर्फ क्लायंट (client) तथा चिकित्सक ही और वह भी आत्मनिष्ठ ढंग (subjectively) से ही कर सकते हैं।

(v) मानवतावादी-अनुभवात्मक चिकित्सा या परिघटनात्मक चिकित्सा द्वारा सभी तरह के रोगियों का उपचार संभव नहीं है। आलोचकों का मत है कि इस तरह की चिकित्सा पद्धति सिर्फ बुद्धिमान तथा आत्मदर्शी (introspective) रोगियों के लिए ही गुणकारी होते हैं। इस तरह की चिकित्सा बच्चों, मानसिक रूप से मंद व्यक्तियों तथा व्यवहार समस्या से ग्रसित व्यक्तियों के लिए अधिक गुणकारी या लाभकारी नहीं है।

इन अलाभों के बावजूद परिघटनात्मक चिकित्सा का अपना महत्त्व है। इस तरह की चिकित्सा में विभिन्न चिकित्सीय उपायों का एक उत्तम सेट मिलता है। रोजर्स की चिकित्सा पद्धति तथा गेस्टाल्ट चिकित्सा का योगदान इस दृष्टिकोण से विशेष रूप से उल्लेखनीय है।

अध्याय सारांश
(Chapter Summary)

1. मानवतावादी-अनुभवात्मक (humanistic-experiential) या परिघटनात्मक (pheno-menological) चिकित्सा एक सूझ-केन्द्रित (insight-focused) चिकित्सा है। इसके तहत चार प्रमुख चिकित्सा पद्धति को रखा गया है।
2. क्लायंट-केन्द्रित चिकित्सा का प्रतिपादन रोजर्स (Rogers) द्वारा किया गया। इस तरह की चिकित्सा में चिकित्सक एक अनिदेशात्मक तथा अनिर्णयात्मक (nonjudgemental) रूप अपनाकर रोगी का उपचार उसमें सूझ उत्पन्न करके करता है।

3. गेस्टाल्ट चिकित्सा का प्रतिपादन फ्रिज पर्ल्स (Fritz Perls) द्वारा किया गया। इस तरह की चिकित्सा में रोगी के व्यक्तित्व के सम्पूर्ण पहलू पर ध्यान देकर उसमें सूझ उत्पन्न करने की कोशिश की जाती है। इस तरह की चिकित्सा का केन्द्र रोगी की वर्तमान अनुभूतियाँ (here-and-now-experience) होती है न कि उसके भूत एवं भविष्य का चितन।
4. लोगोचिकित्सा (logotherapy) में व्यक्ति की जिन्दगी की अर्थहीनता के भाव से उत्पन्न होनेवाली समस्याओं एवं चिन्ताओं को दूर करने की कोशिश की जाती है।
5. अस्तित्ववादी चिकित्सा में चिकित्सक अस्तित्ववादी पसंदों (existential choices) से उत्पन्न चिंताओं को दूर करने का भरपूर प्रयास करता है।
6. मानवतावादी-अनुभवात्मक चिकित्सा या परिघटनात्मक चिकित्सा का मूल्यांकन करते हुए उसके लाभ के चार बिन्दुओं तथा अलाभ के पाँच बिन्दुओं पर प्रकाश डाला गया है।

❑

अध्याय 16

सामूहिक चिकित्सा, पारिवारिक चिकित्सा, वैवाहिक चिकित्सा तथा भिड़ंत समूह चिकित्सा
(GROUP THERAPY, FAMILY THERAPY, MARITAL THERAPY AND ENCOUNTER GROUP THERAPY)

सामूहिक चिकित्सा (Group Therapy)

ऐसा प्रायः देखा जाता है कि अधिकतर मानसिक समस्याओं की उत्पत्ति एवं संपोषण विशेष सामाजिक संदर्भ (social context) द्वारा होता है। परिणामस्वरूप, चिकित्सकों में यह भाव उत्पन्न हुआ कि क्यों नहीं जब विभिन्न मानसिक रोगों के कारण में एक सामाजिक परिप्रेक्ष्य की भूमिका न कि अंतरामानसिक (intrapsychic) कारकों की भूमिका प्रधान होती है, उनका उपचार अलग-अलग न करके एक समूह में किया जाय। इसका एक विशेष फायदा यह भी होगा कि कम समय में अधिक रोगियों का उपचार भी हो जायेगा। इन सब भावनाओं के कारण नैदानिक मनोवैज्ञानिकों द्वारा एक विशेष चिकित्सा पद्धति का प्रतिपादन किया गया जिसे *सामूहिक चिकित्सा* (group therapy) कहा गया। सामूहिक चिकित्सा, जैसा कि नाम से ही स्पष्ट है, वैसी चिकित्सा पद्धति को कहा जाता है जिसमें एक साथ कई रोगियों का उपचार किया जाता है। दूसरे शब्दों में, इस तरह की चिकित्सा में रोगियों का उपचार एक समूह में किया जाता है। रोगियों का यह समूह असंबंधित व्यक्तियों का भी हो सकता है या फिर संबंधित (related) व्यक्तियों का भी हो सकता है। जब यह समूह असंबंधित व्यक्तियों का होता है, तो उसे *सामूहिक चिकित्सा* (group therapy) तथा जब वह समूह संबंधित व्यक्तियों का होता है, तो उसे *पारिवारिक* (family) तथा *वैवाहिक* (martial) चिकित्सा की संज्ञा दी जाती है।

सामूहिक चिकित्सा का ऐतिहासिक परिप्रेक्ष्य (*Historical perspective of group therapy*)—सामूहिक चिकित्सा का औपचारिक शुभारंभ जोसेफ एच० प्राट (Joseph H. Pratt) द्वारा 1905 में क्षय रोग से ग्रस्त रोगियों को मेडिकल डाक्टरों के उपचार संबंधी सुझावों के साथ सहयोग दिखाने तथा उनके दबे मनोबल को ऊँचा करने के लिए किया गया था। सचमुच में प्राट ने 25-25 ऐसे रोगियों का समूह तैयार किये और भाषण तथा सामूहिक विचार-विमर्श (group discussion) की विधि को अपनाकर उनके दबे मनोबल को ऊँचा किया तथा उनकी विषादी प्रवृत्तियों को दूर किये। उनके इस प्रयास की सफलता से प्रभावित होकर अगले 30 वर्षों में कई मनोरोगविज्ञानी एवं नैदानिक मनोवैज्ञानिकों ने रोगियों के उपचार में सामूहिक विधि (group method) का उपयोग करना प्रारंभ कर दिये। इनमें लाजेल (Lazell) तथा मार्श (Marsh) के नाम मशहूर है जिन्होंने मनश्चिकित्सीय रोगियों के लिए सामूहिक चिकित्सा की प्रविधि को अपनाया। इस सामूहिक चिकित्सा के इतिहास में जे० एल० मोरनो (J.C. Moreno) का भी योगदान काफी महत्त्वपूर्ण रहा है जिन्होंने वियाना (Vienna) में 1909-1910 के बीच चिकित्सा में सामूहिक विधि (group methods) पर अधिक बल डाले तथा कार्य किये। जब वे अमेरिका में आये, तो 1925 में 'मनोनाटक' (Psychodramma) का प्रतिपादन किया जिसे सामूहिक चिकित्सा की एक नयी विधि उस समय कहा गया। मोरेनो ने 'समूह चिकित्सा' पद का भी इस्तेमाल किया। बुरो (Burrow) उस समय के एक प्रमुख मनोविश्लेषक (psychoanolyst) थे जिन्होंने सामूहिक चिकित्सा की कार्य-विधि को महत्त्वपूर्ण बतलाया तथा उसे 'सामूहिक विश्लेषण' (group analysis) की संज्ञा दिया। स्लावसन (Slavson) ने 1930 वाले दशक में बच्चों तथा किशोरों को नियंत्रित खेल (controlled play) के माध्यम से उनकी मानसिक समस्याओं को दूर करने का भरसक प्रयास किया। इस तरह का खेल में सचमुच में क्षुब्ध बच्चों तथा किशोरों

को एक समूह में खेल के माध्यम से उपचार किया जाता था। इनकी यह कार्य-विधि मनोविश्लेषिक संप्रत्ययों (psychoanalytic concepts) पर आधारित है। इन्होंने *'अमेरिका ग्रुप साइकोथिरापी एशोसियशन'* (American Group Psychotherapy Association) की स्थापना किया तथा इस संघ द्वारा एक जनरल (journal) का भी प्रकाशन किया गया जिसका संपादक(editor) के रूप में वे कई वर्षों तक कार्य किये। अपने विशेष प्रयासों एवं कार्य के कारण स्लावसन (Slavson) सामूहिक चिकित्सा के क्षेत्र में 1930 से 1970 तक एक महत्त्वपूर्ण मनोवैज्ञानिक बने रहे।

सामूहिक चिकित्सा का विकास उक्त नैदानिक संदर्भ (clinical context) के अतिरिक्त सामान्य शैक्षिक संदर्भ (general educational context) में भी हुआ और इस दूसरे तरह के संदर्भ में विकास 1945-50 के बाद हुआ। शैक्षिक संदर्भ में सामूहिक चिकित्सा का उद्देश्य रोगात्मक सांवेगिक विकृति का उपचार करना नहीं था बल्कि सामान्य लोगों के अन्तर्वैयक्तिक कौशलों, समायोजन क्षमता तथा संवेदनशीलता(sensitivity) का उचित विकास करना था। इस सिलसिले में कर्ट लेविन(Kurt Lewin) तथा उनके सहयोगियों का योगदान काफी महत्त्वपूर्ण है जिन्होंने समूह गत्यात्मकता(group dynamics) के संप्रत्यय का विकास किया तथा इसके कुछ विधियों का भी प्रतिपादन किया। इस विधि में T-ग्रुप विधि (T-group method) काफी लोकप्रिय हुआ। इसे *ट्रेनिंग-ग्रुप विधि* (Training-group method) भी कहा जाता है। कर्ट लेविन जर्मनी के एक मनोवैज्ञानिक थे जो हिटलर के आतंकवाद से तंग आकर अमेरिका में आ बसे थे। लेविन अपने सहयोगियों जिनमें ब्रैडफोर्ड, वेनी तथा लिपिट (Bradford, Benne & Lippitt) का नाम मशहूर है, अन्तसामूहिक तनावों (intergroup tension) को दूर करने के ख्याल से नेताओं का प्रशिक्षण समूह में दिया। 1950 में इन लोगों के प्रयास से ऐसे प्रशिक्षण के लिए नेशनल ट्रेनिंग लेबोरेट्री (National Training Laboratory या NTL) की स्थापना की गयी। NTL कार्यक्रम का मुख्य केन्द्र बिन्दु टी-ग्रुप विधि था हालाँकि यहाँ होने वाले सम्मेलनों में मनोवैज्ञानिकों द्वारा अन्य विधियों पर भी बल डाला गया। परन्तु फिर भी NTL के क्रियाओं को नैदानिक मनोवैज्ञानिक नैदानिक समूह चिकित्सा (clinical group therapy) के लिए महत्त्वपूर्ण नहीं मानते थे क्योंकि नैदानिक मनोवैज्ञानिक समूह गतिकी के नियमों से अपनी अनभिज्ञता दिखलाये। यहाँ तक NTL मनोवैज्ञानिकों ने स्वयं ही यह कहा कि उनकी विधियों का उद्देश्य व्यक्ति के सांवेगिक समस्याओं (emotional problems) का निराकरण करना नहीं था। धीरे-धीरे परिस्थिति दो दिशाओं में आगे बढ़ी। एक दिशा वह थी जिसमें NTL मनोवैज्ञानिकों ने अपनी सामूहिक विधि तथा प्रयासों को स्वस्थ लोगों के लिए न कि मानसिक रूप से बीमार लोगों के लिए अधिक उपयुक्त एवं उपयोगी समझने लगे। दूसरे तरफ, नैदानिक सामूहिक चिकित्सा से सबंध कई मनोवैज्ञनिक समूह गतिकी के विज्ञान तथा टी-ग्रुप विधि से नजदीक आये और उसमें विशिष्टता हासिल कर उसका उपयोग नैदानिक परिस्थिति में करने लगे। आधुनिक नैदानिक मनोवैज्ञानिकों द्वारा समूह चिकित्सा में इन दोनों तरह की दिशाओं को संयोजित करके उसका विशेष फायदा उठाया जा रहा है। यालोम (Yalom, 1978) द्वारा सामूहिक चिकित्सा के क्षेत्र में किये गये प्रयास में इस संयोजन का स्पष्ट झलक मिलता है।

सामूहिक चिकित्सा का आजकल महत्त्व काफी बढ़ गया है जिसका स्पष्ट सबूत यह है कि मनश्चिकित्सा के सभी वैसे स्कूल या उपागम जिनका दृष्टिकोण वैयक्तिक मनश्चिकित्सा (individual psychotherapy) हैं, ने भी समूह चिकित्सा को अपनाया है। यही कारण है कि आजकल हमें मनोवैश्लेषिक सामूहिक चिकित्सा (psychoanalytic group therapy), क्लायंट-केन्द्रित सामूहिक चिकित्सा (client-centered group therapy), संव्यवहार विश्लेषण चिकित्सा (transactional analysis therapy), मुठभेड़ सामूहिक चिकित्सा (encounter group therapy), गेस्टाल्ट सामूहिक चिकित्सा (Gestalt group therapy), व्यवहार सामूहिक चिकित्सा (behavioural group therapy) आदि देखने को मिलते हैं। जैकोब्स तथा गुडमैन (Jacobs & Goodman, 1989) के अनुसार सामूहिक चिकित्सा बहुत सारे अपेशेवर आत्म-मदद संगठनों(non-professional self-help organizations) में भी देखने मिलता है। जैसे--चेतन-उत्तेजक समूह (consciousness-raising group), वजन-नियंत्रण समूह(weight-control group), निश्चयात्मकता समूह(assertiveness group), अलकोहलिक एनोनमस (Alcoholics Anonymous or AA) आदि इस तरह के समूह के कुछ उदाहरण हैं जिनके द्वारा समूह चिकित्सा की प्रविधि को महत्त्वपूर्ण बतलाया गया है।

सामूहिक चिकित्सा में उपचारी कारक
(Curative Factors in Group Therapy)

सामूहिक चिकित्सा के विभिन्न उपागम (approaches) है। जैसे—मनोवैश्लेषिक समूह चिकित्सा, क्लायंट-केन्द्रित समूह चिकित्सा, गेस्टाल्ट समूह चिकित्सा तथा व्यवहार समूह चिकित्सा आदि कुछ ऐसे ही विभिन्न तरह के उपागम के

उदाहरण है। इन विभिन्नताओं के पीछे छिपे कुछ सामान्य कारक हैं जिनपर सामूहिक चिकित्सा की उपयोगिता निर्भर करता है। यालोम (Yalom, 1975) ने ऐसे ग्यारह कारकों की पहचान किया है जो सामूहिक चिकित्सा के सारतत्त्व की ओर इशारा करता है। ये ग्यारह कारक जिन्हें उपचारी कारक (curative factors) कहा जाता है, निम्नांकित है—

(i) प्रत्याशा *(Hope)*—अन्य दूसरे तरह की मनश्चिकित्सा के समान सामूहिक चिकित्सा भी क्लायंट में यह उम्मीद या प्रत्याशा उत्पन्न करता है कि उनकी सांवेगिक समस्याओं में परिवर्तन होगा और इस प्रत्याशा का सचमुच में चिकित्सीग मूल्य अधिक होता पाया गया है।

(ii) सूचना प्रदान करना *(Imparting information)*—सामूहिक चिकित्सा में क्लायंट चिकित्सी से मनोवैज्ञानिक क्षुब्धता(psychological disturbance), मनोगत्यात्मकता(psychodynamics), पुनर्बलन प्रसंभाव्यता(reinforcement contingency) आदि के बारे में सूचना प्राप्त करते हैं। इतना ही नहीं, वे अपनी विशिष्ट समस्याओं के बारे में समूह के नेता तथा समूह के अन्य सदस्यों से भी राय एवं निर्देशन (guidance) प्राप्त करते हैं।

(iii) सार्विकता *(Universality)*—सामूहिक चिकित्सा में जब क्लायंट अन्य क्लायंट की समस्याओं के बारे में सुनता है, तो उसे पहली बार यह महसूस होता है कि उसकी समस्या, चिंता, आशंका के समान दूसरों की भी चिंता, आशंका या समस्या है। जब क्लायंट यह अनुभव करता है कि वह अकेले नहीं इस तरह की समस्या या चिंता से जुझ रहा है, तो इसका उसपर चिकित्सीय दृष्टिकोण से उत्तम प्रभाव होता है।

(iv) परोपकारिता *(Altruism)*—सामूहिक चिकित्सा में चिकित्सा समूह के सदस्यगण एक-दूसरे को राय देते हैं, तरह-तरह के प्रोत्साहन देते हैं तथा एक-दूसरे के प्रति सहानुभूति दिखाते हैं। इस प्रक्रिया में राय, प्रोत्साहन तथा सहानुभूति दिखाने वालों में यह भाव उत्पन्न होता है कि वे लोग अपने साथियों को कुछ दे सकते हैं जबकि राय, प्रोत्साहन एवं सहानुभूति प्राप्त करने वालों में यह भाव उत्पन्न होता है कि वे अकेला नहीं है। सामाजिक समर्थन के इस आदान-प्रदान से चिकित्सा का काफी गुणकारी प्रभाव देखने को मिलता है।

(v) सामाजिक कौशल का विकास *(Development of social skills)*—इस तरह की चिकित्सा में जब क्लायंट को समूह के अन्य सदस्यों से सुधारात्मक पुनर्निवेशन (corrective feedback) प्राप्त होता है, तो इससे वह अपने अन्तर्वैयक्तिक व्यवहार के त्रुटियों को सुधार लेता है। इस तरह के सामाजिक कौशल के विकास से चिकित्सा के परिणाम को धनात्मक होने की संभावना तीव्र हो जाती है।

(vi) अनुकरणशील व्यवहार *(Initiative behaviour)*—समूह चिकित्सक तथा समूह के अन्य सदस्य नये तरह के व्यवहार को सीखने के लिए एक उत्तम मॉडल के रूप में होते हैं।

(vii) प्राथमिक पारिवारिक समूह के सुधारात्मक सार *(Corrective recapitulation of primary family group)*—सामूहिक चिकित्सा में समूह एक परिवार के समान होता है जिसमें चिकित्सक माता-पिता के जगह पर तथा अन्य सदस्य भाई-बहन (siblings) के जगह पर होते हैं। इस तरह से समूह एक नये परिवार का रूप अपनाकर क्लायंट के मौलिक परिवार द्वारा उत्पन्न घाव एवं अवरोधों को दूर करने में सक्षम होता है।

(viii) अन्तर्वैयक्तिक सीखना *(Interpersonal learning)*—सामूहिक चिकित्सा में क्लायंट समूह के अन्य सदस्यों के साथ अंतक्रिया करके अपने बारे में सूझ विकसित करते हैं तथा वे जिस तरह का संबंध विकसित करना चाहते हैं, उसके बारे में पहले से रहे विचार की समीक्षा करते हैं। इस तरह से समूह एक *'सामाजिक प्रयोगशाला'* (social laboratory) के रूप में कार्य करता है जिसमें नये ढंग से संप्रत्यय एवं संबंध को सीखा जाता है।

(ix) समूह समग्रता *(Group cohesiveness)*—सामूहिक चिकित्सा में समूह में घनिष्ठता तथा 'होने' का भाव एक समग्र (whole) के रूप से विकसित करता है जिससे क्लायंट को आराम एवं प्रोत्साहन प्राप्त होता है।

(x) विरेचन *(Catharsis)*—समूह के सुरक्षात्मक वातावरण में सदस्यगण उन संवेगों एवं इच्छाओं को स्वतंत्र रूप से व्यक्त करते हैं जो वर्षों से उन्हें परेशान करते आये हैं।

(xi) अस्तित्ववादी कारक *(Existential factors)*—सामूहिक चिकित्सा में क्लायंट अन्य लोगों के साथ अन्तःक्रिया करने के बाद यह सीखते हैं कि व्यक्ति का जिन्दगी भीतर से बहुत ठीक एवं साफ-सुथरा नहीं होता है तथा यद्यपि अन्य लोगों का समर्थन बहुत ही मददगार साबित होता है, फिर भी वे मौलिक रूप से अकेले हैं और उन्हें अपने से ही एक निर्णय करना होगा।

उक्त कारकों के होने से समूह चिकित्सा की प्रभावशीलता में वृद्धि हो जाता है। इतना यहाँ बता देना आवश्यक है कि इनमें से कुछ कारक ऐसे हैं जो समूह चिकित्सा के अतिरिक्त वैयक्तिक चिकित्सा (individual therapy) में भी पाये जाते हैं। जैसे—प्रत्याशा, सूचना प्रदान करना, विरेचन तथा अनुकरणीय व्यवहार आदि कारक वैयक्तिक चिकित्सा में भी पाये जाते हैं। इतना ही नहीं, उपर्युक्त ग्यारह कारकों में से सभी कारक सामूहिक चिकित्सा के सभी प्रकारों के लिए समान रूप से महत्त्वपूर्ण नहीं होते हैं। फिर भी इन उपचारी कारकों से यह पता चलता है कि सामूहिक चिकित्सा क्यों प्रभावी होता है या इसका परिणाम क्यों धनात्मक होता है।

सामूहिक चिकित्सा की प्रक्रिया
(Process of Group Therapy)

सामूहिक चिकित्सा की प्रक्रिया (process) से तात्पर्य उन चरणों या कारकों की व्याख्या से होती है जिससे होकर चिकित्सा का यह कार्य सम्पन्न किया जाता है। नैदानिक मनोवैज्ञानिकों के अनुसार इस प्रक्रिया में निम्नांकित चार कारकों को महत्त्वपूर्ण माना गया है—

(i) औपचारिक व्यवस्था (formal arrangement)

(ii) समूह का संगठन (composition of group)

(iii) समूह की अवधि (duration of group)

(iv) समूह चिकित्सा की भूमिका (role of group therapist)

इन सबों का वर्णन निम्नांकित है—

(i) औपचारिक व्यवस्था *(Formal arrangement)*—समूह चिकित्सा की प्रक्रिया प्रारंभ करने में सबसे पहले एक इस ढंग की व्यवस्था करनी पड़ती है जिसमें चिकित्सा का कार्य ठीक ढंग से हो सके। इस चिकित्सा के लिए सामान्यतः सदस्यों की संख्या 6 से 12 तक की होती है परन्तु 8 से 10 की संख्या को अधिक आदर्श माना गया है। सदस्यों को एक वृत्ताकार एवं खुले वातावरण में बैठाया जाता है ताकि प्रत्येक सदस्य एक-दूसरे को तथा चिकित्सक को ठीक ढंग से देख सके। सामान्यतः समूह चिकित्सा में एक चिकित्सक होता है परन्तु कभी-कभी एक उनका सहयोगी चिकित्सक भी होता है। अगर दो चिकित्सक का प्रावधान किया जाता है तो उसमें एक पुरुष तथा दूसरा स्त्री चिकित्सक को भी रखा जाता है। एक निश्चित संख्या में सदस्य होने पर ही समूह चिकित्सा का प्रारंभ किया जाता है या चिकित्सा प्रारंभ होने के बाद भी उसमें नये सदस्यों को सम्मिलित किया जाता है।

(ii) समूह का संगठन *(Composition of group)*—जैसा कि ऊपर कहा गया है कि समूह के आदर्श संख्या 10 सदस्यों की होती है। परन्तु यदि समूह बहुत छोटा होता है या इससे अधिक बड़ा होता है, तो दोनों ही परिस्थितियों में समूह चिकित्सा की प्रभावशीलता में कमी आती है। अतः चिकित्सक को समूह निर्माण में काफी सतर्कता बरतनी पड़ती है और इसमें उसे निम्नांकित बातों पर ध्यान रखना आवश्यक हो जाता है—

(a) समूह के निर्माण में स्थिर-व्यामोही (paranoid), मस्तिष्कीय-क्षति रोगी (brain-damaged patient), समाज-विरोधी व्यक्तित्व वाले रोगी, आत्मरोगभ्रमी (hypocondriacal patient) तथा मनोविक्षिप्ति (psychosis) के रोगी को सम्मिलित नहीं किया जाना चाहिए क्योंकि ऐसे रोगी समूह के कार्य तथा उसके द्वारा दिये गये विशिष्ट कार्यों को ठीक से नहीं कर पाते हैं।

(b) समूह में क्लायंट को सम्मिलित करने के पहले प्राक्मूल्यांकन (preassessment) कर यह देख लेना चाहिए कि उसे सामूहिक चिकित्सा की आवश्यकता है या नहीं या फिर उसे इस तरह की चिकित्सा से लाभ हो सकता है या नहीं।

(c) सामूहिक चिकित्सक को इस बात का निश्चय कर लेना चाहिए कि तैयार किया जाने वाला समूह सजातीय (homogeneous) होगा या विषम-जातीय (heterogeneous) होगा। जब समूह में सिर्फ वैसे क्लायंट का चयन किया जाता है जो उम्र, यौन तथा समस्या के स्वरूप आदि में समान हो तो उसे सजातीय समूह कहा जाता है परन्तु जब समूह में सभी तरह के क्लायंट को सम्मिलित किया जाता है, तो उसे विषमजातीय समूह कहा जाता है। विषमजातीय समूह का निर्माण समजातीय समूह के निर्माण की अपेक्षा आसान होता है। समजातीय समूह का फायदा यह होता है कि इसमें लक्षण उन्नति (symptom improvement) पर बल दिया जाना संभव हो पाता है। विषमजातीय समूह का फायदा

यह होता है कि इसमें क्लायंट को भिन्न-भिन्न तरह के रोगियों तथा उनके भिन्न-भिन्न संदर्भ (perspective) के साथ अन्तःक्रिया करने का मौका मिलता है।

(iii) समूह की अवधि *(Duration of group)*—सामूहिक चिकित्सा कितने समय तक चलना चाहिए, सामूहिक चिकित्सा का सत्र कितने घंटे का होना चाहिए, आदि कुछ महत्त्वपूर्ण प्रश्न हैं जिसके बारे में चिकित्सक को निर्णय करना होता है। प्रायः देखा गया है कि सामूहिक चिकित्सक के कुछ समूह तो ऐसे होते हैं जो कभी नहीं समाप्त होते हैं और उसके पुराने सदस्य हटते जाते हैं तथा उसके जगह पर नये सदस्य आते रहते हैं। इस तरह से समूह का अस्तित्व बना होता है। दूसरे तरफ सामूहिक चिकित्सा के कुछ समूह ऐसे होते हैं जो सत्रों की खास संख्या के बाद समाप्त हो जाते हैं। समूह चिकित्सा का सत्र वैयक्तिक चिकित्सा के सत्र की तुलना में सामान्यतः लम्बा होता है। सामान्यतः इसका सत्र 1½ से 2 घंटे तक का होता है जो सप्ताह में एक या दो बार होता है। प्रायः सत्र सायंकाल में प्रस्तावित होता है। समूह चिकित्सा में वैयक्तिक चिकित्सा की तुलना में सत्र लम्बा होने का कारण यह है कि समूह में आठ से दस सदस्य होते हैं और प्रत्येक को अपना दृष्टिकोण स्पष्ट करना होता है। स्वभावतः तब सत्र लम्बा हो जाता है।

(iv) समूह चिकित्सक की भूमिका *(Role of group therapist)*—सामूहिक चिकित्सा में चिकित्सक की भूमिका अहम होती है। इन्हें समूह पर न तो पूर्ण नियंत्रण रखकर और न ही उसे पूरी स्वतंत्रता देकर कार्य करना होता है। सचमुच में एक चिकित्सक को इन दोनों छोरों के बीच में अपनी भूमिका काफी सतर्कतापूर्वक निभाना होता है। सामूहिक चिकित्सा को समूह में एक विशेष संस्कृति उत्पन्न करना होता है तथा उसे संपोषित करना होता है। समूह में उस समस्या पर सर्वाधिक बल डाला जाता है जिसका संबंध समूह के सतत कार्य (continued functioning) से अधिक होता है। इसके तुलना में उन कार्य पर कम बल डाला जाता है जिसका स्वरूप वैयक्तिक (personal) या अन्तरवैयक्तिक (interpersonal) होता है। सामूहिक चिकित्सा में चिकित्सक की भूमिका कैसी होनी चाहिए, इस पर कोरचिन[1] (Korchin, 1986) ने बहुत ही सटीक टिप्पणी करते हुए इस प्रकार कहा है, "जैसा कि वैयक्तिक चिकित्सा में होता है, समूह चिकित्सक को बिना अधिकारवादी हुए ही अधिकारपूर्ण, सदस्यों को परिचालित किये ही मुख्य रूप से आवेष्टित तथा बिना विशेषज्ञता दिखाये हुए एक विशेषज्ञ की भूमिका करनी होती है।" स्पष्ट है कि सामूहिक चिकित्सा में चिकित्सा की भूमिका जटिल परन्तु महत्त्वपूर्ण होती है और उनकी इस भूमिका से चिकित्सा के परिणाम की सार्थकता पर सीधा असर पड़ता है।

स्पष्ट हुआ कि समूह चिकित्सा की प्रक्रिया के कई पहलू हैं जिनपर ध्यान देकर ही इस तरह की चिकित्सा को गुणकारी या लाभकारी बनाया जा सकता है।

सामूहिक चिकित्सा के मॉडल या उपागम
(Models or Approaches of Group Therapy)

सामूहिक चिकित्सा के कई मॉडल (model) या उपागम (approaches) का वर्णन नैदानिक मनोवैज्ञानिकों द्वारा किया गया है। इन मॉडल को निम्नांकित चार भागों में बाँटा जा सकता है—

(1) मनोगतिकी सामूहिक चिकित्सा मॉडल (Psychodynamic group therapy model)

(2) व्यवहारपरक सामूहिक चिकित्सा मॉडल (Behavioural group therapy model)

(3) मानवतावादी सामूहिक चिकित्सा मॉडल (Humanistic group therapy model)

(4) समकक्षी आत्म-मदद समूह मॉडल (Peer self-help model)

इन चारों का वर्णन निम्नांकित है—

(i) मनोगतिकी सामूहिक चिकित्सा मॉडल *(Psychodymamics group therapy model)*—इस मॉडल में बाल्यावस्था में उत्पन्न मानसिक संघर्ष को ही मानसिक रोग का कारण माना जाता है तथा इस संघर्ष में रोगी में सूझ उत्पन्न करके उसका उपचार किया जाता है। वैयक्तिक चिकित्सा के समान मनोगतिकी सामूहिक चिकित्सा में यालोम (Yalom) के सातवाँ एवं आठवाँ बिन्दु अर्थात् प्राथमिक पारिवारिक समूह के सुधारात्मक स्तर (corrective recapitualation of primary family group) तथा अन्तर्वैयक्तिक सीखना (interpersonal learning) पर अधिक

1. "As in individual therapy, the group therapist must be authoritative without being authoritarian, centrally involved without manipulating the members, being expert without playing the expert."

—Korchin : *Modern Clinical Psychology,* 1986, p. 396

बल डाला जाता है। इस सामूहिक संदर्भ में सामूहिक चिकित्सक उन्हीं विधियों द्वारा उपचार करते हैं जिन विधियों का उपयोग वैयक्तिक चिकित्सा में चिकित्सक करते हैं। इसमें प्रतिरोध (resistance), स्थानान्तरण (transference) तथा स्वप्न का विश्लेषण आदि प्रमुख हैं। चिकित्सक इस बात पर बहुत ही गौरपूर्वक ध्यान देता है कि समूह के सदस्य क्या कहते हैं या करते हैं तथा कुछ ऐसी व्याख्याएँ दी जाती हैं जिनसे क्लायंट के वर्तमान समस्या का स्पष्टीकरण हो सके।

इस मॉडल के तहत सबसे चर्चित स्लावसन (Slavsion, 1964) का *'विश्लेषणात्मक सामूहिक मनश्चिकित्सा'* (Analytic group psychotherapy) है। सचमुच में समूह में संचालित यह एक तरह का मनोविश्लेषणात्मक चिकित्सा (psychoanlytic therapy) है। इसमें स्वतंत्र साहचर्य, स्थानान्तरण (transference), प्रतिरोध (resistance) की व्याख्या आदि करके रोगी के मानसिक संघर्ष में सूझ उत्पन्न करने की भरपूर कोशिश की जाती है।

वोल्फ (Wolf, 1975) ने भी इस बात पर बल डाला है कि मनोविश्लेषणात्मक चिकित्सा को समूह में भी संपन्न किया जा सकता है। वोल्फ के सामूहिक चिकित्सा में 8 से 10 जिसमें महिला तथा पुरुष क्लायंट की संख्या बराबर-बराबर होती है, का निर्माण किया जाता है। यह समूह एक सप्ताह में तीन बार मिलता है और प्रत्येक सत्र करीब 90 मिनट का होता है। रोगी या क्लायंट अपनी भावों को तथा अन्य सदस्यों के प्रति अपनी भावनाओं का खुलकर अभिव्यक्ति करते हैं, अपने-अपने स्वप्न को बतलाते हैं, प्रतिरोध (resistance) तथा स्थानान्तरण (transference) का विश्लेषण करते हैं। चिकित्सक आवश्यकतानुसार इन सबों की व्याख्या करके रोगी में सूझ उत्पन्न करने की भरपूर कोशिश करता है।

मनोनाटक *(Psychodrama)* भी एक सामूहिक चिकित्सा है जिसे मनोविश्लेषणात्मक समूह चिकित्सा मॉडल के तहत रखा गया है। मनोनाटक का प्रतिपादन मोरेनो (Moreno, 1946, 1959) द्वारा किया गया। इस विधि में रोगी एक समूह की नियंत्रित परिस्थिति में अपनी कठिनाइयों एवं मानसिक संघर्षों (mental conflicts) को अभिव्यक्त करने का अभिनय करता है ताकि उससे संबंधित समायोजन की कठिनाइयों से वह अवगत हो सके। इसके लिए एक नाटकीय परिस्थिति तैयार की जाती है जिसमें रोगी के अलावा अन्य कई लोग होते हैं तथा जिनकी मदद से रोगी किसी भूमिका का अभिनय करता है। जैसे—किसी रोगी को पति के रूप में यदि कुछ समायोजन संबंधी कठिनाइयाँ हैं तो उससे पति की भूमिका करवायी जाएगी। परिस्थिति को नाटकीय बनाने के ख्याल से कोई नर्स पत्नी की भूमिका तथा चिकित्सक माता-पिता की भूमिका कर सकते हैं। मोरेनो ने मनोनाटक में भाग लेने वाले पात्रों का विशेष नामकरण किया है जो इस प्रकार है—

(i) नाटक का प्रधान अभिनेता (protogonist)

(ii) निर्देशक (director)

(iii) सहायक अहम् (auxiliary ego)

(iv) श्रोता या दर्शक (audience)

इनका वर्णन इस प्रकार है—

(i) नाटक का प्रधान अभिनेता *(Protogonist)*—मनोनाटक का प्रधान अभिनेता या पात्र स्वयं रोगी ही होता है। इस रोगी को अपने वास्तविक जीवन की समस्याएँ एवं कठिनाइयाँ जो उनमें चिन्ता उत्पन्न कर रही है, को प्रदर्शन करने हेतु भूमिका (role) करने के लिए प्रोत्साहित किया जाता है।

(ii) निर्देशक*(Director)*—मोरेनो ने मुख्य चिकित्सक को निदेशक कहा है। निदेशक की देख-रेख में ही मनोनाटक का संचालन एवं क्रियान्वयन होता है।

(iii) सहायक अहम्*(Auxiliary ego)*—सहायक चिकित्सा कर्मचारीगण जैसे—नर्स, सहायक चिकित्सक तथा अन्य रोगी आदि मिलकर सहायक अहम् (auxiliary egoes) की भूमिका निर्वाह करते हैं। सहायक अहम् का मुख्य कार्य प्रधान अभिनेता अर्थात् रोगी को अपनी भूमिका निर्वाह करने में पूर्ण सहायता प्रदान करना होता है। जैसे—किसी प्रधान अभिनेता को यदि भाई (brother) की भूमिका (role) करना है तो सहायक अहम् में से कुछ बहन, माता-पिता आदि की भूमिका करके उसे अर्थात् रोगी को भाई की भूमिका का ठीक ढंग से निर्वाह करने में मदद करेंगे।

(iv) श्रोता या दर्शक *(Audience)*—श्रोता या दर्शक की भूमिका में अन्य व्यक्तियों या रोगियों को रखा जाता है।

मनोनाटक के रंगमंच पर प्रधान या मुख्य अभिनेता अर्थात् रोगी स्वाभाविक ढंग से अपनी सांवेगिक कठिनाइयों की अभिव्यक्ति कर सके, इसके लिए पर्याप्त माहौल तैयार किया जाता है। मंच पर पात्रों को कब और किस तरह का संवाद (dialogue) बोलना होता है, इसके लिए किसी प्रकार का अनुबोधन निदेशक (director) द्वारा नहीं किया जाता है।

इस तरह से रंगमंच पर जो अभिनय होता है वह स्वतंत्र एवं पूर्वाभ्यासरहित होता है और फ्रायड के मुक्त साहचर्य (free association) के समान ही होता है। इस तरह के अभिनय से रोगी की दमित एवं सांवेगिक कठिनायाँ प्रस्फुटित होती हैं।

मनोनाटक का उपयोग वहाँ अधिक लाभकारी होता है जब रोगी चिकित्सा की अन्य विधियों में भाग लेने से इनकार कर देता है या किसी कारणवश लेने में असमर्थ रहता है। ऐसे रोगियों को मनोनाटक के सत्रों में दर्शक या श्रोता के रूप में पहले-पहले रखा जाता है और बाद में स्वयं ही वे मुख्य अभिनेता या रोगी की भूमिका करने हेतु तैयार हो जाते हैं। मनोनाटक का यह एक प्रमुख लाभ माना गया है। इस लाभ के बावजूद इस विधि की कुछ परिसीमाएँ (limitations) है। जैसे—कुछ नैदानिक मनोवैज्ञानिकों का मानना है कि चिकित्सा की इस विधि को स्वतंत्र चिकित्सा विधि के रूप में न प्रयोग कर सहायक चिकित्सा विधि के रूप में ही किया जाना चाहिए क्योंकि इस विधि द्वारा केवल सतही चिकित्सा संभव है, गहन चिकित्सा नहीं किया जा सकता है। इसकी दूसरी परिसीमा यह है कि इसमें रोगी को उसकी इच्छा एवं अभिरुचि के अनुरूप भूमिका नहीं होने पर इस तरह की चिकित्सा व्यर्थ साबित होती है।

संव्यवहार विश्लेषण (*Transactional Analysis or TA*)—एक अन्य विधि है जिसे मनोगतिकी समूह चिकित्सा के तहत रखा गया है। इस विधि का प्रतिपादन बर्नी (Berne) द्वारा 1950 वाले दशक में किया गया। TA एक ऐसी प्रक्रिया है जिसमें समूह में व्यक्तियों के विभिन्न पहलुओं के बीच होने वाले अन्तःक्रियाओं का विश्लेषण किया जाता है। इस विश्लेषण का केन्द्र बिन्दु व्यक्ति के अहम् अवस्था (ego states) के तीन मुख्य पहलू (aspect) होते हैं। बर्नी के अनुसार प्रत्येक व्यक्ति में तीन अहम् अवस्थाएँ (ego states) होती हैं—*चाइल्ड अहम् अवस्था* (Child ego state), *परेन्ट अहम् अवस्था* (Parent ego state) तथा *एडल्ट अहम् अवस्था* (Adult ego state)। इन तीनों अवस्थाओं के अर्थ लगभग वही है जो फ्रायड के क्रमशः उपाहं (id), अहम् (ego) तथां पराहं (super ego) के हैं। चाइल्ड अवस्था से तात्पर्य व्यक्तित्व के ऐसे भाग से होता है जिसमें बाल्यावस्था की भावनाओं की प्रधानता होती है जैसा कि उपाहं आवेगों (id impulses) में होता है। एडल्ट अवस्था (adult state) से तात्पर्य व्यक्तित्व के वैसे हिस्से से होता है जो सूचना का संसाधन वास्तविक संदर्भ के आलोक में करता है जैसा कि अहम् करता है। पेरेन्ट अवस्था (parent state) से तात्पर्य व्यक्तित्व के उस भाग से होता है जो माता-पिता एवं अन्य समान मॉडल के साथ अन्तःक्रिया करने से उत्पन्न नैतिक विचारों पर आधारित होता है जैसा कि पराहं (super ego) की स्थिति में होता है। प्रत्येक अहम् अवस्था के धनात्मक (positive) तथा ऋणात्मक (negative) विशेषताएँ होती हैं। जैसे—धनात्मक चाइल्ड (positive child), स्वतःप्रवर्तित (spontaneous), निर्विरोध तथा सर्जनात्मक (creative) गुणों से युक्त होता है जबकि ऋणात्मक चाइल्ड (negative child) आशंकित, अत्यधिक सांवेगिक तथा दोष-भाव से युक्त होता है। उसी तरह से धनात्मक पेरेन्ट अवस्था समर्थन देने वाला, स्नेह देने वाला तथा काफी सूझ-बूझ दिखाने वाला होता है। परन्तु ऋणात्मक पेरेन्ट का स्वरूप दंडनीय तथा निन्दा करने की तीव्रता दिखाने के गुणों से युक्त होता है। एडल्ट अहं अवस्था संतुलित एवं विवेकी (reasonable) हो सकता है जो धनात्मक गुण है तथा अस्वतःप्रवर्तित (nonspontaneous) हो सकता है जो ऋणात्मक गुण का उदाहरण है। व्यक्ति इन धनात्मक तथा ऋणात्मक विशेषताओं में से किस तरह की विशेषताओं को दिखायेगा, यह इस बात पर निर्भर करता है कि उसे किस तरह से पाला-पोषा गया है।

TA में चिकित्सक समूह के सदस्यों की अन्तःक्रियाओं का विश्लेषण करते हैं तथा सदस्यों को उन अहम् अवस्थाओं को समझने में मदद करते हैं जिनके सहारे वे एक-दूसरे के साथ बातचीत करके अपनी इच्छाओं एवं भावनाओं की अभिव्यक्ति करते हैं। यहाँ चिकित्सक की पूर्वकल्पना यह होती है कि ये तीनों अहम् अवस्थाओं अर्थात् चाइल्ड, एडल्ट तथा पेरेन्ट के बीच दोषपूर्ण अन्तर्वैयक्तिक अनुक्रिया (faulty interpersonal interaction) होने से व्यक्ति में कुसमायोजित व्यवहार पनपता है। अतः इस चिकित्सा विधि में चिकित्सक कुसमायोजित व्यक्तियों के समूह के सदस्यों को इस ढंग से अन्तःक्रिया करने के लिए प्रेरित करते हैं कि उनके चाइल्ड, एडल्ट तथा पेरेन्ट आपस में ठीक ढंग से संचार स्थापित कर सकें। ऐसा होने से उन लोगों में कुसमायोजित व्यवहार कमने लगता है तथा उसकी जगह पर समायोजित व्यवहार मजबूत होने लगता है। ध्यान रहे कि TA में उन इकाइयों (units) अर्थात् उद्दीपक एवं अनुक्रियाओं का विश्लेषण होता है जो एक दिये हुए समय में दो या दो से अधिक व्यक्तियों के अहम् अवस्थाओं के बीच सक्रिय होता है। इन इकाइयों को संव्यवहार (transactions) कहा जाता है।

TA का एक विशेष पहलू जो अधिक लोकप्रिय हुआ है, को *गेम्स* (games) कहा गया है। बर्नी (Berne, 1964) के अनुसार गेम्स से तात्पर्य उन व्यवहारों से होता है जिसे लोग अपनाकर अन्य लोगों से जरूरत से ज्यादा-से-ज्यादा

नजदीक आने की प्रक्रिया से अपने आप को बचा पाते हैं। इस तरह के व्यवहार के पीछे व्यक्ति का कोई अव्यक्त या परोक्ष इच्छा छिपी होती है। TA सामूहिक चिकित्सा में यह पता लगाने तथा साथ-ही-साथ यह विश्लेषण करने पर बल डालता है कि किस तरह से सदस्य एक-दूसरे के साथ गेम्स खेलते हैं।

TA में कभी-कभी अनुबंध (contract) की प्रक्रिया भी सम्मिलित होती है। दूसरे शब्दों में, समूह के सदस्यगण यह स्पष्ट करते हैं कि चिकित्सा में वे किस चीज की प्राप्ति करना चाहते हैं और उसका उल्लेख वे स्पष्ट ढंग से करते हैं। चिकित्सक उन्हें इस लक्ष्य की प्राप्ति में पर्याप्त मदद का वादा करता है। इस तरह से अनुबंध एक तरफा (one-way) होता है जिसमें रोगी पर उत्तरदायित्व सौंपा जाता है। समूह के सदस्यों से उन लक्ष्यों की प्राप्ति की ओर कार्य करने की उम्मीद की जाती है क्योंकि यह एक तरह से उनकी जवाबदेही होती है।

TA का यथोचित मूल्यांकन करते हुए यह कहा जा सकता है कि यह तीव्र एवं क्रिया-उन्मुखी उपागम (action-oriented approach) है। इसमें वर्तमान की अवस्था पर पर्याप्त बल देते हुए तत्कालीन समस्या (immediate problem) के समाधान पर बल दिया जाता है जिसके कारण यह चिकित्सा पद्धति रोगी एवं चिकित्सक दोनों के समान रूप से मनोहर दीखता है। इन गुणों के बावजूद कुछ नैदानिक मनोवैज्ञानिकों का मत है कि मानव समस्याएँ जटिल होती हैं जिसे आसानी से 'गेम्स' में परिवर्तित नहीं किया जा सकता है तथा इस तरह की चिकित्सा पद्धति से जो भी लाभ मिलता है, वह स्थायी न होकर अस्थायी होता है। आलोचकों के इस दावे को खंडित करने के लिए कोई शोध सबूत भी नहीं उपलब्ध है क्योंकि TA चिकित्सक कोई ऐसे शोध नहीं किये हैं जिनसे इस विधि की प्रभावशीलता का मूल्यांकन हो सके।

2. व्यवहारपरक सामूहिक चिकित्सा मॉडल(*Behavioural group therapy model*)—इस मॉडल में व्यवहार चिकित्सा की प्रविधियों का उपयोग रोगियों के एक समूह में किया जाता है। लेज़ारस (Lazarus, 1975) ने यह बिलकुल ही स्पष्ट किया है कि सामूहिक असंवेदीकरण सत्र (group desensitization session) चलाना संभव है। उसी तरह से रोगियों को समूह में ही इस बात का प्रशिक्षण दिया जा सकता है कि कैसे आराम (relax) किया जा सकता है तथा उसी तरह से समूह के सभी रोगियों का एक सामान्य दुश्चिंता पदानुक्रम (common anxiety hierarchy) तैयार करना संभव है। व्यवहारपरक समूह (behavioural groups) में यालोम द्वारा बतलाये गये उपचारी कारकों की सूची में दूसरा, पाँचवाँ तथा छठा कारक अर्थात् सूचना प्रदान करना, सामाजिक कौशल का विकास तथा अनुकरणशील व्यवहार पर अधिक बल डालता है।

इस मॉडल के तहत निम्नांकित दो तरह की चिकित्सा पर सर्वाधिक बल डाला गया है—

(i) सामाजिक-कौशल प्रशिक्षण (Social-skills training)

(ii) निश्चयात्मकता प्रशिक्षण (Assertiveness training)

इन दोनों का वर्णन निम्नांकित हैं—

(i) सामाजिक-कौशल प्रशिक्षण(*Social-skills training*)—सामाजिक कौशल प्रशिक्षण की मान्यता यह होती है कि व्यवहार से संबंद्ध कई समस्याओं का कारण सांवेगिक संघर्ष (emotional conflict) नहीं होता है बल्कि विशेष अन्तर्वैयक्तिक परिस्थिति जैसे किसी बिन्दु पर आलोचना करना या अभिनन्दन स्वीकार करना तथा विपरीत लिंग के व्यक्तियों के प्रति अनुक्रिया करना आदि में सुविज्ञता (expertise) में कमी के कारण उत्पन्न होता है। सामाजिक-कौशल प्रशिक्षण में ऐसी परिस्थितियों के प्रति चिकित्सक क्लायंट को व्यवहारपरक रिहर्सल (behavioural rehearsal) के माध्यम से यह सीखलाता है कि लक्षित व्यवहार को कैसे करना चाहिए तथा उस व्यवहार को करके क्लायंट को बतलाता है तथा उन परिस्थितियों में उनका अभ्यास करने के लिए प्रेरित करता है जिसमें उन्हें कठिनाई का सामना करना पड़ता है।

सामाजिक कौशल प्रशिक्षण को वैयक्तिक या सामूहिक किसी भी परिस्थिति में संपन्न किया जा सकता है। जब इसे एक समूह में संपन्न किया जाता है, तो यह सामूहिक चिकित्सा का प्रारूप लेता है। सामूहिक चिकित्सक पहले क्लायंट या रोगी का एक ऐसा समूह तैयार करता है जिनकी अन्तर्वैयक्तिक समस्याएँ (interpersonal problems) एक समान हों और फिर उनकी इन समान समस्याओं पर प्रशिक्षण दिया जाता है। उदाहरणस्वरूप, किशोर अपराधों के समूह होने पर चिकित्सक इस बात पर बल डालेंगे कि अधिकारियों के साथ किस तरह से व्यवहार करना चाहिए, आक्रमकता के प्रति किस तरह से अनुक्रिया करनी चाहिए, कार्य साक्षात्कार (job interview) में किस तरह से अनुक्रिया करनी चाहिए, आदि। सांचेज एवं लेविनसोन (Sanchez & Lawinsohn, 1980) ने विषादी रोगियों के लिए, बेलाक तथा उनके

सहयोगियों (Bellack et al., 1984) ने चिरकालिक मनोविक्षिप्त रोगियों (Chronic psychotic patient) के लिए इस तरह का सामूहिक सामाजिक कौशल प्रशिक्षण का सफल आयोजन किया है।

(ii) निश्चयात्मकता प्रशिक्षण *(Assertiveness training)*—यह एक तरह का सामाजिक-कौशल प्रशिक्षण ही है जिसे भी वैयक्तिक परिस्थिति में या सामूहिक परिस्थिति किसी में संपन्न किया जा सकता है। निश्चयात्मकता से तात्पर्य दूसरों के अधिकार का बिना अतिक्रमण किये अपने अधिकार के लिऐ डटे रहने से होता है। एण्ड्रीयू साल्टर (Andrew Salter, 1949) इसके प्रमुख प्रवर्त्तक हैं। सामूहिक निश्चयात्मकता प्रशिक्षण में क्लायंट अपनी समस्याओं पर विचार-विमर्श निश्चयात्मकता के साथ चिकित्सक के निदेशन में करते हैं तथा उन परिस्थितियों में निश्चयात्मक अनुक्रियाओं का भूमिका-निर्वाह होता है। कई बार ऐसा भी होता है कि चिकित्सक निश्यचात्मक अनुक्रिया (assertive response) करके पहले दिखला देते हैं। इसके बाद क्लायंट उस अनुक्रिया को उसी ढंग से करते हैं और फिर उन्हें चिकित्सक तथा समूह के अन्य सदस्यों से परिणाम ज्ञान मिलता है। इस तरह से क्लायंट उस व्यवहार को बार-बार तब तक करता है जबकि कि क्लायंट उस व्यवहार को ठीक ढंग सें न कर लेता है। इसके अतिरिक्त चिकित्सक कभी-कभी क्लायंट को कुछ गृह कार्य भी देते हैं ताकि वे उसका घर पर अभ्यास करके जल्दी उस तरह के व्यवहार को करना सीख ले। अगर उन्हें वैसा करने पर घर पर कोई दिक्कत आदि होती है, तो फिर उसकी चर्चा वे समूह में आकर करते हैं और चिकित्सक के विशेष निदेशन एवं सुझाव के तहत उसे फिर दूर करने का हर संभव प्रयास किया जाता है।

(3) मानवतावादी सामूहिक चिकित्सा मॉडल *(Humanistic group therapy model)*—मानवतावादी सामूहिक चिकित्सा मॉडल सामूहिक चिकित्सा का एक प्रमुख मॉडल है। मानवतावादी समूह में समूह की अनुभूतियों को चिकित्सा के लिए सर्वोपरि माना जाता है। इस तरह की चिकित्सा में यालोम (Yalom) के उपचारी कारकों की सूची में से चौथा एवं आठवाँ कारक अर्थात् परोपकारिता(altruism) तथा अन्तर्वैयक्तिक सीखना(interpersonal learning) पर अधिक बल डाला जाता है। दूसरे शब्दों में, मानवतावादी समूह चिकित्सा में मुख्य चिकित्सीय लाभ दो कारकों से उत्पन्न होता है—पहला, पारस्परिक समर्थित समूह (mutually supportive group) के सदस्य होने के नाते सदस्यों में घनिष्ठता तथा सहयोग का भाव विकसित होता है तथा दूसरा, दूसरों के साथ गहन अन्तःक्रिया करके क्लायंट अपने आने में जानने का मौका प्राप्त करता है। इसके अतिरिक्त कुछ मानवतावादी समूह में सांवेगिक विरेचन (emotional catharsis) जैसे कारक को भी महत्त्वपूर्ण माना गया है।

मानवतावादी समूह में निम्नांकित तीन तरह के मॉडलों पर अधिक बल डाला गया है—

(i) भिड़ंत समूह मॉडल (Encounter group model)

(ii) टी-समूह या संवेदनशीलता समूह मॉडल (T-group or Sensitivity group model)

(iii) गेस्टाल्ट समूह मॉडल (Gestalt-group model)

इन सबों का वर्णन इस प्रकार है—

(i) भिड़ंत समूह मॉडल*(Encounter group model)*—इस तरह के सामूहिक चिकित्सा का शुभारंभ कैलफोर्निया के इसेलेन संस्थान(Esalen Institute) में हुआ। इसमें समूह में स्वतंत्र एवं स्पष्टवादी अभिव्यक्ति के माध्यम से व्यक्तिगत वर्द्धन (personal growth), खुला विचार तथा व्यक्तिगत संबंधों में ईमानदारी पर बल डाला जाता है। इसकी प्राप्ति के लिए समूह के सदस्यों को शारीरिक रूप से एक-दूसरे को स्पर्श करने, चिल्लाने, रोने तथा संवेग की अन्य अप्रतिबंधित अभिव्यक्ति करने के लिए प्रोत्साहित किया जाता है। ऐसा करने से समूह के सदस्य अपने व्यवहार तथा दूसरे के व्यवहार के बारे में समझ पाते हैं और इस तरह से धीरे-धीरे वे अपने से अधिक अवगत होने लगते हैं तथा समूह के अन्य सदस्यों को भी स्वीकार करने लगते हैं। इसकी विस्तृत चर्चा आगे इसी अध्याय में अलग से करेंगे।

(ii) टी-समूह या संवेदनशीलता प्रशिक्षण मॉडल *(T-group or sensitivity training models)*—टी-समूह जिसे संवेदनशीलता समूह भी कहा जाता है, मानवतावादी समूह चिकित्सा का ऐसा प्रकार है जिसे मौलिक रूप से 1947 में नेशनल ट्रेनिंग लेबोरेट्री (National Training Laboratory or NTL) में किये गये शोधों एवं प्रशिक्षण कार्यक्रमों के परिणामस्वरूप विकसित किया गया। टी-समूह का मौलिक उद्देश्य प्रजातंत्रीय विधियों से समूह के नेता को समूह के कार्यों को उन्नत बनाने में मदद करना और बाद में व्यवसायी कार्यपालकों(business executives) को अपने कर्मचारियों के साथ संबंधों को सुधारना था। टी-समूह चिकित्सा को मूलतः शैक्षिक (educational) प्रविधि के रूप में देखा जाता

है तथा यह गंभीर रूप से क्षुब्ध व्यक्तियों का एक उपचारी प्रविधि नहीं थी। परन्तु कई ऐसे सबूत मिले हैं जिनमें यह देखा गया है कि टी-समूह से प्रशिक्षित व्यक्तियों में उत्तम संचार की क्षमता में वृद्धि, उनकी स्वायत्तता (autonomy), लचीलापन एवं आत्म-चेतना में वृद्धि तथा अन्य लोगों के भावों के प्रति संवेदनशीलता में वृद्धि हो जाती है। इन सबसे मानसिक रूप से क्षुब्ध व्यक्तियों की कई समस्याएँ अपने आप कम हो जाती हैं।

टी-समूह में सदस्यों को एक-दूसरे के प्रति उभरते वर्तमान संबंधों (here-and-now relationship) पर ध्यान देने के लिए चिकित्सक कहता है। इसमें सदस्यों की संख्या 10 से 20 तक की होती है। सदस्य के रूप में उन व्यक्तियों को सम्मिलित किया जाता है जिनकी जिन्दगी में समस्याएँ तो नहीं हैं परन्तु उन्हें कुछ की कमी अवश्य महसूस होती है तथा उन्हें यह भी अनुभव होता है कि जितनी घनिष्ठता तथा उत्तेजनशीलता के साथ उसे जीना चाहिए था, वह नहीं जी रहा है। इस सामूहिक चिकित्सा मॉडल में सदस्यों को शारीरिक सम्पर्क न करके शाब्दिक प्रविधियों (verbal procedures) द्वारा उन्हें प्रशिक्षित किया जाता है और इस तरह से टी-समूह या संवेदनशीलता समूह, भिड़ंत समूह (encounter group) से भिन्न होता है जहाँ प्रशिक्षण का आधार शारीरिक सम्पर्क ही होता है। आजकल इस अंतर को बहुत महत्त्व नहीं दिया जाता है और अब यह माना जाने लगा है कि इन दोनों में स्पष्ट अंतर करना एक टेढ़ी खीर है। टी-समूह में सदस्यों को एक ऐसी परिस्थिति में रखा जाता है जिसमें लोग ईमानदारी से खुले रूप से अन्तःक्रिया कर सके। इसके बाद उन्हें पुनर्निवेशन (feedback) प्राप्त करने तथा देने में तथा अपने आप को एक दूसरों को समझने में मदद की जाती है। धीरे-धीरे वे स्वयं को तथा साथ-ही-साथ दूसरों को ठीक ढंग से समझने लगते हैं और इससे उनकी मानसिक उलझने एवं परेशानियाँ धीरे-धीरे घटती जाती हैं। फेयर्स[1] (Phares, 1984) ने इस बिन्दु पर बहुत ही सटीक टिप्पणी करते हुए कहा है, "दूसरों को सुनकर तथा उसके प्रति अनुक्रिया करके प्रत्येक सहभागी में एक ऐसी संवेदनशीलता विकसित हो जाती है जो उसमें अधिक आत्म-बोध (self-understanding), अपने प्रति अन्य लोगों की प्रतिक्रिया के प्रति अभिज्ञा तथा अपने एवं दूसरों की प्रशंसा में वृद्धि उत्पन्न करता है।"

हाऊट तथा सरवर (Houts & Serber, 1972) के अनुसार यह प्रायः देखा गया है कि टी-समूह में भाग लेने वाले व्यक्ति सिर्फ टी-समूह में भाग लेना सीखते हैं। इस समूह में सीखे गये कौशलों एवं सूझ को वे वास्तविक जिन्दगी में स्थानांतरित नहीं कर पाते हैं।

(iii) गेस्टाल्ट समूह मॉडल (*Gestalt group model*)—जैसा कि हम जानते हैं, गेस्टाल्ट चिकित्सा क्लायंट के कुंठित सांवेगिक संघर्ष की पहचान करके उसे बाहर निकालता है तथा उससे उत्पन्न भाव की जवाबदेही अपने ऊपर लेने के लिए प्रोत्साहित करता है। जब ऐसी चिकित्सा एक समूह में संपन्न की जाती है, तो सदस्यगण एक-दूसरे को अपनी सांवेगिक कठिनाइयों का समाधान करने में मदद करते हैं। इसमें चिकित्सक की कोशिश यह होती है कि सदस्य अप्रवंधित ढंग से अपनी सांवेगिक प्रतिक्रिया की अभिव्यक्ति करें और इस अर्थ में गेस्टाल्ट समूह चिकित्सा टी-समूह चिकित्सा से भिन्न परन्तु भिड़ंत समूह चिकित्सा के करीब आ जाता है। गेस्टाल्ट समूह चिकित्सा, टी-समूह चिकित्सा तथा भिड़ंत समूह चिकित्सा दोनों से इस अर्थ में भिन्न है कि गेस्टाल्ट समूह चिकित्सा में रोगी के गत अनुभूति एवं इतिहास को महत्त्वपूर्ण समझकर उपचार किया जाता है जबकि इन दोनों तरह की चिकित्सा में रोगी या क्लायंट के वर्तमान अनुभूतियों पर बल डालकर उसकी चिकित्सा की जाती है।

मानवतावादी समूह चिकित्सा मॉडल का चाहे जो प्रारूप हो, क्लायंट में व्यक्तिगत वर्द्धन (personal growth) तथा वैयक्तिक संबंधों में खुलेपन में वृद्धि पर ही बल दिया जाता है। इस तरह से यहाँ बल नकारात्मक (negative) न होकर धनात्मक (positive) होता है। सचमुच में सैकड़ों लोग इस तरह के चिकित्सा समूह में योगदान इसलिए नहीं कर रहे हैं कि वे मनोवैज्ञानिक रूप से क्षुब्ध हैं बल्कि इसलिए कर रहे हैं कि उन्हें यह अनुभव होता है कि उनकी जिन्दगी में पर्याप्त घनिष्ठता तथा उत्तेजनशीलता की कमी है।

(iv) समकक्षी आत्म-मदद समूह चिकित्सा मॉडल (*Peer self-help group therapy model*)—गत कुछ वर्षों में इस मॉडल का विकास हुआ है। इसमें जिन व्यक्तियों में एक समान समस्याएँ होती हैं, वे एक साथ मिलकर एक समूह का निर्माण करते हैं जो आपस में बिना किसी चिकित्सक की मदद से उसपर विचार-विमर्श करते हैं और उसका

1. "By listening to others and responding to them, each participant gains a sensitivity that promotes greater self-understanding, awareness of others reactions to oneself and an increased appreciation of both self and others."

—Phares : *Clinical Psychology*, 1984, p. 505

एक समाधन ढूंढ़ते हैं। अल्कोहलिक एनोनिमस (Alcoholics Anonymous or AA) जो सबसे पहले 1930 वाले दशक में निर्मित हुआ था, इसका एक उत्तम उदाहरण है। आजकल कई तरह की समस्याओं का निदान के लिए इस तरह का आत्म-मदद समूह (self-help group) का निर्माण किया गया है। जैसे—कैंसर के रोगियों का समूह, विधवाओं का समूह, विधुर का समूह, अल्कोहल पीने वाले पति-पत्नी का समूह आदि द्वारा आत्म-समूह का निर्माण करके अपनी-अपनी समस्याओं को कम करने की कोशिश की गयी है। यालोम (Yalom) के अनुसार इस तरह के समूह चिकित्सा में उपचारी कारक (curative factor) सामाजिक समर्थन (social support) का होता है। जब समूह के सदस्य आपस में समस्या पर विचार-विमर्श करते हैं तो वे एक-दूसरे के प्रति एक तरह का सहानुभूति तथा सामाजिक समर्थन भी दिखाते हैं जिनका उनकी समस्या के समाधान पर उत्तम असर पड़ता है।

स्टुआर्ट (Stuart, 1987) के अनुसार कई ऐसे सबूत मिले हैं जिनसे यह स्पष्ट हुआ है कि ऐसा आत्म-मदद समूह का चिकित्सीय परिणाम (therapeutic outcome) उतना ही अनुकूल रहा है जितना कि पेशेवर मानसिक स्वास्थ्य समूह का चिकित्सीय परिणाम। फिर भी लाइबरमैन (Lieberman, 1989) ने यह विचार व्यक्त किया है कि आत्म-मदद समूह द्वारा चिकित्सीय परिणाम के अनुकूल होने का दावा बहुत सही नहीं है क्योंकि अधिकतर ऐसे मूल्यांकन अध्ययनों की कार्यविधि में कई तरह के दोष पाये गये हैं। इसके बावजूद आत्म-मदद समूह आजकल एक उत्तम सामूहिक चिकित्सा पद्धति के रूप में ऊभर कर सामने आया है और यह विशेषकर उन व्यक्तियों के लिए अधिक आकर्षक एवं लाभदायक रहा है जो किसी पेशेवर मानसिक स्वास्थ्य विशेषज्ञ के यहाँ नहीं जाना चाहते हैं।

स्पष्ट हुआ कि सामूहिक चिकित्सा के कई मॉडल या उपागम हैं। इनमें से कौन-सा मॉडल का चिकित्सक उपयोग करेगा, यह बहुत कुछ क्लायंटों की समस्या पर आधारित होता है।

सामूहिक चिकित्सा का मूल्यांकन
(Evaluation of Group Therapy)

सामूहिक चिकित्सा की प्रभावशीलता का मूल्यांकन करने के लिए बेडनर एवं कॉल (Bedner & Kaul, 1978) तथा कॉल एवं बेडनर (Kaul & Bedner, 1986) ने सामूहिक चिकित्सा के क्षेत्र में किये गये अध्ययनों का तीन क्रमबद्ध एवं बड़ी समीक्षा किया जिसका सार निष्कर्ष यह था कि सामूहिक चिकित्सा सामान्य रूप से कोई उपचार नहीं करने या पलेसवो उपचार (placebo treatment) की तुलना में अधिक उत्तम होता है, और लगभग स्थायी होता है। परन्तु उन्होंने इस निष्कर्ष पर विश्वास करने के पहले इन अध्ययनों की तीन सामान्य त्रुटियों की ओर ध्यान दिलाया है जिसपर विचार करना आवश्यक है—

(i) इन अध्ययनों में रोगियों की उन्नति का संबंध उनकी मनोवृत्ति तथा आत्म-संप्रत्यय (self-concept) में केवल धनात्मक परिवर्तन से था और इसका संबंध व्यक्ति के वास्तविक व्यवहार से नहीं था।

(ii) समीक्षा में शामिल किये गए कई अध्ययनों की कार्य-विधि(methodology) प्रयोगात्मक एवं वैज्ञानिक दृष्टिकोण से दोषपूर्ण थे।

(iii) सामूहिक चिकित्सा का क्षेत्र इतना विस्तृत एवं विषम (heterogeneous) है कि उसका एकांकी मूल्यांकन करना मुश्किल है। कोई एक ऐसी बात नहीं कही जा सकती है जो सामूहिक चिकित्सा के सभी प्रकारों पर समान रूप से लागू होता है।

फिर भी सामूहिक चिकित्सा के उक्त समीक्षा के कुछ लाभ (advantages) तथा परिसीमाओं (limitations) का स्पष्ट पता चला है। इस चिकित्सा के प्रमुख लाभ इस प्रकार हैं—

(i) सामान्य रूप से विभिन्न तरह के सामूहिक चिकित्सा विभिन्न श्रेणी के रोगियों के लिए गुणकारी सिद्ध हुआ है और इस चिकित्सा का अनुकूल परिणाम (favourable outcome) बहुत दिनों तक बना हुआ पाया गया है।

(ii) प्राक्समूह प्रशिक्षण (pregroup training) अर्थात् सामूहिक चिकित्सा में भाग लेने के लिए सामान्य कौशल को बतलाना तथा उसमें उत्पन्न अनुभूतियों के प्रति धनात्मक मनोवृत्ति उत्पन्न करने से सामूहिक चिकित्सा, रोगियों के लिए काफी गुणकारी सिद्ध होता है।

(iii) दूसरों पर आश्रित लोग काफी संरचित समूह (structural group) के होने से काफी लाभान्वित होते हैं जबकि

स्वतंत्र प्रकृति के व्यक्ति वैसे सामूहिक चिकित्सा से अधिक लाभान्वित होते हैं जो कम संरचित होता है तथा जिसमें क्लायंट में आत्म-अभिव्यक्ति (self-expression) का अवसर अधिक होता है। इसका मतलब यह हुआ कि सामूहिक चिकित्सा दोनों तरह के लोगों अर्थात् दूसरों पर आश्रित व्यक्ति तथा आत्म-निर्भर व्यक्ति के लिए लाभदायक होता है।

(iv) सामूहिक चिकित्सा में कम समय में अधिक व्यक्तियों का उपचार संभव हो पाता है। अतः इसमें समय एवं श्रम दोनों की बचत होती है।

(v) समूह के सदस्य एक-दूसरे के साथ संवेगात्मक अभिव्यक्ति (emotional expression) खुलकर करते हैं जिनसे उनका संवेगात्मक तनाव कम हो जाता है। इससे कुसमायोजित व्यवहार के लक्षण तेजी से दूर हो जाते हैं।

(vi) सामूहिक चिकित्सा में हताहत (casuality) अर्थात् जो चिकित्सा के दौरान और भी गंभीर हालत में चले जाते हैं, की संख्या काफी कम होते पायी गयी है। अधिकतर अध्ययनों से ऐसी हताहत का प्रतिशत 3% से भी कम आंका गया है। इससे सामूहिक चिकित्सा की प्रभावशीलता अपने आप स्पष्ट हो जाता है।

इन लाभों के बावजूद सामूहिक चिकित्सा के कुछ अलाभ हैं (disadvantages) हैं जो इस प्रकार हैं—

(i) सामूहिक चिकित्सा से सभी तरह के रोगी को लाभ नहीं पहुँचता है। जैसे—बालकुण्ड (Walcund, 1987) ने कई अध्ययनों की समीक्षा करके यह बतलाया है कि इस चिकित्सा विधि द्वारा गंभीर रूप से ग्रसित मानसिक रोगियों का उपचार संभव नहीं है।

(ii) सामूहिक चिकित्सा में चूँकि एक ही साथ कई रोगियों का उपचार किया जाता है, इसलिए चिकित्सक सभी रोगियों पर एक समान ढंग से ध्यान नहीं दे पाते हैं। इसके चिकित्सा की प्रभावशीलता अपने आप कम हो जाती है।

(iii) अभी तक कोई भी शोध सबूत इस ढंग के उपलब्ध नहीं हैं जो यह दावा करता हो कि सामूहिक चिकित्सा का एक प्रकार दूसरे प्रकार से अधिक श्रेष्ठ है।

(iv) सामूहिक चिकित्सा की एक मान्यता यह है कि इस चिकित्सा में तरक्की या प्रगति (progress) तब होता है जब क्लायंट को पुनर्निवेशन (feedback) प्राप्त होता है तथा जब एक क्लायंट या सदस्य दूसरे क्लायंट या सदस्य के व्यक्तव्य से उत्पन्न होने वाले भावों को स्पष्ट रूप से व्यक्त करता है। परन्तु शोध सबूत यह बतलाते हैं कि हकीकत ऐसी नहीं है। इन सबूतों से यह पता चलता है कि पुनर्निर्वेशन खासकर नकारात्क पुनर्निर्वेशन (negative feedback) तब उपयोगी होता है जब उसके बाद धनात्मक पुनर्निर्विशन प्रदान किया जाता है।

इन आयामों के बावजूद सामूहिक चिकित्सा का उपयोग आजकल काफी बढ़ गया है और इसका चिकित्सीय परिणाम (therapeutic outcome) की अनुकूलता धीरे-धीरे बढ़ रही है, इसलिए इसकी लोकप्रियता भी बढ़ रही है।

पारिवारिक चिकित्सा
(Family Therapy)

अर्थ एवं प्रक्रिया (*Meaning and Process*)—पारिवारिक चिकित्सा एक तरह का समूह चिकित्सा (group therapy) ही है जिसमें समूह के सदस्य अपरिचित न होकर एक ही परिवार के सदस्यगण होते हैं। यद्यपि पारिवारिक चिकित्सा का शुभारंभ 1950 वाले दशक में हुआ परन्तु यह गत 20 वर्षों में अधिक लोकप्रिय हुआ। पारिवारिक चिकित्सा की शुरूआत इस तथ्य के सामने आने के फलस्वरूप हुआ है कि मानसिक विकृति के कई रोगियों के किसी वैयक्तिक चिकित्सा (individual therapy) से उपचार करने के बाद उन्हें अपने परिवार में कुछ दिनों तक रहने के बाद उनके रोग के लक्षण पुनः वापस होते देखे गए। इसका कारण परिवार के अन्य सदस्यों का उनके साथ दोषपूर्ण अन्तःक्रिया (faulty interactions) था। अतः नैदानिक मनोवैज्ञानिकों ने इस बात पर बल डाला कि रोगी के कुसमायोजित व्यवहार के लक्षणों को सम्पूर्ण रूप से जड़ से दूर करने के लिए यह आवश्यक है कि रोगी के परिवार के अन्य लोगों का भी उपचार किया जाए। कहने का तात्पर्य यह है कि पारिवारिक चिकित्सा की सबसे बड़ी पूर्वकल्पना यह है कि परिवार का जब एक सदस्य में किसी तरह का असामान्य लक्षण विकसित हो जाता है, तो क्षुब्धता (disturbance) लक्षण दिखानेवाले सिर्फ उस व्यक्ति में ही नहीं होता है बल्कि पूरे परिवार में ही होता है। इससे परिवार को एक तंत्र (system) के रूप में देखा जाता है जिसकी सम्पूर्णता (whole) को वैयक्तिक हिस्सों के योग से कहीं अधिक समझा जाता है।

पारिवारिक चिकित्सा में चिकित्सक पूरे परिवार की सामान्य समस्याओं जो अधिकतर सदस्यों में चिन्ता उत्पन्न कर रही होती है, की पहचान करता है तथा अन्य पारिवारिक नियमों का पता लगाता है तथा उसपर विचार-विमर्श करता

है। इसके बाद वह परिवार के सदस्यों को नये ढंग से आपस में अन्तःक्रिया करने तथा संघर्षों को दूर करने के उपायों पर बल डालता है। इससे परिवार के सदस्यों में एक-दूसरे के प्रति सहानुभूति (sympathy) तथा परानुभूति (empathy) बढ़ती है तथा उनमें समायोजन शक्ति में भी वृद्धि हो जाती है। पारिवारिक चिकित्सा की प्रारंभिक सत्र में परिवार के सबसे बड़े सदस्य जैसा माता-पिता से सम्पर्क स्थापित करके तथा उनसे विचार-विमर्श करके समस्या की पहचान की जाती है तथा फिर बाद के अन्य सत्रों में परिवार के अन्य लोगों को बुलाया जाता है। कभी-कभी ऐसा होता है कि परिवार के सभी सदस्यों को चिकित्सक एक साथ विचार-विमर्श के लिए या चिकित्सीय उद्देश्य (therapeutic purpose) से बुलाता है। इस तरह की पारिवारिक चिकित्सा पर बल साटीर (Satir, 1967) द्वारा दिया गया तथा इसे *संयुक्त पारिवारिक चिकित्सा* (conjoint family therapy) की संज्ञा दी गयी। साटीर के इस चिकित्सा विधि में परिवार के सदस्यों के बीच दोषपूर्ण संचार (communication), अतःक्रिया तथा संबंधों को उन्नत बनाने पर अधिक बल डाला जाता है तथा उसकी जगह पर एक ऐसा पारिवारिक तंत्र विकसित किया जाता है जिससे परिवार के सभी सदस्यों की आवश्यकताओं को अच्छी तरह पूरा किया जा सके ताकि उनके बीच एक स्वस्थकर संबंध एवं अन्तःक्रिया विकसित हो सके।

पारिवारिक चिकित्सा के लक्ष्य
(Goals of Family therapy)

पारिवारिक चिकित्सा के कुछ निश्चित लक्ष्य (goal) हैं। नैदानिक मनोवैज्ञानिकों द्वारा इस क्षेत्र में किये गए अध्ययनों की समीक्षा से यह स्पष्ट होता है कि पारिवारिक चिकित्सा के निम्नांकित प्रमुख लक्ष्य होते हैं—

(i) समस्याग्रस्त पहलुओं को पहचानना (*Recognizing the troublesome aspects*)—पारिवारिक चिकित्सा का पहला लक्ष्य उस पहलू की पहचान करना होता है जो समस्या उत्पन्न कर रहा है और जो परिवार के विभिन्न व्यक्तियों के संबंध के साथ जुड़ा हुआ है। इसमें चिकित्सक यह तय करते हैं कि परिवार का कौन सदस्य समस्या उत्पन्न कर रहा है और वह किन-किन सदस्यों को अधिक प्रभावित कर रहा है। इसका फायदा यह होता है कि चिकित्सक यह तय कर पाते हैं कि सामूहिक सत्र में परिवार के किन-किन सदस्यों को मुख्य रूप से रखा जाय।

(ii) उन्नत संचार (*Improved communication*)—पारिवारिक चिकित्सा का उद्देश्य क्लायंट तथा उनके परिवार के सदस्यों के बीच के संचार को उन्नत बनाना होता है ताकि वे लोग आपस में बिना किसी अवरोध (inhibition) के बातचीत कर सके तथा किसी भी समस्या का समाधान आसानी से कर सके।

(iii) उन्नत स्वायत्तता एवं वैयक्तिकता (*Improved autonomity and individuation*)—पारिवारिक चिकित्सा का उद्देश्य क्लायंट में स्वायत्तता की भावना को उत्पन्न करना होता है ताकि वह अधिक-से-अधिक आत्म-निर्भर होकर कोई निर्णय कर सके। यह गुण विकसित होने से उसमें आत्म-सम्मान (self-esteem) का भाव विकसित होता है जिससे अन्ततोगत्वा उसमें उत्तम वैयक्तिकता (individuation) की अवस्था उत्पन्न हो जाती है।

(iv) उन्नत परानुभूति (*Improved empathy*)—'परानुभूति' से तात्पर्य अपने आप को दूसरे की जगह रखकर दूसरे के मन में होने वाले भावों से अवगत होना होता है। पारिवारिक चिकित्सक का एक उद्देश्य यह भी होता है कि वह न केवल क्लायंट में बल्कि परिवार के अन्य संबंधों में परानुभूति की क्षमता को विकसित कर सके ताकि पारिवारिक संबंध में काफी सुधार हो सके तथा क्लायंट का व्यक्तिगत प्रतिरोध (personal inhibition) आदि दूर हो सके।

(v) लचीला नेतृत्व (*Flexibile leadership*)—सामूहिक चिकित्सा सत्र के दौरान चिकित्सक एक इस तरह की कार्यशैली अपनाता है जो सत्र की आवश्यकता के अनुसार समायोजी (adjustable) होता है। इससे सामूहिक चिकित्सा के परिणाम को अनुकूल होने की संभावना अधिक हो जाती है। सागर एवं काप्लान (Sagar & Kaplan, 1984) ने अपने अध्ययन से इस तथ्य की संपुष्टि किया है।

(vi) उन्नत भूमिका सहमति (*Improved role agreements*)—पारिवारिक चिकित्सा में यह देखा गया है कि क्लायंट के दोषपूर्ण समायोजन(faulty adjustment) का एक प्रमुख कारण परिवार के सदस्यों की भूमिकाओं में अस्पष्टता होती है। सदस्यों को यह मालूम नहीं रहता है कि उनसे परिवार की सदस्यों की क्या-क्या अपेक्षाएँ हैं। पारिवारिक चिकित्सा सदस्यों की भूमिकाओं को परिभाषित करके उनके बीच पर्याप्त सहमति कायम करता है ताकि उनमें किसी तरह का भूमिका संघर्ष (role conflict) नहीं हो।

(vii) संघर्ष को कम करना (*Reduced conflict*)—पारिवारिक चिकित्सा का एक उद्देश्य क्लायंट का परिवार

के अन्य सदस्यों के बीच होने वाले वाद-विवाद तथा संघर्ष को कम करना होता है। इसके लिए चिकित्सक को चिकित्सा सत्र के दौरान एक शिक्षक की भूमिका को निभाना पड़ता है। इस पर कोरचिन[1] (Korchin, 1984) ने बहुत ही सटीक टिप्पणी करते हुए कहा है, ''सामान्यतः चिकित्सक अंतरंगी-वहिरंगी, संघर्ष के निर्णायक, पारिवारिक प्रक्रिया के व्याख्याता तथा अधिक प्रभावी अन्तर्वैयक्तिक संबंधों के शिक्षक की तटस्थ भूमिका बनाये रखते हैं।''

(viii) वैयक्तिक रोगसूचक उन्नति (*Individual symptomatic improvement*)—पारिवारिक चिकित्सा में चिकित्सक इस बात की भरपूर कोशिश करते हैं कि क्लायंट के सभी तरह मनोवैज्ञानिक समस्याओं के लक्षणों की पहचान करके उन्हें यथासंभव दूर कर दिया जाय। इसके लिए वे विशेष रूप से दोषपूर्ण संचार तथा आदतों पर अधिक ध्यान देते हैं क्योंकि कुसमायोजित व्यवहार की जड़ें इनमें ही होती है।

(ix) उन्नत वैयक्तिक कार्य निष्पादन(*Improved individual work performance*)—पारिवारिक चिकित्सा का उद्देश्य न केवल क्लायंट बल्कि परिवार के अन्य सदस्यों के कार्य निष्पादन को उन्नत बनाना होता है। चिकित्सक यह कोशिश करते हैं कि चिकित्सा सत्र में इन लोगों का निष्पादन तो श्रेष्ठ हों ही साथ-ही-साथ वास्तविक कार्य परिस्थिति में भी इनका निष्पादन उन्नत हो तथा उनमें पर्याप्त समायोजनशीलता हो।

स्पष्ट हुआ कि पारिवारिक चिकित्सा के कई लक्ष्य हैं। एक सफल चिकित्सक इन लक्ष्यों की पूर्त्ति का सर्वाधिक प्रयास करता है।

पारिवारिक चिकित्सा के प्रकार या प्रारूप
(Types or Forms of Family Therapy)

पारिवारिक चिकित्सा के कई प्रारूप या प्रकार बतलाये गये हैं। नैदानिक मनोवैज्ञानिकों एवं मनोविश्लेषकों के अनुसार पारिवारिक चिकित्सा के निम्नांकित 10 प्रमुख प्रकार हैं—

(i) संयुक्त पारिवारिक चिकित्सा (Conjoint family therapy)
(ii) समवर्ती पारिवारिक चिकित्सा (Concurrent family therapy)
(iii) सहयोगी पारिवारिक चिकित्सा (Collaborative family therapy)
(iv) वैवाहिक या युग्म चिकित्सा (Marital or Couple therapy)
(v) मनोगतिकी पारिवारिक चिकित्सा (Psyhodynamic family therapy)
(vi) व्यवहारपरक पारिवारिक चिकित्सा (Behavioural family therapy)
(vii) नेटवर्क पारिवारिक चिकित्सा (Network family therapy)
(viii) बहुप्रभाव चिकित्सा (Multiple impact therapy)
(ix) बहु पारिवारिक चिकित्सा (Multiple family therapy)
(x) संरचनात्मक पारिवारिक चिकित्सा (Structural family therapy)

इन सबों का वर्णन निम्नांकित है—

(i) संयुक्त पारिवारिक चिकित्सा (*Conjoint family therapy*)—पारिवारिक चिकित्सा के इस प्रकार का प्रतिपादन वर्जीनिया साटिर (Virginia Satir, 1967) द्वारा किया गया। इस चिकित्सा में एक ही चिकित्सक द्वारा परिवार के सभी सदस्यों का एक साथ प्रेक्षण किया जाता है। संयुक्त पारिवारिक चिकित्सा का उद्देश्य दोषपूर्ण संचार, अन्तःक्रियाओं तथा परिवार के सदस्यों के संबंधों को उन्नत बनाना होता है तथा एक ऐसा पारिवारिक तंत्र को जन्म देना होता है जो प्रत्येक सदस्य की आवश्यकताओं को ठीक ढंग से पूर्त्ति कर सके। संयुक्त पारिवारिक चिकित्सा के कुछ प्रारूप में चिकित्सक एक निष्क्रिय एवं अनिदेशात्मक (nondirective) भूमिका निभाता है परन्तु कुछ प्रारूप में चिकित्सक एक सक्रिय बल के रूप में कार्य करता है, सत्र के वार्तालाप को निदेशित करता है, परिवार के सदस्यों को कुछ विशेष कार्य भी करने

---

1. "In general, the therapist preserves the neutral role of inside-outside, moderator of conflict, interpreter of family process and teacher of more effective interpersonal relations."

—Korchin : *Modern Clinical Psychology,* 1984, p. 386

के लिए देता है तथा उत्तम मानवीय संबंधों के लिए सीधे निर्देश भी जारी करता है। साटीर पारिवारिक चिकित्सक को एक ऐसे स्रोत व्यक्ति के रूप में पहचान करते हैं जो कार्यरत पारिवारिक प्रक्रिया का प्रेक्षण करता है और तब वह उत्तम संचार करते हुए परिवार के लिए संचार का एक मॉडल के रूप में कार्य करता है। इस तरह से साटीर के अनुसार संयुक्त पारिवारिक चिकित्सा में चिकित्सक एक शिक्षक, एक स्रोत व्यक्ति तथा एक उत्तम संचारक (communication) के रूप में कार्य करता है। इस तरह का चिकित्सा परिवार के सदस्यों को यह बतलाता है कि वे एक-दूसरे के साथ उत्तम ढंग से किस तरह से संचार कर सकते हैं तथा सदस्यों के बीच किस तरह से उत्तम संतोषजनक संबंध कायम कर सकते हैं।

(ii) समवर्ती पारिवारिक चिकित्सा *(Concurrent family therapy)*—इस तरह के पारिवारिक चिकित्सा में एक ही चिकित्सक परिवार के सभी सदस्यों से विचार-विमर्श करता है परन्तु सबसे अलग-अलग वैयक्तिक सत्र(individual session) में। इस तरह के चिकित्सा का लक्ष्य मोटे तौर पर वही होता है जो संयुक्त पारिवारिक चिकित्सा का होता है। कभी-कभी देखा गया है कि चिकित्सक मुख्य क्लायंट या रोगी के साथ परम्परागत मनश्चिकित्सा करता है परन्तु यदा-कदा परिवार के अन्य सदस्यों को भी सत्र में भाग लेने के लिए बुला लेता है। इस तरह के पारिवारिक चिकित्सा की मुख्य पूर्वकल्पना यह होती है कि क्लायंट की वैयक्तिक समस्याओं को अलग से तथा अन्य लोगों के सहयोग से उत्तम ढंग से समझा जा सकता है। इस तरह की चिकित्सा से चिकित्सीय प्रक्रिया को विशेष मदद मिलेगी।

(iii) सहयोगी पारिवारिक चिकित्सा *(Collaborative family therapy)*—इस पारिवारिक चिकित्सा की मुख्य विशेषता यह है कि यहाँ परिवार के प्रत्येक सदस्य के लिए एक अलग चिकित्सक कार्यरत होते हैं। इसके बाद सभी चिकित्सक आपस में मिलकर क्लायंट एवं उसके परिवार के बारे में सविस्तार विचार-विमर्श करके कोई निश्चित सुझाव या राय देने के लिए तैयार होते हैं। कभी-कभी चिकित्सक अपने सहचिकित्सक को एक ही परिवार के सदस्यों का प्रेक्षण करने के लिए भी कहते हैं। इसका परिणाम यह होता है कि एक पारिवारिक इकाई के साथ दो या दो से अधिक चिकित्सकों द्वारा भी प्रेक्षण किया जाता है।

(iv) वैवाहिक या युग्म चिकित्सा *(Marital or Couple therapy)*—वैवाहिक चिकित्सा में पति तथा पत्नी को एक साथ चिकित्सा सत्र में चिकित्सक बुलाते हैं तथा इस चिकित्सा का केन्द्र बिन्दु इन दोनों के क्षुब्ध वैवाहिक संबंध होता है न कि किसी प्रकार की कोई स्नायुविकृत (neurotic) समस्या। चिकित्सक का उद्देश्य पति-पत्नी के बीच टूटे हुए संचार तथा उत्तम संबंध को फिर से कायम करना होता है। इसे *आजकल युग्म चिकित्सा* (Couple therapy) कहा जाता है क्योंकि कई ऐसे केसेज सामने आये हैं जिनमें महिला तथा पुरुष दोनों एक-दूसरे के साथ रह रहे हैं परन्तु उनमें औपचारिक ढंग से शादी नहीं हुई है। अमेरिका में ऐसे केसेज अधिक देखने को मिलते हैं। इसलिए इस तरह के पारिवारिक चिकित्सा को नैदानिक मनोवैज्ञानिकों ने युग्म चिकित्सा(couple therapy) कहना अधिक न्यायसंगत कहा है। युग्म चिकित्सा का वर्णन हम अलग से इसी अध्याय में आगे करेंगे।

(v) मनोगतिकी पारिवारिक चिकित्सा *(Psychodynamic family therapy)*—इस तरह की पारिवारिक चिकित्सा पर बल 1980 के दशक से दिया जाने लगा। स्कार्फ एवं स्कार्फ (Scharff & Scharff, 1987) के अनुसार इस तरह की चिकित्सा की मुख्य पूर्वकल्पना यह होती है कि परिवार के सदस्यों का वर्तमान संबंध में जो समस्याएँ हैं, उनका मुख्य कारण अचेतन की इच्छाएँ, उनके प्रति अपनायी गयी सुरक्षा(defenses) तथा अपरिवर्तित पुरानी प्रत्याशाएँ होती हैं। **निकोल्स** तथा **स्वार्ज**[1] (Nicholas & Schwarts, 1991) ने मनोगतिकी पारिवारिक चिकित्सा के उद्देश्य को इस प्रकार अंकित किया है, *''मनोविश्लेषणात्मक पारिवारिक चिकित्सा का लक्ष्य परिवार के सदस्यों को अचेतन के प्रतिबंधों से मुक्त कराना होता है ताकि वे समग्र रूप से एक-दूसरे के साथ तथा वर्तमान वास्तविकताओं न कि गत अचेतन प्रतिमाओं के आधार पर स्वस्थ रूप से अन्तःक्रिया कर सके।''* चिकित्सा सत्र में चिकित्सक के साथ स्थापित स्थानांतरिक संबंध तथा परिवार के अन्य सदस्यों के साथ ऐसे संबंध क्लायंट के उन समस्याओं की ओर इशारा करते हैं जो उनमें सांवेगिक कठिनाई पैदा कर रहा होता है। मनोविश्लेषणात्मक सामूहिक चिकित्सा में चिकित्सक मूलतः उन्हीं प्रविधियों को अपनाता है जिन्हें वह वैयक्तिक चिकित्सा में अपनाता है। दूसरे शब्दों में, चिकित्सक यहाँ क्लायंट एवं परिवार के अन्य सदस्यों की बातों को सुनता है तथा फिर उसकी व्याख्या करके चिकित्सा करता है।

1. **"The goal of psychoanalytic family therapy is to free family members of unconscious restrictions so that they will be able to interact with one another as a whole, and be healthy persons on the basis of current realities rather than unconscious images of the past."**

—Nichols & Schwartz : *Family therapy : Concept and Methods,* 1991, p. 249

(vi) व्यवहारपरक पारिवारिक चिकित्सा (*Behavioural family therapy*)—इस तरह की पारिवारिक चिकित्सा में चिकित्सक पारिवारिक समस्याओं का व्यवहारपरक विश्लेषण (behavioural analysis) करता है। इससे चिकित्सक को उन व्यवहारों के बारे में पता चल जाता है जिनकी बारंबारता को बढ़ाने की जरूरत या घटाने की जरूरत होती है। इस तरह के विश्लेषण से यह भी पता चल जाता है कि अवांछित व्यवहार के पीछे छिपे पुनर्बलन (reinforcement) क्या है या किस तरह के पुनर्बलन से वांछित व्यवहार में वृद्धि या मजबूती हो सकती है। इसके बाद चिकित्सक चिकित्सीय प्रक्रिया प्रारंभ करता है जिसमें परिवार के सदस्यों को एक-दूसरे के लिए उचित पुनर्बलन प्रदान करने के लिए कहा जाता है ताकि वे लोग वांछित व्यवहार कर सकें। कुछ चिकित्सक जैसे स्टुआर्ट (Stuart, 1969) परिवार के सदस्यों को संकेत (tokens) का उपयोग करने का सिफारिश किया है। जैसे—रविवार के दिन यदि पति दूरदर्शन का कार्यक्रम त्याग करके पत्नी को इधर-उधर घूमाने के लिए ले जाता है, तो पति को चार संकेत (tokens) दिया जा सकता है जिसके सहारे वह बाद में वांछित वस्तुओं का विनिमय कर सकता है। ऐसा होने से पति पत्नी के बीच संबंध मधुर हो सकता है।

(vii) नेटवर्क पारिवारिक चिकित्सा (*Network family therapy*)—जैसा कि नाम से ही स्पष्ट है, इस तरह की पारिवारिक चिकित्सा में चिकित्सक क्लायंट या रोगी के जिन्दगी के सभी महत्त्वपूर्ण व्यक्तियों के पूरे नेटवर्क का प्रेक्षण करता है तथा उनकी अंतःक्रियाओं को विश्लेषण करके समस्या का समाधान करता है। इसमें क्लायंट के परिवार के सदस्य ही नहीं बल्कि उनके दोस्त, पास-पड़ोस के लोग एवं उनके नियोक्ता (employers) आदि को भी सम्मिलित किया जाता है तथा उनके विचार प्राप्त किये जाते हैं। नेटवर्क पारिवारिक चिकित्सा की सफलता इस बात पर आधारित होती है कि ये सभी व्यक्ति कहाँ तक चिकित्सक के साथ और कितना अधिक सहयोग करते हैं। यह सहयोग जितना ही अधिक होता है, नेटवर्क पारिवारिक चिकित्सा उतना ही अधिक सफल होता है। स्पेक तथा एटनीव (Sperch & Attneave, 1971) इस चिकित्सा के प्रमुख समर्थक रहे हैं।

(viii) बहुप्रभाव चिकित्सा (*Multiple impact therapy*)—इस तरह के चिकित्सा के प्रमुख समर्थक मैकग्रिगोर, रिशी, सेरानो तथा स्कुस्टर(McGregor, Ritchi, Serrano & Schuster, 1964) रहे है। इस तरह की पारिवारिक चिकित्सा में चिकित्सक का एक दल पूरे परिवार के सभी सदस्यों के साथ आपस में हुई अंतक्रियाओं का काफी गहराई में प्रेक्षण करता है। इसके बाद परिवार के प्रत्येक सदस्य के साथ वैयक्तिक सत्र (individual session) में उनकी अन्तःक्रियाओं का विश्लेषण करके उनकी समस्याओं की पहचान की जाती है। इसमें दल द्वारा मुख्यतः विवाह, प्राधिकार (authority) की भूमिका, बच्चों का परिवार के प्रति विचार तथा अन्य समान बिन्दुओं पर ध्यान दिया जाता है और संबंधित समस्या का समाधान ढूँढ़ा जाता है। इसके बाद अगले छह महीना तक अनुवर्ती अध्ययन (follow-up study) करके उस परिवार की प्रगति देखा जाता है।

(ix) बहुपारिवारिक चिकित्सा (*Multiple family therapy*)—इस पारिवारिक चिकित्सा के समर्थक लाख्यूआर (Laquer, 1972) तथा स्ट्रेलनिक (Strelnick, 1977) हैं। इस तरह की चिकित्सा में कई युगल-जोड़ी (couples) या परिवारों को मिलाकर एक समूह तैयार किया जाता है जिसे एक चिकित्सक के देख-रेख में उनके उलझनों एवं समस्याओं की पहचान करके उनका समाधान ढूँढ़ा जाता है। इस तरह के चिकित्सा के पीछे छिपा तर्क यह होता है कि प्रत्येक युगल जोड़ी या परिवार दूसरे युगल-जोड़ी या परिवार की समस्याओं एवं उलझनों को जब सुनता है तो वे लोग एक सामान्य अनुभूति का अनुभव करते हैं जिनसे उनका आपसी उलझन अपने आप बहुत हद तक कम होने लगता है। सचमुच में, इस चिकित्सा में पारिवारिक चिकित्सा तथा सामूहिक चिकित्सा के बीच एक तरह का क्रॉस (cross) होता दिखलाया गया है।

(x) संरचनात्मक पारिवारिक चिकित्सा (*Structural family therapy*)—इस तरह के पारिवारिक चिकित्सा के समर्थक मिनुचीन एवं फिशमैन (Minuchin & Fishman, 1981) हैं जिसमें चिकित्सक परिवार के इकाई को विभिन्न अंतर्बद्ध भूमिकाओं के एक सेट के रूप में विश्लेषित करता है। इस चिकित्सा की मुख्य पूर्वकल्पना यह है कि एक पारिवारिक तंत्र (family system) अपने आप में वैयक्तिक व्यक्तित्व (individual personality) से अधिक महत्त्वपूर्ण होता है। इसका परिणाम यह होता है कि पारिवारिक तंत्र ही कुछ इस प्रकार का विशेष व्यवहार उत्पन्न करता है जिसे उस परिवार के सदस्य अपनाते हैं या सीखते हैं। अगर पारिवारिक संदर्भ को परिवर्तित कर दिया जाता है, तो परिवार के सदस्य को भी उससे वही परिवर्तित अनुभूति होगी तथा वह परिवर्तित पारिवारिक संदर्भ की आवश्यकताओं के अनुरूप व्यवहार करेगा। इस तरह से संरचनात्मक पारिवारिक चिकित्सा का महत्त्वपूर्ण लक्ष्य परिवार के संगठन या संदर्भ को इस ढंग से

परिवर्तित करना होता है कि परिवार के सदस्य एक-दूसरे के साथ पहले से अधिक सहयोग करते हुए धनात्मक ढंग से व्यवहार कर सकें। इस तरह की चिकित्सा में चिकित्सक सक्रिय तो अवश्य रहता है परन्तु निदेशात्मक भूमिका (directive role) नहीं करता है और परिवार के वर्तमान अन्तःक्रियाओं (present interactions) पर अधिक ध्यान देता है। इसमें चिकित्सक परिवार के बारे में पारिवारिक अन्तःक्रियाओं में एक अंतरंगी (insider) के रूप में हाथ बँटाते हुए कुछ सूचनाएँ प्राप्त करता है। दूसरे शब्दों में, चिकित्सक परिवार की अन्तःक्रिया पैटर्न के बारे में एक संरचनात्मक नक्शा (structural map) बनाता है। इससे चिकित्सक को यह पता चल जाता है कि पारिवारिक तंत्र में एक सख्त या लचीला सीमा है, परिवार की शक्ति संरचना (power structure) पर किसका प्रभुत्व है तथा जब कोई गड़बड़ी होती है, तो किसे अक्सर दोषी ठहराया जाता है, आदि-आदि। इतने तरह की सूचना मिल जाने के बाद चिकित्सक परिवार के सदस्यों की अन्तःक्रियाओं को बदलने का एक माध्यम के रूप में कार्य करता है। स्वार्ज, वैरेट तथा साबा (Schwartz, Barrett & Saba, 1983) ने बुलुमिया (Bulumia) के उपचार में संरचनात्मक पारिवारिक चिकित्सा का उपयोग सफलतापूर्वक किया। मिनुचिन तथा उनके सहयोगियो (Minuchin et al., 1975) संरचनात्मक पारिवारिक चिकित्सा का उपयोग सफलतापूर्वक वैसे परिवारों के बच्चों के उपचार में किये जिनमें मनोदैहिक बीमारियाँ (psychophysiological illness) उत्पन्न हो गयी थीं।

स्पष्ट हुआ कि पारिवारिक चिकित्सा के कई प्रकार है। क्लायंट एवं परिवार की समस्या के अनुरूप चिकित्सक पारिवारिक चिकित्सा का विशेष प्रकार का प्रारूप को अपनाकर चिकित्सा समस्या को दूर करने की कोशिश करता है।

पारिवारिक चिकित्सा का उपयोग कब किया जाना चाहिए?
(When should Family therapy be used ?)

नैदानिक मनोवैज्ञानिकों के बीच इस बात की आम सहमति नहीं है कि पारिवारिक चिकित्सा का उपयोग कब किया जाना चाहिए या कब नहीं, फिर भी इस सिलसिले में लोगों ने कुछ मोटे तौर पर सामान्यीकरण (generalization) किया है। इन लोगों के अनुसार निम्नांकित परिस्थितियों में पारिवारिक चिकित्सा का उपयोग उत्तम माना जाता है—

(i) पारिवारिक चिकित्सा वहाँ उत्तम माना गया है जब परिवार के किसी भी एक सदस्य की समस्या कुछ ऐसी है जो पूरे परिवार को उलझन में डाल दिया हो। यहाँ ऐसी उम्मीद की जाती है कि पूरे परिवार को चिकित्सा में सम्मिलित कर लेने से परिवार में उत्पन्न प्रतिरोध (resistance) दूर हो जाएगा और परिवार, समस्या मुक्त हो जाएगा। परिवार में किसी महत्त्वपूर्ण व्यक्ति की मृत्यु, परिवार में महत्त्वपूर्ण व्यक्ति की बेरोजगारी कुछ ऐसी ही समस्या का उदाहरण है।

(ii) जब परिवार में वैवाहिक या लैंगिक असामंजस्य (disharmony) हो तो वैसी परिस्थिति में भी पारिवारिक चिकित्सा उपयोगी सिद्ध होता है।

(iii) जब परिवार के सदस्यों में सामाजिक मूल्यों (social values) तथा अन्य संबंधित पहलुओं के बारे में विचार में टकराव हो तो पारिवारिक चिकित्सा उपयोगी माना गया है। जैसे—मान लिया जाए कि परिवार का एक किशोर सदस्य परम्परागत सामाजिक मूल्यों की अवहेलना करके शराब पीना एवं औषध आदि लेना प्रारंभ कर देता है जिसके परिवार के वरिष्ठ सदस्यों के साथ उस किशोर के नैतिक मूल्यों का टकराव होता है, तो ऐसी परिस्थिति में पारिवारिक चिकित्सा उपयोगी सिद्ध होता है।

कुछ ऐसी भी परिस्थितियाँ हैं जिनमें पारिवारिक चिकित्सा का उपयोग गुणकारी नहीं माना गया है। ऐसी परिस्थितियाँ निम्नांकित हैं—

(i) कभी-कभी यह देखा गया है कि परिवार इतना अधिक विखरा हुआ होता है कि उसमें पारिवारिक चिकित्सा की प्रक्रिया को करना एक असंभव कार्य दीखता है। अक्सर देखा गया है कि ऐसा परिवार होने पर परिवार के सदस्य चिकित्सा की प्रक्रिया में सहयोग नहीं करते हैं। वे प्रायः चिकित्सक के पास जाते ही नहीं हैं।

(ii) जब परिवार के वरिष्ट सदस्य जैसे माता-पिता स्थिर-व्यामोही (paranoid), धोखेबाज तथा ध्वंसकारी प्रवृत्ति के होते हैं, तो ऐसी परिस्थिति में पारिवारिक चिकित्सा के उपयोग से कुछ लाभ नहीं होता है।

(iii) जहाँ परिवार के कुछ धार्मिक या सांस्कृतिक मूल्य ऐसे हों जिन्हें अन्य लोगों को नहीं बतलाया जा सकता है क्योंकि इससे पारिवारिक तनाव में और भी वृद्धि हो सकती है, तो ऐसी परिस्थिति में पारिवारिक चिकित्सा की प्रक्रिया

संपन्न नहीं की जा सकती है क्योंकि वैसे मूल्य से संबंधित तथ्य को परिवार का कोई भी सदस्य चिकित्सक को बताना नहीं चाहेगा।

स्पष्ट हुआ कि पारिवारिक चिकित्सा का उपयोग किन-किन परिस्थितियों में किया जाय तथा किन-किन परिस्थितियों में नहीं किया जाय, इसका निर्णय चिकित्सक को काफी ध्यानपूर्वक करना चाहिए क्योंकि एक टेढ़ी खीर है। **फेयर्स**[1] (Phares, 1984) ने इसपर बहुत यथार्थवादी टिप्पणी किया है जो इस प्रकार है, *''कब पारिवारिक चिकित्सा का उपयोग किया जाएगा और कब नहीं, यह एक कठिन बात है जिसमें पर्याप्त नैदानिक संवेदनशीलता तथा सतर्क मूल्यांकन की ज़रूरत पड़ती है। पारिवारिक चिकित्सा का परामर्श कभी स्वतः या निजवाचक नहीं होना चाहिए।''*

पारिवारिक चिकित्सा की समस्याएँ
(Problems of Family Therapy)

पारिवारिक चिकित्सा में कुछ समस्याएँ उत्पन्न हो जाती हैं जिनपर भी विचार करना आवश्यक है। इन समस्याओं में निम्नांकित प्रमुख हैं—

(i) ऐसा प्रायः देखा गया है कि पारिवारिक चिकित्सा के सत्र में सदस्यों द्वारा तीव्र संवेग, नकारात्मक भाव तथा आक्रमकता एवं विद्वेष (hostility) आदि की खुला अभिव्यक्ति से परिवार की एकता पर आँच आने लगती है। इसका परिणाम यह होता है कि पारिवारिक चिकित्सा चिकित्सक के लिए एक सिरदर्द बन जाता है।

(ii) पारिवारिक चिकित्सा में कभी-कभी चिकित्सक को समझने में भी सिरदर्द होता है कि इस परिवार में कौन वास्तविक रोगी है। जब चिकित्सक यह परामर्श करते हैं कि मौलिक रोगी के साथ-ही-साथ पूरे परिवार के सदस्यों से बातचीत आवश्यक है, तब तो कोई खास समस्या नहीं उत्पन्न होती है। परन्तु कभी-कभी जब चिकित्सक को यह पता चलता है कि प्रारंभ में पहचान किये गये रोगी से बढ़कर तथा अधिक गंभीर रोगी उस परिवार का दूसरा सदस्य भी है तो चिकित्सक के सामने यह समस्या उठ खड़ी होती है कि अब किसे वास्तविक रोगी माना जाय।

(iii) नैतिक तथा कानूनी दृष्टिकोण से भी पारिवारिक चिकित्सा में कुछ समस्याएँ उत्पन्न होती है। मारगोलिन (Margolin, 1982) ने यह स्पष्टतः कहा है कि पारिवारिक चिकित्सा में कुछ विशेष प्रश्नों का स्वरूप स्पष्ट नहीं हो पाता है। जैसे—क्लायंट द्वारा दिये गये गुप्त सूचनाओं को किस तरह से निपटाया जाय? क्या परिवार के प्रत्येक सदस्य के उपचार को अस्वीकृत करने का समान अधिकार है? परिवार के सदस्यों के मूल्यों की तुलना में चिकित्सक के मूल्यों की क्या भूमिका होगी? आदि प्रश्नों का कोई सही उत्तर नहीं मिल पाता है।

स्पष्ट हुआ कि पारिवारिक चिकित्सा की कुछ समस्याएँ हैं जिनपर चिकित्सक को ध्यान देना अनिवार्य हो जाता है।

पारिवारिक चिकित्सा का मूल्यांकन
(Evaluation of Family Therapy)

पारिवारिक चिकित्सा के परिणाम (outcome) का मूल्यांकन करने के लिए कुछ शोध किये गये हैं। इन शोधों के परिणाम को बहुत उत्साहवर्द्धक तो नहीं कहा जा सकता है। हाजेलरिन, कूपर एवं वोरडुइन (Hazelring, Cooper & Broduin, 1987) ने 20 अध्ययनों का मेटा-विश्लेषण करने के बाद इस निष्कर्ष पर पहुँचे कि पारिवारिक चिकित्सा का गुणकारी प्रभाव बहुत तरह के पारिवारिक समस्याओं के लिए होता पाया गया है। परन्तु इन अध्ययनों में कार्य-विधि-संबंधी कई दोष पाये गये। वेल्स, डिलक्सि एवं त्रिवेली (Wells, Dilkes & Trivelli, 1972) ने 1950-1970) तक पारिवारिक चिकित्सा के क्षेत्र में किये गये शोधों की समीक्षा किया। इस अवधि में इन लोगों ने ढीले-ढीले कसौटी जैसे एक अध्ययन में कम-से-कम तीन केसेज का उल्लेख किया गया हो तथा परिणाम माप (outcome measures) स्पष्ट हो, पर 18 अध्ययन को वैध पाया गया जिसमें से 15 अध्ययन में कार्य-विधि (methodological) से सम्बद्ध दोष पाये गये। रिसकीन एवं फाऊन्स (Riskin & Faunce, 1972) भी पारिवारिक चिकित्सा के शोध अध्ययनों में कार्य-विधि से संबंधित दोष को महत्त्वपूर्ण बतलाया है।

---

1. "Deciding when to employ family therapy and when not to, is often a difficult matter that requires careful assessment and a great deal of clinical sensitivity. Recommending family therapy should never be automatic or reflexive."
—Phares : *Clinical Psychology*, 1984, p. 520

अभी हाल में वेल्सिक एवं ट्रोक (Wellisch & Trock, 1980) ने तीन साल तक एक अनुवर्त्ती अध्ययन (follow-up study) किया जिसमें पाया गया कि गंभीर विकृतियों (severe disorders) पर पारिवारिक चिकित्सा के जो गुणकारी प्रभाव पड़ते देखे गये थे, उनमें अब कमी आ गयी है क्योंकि करीब 57% रोगियों को पुनः चिकित्सा की जरूरत महसूस की गयी।

उक्त अध्ययनों एवं समीक्षा से हम इस निष्कर्ष पर पहुँचते हैं कि पारिवारिक चिकित्सा वैयक्तिक चिकित्सा (individual therapy) की तुलना में बहुत अधिक गुणकारी या लाभकारी सिद्ध नहीं होता है।

वैवाहिक या युग्म चिकित्सा (Marital or Couple Therapy)

वैवाहिक चिकित्सा एक तरह का समूह चिकित्सा है जो पारिवारिक चिकित्सा के बहुत करीब है। वैवाहिक चिकित्सा वैसे चिकित्सा को कहा जाता है जिसमें पति एवं पत्नी के बीच मनोमालिन्य संबंध (strained relations) को उत्तम बनाने का भरसक प्रयास चिकित्सक द्वारा किया जाता है। आजकल विशेषकर विदेशों में ऐसा देखा जा रहा है कि पुरुष एवं महिला जो इस तरह की चिकित्सा के लिए आ रहे हैं, वे बहुत दिनों से पति एवं पत्नी के रूप में तो अवश्य रह रहे हैं परन्तु वे औपचारिक रूप से विवाहित नहीं होते हैं। इसलिए आजकल वैवाहिक चिकित्सा के जगह पर मनोवैज्ञानिकों द्वारा *युग्म चिकित्सा* (Couple therapy) का प्रयोग अधिक किया जाता है। युग्म चिकित्सा में विवाहित जोड़े, अविवाहित जोड़े समलिंगी जोड़े (gay or homosexual couple) तीनों ही तरह के लोगों का उपचार किया जाता है।

युग्म चिकित्सा में दोनों सहयोगियों (partners) को प्रायः एक साथ चिकित्सक बुलाते हैं और उनकी बातों को सुनते हैं। चिकित्सा का केन्द्र बिन्दु इन दोनों के अंतक्रियाओं एवं संबंधों को उन्नत बनाना है ताकि ये दोनों फिर से समायोजित जिन्दगी बिता सकें। इस तरह की चिकित्सा में चिकित्सक पारस्परिक आवश्यकता संतुष्टि (mutual need gratification), सामाजिक भूमिका प्रत्याशा (social role expectations), संचार पैटर्न (communication pattern) तथा अन्य समान अन्तर्वैयक्तिक कारकों (interpersonal factors) पर अधिक बल डालते हैं।

युग्म चिकित्सा में कई तरह के उपागमों (approaches) का उपयोग किया जाता है। एक उपागम वह है जिसमें चिकित्सा सत्र में युगल जोड़ी को एक-दूसरे की बातों की सुनने के लिए रोजेरियन प्रविधि (Rogerian technique) का उपयोग किया जाता है। इस प्रविधि को अपनाकर वे एक-दूसरे को अपनी भावों का प्रतिक्रियाओं के बीच स्पष्टीकरण करने में मदद करते हैं। इससे भविष्य में इन दोनों के बीच उत्तम संबंध बनने की प्रवृत्ति मजबूत हो जाती है।

युग्म चिकित्सा में एक दूसरा उपागम वह है जिसमें व्यवहार चिकित्सा का उपयोग किया जाता है। इसमें युगल-जोड़ी को वांछित व्यवहारों को पुनर्बलित करने के लिए सीखलाया जाता है तथा अवांछित व्यवहार से पुनर्बलन हटाने की प्रेरणा दी जाती है। इस सिलसले में मारगोलिन, क्रायस्टेनसेन तथा विस (Margolin, Chirstensen & Weiss, 1975) ने युग्मों (couples) के लिए संरचित व्यवहार चिकित्सा (structured behaviour therapy) का उपयोग किया जिसमें छह बिन्दुओं पर विचार किया जाता है और जिसे पूरा होने में करीब 2½ महीना समय लगता है। इन छह बिन्दुओं का यहाँ सविस्तार चर्चा आवश्यक है जो इस प्रकार है—

(i) आकस्मिकता को निश्चित करना *(Pinpointing contingencies)*—इस अवस्था में चिकितसक युगल जोड़ी (couple) के समस्यात्मक व्यवहार तथा वे सभी कारक जो उन्हें संपोषित करते हैं, की पहचान की जाती है।

(ii) संचार कौशलों में प्रशिक्षण *(Training in communication skills)*—इस अवस्था में चिकित्सक युगल जोड़ी के बीच टुटे हुए संचार को फिर से पुनर्स्थापित करने की कोशिश करते हैं ताकि इन दोनों के बीच उत्तम समायोजन स्थापित हो सके। इन दोनों के बीच टुटे हुए संचार को उन्नत बनाने के लिए चिकित्सक मॉडलिंग, व्यवहारपरक रिहर्सल (behavioural rehersal) तथा विडियो पुनर्निवेशन (video feedback) आदि का सहारा लेते हैं।

(iii) संघर्ष समाधान में प्रशिक्षण *(Training in conflict resolution)*—इस अवस्था में चिकित्सक युगल जोड़ी को मानसिक संघर्ष का समाधान करने का प्रशिक्षण देते हैं। इसके लिए इन्हें अन्य युग्मों की अन्तःक्रियाओं के विडियो टेप को दिखलाया जाता है जिनमें उन्हें यह बतलाया जाता है कि संघर्ष के समाधान का अमुक तरीका अच्छा है तथा अमुक तरीका बुरा है।

(iv) उपयोगिता मैट्रिसेज का निर्माण *(Formation of utility matrices)*—इस अवस्था में चिकित्सक युगल

जोड़ी को यह सीखलाते हैं कि किस तरह के व्यवहार के बाद वे लोग एक-दूसरे को पुरस्कार देंगे तथा किस तरह के व्यवहार के बाद वे लोग एक-दूसरे को दंड देंगे। इससे उनमें यह विश्वास उत्पन्न होता है कि वे किस तरह के व्यवहार को अधिक करेंगे और किस तरह के व्यवहार को कम करेंगे क्योंकि उन्हें यह पता रहता है कि किस तरह के व्यवहार के बाद उन्में ईनाम मिलेगा और किस तरह के व्यवहार के बाद उन्हें दंड मिलेगा।

(v) समझौता करना तथा प्रासंगिकी अनुबंध करना (*Negotiating and contingency contracting*)—इसे चिकित्सकों द्वारा एक अतिमहत्त्वपूर्ण अवस्था माना जाता है। इसमें युगल-जोड़ी नये संचार कौशलों को सीखता है तथा वे एक ऐसा व्यवहारपरक अनुबन्धन (behavioural contract) स्थापित करते हैं कि इन दोनों के बीच एक संतोषजनक परन्तु कम दंडात्मक संबंध को स्थापित होने में मदद हो।

(vi) समाप्ति एवं सम्पोषण (*Termination and maintenance*)—जैसे ही युगल-जोड़ी के बीच तैयार किया गया मसौदा या अनुबंधन(contract) कार्यरूप दिया जाता है, चिकित्सक उनकी अन्तःक्रियाओं में किसी तरह की समस्या उत्पन्न नहीं होने देता है और उन्हें यह सुनिश्चित करवाता है कि उनके द्वारा अर्जित कौशल का पूर्ण उपयोग हो रहा है तथा उन्नत संबंध को संपोषित किया जा रहा है। जब युगल-जोड़ी अपनी नयी भूमिका को ठीक से करने लगते हैं, उपचार धीरे-धीरे समाप्ति की ओर बढ़ने लगता है।

इस तरह के वैवाहिक चिकित्सा के बाद अनुवर्ती (follow-up) प्रयास भी जारी रखे जाते हैं। चिकित्सा समाप्ति के बाद चिकित्सक साप्ताहिक दूरभाषी संबंध कायम किये रखता है। अगर जरूरत पड़ी तो सत्र समाप्ति के बाद वर्धक सत्र (booster session) भी आयोजित किये जाते हैं। गुरमैन, कनिस्कर्न तथा पिनसोफ(Gurman, Kinskern & Pinsof, 1986) तथा जैकोवसन एवं मार्टिन (Jacobson & Martin, 1976) ने इस तरह के व्यवहार को वैवाहिक चिकित्सा की वैवाहिक तुष्टि बढ़ाने का एक बहुत ही सफल तरीका बतलाया है।

गत् कुछ वर्षों में वैवाहिक चिकित्सा में संज्ञानात्मक प्रविधियों (cognitive techniques) का भी उपयोग किया जा रहा है। ऐसी परिस्थिति में यह उम्मीद की जाती है कि जब युगल-जोड़ी को संचार कौशल सीखलाया जाता है तो इससे संज्ञानात्मक विकृति (cognitive distorting) की पहचान करने में सुविधा होती है जिनसे एक-दूसरे की समझ-शक्ति प्रभावित होती है। जब युगल जोड़ी को यह सीखलाया जाता है कि उन्हें अपने भाव की अभिव्यक्ति किस तरह करनी चाहिए तो कई तरह की नासमझी (misunderstanding) की स्पष्टीकरण हो जाती है। बाकोम तथा लेस्टर (Baucom & Laster, 1986) ने संज्ञानात्मक पुनर्संरचना(cognitive restructing) को भी वैवाहिक चिकित्सा के लिए काफी उपयोगी पाया है।

अब प्रश्न यह उठता है कि वैवाहिक चिकित्सा वैवाहिक संकटों को दूर करने में तथा अत्यधिक घनिष्ठ संबंध कायम करने में कहाँ तक प्रभावी (effective) है? इस प्रश्न का उत्तर देने के लिए कूकरैली (Cookerly, 1980) ने 320 ऐसे क्लायंट का पाँच सालों तक अनुवर्ती (follow-up) किया जिन्हें पहले वैवाहिक चिकित्सा मिल चुकी थी तथा उनके संबंध-विच्छेद दर (divorce rate) की तुलना सामान्य जीव संख्या से किया। वैसे केसेज में जिसमें दोनों सहयोगियों (partners) को वैवाहिक चिकित्सा एक साथ मिली थी, 56.4% युग्म पाँच सालों तक वैवाहिक जीवन बीता चुके थे तथा जिन केसेज में अन्य दूसरे तरह की चिकित्सा दी गयी थी, केवल 29% ही पाँच साल तक विवाहित जीवन बिता सके। इन सभी तरह की चिकित्सा से वैवाहिक संकट को दूर करने तथा वैवाहिक संबंध को ठीक रखने में काफी सहायता मिली। इस निष्कर्ष की संपुष्टि गुरमैन, कनिस्कर्ण तथा पिनसोफ (Gurman, Kniskern & Pinsof, 1986) द्वारा इस क्षेत्र में किये गये अध्ययनों की समीक्षा से भी मिलता है। जैकोवसन तथा उनके सहयोगियों (Jackobson et al., 1989) ने युगल चिकित्सा को अन्य समस्याओं जैसे विषाद, एगोराफोबिया (agoraphobia) तथा अल्कोहल दुरूपयोग आदि के उपचार में एक सहायक प्रविधि के रूप में सफलतापूर्वक उपयोग किया है।

स्पष्ट हुआ कि वैवाहिक चिकित्सा जो एक प्रकार का पारिवारिक चिकित्सा है, से बहुत हद तक वैवाहिक संकट को दूर करके वैवाहिक संबंधों को उन्नत बनाने में काफी मदद मिलती है। इसके परिणाम की समीक्षा करने वाले अध्ययनों द्वारा इसे समर्थन भी काफी प्राप्त हुआ है।

भिड़ंत समूह चिकित्सा
(Encounter Group Therapy)

अर्थ (*Meaning*)—भिड़ंत समूह चिकित्सा एक अन्य समूह चिकित्सा है जिसकी जड़ नेशनल ट्रेनिंग लेबोरेट्री (National Training Laboratory or NTL) में किये गये शोध एवं कार्यशालाएँ से उत्पन्न अनुभूतियाँ हैं। इनमें कर्ट लेविन (Kurt Lewin), लाइबरमैन (Liberman) तथा रोजर्स (Rogers) ने मुख्य भूमिका निभाया है। NTL की स्थापना अमेरिका में वेथेल (Bethel) में 1950 में हुई थी। इसका उद्देश्य सामूहिक प्रक्रियाओं जिसमें समूह के सदस्यों को प्रेक्षक (observer) तथा सहभागी (participants) दोनों के रूप में कार्य करना होता है, द्वारा पुनर्शिक्षत (reeducate) किया जाता है। भिड़ंत समूह चिकित्सा में एक भिड़ंत समूह (encounter group) तैयार किया जाता है। भिड़ंत समूह[1] से तात्पर्य व्यक्तियों के वैसे समूह से होता है जो अपने भाव, व्यवहार एवं अन्तःक्रिया के बारे में पहले से अधिक जानकारी प्राप्त करने के लिए एक विशेष स्थान पर मिलते हैं। भिड़ंत समूह का उद्देश्य व्यक्तियों को आत्म-सिद्ध (self-actualize) तथा उत्तम अन्तर्वैयक्तिक संबंध (interpersonal relationship) विकसित करने में मदद करना होता है। नैदानिक मनोवैज्ञानिकों द्वारा भिड़ंत समूह के क्षेत्र में किए शोधों के आधार पर भिड़ंत समूह चिकित्सा की निम्नांकित विशेषताओं को महत्त्वपूर्ण बतलाया गया है—

(i) भिड़ंत समूह में सदस्यों की संख्या सामान्यतः 6 से 20 तक की होती है जो आमने-सामने (face-to-face) की परिस्थिति में एक-दूसरे से शारीरिक सम्पर्क (bodily contact) करते हुए अन्तःक्रिया करते हैं।

(ii) ऐसे समूह में वर्तमान (here-and-now) अनुभूतियों पर अधिक तथा गत एवं बाहरी अनुभूतियों पर कम-से-कम बल डाला जाता है।

(iii) भिड़ंत समूह चिकित्सा में सदस्यों में अशाब्दिक क्रियाएँ (nonverbal activities) तथा शारीरिक सम्पर्क करने पर बल डाला जाता है।

(iv) भिड़ंत समूह चिकित्सा में चिकित्सक तथा अन्य सदस्यों का स्तर लगभग एक समान होता है।

(v) ऐसे चिकित्सक समूह में चिकित्सक एक प्रेक्षक (observer) तथा सहभागी दोनों की भूमिका निभाते हैं।

(vi) ऐसे चिकित्सा समूह में भाग लेने से सदस्यों में आत्म-प्रकटीकरण (self-disclosure), ईमानदारी, अन्तर्वैयक्तिक पुनर्निविशन (interpersonal feedback), खुलेपन (openness), दूसरों का सामना करने की क्षमता, भावात्मक अभिव्यक्ति (affective expression) आदि के गुण का विकास मुख्य रूप से होता है।

(vii) भिड़ंत समूह चिकित्सा का सत्र की अवधि छोटी एवं कम संरचित होता है।

स्पष्ट हुआ भिड़ंत समूह चिकित्सा में व्यवहृत समूह की कुछ अपनी विशेषताएँ होती हैं जिसके कारण भिड़ंत समूह चिकित्सा सामूहिक चिकित्सा के अन्य प्रकारों से भिन्न है।

भिड़ंत समूह चिकित्सा (encounter group therapy) में इस तरह से चिकित्सक सदस्यों को आपस में अन्तःक्रिया करवाकर तथा स्वयं सत्र के दौरान उनके साथ अन्तःक्रिया करके सदस्यों में धनात्मक गुणों को मजबूत करते हैं। इस तरह की चिकित्सा में मानसिक रूप से क्षुब्ध व्यक्ति नहीं बल्कि सामान्य व्यक्ति ही भाग लेते हैं और अपनी अंतःशक्ति (potential) को विकसित करते हैं। इस तरह के समूह में समूह के नेता अर्थात् चिकित्सक सदस्यों को आपस में ईमानदारीपूर्वक एक-दूसरे के साथ अन्तःक्रिया करवाने के लिए कई प्रविधियों (techniques) का उपयोग करते हैं जिनमें से कुछ महत्त्वपूर्ण प्रविधि निम्नांकित हैं—

(i) आत्म-विवरण (*Self-description*)—इस प्रविधि में भिड़ंत समूह के सभी सदस्य दिए गए कागज के टुकड़ा पर तीन ऐसे विशेषणों को लिखता है जिनसे स्वयं का उत्तम वर्णन होता हो। इसके बाद सभी टुकड़ों को लेकर उन्हें यादृच्छिक रूप से मिला दिया जाता है और बाद में सदस्यों द्वारा उन विशेषणों द्वारा वर्णित व्यक्तियों के बारे में चर्चा की जाती है।

(ii) नैत्रगोलक-से-नेत्रगोलक की विधि (*Eyeball-to-eyeball method*)—इस प्रविधि में दो सदस्यों को एक-

---

1. Encounter group refers to a group of persons who meet together at a designated place to learn more about their feelings, behaviour and interactions.

—Author

दूसरे के आँख में ध्यानपूर्वक एक दो मिनट तक देखने के लिए कहा जाता है और उससे उत्पन्न भाव पर फिर चर्चा की जाती है।

(iii) अंध टहल *(Blind walk)*—इस प्रविधि में समूह के सभी सदस्य एक-एक युग्म का निर्माण करते हैं। इसमें एक सदस्य का आँख पर पट्टी बँधा होता है तथा दूसरा आगे-आगे राह दिखता है। आँख पर पट्टी बँधा व्यक्ति पूरे कमरे में टहल लगाकर अपनी नयी संवेदनशीलता को ग्रहण करता है।

(iv) भरोसेमंद अभ्यास *(Trusting exercises)*—इसमें समूह के सभी सदस्य मिलकर एक वृत्त (circle) का निर्माण करते हैं तथा सदस्य को एक ऐसी वस्तु को पकड़ना होता है जो सदस्यगण वृत्त में एक-दूसरे को बढ़ाते जाते हैं।

(v) गर्म सीट का आसन *(Hot seat)*—इस प्रविधि में एक सदस्य एक विशेष कुर्सी पर बैठता है तथा अन्य लोग उसे अपनी इस भावना से ईमानदारी ढंग से यह अवगत कराते हैं कि उनसे वे किस तरह से प्रभावित होते हैं।

(vi) धनात्मक एवं ऋणात्मक बौछार *(Positive and negative bombardment)*—इस प्रविधि में समूह के सदस्य को एक ऐसा पुनर्निवेशन (feedback) दिया जाता है, जो सिर्फ धनात्मक बौछार या सिर्फ ऋणात्मक बौछार पर आधारित होता है।

उक्त प्रविधियों में से यथोचित प्रविधि अपनाकर भिड़ंत समूह के चिकित्सक या नेता सदस्यों को आपस में स्वतंत्र एवं निष्पक्ष अन्तःक्रिया करवाते हैं।

भिड़ंत समूह के प्रकार
(Forms or Types of Encounter Group)

भिड़ंत समूह के कई प्रकार हैं जिनमें निम्नांकित छह प्रमुख हैं—

(i) मौलिक भिड़ंत समूह (Basic encounter group)
(ii) अतिलंबित भिड़ंत समूह (Marathon encounter group)
(iii) नंगा अतिलंबित भिड़ंत समूह (Nude marathon encounter group)
(iv) गेस्टाल्ट भिड़ंत समूह (Gestalt encounter group)
(v) संव्यवहार विश्लेषण भिड़ंत समूह (Transactional analysis encounter group)
(vi) साईनेनोन गेम्स (Synanon games)

इन सबों का वर्णन निम्नांकित हैं—

(i) मौलिक भिड़ंत समूह *(Basic encounter group)*—मौलिक भिड़ंत समूह की चिकित्सा प्रविधि के प्रतिपादन का श्रेय रोजर्स (Rogers, 1970) को जाता है। इस तरह के समूह का मुख्य उद्देश्य लोगों में व्यक्तिगत वर्द्धन (personal growth) को बढ़ाना है। इसे **रोजेरियन भिड़ंत समूह** (Rogerian encounter group) भी कहा जाता है। इस समूह में क्लायंट-केन्द्रित चिकित्सा के नियमों का अधिक-से-अधिक पालन किया जाता है। समूह का नेता (या चिकित्सक) एक ऐसा परानुभूतिक वातावरण (empathic atmosphere) तैयार करता है जिसमें सदस्यों को वह सम्मानित करता है तथा साथ-ही-साथ उन्हें अपने किसी भी तरह के निर्णय से मुक्त रखता है। इसकी परिस्थिति काफी असंरचित होती है तथा सदस्यों में स्वायत्तता (autonomy) अधिक होती है। ऐसा मान लिया जाता है कि इससे सदस्यों में व्यक्तिगत वर्द्धन अधिक होगा। इस तरह की परिस्थिति में अन्तःक्रिया होने से सदस्यों में धीरे-धीरे सुरक्षात्मक प्रवृत्ति समाप्त होने लगती है तथा पारस्परिक विश्वास (mental trust) विकसित होने लगता है। पारस्परिक विश्वास उत्पन्न होने से व्यक्ति अपनी वास्तविक भाव की अभिव्यक्ति करता है जिससे बाद में आत्म स्वीकृति (self-acceptance) उत्पन्न होती है तथा आंतरिक अंतःशक्ति (potential) भी मजबूत होती है। इन गुणों का विकास हो जाने पर उनका सामान्य जिन्दगी में फिर सामान्यीकरण हो जाने की पूर्वकल्पना की जाती है।

(ii) अतिलम्बित भिड़ंत समूह *(Marathon encounter group)*—जैसा कि नाम से ही स्पष्ट है, अति लम्बित भिड़ंत समूह एक ऐसा भिड़ंत समूह होता है जिसके सदस्यों में सतत (continuous) तथा तीव्र अन्तःक्रियाएँ 24 घंटा से 36 घंटा तक लगातार होते रहता है। इस अवधि में सदस्यगण जिनकी संख्या सामान्यतः 10 से 15 तक की होती

है, खाने, सोने आदि क्रियाओं में कम-से-कम समय व्यतीत करते हैं। इस दौरान उन्हें सारी क्रियाएँ वहीं रहकर एक साथ करना होता है। समूह से अलग होकर तथा दो-तीन सदस्य मिलकर छोटा उपसमूह बनाना आदि क्रियाएँ करना वर्जित रहता है। इसका परिणाम यह होता है कि सदस्यों में एक तरह का दबाव (pressure) उत्पन्न होता है जिससे सदस्यों को कुछ चिकित्सीय लाभ होता है। स्टॉलर(Stoller, 1968) ने ऐसे समूह की सतत अन्तक्रिया को एक वर्धित अन्तःक्रिया (accelerated interaction) कहा है तथा बैक (Bach, 1966) ने तो इसके लिए एक नया पद *अतिलम्बित समूह चिकित्सा* (marathon group therapy) का ही उपयोग करना प्रारंभ कर दिया है। यद्यपि यह सही है कि अतिलम्बित भिड़ंत समूह की शुरूआत नैदानिक सेवाओं (clinical practice) में ही हुई थी परन्तु इसका उपयोग हाल के वर्षों में सामान्य समूहों में भी सफलतापूर्वक किया गया है। ऐसा देखा गया है कि प्रारंभिक अवस्था में सदस्यगण एक-दूसरे के साथ मात्र औपचारिक ढंग से बातचीत करते हैं। परन्तु धीरे-धीरे औपचारिक बातचीत में कमी आते जाती है और लोग अनौपचारिक ढंग से आपस में अन्तःक्रिया करना प्रारंभ कर देते हैं। सदस्यों द्वारा तीव्र संवेग की अभिव्यक्ति होती है, तनाव में वृद्धि होती है तथा लोग एक-दूसरे पर शाब्दिक ढंग से आक्रमण भी करना प्रारंभ कर देते हैं। चूँकि सदस्य परिस्थिति से अपने आप को किसी भी तरह अलग नहीं कर सकते हैं, इस कारण समूह में दबाव और तीव्र हो जाता है। इस तरह के दबाव के कारण सदस्यों में एक तरह का वैयक्तिक अनुभूति (personal experience) उत्पन्न होता है जिससे उन्हें अधिक लाभ होता है। इस समूह के अंतिम अवस्था में सदस्यों में विश्रांति (relaxation) की उत्पत्ति होती है, समूह के साथ अपनापन का भाव उत्पन्न होता है तथा समूह में और अधिक समय तक रहने की इच्छा तीव्र होती है। कहने का तात्पर्य यह है कि जैसे ही सत्र समाप्ति के करीब आता है सदस्यों में एक-दूसरे के प्रति धनात्मक भाव तथा स्नेह एवं घनिष्ठता की अनुभूति उत्पन्न होती है। यही कारण है कि इस अवस्था को *प्यार का उत्सव* (love feast) की अवस्था कहा जाता है।

(iii) नंगा अतिलम्बित भिड़ंत समूह (*Nude marathon encounter group*)—इस तरह के भिड़ंत समूह का प्रतिपादन विनड्रीम (Bindrim, 1968) द्वारा किया गया। नंगा अतिलम्बित भिड़ंत समूह सचमुच में एक तरह का अतिलम्बित भिड़ंत समूह ही है तथा इसकी प्रविधि भी लगभग वही है। इसमें भाग लेने वाले सभी सदस्य अपने शरीर का वस्त्र उतारकर अर्थात् नंगा होकर एक-दूसरे के साथ शारीरिक संपर्क करते हैं परन्तु स्पष्ट रूप से लैंगिक क्रिया(sexual activity) करना वर्जित रहता है। इस तरह के भिड़ंत समूह चिकित्सा की मुख्य मान्यता यह होती है कि दैहिक अनावरण (physical exposure) होने से व्यक्तियों में सांवेगिक प्रकटीकरण (emotional exposure) होता है और सांवेगिक प्रकटीकरण से व्यक्ति को एक तरह का मानसिक सुख प्राप्त होता है तथा उसके व्यक्तित्व का विकास होता है। नंगा अतिलम्बित समूह के सदस्यगण पहले नंगा होकर पानी से भरे किसी तैराकी पुल (swimming pool) में अन्तःक्रिया करते हैं। इस तरह के आरंभिक लज्जा को झेलने के बाद उनका आपस में एक-दूसरे के प्रति अवरोध (inhibition) में कमी आ जाती है और वे बहुत ही स्वाभाविक ढंग से एक-दूसरे के साथ अन्तःक्रिया करते हैं। बाद में वे निर्धारित स्थान पर एक-दूसरे के साथ नग्न होकर अंतक्रिया करने में तनिक भी नहीं हिचकिचाते हैं। विनड्रीम (Bindrim) का मत है कि नंगा भिड़ंत समूह चिकित्सा उन व्यक्तियों के लिए अधिक लाभकारी या गुणकारी सिद्ध होता है जिनमें लैंगिक समस्याएँ (sexual problems) होती है या जिनका अपने शरीर के बारे में विशेष कारणों से विकृत धारणा विकसित हो जाती है।

नंगा अतिलम्बित भिड़ंत समूह को पेशेवरों तथा कुछ मनोवैज्ञानिकों द्वारा एक अनुचित एवं अमानवीय पद्धति बतलायी गयी है। इसके चिकित्सीय परिणाम की अनुकूलता पर भी लोगों को शाक हुआ है। रोजर्स (Rogers, 1970) ने तो यहाँ तक कह दिया है कि सम्पूर्ण भिड़ंत समूह के एक प्रतिशत का दशवाँ हिस्सा से भी कम नंगा अतिलम्बित भिड़ंत समूह की बारंबारता होती है। इससे इस तरह की चिकित्सा पद्धति की सार्थकता का खुलासा अपने-आप हो जाता है।

(iv) गेस्टाल्ट भिड़ंत समूह(*Gestalt encounter group*)—जब भिड़ंत समूह में फ्रिज पर्ल्स (Fritz Perls) द्वारा प्रतिपादित गेस्टाल्ट चिकित्सा का उपयोग किया जाता है, तो इस तरह की चिकित्सा पद्धति को गेस्टाल्ट भिड़ंत समूह चिकित्सा कहा जाता है। जैसा कि हम जानते हैं, गेस्टाल्ट चिकित्सा में क्लायंट की वर्तमान क्रियाओं(here-now-actions) पर अधिक बल डाला जाता है तथा चिकित्सक क्लायंट को इन क्रियाओं का उत्तरदायित्व अपने ऊपर लेने के लिए उन्हें अवगत कराता है। गेस्टाल्ट भिड़ंत समूह चिकित्सा का भी यही उद्देश्य रहता है परन्तु यह कार्य एक समूह में किया जाता है। समूह का प्रत्येक सदस्य एक विशेष स्थान पर बैठता है तथा समूह का नेता (अर्थात् चिकित्सक) उससे तरह-

तरह के प्रश्न करता है जिनका उत्तर उन्हें देना होता है। समूह के अन्य सभी सदस्य चिकित्सक तथा सदस्य के इस अंतःक्रिया का प्रेक्षण करते हैं। इस तरह से बारी-बारी से प्रत्येक सदस्य को उस विशेष जगह पर बिठाकर चिकित्सक द्वारा प्रश्न पूछे जाते हैं। सदस्य को उस समय अपने भीतर उत्पन्न अनुभूतियों एवं संवेदनों पर विशेष ध्यान देने के लिए कहा जाता है। इस तरह के भिड़ंत समूह चिकित्सा में कभी-कभी चिकित्सा तथा सदस्य विशेष तरह की भूमिका करके अन्तःक्रिया करते हैं। जैसे—सदस्य से यह कहा जा सकता है कि मान लीजिए कि बगल की कुर्सी पर एक-दूसरा आदमी बैठा है जिसके साथ आप विशेष अंतःक्रिया कर रहे हैं। ऐसा देखा गया है कि धीरे-धीरे इस तरह के गेस्टाल्ट भिड़ंत समूह चिकित्सा में समूह के सभी सदस्यों का आवेष्टन (involvement) तीव्र हो जाता है और इनके धनात्मक अंतःशक्ति (positive potential) का विकास होने लगता है।

(v) संव्यवहार विश्लेषण भिड़ंत समूह (*Transactional analysis encounter group*)—जब वर्नी (Berne, 1961, 1966) द्वारा प्रतिपादित चिकित्सीय विधि जिसे संव्यवहार विश्लेषण कहा जाता है, का उपयोग भिड़ंत समूह में किया जाता है तो उसे विश्लेषण भिड़ंत समूह कहा जाता है। जैसा कि हम जानते हैं, संव्यवहार विश्लेषण में एक ही व्यक्ति के भीतर तीन तरह की भूमिका अर्थात्, चाइल्ड (Child), एडल्ट (Adult) तथा पेरेन्ट (Parent) का विश्लेषण होता है न कि एक व्यक्ति का दूसरे व्यक्ति के साथ हुए अन्तःक्रियाओं का। इस तरह के समूह में समूह का नेता सदस्यों को विभिन्न गेम्स (games) खेलते समय उनके व्यवहारों का अर्थ समझता है तथा उसकी एक विशेष व्याख्या करता है। यहाँ गेम्स से तात्पर्य एक ऐसे संगठित कर्मकाण्ड (rituals) से होता है जिसके पीछे उनके विशेष उद्देश्य छिपे रहते हैं। इस तरह के भिड़ंत समूह में नेता एक तरह से शिक्षक की भूमिका में होता है ताकि वह सदस्यों को गेम्स का अर्थ समझाकर उन्हें उससे मुक्ति दिला सके। नेता द्वारा इस तरह की भूमिका को बार-बार करने से सदस्यों में घनिष्ठता विकसित हो जाती है तथा साथ-ही-साथ वे लोग एक-दूसरे के साथ ऐसा संबंध स्थापित कर सकने में समर्थ होते हैं जो गेम्स के बंधन से मुक्त होता है।

(vi) साइनेनोन गेम्स (*Synanon games*)—साइनेनोन (synanon) औषध-व्यसनियों (drug addicts) का एक आत्म-मदद संगठन (self-help organization) है। इसी के नाम पर इस तरह गेम्स को साइनेनोन गेम्स (synonon games) कहा जाता है। यह गेम्स एक ऐसा भिड़ंत समूह होता है जिसमें सदस्यों को क्रोध तथा ईर्ष्या का खुला, प्रत्यक्ष एवं बिना किसी तरह के अवरोध (inhibition) की अभिव्यक्ति शाब्दिक रूप से करने के लिए कहा जाता है। हाँ, उन्हें इस बात की हिदायत जरूर दे दी जाती है कि वे लोग इसकी अभिव्यक्ति सिर्फ शाब्दिक रूप से करेंगे तथा किसी तरह की हिंसा आदि में अपने को लिप्त नहीं करेंगे। इस तरह के सामूहिक भिड़ंत में कोई नेता या चिकित्सक नहीं होता है। यह गेम करीब तीन घंटे तक चलता है जिसमें उन व्यक्तियों की पहचान ली जाती है जो सबसे अधिक आक्रमकता दिखलाता है। गेम के सत्र के बाद यह देखा जाता है कि सदस्यों में एक-दूसरे के प्रति भावुक समर्थन एवं प्रोत्साहन का वातावरण कायम हो जाता है। गेम के समय प्रत्येक सदस्य को पूर्णतः ईमानदारी से आक्रमकता दिखाना होता है तथा सामान्य सामाजिक मानकों द्वारा प्रस्तावित अवरोध तथा परम्पराओं की परवाह नहीं करने की सलाह दे दी जाती है। इसमें सदस्यों द्वारा दिखलये गये ईर्ष्या, आलोचना एवं उपहास का उद्देश्य सदस्यों के सामान्य सुरक्षात्मक उपायों एवं मनगढ़ंत कथाओं के होने से व्यक्ति का सामान्य वर्द्धन ठीक ढंग से नहीं हो पाता है। एक गेम के बाद दूसरे गेम में सदस्यों को सामान्यतः बदलकर भिड़ंत करवाया जाता है। गेम में जिनता ही तीव्र आक्रमकता होता है, सदस्यों में सांवेगिक आवेष्टन (emotional involvement) की मात्रा तथा पारस्परिक भलाई या कल्याण की चिंता उतनी ही अधिक हो जाती है। नैदानिक मनोवैज्ञानिकों में अभी इस बात पर सहमति नहीं हुई है कि किस तरह के लोगों को इससे लाभ होगा, तथा इसमें भाग लेने से सदस्यों में कितना संभावित परिवर्तन होता है।

स्पष्ट हुआ कि भिड़ंत समूह चिकित्सा के कई प्रारूप होते हैं। इनमें से मौलिक भिड़ंत समूह (basic encounter group) की लोकप्रियता तुलनात्मक रूप से अधिक है।

भिड़ंत समूह की प्रभावशीलता (Effectiveness of Encounter Group)

ऐसा सामान्यतः कहा जाता है कि भिड़ंत समूह व्यक्तिगत वर्द्धन (personal growth) तथा परानुभूति (empathy) को बढ़ाता है जबकि सामूहिक चिकित्सा का उद्देश्य व्यक्ति में हुए मनोवैज्ञानिक क्षति को सुधारना होता है। अब प्रश्न

उठता है कि क्या भिड़ंत समूह अपने उद्देश्य में प्रभावी या सफल हो पाया है? इस प्रश्न का उत्तर के लिए नैदानिक मनोवैज्ञानिकों द्वारा किये गये कुछ अध्ययनों एवं समीक्षाओं के परिणाम पर गौर करना होगा। जैसे—गिब (Gibb, 1970) ने 100 भिड़ंत समूह अध्ययनों की समीक्षा किया और अंत में इस निष्कर्ष पर पहुँचे कि ऐसे समूह में धनात्मक चिकित्सीय प्रभाव (positive therapeutic effect) होता है। लाइबरमैन तथा उनके सहयोगियों (Liberman et al, 1973) ने यह बतलाया है कि भिड़ंत समूह में भाग लेने वाले सदस्यों में से करीब 75% ने अपने में धनात्मक परिवर्तन महसूस किया तथा इस तरह के परिवर्तन का होना इस बात पर निर्भर करता है कि समूह के नेता या पेशेवर चिकित्सकों द्वारा किस तरह की प्रविधि को अपनाया गया है। ओगन तथा उनके सहयोगियों (Wogan et al. 1970) ने भी अपने अध्ययन के आधार पर यह बतलाया है कि समूह के नेता के व्यवहार द्वारा समूह के बातचीत का विषय तो निर्धारित होता ही है साथ-ही-साथ सदस्यों में यह अनुभूति भी उत्पन्न होती है कि वे कहाँ तक समूह से प्रभावित हुए हैं। लाईवरमैन (Liberman, 1976) ने करीब छोटे भिड़ंत समूहों के 50 अध्ययनों से अधिक की समीक्षा किया और बतलाया कि कई ऐसे समूहों में भाग लेने वाले व्यक्तियों ने अपने भीतर धनात्मक परिवर्तन होने की बात बतायी है।

उक्त तथ्यों के आलोक में हम इस निष्कर्ष पर पहुँचते हैं कि भिड़ंत समूह की प्रभावशीलता है और इसमें भाग लेने वाले सदस्यों के भाव एवं चिंतन में पर्याप्त परिवर्तन होते हैं।

भिड़ंत समूह चिकित्सा का मूल्यांकन (Evaluation of Encounter Group Therapy)

भिड़ंत समूह एक तरह की नयी प्रविधि है जिसके माध्यम से मानव समस्याओं का समाधान का प्रयास किया गया है। इस क्षेत्र में तुलनात्मक रूप से शोध भी कम किये गये हैं। इस समूह से कुछ लोग तो काफी आशान्वित हैं तो कुछ लोगों का दावा है कि इससे समस्या का समाधान न होकर उसकी उग्रता कुछ बढ़ ही जाती है। भिड़ंत समूह में निम्नांकित दोष की आशंका प्रायः जतायी गयी है—

(i) भिड़ंत समूह के सदस्यों में जो तात्कालिक घनिष्ठता पैदा होती है, वह स्थायी नहीं होती है और न ही उसका स्थनान्तरण दिन प्रतिदिन की जिन्दगी में हो पाता है। अतः इससे सदस्यों को वास्तविक लाभ नहीं हो पाता है।

(ii) प्रायः देखा गया है कि भिड़ंत समूह का नेतृत्व अप्रशिक्षित तथा गैर-पेशेवर (non-professionals) लोग करते हैं जिसके कारण इस तरह के समूह का चिकित्सीय प्रभाव (therapeutic effect) धीरे-धीरे कमता जाता है।

(iii) भिड़ंत समूह के सदस्यों को उसमें शामिल करने के पहले कोई परख नहीं की जाती है। संभव है कि कुछ सदस्य काफी संवेदनशील प्रकृति के हों। अध्ययनों से यह पता चला है कि ऐसे संवेदनशील व्यक्ति को भिड़ंत समूह की अन्तःक्रियाओं से काफी हानि पहुँचती है। यालोम तथा लाईबरमैन (Yalom & Liberman, 1971) ने एक अध्ययन किया जिसमें 170 छात्रों ने विभिन्न तरह के भिड़ंत समूहों में भाग लिया। इसमें 16 छात्र ऐसे थे जिन्होंने भिड़ंत समूह में भाग लेने के बाद अपने में सार्थक मनोवैज्ञानिक क्षति (psychological damage) का अनुभव किये।

(iv) भिड़ंत समूह चिकित्सा को कुछ मनोवैज्ञानिकों द्वारा एक बौद्धिक-विरोधी (anti-intellectual) तथा सुखवादी (hedonistic) बतलाया गया है। ऐसे समूह के सदस्यों में विवेक की कमी पायी जाती है तथा क्षणिक शारीरिक सुख की ओर उन्मुक्तता अधिक होती है। इससे इसका चिकित्सीय मूल्यों में कमी आती है।

(v) भिड़ंत समूह को नैदानिक मनोवैज्ञानिकों द्वारा एक कम महत्त्व वाला चिकित्सा पद्धति कहा गया है। इसमें कोई शक नहीं है कि इसकी विधि काफी आसान है परन्तु उनका शायद ही कभी मूल्यांकन अब तक किया गया है। अतः उनकी वैधता संदेह के घेरे में है।

इन आलोचनाओं के बावजूद यह उम्मीद जतायी जाती है कि एक उत्तरदायी विशेषज्ञ के नेतृत्व में एवं व्यक्तियों में बढ़ती सचेतता के कारण इस तरह की चिकित्सा पद्धति का गुणकारी प्रभाव की संभावना अधिक है।

अध्याय सारांश (Chapter Summary)

1. समूह चिकित्सा आधुनिक समय में एक प्रमुख प्रकार की मनश्चिकित्सा है। जब समूह असंबंध व्यक्तियों का होता है और उनका चिकित्सक एक साथ चिकित्सा करता है तो, इस तरह की प्रविधि को सामूहिक चिकित्सा कहा जाता

है। सामूहिक चिकित्सा का औपचारिक शुभारंभ जोसेफ एच॰ प्राट (Joseph H. Pratt) द्वारा 1905 में किये गये प्रयासों के फलस्वरूप हुआ है।

2. सामूहिक चिकित्सा के ग्यारह उपचारी कारक (curative factors) बतलाये गये हैं। यह सूची यालोम (Yalom, 1975) द्वारा तैयार की गयी है।
3. सामूहिक चिकित्सा की प्रक्रिया में चार कदम बतलाये गए हैं—औपचारिक व्यवस्था, समूह का संगठन, समूह की अवधि तथा समूह चिकित्सा की भूमिका।
4. सामूहिक चिकित्सा के मुख्य चार मॉडल का वर्णन किया गया है—मनोगतिकी सामूहिक चिकित्सा मॉडल, व्यवहारपरक सामूहिक चिकित्सा मॉडल, मानवतावादी सामूहिक चिकित्सा मॉडल तथा समकक्षी आत्म-मदद समूह मॉडल।
5. समूह चिकित्सा के जहाँ एक ओर कुछ लाभ हैं वहीं दूसरी ओर कुछ अलाभ भी हैं। लाभ की पाँच बिन्दुओं पर प्रकाश डाला गया है जबकि अलाभ के चार बिन्दुओं की ओर ध्यान आकृष्ट किया गया है।
6. पारिवारिक चिकित्सा एक तरह का सामूहिक चिकित्सा है जिसमें समूह के सदस्य अपरिचित न होकर एक ही परिवार के सभी सदस्यगण होते हैं।
7. पारिवारिक चिकित्सा के नौ स्पष्ट उद्देश्यों का वर्णन किया गया है।
8. पारिवारिक चिकित्सा के दस प्रकारों का विस्तृत वर्णन किया गया है। पारिवारिक चिकित्सा के उपयोग के लिए कुछ परिस्थिति उपयुक्त होती है तो कुछ परिस्थिति अनुपयुक्त होती है।
9. पारिवारिक चिकित्सक की कुछ समस्याएँ भी हैं। ऐसी तीन समस्याओं पर विचार-विमर्श किया गया है।
10. वैवाहिक चिकित्सा (marital therapy) या जिसे अब युग्म चिकित्सा (couple therapy) भी कहा जाता है, एक ऐसी चिकित्सा है जिसमें युगल जोड़ी की मनोवैज्ञानिक समस्याओं का समाधान का प्रयास किया जाता है।
11. भिड़ंत समूह चिकित्सा (encounter group therapy) जिसमें सदस्यों की संख्या सामान्यतः 6 से 20 की होती है, एक ऐसी चिकित्सा पद्धति है जिसमें चिकित्सक या नेता समूह के सदस्यों में कई प्रविधियों द्वारा शारीरिक सम्पर्क करवाते हुए ईमानदारी से आपस में अन्तःक्रिया करने की प्रेरणा देते हैं ताकि उन्हें आत्म-सिद्धि (self-actualization) तथा उत्तम अन्तर्वैयक्तिक संबंध विकसित करने में मदद मिले।
12. भिड़ंत समूह के छह प्रकारों का वर्णन किया गया है।
13. यद्यपि कुछ अध्ययनों से यह स्पष्ट हो गया है कि भिड़ंत समूह चिकित्सा के परिणाम बहुत अनुकूल नहीं होते हैं, परन्तु फिर भी कई नैदानिक मनोवैज्ञानिकों द्वारा यह तर्क प्रस्तुत किया गया है कि इससे सदस्यों के व्यक्तित्व में धनात्मक परिवर्तन होते हैं।
14. भिड़ंत समूह चिकित्सा के कुछ लाभ एवं अलाभ है। इसके अलाभ के पाँच प्रमुख बिन्दुओं पर प्रकाश डाला गया है।

❑

अध्याय 17

मनश्चिकित्सा का मूल्यांकन
(EVALUATION OF PSYCHOTHERAPY)

मनश्चिकित्सा एक खर्चीला प्रविधि है। अतः यह स्वाभाविक है कि लोगों के मन में यह प्रश्न उठता हो कि क्या यह प्रभावकारी (effective) होता है? क्या इससे लोगों के व्यवहार में वांछित परिवर्तन आता है? क्या यह लोगों को तकलीफों से छुटकारा दिलाता है? किस तरह की परिस्थिति में किस तरह के रोगी के साथ किस तरह की प्रविधि के उपयोग किए जाने पर यह सबसे अधिक प्रभावकारी होता है? इस सभी तरह के प्रश्नों का संबंध मनश्चिकित्सा के मूल्यांकन से होता है। इस क्षेत्र में किए गए शोधों (researches) के आधार पर उक्त प्रश्नों के मूल्यांकन से होता है। इस क्षेत्र में किए गए शोधों (researches) के आधार पर उक्त प्रश्नों तथा अन्य समान प्रश्नों का उत्तर देने की कोशिश की जाती है। इस अध्याय में इन प्रश्नों का संतोषजनक उत्तर देने के लिए निम्नांकित पाँच भागों में बाँटकर गहन विवेचना की गयी है—

(क) मनश्चिकित्सा की प्रभावशीलता का मूल्यांकन करने की विधियाँ (Methods of evaluating the effectiveness of psychotherapy)

(ख) क्या मनश्चिकित्सा प्रभावकारी होता है? (Is psychotherapy effective ?)

(ग) मनश्चिकित्सा के परिणाम को प्रभावित करनेवाले कारक (Factors influencing the outcome of psychotherapy)

(घ) मनश्चिकित्सीय शोध तथा मेडिकल शोध में अंतर (Differences between psychotherapeutic research and medical research)

(ङ) मनश्चिकित्सा की प्रक्रिया पर शोध (Research on the process of psychotherapy)

इन सबों का वर्णन हम अलग-अलग अनुच्छेद में करेंगे।

चिकित्सीय हस्तक्षेप या मनश्चिकित्सा की प्रभावशीलता का मूल्यांकन करने की विधियाँ
(Methods of Evaluating Effectiveness of Psychotherapy or Therapeutic intervention)

मनोवैज्ञानिक उपचार या मनश्चिकित्सा की प्रभावशीलता का मूल्यांकन नैदानिक मनोविज्ञान में एक प्रबल शोध क्रिया रहा है। मनश्चिकित्सा का मूल्यांकन तीन तरह के लोगों के लिए मूल्यवान माना गया है—रोगी, चिकित्सा तथा समाज या तीसरा पार्टी। रोगी के लिए निश्चित रूप से मनश्चिकित्सा की प्रभावशीलता का सबसे अधिक महत्त्व होता है क्योंकि इसमें इनका समय, धन, श्रम आदि लगा होता है। चिकित्सक के लिए भी मनश्चिकित्सा मूल्यवान होता है क्योंकि वह इसके द्वारा यह जान पाता है कि उनके द्वारा किया गया प्रयास कहाँ तक सार्थक है या उसमें कुछ परिमार्जन करने की आवश्यकता है। तीसरा पार्टी या समाज जो माता-पिता, दोस्त, पड़ोसी, समाज-सेवी कोई भी हो सकता है, यह जानना चाहता है कि मनश्चिकित्सा क्या सचमुच में क्लायंट के व्यवहार में सार्थक परिवर्तन लाता है।

मनश्चिकित्सा के मूल्यांकन में एक लम्बे समय से जो प्रश्न लोगों द्वारा उठाया जा रहा है, वह यह है—क्या मनश्चिकित्सा प्रभावी होता है (Is psychotherapy effective ?)। आधुनिक नैदानिक मनोवैज्ञानिकों की अवधारणा यह रही है कि चूँकि यह प्रश्न जरूरत से ज्यादा विस्तृत है, अतः इसका अर्थपूर्ण एवं सार्थक ढंग से उत्तर नहीं दिया जा सकता है। इसलिए ये लोग अब इस प्रश्न के जगह पर एक दूसरा प्रश्न जिसका स्वरूप अधिक विशिष्ट है, पर ध्यान देने लगे हैं। यह प्रश्न पॉल (Paul, 1969, p. 44) द्वारा तैयार किया गया है जो इस प्रकार है— *''कौन चिकित्सीय हस्तक्षेप किस परिस्थिति*

में किस रोगी को किस चिकित्सक द्वारा उपयोग किए जाने पर किस तरह का परिणाम देगा?'' (Which therapeutic interventions applied by which therapists to which patients under which circumstances are likely to lead to which results. ?)

पॉल के उक्त प्रश्न का सही-सही उत्तर देने के लिए नैदानिक मनोवैज्ञानिकों ने मनश्चिकित्सा की प्रभावशीलता को मापने के लिए कई तरह की विधियों का प्रतिपादन किया है जो निम्नांकित है—

(i) केस अध्ययन (case studies)
(ii) सहसंबंधात्मक अध्ययन (correlational studies)
(iii) नैदानिक सर्वे (clinical surveys)
(iv) प्रयोगात्मक अध्ययन (experimental studies)
(v) अनुरूप शोध अध्ययन (analogue research studies)
(vi) परसोनालिस्टिक अध्ययन (personalisticstudies)
(vii) बक्स प्राप्तांक समीक्ष्य (Box Score Review)
(viii) मेटा-विश्लेषण (meta analysis)
(ix) परिणाम मापन विधियाँ (methods of measures outcomes)

इन सबों का वर्णन निम्नांकित है—

(i) केस अध्ययन *(case studies)*—केस अध्ययन विधि का उपयोग नैदानिक मनोविज्ञान में काफी किया गया है। इस विधि में किसी एक क्लायंट (client) का विस्तृत विवरण तैयार किया जाता है जिसमें उसके कठिनाइयों के विशिष्ट स्रोत का उल्लेख होने के साथ-ही-साथ उपचार विधि तथा उपचार के परिणाम (outcome) का उल्लेख होता है। जैसे—केस अध्ययन में एक ऐसे कॉलेज के छात्र का विवरण हो सकता है जो परीक्षा पास करने के लिए इतना अधिक चिन्तित हो गया है कि उसे कई रातों से नींद नहीं आया है और उसमें दैहिक तथा मानसिक बेचैनी काफी अधिक बढ़ गया है। इस क्षेत्र में अत्यधिक चिन्ता परीक्षा में फेल हो जाने से संबंधित है। विश्राम प्रशिक्षण (relaxation training) तथा सांवेगिक समर्थन (emotional support) देकर उसका उपचार किया जा सकता है। चिकित्सा सत्र के अंत में यह देखा जा सकता है कि क्लायंट अपनी समस्या तथा कठिनाई से निबट चुका है एवं अब वह परीक्षा की तैयारी ठीक ढंग से कर रहा है तथा उसे परीक्षा से अब किसी प्रकार का कोई डर नहीं लगता है।

केस अध्ययन से मनश्चिकित्सा की प्रभावशीलता को आँकने में कई तरह की कठिनाइयाँ सामने आती हैं। इन कठिनाइयों में निम्नांकित प्रमुख हैं—

(a) केस अध्ययन प्रायः अनियंत्रित एवं अक्रमबद्ध (unsystematic) होता है।

(b) केस अध्ययन के निष्कर्ष में चिकित्सक-प्रेक्षक (clinician-observer) की आत्मगत निर्णय काफी प्रतिबिम्बित होता है जिससे इस विधि के आधार पर किया गया मूल्यांकन दोषपूर्ण होता है।

(c) केस अध्ययन के आधार का प्राप्त तथ्यों पर सामान्यीकरण नहीं किया जा सकता है क्योंकि इसका स्वरूप सीमित एवं अनिश्चित (uncertain) होता है।

(d) केस अध्ययन से यह भी निश्चितपूर्वक नहीं कहा जा सकता है कि क्लायंट की समस्याएँ दी गई चिकित्सा से ही कम हुई है।

इन परिसीमाओं या कठिनाइयों को ध्यान में रखते हुए यह कहा जा सकता है कि केस अध्ययन से कुछ ऐसे आँकड़ें या तथ्य नहीं मिल पाता है जिसके आधार पर विशेष मनश्चिकित्सा के मूल्य को स्वीकृत या अस्वीकृत किया जा सके। फिर भी केस अध्ययन से बहुत सारे ऐसी प्राक्कल्पनाओं (hypotheses) का पता चलता है जिससे आगे शोध किया जा सकता है तथा यह पेशेवर नैदानिक मनोवैज्ञानिकों के लिए कुछ सूझ अवश्य ही प्रदान करता है।

(ii) सहसंबंधात्मक अध्ययन *(correlational studies)*—सहसंबंधात्मक अध्ययन में यह तय किया जाता है कि कहाँ तक दो चर (या दो से अधिक चर) एक साथ संबंधित हैं। इसमें दोनों चरों को मापकर यह निश्चित किया जाता है कि आपस में वे किस सीमा तक सहसंबंधित हैं। मानक व्यवहार के बारे में बहुत सारे विश्वास का आधार यही सहसंबंधात्मक

अध्ययन (correlational study) होता है। जैसे--प्रायः यह कहा जाता है कि निम्न आत्म-सम्मान (low self-esteem) से व्यक्ति में नाखून को दाँत से काटने जैसे आदत उत्पन्न होती है। इस प्राक्कल्पना की जाँच करने के लिए आत्म-सम्मान को मापने के लिए कोई परीक्षण दिया जाएगा तथा फिर इन्हीं व्यक्तियों द्वारा नाखून को दाँत से काटने के व्यवहार का मापन किया जाएगा। फिर इन दोनों तरह के आँकड़ों के बीच सहसंबंध ज्ञात किया जाएगा। इस सहसंबंध गुणांक (correlation coefficient) के आधार पर इस बात का मूल्यांकन किया जा सकता है कि दोनों चर आपस में कहाँ तक सहसंबंधित हैं।

सहसंबंधात्मक अध्ययन में निहित लाभ यह है कि इसमें चरों (variables) को न तो नियंत्रित करना पड़ता है और न ही उनमें जोड़-तोड़(manipulation) ही करना पड़ता है। ऐसे अध्ययन का प्रमुख दोष(demerit) यह है कि सहसंबंध के आधार पर कारण का पता नहीं लगाया जा सकता है। अगर निम्न आत्म-सम्मान दाँत से नाखून काटने के व्यवहार से काफी सहसंबंधित होता पाया जाता है, तो यह नहीं कहा जा सकता है कि

(a) निम्न आत्म-सम्मान से दाँत से नाखून काटने का व्यवहार होता है, या

(b) दाँत से नाखून काटने को रोकने में असमर्थता से निम्न आत्म-सम्मान की उत्पत्ति होती है।

चूँकि सहसंबंधात्मक अध्ययनों के आधार पर कारणात्मक व्याख्या (causative explanation) नहीं की जा सकती है, अतः नैदानिक मनोवैज्ञानिकों द्वारा इसके आधार पर किसी मनश्चिकित्सा की विधि का मूल्यांकन करने में बहुत उत्साह नहीं दिखलाया गया है।

(iii) नैदानिक सर्वे (*clinical survey*)—इस तरह के सर्वे में क्लायंट को मनश्चिकित्सा के बाद की स्थिति का पता लगाया जाता है। यह स्थिति सामान्यतः दो प्रकार की होती है—'उन्नत' (improved) या 'उन्नत नहीं' (not improved)। इसके बाद उस क्लायंट का प्रेक्षण विभिन्न परिस्थितियों में कई चिकित्सक अलग-अलग करते हैं। उन सभी की राय या निर्णयों को एक साथ मिलाकर क्लायंट की स्थिति के बारे में मूल्यांकन किया जाता है। कभी-कभी इस तरह के सर्वे में चिकित्सक की मनोवृत्ति तथा क्लायंट द्वारा अनुभव की गयी आवश्यकता तथा अपनी समस्या के बारे में किया गया प्रत्यक्षण को भी आधार मानकर मनश्चिकित्सा का मूल्यांकन किया जाता है।

परन्तु इस तरह के नैदानिक सर्वे के आधार पर किया गया मूल्यांकन बहुत विश्वसनीय नहीं होता है क्योंकि इसमें आत्मनिष्ठता (subjectivity) अधिक होती है। इस तरह के सर्वे से वर्णनात्मक उद्देश्य (descriptive purpose) की तो प्राप्ति होती है परन्तु व्याख्यात्मक उद्देश्य (explanatory purpose) की प्राप्ति नहीं होती है।

(iv) प्रयोगात्मक अध्ययन (*experimental studies*)—मनश्चिकित्सा में किसी भी उत्तम शोध की पहली आवश्यकता यह है कि हम यह निश्चित रूप से कह सकें कि किए गए जोड़-तोड़ (manipulation) या विवेचन (treatment) से प्रभावकारी या लाभकारी परिवर्तन हुए हैं। ऐसे कारणात्मक संबंध(causal relationship) का मूल्यांकन सिर्फ प्रयोगात्मक अध्ययन में ही होता है। प्रयोगात्मक अध्ययनों में अचर (constant) तथा चर (variables) दोनों ही होते हैं। प्रयोग में बहुत-सी चीजें सभी सहभागियों (participants) के लिए अचर (constant) या एक समान होता है। प्रयोगकर्त्ता एक या एक से अधिक चर में जोड़-तोड़ (manipulation) करता है तथा इसके पड़ने वाले प्रभाव को वह दूसरे चर पर मापता है। जिस चर में तोड़-तोड़ किया जाता है, उसे स्वतंत्र चर (independent variable) तथा जिस चर पर उसे जोड़-तोड़ का प्रभाव पड़ता है तथा जिसे फिर मापा जाता है, उसे आश्रित चर (dependent variable) कहा जाता है। कभी-कभी स्वतंत्र चर में जोड़-तोड़ की प्रक्रिया में प्रयोगात्मक विवेचन (experimental treatment) का भी प्रावधान सम्मिलित होता है। जिस समूह को प्रयोगात्मक विवेचन दिया जाता है, उसे प्रयोगात्मक समूह(experimental group) तथा जिस समूह को प्रयोगात्मक विवेचन से वंचित रखा जाता है, उसे नियंत्रित समूह (control group) कहा जाता है। किसी भी आदर्श प्रयोग में स्वतंत्र चर को छोड़कर और उन सभी चर जिनका प्रभाव आश्रित चर पर पड़ सकता है, को नियंत्रित कर दिया जाता है ताकि यह विश्वास के साथ कहा जा सके कि आश्रित चर में जो परिवर्तन (प्रभाव) हुआ है, उसका कारण स्वतंत्र चर में किया गया जोड़-तोड़ (manipulation) है। ऐसे नियंत्रित किए गए चरों को नियंत्रित चर (control variable) या बहिरंग चर (extraneous variable) कहा जाता है।

मान लिया जाए कि कोई प्रयोगकर्त्ता मानवतावादी प्रशिक्षण(humanistic training) का बच्चों के आक्रमक व्यवहार पर पड़ने वाले प्रभाव का प्रयोगात्मक अध्ययन करना चाहता है। इसके लिए वह बच्चों का दो समूह तैयार करेगा और

यह कार्य यादृच्छिक आवंटन (random assignment) की प्रक्रिया द्वारा होगा। एक समूह को वह मानवतावादी प्रशिक्षण (humanistic training) देगा तथा दूसरे समूह को वह मानवतावादी प्रशिक्षण न देकर समान ढंग का रुचिकर एवं मनोरंजक वर्ग निर्देश (classroom instruction) देगा। पहले समूह को प्रयोगात्मक समूह तथा दूसरे समूह को नियंत्रित समूह (control group) कहा जाएगा। इस अध्ययन में बहिरंग चर जैसे दूरदर्शन पर आक्रमक दृश्यों को देखना अपने आप नियंत्रित हो जाता है क्योंकि दोनों समूह का निर्माण यादृच्छिक आवंटन (random assignment) की प्रक्रिया द्वारा हो रही है। प्रशिक्षण के बाद दोनों समूहों का प्रेक्षण खेलने के मैदान में किया जाएगा जिसमें उन लोगों द्वारा एक-दूसरे के प्रति दैहिक तथा शाब्दिक आक्रमक व्यवहारों का रिकार्ड तैयार किया गया। इसके बाद प्राप्त आँकड़ों का सांख्यकीय विश्लेषण करने के बाद यदि यह पाया जाता है कि दोनों समूहों में आक्रमकता व्यवहार पर सार्थक अंतर है तो अंतिम निष्कर्ष यह होगा कि मानवतावादी प्रशिक्षण देने से दोनों समूह की आक्रमकता में अन्तर हो जाता है।

उसी तरह से यदि कोई चिकित्सक-प्रेक्षक (clinician-observer) यह जानना चाहता है कि क्रमबद्ध असंवेदीकरण (systematic desensitization) का प्रभाव चिरकालिक चिन्ता (chronic anxiety) के उपचार पर क्या पड़ता है तो इसके लिए वह ऐसे रोगियों का दो यादृच्छिक समूह लेगा। एक समूह को क्रमबद्ध असंवेदीकरण चिकित्सा देगा तथा दूसरे समूह को वह इसी चिकित्सा से मिलता-जुलता कार्यक्रम में लगाएगा। फिर इन दोनों समूहों के चिन्ता स्तर का मापन किया जाएगा। यदि सांख्यिकीय विश्लेषण करने के बाद यह पता चलता है कि क्रमबद्ध असंवेदीकरण चिकित्सा पाने वाले समूह में चिन्ता की मात्रा दूसरे समूह की तुलना में काफी कम हो जाती है तो इस निष्कर्ष पर पहुँचा जाएगा कि क्रमबद्ध असंवेदीकरण दोनों समूह के चिन्ता स्तर में अंतर कर देता है।

यद्यपि प्रयोगात्मक अध्ययन काफी ठोस एवं वैज्ञानिक प्रविधि है जिसके सहारे मनश्चिकित्सा की प्रभावशीलता का मूल्यांकन किया जाता है फिर भी इसे दोषरहित नहीं माना गया है। इसके निम्नांकित दोष अधिक गंभीर हैं—

(a) चूँकि प्रयोगात्मक अध्ययन में प्रयोगकर्त्ता को अधिकतम नियंत्रण रखना पड़ता है, अतः वह सीमित संख्या में ही चरों का अध्ययन कर पाता है। परिणामतः उसे कभी-कभी कुछ ऐसे चरों को छोड़ देना पड़ता है जिसका महत्त्व काफी होता है।

(b) कुछ ऐसे चर होते हैं जिनका अध्ययन प्रयोगात्मक परिस्थिति में वैज्ञानिक एवं संतोषजनक ढंग से नहीं हो पाता है क्योंकि उनपर न तो उतना नियंत्रण संभव है और न ही उनमें वांछित जोड़-तोड़ (manipulation) ही किया जा सकता है। जैसे—यदि हम नैदानिक मनोविज्ञान में बच्चों के आक्रमक व्यवहार पर शारीरिक दंड (corporal punishment) के पड़ने वाले प्रभावों का अध्ययन करना चाहे तो यहाँ प्रयोगात्मक अध्ययन का उपयोग अनुचित होगा क्योंकि यहाँ उन विधियों में जोड़-तोड़ करना जिनका उपयोग माता-पिता अपने बच्चों को अनुशासन सीखलाने में करते हैं, अनैतिक (unethical) होगा।

इन दोषों के बावजूद मनश्चिकितसा की प्रभावशीलता का मूल्यांकन करने के लिए प्रयोगात्मक अध्ययन को उपलब्ध शोध विधियों में सबसे शीर्ष विधि बतलाया गया है।

(v) अनुरूप शोध अध्ययन *(analogue research studies)*—अनुरूप शोध वैसे शोध को कहा जाता है जिसमें वास्तविक नैदानिक जीवसंख्या (real clinical populations) का उपयोग व्यवहारिक, नैतिक तथा मानवीय कारणें से संभव नहीं हो पाता है। इसलिए ऐसे जीव संख्या को अध्ययन करने के लिए चुना जाता है जो नैदानिक जीवसंख्या के लक्षणों का अनुरूपण (stimulation) कर सके। जैसे—शोधकर्त्ता को विषाद (depression) के अध्ययन में रुचि हो सकता है परन्तु पर्याप्त संख्या में विषादी रोगी नहीं मिल सकता है। ऐसी परिस्थिति में वह कॉलेज के कुछ छात्रों से विषाद से संबंधित अवस्थाओं एवं लक्षण का अनुरूपण करने के लिए कह सकता है और इसी का अध्ययन करके विषादी विशेषताओं का मूल्यांकन कर सकता है। कीट (Keet, 1948) ने विभिन्न तरह के मनश्चिकित्सा का अनुरूपण करवा करके दमित इच्छाओं को चेतन में लाने में उनकी उपयोगिता का सफल मूल्यांकन किया है। विल्सन (Wilson, 1973) ने एक अध्ययन किया जिसमें वे कुछ विशेष तरह के रोगियों में व्यवहारवादी चिकित्सा तथा मनोविश्लेषणात्मक चिकित्सा के प्रति अपनी पसंदगी जानना चाहते थे। परन्तु वैसे रोगी पर्याप्त संख्या में उपलब्ध न होने पर वे कॉलेज छात्रों को यह कल्पना करने के लिए कहा कि वे मान लें कि उनमें अमुक तरह की मानसिक समस्या है और उसके लिए उन्हें नैदानिक मदद की निहायत जरूरत है। ऐसी परिस्थिति में वे उक्त दोनों तरह की मनिश्चिकित्सा में से किसे अधिक पसंद करेंगे। पॉल(Paul, 1966) ने चिन्ता को कम करने में परिवर्तित क्रमबद्ध असंवेदीकरण(modified systematic desensitization)

चिकित्सा की तुलना 'सूझ-उन्मुखी मनश्चिकित्सा' (insight-oriented psychotherapy) से अनुरूपी शोध द्वारा किया। इसमें वैसे कॉलेज छात्रों को लिया गया जो जन-व्याख्यान विषय या पाठ्यक्रम (public-speaking course) में अपने आप को पंजीकृत करवा रखे थे। उन्हें यह कल्पना करने के लिए कहा गया कि वे जन-समूह के सामने बोलते समय उत्पन्न होने वाले चिन्ता से अपने को ग्रस्त समझे। ऐसे समझ के साथ उन्हें छह सप्ताह तक उक्त दोनों तरह की प्रविधियों द्वारा चिकित्सा दी गयी। दो अन्य नियंत्रित समूह (control group) भी तैयार किया गया जिन्हें वैसी चिकित्सीय प्रविधि द्वारा उपचार नहीं दिया गया। बाद में इन सभी प्रयोज्यों का तनावग्रस्त परिस्थिति (stress condition) में व्याख्यान परीक्षण (speech test) क्रियान्वयन किया गया। परिणाम में यह देखा गया कि क्रमबद्ध असंवेदीकरण चिकित्सा पाने वाले तथाकथित रोगी का निष्पादन सूझ-उन्मुखी चिकित्सा पाने वाले रोगी के निष्पादन से काफी श्रेष्ठ था। इससे इस निष्कर्ष पर पहुँचा गया कि व्यवहार चिकित्सा (behaviour therapy) गत्यात्मक चिकित्सा (dynamic therapy) से उत्तम होता है।

अनुरूपी शोध का विशेष लाभ यह है कि इसके द्वारा वैसी परिस्थिति में भी अध्ययन किया जाना संभव हो पाता है जहाँ उपयुक्त नैदानिक जीवसंख्या (clinical population) उपलब्ध नहीं हो पाते हैं। फिर भी इस तरह के शोध के कई दोष हैं जो निम्नांकित हैं—

(a) इस तरह के शोध में प्रयोज्यों (subjects) का वास्तविक लगाव या आवेष्टन (actual involvement) कितना रहता है, यह निश्चित रूप से नहीं कहा जा सकता है क्योंकि प्रयोज्यों को वास्तव में कोई समस्या तो होती नहीं परन्तु, शोधकर्त्ता के प्रार्थना को मद्देनजर वे वैसी समस्या की कल्पना मात्र करते हैं।

(b) इस तरह के शोध में सच्चे रोगियों के समान उन्हें कोई मनश्चिकित्सा तो दी नहीं जाती है बल्कि वे तथाकथित रूप से रोगी बनकर मनश्चिकित्सा के सत्र में अपने आप को पेश करते हैं। ऐसी परिस्थिति में उनका दृष्टिकोण दी जाने वाली मनश्चिकित्सा के प्रति वह नहीं होती है जो वास्तविक रोगी का होता है। अतः इससे प्राप्त निष्कर्ष में बाह्य वैधता (external validity) नहीं होती है।

उपर्युक्त दोषों को ध्यान में रखते हुए तब यह कहा जा सकता है कि मनश्चिकित्सा की प्रभावशीलता का मूल्यांकन अनुरूपी शोध से वहाँ करना चाहिए जहाँ शोध का कोई दूसरा विकल्प उपलब्ध न हो सके। फेयर्स[1] (Phares, 1984) ने इस पर सटीक टिप्पणी करते हुए कहा है ''जब विकल्प कोई दूसरा शोध बिल्कुल न हो, तब अनुरूपी शोध ध्यान देने योग्य विकल्प होता है।''

(vi) परसोनोलिस्टिक अध्ययन (*Personalistic studies*)—सचमुच में यह एक मिश्रित मॉडल है जिसमें केस अध्ययन तथा प्रयोगात्मक अध्ययन दोनों के लाभों को एक साथ मिला कर मनश्चिकित्सा की प्रभावशीलता का मूल्यांकन किया जाता है। इसमें प्रत्येक रोगी का चिकित्सक के साथ किए अन्तःक्रियाओं का विस्तृत इतिहास तैयार किया जाता है ताकि इस प्रक्रिया एवं होने वाले परिवर्तन का एक वैयक्तिक कसौटी तैयार किया जा सके। इसके बाद इन रोगियों को विभिन्न समूहों में बाँटकर उनका नियंत्रित परिस्थिति में रखकर तुलनात्मक अध्ययन किया जा सके। मर्रे (Murray, 1938) द्वारा 'हारवार्ड मनोवैज्ञानिक उपचारगृह' (Harvard Psychological clinic) में किया गया व्यक्तित्व शोध सचमुच में इसी तरह के शोध का अग्रणी था।

इस तरह के अध्ययन द्वारा मनश्चिकित्सा की प्रभावशीलता का मूल्यांकन करने में विशेष लाभ यह है कि इसके द्वारा चूँकि प्रत्येक रोगी के बारे में व्यक्तिगत सूचनाएँ उपलब्ध होती हैं, अतः इस आलोक में तैयार किया गया संबंधित कसौटी जिस पर रोगी के व्यवहारों में होने वाले परिवर्तनों को आँका जाता है, अधिक सुस्पष्ट एवं वस्तुनिष्ठ होते हैं। ऐसे कसौटी के निर्माण हो जाने से मनश्चिकित्सा की प्रभावशीलता का मूल्यांकन सही-सही ढंग से हो पाता है। फिर भी इसका दोष यह है कि इस तरह का शोध में समय एवं श्रम लगता है और जो तथ्य प्राप्त होते हैं, वे उनके अनुपात में काफी कम होता है। इस तरह के अध्ययन में रोगी के व्यक्तिगत सूचनाओं को तैयार करने में शोधकर्त्ता का पूर्वाग्रह का भी समावेश होने का भय बना होता है।

(vii) बक्स-प्राप्तांक समीक्षा (*Box score review*)—मनश्चिकित्सा के परिणाम की प्रभावशीलता की माप की यह एक पौराणिक विधि है जिसमें अध्ययनकर्त्ता मनश्चिकित्सा से संबद्ध कई अध्ययनों को पहले चुनकर प्रत्येक के परिणाम के बारे में सुस्पष्ट या सुनिश्चित निर्णय (categorical judgement) कर लेता है ताकि यह स्पष्ट हो जाए कि उसका

---

1. "After all, if the alternative is no research at all, then anologue, research is an alternative worthy of consideration."
—Phares : *Clinical Psychology*, 1984, p. 534

परिणाम धनात्मक (positive) है या नकारात्मक (negative) और इसके बाद सभी धनात्मक तथा नकारात्मक परिणामों को एक साथ मिलाकर किसी अंतिम निष्कर्ष पर वह पहुँचता है। अगर अधिकतर अध्ययनों के परिणाम धनात्मक हुए तो यह अनुमान लगाया जाता है कि मनश्चिकित्सा के परिणाम अनुकूल होते हैं।

इस विधि की आलोचना निम्नांकित बिन्दुओं पर की गयी है—

(a) अक्सर देखा गया है कि इस विधि में अध्ययनकर्त्ता बहुत सारे ऐसे अध्ययनों को एक साथ मिलाकर उनके नकारात्मक या धनात्मक परिणाम के होने की समीक्षा करते हैं जिनका आपस में एक-दूसरे से काफी असहमति होता है।

(b) इस विधि में दूसरी समस्या यह उठती है कि मात्र परिणाम अध्ययनों (outcome studies) की संख्या के आधार पर प्रत्येक अध्ययन के परिणाम के गुण एवं दोष का मूल्यांकन अपने आप में एक टेढ़ी खीर साबित होता है।

(viii) मेटा विश्लेषण *(Meta analysis)*—मनश्चिकित्सा की प्रभावशीलता का मूल्यांकन करने की इस नयी विधि का प्रतिपादन स्मिथ, ग्लास एवं मिलर (Smith, Glass, Miller 1980) ने किया। इन्होंने 475 ऐसे प्रकाशित अध्ययनों का चयन किया जिसमें कम-से-कम एक चिकित्सा समूह(therapy group) जिसे मनश्चिकित्सा के किसी विधि से उपचार किया गया था, की तुलना आपस में तथा एक नियंत्रित समूह (control group) हो या फिर दो चिकित्सा समूह ही हो जिनकी आपस में तुलना की गयी हो। इसके बाद वे सांख्यिकीय विश्लेषण करके यह तय किए कि मनश्चिकित्सा का प्रभाव प्रत्येक अध्ययन में कितना पड़ा था अर्थात् चिकित्सा पाने वाले समूह नियंत्रित समूह से कितनी मात्रा(magnitude) में अच्छे थे। इसके बाद इन सभी अध्ययनों के अंतर का औसत (average) ज्ञात किए। इसके लिए वे प्रत्येक अध्ययन के चिकित्सा समूह का माध्य (mean) तथा नियंत्रित समूह का माध्य (mean) ज्ञात किये और उस अंतर को नियंत्रित समूह के मानक विचलन (standard deviation) से विभाजित कर दिये। प्राप्त मान को प्रभाव की मात्रा (magnitude of effect) या 'प्रभाव आकार' (Effect Size or ES) की संज्ञा दी गयी। इस तरह से ES निम्नांकित सूत्र से ज्ञान किया गया—

$$ES = \frac{X_t - X_c}{\sigma_c}$$

यहाँ SS = Effect Size

X_t = Mean of therapy group

X_c = Mean of control group

σ_c = Standard deviation of control group

उपर्युक्त सूत्र द्वारा यह कहा जाता है कि चिकित्सा समूह तथा नियंत्रित समूह के माध्य (mean) में कितनी मानक विचलन इकाई (standard deviation unit) का अंतर होता है। जैसे—थोड़े देर के लिए मान लिया जाए यह प्रभाव आकार (effect size) .68 मानक विचलन इकाई का होता है। अगर हम मानक सामान्य वितरण (standard normal distribution) का उपयोग करें, तो पायेंगे कि .68 मानक विचलन प्राप्तांक या .68σ नियत्रित समूह के संदर्भ में 75 शततमक (percentile) पर पड़ता है। इसका तब मतलब यह हुआ कि औसत क्लायंट जिन्हें मनश्चिकित्सा दी गयी थी, वैसे क्लायंटों से 75% अधिक उत्तम थे जिन्हें मनश्चिकित्सा नहीं दी गयी थी।

स्मिथ, ग्लास तथा मिलर (Smith, Glass & Miller, 1980) ने जिसमें 475 अध्ययनों के परिणामों पर विचार किया गया था, मेटा-विश्लेषण करने के बाद निम्नांकित निष्कर्ष पर पहुँचे—

(a) मनश्चिकित्सा का औसत प्रभाव आकार (average effect size) .85 मानक विचलन था जो मानक सामान्य वितरण में 80 शतत्मक पर पड़ता है जिसका मतलब यह हुआ कि औसत रोगी जिन्हें मनश्चिकित्सा दी गयी थी उन 80% से अच्छे थे जिन्हें मनश्चिकित्सा नहीं दी गयी थी।

(b) मात्र 9% प्रभाव आकार (effect size) नकारात्मक (negative) पाये गए जो इस बात की ओर इशारा करता है कि मनश्चिकित्सा दिये जाने के बाद बहुत कम लोगों पर उसका खराब प्रभाव पड़ा।

(c) विभिन्न तरह के प्रमुख मनश्चिकित्सा की विधियों जैसे व्यवहार चिकित्सा (behaviour therapy),

मनोवैश्लेषिक चिकित्सा, क्लायंट केन्द्रित चिकित्सा बड़े प्रभाव आकारों (effect sizes) से संबंधित नहीं थे जिसका स्पष्ट मतलब यह हुआ कि मनश्चिकित्सा की ये सभी विधियाँ लगभग समान रूप से प्रभावी थीं।

(d) उन अध्ययनों में बड़ा प्रभाव आकार (effect size) पाया गया जिसमें मनश्चिकित्सा के परिणाम को मापने के लिए अधिक सक्रिय विधि अपनायी गयी तथा जिनमें ऐसे परिणामों का तात्कालिक एवं अनुवर्ती (follow-up) मूल्यांकन किया गया।

स्मिथ, ग्लास एवं मिलर(Smith, Glass & Miller, 1980) द्वारा किये गए मेटा-विश्लेषण के बाद अन्य शोधकर्त्ताओं जैसे एण्ड्रू एवं हार्वे (Andrews & Harvery, 1981), लैंडमैन एवं डावेस (Landman & Dawes, 1982) तथा शापिरो एवं शापिरो (Shaprio & Shapiro, 1982) ने भिन्न तरह की सांख्यिकीय विधियों के सहारे मेटा विश्लेषण किया। इन लोगों ने अध्ययनों के चयन में भी स्मिथ एवं उनके सहयोगियों द्वारा अपनाये गए विधि से भिन्न विधि का उपयोग किया। इन लोगों के अध्ययन के परिणाम में स्मिथ एवं उनके सहयोगियों द्वारा प्राप्त निष्कर्ष की पुष्टि की गयी और यह स्पष्ट रूप से बतलाया गया कि मनश्चिकित्सा विभिन्न तरह के मनोवैज्ञानिक विकृतियों के लिए एक सही उपचार विधि है। इसके अतिरिक्त निष्कर्ष पर पहुँचा गया।

(i) लैण्डमैन एवं डावेस(Landman & Dawes, 1982) के अनुसार जिन शोध-अध्ययनों का आधार उत्तम डिजाइन होता है, उनके आधार पर मनश्चिकित्सा की प्रभावशीलता के बारे में आकलन करना काफी आसान होता है।

(ii) कुछ अध्ययनों में यह भी देखा गया है कि मनश्चिकित्सा देने के बाद कुछ रोगियों के लक्षण सुधरने के बजाय और खराब हो जाते हैं। इस नकारात्मक परिवर्तन का कारण तो स्पष्ट नहीं है। शापिरो एवं शापिरो (Shapiro & Shapiro, 1982) ने यह स्पष्ट किया है कि मनश्चिकित्सा के मुख्य मेटा वैश्लेषिक अध्ययनों के करीब 10% प्रभाव आकार (effect size) नकारात्मक थे जो स्पष्टतः इस बात की ओर इशारा करते हैं कि कुछ केसेज में मनश्चिकितसा का रोगियों पर कुप्रभाव भी पड़ता है।

(iii) यद्यपि यह सही है कि मनश्चिकित्सा का प्रभाव रोगियों पर अधिक दिनों तक नहीं बना रहता है, कई अध्ययनों में यह देखा गया कि मनश्चिकित्सा देने के बाद अधिकतर रोगियों के लक्षणों में काफी सुधार हुए। निकोलसन एवं वरमैन (Nicholson & Berman, 1983) के अध्ययन के अनुसार 6 से 18 महीनों तक मनश्चिकित्सा का प्रभाव स्पष्ट रूप से बना रहता है।

(iv) अधिकतर मेटा-विश्लेषिक अध्ययनों में इस बात की सहमति पायी गयी कि विशेष प्रकार की मनश्चिकित्सा से उसकी प्रभावशीलता के समग्र आकलन में कोई अंतर नहीं होता है, परन्तु कुछ विशेष तरह की मानसिक समस्याओं के लिए संज्ञानात्मक चिकित्सा (cognitive therapy) तथा व्यवहार चिकित्सा (behaviour therapy), चिकित्सा की अन्य विधियों से निश्चित रूप से उत्कृष्ट है।

इन मेटा-वैश्लेषिक अध्ययनों को यद्यपि आरंभ में काफी प्रशंसा की गयी, बाद में इसकी तीव्र आलोचना कई बिन्दुओं पर की गयी जिनमें निम्नांकित प्रमुख हैं—

(a) रैकमैन एवं विल्सन (Rachman & Wilson, 1980) ने यह कहा कि इन अध्ययनों में उन सभी अध्ययनों को एक साथ मिला दिया गया है जिनकी गुण्वत्ता तथा कार्यविधि सुविज्ञता (methodological sophistication) एक-दूसरे से काफी भिन्न हैं। यह निश्चित रूप से एक दुर्भाग्यपूर्ण कदम है क्योंकि इससे अध्ययन की विश्वसनीयता तथा वैधता दोनों शक के घेरे में आ जाते हैं।

(b) मेटा विश्लेषण में मनश्चिकित्सा के वैयक्तिक अध्ययनों(individual studies) के शोध गुणवत्ता पर अपर्याप्त ध्यान देता है। इसका परिणाम यह होता है कि इसका निष्कर्ष विश्वसनीय नहीं रह जाता है। इतना ही नहीं, मेटा-विश्लेषण कई तरह की सांख्यिकीय पूर्वकल्पनाओं पर आधारित होता है जिसका यदि अनुपालन नहीं किया गया, तो परिणाम अवैध हो सकते हैं। अधिकतर मेटा-वैश्लेषिक अध्ययनों में सांख्यिकीय पूर्वकल्पनाओं की अनदेखी की गयी है। फलतः उनके परिणाम शक के घेरे में हैं।

(c) विल्सन तथा रैकमैन (Wilson & Rachman, 1983) ने आलोचना की पहली बिन्दु को और भी तीक्ष्ण करते हुए यह कहा कि इन अध्ययनों में उत्तम एवं घटिया (bad) अध्ययनों को समान महत्त्व दिया गया है जो दुर्भाग्यपूर्ण है। आइजेन्क (Eysenck, 1986) ने भी इस आलोचना से अपनी सहमति प्रदान किया है।

(d) रिमलैंड (Rimland, 1989) ने भी स्मिथ, ग्लास तथा मिलर द्वारा संचालित मेटा-विश्लेषण की आलोचना किया है। इस विश्लेषण में स्मिथ एवं ग्लास ने यह बतलाया था कि मनश्चिकित्सा के प्रभाव आकार (effect size) का संबंध कई चरों (variables) से सार्थक होता है। जैसे—उन्होंने यह बतलाया था कि मनश्चिकित्सा उस परिस्थिति में अधिक प्रभावकारी होता है जब चिकित्सक तथा क्लायंट में सामाजिक स्तर, उम्र एवं मानवजातीय (ethnic) समूह के दृष्टिकोण से समानता होती है। इन लोगों ने अपने विश्लेषण में यह भी पाया था कि जब क्लायंट की बुद्धिलब्धि अधिक होती है, तो मनश्चिकित्सा अधिक प्रभावकारी होता है। इन तथ्यों के लिए रिमलैंड ने अपने अध्ययन में कोई स्पष्ट सबूत नहीं पाया।

इन आलोचनाओं के कारण आइजेन्क (Eysenck, 1978) ने मेटा-विश्लेषण उपागम को 'मेगा-हास्यास्पद उपागम' (mega-silliness approach) कहा है और ऐसे विश्लेषण द्वारा मनश्चिकित्सा की प्रभावशीलता को आँकने के प्रयास को अनुचित बतलाया है। इन आलोचनाओं के बावजूद मेटा विश्लेषण द्वारा मनश्चिकित्सा की प्रभावशीलता को आँकने की प्रक्रिया मजबूत हुई है हालाँकि यह किस हद तक व्यक्ति के उन चरों को समझने में मदद करता है जिनसे प्रभावशीलता में वृद्धि होती है, कहना मुश्किल है।

(ix) परिणाम मापन विधियाँ *(Methods of measuring outcomes)*—जैसा कि हम जानते हैं, मनश्चिकित्सा से क्लायंट की जिन्दगी में सार्थक परिवर्तन आता है तथा उसकी समस्याएँ कमती हैं। अगर ऐसा होता है तो मनश्चिकित्सा को प्रभावकारी माना जाता है। नैदानिक मनोवैज्ञानिकों द्वारा कुछ ऐसी प्रविधियाँ या कसौटी विकसित किया गया है जिनके द्वारा मनश्चिकित्सा के परिणाम का मापन होता है और तब उसकी प्रभावशीलता के बारे में अंदाज लगाया जाता है। ऐसी प्रविधियाँ निम्नांकित छह हैं—

(a) चिकित्सक का निर्णय*(Therapist's Judgment)*—दी गयी मनश्चिकित्सा की प्रभावशीलता का एक कसौटी स्वयं चिकित्सक का निर्णय होता है। चिकित्सक क्लायंट के व्यवहार में होनेवाले विशिष्ट परिवर्तन जैसे उसमें आत्म-विश्वास का उत्पन्न होना, अहम् शक्ति (ego strength) में वृद्धि तथा कुसमायोजी लक्षणों से मुक्ति मिलना आदि के बारे में विशेष रूप से तथा समग्र रूप से उसके व्यवहार में हुए उन्नति के बारे में स्वयं निर्णय लेता है। अगर इन बिन्दुओं पर उनका निर्णय अनुकूल होता है, तो स्वभावतः दी गयी चिकित्सा को प्रभावकारी माना जाता है।

(b) रोगी द्वारा किया गया आत्म-मूल्यांकन *(Self-evaluation done by patient)*—दी गयी मनश्चिकित्सा की प्रभावशीलता की जाँच स्वयं रोगी द्वारा किया गया आत्म-मूल्यांकन के भी आधार पर होता है। चिकित्सा से अपने व्यवहार में पहले की तुलना में हुए परिवर्तन या प्रगति के बारे में एक समग्र निर्णय रोगी स्वयं लेता हे। निर्णय अनुकूल होने पर चिकित्सा को प्रभावकारी समझा जाता है। मनश्चिकित्सों ने इसके लिए कुछ परिणाम प्रश्नावली (outcome quetionnaire) भी तैयार किए गए हैं। कुछ ऐसे प्रश्नावली समानान्तर प्रारूप (parallel forms) में भी तैयार किए गए हैं जिनके प्रश्नों का उत्तर रोगी एवं चिकित्सक दोनों देते हैं और फिर उनका तुलनात्मक अध्ययन किया जाता है। अक्सर देखा गया है कि क्लायंट चिकित्सीय लाभ से स्वयं चिकित्सक से अधिक संतुष्ट रहते हैं। कुछ मनोवैज्ञानिको जैसे बैटल एवं उनके सहयोगियों (Battle et al., 1966) ने इसके लिए क्यू-सार्ट (Q-sort) तथा लक्षण जाँचसूची (symptom checklist) आदि भी विकसित किए हैं जिनके सहारे रोगी आसानी से आत्म-मूल्यांकन वस्तुनिष्ठ रूप से कर पाते हैं।

(c) व्यक्तित्व आविष्कारिका*(Personality inventories)*—मनश्चिकित्सा की प्रभावशीलता का मापन के लिए नैदानिक मनोवैज्ञानिक कभी-कभी कुछ व्यक्तित्व आविष्कारिका का भी उपयोग करते हैं। इस उद्देश्य के लिए एम एम पी आई (MMPI), सी पी आई (CPI) तथा गफ-हिलब्रुन विशेषण जाँच सूची (Gough-Heilbrun Adjective check list) आदि का उपयोग किया जाता है। नैदानिक मनोवैज्ञानिकों ने MMPI के कुछ विशेष मापनी जैसे बाध्यता (Psychesthenia या PT) मापनी, विषाद (Depression या D) मापनी तथा मनोविदालिता (schizophrenia या Sc) मापनी का उपयोग मनश्चिकित्सा की प्रभावशीलता मापने में प्रायः किया जाता है।

(d) प्रक्षेपी प्रविधियाँ*(Projective techniques)*—मनश्चिकित्सा की प्रभावशीलता को जाँचने के लिए नैदानिक मनोवैज्ञानिकों द्वारा प्रक्षेपी प्रविधियों का भी उपयोग किया गया है। रोशार्क परीक्षण (Rorschach test or RT) तथा विषय-आत्मबोधन परीक्षण (Thematic Apperception Test या TAT) का उपयोग इस उद्देश्य के लिए काफी किया गया

है। TAT का उपयोग करके क्लायंट की उन आवश्यकताओं के बारे में पूर्वानुमान लगाया जाता है जो चिकित्सा देने के बाद परिवर्तित होते हैं। RT द्वारा कुछ वैसे व्यक्तित्व शीलगुणों को माप लिया जाता है जो मनश्चिकित्सा के कारण परिवर्तित हो गए हैं।

(e) मूल्यांकन साक्षात्कार *(Assessment interview)*—मनश्चिकित्सा की प्रभावशीलता का मापन कभी-कभी स्वयं चिकित्सक द्वारा न करके अलग चिकित्सकों (clinicians) द्वारा क्लायंट का साक्षात्कार लेकर किया जाता है। माननीकृत साक्षात्कार (standardized interview) के माध्यम से क्लायंटों को जिन्हें चिकित्सा दी गयी है, का गहन साक्षात्कार लिया जाता है जिसमें मौलिक रूप से यह तय किया जाता है कि मनश्चिकित्सा के बाद उनके व्यवहार में किस तरह का परिवर्तन आया है। अगर सार्थक परिवर्तन आया है, तो मनश्चिकित्सा को प्रभावी समझा जाता है। स्पीटजर एवं उनके सहयोगियों (Spitzer et. al., 1967) ने मनश्चिकित्सा की प्रभावशीलता को मापने में इसी तरह की एक प्रविधि विकसित किया है जिसे 'मनश्चिकित्सक स्तर अनुरुचि' (Psychiatrist Status Schedule) कहा जाता है।

(f) चिकित्सा प्रक्रिया पर आधृत उपाय *(Measures based upon therapy process)*—कुछ चिकित्सकों द्वारा दी गयी चिकित्सा की प्रभावशीलता को मापने के लिए चिकित्सा के दौरान क्लायंट द्वारा किए गए व्यवहारों का अन्तर्वस्तु विश्लेषण (content analysis) किया गया है। चिकित्सा के विभिन्न सत्रों में क्लायंट द्वारा दिखलाए गए व्यवहार, प्रयोग किया गया भाषा, अशाब्दिक व्यवहार, भाव अभिव्यक्ति (affect expression), स्वप्न अन्तर्वस्तु (dream content), चिकित्सक के साथ किया गया अन्तःक्रिया (interaction) आदि का अन्तर्वस्तु विश्लेषण किया जाता है तथा चिकित्सा के बारे में किसी निष्कर्ष पर पहुँचा जाता है। डोलार्ड तथा माऊर्र (Dollard & Mowrer, 1947) ने इस क्षेत्र में किए गए अध्ययनों की समीक्षा करके यह बतलाया है कि चिकित्सकों ने मनश्चिकित्सा की प्रभावशीलता को आँकने के लिए एक विशेष लब्धि (quotient) का उपयोग किया है जिसे 'कष्ट शमन लब्धि' (Discomfort Relief Quotient) का उपयोग किया है। यह लब्धि कष्ट की अभिव्यक्ति तथा क्लायंट के कथनों के अन्तर्वस्तु विश्लेषण से व्युत्पन्न (derived) शमन (relief) का अनुपात होता है। इसे चिकित्सकों ने क्लायंट के तनाव स्तर तथा तनाव ह्रास का एक सामान्य मानदंड या पैमाना (measure) माना है।

स्पष्ट हुआ कि मनश्चिकित्सा की प्रभावशीलता को आँकने के लिए मनश्चिकित्सकों एवं नैदानिक मनोवैज्ञानिकों ने कई तरह की प्रविधियों का प्रतिपादन किया है। इन प्रविधियों में केस अध्ययन, प्रयोगात्मक अध्ययन, मेटा विश्लेषण तथा परिणाम-मापन विधि का उपयोग तुलनात्मक रूप से अधिक किया जाता है।

क्या मनश्चिकित्सा प्रभावकारी होता है? (Is Psychotherapy Effective ?)

नैदानिक मनोवैज्ञानिकों द्वारा किये जाने वाले मनश्चिकित्सा का पेशा गत् 60 वर्षों से काफी जोर-शोर से प्रगति पर है। सच पूछा जाए तो द्वितीय विश्व युद्ध से इस पेशे में काफी बढ़ोत्तरी हुई है। काजडिन (Kazdin, 1985) के नवीनतम सर्वे के अनुसार अभी वयस्कों के लिए करीब 400 मनोवैज्ञानिक चिकित्साओं और बच्चों एवं किशोरों के लिए करीब 200 ऐसी चिकित्साओं का उपयोग किया जा रहा है। ऐसी चिकित्साओं द्वारा असामान्य व्यवहार के करीब 300 विभिन्न प्रकारों का उपचार किया जा रहा है। आजकल बहुत सारे ऐसे विश्वविद्यालय एवं संस्थान भी हैं जिनके द्वारा नैदानिक मनोविज्ञान में विशेष रूप से प्रशिक्षण(training) दी जाने लगी है और इससे मनश्चिकित्सा की पेशा(practice) में काफी मजबूती आयी है।

1952 में एच॰ जे॰ आइजेन्क (H.J. Eysenck) ने *'जरनल ऑफ कन्सलटिंग साइकोलॉजी'* (Journal of Consulting Psychology) में एक शोध-पत्र प्रकाशित किया जिसमें मनश्चिकित्सा के पेशे को खुलकर चुनौती दी गयी और उसमें यह दावा किया गया कि मनश्चिकित्सा एक प्रभावकारी प्रविधि नहीं है और मनश्चिकित्सा में क्लायंट अपने आप चंगा हो जाता है न कि मनश्चिकित्सा द्वारा अपनायी गयी प्रविधि का उस पर कोई प्रभाव पड़ता है। आइजेन्क का यह निष्कर्ष ऐसे 24 अध्ययनों पर आधारित था जिनमें 7,000 रोगियों के केसेज का विश्लेषण किया गया तथा इस विश्लेषण के बाद आइजेन्क का निष्कर्ष यह था कि करीब दो-तिहाई रोगी बिना किसी तरह के मनश्चिकित्सा के ही चंगा हो गए थे। उन्होंने अपने विश्लेषण में यह भी पाया कि मनश्चिकित्सा देने पर चंगा होने का दर मनश्चिकित्सा नहीं दिए जाने पर चंगा होने के दर से अधिक श्रेष्ठ नहीं था। अतः आइजेन्क का अंतिम निष्कर्ष जो इन अध्ययनों पर आधारित

था, वह यह था कि मनश्चिकित्सा एक प्रभावशाली प्रविधि नहीं है। आइजेन्क (Eysenck, 1961, 1966, 1978) ने इस समस्या से संबंधित अन्य समस्याओं की ओर भी ध्यान दिलाया। इन समस्याओं से संबद्ध इन अध्ययनों में प्रयोगात्मक शोध (experimental research) की अपर्याप्तता, चंगा (cure) पद को ठीक ढंग से नहीं परिभाषित किया जाना तथ चिकित्सा की प्रभावशीलता को आँकने के लिए वैज्ञानिक कसौटी की कमी आदि प्रमुख है।

आइजेन्क का उक्त निष्कर्ष नैदानिक मनोविज्ञान में हलचल पैदा कर दिया और ऐसा लगने लगा कि मनश्चिकित्सा को एक पेशा के रूप में अब लोग स्वीकार नहीं करेंगे। परन्तु आइजेन्क के इस निष्कर्ष को कई लोगों ने कड़ी चुनौती दी और उनके द्वारा लगाए गए इस दोष से मनश्चिकितसा को मुक्त करने में लग गए। कुछ ऐसे ही लोगों के विचार यहाँ संक्षिप्त रूप से उल्लेख किया जा रहा है—

(1) आइजेन्क के इस निष्कर्ष को सबसे पहले मेल्टजॉफ तथा कॉर्नरिक (Meltzoff & Kornirech, 1970) ने चुनौती दिया। इस क्षेत्र में किए गए अध्ययनों का इन्होंने गंभीरतापूर्वक समीक्षा किया और पाया कि आइजेन्क ने अपने विश्लेषण में बहुत सारे ऐसे अध्ययनों को तो सम्मिलित ही नहीं किया था जिसमें मनश्चिकित्सा को प्रभावकारी(effective) पाया गया था। अतः ऐसे अध्ययनों के आधार पर इन लोगों का यह निष्कर्ष था कि मनश्चिकित्सा सचमुच में संयोगवश नहीं बल्कि वास्तव में प्रभावकारी (effective) होता है। इन्होंने यह पाया कि मनश्चिकित्सा के परिणाम अध्ययनों का करीब 80% अध्ययनों में धनात्मक परिणाम पाये गए।

(2) आइजेन्क के निष्कर्ष का दूसरा प्रमुख आलोचक एलेन बर्गिन (Allen Bergin, 1971) हैं जिन्होंने आइजेन्क के आँकड़ों को स्वयं पुनर्विश्लेषित किया तथा अन्य नये-नये अध्ययनों को विस्तृत रूप से समीक्षा किया। इन्होंने दो महत्त्वपूर्ण ढंग से आइजेन्क के निष्कर्ष को चुनौती दिया। पहला इन्होंने अपने विश्लेषण में पाया कि मनश्चिकित्सा देने से रोगियों के चंगा होने का दर आइजेन्क द्वारा बतलाए गए दर से कहीं अधिक था। दूसरा, आइजेन्क ने स्वतः पुनर्लभ[1] (spontaneous recovery) के दर को अतिआकलन (overstimate) किया था। आइजेन्क ने यह दर 65% बतलाया जबकि बर्गिन ने यह दर मात्र 30% बतलाया।

(3) कुछ ऐसे प्रयोगात्मक अध्ययन किए गए हैं जिनसे भी आइजेन्क के निष्कर्ष को चुनौती मिली है। मेनिनगर फाउण्डेशन (Meanninger Foundation) द्वारा किया गया अध्ययन को हम यहाँ उदाहरण के रूप में प्रस्तुत कर रहे हैं। कर्नवर्ग तथा उनके सहयोगियों (Kernberg et al., 1972) ने यहाँ एक प्रकृतिवादी अध्ययन (naturalistic study) किया जिसमें 20 साल तक दिए गए मनोविश्लेषणात्मक चिकित्सा (psychoanalytic therapy) तथा मनोविश्लेषण-उन्मुखी मनश्चिकित्सा(psychoanalytic therapy) तथा मनोविश्लेषण-उन्मुखी मनश्चिकित्सा(psychoanalytically-oriented therapy) के प्रभावों का तुलनात्मक अध्ययन किया गया। परिणाम में देखा गया कि इस अध्ययन में दोनों समूह में 21-21 रोगी थे अर्थात् 21 रोगियों के एक समूह को मनोविश्लेषणात्मक चिकित्सा से तथा 21 रोगियों के दूसरे समूह को मनोविश्लेषण-उन्मुखी मनश्चिकित्सा (psychoanalytic-oriented psychotherapy) से उपचार किया गया। परिणाम में देखा गया कि इन 42 रोगियों में से 6 रोगियों के लक्षण, चिकित्सा के बाद और गंभीर हो गए, 11 रोगियों के व्यवहारों में कोई परिवर्तन नहीं हुआ, 7 रोगियों के व्यवहार में न के बराबर उन्नति हुई तथा 18 ऐसी रोगी थे जिनके लक्षणें में साधारण मात्रा में तब्दीली होती देखी गयी। यद्यपि शोधकर्त्ताओं ने इस परिणाम का अंतिम विश्लेषण प्रस्तुत नहीं किया है परन्तु फिर भी इस परिणाम के आधार पर इस निष्कर्ष पर पहुँचा जा सकता है कि मनश्चिकित्सा से खासकर इस दीर्घकालीन मनश्चिकित्सा से रोगियों को शायद ही लाभ पहुँचा हो।

(4) स्लोएन तथा उनके सहायोगियों (Solane et al., 1975) ने एक दूसरा अध्ययन किया जिससे भी आइजेन्क के निष्कर्ष को कड़ी चुनौती दी गयी। इस अध्ययन में तंत्रिकातापी रोगियों को यादृच्छिक ढंग से तीन समूह में बाँट दिया गया—एक समूह का उपचार मनोविश्लेषणात्मक चिकित्सा (psychoanalytic therapy) से, दूसरे समूह का उपचार व्यवहार चिकित्सा (behaviour therapy) से तथा तीसरा समूह नियंत्रित समूह था जो चिकित्सा के लिए इंतज़ार करने वाला समूह था। परिणाम में पाया गया कि मनोविश्लेषणात्मक चिकित्सा तथा व्यवहार चिकित्सा पाने वाले समूह नियंत्रित समूह से अधिक श्रेष्ठ एवं प्रभावी (effective) थे। मनोविश्लेषणात्मक चिकित्सा पानेवाले समूह तथा व्यवहार चिकित्सा

1. स्वतः पुनर्लभ (spontaneous recovery) से यहाँ तात्पर्य मनश्चिकित्सा देने के बाद रोगी के लक्षणों में जो कमी आती है, वह **कुछ समय बीतने के बाद अपने आप समाप्त हो जाने से होता है, यानी अधिकतर पुराने लक्षणों का फिर से लौट आने से होता है।**

पाने वाले समूह में कोई सार्थक अंतर नहीं पाया गया। इस अध्ययन से यह स्पष्ट हो जाता है कि मनश्चिकित्सा से रोगियों को लाभ मिलता है। इस अध्ययन की सार्थकता मशहूर व्यवहार चिकित्सक जोसफ ओल्प (Joseph Wolpe) के इस टिप्पणी से भी होती है, ''मनश्चिकित्सा के इतिहास में इस अध्ययन का अन्य दूसरे नैदानिक अध्ययन से कोई मिलान नहीं है।'' *(This study is unmatched by any other clinical study in the history of psychotherapy.)*

उपर्युक्त तथ्यों के आलोक में यह कहा जा सकता है कि मनश्चिकित्सा की प्रभावशीलता अब धीरे-धीरे स्वीकार किया जाने लगा है। वर्गिन तथा लैमबर्ट (Bergin & Lambert, 1978), गारफिल्ड (Garfield, 1978), स्ट्रप (Strupp, 1982) के भी अध्ययनों से यह संकेत मिलता है कि अधिकतर तंत्रिकातापी रोगी (neurotic patients) (करीब दो-तिहाई रोगी) को मनश्चिकित्सा देने से लाभ पहुँचता है। फ्रैंक (Frank, 1979) ने मनश्चिकित्सा की प्रभावशीलता के क्षेत्र में उपलब्ध तथ्यों को ध्यान में रखते हुए निम्नांकित चार-बिन्दु निष्कर्ष दिया है जो लगभग सर्वमान्य है—

(i) मनश्चिकित्सा के करीब सभी प्रकार अनियोजित (unplanned) या अनौपचारिक (informal) मदद से अधिक उत्तम या श्रेष्ठ होता है।

(ii) मनश्चिकित्सा का कोई एक प्रकार अन्य दूसरे प्रकार से अधिक उत्तम या श्रेष्ठ नहीं होता पाया गया है।

(iii) वैसे क्लायंट या रोगी जिसमें सुधार के आरंभिक लक्षण दिखाई देते हैं, बाद में भी वे उसे बरकरार रखते हैं।

(iv) चिकित्सकीय प्रविधि (therapeutic technique) की तुलना में क्लायंट एवं चिकित्सक की विशेषताएँ तथा उनकी अन्तःक्रिया अधिक महत्त्वपूर्ण होती हैं।

उक्त चार बिन्दु निष्कर्ष में से अंतिम बिन्दु को सबसे अधिक इसलिए महत्त्व दिया जाता है क्योंकि इससे इस ओर संकेत मिलता है कि चिकित्सा के विभिन्न प्रकारों की प्रभावशीलता चूँकि लगभग समान होती है, इसलिए किसी एक प्रविधि को अधिक प्रभावशाली बनाने के लिए क्लायंट एवं चिकित्सक की विशेषताओं तथा उनकी अन्तःक्रियाओं (जो सभी मनश्चिकित्सा के समान तत्त्व हैं) पर ध्यान देना आवश्यक है। यही कारण है कि आजकल शोधकर्त्ताओं का ध्यान 'क्या मनश्चिकित्सा प्रभावी होता है?' से हटकर एक दूसरे प्रश्न पर अर्थात् किस तरह के क्लायंट के साथ मनश्चिकित्सा का कौन प्रकार प्रभावी होता है? पर अधिक गया है।

मनश्चिकित्सा के परिणाम को प्रभावित करनेवाले कारक
(Factors influencing Outcomes of Psychotherapy)

मनश्चिकित्सा एक निष्क्रिय प्रक्रिया (passive process) नहीं होता है जिसमें एक विशेषज्ञ चिकित्सक रोगी को अपना सुझाव, राय आदि देकर उसमें कुछ सूझ (insight) उत्पन्न करता है। यदि हम गौर से देखें तो यह स्पष्ट होगा कि मनश्चिकित्सा एक सक्रिय प्रक्रिया (active) एवं गत्यात्मक (dynamic) प्रक्रिया है जिसमें रोगी, चिकित्सक एवं उनका संबंध महत्त्वपूर्ण कारक होता है। सचमुच में मनश्चिकित्सा की प्रभावशीलता (effectiveness) इन कारकों से काफी प्रभावित होता है। पॉल (Paul, 1967) के इस प्रश्नात्मक पंक्ति से इसकी अभिव्यक्ति और भी स्पष्ट रूप से हो जाती है, ''कौन चिकित्सीय हस्तक्षेप किस परिस्थिति में किस रोगी को किस चिकित्सक द्वारा उपयोग किए जाने पर किस तरह का परिणाम देगा?'' *(Which therapeutic interventions applied by which therapies to which patients under which circumstances are likely to lead to what results ?")*

यदि हम पॉल के इस प्रश्नात्मक पंक्ति पर ध्यान दे तो यह स्पष्ट होगा कि इस एक पंक्ति में पॉल ने उन सारे चरों (variables) या कारकों को कैद कर रखा है जिनसे मनश्चिकित्सा की प्रभावशीलता या उसका परिणाम प्रभावित हो सकता है। ऐसे चर निम्नांकित पाँच हैं—

(1) रोगी की विशेषताएँ (characteristics of patient)

(2) चिकित्सक की विशेषताएँ (characteristics of therapist)

(3) रोगी तथा चिकित्सक का संबंध या अन्तःक्रिया (relation or interaction between patient and therapist)

(4) चिकित्सीय प्रविधियाँ (therapeutic techniques)

(5) सामाजिक-सांस्कृतिक परिस्थिति जिसमें चिकित्सा दी जाती है (social-cultural situation in which therapy is given)

इन पाँच कारकों या चरों का वर्णन इस प्रकार है—

(1) रोगी की विशेषताएँ (*Characteristics of patient*)—रोगी की विशेषताओं का प्रत्यक्ष प्रभाव मनश्चिकित्सा के परिणाम (results) पर पड़ता देखा गया है। मनोवैज्ञानिकों द्वारा किए गए अध्ययनों से यह स्पष्ट हुआ है कि रोगी की दश ऐसी विशेषताएँ हैं जिनसे मनश्चिकित्सा का परिणाम सीधे प्रभावित होता पाया गया है। उन सभी दश विशेषताओं का वर्णन इस प्रकार है—

(i) रोगी की क्षुब्धता की मात्रा तथा प्रकार (*Degree and types of patients disturbances*)—रोगी को दी गयी मनश्चिकित्सा के अच्छे परिणाम का होना इस बात पर निर्भर करता है कि उसमें क्षुब्धता (disturbance) या मानसिक समस्या का कौन प्रकार है तथा फिर क्षुब्धता की गंभीरता कितनी है। स्टोन एवं उनके सहयोगियों (Stone et al., 1961), स्टीफेन्स तथा एस्ट्रूप (Stephens & Astrup, 1965) तथा लुबोरस्की तथा उनके सहयोगियों (Luborsky et al., 1971) ने अपने अध्ययनों के आधार पर यह बतलाया है कि मनोविदालिता (schizophrenia), मानसिक मंदता, स्थिर-व्यामोह (paranoia) के रोगी को मनश्चिकित्सा से कोई विशेष लाभ नहीं होता परन्तु तंत्रिकातापी या मनःस्नायुविकृति (psychoneurosis) जैसे दुश्चिंता विकृति (anxiety disorders), मनोग्रस्ति-बाध्यता स्नायुविकृति (obsessive compulsive neurosis) तथा हिस्टीरिकल मनःस्नायुविकृति (hysterical psychoneurosis) के रोगी को मनश्चिकित्सा से अधिक सार्थक लाभ होता पाया गया है। उसी तरह से ट्रूएक्स तथा कार्कहुफ (Truax & Carkhuff, 1967) ने अपने अध्ययन के आधार पर यह बतलाया है कि वैसी रोगी जो रोग के प्रारंभ में ही काफी क्षुब्धता (disturbance) का अनुभव कर चुके होते हैं परन्तु उनके व्यवहार में उतनी अधिक क्षुब्धता नहीं होती है, को मनश्चिकित्सीय लाभ (psychotherapeutic gain) अधिक होता है। इसका मतलब यह हुआ कि वैसे व्यक्ति जो काफी चिंतित रहते हुए, अपने आप से असंतुष्ट रहते हुए एवं प्रायः तीव्र मानसिक संघर्षों से जुझते हुए अपनी जिन्दगी का न्यूनतम मौलिक जवाबदेही को निभाते जाते हैं, मनश्चिकित्सा से काफी लाभान्वित होते हैं। दूसरे तरफ यदि व्यक्ति में क्षुब्धता की मात्रा इतनी बढ़ जाती है कि उसका व्यवहार अत्यधिक असंगठित हो जाता है और वह अपनी जिन्दगी के सामान्य जवाबदेही को भी ठीक ढंग से निभा नहीं पाता है, तो उसे मनश्चिकित्सा से न के बराबर लाभ प्राप्त होता है।

(ii) सामान्य व्यक्तित्व गुण (*General personality qualities*)—नैदानिक मनोवैज्ञानिकों ने कुछ ऐसे सामान्य व्यक्तित्व गुणों की पहचान किया है जिनकी उपस्थिति से मनश्चिकित्सा के परिणाम बेहतर होते हैं। जैसे—कर्नवर्ग तथा उनके सहयोगियों (Kernberg et al., 1972) के अध्ययन के अनुसार यदि रोगी में अहं-शक्ति (ego-strength) अधिक होती हैं तो उन्हें मनश्चिकित्सक का लाभ अच्छा मिलता है। उसी तरह सिगेल एवं रोजेन (Siegel & Rosen, 1962) ने अपने अध्ययन के आधार पर यह बतलाया कि जिन रोगियों में दुश्चिंता सहनशक्ति (anxiety tolerance) अधिक होती है, उन्हें भी मनश्चिकित्सा से लाभ अधिक होता है अर्थात् उसके परिणाम उत्तम होते हैं। मनोवैज्ञानिकों ने कुछ अन्य सामान्य व्यक्तित्व गुणों अर्थात् अन्तमुर्खता-बर्हिमुखता (introversion-extroversion), विद्वेष (hostility), सत्तावाद (authoritarianism) आदि का मनश्चिकित्सा के परिणाम पर पड़ने वाले प्रभावों का अध्ययन किया है परन्तु इन अध्ययनों के परिणाम में चूँकि संगति (consistency) नहीं पायी गयी, अतः इनके बारे में किसी सामान्य निष्कर्ष पर नहीं पहुँचा जा सका है।

(iii) विश्वास एवं प्रत्याशा (*Faith and expectation*)—कई अध्ययनों में यह देखा गया है कि मनश्चिकित्सा का परिणाम बहुत हद तक चिकित्सीय प्रक्रिया (therapeutic process) तथा चिकित्सक में विश्वास पर आधारित होता है। यदि रोगी को इन दोनों में विश्वास है, तो मनश्चिकित्सा का परिणाम अनुकूल होने की उम्मीद या प्रत्याशा अधिक होती है। इस तथ्य की संपुष्टि फ्रैंक (Frank, 1959) द्वारा जॉन हापकिन्स विश्वविद्यालय (John Hopkins University) में किए गए शोधों द्वारा हुआ है। फ्रैंक[1] (Frank, 1953) ने इस बिन्दु पर इस प्रकार टिप्पणी किया है, "रोगी के दैहिक एवं मानसिक अवस्था पर उपचार से लाभ की उम्मीद अपने आप में एक स्थायी तथा गंभीर प्रभाव डालता है। आगे, यह भी युक्तियुक्त लगता है कि मनश्चिकित्सा के सभी प्रारूप का सफल प्रभाव अंशतः रोगी में इस

1. "Expectancy of benefit from treatment in itself may have enduring and profound effects on patient's physical and mental state. It seems plausible, furthermore, that the successful effects of all forms of psychotherapy depend in part on their ability to foster such attitudes in the patient."
—Frank : *Psychiatry,* 1959, p. 36

तरह की मनोवृत्ति उत्पन्न करने की क्षमता पर निर्भर करता है।'' इतना ही नहीं, यदि रोगी एवं चिकित्सक के प्रत्याशा के बीच समानता होती है, तो मनश्चिकित्सा के परिणाम अनुकूल होने की उम्मीद काफी बढ़ जाती है।

(iv) उम्र *(Age)*—अन्य बातें समान रहने पर कम उम्र के रोगी (जैसे 20-25 साल के रोगी) बूढ़े रोगियों की तुलना में मनश्चिकित्सा से अधिक लाभान्वित होते पाए गए हैं। अतः इनके लिए मनश्चिकित्सा के परिणाम (outcome) तुलनात्मक रूप से अधिक अनुकूल होते हैं। इसके दो कारण बतलाए गए हैं। पहला तो यह कि कम उम्र के रोगी के विचार में लचीलापन (flexibility) अधिक होती है क्योंकि इनके चिन्तन अभी पूर्णतः किसी खास दिशा में सेट नहीं होते हैं तथा ऐसे व्यक्ति अपने बाल्यावस्था (childhood) से नजदीक होने के कारण उचित संदर्भ तथा संबंध स्थापित करने में अपने को सक्षम पाते हैं। दूसरा यह कि कम उम्र के रोगी अपने नकारात्मक व्यवहार के लिए बूढ़े रोगियों की तुलना में कम बार पुनर्बलित हुए रहते हैं। अतः इनके व्यवहार में मनश्चिकित्सा द्वारा आसानी से परिवर्तन लाना संभव हो पाता है। इन कारणों से कम उम्र के रोगी को दिए गए मनश्चिकित्सा के परिणाम अधिक अनुकूल होते हैं।

(v) यौन *(Sex)*—यद्यपि रोगी के यौन तथा मनश्चिकित्सा के परिणाम (outcome) में कोई ठोस संबंध नहीं पाया गया है परन्तु ऐसा प्रायः देखा गया है कि महिला रोगी को पुरुष रोगी के तुलना में मनश्चिकित्सा से अधिक लाभ होता है। इसका कारण यह बतलाया गया है कि औसतन महिलाएँ मदद लेने के लिए सहर्ष तैयार होती हैं, वे अपनी समस्याओं को खुलकर अभिव्यक्त करती है तथा उनका चिन्तन रक्षात्मक (defensive) कम होता है और उनमें अन्य ऐसे गुण होते हैं जिससे उन्हें एक 'उत्तम रोगी' कहा जा सकता है। स्ट्रीकर (Stricker, 1977) ने यह बतलाया है कि रोगी के यौन के संदर्भ में एक महत्त्वपूर्ण समस्या जो उठती है, वह यह है कि क्या चिकित्सक महिला रोगियों का शोषण करते हैं? इस प्रश्न पर महिला संगठनों का दावा है कि पुरुष चिकित्सक महिला रोगी का शोषण करते हैं तथा उनके साथ चिकित्सा के नाम पर यौन संबंध भी स्थापित करते हैं। अगर सचमुच में ऐसा होता है तो यह मनश्चिकित्सा के पेशा के लिए एक कलंक है और इसका विरोध किया जाना चाहिए।

(vi) बुद्धि *(Intelligence)*—तीव्र बुद्धि के रोगी मनश्चिकित्सा से कम बुद्धि के रोगियों की तुलना में अधिक लाभ उठा पाते हैं। अतः मनश्चिकित्सा के परिणाम ऐसे रोगियों के लिए अधिक अनुकूल होते हैं। इसके तीन मुख्य कारण बतलाए गए हैं—

(a) मनश्चिकित्सा मूलतः एक शाब्दिक प्रक्रिया (verbal process) होती है। इसमें रोगी को अपनी समस्याओं को सुस्पष्ट करना होता है तथा शब्दों एवं वाक्यों के माध्यम से उसे अभिव्यक्त करना पड़ता है। स्वभावतः इसमें उच्च बौद्धिक स्तर की जरूरत पड़ती है।

(b) मनश्चिकित्सा में रोगी को विभिन्न घटनाओं के बीच संबंध स्थापित करना आवश्यक होता है। रोगी में पहले की घटनाओं तथा वर्तमान समस्याओं के बीच संबंध स्थापित करने की क्षमता होनी चाहिए तथा उनमें वर्तमान संवेगों एवं भावों को अन्य वैसी घटनाओं के साथ संबंध जोड़ने की क्षमता होनी चाहिए जो ऊपर से अर्थहीन लगते हैं। इसके लिए भी निश्चित रूप से बुद्धि की आवश्यकता होती है।

(c) मनश्चिकित्सा में चूँकि विभिन्न घटनाओं के बीच एक कड़ी या संबंध जोड़ना होता है, अतः इसके लिए रोगी में अन्तर्निरीक्षण (introspection) की क्षमता का होना अनिवार्य है। जिस रोगी में अपने भीतर झाँकने की अक्षमता होती है, वह मनश्चिकित्सा की प्रक्रिया के साथ ठीक ढंग से समायोजन नहीं कर पाता है। जाहिर है कि अन्तर्निरीक्षण करने के लिए पर्याप्त मात्रा में बौद्धिक स्तर की जरूरत पड़ती है।

उक्त तथ्यों के आलोक में यह कहा जा सकता है कि मनश्चिकित्सा का परिणाम अनुकूल होने के लिए यह आवश्यक है कि रोगी का बौद्धिक स्तर ऊँचा हो। स्कोफिल्ड (Schofield, 1964) ने यह स्पष्ट किया है कि मनश्चिकित्सक का विश्वास यह होता है कि आदर्श रोगी वह होता है जिसमें YAVIS संलक्षण (syndrome) होते हैं जिसमें Y= Young, A = Attraction, V = Verbal, I = Intelligence तथा S = Successful का अर्थ होता है। परन्तु इसका मतलब यह नहीं हुआ कि मनश्चिकित्सा का लाभ केवल उच्च बौद्धिक स्तर के रोगियों को ही मिलता है। ऐसे अनेक ध्ययन हुए हैं जिनमें यह देखा गया है कि मानसिक रूप से मंद व्यक्ति जिनमें व्यवहारात्मक अभाव (behavioural deficit) एक मुख्य समस्या होती है, व्यवहार चिकित्सा (behaviour therapy) से काफी लाभान्वित हुए हैं।

(vii) अभिप्रेरण *(Motivation)*—जैसा कि हम जानते हैं, मनश्चिकित्सा एक निष्क्रिय प्रक्रिया (positive process) नहीं है जिसमें रोगी में जबर्दस्ती सूझ उत्पन्न किया जाता है बल्कि इसके रोगी सक्रिय होकर स्वयं ही अपने में सूझ उत्पन्न करने की कोशिश करता है। इसका मतलब यह हुआ कि मनश्चिकित्सा में अभिप्रेरण (motivation) की नितान्त आवश्यकता है। मनश्चिकित्सा एक स्वैच्छिक प्रक्रिया (voluntary process) है। इसके लिए किसको बाध्य नहीं किया जा सकता है। ऐसा देखा गया है कि प्रत्यक्ष या परोक्ष रूप से जब मनश्चिकित्सा किसी रोगी पर थोप दिया जाता है, तो ऐसे रोगी मनश्चिकित्सा से अधिक लाभान्वित नहीं हो पाते हैं और इसका परिणाम उनके लिए अनुकूल नहीं होता है।

(viii) खुलापन *(Openness)*—स्ट्रप तथा बर्गिन (Strupp & Bergin, 1969) ने अपने अध्ययन के आधार पर यह बतलाया है कि चिकित्सीय प्रक्रिया के प्रति खुला विचार रखने वाले रोगी चिकित्सा से अधिक लाभ उठा पाते हैं। इसका कारण यह है कि ऐसे रोगी को चिकित्सक तथा चिकित्सीय प्रक्रिया में काफी विश्वास होता है। इस तरह के विश्वास के कारण ऐसे रोगी अपनी समस्याओं एवं संवेगों की अभिव्यक्ति खुलकर करते हैं तथा बहुत तेजी से उनमें सूझ विकसित होता है।

(ix) सामाजिक वर्ग एवं प्रजाति *(Social class and race)*—मनश्चिकित्सा के परिणाम पर रोगी के सामाजिक वर्ग (social class) तथा प्रजाति का भी प्रभाव पड़ता है। हंट (Hunt, 1960), लोरियन (Lorion, 1974) आदि ने यह बतलाया है कि निम्न वर्ग (lower class) के रोगियों के लिए मनश्चिकित्सा के पौराणिक प्रारूप (traditional form) अनुपयुक्त होते हैं। इतना ही नहीं, ऐसे निम्न वर्ग तथा गरीब रोगी को मनश्चिकित्सा से उपचार किए जाने के बजाय उन्हें औषध चिकित्सा (drug therapy) तथा वैद्युतीय आघात चिकित्सा (electro shock therapy) देकर उपचार अधिक किया जाता है। अगर उन्हें मनश्चिकित्सा के लिए स्वीकार किया भी जाता है, तो उन्हें कम अनुभव प्राप्त चिकित्सक के यहाँ उपचार के लिए भेजा जाता है। इन कारणों से पौराणिक मनश्चिकित्सा (traditional psychotherapy) जैसे मनोविश्लेषण तथा मनोविश्लेषणात्मक-उन्मुखी चिकित्सा (psychoanalytic-oriented therapy) ऐसे वर्ग के रोगियों के लिए लाभदायक नहीं होते हैं। परन्तु हाल में गोल्डस्टीन (Goldstein, 1973) ने विशेष प्रयास करके मनश्चिकित्सा की विधि तथा भाषा में कुछ इस तरह का संशोधन किया है कि ऐसे निम्न वर्ग के रोगियों के लिए पौराणिक मनश्चिकित्सा की तुलना में व्यवहारात्मक प्रविधियाँ बहुत तक प्रभावी सिद्ध हुई हैं। पेटिट तथा उनके सहयोगियों (Pettitt et al., 1974) ने अपने अध्ययन में यह भी पाया है कि जब चिकित्सक तथा रोगी के सामाजिक वर्ग में काफी अंतर होता है, तो रोगी में मनश्चिकित्सा से अलग हो जाने की प्रवृत्ति अधिक होती है।

बैंक्स (Banks, 1992) ने अपने अध्ययन के आधार पर यह बतलाया है कि जब रोगी तथा चिकित्सक की प्रजाति (race) एक ही होती है, तो रोगी को दिए गए मनश्चिकित्सा से लाभ अधिक होता है तथा इस तरह के चिकित्सा का परिणाम अनुकूल होता है। इसका कारण यह है कि ऐसी परिस्थिति में रोगी में अधिक घनिष्ठता या सौहार्द्र (rapport) तथा आत्म-अन्वेषण की प्रवृत्ति विकसित होती है। इन्होंने यह भी बतलाया है कि यदि रोगी एवं चिकित्सक को क्रॉस-प्रजाति (cross-race) युग्मित करना है, तो चिकित्सक गोरा (white) एवं रोगी श्याम (black) होने पर मनश्चिकित्सा के परिणाम अनुकूल होते हैं। इसके विपरीत परिस्थिति में मनश्चिकित्सा के परिणाम प्रतिकूल हो जाते हैं।

(x) मस्तिष्कीय विकृति *(Brain disorders)*—कुछ रोगी ऐसे होते हैं जिनमें व्यवहारात्मक विकृति का कारण आंगिक (organic) होता है अर्थात् ऐसे रोगियों में मस्तिष्कीय विकृति होती है। इस तरह के रोगी मनश्चिकित्सा का लाभ नहीं उठा पाते हैं अर्थात् ऐसे रोगियों के लिए मनश्चिकित्सा का परिणाम अनुकूल नहीं होता है। उदाहरणस्वरूप, यदि अलजिमर रोग (Alzheimer's disease) के रोगी को जिसमें चिड़चिड़ापन, एकाग्रता की कमी, आक्रमकता, विभ्रम, व्यामोह (delusions), शारीरिक कम्पन आदि मुख्य लक्षण होते हैं तथा जिसका कारण मस्तिष्क की क्षीणता (atrophy) होता है, मनश्चिकित्सा के माध्यम से उपचार नहीं किया जा सकता है और यदि किया भी जाता है तो उसका परिणाम प्रभावहीन होंगे।

स्पष्ट हुआ कि रोगी की कुछ विशेषताएँ होती हैं जिससे मनश्चिकित्सा के परिणाम प्रभावित होते हैं।

(2) चिकित्सक की विशेषताएँ *(Characteristics of therapist)*—आधुनिक मनश्चिकित्सकों की आम राय यह है कि मनश्चिकित्सा के परिणाम पर चिकित्सकों की अपनी विशेषताओं का भी प्रभाव पड़ता है। ऐसे परिणाम को प्रभावित करने वाले चिकित्सक की विशेषताओं को मोटे तौर पर दो भागों में बाँटा गया है—

(क) चिकित्सा प्रारंभ होने के पहले से चिकित्सक में मौजूद गुण (qualities present in therapist before beginning the therapy)

(ख) चिकित्सा के दौरान रोगी के साथ अन्तःक्रिया होने पर चिकित्सक में उत्पन्न गुण (qualities produced in therapist when making interactions with patient during therapy)

इन दोनों तरह के गुणों का वर्णन इस प्रकार हैं—

(क) चिकित्सा प्रारंभ होने के पहले से चिकित्सक में मौजूद गुण *(Qualities present in therapist before beginning the therapy)*—इसके तहत चिकित्सक में निहित वैसे गुणों को रखा जाता है जो चिकित्सा प्रारंभ होने के पहले से ही उसमें मौजूद रहता है और चिकित्सा के परिणाम पर अपना असर डालता है। ऐसे गुणों में निम्नांकित प्रमुख हैं—

(i) व्यवसायिक पृष्ठभूमि तथा अनुभूति *(Professional background and experience)*—व्यावसायिक पृष्ठभूमि तथा मनश्चिकित्सा के परिणाम के बीच कोई प्रत्यक्ष संबंध नहीं पाया गया है। मनश्चिकित्सा में तीन-चार व्यवसायिक पृष्ठभूमि वाले लोग कार्यरत होते हैं—नैदानिक मनोवैज्ञानिक (clinical psychologist), मनोरोविज्ञानी (psychiatrist), मनश्चिकित्सीय सामाजिक कार्यकर्त्ता (psychiatric social workers) तथा मनोविश्लेषज्ञ (psychoanalyst)। इस बात का कोई अनुवजन्य सबूत (empirical evidence) नहीं है कि विशेष तरह के व्यवसायिक पृष्ठभूमि वाले वैज्ञानिक या विशेषज्ञ द्वारा दी गयी चिकित्सा दूसरे तरह के व्यवसायिक पृष्ठभूमि वाले वैज्ञानिक या विशेषज्ञ द्वारा दी जाने वाले चिकित्सा से अधिक प्रभावकारी होता है। इस सिलसिले में हेनरी, सिम्स एवं स्प्रे (Henary, Sims & Spray, 1975) द्वारा किया गया करीब 4,000 अभ्यासरत चिकित्सकों का सर्वे से हमें कुछ दिशा-निर्देश प्राप्त होता है। इन चिकित्सकों में से करीब दो तिहाई चिकित्सक ऐसे थे जो रोगी को अन्य दूसरे चिकित्सक के पास उनका व्यावसायिक पृष्ठभूमि के आधार पर नहीं बल्कि उनके कार्य तथा उन्मुखता के आधार पर भेजते थे। इससे व्यवसायिक पृष्ठभूमि के तुच्छ महत्त्व का अंदाज अपने आप चल जाता है। इनके अध्ययन में नैदानिक मनोवैज्ञानिकों को नकारात्मक शीलगुणों से युक्त कहा गया। मनोरोगविज्ञानी (psychiatrist) को भी अधिकतर नकारात्मक ढंग से मूल्यांकन किया गया तथा मनोविश्लेषकों को अधिकतर सकारात्मक ढंग से (positively) आंका गया। नैदानिक मनोवैज्ञानिकों को आक्रमक, प्रतियोगितावादी तथा बौद्धिक स्वरूप का समझा गया तथा मनश्चिकित्सकों को सख्त तथा सत्तावादी (authoritarian) प्रकृति का समझा गया। मनश्चिकित्सीय सामाजिक कार्यकर्त्ताओं को लोक-उन्मुखी (people-oriented) तथा निष्क्रिय (passive) प्रकृति का समझा गया।

जहाँ तक अनुभव (experience) का प्रश्न है, ऐसे स्पष्ट सबूत उपलब्ध हैं जिनके आधार पर यह कहा गया है कि अनुभवी एवं प्रशिक्षित चिकित्सक द्वारा की गयी मनश्चिकित्सा कम अनुभव वाले चिकित्सक द्वारा की गयी मनश्चिकित्सा से अधिक प्रभावी (effective) होता है। अनुभवी चिकित्सकों के रोगी चिकित्सा सत्र का त्याग अपरिपक्व रूप से अर्थात् समापन के पहले नहीं करते हैं तथा उन्हें चिकित्सा का लाभ भी सर्वाधिक होता है। लुब्रोस्की तथा उनके सहयोगियों (Lubrosky et al., 1971) ने पाँच ऐसे अध्ययनों की समीक्षा किया जिसमें स्वतंत्र रूप से चिकित्सकों के तकनीकी कौशलों का मूल्यांकन किया गया था और निष्कर्ष में वे यह पाये कि अधिक योग्य, अनुभवी एवं प्रशिक्षित चिकित्सकों के रोगी को उनके द्वारा प्रदत्त चिकित्सा से सर्वाधिक लाभ हुआ तथा चिकित्सा के परिणाम काफी अनुकूल पाए गए।

(ii) व्यक्तिगत समस्याओं से स्वतंत्रता *(Freedom from personal problems)*—यद्यपि चिकित्सक को उत्तम समायोजन का मूर्त्ति माना जाता है फिर भी कभी-कभी यह देखा गया है कि कुछ चिकित्सक ऐसे होते हैं जिनमें स्वयं ही स्नायुविकृत समस्याएँ (neurotic problems) जैसे अधिक चिंतित रहना, आक्रमक व्यवहार दिखाना तथा क्लायंट द्वारा किए गए प्रश्नों का उत्तर ठीक से नहीं दे पाना, आदि होती है। ऐसे चिकित्सक द्वारा दी गयी चिकित्सा से रोगी लाभान्वित नहीं हो पाते हैं और ऐसे चिकित्सा का परिणाम बहुत अनुकूल नहीं होता है। चिकित्सक का सबसे प्रमुख गुण आत्म-चेतन (self-awareness) होता है। चिकित्सक में ऐसी क्षमता होनी चाहिए कि वह रोगी की समस्याओं पर वस्तुनिष्ठ ढंग से ध्यान दे सके तथा रोगी के व्यक्तिगत गत्यात्मकता (personal dynamics) में अपने आप को नहीं उलझा दे। यदि ऐसी क्षमता नहीं है, तो ऐसे चिकित्सक को व्यक्तिगत चिकित्सा **(personal therapy)**

लेने के बाद ही रोगी की चिकित्सा प्रारंभ करनी चाहिए। विनर[1] (Weiner, 1975) ने इस बिन्दु पर बहुत ही उत्तम निष्कर्ष दिया है जो इस प्रकार है, ''अपने व्यक्तित्व में जैसा भी स्नायुविकृत तत्त्व एक चिकित्सक में क्यों न हो, वे या तो (अ) इस तरह के होते हैं जो मनश्चिकित्सा की परिस्थिति में उनके रोगियों की आवश्यकताओं की वस्तुनिष्ठता तथा वचनबद्धता के साथ बाधा पहुँचाते हैं तथा (ब) उनके आत्म-नियंत्रण तथा आत्म-चेतन के भीतर होते हैं ताकि रोगियों को समझने तथा उनकी आवश्यकताओं का पता लगाने की उनकी क्षमता में उत्पन्न बाधा को रोक सके।''

(iii) ए-बी चिकित्सक विमा *(A-B therapist dimension)*—ह्वाइटहार्न तथा बेज (Whitehorn & Betz, 1962) ने अपने अध्ययन के आधार पर चिकित्सक के दो प्रकार बतलाए—टाईप-ए चिकित्सक (Type-A therapist) तथा टाईप-बी चिकित्सक (Type-B therapist)। इन दोनों तरह के चिकित्सकों की पहचान करने के लिए ये लोग SVIB (Strong Vocational Interest Blank) के चार मापनी से करीब 23 एकांशों को लेकर एक नया मापनी बनाए थे। इन्होंने अपने अध्ययन में पाया कि टाईप-ए चिकित्सक टाईप-बी चिकित्सक से मनोविदालिता (schizophrenia) के रोगी की चिकित्सा करने में अधिक सफल एवं प्रभावकारी हुए। परन्तु सभी तरह के रोगियों के उपचार में टाईप-बी चिकित्सक की तुलना में टाईप-ए चिकित्सक की श्रेष्ठता नहीं पायी गयी। बेज (Betz, 1962) ने ही अपने अध्ययन में पाया कि मनोविदालिता को छोड़कर अन्य रोगियों के उपचार में टाईप-ए तथा टाईप-बी चिकित्सक द्वारा प्रदत्त मनश्चिकित्सा की प्रभावशीलता में कोई अंतर नहीं पाया गया। स्टीफेन्स तथा एस्ट्रप (Stephens & Astrup, 1965) ने भी अपने अध्ययन में मनोविदालिता के रोगी की चिकित्सा में टाईप-ए तथा टाईप-बी चिकित्सक की प्रभावशीलता में कोई अंतर नहीं पाया। मैकनेयर, कालाहन तथा लोर्र (McNair, Callahan & Lorr, 1962) ने अपने अध्ययन में 20 टाईप-ए चिकित्सक तथा 20 टाईप-दी चिकित्सक द्वारा चार महीने तक उपचार किए गए रोगियों का प्रेक्षण किया और पाया कि जिन रोगियों की चिकित्सा टाई-बी चिकित्सक द्वारा की गयी थी, उनमें तुलनात्मक रूप से अधिक सुधार आया।

उक्त तथ्यों को ध्यान में रखते हुए यह कहा जा सकता है कि ए-बी चिकित्सक द्वारा प्रदत्त चिकित्सा के परिणाम यद्यपि संदिग्ध है फिर भी यह अंतर अपने आप में नया है और मनोवैज्ञानिकों को इस दिशा में आगे शोध करने की पर्याप्त प्रेरणा देता है।

(iv) चिकित्सक का व्यक्तित्व *(Personality of the therapist)*—चिकित्सक के अपने व्यक्तित्व शीलगुणें का प्रभाव मनश्चिकित्सक की प्रभावशीलता (effectiveness) पर पड़ता है। क्रैसनर (Krasner, 1963) ने एक आदर्श चिकित्सक के बहुत सारे व्यक्तित्व शीलगुणों का वर्णन किया है और कहा कि इन शीलगुणों के होने पर उनके द्वारा प्रदत्त चिकित्सा का परिणाम अनुकूल होता है। इन शीलगुणों में कुछ प्रमुख शीलगुण इस प्रकार है—परिपक्व, सहानुभूतिपूर्ण, सहनशील, धैर्यवान, सांवेगिक रूप से संवेदनशील, आत्म-चेतन, विषमलिंगी संबंध में परिपक्वता, वस्तुनिष्ठ, आत्म-विश्लेषणायुक्त, ईमानदार, खुले विचार वाला, अपने पेशा से उत्तम प्यार एवं स्नेह दिखाने वाला, योग्य, सर्जनात्मक जिन्दगी में उत्तम लक्ष्य रखने वाला, मानव समस्याओं में अभिरुचि रखने वाला तथा वैज्ञानिक ज्ञान रखने वाला व्यक्ति। क्रैसनर के दृष्टिकोण की आलोचना करते हुए यह कहा गया है कि उनके द्वारा बतलाए गए सभी शीलगुण किसी एक चिकित्सक में सामान्यतः नहीं हो सकते हैं। अतः उनका दृष्टिकोण को मात्र एक आदर्शवादी दृष्टिकोण कहा गया है। हाल्ट एवं लुबोस्की (Holt & Luborsky, 1958) ने अपने अध्ययन में 32 शीलगुणों का चयन किया और एक उत्तम चिकित्सा में उनमें से कुछ गुणों का होना आवश्यक बतलाया। इन गुणों में सामाजिक रूप से पूर्णरूपेण समायोजित, स्तर चिन्ता (status concern) से मुक्त, आत्म-वस्तुनिष्ठ (self-objective), सांवेगिक रूप से नियंत्रित तथा परिपक्व विषमलिंगी समायोजन (hetero-sexual adjustment) आदि प्रधान बतलाए गए हैं। इन शीलगुणों के होने पर चिकित्सक द्वारा प्रदत्त चिकित्सा अधिक प्रभावकारी होता है। फलस्वरूप उसका परिणाम अनुकूल होता है।

---

1. "Whatever neurotic elements a therapist may have in his personality, they must...be either (a) of a kind that will interfere with his objectivity and commitment to his patient's needs in psychotherapy situation or (b) sufficiently within his self-awareness and self-control for him to counteract any such interference with his ability to understand his patients and address their needs."

—Weiner : On being same in sane places. *Journal of Abnormal Psychology,* 1975, 85, p. 32.

(ख) चिकित्सा के दौरान रोगी के साथ अन्त:क्रिया होने पर चिकित्सक में उत्पन्न गुण *(Qualities produced in therapist when making intereactions with patient during therapy)*—चिकित्सा के परिणाम को प्रभावित करने वाले चिकित्सक के कुछ शीलगुण ऐसे होते हैं जो उनमें पहले से जो मौजूद नहीं रहते हैं परन्तु चिकित्सा के दौरान रोगी के साथ किए गए अन्तःक्रिया के दौरान उत्पन्न होते हैं। ऐसे शीलगुणों में निम्नांकित प्रधान हैं—

(i) परानुभूति, हार्दिकता तथा प्रमाणिकता *(Empathy, warmth and genuineness)*—रोजर्स (Rogers, 1951) द्वारा प्रतिपादित क्लायंट-केन्द्रित चिकित्सा (client-centred therapy) के प्रतिपादन होने से ही चिकित्सक के इन तीन गुणों अर्थात् परानुभूति, हार्दिकता तथा प्रमाणिकता को चिकित्सा के अनुकूल परिणाम के लिए उपयुक्त माना गया है। ये तीनों गुण कुछ ऐसे हैं जो चिकित्सा के दौरान क्लायंट या रोगी के साथ अंतःक्रिया करने पर चिकित्सक में उत्पन्न होते हैं। रोजर्स ने इन तीन गुणों को अनुकूल चिकित्सीय परिवर्तन के लिए आवश्यक एव पर्याप्त कारक माना है। ट्रुएक्स तथा कारखुफ (Truax & Carkhuff, 1967) तथा ट्रुएक्स तथा मिटचेल (Truax & Mitchell, 1971) ने अपने-अपने अध्ययनों से इस निष्कर्ष पर पहुँचे हैं कि चिकित्सा का अनुकूल परिणाम (favourable outcomes) चिकित्सक के इन तीन गुणों में संबंध होता है। परन्तु लैमवर्ट, डिजुलियो तथा स्टीन (Lambert, Dejulio & Stein, 1978) ने इन तीन गुणों तथा चिकित्सीय परिणाम के बीच संबंध दिखाने के लिए किए गए कई अध्ययनों की समीक्षा करने के बाद यह बतलाया कि रोजर्स की प्राक्कल्पना (hypothesis) बहुत ज्यादा उचित नहीं पाया गया है। स्ट्रप तथा वर्गिन (Strupp & Bergin, 1989) ने यह बतलाया है कि परानुभूति, हार्दिकता तथा प्रमाणिकता ये तीनों गुण को उत्तम चिकित्सा परिणाम के लिए आवश्यक परन्तु पर्याप्त अवस्था नहीं माना जा सकता है। अभी हाल के वर्षों में चिकित्सक के इन तीन गुणों को ऐसा गुण माना गया है जो किसी चिकित्सक द्वारा आसानी से सीखा जा सकता है। इन तीन गुणों एवं अनुकूल चिकित्सीय परिणाम के संबंध पर वर्गिन तथा सुइन[1] (Bergin & Suinn, 1975) ने एक उत्तम निष्कर्ष दिया है जो इस प्रकार है, ''अब यह स्पष्ट हो गया है कि ये चर उतने प्रबल नहीं रहे जितना कि कभी समझा जाता था। लेकिन उनकी उपस्थिति तथा प्रभाव सर्वव्यापक है, यहाँ तक कि व्यवहार चिकित्सकों में भी उसे तीव्र रूप से देखा जा रहा है।''

(ii) प्रतिस्थानान्तरण *(Contertransference)*—इस तरह के स्थानान्तरण (transference) में चिकित्सक ही रोगी के प्रति प्रेम, स्नेह एवं संवेगात्मक लगावं दिखाता है। हालाँकि शोध सबूत परस्पर विरोधी (contradictory) हैं, कुछ अध्ययनों में यह पाया गया है कि जब रोगियों को चिकित्सक द्वारा अधिक पंसद किया जाता है तथा जब चिकित्सक उनके प्रति अधिक धनात्मक संवेगात्मक लगाव दिखाते हैं, तो ऐसे रोगी का चिकित्सीय परिणाम अधिक अनुकूल होता है। इतना ही नहीं, कारासेना (Caracena, 1962) ने तो अपने अध्ययन में यह भी पाया है कि ऐसे रोगी की चिकित्सा की अवधि भी लम्बी होती है। कुछ अध्ययनों में यह भी पाया गया कि चिकित्सक के नैतिक मूल्यों का भी प्रभाव चिकित्सा के परिणाम पर पड़ता है। जैसे—रोजेन्थल (Rosenthal, 1955) ने अपने अध्ययन में यह पाया है कि जो रोगी चिकित्सक द्वारा दिए गए चिकित्सा से अधिक लाभान्वित हुए थे, वे अपने नैतिक मूल्यों में चिकित्सक के नैतिक मूल्यों के अनुरूप परिवर्तन कर लिये थे।

स्पष्ट हुआ कि चिकित्सक के कुछ गुण होते हैं जिनसे चिकित्सा के परिणाम स्पष्ट रूप से प्रभावित होते हैं।

(3) रोगी तथा चिकित्सक का संबंध या अन्त:क्रिया *(Relation or interaction between patient and therapist)*—जैसा कि हम जानते हैं कि मनश्चिकित्सा के सत्र में कम-से-कम एक रोगी तथा चिकित्सक अवश्य होता है और इन दोनों के गुणों से चिकित्सा का परिणाम प्रभावित होता है। परन्तु सच्चाई यह है कि चिकित्सा का परिणाम इन दोनों के गुणों का समकालिक अन्तक्रिया (simultaneous interaction) द्वारा अधिक प्रभावित होता है। रोगी तथा चिकित्सक के समकालिक अंतःक्रिया का चिकित्सा के परिणाम पर पड़ने वाले प्रभावों से संबद्ध शोधों को निम्नांकित तीन भागों में बाँटा गया है—

(i) रोगी तथा चिकित्सा के प्रत्याशा में सामंजस्य (congruence between patient and therapist's expectation)

---

1. "It is clearer now that these variables are not as prepotent as one believed; but their presence and influence is ubiquitous, even showing up strongly in behaviour therapies." —Bergin & Suinn : Individual Psychotherapy and Behaviour therapy : *Annual Review of Psychology*, 1975, p. 52

(ii) रोगी तथा चिकित्सक के व्यक्तित्व में समानता (similarity between personality of patient and therapist)

(iii) रोगी तथा चिकित्सक के सामाजिक-सांस्कृतिक विशेषताओं में समानता (similarity between socio-cultural characteristics of patient and therapist)

इन तीनों का वर्णन निम्नांकित है—

(i) रोगी तथा चिकित्सक के प्रत्याशा में सामंजस्य *(Congruence between patient and therapist's expectation)*—मनोवैज्ञानिकों का विचार है कि चिकित्सक तथा रोगी की प्रत्याशाओं में सामंजस्य से चिकित्सा का परिणाम अनुकूल होने की संभावना अधिक तीव्र हो जाती है। गोईन तथा उनके सहयोगियों (Goin et al., 1965), लेविट (Levitt, 1966) तथा स्कौनफिल्ड तथा उनके सहयोगियों (Schonfield et. al., 1969) ने अपने-अपने अध्ययनों से इस तथ्य का खुलासा किया है कि जब रोगी को अपनी प्रत्याशा के अनुरूप चिकित्सा मिलती है तो उससे उन्हें काफी लाभ होता है। हीनी तथा ट्रोसमैन (Heine & Trosman, 1960) ने अपने अध्ययन में पाया कि जो रोगी चिकित्सा को एक निष्क्रिय सहयोग (passive cooperation) मानते हैं; अर्थात् जिनमें निर्देशन-उन्मुखता (guidance orientation) होती है यानी जो चिकित्सा को मात्र राय या सलाह लेने की प्रक्रिया, जैसे कहा जाए वैसे काम करने की प्रक्रिया समझते हैं, वे चिकित्सा से अधिक लाभ नहीं उठा पाते हैं तथा ऐसे रोगियों के लिए चिकित्सा का परिणाम अनुकूल नहीं होता है। ऐसे रोगी प्रायः चिकित्सा को बीच में ही छोड़ देते हैं। दूसरे तरफ जो रोगी चिकित्सक की प्रत्याशा (expectation) के अनुरूप चिकित्सा को एक सक्रिय सहयोग की प्रक्रिया मानते हैं अर्थात् जिनमें सहभागिता उन्मुखता (participation orientation) होती है यानी समस्या के समाधान के लिए एक साथ मिल-जुलकर कार्य करने की प्रवृत्ति होती है, ऐसे रोगी चिकित्सा से अधिक लाभ उठाते हैं तथा चिकित्सा का परिणाम उनके लिए अनुकूल होता है। करीब इस प्रकार का परिणाम ओभरऑल तथा एरोनसन (Overall & Aronson, 1963) द्वारा भी अपने प्रयोग में पाया गया। क्लीम्स एवं डीएनड्रीया (Clemes & D'Andrea, 1965) ने अपने अध्ययन में आरंभिक नैदानिक साक्षात्कार में चिन्ता पर रोगी तथा चिकित्सक की प्रत्याशा की संगतता (compatibility) के पड़ने वाले प्रभाव का अध्ययन किया। परिणाम में देखा गया कि संगत साक्षात्कार (compatible interview) में अर्थात् वैसे साक्षात्कार में जहाँ रोगी तथा चिकित्सक की प्रत्याशाएँ लगभग समान थीं, रोगी में चिन्ता कम होती थी। इतना ही नहीं, चिकित्सक भी ऐसे साक्षात्कार को संचालित करना आसान समझते थे तथा उनमें भी इस तरह का साक्षत्कार किसी प्रकार की चिन्ता उत्पन्न नहीं करता था। लेनार्ड तथा वर्नस्टीन (Lennard & Bernstein, 1960) ने भी अपने अध्यधन में यह पाया कि रोगी तथा चिकित्सक की प्रत्याशाओं में असंगतता (incongruence) उत्पन्न हो जाने से नैदानिक साक्षात्कार में तो कठिनाई होती है, साथ-ही-साथ ऐसी परिस्थिति में चिकित्सा के परिणाम भी अनुकूल नहीं होते हैं।

(ii) रोगी तथा चिकित्सक के व्यक्तित्व में समानता *(Similarity between personality of therapist and patient)*—रोगी तथा चिकित्सक के व्यक्तित्व में समानता का प्रभाव चिकित्सा के परिणाम पर पड़ता है और इसके बारे में अलग-अलग ढंग का तर्क भी प्रस्तुत किया गया है। इस बिन्दु पर प्रयोगात्मक सबूत स्पष्ट न होकर मिश्रित (mixed) है। एक तर्क यह दिया जाता है कि रोगी तथा चिकित्सक के व्यक्तित्व में अधिक समानता होने से परानुभूति (empathy) तथा समझ-बूझ की मात्रा में वृद्धि होती है तथा अधिक असमानता होने से वस्तुनिष्ठता (objectivity) में वृद्धि होती है। कुछ अन्य लोगों का मत है कि अगर रोगी तथा चिकित्सक के व्यक्तित्व में जरूरत से अधिक तथा जरूरत से कम समानता होती है तो इससे चिकित्सा में बाधा उत्पन्न होती है परन्तु यह संबंध साधारण होता है, तो रोगी को चिकित्सा से लाभ होता है तथा चिकित्सा के परिणाम अनुकूल होते हैं। चाहे तर्क जो भी हो, इस संबंध में प्राप्त प्रयोगात्मक सबूत स्पष्ट न होकर परस्पर विरोधी है। वर्गेली, मेनडेलसन तथा गेलर (Berkeley, Mendelsohn & Geller, 1967) ने रोगी-चिकित्सक समानता पर किए गए कई अध्ययनों की समीक्षा किया और बतलाया कि रोगी तथा चिकित्सक में अधिक समानता होने से चिकित्सा में रोगी की अभिरुचि समाप्त हो जाती है परन्तु यदि इन दोनों में विषमता होती है, तो चकित्सा में उनकी अभिरुचि बनी होती है तथा चिकित्सा लम्बी चलती है। कारसन तथा हीनी (Carson & Heine, 1962) ने अपने अध्ययन में रोगी-चिकित्सक समानता तथा चिकित्सा के लाभ या सफलता के बीच अरेखीय संबंध (curvilinear relationship) पाया है। इसका मतलब यह हुआ कि रोगी तथा चिकित्सक के बीच एक खास बिन्दु तक असमानता होने से चिकित्सा के परिणाम अनुकूल होते हैं। उस सीमा के बाद भी यदि इन दोनों

में असमानता की मात्रा बढ़ती है तो इससे चिकित्सा के परिणाम प्रतिकूल होने लगते हैं क्योंकि इससे उन्हें सफलता नहीं मिलती है। दुर्भाग्यवश इस प्रयोग की प्रतिकृति (replication) जब स्वयं कारसन ने लेवेलिन (Carson & Lewellyn, 1966) के साथ मिलकर किया, तो निष्कर्ष अनुपयुक्त पाए गए। लिचटेनस्टीन (Lichtenstein, 1966) ने भी अपने अध्ययन में रोगी-चिकित्सा समानता तथा चिकित्सा के परिणाम के बीच कोई संबंध नहीं पाया है। सापोलस्की (Sapolsky, 1965) ने एक अध्ययन किया जिसमें इस प्राक्कल्पना की जाँच की गयी है जो रोगी यह समझते हैं कि वे चिकित्सक से अधिक समान हैं, उन्हें चिकित्सा का लाभ उन रोगियों की तुलना में अधिक मिलता है जो ऐसा नहीं समझते हैं। परिणाम में इस प्राक्कल्पना की संपुष्टि होते पायी गयी।

स्पष्ट है कि रोगी तथा चिकित्सक के व्यक्तित्व की समानता तथा चिकित्सा के परिणाम के संबंध पर पक्ष तथा विपक्ष दोनों तरह के सबूत उपलब्ध हैं। इसे देखते हुए यही कहा जा सकता है कि रोगी-चिकित्सक समानता या असमानता से चिकित्सा की प्रभावशीलता में न तो बढ़ोत्तरी होती है और न ही कमी आती है। देखने में समानता प्राक्कल्पना आकर्षक भले ही लगे, यह अनुभवजन्य ढंग से (empirically) न तो अभी स्थापित है और न ही इसकी जाँच ही की गयी है।

(iii) रोगी तथा चिकित्सक के सामाजिक सांस्कृतिक-विशेषताओं में समानता *(Similarity between socio-cultural characteristics of patient and therapist)*—रोगी तथा चिकित्सक के सामाजिक-सांस्कृतिक पहलुओं जैसे सामाजिक वर्ग, सस्कृति, शिक्षा, भाषा, आय-समूह, आदि में समानता या असमानता का प्रभाव भी चिकित्सा के परिणाम पर पड़ता है। सामान्यतः यह तर्क दिया जाता है कि रोगी तथा चिकित्सक में सामाजिक-सांस्कृतिक पहलुओं में यदि समानता होती है, तो चिकित्सा का परिणाम प्रभावी एवं अनुकूल होता है परन्तु यदि असमानता होती है तो चिकित्सा का परिणाम प्रतिकूल होता है। परन्तु वास्तविकता इतना प्रत्यक्ष एवं सीधा नहीं है। बहुत सारे अन्य ऐसे कारक भी हैं जिनसे इन दोनों का संबंध प्रभावित होता है तथा उसमें जटिलता (complexity) उत्पन्न होती है। इस बिन्दु पर उपलब्ध शोध इतना सीमित एवं परस्पर विरोधी है कि उसके आधार पर किसी सामान्य निष्कर्ष पर पहुँचना कठिन है। इन सीमित अध्ययनों में यह स्पष्ट रूप से देखा गया है कि रोगी तथा चिकित्सक में सामाजिक-सांस्कृतिक पहलुओं में असमानता होने से दोनों के बीच संचार काफी सीमित हो जाता है तथा परस्पर समझ में भी कमी हो जाती है। अगर इन पहलुओं में काफी अधिक समानता होती है तो उससे अति तादात्म्य (over identification) तथा प्रक्षेपण (projection) एवं उत्तम संदर्भ (perspective) की कमी पायी जाती है। इसका मतलब तब अपने आप यह हो जाता है कि जब इन पहलुओं में समानता मध्य का होता है, तो चिकित्सा का परिणाम अधिक लाभकारी होते हैं। परन्तु सच्चाई ऐसी नहीं है क्योंकि चिकित्सा का परिणाम इन कारकों के अंतक्रिया (interaction) पर निर्भर करता है अर्थात् इस बात पर निर्भर करता है कि अपने सामाजिक वर्ग में तथा चिकित्सक के व्यक्तिगत तथा व्यवसायिक गुणों में रोगी की पहचान तथा समस्याएँ किस हद तक निहित है, जैसे—अगर रोगी के आत्म-संप्रत्यय (self-concept) में सामाजिक पहचान (social identity) की भूमिका काफी महत्त्वपूर्ण है और अगर उसकी समस्या भी इसी क्षेत्र का है तो ऐसी परिस्थिति में वह सामाजिक रूप से समान चिकित्सक के होने से अधिक लाभान्वित होगा। इसके अलावा यदि चिकित्सक काफी योग्य है तथा उसे व्यवसायिक अनुभव काफी प्राप्त है, तो वह असमान, सामाजिक-सांस्कृतिक पहलू वाले रोगी की भी चिकित्सा उत्तम ढंग से कर सकता है।

स्पष्ट हुआ कि चिकित्सक तथा रोगी का संबंध या अन्तःक्रिया (interaction) से चिकित्सा का परिणाम प्रभावित होता है।

(4) चिकित्सीय प्रविधियाँ *(Therapeutic techniques)*—चिकित्सा का परिणाम रोगी एवं चिकित्सक के गुणों एवं उनकी अन्तःक्रियाओं पर ही नहीं बल्कि चिकित्सा के दौरान अपनायी गयी विशिष्ट चिकित्सीय प्रविधि पर भी निर्भर करता है। ऐसे तो देखा जाए तो प्राप्त प्रयोगात्मक सबूत या अध्ययनों के आलोक में यही कहा जा सकता है कि मनश्चिकित्सा के किसी एक प्रकार को अन्य दूसरे प्रकार से अधिक प्रभावी नहीं माना जा सकता है परन्तु कुछ इससे संबंधित चरों का अध्ययन हुआ है जिनसे चिकित्सा के परिणाम पर पड़ने वाले प्रभावों का पता चलता है। जैसे—यह देखा गया है कि अधिक लम्बी अवधि तक चिकित्सा के अधिक सत्र (session) रोगी को दिए जाते हैं तो वह कम अवधि तक कम संख्या में दी गयी सत्र की अपेक्षा अधिक लाभकारी होता है। फलतः ऐसी मनश्चिकित्सा का परिणाम अधिक अनुकूल होता है। परन्तु कुछ लोगों द्वारा अपने शोधों में इसके लिए किसी प्रकार का सबूत नहीं पाया गया

क्योंकि इन लोगों ने अपने अध्ययन में मनश्चिकित्सा के परिणाम तथा चिकित्सा की अवधि या चिकित्सीय सत्र की बारंबारता में कोई संबंध नहीं पा सके। कुछ ऐसे भी अध्ययन किए गए हैं जिनमें पहले से चिकित्सा सत्र की बारंबारता (frequency) को निर्धारित करके चिकित्सा के परिणाम पर पड़ने वाले प्रभाव का अध्ययन किया गया है। हेनरी तथा शलियन (Henery & Shlien, 1958) ने अपने अध्ययन में दो समूहों को क्लायंट-केन्द्रित चिकित्सा प्रदान किया—एक समूह को समय-सीमित समूह कहा गया जिसे औसतन 18 चिकित्सीय सत्र दिए गए तथा दूसरा समूह समय-असीमित समूह (time-unlimited group) था जिसे औसतन 37 चिकित्सीय सत्र दिया गया। परिणाम में देखा गया समय-सीमित समूह में चिकित्सीय सफलता 90% तक हुई जबकि समय-असीमित समूह में चिकित्सीय सफलता मात्र 66% हुई। इस परिणाम की पुष्टि आगे चलकर शलियन, मोसाक तथा ड्रिकुर्स (Shlien, Mosak & Driekurs, 1962) ने तथा हेनरी तथा मोजाक (Henary & Mosak, 1972) ने अपने-अपने शोधों से किया। कुछ अध्ययनों में वैयक्तिक चिकित्सा (individual therapy) की तुलना सामूहिक चिकित्सा (group therapy) से किया गया और पाया गया कि कुछ अवस्थाओं में वैयक्तिक चिकित्सा का तो कुछ अवस्थाओं में सामूहिक चिकित्सा का परिणाम अधिक अनुकूल होता है।

(5) सामाजिक-सांस्कृतिक निर्धारक *(Socio-cultural determinants)*—आधुनिक शोधों से कुछ ऐसे सामाजिक-सांस्कृतिक निर्धारक या कारक का भी पता चला है जिनसे मनश्चिकित्सा का परिणाम प्रभावित होता है। जिस समाज की संस्कृति में यह विश्वास (belief) होता है कि मानव स्वभाव में आवश्यकता पड़ने पर सुधार लाया जा सकता है तथा तकनीकी ज्ञान के सहारे मनुष्यों की मानसिक समस्याओं को दूर किया जा सकता है, उसमें मनश्चिकित्सा का परिणाम अधिक अनुकूल होता है। परन्तु जिस सामाजिक संस्कृति में इस तरह का विश्वास नहीं होता है, उनमें दी गई मनश्चिकित्सा अधिक प्रभावकारी नहीं होता है। उसी तरह से यह देखा गया है कि जिस समाज में मनश्चिकित्सा को एक महत्त्वपूर्ण सामाजिक क्रिया समझी जाती है न कि एक सामाजिक कलंक, उसमें दी गयी मनश्चिकित्सा के परिणाम अधिक अनुकूल होते हैं। ऐसे समाज में जो व्यक्ति मनश्चिकित्सा के लिए तैयार होते हैं, उनका सामाजिक नेटवर्क (social network) तुलनात्मक रूप से अधिक मजबूत होते हैं। मनश्चिकित्सा के परिणाम पर तात्कालिक सामाजिक तंत्र (immediate social system) का भी प्रभाव पड़ता है। जब सामाजिक तंत्र ऐसा होता है जिसमें रोगी तथा चिकित्सक की भूमिका स्पष्ट रूप से परिभाषित होती है तथा परिस्थिति जिसमें चिकित्सा प्रदत्त होगी वह भी स्पष्ट होता है, तो चिकित्सा अधिक प्रभावकारी होती है और उसका परिणाम अधिक अनुकूल होता है।

सामान्य निष्कर्ष—स्पष्ट हुआ कि मनश्चिकित्सा के परिणाम पर कई कारकों का प्रभाव पड़ता है। इन कारकों में मनोवैज्ञानिकों द्वारा रोगी की विशेषताओं, चिकित्सक की विशेषताओं तथा रोगी एवं चिकित्सक के अन्तःक्रिया या संबंध पर तुलनात्मक रूप से अधिक बल डाला गया है।

मेडिकल शोध तथा मनश्चिकित्सीय शोध में अन्तर
(Difference between Medical research and Psychotherapeutic research)

मेडिकल शोध जिसे मेडिकल क्षेत्र में प्रशिक्षित वैज्ञानिक करते हैं तथा मनश्चिकित्सीय शोध (psychotherapeutic research) जिसे मनश्चिकित्सा के क्षेत्र में प्रशिक्षित वैज्ञानिक करते हैं, एक दूसरे के समानान्तर हैं। इन दोनों तरह के शोध में समानता (similarity) की बिन्दु यह है कि दोनों तरह के शोध का उद्देश्य रोगी की समस्याओं को दूर कर उन्हें अमन-चैन की जिन्दगी प्रदत्त करना। इसके बावजूद मेडिकल शोध तथा मनश्चिकित्सा शोध में स्पष्ट अंतर है। कुछ प्रमुख अंतर इस प्रकार है—

(1) मनश्चिकित्सीय शोध आत्मनिष्ठ (subjective) एवं मूल्य-आश्रित (value-laden) होता है जबकि मेडिकल शोध वस्तुनिष्ठ होते हैं तथा इसमें मानवीय मूल्यों को उतना महत्त्व नहीं दिया जाता है। शायद यही कारण है कि मनश्चिकित्सक रोगी के निदान (diagnosis) के बारे में अक्सर भिन्न मत जाहिर करता है और यहाँ तक वे आपस में इस बिन्दु पर भी भिन्न विचार दिखाते हैं कि प्रथम अवस्था में रोगी को मनोवैज्ञानिक रूप से 'बीमार' कहा जाय या नहीं। मेडिकल शोध में ऐसी बात नहीं होती है। इस तरह के शोध में बीमारी तथा उत्तम स्वास्थ्य का मानक (standard) वस्तुनिष्ठ ढंग से परिभाषित रहता है जिसका उपयोग सभी डाक्टरों द्वारा सभी रोगियों के लिए एक संगत ढंग से किया जाता है।

(2) मेडिकल शोध में 'एकरूपता पूर्वकल्पना' (uniformity assumption) होती है। इसका मतलब यह हुआ कि इस तरह के शोध में एक मौलिक विश्वास यह होता है कि सभी रोगी लगभग एक समान होते हैं, सभी चिकित्सक भी लगभग एक समान होते हैं तथा सभी चिकित्सा भी एक समान ही होते हैं। परन्तु सच्चाई यह है कि सभी रोगियों को समान समझे जाने के बावजूद भी वे अपनी मनोवृत्ति, मूल्य, जिन्दगी की अवस्थाएँ, प्रत्याशाएँ (expectations) आदि के ख्याल से वे एक-दूसरे से भिन्न होते हैं, समान प्रशिक्षण पाने के बावजूद चिकित्सक एक-दूसरे से शीलगुण में विभिन्न होते हैं तथा समानता के बावजूद चिकित्सीय उपागम भी एक दूसरे से भिन्न होते हैं। मनश्चिकित्सा भी शोध एकरूपता पूर्वकल्पना से ग्रस्ति है परन्तु अब इसमें इन पूर्वकल्पना के बंधन से मुक्त होने की स्पष्ट प्रवृत्ति दीख रही है।

(3) मनश्चिकित्सीय शोध में मनश्चिकित्सा के परिणाम (outcome) को मापने के लिए रोगी के व्यवहार में हुए परिवर्तन (change) को कसौटी (criteria) माना जाता है जो रोगी तथा चिकित्सक के मूल्य निर्णय (value judgement) पर आधारित होता है कभी-कभी इन दोनों में इस बिन्दु पर असहमति भी होता है। जबकि मेडिकल शोध में चिकित्सा के परिणाम को मापने के लिए रोगी के व्यवहार में उन्नति (improvement) या रोगमुक्ति (cure) को कसौटी बनाया जाता है।

(4) मेडिकल शोध (medical research) का स्वरूप विस्तृत होता है जबकि मनश्चिकित्सीय शोध का स्वरूप सीमित होता है।

(5) मनश्चिकित्सीय शोध में मेडिकल शोध की अपेक्षा जटिलता (complexity) अधिक होती है। इसका प्रधान कारण यह बतलाया गया है कि कोई भी मनोवैज्ञानिक या मानसिक समस्या अपने आप में एक अनोखा मनोसामाजिक घटना (psychosocial event) होता है। सामान्यतः इस तरह के शोध में बहुत सारे चर (variables) होते हैं जिनमें से कुछ ऐसे होते हैं जिन्हें सीधे मापना या अध्ययन करना मुश्किल होता है। यही कारण है कि मनश्चिकित्सा में क्रमबद्ध शोध (systematic research) बहुत ही कम हो पाते हैं। मेडिकल शोध में ऐसी बात नहीं है। उसमें क्रमबद्ध शोध करना काफी आसान होता है क्योंकि सभी चरों को वस्तुनिष्ठ एवं वैज्ञानिक ढंग से मापने के लिए परिष्कृत उपकरण (sophisticated instrument) या साधन उपलब्ध होते हैं। मनश्चिकित्सीय शोध में इस तरह के परिष्कृत साधन का सर्वथा अभाव रहता है।

(6) मेडिकल शोध में प्रतिरोध (resistance) कम होता है जबकि मनश्चिकित्सा शोध में प्रतिरोध अधिक होता है। इसका कारण यह है कि मेडिकल शोध में 'दवा' (medicine) कोई औषध (drug) होता है जिसका स्वरूप अवैयक्तिक (impersonal) होता है। अवैयक्तिक स्वरूप होने के कारण वह अपनी ओर से कोई खास प्रतिरोध उत्पन्न नहीं करता है। परन्तु मनश्चिकित्सा शोध में दवा (medicine) स्वयं चिकित्सक अपने आप होते हैं। उनका अपना विचार, विश्वास, वैयक्तिक क्रिया (personal action) से रोगी की समस्या का उपचार होता है न कि किसी बाहरी दवा या औषध से। ऐसी परिस्थिति में प्रतिरोध (resistance) अधिक होता है क्योंकि ऐसी परिस्थिति में चिकित्सक के आत्म-सम्मान (self-esteem) को शोध एक तरह से चुनौती या धमकी प्रदान करता है। मेलजौफ तथा कॉनरिक[1] (Meltzoff & Kornreich, 1970) ने इस बिन्दु पर बहुत ही सटीक टिप्पणी करते हुए कहा है, "कुछ लोग ऐसा समझते हैं कि मनश्चिकित्सा पर शोध करने की बात सोचना उसके बारे में एक प्रश्न उठाना है, प्रश्न उठाने का मतलब उस पर हमला करना है और हमला करने का मतलब मानव कल्याण के विरुद्ध होना है।"

(7) शोध से मनश्चिकित्सा के वास्तविक स्वरूप में कुछ-न-कुछ विकृति (distrotion) अवश्य उत्पन्न हो जाती है। शोध में विशेष तरह के परीक्षणों का उपयोग, रेटिंग्स तथा चिकित्सक एवं रोगी के बातचीत का टैपरेकार्डिंग आदि आवश्यक हो जाता है। कुछ अध्ययनों में यह पाया गया है कि जब शोध के उद्देश्य से चिकित्सक तथा रोगी के बातचीत का टेपरेकार्डिंग किया जाता है, तो वे उससे अधिक चिंतित हो जाते हैं और अपनी बातचीत में मौलिकता के जगह पर आदर्शवादिता को अधिक महत्त्व देने लगते हैं। इससे मनश्चिकित्सा के शोध तो प्रभावित होते ही हैं साथ ही व्यवसायिक नैतिकता (professional ethics) को भी ठेस पहुँचता है क्योंकि मनश्चिकित्सा के सत्र के दौरान अभिव्यक्त किए गए विचार काफी वैयक्तिक एवं गोपनीय स्वरूप के होते हैं जिनका रेकार्डिंग, रेटिंग आदि करना

1. **"...some feel that to contemplate research on psychotherapy is to question it, to question it is to attack it and to attack it is to be against human welfare." —Meltzoff & Kornreich : *Research in Psychotherapy,* 1970, p. 8**

अनुचित है। मेडिकल क्षेत्र में किए जाने वाले शोध में शोध के दौरान व्यवहृत किए गए उपकरणों या साधनों में चिकित्सा की प्रक्रिया न तो उस तरह से प्रभावित होती है और न ही उसमें व्यवसायिक नैतिकता से संबंधित किसी तरह का खतरा ही रहता है।

स्पष्ट हुआ कि मेडिकल शोध तथा मनश्चिकित्सा शोध कई बिन्दुओं पर एक दूसरे से भिन्न हैं।

मनश्चिकित्सा की प्रक्रिया पर शोध
(Research on the Process of Psychotherapy)

मनश्चिकित्सा में प्रक्रिया शोध (process research) एक महत्त्वपूर्ण पहलू है जिसपर मनोवैज्ञानिकों द्वारा ध्यान दिया गया है। मनश्चिकित्सा पर चिकित्सक तथा रोगी से संबंधित चरों (variables) के अलावा कुछ वैसी घटनाओं (events) का भी प्रभाव पड़ता है जो चिकित्सा सत्र के दौरान चिकित्सक तथा रोगी के अन्तःक्रिया के कारण होते हैं। इसे प्रक्रिया शोध (process research) कहा जाता है। कोरचिन[1] (Korchin, 1986) ने शोध प्रक्रिया को इन शब्दों में परिभाषित किया है, ''प्रक्रिया शोध से तात्पर्य उन घटनाओं से होता है जो रोगी तथा चिकित्सक के अन्तःक्रिया में चिकित्सा सत्र में घटित होते हैं।''

शोध प्रक्रिया के क्षेत्र में रोजेरियन (Rogerians) को अग्रणी माना गया है और इसमें कुछ चरों का क्रमबद्ध अध्ययन भी इन लोगों द्वारा किया गया है। जैसे—इन लोगों ने चिकित्सा के दौरान चिकित्सक द्वारा किए गए बातचीत की मात्रा पर रोगी के स्वतःप्रवृत्ति (patient's spontaneity) पर पड़ने वाले प्रभाव का या चिकित्सक के स्पष्टीकरण तथा विभिन्न पुनर्व्याख्याओं का सत्र में रोगी द्वारा अपनी उन्नति के लिए ली गयी जवाबदेही पर पड़ने वाले प्रभाव का गहन अध्ययन किया है।

शोध प्रक्रिया के स्वरूप को और अधिक स्पष्ट करने के लिए लासेन (Lassen, 1973) द्वारा किया गया सरल अध्ययन को उद्धृत किया जा सकता है। इस अध्ययन के आरंभिक चिकित्सा साक्षात्कार के सत्र में रोगी में चिन्ता तथा संचार (communication) पर भौतिक दूरी (physcial distance) के पड़ने वाले प्रभाव का अध्ययन किया गया है। इस अध्ययन में चिकित्सक रोगियों का साक्षात्कार विभिन्न दूरियों अर्थात् 3 फीट, 6 फीट, एवं 9 फीटकी दूरी पर से संचालित किए। परिणाम बड़े रोचक थे जो इस प्रकार थे—

(i) जैसे-जैसे दूरी बढ़ती गयी, रोगी में चिंता का स्तर भी बढ़ता गया जैसा कि उनके द्वारा किए गए संचार में उत्पन्न बाधाओं से अनुमान लगता है।

(ii) रोगियों ने यह बतलाया कि जब अधिक दूरी पर जैसे 9 फीट की दूरी से साक्षात्कार होता था, तो न उनपर अधिक ध्यान दिया जाता था और न ही उनकी समस्याओं को ठीक ढंग से समझा ही जाता था।

(iii) 6 फीट की दूरी होने पर रोगी अपनी चिन्ताओं, आशंकाओं आदि के बारे में अधिक खुलकर अभिव्यक्ति करते थे।

इस तरह के अन्य कई अध्ययन हुए हैं जिनसे यह स्पष्ट हुआ कि चिकित्सा सत्र की घटनाओं का प्रभाव चिकित्सा पर पड़ता है।

प्रक्रिया मापक (process measures) प्रत्यक्ष (direct) या परोक्ष (indirect) कुछ भी हो सकता है। प्रत्यक्ष मापक में चिकित्सा सत्र के दौरान रोगी तथा चिकित्सक के अन्तःक्रियाओं या व्यवहारों का प्रेक्षण या रेकार्डिंग को सम्मिलित किया जा सकता है। परन्तु जब चिकित्सा सत्र के तुरंत बाद रोगी या चिकित्सक या दोनों से सत्र के दौरान घटित घटना के बारे में बतलाने के लिए या विशिष्ट चरों पर घटनाओं का रेट करने के लिए कहा जाता है, तो यह परोक्ष मापक का उदाहरण होगा। जैसे—यदि किसी चिकित्सा सत्र की घटना का किसी प्रश्नावली द्वारा रेटिंग करवाया जाए जैसा कि औरलिनरकी तथा होवार्ड (Orlinsky & Howard, 1967) ने अपने अध्ययन में किया था, तो यह शोध प्रक्रिया का परोक्ष मापक का उदाहरण होगा।

---

1. "Process research is concerned with events that transcribe within the therapy session in interaction between the therapist and the patient." —Korchin : *Modern Clinical Psychology,* 1986, p. 465

निम्नांकित कुछ ऐसे प्रमुख क्षेत्र हैं जिनमें नैदानिक मनोवैज्ञानिकों द्वारा शोध प्रक्रिया की गयी हे—

(a) संचार अध्ययन (communication studies)
(b) शाब्दिक अनुबंधन (verbal conditioning)
(c) मनोदैहिक अध्ययन (psychophysical studies)
(d) रोगी चरों से संबंधित अध्ययन (studies related to patient variables)
(e) चिकित्सक तथा नैदानिक हस्तक्षेप से संबंधित विशेषताएँ (characteristics of therapist and clinical interventions.)

इन पाँच क्षेत्रों में किए गए प्रक्रिया शोध तथा उनके आशय (implication) का वर्णन निम्नांकित है—

(a) संचार अध्ययन (*communication studies*)—इस क्षेत्र में किए गए शोध प्रक्रिया द्वारा संचार तथा संभाषण अन्तःक्रियाओं (speech interactions) का अध्ययन किया गया है। माटाराजो एवं वियन्स (Matarazzo & Wiens, 1972) द्वारा चिकित्सा सत्र के दौरान की गयी उक्ति (utterances) जिसमें वाणी की अवधि, गति (pacing), चुप्पी (silences) आदि सम्मिलित होते हैं तथा रोगी-चिकित्सक बातचीत की मात्रा आदि का अध्ययन किया गया है, में सतत् स्थिर वैयक्तिक अंतर पाया गया है। इसके अतिरिक्त एक महत्त्वपूर्ण तथ्य जो पाया गया वह यह था कि साक्षात्कारकर्त्ता अपनी भाषा में उद्देश्यपूर्ण परिवर्तन करके रोगी के भाषा में भी वांछित परिवर्तन कर सकता है। पिटेनगर तथा उनके सहयोगियों (Pittenger et al., 1960) तथा माह्ल (Mahl, 1968) ने अपने-अपने अध्ययनों में चिकित्सा साक्षात्कार के दौरान दिखाए गए भाषाई (linguistic) तथा अशाब्दिक व्यवहार (non-verbal behaviour) को भी महत्त्वपूर्ण बतलाया है। माह्ल ने तो यह भी बतलाया कि चिकित्सक द्वारा विशेष तरह के आनन अभिव्यक्ति (facial expression) होने से रोगी द्वारा अपने मानसिक संघर्षों एवं इच्छाओं की स्पष्टीकरण में प्रतिरोध उत्पन्न होने लगता है तथा जब रोगी को विशेष तरह के मानसिक संघर्ष तथा दमित इच्छाओं के बारे में बतलाने के लिए कहा जाता है तो उसमें खास तरह की आनन अभिव्यक्ति भी होती है।

(b) शाब्दिक अनुबंधन (*verbal conditioning*)—अध्ययनों से यह स्पष्ट हुआ है कि चिकित्सा साक्षात्कार में चिकित्सक रोगी के शाब्दिक व्यवहार को पुनर्बलित करके उसे वांछित दिशा में परिवर्तित कर सकते हैं। जैसे—जब-जब रोगी धनात्मक आत्म-संदर्भ (self-reference) की बात करता है और यदि चिकित्सक 'अच्छा', 'शाबाश' आदि कहकर प्रोत्साहित करता है, तो रोगी द्वारा ऐसे संदर्भ की चर्चा भविष्य में किए जाने की संभावना अधिक बढ़ जाता है। इस शाब्दिक अनुबंधन (verbal conditioning) को स्कीनेरियन सिद्धान्त के अनुसार सभी तरह के चिकित्सा का एक प्रमुख पहलू माना गया है और टुएक्स (Truax, 1966) ने तो इसे क्लायंट-केन्द्रित चिकित्सा में इसके लिए पर्याप्त प्रयोगात्मक साक्ष्य भी उपस्थित किया है।

(c) मनोदैहिक अध्ययन (*psychophysical studies*)—कुछ अध्ययनों में चिकित्सा प्रक्रिया के दौरान रोगी तथा चिकित्सक में होनेवाले शारीरिक परिवर्तनों जैसे—हृदयगति, रक्तचाप, गलैनिक त्वक् अनुक्रिया (Galvanic Skin Response or GSR), श्वसन गति तथा मांसपेशियों, ग्रन्थियों आदि में होनेवाले परिवर्तनों का अध्ययन किया गया है ताकि चिकित्सा सत्र के सांवेगिक वातावरण में परिवर्तन होने पर रोगी तथा चिकित्सक के सांवेगिक उत्तेजनों के दैहिक सूचकांकों का निर्धारण किया जा सके। लेसी (Lacey, 1959) लैंग (Lang, 1971), फेयर्स (Phares, 1991) ने अपने-अपने अध्ययनों में यह पाया है कि रोगी के विभिन्न सांवेगिक अवस्थाओं से इस दैहिक मापकों (physiological measures) का संबंध सीधा है। डिमौसकियो तथा सुटर (DiMoscio & Suter, 1954) ने अपने अध्ययन में पाया कि चिकित्सा सत्र में उच्च सौहार्द्र (rapport) संबंध स्थापित होने पर रोगी तथा चिकित्सक दोनों के हृदय गति में अधिक घट-बढ़ साथ-साथ होते पाया गया परन्तु निम्न सौहार्द्र संबंध में इन दोनों के हृदय गति में घट-बढ़ साथ-साथ न होकर एक-दूसरे के विपरीत दिशा में होती पायी गयी।

(d) रोगी चरों से संबंधित प्रक्रिया अध्ययन (*process studies of patient variables*)—विभिन्न चिकित्सा सत्र के दौरान से संबंधित चर (patient variables) जैसे रोगी के संवेगात्मक अवस्था, मनोवृत्ति (attitudes), प्रत्याशा (expectations), चिकित्सा के बारे में उत्पन्न भाव आदि का प्रत्यक्ष एवं परोक्ष प्रक्रिया मापकों द्वारा विस्तृत अध्ययन किया गया है और यह पाया गया है कि इन चरों को वांछित दिशा में नियंत्रित करके रोगी के व्यवहार में वंछित

दिशा में परिवर्तन किया जा सकता है। इन सभी चरों को क्लायंट केन्द्रित चिकित्सा (client-centred therapy) तथा मनोविश्लेषणात्मक चिकित्सा में सर्वाधिक महत्त्वपूर्ण विलसन (Wilson, 1983) तथा विटनर (Witner, 1990) द्वारा बतलाया गया है।

(e) चिकित्सक तथा नैदानिक हस्तक्षेप से संबंधित विशेषताओं का प्रक्रिया अध्ययन *(process studies of therapist characteristics and climical interventions)*—बहुत सारे अध्ययनों में चिकित्सक के गुणों तथा उनके द्वारा अपनायी गयी चिकित्सा प्रविधि का मूल्यांकन इसलिए किया गया है ताकि यह पता लगाया जा सके कि उनसे चिकित्सीय प्रगति (therapeutic progress) किस तरह से प्रभावित होता है। इन अध्ययनों में अंतर्वस्तु विश्लेषण विधि (content analysis method) का उपयोग किया गया है। स्पीसमैन (Speisman, 1959) ने चिकित्सक द्वारा विभिन्न तथ्यों का चिकित्सक द्वारा की गयी व्याख्या की गहराई का अध्ययन किया और पाया कि यदि चिकित्सक द्वारा गहरी व्याख्या की जाती है, तो इससे रोगी में प्रतिरोध (resistance) होता है तथा उनकी आत्म-अन्वेषण की क्षमता में भी कमी आती है, परन्तु यदि चिकित्सक द्वारा की गयी व्याख्या की गहराई अधिक न होकर साधारण होती है तो इससे रोगी में अपनी समस्याओं पर विचार करने की प्रवृत्ति एवं इच्छा में तीव्रता आती है। चिकित्सक के व्यवहारों एवं उनके द्वारा अपनाए गए मनोवैज्ञानिक हस्तक्षेपों (psychological intervention) को विश्लेषित करने के ख्याल से स्ट्रप, चासान तथा इविंग (Strupp, Chassan & Ewing, 1966) ने एक बहुआयामी तंत्र (multidimensional system) विकसित किया है जिसे नैदानिक मनोवैज्ञानिकों द्वारा इस क्षेत्र का एक महत्त्वपूर्ण उपलब्धि बतलाया जा रहा है।

निष्कर्षतः यह कहा जा सकता है कि प्रक्रिया शोध कई क्षेत्रों में किए जाने से उसमें विखराब अधिक है जिसके कारण कई महत्त्वपूर्ण प्रश्नों का उत्तर नहीं मिल पाया है। इन प्रश्नों में कुछ प्रमुख इस प्रकार है—मनश्चिकित्सा में चिकित्सीय प्रक्रिया क्या होती है? इसकी उत्पत्ति कैसे होती है? चिकित्सीय परिवर्तन किन चीजों पर आधृत होती है? किस तरह का नैदानिक हस्तक्षेप अधिक उपयोगी हो पाता है? मनश्चिकित्सा की उपयोगिता किस तरह से रोगी तथा चिकित्सक के उन गुणों पर आधृत होता है जो चिकित्सा प्रारंभ होने के पहले से उनमें मौजूद होते हैं, आदि आदि। इन जटिल प्रश्नों का उत्तर तभी दिया जा सकता है जब प्रक्रिया शोध की विधि को अधिक वैज्ञानिक बनाया जाए।

अध्याय सारांश
(Chapter Summary)

1. मनश्चिकित्सा की प्रभावशीलता का मूल्यांकन (evaluation) करने की कई विधियाँ हैं जिनमें आठ विधियों पर गहन रूप से प्रकाश डाला गया है। ये विधियाँ हैं—केस अध्ययन, संबंधात्मक अध्ययन, नैदानिक सर्वे, प्रयोगात्मक अध्ययन, अनुरूप शोध अध्ययन, परसोनोलिस्टिक अध्ययन, मेटा विश्लेषण तथा परिणाम मापन विधियाँ। इनमें से परिणाम मापन विधि सबसे अधिक सामान्य है।
2. 'क्या मनश्चिकित्सा प्रभावकारी होता है?' के प्रश्न को लेकर तथा इस सिलसिले में आइजेन्क द्वारा अभिव्यक्त किए गए विचार से मनोवैज्ञानिकों में काफी वाद-विवाद हुआ है। आइजेन्क ने यह स्पष्ट कर दिया था कि मनश्चिकित्सा प्रभावकारी नहीं होता है तथा रोगी अपने आप धीरे-धीरे चंगा होने लगता है। परन्तु बाद में कई मनोवैज्ञानिकों ने इस क्षेत्र में किए गए अध्ययनों से साक्ष्य प्रस्तुत करके यह दिखला दिया कि मनश्चिकित्सा सचमुच में बहुत हद तक प्रभावकारी होता है।
3. मनश्चिकित्सा का परिणाम बहुत से कारकों द्वारा प्रभावित होता है। इनमें अन्य बातों के अलावा पाँच कारकों को महत्त्वपूर्ण बतलाया गया है जो इस प्रकार है—रोगी की विशेषताएँ, चिकित्सक की विशेषताएँ, रोगी तथा चिकित्सक का संबंध या अन्तःक्रिया, चिकित्सीय प्रविधियाँ तथा सामाजिक-सांस्कृतिक परिस्थिति जिसमें चिकित्सा दी जाती है।
4. मेडिकल शोध तथा मनश्चिकित्सीय शोध (psychotherapeutic research) में कई बिन्दुओं पर अंतर है। ऐसे सात बिन्दुओं को उजागर किया गया है।
5. मनश्चिकित्सा की प्रक्रिया शोध भी एक महत्त्वपूर्ण संप्रत्यय है। इस तरह के शोध कई क्षेत्रों में किए जा रहे हैं। ऐसे पाँच तरह के अध्ययनों की विस्तृत चर्चा की गयी है—संचार अध्ययन, शाब्दिक अनुबंधन, मनोदैहिक अध्ययन, रोगी चरों से संबंधित अध्ययन एवं चिकित्सक तथा नैदानिक हस्तक्षेप से संबंधित विशेषताएँ।

❑

अध्याय 18

जैविक चिकित्सा
(BIOLOGICAL THERAPY)

जैविक चिकित्सा के अर्थ एवं प्रकार
(Meaning and Type of Biological Therapy)

जैविक चिकित्सा में असामान्य व्यवहार (abnormal hebaviour) या मानसिक विकृति (mental disorder) का उपचार करने के लिए कुछ दैहिक (physiological or somatic) या मेडिकल विधियों (medical methods) का भी प्रयोग किया जाता है। इसलिए इसे *मेडिकल चिकित्सा* (medical therapy) कहा जाता है। दैहिक विधियों में कुछ विशेष औषधि (drug) का प्रयोग, बिजली का शॉक या आघात का दिया जाना, शल्य क्रिया (operation process) आदि का उपयोग काफी प्रचलित है।

आधुनिक मनोरोगविज्ञानियों (psychiatrists) द्वारा जितने तरह के जैविक विधियों का प्रयोग कुसमायोजित व्यवहार (maladjusted behaviour) के उपचार के लिए किया जाता है, उसे मुख्यत: तीन विस्तृत श्रेणियों में बाँटा जाता है—

(1) औषधि चिकित्सा (Pharamacotherapy)

(2) आघात चिकित्सा (Shock therapy)

(3) मनोशल्य चिकित्सा (Psychosurgery)

इन तीनों तरह के जैविक विधियों की व्याख्या हम अलग-अलग अनुच्छेदों में करेंगे।

औषधि चिकित्सा
(Pharamacotherapy)

इस विधि में असामान्य व्यवहार का उपचार करने के लिए रोगी को कुछ विशेष रासायनिक औषध (chemical drugs) खिलाया जाता है। इसे *रसायन चिकित्सा* (chemotherapy) भी कहा जाता है। उन्हें **मनोसक्रिय औषध** (Psychoactive Drug) या **मनोट्रोपिक औषध** (Psychotropic Durg) भी कहा जाता है। इन औषधियों के लगातार सेवन से रोगी धीरे-धीरे चंगा हो जाता है और वह अपने कुसमायोजित व्यवहार (maladaptive behaviour) को छोड़कर उसकी जगह पर समायोजित व्यवहार (adaptive behaviour) करना प्रारंभ कर देता है। इसका कारण सामान्यत: यह होता है कि ऐसे औषधियों के लेने से रोगी के तंत्रिका तंत्र के जैवरसायन वातावरण में परिवर्तन हो जाता है और फिर उससे रोगी का चिंतन, मनोदशा (mood) तथा व्यवहार में वांछित परिवर्तन आ जाते हैं। ऐसे औषधियों में से कुछ न्यूरोन को उत्तेजित करते हैं और उन्हें **एगोनिस्ट** (agonist) कहा जाता है जबकि कुछ औषध ऐसे होते हैं जो न्यूरोट्राँसमीटर तथा अन्य औषध के प्रभावों को रोक देते हैं और इन्हें **एनटागोनिस्ट** (antagonist) कहा जाता है। ऐसे औषधियों को निम्नांकित चार भागों में सामान्यत: बाँटा गया है।

1. चिन्ता विकृतियों के उपचार के लिए औषध (Drugs for the treatment of anxiety disorders)

2. मनोविदालिता तथा अन्य मनोविक्षिप्तियों के उपचार के लिए औषध (Drugs for the treatment of schizophrenia and other psychoses)

3. मनोदशा विकृतियों के उपचार के लिए औषध (Drugs for the treatment of mood disorders)

4. अवधान ह्रास/अतिक्रिया विकृति के उपचार के लिए औषध (Drug for the treatment of Attention Deficit/Hyperactivity disorder)

इन सबों का वर्णन निम्नांकित है—

1. चिन्ता विकृतियों के उपचार के लिए औषध *(Drugs for the treatment of anxiety disorder)*—चिन्ता विकृतियों के उपचार में औषधों का उपयोग सबसे सापान्य है। ऐसी विकृतियों के उपचार में जिन चिन्ता-विरोधी औषधों का उपयोग किया जाता है, उसे **एनक्सिओलिटिक्स** (anxiolytics) कहा जाता हैं अध्ययनों से यह स्पष्ट हुआ निम्नांकित तीन तरह के एनक्सिओलिटिक्स का सामान्यंत: उपयोग चिन्ता विकृतियों में होता है—

(i) वेनजोडियाजेपाइन (Benzodiazepines)

(ii) वुसपिरोन (Buspirone)

(iii) कुछ विषाद प्रतिरोधक (Certain antidepressants)

इन तीनों की व्याख्या हम इस प्रकार कर सकते हैं—

(i) बेनजोडियाजेपाइन *(Benzodiazepines)*—वेनजोडियाजेपाइन रसायनिक रूप से सम्बन्ध ऐसे औषधों का समूह जिनका उपयोग चिन्ता के स्तर को कम करने में किया जाता है। इसे पहले **लघु प्रशांतक** (minor tranquilizers) भी कहा जाता है। मैककीम (McKim, 1991) के अनुसार बेनजोडियाजेपाइन को सबसे पहले पोलैंड (Poland) में पता लगाया गया था तथा 1950 वाले दशक से इसका उपयोग मेडिकल डाक्टरों द्वारा चिन्ता कम करने के लिए किया जाने लगा। बेनजोडियाजेपाइन में सम्मिलित कुछ प्रमुख औषध के नामों को तालिका 18-A में दिखलाया गया है—

तालिका 18-A : चिन्ता विरोधी औषधों के नाम

(Names of Anti-anxiety durgs)

रसायनिक/जातीय नाम (Chemical/Generic names)	**व्यापार नाम (Trade name)**
बेनजोडियाजेपाइन (Benzodiazepines)	
1. डियाजेपाम (Diazepam)	वेलियम (Valium)
2. क्लोराजेपेट (Clorazepate)	ट्रानएक्सीन (Tranxene)
3. क्लोरडियाजेपॉक्साइड (Chlordiazepoxide)	लिब्रियम (Librium)
4. लोराजेपाम (Lorazepam)	एटीभान (Ativan)
5. क्लोनाजेपाम (Clonazepam)	क्लोनोपिन (Klonopin)
6. औसाजेपाम (Oxazepam)	सीरैक्स (Serax)
7. ट्रियाजोलम (Triazolam)	हैलकिओन (Halcion)
8. एल्पराजोलम (Alprazolam)	एक्सानैक्स (Xanax)
नया चिन्ता विरोधी औषध (Novel antiaxiety drug)	
वुस्पीरोन (Buspirone)	बुस्पार (Buspar)

ब्लैकवेल (Blackwell, 1973), लिकी एवं गोर्डन (Lickey & Gorden, 1991) द्वारा किये गए शोधों से यह स्पष्ट हुआ है कि वेंनजोडियाजेपाइन समूह में सबसे अधिक प्रचलित औषध जिसका उपयोग करने की सिफारिश 90 प्रतिशत मेडिकल विशेषज्ञों ने किया है, वे हैं—लिब्रियम (Librium) तथा वेलियम (Valium) । अगर हम वेनजोडियाजेपाइन की ऐतिहासिक पृष्ठभूमि पर देखें, तो यह स्पष्ट होगा कि इसकी उत्पत्ति अंशत: उसके जगह पर पहले उपयोग किये औषध जिसे बारविटूरेट्स (Barbiturates) कहा जाता था, के नकारात्मक प्रभाव से रोगियों को बचाने के ख्याल से किया गया। चूँकि बेनजोडियाजेपाइन को अधिक मात्रा में लेने से भी उसका कोई कुप्रभाव नहीं पड़ता है, अत: आधुनिक डाक्टरों द्वारा बारविटूरेट्स की तुलना में इसके उपयोग की सिफारिश अधिक की जा रही है।

बेनजोडियाजेपाइन मस्तिष्क के मुख्य अवरोधक न्यूरोट्रांसमीटर (inhibitory neuro transmitter) जैसे गावा

(GABA) के क्रिया को बढ़ाता है जिसका परिणाम यह होता है कि तंत्रिका संचरण (nerve transmission) में कमी हो जाती है और व्यक्ति को चिन्ता एवं तनाव में ह्रास महसूस होता है। रोगी को मानसिक शांति एवं दैहिक शिथिलीकरण (physical relaxation) तथा हल्का सुखाभास (mild euphoria) का अनुभव होता है।

परंतु कुछ अध्ययनों जिसे ग्रीनवाल्ट तथा उनके सहयोगियों (Greenbalet et. al., 1993) तथा लेस्सर तथा उनके सहयोगियों (Lesser et. al., 1992) द्वारा किया गया है, यह पाया गया बेनजोडियाजेपाइन से जो चिन्ता में व्यक्ति में कमी होती है, उसका प्रभाव थोड़े समय तक का ही होता है। जैसे, इन लोगों ने अपने अध्ययन में पाया कि अल्प्राजोलम (Alprazolam) का उपयोग दुर्भीषिका विकृति (panic disorder) तथा एगोराफोबिया (agoraphobia) के उपचार में काफी किया जाता है तथा 50 से 60 प्रतिशत रोगी को इनके लक्षणों से छुटकारा भी मिल जाता है? परंतु दुर्भाग्यवश जब ऐसे रोगी उक्त औषध लेना बंद कर देते हें, तो फिर उनमें चिन्ता तथा तनाव का स्तर पहले ही जैसा उत्पन्न हो जाता है।

इतना ही नहीं, बेनजोडियाजेपाइन के कुछ पार्श्व प्रभाव (side effect) भी होते पाये गए हैं। इनमें प्रायः रोगी में उनींदापन (drowsiness), थकान, दोषपूर्ण मनोपेशीय कार्यवाही (impaired psychomotor functioning), विमूढ़ता (dizziness) तथा अस्पष्ट चिन्तन आदि प्रमुख हैं। ये सभी पार्श्वप्रभाव उस परिस्थिति में और भी गम्भीर हो जाते हैं जब रोगी बेनजोडियाजेपाइन के साथ-साथ अल्कोहल (alcohol) का भी उपयोग करता है। रिकेल तथा उनके सहयोगियों (Rickels et. al., 1993) ने अपने-अपने अध्ययन में पाया कि यदि बेनजोडियाजेपाइन का उपयोग अधिक समय तक किया जाता है तो इससे रोगी में दैहिक निर्भरता विकसित हो जाती है और जब अचानक उसका उपयोग रोका जाता है तो उससे उसमें प्रत्याहार संलक्षण (withdrawal syndrome) जिसमें चिन्ता एवं दुर्भीषिका (panic) भी सम्मिलित होता है, उत्पन्न हो जाते हैं।

(ii) बुसपिरोन *(Buspirone)*—बेनजोडियाजेपाइन के पार्श्व प्रभाव (side effect) तथा व्यसनी (addictive) प्रकृति होने के कारण लोगों ने इसका एक विकल्प ढूँढा है जिसे बुसपिरोन जो एक नन-बेनजोडियाजेपाइन औषधि (nonbenzodiazepine drug) है तथा जिसे व्यक्ति की चिन्ता एवं तनाव कम करने के लिए उपयोग किया जाता है। बुसपिरोन, गावा (GABA) के ग्राहकों (receptors) को प्रभावित न करके सेरोटोनिन (serotonin) तथा डोपामाइन (dopamine) के ग्राहकों को प्रभावित करते हैं तथा सामान्यीकृत चिन्ता लक्षणों (generalized anxiety symptoms) के उपचार में प्रभावी होते हैं। इस औषध का कोई गम्भीर पार्श्व प्रभाव नहीं होता है और न तो भौतिक या मनोवैज्ञानिक निर्भरता ही इससे विकसित होती है।

परंतु बेनजोडियाजेपाइन के प्रभाव से भिन्न बुसपिरोन का प्रभाव तात्कालिक न होकर मंद गति से रोगी पर होता है। कई सप्ताह तक औषध का सेवन करने के बाद रोगी को कुछ आराम एवं मानसिक शांति का अनुभव होता है। कभी-कभी तो कुछ रोगी इसके प्रभाव को उत्पन्न न होता देखकर इसे लेना बंद कर देते हैं। फेघनर (Feighner, 1982) तथा स्कनावेल (Schnabel, 1987) ने अपने-अपने अध्ययनों में सामान्यीकृत चिन्ता विकृति के उपचार में बुसपिरोन तथा बेनजोडियाजेपाइन के प्रभावों का तुलनात्मक अध्ययन करने के बाद इस निष्कर्ष पर पहुँचे हैं कि बुसपिरोन का प्रभाव तुलनात्मक रूप से अधिक उत्तम होता है।

(iii) कुछ विषादप्रतिरोधक जिनका उपयोग चिन्ता विकृति में किया जाता है *(Some antidepressants that are used in anxiety disorders)*—नवीनतम शोधों से यह स्पष्ट हुआ है कि कुछ औषध जिनका मौलिक उपयोग विषाद (depression) के लक्ष्य को कम करने के लिए किया गया था, का उपयोग चिन्ता विकृतियों के लक्षणों को दूर करने में भी सफलतापूर्वक किया जा सकता है। ऐसे औषधों में नारडिल (Nardil), टोफ्रेनिल (Tofranil), एसएसआरआई (SSRI), एनाफ्रेनिल (Anafranil), प्रोजेक (Prozac) तथा जोलोफ्ट (Zoloft) आदि प्रमुख है। नारडिल (Nardil) जिसका रसायनिक नाम फेनेलजाइन (phenelzine) है तथा टोफ्रोनिल (Tofranil) जिसका रासायनिक नाम इमिप्रेमाइन (imipramine) है, का उपयोग भी दुर्भीषिका विकृति (panic disorder) के लक्षणों को दूर करने में सफलातपर्वूक किया गया है। करीब आठ सप्ताह के उपचार के बाद रोगी के दुर्भीषिका के लक्षण दूर होने लगते हैं। एसएसआरआई (SSRI) समूह के विषाद् प्रतिरोधक औषध जैसे फ्ल्यूक्सेटाइन (Fluoxetine) जिसका व्यापार नाम प्रोजेक (Prozac) है, के उपयोग से भी बिना किसी भी तरह के पार्श्वप्रभाव (side effect) के ही दुर्भीषिका

विकृति के लक्षणों को दूर किया जा सकता है। इन विषाद् प्रतिरोधक औषधों (antidepressant drugs) का उपयोग एगरोफोविया (agoraphobia) के उपचार में भी किया जाता है। मनोग्रसित-बाध्यता विकृति (Obsessive-compulsive disorder or OCD) के भी उपचार में एनाफ्रेनिल, प्रोजेक (Prozac) तथा जोलोफ्ट (Zoloft) का उपयोग प्राय: किया जाता है। लिकी तथा गौर्डन (Lickey & Gordon, 1991) द्वारा किये गए शोधों से यह स्पष्ट हुआ है कि OCD के रोगी जब उक्त विषाद प्रतिरोधक औषध लेते हैं तो पाँच सप्ताह तक तो कोई प्रेक्षणीय लाभ नहीं होता है परंतु उसके अगले पाँच सप्ताह में उसके स्पष्ट प्रभाव दीखने लगते हैं। इन्होंने अपने इस अध्ययन में पाया कि करीब 75 प्रतिशत OCD के रोगी तेजी से अपने लक्षणों में उन्नति (improvement) अनुभव करते हैं।

2. मनोविदालिता तथा अन्य मनोविक्षिप्तियों के उपचार के लिए औषध *(Drug used in the treatment of Schizophrenia and other Psychoses)*—1950 के दशक में औषधों का एक समूह जिसे **मनोविक्षिप्त विरोधी** (antipsychotics), या **वृहत् प्रशांतक** (major tranqulizers) या **न्यूरोलेप्टिक्स** (neuroleptics) कहा जाता है, गम्भीर मानसिक रोगों के उपचार में मेडिकल विशेषज्ञों द्वारा काफी अधिक उपयोग किया जाने लगा। जैसे, जब इन औषधों को मनोविदालिता के रोगी को दिया जाने लगा तो इससे मनोविदालिता के धनात्मक लक्षणों की तीव्रता एवं गम्भीरता में काफी कमी आ गयी। सुविधा के ख्याल से न्यूरोलेपटिक्स को दो भागों में बाँट कर मेडिकल विशेषज्ञों द्वारा अध्ययन किया गया है—**प्रतीकी न्यूरोलेप्टिक्स** (typical neuroleptics) तथा **अप्रतीकी न्यूरोलेप्टिक्स** (atypical neuroleptics), इन दोनों तरह के न्यूरोलेप्टिक्स का वर्णन निम्नांकित है—

(i) प्रतीकी न्यूरोलेप्टिक्स *(Typical neuroleptics)*—प्रतीकी न्यूरोलेप्टिक्स में कई वर्ग के औषधों को सम्मिलित किया गया है जिनमें फेनोथियाजाइनस (Phenothiazines), थिऑक्सएन्थेनस (Thioxanthenes), बुटाइरोफेनोन्स (Butyrophenones) तथा डाइवेंजऑक्साजेयइनस (Dibenzoxazepines) प्रमुख है और प्रत्येक वर्ग में कई तरह के औषधों को रखा गया है जिसका वर्णन तालिका 18-B में किया गया है।

तालिका 18-B : मनोविक्षिप्ति विरोधी या न्यूरोलेप्टिक्स
(Antipsychotics or Neiuroleptics)

रसायनिक/जातीय नाम **(Chemical/Generic name)**	व्यापार नाम **(Trade name)**
प्रतीकी न्यूरोलेप्टिक्स *(Typical Neuroleptics)*	
फेनोथियाजाइनस (Phenothiazines)	
1. क्लोर प्रोमेजाइन (Chlorpromazine)	थोराजाइन (Thorazine)
2. परफेनाजाइन (Perphenazine)	ट्रीलाफोन (Trilafon)
3. ट्रीफ्लूपेराजाइन (Trifluperazine)	स्टीलाजाइन (Stelazine)
4. थिऔरिडाजाइन (Thioridazine)	मेलारिल (Mellaril)
5. फ्लूफेनाजाइन (Fluphenazine)	प्रोलिक्सिन (Prolixin)
6. मेसोरिडाजाइन (Mesoridazine)	सेरेन्टील (Serentil)
थिऔक्साएनथिन्स (Thioxanthenes)	
1. क्लोरप्रोथिक्सिन (Clorprothixene)	टैरेक्टन (Taracton)
2. थियोथिक्सीन (Thiothixene)	नेभेन (Navane)
बुटाइरोफेनोन्स (Butyrophenones)	
1. हेलोपेरिडोल (Haloperidol)	हालडोल (Haldol)
2. पिमोजाइड (Pimozide)	औरैप (Orap)

डिबेनज ऑक्साजेपाइनस (Dibenzoxazepines)	
1. लोक्सापाइन (Loxapine)	लोक्सिटेन (Loxitane)
अन्य अप्रतीकी न्यूरोलेप्टिक्स *(Other atypical neuroleptics)*	
1. मोलिनडोलन (Molindone)	मोबेन (Moban)
2. क्लोजापिन (Clozapine)	क्लोजेरिल (Clozaril)
3. रिसपेरिडोन (Risperidone)	रिसपेरडल (Risperdal)

प्रतीकी न्यूरोलेप्टिक्स जिसमें फेनोथियाजाइनस (phenothiazines) प्रमुख है, के सेवन से न्यूरोट्रांसमीटर डोपामाइन (dopamine) की क्रियाएँ अवरूद्ध (block) हो जाती हैं। लिस्ट तथा क्लेगहॉन (Lost & Cleghon, 1993) के अनुसार ऐसे औषध डोपामाइन प्रतिरोधक (antagonist) के रूप में कार्य करते हैं। दूसरे शब्दों में, वे विशिष्ट तरह के ग्राहक (receptor) जिसे डी$_2$ ग्राहक (D_2 receptor) कहा जाता है, पर डोपामाइन के पड़ने वाले प्रभाव को अवरूद्ध कर देते हैं। जितना ही अधिक मात्रा में यह औषध डोपामाइन ग्राहक को अवरूद्ध करने में सफल होता है, उसका मनोविक्षिप्तिविरोधी प्रभाव (antipsychotic effect) उतना ही प्रभावकारी होता है।

इस तरह के प्रतीकी न्यूरोलेपटिक्स (typical neuroleptics) के कुछ पार्श्वप्रभाव (side effect) भी होते हैं जिसकी चर्चा यहाँ अनिवार्य है। वेसल गैंगलिया (basal ganglia) में जब डोपामाइन की अवरूद्धता (blockage) होती है, तो इससे गति से सम्बद्ध कई तरह की विकृतियाँ (disorders) उत्पन्न हो जाती हैं जिन्हें *एक्सट्रापिरामिडल लक्षण* (extrapyramidal symptoms) कहा जाता है। ऐसे पार्श्व प्रभाव में निम्नांकित प्रमुख हैं—

(i) टारडाइभ डायस्कीनेसिया (Tardive dyskinesia or TD) एक प्रमुख पार्श्व प्रभाव है जिसमें रोगी में गति सम्बद्ध विकृति उत्पन्न हो जाती है। इसमें रोगी अपने जीभ, चेहरा, घुटना (trunk) आदि में एक विचित्र ढंग का झटका, खिंचाव (tics) तथा फड़कन (twitches) का बार-बार अनुभव करता है। ऐसी स्थिति में इनकी बोली (speech) भी दोषपूर्ण हो जाती है। जब यह विकृति और भी तीव्र होती है, तो इस ढंग की क्षुब्धता अर्थात् अनैच्छिक गति शरीर के अन्य बड़े हिस्सों तक फैल जाता है। ग्लेजर तथा उनके सहयोगियों (Glazer et. al., 1984) तथा अमेरिकन साइकेट्रीक संघ (American Psychiatric Association, 1994) का मत है कि TD लक्षण तब उत्पन्न होता है जब रोगी ने न्यूरोलेप्टिक्स का उपयोग कई सालों तक किया है। जब कई वर्षों तक न्यूरोनलेप्टिक्स लेने के बाद अचानक यदि उनका सेवन बंद कर दिया जाता है, तो इससे TD के लक्षण और गम्भीर हो जाते हैं। TD लक्षणों का उत्पन्न होना रोगी के आयु से भी सम्बद्ध होता है। अधिक उम्र के व्यक्तियों में न्यूरोलेप्टिक्स लेने से TD के लक्षण तेजी से विकसित होते हैं।

(ii) न्यूरोलेप्टिक्स का दूसरा पार्श्व प्रभाव को तीव्र डायस्टोनिया (acute dystonia) कहा गया है जिसमें रोगी के आँख, पीठ, जीभ, गर्दन एवं सिर के मांसपेशियों में अनियंत्रणीय संकुचन (uncontrollable contractions) की शृंखला उत्पन्न होती है जिससे उन्हें दौरा (seizure) पड़ने का अनुभव होता है।

(iii) तीव्र एकाथेसिया (Acute akathesia) एक तीसरा एकसट्रापिरामिडल लक्षण (extrapyramidal symptom) है जिसमें रोगी अनियंत्रित रूप से बेचैन एवं घबड़ाया हुआ दीखता है। ऐसे रोगी अपने शरीर को लगातार हिलाते रहने की तीव्र आवश्यकता महसुस करता है और यदि उसे वे स्थिर करते हैं, तो उन्हें व्याकुलता का अनुभव होता है।

(iv) पारकिनसोनिज्म (Parkinsonism) एक अन्य एक्सट्रापिरामिडल लक्षण है जो बहुत कुछ पारकिन्सन रोग (Parkinson's disease) के लक्षण से मिलते-जुलते हैं। इसमें रोगी के हाथ में कम्पन, घसीटकर चलना, उदास आनन अभिव्यक्ति, पेशीय कमजोरी एवं सख्त तथा मंद गति (slowed movement) होते हैं। इन अध्ययनों से यह स्पष्ट हुआ है कि पारकिनसोनिज्म के लक्षणों की उत्पत्ति तब होती है जब डोपामाइन का स्तर इतना गिर जाता है कि उसका सन्तुलन एक अन्य न्यूरोट्रांसमीटर अर्थात् एसिटीलकोलिन (acetylcholine) के साथ बिगड़ जाता है।

(2) अप्रतीकी न्यूरोलेप्टिक *(Atypical neuroleptics)*—प्रतीकी न्यूरोलेप्टिक्स के तीव्र गम्भीर पार्श्व प्रभाव (side effect) सचमुच में बहुत से मनोफार्मोकोलॉजिस्ट (psycho-pharmocologists) को कुछ अधिक सुरक्षित औषधों का आविष्कार करने के लिए प्रेरित किया। ऐसे औषधों को अप्रतीकी न्यूरोलेप्टिक्स (atypical neuroleptics)

की संज्ञा दी गयी जिसे भी तालिका 18-B में दिखलाया गया है। इन अप्रतीकी न्यूरोलेप्टिक्स में क्लोजापाइन (clozapine) जिसे बाजार में क्लोजेरिल (Clozaril) के नाम से पुकारा जाता है, एक प्रमुख औषध है। इसका उपयोग मनोविदालिता तथा अन्य मनोविक्षिप्ति (Pschoses) के उपचार में लाभदायक सिद्ध हुआ है। ब्रियर तथा उनके सहयोगियों (Breier et al., 1994) द्वारा किये गए शोधों से यह सिद्ध हुआ है कि क्लोजापाइन (clozapine) के सेवन से 30 से 60 प्रतिशत मनोविदालिता के रोगी के धनात्मक एवं ऋणात्मक दोनों लक्षण दूर हो गये जबकि मानक या प्रतीकी न्यूरोलेप्टिक्स से इन रोगियों को कोई फायदा नहीं हुआ था।

क्लोजापाइन अन्य न्यूरोलेप्टिक्स से इस अर्थ में भिन्न है कि इसका प्रभाव D_4 डोपामाइन ग्राहकों पर अधिक पड़ता है परंतु D_2 डोपामाइन ग्राहकों पर बहुत हल्का प्रभाव डालता है। यह अन्य कई न्यूरोट्रांसमीटर जैसे सेरोटोनिन (serotonin), नोरइपाइनफ्राइन (norepinephrine), हिस्टामाइन (histamine) तथा मस्केरिनिक अम्ल (muscarinic acid) आदि का प्रबल विरोधी (potent antagonist) के रूप में कार्य करता है। टन्डन एवं काने (Tandon & Kane, 1993) के अनुसार ऐसे सम्मिलित प्रभाव (combined effect) से यह सभी न्यूरोट्रांसमीटर में पुनर्सन्तुलन कायम हो जाता है जो मनोविदालिता के धनात्मक एवं ऋणात्मक लक्षणों पर अनुकूल प्रभाव डालता है।

क्लोजापाइन से कोई एक्स्ट्रापिरामिडल लक्षण (extrapyramidal symptoms) या टारडाइभ डायसकिनेसिया (tardive dyskinesia) के लक्षण उत्पन्न नहीं होते हैं परंतु इसका कुछ ऋणात्मक पार्श्वप्रभाव (negative side effect) जैसे कब्ज, नींद के दौरान अत्यधिक लारस्राव, घुमडी (dizziness) आदि प्रमुख हैं। नवीनतम अध्ययनों से यह स्पष्ट हुआ है कि क्लोजापिन के सेवन से करीब एक या दो प्रतिशत रोगियों में एक घातक रक्त रोग जिसे **एग्रानूलोसाइटोसिस** (agranulocytosis) कहा जाता है, विकसित हो जाता है जिसमें श्वेत रक्त कण (white blood cells) की पर्याप्त कमी हो जाती है। उसी तरह 1994 में रिसपेरडल (Risperdal) नामक अप्रप्टिकी न्यूरोलेपिटक्स का विकास हुआ जो सेरोटोनिन (Serotonin) तथा डी$_2$ डोपामाइन ग्राहक (D_2 dopamine receptors) दोनों के **अवरूद्ध** करके मनोविदालिता के धनात्मक एवं ऋणात्मक लक्षणों पर उत्तम प्रभाव डालता पाया गया है।

3. मनोदशा विकृतियों के उपचार के लिए औषध *(Drugs used in the treatment of mood disorders)*— कुछ औषध ऐसे हैं जिनका उपयोग दो उद्देश्यों से किया जाता है—विषाद (depression) एवं अन्य मनोदशा विकृतियों के उपचार के लिए जिसे विषादविरोधी या विषादप्रतिरोधक (antidepressants) कहा जाता है तथा मनोदशा में सन्तुलन लाने के लिए जिसे मनोदशा स्थिरकारी (mood stabilizers) कहा जाता है। इन दोनों तरह के औषधों एवं उसके पड़ने वाले प्रभावों का अध्ययन हम यहाँ अलग-अलग करेंगे—

(i) विषादविरोधी या विषाद् प्रतिरोधक *(Antidepressants)*—कई तरह के विषाद विरोधी या विषाद (depression) एवं अन्य मनोदशा विकृतियों के उपचार में किया जाता है जिनसे चार वर्ग के औषध तुलनात्मक रूप से अधिक लोकप्रिय हुआ है। वे चार वर्ग के औषध के नाम तथा उनके तहत आनेवाले औषधों को तालिका 18-C में दिखलाया गया है। इन औषधों में मोनोएमाइन आक्सीडेस इन्हीविटर्स (Monoamine Oxidase Inhibitors or MAO-I) एक प्रमुख औषध है जिनका मौलिक रूप से उपयोग तो यक्ष्मा रोग के उपचार के लिए किया गया था परंतु इसे विषादी लक्षणों को दूर करने में बाद में काफी लाभदायक पाया गया। इसके तहत तीन तरह के औषधों को रखा गया है। (देखें तालिका 18-C)। MAO प्रतिरोधक (Inhibitors) मोनोएमाइन आक्सीडेस (Monoamine Oxidase) जो सेरोटोनिन (serotonin) तथा नोरइपाइनफ्राइन जैसे न्यूरोट्रांसमीटर को संधिस्थल में तोड़ता है, की क्रियाओं को मंदित कर देता है। चूँकि इन औषधों से MAO अवरूद्ध होते हैं, अतः संधिस्थल पर सेरेटोनिन (postsynaptic neurons) को प्रभावित करता है जिसे विषाद-विरोधी प्रभाव (antidepressant effect) व्यक्ति में उत्पन्न होता है।

यद्यपि MAO विषाद में कमी लाता है, इसके पार्श्व प्रभाव (side effect) भी होते पाये गये हैं। जैसे, यह REM नींद को समाप्त कर देता है। कुछ विशेष भोजन के तत्त्वों के साथ मिलकर MAO रोगी में उच्च रक्तचाप भी उत्पन्न कर देता है।

ट्रीसाइक्लिक एन्टीडीप्रेसेन्ट (Tricyclic Antidepressants or TCA) एक अन्य विषाद विरोधी औषध है जिसके तहत सात तरह के प्रमुख औषधों को रखा गया है (तालिका 18-C)।

तालिका 18-C : विषादविरोधी एवं मनोदशा उत्तेजक
(Antidepassants and Mood elevators)

जातीय/रसायनिक नाम (Generic/Chemical Name)	व्यापार नाम (Trade Name)
मोनोएमाइन आक्सीडेस इन्हीविटर्स *(Monoamine Oxidase Inhibitors or MAO-1)*	
1. फेनेलजाइन (Phenelzine)	नाइडिल (Nardil)
2. ट्रैनिल साइप्रोमाइन (Tranylcypromine)	पारनेट (Parnete)
3. आइसोकारवोक्साजिड (Isocarboxazid)	मारप्लान (Marplan)
ट्रीसाइक्लिक एन्टीडिप्रेसैन्ट *(Tricyclic Antidepressants or TCA)*	
1. इमीप्रामाइन (Imipramine)	टोफ्रानिल (Tofranil)
2. डोएक्सपीन (Doxepin)	साइनक्वान (Sinequan), एडेप्टीन (Adaptin)
3. एमीट्रीपटाइलीन (Amitriptyline)	एलाभिल (Elavil), एमीटीड (Amitid)
4. नोरट्रीपटीलाइन (Nortriptyline)	एभेन्टील (Aventyl), पामेलर (Pamelor)
5. डेसीप्रेमाइन (Desipramine)	नोरप्रेमिन (Norpramin), प्रटोफ्रेन (Pertofrane)
6. प्रोट्रीपटाइलीन (Protriptyline)	भिभेक्टील (Vivactil)
7. क्लोमिप्रेमाइन (Clomipramine)	एनाफ्रेनिल (Anafranil)
सेलेक्टीव सेरोटोनिन रिअपटेक इन्हीविटर्स *(Selective Serotonin reuptake Inhibitors or SSRI)*	
1. पैरोएक्सटाइन (Paroxetine)	पाक्सिल (Paxil)
2. फ्ल्युएक्सटाइन (Fluoxetine)	प्रोजेक (Prozac)
3. सरट्रालाइन (Sertraline)	जोलोफ्ट (Zoloft)
हेट्रोसाइक्लिक एवं अन्य *(Heterocyclic and others)*	
1. एमोएक्सापाइन (Amoxapine)	ऐसेनडिन (Ascendin)
2. बुप्रोप्रिओन (Buproprion)	बेलवट्रीन (Wellbutrin)
3. ट्राजाडोन (Trazadone)	डीसीरेल (Desyrel)

TCA सचमुच में नोरपाइनफ्राइन (norepinephrine) तथा सेरोटोनिन (serotonin) के पुनर्वापसी (reuptake) को रोकता है जिसका लघुकालीन प्रभाव यह होता है कि इससे संधिस्थल पर ऐसे न्यूरोट्रांसमीटर का स्तर में वृद्धि हो जाती है। MAO की तुलना में TCA का कोई गम्भीर पार्श्व प्रभाव नहीं होता है तथा कोई प्रमुख भोजन सम्बद्ध परिवर्तन की जरूरत नहीं पड़ती है। परंतु ऐसा नहीं कहा जा सकता है कि TCA से कोई समस्या की उत्पत्ति नहीं होती है। कुछ अध्ययनों में यह स्पष्ट रूप से देखा गया है कि TCA के अधिक दिनों तक सेवन से अधिक नींद का आना, सूखा मुँह (dry mouth), कब्ज, धुंधला दृष्टि (blurred vision), यौन प्रणोद में कमी, विचलन एवं घुमड़ी आदि आते हैं।

SSIR एक अन्य विषाद विरोधी औषध है और इन श्रेणी का सबसे लोकप्रिय औषध फ्लूऔक्सेटाइन (fluoxetine) है जिसे प्रोजेक (prozac) के नाम से बाजार में बेचा जाता है। यह TAC के समान प्रभावी होता है परंतु इसका कोई खास पार्श्व प्रभाव नहीं होता है। इसका उपयोग सिर्फ विषाद को ही कम करने में नहीं बल्कि किशोरावस्था के सांवेगिक

तूफान को नियंत्रित करने में भी किया जाता है। SSIR मूलतः एक ही न्यूरोट्रांसमीटर अर्थात् सेरोटोनिन (Serotonin) की उपलब्धता को बढ़ाता है जिससे विषादी प्रभाव को कम होने की सम्भावना तीव्र हो जाती है। इसके बावजूद SSIR के पार्श्व प्रभाव होते पाये गये हैं जिसमें घबड़ाहट, अनिद्रा, संधि में दर्द (joint pain), पसीना आना, वजन में कमी (weight loss) तथा लैंगिक दुष्क्रिया (sexual dysfunction) आदि प्रमुख हैं।

अभी हाल के वर्षों में हेट्रोसाइक्लिक (hetrocyclic) जैसे विषाद-विरोधी औषधों का उपयोग अधिक बढ़ रहा है। इस वर्ग के औषध में वुप्रोपिओन (bupropion) अधिक लोकप्रिय है। इस औषध के सेवन से डोपामाइन (Dopamine) की पुनर्वापसी अवरूद्ध (block) हो जाती है और इसकी खाशियत है कि इसका उपयोग वैसे रोगी भी कर सकते है जिन्हें हृदय रोग (heart disease) है।

अध्ययनों से यह स्पष्ट हुआ है कि सभी तरह के विषाद-विरोधी औषधों का सम्भावित खतरा अधिक उम्र के व्यक्तियों के लिए तुलनात्मक रूप से ज्यादा होता है। अधिक उम्र होने से औषध चयापचय (drug metabolism) की प्रक्रिया मंद हो जाती है। परिणामतः औषध इनमें ठीक से टूट (या पच) नहीं पाता है और तब ऐसी स्थिति में उन्हें अधिक मात्रा में औषध लेना पड़ता है जिनसे उनमें विभ्रम (hallucination), व्यामोह (delusion), संभ्रान्ति आदि उत्पन्न हो जाते हैं। इतना ही नहीं, कुछ अध्ययनों में यह भी पाया गया है कि विषादविरोधी औषध लेने से व्यक्ति में शारीरिक निर्भरता (physical dependence) भी विकसित हो जाता है। जब इस तरह की निर्भरता बढ़ जाती है, तो औषध को अचानक रोकने से रोगी में मिचलन, चिन्ता, सिरदर्द, पसीना आना, ठंढ लगना तथा अनिद्रा आदि की शिकायत होती है। लिकी एवं गौर्डान (Lickey & Gordon, 1991) ने अपने अध्ययन के आधार पर यह बतलाया है कि विषादविरोधी औषध मुख्य विषाद (major depression) के लिए फिर भी सबसे अधिक प्रभावकारी औषध है।

(ii) मनोदशा स्थिरकारी *(Mood stabilizers)*—मनोदशा स्थिरकारी के रूप में बहुत औषध का उपयोग किया जाता है जिसमें लिथियम कार्बोनेट (lithium carbonate) प्रमुख है। इसका उपयोग द्विध्रुवी रोग (bioplar disorder) के उपचार में अधिक किया जाता है। लिथियम मनोदशा में परिवर्तन (mood swings) को रोकता है तथा विषाद् एवं उन्माद (mania) दोनों की प्रबलता को कम करता है। लिथियम अपना प्रभाव किस तरह से दिखलाता है, यह तो स्पष्ट नहीं है परंतु जुलियन (Julien, 1992) तथा लिकी एवं गौर्डन (Lickey & Gardon, 1991) द्वारा किये गये शोधों से यह स्पष्ट हुआ है कि यह न्यूरोन्स के एल्कट्रोलिट सन्तुलन (electrolytie balances) को प्रभावित करता है जिसके परिणामस्वरूप विभिन्न तरह के न्यूरोट्रांसमीटर के प्रति न्यूरोन्स की प्रतिक्रिया में स्थिरीकरण आता है जिससे उत्तर संधि स्थलीय न्यूरोन्स को उत्तेजित होने की संभावना कम हो जाती है। चाहे जो भी प्रक्रम हो, लिथियम उपयोग से द्विध्रुवीय रोग के उपचार में मदद मिलती है। लिथियम का उपयोग एक प्रोफैलैकटिक औषध (prophylactie drug) के रूप में भी किया जाता है जिसका मतलब यह हुआ कि द्विध्रुवीय रोगी इसका उपयोग उस समय भी करते हैं जब उनमें न तो विषाद और न ही उन्माद के लक्षण होते हैं। इसका उद्देश्य यह होता है कि भविष्य में उनमें इस तरह के रोग के लक्षण उत्पन्न न हो।

यद्यपि लिथियम का उपयोग द्विध्रुवीय रोग के उपचार में काफी किया जाता है, इसके भी कुछ पार्श्वप्रभाव उत्पन्न होते देखे गये हैं। इससे रोगी में कम्पन, वजन में वृद्धि, डायरिया, कमजोरी तथा थकान, प्यास में वृद्धि, स्मृति लोप (memory loss) तथा एकाग्रता में कमी आदि देखने को मिलते हैं।

जो द्विध्रुवीय रोगी लिथियम उपचार में अनुकूल प्रगति नहीं दिखलाते हैं, उन्हें दो अन्य अपस्मारी विरोधी औषध (antieplieptic drug) अर्थात् कार्बोमेजेपाइन (carbomazepine) तथा वैलप्रोक अम्ल (Valproic acid) का सेवन की सिफारिश की जाती है। लिकी तथा गौर्डन (Lickey & Gordon, 1991) के अनुसार काटवामेजेपाइन जो संरचना के ख्याल से TCA के समान है, को जब लिथियम के साथ दिया जाता है, तो इससे लिथियम का विषाद विरोधी प्रभाव (antidepressant effects) में वृद्धि हो जाती है।

4. अवधान-ह्रास/अतिक्रिया विकृति के उपचार के लिए औषध *(Drug for the treatment of Attention Deficit/Hyperactivity disorder or ADHD disorder)*—कुछ औषध ऐसे हैं जो बाल्यावस्था के मानसिक विकृति जैसे ADHD के विकृति के उपचार में काफी उपयोग किया जाता है। इसमें उत्तेजक औषधों (stimulant drugs) की अहं भूमिका होती है। ऐसे औषधों में मेथिलफेनिडेट (methylphenidate), पेमोलाइन (pemoline) तथा डेकस्ट्रोएमफिटामाइन

(dextroamphetamine) प्रमुख है। इनके व्यापार नाम (trade name) क्रमशः रिटालीन (Ritalin), साइलर्ट (cylert) तथा डेकेसेड्राइन (dexedrine) है। रिटालीन, नोरइपाइनफ्राइन (norepinephrine) तथा डोपामाइन (dopamine) की मुक्ति (release) में मदद करता है और उनकी पुनर्वापसी (reuptake) को अवरूद्ध (block) करता है। इसका परिणाम यह होता है कि ये दोनों न्यूरोट्रांसमीटर पर्याप्त मात्रा में संधिस्थल में उपलब्ध हो जाते हैं। साइलर्ट (cylert) जो रसायनिक रूप से तो रिटालीन से भिन्न होता है, डोपामाइन की मुक्ति में तो मदद नहीं करता है परंतु उसी के समान न्यूरोट्रांसमीटर के स्राव होने में मदद करता है। परिणामतः इससे भी डोपामाइन के समान ही व्यक्ति पर व्यवहारपरक प्रभाव (behaviour effect) पड़ता है। डेक्सेड्राइन (dexedrine) की रसायनिक संरचना तथा प्रभाव मेथिलफेनिडेट (methylphenidate) के समान ही है।

उक्त उत्तेजकों का प्रभाव बच्चों पर तभी तक रहता है जब तक कि वे शरीर में उपस्थित होते हैं यानी चार से पाँच घंटे तक ही। अगर इन औषधों को बच्चा लेना बंद कर देता है तो एक धमाका प्रभाव (rebound effect) उत्पन्न होता है जिसमें ADHD बच्चे पहले से अधिक मात्रा में ध्यान की कमी, अतिक्रिया (hyperactivity) तथा आवेगशीलता (impulsivity) का अनुभव करते हैं। अतः इभान्स तथा पेलहम (Evans & Pelham, 1991) का सुझाव है कि ऐसे बच्चों को किशोरावस्था तथा वयस्कावस्था में भी ऐसे औषध को लेना पड़ता है।

ऐसे मनोत्तेजक औषध (psychostimulant drugs) के कुछ पार्श्व प्रभाव भी होते देखे गये हैं जिनके मद्देनजर इसकी उपयोगिता की जाँच करनी चाहिए। क्लिन एवं मैनुज्जा (Klein & Mennuzza, 1988) तथा स्वार्ज एवं जॉनसन (Swartz & Johnson, 1985) द्वारा किये गए अध्ययनों से यह स्पष्ट हुआ है कि ऐसे औषधों के लगातार सेवन से बच्चे में भूख की कमी, वजन तथा ऊँचाई की वृद्धि में अवरूद्धता आदि मुख्य है। गैडो (Gadow, 1992) जुलियन (Julien, 1992) ने अपने-अपने अध्ययनों में यह पाया है कि ऐसे उत्तेजकों के अधिक समय तक सेवन से बच्चों में अनिद्रा (insomnia), पेटदर्द (abdominal pain), सिरदर्द (headache) रक्तचाप तथा हृदयगति में असामान्य रूप से वृद्धि आदि देखने को मिलते हैं।

स्पष्ट हुआ कि विभिन्न तरह के औषधों को उपयोग करके मानसिक विकृतियों का उपचार किया जाता है। इनमें से लघु प्रशांतक (minor tranqulizers) तथा वृहत् प्रशांतक (major tranqulizers) का उपयोग तुलनात्मक रूप से अधिक होता है।

आघात चिकित्सा
(Shock Therapy)

इस तरह की चिकित्सा विधि में रोगी के मस्तिष्क में रासायनिक द्रव्यों अथवा विद्युत प्रवाह (electric current) द्वारा आघात (shock) पहुँचाकर उसे रोग मुक्त किया जाता है। प्रायः यह देखा गया है कि इस तरह के आघात से रोगी अपने गत अनुभूतियों (past experiences) को भूल जाता है। फलस्वरूप, उसका मानसिक तनाव (mental tension) कम हो जाता है तथा उसमें कुसमायोजित व्यवहार धीरे-धीरे कमने लगता है तथा रोगी शांत एवं समायोजित (adapted) नजर आता है। आघात चिकित्सा मुख्यतः निम्नांकित दो प्रकार के होते हैं—

(1) इनसुलिन आघात चिकित्सा (Insulin shock therapy)

(2) वैद्युत आघात चिकित्सा (Electro-shock therapy)

इन दोनों का वर्णन निम्नांकित है—

1. इनसुलिन आघात चिकित्सा *(Insulin Shock Therapy)*—इस चिकित्सा विधि का प्रतिपादन वियनिज मनोरोगविज्ञानी साकेल (Sakel, 1932) द्वारा मनोविदालिता (schizophrenia) के रोगियों के दैहिक उपचार (physiological treatment) के लिए किया गया था। इस विधि में रोग को प्रतिदिन इनसुलिन की सुई नियमित रूप से दी जाती है। इससे धीरे-धीरे एक अवस्था ऐसी आती है जिससे रक्त में चीनी की मात्रा कम हो जाती है। चीनी की मात्रा कम हो जाने से रोगी में कोमा या बेहोशी की स्थिति उत्पन्न हो जाती है। प्रतिदिन रोगी को करीब-करीब 1 घंटे तक कोमा की स्थिति में रखा जाता है। इस तरह से करीब-करीब 50 बार कोमा रोगी में भिन्न-भिन्न दिनों में (लगभग 50-60 दिनों में) उत्पन्न किया जाता है। 1 घंटे तक कोमा की अवस्था में रहने के बाद रोगी को ग्लूकोज की सूई देकर या चीनी का शर्बत पिलाकर

उसे धीरे-धीरे होश में लाया जाता है। इस बेहोशी की अवस्था से गुजरने पर रोगी में पर्याप्त शारीरिक एवं मानसिक परिवर्तन हो जाते हैं जिससे मनोविदालिता के लक्षण में काफी सुधार होते देखा जाता है। इस विधि को *इनसुलिन कोमा चिकित्सा* (Insulin Coma Therapy or ICT) भी कहा जाता है। बाद में हंगरी (Hungry) के एक मनोरोगविज्ञानी जिसका नाम लाडिसलास वान मेडुना (Ladislas Von Meduna) था, एक सिद्धान्त का प्रतिपादन किया जिसके अनुसार मिरगी रोग के रोगी का मस्तिष्कीय न्यूट्रॉन मनोविदालिता के मस्तिष्कीय न्यूट्रोन से भिन्न होते बतलाया गया। अतः इनका मत था कि जिन व्यक्तियों में मनोविदालिता का रोग हो गया है, उनमें मिरगी रोग नहीं होगा। इस पर उनका तर्क यह था कि यदि मनोविदालिता के रोगियों में किसी तरह से मिरगी के दौरा (eplieptic seizure) उत्पन्न कर दिया जाए तो उसका यह रोग अपने आप समाप्त हो जाएगा। इस ख्याल से उन्होंने मेट्राजोल (Metrazol) नाम का एक संश्लेषिक औषध (synthetic drug) देकर रोगी में दौरा जैसी अवस्था उत्पन्न कर दिया करते थे जिससे रोगी में मनोविदालिता के लक्षण में कुछ कमी आ जाती है। हालांकि मेट्रॉजोल-उत्पन्न दौरा काफी उग्र एवं तीव्र होता था, उपचार की यह विधि तुरंत लोकप्रिय हो गयी और यूरोप तथा अमेरिका में मनोविदालिता के उपचार में इसका काफी उपयोग किया जाने लगा।

आधुनिक समय में इन विधियों का उपयोग नहीं के बराबर होता है क्योंकि इस चिकित्सा विधि में कुछ खामियाँ (limitations) पायी गई हैं जो निम्नांकित हैं—

(i) इनसुलिन कोमा चिकित्सा आघात चिकित्सा का एक खतरनाक विधि माना गया है क्योंकि प्रायः देखा गया है कि जब कोमा (coma) की अवधि कभी-कभी 1 घंटे से अत्यधिक हो जाती है, तो रोगी की मृत्यु हो जाती है।

(ii) मेट्रोजोल चिकित्सा विधि से रोगी के जिन लक्षणों (symptoms) को दूर किया जाता है, वे पुनः कुछ दिनों के बाद रोगी में उत्पन्न हो जाते हैं। अतः इससे उपचवार स्थायी तौर पर नहीं हो पाता है।

उपर्युक्त कारणों से आजकल इस चिकित्सा विधि की जगह पर वैद्युत-आघात चिकित्सा (electro shock therapy) का उपयोग अधिक किया जाने लगा है।

2. वैद्युत-आघात चिकित्सा *(Electro-shock Therapy)*—वैद्युत-आघात चिकित्सा (electro-shock therapy) जिसे *वैद्युत-आक्षेपी चिकित्सा* (Electro-convulsive therapy or ECT) भी कहा जाता है, मूलतः सरलेटी एवं बिनी (Cerletti & Binni) द्वारा 1938 में किए गए प्रयोगों के फलस्वरूप विकसित हुआ। इस विधि से उपचार करने में रोगी को एक गद्दीदार बिछावन पर पहले लेटा दिया जाता है। इसके बाद उसके दोनों कनपटियों के पास इलेक्ट्रोड (electrode) लगा दिया जाता है और करीब 70 से 130 वोल्ट (Volts) की विद्युत धारा (clectric current) 1 से 1.5 सेकेंड के लिए रोगी के मस्तिष्क के एक हिस्से से दूसरे हिस्से तक प्रवाहित किया जाता है। इसे *द्विपक्षी ECT* (bilateral ECT) भी कहा जाता है। इसके तुरंत बाद रोगी की चेतनावस्था (consciousness) समाप्त हो जाती है और उनके मांसपेशियों में कंपन उत्पन्न होता है। कुछ मिनट के बाद रोगी जब चेतनावस्था में आता है तो उसे आघात से पहले की बात याद नहीं रहती है और अगले कुछ घंटों तक वह शांत एवं संभ्रांति पूर्ण (confused) दिखलाई देता है। इस तरह का आघात (shock) जो प्रायः एक हफ्ता में तीन बार दिया जाता है, से रोगी में रोग के लक्षण धीरे-धीरे कमते नजर आते हैं। अध्ययनों से यह पता चला है कि ECT विषादी रोगियों (depressive patients) के लिए सबसे उत्तम है परंतु इसका उपयोग मनोविदालिता (schizophrenia) के रोगियों के उपचार में भी यदाकदा किया जाता है। ECT द्वारा उपचार करने में प्रायः एक परोक्ष प्रभाव (side effect) देखने को मिलता है और वह यह है कि ऐसे उपचार के बाद महीनों तक और कभी-कभी वर्षों तक रोगी स्मृतिदोष (memory impairement) से ग्रसित रहता है।

आधुनिक समय में ECT के उपर्युक्त विधि में थोड़ा परिवर्तन करके अधिकतर मनोरोगविज्ञानियों (psychiatrists) द्वारा उसका प्रयोग किया जा रहा है। इस परिवर्तित रूप में रोगी के मस्तिष्क के दोनों गोलार्द्धों (hemispheres) में विद्युत द्वारा आघात न पहुँचा कर एक गोलार्द्ध जो अप्रबल (nondominant) होता है, (दायाँ गोलार्द्ध अधिकतर व्यक्तियों के लिए) में बिजली द्वारा आघात पहुँचा दिया जाता है। इसे *एकपक्षी ECT* (unilateral ECT) कहा जाता है। डेनियल तथा क्रोविज (Daniel & Crovitz, 1983) तथा स्लेटर (Slater, 1989) के अनुसार एकपक्षी ECT का एक फायदा यह होता है कि इससे रोगी में स्मृति दोष (memory impairement) जैसे परोक्ष प्रभाव (side effect) नहीं होता है या बहुत

कम मात्रा में होते देखा जाता है। आधुनिक मनोरोगविज्ञानियों द्वारा निम्नांकित प्रविधियों को अपनाकर ECT को अधिक प्रभावी बनाने की कोशिश की गयी है—

(i) **वैद्युतीय आघात की अवधि** (*Length of electrical charge*)—रोगी को पहले ऐसा आघात 1 सेकेंड तक दिया जाता था परंतु अब इसे घटाकर 1/25 सेकंड कर दिया गया है।

(ii) **वैद्युत चार्ज की तीव्रता** (*Intensity of electrical charge*)—इसकी तीव्रता अब पहले की तुलना में आधी कर दी गयी है।

(iii) **सत्र का समय** (*Timing of session*)—इसे पहले प्रतिदिन दिया जाता था परंतु अब सप्ताह में तीन बार से अधिक नहीं दिया जाता है।

(iv) **उपचार की अवधि** (*Length of treatment*)—पहले करीब 20 साल तक उपचार दिया जाता था जिसे अब घटकार 10 साल तक कर दिया गया है।

(v) **संवेदनहर एवं शिथिलनों का उपयोग** (*Use of anesthetics and relaxants*)—पहले संवेदनहर एवं शिथिलनों का उपयोग नहीं होता था परंतु अब इसे उपयोग किया जाता है जिसमें रोगी को तकलीफ कम होता है।

(vi) **मॉनिटरिंग** (*Monitoring*)—अब रोगी के मस्तिष्कीय तरंगों तथा हृदय के वैद्युतीय कार्यों का मानिटरिंग क्रमश: EEG तथा EKG से किया जाता है। इससे मनोविरोगविज्ञानियों को आगे का कदम उठाने में मदद मिलती है।

(vii) **एल्कट्रोड्स का रखाव** (*Placement of electrodes*)—पहले रोगी के सिर के दोनों तरफ एल्कट्रोड्स रखा जाता था परंतु अब इसे सिर्फ मस्तिष्क के अप्रबल हिस्से (nondominant side) पर ही रखा जाता है।

ECT के पार्श्व प्रभाव (*Side effect of ECT*)—प्रेक्षणों के आधार पर यह बतलाया गया है कि ECT के करीब 40 प्रतिशत रोगियों में पहले क्षति/हानि (injury) होती थी परंतु अब तकनीकी प्रगति के कारण करीब प्रत्येक 1400 ECT उपचार में एक केस में ऐसी क्षति/हानि होते पायी जाती है। जहाँ तक ECT के दौरान रोगी के मृत्यु का प्रश्न है, यह करीब 2.9 से 4.5 प्रति 100,000 क्रियान्वयन (administration) में होता देखा गया है जो एक मानक मेडिकल नियम के अनुकूल है। इसके बावजूद आधुनिक ECT के कुछ पार्श्व प्रभाव (side effect) देखने को मिलते हैं। इनमें उत्तर उपचार सिरदर्द (posttreatment headeche), कई घंटों तक संभ्रांति (confusion) का बना रहना, छह महीने तक स्मृति क्षति (memory impairment) का बना रहना, आदि प्रमुख है। ऐसे पार्श्व प्रभाव ब्रेगिन (Breggin, 1980), जानीकैक तथा उनके सहयोगियों (Janicak et. al., 1991) ने अपने-अपने अध्ययनों में स्पष्ट रूप से पड़ते देखा है।

इसके अतिरिक्त (ECT) कुछ और भी पार्श्वप्रभाव देखने को मिले हैं। जैसे, ऐसे उपचार के बाद रोगियों में संज्ञानात्मक क्षति (cognitive impairments) जैसे प्रासंगिक स्मृति (episodic memory) का ह्रास होते पाया गया है और इस तरह का ह्रास अधिक उम्र के रोगियों में प्राय: देखने को मिलता है। कालेभ तथा उनके सहयोगियों (Calev et. al., 1993) ने अपने अध्ययन में पाये कि अर्थगत स्मृति (semantic memory), क्रियात्मक स्मृति (procedural memory) तथा अस्पष्ट स्मृति (implicit memory) पर भी ECT का कुप्रभाव कम या बेशी पड़ता है।

ECT के अनुप्रयोग एवं प्रभाव (*Applications and effect of ECT*)—ECT को मूलत: मनोविदालिता के रोगियों के उपचार के लिए किया जाता है। परंतु हाल में फिंक (Fink, 1993) तथा शुक्ला (Shukla, 1999) द्वारा किये गये समीक्षा से यह स्पष्ट हुआ है कि ECT का उपयोग विभिन्न तरह के मनोदशा विकृतियों (mood disorders) अर्थात् द्विध्रुवीय विकृति (bipolar disorder), मेलेनकोलिया के साथ मुख्य विषाद (major depression with melancholia) तथा व्यामोह के साथ मनोविक्षिप्त विषाद (psychotic depression with delusion) के रोगियों के उपचार में भी सफलतापूर्वक किया गया है। इन लोगों के सर्वे से यह पता चला है कि जितने भी रोगियों का उपचार ECT से दिया जाता है, उनमें 80 प्रतिशत गम्भीर रूप से विषादी थे, 5 प्रतिशत द्विध्रुवीय विकृति के रोगी थे, 5 प्रतिशत मनोविदाली थे तथा बाकी अन्य समस्याओं से ग्रसित थे।

ECT विषादी रोगियों के लिए तुलनात्मक रूप से अधिक दिया जाता है। फिंक (Fink, 1993), अमेरिकन साइकेट्रिक एसोसियेशन (American Psychiatric Assocation, 1993) द्वारा कुछ ऐसे अध्ययन किये गये हैं जिसमें कुछ विषादी रोगियों का उपचार ECT तथा कुछ अन्य विषादी रोगियों का उपचार औषध (drugs) से किया तथा उनके लाभों का तुलनात्मक अध्ययन किया गया। परिणाम में पाया गया कि ECT के लाभ औषध के लाभ से अधिक श्रेष्ठ

थे। इतना ही नहीं, यह भी देखा गया कि ECT का प्रभाव औषध के प्रभाव से अधिक तेजी से होता है परंतु साथ-ही-साथ समय बीतने के साथ जल्द समाप्त भी हो जाता है। इसलिए इनलोगों ने यह सुझाव दिया है कि ECT द्वारा उपचार दिये जाने के बाद फिर उपचार के उत्तम प्रभाव को बनाये रखने के लिए विषाद विरोधी औषध (antidepressant drug) का दिया जाना अनिवार्य है।

ECT की उपयोगिता वैसे रोगियों के उन्मादी अवस्था (manic state) के उपचार में भी काफी है जिन्हें द्विध्रुवीय विकृति (bipolar disorder) के रोगी के रूप में पहचान की गयी। मुखर्जी, सैकिम तथा स्कनूर (Mukherjee, Sackeim & Schnur, 1994) के अनुसार ECT दिये जाने के बाद करीब 80 प्रतिशत उन्मादी रोगियों (Manic Patients) में नैदानिक उन्नति (clinical improvement) होते पाया गया तथा मुखर्जी एवं उनके सहयोगियों (Mukherjee et. al., 1994) ने यह भी पाया कि करीब 70 प्रतिशत रोगी जिनपर औषध उपचार (drug treatment) का कोई सार्थक प्रभाव नहीं पड़ा था, ECT दिये जाने पर उनमें तेजी से प्रन्नति होते पायी गयी।

ECT का उपयोग मनोविदालिता (Schizophrenia) के रोगी के लिए भी होता है। मनोविदालिता में खास करके कैरेटोनिक स्टूपर (Catatonic stupor), तीव्र मनोविदाली घबड़ाहट (acute schizophrenic agitation) या स्किजोएफेटिव विकृति (schizoaffective disorders) के रोगियों के उपचार में इसका अधिक उपयोग किया जाता है। मुखर्जी (Mukherjee, 1999) के अनुसार भारतवर्ष में ECT का उपयोग मनोविदालिता खासकर के तीव्र मनोविदाली घटनाएँ (acute schizophrenic episodes) के उपचार में काफी किया जाता है। इन्होंने यह बतलाया कि ऐसे रोगियों को ECT से उपचार देने पर मानसिक अस्पताल से जल्द छुट्टी मिल जाती है तथा उसके बाद उत्तम अवस्था बनाकर रखने में कम-से-कम औषध की जरूरत पड़ती है। एस गुप्ता एवं विग (S. Gupta & Wig, 1979) ने अपने अध्ययन के आधार पर यह बतलाया है कि ECT द्वारा 83 प्रतिशत मनोविदालिता तथा 78 प्रतिशत विषाद (depression) के रोगियों में साधारण से लेकर उत्तम उन्नति होती है।

अब प्रश्न यह उठता है कि ECT अपना प्रभाव किस तरह से डालता है? ऐसे तो ECT किस तरह से मानव मस्तिष्क को प्रभावित करके लक्षणों की गंभीरता को कम करता है, यह एक रहस्य है, फिर भी कुछ लोगों का विचार है कि ECT से मस्तिष्क में कुछ कम्पन (convulsion) उत्पन्न होता है जिससे अन्तःस्रावी (endocrine) तथा न्यूरोट्रांसमीटर तंत्रों का असन्तुलन (imbalances) दूर हो जाता है। ECT का मस्तिष्क के अधिकतर न्यूरोट्रांसमीटर जैसे सेरोटोनिन (serotonin), डोपामाइन (dopamine), नोरइपाइनफ्राइन (norepinephrine), गावा (GABA) तथा बीटा-इन्ड्रोफिन (beta-endorphin) पर प्रभाव डालता है और असन्तुलन के स्तर को कम करता है। परंतु कुछ लोगों जैसे नेइटजेल (Neitzel, 2000) का मत है कि ECT के उपचार के फलस्वरूप व्यक्ति के मनोदशा तथा व्यवहर में होने वाले परिवर्तन का सम्बन्ध उक्त न्यूरोट्रांसमीटर में होने वाले परिवर्तन से सम्बन्धित है। इसके बावजूद मैक्स फिंक (Max Fink, 1993) का विश्वास है कि ECT देने से मस्तिष्क में जो आवृत्तीय कम्पन (repeated convlusions) होते हैं, उससे एक विशेष तत्त्व जिसे एण्टीडिप्रेसिन (antidepression) कहा जाता है, उत्पन्न होता है जो इन्सुलिन के समान लगभग कार्य करता है और विभिन्न तरह के मनोदशा अवस्थाओं (mood states) को नियंत्रित करता है।

ECT की वर्तमान स्थिति *(Current Status of ECT)*—यद्यपि ECT की प्रभावशीलता कुछ विशेष तरह की मानसिक विकृतियों में स्थापित हुई है, फिर भी ECT आज एक विवादग्रस्त चिकित्सा पद्धति है। इसके क्रियान्वयन के अस्पष्ट तरीके तथा उसके पार्श्व प्रभाव (side effect) के डर से रोगी तथा विशेषज्ञ दोनों ही ECT का उपयोग करने में हिचकिचाते हैं। ECT के उपयोग को ब्रेग्गिन (Breggin, 1980) ने अनुचित बतलाया है जबकि अमेरिकन मनश्चिकित्सक संघ (American Psychotic Association) ने इसे एक उचित चिकित्सा पद्धति माना है। ब्रिटेन में ECT का पर्याप्त उपयोग होता है तथा भारत में भी इसका उपयोग विभिन्न तरह के मानसिक रोगों के उपचार में प्रायः होता है।

मनोशल्य चिकित्सा (Psychosurgery)

मनोशल्य चिकित्सा की आधुनिक शुरूआत 1891 से माना गया है जब गोट्टलिव वर्कहार्डट (Gottlieb Burckhardt) जो स्वीटजरलैंड के न्यूरोलोजिस्ट थे, ने मानसिक रोग को दूर करने के ख्याल से ऐसे रोगियों के

प्रमस्तिष्कीय कॉर्टेक्स (cerebral cortex) के छोटे भाग को नष्ट किया था। जब वे छह ऐसे रोगियों का ऑपरेशन कर चुके थे, तो उनके एक सहकर्मी ने फिर आगे इसे करने से इसलिए रोक दिया क्योंकि उसमें से एक की मृत्यु हो गयी थी तथा एक अन्य को मिरगी रोग हो गया। मनोशल्य चिकित्सा का विकास फिर अमेरिका में किए गए मस्तिष्कीय शल्य (brain operations) क्रियाओं से हुई है। यहाँ के चिकित्सकों ने दो वनमानुष जिनका नाम वेकी (Becky) तथा लूसी (Lucy) था, के मस्तिष्क का ऑपरेशन (operation) करके अग्रपालि (frontal lobe) को निकाल दिया। परिणाम में देखा गया कि ऐसे वनमानुष में चिन्ता तथा कुंठा (frustration) उन परिस्थितियों में भी उत्पन्न नहीं हुआ जिसमें होना चाहिए था। इस तथ्य से प्रोत्साहित होकर पुर्तगाल के मनोरोगविज्ञानियों (Portuguse psychiatrist) जिनका नाम इगास मोनिज (Egas Monitz) था, ने मनुष्यों पर इस विधि का सफलतापूर्वक प्रयोग किया और पाया कि इनकी भी कुंठा तथा चिन्ता बहुत हद तक दूर हो गए। इस खोज के लिए उन्हें 1949 में मेडीसिन (Medicine) में नोबुल पुरस्कार (Nobel Prize) भी दिया गया। मोनिज (Monitz) का मत था कि मस्तिष्क के अग्रपालि (frontal lobe) में कुछ अपअनुकूलित या कुसमायोजित कोशिकाएँ (cells) होती हैं जिनसे कुछ मानसिक विकृतियाँ (mental disorders) उत्पन्न हो जाती हैं। यदि इन कोशों को खत्म कर दिया जाए या थैलमस एवं अन्य मस्तिष्कीय केन्द्रों (brain centres) के साथ उनका संबंध विच्छेद कर दिया जाए तो इससे व्यक्ति में चिन्ता तथा कुंठा से उत्पन्न होने वाली मानसिक विकृतियाँ (mental disorders) अपने आप समाप्त हो जाएँगी। इस चिकित्सा विधि में रोगी के दोनों कनपटियों में शल्य चाकू (surgical knife) द्वारा छेदकर मस्तिष्क के अग्रखण्ड (frontal lobe) तथा थैलमस (thalamus) को जोड़ने वाले तन्तु (fibroid tracts) को काट दिया जाता है। इस संबंध विच्छेद से रोगी चिन्ता और अन्य संवेगात्मक अवरोधों (emotional inhibitions) से मुक्त होकर चंगा हो जाता है। इस तरह के शल्य चिकित्सा को *प्री-फ्रन्टल लोवेक्टॉमी* या *ल्यूवेक्टॉमी* (Prefrontal lobotomy or Leubectomy) कहा जाता है। जब अग्रखण्ड (frontal lobe) को बिल्कुल ही काटकर कॉर्टेक्स (cortex) से हटा दिया जाता है, तो इस प्रविधि को *प्री-फ्रन्टल लोवेक्टॉमी* (Pre-frontal lobectomy) कहा जाता है। इस विधि का उपयोग मोनिज एवं उनके सहकर्मी अल्मीड लीमा (Almeida Lima) द्वारा भी काफी किया गया।

भेलस्टीन (Valenstein, 1980) के अनुसार 1940 तथा 1950 वाले दशक में मोनिज तथा उनके सहकर्मी अलमीडा लीमा (Almeida Lima) ने इस तरह के मनोशल्य विधि को काफी लोकप्रिय बनाया तथा जिससे प्रेरणा पाकर मनोशल्य चिकित्सा की नयी प्रविधि भी विकसित की गयी। जैसे, अमेरिका में वाल्टर फ्रीमैन (Walter Freeman) तथा जेम्स वाट्टस (James Watt) ने एक मानक लोवेटॉमी (Standard Leubectomy) जिसे **फ्रन्टल लोवेटॉमी** (Frontal Labectomy) कहा गया, विकसित किये। इस प्रविधि में रोगी के खोपड़ी में एक छोटा छेद करके एक काट यंत्र (cutting instrument) को भीतर करके मस्तिष्क तथा अग्रपालि (frontal lobe) के बीच का संबंध विच्छेद कर दिया जाता था। 1948 में फ्रीमैन तथा वाट्टस (Freeman & Watts) ने **ट्रासआर्विटल लोवोटामी** (Transorbital Lobotomy) जैसी प्रविधि की खोज किया। इस प्रविधि में नेत्र गोलक (eye ball) के ऊपर नेत्र खोल (eye socket) में ही एक छोटा-सा काट यंत्र अग्रपालि (frontal lobe) खुसैड दिया जाता था और यंत्र को आगे पीछे घुमाकर अग्रपालि के कुछ कोश को काट दिया जाता था। इसका परिणाम यह होता था कि मानसिक रोग के बहुत से भावात्मक एवं व्यवहारात्मक लक्षण दूर हो जाते थे। यह उस समय काफी लोकप्रिय मनोशल्य प्रक्रिया थी और फ्रीमैन का दावा था कि वे एक दिन में कम-से-कम 50 ऐसे ऑपरेशन करते थे। ऐसे रोगियों में अधिकतर मनोविदालिता (schizophrenia) तथा मनोदशा विकृति (mood disorder) के रोगी होते थे।

इन प्रविधियों का एक सामान्य दोष यह था कि अधिकतर सर्जन को यह ठीक-ठीक नहीं पता चल पाता था कि वे मस्तिष्क के किस विशिष्ट क्षेत्र के कोश को नष्ट कर रहे हैं, इसमें वे मात्र अंदाज से काम चलाते थे जिसका परिणाम यह होता था कि रोगियों में ऐसे मनोशल्य चिकित्सा के कई पार्श्व प्रभाव (side effect) जैसी आवेगशीलता, मिरगी का दौरा, घटिया निर्णय, प्रेरणा तथा आत्म देख-रेख की कमी, अस्पष्ट चिंतन आदि देखने को मिलते थे। ऐसे मनोशल्य ऑपरेशन का सबसे चिंता की बात यह होती थी कि ऑपरेशन के दौरान ही अत्यधिक रक्त बहाव के कारण करीब 5% रोगी की मृत्यु हो जाती थी।

इस तरह के अंध लोवोटॉमी (blind lobotomy) की काफी आलोचना हुई जिसका परिणाम यह हुआ कि आजकल मनोशल्य चिकित्सा के कुछ नयी प्रविधियों का विकास हुआ है जिसमें निम्नांकित दो का नाम अत्यधिक उल्लेखनीय है—

(1) सिनगुलेटॉमी (Cingulatomy)

(2) स्टीरियोटोक्सिक सबकाऊडेट ट्रैक्सेटॉमी (Stereotoxic Subcaudate Tractotomy or SST)

इन दोनों का वर्णन इस प्रकार है—

1. सिनगुलेटॉमी *(Cingulatomy)*—यह प्रविधि आजकल उत्तरी अमेरिका में काफी लोकप्रिय है। चिओका तथा मार्तुजा (Chiocca & Martuza, 1990) के अनुसार इस प्रविधि में मस्तिष्कीय कॉर्टेक्स के विशेष भाग अर्थात् सिनगुलेट गाइरस (Cingulate gyrus) में सिर के दोनों तरफ से एल्कट्रोड (electrode) घुसा दिया जाता है और उसके बाद रेडियो बारंबारता तरंग (radio frequency wave) के माध्यम से पापेज सरकिट (papez circuit) जो लिम्बिक तंत्र का एक सरकिट होता है, को नष्ट कर दिया जाता है। इस सरकिट की भूमिका विशेष सांवेगिक अनुभूतियों की उत्पत्ति में होती है। सिनगुलेटॉमी द्वारा विशेषकर विषाद (depression) तथा मनोग्रस्ति-बाध्यता विकृति के रोगियों का सफलतापूर्वक उपचार किया गया।

यद्यपि सिनगुलेटॉमी के पार्श्व प्रभाव (side effect) कम होते हैं, कुछ नवीनतम अध्ययन जिसे सचदेव तथा उनके सहयोगियों (Sachdev et al., 1992) एवं जेनाइक तथा उनके सहयोगियों (Jenike et al., 1991) द्वारा किया गया है, से यह स्पष्ट हुआ है कि सिनगुलेटॉमी के बाद करीब 12% रोगियों द्वारा आत्महत्या कर लिया गया तथा 9% रोगियों में उत्तर सर्जिकल दौरा (seizures) पड़ा। कुछ रोगियों में वैसे व्यक्तित्व परिवर्तन के लक्षण भी देखे गये जो सामान्यत: अग्रपालि के नष्ट होने से होते हैं।

2. स्टीरियोटौक्सिक सबकाऊडेट ट्रैक्टोटॉमी *(Stereotoxic Subcaudate tractotomy or SST)*—SST की शल्य विधि सिनगुलेटॉमी से काफी समान है। मूल अंतर इतना ही है कि इसमें मस्तिष्क के एक भिन्न क्षेत्र में घाव (lesion) उत्पन्न किया जाता है अर्थात् इसमें अग्रपालि के आधार (base) क्षेत्र में काऊडेट न्यूक्लियस (Caudate nucleus) के नीचे एल्कट्रोड द्वारा रेडियो बारंबारता तरंग भेजकर घाव उत्पन्न किया जाता है। इसका परिणाम यह होता है कि अग्रपालि (Frontal lobe) का संबंध लिम्बिक तंत्र, हाइपोथैलमस (hypothalamus) एवं अन्य उपमस्तिष्कीय क्षेत्रों से टूट जाता है। मैनगालोस तथा मेजी (Nangalos & Mezy, 2000) के अनुसार SST का सफल उपयोग मनोदशा (mood) तथा चिंता विकृतियों (anxiety disorders) के उपचार में हुआ है।

मनोशल्य चिकित्सा (psychosurgery) आधुनिक समय में तरह-तरह के मनोक्रियात्मक औषध (psychoactive drugs) के आ जाने के कारण करीब-करीब पूर्णत: दम तोड़ चुका है। इतना ही नहीं, 1951 में सोवियत संघ (Soviet Russia) ने तो इसके प्रयोग पर अपने देश में प्रतिबन्ध भी लगा रखा था। कुछ अध्ययनों से यह भी पता चला है कि इस तरह के मनोशल्य चिकित्सा में रोगी के उच्च स्तरीय मानसिक क्रियाएँ (higher mental processes) जैसे निर्णय लेना, चिन्तन करना आदि को काफी प्रभावित करता है। यह दुर्भाग्य की बात है कि मनोशल्य चिकित्सा के प्रतिपादक यानी *मोनिज को उनके एक ऐसे रोगी द्वारा गोली मारकर हत्या कर दी गयी थी जिसका उन्होंने शल्य चिकित्सा किया था।* आजकल मनोशल्य चिकित्सा का उपयोग मनोरोगविज्ञानियों द्वारा अंतिम उपाय के रूप में किया जाता है जब रोगी अन्य उपचार विधियों के प्रति संवेदनहीनता दिखलाता है। आज मनोरोगविज्ञानियों में इस बिंदु पर आम सहमति है कि मनोशल्य चिकित्सा से केवल उन्हीं रोगियों को फायदा पहुँचता है जिनके लक्षणों में तीव्र संवेग होता है तथा जो गंभीर एकध्रुवीय (unipolar) तथा द्विध्रुवीय (bipolar) विषाद एवं मनोग्रसित बाध्यता विकृति के गंभीर प्रभाव से ग्रस्त होते हैं। निटजिल (Neitzel, 1996) के अनुसार जिन रोगियों के लक्षणों में चिंतन विकृति (thought disorder) या चपटा संवेग (flattened emotions) की प्रधानता होती है, वे मनोशल्य चिकित्सा से कम लाभान्वित होते हैं। यही कारण है कि मनोविदालिता के रोगियों का उपचार इससे नहीं किया जाता है।

अध्याय सारांश
(Chapter Summary)

1. जैविक चिकित्सा (biological therapy) में मानसिक रोगियों का उपचार (treatment) दैहिक विधियों जैसे कुछ विशेष औषध (drug) का प्रयोग, बिजली के शॉक या आघात तथा शल्य क्रिया (operation processes) आदि द्वारा किया जाता है।
2. जैविक चिकित्सा (biological therapy) के तीन प्रकार हैं—औषधि चिकित्सा (Pharmacotherapy), आघात चिकित्सा (Shock therapy) तथा मनोशल्य चिकित्सा (Psychosurgery)।
3. औषध चिकित्सा (pharmacotherapy) में कुछ विशेष औषध (drugs) जैसे वृहत् प्रशान्तक (major tranqulizers), लघु प्रशान्तक (minor tranquiliers) एवं विषाद-विरोधी औषधियाँ (antidepressant drugs) आदि का उपयोग किया जाता है।
4. आघात चिकित्सा (shock therapy) में इनसुलिन आघात चिकित्सा (insulin shock therapy) तथा वैद्युत-आघात चिकित्सा (Electro-shock therapy) प्रधान है।
5. मनोशल्य चिकित्सा (psychosurgery) जिसका प्रतिपादन इगास मोनिज (Egas Monitz) द्वारा किया गया था, एक ऐसी प्रविधि है जिसमें शल्य प्रक्रिया (operation process) का सहारा लेकर मस्तिष्क के अग्रपालि (frontal lobe) का सबंध थैलमस एवं अन्य उच्च मानसिक केन्द्रों से समाप्त कर दिया जाता है जिसके फलस्वरूप रोगी चिन्ता एवं कुंठा (frustration) आदि से मुक्त हो जाता है।

❑

अध्याय 19

मानसिक स्वास्थ्य
(MENTAL HEALTH)

मानसिक स्वास्थ्य का अर्थ तथा मानसिक रोग से इसकी विभिन्नता (Meaning of Mental Health and its Distinction from Mental Illness)

यदि नैदानिक मनोविज्ञान (clinical psychology) तथा असामान्य मनोविज्ञान (abnormal psychology) के इतिहास पर ध्यान दें तो यह स्पष्ट होगा कि मनोवैज्ञानिकों की अभिरुचि (interest) मानसिक स्वास्थ्य के अध्ययन में एक विशेष आन्दोलन (movement) के फलस्वरूप हुआ। इस आन्दोलन का नाम *मानसिक स्वास्थ्य आन्दोलन* (Mental hygiene movement) है जिसके शीर्ष नेता डी॰ एल॰ डिक्स (D.L. Dix) जो माशासूटे (Massachutts) में स्कूल शिक्षिका थी एवं क्लिफोर्ड डब्ल्यू॰ बिर्स (Clifford W. Beers) थे। इन लोगों के प्रयास से मानसिक अस्पतालों में रखे गए रोगियों के साथ किए जाने वाले अमानवीय व्यवहार में कमी आयी और मानवीय व्यवहारों में वृद्धि हुई एवं मानसिक स्वास्थ्य को उन्नत बनाने की ओर लोगों का ध्यान गया।

अब प्रश्न उठता है कि मानसिक स्वास्थ्य (mental health) से क्या तात्पर्य होता है? सामान्यतः यह समझा जाता है कि जब व्यक्ति किसी भी तरह की मानसिक बीमारी (mental illness) से मुक्त होता है, तो उसे मानसिक रूप से स्वस्थ समझा जाता है और उसकी इस अवस्था को मानसिक स्वास्थ्य की संज्ञा दी जाती है। लेकिन कुछ चिकित्सकों का मत है कि मानसिक स्वास्थ्य को मानसिक बीमारी की अनुपस्थिति कहना बहुत ही उपयुक्त नहीं दीख पड़ता है क्योंकि मानसिक रूप से स्वस्थ व्यक्ति में भी कभी-कभी मानसिक बीमारी के लक्षण जैसे—आवेगशीलता (impulsivity), सांवेगिक अस्थिरता (emotional stability), अनिद्रा आदि के लक्षण दिखाई पड़ते हैं। इसलिए आधुनिक नैदानिक मनोवैज्ञानिकों ने मानसिक स्वास्थ्य (mental health) को समायोजनशीलता (adaptability) की क्षमता को मुख्य कसौटी मानकर इसे परिभाषित किया है। इसी संदर्भ में स्ट्रेन्ज[1] (Strange, 1965) ने मानसिक स्वास्थ्य को परिभाषित करते हुए कहा है, ''मानसिक स्वास्थ्य से तात्पर्य वैसे सीखे गए व्यवहार से होता है जो सामाजिक रूप से अनुकूली होते हैं और जो व्यक्ति को अपनी जिन्दगी के साथ पर्याप्त रूप से मुकाबला करने की अनुमति देता है।'' हारविज तथा स्कीड[2] (Horwitz & Scheid, 1999) ने मानसिक स्वास्थ्य को इस प्रकार परिभाषित किया है ''मानसिक स्वास्थ्य में कई आयाम सम्मिलित होते हैं—आत्म-सम्मान, अपने अंतशक्तियों का अनुभव, सार्थक एवं उत्तम संबंध बनायें रखने की क्षमता तथा मनोवैज्ञानिक श्रेष्ठता।''

कार्ल मेनिंगर[3] (Karl Menninger, 1945) के अनुसार, ''मानसिक स्वास्थ्य अधिकतम खुशी तथा प्रभावशीलता

1. "Mental health is no more than a description of learned behaviour that is socially adaptive and allows the persons to cope adequately with life." —Strange : *Abnormal Psychology,* 1965, p. 440
2. "Mental health includes a number of dimenmions : self-esteem, realization of one's potential, the ability to maintain fulfilling, meaningful relationship and psychological well-being". Horwitz & Schied : *Approaches to Mental Health and Illness* : Contficiting definitions and Emphasis.
Horwitz & Schied (Ed.) *A Handbook for the Study of Mental Health,* 1999, p. 2.
3. Mental health is "the adjustment of human beings to the world and to each other with a maximum effectiveness and happiness... It is the ability to maintain an even temper, an alert intelligence, socially considerate behaviour and a happy disposition." —Karl Menninger : *The Human Mind,* 1945, p. 102

के साथ वातावरण एवं उसके प्रत्येक दूसरे व्यक्ति के साथ मानव समायोजन है—वह एक संतुलित मनोदशा, सतर्क बुद्धि, सामाजिक रूप से मान्य व्यवहार तथा एक खुश मिजाज बनाए रखने की क्षमता है।''

इन परिभाषाओं का विश्लेषण करने पर हमें मानसिक स्वास्थ्य के स्वरूप के बारे में निम्नांकित तथ्य प्राप्त होते हैं—

(i) मानसिक स्वास्थ्य की मूल कसौटी अर्जित व्यवहार (learnt behaviour) है। इस तरह का व्यवहार का स्वरूप कुछ ऐसा होता है जिससे व्यक्ति को सभी तरह के समायोजन (adaptation) करने में मदद मिलती है।

(ii) मानसिक स्वास्थ्य एक संतुलित (balanced) मनोदशा की अवस्था होती है जिसमें व्यक्ति अपने जिन्दगी के विभिन्न हालातों में सामाजिक रूप से तथा सांवेगिक रूप से एक मान्य व्यवहार बनाए रखता है।

मानसिक रोग या बीमारी (mental illness) वातावरण के साथ किए गए कुसमायोजी व्यवहार (maladaptive behaviour) को कहा जाता है। डेविड मैकनिक (David Mechanic, 1999) के अनुसार मानसिक बीमारी एक तरह का विचलित व्यवहार (deviant behaviour) होता है जिसमें व्यक्ति की चिंतन प्रक्रियाएँ, भाव एवं व्यवहार सामान्य प्रत्याशाओं एवं अनुभूतियों से भिन्न या अलग होता है और प्रभावित व्यक्ति या समाज इसे एक ऐसी समस्या के रूप में पहचान करता है जिसमें नैदानिक हस्तक्षेप (clinical intervention) आवश्यक हो जाता है। DSM-IV (1994) में मानसिक बीमारी (mental illness) को बहुत ही स्पष्ट एवं वैज्ञानिक ढंग से परिभाषित करने की कोशिश की गयी है।

DSM-IV (1994) के अनुसार मानसिक बीमारी को इस प्रकार परिभाषित किया गया है।

"DSM-IV में प्रत्येक मानसिक विकृति को एक नैदानिक रूप में सार्थक व्यवहारपरक या मनोवैज्ञानिक संलक्षण या पैटर्न जो व्यक्ति में उत्पन्न होता है, के रूप में समझा गया है और यह वर्त्तमान तकलीफ या नियोग्यता (disability) से संबंधित होता है। चाहे उसका मौलिक कारण जो भी हो, इसे वर्तमान समय में व्यक्ति में व्यवहारपरक, मनोवैज्ञानिक या जैविक दुष्क्रिया की अभिव्यक्ति अवश्य माना जाता हो। न तो कोई विचलित व्यवहार (जैसे राजनैतिक, धार्मिक या लैंगिक) और न ही व्यक्ति तथा समाज के बीच होने वाला संघर्ष को मानसिक रोग माना जा सकता है अगर ऐसा विचलन या संघर्ष व्यक्ति में दुष्क्रिया का लक्षण न हो।''[1]

डेविड मैकानिक (David Mechanic, 1999) ने मानसिक बीमारी को इस ढंग से परिभाषित किया है, ''मानसिक बीमारी एक तरह का विचलित व्यवहार है। इसकी उत्पत्ति तब होती है जब व्यक्ति की चिंतन प्रक्रियाएँ, भाव एवं व्यवहार सामान्य प्रत्याशाओं या अनुभवों से विचलित होता है तथा प्रभावित व्यक्ति या समाज के अन्य लोग इसे एक ऐसी समस्या के रूप में परिभाषित करते हैं जिसमें हस्तक्षेप की आवश्यकता होती है।''[2] यदि हम मानसिक बीमारी के उक्त परिभाषाओं पर ध्यान दे तो यह स्पष्ट होगा कि सामान्यतः मानसिक बीमारी के दो पहलू होते हैं—

(i) मानसिक बीमारी से उत्पन्न चिंतन, भाव एवं व्यवहार व्यक्ति के लिए दुखदायी या विघटनकारी (disruptive) होता है।

(ii) समस्या व्यक्ति में किसी-न-किसी दुष्क्रिया (dysfunction) से उत्पन्न होता है। दूसरे शब्दों में, मन या उसके शरीर का कोई-न-कोई पहलू उस ढंग से काम नहीं कर रहा होता है जिस ढंग से उसे कार्य करना चाहिए। इस पहलू पर DSM-IV की परिभाषा में स्पष्ट रूप से बल डाला गया है।

यदि मानसिक स्वास्थ्य एवं मानसिक बीमारी के क्षेत्र में किये गए शोधों पर ध्यान दें तो यह स्पष्ट होगा कि क्षेत्र

1. "In DSM-IV each of the mental disorders is conceptualized as a clinically significant behaviour or psychological symptoms or pattern that occurs in an individual and this is associated with present stress or disability...Whatever its orginal causes, it must concurrently be considered a manifestation of a behavioural, psychological or biological dysfunction in the individual. Neither deviant behaviour (e.g. political, religious or sexual) nor conflicts that are primarily between the individual and society are mental disorders unless the deviance or conflict is a symptom of a dysfunction in the individual." —APA : DSM, 1994, XXI–XXII

2. "Mental illness is a form of deviant behaviour. It arises when the individual's thought processes, feelings or behaviours deviate from usual expectations or experience and the persons affected or others in community define it as a problem that requires intervention." —David Mechanic : Mental health and Mental illness. In Horwitz & Schied (Eds) : *A Handbook for the Study of Mental Health*. 1999, p. 121

में 1970 के दशक तक मानसिक स्वास्थ्य तथा मानसिक बीमारी का एक विशेष मॉडल जिसे सतत् मॉडल (continuous model) कहा गया है, का प्रभाव काफी बना रहा। इस मॉडल में मानसिक स्वास्थ्य तथा मानसिक बीमारी को एक ही सांतत्य (continuum) के दो विपरीत ध्रुव (opposite pole) माना गया और अधिकतर लोग इन दोनों छोरों के बीच में होते समझे गए। मानसिक स्वास्थ्य मानसिक बीमारी से स्पष्टतः एक भिन्न श्रेणी नहीं समझा जाता था बल्कि स्वास्थ्य और बीमारी तथा सामान्य एवं असामान्य व्यवहारों के विभिन्न मात्राएँ (degrees) होती हैं। स्वास्थ्य तथा बीमारी के बीच की सीमा रेखा सख्त (rigid) न होकर तरल (fluid) है और सामाजिक एवं पर्यावरणी प्रभावों से प्रभावित होते रहता है। यही कारण है कि मानसिक स्वास्थ्य तथा मानसिक बीमारी के बीच स्पष्ट सीमा-रेखा खींचना कठिन है और देखा गया है कि ऐसे व्यक्ति जिसमें कोई मानसिक बीमारी नहीं होती है, कभी-कभी उसमें मानसिक विषाद, काल्पनिक बीमारियों में चिंतित रहना, आवेगशीलता, बिना बात के ही क्रोधित हो जाना आदि लक्षण पाये जाते हैं। उसी तरह से ऐसे लोग जो निश्चित रूप से मानसिक रूप से रोगग्रस्त हैं, उनमें कभी-कभी ऐसी मानसिक दशा उत्पन्न हो जाती है जो मानसिक रूप से स्वस्थ्य व्यक्तियों की मनोदशा होती है और उसमें किसी प्रकार की कोई असामान्यता का लक्षण नहीं दिखलाई पड़ती है।

1980 वाले दशक में मानसिक स्वास्थ्य एवं मानसिक बीमारी के इस सतत् मॉडल से हटकर दूसरे तरह के मॉडल पर लोगों का ध्यान अधिक गया है जिसे मानसिक बीमारी का *पृथक या असतत् मॉडल* (discrete or discontinuous model) कहा गया है। यह मॉडल इस बात का स्पष्टरूप से खंडन करता है कि मानसिक स्वास्थ्य तथा मानसिक बीमारी एक सातत्य (continuum) का निर्माण करते हैं बल्कि इसका मत है कि मानसिक स्वास्थ्य तथा मानसिक बीमारी एक-दूसरे के विपरीत हैं जिससे एक द्विभाजक (dichotomy) का निर्माण होता है जिसका परिणाम यह होता है कि कोई व्यक्ति या तो स्वस्थ्य है या फिर बीमार है। इस मॉडल के अनुसार जो लोग मानसिक रूप से बीमार होते हैं, उन्हें लक्षणों के आधार पर विभिन्न रोग श्रेणियों में रखा जाता है। यह मॉडल जैवमेडिकल शोधों (biomedical research) जिसमें मानसिक बीमारी के आंगिक एवं जैविक कारकों को अधिक महत्त्वपूर्ण समझा जाता है, पर किये गए शोधों पर आधृत है तथा जैसा कि मिकेल्स एवं मार्जुक (Michells & Marzuk, 1993) तथा विलसन (Willson, 1993) ने कहा है, ''इस मॉडल के अनुसार मानसिक बीमारी का कारण आनुवंशिक, जैविक, जैवरसायनिक तथा तंत्रकीय (neurological) होता है।''

मानसिक स्वास्थ्य के तत्त्व
(Components of Mental health)

मानसिक स्वास्थ्य के क्षेत्र में किए गए विभिन्न अध्ययनों को कुछ मनोवैज्ञानिकों जैसे—कार्ल रोजर्स (Carl Rogers), मैसलो एवं मिटिलमैन (Maslow & Mittleman, 1951) द्वारा समीक्षा की गयी और उसके आधार पर कुछ ऐसे सूचकों (indices) की सूची तैयार की है जिसे धनात्मक मानसिक स्वास्थ्य (positive mental health) का प्रमुख तत्त्व के रूप में समझा गया है। ऐसे सूचकों (indices) में निम्नांकित को महत्त्वपूर्ण बतलाए गए हैं—

(1) सामान्य वर्धन एवं विकास (normal growth and development)
(2) अपने प्रति उचित मनोवृत्ति (appropriate attitude towards self)
(3) भविष्य की ओर उन्मुखता (orientation towards futures)
(4) स्वतंत्रता (autonomy)
(5) अधिकतम स्तर तक अपनी क्षमता का उपयोग करना
(6) जिन्दगी के प्रति समन्वित दृष्टिकोण (unifying overlook) तथा तनाव के प्रति प्रतिरोध (resistance)
(7) वास्तविकता का प्रत्यक्षण तथा आवश्यकता विकृति (need distortion) से स्वतंत्रता
(8) अहम् पहचान (ego identity) का ज्ञान
(9) स्वस्थ आत्म-सामान (self-esteem) पर आधारित ज्ञान
(10) अन्य लोगों के साथ स्नेह एवं विश्वास का भाव कायम करना
(11) सुरक्षा का भाव (feeling of security)

(12) तर्कसंगत निर्भरता (reasonable dependence)
(13) तर्कसंगत आक्रामकता (reasonable aggressiveness)
(14) समूह की आवश्यकताओं को सम्पन्न करने की क्षमता
(15) उत्तम अन्तर्वैयक्तिक घनिष्ठता विकसित करने की क्षमता
(16) अनुभवों में खुलापन (openness)
(17) कल्याणकारी संवेगों जैसे खुशी, हर्ष, सुखद भाव आदि उत्पन्न करने की क्षमता
(18) प्रयोगात्मक आँकड़ों (experimental data) के अनुरूप उचित संकेतीकरण (accurate symbolization) का प्रयोग
(19) नवीनतम क्षणों (new moment) के साथ सर्जनात्मक अनुकूलन (creative adaptation)
(20) अपने अनुभवों के साथ आत्म-संरचनाओं (self-structure) की संगतता (congruence)
(21) लचीलापन (flexibility)

जहोड़ा (Jahoda, 1959) ने समीक्षा (review) करके यह बतलाया है कि धनात्मक मानसिक स्वास्थ्य (positive mental health) के निम्नांकित छह प्रमुख तत्त्व (components) होते हैं—

(1) आत्मन् (self) के प्रति धनात्मक मनोवृत्ति (positive attitude)
(2) आदर्श वर्धन (growth), विकास एवं आत्म-सिद्धि (self-actualization)
(3) मानसिक समन्वय (psychic integration)
(4) वैयक्तिक स्वतंत्रता (personal autonomy)
(5) वातावरण का वास्तविक प्रत्यक्षण (realistic perception)
(6) पर्याप्त पर्यावरणी निपुणता (adequate environmental mastery)

स्कौट (Scott, 1968) ने अपनी समीक्षा (review) के आधार पर मानसिक स्वास्थ्य के निम्नांकित सात प्रमुख तत्त्व बतलाये हैं—

(1) समायोजनशीलता एवं लचीलापन (flexibility)
(2) अपनी आवश्यकताओं को संतुष्ट करने की क्षमता
(3) अन्य लोगों के साथ सम्पर्क एवं सद्भाव (goodwill) बनाए रखने की क्षमता
(4) बौद्धिक क्षमता
(5) सांवेगिक नियंत्रण
(6) स्वतंत्रता (autonomy), उत्पादकता एवं अपने मूल्य (worth) का ज्ञान
(7) समन्वय (integration) एवं साम्यधारण (equilibration)

ऐ॰ के॰ सिंह एवं डॉ॰ अल्पना सेनगुप्ता[1] (1989) धनात्मक मानसिक स्वास्थ्य (positive mental health) के विभिन्न तत्त्वों की समीक्षा करके निम्नांकित छह तत्त्वों को सर्वोपरि माना है—

(1) समायोजन (adjustment)
(2) सांवेगिक स्थिरता (emotional stability)
(3) बुद्धि (intelligence)
(4) स्वतंत्रता (autonomy)
(5) सुरक्षा-असुरक्षा (security-insecurity)
(6) क्रिया-स्तर (activity-level)

स्पष्ट हुआ कि मानसिक स्वास्थ्य के कई तत्त्व हैं। इन तत्त्वों के संयोग से धनात्मक मानसिक स्वास्थ्य के संप्रत्यय का प्रादुर्भाव हुआ है।

---

1. A.K. Singh & A. Sen Gupta (1989) : UGC Postdoctoral project on "Positive Mental Health and Classroom achievement among rural and urban children." —Patna University, Patna

मानसिक रूप से स्वस्थ व्यक्ति की विशेषताएँ
(Characteristics of Mentally healthy people)

नैदानिक मनोवैज्ञानिकों ने मानसिक रूप से स्वस्थ व्यक्तियों की कुछ खास-खास विशेषताओं का उल्लेख किया है जिनमें निम्नांकित प्रमुख हैं—

(1) आत्म-ज्ञान (*Self-knowledge*)—मानसिक रूप से स्वस्थ व्यक्ति की एक प्रमुख विशेषता यह है कि उसे अपनी प्रेरणा, इच्छा, भाव, आकांक्षाओं आदि का पूर्ण ज्ञान होता है। वह यह पूर्णतः समझता है कि वह क्या कर रहा है, क्यों उसमें अमुक ढंग का भाव उत्पन्न हो रहा है, उसकी आकांक्षाएँ क्या हैं, आदि आदि।

(2) आत्म-मूल्यांकन (*Self-evaluation*)—मानसिक रूप से स्वस्थ व्यक्ति आसानी से अपने गुण-दोष की परख कर लेता है। वह अपने प्रत्येक व्यवहार को तटस्थ होकर अध्ययन करता है तथा अपने व्यवहार की परिसीमाओं (limitations) की परख करता है।

(3) आत्म-श्रद्धा (*Self-esteem*)—मानसिक रूप से स्वस्थ व्यक्ति में आत्म-श्रद्धा काफी होती है जिसके कारण उसमें आत्म-विश्वास, आत्म-बल तथा अपने भावों को स्वीकार करते हुए कार्य करने की क्षमता होता है।

(4) सुरक्षा का भाव (*Feeling of security*)—मानसिक रूप से स्वस्थ व्यक्ति में यह भावना तीव्र होती है कि वह समाज का स्वीकृत सदस्य है तथा लोग उसके भाव का आदर करते हैं। वह दूसरों के साथ निडर होकर अन्तःक्रिया (interaction) करता है तथा खुलकर हँसी-मजाक में भाग लेता है। समूह का दबाव पड़ने के बावजूद भी वह अपनी इच्छाओं को दमित नहीं करने की कोशिश करता है,

(5) संतोषजनक संबंध बनाए रखने की क्षमता (*Ability to form satisfying relationship*)—मानसिक रूप से स्वस्थ व्यक्ति की एक विशेषता यह है कि वह दूसरों के साथ संतोषजनक संबंध बनाए रखने से प्रसन्न होते हैं। वह कभी भी दूसरों के सामने अवास्तविक माँग (unrealistic demand) नहीं पेश करता है। फलस्वरूप, उसका संबंध दूसरों के साथ हमेशा संतोषजनक बना रहता है।

(6) शारीरिक इच्छाओं की संतुष्टि (*Satisfaction of bodily desires*)—मानसिक रूप से स्वस्थ व्यक्ति की यह भी एक विशेषता है कि अपने शारीरिक अंगों (bodily organs) के कार्यों के प्रति एक स्वच्छ एवं धनात्मक मनोवृत्ति रखता है। वह इनके कार्यों से पूर्णरूपेण अवगत रहते हुए भी उसमें किसी प्रकार की आसक्ति (indulgence) नहीं दिखलाता है।

(7) उत्पादी एवं खुश रहने की क्षमता (*Ability to be productive and happy*)—मानसिक रूप से स्वस्थ व्यक्ति अपनी क्षमता को उत्पादी कार्य (productive work) में लगाते हैं तथा उससे वे काफी खुश रहते हैं। वह ऐसे कार्य में अच्छा उत्साह एवं मनोबल (morale) दिखलाता है और अपने को खुशमिजाज साबित करता है।

(8) तनाव एवं अतिसंवेदनशीलता की अनुपस्थिति (*Absence of tension and hypersensitivity*)—मानसिक रूप से स्वस्थ व्यक्ति में मानसिक तनाव उत्पन्न नहीं हो पाता है और यदि कभी हुआ भी तो वह तुरंत ही नियंत्रित कर लिया जाता है। ऐसे व्यक्ति दूसरों द्वारा किए गए प्रशंसा या आलोचना (criticisms) का प्रभाव अपने ऊपर अधिक नहीं पड़ने देते हैं। दूसरे शब्दों में, इसमें संवेदनशीलता (sensitivity) के गुण की कमी होती है।

(9) अच्छा शारीरिक स्वास्थ्य (*Good mental health*)—मानसिक रूप से स्वस्थ व्यक्ति की एक विशेषता यह भी होती है कि इनका शारीरिक स्वास्थ्य अच्छा एवं आकर्षक होता है। यह विशेषता उस कहावत से जुड़ी हुई है कि स्वस्थ मास्तिष्क स्वस्थ शरीर में रही रहता है (Sound mind resides in sound body)।

(10) जिन्दगी का एक स्पष्ट सिद्धान्त (*Clear-cut philosophy of life*)—मानसिक रूप से स्वस्थ व्यक्ति अपने जीवन में कुछ ठोस सिद्धान्त (philosophy) बनाए रखते हैं और वे हमेशा उसी सिद्धान्त के अनुकूल कार्य करते हैं। ऐसे व्यक्तियों के सिद्धान्त में मानसिक संघर्ष, विरोधाभास जैसी चीजों की सर्वथा कमी होती है।

(11) वास्तविक प्रत्यक्षण (*Realistic perception*)—मानसिक रूप से स्वस्थ व्यक्ति किसी वस्तु, घटना या चीज का प्रत्यक्षण वस्तुनिष्ठ ढंग से करते हैं। वे इन चीजों का प्रत्यक्षण ठीक उसी ढंग से करने की कोशिश करते हैं जो हकीकत होता है। वे अपनी ओर से प्रत्यक्षण करते समय कुछ काल्पनिक तथ्यों का सहारा नहीं लेते हैं।

(12) स्पष्ट जीवन लक्ष्य (*Clear life goal*)—मानसिक रूप से स्वस्थ व्यक्ति का एक स्पष्ट जीवन लक्ष्य

(life goal) होता है। वह जीवन लक्ष्य को निर्धारित कर उसे प्राप्त करने का हर संभव प्रयास करता है। प्रायः वह अपने जीवन लक्ष्य निर्धारित करने में अपनी क्षमताओं, योग्यताओं एवं दुर्बलताओं को मद्देनजर रखता है।

इधर हाल ही में किन्नियर (Kinnier, 1997) ने इस ख्याल से मनोवैज्ञानिक साहित्य (psychological literature) का सर्वे किया कि यह जाना जा सके कि मनोवैज्ञानिकों द्वारा किन-किन विशेषताओं के आधार पर मानसिक या मनोवैज्ञानिक स्वास्थ्य की पहचान की जाती है। इस सर्वे के बाद इन्होंने निम्नांकित 9 प्रमुख ऐसी कुछ विशेषताओं की पहचान किया है जो निम्नांकित हे—

(1) आत्म-स्वीकरण *(Self-acceptance)*—मनोवैज्ञानिक रूप से स्वस्थ व्यक्ति में आत्म-स्वीकरण (self-acceptance) तथा आत्म-स्नेह (self-love) का भाव अधिक रहता है। जो व्यक्ति अपने आप से प्यार तथा सम्मान दिखलाते हैं, उनमें दूसरों को प्यार एवं सम्मान देने की क्षमता होती है और उनमें आत्म-सिद्धि (self-actualization) प्राप्त करने की तीव्र क्षमता होती है।

(2) आत्म-ज्ञान *(Self-knowledge)*—मनोवैज्ञानिक रूप से स्वस्थ व्यक्ति अपने आप को ठीक से जानते हैं और वे अपने अभिप्रेरण (motivation), भाव एवं आवश्यकताओं से भलप्-भाँति परिचित होते हैं। ऐसे लोग आत्मनिरीक्षण (introspection) अधिक करते हैं और अपने आप को ठीक ठंग से समझने के लिए वचनबद्ध (committed) होते हैं।

(3) आत्म-विश्वास एवं आत्म-नियंत्रण *(Self-confidence and self-control)*—मानसिक रूप से स्वस्थ व्यक्ति को अपने आप में आत्मविश्वास होता है और दे दूसरों से स्वतंत्र होकर कार्य करते हैं। इनमें स्वाग्रही व्यवहार (assertive behaviour) को करने के लिए पर्याप्त कौशल होता है परंतु अपना विचार या अपनी इच्छा को आवश्यक रूप से दूसरों पर थोपते नहीं हैं। ऐसे व्यक्तियों में नियंत्रण का आंतरिक बिन्दु (internal locus of control) होता है और उन्हें विश्वास होता है कि उनकी जिंदगी का हर पल पर उनका पर्याप्त नियंत्रण है और अपने द्वारा निर्धारित लक्ष्य को प्राप्त करने का उनमें पर्याप्त क्षमता है।

(4) साहस एवं लचीलापन *(Course and resilience)*—व्यक्ति की जिंदगी प्रायः तरह-तरह की खतरा तथा जोखिम से घिरा रहता है और उसमें भी उसे कुछ-न-कुछ निर्णय लेना पड़ता है। परिणामतः उसमें असफलता, संकट (crisis) तथा बाधाएँ उत्पन्न होती हैं। मानसिक रूप से स्वस्थ व्यक्ति इस वास्तविकता (reality) से पूर्णतः अवगत होता है और इनमें उत्पन्न परिस्थितियों एवं चुनौतियों का डट कर मुकाबला करता है और अपनी निराशाओं, बाधाओं आदि को दूर कर लेता है।

(5) वास्तविकता का स्पष्ट प्रत्यक्षण *(A clear perception of reality)*—व्यक्ति, घटनाओं एवं वस्तुओं का प्रत्यक्षण हालांकि आत्मनिष्ठ (subjective) होता है परंतु फिर भी एक ऐसी सामाजिक मान्यता अवश्य होती है जो व्यक्ति के सामने वास्तविकता (reality) को रखता है और एक लाभप्रद तुलना का अवसर प्रदान करता है। मनोवैज्ञानिक रूप से स्वस्थ व्यक्ति को इस वास्तविकता का सही प्रत्यक्षण होता है तथा जीवन के प्रति एक आशावादी विचारधारा रखते हैं। ऐसे लोग अपने आप को अपने वर्तमान परिस्थिति को तथा भविष्य को सही ढंग से एवं धनात्मक ढंग से प्रत्यक्षण करते हैं जिनसे इसकी अन्तःशक्ति (potentials) बढ़ जाती है।

(6) संतुलन एवं संयमन *(Balance and moderation)*—मनोवैज्ञानिक रूप से स्वस्थ व्यक्ति अपने व्यवहार में संतुलन एवं संयमन बना कर रखते हैं। ऐसे व्यक्ति अपने परिवार, दोस्तों एवं परिचितों के साथ सुनियोजित ढंग से समय बीताते हैं और व्यवहार करते हैं। इनका व्यवहार एवं सोच तार्किक (logical) एवं अर्न्तज्ञानी (infnitive) होता है। ये शायद ही कभी अतिवादी (extremity) या अपने व्यवहार में सीमा का उल्लंघन करते हैं।

(7) दूसरों के लिए प्यार एवं स्नेह *(Love and affection for offence)*—मनोवैज्ञानिक रूप से स्वस्थ व्यक्तियों में दूसरों के कल्याण (welfare) या मानवता के प्रति सामान्य कल्याण की भाव अधिक मजबूत होता है। अधिकतर मानसिक स्वास्थ्य पेशेवरों (mental health presessionals) का यही विचार है कि दूसरों से प्यार पाने एवं प्राप्त करने की क्षमता, दूसरे व्यक्ति, समूह तथा परिवार से स्नेहपूर्ण संबंध बनाकर रखने की आवश्यकता मानसिक स्वास्थ्य (mental health) का एक मौलिक तत्त्व है। मनोवैज्ञानिक रूप से स्वस्थ व्यक्ति दूसरों को स्नेह देने एवं उनसे स्नेह पाने की दिशा में चुप नहीं बैठते हैं। वे घनिष्ठ अंतवैयक्तिक संबंध (interpersonal relationship) बनाकर रखने का अनुभव प्राप्त करना चाहते हैं और दूसरों से घनिष्ठता पसंद करते हैं।

(8) जिन्दगी से स्नेह *(Love for life)*—मनोवैज्ञानिक रूप से स्वस्थ व्यक्ति जिन्दगी के हर पल या अवसर में खुश रहना चाहते हैं, किसी भी घटना से बहुत अधिक गंभीर होकर उसका निपटारा नहीं करते हैं, वे समस्यों का ठीक ढंग से समाधान करते हैं तथा भविष्य को एक धनात्मक परिप्रेक्ष्य (positive perspective) में देखते हैं।

(9) उद्देश्यपूर्ण जिन्दगी *(Purpose in life)*—प्रत्येक व्यक्ति जिन्दगी के सबसे सार्थक पहलू के चयन में थोड़ा भिन्नता दिखलाता है। सामान्यतः एक व्यक्ति के लिए कार्य, स्नेह, परिवार, बौद्धिक या नैतिक अध्यात्मिकता (physical spiritvality) ही जिन्दगी का मुख्य केन्द्र बिन्दु होता है। फिर भी प्रत्येक व्यक्ति के लिए एक ऐसा उद्देश्य (purpose) या लक्ष्य उत्पन्न करना मुख्य केन्द्र होता है जो जिन्दगी में अर्थ (meaning) एवं संतुष्टि (satisfaction) उत्पन्न कर सके। जिन्दगी में एक सार्थक उद्देश्य एवं अर्थ (meaning) के होने के फलस्वरूप उत्पन्न खुशी एवं उपलब्धि का अनुभव मनोवैज्ञानिक स्वास्थ्य के संपोषण में मुख्य कारक माना गया है।

स्पष्ट हुआ कि मानसिक स्वास्थ्य (mental health) के कई तत्त्व या कारक हैं जिनपर किन्नियर (Kinnier, 1997) ने विचार किया है।

स्पष्ट हुआ कि मानसिक रूप से स्वस्थ व्यक्ति की कुछ खास-खास विशेषताएँ होती हैं जिसके आधार पर उसकी पहचान की जाती है तथा उसे एक मानिसक रोगी से भिन्न समझा जाता है।

सामान्यता का अर्थ
(Meaning of Normality)

मानव व्यवहारों को मूलतः दो भागों में बाँटा जा सकता है—सामान्य (normal) तथा असामान्य (abnormal)। 'सामान्य' अंग्रेजी के 'Normal' शब्द का हिन्दी रूपान्तर है। Normal शब्द लैटिन के नौरमा (Norma) शब्द से बना है जिसका अर्थ होता है 'बढ़ई का स्केल' (carpenter's scale)। जिस तरह से बढ़ई अपने स्केल का प्रयोग एक मानक (standard) के रूप में करके यह निश्चित करता है कि किस परिस्थिति में क्या सामान्य मापन (normal measurement) होगा, ठीक इसी अर्थ में normal शब्द का प्रयोग अंग्रेजी भाषा में एक मान्य पैटर्न (accepted pattern) या मानक (norms) को दिखाने के लिए किया जाता है। मनोवैज्ञानिकों एवं अन्य विशेषज्ञों के बीच आज भी असहमति इस बात की है कि सामान्य (normal) का अर्थ क्या होगा? कुछ लोग एक तरह के व्यवहार को सामान्य मानते हैं तो उसी व्यवहार को दूसरे समाज या संस्कृति में असामान्य माना जाता है क्योंकि सामान्यता एवं असामान्यता मूल्य-आधारित (value-laden) संप्रत्यय (concept) है।

ऑफर एवं सबशीन (Offer & Sabshin, 1966) ने मनोविज्ञान, मनोरोगविज्ञान (psychiatry), समाजशास्त्र (sociology) एवं मानवशास्त्र (anthropology) में सामान्यता के प्रचलित कई अर्थों की एक समीक्षा किया है। उनके विश्लेषण को आधार मानकर कोरचिन (Korchin, 1985) ने सामान्यता (normality) के निम्नांकित पाँच अर्थ बतलाया है—

(1) स्वास्थ्य के रूप में सामान्यता (normality as health)
(2) आदर्शक के रूप में सामान्यता (normality as ideal)
(3) औसत के रूप में सामान्यता (normality as average)
(4) सामाजिक मान्यता के रूप में सामान्यता (normality as social acceptance)
(5) एक प्रक्रिया के रूप में सामान्यता (normality as process)

इन सभी का वर्णन इस प्रकार है—

(1) स्वास्थ्य के रूप में सामान्यता *(Normality as health)*—यह सामान्यता के प्रति एक अति साधारण विचार है जिसे पौराणिक मनोरोगविज्ञानियों द्वारा भी सही ठहराया जाता था। इस अर्थ में सामान्यता का अर्थ होता है—बीमार नहीं (not sick)। जब कोई व्यक्ति में किसी रोगात्मक लक्षण (pathological symptoms) नहीं होते हैं, तो इसे सामान्य समझा जाता है। इस अर्थ में आफर एवं सबशीन (Offer & Sabshin, 1966) ने कहा है कि स्वास्थ्य एक युक्तिसंगत (reasonable) न कि आदर्श (optimal) अवस्था होती है। नैदानिक शोध (clinical research) में इस विचारधारा का महत्त्व काफी है क्योंकि इससे शोधकर्त्ताओं को एक ऐसी कसौटी (criterion) मिल जाती है जिसके आधार पर धनात्मक स्वास्थ्य (positive health) की मात्रा को परखना आसान हो जाता है।

(2) आदर्शक के रूप में सामान्यता *(Normality as ideal)*—जैसा कि नाम से ही स्पष्ट है, इस अर्थ में सामान्यता एक वांछनीय (desirable) या आदर्श अवस्था को कहा जाता है जिसके द्वारा एक सर्वोत्तम (optimal) न कि युक्तिसंगत (reasonable) व्यक्तित्व के कार्यों का वर्णन होता है। इस अर्थ में सामान्यता से यह पता चलता है कि एक सामान्य व्यक्तित्व में कौन-कौन से गुण अपेक्षित हैं।

सामान्यता की इस परिभाषा का महत्त्व मनोश्चिकित्सा (psychotherapy) के आदर्श लक्ष्यों का वर्णन करने में काफी अधिक होता है। जहोड़ा (Jahoda, 1958) द्वारा बतलाए गए धनात्मक मानसिक स्वास्थ्य (positive mental health) के सूचकों को, मैसलो (Maslow, 1954) एवं गोल्डस्टीन (Goldstein, 1939) द्वारा बतलाए गए आत्म-सिद्धि (self-actualization) के मनोवैज्ञानिक विकास के लक्ष्यों को तथा आलपोर्ट (Allport) द्वारा 'परिपक्व व्यक्ति' (matured personality) के शीलगुणों को सामान्यता (normality) के इस अर्थ में व्यवहार किया गया है। जहोड़ा (Jahoda, 1958) ने धनात्मक मानसिक स्वास्थ्य (positive mental health) के निम्नांकित छह कसौटी बतलाए हैं—

(i) आत्मन् (self) के प्रति धनात्मक **मनोवृत्ति** (positive attitude)
(ii) आदर्श वर्धन (growth), विकास **एवं** आत्म-सिद्धि (self-actualization)
(iii) मानसिक समन्वय (psychic integration)
(iv) वैयक्तिक स्वतंत्रता (personal autonomy)
(v) वातावरण का वास्तविक प्रत्यक्षण (realistic perception)
(vi) पर्याप्त पर्यावरणी निपुणता (adequate environmental mastery)

गौर्डेन आलपोर्ट (Gorden Allport) ने परिपक्व व्यक्ति (mature personality) के निम्नांकित छह आदर्श शीलगुणों का वर्णन किया है—

(i) आत्मन् के ज्ञान का विस्तार (extension of the sense of self)
(ii) दूसरों के साथ सौहार्द्रपूर्ण एवं स्नेहयुक्त संबंध (warm and affectionate relations with others)
(iii) सांवेगिक सुरक्षा (emotional security)
(iv) वास्तविक प्रत्यक्षण, कौशल एवं कार्यभार (realistic perception, skill and assignment)
(v) आत्म-वस्तुनिष्ठता (self-objectification) अर्थात् सूझ-बूझ एवं हास्य, विनोद का ज्ञान
(vi) जिन्दगी का एक समन्वित सिद्धान्त (unifying philosophy of life)

सामान्यता (normality) को इस अर्थ में (अर्थात् आदर्शक के रूप में) प्रयोग करने में एक कठिनाई यह है कि इस तरह के आदर्श शीलगुणों का सेट कोई-कोई व्यक्तित्व में नहीं भी हो सकता है। इसी संदर्भ में फ्रायड (Freud) ने कुछ व्यंगात्मक लहजे में कहा कि इस अर्थ में सामान्यता मात्र एक आदर्श कल्पना (ideal fiction) है। इस संदर्भ में सामान्यता का अर्थ निर्धारित करना थोड़ा इसलिए भी कठिन हो जाता है क्योंकि क्या आदर्श है या हो सकता है, यह बहुत कुछ शोधकर्त्ता के व्यक्तिगत मूल्यों (personal values) पर निर्भर करता है।

(3) औसत के रूप में सामान्यता *(Normality as average)*—सामान्यता के इस अर्थ को सांख्यिकीय अर्थ (statistical sense) भी कहा जाता है क्योंकि यह मापन (measurement) के सांख्यिकी (statistics) पर आधारित होता है। इस अर्थ में जो औसत (average) है, वही सामान्य (normal) होता है और उस औसत से अत्यधिक कम या अधिक को असामान्य (abnormal) कहा जाता है। दूसरे शब्दों में, जिस व्यक्ति का व्यवहार समूह के औसत व्यवहार से जितना ही नजदीक होगा या उसके अनुरूप होगा, उस व्यवहार में सामान्यता (normality) अधिक होगी और जितना ही वह व्यवहार उस औसत व्यवहार से ऊपर या नीचे की दिशा में दूर होगा, उसमें असामान्यता उतनी ही अधिक होगी। सांख्यिकीय कसोटी (statistical criterion) के इस तथ्य को मनोवैज्ञानिकों ने प्रसामान्य वक्र (normal curve) से भी दिखलाया है (चित्र—19.1 देखें)। इस प्रंसामान्य वक्र का आकार घंटी के समान (bell-shaped) होता है जिसका कारण यह है कि अधिकतर केसेज (cases) बीच में आते हैं जिसे हम सामान्य (normal) या सामान्य व्यवहार करते हैं तथा बहुत ही कम केसेज उससे अत्यधिक ऊपर या अत्यधिक नीचे में पड़ते हैं। सामान्य से ऊपर या नीचे दोनों ही छोरों की तरफ पड़ने वाले केसेज को असामान्य (abnormal) की श्रेणी में रखा जाता है।

बहुत से मनोवैज्ञानिक एवं जैविक मापनों में ऐसे गुण पाए गए हैं जिसमें सामान्यता (normality) को इसी औसत अर्थ (average sense) में परिभाषित किया जाता है। बुद्धि, ऊँचाई, भार (weight), रक्त-चाप (blood-pressure) पठन-कौशल (reading-skill), आक्रामकता (aggressiveness) कुछ ऐसे ही शीलगुण के उदाहरण है।

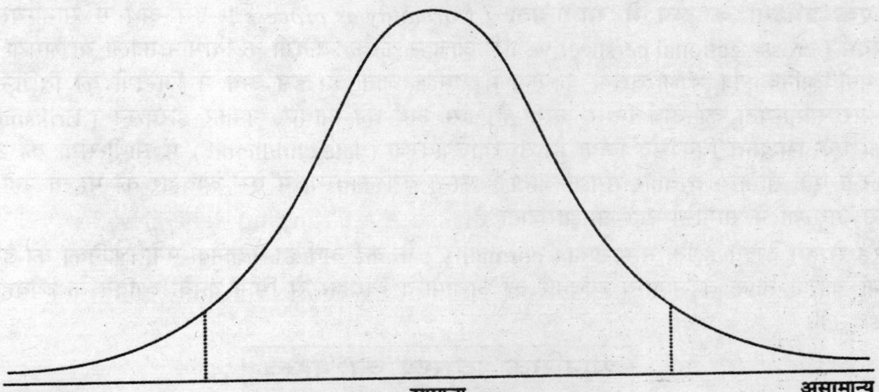

चित्र 19.1 सामान्यता-असामान्यता की सांख्यिकीय व्याख्या

सामान्यता का प्रयोग इस औसत या सांख्यिकीय अर्थ में अधिक वैज्ञानिक है, फिर भी जहाँ शीलगुण धनात्मक या वांछनीय (desirable) होते हैं, वहाँ असामान्यता की व्याख्या करने के लिए हम उसके ऊपरी छोर (upper extreme) का प्रयोग शायद ही कभी करते हैं। यही कारण है कि ऐसे व्यक्ति को जिनकी बुद्धिलब्धि 150 या और भी अधिक है, हम असामान्य रूप से बुद्धिमान कहकर नहीं पुकारते हैं। किश्कर (Kisker, 1985) के अनुसार औसत के रूप में असामान्य व्यवहार या असामान्यता की जटिलताओं (complexities) का सही-सही वर्णन नहीं हो पाता है। इसके बावजूद सामान्यता का सांख्यिकीय अर्थ का प्रयोग मानवीय शीलगुणों के अनुभवजन्य वितरण (empirical distribution) का वर्णन करने में तथा नैदानिक शोध एवं अभ्यास (practice) में काफी होता है।

(4) सामाजिक मान्यता के रूप में सामान्यता *(Normality as social acceptance)*—इस अर्थ में सामान्यता को सामाजिक संदर्भ (social context) के रूप में समझा जाता है। अगर कोई भी व्यवहार समाज के आदर्शों एवं प्रत्याशाओं (expectations) के अनुरूप होता है, तो उसे सामान्य समझा जाता है तथा यदि वह व्यवहार इन आदर्शों एवं प्रत्यशाओं के अनुरूप नहीं होता है, तो उसे असामान्य (abnormal) कहा जाता है। इस विचारधारा के समर्थक समाजशास्त्री एवं मानवशास्त्री लोग हैं जिनमें लिनटन (Linton, 1956), बेनेडिक्ट (Benedict, 1941) के नाम अधिक मशहूर है। लिनटन[1] (Linton 1956) के शब्दों में, ''व्यक्ति में वास्तविकता को समझने की क्षमता, जैसा कि समाज मानता है, उस वास्तविकता के रूप में कार्य करना, तथा विकासात्मक अवस्था में अपने समाज द्वारा उत्तम ढंग से प्रभावित होना परिशुद्ध सामान्यता (absolute normality) की जाँच है। जिस सीमा तक व्यक्ति की अनुभूतियाँ उन्हें समाज के मूल व्यक्तित्व के अनुरूप व्यक्तित्व बनाने में मदद करती हैं, वह सापेक्ष सामान्यता की जाँच कहलाती है।'' स्पष्ट हुआ कि इस अर्थ में सामान्य व्यवहार वही है जो सामाजिक प्रत्याशाओं (social expectations) के साथ मेल खाता हो।

इस अर्थ में सामान्यता को समझने में कुछ कठिनाइयाँ हैं। वे कठिनाइयाँ खासकर उस समय अधिक सुस्पष्ट रूप से दीख पड़ती हैं जब हमें किसी व्यवहार की सामान्यता की परख दो या दो से अधिक समाज या संस्कृति के संदर्भ में करना होता है। इन कठिनाइयों में निम्नांकित प्रमुख हैं—

(i) एक समाज में जो सामान्य व्यवहार समझा जाता है, वह दूसरे समाज में असामान्य व्यवहार समझा जा सकता है।

(ii) किसी एक समाज में कुछ ऐसे व्यवहार की विकृतियाँ पायी जाती हैं, जो दूसरे समाज के लोगों को पता भी नहीं रहता है।

इन कठिनाइयों के बावजूद सामाजिक मान्यता के रूप में सामान्यता का अर्थ काफी लोकप्रिय है। इस अर्थ के अनुसार कोई भी चिकित्सक को रोगी के व्यक्तित्व के कार्यों एवं समस्याओं को पूर्णरूपेण समझने के लिए रोगी के सामाजिक संदर्भ (social context) के बारे में ज्ञान आवश्यक हो जाता है।

(5) एक प्रक्रिया के रूप में सामान्यता *(Normality as process)*—इस अर्थ में सामान्यता को क्रॉस-विभागीय संदर्भ (cross-sectional perspective) में जाँच न करके जिन्दगी के विभिन्न कालों या समयों में होने वाले जैविक या मनोवैज्ञानिक तंत्र में परिवर्त्तनों के रूप में समझा जाता है। इस अर्थ में जिन्दगी की विभिन्न अवस्थाओं (phases) पर सामान्यता का अर्थ निर्भर करता है। इस अर्थ को आधार मानकर इरिक्सन (Erikson, 1963) ने व्यक्तित्व का एक सिद्धान्त विकसित किया है। उत्तरबाल्यावस्था (late childhood) में साथी-संगी की टोली बनाकर खेल-कूद करना एक सामान्य व्यवहार समझा जाता है परन्तु वयस्कावस्था में ऐसे व्यवहार का महत्त्व नहीं रह जाता है और इसे इस अवस्था में सामान्य नहीं समझा जाता है।

इस तरह से हम देखते हैं कि सामान्यता (normality) के कई अर्थ हैं। नैदानिक मनोवैज्ञानिकों को इन सभी अर्थों का ज्ञान होना चाहिए ताकि वे सामान्य व्यवहार को असामान्य व्यवहार से भिन्न करके व्यक्ति के व्यवहारों को ठीक ढंग से समझ सकें।

मानसिक स्वास्थ्य का महत्त्व
(Importance of Mental Health)

मनोविज्ञान में मानसिक स्वास्थ्य (mental health) तथा मानसिक स्वास्थ्य विज्ञान (Mental hygiene) की अहमियत काफी बतलायी गयी है। मानसिक स्वास्थ्य के महत्त्वों को निम्नलिखित ढंग से उजागर किया गया है—

(1) निरोधात्मक, उपचारात्मक एवं संरक्षणात्मक महत्त्व *(Preventive, curative and preservative importance)*—नैदानिक मनोवैज्ञानिकों के द्वारा व्यक्तियों के मानसिक स्वास्थ्य का अध्ययन सिर्फ इसलिए नहीं किया जाता है कि ऐसे व्यक्तियों की पहचान करके उन्हें कुसमायोजित एवं असंतुलित व्यक्तियों से अलग रखा जाए तथा कुसमायोजित एवं असंतुलित व्यक्तियों को फिर ठीक ढंग से उपचार किया जा सके ताकि वे भी मानसिक रूप से स्वस्थ हो जाए, बल्कि इसलिए भी किया जाता है कि मानसिक रूप से स्वस्थ व्यक्ति अपनी समायोजनशीलता को और भी अधिक उत्तम एवं आदर्श बना सके ताकि उसके व्यवहार को एक मॉडल मानकर अन्य लोग भी वैसा ही व्यवहार करने के लिए प्रेरित हों।

(2) बाल मार्गदर्शन संबंधी महत्त्व *(Importance relating to child guidance)*—बाल मार्गदर्शन में मानसिक स्वास्थ्य एवं मानसिक स्वास्थ्य विज्ञान (mental hygiene) के नियमों एवं सिद्धान्तों की अहमियत काफी बतलायी गयी है। बाल मार्गदर्शन का उद्देश्य बालकों का संवेगात्मक विकास, शारीरिक विकास तथा मानसिक विकास, सामाजिक विकास, शैक्षणिक विकास आदि करना होता है। इन्हें तभी किया जाना संभव है जब बालक के मानसिक स्वास्थ्य (mental health) ठीक हो या उनके मानसिक स्वास्थ्य को उन्नत बनाने के लिए पर्याप्त उपाय किए गए हों। बाल मार्गदर्शन में स्कूल के शिक्षकों एवं माता-पिता की भूमिका अहम होती है। शिक्षक तथा माता-पिता क्रमशः स्कूल एवं घर में बच्चों के सर्वांगीण विकास के लिए महत्त्वपूर्ण कदम उठाते हैं। उनका यह प्रयास तभी सफलीभूत हो पाता है जबकि बालकों के मानसिक स्वास्थ्य की उचित देख-रेख की गयी हो। मानसिक रूप से स्वस्थ बच्चों को वास्तविकता का समुचित ज्ञान रहता है तथा वे सर्वांगीण विकास के लिए किये गए प्रयासों का भरपूर फायदा भी उठाने में सफल हो पाते हैं।

(3) व्यक्तित्व संबंधी महत्त्व *(Importance relative to personality)*—मानसिक स्वास्थ्य का महत्त्व व्यक्तित्व विकास में भी काफी है। व्यक्ति का बौद्धिक, शारीरिक एवं संवेगात्मक विकास तभी संभव है जब वह मानसिक रूप से स्वस्थ हो। मानसिक अस्वस्थता की स्थिति में व्यक्तित्व का सामान्य विकास संभव नहीं है। कोरचिन

---

1. "The tests of absolute normalcy are the individual's ability to apprehend reality as understood by his society, to act in terms of this reality, and to be effectively shaped by his society during his developmental period. The test of relative normality is the extent to which the individual's experience has given him a personality conforming to the basic personality of his society." —Ralph Linton : *Culture and Mental disorders,* 1956, p. 637

(Korchin, 1985) के अनुसार धनात्मक मानसिक स्वास्थ्य (Positive mental health) व्यक्ति के सफल विकास की कुंजी होती है। व्यक्तित्व में किसी प्रकार का कोई विघटनात्मक बल (disintegrating force) न उत्पन्न हो सके, इसके लिए यह आवश्यक है कि व्यक्तित्व संतुलन हो एवं उसका मानसिक स्वास्थ्य अच्छा हो।

(4) सामाजिक महत्त्व *(Social importance)*—मानसिक स्वास्थ्य का सामाजिक महत्त्व भी है। मानसिक स्वास्थ्य से सामाजिक जीवन में उत्तम जागरण आता है और समाज का चौमुखी विकास होता है। जब किसी समाज के अधिकतर व्यक्तियों का मानसिक स्वस्थ उत्तम होता है तो उससे समाज का मनोबल (morale) ऊँचा होता है तथा उनमें संगठनात्मक प्रक्रियाएँ सक्रिय होती हैं। इससे समाज का भविष्य सुरक्षित रहता है तथा समाज कल्याणकारी दिशा में अग्रसर रहता है। समाज को मानसिक रूप से स्वस्थ नेता मिलता है जिनके नेतृत्व में फिर समाज का सर्वांगीण विकास संभव हो पाता है।

स्पष्ट हुआ कि मानसिक स्वास्थ्य का महत्त्व कई दृष्टिकोणों से अधिक है। शायद यही कारण है कि नैदानिक मनोवैज्ञानिक मानसिक स्वस्थ्य को एक महत्त्वपूर्ण संप्रत्यय मानते हैं।

मानसिक स्वास्थ्य को प्रभावित करने वाले कारक
(Factors influencing Mental Health)

नैदानिक मनोवैज्ञानिकों ने कुछ ऐसे कारकों की पहचान किया है जिसमें व्यक्ति का मानसिक स्वास्थ्य प्रभावित होता है। इन कारकों में निम्नांकित प्रमुख हैं—

1. शारीरिक स्वास्थ्य *(Physical health)*—कई मनोवैज्ञानिक अध्ययनों से यह स्पष्ट हुआ है कि शारीरिक स्वास्थ्य तथा मानसिक स्वास्थ्य में गहरा संबंध है। जिस व्यक्ति का शारीरिक स्वास्थ्य उत्तम होता है, उनमें सामान्यतः चिन्ता, संघर्ष (conflict), विरोधाभास आदि नकारात्मक तत्त्व नहीं होते हैं। शारीरिक स्वस्थता के कारण उनमें शारीरिक ऊर्जा पर्याप्त होती है और उनमें कार्य संतोष भी अधिक रहता है। फलस्वरूप, इनका मानसिक स्वास्थ्य उत्तम रहता है।

2. प्रमुख आवश्यकताओं की संतुष्टि *(Satisfaction of primary needs)*—प्रत्येक व्यक्ति की कुछ आवश्यकताएँ होती हैं जिनमें से कुछ प्रमुख होती हैं तथा कुछ गौण होती हैं। जिस व्यक्ति की सभी प्रमुख आवश्यकताओं की तुष्टि हो जाती है तथा अधिकतर गौण आवश्यकताओं की पूर्ति हो जाती है, तो उसका मानसिक स्वास्थ्य भी उत्तम हो जाता है। इसका प्रधान कारण यह है कि ऐसे व्यक्तियों में किसी प्रकार का मानसिक द्वन्द्व या संघर्ष नहीं रह जाता है तथा उनमें आत्म-संतुष्टि (self-satisfaction) की भावना बढ़ जाती है।

3. परिवार के सदस्यों का मानसिक रोग से पीड़ित नहीं होना *(Lack of mental illness among members of family)*—कुछ नैदानिक मनोवैज्ञानिकों जैसे—शेफर (Shafer, 1975) का मत कि कुसमायोजित व्यवहार (maladaptive behaviour) अर्जित होते हैं। यदि परिवार का कोई सदस्य विशेषकर यदि माता-पिता या अन्य कोई महत्त्वपूर्ण व्यक्ति मानसिक रूप से बीमार होता है, तो व्यक्ति उनके व्यवहारों से प्रभावित होकर स्वयं भी वैसा ही करने लगता है। इससे उनके मानसिक स्वास्थ्य पर बुरा असर पड़ता है और वह भी अपना मानसिक संतुलन (mental balance) खोने लगता है और वह धीरे-धीरे रोग का शिकार हो जाता है।

4. वास्तविक मनोवृत्ति की कमी *(Lack of realistic attitude)*—यदि व्यक्ति में किसी कारण से वास्तविकता से हटकर काल्पनिक दुनिया में विचरण करने की आदत बन जाती है, तो ऐसे व्यक्तियों में घटनाओं, वस्तुओं एवं व्यक्तियों के प्रति एक तरह का अवास्तविक मनोवृत्ति (unrealistic attitude) विकसित हो जाती है। अवास्तविक मनोवृत्ति के विकसित हो जाने में उनमें आवेगशीलता (impulsivity), सांवेगिक अनियंत्रण, चिड़चिड़ापन आदि के लक्षण विकसित हो जाते हैं और उनका मानसिक स्वास्थ्य धीरे-धीरे खराब हो जाता है।

5. असामाजिक वातावरण *(Unsocial environment)*—फेयर्स (Phares, 1980) ने कुछ ऐसे सबूत प्रदान किये हैं जिनके आधार पर यह कहा जाता है कि जब व्यक्ति को अस्वस्थ्यकर (unhealthy), अनैतिक एवं असामाजिक वातावरण में लगातार रहते हुए बहुत दिनों तक अन्तःक्रिया (interactions) करना होता है, तो इसमें उसमें दोष भाव (guilt-feeling), आत्म-निन्दा (self-condemnation) की भावना विकसित हो जाती है जो धीरे-धीरे इनके मानसिक स्वास्थ्य (mental health) को कमजोर बनाते चला जाता है। फेयर्स (1980) ने 40 ऐसे केसेज का साक्षात्कार किया है जिनका मानसिक स्वास्थ्य पहले अच्छा था परन्तु बाद में काफी गिर गया था। इनके साक्षात्कार

से पता चला कि इसमें से अधिकतर व्यक्तियों ने सामाजिक एवं नैतिक रूप से बुरे वातावरण में आ जाने के फलस्वरूप अपने में उत्पन्न हीनता का भाव, दोष-भाव एवं आत्म-निन्दा को ही अपने बुरे मानसिक स्वास्थ्य का कारण बतलाया।

(6) मनोरंजन के साधन का अभाव (*Lack of means of entertainment*)—मैकोवर (Machover, 1990) ने पर्याप्त मनोरंजन एवं मानसिक स्वास्थ्य में सीधा संबंध बतलाया है। इनका मत है कि यदि किसी व्यक्ति को उसकी इच्छानुसार पर्याप्त मनोरंजन के साधन उपलब्ध होते हैं, तो उसमें मानसिक प्रफुल्लता पायी जाती है और उनका मानसिक स्वास्थ्य ठीक रहता है। परन्तु यदि किसी कारण से किसी व्यक्ति को उसकी इच्छानुसार पर्याप्त मनोरंजन नहीं हो पाता है, तो उससे इनमें मानसिक घूटन उत्पन्न हो जाती है जो धीरे-धीरे उनके मानसिक स्वास्थ्य को कमजोर करता जाता है।

स्पष्ट हुआ कि मानसिक स्वास्थ्य कई कारकों से प्रभावित होता है। इन कारकों को नियंत्रित करके मानसिक स्वास्थ्य को काफी हद तक उन्नत बनाया जा सकता है।

मानसिक स्वास्थ्य को उन्नत बनाने के उपाय
(Measures for Promoting Mental Health)

नैदानिक मनोवैज्ञानिकों ने कुछ ऐसे विशेष उपायों का भी वर्णन किया है जिनसे व्यक्ति के मानसिक स्वास्थ्य को उन्नत बनाया जा सकता है। विटेकर (Whittaker, 1970), कोलमैन (Coleman, 1956), मैकवेस्ट (McBest, 1980) ने नैदानिक मनोवैज्ञानिकों द्वारा मानसिक स्वास्थ्य को उन्नत बनाने के लिए किए गए उपायों को निम्नांकित तीन भागों में बाँटा है—

(क) निरोधात्मक उपाय (Preventive measures)

(ख) मनोवैज्ञानिक उपाय (Psychological measures)

(ग) सामाजिक सांस्कृतिक उपाय (Sociocultural measures)

(क) निरोधात्मक उपाय (*Preventive measures*)—इन उपायों की मूल पूर्वकल्पना (assumption) यह होती है कि दुरुस्त शरीर में ही दुरुस्त मस्तिष्क पाया जाता है (Sound mind resides in sound body)। नैदानिक मनोवैज्ञानिकों का मत है कि यदि व्यक्ति शरीरिक रूप से स्वस्थ रहता है, तो वह अपने आप ही मानसिक रूप से भी स्वस्थ रहता है। शारीरिक रूप से स्वस्थ व्यक्ति जिन्दगी के तनावपूर्ण परिस्थितियों का डट कर सामना करने में सक्षम होते हैं। सांवेगिक तनाव से सामना होने पर वे उसका उचित समाधान आसानी से निकाल सकने में समर्थ हो पाते हैं। फलतः ऐसे व्यक्तियों का मानसिक स्वास्थ्य उत्तम होता है। अतः इन उपायों के तहत उन सभी तरह के साधनों पर विचार किया जाता है जिससे व्यक्ति का शारीरिक स्वास्थ्य उन्नत बना रह सके। कुछ नैदानिक मनोवैज्ञनिकों ने इस बात पर भी बल डाला है कि विशेष शारीरिक हालातों जैसें, मस्तिष्कीय ट्यूमर (brain tumors), सिफिलिश (syphilis) एवं अन्य गंभीर आंगिक अवस्थाओं जिनसे मानसिक अक्षमताएँ उत्पन्न हो सकतीं हैं, का यथासंभव जल्द-से-जल्द उपचार करवाना चाहिए ताकि व्यक्ति का मानसिक स्वास्थ्य उनसे प्रभावित न हो सके।

(ख) मनोवैज्ञानिक उपाय (*Psychological measures*)—मनोवैज्ञानिक उपायों में कई तरह के उपाय या सुझाव दिये गए हैं जिनसे मानसिक स्वास्थ्य को उन्नत बनाया जा सकता है। इन उपायों का वर्णन नैदानिक मनोवैज्ञानिकों ने दो स्तरों पर किया है—

(1) शैशवावस्था (infancy) एवं प्रारंभिक बाल्यावस्था (early childhood) के उपाय तथा

(2) उत्तर बाल्यावस्था (later childhood), किशोरावस्था एवं वयस्कावस्था का उपाय (measures)

इन दोनों तरह के उपायों का वर्णन निम्नांकित है—

(1) शैशवावस्था (infancy) एवं प्रारंभिक बाल्यावस्था (early childhood) के उपाय—कुछ नैदानिक मनोवैज्ञानिकों जिनमें रिबल (Ribble, 1964) का नाम अधिक उल्लेखनीय है, का मत है कि शैशवास्था तथा प्रारंभिक बाल्यावस्था में अपनाये गए पालन-पोषण प्रणाली (child-rearing practices) का मानसिक स्वास्थ्य पर सीधा असर पड़ता है। अतः उन्होंने कुछ सामान्य मनोवैज्ञानिक नियमों (psychological rules) का प्रतिपादन किया है जो शैशवास्था (infancy) तथा प्रारंभिक बाल्यावस्था (early childhood) से संबंधित है, तथा जिनके अनुसार बच्चों का पालन-पोषण करने से उनका मानसिक स्वास्थ्य काफी ठीक रहता है—

(i) एक नवजात शिशु को लगातार उचित मनोवैज्ञानिक मातृत्व देख-रेख (mothering) की आवश्यकता होती है। इस कार्य को एक ही महिला द्वारा किया जाना चाहिए अगर उस कार्य को स्वयं माँ किसी कारण से नहीं कर पा रही है।

(ii) जीवन के पहले कुछ महीनों में चूसन-क्रिया (sucking activity) की पूर्ण स्वतंत्रता की आवश्यकता होती है। अगर बच्चे को एक निश्चित समय पर नियमित रूप से भोजन दिया जाता है जिससे उसकी चूसन-क्रिया की संतुष्टि लगातार होती जाती है, तो इससे बच्चों का शारीरिक स्वास्थ्य तो ठीक रहता ही है, मानसिक स्वास्थ्य भीं उन्नत होता है।

(iii) नैदानिक मनोवैज्ञानिकों का मत है कि चूसन-कार्य (sucking) से दंशन (biting) एवं कंठगायन (vocalization) में पारगमन (transition) महत्त्वपूर्ण होता है। विकास के इस अवस्था में दंशन (biting) के लिए पर्याप्त मौका शिशुओं को दिया जाना चाहिए, कंठगायन (vocalization) के लिए पर्याप्त उद्दीपक (stimulus) भी दिया जाना चाहिए तथा माँ का स्तन-पान करने की क्रिया या चूसनी से दूध पीने की क्रिया को बन्द करने के पहले बच्चे को दूध का कार्प या गिलास को पकड़ना एवं उसे मुँह तक ले जाना सीखा देना चाहिए। इस नयी आदत को लगाने एवं पुरानी आदत को छुड़वाने की प्रक्रिया को धीरे-धीरे सम्पन्न करना चाहिए। इससे शिशुओं में संतोष (satisfaction) बना होता है जो उनके मानसिक स्वास्थ्य को संतोषप्रद बनाए रखता है।

(iv) अच्छे ढंग से एवं आराम से जबतक बैठना प्रारंभ न कर दे, उसे शौच प्रशिक्षण (toilet training) नहीं देना चाहिए। नैदानिक मनोवैज्ञानिकों का मत है कि यदि बच्चों को उचित दुलार-प्यार दिया जाता है तथा उनमें सुरक्षा का भाव पर्याप्त होता है, तो वे अपने आप ही इन शारीरिक कार्यों को नियंत्रित करने में सफल हो जाते हैं। बच्चों द्वारा स्नेहात्मक सहयोग का इसे सबसे महत्त्वपूर्ण चिह्न माना गया है।

यदि उपर्युक्त चार तथ्यों को शिशुओं के पालन-पोषण में ध्यान में रखा जाता है, तो इससे उनका मानसिक स्वास्थ्य उन्नत होने की संभावना तीव्र होती है।

(2) उत्तर बाल्यावस्था, किशोरावस्था एवं वयस्कावस्था के उपाय (*Measures in later childhood, adolescence and adulthood*)—उत्तर बाल्यावस्था में माता-पिता तथा शिक्षकों की काफी महत्त्वपूर्ण भूमिकाएँ होतीं हैं जिनसे बच्चों में असामान्य व्यवहारों में कमी तथा मानसिक स्वास्थ्य में उन्नति (promotion) होती है। किशोरवस्था (adolescence) तथा वयस्कावस्था (adulthood) में उत्तम समायोजन (good adjustment) के बहुत सारे नियमों का उल्लेख होता है। इन नियमों में निम्नांकित प्रधान है—

(i) इस बात की पूर्व जानकारी रखना कि बाह्य वातावरण के कौन-सा उद्दीपक (stimulus) को परिवर्तित कर देने से उनकी आवश्यकताओं की पूर्ति हो सकती है तथा इन उद्दीपकों को बिना किसी अप्रसन्नता के स्वीकार करना जिन्हें बदलना संभव नहीं है।

(ii) विभिन्न तरह की परिस्थितियों से निबटने के लिए उपयुक्त क्षमता विकसित कर लेने से व्यक्ति को असफलता कम हाथ लगती है और इससे उसका मानसिक स्वास्थ्य उन्नत हो जाता है।

(iii) अपने संवेगों (emotions) एवं इच्छाओं का कद्र करके उसे सहर्ष स्वीकार करना चाहिए। नैदानिक मनोवैज्ञानिकों द्वारा किये गए अध्ययनों से यह स्पष्ट हुआ है कि ऐसा करने से मानसिक अक्षमता व्यक्ति में नहीं विकसित होती है और उसका मानसिक स्वास्थ्य धीरे-धीरे उन्नत (improved) होता जाता है।

(iv) व्यक्ति को वैसा रचनात्मक कार्यों में जिसे वह अधिक मूल्यवान समझता है, अपने आप को व्यस्त रखना चाहिए। इससे व्यक्ति में आत्म-संतोष बढ़ेगा जो उसके मानसिक स्वास्थ्य के स्तर को धीरे-धीरे ऊँचा उठायेगा।

(v) व्यक्ति को हास्य या परिहास (humor) का पर्याप्त ज्ञान होना चाहिए। परिहास की क्षमता व्यक्ति में क्रोध, चिन्ता, डर आदि को कम करनें या नियंत्रित करने में मदद करना है। नैदानिक मनोवैज्ञानिकों का मत है कि इस तरह की क्षमता से व्यक्ति अपने आप को हमेशा खुश रखता है और इस तरह से उसके मानसिक स्वास्थ्य का स्तर उन्नत होने की संभावना काफी बढ़ जाती है।

(vi) व्यक्ति को सामाजिक क्रियाओं एवं जवाबदेहियों (responsibilities) में हाथ बँटाना चाहिए। इसमें उसमें सामाजिक सहभागिता (social participation) का भाव उत्पन्न होगा जो व्यक्ति में पर्याप्त मानसिक संतोष (satisfaction) उत्पन्न करता है। इससे भी व्यक्ति के मानसिक स्वास्थ्य पर अनुकूल प्रभाव पड़ता है।

(vii) किसी भी परिस्थिति की घटनाओं की पुनर्व्याख्या (reinterpretation) की क्षमता व्यक्ति में होनी चाहिए। नैदानिक मनोवैज्ञानिकों का मत है कि अधिकतर परिस्थितियों में जो कुंठा (frustration) व्यक्ति को होता है, उसका कारण बाह्य परिस्थिति की घटना नहीं होती है। बल्कि व्यक्ति द्वारा उसका दोषपूर्ण ढंग से व्याख्या किया जाना होता है। अतः व्यक्ति में ऐसी परिस्थितियों को पुनर्व्याख्या (reinterpretation) करने की क्षमता होनी चाहिए ताकि उसमें कुंठा का स्तर अधिक बढ़ न सके और व्यक्ति में अनावश्यक तनाव आदि उत्पन्न न हो सके। ऐसी क्षमता के रहने से व्यक्ति में मानसिक स्वास्थ्य का स्तर उत्तम बना रहता है।

(ग) सामाजिक-सांस्कृतिक उपाय *(Socio-cultural measures)*—बहुत सारे ऐसे सबूत मिले हैं जिनसे यह स्पष्ट हुआ है कि विशेष सामाजिक परिस्थिति जैसे निम्न सामाजिक-आर्थिक स्तर (lower socioeconomic level) तथा विवाह-विच्छेद (divorce), माता या पिता की मृत्यु तथा अन्य वैसी ही परिस्थिति से मानसिक रोग उत्पन्न होता है। अतः यदि इन कारकों के पड़ने वाले प्रभावों को नियंत्रित कर दिया जाए, तो इसमें व्यक्ति के मानसिक स्वास्थ्य का स्तर काफी बढ़ सकता है। रोजेन एवं ग्रिगोरी (Rosen & Gregori, 1985) ने अपनी समीक्षा के आधार पर यह बतलाया है कि धीरे-धीरे सामाजिक-आर्थिक स्तर उन्नत कर देने से एवं जीवनके अन्य प्रतिकूल परिस्थितियों (adverse situation) के साथ पर्याप्त समझौता कर लेने से व्यक्ति के मानसिक स्वास्थ्य का स्तर उत्तरोतर उत्तम होते चला जाता है।

स्पष्ट हुआ कि मानसिक स्वास्थ्य को उन्नत बनाने के कई उपाय हैं। सही अर्थ में मानसिक स्वास्थ्य तभी उन्नत हो पायेगा जब इन सभी तरह के उपायों को समन्वित करने उसे कार्यरूप दिया जाए।

मानसिक स्वास्थ्य हस्तक्षेप का मॉडल
(Models of Mental Health Intervention)

नैदानिक मनोवैज्ञानिकों द्वारा मानसिक रोगों से पीड़ित व्यक्तियों की समस्याओं को समझने एवं उसे दूर करने से संबंधित कई तरह के उपायों पर विचार किया जा चुका है। दूसरे शब्दों में, नैदानिक मनोवैज्ञानिकों द्वारा मानसिक रोगों से निबटने एवं मानसिक स्वास्थ्य (mental health) को उन्नत बनाने संबंधी कई तरह के उपायों पर विचार किया जा चुका है। विश्लेषणात्मक उद्देश्यों को मद्देनजर रखते हुए नैदानिक मनोवैज्ञानिक, मनोरोगविज्ञानियों (psychiatrists) एवं मनश्चिकित्सीय सामाजिक कार्यकर्ताओं (psychiatric social worker) द्वारा मानसिक स्वास्थ्य उन्मुखताओं का वर्णन निम्नांकित पाँच मॉडल (model) के रूप में किया गया है—

(1) अभिरक्षात्मक मॉडल (Custodial model)
(2) चिकित्सीय मॉडल (Therapeutic model)
(3) नैदानिक ध्रुव मॉडल (Clinical pole model)
(4) जन-स्वास्थ्य ध्रुव मॉडल (Public health pole model)
(5) सामाजिक क्रिया मॉडल (Social action model)

इनमें से अभिरक्षात्मक मॉडल (custodial model) तथा चिकित्सीय मॉडल (therapeutic model) को नैदानिक मॉडल (clinical model) भी कहा जाता है तथा नैदानिक ध्रुव मॉडल एवं जन स्वास्थ्य ध्रुव मॉडल (public health pole model) को सामुदायिक मॉडल (community model) की संज्ञा दी गयी है। इन मॉडलों का वर्णन निम्नांकित है—

नैदानिक मॉडल
(Clinical Model)

नैदानिक मॉडल वह मॉडल है जिसमें व्यक्ति विशेष पर बल डाला जाता है, खासकर उस व्यक्ति पर जो मानसिक रूप से क्षुब्ध (disturbed) होता है। यहाँ उस व्यक्ति विशेष के शारीरिक एवं मनोवैज्ञानिक हालातों को मद्देनजर रखते हुए उसका उपचार किया जाता है ताकि उसके मानसिक स्वास्थ्य में सुधार हो सके। नैदानिक मॉडल के अन्तर्गत दो मॉडल रखें गए हैं—

(क) अभिरक्षात्मक मॉडल (Custodial model) तथा
(ख) चिकित्सीय मॉडल (Therapeutic model)

इन दोनों का वर्णन इस प्रकार है—

(क) अभिरक्षात्मक मॉडल *(Custodial model)*—इस मॉडल का केन्द्र-बिन्दु स्वयं रोगी एवं उसका मनश्चिकित्सीय अवस्था (psychiatric condition) होता है। ऐसा समझा जाता है कि रोगी अपने सीमित क्षमताओं के काण मानसिक रोग से ग्रस्त हो गया है। उसके रोग का कारण शारीरिक (physiological) समझकर उसे समाज द्वारा किसी पेशेवर देख-रेख (professional care) में रखने की आवश्यकता जतायी जाती है। दूसरे शब्दों में, ऐसे रोगियो के मानसिक स्वास्थ्य को उन्नत करने के लिए किसी मानसिक अस्पताल में रखकर उपचार करने पर बल डाला जाता है। इसी अर्थ में इस मॉडल को अभिरक्षात्मक मॉडल (custodial model) भी कहा जाता है। ऐसे रोगियों को समाज कानून के कोर्ट द्वारा मानसिक-अस्पताल या आरोग्यशाला में रखने का विशेष प्रबन्ध करता है। मानसिक अस्पताल में रोगियों को इसलिए रखा जाता है क्योंकि वे स्वयं अपने लिए एवं समाज के लिए भी खतरनाक होते हैं। इन अस्पतालों में रोगियों को उपचार करने के लिए दवा (drug), बिजली का आघात (electric shock) एवं अन्य मेडिकल चिकित्सा (medical therapises) प्रदान की जाती है। यहाँ मनश्चिकित्सीय निदान (psychiatric diagnosis) किए तो जाते हैं परन्तु उनका उद्देश्य प्रशासकीय (administrative) एवं रेकार्ड निर्माण के लिए मात्र होता है। इस मॉडल में मनश्चिकित्सा (psychotherapy) को महत्त्वहीन समझकर उसके माध्यम से उपचार करने की कोशिश नहीं की जाती है। रोगी के उपचार में मेडिकल निर्देशों को महत्त्वपूर्ण समझा जाता है तथा रोगी के उपचार की सम्पूर्ण जवाबदेही मनश्चिकित्सकों, डाक्टरों तथा अन्य पारामेडिकल कार्यकर्त्ताओं पर होता है। विशेष मानसिक अवस्था के कारण जघन्य अपराध करने वाले व्यक्ति को कोर्ट संबंधित पेशेवर चिकित्सकों के पास भेज देता है जिसके रिपोर्ट के आधार पर कोर्ट उन्हें किसी मानसिक अस्पताल में रखे जाने की सिफारिश करता है जहाँ उनका उपचार के साथ-ही-साथ सुरक्षित निगरानी (safe custody) भी प्रदान की जाती है। मानसिक अस्पताल के सभी ऐसे रोगियों की देख-भाल एवं उपचार स्वयं वहाँ के कर्मचारीगण करते हैं।

(ख) चिकित्सीय मॉडल *(Therapeutic model)*—यह भी एक नैदानिक मॉडल ही है परन्तु यह अभिरक्षात्मक मॉडल से भिन्न है। इस मॉडल का केन्द्र बिन्दु रोगी (patient) से हटकर व्यक्ति (person) होता है और इसमें रोग की उत्पत्ति का कारण मनोजनिक (psychogenic) माना जाता है और उसका उपचार भी मनोचिकित्सा (psychotherapy) की विधियों से किया जाता है। यहाँ मानसिक रूप से क्षुब्ध व्यक्ति को एक रोगी के दृष्टिकोण से नहीं देखा जाता है बल्कि एक ऐसे व्यक्ति के रूप में देखा जाता है जिन्हें मनोवैज्ञानिक हस्तक्षेप (psychological intervention) की आवश्यकता है। इसमें रोगी स्वयं ही अपनी गंभीरता को समझकर किसी नैदानिक मनोवैज्ञानिक या मनोचिकित्सक (psychotherapist) के उपचार गृह (clinic) में पहुँचता है। इस मॉडल में चिकित्सक रोगी पर ही मुख्य रूप से ध्यान केन्द्रित करता है तथा उनके सामाजिक वातावरण के अन्य पहलुओं पर न के बराबर ध्यान देता है। कभी-कभी विशेष परिस्थितियों में चिकित्सक द्वारा रोगी के साथी-संगी एवं अन्य सामाजिक पहलुओं पर विचार किया जाता है। प्रायः चिकित्सक वैयक्तिक चिकित्सा (individual therapy), सामूहिक चिकित्सा (group therapy), मिल्यू चिकित्सा (milieu therapy) तथा पारिवारिक चिकित्सा (family therapy) द्वारा क्षुब्ध व्यक्ति की समस्याओं का उपचार करके उसके मानसिक स्वास्थ्य को उत्तम बनाने की कोशिश करते हैं।

सामुदायिक मॉडल
(Community Model)

सामुदायिक मॉडल में रोग के उपचार एवं निदान का केन्द्र बिन्दु व्यक्ति विशेष से हटकर उसकी सामाजिक परिस्थिति (social setting) हो जाती है। इस मॉडल में सभी तरह के लोगों के सामाजिक हालातों को ध्यान में रखकर मनोवैज्ञानिक क्षुब्धताओं (psychological disturbances) का उपचार एवं रोकथाम किया जाता है। यह मॉडल सामुदायिक मानसिक स्वास्थ्य आन्दोलन (community mental health movement) पर आधारित है। इस आन्दोलन का उद्देश्य जनसंख्या के सभी हिस्सों में यथासंभव जल्द-से-जल्द सामाजिक हालातों को मद्देनजर रखते हुए मानसिक रोगों की रोकथाम (prevention) एवं उपचार (treatment) करना होता है ताकि मानसिक स्वास्थ्य का आम स्तर उन्नत बन सके।

इस मॉडल के अन्तर्गत भी निम्नांकित दो मॉडल को रखा गया है—

(क) नैदानिक ध्रुव मॉडल (Clinical pole model)

(ख) जनस्वास्थ्य ध्रुव मॉडल (Public health pole model)

इस दोनों का वर्णन निम्नांकित हैं—

(क) नैदानिक ध्रुव मॉडल *(Clinical pole model)*—इस मॉडल में मानसिक रोगों की उत्पत्ति में सामाजिक कारकों (social factors) को महत्त्वपूर्ण माना गया है। इस मॉडल में इस बात पर बल डाला जाता है कि जो व्यक्ति मानसिक रूप से क्षुब्ध (disturbed) है, वह अन्य लोगों की सहानुभूति, स्नेह एवं मदद पाने के योग्य भी है। यहाँ रोगी का देख-रेख (patient care) समुदाय (community) के मूल्यों के अनुरूप होता है तथा नैदानिक सेवाओं (clinical services) को समाज के सभी लोगों तक विशेषकर गरीब एवं अलाभान्वित लोगों तक जल्द-से-जल्द पहुँचाने पर बल डाला जाता है। इस मॉडल में नैदानिक हस्तक्षेप (clinical intervention) की विधियाँ करीब-करीब वहीं हैं जो चिकित्सीय मॉडल (therapeutic model) के हैं परन्तु वे समाज की या समुदाय की विशेष आवश्यकताओं (needs) एवं जीवन-शैली (life style) के अनुरूप होती है। यहाँ नैदानिक सेवाएँ मनोचिकित्सा के समान परिस्थिति में न दिया जाकर एक ऐसी परिस्थिति में दी जाती है जो पेशेवर (professional) नहीं होती है तथा परिवार के सदस्यों को भी उसमें शामिल कर लिया जाता है। चिकित्सा का समय, लघु (short) होता है परन्तु संकेन्द्रित (focussed) होती है। इस तरह के समुदायोन्मुखी चिकित्सा (community-oriented therapy) में चिकित्सक रोगी के दिन प्रतिदिन की जिन्दगी एवं सामाजिक समस्याओं (social problems) को अधिक महत्त्वपूर्ण मानकर चिकित्सा करता है। दूसरे शब्दों में, चिकित्सक रोगी की वर्तमान समस्याओं एवं उसके तात्कालिक सामाजिक व्यवहार (immediate social behaviour) पर न कि उसकी जिन्दगी की ऐतिहासिक पृष्ठभूमिओं (historical backgrounds), व्यक्तित्व संगठनों, मूल्यों (values) तथा मनोवृत्तियों (attitudes) पर अधिक बल डालता है। इस तरह के मानसिक स्वास्थ्य हस्तक्षेप (mental health intervention) में रोगी के व्यक्तित्व का मूल्यांकन (personality evaluation) किसी भी तरह के मनोवैज्ञानिक परीक्षण या साक्षात्कार द्वारा करना एक मुख्य कार्य नहीं बल्कि एक अतिरिक्त कार्य समझा जाता है।

(ख) जन-स्वास्थ्य ध्रुव मॉडल *(Public health pole model)*—इस मॉडल में किसी व्यक्ति की समस्या से ध्यान हटाकर कुछ विशेष सामाजिक अवस्थाओं (social conditions) की ओर ध्यान दिया जाता है जिससे सम्पूर्ण समुदाय (whole communities) प्रभावित होता है। इस मॉडल में रोग का कारण व्यक्ति की आवश्यकताओं की पूर्ति न होना, मानसिक संघर्ष, आदि नहीं होता है बल्कि पूरे समुदाय या समाज में ही कुछ इस तरह कारक पाये जाते हैं जिनसे व्यक्तियों में तनाव एवं चिन्ता बढ़ती है और उनके मानसिक स्वास्थ्य को कमजोर कर देती है। अतः इसमें जो मानसिक स्वास्थ्य हस्तक्षेप (mental health intervention) होता है, वह सामाजिक-तंत्र केन्द्रित हस्तक्षेप (social-system centered intervention) होते हैं। इस सामाजिक तंत्र के तनावपूर्ण गुणों को कम करने के लिए समाज के लोगों के लिए कल्याणकारी कार्य करने पर बल डाला जाता है तथा जो लोग मानसिक रूप से क्षुब्ध हो गए हों, उनका विशेष ध्यान किया जाता है। इस तरह के मॉडल का उद्देश्य सामाजिक तनाव (social stress) कम करना होता है। इस मॉडल के तहत सामुदायिक मनोवैज्ञानिक हस्तक्षेप (community psychological intervention) किसी भी तरह के सामाजिक संस्थान (social institution) में हो सकता है परन्तु प्रायः यह उन संस्थानों में होता है जिनका संबंध समुदायों के सदस्यों से सीधा होता है तथा जिनमें आसानी से परिवर्तन लाया जा सकता है। समुदाय का स्कूल तंत्र (school system) एक सबसे अधिक उत्तम तंत्र है जिसके माध्यम से सामुदायिक मनोवैज्ञानिक हस्तक्षेप (community psychological intervention) सम्पन्न किया जा सकता है।

सामाजिक क्रिया मॉडल
(Social Action model)

मानसिक स्वास्थ्य हस्तक्षेप (mental health intervention) के इस मॉडल की पूर्वकल्पना (assumption) यह होती है कि सम्पूर्ण समाज न कि उस समय का कोई व्यक्ति क्षुब्ध (disturbed) या बीमार होता **है**। अतः सम्पूर्ण समाज में परिवर्तन करके ही मानसिक रोग का उपचार किया जा सकता है। अतः इस मॉडल में **इस** तरह से अत्यधिक समाजोन्मुखी स्तर (extreme social-oriented level) पर मनोवैज्ञानिक हस्तक्षेप (psychological intervention) किया जाता है। इस मॉडल के अनुसार हस्तक्षेप के लिए लक्ष्य समूह (target group) सम्पूर्ण समाज (whole society) होता है या समाज का प्रत्येक सदस्य होता है। सदस्यों की समस्या, सामाजिक (social) एवं राजनैतिक तंत्र (political system) में निहित होता है। अतः मनोवैज्ञानिक हस्तक्षेप या रोकथाम (prevention) पूरे सामाजिक संस्थान (social institution) में परिवर्तन लाकर किया जा सकता है। जैसे—मान लिया जाय कि किसी समाज में वैवाहिक मतभेद (marital discord) अधिक होता है और उसका कारण यौन शिक्षा का अभाव है। अतः ऐसी परिस्थिति में सामाजिक क्रिया मॉडल के अनुसार पूरे समाज में यौन शिक्षा का प्रसार करके समाज के प्रत्येक व्यक्ति की मनोवृत्ति एवं मूल्यों में परिवर्तन किया जाएगा। इस तरह के प्रावधान से यह स्पष्ट है कि सामाजिक-क्रिया मॉडल मेडिकल (medical model) अर्थात् अभिरक्षात्मक मॉडल (custodial model) के विपरीत है।

स्पष्ट हुआ कि मानसिक स्वास्थ्य हस्तक्षेप (mental health intervention) के कई मॉडल हैं। इन विभिन्न मॉडलों ने नैदानिक मनोवैज्ञानिकों द्वारा चिकित्सीय मॉडल (therapeutic model) को तुलनात्मक रूप से अधिक महत्त्वपूर्ण माना जाता है।

अध्याय सारांश
(Chapter Summary)

1. मानसिक स्वास्थ्य से तात्पर्य कुछ वैसे अर्जित व्यवहारों से होता है जो सामाजिक रूप से अनुकूली (adaptive) होते हैं और जो व्यक्ति को अपनी जिन्दगी के हालातों के साथ पर्याप्त रूप से मुकाबला करने की अनुमति देता है।
2. मानसिक स्वास्थ्य के कई सूचक या तत्त्व बतलाए गए हैं। रोजर्स (Rogers) एवं मिटिलमैन (Mittleman) के अनुसार ऐसे इक्कीस सूचक हैं। जहोड़ा (Johoda, 1959) के अनुसार छह ऐसे प्रमुख सूचक हैं तथा स्कॉट (Scott, 1968) के अनुसार 7 ऐसे सूचक हैं। ए. के. सिंह एवं सेनगुप्ता के अनुसार छह ऐसे प्रमुख सूचक हैं।
3. मानसिक रूप से स्वस्थ व्यक्तियों के कई विशेषताओं (characteristics) का उजागर किया गया है। ऐसी बारह विशेषताएँ बतलायी गयी है।
4. मानसिक स्वास्थ्य का अध्ययन के कई कारणों से महत्त्वपूर्ण बतलाया गया है। इनमें चार प्रमुख कारकों का वर्णन किया गया है।
5. कुछ ऐसे कारकों का भी वर्णन किया गया है जिनसे व्यक्ति का मानसिक स्वास्थ्य (mental health) प्रभावित होता है। ऐसे 6 महत्त्वपूर्ण कारकों का वर्णन किया गया है।
6. मानसिक स्वास्थ्य को उन्नत बनाने के तीन तरीकों का विस्तारपूर्वक वर्णन किया गया है। वे तीन तरीके हैं—निरोधात्मक उपाय (preventive measures), मनोवैज्ञानिक उपाय (psychological measures) तथा सामाजिक-सांस्कृतिक उपाय (socio-cultural measures)।
7. मानसिक स्वास्थ्य हस्तक्षेप (mental health intervention) के पाँच मॉडल का वर्णन किया गया है—अभिरक्षात्मक मॉडल (custodial model), चिकित्सीय मॉडल (therapeutic model), नैदानिक ध्रुव मॉडल (clinical pole model), जन-स्वास्थ्य ध्रुव मॉडल (public health pole model) तथा सामाजिक क्रिया मॉडल (social activity model)।

❑

अध्याय 20

सामुदायिक मनोविज्ञान
(COMMUNITY PSYCHOLOGY)

सामुदायिक मनोविज्ञान का अर्थ
(Meaning of Community Psychology)

'सामुदायिक मनोविज्ञान' पद की उत्पत्ति 1965 में अमेरिका में हुए बोस्टन कन्फ्रेन्स (Boston Conference) में हुई। स्वभावतः यह मनोविज्ञान अपने बिलकुल ही बाल्यावस्था (childhood) में है। सामुदायिक मनोविज्ञान में वैयक्तिक बीमारी (individual disease) या वैयक्तिक उपचार मॉडल (individual treatment model) पर बल नहीं देकर व्यक्तियों को एक पूरे सामाजिक संदर्भ (social context) में अध्ययन किया जाता है। दूसरे शब्दों में, इस मनोविज्ञान में व्यक्तियों के व्यवहार एवं सामाजिक वातावरण (social environment) के संबंधों का अध्ययन किया जाता है। समुदाय मनोविज्ञान के क्षेत्र में मनोवैज्ञानिकों का यह दृढ़ विश्वास होता है कि मानव व्यवहार को पूर्णरूपेण समझने के लिए उसकी सामाजिक एवं सांस्कृतिक पृष्ठभूमियों (social cultural backgrounds) को समझना आवश्यक है। इस मनोविज्ञान में मानव समस्याओं के प्रति एक रोधात्मक (preventive) दृष्टिकोण न कि रोगहर (curative) दृष्टिकोण अपनाया जाता है।

साकुजो एवं काप्लान[1] (Saccuzzo & Kaplan, 1984) के शब्दों में सामुदायिक मनोविज्ञान को इस प्रकार परिभाषित किया जा सकता है, ''सामुदायिक मनोविज्ञान व्यक्ति का अध्ययन सामाजिक समूह या समुदाय जिसमें वह रहता है या रहती है, के संदर्भ में करता है।''

मार्गन एवं उनके सहयोगियों[2] (Morgan et al, 1986) के शब्दों में, ''सामुदायिक मनोविज्ञान मनोविज्ञान का एक ऐसा उपक्षेत्र (subfield) है जो सामाजिक समस्याओं का समाधान करने में मनोवैज्ञानिक सिद्धान्तो, विचारों एवं दृष्टिकोणों के प्रयोग पर बल डालता है तथा व्यक्तियों को अपने कार्यात्मक समूहों एवं कार्यों में अनुकूलन करने में मदद करता है।''

निटजिल, वर्नस्टीन एवं मिलिक[3] (Nietzel, Bernstein & Milich, 1994) के अनुसार, सामुदायिक मनोविज्ञान वह मनोविज्ञान है, जो ''मनोवैज्ञानिक नियमों का उपयोग (i) वैयक्तिक तथा सामाजिक समस्याओं को समझने में (ii) व्यवहारपरक विकृति को रोकने में तथा (iii) स्थायी सामाजिक परिवर्तन करने में करता है।''

1. "Community Psychology studies the individual in the context of social group or community in which he or she operates." —Saccuzzo & Kaplan : *Clinical Psychology,* 1984, p. 236.
2. Community Psychology is "the subfield of psychology emphasizing application of psychological principles, ideas and points of view to help solve social problems and to help individual adapt to their work and living groups." —Morgan, King, Weisz & Schopler : *Introduction to Psychology,* 1986, p. c-5.
3. "Community Psychology applies psychological principles to (a) the understanding of individual and social problems (b) the prevention of behavioural dysfunction and (c) the creation of lasting social change." —Nietzel, Bernstein & Milich : *Introduction to Clinical Psychology,* 1994, p. 245.

इन परिभाषाओं का विश्लेषण करने पर हमें सामुदायिक मनोविज्ञान के बारे में निम्नांकित तथ्य प्राप्त होते हैं—

(i) सामुदायिक मनोविज्ञान में व्यक्तियों के व्यवहारों को एवं उनकी समस्याओं को उनके सामाजिक संदर्भ में समझने की कोशिश की जाती है।

(ii) इस मनोविज्ञान में किसी व्यक्ति विशेष की समस्याओं एवं उसके उपचार (treatment) पर बल, जैसा कि नैदानिक मनोवैज्ञानिक करते हैं, नहीं दिया जाता है।

(iii) मनोविज्ञान के इस उपशाखा में सामाजिक समस्याओं पर न कि वैयक्तिक समस्याओं को समझने में मनोवैज्ञानिक सिद्धान्तों एवं विचारों का उपयोग किया जाता है। ऐसे सिद्धान्तों एवं विचारों का उपयोग कर एक ऐसा वातावरण तैयार करने की कोशिश की जाती है उसमें रहने वाले व्यक्तियों की समस्याएँ सुलझी रहें।

(iv) सामुदायिक मनोविज्ञान व्यक्तियों को अपने समुदाय या समाज की समस्याओं को सुलझाकर उसके साथ अच्छा समायोजन (adjustment) करने में उसे मदद करता है।

स्पष्ट हुआ कि सामुदायिक मनोविज्ञान व्यक्तियों को अपने सामाजिक वातावरण के साथ इस ढंग से समायोजन करने के लिए प्रेरित किया जाता है कि उनकी समस्याएँ पूर्णतः सुलझी रहें।

सामुदायिक मनोविज्ञान का ऐतिहासिक विकास एवं संदर्श
(Historical Development and Perspectives of Community Psychology)

सामुदायिक मनोविज्ञान मनोविज्ञान की एक नवीनतम शाखा है जिसकी शुरुआत अमेरिका में 1955 से 1965 तक हुई कई घटनाओं से माना गया है। 1955 में अमेरिकी सरकार ने मानसिक स्वास्थ्य को उन्नत बनाने के ख्याल से एक आयोग का निर्माण किया जिसे *'ज्वायंट कमीशन ऑन मेन्टल हेल्थ एण्ड इलनेस'* (Joint Commission on Mental Health and Illness) का नाम दिया गया। इस आयोग ने 1961 में अपनी रिपोर्ट सरकार को सौंप दी। इस रिपोर्ट में कई ऐसी बातें थीं जिनसे सामुदायिक मनोविज्ञान आन्दोलन (Community Psychology movement) की ओर लोगों का ध्यान गया। इस आयोग ने अन्य बातों के अलावा प्रत्येक 50,000 लोगों के लिए कम-से-कम एक सामुदायिक स्वास्थ्य केन्द्र (Community Health Centre) खोलने तथा मानसिक अस्पताल (mental hospital) की संख्या कम करने की सिफारिश की। 1963 में अमेरिकी कांग्रेस (American Congress) ने इसे राष्ट्रपति जॉन एफ केनेडी (John F. Kennedy) के नेतृत्व में कानून का रूप दे दिया। राष्ट्रपति कैनेडी जिनकी स्वयं अपनी बहन मानसिक मंदता (mental deficiency) की रोगी थी, ने आयोग के इन सिफारिशों को कानूनी रूप देने में विशेष अभिरुचि दिखलायी। ब्लूम (Bloom, 1973) के अनुसार इस कानून का मूल उद्देश्य मानसिक स्वास्थ्य की समस्याओं का जल्द-से-जल्द पहचान करना, तीक्ष्ण समस्याओं का उपचार करना तथा रोगी को मानसिक अस्पताल में न भेजकर अपने समूह या समुदाय में रखते हुए उनका उपचार करना था।

इसके बाद, 1965 में बोस्टोन (Boston) में मनोवैज्ञानिकों का एक सम्मेलन (Conference) हुआ जिसमें सामुदायिक मनोविज्ञान का औपचारिक रूप से जन्म हुआ। हर्षक (Hersch, 1969) तथा जैक्स एवं स्पेक्टर (Zax & Specter, 1974) के अनुसार सामुदायिक मनोविज्ञान की मान्यता यहीं से प्रारंभ होती है। इस सम्मेलन में जो महत्त्वपूर्ण निर्णय लिया गया वह यह था कि सामुदायिक मनोविज्ञान को नैदानिक मनोविज्ञान के समानान्तर मानते हुए उसे एक भिन्न शाखा समझा जाए जिसका उद्देश्य व्यक्तियों के बड़े-बड़े समूहों को अपने-अपने समुदाय में रहते हुए उनके मानसिक स्वास्थ्य की समस्याओं को सुलझाना हो तथा उनका सही-सही उपचार करना हो। इस सम्मेलन के बाद शीघ्र ही अमेरिकन मनोवैज्ञानिक संघ (American Psychological Association) के तहत एक विशेष डिवीजन जिसे सामुदायिक मनोविज्ञान का डिवीजन (Division of Community Psychology) कहा गया, की शुरुआत की गयी। इस क्षेत्र में किये जाने वाले शोधों (researches) को प्रकाशित करने के लिए दो जरनल का भी शुभारंभ किया गया। ये दोनों जरनल के नाम थे—दी कम्युनिटी मेनटल हेल्थ जरनल (The Community Mental Health Journal) तथा 'अमेरिकन जरनल ऑफ कम्युनिटी साइकोलॉजी (American Journal of Community Psychology)। सामुदायिक मनोविज्ञान के क्षेत्र में कई उत्तम पाठ्य-पुस्तकें (text books) भी प्रकाशित हुई हैं जिनमें रैपापोर्ट (Rapapport, 1977) तथा मान (Mann, 1978) द्वारा लिखी गयी पुस्तकें अधिक लोकप्रिय हुई।

अमेरिका में 1977 तक सामुदायिक स्वास्थ्य आन्दोलन कुछ कारणों से फीका रहा। इन कारणों में जैसा कि मर्फी

एवं फ्रैंक (Murphy & Frank, 1979) ने कहा है कि मानसिक स्वास्थ्य के प्रति सामुदायिक दृष्टिकोण से समस्याओं का समाधान कम तथा नयी-नयी समस्याओं की उत्पत्ति अधिक हो रही थी। जैसे—इस दृष्टिकोण को सही मानकर एक गंभीर एवं चिरकालिक मानसिक रोगी को मानसिक अस्पताल से हटाकर उसके परिवार या समुदाय में रखकर यदि देखभाल किया जाय तो इससे परिवार के अन्य सदस्यों के लिए काफी अवांछनीय प्रभाव पड़ने की संभावना से इनकार नहीं किया जा सकता है। फिर सामुदायिक मानसिक स्वास्थ्य आन्दोलन का फीका पड़ने का कारण उस समय की राजनैतिक एवं वित्तीय हालत भी थे। राष्ट्रपति कैनेडी (Kannedy) जितना ही अधिक इस आन्दोलन के समर्थक थे, उसके बाद वाले राष्ट्रपति उतना ही अधिक इसके विरोध करने वाले हुए। परिणामतः इन केन्द्रों की सरकारी सहायता में भारी कटौती कर दी गयी और आन्दोलन की साँस धीरे-धीरे थमने लगी।

जब अमेरिका में सामुदायिक मानसिक स्वास्थ्य आन्दोलन की साँस थमने ही वाली थी कि 'वर्ल्ड हेल्थ ऑरगेनाइजेशन' (World Health Organization) ने इस आन्दोलन के महत्त्व को स्वीकार किया तथा पूरे संसार में इसे सक्रिय करने के ख्याल से 1978 में सोवियत रूस के 'आल्मा अटा' (Alma Ata) में एक अन्तर्राष्ट्रीय कन्फ्रेन्स (International Conference) का आयोजन किया। इन कन्फ्रेन्स ने कुछ महत्त्वपूर्ण घोषणाएँ (declarations) की जिसे 'आल्मा अटा की घोषणएँ' (Declaration of Alma Ata) कहा गया है जिसमें 2000 AD तक संसार के सभी देशों के लोगों के लिए वांछनीय स्वास्थ्य की स्तर प्राप्त करने का लक्ष्य रखा गया था। इस घोषणा में मुख्य 10 बिन्दुएँ निम्नांकित हैं—

(1) स्वास्थ्य जो पूर्णरूपेण शारीरिक, मानसिक एवं सामाजिक कल्याण की स्थिति है न कि सिर्फ बीमारियों की अनुपस्थिति है, एक मौलिक मानव अधिकार है तथा स्वास्थ्य के संभावित उच्चतम स्तर को प्राप्त करना पूरे संसार का एक सामाजिक लक्ष्य (social goal) है।

(2) विकसित (developed) तथा विकासशील (developing) देशों के तथा किसी भी देश के लोगों के स्वास्थ्य स्तर में वर्तमान असमानता (inequality), राजनैतिक, सामाजिक एवं आर्थिक रूप से अमान्य है। इसलिए ऐसी असमानता सभी देशों के लिए एक शोचनीय विषय है।

(3) विकसित एवं विकासशील देशों के लोगों के स्वास्थ्य स्तर की असमानता को कम करने के लिए तथा सभी लोगों के लिए एक आदर्शतम स्तर के स्वास्थ्य की प्राप्ति के लिए आर्थिक एवं सामाजिक विकास का सर्वाधिक महत्त्व है।

(4) अपने स्वास्थ्य की देख-रेख से संबंधित योजना बनाने तथा उसे कार्यान्वित करने का अधिकार व्यक्ति को वैयक्तिक रूप से या सामूहिक रूप से प्राप्त है।

(5) लोगों के स्वास्थ्य की जवाबदेही सरकार पर है जिसे सरकार पर्याप्त स्वास्थ्य एवं सामाजिक उपायों का प्रावधान करके पूरा कर सकती है। संसार के सभी देशों की सरकारों का मुख्य सामाजिक लक्ष्य अपने-अपने देश के लोगों के स्वास्थ्य को इस स्तर पर ला देना है कि व्यक्ति सामाजिक एव आर्थिक रूप से एक सफल जीवन जी सके।

(6) प्राथमिक स्वास्थ्य देख-रेख (Primary health care) एक सबसे महत्त्वपूर्ण स्वास्थ्य देख-रेख है जो ऐसे व्यावहारिक, वैज्ञानिक रूप से दुरुस्त एवं सामाजिक रूप से स्वीकार्य विधियों पर आधारित होती है जिसे समुदाय के सभी व्यक्ति एवं परिवार कम-से-कम लागत पर पूर्ण सहभागिता के साथ प्राप्त कर पाने में समर्थन होते हैं।

(7) प्राथमिक स्वास्थ्य देख-रेख का संबंध समुदाय के मुख्य स्वास्थ्य समस्याओं से होता है तथा इसमें रोकथाम-संबंधी (preventive), रोगहर (curative) एवं पुनर्वासीय (rehabilitative) सेवाएँ चलायी जातीं हैं। प्राथमिक स्वास्थ्य देख-रेख में स्वास्थ्य के वर्तमान समस्या से संबंधित शिक्षा, भोजन आपूर्ति तथा विशेष आहार (nutrition) का प्रबन्ध, पीने के जल का प्रबन्ध, मातृत्व एवं शिशु देख-रेख आदि भी सम्मिलित होता है।

(8) एक विस्तृत राष्ट्रीय स्वास्थ्य तंत्र (comprehensive national health system) के रूप में संसार के सभी सरकारों को प्राथमिक देख-रेख की सेवा प्रदान करने के लिए एक राष्ट्रीय नीति एवं योजना को बनाना चाहिए तथा उसे कार्यान्वित करना चाहिए।

(9) किसी भी एक देश के लोगों के प्राथमिक स्वास्थ्य देख-रेख की सेवा प्रदान करने के लिए संसार के सभी देशों को खुले मन से सहयोग करना चाहिए क्योंकि किसी एक देश के लोगों द्वारा उत्तम् स्वास्थ्य की प्राप्ति से दूसरा देश

भी अपने आप लाभान्वित हो जाता है। इस संदर्भ में WHO तथा UNICEF द्वारा प्राथमिक स्वास्थ्य देख-रेख से संबंधित चलायी गयी योजनाओं पर विशेष ध्यान दिया जाना चाहिए।

(10) सभी लोगों के लिए स्वास्थ्य का एक स्वीकार्य स्तर को संसार के महत्त्वपूर्ण संसाधनों जिसका बड़ा हिस्सा रक्षा तथा सैनिक बल में लगाया जाता है, के उत्तम प्रयोग से प्राप्त किया जा सकता है।

अब हम कुछ वैसे कारकों पर विचार करेंगे जो सामुदायिक मनोविज्ञान की उत्पत्ति में विशेष भूमिका निभाये हैं। ऐसे कारकों (factors) में निम्नांकित प्रमुख हैं—

1. मानसिक अस्पतालों में दिये जाने वाले उपचार सुविधाओं में असंतोष *(Dissatisfaction with the treatment facilities of mental hospitals)*—सामुदायिक मनोविज्ञान की उत्पत्ति का एक महत्त्वपूर्ण कारक उस समय के मानसिक अस्पतालों में मानसिक रोगियों के उपचार के अपर्याप्त एवं अमानवीय सुविधाओं का होना है। द्वितीय विश्वयुद्ध के समय या उसकें तुरंत बाद की अवधि में जितने मानसिक अस्पताल थे, उनमें रोगियों की दशा काफी दयनीय थी हालाँकि उनके स्तर को ऊँचा करने के सरकारी प्रयास भी काफी किये गए थे। अलवर्ट डियूश (Albert Deutesch, 1949) के अनुसार उस समय मानसिक अस्पताल एक उपचार केन्द्र के रूप में कम तथा एक अभिरक्षात्मक (custodial) गृह के रूप में कार्य कर रहे थे जहाँ मानसिक रोगियों को कैद करके अमानवीय हालातों में रखने की परम्परा प्रचलित थी। इनमें प्रशिक्षित चिकित्सा की संख्या तथा गुणवत्ता दोनों की पर्याप्त कमी थी। धनी परिवार के रोगी को निजी मानसिक अस्पतालों में उपचार किया जाता था परन्तु इन सरकारी अस्पतालों में गरीब एवं मध्य परिवार के रोगियों का ताँता लगा रहता था। फिर मनोसक्रिय औषधों (psychoactive drugs) के बाजार में आ जाने से मानसिक अस्पतालों में मानसिक रोगियों के प्रवेश की संख्या में भी कुछ कमी आ गयी।

मानसिक अस्पताल के इन बदतर अवस्थाओं ने मनोवैज्ञानिकों को मानसिक रोगियों को इन अस्पतालों से दूर रखने तथा उन्हें वैकल्पिक उपचार सुविधा देने के लिए जागरूक किया। इस जागरूकता का परिणाम यह हुआ कि सामुदायिक मनोविज्ञान आन्दोलन के तहत संबंधित नये-नये संप्रत्ययों (concepts) जैसे सामुदायिक मानसिक स्वास्थ्य (community mental health) तथा रोक-थाम संबंधी उपायों (preventive measures) पर अधिक बल डाला गया।

2. कर्मचारी वर्ग की कमी *(Shortage in Personnel)*—सामुदायिक मनोविज्ञान की उत्पत्ति में दूसरा महत्त्वपूर्ण कारक प्रशिक्षित कर्मचारी (trained personnel), जैसे—नैदानिक मनोवैज्ञानिक, मनोरोगविज्ञानी (psychiatrist), मनश्चिकित्सक सामाजिक कार्यकर्त्ता (psychiatric social workers) आदि की पर्याप्त कमी थी। जो भी कुछ ऐसे प्रशिक्षित कर्मचारी प्रतिवर्ष निकलते थे, उनकी संख्या माँग के अनुपात में काफी कम थी। फिर इनमें से अधिकतर लोग निजी मानसिक अस्पतालों में एवं पठन-पाठन तथा शोध कार्यों में लग जाते थे। परिणामतः सरकारी अस्पतालों की जरूरतें पूरी नहीं हो पाती थीं। इस तरह की परिस्थिति से निबटने के लिए कर्मचारी के नये स्रोतों की खोज तथा मानव समस्याओं से निबटने के नये मॉडल की आवश्यकता महसूस की गयी। इन नयी आवश्यकताओं की पूर्ति के लिए सामुदायिक मनोविज्ञान (Community psychology) की उत्पत्ति को बल मिला।

3. मनश्चिकित्सा की प्रभावशीलता के बारे में आशंका *(Apprehension about the effectiveness of psychotherapy)*—अधिकतर लोगों के मन में यह आशंका उठने लगी कि मनश्चिकित्सा मानसिक रोगियों के उपचार की एक प्रभावशाली विधि नहीं है क्योंकि इसमें रोगी की समस्याओं का कारण पूर्णतः उसके ही भीतर ढूँढ़ने का प्रयास किया जाता है। यह बात कई मानसिक स्वास्थ्य विशेषज्ञों को अधिक इसलिए नहीं जँची क्योंकि इस तरह की खोज में व्यक्ति तथा समाज के बीच होने वाली अन्तःक्रियाओं (interactions) की उपेक्षा होती है। कुछ ऐसे अध्ययन भी उस समय किये जा चुके थे जिसें इस तथ्य की संपुष्टि हो चुकी थी। जैसे—हालिगशेड एवं रेडलिक (Hollingshed & Redlich, 1958) ने अपने अध्ययन में पाया कि मानसिक रोग (mental illness) तथा सामाजिक-आर्थिक स्तर (socio-economic status) में स्पष्ट संबंध होता है। उस समय (1945-55) में सामाजिक-आर्थिक स्तर के अनुरूप मानसिक रोगियों का उपचार भी किया जाता था। जैसे-गरीब मानसिक रोगियों को लघु सहायक उपचार (supportive therapy) एवं बिजली का आघात (electric shock) देकर उपचार किया जाता था परन्तु धनी एवं उच्च सामाजिक-आर्थिक स्तर के लोगों को गहन शाब्दिक मनश्चिकित्सा (extensive verbal psychotherapy) दी जाती थी। कुछ लोगों ने उस समय इसे यह कहकर उचित ठहराया कि गरीब मानसिक रोगी मनश्चिकित्सा (psychotherapy) के योग्य होते ही नहीं हैं जबकि कुछ अन्य लोगों ने इस तरह के उपचार को पूर्णतः भेदकारी (discriminatory) माना।

इससे मनश्चिकित्सा की प्रभावशीलता एवं उपयुक्तता पर प्रश्न-चिह्न लग गया। इतना ही नहीं, मनश्चिकित्सा में अधिक समय, श्रम एवं धन की भी जरूरत होती है जिससे भी इसकी लोकप्रियता पर ठेस पहुँची। मनश्चिकित्सा से इस तरह से असंतुष्ट होने पर मनोवैज्ञानिकों को इसके विकल्प के रूप में सामुदायिक मानसिक स्वास्थ्य आन्दोलन की ओर झुकना पड़ा जिसका प्रतिफल यह हुआ कि सामुदायिक मनोविज्ञान के कार्यक्षेत्र (scope) की ओर लोगों की रुझान बढ़ने लगी।

4. मेडिकल मॉडल तथा वृत्तिक भूमिकाओं से असंतोष *(Dissatisfaction with medical models and professional roles)*—मानसिक रोगियों के उपचार में प्रारंभ से ही मेडिकल विचारधाराओं का दबदबा रहा है। फलस्वरूप इससे संबद्ध मनोवैज्ञानिकों में कुछ असंतोष प्रारंभ से ही रहा है। ऐसे मनोवैज्ञानिकों का मत है कि मेडिकल दृष्टिकोण शायद ही कभी उनकी क्षमताओं एवं योग्यताओं को उभरने देने का रास्ता छोड़ते हैं। परन्तु 1960 में कुछ ऐसी घटनाएँ घटीं जिनसे मेडिकल मॉडल की प्रधान मान्यता अर्थात् मानसिक रोग का कारण कुछ आन्तरिक गड़बड़ी होती है, का उसके उपचार संबंधी पौराणिक विश्वास उखड़ गये और लोग मानसिक समस्याओं के सामाजिक-सामुदायिक तत्त्वों (social community elements) पर अधिक बल डालने लगे। इन समस्याओं के उपचार के लिए भी इन्हीं तत्त्वों या कारकों का सहारा लिया गया। मानसिक समस्याओं को इस बदलते हुए परिवेश में समझने की आवश्यकता एवं मेडिकल दृष्टिकोण की दबदबा से मुक्त होने की इच्छा ने मनोवैज्ञानिकों को सामुदायिक मनोविज्ञान के क्षेत्र में आशा की एक नयी किरण प्रदान किया।

5. सामाजिक वातावरण *(Social Environment)*—सामुदायिक मनोविज्ञान की उत्पत्ति में एक अन्य कारक जिसे महत्त्वपूर्ण माना गया है, वह है सामाजिक एवं पर्यावरणी कारकों की भूमिका। धीरे-धीरे ऐसा समझा जाने लगा कि मानव समस्याओं को मात्र दमन (repression) तथा व्यवहारात्मक संग्रहणों (behavioural repertories) के रूप में समझना उचित नहीं है बल्कि इसकी सही-सही तस्वीर को समझने के लिए कुछ सामाजिक कारकों जैसे—गरीबी, बेरोजगारी (unemployment), नौकरी में विभेद (discrimination in job), प्रदूषण (pollution), भीड़-भाड़ (crowding) आदि को समझना आवश्यक है। लोगों की समस्याओं से निबटने के लिए ऐसा महसूस किया गया कि मनोवैज्ञानिकों को इन कारकों पर बल डालना अति अनिवार्य है और उन्हें प्रारंभिक बाल्यावस्था की घटनाओं के रूप में ही मानव समस्याओं को समझने की पुरानी आदत से ऊपर उठाना चाहिए। ऐसी अनुभूतियों से सामुदायिक मनोविज्ञान के कार्यक्षेत्र में मनोवैज्ञानिकों की अभिरुचि बढ़ी।

6. समय की पुकार : जिटगिस्ट *(Tenor of the time : Zeitgeist)*—सामुदायिक मनोविज्ञान की उत्पत्ति में 1950-60 की अवधि के हालात को भी कम महत्त्वपूर्ण नहीं माना गया है। उस समय 'जिटगिस्ट' (Zeitgeist) अर्थात् 'समय की पुकार' जिसमें सामाजिक-राजनैतिक घटनाएँ (socio-political events) कुछ ऐसी ही थीं, जिनसे भी सामुदायिक मनोविज्ञान को अधिक प्रेरणा मिली। अमेरिका में इस समय केनेडी एवं जोन्सन प्रशासन ने कई ऐसे कानून बनाये जिसमें विभेद (discrimination), गरीबी एवं अवसर की कमी (lack of opportunity) की ही मानवीय समस्याओं की जड़ समझकर उसे दूर करने के पर्याप्त उपाय किये गए। ऐसे विचारों पर गृह-अधिकार आन्दोलन (Civil right movements) का भी पर्याप्त प्रभाव पड़ा। इन सबका परिणाम यह हुआ कि मनोवैज्ञानिकों में ऐसे कारकों के प्रति सजगता बढ़ी और वे मानव समस्याओं एवं उपचार में ऐसे कारकों को महत्त्वपूर्ण स्थान देना प्रारंभ कर दिये। इससे सामुदायिक मनोविज्ञान की प्रगति में तीव्रता आई।

उपर्युक्त ऐतिहासिक पृष्ठभूमि (historical background) से यह स्पष्ट है कि सामुदायिक मनोविज्ञान की उत्पत्ति में कई कारकों का संयुक्त योगदान हुआ है। रेपापोर्ट (Rappaport, 1947) के अनुसार सामुदायिक मनोविज्ञान के स्वरूप को समझने के लिए उसकी ऐतिहासिक पृष्ठभूमि ही नहीं, बल्कि उसके महत्त्वपूर्ण परिप्रेक्ष्य या संदर्श (perspectives) को भी समझना आवश्यक है जिसमें सामुदायिक मनोवैज्ञानिकों को कार्य करना पड़ता है। साकूजो एवं काप्लान (Saccuzzo & Kaplan, 1984) ने ऐसे संदर्शों को निम्नांकित पाँच भागों में बाँटा है—

(1) जन-स्वास्थ्य संदर्भ (Public health perspective)
(2) व्यवहारपरक संदर्भ (Behavioural perspective)
(3) संज्ञानात्मक संदर्भ (Cognitive perspective)
(4) मानवतावादी संदर्भ (Humanistic perspective)
(5) कार्य-विधि संदर्भ (Methodological perspective)

इन संदर्शों का वर्णन इस प्रकार है—

1. जन-स्वास्थ्य संदर्श *(Public Health perspective)*—जन स्वास्थ्य (public health) अध्ययन का एक प्रयुक्त क्षेत्र (applied field) है जो विभिन्न शास्त्रों (disciplines) जैसे—कानून (law), प्रशासन (administration), बाल-विकास (child development), मनोविज्ञान, अर्थशास्त्र, समाजशास्त्र, आयुर्विज्ञान (medicine), जीव-विज्ञान (biology) के महत्त्वपूर्ण सिद्धान्तों का अध्ययन लोगों के स्वास्थ्य को उन्नत बनाने के लिए करता है। ये सभी क्षेत्र के विशेषज्ञ एक साथ मिलकर लोगों के बुरे स्वास्थ्य के कारणों का पता लगाते हैं और उनकी समस्याओं का निदान ढूँढ़ने की कोशिश करते हैं। प्रायः समाधान के रूप में भौतिक स्रोतों (physical sources) में संरचनात्मक परिवर्तन जैसे—पीने के पानी की व्यवस्था करना, मलसुरंगतंत्र (sewerage) की नयी व्यवस्था करना, पार्क एवं मनोरंजन के साधन प्रदान करना आदि के रूप में करते हैं। इसोक (Isoce, 1982) के अनुसार अधिकतर सामुदायिक मनोवैज्ञानिक इस जन-स्वास्थ्य मॉडल (public health model) को अपनाकर किसी समुदाय में व्याप्त मानसिक रोगों के कारणों का पता लगाते हैं और तब कानूनी, राजनैतिक एवं नैतिक क्रियाओं के माध्यम से इन रोगों एवं समस्याओं को दूर करने का प्रयास करते हैं। आधुनिक समय में अधिकतर सामुदायिक मनोवैज्ञानिक जैसा कि रिफ (Reiff, 1968), ओनिल (O'Neill, 1981) तथा सारासन (Sarason, 1976) ने कहा है, कि अपने द्वारा किये जा रहे लोकहित व्यवहारों को मुख्य मनोवैज्ञानिक सिद्धान्तों से जोड़ने की भी आवश्यकता महसूस करने लगे हैं।

2. व्यवहारपरक संदर्श *(Behavioural perspective)*—व्यवहारपरक संदर्श में सामुदायिक मनोवैज्ञानिक वातावरण में अंशतः या पूर्णतः परिवर्तन लाकर रोगियों के व्यवहार में वांछित परिवर्तन लाने की कोशिश करते हैं। रिम तथा मास्टर्स (Reimm & Masters, 1979) ने कुछ ऐसे उदाहरण पेश किये हैं जिनसे यह पता चलता है कि व्यवहारपरक नियमों (behavioural principles) के सहारे छोटे-छोटे समुदाय जैसे—अस्पताल के वार्ड या स्कूल की कक्षा (class room) आदि में व्यक्तियों के व्यवहारों में आसानी से वांछित परिवर्तन लाया जा सकता है। इस सिलसिले में प्रसिद्ध सामुदायिक मनोवैज्ञानिक जार्ज फेयरवेदर (George Fairweather, 1973) द्वारा किया गया प्रयास अधिक सराहनीय है। इनका मत है कि पौराणिक मानसिक स्वास्थ्य तंत्र के साथ एक विशेष समस्या जुड़ी हुई है और वह यह है कि इस तंत्र के नियमों के अनुसार रोगी को मानसिक अस्पताल में उपचार करने के बाद सीधे उन्हें अपने घर या परिवार के वातावरण में रहने के लिए छोड़ दिया जाता है। फेयरवेदर (Fairweather) के अनुसार यह ठीक नहीं है क्योंकि वर्षों तक मानसिक अस्पताल में रहने पर उनमें समाज के प्रतिस्पर्द्धात्मक वातावरण में रहने की मूल क्षमता तथा कौशल समाप्त हो जाता है। इसलिए उन्होंने एक वैकल्पिक व्यवस्था किया जिसमें उन्होंने एक सामुदायिक लॉज (community lodge) तैयार किया जिसका वातावरण मानसिक अस्पताल तथा वास्तविक समुदाय (actual community) के बीच के था। मानसिक अस्पताल से नाम कटने के बाद रोगियों को एक समूह में लॉज में रखा जाता था जहाँ अपने काम-काज एवं देख-भाल की जिम्मेवारी उन्हीं के कंधों पर होती थी। वहाँ के कर्मचारियों द्वारा जरूरत पड़ने पर हस्तक्षेप किया जाता था। इस लॉज में रहकर रोगी एक के बाद एक कई उत्तरदायित्वपूर्ण कार्य स्वयं किया करते थे। इस लॉज में कुछ वर्षों तक रहने के बाद उन्हें वास्तविक समुदाय के वातावरण में जाने दिया गया। परिणाम में देखा गया कि ऐसे रोगी जिन्हें मानसिक अस्पताल के बाद कुछ दिनों तक लॉज में रखकर बाद में वास्तविक वातावरण में रखा गया, वे अन्य रोगियों की तुलना में जिन्हें लॉज में नहीं रखा गया था, अधिक सफल एवं प्रभावशील रहे। फेयरवेदर के इस प्रयोग से स्पष्ट हो जाता है कि समुदाय के वातावरण में पविर्तन करके हम व्यक्ति के व्यवहारों में वांछित परिवर्तन कर सकते हैं।

3. संज्ञानात्मक संदर्श *(Cognitive perspective)*—ओनिल (O'Neill, 1981) का मत है कि सामुदायिक मनोविज्ञान के क्षेत्र में हुए अभी हाल के प्रगतियों से यह पता चलता है कि सामुदायिक मनोवैज्ञानिक सामुदायिक समस्या-समाधान में मानव चिन्तन की उपयोगिता पर अमल करना अधिक महत्त्वपूर्ण समझने लगे हैं। इनमें से अधिकतर उपयोगिताओं का संबंध निर्णय करने (decision making) तथा नीति विश्लेषण (policy analysis) से है। सामुदायिक मनोवैज्ञानिक इस संदर्श में लोगों को सामुदायिक समस्याओं के बारे में सही समय पर सही निर्णय लेने के प्रति प्रेरित करते हैं। ऐसे मनोवैज्ञानिक अन्य लोगों के साथ मिलकर कोई नीति निर्धारण करते हैं तथा वे लोगों को उचित विकल्प पर पहुँचने में मदद करते हैं। यद्यपि प्रत्येक व्यक्ति यह चाहता है कि वह उचित एवं सही निर्णय ले तथा सही

ढंग से किसी नीति का निर्धारण करे, परन्तु कभी-कभी गलत योजना के कारण इसमें वह सफल नहीं हो पाता है। सामुदायिक मनोवैज्ञानिक ऐसे बिन्दुओं पर मनोवैज्ञानिक नियमों एवं सिद्धान्तों का उपयोग कर उन्हें मदद करते हैं। इस सिलसिले में निसवेट तथा ली (Nisbett & Lee, 1980) द्वारा किये गए कार्य काफी महत्त्वपूर्ण हैं।

4. मानवतावादी संदर्श *(Humanistic perspective)*—मानवतावादी संदर्श मानव स्वभाव के बारे में एक महत्त्वपूर्ण पूर्वकल्पना करता है कि मानव की मूल आवश्यकता वर्द्धन (growth) एवं विकास (development) है तथा मनुष्य की आत्म-सिद्धि प्रवृत्तियाँ (self-actualizing tendencies) सबसे प्रमुख होती हैं। मानवतावादी-उन्मुख सामुदायिक मनोवैज्ञानिक सामुदायिक संगठन (community organization) तथा जन-नीति (public policy) में मानवतावादी चिन्तन उत्पन्न करके उसी दृष्टिकोण से मानव की समस्याओं का अध्ययन करते है और उसका उपचार (treatment) करने की कोशिश करते हैं। सचमुच में एक वास्तविक मानवतावादी संदर्श में परिवार, स्वतंत्र विचार एवं अन्य संबंधित संप्रत्ययों में उदार परिवर्तन लाने की कोशिश की जाती है।

5. कार्य-विधि संदर्श *(Methodological perspective)*—इस संदर्श में इस तथ्य का निर्धारण करने की कोशिश की जाती है कि सामुदायिक कार्यक्रम (community programme) कहाँ तक प्रभावकारी (effective) हैं। इस दृष्टिकोण को मनोवैज्ञानिकों ने मूल्यांकन शोध (evaluation research) कहा है। कई सामुदायिक कार्यक्रमों के लिए सरकार पर्याप्त मात्रा में धन देती है परन्तु फिर भी ऐसे कार्यक्रम अपने लक्ष्य पर नहीं पहुँच पाते हैं और जो पहुँच भी पाते हैं, वे समान रूप से प्रभावकारी एवं लाभप्रद नहीं होते हैं। इसलिए सामुदायिक मनोविज्ञान का एक महत्त्वपूर्ण संदर्श यह है कि जनहित एवं सामुदायिक कार्यक्रमों के मूल्यांकन (evaluation) के लिए समाज-विज्ञान के उपयुक्त कार्यविधि को अपनाया जाय। कुक तथा कैम्पबेल (Cook & Campbell, 1979) का मत है कि कार्य-विधि उन्मुख सामुदायिक मनोवैज्ञानिक नये-नये प्रयोगात्मक डिजाइन एवं नयी-नयी ऐसी कार्यविधियों को विकसित करने में जुटे हैं जो वास्तविक परिस्थिति या क्षेत्र में सही-सही ढंग से लागू हो सके तथा उससे सामाजिक कल्याण संबंधी कार्यक्रम की प्रभावशीलता का सही-सही मूल्यांकन किया जा सके।

निष्कर्षतः यह कहा जा सकता है कि सामुदायिक मनोविज्ञान की एक विशेष ऐतिहासिक पृष्ठभूमि है जिससे इसकी उत्पत्ति एवं स्वरूप का पता चलता है। इसके संदर्शों के आधार पर हमें सामुदायिक समस्याओं के प्रति अपनाये जाने वाले दृष्टिकोण का भी अंदाज हो जाता है।

सामुदायिक मनोविज्ञान के मूलतत्त्व (Principles of Community Psychology)

सामुदायिक मनोविज्ञान के स्वरूप की व्याख्या हमें कुछ उन तथ्यों से भी हो जाती है जिसके बारे में अधिकतर सभुदाय मनोवैज्ञनिकों के बीच सहमति है। ऐसे तथ्यों या मूल तत्त्वों से यह पता चलता है कि सामुदायिक मनोविज्ञान कहाँ तक किन-किन क्षेत्रों में सक्रिय है। लेभाईन (Levine, 1969), रोयन (Roen, 1971), कोबेन (Cowen, 1973), ब्लूम (Bloom, 1973) तथा जैक्स एवं स्पेक्टर (Zax & Specter, 1974) के अनुसार सामुदायिक ननोविज्ञान के कुछ प्रमुख मूल तत्त्व (principles) हैं जो निम्नांकित हैं—

1. सामाजिक-पर्यावरण कारक (social-environmental factors) द्वारा व्यक्ति के व्यवहारों में आन्तरिक कारकों (internal factors) जैसे—संघर्ष, इच्छा, दमन आदि की तुलना में अधिक महत्त्वपूर्ण परिवर्तन आते हैं। इस मनोविज्ञान में सांस्कृतिक सापेक्षता (cultural relativity) पर अधिक बल डाला गया है। दूसरे शब्दों में, इस मनोविज्ञान में व्यवहार को सामाजिक-सांस्कृतिक कारकों की पृष्ठभूमि में समझने की पूर्ण कोशिश की जाती है।

2. सामाजिक एवं सामुदायिक हस्तक्षेप (social and community intervention) की विधियों से सामाजिक संस्थान (social institutions) जैसे—स्कूल, क्लब, फैक्ट्री, परिवार आदि स्वास्थ्य-उन्मुखी होते हैं एवं तनाव को कम करने वाले होते हैं।

3. सामुदायिक मनोविज्ञान में सामाजिक एवं सानुदायिक हस्तक्षेप का उद्देश्य सांवेगिक विकृतियों की रोक-थाम (prevention) न कि उपचार (treatment) करना होता हैं। ऐसे हस्तक्षेप का केन्द्र-बिन्दु सिर्फ कोई एक व्यक्ति नहीं, बल्कि पूरा समुदाय होता है।

4. हस्तक्षेप का उद्देश्य सामाजिक क्षमता (social competence) को बढ़ावा देना न कि सिर्फ मनोवैज्ञानिक तनाव

को कम करना होता है। समुदाय-उन्मुखी कार्यक्रम सामाजिक जिन्दगी में अनुकूली न कि रोगात्मक (pathological) पहलू पर जोर डालते हैं।

5. सामुदायिक मनोवैज्ञानिक यह भरपूर कोशिश करते हैं कि व्यक्तियों को अपनी समस्याओं से छुटकारा दिलाने के लिए किसी विशेष संस्थान जैसे मानसिक अस्पताल या उपचारगृह (clinic) का प्रयोग न करके उसके वास्तविक समुदाय या समूह का ही उपयोग किया जाए।

6. समुदाय चिकित्सक (community clinician) रोगी को अपने यहाँ आने की इंतजारी न करके स्वयं उसके परिवार या समुदाय में पहुँच जाते हैं और उन्हें उसी समुदाय में रखकर उनकी विकृतियों एवं समस्याओं का समाधान करने की कोशिश करते हैं। इस तरह का वातावरण मददकर्त्ता तथा मदद प्राप्तकर्त्ता के बीच सीधा सम्पर्क स्थापित कर उनके बीच की दूरियों को कम कर देता है।

7. प्राप्त साधनों एवं स्रोतों का पूर्ण उपयोग करने के लिए सामुदायिक मनोवैज्ञानिक कुछ पेशेवर व्यक्तियों (professionals) जो इस क्षेत्र में निपुण होते हैं, की सहायता लेने में तनिक भी हिचकिचाते नहीं हैं।

8. सामुदायिक मनोवैज्ञानिक पौराणिक भूमिकाओं एवं चिकित्सीय विधियों को अधिक महत्त्व नहीं देते हैं और उसकी जगह पर वे नयी भूमिकाओं, कार्यक्रमों एवं मॉडलों को अपनाने पर बल डालते हैं।

9. पूरे समुदाय को उन कार्यक्रमों में हाथ बँटाना चाहिए जिनसे उनकी आवश्यकता की पूर्त्ति होती हो। समुदाय के सदस्यों की आवश्यकताओं के अनुसार ही इन कार्यक्रमों की प्राथमिकता तय होनी चाहिए।

10. सामुदायिक मानसिक स्वास्थ्य कार्यक्रम (Community mental health programme) का संबंध कुछ खास-खास समस्याओं से नहीं, बल्कि विस्तृत स्वरूप की सामाजिक समस्याओं जैसे—नौकरी, शिक्षा, आवासीय समस्याओं से संबंधित होना चाहिए।

11. मनोसामाजिक समस्याओं एवं उससे निबटने के प्राप्त साधनों के बारे में जनता को प्रशिक्षित करने के कार्य को सामुदायिक मनोविज्ञान में एक महत्त्वपूर्ण कार्य समझा जाता है।

12. चूँकि अधिकतर मानसिक स्वास्थ्य कार्यक्रमों का संबंध ऐसे सामाजिक तनावों से होता है जो बड़े पैमाने पर अपना प्रभाव डालते हैं (जैसे—गरीबी, बेकारी आदि), अतः सामुदायिक मनोवैज्ञानिक प्रायः एक सामाजिक सुधार (social reform) की ओर अधिक उन्मुखी होते हैं।

13. सामाजिक हस्तक्षेप (social intervention) के बारे में पर्याप्त ज्ञान विकसित करने के लिए सामुदायिक मनोवैज्ञानिक स्वाभाविक एवं पारिस्थितिक शोधों (ecological researches) को अपनाते हैं।

इस तरह से स्पष्ट हुआ कि सामुदायिक मनोविज्ञान के कई मूल तत्त्व (principles) हैं जिनपर मनोवैज्ञानिकों ने गंभीरतापूर्वक विचार किया है।

सामुदायिक मनोविज्ञान के कुछ महत्त्वपूर्ण संप्रत्यय (Some Important Concepts of Community Psychology)

सामुदायिक मनोविज्ञान के क्षेत्र में कई संप्रत्ययों (concepts) का प्रयोग किया जाता है जिनमें निम्नांकित दो संप्रत्यय (concepts) सबसे अधिक महत्त्वपूर्ण बतलाए गए हैं—

(1) सामुदायिक मानसिक स्वास्थ्य का संप्रत्यय (Concept of Community mental health)

(2) रोक-थाम या निवारण का संप्रत्यय (Concept of prevention)

इन दोनों का वर्णन निम्नांकित है—

(1) सामुदायिक मानसिक स्वास्थ्य का संप्रत्यय (*Concept of Community mental health*)—सामुदायिक मानसिक स्वास्थ्य के विचार की उत्पत्ति किसी सिद्धान्त या शोध (research) के परिणामस्वरूप न होकर एक विशेष सामाजिक नीति (social policy) से हुई है। अमेरिका में 1961 में 'ज्वायंट कमीशन ऑन मेन्टल हेल्थ एवं इलनेस' (Joint Commission on Mental Health and Illness) ने एक रिपोर्ट अमेरिकी सरकार को दिया जिसमें कई बातों के अलावा एक बात यह भी थी कि सांवेगिक रूप से विक्षुब्ध व्यक्तियों की समस्याओं से निबटने के लिए उसी भौगोलिक क्षेत्र में जहाँ अधिकतर ऐसे लोग हों, मानसिक स्वास्थ्य सेवा-केन्द्र खोला जाना चाहिए ताकि ऐसे लोगों को

तत्काल राहत मिल सके। आयोग के इसी सिफारिश को *सामुदायिक मानसिक स्वास्थ्य* (Community Mental Health) का जनक माना जाता है। 1963 में इस आयोग की सिफारिश को कानून (act) का दर्जा दिया गया तथा इसे सामुदायिक मानसिक स्वास्थ्य केन्द्र कानून (Community Mental Health Centres Act) कहा गया। संकीर्ण अर्थ में सामुदायिक मानसिक स्वास्थ्य से तात्पर्य मानसिक रोगियों के उपचार में सामाजिकता-उन्मुखी उपचार प्रविधियों के प्रयोग से होता है परन्तु विस्तृत अर्थ में इसमें ऐसे रोगों की रोक-थाम की विधियों, धनात्मक मानसिक स्वास्थ्य (positive mental health) तथा मनोसामाजिक सामर्थ्यता (Psychosocial competence) को उन्नत बनाने की विधियाँ आदि भी सम्मिलित होती हैं।

1963 के संघीय कानून (Federal Act) में यह स्पष्ट किया गया कि कोई भी समविष्ट सामुदायिक मानसिक स्वास्थ्य केंद्र (comprehensive community mental health centre) को संघीय आर्थिक सहायता तभी दी जाएगी जबकि ऐसे केन्द्र द्वारा कम-से-कम निम्नांकित पाँच तरह की अनिवार्य सेवाएँ (essential services) की जाती हों—

(i) केन्द्र में रखे गए रोगियों की उचित देखभाल

(ii) केन्द्र पर आए रोगियों के उपचार का प्रबन्ध

(iii) आंशिक अस्पताली सुविधा प्रदान करना (जैसे—दिन में रोगी कहीं काम-काज करता हो तथा रात में आकर वह केन्द्र में रहता हो)

(iv) चौबीसों घंटे आपातकालीन सेवा जारी रखना

(v) समुदाय के विभिन्न क्षेत्रों में सलाह या परामर्श सेवा (consultation services) जारी रखना।

इन अनिवार्य सेवाओं के अलावा इन केन्द्रों से कुछ वांछनीय सेवा (desirable services) की भी उम्मीद की गयी जो निम्नांकित है—

(i) नैदानिक सेवाएँ (diagnostic services)

(ii) पुनर्वास सेवाएँ (rehabilitation services)

(iii) शोध कार्य (research work)

(iv) प्रशिक्षण (training)

(v) मूल्यांकन (evaluation)

1964 में होब्स (Hobbes) ने मानसिक स्वास्थ्य के क्षेत्र में नयी क्रान्ति लाने पर बल डाला और उन्होंने मानवीय भूमिकाओं एवं वैज्ञानिक भूमिकाओं को एक साथ मिलाकर एक ऐसी नयी पेशा (profession) की स्थापना करने की सिफारिश की है जो मानव कल्याण के प्रति समर्पित होने के साथ-ही-साथ एक ऐसा समाज का निर्माण कर सके जिससे मानव अंतशक्तियों का सही-सही विकास हो सके। 1966 में इस नयी क्रान्ति के सुझावों को होब्स तथा स्मिथ (Hobbes & Smith) ने एक शोध पत्र (research paper) के रूप में प्रकाशित किया जो अमेरिकन मनोवैज्ञानिक संघ (American Psychological Association) का एक आधिकारिक पत्र (official paper) बन गया। होब्स तथा स्मिथ ने मानसिक स्वास्थ्य सेवाएँ एवं उनके देख-भाल के सामुदायिक नियंत्रण (community control) पर अधिक बल डाला तथा मानिसक रोगों की रोक-थाम (prevention) को सर्वाधिक महत्त्वपूर्ण माना गया। प्रारंभिक अवस्था में ही ऐसे रोगों की पहचान करने तथा उसकी रोक-थाम करने के लिए स्कूल, पुलिस विभाग, निगम (corporation) तथा सामाजिक सेवा संस्थान आदि की सक्रिय भूमिका पर बल डाला गया।

अभी हाल में ब्लूम (Bloom, 1973) ने सामुदायिक मानसिक स्वास्थ्य क्षेत्र (Community mental health field) को इनके द्वारा किए गए महत्त्वपूर्ण कार्यों के आधार पर परिभाषित किया है और इन्हीं कार्यों के आधार पर ही इन्हें पौराणिक नैदानिक सेवाओं (traditional clinical services) से भिन्न माना है। ऐसे कुछ प्रमुख कार्यों की सूची निम्नांकित है—

(i) समुदाय में हस्तक्षेप (intervention in community)

(ii) एक निश्चित जनसंख्या या क्षेत्र के साथ हस्तक्षेप (intervention with a defined population or catchment area)

(iii) रोक-थाम संबंधी कार्यों पर बल देना (emphasis upon preventive services)

(iv) परोक्ष सेवाएँ जैसे परामर्श एवं शिक्षा पर बल देना (indirect services such as consultation and education are emphasized)

(v) ऐसी योजना बनाकर कार्य करना कि अधिकांश व्यक्ति लाभान्वित हों।

(vi) ऐसी विवेकशील योजना बनाना कि अधिक जोखिम-ग्रस्त जनसंख्या (high-risk population) को राहत पहले मिले।

(vii) कई तरह के मानव संसाधनों जैसे—प्रशिक्षित पेशेवरों (trained professionals), स्वयंसेवकों (volunteers) तथा लक्ष्य समूह के सदस्यों की सेवाओं का उपयोग करना।

(viii) सभी नियंत्रणात्मक एवं निर्णय संबंधी कार्यों को समुदाय एवं पेशेवरों (professionals) की आम राय से तय करना।

(ix) मानसिक समस्याओं के कारणों में सामाजिक-सांस्कृतिक कारकों पर बल डालना।

(2) रोक-थाम का संप्रत्यय *(Concept of prevention)*—सामुदायिक मनोविज्ञान में रोक-थाम (prevention) का संप्रत्यय एक महत्त्वपूर्ण संप्रत्यय है। रोक-थाम से तात्पर्य जनसंख्या में किसी रोग के उत्पन्न होने एवं उसे प्रचलित होने को रोकने से होता है तथा यह कार्य जन-स्वास्थ्य कार्यकर्त्ताओं (public health workers) द्वारा काफी किया जाता है। जन-स्वास्थ्य हस्तक्षेप (public health intervention) निम्नांकित तीन रूपों में हो सकते हैं—

(i) व्यक्तियों में ही कुछ इस ढंग का परिवर्तन कर दिया जाए कि वे रोगात्मक एजेन्टों से डट कर मुकाबला करें। इसके तहत किसी रोग से असंक्रमीकरण अभियान (immunization campaign) को रखा जाता है।

(ii) रोगात्मक एजेन्टों से सम्पर्क होने की संभावना (probability) को कम कर सके। इसके अन्तर्गत कुछ विशेष तरह की पोशाक पहनना, प्रभावित अंगों को असंदूषित (disinfect) करना आदि को रखा जाता है।

(iii) वातावरण को जिसमें रोगात्मक एजेन्ट परिपोषित होते है, को इस ढंग से परिवर्तित कर देना कि वैसे एजेन्ट पूर्णतः नष्ट हो जाएँ। इसमें जल-जमाव पर दवा का छिड़काव, नाली एवं नालों की सफाई आदि आते हैं।

जनस्वास्थ्य कार्यकर्त्ताओं (public health workers) तथा सामुदायिक मनोवैज्ञानिकों (community psychologists) ने जिसमें एडोल्फ मेयर (Adolf Meyer), लिण्डमान (Lindemann) तथा काप्लान (Caplan) का नाम मशहूर है, ने रोक-थाम (prevention) के निम्नांकित तीन प्रकार बतलाए हैं—

(अ) प्राथमिक निवारण या रोक-थाम (Primary Prevention)

(ब) द्वितीयक निवारण या रोक-थाम (Secondary Prevention)

(स) तृतीयक निवारण या रोक-थाम (Tertiary Prevention)

इन तीनों का वर्णन निम्नांकित है—

(अ) प्राथमिक रोक-थाम *(Primary Prevention)*—प्राथमिक रोक-थाम से तात्पर्य वैसे रोक-थाम से होता है जिसका उद्देश्य वैसे जीवसंख्या या जनसंख्या में किसी बीमारी को उत्पन्न होने से रोकने से होता है जिसमें उस बीमारी के होने की संभावना अधिक तीव्र होती है। काप्लान (Caplan, 1964) के अनुसार प्राथमिक रोक-थाम (primary prevention) से तात्पर्य दोषपूर्ण परिस्थितियों को बीमारी उत्पन्न करने के पहले ही इसपर नियंत्रण कर लेने से होता है। काप्लान (Caplan) ने अपने 'निरोधक मनोरोगविज्ञान' (Preventive Psychiatry) में यह स्पष्ट किया है कि व्यक्ति के उपर्युक्त विकास (appropriate development) के लिए कुछ 'आपूर्त्ति' (supplies) की जरूरत होती है। इन 'आपूर्त्तियों' में कमी होने से स्वस्थ मनोवैज्ञानिक विकास (healthy psychological development) अवरुद्ध हो जाता है। ऐसी 'आपूर्त्ति' के तीन प्रकार बतलाए गए हैं—दैहिक आपूर्त्ति (physical supply), मनोसामाजिक आपूर्त्ति (psychosocial supply) तथा सामाजिक-सांस्कृतिक आपूर्त्ति (social-cultural supply)। दैहिक आपूर्त्ति में भोजन, आवास, सुरक्षा, संवेदी उत्तेजन (sensory stimulation) आदि सम्मिलित होते हैं। मनोसामाजिक आपूर्त्ति में वैसे तथ्य सम्मिलित होते हैं जिसे व्यक्ति दूसरों के साथ अन्तःक्रिया (interaction) से प्राप्त करता है और इसमें सांवेगिक एवं बौद्धिक उत्तेजन (intellectual stimulation), स्नेह एवं प्यार (love and affection), सामाजिक अन्तःक्रिया में संतुष्टि आदि सम्मिलित होते हैं। सामाजिक-सांस्कृतिक आपूर्त्ति में वैसे सामाजिक बल (social forces) सम्मिलित

होते हैं जिससे व्यक्ति की सामाजिक प्रतिष्ठा तथा दूसरों की उनसे होनेवाली प्रत्याशा (expectations) की झलक मिलती है। लाभान्वित सामाजिक समूह (advantaged social group) में व्यक्तियों को ऐसी आपूर्त्ति अधिक होती है। इन तीन तरह की आपूर्त्तियों में से किसी भी तरह की आपूर्त्ति बाधित होने से व्यक्ति में मानसिक विकृति की उत्पत्ति की संभावना से इनकार नहीं किया जा सकता है। काप्लान के अनुसार प्राथमिक रोक-थाम (primary prevention) का दूसरा प्रमुख पहलू संकट निवारण (crisis resolutionl) है। उनक मत है कि संकट का स्वरूप चाहे आकस्मिक (accidental) हो या विकासात्मक (developmental) हो, उससे व्यक्ति की समायोजनशीलता की क्षमता प्रभावित होती है और उससे मानसिक विकृति उत्पन्न होती है। अतः ऐसे संकटों का समाधान आवश्यक है।

काप्लान का मत है कि आवश्यक उपयुक्त आपूर्त्ति बनाए रखने के लिए तथा संकट-निवारण क्षमताओं को मजबूत बनाने के लिए प्राथमिक रोक-थाम की उपायों को सामजिक क्रिया (social action) के स्तर पर तथा अन्तर्वैयक्तिक प्रक्रिया (interpersonal action) के स्तर पर किया जा सकता है। सामाजिक क्रिया के स्तर पर वैधानिक एवं सामाजिक कार्यक्रम जो जन-कल्याण शिक्षा एवं स्वास्थ्य से संबंधित होते हैं, को संचालित किया जाता है तथा अन्तर्वैयक्तिक क्रिया (interpersonal action) के स्तर पर प्रत्यक्ष एवं आमने-सामने की अन्तःक्रियाओं (interactions) एवं हस्तक्षेपों (interventions) द्वारा व्यक्तियों, परिवारों एवं सामुदायिक समूहों को प्रभावित करने की कोशिश की जाती है।

(ब) द्वितीयक रोक-थाम *(Secondary Prevention)*—गौण रोक-थाम से तात्पर्य वैसे रोक-थाम से होता है जिसमें मानसिक समस्याओं की पहचान प्रारंभिक अवस्था में ही कर लिया जाता है तथा उसका उपचार (treatment) उसी अवस्था में करके आगे बढ़ाने से उसे रोक दिया जाता है। इस तरह की रोक-थाम की एक महत्त्वपूर्ण पूर्वकल्पना यह है कि प्रारंभिक समस्याएँ कुछ आरंभिक लक्षणों के आधार पर पहचानी जा सकती है और यदि उस समय ही इनके साथ हस्तक्षेप (intervention) किया जाए तो इसकी गंभीरता को भविष्य में बढ़ने से रोका जा सकता है। गौण रोक-थाम की सार्थकता कई अध्ययनों जैसे—काप्लान (Caplan, 1961), सेनफोर्ड (Sanford, 1965), ग्लास (Glass, 1963), आइसेनवर्ग (Eisenberg, 1962) तथा फेयर्स (Phares, 1984) द्वारा संपुष्ट की गयी है।

द्वितीयक रोक-थाम कार्यक्रम की दो प्रमुख विशेषताएँ होती हैं—

(i) गौण रोक-थाम में वैसे सभी व्यक्तियों की जाँच (screening) व्यक्तित्व परीक्षण जैसे MMPI या अन्य इसी तरह के परीक्षणों के आधार पर किया जाता है जिसमें उस समय किसी भी तरह के स्पष्ट लक्षण नहीं दीखते हैं।

(ii) फिर ऐसे व्यक्तियों को उचित नैदानिक सेवाएँ प्रदान की जाती है।

स्कूलों में गौण रोक-थाम कार्यक्रम (secondary prevention programme) की सफलता के कई सबूत मिले हैं। स्कूल में बच्चों की समस्याओं को प्रारंभिक अवस्था में ही पहचान करके उसे दूर करने के सफल प्रयास किए गए हैं। इस सिलसिले में जैक्स तथा कोवेन (Zax & Cowen, 1969), गिल्डवेल तथा स्वैलो (Glidewell & Swallow, 1968) आदि द्वारा महत्त्वपूर्ण कार्य किए गए हैं। स्कूल में गौण रोक-थाम (secondary prevention) कार्यक्रम के तहत शिक्षकों को बालकों की समस्याओं को प्रारंभिक अवस्था में ही पहचानने का प्रशिक्षण दिया जाता है। इस कार्यक्रम के तहत कभी-कभी माता-पिता या अभिभावकों का साक्षात्कार (interview) भी लिया जाता है। इसके अलावा बोअर (Bower, 1969) तथा कोवेन एवं उनके सहयोगियों (Cowen et. al., 1973) ने बालकों की समस्याओं को प्रारंभिक अवस्था में हीं पहचान करने के लिए कुछ लघु परीक्षणों का भी निर्माण किया है।

ऊपर के वर्णन से स्पष्ट है कि गौण रोक-थाम (secondary intervention) के दो पहलू होते हैं—जाँच-पड़ताल (screening) का कार्य तथा उसके बाद संभाव्य समस्याओं को दूर करने के लिए किया गया उपचार हस्तक्षेप (treatment intervention)। नैदानिक मनोवैज्ञानिकों तथा सामुदायिक मनोवैज्ञानिकों दोनों का ही मत है कि जाँच-पड़ताल का काम कितना भी उत्तम ढंग से क्यों न किया गया हो, यदि उसके बाद उचित उपचार हस्तक्षेप (treatment intervention) नहीं किया गया, तो सफलता प्राप्त नहीं हो पाती है। इसलिए यह आवश्यक है कि प्रभावित लोग उचित उपचार हस्तक्षेप प्राप्त करें। इसके लिए गौण रोक-थाम (secondary prevention) में तीन संबद्ध उद्देश्यों की प्राप्ति के लिए जन-सूचना कार्यक्रम (public information programme) चलाये जाते हैं—

(i) सामुदायिक मानसिक स्वास्थ्य विशेषज्ञ को मानसिक समस्याओं के प्रारंभिक अवस्था के लक्षणों के बारे में लोगों को बतला देना चाहिए।

(ii) ऐसे विशेषज्ञों को इन समस्याओं को दूर के साधनों के बारे में बतला देना चाहिए। ऐसे साधन कब, कहाँ और किंतनी पर उपलब्ध है, के बारे में लोगों को सूचना दे देनी चाहिए।

(iii) ऐसे विशेषज्ञों को उन पूर्वधारणाओं या पूर्वाग्रहों से लड़ना चाहिए जिसके कारण प्रभावित लोग में अपनी समस्याओं के निवारण के लिए किसी विशेषज्ञ की सहायता लेने में हिचकिचाहट होती है।

कई अध्ययनों के आधार पर इस तथ्य की पुष्टि की गयी है कि यदि उपचार हस्तक्षेप (treatment intervention) सफलतापूर्वक पूरा कर लिया जाता है, तो गौण रोक-थाम (secondary prevention) का कार्यक्रम भी सफल हो जाता है।

(स) तृतीयक रोक-थाम *(Tertiary prevention)*—तृतीयक रोक-थाम में मानसिक रोग उत्पन्न हो जाने के बाद उसके प्रभावों को कम करने की कोशिश की जाती है। तृतीयक रोक-थाम का मुख्य उद्देश्य मानसिक रोग से प्रभावित हो जाने के बाद उसके नकारात्मक प्रभावों (negative effects) तथा उसकी अवधि (duration) को कम करना होता है। इसमें रोगी को नया कौशल सिखलाया जाता है ताकि वह अपने हीन भाव (inferiority feeling) से लड़ सके तथा उसमें समायोजन एवं सामर्थ्यता की नयी शक्ति उत्पन्न हो सके। इस रोक-थाम के तहत रोगियों का पुनर्वास (rehabilitation), सामुदायिक मानसिक स्वास्थ्य सेवा के प्रति नयी मनोवृत्ति, आंशिक अस्पतालीकरण (partial hospitalization) तथा सामुदायिक लॉज (community lodge) चलाने आदि की व्यवस्था होती है। इन सभी साधनों का प्रयोग करके रोगियों से उत्पन्न नकरात्मक प्रभावों से लड़ने की क्षमता में वृद्धि की जाती है ताकि वह अपने भविष्य के साथ ठीक ढंग से समायोजन कर सके।

स्पष्ट हुआ कि सामुदायिक मनोविज्ञान में कई महत्त्वपूर्ण संप्रत्यय है जिनका ज्ञान होने से इस मनोविज्ञान के स्वरूप के बारे में समझना आसान हो जाता है।

सामुदायिक हस्तक्षेप एवं परिवर्तन की विधियाँ
(Methods of Community Intervention and Change)

सामुदायिक मनोविज्ञान का अत्यन्त महत्त्वपूर्ण पहलू रोगियों की समस्याओं की रोक-थाम एवं उसके उपचार से है ताकि वे अपने आप में कुछ परिवर्तन लाकर जिन्दगी में ठीक ढंग से समायोजन कर सकें। इसे ही सामुदायिक मनोविज्ञान में तकनीकी रूप से सामुदायिक हस्तक्षेप (community intervention) की संज्ञा दी जाती है। सामुदायिक हस्तक्षेप की निम्नांकित चार प्रमुख विधियाँ हैं—

(1) संकटकालीन हस्तक्षेप की विधि (Method of Crisis intervention)

(2) परामर्श विधि (Consulation method)

(3) मानसिक स्वास्थ्य शिक्षा (Mental health education)

(4) ननपेशेवरों की सेवाओं का उपयोग (Utilization of the services of non-professionals)

इनमें से परामर्श विधि तथा मानसिक स्वास्थ्य शिक्षा को अप्रत्यक्ष विधि (indirect method) माना गया है क्योंकि इसमें रोगी प्रभावित तो होता है परन्तु उनका आवेष्टन (involvement) सीधे नहीं होता है जबकि संकटकालीन हस्तक्षेप एवं अपेशेवरों की सेवाओं को प्रत्यक्ष विधि माना गया है क्योंकि इसका संबंध रोगियों से सीधा होता है।

इन चारों विधियों का वर्णन निम्नांकित है—

संकटकालीन हस्तक्षेप की विधि
(Method of Crisis Intervention)

संकटकालीन हस्तक्षेप की विधि में सामुदायिक मनोवैज्ञानिक उस समय लोगों के पास पहुँचते है जब वे तनाव (stress) या संकट (crisis) की स्थिति में होते है और उन्हें उचित सहायता देकर भविष्य में और भी अधिक जीर्ण (chronic) होने से उसे बचा लेते हैं। प्रश्न यह उठता है कि संकट (crisis) में यहाँ क्या मतलब होता है? संकट से यहाँ मतलब तीक्ष्ण तनाव (acute stress) की अवस्था से होती है और इसमें विकासात्मक संकट (developmental crisis) तथा आकस्मिक संकट (accidental crisis) दोनों ही सम्मिलित होते हैं। विकासात्मक संकट में परिपक्वता (maturation) से उत्पन्न संकट से उत्पन्न संकट जैसे—स्तन्यमोचन (weaning), स्कूल में प्रवेश, रजोधर्म

(menstruation) शादी (marriage) आदि सम्मिलित होते हैं तथा आकस्मिक संकट (accidental crisis) में कोई बीमारी हो जाना, नौकरी छूट जाना, किसी प्रिय व्यक्ति की मृत्यु, पदावनति (demotion), पदोन्नति के बाद नयी जवाबदेहियाँ (responsibilities) आदि से उत्पन्न संकट सम्मिलित होते हैं। काप्लान (Caplan, 1964) तथा रेपापोर्ट (Rappaport, 1962) के अनुसार संकटकालीन परिस्थिति की तीन विशेषताएँ होती हैं जो निम्नांकित हैं—

(i) संकटकालीन अवस्था एक तरह से समयबंधित होता है जो प्रायः एक सप्ताह से 6 सप्ताह तक का होता है। इसके बाद इसकी तीव्रता में व्यक्ति द्वारा अपनाए गए रक्षात्मक उपायों के कारण कुछ कमी आ जाती है। अतः संकटकालीन हस्तक्षेप का आदर्श समय यही एक सप्ताह से 6 सप्ताह की अवधि होती है।

(ii) संकटकालीन परिस्थिति में व्यक्ति में भाव (feeling) एवं संज्ञानात्मक अवस्था में समानान्तर परिवर्तन (parallel changes) होते हैं। प्रारंभिक स्थिति में तनाव तथा निस्सहायता (helplessness) के भाव की प्रधानता होती है और बाद में संभ्रान्ति (confusion) की प्रधानता हो जाती है।

(iii) संकटकालीन परिस्थिति यदि अवियोजित (unresolved) हुआ या अंशतः वियोजित (partially resolved) हुआ, तो कुछ समय के बाद वह पुनः उत्पन्न हो जाती है।

संकटकालीन परिस्थिति में सामुदायिक मनोवैज्ञानिकों द्वारा रोगियों की समस्याओं को दूर करने के उद्देश्य से किया गया हस्तक्षेप (intervention) को संकटकालीन हस्तक्षेप (crisis intervention) कहा जाता है। संकटकालीन हस्तक्षेप कार्यक्रम सफल हो, इसके लिए सामुदायिक मनोवैज्ञानिकों के अनुसार कुछ शर्त्तों (conditions) का पूरा होना आवश्यक है। इन शर्त्तों (conditions) में निम्नांकित प्रमुख हैं—

(i) समुदाय से निकटता *(Nearness to the community)*—संकटकालीन हस्तक्षेप का केन्द्र उस समुदाय से नजदीक हो जिससे लोग मानसिक समस्या या संवेगात्मक समस्याओं से ग्रसित हों क्योंकि ऐसी स्थिति में कोई नहीं चाहता है कि उसे मीलों-मील चलने के बाद किसी प्रकार की सेवा प्राप्त हो। इतना ही नहीं, ऐसी सेवा-केन्द्र की प्रतिष्ठा संभावित रोगियों की नजर में अधिक होनी चाहिए तथा साथ-ही-साथ उनके सामाजिक वातावरण में इस तरह का सेवा-केन्द्र समाज के अन्य प्रतिष्ठित व्यक्तियों के नजर में भी अधिक होनी चाहिए।

(ii) सेवा की अविलम्ब उपलब्धता *(Immediate availability of services)*—संकटकालीन हस्तक्षेप की सफलता के लिए यह आवश्यक है कि संकट उत्पन्न होने पर तुरंत ही उपचार हस्तक्षेप की सेवाएँ प्रारंभ हो जाएँ। इसके लिए किसी प्रकार का पहले से समय लेना आवश्यक नहीं हो तथा संकट की उत्पत्ति तथा उपचार हस्तक्षेप आरंभ होने के बीच की अवस्था कम-से-कम होनी चाहिए। जिस संकटकालीन सेवाओं की प्राप्ति के लिए किसी प्रकार का पहले से समय आदि के निर्धारण की जरूरत नहीं पड़ती है, उसे *'वाक-इन' उपचार-गृह* (walk-in-clinic) कहा जाता है जहाँ मात्र दूरभाष (telephone) कर देने से रोगियों को सेवाएँ प्राप्त हो जाती हैं। ऐसे सेवा-केन्द्रों में चौबीसों घंटे सेवाएँ उपलब्ध होती हैं। ऐसे केन्द्रों द्वारा आत्महत्या की रोक-थाम की सेवाएँ काफी प्रदान की जाती हैं।

(iii) गतिशीलता *(Mobility)*—संकटकालीन हस्तक्षेप सेवाओं की सफलता इस बात पर भी निर्भर करती है कि इन सेवा-केन्द्रों के स्टाफ या कर्मचारीगण में पर्याप्त गतिशीलता हो अर्थात् वे समुदाय के किसी भी क्षेत्र से ऐसे संकटों की सूचना मिलते ही केन्द्र छोड़ने के लिए तथा प्रभावित व्यक्ति के पास पहुँचने के लिए तत्पर हो। इसमें जरूरत पड़ने पर कर्मचारीगण को पुलिस, परिवार के सदस्यों तथा अन्य शुभचिन्तकों का भी सहारा लेने के लिए तत्पर होना चाहिए।

(iv) पेशेवर भूमिकाओं में लोच एवं प्रतिभा *(Flexibility and versatility in professional roles)*—संकटकालीन हस्तक्षेप (crisis intervention) की सफलता इस बात पर भी निर्भर करती है कि इसके कर्मचारीगण अपनी-अपनी भूमिकाओं को कम-से-कम समय में कहाँ तक इस ढंग से संगठित करते हैं कि रोगी की समस्याओं का निवारण जल्द-से-जल्द हो जाता है। सचमुच में ऐसी सेवा-केन्द्रों में कई शास्त्रों (disciplines) जैसे—मनश्चिकित्सा, मनोविज्ञान एवं सामाजिक कार्य (social work) एक बिन्दु पर आकर मिलने लगते हैं। ऐसी परिस्थिति में अलग से मनोवैज्ञानिक तथा मनश्चिकित्सा मूल्यांकन (psychiatric evaluation) करने, सामाजिक इतिहास तैयार करने तथा मनोचिकित्सा प्रदान करने की न तो कोई गुंजाइश ही होती है और न ही इन विशेषज्ञों के पास ऐसा करने के लिए कोई समय ही होता है। इसका मतलब यह नहीं है कि संकटकालीन हस्तक्षेप की सेवा प्रदान करने वाले विशेषज्ञों (experts) के लिए कोई प्रशिक्षण (training) की जरूरत नहीं होती है बल्कि सच्चाई यह है कि ऐसे विशेषज्ञों को द्रुत मूल्यांकन (rapid evaluation) करने, संक्षिप्त चिकित्सीय हस्तक्षेप करने एवं संबंधित परामर्श देने तथा समुदाय में उपलब्ध अन्य संबंधित स्रोतों के बारे में उत्तम ज्ञान होना चाहिए। आदर्शतः उन्हें संकटकालीन हस्तक्षेप के सामान्य कार्य में मिल-जुलकर काम करने की पर्याप्त क्षमता होनी चाहिए।

अब प्रश्न यह उठता है कि संकटकालीन हस्तक्षेप (crisis intervention) किन तरीकों (techniques) से सम्पन्न किया जाता है? इसमें लघु-अवधि का मनश्चिकित्सीय प्रविधियों तथा सामाजिक केस-कार्य (social case-work) प्रविधियों का सहारा लिया जाता है। इसमें रोगी की समस्याओं पर सीधे कार्य प्रारंभ कर दिया जाता है तथा उसके सामाजिक वातावरण को परिवर्तित करने का सीधे प्रयत्न किया जाता है। संकट-उन्मुखी चिकित्सा (crisis-oriented therapy) में मूलतः 6 से 8 सम्पर्क घंटे (contact horurs) होते हैं। ऐसे सत्र (session) परम्परागत नैदानिक सत्र (clinical session) से भिन्न होते हैं क्योंकि ऐसे सत्र अधिक ढीले-ढाले होते हैं और उनकी अवधि भी भिन्न-भिन्न हुआ करती है। सत्र में रोगी अपने परिवार के सदस्यों या दोस्तों के साथ देखे जाते हैं। इन सत्रों में चिकित्सक अधिक सक्रिय एवं निदेशात्मक (directive) होते हैं। शुरू-शुरू में चिकित्सक स्वयं संकट (crisis) तथा उसके तात्कालिक एवं अवक्षेपी (precipitating) कारकों पर अधिक बल डालते हैं। तनाव उत्पन्न करने वाली घटनाओं को पुनर्विचार करते हुए नये-नये संदर्भ, सूझ एवं समझ विकसित किए जाते हैं। दर्दनाक संवेगों को अंशतः अभिव्यक्ति (express) करके तथा अंशतः उन्हें समझने योग्य मानकर धीरे-धीरे कम किया जाता है। बाद की अवस्थाओं में चिकित्सक समस्या-समाधान प्रयासों (problem-solving efforts) पर अपना ध्यान अधिक देने लगता है। जीवन की गत घटनाओं विशेषतः उन घटनाओं को जिनमें रोगी को सफलता मिली होती है, को रोगी के सामने उसकी समायोजन क्षमता बढ़ाने का प्रयास किया जाता है। आवश्यक सूचनाएँ एवं परामर्श दिए जाते हैं। वैकल्पिक समाधान (alternate solutions) की खोज की जाती है तथा नये-नये व्यवहारों का रिहर्सल किया जाता है तथा उनके भविष्यगामी परिणामों पर भी विचार किया जाता है।

संकटकालीन हस्तक्षेप (crisis intervention) के कुछ तात्कालिक लक्ष्य (immediate goals) होते हैं—

(i) वर्तमान तकलीफ विशेषकर चिन्ता, संभ्रान्ति (confusion) एवं निःसहायता (helplessness) आदि को दूर करना।

(ii) रोगी को तथा उसके परिवार के सदस्यों एवं अन्य मित्रजनों को यह बतलाना कि उनकी समस्या को दूर करने के लिए क्या व्यक्तिगत कार्य (personal actions) किये जा सकते हैं और उसके लिए क्या समुदाय स्रोत (community resources) उपलब्ध है।

इन लक्ष्यों के अलावा कुछ गौण एवं दीर्घकालीन लक्ष्य भी हैं जो निम्नांकित हैं—

(i) गत अनुभूतियों (past experiences) तथा सतत मनोवैज्ञानिक समस्याओं (persistent psychological problems) के साथ रोगी के वर्तमान संकट (present crisis) के संबंधों पर प्रकाश डालना।

(ii) नये व्यवहार, मनोवृत्ति एवं समायोजनशीलता की प्रविधियों को विकसित करना ताकि उनके सहारे भविष्य के संकटों के साथ निबटा जा सके।

काप्लान (Caplan, 1964) का मत है कि भविष्य में होने वाले संकटों (crisis) का अंदाजा जिससे संभवतः समूह प्रभावित होने वाला है, लगाकर उसके लिए भी उपचार हस्तक्षेप (treatment intervention) की तैयारी की जा सकती है। इसे *पूर्वानुमानी संकटकालीन हस्तक्षेप* (anticipatory crisis intervention) की संज्ञा दी जाती है।

संकटकालीन हस्तक्षेप के कुछ लाभ (advantage) एवं परिसीमाएँ (limitations) भी हैं। इसके प्रमुख लाभ निम्नांकित हैं—

(i) इस क्षेत्र के चिकित्सकों का दावा है कि संकटकालीन हस्तक्षेप (crisis intervention) से कुछ रोगियों को अस्पताल में भर्ती कराकर उपचार करने की जरूरत नहीं पड़ती है। डेकर तथा स्टबलवाईन (Deeker & Stubblebine, 1972) ने अपने अध्ययन में यह पाया कि संकटकालीन हस्तक्षेप (crisis intervention) के बाद रोगियों के मनश्चिकित्सीय अस्पतालीकरण (psychiatric hospitalization) की संख्या में काफी कमी आ गयी। इतना ही नहीं, यह भी देखा गया कि संक्षिप्त संकटकालीन हस्तक्षेप (brief crisis intervention) के बाद अस्पताल में रोगियों को रखने की जरूरत यदि हुई भी हो तो बहुत ही कम अवधि के लिए।

(ii) संकटकालीन हस्तक्षेप में रोगियों को परम्परागत नैदानिक विधियों की तुलना में जल्द एवं तात्कालिक लाभ होता है।

(iii) इसमें चूँकि रोगियों को उनके परिवार के सदस्यों एवं दोस्तों आदि के बीच में रखकर उपचार किया जाता है, अतः इस विधि से रोगियों में आत्म-निश्चय (self-determination) का गुण तेजी से विकसित होता है।

इन लाभों के बावजूद संकटकालीन हस्तक्षेप (crisis intervention) की कुछ परिसीमाएँ (limitations) हैं जिनपर भी ध्यान देना आवश्यक है। इन परिसीमाओं में निम्नांकित प्रमुख हैं—

(i) ब्लूम (Bloom, 1963) ने यह मत जाहिर किया है कि सामुदायिक मनोवैज्ञानिकों के बीच संकट (crisis) का क्या सही अर्थ है, इसके बारे में काफी मतभेद है। इनका कहना है कि *'हारवार्ड लेबोरेट्री ऑफ कॉम्युनिटी साइकेट्री'* (Harvard Laboratory of Community Psychiatry) जिसे इस तरह के हस्तक्षेप का अमेरिका में मुख्य केन्द्र माना गया है, के कर्मचारीगण में भी 'संकट' के सही अर्थ के बारे में मतभेद है।

(ii) संकटकालीन हस्तक्षेप (crisis intervention) में यह स्पष्ट नहीं होता है कि इसके तीन प्रमुख तत्त्वों में कौन सबसे अधिक महत्त्वपूर्ण है—चिकित्सक एवं रोगी का संबंध (relationship), चिकित्सक द्वारा किया गया कार्य या चिकित्सीय वातावरण।

(iii) संकटकालीन हस्तक्षेप तथा दीर्घकालीन चिकित्सा (long-term therapy) में क्या एक ही तरह के या भिन्न-भिन्न तरह के गुण (चिकित्सक के) की आवश्यकता होती है? क्या विशेषज्ञ मनश्चिकित्सक के गुणों एवं कौशलों से संकटकालीन हस्तक्षेप (crisis intervention) में जो प्रायः लघुकालीन होती है, विशेष मदद मिलती है या बाधा पहुँचाती है? इन प्रश्नों का सही उत्तर संकटकालीन हस्तक्षेप में नहीं मिल पाता है।

इन परिसीमाओं (limitations) के बावजूद संकटकालीन हस्तक्षेप (crisis intervention) को सामुदायिक मनोवैज्ञानिकों द्वारा रोगियों की समस्याओं की रोक-थाम एवं उपचार का एक महत्त्वपूर्ण विधि माना गया है।

परामर्श विधि
(Method of Consultation)

परामर्श विधि सामुदायिक मनोविज्ञान का एक दूसरा अत्यन्त ही महत्त्वपूर्ण विधि है। इस विधि में दो व्यक्ति होते हैं—एक परामर्शकर्त्ता (consulant) तथा दूसरा परामर्शग्रहणकर्त्ता (conslutee)। परामर्शग्रहणकर्त्ता के पास कोई विशेष समस्या होती है लेकिन उसे समाधान करने का कौशल या ज्ञान उसके पास नहीं होती है। परामर्शकर्त्ता अपने विशेष कौशल एवं ज्ञान से उसकी समस्या का समाधान करने के लिए तरह-तरह का सुझाव या परामर्श देता है। समुदाय मानसिक स्वास्थ्य सेवा-केन्द्रों के विकास से परामर्श (consultation) को एक प्रमुख विधि माना गया है। काप्लान[1] (Caplan, 1970) ने परामर्श को इन शब्दों में परिभाषित किया है, ''परामर्श का प्रयोग एक सीमित अर्थ में दो पेशेवर व्यक्तियों के बीच एक अन्तःक्रिया की प्रक्रिया से होती है—एक परामर्शकर्त्ता (consultant) जो विशेषज्ञ होता है तथा एक परामर्शग्रहणकर्त्ता (consultee) जिसे अपनी वर्तमान समस्याओं से कुछ कठिनाई हो रही होती है और जिसे वह दूसरों की सामर्थ्यता के भीतर का क्षेत्र मानता है, के संबंध में परामर्शकर्त्ता की मदद लेता है।''

लिपिट एवं उनके सहयोगियों (Lippit et al., 1958), बेनिस (Bennis, 1966) तथा अर्गिरिस (Argyris, 1964) द्वारा किये गए अध्ययनों से यह स्पष्ट हुआ है कि मानसिक स्वास्थ्य परामर्श (mental health consultation) की कुछ खास-खास विशेषताएँ होती हैं जिनमें निम्नांकित प्रमुख हैं—

(i) मानसिक स्वास्थ्य परामर्श में परामर्शग्रहणकर्त्ता (consultee) एवं परमार्शकर्त्ता (consultant) के बीच का संबंध स्वैच्छिक (voluntary) होता है। परामर्शकर्त्ता में चूँकि विशेष कौशल एवं गुण होता है, इसलिए परामर्शग्रहणकर्त्ता (consultee) अपनी समस्या के समाधान के लिए स्वेच्छा से परामर्शकर्त्ता (consultant) से सम्पर्क स्थापित करता

---

1. "Consultation is used in a quite restricted sense to denote a process of interaction between two professional persons—the consultant, who is a specialist, and the consultee, who invokes the consultant's help in regard to a current work problem with which he is having some difficulty and which he had decided—is within other's area of competence."

—Caplan : *The Theory and Practice of Mental Health Consultation,* 1970, p. 19

है। परामर्शकर्त्ता यदि यह सनझता है कि वह उसकी समस्या का समाधान कर सकता है, तो वह उसकी प्रार्थना को स्वीकार कर लेता है। जब भी चाहे तो इन दोनों पार्टियों में से कोई भी इस संबंध को समाप्त कर ले सकता है, हालाँकि वास्तविकता यह है कि दोनों ही पार्टी अर्थात् परामर्शग्रहणकर्त्ता तथा परामर्शकर्त्ता आपसी समझ एवं वचनबद्धता (committment) के कारण एक-दूसरे से सामान्यतः जुड़े होते हैं।

(ii) परमार्शकर्त्ता एक बाहरी (outsider) व्यक्ति होता है। उसका संबंध परामर्शग्रहणकर्त्ता के संगठन से नहीं होता है। परामर्शकर्त्ता का मुख्य मतलब परामर्शग्रहणकर्त्ता की समस्या को दूर करना तथा उसकी स्थिति को बेहतर बनाना होता है। उसका प्राधिकार (authority) मुख्यतः उसके विशेष ज्ञान एवं कौशलता के कारण ही समझा जाता है।

(iii) परामर्शग्रहणकर्त्ता (consultee) एवं परामर्शकर्त्ता (consultant) के बीच का संबंध समय-सीमित (time-limited) होता है। इस गुण के कारण परामर्श (consultation) की प्रक्रिया मनश्चिकित्सा (psychotherapy) से भिन्न होती है। मनश्चिकित्सा में आरंभ एवं अन्त बिन्दु अस्पष्ट होता है जबकि परामर्श में दोनों बिल्कुल ही स्पष्ट एवं परिभाषित होते हैं।

(iv) परामार्श समस्या-केन्द्रित (problem-focussed) होता है न कि व्यक्तित्व-केन्द्रित (personality-centered)। इस अर्थ में भी परामर्श, मनश्चिकित्सा (psychotherapy) से भिन्न है क्योंकि मनश्चिकित्सा व्यक्तित्व-केन्द्रित (personality-centered) होता है जहाँ रोगियों की व्यक्तिगत समस्डाओं पर जैसे उसके मानसिक संघर्ष, चिन्ता, शंका, अचेतन आदि को समझने की भरपूर कोशिश की जाती है। परामर्शकर्त्ता परामर्शग्रहणकर्त्ता के व्यक्तिगत हालातों से अपने आप को बचाते हुए उसकी सामान्य समस्याओं पर केन्द्रित करता है। इस तरह का कार्य सचमुच में एक कठिन कार्य है और इसके लिए परामर्शकर्त्ता (consultant) को काफी समझ-बूझ से काम लेना पड़ता है तथा उसमें विशेष योग्यता (expertise) की जरूरत होती है।

परामर्श के प्रकार
(Types of Consultation)

मानसिक स्वास्थ्य परामर्श (Mental Health Consultation) को मनोवैज्ञानिकों ने कई भागों में बाँटा है। इनमें से सबसे उत्तम वर्गीकरण (classification) काप्लान (Caplan, 1970) द्वारा किया गया है। काप्लान ने इस तरह के परामर्श के चार प्रकार बतलाये हैं जो निम्नांकित हैं—

(i) क्लायंट-केन्द्रित केस परामर्श (Client-centered case consultation)
(ii) परामर्शग्रहणकर्त्ता-केन्द्रित केस परामर्श (Consultee-centered case consultation)
(iii) प्रोग्राम-केन्द्रित प्रशासनिक परामर्श (Programme-centered administrative consultation)
(iv) परामर्शग्रहणकर्त्ता-केन्द्रित प्रशासनिक परामर्श (Consultee-centered administrative consultation)

इन चारों का वर्णन निम्नांकित है—

(i) क्लायंट-केन्द्रित केस परामर्श (*Client-centered case consultation*)—इस तरह के परामर्श में परामर्शग्रहणकर्त्ता (consultee) या स्वयं क्लायंट (client) परामर्शकर्त्ता से सम्पर्क स्थापित कर उसकी सीधी सेवा प्राप्त करता है। इस तरह के परामर्श का केन्द्र-बिन्दु क्लायंट को अपने वर्तमान समस्या के समाधन में मदद करना है। हालाँकि वर्तमान समस्या के समाधान का संबंध उसके भविष्य की समस्यात्मक परिस्थिति से हो सकता है और इस तरह से क्लायंट की प्रभावशीलता उससे काफी बढ़ जाती है फिर भी परामर्शकर्त्ता (consultant) क्लायंट के वर्तमान समस्या तक ही अपने आप को सीमित रखता है। उदाहरणस्वरूप, एक चिकित्सक (clinician) को अपनी किसी विशेष सहकर्मी (colleague) से किसी विशेष रोगी की नैदानिक समस्याओं (diagnostic problems) पर परामर्श प्राप्त करने के लिए कहना, क्लायंट-केन्द्रित केस परामर्श का एक उदाहरण होगा।

(ii) परामर्शग्रहणकर्त्ता-केन्द्रित केस परामर्श (*Consultee-centered case consultation*)—इस तरह के परामर्श में परामर्शग्रहणकर्त्ता (consultee) के कौशल (skills) को इस हद तक बढ़ाने की कोशिश की जाती है कि वह अपने भविष्य की समस्याओं के साथ ठीक ढंग से निबट सके। जैसे—एक चिकित्सक (clinician) दूसरे चिकित्सक को यह दिखला सकता है कि मनश्चिकित्सा (psychotherapy) में रोगी के हस्तांतरण समस्याओं (transference problems) से कैसे निबटा जा सकता है या एक शिक्षक को यह सलाह दी जा सकती है कि कक्षा [illegible] क्षुब्धता

(classroom distrubances) को कम करने के लिए छात्रों के सिर्फ कुछ खास-खास व्यवहारों को किस तरह से पुनर्वलित (reinforce) किया जा सकता है। ये दोनों तरह के परामर्श (consultation) परामर्शग्रहणकर्त्ता-केन्द्रित केस परामर्श के उदाहरण होंगे।

(iii) प्रोग्राम-केन्द्रित प्रशासनिक परामर्श *(Programme-centered administrative consulation)*—इस तरह के परामर्श का उद्देश्य विशेष प्रोग्राम के क्रियान्वयन में मदद पहुँचाना होता है। जैसें—परामर्शकर्त्ता की सेवा प्राप्त कर स्कूल में एक प्रारंभिक चेतावनी तंत्र (early warning system) विकसित किया जा सकता है ताकि कुसमायोजने (maladjustment) के संभाव्य केसेज की पहचान की जा सके। यहाँ परामर्शकर्त्ता कुछ विशेष नैदानिक परीक्षणमाला (diagnostic battery) या विशेष योजना बनाकर अपना कार्य सम्पन्न कर सकता है।

(iv) परामर्शग्रहणकर्त्ता-केन्द्रित प्रशासनिक परामर्श *(Consultee-centered administrative consulation)*—इस तरह के परामर्श का उद्देश्य प्रशासकों (administrator) की कौशलता को इस उम्मीद से बढ़ाना होता है कि भविष्य में अच्छे ढंग से कार्य करने के लिए प्रेरित हो सके। जैसे—प्रशासकों के एक समूह को परामर्शकर्त्ता उनके संचार कौशलों (communicative skills) तथा दूसरों के भावों के प्रति संवेदनशीलता (sensitivity) को बढ़ाने के लिए जो परामर्श देता है, उसे परामर्शग्रहणकर्त्ता-केन्द्रित प्रशासनिक परामर्श की श्रेणी में रखा जाएगा। इस तरह के परामर्श का केन्द्र बिन्दु परामर्शग्रहणकर्त्ता के समझ-शक्ति, ज्ञान, मनोवृत्ति आदि होता है। इनको उत्तम बनाकर उन्हें पहले से अधिक योग्य एवं कुशल बनाया जाता है।

इस तरह से स्पष्ट हुआ कि परामर्श के कई प्रकार हैं। सच्चाई यह है कि ये चारों प्रकार एक-दूसरे से काफी संबंधित एवं मिलते-जुलते हैं जिनके कारण उनमें हमेशा स्पष्ट अन्तर करना मुश्किल हो जाता है। फिर भी इनके अन्तर को बनाये रखने की कोशिश जारी रखी जाती है क्योंकि प्रत्येक से संबंधित प्रत्याशाएँ (expectations) भिन्न-भिन्न होतीं हैं। जैसे—परामर्शग्रहणकर्त्ता-केन्द्रित दोनों तरह के परामर्श के प्रकारों द्वारा परामर्श के दोहरे उद्देश्य की पूर्त्ति होती है—इसमें रोगी या प्रोग्राम की समस्याओं का तो समाधान होता ही है, साथ-ही-साथ इससे परामर्शग्रहणकर्त्ता की उस क्षमता का भी विकास होता है जिसके कारण वह भविष्य की समस्याओं का समाधान कर पाता है।

परामर्श की अवस्थाएँ
(Phases of consultation)

सामुदायिक मनोवैज्ञानिकों जैसे—गिब (Gibb, 1959) तथा अल्ट्रोकी (Altrocchi, 1972) ने परामर्श की प्रक्रियाओं की कई अवस्थाओं का वर्णन किया है जो एक क्रम (sequence) में होते है तथा इनमें से प्रत्येक की कुछ विशेष समस्याएँ (problems) भी होती हैं। इन लोगों द्वारा बतलाये गये अवस्थाओं को निम्नांकित पाँच क्रमिक अवस्थाओं (sequential phases) में बाँटा जा सकता है—

(1) प्रवेश की अवस्था (Phase of entry) या प्रारंभिक अवस्था (Preparatory phase)
(2) समस्या को परिभाषित करने की अवस्था (Phase of defining the problem)
(3) वैकल्पिक क्रियाओं के विश्लेषण की अवस्था (Phase of analyzing alternate actions)
(4) क्रियाओं को समझने में उत्पन्न कठिनाइयों से निबटने की अवस्था (Phase of dealing with barriers to understanding or action)
(5) समाप्ति की अवस्था (Phase of termination)

इन पाँचों अवस्थाओं का वर्णन निम्नांकित है—

1. प्रवेश की अवस्था या प्रारंभिक अवस्था *(Phase of entry or Preparatory phase)*—प्रवेश की अवस्था परामर्श की पहली अवस्था होती है जिसनें परामर्शग्रहणकर्त्ता (consultee) तथा परामर्शकर्त्ता (consultant) के बीच एक संबंध (relationship) विकसित होता है। इस संबंध में दोनों के बीच एक स्पष्ट करारनामा (contract) तैयार किया जाता है और इसके साथ ही विश्वास (trust) का भाव भी विकसित हो जाता है। यद्यपि दोनों ही पार्टी के बीच विश्वास (trust) का भाव विकसित हो जाता है, फिर भी परामर्शग्रहणकर्त्ता (consultee) के मन में परामर्शकर्त्ता की भूमिका के बारे में तरह-तरह की आशंकाएँ उठती रहती हैं और वह यह सोचकर डरता रहता है कि पता नहीं उसे कितनी उलझनें (embarrassment) सहनी पड़ेंगी। इस प्रारंभिक अवस्था में परामर्शकर्त्ता (consultant) उन

अवस्थाओं (conditions) को बिल्कुल ही स्पष्ट कर देता है जिनके तहत वह कार्य करेगा। वह इस बात का पूर्ण विश्वास दिलाता है कि परामर्शग्रहणकर्त्ता की गोपनीयता (privacy) को वह बनाये रखेगा और उनके द्वारा दी गई सूचनाओं को वह गुप्त रखेगा। परामर्श में उपयोग की जाने वाली प्रविधियों का स्पष्टीकरण कर दिया जाता है। परामर्शग्रहणकर्त्ता को भी प्रतिरोध (resistance) की मनोवृत्ति नहीं रखना पड़ता है। इस तरह से इस प्रारंभिक अवस्था में परामर्शग्रहणकर्त्ता (consultee) तथा परामर्शकर्त्ता (consultant) दोनों ही मिलकर अपनी-अपनी भूमिकाओं को पहचानते हुए एक ऐसा वातावरण तैयार करते हैं जिससे परामर्श की प्रक्रिया आगे की ओर ठीक ढंग से बढ़ पाती है।

इस प्रारंभिक अवस्था में परामर्शग्रहणकर्त्ता यह भी निश्चय करने की कोशिश करता है कि क्यों परामर्श के लिए उन्हें बुलाया गया है तथा मुख्य समस्या क्या है? लिपिट (Lippit, 1959) के अनुसार परामर्शकर्त्ता को भी यहाँ अपनी क्षमता एवं कौशलता तथा संबंधित समस्या के समाधान की क्षमता के बारे में पूर्ण रूप से आश्वस्त हो जाना चाहिए अन्यथा वे अपनी भूमिका में सफल नहीं हो पायेंगे।

2. समस्या को परिभाषित करने की अवस्था *(Phase of defining the problem)*—परामर्श की यह दूसरी अवस्था होती है जहाँ समस्या को स्पष्ट शब्दों में परिभाषित किया जाता है तथा उसका विश्लेषण किया जाता है। परामर्शकर्त्ता (consultant) परामर्शग्रहणकर्त्ता द्वारा उठायी गयी समस्याओं पर वह ठीक ढंग से सोच-विचार करता है, उसका सही-सही निदान (diagnosis) करता है तथा परामर्शकर्त्ता इन समस्याओं का आदर भी करता है। एक कुशल एवं योग्य परामर्शकर्त्ता परामर्शग्रहणकर्त्ता द्वारा उठायी गई समस्याओं के पीछे छिपी समस्याओं की भी पहचान करने की कोशिश करता है तथा वह कोशिश करता है कि परामर्शग्रहणकर्त्ता की व्यक्तिगत समस्याओं एवं उनके गत इतिहासों (past histories) से वह कोई ताल्लुक न रखें। काप्लान (Caplan, 1970) के अनुसार ऐसा करना एक साधारण परामर्शकर्त्ता (consultant) के लिए काफी कठिन कार्य होता है और वह सीमा तोड़कर परामर्शग्रहणकर्त्ता की व्यक्तिगत समस्याओं में अक्सर उलझ जाता है।

3. वैकल्पिक क्रियाओं का विश्लेषण *(Analyzing alternate actions)*—परामर्श की इस तीसरी अवस्था मे परामर्शग्रहणकर्त्ता द्वारा उठायी गई समस्याओं या मुद्दों के वैकल्पिक समाधान (alternate solutions) प्राप्त करने की ओर संयुक्त रूप से कार्य किये जाते हैं। यह संयुक्त अभियान शुरू करने के पहले इस बिन्दु पर भी सोच लिया जाता है कि समस्या से संबंधित समाधानों पर परामर्शग्रहणकर्त्ता क्या कुछ कर रखा है या क्या सफल योजनाएँ बना चुका है। इससे फायदा यह होता है कि शायद परामर्शकर्त्ता द्वारा उठाये गये कदम को पहले ही परामर्शग्रहणकर्त्ता आजमा चुका हो और उससे प्राप्त होने वाली सफलता की संभावनाओं से परिचित हो चुका हो। ऐसी परिस्थिति में तब परामर्शकर्त्ता उस समाधान पर विचार करना छोड़कर कुछ दूसरे तरह के समाधान पर कार्य करना प्रारंभ कर देता है। यहाँ परामर्शकर्त्ता सिर्फ अपनी ओर से नहीं बल्कि परामर्शग्रहणकर्त्ता के साथ मिल-जुलकर समस्या के समाधान के लिए वैकल्पिक क्रियाओं की सूची बनाता है। ऐसी सूची बनाते समय अन्य बातों के अलावा इन क्रियाओं की व्यवहारिकता (feasibility), संभावित प्रभाव तथा उसका प्रतिक्रिया प्रभाव (side effects), संभावित लागत एवं लाभ आदि जैसे बिन्दुओं पर भी विचार कर लिया जाता है। इस विचार-विमर्श में एक कुशल परामर्शकर्त्ता (consultant) कभी भी तानाशाही (dictatorial) मनोवृत्ति न दिखलाकर सुझावग्राही (suggestible) मनोवृत्ति दिखलाता है तथा पूरे विचार-विमर्श की प्रक्रिया को उचित ढंग से निर्देशित भी करता है। इस तरह से इस अवस्था में परामर्शग्रहणकर्त्ता के ज्ञान की कमी की भरपाई करते हुए परामर्शकर्त्ता समाधान के रूप में वैकल्पिक क्रियाओं का विश्लेषण सही ढंग से करता है।

4. क्रियाओं को समझने में उत्पन्न कठिनाइयों से निबटने की अवस्था *(Phase of dealing with barriers to understanding or action)*—कभी-कभी समस्या के प्रति परामर्शग्रहणकर्त्ता की अपनी विशेष मनोवृत्ति, समझ-बूझ तथा उसके संबंध में लिया गया निर्णय कुछ वैसे अविवेकी कारकों (non-rational factors) से प्रभावित होने लगता है जो स्वयं परामर्शग्रहणकर्त्ता के मनोवैज्ञानिक समस्याओं (psychological problems) से उत्पन्न होता है। यह स्थिति तब उत्पन्न होती है जब परामर्शग्रहणसकर्त्ता की व्यक्तिगत समस्याएँ उसके कार्य (work) में हस्तक्षेप करने लगती है। सच्चाई यह है कि ऐसी अवस्था म परामर्शग्रहणकर्त्ता में किसी कौशल या ज्ञान की कमी नहीं होती है परन्तु वह अपने इस ज्ञान या कौशल को अपनी व्यक्तिगत उलझनों एवं समस्याओं के कारण क्लायंट की समस्याओं के समाधान में सही-सही उपयोग नहीं कर पाता है। इसे काप्लान (Caplan, 1970) ने *'सार हस्तक्षेप'* (theme interference) कहा है। ऐसी परिस्थिति में परामर्शग्रहणकर्त्ता का प्रत्यक्षण (perception) एवं निर्णय (judgement) विकृत हो जाता है

और उन्हें क्लायंट की समस्या को सुलझाने में काफी संवेगात्मक तनाव (emotional tension) भी उत्पन्न होता है। परामर्शकर्त्ता (consultant) का मुख्य कार्य यहाँ परामर्शग्रहणकर्त्ता की समस्याओं एवं संवेगात्मक तनावों पर बिना किसी तरह का प्रकाश डाले क्लायंट की समस्या एवं उसके समाधान पर अपना ध्यान केन्द्रित करता है।

काप्लान (Caplan, 1964) ने 'सार हस्तक्षेप' (theme interference) एवं परामर्शकर्त्ता (consultant) के दृष्टिकोण को एक घटना द्वारा जिसमें एक शिक्षक एवं 10 साल की लड़की की अन्तःक्रिया है, द्वारा व्याख्या किया है। इस घटना में शिक्षक परामर्शग्रहणकर्त्ता (consultee) हैं तथा 10 साल की लड़की एक क्लायंट है। शिक्षक की नजर में चूँकि लड़की मानसिक रूप से कमजोर (mentally retarded) थी इसलिए उसके द्वारा किया गया कोई भी प्रयास से उसे फायदा नहीं होगा। उसका शोषण अधिक बुद्धिवाले व्यक्तियों द्वारा की जाएगी तथा उसका अन्त बुरा होना अवश्यंभावी है। जब शिक्षक इस समस्या पर विचार-विमर्श (discussion) एक परामर्शकर्त्ता (consultant) से कर रहे थे, तो एक महत्त्वपूर्ण बात जो सामने आयी, वह यह थी कि शिक्षक को स्वयं ही स्कूल के प्रिंसिपल द्वारा बनाये गये शिक्षक के मानक (standard) को प्राप्त करने में कठिनाई महसूस हो रही थी क्योंकि इस नये वातावरण में उन्हें स्वयं ही अपनी क्षमता पर शक हो रही थी। उनका अपना इतिहास यह था कि वे स्वयं बचपन में एक मन्द सीखने वाले बच्चों में से थे परन्तु 10 साल की उम्र से सीखने की क्षमता में वृद्धि हुई थी। इन बातों के प्रकाश में आ जाने के बावजूद परामर्शकर्त्ता (consultant) क्लायंट की समस्याओं पर ही अपना ध्यान केन्द्रित किया और लड़की की मानसिक क्षमता पर पुनर्विचार करने की सिफारिश की और परामर्शग्रहणकर्त्ता (शिक्षक) की इस पूर्वकल्पना को कि चूँकि लड़की मानसिक रूप से कमजोर है, इसलिए उसका अन्त बुरा होगा तथा उसे अधिक बुद्धिवाले व्यक्ति शोषण करेंगे, को उचित नहीं ठहराया गया। इस तरह से लड़की के भविष्य के बारे में शिक्षक की निस्सहायता (helplessness) के भाव को कम करके परामर्शकर्त्ता द्वारा एक नयी आशा व्यक्त की गयी।

कभी-कभी यह भी देखा गया है कि परामर्शग्रहणकर्त्ता के व्यक्तिगत कारकों के अलावा उस संगठन (organization) में जिससे परामर्शग्रहणकर्त्ता संबद्ध होता है, समान कारक पाये जाते हैं जिससे भी की कई क्रिया की समझ-बूझ में बाधा पहुँचता है। परामर्शकर्त्ता को इन कारकों को ध्यान में रखते हुए अपना परामर्श देना होता है।

5. समाप्ति की अवस्था *(Phase of termination)*—परामर्श की अंतिम अवस्था में परामर्शकर्त्ता तथा परामर्शग्रहणकर्त्ता के बीच किये गए प्रबन्धों या सहमति को समाप्त किया जाता है। आदर्शतः जब ये दोनों पार्टी यह अनुभव करने लगें कि अब परामर्श की प्रक्रिया लगभग पूरी हो चुकी है, तब समाप्ति की अवस्था आती है। कभी-कभी देखा गया है कि परामर्श की प्रक्रिया में परामर्शग्रहणकर्त्ता (consultee) कुछ हद तक निर्भरता (dependency) विकसित कर लेता और इस सौहार्द्र एवं सुरिक्षत संबंध को वह कायम रखना चाहता है। दूसरी तरफ परामर्शकर्त्ता भी अपने पेशेवर अभिप्रेरण (professional motives), अभिरुचि तथा मिथ्याभिमान (vanity) के कारण इस संबंध को कायम रखना चाह सकता है। ऐसी परिस्थिति में परामर्श की प्रक्रिया प्रभावकारी नहीं हो पाती है तथा इससे परामर्शग्रहणकर्त्ता को कोई फायदा नहीं होता है। परामर्श का मुख्य उद्देश्य परामर्शग्रहणकर्त्ता के प्रभावशीलता को बढ़ाना होता है न कि परामर्शग्रहणकर्त्ता तथा परामर्शकर्त्ता को पारस्परिक संतुष्टि (mutual satisfaction) प्रदान करना। जिस बिन्दु पर परामर्शग्रहणकर्त्ता की प्रभावशीलता चरम सीमा पर पहुँच जाती है, परामर्श की समाप्ति का वही आदर्श बिन्दु भी होता है।

स्पष्ट हुआ कि परामर्श (consultation) की प्रक्रिया की कई अवस्थाएँ (phases) होती हैं। इन अवस्थाओं के माध्यम से परामर्श की प्रक्रिया अधिक सख्त एवं मजबूत होती है।

मनश्चिकित्सा तथा परामर्श का एक तुलनात्मक अध्ययन
(A Comparative Study of Psychotherapy and Consultation)

मनश्चिकित्सा (psychotherapy) तथा परामर्श (consultation) दो ऐसी प्रक्रियाएँ हैं जिसका उपयोग चिकित्सक (clinician) प्रायः करते हैं। इन दोनों में कुछ समानताएँ एवं कुछ विभिन्नताएँ की बिन्दुएँ हैं जिनपर विचार करना आवश्यक है। पहले हम यह देखें कि इन दोनों में प्रमुख समानताएँ (similiarities) की बिन्दुएँ कौन-कौन-सी हैं।

(i) मनशिकित्सा में मनोवैज्ञनिक रोगी की समस्या को समझकर उसे दूर करने का उपाय करते हैं। मानसिक स्वास्थ्य

परामर्श (mental health consulation) में परामर्शकर्त्ता (consultant), परामर्शग्रहणकर्त्ता (consultee) या क्लायंट (client) की समस्याओं की रोक-थाम करने संबंधी उपायों पर बल डालता है। अतः ऐसे परामर्श एवं मनश्चिकित्सा दोनों ही उत्तम अन्तर्वैयक्तिक संबंधों (interpersonal relationship) पर आधारित होते हैं।

(ii) मनश्चिकित्सा तथा मानसिक स्वास्थ्य परामर्श दोनों की सफलता का आधार दोनों पार्टियों के बीच पारस्परिक विश्वास एवं आदर होता है।

(iii) मनश्चिकित्सा तथा मानसिक स्वास्थ्य परामर्श (mental health consultation) दोनों का उद्देश्य सामान्य कार्य करने में कठिनाई या किसी कार्य को सीखने की दिशा में उत्पन्न कठिनाइयों को दूर करके रोगी की प्रभावशीलता (effectiveness) को बढ़ाना है।

इन समानताओं के बावजूद मनश्चिकित्सा (psychotherapy) तथा मानसिक स्वास्थ्य परामर्श (mental health consulation) में अन्तर है। प्रमुख ऐसी बिन्दुएँ निम्नांकित हैं—

(i) मनश्चिकित्सा (psychotherapy) में कोई समय-सीमा प्रायः नहीं होती है। नैदानिक मनोवैज्ञानिक रोग की गंभीरता के अनुरूप मनिश्चिकत्सा की अवधि निर्धारित करते हैं। परन्तु मानसिक स्वास्थ्य परामर्श (mental health consultation) में ऐसी बात नहीं है। इसकी समय-सीमा पूर्वनिर्धारित एवं निश्चित होती है।

(ii) मनश्चिकित्सा व्यक्तित्व-केन्द्रित (personality-centered) होता है तथा इसमें रोगी की व्यक्तिगत समस्याओं, जैसे—उनके मानसिक संघर्ष, अचेतन, दमन आदि को समझकर उपचार किया जाता है। मानसिक स्वास्थ्य परामर्श (mental health consultation) समस्या-उन्मुखी (problem-oriented) होता है जिसका स्वरूप व्यक्तिगत (personal) न होकर सामाजिक एवं पर्यावरणी (environmental) होता है।

(iii) मानसिक स्वास्थ्य परामर्श (mental health consultation) का तात्कालिक लक्ष्य परामर्शग्रहणकर्त्ता (consultee) की प्रभावशीलता (effectiveness) को बढ़ाना होता है ताकि वह स्वतंत्र रूप से कार्य कर सके। मनश्चिकित्सा का कोई ऐसा तात्कालिक लक्ष्य नहीं होता है। हाँ, मनश्चिकित्सक कोशिश अवश्य करते हैं कि रोगी में समायोजनशीलता का स्तर उत्तम हो जाए जो धीरे-धीरे उनके प्रयासों से प्राप्त होता है।

स्पष्ट हुआ कि मनश्चिकित्सा (psychotherapy) तथा मानसिक स्वास्थ्य परामर्श में यदि कुछ समानताएँ हैं तो विभिन्नताएँ (dissimilarities) भी हैं।

मानसिक स्वास्थ्य शिक्षा
(Mental Health Education)

सामुदायिक हस्तक्षेप (community intervention) की तीसरी प्रमुख विधि मानसिक स्वास्थ्य शिक्षा (mental health education) है। मानसिक स्वास्थ्य शिक्षा से तात्पर्य समुदाय के लोगों को मानसिक स्वास्थ्य उत्तम बनाये रखने के उपायों से अवगत कराना होता है। ऐसी शिक्षा के मुख्य दो उद्देश्य होते हैं जो निम्नांकित हैं—

(i) जनता तथा उनके नेताओं को मानसिक विकृतियों, उनकी समस्याओं की गंभीरता तथा उनके उपचार (treatment) के बारे में प्रशिक्षित करना तथा मानसिक रूप से क्षुब्ध (disturbed) लोगों की देख-भाल एवं उपचार के लिए उचित क्रियाओं को गतिशील बनाना।

(ii) रोक-थाम संबंधी क्रियाओं (preventive activities) को बढ़ावा देकर समुदाय के मानसिक स्वास्थ्य को प्रोत्साहन देना।

मानसिक स्वास्थ्य शिक्षा में कुछ पेशेवर संघों (professional associations), सरकारी एजेन्सियों तथा समुदाय के अन्य लोगों द्वारा मिल-जुलकर अभियान चलाया जाता है। मानसिक स्वास्थ्य शिक्षा का इस तरह से मुख्य उद्देश्य जनता को सही मानसिक स्वास्थ्य विकसित करने की दिशा में शिक्षित करना होता है।

मेडिकल रोगों के नियंत्रण में भी जन-शिक्षा (public education) का महत्त्व बहुत ही स्पष्ट है और तरह-तरह के आदर्श वाक्य (slogan) से जनता को प्रशिक्षित किया जाता है। 'सिगरेट पीना स्वास्थ्य के लिए हानिकारक है', 'धूम्रपान से कैंसर होता है', आदि आदर्श वाक्य के कुछ ऐसे ही उदाहरण है। मानसिक स्वास्थ्य शिक्षा के क्षेत्र में तो कुछ ऐसे आदर्श वाक्य नहीं हैं और कुछ इस दिशा में किए गए ऐसे प्रयास से लोगों को कोई सफलता नहीं प्राप्त

हो सकी। जैसे—मनोवैज्ञानिकों ने मानसिक स्वास्थ्य में माँ की अहम भूमिका पर बल डालने के लिए एक आदर्श वाक्य तैयार किया, ''अगर आप अपने बच्चे को मानसिक रूप से दुरुस्त रखना चाहती हैं, तो एक उत्तम माँ बनिए।'' परन्तु इस तरह के आदर्श वाक्य से कोई खास सफलता नहीं मिल सकी है क्योंकि लोग इसके संभाव्य प्रभावशीलता (potential effectivenss) को समझ नहीं पाते हैं।

नैदानिक मनोविज्ञान के इतिहास पर एक नजर डालने से यह स्पष्ट हो जाता है कि मानसिक स्वास्थ्य शिक्षा के क्षेत्र में अधिकतर प्रयास मात्र एक बिन्दु पर ही केन्द्रित रहा है और वह यह है कि अनच्छिुक जनता (reluctant public) में यह विश्वास उत्पन्न करना कि मानसिक रोगी ठीक उसी ढंग से बीमार लोग होते हैं जैसे एक शारीरिक रोगी बीमार होते हैं। फलस्वरूप, उनका उपचार शारीरिक रोगियों के समान ही मानवतापूर्ण दृष्टिकोण से किया जाना चाहिए। अमेरिकी सरकार द्वारा गठित *'ज्वाइंट कमीशन ऑन मेन्टल हेल्थ एण्ड इलनेस'* (Joint Commission on Mental health and Illness, 1961) के अनुसार मानसिक स्वास्थ्य शिक्षा का यह प्रयास भी बहुत अधिक सफल दो कारणों से नहीं हो पाये। पहला कारण तो यह था कि लोग मानसिक बीमारी को एक बीमारी के रूप में समझने के लिए तैयार नहीं होते हैं तथा दूसरा कारण यह था कि मानसिक रूप से बीमार लोग सामान्य जनता के मन में किसी प्रकार की सहानुभूति उत्पन्न करने में असमर्थ रहते हैं। यही कारण है कि इस क्षेत्र में कार्यरत मनोवैज्ञानिकों द्वारा मानसिक स्वास्थ्य शिक्षा को प्रभावी बनाने के लिए कुछ नये-नये तरीकों एवं उपायों पर विचार किया जा रहा है।

मानसिक स्वास्थ्य शिक्षा का कार्य
(Practice of Mental Health Education)

सामुदायिक मनोवैज्ञानिकों (community psychologists) ने मानसिक स्वास्थ्य शिक्षा के कार्य (practice) में तीन तत्त्वों को महत्त्वपूर्ण बतलाया है—

(1) मानसिक स्वास्थ्य शिक्षा की प्रविधि (Technique)

(2) मानसिक स्वास्थ्य शिक्षा का विषय-वस्तु (Content)

(3) मानसिक स्वास्थ्य शिक्षा का लक्ष्य समूह (Target group)

इन तीनों का वर्णन निम्नांकित है—

1. प्रविधि *(Technique)*—मानसिक स्वास्थ्य शिक्षा की प्रविधि (technique) क्या होनी चाहिए अर्थात् किन प्रविधियों से ऐसी शिक्षा को सफल बनाया जा सकता है, एक मुख्य विषय रहा है जिसपर इस क्षेत्र के मनोवैज्ञानिकों ने विशेष रूप से ध्यान दिया है। लिपिट एवं उनके सहयोगियों (Lippitt et al., 1958), बेनिस एवं शेपार्ड (Bennis & Shepard, 1961) ने अपने-अपने अध्ययनों के आधार पर लेविनियन प्रविधि (Lewinian technique) को ऐसी शिक्षा के लिए एक उत्तम प्रविधि बतलाया था। लेविनियन प्रविधि में मानसिक स्वास्थ्य शिक्षक (mental health educators) लोगों को मानसिक स्वास्थ्य संबंधी समस्याओं एवं उसके समाधान के तरीकों पर सामूहिक चर्चा (group discussion) करवाते हैं। चूँकि आम लोग इस चर्चा में स्वयं भाग लेकर किसी निष्कर्ष पर पहुँचते हैं इसलिए इससे लोगों की मनोवृत्ति में तेजी से परिवर्तन आता है और ऐसी शिक्षा के उद्देश्य को पूरा होने की संभावना तीव्र हो जाती है। आधुनिक समाज में सामूहिक चर्चा की प्रविधि का प्रयोग तुलनात्मक रूप से कम हो गया है और उसकी जगह पर जनमाध्यमों (mass media) जैसे—टेलीविजन, सिनेमा, समाचारपत्र, मैगजिन, रेडियो के माध्यम से ऐसी शिक्षा प्रदान करने के प्रयास किए जा रहे हैं। इन माध्यमों से मानसिक स्वास्थ्य शिक्षा (mental health education) के विभिन्न तरह के कार्यक्रमों (programmes) का प्रसारण करके लोगों को उससे अवगत कराया जाता है। ऐसे कार्यक्रम प्रायः औषध-व्यसन की रोक-थाम एवं उसके कुप्रभाव, आत्महत्या के कुप्रभाव एवं रोक-थाम, मनःस्नायुविकृतियों की रोक-थाम एवं उसके कुप्रभाव से संबंधित होते हैं तथा ऐसे कार्यक्रम काफी सफल भी हो पाये हैं।

2. विषय-वस्तु *(Content)*—विषय-वस्तु से तात्पर्य यह होता है कि मानसिक स्वास्थ्य शिक्षक (mental health educators) किस चीज की शिक्षा देते हैं ताकि समुदाय के लोगों का मानसिक स्वास्थ्य उन्नत हो सके। सचमुच में कोई ऐसी वस्तु नहीं है जो सभी तरह के समूहों के लिए समान रूप से उपयोगी हो। वस्तुतः वे लोग क्या पढ़ायेंगे, क्या शिक्षा देंगे यह लक्ष्य समूह (target group) के स्वरूप एवं आवश्यकता (needs) पर, प्रयोग में लाये गए शिक्षा की प्रविधियों एवं शिक्षक के लक्ष्य (goals) पर निर्भर करता है। जैसे—यदि लक्ष्य समूह में अधिकतर लोग माता-पिता

(parents) हैं, तो मानसिक स्वास्थ्य शिक्षक बाल-विकास (child development) एवं मानसिक स्वास्थ्य में उसके महत्त्व पर अधिक बल डालना चाहेंगे। उसी तरह यदि शिक्षक का उद्देश्य समुदाय में प्रचलित मानसिक स्वास्थ्य सेवाओं को और मजबूत करना तथा यदि लक्ष्य समूह में समुदाय का नेतृत्व करने वाले लोग अधिक हों, तो वैसी परिस्थिति में मानसिक स्वास्थ्य संबंधी सांख्यिकी, वर्तमान साधनों के लाभ एवं परिसीमाओं जिसे भाषण के रूप में या मुद्रित लेख (printed essay) के रूप में भी दिया जा सकता है, पर बल डालना उचित होगा। मानसिक स्वास्थ्य शिक्षक या प्रबोधक (educator) को अपने प्रयास में सफल होने के लिए सिर्फ मनश्चिकित्सा का ज्ञान, विकास, हस्तक्षेप विधियाँ (intervention methods), मानसिक स्वास्थ्य की सुविधाएँ आदि के बारे में ही जानना आवश्यक नहीं है बल्कि उसमें एक उत्तम शिक्षक या परामर्शकर्त्ता के गुण जैसे संचार (communication) तथा अन्य संबंधित सामूहिक प्रक्रियाओं का ज्ञान एवं कौशल की भी जरूरत होती है।

3. लक्ष्य समूह *(Target group)*—एडेलसन एवं लुरी (Adelson & Lurie, 1972) एवं फेयर्स (Phares, 1986) के अनुसार किसी भी समुदाय में कई तरह के लोग होते हैं जिनके लिए मानसिक स्वास्थ्य शिक्षा (mental health education) का कार्यक्रम चलाया जा सकता है। ऐसे लोगों के समूहों को निम्नांकित तीन भागों में बाँटा गया है—

(i) सांवेगिक विकृतियों से सुभेद्य समूह *(Groups vulnerable to emotional disorders)*—इस समूह में बच्चों तथा उनके परिवार के सदस्यों तथा अन्य व्यक्तियों जो विकासात्मक संकट (developmental crisis) जैसे—विशेष बीमारी, अपर्याप्त घरों में रहने से उत्पन्न मानसिक तनाव, नौकरी छूटने एवं बेरोजगारी से उत्पन्न तनाव आदि से गुज़र रहे होते हैं, को रखा जाता है। मानसिक स्वास्थ्य शिक्षा का यहाँ उद्देश्य ऐसे व्यक्तियों को अपनी समस्याओं के समाधान में मदद करना होता है।

(ii) समुदाय में महत्त्वपूर्ण एवं शक्तिशाली व्यक्तियों का समूह *(Group of important and powerful persons in community)*—मानसिक स्वास्थ्य शिक्षा चाहे राष्ट्रीय स्तर पर चलाय। जा रहा हो या स्थानीय स्तर पर चलाया जा रहा हो, समुदाय के वैसे व्यक्ति जिनका महत्त्वपूर्ण एवं सम्मानित स्थान होता है, महत्त्वपूर्ण लक्ष्य समूह होते हैं क्योंकि उनके सहयोग एवं शुभकामनाओं की जरूरत होती है। परन्तु इसका मतलब यह नहीं होता है कि जो कम शक्तिशाली, विवश तथा वंचित वर्ग (deprived class) के हैं, उन पर ध्यान नहीं दिया जाता है। सच्चाई यह है कि ऐसे व्यक्तियों की आवश्यकताओं (needs) को मद्देनजर रखकर ही उनके लिए विशेष सेवा का प्रबन्ध किया जाता है।

(iii) वैसे व्यक्तियों का समूह जिनपर देख-रेख की जिम्मेवारी होती है *(Group of those persons with care-taking functions)*—इस श्रेणी में उन व्यक्तियों को रखा जाता है जिनपर सांवेगिक रूप से क्षुब्ध व्यक्तियों की देख-रेख की जिम्मेवारी होती है। इसमें शिक्षक, डॉक्टर, पुलिस, प्रशासक (administrators) आदि को रखा जाता है जिनका संबंध सांवेगिक रूप से क्षुब्ध व्यक्तियों की देख-रेख से सीधा होता है।

मानसिक स्वास्थ्य शिक्षा का कार्य (practice) ठीक ढंग से हो सके, इसके लिए प्रविधि, विषय-वस्तु एवं लक्ष्य समूह की स्पष्टता एवं विशिष्टता के अलावा मानसिक स्वास्थ्य शिक्षक (mental health educators) में विशेष योग्यता (talents) एवं उनके विशेष प्रशिक्षण भी आवश्यक है। सामुदायिक मनोवैज्ञानिकों (community psychologists) का ध्यान इस ओर विशेष रूप से जा रहा है।

ननपेशेवरों की सेवाओं का उपयोग
(Utilization of the Services of Nonprofessionals)

आधुनिक समय में सामुदायिक मानसिक स्वास्थ्य कार्यक्रम में अक्सर कुछ ऐसे व्यक्तियों की सेवाओं का उपयोग किया जाता है जो उस क्षेत्र में औपचारिक रूप से (formally) प्रशिक्षित नहीं होते हैं। ऐसे लोगों को ननपेशेवर (nonprofessionals) की संज्ञा दी जाती है। ननपेशेवर में विभिन्न परिस्थितियों में विभिन्न तरह की भूमिकाओं को करने वाले लोगों को सम्मिलित किया जाता है। ऐसे ननपेशेवर में प्रायः स्कूल या कॉलेज के छात्र, स्कूल में पढ़ाई छोड़ देने वाले छात्र, किशोर (adolescents), परिपक्व महिलाएँ (mature women) तथा अन्य वयस्क लोग जिन्हें मानसिक स्वास्थ्य के क्षेत्र में कोई डिग्री, डिप्लोमा, प्रशिक्षण प्रमाणपत्र या कोई अन्य विशिष्ट सामाजिक पहचान

(social recognition) नहीं होता है, सम्मिलित किए जाते हैं। ऐसे लोगों की सेवाएँ किसी अस्पताल, उपचारगृह (clinic), सामुदायिक मानसिक स्वास्थ्य कार्यक्रम, स्कूल, घर या देखभाल गृहशाला (care home) आदि में प्राप्त की जा सकती है। ऐसे लोगों की सेवाओं के लिए कुछ भुगतान किया जाता है या कभी-कभी नहीं भी किया जाता है या अंशतः कुछ भुगतान कर दिया जाता है।

सामुदायिक मनोवैज्ञानिकों (community psychologists) ने ननपेशेवर की सेवाओं के प्रयोग एवं उन्हें कुछ हल्का-फुल्का प्रशिक्षण देने की आवश्यकता पर कई कारणों से अधिक बल डाला है। इन कारणों में से निम्नांकित चार कारण सर्वाधिक महत्त्वपूर्ण बतलाया गया है—

(1) कार्यकर्त्ताओं की संख्या में वृद्धि *(Increase in the number of workers)*—ननपेशेवरों की उपस्थिति से मानसिक स्वास्थ्य कार्यकर्त्ताओं की संख्या में वृद्धि हो जाती है जिससे पेशेवरों (professionals) को अपने वास्तविक कार्य में काफी मदद मिलती है। ननपेशेवर लोग पेशेवर के सहायक (helper) के रूप में कार्य करके उन्हें (पेशेवर को) अधिक-से-अधिक रोगियों को देखने के लिए समय निकाल सकने में मदद करता है। यही कारण है कि ननपेशेवर की सेवाओं को पेशेवर द्वारा अधिक पसंद किया जाता है।

(2) कार्यकर्त्ताओं के असाधारण गुण *(Unusual qualities of workers)*—सामुदायिक मनोवैज्ञानिकों का मत है कि ननपेशेवरों द्वारा सामुदायिक मानसिक स्वास्थ्य कार्यक्रमों में एक अजीब असाधारण गतिशीलता आ जाती है जिसके कारण ऐसे ननपेशेवरों की सेवाओं को उचित ठहराया गया है। ऐसे मनोवैज्ञानिकों का मत है कि निम्न वर्ग के लोगों तथा अल्पसंख्यक समुदाय के व्यक्तियों को उनके घरों या परिवारों में जाकर अपनी सेवा प्रदान करने में पेशेवर व्यक्तियों (professional persons) को जो क्षेत्र में विशेष डिग्री या उपाधि प्राप्त किए हुए होते हैं, एक तरह की सांस्कृतिक एवं सामाजिक रुकावट महसूस होती है और वे इन लोगों को उनके घरों या परिवारों में जाकर अपनी सेवा प्रदान करने में हिचकिचाते हैं। ननपेशेवरों की सेवाओं के उपयोग से इस दिशा में काफी मदद मिलती है क्योंकि इन लोगों को वैसी कोई हिचकिचाहट नहीं होती है। इस दिशा में सामुदायिक मनोवैज्ञानिक कुछ माता-पिता को ही विशेष प्रशिक्षण दे देते हैं ताकि वे अपने बच्चों की समस्याओं की देख-रेख एवं रोक-थाम स्वयं ही अपने घर पर कर लें। कभी-कभी औषध-व्यसनी (drug addict), अपराधियों तथा मानसिक रोगियों (mental patients) जो अपने-अपने क्षेत्र की समस्याओं से पूरी तरह अवगत होते हैं, को भी थोड़ा बहुत प्रशिक्षित कर उनकी सेवाएँ ननपेशेवर के रूप में प्राप्त की जाती हैं और सामुदायिक मानसिक स्वास्थ्य कार्यक्रम को सुदृढ़ बनाया जाता है।

(3) कार्यकर्त्ताओं का मनोवैज्ञानिक वर्द्धन एवं सामर्थ्यता *(Psychological growth and competence of the workers)*—जब ननपेशेवरों की सेवाओं का उपयोग सामुदायिक मनोवैज्ञानिक सामुदायिक मानसिक स्वास्थ्य कार्यक्रमों में करते हैं, तो ऐसे ननपेशेवरों में कार्य करते-करते धीरे-धीरे उनमें आत्म-विश्वास तथा विशिष्टता की भावना उत्पन्न हो जाती है। इतना ही नहीं, उनमें कौशलता एवं जिम्मेवारी का भी भाव विकसित हो जाता है जिससे उनका मनोवैज्ञानिक वर्द्धन (psychological growth) होता है तथा सामर्थ्यता (competence) बढ़ती है। इस तरह से ऐसे व्यक्ति जब दूसरों की मदद करते हैं तो वे एक तरह से अपने आप को समझते हैं और मदद करते हैं, ठीक उसी तरह से जैसे एक शिक्षक छात्र को पढ़ाते समय स्वयं अपने भी कई बातों को सीखते हैं। गुडमैन (Goodman, 1972), फेयर्स (Phares, 1984) ने अपने-अपने अध्ययनों के आधार यह बतलाया है कि गृहपात्नियों, कॉलेज के छात्र एवं सेवानिवृत्त लोगों ने जब अपने आप को ऐसे कार्यक्रमों में लगाया, तो वे दूसरों को तो मदद किए ही, साथ-ही-साथ अपने आप में भी धनात्मक परिवर्तन होते पाये।

(4) पेशेवर जीविका में नियुक्ति *(Recruitment into professional careers)*—ननपेशेवरों को जब मानसिक स्वास्थ्य कार्यक्रमों में सम्मिलित किया जाता है, तो उन्हें मानसिक स्वास्थ्य की समस्याओं के बारे में बहुत कुछ सीखने का पर्याप्त मौका मिलता है और वे उस क्षेत्र में अपनी अभिरुचि एवं अभिक्षमता (aptitude) की भी जाँच करके अपने आप को तौल सकने में समर्थ हो पाते हैं। ऐसी अनुभूतियों से उनमें कुछ विशिष्टता आ जाती है जिसके आधार पर उन्हें बाद में यदि वे अपनी जीविका एक पेशेवर (professional) के रूप में शुरू करना चाहें, तो उन्हें काफी मदद मिलती है।

स्पष्ट हुआ कि कई कारणों से ननपेशेवरों (nonprofessionals) की सेवाओं को सामुदायिक मनोवैज्ञानिकों ने युक्तिसंगत (justify) ठहराया है। प्रश्न यह उठता है कि ऐसे ननपेशेवरों का मुख्य योगदान (contribution)

सामुदायिक मानसिक स्वास्थ्य कार्यक्रम में क्या होता है? सामुदायिक मनोवैज्ञानिकों ने ऐसे ननपेशेवरों द्वारा किए जाने वाले योगदानों को मुख्यतः निम्नांकित तीन श्रेणियों में बाँटा है—

(i) ननपेशेवर, पेशेवरों के मुख्य कामों में सहायता प्रदान करते हैं। जैसे—यदि रोगियों पर कोई मनोवैज्ञानिक परीक्षण (psychological tests) का क्रियान्वयन किया जाना है, तो इस कार्य को आसानी से ननपेशेवर कर देते हैं और तब उससे प्राप्त आँकड़ों की व्याख्या पेशेवर अपने ढंग से करते हैं। इस तरह से पेशेवरों (professionals) को ननपेशेवरों से काफी हद तक सहायता मिल जाती है।

(ii) ननपेशेवर, पेशेवर के कार्यों में एक निकट एवं घनिष्ट सहायक के रूप में भी कार्य करते हैं। जैसे—पेशेवर जब अस्पतालों में या मानसिक स्वास्थ्य केन्द्रों में जाते हैं, तो वे भी उनके साथ-साथ जाते हैं और कार्यों में शारीरिक रूप से मदद करते हैं।

(iii) ननपेशेवर अपने विशेष व्यावहारिक अनुभवों के कारण कभी-कभी मनश्चिकित्सा (psychotherapy) का भी कार्य बहुत हद तक सफल ढंग से कर लेते हैं।

ननपेशेवरों के अनुप्रयोग में समस्याएँ (Problems in the use of Nonprofessionals)

सामुदायिक मानसिक स्वास्थ्य कार्यक्रमों में ननपेशेवरों की भूमिका का जहाँ अधिकतर मनोवैज्ञानिकों ने सराहना की है, वहीं इनके अनुप्रयोग (uses) से कुछ समस्याएँ भी उत्पन्न होते पायी गयी है। इन समस्याओं में निम्नांकित प्रमुख हैं—

(i) ननपेशेवर की भूमिका से संबंधित समस्याएँ (Problems relating to nonprofessionals rules)
(ii) ननपेशेवरों के व्यक्तिगत गुणों एवं पृष्ठभूमियों से संबंधित समस्याएँ (Problems relating to the background and personal qualities of the nonprofessionals)
(iii) पेशेवरों के मूल्यों से संबंधित समस्याएँ (Problems relating to professional values)
(iv) कार्यक्रम संगठन, प्रशिक्षण तथा जीवन-वृत्ति विकास में समस्याएँ (Problems in programme organization, training and career development)

इन चारों समस्याओं का वर्णन निम्नांकित हैं—

(i) ननपेशेवरों की भूमिका से संबंधित समस्याएँ *(Problems relating to nonprofessiuonals roles)*—ननपेशेवरों की भूमिका प्रायः अस्पष्ट होती है। यदि गौर से देखा जाय तो एक अर्थ में वह स्टाफ सदस्य होता है परन्तु फिर भी उसे वह मान्यता नहीं प्राप्त होती है जो एक पेशेवर (professional) को होती है। इसका परिणाम यह होता है कि ननपेशेवर अपने आप को अपमानित एवं शोषित अनुभव करते हैं तथा फिर कोई स्पष्ट भूमिका नहीं कर पाते हैं। इतना ही नहीं, ननपेशेवरों को चूँकि बहुत अधिक ज्ञान नहीं होता है तथा जिन्दगी के उतार-चढ़ाव से वे भली-भाँति परिचित नहीं होते हैं, अतः उन्हें भी अपनी भूमिकाओं के बारे में एक संभ्रान्ति (confusion) बना रहता है जिससे कई तरह की समस्याएँ उत्पन्न हो जाती हैं।

(ii) ननपेशेवरों के व्यक्तिगत गुणों एवं पृष्ठभूमियों से संबंधित समस्याएँ *(Problems relating to personal qualities and backgrounds of nonprofessionals)*—ननपेशेवरों में वैसे व्यक्तिगत गुणों की निहायत कमी होती है जिनसे रोगी की समस्याओं से निबटने में मदद मिलती है। रिसमैन (Reissman, 1965) तथा कोवेन (Cowen, 1967) ने अपने-अपने अध्ययनों के आधार पर यह बतलाया है कि रोगी में धनात्मक परिवर्तन (positive change) लाने के लिए जिस तरह की सामर्थ्यता (competence), ज्ञान एवं बौद्धिक स्तर की जरूरत होती है वैसी स्तर की सामर्थ्यता, ज्ञान एवं बुद्धि ननपेशेवरों को नहीं होती है। इतना ही नहीं, प्रायः ऐसे ननपेशेवर अपने कार्य में अधिक आवेष्टन (involvement), ताजगी एवं उमंग दिखलाते हैं। इसका भी एक नकारात्मक प्रभाव (negative effect) पड़ता है। इससे सचमुच में ननपेशेवर अपनी समस्य। का रोगियों पर प्रक्षेपण (projection) करते हैं तथा उनकी अनासक्ति (detatchment) जो रोगियों की समस्याओं को समझने के लिए आवश्यक है, समाप्त हो जाती है।

(iii) पेशेवरों के मूल्यों से संबंधित समस्याएँ *(Problems relating to professional values)*—ननपेशेवर के ,कार्य को स्वयं ननपेशेवर लोग ही ठीक से इसलिए नहीं समझ पाते हैं क्योंकि वे एक पेशेवर मनोवृत्ति

(professional attitude) विकसित कर लेते हैं परन्तु एक पेशेवर की प्रतिष्ठा एवं सामाजिक स्तर तो उन्हें मिलती नहीं है। आम जनता ननपेशेवर की भूमिकाओं का मूल्य तो समझती है परन्तु उन्हें पेशेवर के समानान्तर मानने के लिए तैयार नहीं होती है। चूँकि ननपेशेवर अधिकांशतः प्रत्यक्ष सेवा (direct service) में ही लगे रहते हैं, इसलिए पेशेवर अपना अधिक ध्यान सिर्फ प्रशिक्षण एवं निरीक्षण (supervision) में दे पाते हैं तथा उपचार (treatment) संबंधी सेवाओं की उपेक्षा हो जाती है जो अनुचित है। प्रायः ऐसी परिस्थिति में पेशेवर लोग अनुभवहीन ननपेशेवरों पर ही रोगियों का उपचार एवं देख-भाल पूर्णतः छोड़कर अपने आप को अन्य कामों में लगा लेते हैं जो रोगियों के मानसिक स्वास्थ्य के दृष्टिकोण से हानिकारक है। कभी-कभी यह भी देखा गया है कि ननपेशेवर (nonprofessionals) खासकर कॉलेज के छात्रगण जो इस भूमिका में होते हैं, मानसिक अस्पतालों या सामुदायिक मानसिक स्वास्थ्य केन्द्रों में निचले स्तर के स्टाफ से झगड़ बैठते हैं और उनपर अपनी श्रेष्ठता बनाए रखने के ख्याल से अक्सर दबाव डालते रहते हैं। इससे तनाव का वातावरण उत्पन्न हो जाता है जिससे रोगियों की परेशानी अधिक बढ़ जाती है। अतः किसी मानसिक स्वास्थ्य केन्द्र में ननपेशेवरों की बहाली करने के पहले वहाँ के स्टाफ, निचले स्तर के स्टाफ की अभिरुचियों एवं मनोवृत्तियों का जायजा लेना अनिवार्य हो जाता है।

(iv) कार्यक्रम संगठन, प्रशिक्षण तथा जीवन-वृत्ति विकास में समस्याएँ *(Problems in programme organization, training and career development)*—अभी तक देखा यही गया है कि ननपेशेवरों को जो कुछ भी थोड़ा बहुत अनुभव तथा प्रशिक्षण मिल पाता है, वह कार्य करने की परिस्थिति (work setting) में ही हो जाता है। विश्वविद्यालयों या अन्य विशिष्ट संस्थानों में जहाँ पेशेवर (professionals) का प्रशिक्षण होता है, वहाँ किसी भी तरह का प्रशिक्षण या किसी भी तरह का अनुभव प्राप्त करने का मौका ननपेशेवरों को नहीं दिया जाता है। लिफ (Lief, 1966) के एक सर्वे के अनुसार ऐसे ननपेशेवरों के प्रशिक्षण पर कम ध्यान देना मानसिक स्वास्थ्य कार्यक्रम से संबंधित संगठनों में उनकी उपेक्षित भूमिका का एक कारण है। इसके अलावा, ननपेशेवर की नौकरी सुरक्षा (job security) तथा जीवनवृत्ति विकास (career development) भी काफी सुदृढ़ नहीं होता है और यह सरकारी धन या ऋण मिलने पर आधृत रहते हैं। इस अनिश्चितता के वातावरण में ननपेशेवरों की समस्याएँ स्वयं ही काफी उलझी हुई होती हैं और उससे कुछ विशेष उम्मीद करना सूर्य को दीया दिखलाने के समान ही होता है।

स्पष्ट हुआ कि ननपेशेवरों की सेवाओं से सामुदायिक मानसिक स्वास्थ्य केन्द्रों में जहाँ एक ओर कुछ लाभ पहुँचते हैं तथा सहूलियत होती है, वहीं दूसरी ओर इनसे कुछ समस्याएँ भी उत्पन्न हो जाती हैं जिनसे इन केन्द्रों का काम-कार्य सुचारु रूप से नहीं चल पाता है।

निष्कर्षतः यह कहा जा सकता है कि सामुदायिक मनोवैज्ञानिकों ने सामुदायिक हस्तक्षेप (community intervention) की कई विधियों का वर्णन किया है। इन विधियों में मानसिक स्वास्थ्य परामर्श (mental health consultation), संकटकालीन हस्तक्षेप (crisis intervention) तथा मानसिक स्वास्थ्य शिक्षा (mental health education) तुलनात्मक रूप से अधिक लोकप्रिय विधि है। लिफ (Lief, 1986) के अनुसार इन तीन विधियों के प्रयोग से करीब 73% सफलता सामुदायिक मानसिक स्वास्थ्य कार्यक्रमों को मिल पाया है। फिर भी, अधिकांश सामुदायिक मनोवैज्ञानिकों का मत है कि ननपेशेवरों या पारापेशेवरों की सेवाओं की मानसिक स्वास्थ्य कार्यक्रम में उपेक्षा नहीं की जा सकती है।

भारतवर्ष में सामुदायिक मानसिक स्वास्थ्य कार्यक्रम
(Community Mental Health Programme in India)

किसी भी देश के स्वास्थ्य सेवा का एक प्रमुख पहलू मानसिक स्वास्थ्य कार्यक्रम होता है। भारत को इसके अपवाद में नहीं रखा जा सकता है। मानसिक स्वास्थ्य के संबंध में बढ़ते वैज्ञानिक ज्ञान से यह स्पष्ट हो गया है कि मानसिक बीमारियों की उत्पत्ति एवं रोक-थाम (prevention) में पर्यावरणी एवं सामाजिक-सांस्कृतिक कारकों की सक्रिय भूमिका है। इसी दृष्टिकोण के फलस्वरूप सामुदायिक मानसिक स्वास्थ्य कार्यक्रम (community mental health programme) की उत्पत्ति हुई।

भारतीय मनोवैज्ञानिकों ने मानसिक स्वास्थ्य समस्या की गंभीरता का अध्ययन भिन्न-भिन्न तरह की जनसंख्याओं (populations) जैसे शहरी एवं देहाती लोगों, जनजातीय (tribal), औद्योगिक श्रमिक एवं छात्रों में किया है तथा मनश्चिकित्सीय रुग्णता (psychiatric morbidity) का दर इनमें भिन्न-भिन्न पाया है। जैसे—नन्दी, दास, चौधरी,

बनर्जी, दत्ता, घोष एवं बोराल (Nandi, Das, Chaudhary, Banerjee, Dutta, Ghosh & Boral, 1980) ने दो देहाती समूहों में यह दर क्रमशः 14.2% तथा 4.3% पाया। कारस्टेर्यस एवं कापुर (Carstairs & Kapur, 1976) ने कोरा गाँव में यह दर 37% पाया। नन्दी, मुखर्जी, बनर्जी, बोराल, घोष, सरकार, दास, बनर्जी एवं अजमानी (Nandi, Mukherjee, Banerjee, Boral, Ghosh, Sarkar, Das, Banerjee & Ajmany, 1978) ने दो उन्मूलित समुदाय (uprooted community) में इसका दर 60.30% तथा 31% पाया। कुछ मनोवैज्ञानिकों ने शहरी समुदायों में महामारी वैज्ञानिक अध्ययनों (epidemiological studies) के आधार पर मनश्चिकित्सीय रुग्णता के दर में विभिन्नता पाया है। सिंह (Singh, 1977) ने ESI योजना के तहत आने वाले व्यक्तियों तथा उनके परिवार के सदस्यों में यह दर बहुत ही कम अर्थात् 32% पाये हैं। नन्दी तथा उनके सहयोगियों (Nandi et al., 1980) ने एक शहरी समूह में यह दर करीब 20.7% पाया है जबकि मनोविदालिता के रोगी वाले माता-पिता में यह दर 22% पाया है।

भारत जैसे देश में ननपेशेवरों या परापेशेवरों का प्रशिक्षण का भी कार्यक्रम सामुदायिक मानसिक स्वास्थ्य योजना के अन्तर्गत चलाया गया है। डायरेक्टोरेट जेनरल ऑफ हेल्थ सर्विसेज (Directorate General of Health Services, 1982) की रिपोर्ट के मुताबिक भारत में करीब 900 मनोरोगविज्ञानी (psychiatrists), 400 नैदानिक मनोवैज्ञानिक, 300 मनश्चिकित्सीय सामाजिक कार्यकर्त्ता, 600 मनश्चिकित्सीय नर्स, 108 मेडिकल कॉलेज जिसमें से करीब आधे में मनश्चिकित्सीय इकाई (psychiatric units) का प्रबन्ध है तथा 42 मानसिक अस्पताल है जिनके माध्यम से मानसिक स्वास्थ्य संबंधी समस्याओं से निबटने की कोशिश की जाती है। साह (Shah, 1982) के अनुसार करीब 7 से 8 मिलियन (million) लोग ऐसे हैं जिन्हें मानसिक स्वास्थ्य सेवाओं की नितान्त आवश्यकता है। इसलिए ननपेशेवरों (nonprofessionals) तथा परापेशेवरों (paraprofessionals) को प्रशिक्षण देने की नितान्त आवश्यकता है ताकि सामुदायिक मानसिक स्वास्थ्य आन्दोलन को अधिक-से-अधिक सफलीभूत किया जा सके। कुछ लघु-कालीन प्रशिक्षण देने की दिशा में कार्य प्रारंभ हो गया है तथा उसके अच्छे परिणाम भी आने शुरू हो गए हैं। मुर्थी एवं विग (Murthy & Wig, 1978) के अनुसार सामान्य चिकित्सा (General Practitioners या GP), बहुउद्देशीय कार्यकर्त्ताओं (Multipurpose Workers या MPW), स्वास्थ्य निर्देशक (Health Guides या HG), प्राथमिक स्वास्थ्य केन्द्र (Primary Health Centrers या PHC) के डॉक्टर तथा आँगनवाड़ी कार्यकर्त्ताओं के प्रशिक्षणों पर अधिक बल डाला गया है। इन लोगों को माहवारी कर्मशालाओं (monthly seminars) द्वारा प्रशिक्षण की व्यवस्था की गयी है। शामसुंदर, कापूर, सुंदरम्, पाई एवं नागराथन (Shamasunder, Kapur, Sundram, Pai & Nagarathan, 1978) ने 522 GPs को इस तरह के लघु माहवारी कर्मशाला में प्रशिक्षित किया और पाया कि इसमें करीब 42% में मानसिक स्वास्थ्य का ज्ञान उन लोगों की उपेक्षा बढ़ गया जिन्होंने ऐसे कर्मशाला में भाग नहीं लिया था। मेनन, मनचिना, धीर, मुर्थी एवं विग (Menon, Manchina, Dhir, Murthy & Wig, 1978) ने सामुदायिक स्वास्थ्य कार्यकर्त्ताओं को प्रशिक्षित करने के लिए, विशेष मानसिक रोग की पहचान करने के लिए तथा ऐसे रोगों के आपात्कालीन परिस्थिति से निबटने के लिए एक *प्रशिक्षण नियमावली* (training manual) विकसित किया है जिसमें ऐसे कार्यकर्त्ताओं का सतत मूल्यांकन (regular evaluation) तथा उनके द्वारा प्राप्त किए गए उपलब्धि के बारे में ज्ञान दिलाते रहने पर बल डाला गया है। गौतम, कपूर एवं शामसुंदर (Gautam, Kapur & Shamasunder, 1980) ने GPs को प्रशिक्षित करने की दो विधियों का तुलनात्मक अध्ययन किया। पहली विधि में मानसिक स्वास्थ्य समस्याओं के बारे में कुछ महत्त्वपूर्ण तथ्यों को इनके घरों पर डाक द्वारा भेज दिया गया जिसे पढ़कर वे स्वयं ही इन समस्याओं के बारे में ज्ञान प्राप्त किये तथा दूसरी विधि वह थी जिसमें उसे 2 वर्षों तक लगातार औपचारिक प्रशिक्षण (formal training) दी गयी। परिणाम में देखा गया कि औपचारिक प्रशिक्षण की विधि से प्रशिक्षित GPs का मानसिक स्वास्थ्य समस्याओं के बारे में ज्ञान पहली विधि से प्रशिक्षित GPs के ज्ञान की तुलना में कहीं अधिक एवं सार्थक था। इजाक, कापूर एवं पार्थसार्थी (Issac, Kapur & Parthasarathy, 1982) ने कुछ डॉक्टरों एवं MPWs को एक PHC में 15 सूत्रों में मानसिक स्वास्थ्य की समस्याओं के बारे में प्रशिक्षण दिया और पाया कि इस तरह के प्रशिक्षण के बाद इनके ज्ञान में काफी वृद्धि हो गयी। MPWs में मानसिक बीमारियों के प्रति मनोवृत्तियों में तथा उनके ज्ञान में धनात्मक परिवर्तन आए। कुछ लोगों ने छोटे-छोटे कैम्प (camps) के माध्यम से मानसिक स्वास्थ्य सेवाओं को समुदाय तक पहुँचाने की कोशिश किए हैं और उत्तम परिणाम पाये हैं। कापूर, चन्द्रशेखर, इजाक, पार्थसार्थी तथा सेठी (Kapur, Chandrashekar, Isaac, Parthasarthy & Shetty, 1982) ने एक छोटे शहर में तीन दिनों के लिए एक कैम्प संगठित किया जिसमें 25 डॉक्टरों को

मनोरोगविज्ञानियों (psychiatrists) द्वारा प्रशिक्षण दिया। प्रशिक्षण के बाद देखा गया कि इन डॉक्टरों में मनश्चिकित्सीय रोगों की पहचान की क्षमता में काफी वृद्धि हो गयी।

भारत में मानसिक स्वास्थ्य शिक्षा (mental health education) के प्रति भी जागरूकता देखी गयी। इस तरह की शिक्षा का उद्देश्य मानसिक स्वास्थ्य समस्याओं के स्वरूप एवं प्रकार तथा उनसे छुटकारा पाने के उपायों के बारे में लोगों को जागरूक करना है। इससे समुदाय के लोगों की मनोवृत्ति में परिवर्तन आ जाता है और मानसिक स्वास्थ्य की समस्याओं के प्रति वे ठीक ढंग का रुख अपना पाते हैं। इस दिशा में 1970 वाली दशक से भारत में प्रयास जारी है। रेड्डी (Reddy, 1982) के अनुसार इन प्रयासों में मानसिक स्वास्थ्य प्रदर्शन का प्रावधान, मानसिक स्वास्थ्य सप्ताह मनाना, मानसिक स्वास्थ्य पर विशेष हस्तपुस्तिका (handouts) का प्रकाशन, रेडियो एवं दूरदर्शन कार्यक्रम एवं समाचारपत्र तथा मैगजीनों में पर्याप्त लेखों आदि का प्रकाशन प्रमुख हैं।

प्राथमिक स्वास्थ्य देख-रेख (primary health care) के एक पहलू के रूप में भारत, सुडान एवं फिलिपिन्स में सामुदायिक मानसिक स्वास्थ्य सेवाओं के महत्त्व को दिखलाने के लिए विग, मुर्थी एवं हार्डिंग (Wig, Murthy & Harding, 1981) ने एक विशेष अध्ययन किया। यह अध्ययन हरियाणा के रायपुर रानी गाँव में किया गया। इस अध्ययन का उद्देश्य मानसिक विकृतियों का प्रत्यक्षण तथा उनके प्रति प्रतिक्रियाओं, मानसिक बीमारियों को दूर करने के लिए परम्परागत दवाओं एवं अन्य कल्याणकारी उपायों का प्रयोग आदि के बारे में जानना था। इस अध्ययन में 50 ऐसे व्यक्तियों को सम्मिलित किया गया जो गाँव में ही रहते थे तथा गाँव के समुदाय से जिनका सीधा ताल्लुक था एवं मानसिक रोगों के बारे में पर्याप्त सूचना देने में समर्थ थे। ये सभी विवाहित पुरुष थे जिनकी औसत आयु 51 वर्ष की थी तथा स्वास्थ्य देख-रेख कार्यक्रम से संबंधित थे। इन लोगों से संरचित प्रश्नावली (structured questionnaire) के माध्यम से आँकड़ों का संग्रहण किया गया। इस प्रश्नावली में 7 विनेट या लघुचित्त (vignettes) के माध्यम से मानसिक दुर्बलता (mental retardation), मिर्गी, तीक्ष्ण मनोविकृति (acute psychoisis), उन्माद (mania), विषादी मनोविक्षिप्ति (depressive pscychosis), प्रक्रिया मनोविदालिता तथा विषादी स्नायुविकृति (depressive neurosis) के बारे में सूचना प्राप्त करने की कोशिश की गयी। तुलना के ख्याल से ऐसी ही सूचनाएँ कुछ विकलांग व्यक्तियों से भी प्राप्त की गई। परिणाम में देखा गया कि 50 में से प्रत्येक सूचना देने वाले व्यक्ति अपने गाँव के औसतन 2.7 मानसिक रूप से बीमार व्यक्तियों का नाम बतलाने में समर्थ हुए और उन्हें ऐसे बीमार व्यक्तियों के बारे में विकलांगों की तुलना में अच्छा ज्ञान प्राप्त था। यह भी पाया गया कि इन मानसिक बीमारियों से निबटने के साधन परम्परागत औषध (traditional medicines) न होकर आधुनिक स्वास्थ्य औषध ही थे। इन लोगों द्वारा तीक्ष्ण मनोविक्षिप्ति, उन्माद एवं प्रक्रिया मनोविदालिता को अधिक गंभीर रोग बतलाया गया परन्तु इन लोगों ने यह भी बतलाया कि अन्तिम दोनों तरह के रोगियों को घर पर रखकर उपचार किया जा सकता है। विषादी मनोविकृति तथा विषादी स्नायुविकृति के पूर्वलक्षणों को इन लोगों द्वारा अच्छा नहीं समझा जाता था।

श्रीनिवास एवं त्रिवेदी (Shrinivasa & Trivedi, 1982) ने एक अध्ययन किया जिसमें उन्होंने 266 प्रत्यर्थी (repondents) को चुना। यह कार्य उन्होंने तीन गाँव के प्रत्येक घर से एक-एक व्यक्ति को चुनकर पूरा किया। इन गाँवों को स्वास्थ्य सेवा, रूरल हेल्थ सेन्टर (Rural Health Centre), पांडीचेरी (Pondichery) द्वारा प्रदान की जाती थी। शोधकर्त्ताओं ने साक्षात्कार सिड्युल (interview schedule) के माध्यम से मानसिक रोगों के प्रति मनोवृत्ति एवं ज्ञान का अध्ययन किया। परिणाम में पाया गया कि सभी प्रत्यर्थियों ने यह कहा कि मानसिक रोग का स्वरूप ऐसा है जिसका उपचार संभव है तथा उसमें से तीन-चौथाई का मत था कि यदि आगे और इलाज की जरूरत हुई तो उन्हें बड़े-बड़े शहरों में ले जाकर उपचार किया जाना चाहिए। इन लोगों के अनुसार मानसिक रोग का सबसे प्रधान लक्षण रोगी द्वारा किया गया हिंसात्मक व्यवहार होता है जिसमें अन्य बातों के अलावा मनोदशा (mood) में परिवर्तन, नींद की गड़बड़ी, भोजन करने की आदत में परिवर्तन तथा भाषा में परिवर्तन आदि प्रमुख हैं। मानसिक रोगों के कारण में मानसिक चिन्ता एवं भगवान के अभिशाप को प्रधान बतलाया गया।

इन अध्ययनों से स्पष्ट है कि ऐसे और भी अध्ययन किए जाने की नितान्त आवश्यकता है क्योंकि इनसे समुदाय के लोगों का मानसिक स्वास्थ्य के प्रति मनोवृत्तियाँ एवं जागरूकता का पता चलता है। इससे समुदाय के लोगों में मानसिक रोगों के प्रति व्याप्त पूर्वाग्रहों एवं अज्ञानता (ignorance) का भी पता चलता है।

उपर्युक्त विवरणों पर गौर करने के बाद हम आज इस निष्कर्ष पर पहुँचने के लिए बाध्य हो जाते हैं कि भारत में

अन्य विकसित देशों की तुलना में सामुदायिक मानसिक स्वास्थ्य आन्दोलन अपने शैशवावस्था में ही है तथा यह कुछ खास-खास क्षेत्रों में जैसे ननपेशेवरों (nonprofesionals) का प्रशिक्षण मानसिक रूप से बीमार लोगों की सामुदायिक देख-रेख (community care), मानसिक स्वास्थ्य शिक्षा (mental health education) तथा समुदाय में ही मानसिक रोग देख-रेख के लिए विशेष मॉडल (models) बनाने के क्षेत्र में अपना सिक्का जमाने की कोशिश कर रहा है।

सामुदायिक मनोविज्ञान का एक आलोचनात्मक मूल्यांकन
(A Critical Evaluation of Community Psychology)

सामुदायिक मनोविज्ञान, मनोविज्ञान की एक ऐसी शाखा है जिसके बारे में लोगों में संभ्रान्तियाँ (confusions) अधिक है। लोग समाज मनोविज्ञान क्या है, इसे समझते हैं, औद्योगिक मनोविज्ञान क्या है, इसे भी समझते हैं, परन्तु सामुदायिक मनोविज्ञान क्या है, इसे ठीक ढंग से नहीं समझ पाते हैं। सामुदायिक मनोविज्ञान का संबंध सामाजिक तत्र (social system) से अधिक है परन्तु यह संप्रत्यय (concept) समाजशास्त्र (sociology) तथा इतिहास (history) से अधिक जुड़ा हुआ मालूम पड़ता है तथा मनोविज्ञान से कम। इससे सामुदायिक मनोवैज्ञानिक की भूमिका (role) के बारे में अधिक संभ्रान्ति होती है। सचमुच में यदि गौरवपूर्वक देखा जाए तो सामुदायिक मनोवैज्ञानिक अंशतः समाजशास्त्री (sociologist), अंशतः राजनीतिशास्त्री (political scientist), अंशतः मनश्चिकित्सक (psychotherapist) तथा अंशतः ओमब्डसमैन (Ombudsman) होता है परन्तु उसकी कोई विशिष्ट पहचान नहीं होती है।

सामुदायिक मनोविज्ञान का आलोचनात्मक मूल्यांकन करने में हम इस मनोविज्ञान के महत्त्वपूर्ण उपलब्धियों एवं योगदानों तथा फिर इस मनोविज्ञान की परिसीमाओं एवं समस्याओं पर विचार करेंगे। पहले हम इस मनोविज्ञान की प्रमुख उपलब्धियों एवं योगदानों पर एक नजर डालें जो इस प्रकार है—

(1) सामुदायिक मनोविज्ञान ने मानसिक स्वास्थ्य क्षेत्र के महत्त्वपूर्ण संप्रत्ययों पर लोगों को नये ढंग से पुनर्विचार करने के लिए बाध्य कर दिया है। इस मनोविज्ञान द्वारा मानसिक स्वास्थ्य में सामाजिक एवं पर्यावरणी कारकों का महत्त्व भरपूर उजागर हो गया है। परिणामस्वरूप, आजकल के चिकित्सकगण रोगियों को वैयक्तिक कारकों के रूप में ही सिर्फ नहीं बल्कि उनके सामाजिक वातावरण के रूप में भी समझने के लिए विवश हो गए हैं और उपचार में नये दृष्टिकोण को अपनाने लगे हैं।

(2) सामुदायिक मनोविज्ञान द्वारा मानसिक स्वास्थ्य की समस्याओं को समझने में जो सामाजिक एवं पर्यावरणी कारकों पर बल डाला गया है, उसका नतीजा यह हुआ है कि अब लोगों को बड़ी संख्या में पहले से अधिक बेहतर सेवा उपलब्ध हो पायी है।

(3) यह सामुदायिक मनोविज्ञान की ही देन मानी जा रही है कि मानसिक स्वास्थ्य की समस्याओं से निबटने के लिए विशेष कार्यक्रम जिसमें नये-नये संप्रत्ययों (concepts) तथा परामर्श (consultation) की विधियाँ, संकटकालीन हस्तक्षेप (crisis intervention), लघु-कालीन चिकित्सा (short-term, therapy) तथा ननपेशेवर सहायकों (non-professional helpers) का विशेष महत्त्व बढ़ गया है, चलाया जा रहा है। इससे लोगों को रोगियों की समस्याओं को परिवर्तित करके उसे अधिक मानवीय, आसान एवं उसके सुलझाने के तरीकों को समुदाय में ही उपलब्ध कराने में अधिक सुविधा हुई है।

(4) जुसमैन (Zusman, 1990) के अनुसार सामुदायिक आन्दोलन (community movement) का प्रभाव मानसिक स्वास्थ्य सेवाओं की उपलब्धि एवं संगठन पर भी काफी पड़ा है। इस प्रभाव का परिणाम यह हुआ कि वह हालात जिसमें रखकर रोगियों का उपचार किया जाता था, अब काफी परिवर्तित हो गया है। बड़े-बड़े अस्पतालों का विकेन्द्रीकरण हुआ है तथा उन्हें छोटे-छोटे इकाइयों में पुनर्संगठित कर दिया गया है ताकि प्रत्येक इकाई द्वारा एक खास भौगोलिक क्षेत्र के लोगों की आवश्यकताओं को पूरा किया जाए। मनश्चिकित्सीय इकाइयों (psychitric units) को स्थानीय सामान्य अस्पतालों में भी पर्याप्त संख्या में खोला गया है और खोला जा रहा है। इस तरह से अस्पताल एवं समुदाय (community) के बीच अब सम्पर्क सीधा हो गया है।

(5) सामुदायिक मनोविज्ञान के सिद्धान्तों एवं नियमों के कारण ही आज चिकित्सकगण ने रोगियों के हालातों को समझने के लिए एक विस्तृत एवं बड़े ढाँचे का प्रारूप तैयार किया है तथा उनका संबंध कल्याणकारी योजनाओं, शैक्षिक सेवाओं एवं रोजगार-संबंधी कार्यक्रमों से अधिक व्यापक रूप से हो पाया है।

इन उपलब्धियों एवं योगदानों के बावजूद सामुदायिक मनोविज्ञान की कुछ परिसीमाएँ (limitations) तथा समस्याएँ (problems) हैं जिनसे इस मनोविज्ञान की उपलब्धियाँ कुछ अवरुद्ध हो गयी है। ऐसी समस्याओं में निम्नांकित प्रमुख हैं—

(1) मानसिक रोगों की रोक-थाम (prevention) सामुदायिक मनोविज्ञान का एक प्रमुख लक्ष्य है। सामुदायिक मनोरोगविज्ञानियों (community psychiatrists) का मत है कि रोगी पूरा समाज होता है कोई एक व्यक्ति नहीं। इन लोगों के अनुसार ऐसे रोगों का कारण बहुत हद तक सामाजिक कारक (social factors) होते हैं फिर भी अधिकतर लोगों ने इस पर यह आशंका व्यक्त किया है और कहा है कि यदि मानसिक विकृतियों के सामाजिक कारकों को हम मूल आधार नहीं मान सकते हैं, तो ऐसी विकृतियों या रोगों की रोकथाम (prevention) की बात करना मात्र एक खोखला वादा करना होगा। इतना ही नहीं, कुछ मनोवैज्ञानिकों ने सामुदायिक मनोविज्ञान के मूलभूत उद्देश्य अर्थात् रोकथाम (prevention) के बारे में कई प्रश्न उठाये हैं जिनका संतोषजनक उत्तर नहीं मिल पाया है। इन प्रश्नों में कुछ प्रमुख हैं—क्या हम लोग मानसिक रोगों के कारणों के बारे में पर्याप्त ढंग से जानते हैं? क्या सामुदायिक मनोवैज्ञानिक तथा मनोरोगविज्ञानी अपने सीमित ज्ञान के साथ रोकथाम संबंधी परिवर्तन करने के योग्य हैं या उनके पास ऐसी पर्याप्त विधियाँ हैं जिनसे वे रोकथाम संबंधी परिवर्तन कर सकते हैं? क्या ऐसा करने में ऐसे मनोवैज्ञनिक तथा मनोरोगविज्ञानी अपने क्षेत्र से बाहर नहीं जा रहे हैं? क्या ऐसा करने में ऐसे विशेषज्ञ अपने सामाजिक एवं नैतिक समस्याओं एवं जिम्मेवारियों को ठीक ढंग से निभा पायेंगे? क्या रोकथाम करने के सिलसिले में ऐसे विशेषज्ञों द्वारा चिकित्सीय संप्रत्ययों (therapeutic concepts) एवं हस्तक्षेप (interventions) की प्रविधियों की उपेक्षा नहीं होती है? आदि आदि। इन प्रश्नों का उत्तर संतोषजनक ढंग से नहीं मिलना अपने आप में यह सबूत है कि सामुदायिक मनोविज्ञान इन समस्याओं में बुरी तरह फँसा हुआ है।

(2) थोड़ी देर के लिए यदि मान लिया जाय कि सामाजिक कारकों एवं मनश्चिकित्सा (psychotherapy) के बीच अच्छी अन्तःक्रियाएँ होती हैं तो क्या एक सामुदायिक मनोवैज्ञानिक के लिए यह संभव है कि सामाजिक कारकों में वांछित परिवर्तन करके वह सामाजिक परिवर्तन (social change) कर सकता है? इस प्रश्न को काप्लान (Caplan, 1969) तथा डनहम (Dunham, 1965) ने गंभीरतापूर्वक उठाया है और कहा है कि एक सामुदायिक मनोवैज्ञानिक तथा सामुदायिक मनोरोगविज्ञानी (community psychiatrist) अपनी पेशेगत भूमिका (professional role) में सामाजिक नीति (social policy) को काफी सीमित ढंग से ही प्रभावित कर सकता है। ज्यादा-से-ज्यादा यही हो सकता है कि ऐसे विशेषज्ञ जनता द्वारा चुने हुए प्रतिनधियों जिनके कन्धे पर सामाजिक नीति बनाने का भार होता है, से सीधा सम्पर्क स्थापित कर उन्हें उस दिशा में कुछ विशेष परामर्श दे सकते हैं। काप्लान (Caplan, 1969) ने तो यहाँ तक कहा है कि सामुदायिक मानसिक स्वास्थ्य कार्यकर्ताओं द्वारा सामाजिक एवं पर्यावरणी समर्थन देकर रोगियों के मानसिक स्वास्थ्य को बेहतर बनाने का दावा भी बहुत हद तक खोखला ही है।

(3) कुछ लोगों द्वारा रोधात्मक (preventive) सामुदायिक मानसिक स्वास्थ्य कार्यक्रम व्यक्ति की व्यक्तिगत गोपनीयता एवं स्वतंत्र रूप से जिन्दगी व्यतीत करने में बाधक होता है। हालेक (Halleck, 1969) तथा रॉबिन्सन (Robinson, 1975) के अनुसार समाज के सबल लोग अपने लाभों के लिए सामुदायिक मनोरोगविज्ञान (community psychiatry) का प्रयोग राजनैतिक एवं सामाजिक विसामान्यताओं को नियंत्रित करने में कर सकते हैं। इससे समाज में विभेद (discrimination) उत्पन्न होगा और सामुदायिक मानसिक स्वास्थ्य (community mental health) पर बुरा प्रभाव पड़ेगा।

(4) सामुदायिक मनोविज्ञान का एक प्रमुख पहलू गौण रोकथाम (secondary prevention) है जिसमें लोगों ने आशंका व्यक्त की है। गौण रोकथाम का उद्देश्य प्रारंभिक अवस्था में रोगों की पहचान (identification) तथा उसी अवस्था में उसका उपचार करना है। ये दोनों ही उद्देश्य इस पूर्वकल्पना पर आधारित है कि सामान्य मानसिक रोगियों (potentially mentally ill) की पहचान प्रारंभिक अवस्था में संभव है तथा इस प्रारंभिक अवस्था में दिया गया उपचार उनकी भविष्य की समस्याओं को काफी आसानी से दूर कर देगा। कुछ मनोवैज्ञानिक का मत है कि ये दोनों पूर्वकल्पनाएँ अपने आप में अस्थिर एवं कमजोर हैं। अतः सामुदायिक मनोविज्ञान के गौण रोकथाम कार्यक्रमों में अधिक विश्वास व्यक्त नहीं किया जा सकता है।

(5) सामुदायिक स्वास्थ्य आन्दोलन का एक महत्त्वपूर्ण नियम (principle) यह है कि रोगियों को मानसिक अस्पताल में रखकर उपचार न कराके अपने समुदाय के घर के नजदीक के स्वास्थ्य केन्द्रों में रखकर उत्तम उपचार किया जा सकता है। कुबी (Kubie, 1986) तथा रोथेनवर्ग (Rothenberg, 1986) तथा गर्ग (Garg, 1999) ने यह बतलाया है कि सचमुच में इसके बुरे प्रभाव अधिक पड़ते हैं और परिवार के सदस्यों में अनावश्यक खिंचाव एवं तनाव बढ़ता है और रोगियों पर इसका और भी बुरा असर पड़ता है। कुबी (Kubie, 1986) ने सामुदायिक स्वास्थ्य आन्दोलन के इस पूर्वकल्पना को भी चुनौती दिया है कि मानसिक रोगियों का उपचार उनके घर या समुदाय के निकट करने से उन्हें सर्वाधिक लाभ होता है। इनका मत यह है कि सच्चाई तो यह है कि इस परिचित परिस्थिति में मानसिक रोगियों का उपचार करने में उनका मनोरोग (pathology) और मजबूत हो जाता है तथा उनके समायोजन को उन्नत बनाने की दिशा में किया गया प्रयास विफल हो जाता है। अतः सामुदाय-केन्द्रित देख-रेख (community-centered care) मानसिक अस्पताल में किए गए देख-रेख से उत्तम होगा ही, इसे एक विस्तृत नहीं, बल्कि सीमित सामान्यीकरण (limited generalization) ही माना जा सकता है।

(6) सामुदायिक स्वास्थ्य आन्दोलन में संकटकालीन हस्तक्षेप (crisis intervention) तथा अन्य लघुकालीन मनश्चिकित्सा को एक महत्त्वपूर्ण योगदान माना गया है तथा इसे सामान्य मनश्चिकित्सा (psychotherapy) से अधिक प्रभावकारी माना गया है। परन्तु इस दावे की सफलता इस बात पर आधारित है कि हम यह सुनिश्चित करें कि किस तरह के समस्या (problem) वाले लोग किस तरह की परिस्थिति में तथा किस तरह के चिकित्सक के साथ अधिकतम लाभ किसी एक या एक से अधिक लघुकालीन हस्तक्षेप विधियों (short-term intervention methods) से उठा सकते हैं। अभी तक सामुदायिक मनोवैज्ञानिक इसे सुनिश्चित करने में करीब-करीब असफल हो रहे हैं।

इन समस्याओं के बावजूद सामुदायिक मनोविज्ञान मनोविज्ञान की एक उपयोगी शाखा के रूप में दिनोदिन उभर रहा है और यह उम्मीद की जाती है कि निकट भविष्य में इसकी लोकप्रियता इतनी अधिक बढ़ जाएगी कि इसे वह सम्मान प्राप्त होगा जो आज नैदानिक मनोविज्ञान को प्राप्त है।

अध्याय सारांश
(Chapter Summary)

1. सामुदायिक मनोविज्ञान मनोविज्ञान की एक ऐसा उपशाखा (subfield) है जो सामाजिक समस्याओं का समाधान करने में मनोवैज्ञानिक सिद्धान्तों, विचारों एवं दृष्टिकोणों के प्रयोग पर बल डालता है तथा व्यक्तियों का अध्ययन सामाजिक समूह या समुदाय जिसमें वह रहता है, के संदर्भ में करता है।
2. सामुदायिक मनोविज्ञान का अपना एक इतिहास है। इस मनोविज्ञान की औपचारिक शुरुआत बोस्टोन (Boston) में 1965 में हुए सम्मेलन से माना गया है। सामुदायिक मनोविज्ञान के पाँच संदर्भ (prespectives) का भी वर्णन किया गया है।
3. सामुदायिक मनोविज्ञान के कुछ मूल तत्त्व (principles) हैं। ऐसे 13 मूल तत्त्वों का वर्णन किया गया है।
4. सामुदायिक मनोविज्ञान के क्षेत्र में कुछ महत्त्वपूर्ण संप्रत्यय (concepts) हैं जिनमें सामुदायिक मानसिक स्वास्थ्य का संप्रत्यय (concept of community mental healthy) तथा रोकथाम का संप्रत्यय (concept of prevention) अधिक महत्त्वपूर्ण है और इसकी विशेष चर्चा की गयी है।
5. सामुदायिक हस्तक्षेप एवं परिवर्तन की कई विधियाँ हैं जिनमें चार विधियों को अधिक महत्त्वपूर्ण बतलाया गया है और उसकी विशेष चर्चा की गयी है। ये विधियाँ हैं—संकटकालीन हस्तक्षेप की विधि, परामर्श की विधि, मानसिक स्वास्थ्य शिक्षा एवं ननपेशेवरों की सेवाओं का उपयोग।
6. भारत में सामुदायिक मानसिक स्वास्थ्य कार्यक्रम के तहत किए गए कार्यों एवं अध्ययनों की समीक्षा की गयी है।
7. अन्त में, सामुदायिक मनोविज्ञान का एक आलोचनात्मक मूल्यांकन भी किया गया है। इसमें एक तरफ इस मनोविज्ञान की उपलब्धियों (achievements) पर प्रकाश डाला गया है तो दूसरी तरफ इस मनोविज्ञान की समस्याओं को उजागार किया गया है।

❑

अध्याय 21

व्यक्तित्व के सिद्धान्त

(THEORIES OF PERSONALITY)

व्यक्तित्व सिद्धान्त के स्वरूप
(Nature of Personality Theories)

व्यक्तित्व से तात्पर्य व्यक्ति के उन सभी शीलगुणों (traits), प्रवृत्तियों या विशेषताओं से होता है जिनसे व्यक्ति के व्यवहार में संगति (consistency) आती है। व्यक्तित्व की संरचना (structure) एवं गतिकी (dynamic) की व्याख्या करने के लिए व्यक्तित्व के कई सिद्धान्त (theories) विकसित किये गए हैं जिनका वर्णन करने के पहले उनके स्वरूप (nature) पर ध्यान देना आवश्यक है।

व्यक्तित्व सिद्धान्त (personality theory) से क्या तात्पर्य होता है? व्यक्तित्व सिद्धान्त[1] से तात्पर्य संबंधित पूर्वकल्पनाओं (related assumptions) के एक ऐसे समूह से होता है जिनसे तार्किक निगमनात्मक विवेचन (logical deductive reasoning) द्वारा जाँचनीय प्राक्कल्पना (testable hypotheses) बनाया जा सकता है तथा जिनसे प्रेक्षणों (observations) को एक संगठित रूप मिलता है, शोध की उत्पत्ति होती है, व्यवहारों का मार्गदर्शन होता है एवं मानव व्यवहार में संगति (consistency) की व्याख्या होती है।

अगर सचमुच में मानव व्यवहार को पूर्णतः समझ लिया जाता, तो वैसी हालत में व्यक्तित्व सिद्धान्त की जरूरत नहीं होती। परन्तु सच्चाई ऐसी नहीं है और व्यक्तित्व सिद्धान्तों से हमें यह पता चलता है कि लोग क्यों किसी खास तरह से व्यवहार करते हैं। इसके पीछे क्या कारण हो सकता है? इस तरह से व्यक्तित्व सिद्धान्त द्वारा मुख्यतः दो तरह के कार्य (function) सम्पन्न होते हैं—

(i) वर्णनात्मक कार्य (descriptive function)

(ii) पूर्वकथनात्मक कार्य (predictive function)

(i) वर्णनात्मक कार्य (*Descriptive function*)—व्यक्तित्व सिद्धान्त को इस अर्थ में वर्णनात्मक (descriptive) समझा जाता है कि इसके द्वारा व्यक्ति के व्यवहारों को क्रमबद्ध (systematically) रूप से इतना अधिक संगठित कर दिया जाता है कि उसे आसानी से समझा जा सके। दूसरे शब्दों में, घटनाओं के संबंधित सेटों के बारे में जो कुछ भी ज्ञान होता है, उसे समन्वित करने तथा सरलीकरण करने के लिए व्यक्तित्व सिद्धान्त एक अर्थपूर्ण ढाँचा (framework) प्रदान करता है। जैसे—बिना किसी व्यक्तित्व सिद्धान्त के यह नहीं समझा जा सकता है कि एक पाँच साल का छोटा लड़का क्यों अपनी माँ से अधिक धनात्मक लगाव रखता है तथा अपने पिता से ईर्ष्या करता है। परन्तु जब हम एक व्यक्तित्व सिद्धान्त का सहारा लेते हैं तो यह पता चलता है कि व्यक्तित्व विकास (personality development) के एक खास अवस्था में इस तरह का संवेग (emotion) का होना एक सार्वजनिक घटना होती है। फलतः हमें उस लड़का के उक्त व्यवहारों को समझने में मदद मिलती है। स्पष्ट हुआ कि उत्तम व्यक्तित्व सिद्धान्त अर्थपूर्ण संदर्भ प्रदान करता है जिसके भीतर मानव व्यवहार की व्याख्या संगत ढंग से (consistently) की जाती है।

---

1. "A personality theory is a set of related assumptions from which by a logical deductive reasoning, testable hypotheses can be drawn and it gives organization to observations, generates research, serves as a guide to action and is reasonably consistent."—Author.

(ii) पूर्वकथनात्मक कार्य (*Predictive function*)—व्यक्तित्व सिद्धान्त न केवल भूत एवं वर्तमान की घटनाओं को समझने में मदद करता है बल्कि भविष्य के बारे में भी पूर्वकथन (prediction) करने में भी मदद करता है। अतः व्यक्तित्व सिद्धान्त का दूसरा प्रमुख कार्य एक ऐसा आधार (base) प्रदान करना होता है, जिनके द्वारा कुछ वैसी घटनाओं एवं प्रतिफलों (outcomes) के बारे में जानना संभव हो पाता है जो अबतक नहीं हुए हैं। व्यक्तित्व सिद्धान्त का यह कार्य तभी सम्पन्न होता है जब उसके संप्रत्यय (concepts) जाँचनीय (testable) हों तथा उसे संपुष्ट (confirmed) या असंपुष्ट (disconfirm) किया जाना संभव हो। जैसे—यदि एक 5 साल का बालक अपनी माँ के प्रति धनात्मक संवेगात्मक लगाव (emotional attachment) दिखलाता है तथा पिता के प्रति ईर्ष्या करता है, और ऐसी परिस्थिति में यदि माँ बच्चे के रोमांस (romance) को प्रोत्साहित करती है, तो क्या होगा? दूसरी तरफ यदि उसके पिता उसे मारने-पीटने की धमकी देते हैं तो क्या होगा? व्यक्तित्व सिद्धान्त द्वारा इस तरह के पूर्वकथन (prediction) करना संभव हो पाता है। इतना ही नहीं, व्यक्तित्व सिद्धान्त द्वारा संबंधित संप्रत्ययों (concepts) का अनुभवजन्य जाँच (empirical testing) भी संभव हो पाता है।

स्पष्ट हुआ कि व्यक्तित्व सिद्धान्त का स्वरूप कुछ खास ऐसा होता है जिसके माध्यम से कई तरह के वैज्ञानिक कार्य सम्पन्न हो पाते हैं जिनसे व्यक्ति के व्यवहार में संगठन (organization) एवं संगति (consistency) की व्याख्या करना संभव हो पाता है।

व्यक्तित्व सिद्धान्त की ऐतिहासिक पृष्ठभूमि (Historical Background of Personality Theories)

व्यक्तित्व सिद्धान्त का इतिहास पुराना है और इसकी उत्पत्ति पौराणिक ग्रीक विद्वानों (classical scholars) जैसे—हिपोक्रेट्स (Hippocrates), प्लेटो (Plato) तथा अरस्तू (Aristotle) द्वारा मानव स्वभाव एवं व्यवहार के बारे में व्यक्त किये गए विचारों से हुई है। आधुनिक व्यक्तित्व सिद्धान्त में इन महान् पौराणिक सिद्धान्तों का एवं आधुनिक मनोवैज्ञानिकों के विचारों का प्रतिबिम्ब मिलता है।

आधुनिक व्यक्तित्व सिद्धान्तों का विकास निम्नांकित चार तरह के स्रोतों (sources) से सबसे अधिक प्रभावित हुआ है—

(क) नैदानिक प्रेक्षण (*Clinical observation*)—इसकी शुरुआत शार्कों (Charcot) एवं फ्रायड तथा उनके शिष्यों एवं न्यूफ्रयडियन (neo-Freudian) आदि द्वारा किये गए नैदानिक प्रेक्षणों (clinical observation) से हुई है। व्यक्तित्व सिद्धान्त के विकास में इन स्रोतों की अहमियत काफी रही है।

(ख) गेस्टाल्ट परम्परा (*Gestalt tradition*)—इनके समर्थकों का मत था कि मानव व्यवहार (human behaviour) का अध्ययन एक इकाई (unit) के रूप में किया जा सकता है न कि छोटे-छोटे तत्त्वों का एक संग्रह के रूप में। इस विचारधारा से व्यक्तित्व सिद्धान्त काफी प्रभावित हुआ और इसी विचारधारा से प्रभावित होकर लेविन (Lewin), केली (Kelley), विन्सवैनगर एवं बौस (Binaswanger & Boss), अल्फेड एडलर (Alfred Adler), मैसलो (Maslow) एवं रोजर्स (Rogers) के विचार उत्पन्न हुए हैं।

(ग) प्रयोगात्मक मनोविज्ञान (*Experimental Psychology*)—व्यक्तित्व सिद्धान्त पर प्रयोगात्मक मनोविज्ञान विशेषकर सीखने के सिद्धान्तों एवं सामाजिक सीखने (social learning) के सिद्धान्तों का अति महत्त्वपूर्ण प्रभाव पड़ा है। इसमें स्कीन्नर (Skinner), मिलर एवं डोलार्ड (Miller & Dollard) तथा बैण्डुरा (Bandura) के विचारधाराओं का विशेष रूप से उल्लेख आता है। इन लोगों ने पर्यावरणी कारकों (environmental factors) पर बल डालकर व्यक्तित्व के सिद्धान्तों की उत्पत्ति में विशेष योगदान किया है।

(घ) मनोमितिकी पर[illegible] *ychometric tradition*)—इस परम्परा के तहत वैयक्तिक विभिन्नता (individual differences) पर बल डाला [illegible] और व्यवहारों के मापने एवं आँकड़ों का विश्लेषण करके मानव व्यवहार को समझने पर अधिक बल डाला जाता है [illegible] विचारधारा से प्रभावित होकर सामने आनेवाले व्यक्तित्व सिद्धान्तों में कैटल (Cattell), आइजेन्क (Eysenck), [illegible] Murray), आलपोर्ट (Allport) तथा शेल्डन (Sheldon) के सिद्धान्त प्रमुख हैं।

स्पष्ट हुआ कि आ[illegible] व्यक्तित्व सिद्धान्त की उत्पत्ति में कई तरह के स्रोतों (sources) का योगदान (contribution) हुआ

मूल पूर्वकल्पनाएँ जिन पर व्यक्तित्व सिद्धान्तों में विभिन्नता पायी जाती है
(Basic Assumptions Over which Personality Theories Differ)

व्यक्तित्व सिद्धान्त का एक प्रमुख उद्देश्य मानव स्वभाव (human nature) के बारे में वर्णन करना तथा पूर्वकथन (prediction) करना है। व्यक्तित्व मनोवैज्ञानिकों ने मानव स्वभाव के प्रति कुछ मूल पूर्वकल्पना (basic assumption) कर रखे हैं और इन पूर्वकल्पनाओं की व्याख्या विभिन्न व्यक्तित्व सिद्धान्त अलग-अलग ढंग से करते हैं। जेली एवं जिगलर(Hjelle & Zeigler, 1981) ने इन पूर्वकल्पनाओं(assumptions) को निम्नांकित9 द्विध्रुवीय विभागों(bipolar dimensions) में बाँटा है—

1. स्वतंत्रता-निर्धार्यता (Freedom-Determinism)
2. विवेकपूर्णता-अविवेकपूर्णता (Rationality-Irrationality)
3. पूर्णतावाद-अधिभूतवाद (Holism-Elementalism)
4. शरीर-गठनात्मक-पर्यावरणीयता (Constitutionalism-Environmentalism)
5. परिवर्तनशीलता-अपरिवर्तनशीलता (Changeability-Unchangeability)
6. आत्मनिष्ठता-वस्तुनिष्ठता (Subjectivity-Objectivity)
7. समस्थिति-विषमस्थिति (Homeostasis-Heterostasis)
8. अग्रलक्षणता-प्रतिक्रियाशीलता (Procativity-Reactivity)
9. ज्ञेयता-अज्ञेयता (Knowability-Unknowability)

उपर्युक्त सभी पूर्वकल्पनाएँ सापेक्ष रूप से सतत (realtively continuous) एवं द्विध्रुवीय विमा (bipolar dimensions) हैं और किसी भी व्यक्तित्व सिद्धान्त को संबंधित पूर्वकल्पना के इस सतत द्विध्रुवीय विमा के किसी भी बिन्दु पर रखा जा सकता है। इन सभी द्विध्रुवीय विमाओं (bipolar dimensions) का वर्णन निम्नांकित है—

1. स्वतंत्रता-निर्धार्यता(*Freedom-Determinism*)—इस द्विध्रुवीय विमा(bipolar dimension) का संबंध कुछ इन प्रश्नों का उत्तर ढूँढ़ना है—अपने दिन-प्रतिदिन के व्यवहारों को निर्देशित एवं नियंत्रित करने में व्यक्ति को कितनी आन्तरिक स्वतंत्रता (internal freedom) रहती है? किसी निर्णय प्रक्रिया में व्यक्ति द्वारा अनुभव किये गए आन्तरिक स्वतंत्रता कहाँ तक वैध (valid) होते हैं? किस सीमा तक व्यक्ति का व्यवहार उन कारकों द्वारा निर्धारित होता है जो अंशतः या पूर्णतः व्यक्ति के चेतन प्रत्यभिज्ञान (conscious recognition) के क्षेत्र से बाहर होता है? इन प्रश्नों पर गंभीरतापूर्वक विचार विभिन्न व्यक्तित्व सिद्धान्तों में किया गया है। कुछ सिद्धान्तों में इस बात पर बल डाला गया है कि मानव अपने दिन-प्रतिदिन का व्यवहार करने में पूर्णतः स्वतंत्र होता है, वह अपने आत्म-बलों (self-forces) द्वारा नियंत्रित होता है तथा व्यक्ति अपनी जिन्दगी में अपने विशेष व्यवहारों से विशेष अर्थ स्वयं ही उत्पन्न कर लेता है। व्यक्ति का आत्मन् एक संगठित बल (unifying force) के रूप में कार्य करता है। मानव स्वभाव के इस विचारधारा का समर्थन हमें कार्ल रोजर्स (Carl Rogers) के व्यक्तित्व सिद्धान्त से मिलता है। दूसरी तरफ, कुछ व्यक्तित्व सिद्धान्तों में मानव व्यवहार की अचेतन प्रेरणाओं(unconscious motives), बाह्य पुनर्बलन(external reinforcement), प्रारंभिक अनुभूतियाँ (early experiences), शारीरिक प्रक्रियाओं (physiological processes) एवं सांस्कृतिक कारकों द्वारा निर्धारित होते माना गया है। इस विचारधारा का समर्थन स्कीन्नर (Skinner), फ्रायड (Freud) एवं नवफ्रायडियन (neo-Freudian) के व्यक्तित्व सिद्धान्तों से मिलता है।

2. विवेकपूर्णता-अविवेकपूर्णता(*Rationality-Irrationality*)—विवेकी-अविवेकी विमा के तहत मूल तथ्य यह है कि किस सीमा तक व्यक्ति की तर्कणा शक्ति (reasoning power) दिन-प्रतिदिन के व्यवहारों को प्रभावित करने में सक्षम है। क्या मानव एक विवेकी प्राणी है जो अपने व्यवहार का नियंत्रण तर्कणा (reason) के आधार पर करता है या क्या हमलोगों का व्यवहार केवल अविवेकी बलों (irrational forces) द्वारा नियंत्रित होता है? इस मुद्दे पर भी व्यक्तित्व सिद्धान्तों में अन्तर है। केली (Kelley, 1963) का मत है कि मानव व्यवहार विवेकी बलों (rational forces) द्वारा नियंत्रित होता है। केली के अनुसार प्रत्येक व्यक्ति एक वैज्ञानिक (scientist) होता है जिनकी बौद्धिक प्रक्रियाएँ (intellectual processes) एवं विवेकी शक्तियाँ (rational forces) काफी महत्त्वपूर्ण होती हैं जिनसे उनका दिन-प्रतिदिन का व्यवहार नियंत्रित होता है। जिन व्यक्तित्व सिद्धान्तों में विवेकी बलों (rational forces) पर प्रकाश डाला

जाता है उनमें मानव व्यवहार को संज्ञानात्मक प्रक्रियाओं (cognitive processes) द्वारा नियंत्रित होता माना गया है। दूसरे तरफ कुछ ऐसे भी सिद्धान्त हैं जिनमें मानव व्यवहार अविवेकी बलों (irrational forces) द्वारा नियंत्रित होते हैं। ऐसे अविवेकी बल अचेतन (unconscious) में होते हैं। फ्रायड द्वारा प्रतिपादित व्यक्तित्व का मनोविश्लेषणात्मक सिद्धान्त (psychoanalytic theory) एक इसी तरह का सिद्धान्त है जिसमें अचेतन के अविवेकी बलों (irrational forces) को अधिक महत्त्वपूर्ण समझा जाता है।

3. पूर्णतावाद-अधिभूतवाद(*Holism-Elementalism*)—पूर्णतावाद(holism) की पूर्वकल्पना(assumption) यह बतलाता है कि मानव स्वभाव कुछ ऐसा है कि मानव व्यवहार की व्याख्या के लिए व्यक्ति को सम्पूर्ण रूप से (as a whole) समझना आवश्यक है। इस तरह की पूर्वकल्पना की यह मान्यता है कि व्यक्ति या जीव (organism) के व्यवहार को अधिक छोटे-छोटे तत्त्वों या अंशों में बाँटकर अध्ययन करना युक्तिसंगत नहीं है। ऐसा करने से व्यक्ति के बारे में न समझकर उसके अमूर्त पहलुओं (abstract dimensions) के बारे में समझा जा सकता है। इसके विपरीत, अधिभूतवाद(elementalism) का दावा है कि मानव व्यवहार का एक क्रमबद्ध अध्ययन तभी संभव है जब इसके अंगीभूत तत्त्वों (constituent elements) का विस्तृत विश्लेषण किया जाए। इस पूर्वकल्पना का यह भी दावा है कि जो उक्ति या कथन एक सामान्य व्यवहारात्मक स्तर (general behavioural level) पर अस्पष्ट एवं अजाँचनीय (untestable) होता है, उन्हें अधिभूत स्तर (elemetnal level) पर आसानी से जाँचा जा सकता है। संक्षेप में यह कहा जा सकता है कि अधिभूतवाद की पूर्वकल्पना इस बात पर बल डालता है कि व्यक्तित्व के प्रति एक सच्चा वैज्ञानिक उपागम तभी निर्मित किया जा सकता है जब विशिष्ट एवं मूल अधिभूती (elementalistic) संप्रत्ययों का प्रतिपादन किया जाए क्योंकि केवल ऐसे ही संप्रत्ययों की अनुभवजन्य जाँच (empirical test) संभव है।

4. शरीरगठनात्मक-पर्यावरणीयता (*Constitutional-Environmentalism*)—इस पूर्वकल्पना का संबंध इस मूल प्रश्न से है—व्यक्ति के मूलप्रवृत्ति का कितना अंश शारीरिक कारकों द्वारा और कितना अंश पर्यावरणी कारकों (environmental influences) द्वारा निर्धारित होता है? हिपोक्रेट्स(Hippocrates), क्रेश्चमर(Kretschmer, 1936) तथा शेल्डन (Sheldon, 1944) द्वारा विकसित किये गए व्यक्तित्व के सिद्धान्तों से यह स्पष्ट हुआ है कि मानव प्रकृति या स्वभाव (human nature) का निर्धारण शारीरिक गठनों या शारीरिक आकार-प्रकार (physical make-up) द्वारा होता है। इसके विपरीत मनोविज्ञान का एक अति प्रबलकारी स्कूल अर्थात् व्यवहारवाद (Behaviourism) का मत है कि मानव प्रकृति मूलतः पर्यावरणी कारकों(environmental factors) द्वारा निर्धारित होती है। व्यक्तित्व का व्यवहारवादी-सीखना सिद्धान्त जिसका प्रतिपादन स्कीन्नर (Skinner) ने किया तथा सामाजिक सीखना सिद्धान्त (Social learning theory) जिसका प्रतिपादन बैण्डुरा(Bandura) ने किया था, में मानव व्यवहार को मूलतः पर्यावरणी कारकों जैसे—बाह्य पुनर्बलन (external reinforcement), उद्दीपक (stimulus) आदि द्वारा निर्धारित होते समझा जाता है।

आधुनिक समय में अधिकतर व्यक्तित्व मनोवैज्ञानिक इन दोनों के बीच की स्थिति को अधिक महत्त्व देने लगे हैं। इन लोगों का मत है कि मानव व्यवहार शरीरगठनात्मक कारकों (constitutional forces) तथा पर्यावरणी कारकों (environmental factors) दोनों के अन्तःक्रिया(interaction) का परिणाम है। इसे *अन्तःक्रियावाद*(interactionslism) कहा गया है।

5. परिवर्तनशीलता-अपरिवर्तनशीलता(*Changeability-Unchangeability*)—इस पूर्वकल्पना(assumption) का संबंध कुछ इन महत्त्वपूर्ण प्रश्नों से है—क्या व्यक्ति के मूल व्यक्तित्व में समय बीतने के साथ परिवर्तन होता है या क्या व्यक्तित्व में समय बीतने से मात्र सतही परिवर्तन (superficial changes) होते हैं और उनका मूल व्यक्तित्व बिलकुल ही अपरिवर्तनशील बना होता है? इरिक्सन(Erikson) द्वारा प्रतिपादित व्यक्तित्व का सिद्धान्त एक ऐसा सिद्धान्त है जिसमें परिवर्तनशीलता(changeability) की अहमियत काफी बतलायी गयी है। इरिक्सन का मत है कि मानव जीवन सतत परिवर्तनशील है। उनके अनुसार व्यक्ति हमेशा विभिन्न विकासात्मक अवस्थाओं (developmental stages) से होकर गुजरता है और प्रत्येक विकासात्मक अवस्था में एक विशेष संकट स्थिति(crisis) उत्पन्न होती है जिसे मनोसामाजिक संकट (psychosocial crisis) कहा जाता है। इन संकटों को व्यक्ति कैसे समाधान करता है, इस पर बहुत हद तक व्यक्तित्व विकास (personality development) निर्भर करता है। इरिक्सन के इस विचार के विपरीत *फ्रायड*(Freud) का विचार है जिसकी अभिव्यक्ति उनके मनोवैश्लेषिक सिद्धान्त (psychoanalytical theory) में मिलती है। फ्रायड का मत है कि व्यक्ति की मूल संरचना (basic structure) बाल्यावस्था की प्रारंभिक अनुभूतियों (early experiences)

द्वारा निश्चित (fixed) हो जाती है। बाद के जीवनकाल में जबकि सतही व्यवहारात्मक परिवर्तन (superficial behavioural changes) होते रहते हैं, उनकी मूल संरचना (basic structures) में कोई परिवर्तन नहीं होता है।

6. आत्मनिष्ठता-वस्तुनिष्ठता (*Subjectivity-Objectivity*)—यह भी एक महत्त्वपूर्ण पूर्वकल्पना है जिसकी व्याख्या करने में व्यक्तित्व सिद्धान्तों में विभिन्नताएँ हैं। इस पूर्व कल्पना का संबंध इस मूल प्रश्न से है—क्या व्यक्ति सिर्फ व्यक्तिगत एवं आत्मनिष्ठ अनुभूतियों से प्रभावित होता है या उसका व्यवहार मूलतः बाह्य एवं वस्तुनिष्ठ कारकों से भी प्रभावित होता है। *कार्ल रोजर्स* (Carl Rogers) ने अपने व्यक्तित्व सिद्धान्त में इस बात पर बल डाला है कि व्यक्ति की आन्तरिक अनुभूतियाँ उसके व्यवहार पर सबसे महत्त्वपूर्ण प्रभाव डालती हैं और उसके प्रेक्षणीय व्यवहार (observable behaviour) को इन आन्तरिक अनुभूतियों के संदर्भ के बिना समझना कठिन है। रोजर्स[1] (Rogers, 1964) के शब्दों में, ''व्यक्ति की आन्तरिक दुनिया बाह्य पर्यावरणी उद्दीपकों की तुलना में उसके व्यवहार पर अधिक सार्थक प्रभाव डालती है।'' वस्तुनिष्ठता की पूर्वकल्पना इसके ठीक विपरीत है। इस पूर्वकल्पना का समर्थन स्कीन्नर (Skinner) द्वारा प्रतिपादित व्यक्तित्व के सिद्धान्त में मिलता है। स्कीनर के अनुसार मानव मूलतः बाह्य एवं वस्तुनिष्ठ कारकों से प्रभावित होता है। इन कारकों के अभाव में मानव व्यवहार को सही-सही ढंग से समझना संभव नहीं है।

7. समस्थिति-विषमस्थिति (*Homeostatis-Heterostasis*)—इस विमा का सीधा संबंध मानव प्रेरणा (human motivation) से है। यहाँ कुछ महत्त्वपूर्ण प्रश्न इरा प्रकार से हैं—क्या व्यक्ति मूलतः तनाव कम करने तथा एक आन्तरिक संतुलन की अवस्था बनाये रखने के लिए ही प्रेरित रहता है (समस्थिति) या उसकी मूल प्रेरणा (basic motivation), वर्द्धन (growth), उद्दीपक-अन्वेषण (stimulus-seeking) तथा आत्म-यथार्थता (self-actualization) की प्राप्ति की ओर निर्देशित होता है? कुछ व्यक्तित्व सिद्धान्तों में समस्थिति (homeostasis) की पूर्वकल्पना को महत्त्व दिया गया है। डोलार्ड एवं मिलर (Dollard & Miller, 1950) ने अपने व्यक्तित्व सिद्धान्त में समस्थिति स्तर (homeostatic position) को महत्त्वपूर्ण बतलाया है और कहा है कि व्यक्तित्व शीलगुण मूलतः सीखने की प्रक्रिया द्वारा ही अर्जित (acquired) की जाती है और ऐसे शीलगुण हमेशा प्रणोद (drive) तथा पुनर्बलन (reinforcement) के बीच एक खास तरह के संबंध का परिणाम होता है। पुनर्बलन से प्रणोद में कमी आ जाती है और परिणामस्वरूप व्यक्ति का तनाव कम हो जाता है। कोई भी व्यक्ति अमुक व्यवहार इसलिए करता है क्योंकि वह अमुक तरह की विशेषताओं को अर्जित कर रखा है जिससे उसके प्रणोद (drive) में कमी होती ही है और एक आन्तरिक संतुलन (internal equilibirium) बना रहता है। डोलार्ड तथा मिलर (Dollard & Miller) के अनुसार एक समस्थितिक प्रेरणात्मक आधार के अभाव में व्यक्तित्व विकास (personality development) संभव नहीं है।

दूसरी तरफ कुछ ऐसे भी मनोवैज्ञानिक हैं जो अपने व्यक्तित्व सिद्धान्त में समस्थिति के विपरीत अर्थात् विषमस्थिति (heterostasis) का समर्थन किये हैं। इन मनोवैज्ञानिकों में मैसलो (Maslow, 1954) तथा रोजर्स (Rogers, 1951) के नाम उल्लेखनीय हैं। इन लोगों का मत है कि मानव व्यवहार वर्धन(growth) एवं आत्म-यथार्थता(self-actualization) की सतत खोज से प्रभावित होता है। अपने व्यवहार में तनाव कम करने की ओर निर्देशित करने के बजाय व्यक्ति नये-नये उद्दीपकों का अन्वेषण करने, आत्म-यथार्थता (self-actualization) के विकास के लिए चुनौतीपूर्ण अवसर को ढूँढ़ने आदि की ओर अपना व्यवहार निर्देशित करता है। इन्हीं मूलप्रवृत्तियों के कारण ही व्यक्तित्व का विकास संभव हो पाया है।

8. अप्रलक्षता-प्रतिक्रियाशीलता(*Proactivity-Reactivity*)—इस पूर्वकल्पना का संबंध मानव व्यवहार के कारणों की व्याख्या से है। यहाँ इस बात पर बल डाला जाता है कि मानव व्यवहार के वास्तविक कारण यहाँ पर अवस्थित(located) हैं? क्या व्यक्ति किसी व्यहवार को आन्तरिक रूप से स्वयं ही जन्म देता है या उनका व्यवहार बाह्य उद्दीपकों के प्रति मात्र एक प्रतिक्रिया (reaction) है? अप्रलक्षता (proactivity) की पूर्वकल्पना इस बात पर बल डालता है कि मानव व्यवहार का कारण व्यक्ति के भीतर होता है। व्यक्ति अपने भविष्य का निर्माता स्वयं होता है। वह प्रत्येक व्यवहार अपनी भीतरी प्रेरणाओं से प्रेरित होकर करता है। मैसलो (Maslow) के व्यक्तित्व सिद्धान्त में इस तरह के बल की स्पष्ट झलक मिलती है। प्रतिक्रियाशीलता(reactivity) की पूर्वकल्पना ठीक इसके विपरीत है। इस पूर्वकल्पना में मानव व्यवहार

---

1. "The inner world of the individual appears to have more significant influence upon his behaviour than does the external environmental stimulus." —Rogers : *Towards a science of the Person,* 1964, p. 124.

को बाह्य वातावरण के उद्दीपकों के प्रति एक प्रतिक्रिया (reaction) माना जाता है। मानव व्यवहार का वास्तविक कारण व्यक्ति की बाहरी दुनिया के उद्दीपक(stimuli) होते हैं। किम्बल(Kimball, 1953) द्वारा प्रतिपादित व्यक्ति के सिद्धान्त के प्रतिक्रियाशीलता के विमा (dimension) पर अधिक बल डाला गया है।

9. ज्ञेयता-अज्ञेयता(*Knowability-Unknowability*)—इस पूर्वकल्पना का संबंध एक महत्त्वपूर्ण प्रश्न से है—क्या मानव स्वभाव ऐसा है जिसे वैज्ञानिक पदों में पूर्णतः जाना जा सकता है या उसके सिर्फ कुछ तत्त्व ऐसे हैं जिनके बारे में जानना संभव नहीं है? इस प्रश्न के उत्तर पर भी व्यक्तित्व मनोवैज्ञानिकों (personality psychologists) के बीच काफी मतभेद है। कुछ मनोवैज्ञानिकों जिन्होंने निर्धारकता (determinism) तथा वस्तुनिष्ठता (objectivity) पर अधिक बल डाला है, ज्ञेयता पूर्वकल्पना पर बल डाले हैं और उनका दावा है कि मानव प्रकृति को पूर्णतः समझा जा सकता है तथा उसके बारे में जाना जा सकता है। वाटसन (Watson) तथा स्कीनर के व्यक्तित्व सिद्धान्तों में ज्ञेयता पहलू (knowability aspect) पर बल डाला गया है। इन लोगों का मत है कि क्रमबद्ध प्रेक्षण (systematic observation) तथा प्रयोगों (experiments) के माध्यम से मानव व्यवहार को पूर्णतः समझा जाना संभव है। इसके विपरीत विचारधारा रखने वाले मनोवैज्ञानिक रोजर्स (Rogers) हैं जिनका मत है कि प्रत्येक व्यक्ति सतत परिवर्तनशील अनुभूतियों की दुनिया में रहता है। उसकी व्यक्तिगत अनुभूतियों की दुनिया पूर्णतः गोपनीय (private) होती है जिसके बारे में सिर्फ वही व्यक्ति जान सकता है, दूसरा नहीं। कहने का तात्पर्य यह है कि मानव प्रकृति ऐसी होती है जिसे वैज्ञानिक पदों (scientific terms) में जाना नहीं जा सकता है।

स्पष्ट हुआ कि मानव प्रकृति या स्वभाव (human nature) के बारे में 9 तरह की द्विध्रुवीय पूर्वकल्पनाएँ (bipolar assumptions) हैं जिनकी व्याख्या करने में व्यक्तित्व सिद्धान्तों के बीच विचारों की विभिन्नताएँ हैं।

कुछ महत्त्वपूर्ण व्यक्तित्व सिद्धान्त
(Some Important Personality Theories)

व्यक्तित्व के कई सिद्धान्त हैं तथा उन्हें कई दृष्टिकोणों से अलग-अलग भागों में बाँटा गया है। नैदानिक मनोविज्ञान (clinical psychology) के दृष्टिकोण से व्यक्तित्व के कुछ महत्त्वपूर्ण सिद्धान्तों के नाम इस प्रकार हैं—

(1) सिगमण्ड फ्रायड : व्यक्तित्व का मनोवैश्लेषिक सिद्धान्त (Sigmund Freud : Psychoanalytic theory Personality)

(2) इरिक इरिक्सन : व्यक्तित्व का मनोसामाजिक सिद्धान्त :(Erikson theory of Psychosocial Personality)

(3) हेनरी मर्रे : व्यक्तित्व का आवश्यकता सिद्धान्त (Henry Murray : Need theory of Personality)

(4) गॉर्डन आलपोर्ट : व्यक्तित्व की शीलगुण (Gorden Allport : Trait theory of Personality)

(5) कार्ल रोजर्स : व्यक्तित्व का सांवृत्तिक सिद्धान्त(Carl Roger : Phenomenological theory of Personality)

(6) एब्राहम मैसलो : व्यक्तित्व का मानवतावादी सिद्धान्त (Abraham Maslow : Humanistic theory of Personality)

(7) बी॰ एफ॰ स्कीनर : व्यक्तित्व का व्यवहारवादी सीखना सिद्धान्त(B.F. Skinner : Behaviouristic-Learning theory of Personality)

(8) अलबर्ट बैण्डुरा : व्यक्तित्व का सामाजिक सीखने का सिद्धान्त(Albert Bandura : Social-learning theory of Personality)

इनमें से प्रत्येक सिद्धान्त का वर्णन हम अलग-अलग अनुच्छेदों में करेंगे।

सिगमण्ड फ्रायड : व्यक्तित्व का मनोवैश्लेषिक सिद्धान्त
(Sigmund Freud : Psychoanalytic Theory of Personality)

सिगमण्ड फ्रायड (1856-1939) जिनका जन्म आस्ट्रीया में हुआ तथा जो यहूदी (jew) थे, ने करीब-करीब 40 साल के अपने नैदानिक अनुभवों (clinical experiences) के बाद व्यक्तित्व के जिस सिद्धान्त का प्रतिपादन किया है, उसे व्यक्तित्व का *मनोवैश्लेषिक सिद्धान्त* (psychoanalytic theory) कहा जाता है। व्यक्तित्व को समझने एवं उसकी व्याख्या करने में इस सिद्धान्त की भूमिका उस समय भी काफी थी और आधुनिक मनोवैज्ञानिकों के बीच आज भी पर्याप्त है।

मनोविश्लेषणात्मक सिद्धान्त मानव प्रकृति या स्वभाव (human nature) के बारे में कुछ मूल पूर्वकल्पनाएँ (basic assumptions) पर आधारित है। इन पूर्वकल्पनाओं में निम्नांकित प्रमुख हैं—

(i) मानव व्यवहार बाह्य कारकों (external factors) द्वारा निर्धारित होता है तथा ऐसा व्यवहार अविवेकपूर्ण (irrational), अपरिवर्तनशील (unchangeable), समस्थितिक (homeostatic) तथा ज्ञेय (knowable) होते हैं।

(ii) मानव प्रकृति (human nature) पूर्णता (holism), शरीरगठनी (constitutionalism) तथा अप्रलक्षता (proactivity) जैसी पूर्वकल्पनाओं से हल्के-फुल्के ढंग से प्रभावित होती है।

(iii) मानव प्रकृति (human nature) आत्मनिष्ठ (subjectivity) की पूर्वकल्पना से बहुत कम प्रभावित होती है।

इन पूर्वकल्पनाओं (assumptions) पर आधारित मनोवैश्लेषिक सिद्धान्त (psychoanalytic theory) की व्याख्या निम्नांकित तीन प्रमुख भागों में बाँट कर की जाती है—

(क) व्यक्तित्व की संरचना (Structure of personality)

(ख) व्यक्तित्व की गतिकी (Dynamics of personality)

(ग) व्यक्तित्व का विकास (Development of personality)

इन सबों का वर्णन अलग-अलग अनुच्छेद में निम्नांकित है—

व्यक्तित्व की संरचना
(Structure of personality)

फ्रायड ने व्यक्तित्व की संरचना (structure) का वर्णन करने के लिए निम्नांकित दो मॉडल (model) का निर्माण किया है—

(अ) आकारात्मक मॉडल (Topographical model) तथा

(ब) गत्यात्मक या संरचनात्मक मॉडल (Dynamic or Structural model)

इन दोनों मॉडल की व्याख्या निम्नांकित है—

(अ) आकारात्मक मॉडल *(Topographical model)*—मन (mind) के आकारात्मक मॉडल से तात्पर्य वैसे पहलू से होता है जहाँ संघर्षमय परिस्थिति की गत्यात्मकता उत्पन्न होतीं है। मन का यह पहलू सचमुच में व्यक्तित्व के गत्यात्मक शक्तियों (dynamic forces) के बीच होनेवाले संघर्षों का एक कार्यस्थल होता है। फ्रायड ने इसे तीन स्तरों (levels) में बाँटा है—चेतन (conscious), अर्द्धचेतन (subconscious) तथा अचेतन (unconscious)।

इन तीनों का वर्णन निम्नांकित है—

(i) चेतन *(Conscious)*—चेतन से तात्पर्य मन के वैसे भाग से होता है जिसमें वे सभी अनुभूतियाँ एवं संवेदनाएँ होती हैं जिनका संबंध वर्तमान से होता है। दूसरे शब्दों में, चेतन क्रियाओं का संबंध तात्कालिक अनुभवों से होता है। फलतः चेतन व्यक्तित्व का लघु एवं सीमित पहलू का प्रतिनिधित्व करता है। किसी भीं क्षण व्यक्ति के मन में आ रही अनुभूतियों (experiences) का संबंध उसके चेतन (conscious) से ही होता है।

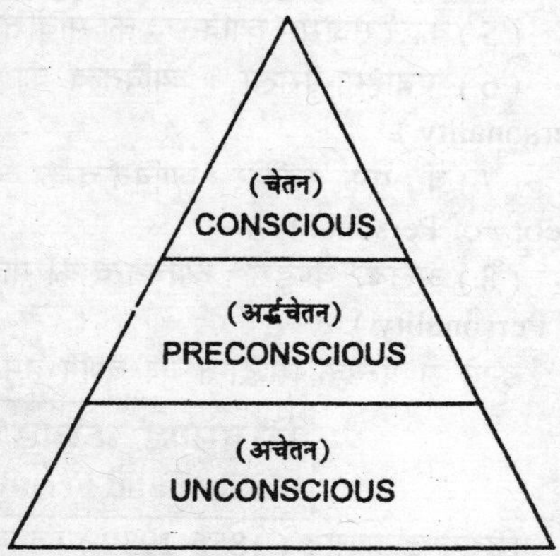

चित्र 22.1 : चेतन, अर्द्धचेतन एवं अचेतन का आकारीय चित्र

(ii) अर्द्धचेतन *(Subconscious or Preconscious)*—अर्द्धचेतन से तात्पर्य वैसे मानसिक स्तर से होता है जो सचमुच में न तो पूर्णतः चेतन (conscious) होता है और न ही पूर्णतः अचेतन (unconscious)। इसमें वैसी इच्छाएँ, विचार, भाव आदि होते हैं जो वर्तमान चेतन या अनुभव में नहीं होते हैं परन्तु प्रयास करने पर वे हमारे चेतन मन (conscious mind) में आ जाते हैं। अर्द्धचेतन को अन्य नामों जैसे—*अवचेतन* (preconscious or foreconscious) या *सुलभ स्मृति* (available memory) से भी जाना जाता है। आलमारी में हम अमुक किताब को नहीं पाते हैं और थोड़ी देर के लिए परेशान हो जाते हैं। फिर कुछ सोचने पर याद

आती है कि उस किताब को तो हमने अपने मित्र को दे दिया था। यह अर्द्धचेतन मन का उदाहरण होगा। फ्रायड के अनुसार अर्द्धचेतन (sucbsoncious) चेतन क्षेत्र एवं अचेतन क्षेत्र के बीच का एक पुल (bridge) का काम करता है।

(iii) अचेतन *(Unconscious)*—अचेतन का शाब्दिक अर्थ है जो चेतन या चेतना से परे हो। हमारे कुछ अनुभव इस प्रकार के होते हैं जो न तो हमारे चेतन (consciousness) में होते हैं और न ही अर्द्धचेतन (subconscious) में। ऐसे अनुभव अचेतन में होते हैं। अचेतन मन में रहनेवाले विचार एवं इच्छाओं का स्वरूप कामुक (sexual), असामाजिक (antisocial), अनैतिक (immoral) तथा घृणित (hateful) होता है। चूँकि ऐसी इच्छाएँ एवं विचारों को दिन-प्रतिदिन की जिन्दगी में पूरा करना संभव नहीं हो पाता है, अतः उसको चेतन से हटाकर अचेतन में दमित (repress) कर दिया जाता है, जहाँ जाकर ऐसी इच्छाएँ समाप्त नहीं हो जाती हैं। हाँ, थोड़ी देर के लिए निष्क्रिय अवश्य हो जाती है और चेतन में आने का भरसक प्रयास भी करते रहते हैं।

फ्रायड के अनुसार, अचेतन अनुभूतियों एवं विचारों का प्रभाव हमारे व्यवहार पर चेतन एवं अर्द्धचेतन की अनुभूतियों एवं विचारों से अधिक होता है। यही कारण है कि फ्रायड (Freud) ने अपने सिद्धान्त में अचेतन को चेतन एवं अर्द्धचेतन की तुलना में अधिक महत्त्वपूर्ण एवं बड़ा (large) आकार का बतलाया है। (चित्र 21.1 देखें)।

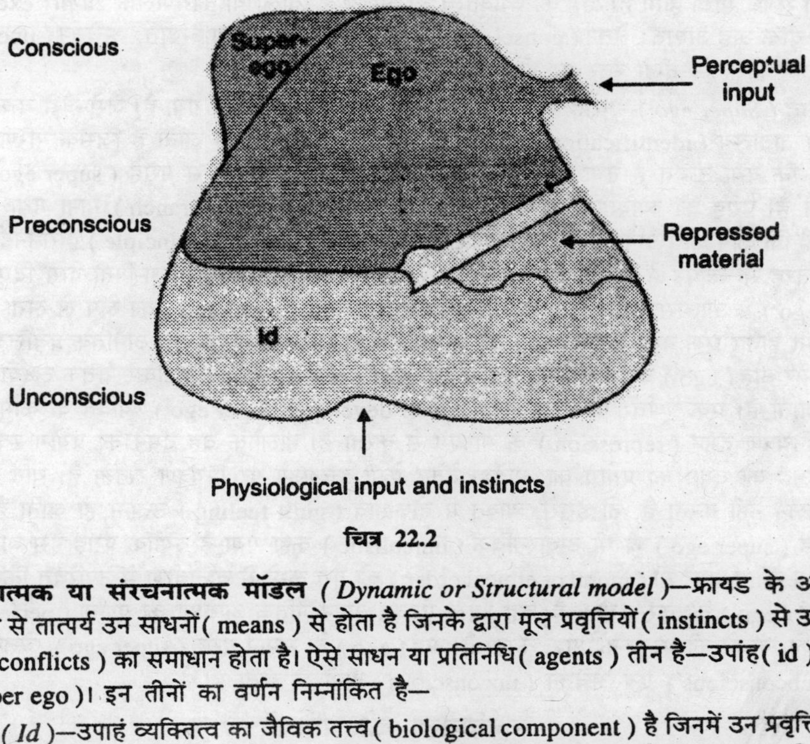

चित्र 22.2

(ब) गत्यात्मक या संरचनात्मक मॉडल *(Dynamic or Structural model)*—फ्रायड के अनुसार मन के गत्यात्मक मॉडल से तात्पर्य उन साधनों (means) से होता है जिनके द्वारा मूल प्रवृत्तियों (instincts) से उत्पन्न मानसिक संघर्षों (mental conflicts) का समाधान होता है। ऐसे साधन या प्रतिनिधि (agents) तीन हैं—उपाहं (id), अहं (ego) तथा पराहं (super ego)। इन तीनों का वर्णन निम्नांकित है—

(i) उपाहं *(Id)*—उपाहं व्यक्तित्व का जैविक तत्त्व (biological component) है जिनमें उन प्रवृत्तियों की भरमार होती है जो जन्मजात होती है तथा जो असंगठित, कामुक (sexual), आक्रामकतापूर्ण तथा सामान्य नियम आदि को मानने वाली नहीं होती है। एक नवजात शिशु में मूलतः उपाहं की प्रवृत्तियों की ही भरमार होती है। उपाहं की प्रवृत्तियाँ *आनन्द सिद्धान्त* (pleasure principle) द्वारा निर्धारित होती है क्योंकि ऐसी प्रवृत्तियों का मुख्य उद्देश्य आनन्द देनेवाली प्रेरणाओं की संतुष्टि करना होता है। इसे उचित-अनुचित, विवेक-अविवेक, समय, स्थान आदि से कोई मतलब नहीं होता है। उपाहं चूँकि पूर्णतः अचेतन (unconscious) होता है (चित्र 21.2 देखें), अतः इसका संबंध वास्तविकता (reality) से नहीं होता है।

उपाहं (id) मूलतः दो तरह के प्रक्रम (mechanism) को अपनाता है—सहज प्रक्रिया (reflex action) तथा प्राथमिक प्रक्रिया (primary process)। सहज प्रक्रिया में उपाहं तनाव उत्पन्न करने वाले स्रोत (sources) के प्रति अपने आप अनुक्रिया कर तनाव को दूर करता है। खांसना (coughing), छींकना (sneezing), आँख मिचकाना (blinking) आदि कुछ ऐसी ही सहज प्रक्रियाओं के उदाहरण हैं। प्राथमिक प्रक्रिया में व्यक्ति वैसे उद्दीपकों (stimuli) जिनसे पहले इच्छा की संतुष्टि होती थी, के बारे में एक मात्र एक कल्पना कर अपना संघर्ष या तनाव दूर करता है। एक बच्चा जिसे अमुक खिलौना जिससे पहले वह खेलता था, नहीं देने पर उस खिलौने का मात्र कल्पना कर ही अपनी इच्छा की पूर्ति करता है तथा मानसिक तनाव को दूर करता है।

(ii) अहं *(Ego)*—मन के गत्यात्मक पहलू का दूसरा प्रमुख भाग अहं (ego) है। जन्म के कुछ दिन तक बच्चा पूर्णतः उपाहं की प्रवृत्तियों द्वारा नियंत्रित होता है। परन्तु सामाजिक नियमों एवं नैतिक मूल्यों के कारण उनकी ऐसी प्रवृत्तियों या इच्छाओं की पूर्ति नहीं होती है जिसके फलस्वरूप उसमें निराशा (frustration) का अनुभव होता है और उसका संबंध वास्तवकिता (reality) से स्थापित होता है। इस प्रक्रिया में उसमें अहं (ego) का विकास होता है। अतः अहं मन का वह हिस्सा है जिसका संबंध वास्तविकता से होता है तथा जो बचपन में उपाहं की प्रवृत्तियों (id impulses) से ही जन्म लेता है। *अहं वास्तविकता सिद्धान्त*(reality principle) द्वारा नियंत्रित होता है तथा वातावरण की वास्तविकता के साथ इसका संबंध सीधा होता है। अहं को व्यक्तित्व का निर्णय लेनेवाला या कार्यपालक शाखा (executive branch) माना गया है। चूँकि अहं अंशतः चेतन (conscious), अशंतः अर्द्धचेतन तथा अंशतः अचेतन (unconscious) होता है, इसलिए अहं द्वारा इन तीनों स्तर पर ही निर्णय लिया जाता है।

(iii) पराहं *(Super ego)*—पराहं को *अहं-से-ऊँचा* (above-I) भो कहा गया है। जैसे-जैसे बच्चा बड़ा होते जाता है. वह अपना तादात्म्य (identification) माता-पिता के साथ स्थापित करते जाता है जिसके परिणामस्वरूप वह यह सीख लेता है कि क्या उचित है तथा क्या अनुचित है। इस तरह के सीखना से पराहं (super ego) के विकास की शुरुआत होती है। पराहं को व्यक्तित्व का नैतिक शाखा (moral or ethical branch) माना गया है जो व्यक्ति को यह बतलाता है कि कौन कार्य अनैतिक है। यह *आदर्शवादी सिद्धान्त*(idealistic principle) द्वारा निर्देशित एवं नियंत्रित होता है। इस तरह से बचपन में समाजीकरण (socialization) के दौरान बच्चा माता-पिता द्वारा दिए गए उपदेशों को अपने अहं (ego) में आत्मसात कर लेता है और यही बाद में पराहं (super ego) का रूप ले लेता है। पराहं (super ego) विकसित होकर एक तरफ उपाहं (id) की कामुक (sexual), आक्रामक एवं अनैतिक प्रवृत्तियों पर रोग लगाता है तो दूसरी ओर अहं (ego) को वास्तविक एवं यथार्थ लक्ष्यों (real goals) से हटाकर नैतिक लक्ष्यों (moral goals) की ओर ले जाता है। एक पूर्णतः विकसित पराहं (well-developed super ego) व्यक्ति के कामुक एवं आक्रामक प्रवृत्तियों पर नियंत्रण दमन (repression) के माध्यम से करता है। हालाँकि वह दमन का प्रयोग स्वयं नहीं करता है, फिर भी वह अहं को दमन का प्रयोग का आदेश देकर ऐसी इच्छाओं पर नियंत्रण रखता है। यदि अहं (ego) इस आदेश का पालन नहीं करता है, तो इससे व्यक्ति में दोष-भाव (guilt-feeling) उत्पन्न हो जाता है। उपाहं (id) के ही समान पराहं (super ego) को भी अवास्तविक (unrealistic) कहा गया है क्योंकि पराहं इस बात का ख्याल नहीं करता कि उसके नैतिक आदेशों (moral or ethical order) को पूरा करने में वातावरण में उपस्थित किन-किन कठिनाइयों का सामना अहं (ego) को करना होता है। वह आँख मूँदकर अपने नैतिक आदेशों की पूर्णता (perfection) की लक्ष्य की ओर अहं को खींचने की भरपूर कोशिश करता है। अहं (ego) के समान पराहं (super ego), चेतन (conscious), अर्द्धचेतन (subconscious) एवं अचेतन (unconscious) तीनों ही होता है।

व्यक्तित्व की गतिकी
(Dynamics of Personality)

फ्रायड के अनुसार मानव जीव (human organism) एक जटिल तंत्र (complex system) है जिसमें शारीरिक ऊर्जा (physiological energy) तथा मानसिक ऊर्जा (mental energy) दोनों ही होते हैं। शारीरिक ऊर्जा से व्यक्ति शारीरिक क्रियाएँ जैसे—दौड़ना, लिखना, सांस लेना आदि करता है तथा मानसिक ऊर्जा से व्यक्ति मानसिक कार्य जैसे—चिन्तन आदि करता है। फ्रायड के अनुसार इन दोनों की ऊर्जाओं का स्पर्श बिन्दु (contact point) उपाहं (id) होता है। फ्रायड ने इन ऊर्जाओं से संबंधित कुछ ऐसे संप्रत्यय (concepts) का विकास किया है जिनसे व्यक्तित्व की

गत्यात्मक पहलुओं (dynamic aspects) जैसे—मूलप्रवृत्ति (instinct), चिन्ता (anxiety) तथा मनोरचनाओं (mental mechanism) का वर्णन होता है। इसका विस्तृत वर्णन निम्नांकित है—

1. मूलप्रवृत्ति (*Instinct*)—मूलप्रवृत्ति से फ्रायड का तात्पर्य वैसे जन्मजात शारीरिक उत्तेजना (innate bodily excitation) से होता है जिसके द्वारा व्यक्ति के सभी तरह के व्यवहार निर्धारित किये जाते हैं। फ्रायड ने मूलप्रवृत्तियों को मूलतः दो भागों में बाँटा है—*जीवन मूलप्रवृत्ति* (life instinct) तथा *मृत्यु मूलप्रवृत्ति* (death instinct)। जीवन मूलप्रवृत्ति को *इरोस* (Eros) तथा मृत्यु मूलप्रवृत्ति को ***थैनाटोस*** (Thanatos) भी कहा जाता है। जीवन मूलप्रवृत्तियों द्वारा व्यक्ति के सभी तरह से रचनात्मक कार्यों (constructive works) जिसमें मानव वर्ग या जाति का प्रजनन (propagation) भी शामिल हैं, नियंत्रित होता है। अपने विशेष अहमियत के कारण फ्रायड ने जीवन मूलप्रवृत्ति (life instinct) से यौन मूलप्रवृत्ति (sex instinct) को अलग करके इस पर अपने सिद्धान्त में अधिक बल डाला है क्योंकि इसे व्यक्तित्व विकास के लिए वे काफी महत्त्वपूर्ण माने हैं। यौन मूलप्रवृत्ति के ऊर्जा बल (energy force) को *लिविडो* (libido) कहा गया है जिसकी अभिव्यक्ति (experssion) सिर्फ लैंगिक क्रियाओं (sexual activities) के रूप में होती है। मृत्यु मूलप्रवृत्ति या थैनाटोस द्वारा व्यक्ति सभी तरह के ध्वंसात्मक कार्यों तथा आक्रामककारी व्यवहारों (aggressive behaviours) का निर्धारण होता है।

सामान्य व्यक्तित्व (normal personality) में इन दोनों तरह की मूलप्रवृत्तियों (instincts) में एक संतुलन (balance) पाया जाता है। इस संतुलन में प्रायः इरोस की सक्रियता थैनाटोस की सक्रियता से अधिक होती है।

2. चिन्ता (*Anxiety*)—फ्रायड के अनुसार चिन्ता एक ऐसी भावात्मक (affective) एवं दुखद (unpleasant) अवस्था होती है जो अहं (ego) की आलंबित खतरा (impending danger) से सतर्क करता है ताकि व्यक्ति वातावरण के साथ अनुकूली ढंग (adaptive way) से व्यवहार कर सके। फ्रायड ने चिन्ता (anxiety) के तीन प्रकार बतलाये हैं—

(i) वास्तविक चिन्ता (realistic anxiety)
(ii) तंत्रिकातापी चिन्ता (neurotic anxiety)
(iii) नैतिक चिन्ता (moral anxiety)

इन तीनों का वर्णन निम्नांकित है—

(i) वास्तविक चिन्ता (*Realistic anxiety*)—बाह्य वातावरण में व्याप्त वास्तविक खतरा (real danger) के प्रति की गयी सांवेगिक अनुक्रिया (emotional response) को वास्तविक चिन्ता (realistic anxiety) कहा जाता है। जैसे—आग, साँप, भूकंप, अंधड़-तूफान से डर कर चिन्तित होना वास्तविक चिन्ता का उदाहरण है। स्पष्ट हुआ कि इस तरह की चिन्ता की उत्पत्ति बाह्य वातावरण पर अहं की निर्भरता (depdendence) से उत्पन्न होती है।

(ii) तंत्रिकातापी चिन्ता (*Neurotic anxiety*)—इस तरह की चिन्ता की उत्पत्ति उपाहं (id) की इच्छाओं पर अहं की निर्भरता (dependence) से होती है। इसमें व्यक्ति को यह आशंका उठती है कि अहं (ego), उपाहं (id) की इच्छाओं को खासकर यौन इच्छाओं (sex desires) तथा आक्रामक इच्छाओं (aggressive impulses) को नियंत्रित करने में असमर्थ रहेगा।

(iii) नैतिक चिन्ता (*Moral anxiety*)—जब अहं को पराहं (super ego) से दण्ड दिये जाने की धमकी मिलती है, तो इससे व्यक्ति में नैतिक चिन्ता उत्पन्न होती है। दूसरे शब्दों में, नैतिक चिन्ता की उत्पत्ति का कारण पराहं (super ego) पर अहं (ego) की निर्भरता (dependence) है। जब व्यक्ति उपाहं (id) की अनैतिक विचारों एवं आवेगों को कार्यरूप दे देता है, तो ऐसी परिस्थिति में अहं (ego) को पराहं (super ego) दण्ड देता है और उसके परिणामस्वरूप व्यक्ति में दोष-भाव (guilt-feeling), शर्म एवं आत्म-दोष (self-condemnation) की भावना उत्पन्न हो जाती है।

ये तीनों तरह की चिन्ताएँ आपस में शायद ही कभी एक-दूसरे से पूर्णतः भिन्न रह पाती है। सच्चाई यह है कि एक तरह की चिन्ता किसी दूसरे प्रकार की चिन्ता को जन्म देती है।

3. अहं रक्षात्मक प्रक्रम (*Ego defense machanism*)—अहं रक्षात्मक प्रक्रम के विचार का प्रतिपादन तो सिगमण्ड फ्रायड (Sigmund Freud) ने किया परन्तु इसकी सूची को उनकी पुत्री अन्ना फ्रायड (Anna Freud) तथा अन्य नव-फ्रायडियन (neo-Freudian) द्वारा पूरा किया गया। अहं रक्षात्मक प्रक्रम से तात्पर्य कुछ वैसे प्रक्रमों (mechanisms)

से होता है जिसके सहारे अहं अपने आपको विभिन्न तरह की चिन्ताओं से बचा पाता है। रक्षात्मक प्रक्रमों का प्रयोग सभी व्यक्ति करते हैं परन्तु इसका प्रयोग अधिक करने पर व्यक्ति के व्यवहार में बाध्यता(compulsion) एवं स्नायुविकृति (neuroticism) का गुण विकसित हो जाता है। सभी रक्षात्मक प्रक्रमों(defence mechanism) से कम-से-कम निम्नांकित दो गुण अवश्य पाये जाते हैं—

(i) सभी रक्षात्मक प्रक्रम अचेतन स्तर पर कार्य करते हैं। अतः वे आत्म-भ्रामक (self-deceptive) होते हैं।

(ii) ऐसे रक्षात्मक प्रक्रम वास्तविकता के प्रत्यक्षण (perception of reality) को विकृत कर देते हैं। फलस्वरूप, व्यक्ति के लिए चिन्ता का स्वरूप कम धमकीपूर्ण हो जाता है।

प्रमुख रक्षात्मक प्रक्रम निम्नांकित है—

(i) दमन *(Repression)*—दमन एक ऐसा रक्षात्मक प्रक्रम है जिसके द्वारा चिन्ता, तनाव, मानसिक संघर्ष उत्पन्न करनेवाली असामाजिक एवं असैनिक इच्छाओं को चेतना से हटाकर व्यक्ति अचेतन में कर देता है। दमन को कभी-कभी *चयनात्मक विस्मरण की घटना* (phenomenon of selective forgetting) भी कहा जाता है।

(ii) यौक्तिकीकरण*(Rationalization)*—यह रक्षात्मक प्रक्रम ''अंगूर खट्टे हैं'' जैसी कहावत को चरितार्थ करता है। इसमें अयुक्तिसंगत (irrational) अभिप्रेरकों एवं इच्छाओं से उत्पन्न मानसिक संघर्ष या तनाव का समाधान उन अभिप्रेरकों एवं इच्छाओं को युक्तिसंगत बनाकर अर्थात् तर्क एवं विवेकपूर्ण व्याख्या कर किया जाता है। इस तरह से यौक्तिकीकरण में व्यक्ति अपने अयुक्तिसंगत व्यवहारों को एक युक्तिसंगत एवं तर्कसंगत व्यवहार के रूप में परिणत कर अपने आप एवं दूसरों को संतुष्ट कर अपना मानसिक संघर्ष दूर करने की कोशिश करता है। कोई व्यक्ति अपनी आर्थिक तंगी से उत्पन्न चिन्ता को दूर करने के लिए यदि यह सोचता है कि अपने घर की सूखी रोटी भी दूसरों के घर के मिठाई एवं हलवे से अधिक स्वादिष्ट होती है, तो यह यौक्तिकीकरण का उदाहरण होगा।

(iii) प्रतिक्रिया निर्माण*(Reaction formation)*—यह रक्षात्मक प्रक्रम प्रसिद्ध कहावत ''सौ-सौ चूहे खाकर बिल्ली हज को चली'' या ''मुँह में राम बगल में छुरी'' से मेल खाता है। इस रक्षात्मक प्रक्रम में व्यक्ति अपने अहं (ego) को किसी कष्टकर या अप्रिय इच्छा तथा प्रेरणा से ठीक उस इच्छा एवं प्रेरणा के विपरीत इच्छा या प्रेरणा विकसित कर बचाता है। एक रक्षात्मक प्रक्रिया के रूप में प्रतिक्रिया निर्माण (reaction formation) के विकास में दो चरण (steps) सम्मिलित होते हैं। पहले चरण में व्यक्ति अपने अप्रिय एवं कष्टकर विचारों और इच्छाओं को अचेतन में दमन कर देता है तथा दूसरे चरण में वह इन दमित इच्छाओं एवं विचारों के ठीक विपरीत इच्छा चेतन स्तर पर व्यक्त कर अपने तनाव को दूर करता है। भ्रष्ट नेता द्वारा भ्रष्टाचार के विरोध में भाषण देना तथा प्रेम में असफल हो जाने पर अपनी प्रेमिका या प्रेमी से घृणा करना प्रतिक्रिया निर्माण के उदाहरण हैं।

(iv) प्रतिगमन*(Regression)*—प्रतिगमन का शाब्दिक अर्थ पीछे की ओर हो जाना होता है। यह एक ऐसा रक्षात्मक प्रक्रम है जिसमें तनाव या संघर्ष के समाधान के लिए व्यक्ति में बाल्यावस्था के व्यवहारों की ओर पलटने की प्रवृत्ति होती है। इसके कई उदाहरण हमें दिन-प्रतिदिन की जिन्दगी में मिलते हैं। किसी मानसिक तनाव या संघर्ष के उत्पन्न हो जाने पर वयस्क व्यक्ति भी कभी-कभी बच्चों की तरह फूट-फूट कर रोने लगता है या क्रोधित हो उठता है। एक शादी-शुदा लड़की जब सलवार कुरता या बेबी शैली में स्कर्ट ब्लॉज पहनती है, तो यह भी प्रतिगमन का एक अच्छा उदाहरण बनता है।

(v) प्रक्षेपण*(Projection)*—दूसरे लोगों या वातावरण के प्रति अपनी अमान्य प्रस्तुतियों, मनोवृत्तियों एवं व्यवहारों को अचेतन रूप से आरोपित करने की प्रक्रिया को प्रक्षेपण कहा जाता है। प्रायः देखा गया है कि परीक्षा में फेल हो जाने पर छात्र इसका दोष स्वयं पर न लेकर कठिन प्रश्न के पूछे जाने, शिक्षक द्वारा कुछ अध्यायों को नहीं पढ़ाया जाना, परीक्षा के समय माता-पिता द्वारा उन्हें घरेलू कार्यों में व्यस्त रखना आदि बतलाकर फेल हो जाने से उत्पन्न चिन्ता को दूर करता है।

(vi) विस्थापन*(Displacement)*—इस रक्षात्मक प्रक्रम में व्यक्ति अपने संवेग या प्रेरणा(motivation) को किसी वस्तु विशेष या व्यक्ति से अचेतन रूप से हटाकर दूसरे व्यक्ति या वस्तु से संबंधित कर लेता है। स्पष्ट है कि इसमें व्यक्ति अपने मानसिक संघर्ष या चिन्ता को कम करने के लिए सांवेगिक प्रक्रियाओं को मौलिक या संबंधित वस्तु से हटाकर किसी दूसरे तटस्थ व्यक्ति या वस्तु पर स्थानान्तरित कर देता है। जैसे—पिता या माता द्वारा पिटाई होने पर बालक

द्वारा अपने छोटे भाई या बहन को पीटना, अपने आप को दफ्तर में अपमानित होने पर घर में आकर पत्नी तथा बच्चों पर गुस्सा दिखलाना, संतानहीन औरतों द्वारा दूसरे के बच्चे के प्रति अधिक प्रेम दिखलाना आदि विस्थापन के कुछ उदाहरण हैं।

उपर्युक्त किये गए रक्षात्मक प्रक्रमों (defense mechanisms) से व्यक्ति अपने आप को बाह्य एवं आन्तरिक तनावों से बचाता है। प्रत्येक रक्षात्मक प्रक्रम के उपयोग में मनोवैज्ञानिक ऊर्जा (psychological energy) खर्च होती है और इसका प्रयोग सभी स्वस्थ व्यक्तियों (healthy individuals) द्वारा किया जाता है।

व्यक्तित्व का विकास
(Development of Personality)

फ्रायड ने व्यक्तित्व विकास की व्याख्या दो दृष्टिकोणों से किया है। पहला दृष्टिकोण इस बात पर बल डालता है कि वयस्क व्यक्तित्व (adult personality) बाल्यावस्था के भिन्न-भिन्न तरह की अनुभूतियों (experiences) द्वारा नियंत्रित होती है तथा दूसरे दृष्टिकोण के अनुसार जन्म के समय लैंगिक ऊर्जा (sexual energy) बच्चों में मौजूद होती है जो विभिन्न मनोलैंगिक अवस्थाओं (psychosexual stages) से होकर विकसित होती है। फ्रायड के इस दूसरे दृष्टिकोण को *मनोलैंगिक विकास का सिद्धान्त* (theory of psychosexual development) कहा जाता है। इस सिद्धान्त की दो प्रमुख विशेषताएँ हैं—

(i) मनोलैंगिक विकास की पाँच अवस्थाएँ होती हैं और इनमें से प्रथम तीन तथा अंतिम अवस्था में एक स्वतंत्र कामुकता क्षेत्र (erogeneous zone) उत्पन्न होती है।

(ii) मनोलैंगिक सिद्धान्त के अनुसार मानव विकास (human development) का मुख्य बल (force) लैंगिक मूलप्रवृत्ति (sexual instinct) होता है जो प्रारंभिक विकासात्मक वर्षों में कामुकता क्षेत्र (erogeneous zones) से होकर विकसित होता है।

फ्रायड द्वारा प्रतिपादित मनोलैंगिक विकास के सिद्धान्त की पाँच अवस्थाएँ क्रम से निम्नांकित हैं—

(i) मुखावस्था (Oral stage)
(ii) गुदावस्था (Anal stage)
(iii) लिंगप्रधानावस्था (Phallic stage)
(iv) अव्यक्तावस्था (Latency stage)
(v) जनेन्द्रियावस्था (Genital stage)

इन सबका वर्णन निम्नांकित है—

(i) मुखावस्था *(Oral stage)*—मुखावस्था मनोलैंगिक विकास की पहली अवस्था है जो जन्म से लेकर करीब-करीब 1 साल की उम्र तक का होता है। इस अवस्था का कामुकता क्षेत्र (erogeneous zone) मुँह होता है। फलस्वरूप बच्चा मुँह द्वारा की जानेवाली सभी क्रियाओं जैसे—चूसना (sucking), निगलना (swallowing), जबड़ा (jaw) से कोई चीज दबाना या जबड़ा में दाँत निकल आने पर दाँत से दबाना आदि लैंगिक सुख प्राप्त करता है। फ्रायड के अनुसार इस अवस्था पर अधिक या कम मात्रा में मुखवर्ती उत्तेजन (oral stimulation) होने से वयस्कावस्था (adulthood) में दो तरह के व्यक्तित्व विकसित होते हैं—*मुखवर्ती-निष्क्रिय व्यक्तित्व* (oral-passive personality) तथा *अनुवर्ती-आक्रामक व्यक्तित्व*(oral-aggressive personality)। मुखवर्ती-निष्क्रिय व्यक्तित्व वाले व्यक्ति आशावादी होते हैं तथा उन्हें दूसरे व्यक्तियों पर विश्वास अधिक होता है। इनमें निष्क्रियता तथा दूसरों पर अत्यधिक निर्भरता का शीलगुण पाया जाता है। मुखवर्ती-आक्रामक व्यक्तित्व वाले व्यक्ति अपनी आवश्यकताओं के लिए दूसरों पर अधिक प्रभुत्व दिखलाते हैं तथा उनका बुरी तरह से शोषण भी करते हैं। ऐसे व्यक्तियों को परपीड़न कार्यों (sadistic activities) में अधिक अभिरुचि होती है।

(ii) गुदावस्था *(Anal stage)*—यह अवस्था जीवन का पहला साल समाप्त होने पर प्रारंभ होता है तथ दूसरे साल की अवधि समाप्त होने तक बनी रहती है। दूसरे शब्दों में, यह अवस्था 2 से 3 साल के आयु के बीच होती है। इस अवस्था में कामुकता क्षेत्र (erogeneous zone) मुँह से हटकर शरीर के गुदा क्षेत्र (anal region) में आ जाता

है। फलस्वरूप, बच्चे मल-मूत्र त्यागने से संबंधित क्रियाओं से आनन्द उठाते है। इस अवस्था पर अधिक या कम उत्तेजना होने पर वयस्कावस्था में दो तरह के व्यक्तित्व विकसित होते हैं—*गुदा-आक्रामक व्यक्तित्व* (anal- aggressive personality) तथा *गुदा-धारणात्मक व्यक्तित्व* (anal-retentive personality)। गुदा-आक्रामकता व्यक्तित्व में क्रूरता (cruelty), विनाशिता (destructiveness), विद्वेष (hostility), क्रमहीनता (disorderliness) आदि शीलगुणों की प्रधानता होती है तथा गुदा-धारणात्मक व्यक्तित्व (anal-retentive personality) में हठ, कंजूसी, क्रमबद्धता (orderlines) तथा समयनिष्ठता आदि के गुणों की प्रधानता होती है।

(iii) लिंगप्रधानावस्था *(Phallic stage)*—मनोलैंगिक विकास की यह तीसरी अवस्था होती है जो जीवन के चौथे से पाँचवें साल के दौरान की अवस्था है। इस अवस्था का कामुकता क्षेत्र जनेन्द्रिय (gentital) होता है। लड़कियों की जनेन्द्रियों को योनि (vagina) तथा लड़कों के जनेन्द्रिय को शिश्न (penis) कहा जाता है। फ्रायड का कहना था कि इस अवस्था में प्रत्येक लड़का में मातृ-मनोग्रन्थि (oedipus complex) तथा प्रत्येक लड़की में पितृ-मनोग्रन्थि (electra complex) विकसित होता है। अतः ये दोनों ही ग्रन्थियाँ सर्वसार्विक (universal) होती हैं। मातृ मनोग्रन्थि (oedipus complex) में लड़का अचेतन रूप से (unconsciously) अपनी माता से लैंगिक प्रेम तथा रतिक्रिया (sexual intercourse) की इच्छा करता है तथा पिता से घृणा करता है। बालक चूँकि यह समझता है कि यह पिता को मान्य नहीं होगा, अतः वह अपने पिता से डरता है और सोचता है कि पिता उसके लिंग (penis) को ही काट देंगे या कटवा देंगे। इस चिंता को *बंधियाकरण चिन्ता* (castration anxiety) की संज्ञा दी गयी है जिससे वयस्कावस्था में तंत्रिकातापी चिन्ता (neurotic anxiety) उत्पन्न होती है। पितृ-मनोग्रन्थि में अचेतन रूप से लड़की पिता से लैंगिक सुख चाहती है तथा माता से घृणा करती है। लड़कियों में माँ के प्रति घृणा का एक कारण यह होता है कि वह यह सोचती है कि उसके पास पिता या अपने भाई के समान लिंग नहीं है जो होना चाहिए था। उसकी माँ ही उसे लिंग से वंचित कर दी है। इसे फ्रायड में *लिंग-ईर्ष्या* (penis envy) कहा है जो लड़कों में पाये जानेवाले बंधियाकरण चिन्ता (castration anxiety) के तुल्य है। इन मनोग्रन्थियों का सफलतापूर्वक समाधान होने से लड़का तथा लड़की में नैतिकता (morality) विकसित होता है। परन्तु ठीक ढंग से समाधान नहीं होने पर उसका कुप्रभाव वयस्क व्यक्तित्व पर सीधा पड़ता है। फ्रायड के अनुसार जो लड़के लिंगप्रधानावस्था (phallic stage) पर आबद्ध (fixated) होते हैं, उनमें वयस्क होने पर व्यक्तित्व के अन्य शीलगुणों में उतावलापन, शेखीबाजी (boastfulness), उच्चाकांक्षा (high ambition) आदि शीलगुणों की प्रधानता होती है। जो लड़की शैश्नावस्था पर आबद्ध (fixated) होती है, उनमें वयस्क होने पर व्यक्तित्व के अन्य शीलगुणों में इश्कबाजी (flirtatiousness), सम्मोहकता (seductiveness) तथा स्वच्छन्द संभोगिता (promiscuity) आदि शीलगुणों की प्रधानता होती है।

(iv) अव्यक्तावस्था *(Latency stage)*—मनोलैंगिक विकास की यह चौथी अवस्था है जो लिंगप्रधानावस्था (phallic stage) के बाद प्रारंभ होती है। यह अवस्था 6 या 7 साल के उम्र से प्रारंभ होकर लगभग 12 वर्ष की आयु तक रहती है। इस अवस्था में बच्चों में कोई नया कामुकता क्षेत्र विकसित नहीं होता है तथा साथ-ही-साथ लैंगिक इच्छाएँ (sexual wishes) भी सुषुप्त (dormant) हो जाती हैं। सही अर्थ में इस अवस्था में लैंगिक इच्छाओं (sexual energy) का उदात्तीकरण (sublimation) होता पाया जाता है अर्थात् लैंगिक इच्छाओं की अभिव्यक्ति भिन्न-भिन्न प्रकार के अलैंगिक क्रियाओं (non-sexual activities) जैसे—शिक्षा, चित्रकारी, खेल-कूद आदि के रूप में होती है। तकनीकी रूप से (technically) इस अवस्था को मनोलैंगिक विकास की एक अवस्था नहीं मानी गयी है क्योंकि इसमें कोई नया कामुकता क्षेत्र (erogenous zone) तो विकसित होता नहीं है।

(v) जननेन्द्रियावस्था *(Gential stage)*—मनोलैंगिक विकास की यह अन्तिम अवस्था है जो 13 वर्ष की आयु से प्रारंभ होकर निरन्तर चलती रहती है। इस अवस्था में किशोरावस्था (adolescence) तथा प्रौढ़ावास्था (adulthood) दोनों ही सम्मिलित होते हैं। इस अवस्था में किशोर एवं किशोरियों में अनेक तरह के शारीरिक परिवर्तन होते हैं तथा ग्रन्थीय विकास (glandular development) परिपक्व हो जाते हैं। इस अवस्था के प्रारंभ के कुछ वर्ष जो किशोरावस्था के तहत होते हैं, में व्यक्तियों में अपने ही लिंग के व्यक्तियों के साथ रहने, उठने-बैठने एवं बातचीत करने की प्रवृत्ति अधिक तीव्र होती है। इसे फ्रायड ने *समलिंगकामुकता* (homosexuality) कहा है। फ्रायड का दावा है कि प्रारंभिक किशोरावस्था में सभी व्यक्ति में समलिंगकामुकता की प्रवृत्ति होती है। परन्तु धीरे-धीरे जैसे-जैसे व्यक्ति प्रारंभिक किशोरावस्था से निकलकर वयस्कावस्था (adulthood) में प्रवेश करता है, तो उसकी समलिंगकामुकता प्रवृत्ति कमने लगती है और

उसमें विपरीत यौन के व्यक्तियों के प्रति आकर्षण (attraction) बढ़ने लगता है और व्यक्ति में समलिंगकामुकता (homosexuality) की जगह पर विषमलिंग कामुकता (heterosexuality) विकसित होने लगता है। इस अवस्था में व्यक्ति का व्यक्तित्व शारीरिक, मानसिक एवं सामाजिक रूप से परिपक्व हो जाता है और वह सामाजिक रूप से अनुमोदित लैंगिक संबंध स्थापित कर एक संतोषजनक जिन्दगी की ओर अग्रसर होता है।

स्पष्ट हुआ कि मनोलैंगिक अवस्थाओं (psychosexual stages) से होकर व्यक्ति की लैंगिक ऊर्जा (sexual energy) का धीरे-धीरे विकास होता जाता है जिससे व्यक्ति बाल्यावस्था की निष्क्रियता (passivity) को त्याग कर वयस्कावस्था में सामाजिक रूप से उपयोगी एवं सुखमय जीवन जीता है।

फ्रायड (Freud) के सिद्धान्त के कुछ गुण (merits) एवं परिसीमाएँ (limitations) हैं। इसके कुछ गुण निम्नांकित हैं—

(i) फ्रायड का यह सिद्धान्त काफी विस्तृत (comprehensive) एवं चुनौतीपूर्ण है। इसके द्वारा व्यक्तित्व विकास की व्याख्या बोधगम्य (understandable) भाषा में की गयी है।

(ii) फ्रायड के सिद्धान्त के अधिकांश संप्रत्यय ऐसे हैं जो आधुनिक व्यक्तित्व मनोवैज्ञानिकों के लिए इस क्षेत्र में वर्णनात्मक शोध (descriptive research) करने के लिए एक महत्त्वपूर्ण साधन (tool) साबित हुए हैं।

(iii) फ्रायड के सिद्धान्त का स्वरूप ही कुछ ऐसा है कि जिसके माध्यम से मानव व्यवहार के बारे में ज्ञात तथ्यों को तार्किक रूप से मनोवैश्लेषिक ढाँचें में आसानी से ढाला जा सकता है।

इन गुणों के बावजूद मनोवैश्लेषिक सिद्धान्त(psychoanalytic theory) की कुछ खामियाँ हैं जिनमें निम्नांकित प्रमुख हैं—

(i) फ्रायड के मनोवैश्लेषिक सिद्धान्त की विधि वैज्ञानिक नहीं है। चूँकि उन्होंने अपने शोधों को क्रमबद्ध रूप से (systematically) वर्णन नहीं किया है, अतः उनमे सही-सही प्राक्कल्पना (hypothesis) तैयार करना संभव नहीं हो पाया है।

(ii) फ्रायड के सिद्धान्त के बहुत सारे संप्रत्यय अस्पष्ट शब्दों में वर्णित हैं तथा उनकी अनुभवजन्य जाँच(empirical test) भी संभव नहीं है और उन्हें मात्र अजाँचनीय सैद्धान्तिक संप्रत्यय (theoretical concepts) के रूप में किसी तरह से लोगों द्वारा स्वीकार किया गया है। लुंडिन (Lundin, 1985) के अनुसार पराहं (super ego) तथा मानसिक ऊर्जा (psychic energy) दो ऐसे संप्रत्यय (concept) के उदाहरण हैं जिनके अस्तित्व को न तो अब तक साबित किया जा सकता है और न उन्हें खंडित ही किया गया है।

(iii) आधुनिक मनोवैज्ञानिकों का मत है कि फ्रायड ने अपने सिद्धान्त को व्यक्तिगत प्रेक्षण(personal observation) पर आधारित किया है जिसके अधिकतम अंश उनके अपने व्यवहार के विश्लेषण से प्राप्त हुए थे तथा कुछ अंश उनके उपचार-गृह (clinic) में आये मानसिक रोगियों (mental patients) द्वारा बतलाये गये अनुभूतियों पर आधारित थे। इन आधुनिक मनोवैज्ञानिकों ने यह आशंका व्यक्त की है कि ऐसी सीमित अनुभूतियों के आधार पर (और वह भी रोगियों की अनुभूतियों के आधार पर) सामान्य व्यक्ति के व्यक्तित्व के सिद्धान्त का प्रतिपादन करना युक्तिसंगत नहीं है।

(iv) फ्रायड ने अपने व्यक्तिगत सिद्धान्त में लैंगिक ऊर्जा (sexual energy) पर जरूरत से ज्यादा बल डाला है। उनका यह कहना कि जन्म के समय ही बच्चा में लैंगिक ऊर्जा मौजूद रहती है तथा जिसका विकास धीरे-धीरे बाल्यावस्था के मनोलैंगिक अवस्थाओं के माध्यम से होता है, आधुनिक मनोवैज्ञानिकों को मान्य नहीं है।

(v) कुछ मनोवैज्ञानिकों का मत है कि फ्रायड के सिद्धान्त के कुछ संप्रत्यय (concept) जरूरत से ज्यादा पौराणिक एवं काल्पनिक कथाओं पर आधारित हैं जिनकी वास्तविकता विश्वास की सीमा से बाहर मालूम पड़ती है। मातृ-मनोग्रन्थि (oedipus complex) एक ऐसा ही संप्रत्यय है। लुंडिन (Lundin, 1985) के अनुसार यह कहना कि एक अपरिपक्व बालक अपने अचेतन में अपने माता-पिता से यौन संबंध चाहता है, बिलकुल ही एक बेतुका बात लगता है। इतना ही नहीं, फ्रायड ने इस ग्रन्थि को एक सार्वजनिक घटना (universal phenomenon) कहा है जो सभी प्रजाति (race) के बच्चों में पाया जाता है। परन्तु ऐसे अनेक संस्कृति (culture) हैं जहाँ पिता एवं पुत्र में विद्वेष (rivalry) का कारण परिवार में पिता का प्रबल एवं शक्तिशाली स्थान होता है न कि किसी तरह की लैंगिक ईर्ष्या (sexual jealousy)।

इन आलोचनाओं के बावजूद फ्रायड द्वारा प्रतिपादित व्यक्तित्व का सिद्धान्त आधुनिक व्यक्तित्व मनोवैज्ञानिकों के

लिए महत्त्वपूर्ण प्रेरणा का स्रोत रहा है। इसमें कोई शक नहीं है कि व्यक्ति के दिन-प्रतिदिन के व्यवहार पर फ्रायड के सिद्धान्त का काफी प्रभाव पड़ा है। हाल[1] तथा उनके सहयोगियों (Hall et al., 1985) ने बहुत ही सटीक शब्दों में टिप्पणी करते हुए कहा है, ''सही या गलत, सिगमण्ड फ्रायड ने व्यक्तित्व मनोविज्ञान को जाँच के एक सही रास्ते पर ला रखा है और उसके लिए हम सभी लोग उनके आभारी हैं।''

मनोविश्लेषणात्मक सिद्धान्त का अनुप्रयोग
(Application of Psychoanalytic Theory)

सिगमण्ड फ्रायड एक ऐसे व्यक्ति थे जिनका अधिकतर समय मानसिक रोगियों की चिकित्सा में व्यतीत हुआ। उनका उद्देश्य रोगियों का सिर्फ उपचार करना नहीं था बल्कि मानव व्यक्तित्व को समझने में पर्याप्त सूझ भी विकसित करना था। शायद यही कारण है कि ऐसा कहा जाता है कि उनके सिद्धान्त तथा चिकित्सकीय अभ्यास (clinical practice) में एक चक्रवर्ती संबंध (circular relation) है। नैदानिक दृष्टिकोण (clinical viewpoint) से फ्रायड द्वारा प्रतिपादित व्यक्तित्व के मनोवैश्लेषिक दृष्टिकोण (psychoanalytic theory) के तीन प्रमुख अनुप्रयोग (application) हैं जो निम्नांकित हैं—

1. स्वप्न विश्लेषण (Dream analysis)
2. पाराप्रेक्सेज (Parapraxes) या दैनिक जीवन की मनोविकृतियाँ (Psychopathologies of everday life)
3. मनोचिकित्सा (Psychotherapy)

इन सबका वर्णन निम्नांकित है—

1. स्वप्न विश्लेषण *(Dream analysis)*—फ्रायड के अनुसार करीब-करीब सभी स्वप्न इच्छा-पूरक (wish-fulfiller) होते हैं क्योंकि स्वप्न में व्यक्ति अपने अचेतन की इच्छाओं की पूर्ति होते पाता है। ऐसी अचेतन की इच्छाएँ प्रायः बाल्यावस्था की होती हैं परन्तु कभी-कभी ऐसी इच्छाओं का संबंध हाल के गत अनुभूतियों से भी होता है। फ्रायड के अनुसार स्वप्न का निर्माण अचेतन में होता है और स्वप्न के माध्यम से ये अचेतन की इच्छाएँ चेतन में अपनी अभिव्यक्ति चाहती हैं। इन अचेतन इच्छाओं को फ्रायड ने *अव्यक्त विषय* (latent content) कहा है तथा स्वप्नद्रष्टा द्वारा स्वप्न की सामग्रियों का किया गया चेतन वर्णन (conscious description) को *व्यक्त विषय* (manifest content) कहा गया। नींद के दौरान भी चेतन के प्रतिबन्धकों (censorship) के कारण अचेतन की इच्छाओं को छद्मरूप धारण कर लेना पड़ जाता है। इस तरह का छद्मरूप कई तरह के प्रक्रमों (mechanism) के सहारे ग्रहण किये जाते हैं। इन्हें *स्वप्न-कार्य* (dream-work) या स्वप्न प्रक्रम (dream mechanism) कहा जाता है। स्वप्न प्रक्रम के कई प्रकार हैं जिनमें सबसे अधिक महत्त्वपूर्ण प्रकार *संक्षेपण* (condensation) तथा *विस्थापन* (displacement) है। संक्षेपण में अचेतन की इच्छाएँ या सामग्रियाँ व्यक्त विषय (manifest content) में आने के लिए संक्षिप्त रूप धारण कर लेती हैं। विस्थापन में व्यक्ति की अचेतन की इच्छाएँ संबधित व्यक्ति या वस्तु के प्रति प्रकट न होकर स्वप्न में किसी दूसरे व्यक्ति के प्रति प्रकट हो जाती है या कभी-कभी अचेतन के महत्त्वपूर्ण व्यक्ति या वस्तु के बदले स्वप्न में किसी महत्त्वहीन व्यक्ति या वस्तु के प्रति प्रकट हो जाती है।

स्वप्न के विश्लेषण में फ्रायड सामान्यतः निम्नांकित दो विधियों का प्रयोग करते थे—साहचर्य (association) तथा प्रतीक (symbols)। साहचर्य विधि में स्वप्नद्रष्टा (dreamer) से अपने स्वप्न का संबंध वस्तुओं, घटनाओं या व्यक्तियों से ढूँढ़ने के लिए कहा जाता है। ऐसे साहचर्य तार्किक हो या अतार्किक हो, स्वप्नद्रष्टा को बतलाने के लिए प्रोत्साहित किया जाता है। अगर कोई स्वप्नद्रष्टा अपने मन का साहचर्य बतलाने में असमर्थ रहता है, तो दूसरी विधि, यानी स्वप्न प्रतीक (dream symbol) की विधि अपनायी जाती है जिसमें स्वप्न के व्यक्त विषय (manifest content) के पीछे छिपे अचेतन तत्त्वों (unconscious elements) को प्रतीक के सहारे समझने की कोशिश की जाती है। फ्रायड के इन दोनों ही विधियों द्वारा अचेतन के स्वरूप को समझने में काफी मदद मिलती है। यही कारण है कि फ्रायड ने स्वप्न को अचेतन की ओर जाने का एक *'प्रशासकीय मार्ग'* (royal road) कहा है।

---

1. "Right or wrong, Sigmund Freud certainly set personality psychology on fruitful paths of inquiry, and for that alone we must be very grateful." —Hall et al, : *Introduction to Theories of Personality,* 1985, p. 63.

फ्रायड ने स्वप्न विश्लेषण से प्राप्त तथ्यों का उपयोग व्यक्तियों के व्यक्तित्व को समझने तथा उसके व्यवहारों के कारणों को समझने में काफी किया है। इन तथ्यों से उनके मनोविश्लेषणात्मक सिद्धान्त में चार चाँद लग गए हैं।

2. पाराप्रेक्सेज (*Parapraxes*)—पाराप्रेक्सेज एक ऐसा सामान्य पद है जिसका प्रयोग फ्रायड ने उन भूलों या मनोविकृतियों (psychopathologies) के लिए किया है जिसे व्यक्ति अपने दिन-प्रतिदिन की जिन्दगी में प्रायः करता है। इन भूलों में बोलने की भूल (slip of tongue), लिखने की भूल (slip of pen), पहचानने की भूल, छपाई की भूलें, वस्तुओं को गलत स्थान पर रखना आदि प्रमुख हैं। सामान्य व्यक्तियों के लिए पाराप्रेक्सेज का कोई अर्थ नहीं होता है। परन्तु फ्रायड (Freud) ने यह स्पष्ट किया क्रि वे अर्थहीन नहीं होते हैं और उनसे व्यक्ति की अचेतन की इच्छाओं का पता चलता है। इस तरह से पाराप्रेक्सेज फ्रायड के लिए कोई अर्थहीन नहीं बल्कि एक गंभीर मानसिक क्रिया है तथा उसकी उत्पत्ति समवर्ती क्रियाओं (concurrent actions) से होता है या दो परस्पर विरोधी विचारों से होता है। इन परस्पर विरोधी विचारों में से एक का स्रोत अचेतन होता है और दूसरे का स्रोत अर्द्धचेतन (subsconscious) होता है। परन्तु इनमें से अचेतन की इच्छाएँ तुलनात्मक रूप से अधिक प्रबल (dominant) होतीं हैं। सचमुच में अचेतन की इच्छाएँ अपनी प्रबलता के कारण अर्द्धचेतन की इच्छाओं का स्थान ग्रहण कर लेती हैं।

अतः पाराप्रेक्सेज के अध्ययन से भी फ्रायड यह साबित करने की कोशिश किये हैं कि दिन-प्रतिदिन का मानव व्यवहार जो ऊपर से अर्थहीन लगता है, सचमुच में अर्थहीन नहीं होता है और उनसे भी व्यक्ति के अचेतन को समझने में काफी मदद मिलती है।

3. मनश्चिकित्सा(*Psychotherapy*)—मनोवैश्लेषिक व्यक्तित्व सिद्धान्त का एक महत्त्वपूर्ण अनुप्रयोग फ्रायडियन मनोचिकित्सा(Freudian psychotherapy) में है। फ्रायडियन चिकित्सा जिसे मनोविश्लेषणात्मक चिकित्सा(psychoanalytic therapy) भी कहा जाता है, का उद्देश्य अचेतन की इच्छाओं को चेतन में लाकर उसके अर्थ एवं महत्त्व को समझना, रोगी के अहं (ego) को मजबूत करना तथा उसके अहं को पराहं (super ego) के प्रभाव से मुक्त करना तथा व्यक्ति के प्रत्यक्षण (perception) को वास्तविक (realistic) बनाना है। फ्रायड ने रोगी के अचेतन की इच्छाओं को चेतन में लाने के लिए दो प्रविधियों (techniques) का प्रयोग किया है—स्वतंत्र साहचर्य (free association) तथा स्वप्न विश्लेषण(dream analysis)। स्वतंत्र साहचर्य(free association) में रोगी के किसी चेतन विचार(conscious idea) को प्रारंभ बिन्दु मानकर उस पर उसे स्वतंत्र होकर बोलने या उससे संबंधित संगत(relevant) या असंगत(irrelevant) बातों को बतलाने के लिए कहा जाता है। स्वतंत्र साहचर्य की प्रक्रिया आसान नहीं है और कोई-कोई रोगी इसे सही अर्थ में संपन्न करने में असफल हो जाते हैं। फलतः फ्रायड ने ऐसे रोगियों के लिए स्वप्न विश्लेषण (dream analysis) पर बल डाला है। यहाँ रोगी अपने स्वप्नों को उपचार के दौरान बतलाते हैं तथा ऐसे स्वप्न का वर्णन करते समय रोगी को उसके मन में आने वाले साहचर्य (association) को भी बतलाना पड़ता है। इन साहचर्यों के माध्यम से स्वप्न का विश्लेषण किया जाता है। इसके अलावा स्वप्न विश्लेषण में प्रतीकीकरण (symbolism) का भी सहारा लिया जाता है। प्रतीकों के माध्यम से चिकित्सक उनके अचेतन की इच्छाओं का अर्थ उन्हें समझाता है जिसे रोगी स्वीकार कर अपने तंत्रिकातापी व्यवहार (neurotic behaviour) के अर्थ को समझता है और सूझ विकसित कर लेता है।

इरिक इरिक्सन : व्यक्तित्व का मनोसामाजिक सिद्धान्त
(Erik Erikson : Psychosocial theory of Personality)

इरिक इरिक्सन (Erik Erikson, 1902-1994) उन मनोविश्लेषकों (psychoanalysts) में से एक हैं जिन्हें सामान्यतः एक अहं मनोवैज्ञानिक (ego psychologist) के रूप में पहचान की गयी है। इन्होंने व्यक्तित्व के सिद्धान्त के प्रतिपादन में फ्रायड (Freud) द्वारा प्रस्तावित विकासात्मक अवस्थाओं को स्वीकार करते हुए उसे व्यक्ति के पूरे जीवनकाल तक विस्तृत किया और उसका अध्ययन किया। इनके सिद्धान्त में फ्रायड के विचारों से थोड़ा हटकर व्यक्तित्व को सामाजिक एवं ऐतिहासिक (historical) कारकों के रूप में भी समझने की कोशिश की गयी है। इसलिए इनके द्वारा प्रतिपादित व्यक्तित्व के सिद्धान्त को *मनोसामाजिक सिद्धान्त* (psychosocial theory) कहा गया।

इरिक्सन के व्यक्तित्व सिद्धान्त भी मानव प्रकृति(human nature) के बारे में कुछ विशेष पूर्वकल्पना(assumption) करता है। इन पूर्वकल्पनाओं (assumptions) को संक्षेप में इस प्रकार वर्णन किया जा सकता है—

(i) इरिक्सन का मनोसामाजिक सिद्धान्त मानव प्रकृति में पूर्णतावाद(holism), पर्यावरणीयता(environmentalism) तथा परिवर्तनशीलता (changeability) को सबसे अधिक महत्त्वपूर्ण बतलाया है।

(ii) मानव प्रकृति के अन्य पहलुओं, जैसे--निर्धार्यता (determinism), विवेकपूर्णता (rationality), वस्तुनिष्ठता (objectivity), अग्रलक्षता(proactivity), विषमस्थिति(heterostasis) तथा ज्ञेयता(knowability) को मनोसामाजिक सिद्धान्त में तुलनात्मक रूप से कम महत्त्व दिया गया है।

इरिक्सन ने व्यक्तित्व के सिद्धान्त में अपना ध्यान अहं (ego) का विकास (development) एवं उसके कार्यों (functions) पर केन्द्रित किया है तथा उनका संबंध उपाहं (id) एवं पराहं (super ego) के विकास एवं कार्यों से न के बराबर है। इसका मतलब यह नहीं है कि उन्होंने अपने इस सिद्धान्त में अन्य कारकों जैसे—जैविक कारक, व्यवहारात्मक (behavioural) कारक, अनुभवात्मक (experinential) कारक तथा सामाजिक कारकों की भूमिका को नजरअंदाज किया है।

इरिक्सन के सिद्धान्त का केन्द्रीय बिन्दु यह है कि मानव के व्यक्तित्व का विकास कई पूर्वनिश्चित अवस्थाएँ जो सर्वजनीन (universal) होती हैं, से होकर होता है। जिस प्रक्रिया द्वारा ये अवस्थाएँ विकसित होती हैं, वह विशेष नियम द्वारा नियंत्रित होती है। इस नियम को *पश्चजात नियम* (epigenetic principle) कहा जाता है। अपनी प्रसिद्ध पुस्तक *चाइल्डहुड एण्ड सोसाइटी* (Childhood and Society) (1963) में इरिक्सन ने मनोसामाजिक अहं विकास (psychosocial ego development) की 8 अवस्थाओं (stages) का उल्लेख किया है और पश्चात्यं नियम के अनुसार विकास की प्रत्येक अवस्था के होने का एक आदर्श समय (optimal time) होता है और प्रत्येक अवस्था का क्रम (sequence) एक के बाद एक आते हैं और उनमें व्यक्तित्व का विकास जैविक परिपक्वता (biological maturation) तथा सामाजिक एवं ऐतिहासिक बलों (historical forces) के अन्तःक्रिया (interaction) के फलस्वरूप होता है। इन सभी मनोसामाजिक अवस्थाओं (psychosocial stages) की कुछ खास विशेषताएँ होती हैं जिन्हें इस प्रकार समझाया जा सकता है—

(i) प्रत्येक मनोसामाजिक अवस्था (psychosocial stage) में एक संक्रान्ति (crisis) होता है। संक्रान्ति से तात्पर्य व्यक्ति के जीवनकाल की एक ऐसी वर्तन बिन्दु (turning point) से होता है जो उस अवस्था में जैविक परिपक्वता तथा सामाजिक माँग (social demand) दोनों के अन्तःक्रिया के फलस्वरूप व्यक्ति में उत्पन्न होता है।

(ii) प्रत्येक मनोसामाजिक संक्रान्ति(psychosocial crisis) में धनात्मक तथा ऋणात्मक दोनों ही तत्त्व(component) होते हैं। प्रत्येक अवस्था में व्यक्ति की जैविक परिपक्वता तथा नये-नये सामाजिक माँग के कारण संघर्ष (conflict) का होना इरिक्सन अश्वयंभावी मानते हैं। यदि इस संघर्ष को व्यक्ति संतोषजनक ढंग से समाधान कर लेता है, तो इससे उसके विकसित होते अहं (emerging ego) में धनात्मक तत्त्व (positive component) अवशोषित (absorbed) हो जाते हैं तथा व्यक्तित्व के स्वस्थ विकास का मार्ग प्रशस्त हो जाता है। दूसरी तरफ यदि किसी कारण से व्यक्ति उस संघर्ष का संतोषजनक ढंग से समाधान नहीं कर पाता है, तो इससे उसके विकसित अहं में ऋणात्मक तत्त्व (negative component) अवशोषित हो जाते हैं और व्यक्तित्व विकास अवरुद्ध होने की संभावना कम हो जाती है। एक स्वस्थ व्यक्तित्व विकास के लिए धनात्मक तत्त्व का ऋणात्मक तत्त्व की तुलना में अनुकूल अनुपात (favourable ratio) का होना अनिवार्य है।

(iii) प्रत्येक मनोसामाजिक अवस्था के संक्रान्ति (crisis) को व्यक्ति को दूर करना होता है या उसका समाधन करना होता है। ऐसा नहीं करने से अनुकूली (adaptive) एवं उत्तम ढंग से उसका विकास मनोसामाजिक विकास की अगली अवस्था में नहीं हो पाता है। मनोसामाजिक विकास की प्रत्येक अवस्था में संक्रान्ति (crisis) का समाधान कर लेने पर व्यक्ति में एक विशेष मनोसामाजिक शक्ति (psychosocial strength) की उत्पत्ति होती है जिसे इरिक्सन (Erikson) ने *सदाचार* (virtue) की संज्ञा दी है।

(iv) मनोसामाजिक विकास (psychosocial development) की प्रत्येक अवस्था में कर्मकांडता (ritualization), कर्मकांड (ritual) तथा कर्मकांडवाद (ritualism) होते हैं। इसे *'इरिक्सन तीन आर'* (Eriskopn Three R's) कहा गया है। कर्मकांडता (ritualization) से तात्पर्य समाज के दूसरे व्यक्ति के साथ सांस्कृतिक रूप से स्वीकृत ढंग से अन्तःक्रिया (interaction) करने से होता है। इस तरह का व्यवहार थोड़े-थोड़े समय के बाद अर्थपूर्ण संदर्भ में दोहराये भी जाते हैं। अतः इनका अनुकूल महत्त्व होता है। कर्मकांड (ritual) से तात्पर्य वयस्क समुदाय (adult community) द्वारा आवर्ती (recurring) स्वरूप के महत्त्वपूर्ण घटनाओं को दर्शाने के लिए किये गए कार्यों से होता है। कर्मकांडवाद

(ritualism) से तात्पर्य कर्मकांडता (ritualization) में उत्पन्न विकृति (distortion) से होता है जिसमें व्यक्ति का ध्यान स्वयं अपने ऊपर ही केन्द्रित होता है।

(v) प्रत्येक मनोसामाजिक अवस्था का निर्माण उससे पहले की अवस्था में हुए विकासों से संबंधित होता है।

इरिक्सन द्वारा प्रतिपादित व्यक्तित्व सिद्धान्त में मनोसामाजिक विकास (psychosocial development) की आठ अवस्थाओं तथा उनमें होने वाले प्रमुख विकासों (major developments) का वर्णन निम्नांकित है—

शैशवास्था : विश्वास बनाम अविश्वास (Infancy : Trust versus Mistrust)

यह अवस्था जन्म से लेकर 1 साल के उम्र तक ही होती है और फ्रायड के मनोलैंगिक विकास (psychosexual development) के मुखावस्था (oral stage) से मिलती-जुलती है। इस अवस्था में सबसे पहला धनात्मक अहं गुण (positive ego quality) जो बच्चा में विकसित होता है, है—दूसरों तथा अपने में विश्वास या आस्था (trust) की भावना। विश्वास या आस्था की इस भावना का विकास बच्चों में उत्तम मातृक देख-रेख (meternal care) से उत्पन्न होता है। इस तरह के उत्तम देख-रेख से बच्चों में दूसरों के प्रति आस्था तो विकसित होती है साथ-ही-साथ उसमें यह भी विश्वास उत्पन्न हो जाता है कि उनके शरीर के अंग (organ) जैविक आवश्यकताओं (biological needs) को पूरा करने में सक्षम है। इस तरह की आस्था के विकसित होने से बच्चों में एक स्वस्थ व्यक्तित्व के निर्माण की नींव पड़ जाती है। कभी-कभी यह भी देखने को मिलता है कि कई कारणों से माताएँ अपने बच्चे को उतना उत्तम देख-रेख नहीं कर पाती हैं या वे मात्र एक अविश्वसनीय (unreliable), अनुपयुक्त (inadequate) तथा तिरस्कृत (rejecting) ढंग से ही देख-रेख करने में समर्थ हो पाती हैं। इसमें बच्चों में *अविश्वास* (mistrust) उत्पन्न होता है जिससे वह दूसरों से डर (fear) एवं उनके प्रति संदेह (suspicion) एवं आशंकाएँ (apprehension) जैसी अनुभूतियाँ विकसित कर लेता है। इससे मनोसामाजिक विकास की अगली अवस्थाओं में चलकर एक अस्वस्थकर व्यक्तित्व (unhealthy personality) का जन्म होते देखा गया है। इस तरह के अविश्वास की भावना बच्चों में उस समय तीव्र हो जाती है जब वह देखता है कि उसकी माँ ने उसकी ओर से ध्यान हटाकर अन्य चीजों या दूसरों पर ध्यान अधिक देना प्रारंभ कर दी है। इरिक्सन का मत है कि शिशुओं के व्यक्ति का स्वस्थकर विकास के लिए सिर्फ विश्वास की भावना की जरूरत नहीं होती है, बल्कि विश्वास (trust) का अविश्वास (mistrust) की तुलना में एक अनुकूल अनुपात (favourable ratio) का होना अनिवार्य है। ऐसा इसलिए आवश्यक है क्योंकि वातावरण के साथ प्रभावकारी समायोजन के लिए किसी चीज या व्यक्ति पर विश्वास न करना सीखना उतना ही जरूरी माना जाता है जितना किसी चीज या व्यक्ति पर विश्वास करना सीखना। जब बच्चा विश्वास-बनाम-अविश्वास (trust-versus-mistrust) के संघर्ष (conflict) का समाधान सफलतापूर्वक कर लेता है, तो इससे उसमें एक विशेष मनोसामाजिक शक्ति (psychosocial strength) की उत्पत्ति होती है जिसे *आशा* (hope) की संज्ञा दी जाती है। आशा से तात्पर्य एक ऐसी मनोसामाजिक शक्ति से होती है जिसके सहारे शिशु अपने सांस्कृतिक वातावरण तथा अपने अस्तित्व (existence) को अर्थपूर्ण (meaningful) ढंग से समझने लगता है।

इस अवस्था में शिशु में पाये जाने वाले कर्मकांडता (ritualization) को इरिक्सन ने दिव्य (numinous) तत्त्व कहा है क्योंकि शिशु अपने सामने माँ की उपस्थिति को एक दिव्य शक्ति के रूप में समझता है। वयस्कावस्था (adulthood) में इस कर्मकांडता (ritualization) को व्यक्ति अन्य व्यक्ति के साथ एक स्नेह एवं आदर का आदान-प्रदान के कर्मकांड (ritual) के रूप में विकसित कर लेता है। इस अवस्था के कर्मकांडवाद (ritualism) को इरिक्सन ने *देवत्व प्रदान या मूर्ति पूजन* (idolism) कहा हे जो द्विव्य कर्मकांडता (numinous ritualization) में विकृत हो जाने से उत्पन्न हो जाता है। व्यक्ति अपने आपको अधिक महत्त्व देने लग जाता है अर्थात् अपनी पूजा आप ही करता है क्योंकि उसे दूसरों पर विश्वास नहीं होता है या फिर वह दूसरों का परम भक्त बन जाता है क्योंकि उसे अपने आप पर कोई विश्वास तथा भरोसा नहीं रह जाता है।

प्रारंभिक बाल्यावस्था : स्वतंत्रता बनाम लज्जाशीलता
(Early childhood : Autonomy verus Shame)

यह अवस्था2 साल से लगभग3 साल आयु तक की होती है और यह फ्रायड के मनोलैंगिक विकास(psychosexual development) के गुदा अवस्था(anal stage) से मिलती-जुलती है। जब बालक इससे पहले की मनोसामाजिक अवस्था में विश्वास या आस्था (trust) का भाव विकसित कर लेता है, तो उसमें स्वतंत्रता (autonomy) एवं आत्म-नियंत्रण (self-control) जैसे शीलगुण का विकास इस दूसरी अवस्था में होता है। इससे पहले की अवस्थ में बच्चे पूर्णतः दूसरों पर निर्भर रहते हैं। परन्तु इस अवस्था में आ जाने में उनमें न्यूरोपेशीय (neuromusclar) परिपक्वता, सामाजिक विभेद (social discrimination) तथा शाब्दिक अभिव्यक्ति (verbalization) आदि की क्षमता विकसित हो जाती है और वह वातावरण को स्वतंत्रता से अन्वेषण (explore) करना प्रारंभ कर देता है। अपने नये गति कौशलों (locomotor skills) से बच्चा स्वयं भी काफी प्रसन्न होता है तथा प्रोत्साहित होता है। बच्चे अधिक-से-अधिक काम स्वयं करना चाहते हैं। इसे स्वतंत्रता (autonomy) की संज्ञा दी जाती है। परन्तु स्वतंत्रता का यहाँ यह मतलब नहीं होता है कि बच्चे को प्रत्येक कार्य करने का अप्रतिबंधित स्वतंत्रता (unrestricted freedom) दिया जाए बल्कि इसका अर्थ यह होता है कि माता-पिता अपना नियंत्रण कायम रखते हुए बच्चे को स्वतंत्र रूप से कार्यों को करने दें। जब बच्चे को माता-पिता द्वारा उन्हें एक अत्यन्त छोटा समझकर कार्य नहीं करने दिया जाता है या उसके बदले में माता-पिता स्वयं उसका कार्य कर देते हैं या माता-पिता अपने बच्चों से कुछ ऐसी उम्मीदें (expectation) रखते हैं जो बच्चे की क्षमता (ability) से बाहर है, तो इन सभी परिस्थितियों में बच्चों में *लज्जाशीलता* (shame) की भावना उत्पन्न होती है। इससे बच्चों में अन्य मनोसामाजिक मनोवृत्तियों(psychosocial attitude) जैसे—अपने ऊपर शक(self-dobut), व्यर्थता(ineptitude) तथा शक्तिहीनता (powerlessness) आदि का विकास हो जाता है।

जब बच्चा स्वतंत्रता-बनाम-लज्जाशीलता के संघर्ष (conflict) को सफलतापूर्वक समाधान कर लेता है ताकि उसमें लज्जाशीलता की तुलना में स्वतंत्रता का एक अनुकूल अनुपात (favourable ratio) कायम हो जाए, तो इससे उसमें एक नयी मनोसामाजिक शक्ति (psychosocial strength) जिसे *'इच्छा शक्ति'* (will power) कहा जाता है, की उत्पत्ति होती है। इच्छा शक्ति से तात्पर्य एक ऐसी शक्ति से होती है जो बच्चों को स्वतंत्र होकर अपनी रुचि या पसंद के अनुसार कार्य करने तथा आत्म-संयम (self-restraint) बरतने में सक्षम बनाता है।

इरिक्सन के अनुसार इस अवस्था में बच्चों में जो कर्मकांडता (ritualization) पाया जाता है, उसे विवेक-सम्मत कर्मकांडता (judicious ritualiztion) कहा जाता है। दूसरे शब्दों में, इस अवस्था के बच्चे अपने इर्द-गिर्द के सही एवं गलत वस्तुओं या व्यक्तियों की पहचान प्रारंभ कर देते हैं। यह कर्मकांडता (ritualization), वयस्कावस्था (adulthood) में जाकर न्याय विचार (courtroom trial) के कर्मकांड (ritual) में बदल जाता है, जिससे व्यक्ति के गलत कार्य एवं अज्ञानता जैसे व्यवहारों का मूल्यांकन होता है। विवेक-सम्मान कर्मकांडता (judicious ritualization) में विकृति (distrortion) उत्पन्न होने से विधिवादिता (legalism) जैसी कर्मकांडवाद (ritualism) की उत्पत्ति हो जाती है जिसमें व्यक्ति नैतिक जवाबदेही के वास्तविक ज्ञान के बिना ही नैतिक या कानूनी नियमों पर अडिग रहता है। इससे उसके व्यवहार में एक तरह की अनम्यता (rigidity) आ जाती है।

खेल अवस्था : पहल-शक्ति बनाम दोषिता
(Play age : Initiative versus Guilt)

यह अवस्था लगभग 4 साल की आयु से 6 साल तक की आयु की होती है और यह फ्रायड के मनोलैंगिक विकास (pahllic stage) से मिलती-जुलती है। यह वह अवस्था होती है जिसमें बच्चों की सामाजिक दुनिया (social world) उसे सक्रियता एवं पहल-शक्ति दिखलाने के लिए एक तरह की चुनौती प्रदान करता है। उन्हें दूसरों के कार्य करने में आनन्द आता है, नयी-नयी जवाबदेहियों (responsibilities) को निभाने में भी आनन्द आता है। चूँकि बच्चों में भाषा (language) एवं पेशीय कौशलों (locomotor skills) का विकास इस अवस्था तक हो जाता है, इसलिए वे घर के बाहर के वातावरण के बच्चों के साथ सामाजिक खेल-कूद (social games) में भाग लेना पसंद करने लगते हैं। मनोसामाजिक विकास की यह पहली अवस्था होती है जहाँ बच्चे पहली बार यह अनुभव करते हैं कि उसकी गिनती भी एक आदमी के रूप में की जाती है और उसकी जिन्दगी का भी एक विशेष उद्देश्य (purpose) है। जब माता-पिता द्वारा बच्चों को इस अवस्था में घर से बाहर के सामाजिक कार्यों में हाथ बँटाने से रोका जाता है या जब माता-

पिता द्वारा बच्चों के इस तरह की इच्छा पर शाब्दिक या शारीरिक दंड दिया जाता है, तो इससे बच्चों में दोषिता (guilt) का भाव उत्पन्न हो जाता है। ऐसे बच्चे कभी भी अपने आप को खुलकर अभिव्यक्त (express) नहीं करते हैं और उनमें किसी वास्तविक लक्ष्य (tangible goal) को प्राप्त करने में प्रत्यनशील रहने की क्षमता समाप्त हो जाती है। इरिक्सन ने यह भी कहा है कि जब बच्चों में दोषिता का भाव सतत बना रहता है, तो उनमें निष्क्रियता, लैंगिक नपुंसकता एवं अन्य मनोविकारी क्रिया करने की प्रवृत्तियाँ तीव्र हो जाती है।

जब पहल-शक्ति-बनाम-दोषिता (initiative versus guilt) से उत्पन्न संघर्ष (conflict) को बच्चा सफलतापूर्वक समाधान (solve) कर लेता है, तो इससे उसमें जिस मनोसामाजिक शक्ति (psychosocial strength) की उत्पत्ति होती है, उसे *उद्देश्य* (prupose) कहा जाता है। उद्देश्य से तात्पर्य एक ऐसी मनोसामाजिक शक्ति से होती है जो बच्चों में कोई लक्ष्य निश्चित करने की क्षमता एवं उसे विश्वास के साथ बिना किसी दण्ड के भय के ही प्राप्त करने की क्षमता विकसित करने से होता है।

इस अवस्था में बच्चों में नाटकीय कर्मकांडता (drammatic ritualization) विकसित होता है जहाँ बच्चे अपने विभिन्न तरह की कल्पनाओं पर आधारित खेल खेलते हैं जिसमें वे अच्छे पात्रों का बुरे पात्रों पर विजय दिखलाते हैं। वयस्कावस्था में इस कर्मकाडंता (ritualization) से रंगमंच (theater) तथा अन्य संबंधित नाटकीय प्रारूपों जैसे कर्मकांड (ritual) का जन्म होता है तथा व्यक्ति उत्तम भूमिकाओं (roles) को करने की ओर अग्रसित होता है। खतरा इस बात का होता है कि नाटकीय कर्मकांडता (drammatic ritualization) में विकृति (distrotion) हो जाने से पररूपधारण (impersonation) जैसे कर्मकांड (ritual) का विकास हो जाता है जो एक तरह का ऋणात्मक भूमिका-निर्वाह (negative role playing) है जहाँ व्यक्ति एक अपराधी (delinquent) एवं औषध-व्यसन (drug addict) तथा अन्य समान भूमिका करने को मजबूर हो जाता है।

स्कूल अवस्था : परिश्रम बनाम हीनता
(School Age : Industry versus Inferiority)

मनोसामाजिक विकास की यह चौथी अवस्था होती है जो 6 साल की आयु से प्रारंभ होकर लगभग 11-12 साल की आयु तक की होती है तथा वह फ्रायड के मनोलैंगिक विकास (psychosexual development) के अव्यक्तावस्था (latency period) से मिलती-जुलती है। इस अवस्था में प्रथम बार बच्चे औपचारिक शिक्षा (formal education) के माध्यम से संस्कृति के प्रारंभिक कौशलों को सीखता है। इस अवस्था में बच्चे का संबंध निगमनात्मक तर्कणा (deductive reasoning), आत्म-अनुशासन (self-discipline) तथा अनुमोदित नियमों के अनुरूप अपना संबंध साथियों के साथ बनाये रखने की क्षमता से अधिक होता है। जब बच्चे स्कूल में अपनी संस्कृति के प्रारंभिक कौशलों को सफलतापूर्वक सीखते हैं, तो इससे उनमें *परिश्रम* (industry) का भाव विकसित होता है। इस तरह के भाव को स्कूल में शिक्षकों से तथा पास-पड़ोस के सदस्यों से अधिक प्रोत्साहन मिलता है। परन्तु अगर किसी कारण से बच्चों को अपने कौशल पर शक हो जाता है, या वह इन कौशलों को अर्जित करने में असफल हो जाता है, तो इसमें *हीनता* (inferiority) या असामर्थ्यता (incompetence) की भावना विकसित होती है। बच्चों में हीनता की भावना उस समय भी विकसित होता है जब वह यह देखता है कि उसकी निपुणता की माप उसकी योग्यता एवं कौशल न होकर उसकी प्रजाति, धर्म, यौन आदि है। हीनता का भाव विकसित हो जाने से बच्चे को अपनी क्षमता में विश्वास नहीं रह जाता है।

जब बच्चा परिश्रम बनाम हीनता (industry versus inferiority) के संघर्ष (conflict) का समाधान सही-सही ढंग से कर लेता है, तो उसमें एक विशेष मनोसामाजिक शक्ति (psychosocial strength) विकसित होती है जिसे *सामर्थ्यता* (comptency) कहा जाता है। सामर्थ्यता से तात्पर्य किसी कार्य को पूरा करने में शारीरिक (physical) एवं बौद्धिक (intellectual) क्षमताओं के उचित प्रयोग से होता है।

इस अवस्था में बच्चों में औपचारिक कर्मकांडता (formal ritualization) की उत्पत्ति होती है। किसी कार्य का उत्तम ढंग से करना सीखने से बच्चों में गुणात्मक एवं शिल्पकलात्मक गुण विकसित होते हैं। इससे वयस्कावस्था में कार्य जैसे कर्मकांड (ritual) का जन्म होता है। फलस्वरूप, वयस्कावस्था में प्रवेश करने पर ऐसे बच्चे किसी कार्य को एक औपचारिक कार्य विधि (formal methodology) से करना अधिक-से-अधिक पसन्द करते हैं। औपचारिक कर्मकांडता (formal ritualization) में विकृति (distortion) होने से व्यक्ति में औपचारिकता (formalism) जैसे कर्मकांडवाद (ritualism) की उत्पत्ति होती है जिसमें व्यक्ति किसी कार्य को मात्र करने में न कि उस कार्य के सारतत्त्व को समझने

में विश्वास करने लगता है। औपचारिकता का एक चरम उदाहरण मनोग्रस्त ढंग से (obsessively) अर्थात् बार-बार हाथ धोने का व्यवहार है।

किशोरावस्था : अहं पहचान बनाम भूमिका संभ्रांति
(Adolescence : Ego identity versus Role confusion)

मनोसामाजिक विकास की यह पाँचवीं अवस्था (fifth stage) है जिसे काफी महत्त्वपूर्ण अवस्था माना गया है। यह अवस्था 12 साल से लेकर 19 या 20 साल की आयु तक सामान्यतः होती है। इस अवस्था में किशोरों के बीच अहं पहचान (ego indentity) का भाव एक धनात्मक मनोसामाजिक पहलू (positive psychosocial aspect) तथा भूमिका संभ्रांति (role confusion) या जिसे *पहचान संक्रान्ति* (identity crisis) भी कहा जाता है, एक ऋणात्मक मनोसामाजिक पहलू (negative psychosocial aspect) के रूप में विकसित होता है। इस अवस्था में किशोर अपने बारे में जो उन्हें ज्ञान हुआ है, उसे इस तरह से संगठित करने की कोशिश करते हैं, जिनसे उनकी आत्म-पहचान बनी रहे। इसके लिए अन्य बातों के अलावा यह आवश्यक है कि किशोरों के आत्म-प्रत्यक्षणों (self-perception) का उनके अन्तर्वैयक्तिक अनुभूतियों (interpersonal experiences) द्वारा निश्चित रूप से संपुष्टि हो। संतोषजनक अहं पहचान (ego identity) के विकास के लिए यह भी आवश्यक है कि किशोरों में उपयुक्त वयस्क यौन भूमिकाओं (adult sex roles) का विकास हुआ हो। जहाँ ऐसे यौन भूमिकाओं का पर्याप्त विकास होता है, व्यक्तित्व मे अहं पहचान तेजी से विकसित होता है। कुछ किशोर दुर्भाग्यपूर्ण बाल्यावस्था की अनुभूतियों या वर्तमान प्रतिकूल सामाजिक परिस्थितियों से घिर जाते हैं। फलस्वरूप, ऐसे किशोरों का आत्म-प्रत्यक्षण दोषपूर्ण हो जाता है। इससे उसमें भूमिका संभ्रांति (role confusion) या *पहचान संक्रान्ति* (identity crisis) उत्पन्न हो जाती है। ऐसी संभ्रांति के उत्पन्न हो जाने पर किशोर ठीक ढंग से अपनी जीविका (career) का मार्गदर्शन नहीं कर पाते हैं और वे आगे अपनी शिक्षा आदि को जारी रखने में भी असमर्थ पाने लगते हैं। ऐसे किशोरों में अन्य भावों (feelings) की अपेक्षा उद्देश्यहीनता (aimlessness), व्यक्तिगत विघटन (personal disorganization) तथा व्यर्थता (futility) की भावना प्रधान होती है। ऐसे किशोरों में कभी-कभी *ऋणात्मक पहचान* (negative identity) विकसित हो जाती है। यह एक ऐसी पहचान है जो उनके माता-पिता (parents) तथा साथी-संगी (peers) द्वारा बतलाये गए पहचान के विपरीत होता है। इरिक्सन (Erikson) का मत है कि इस अवस्था में कुछ किशोर ऐसे होते हैं जो अपनी पहचान संक्रान्ति (identity crisis) का समाधान नहीं करना चाहते हैं बल्कि वे यह चाहते हैं कि इस तरह की संक्रान्ति या भूमिका संभ्रांति (role confusion) कुछ समय तक और बना रहे। इसे इरिक्सन ने *मनोसामाजिक विलंबन* (psychosocial moratorium) कहा है। मनोसामाजिक विलंबन की स्थिति में किशोरों द्वारा वयस्क वचनबद्धता (adult commitment) स्थगित हो जाती है और वे भूमिका संभ्रांति को ही कुछ समय तक बने रहने देते हैं।

जब किशोर अहं पहचान (ego identity) बनाम भूमिका संभ्रांति से उत्पन्न समस्या का सफलतापूर्वक समाधान कर लेता है, तो इससे उसमें एक विशेष मनोसामाजिक शक्ति (psychosocial strength) विकसित होती है जिसे इरिक्सन ने *कर्त्तव्यनिष्ठता* (fidelity) कहा है। कर्त्तव्यनिष्ठता (fidelity) से तात्पर्य किशोरों में समाज के विचारधाराओं, शिष्टाचार (mores) एवं मानकों (norms) के अनुकूल व्यवहार करने की क्षमता से होता है। कर्त्तव्यनिष्ठता को इरिक्सन ने इस अवस्था में व्यक्तित्व विकास का एक सार तत्त्व माना है।

इस अवस्था में सिद्धान्तवाद (idealogy) का कर्मकांडता (ritualization) विकसित होता है। सिद्धान्तवाद से तात्पर्य किशोरों के ऐसे मूल्यों (values) एवं पूर्वकल्पनाओं (assumptions) से होता है जिससे संस्कृति के धार्मिक, वैज्ञानिक एवं राजनैतिक विचारों की अभिव्यक्ति होती है। इस तरह के सिद्धान्तवाद का उद्देश्य व्यक्तित्व में पहचान या परिचय (identity) के वैयक्तिक ज्ञान को मजबूत करना होता है। वयस्कावस्था में इस तरह के कर्मकांडता (ritualization) से कुछ विशेष कर्मकांड (ritual) विकसित होता है। ऐसे व्यक्ति द्वारा वयस्कावस्था में विशेष जीवन शैली का ग्रहण किया जाना एक ऐसे ही कर्मकांड (ritual) का उदाहरण है। इस तरह के कर्मकांडता (ritualization) में विकृति (distrotion) हो जाने से एक विशेष कर्मकांडवाद (ritualism) विकसित होता है जिसे संपूर्णता (totalism) की संज्ञा दी जाती है। संपूर्णता में व्यक्ति किसी खास विश्वास तंत्र (belief system) की पूजा आँख मूँद कर करने लग जाता है। इससे उसमें कुछ भ्रमसक्ति या व्यामोह (delusion) कभी-कभी विकसित हो जाता है।

तरुण वयस्क : घनिष्ठ बनाम विलगन
(Young adult : Intimacy versus Isolation)

मनोसामाजिक विकास (psychosocial development) की यह छठी अवस्था है जो सामान्यतः 20 साल की आयु से प्रारंभ होकर 30 साल की आयु तक की होती है। इस अवस्था में व्यक्ति शादी-विवाह कर प्रारंभिक पारिवारिक जिन्दगी (early family life) में प्रवेश करता है। यहाँ युवक किसी-न-किसी व्यवसाय में अपने को लगाकर अपना स्वतंत्र जीविकोपार्जन प्रारंभ कर देता है। इरिक्सन के अनुसार इस अवस्था में व्यक्ति सच्चे अर्थ में दूसरों के साथ सामाजिक (social) एवं लैंगिक (sexual) घनिष्ठता (intimacy) कायम करने के लिए तैयार रहता है। इस अवस्था में व्यक्ति अपने भाइयों, बहनों, माता-पिता तथा अन्य संबंधियों के साथ घनिष्ठ संबंध विकसित करता है तथा अपने पति/पत्नी के साथ घनिष्ठ लैंगिक संबंध विकसित करता है। व्यक्ति अपने आप के साथ भी घनिष्ठ संबंध विकसित कर एक स्वस्थ व्यक्तित्व का विकास करता है। इस मनोसामाजिक अवस्था (psychosocial stage) का खतरा (danger) यह है कि व्यक्ति दूसरों के साथ कुछ कारणों से संतोषजनक एवं घनिष्ठ वैयक्तिक संबंध नहीं विकसित कर पाता है और अपने आप में ही पूर्णतः खोया रहता है। इसे *विलगन* (isolation) की संज्ञा दी जाती है। ऐसे व्यक्ति द्वारा जो अन्तर्वैयक्तिक संबंध (interpersonal relationship) कायम भी किये जाते हैं, वह भीतर से खोखला एवं सतही (superficial) होता है। ऐसे लोगों में अपना धंधा या कार्य के प्रति नीरसता एवं व्यर्थता की मनोवृत्ति होती है। जब विलगन (isolation) की मात्रा अत्यन्त अधिक हो जाती है, तो व्यक्ति में गैर-सामाजिक व्यवहार (anti-social behaviour) या मनोविकारी व्यवहार (psychopathic behaviour) की प्रबलता बढ़ जाती है।

जब व्यक्ति घनिष्ठता बनाम विलगन से उत्पन्न संघर्ष का समाधान सफलतापूर्वक कर लेता है, तो इससे उसमें विशेष मनोसामाजिक शक्ति (psychosocial strength) की उत्पत्ति होती है, जिसे *स्नेह* (love) की संज्ञा दी जाती है। इरिक्सन का स्नेह से तात्पर्य किसी संबंध को कायम रखने में पारस्परिक समर्पण (mutual devotion) की क्षमता से होती है। इस तरह के स्नेह की अभिव्यक्ति तब होती है जब व्यक्ति दूसरों के प्रति आदर, उत्तरदायित्व एवं उत्तम देखभाल की मनोवृत्ति दिखलाता है।

इस अवस्था में **संबंधन (affiliation)** जैसी कर्मकांडता (ritualization) का विकास होता है। इससे यह पता चलता है कि जब व्यक्ति दूसरों के प्रति स्नेह दिखलाता है तथा दोस्ती रखता है, तो वह दूसरों के साथ अपनी भावनाओं की साझेदारी करता है। वयस्कावस्था में संबंधन जैसी कर्मकांडता (ritualization) की अभिव्यक्ति विवाह (marriage) तथा अन्य सामाजिक क्रियाएँ जैसे—कोई खेल लगातार कई दिनों तक अपने दोस्तों के साथ खेलना आदि के रूप में अभिव्यक्त होती है। कर्मकांडता (ritualization) में विकृति (distortion) उत्पन्न होने से एक विशेष कर्मकांडवाद (ritualism) का जन्म होता है जिसे *सुशिष्टता* (elitism) की संज्ञा दी जाती है। इसमें व्यक्ति अपना एक एकांतिक या एकमात्र (exclusive) समूह विकसित कर लेता है जिसके निर्माण का आधार कोई खास तरह की अभिरुचि होती है।

मध्य वयस्कता : जननात्मकता बनाम स्थिरता
(Middle adulthood : Generativity versus Stagnation)

मनोसामाजिक विकास की यह अवस्था लगभग 30 वर्ष की आयु से 65 वर्ष की आयु तक की मानी गयी है। इस अवस्था में व्यक्ति में जननात्मकता (generativity) का भाव उत्पन्न होता है। जननात्मकता (generativity) से तात्पर्य व्यक्ति द्वारा अपने अगले पीढ़ी (generation) के लोगों के कल्याण तथा साथ-ही-साथ उस समाज के लिए जिसमें वे लोग रहेंगे, को उन्नत बनाने की चिन्ता से होता है। संक्षेप में, जननात्मकता का अर्थ बूढ़े व्यक्तियों में उन व्यक्तियों के कल्याण के बारे में दिखलाये गए सोच-समझ एवं चिन्ता से होता है जो उनकी जगह लेने वाले होते हैं। थोड़े अधिक विस्तृत अर्थ में जननात्मकता (generativity) में उत्पादकता (productivity) तथा सर्जनात्मकता (creativity) भी सम्मिलित होता है। जब व्यक्ति में जननात्मकता (generativity) की चिन्ता उत्पन्न नहीं होती है, तो इससे स्थिरता (stagnation) उत्पन्न होने का खतरा बढ़ जाता है जो एक तरह की आत्म-तल्लीनता (self-aborption) की अवस्था होती है जिसमें व्यक्ति की अपनी वैयक्तिक आवश्यकताएँ एवं सुख-सुविधा (comfort) ही सर्वोपरि होता है। ऐसे व्यक्ति को किसी दूसरे की चिन्ता तक भी नहीं होती है और सिर्फ वे अपने वैयक्तिक सुख-सुविधा के लिए ही अधिक परेशान रहते हैं।

इस अवस्था के मनोसामाजिक संक्रान्ति (psychosocial crisis) का सफलतापूर्वक समाधान होने से व्यक्ति में एक विशेष तरह की मनोसामाजिक शक्ति (psychosocial strength) की उत्पत्ति होती है जिसे इरिक्सन ने *देखभाल* (care) की संज्ञा दी है। देखभाल का गुण सचमुच में उदासीनता (apathy) के गुण का एक विपरीत गुण है। इसमें दूसरों के कल्याण की चिन्ता अधिक होती है।

इस अवस्था में प्रजनन (generational) नामक कर्मकांडता (ritualization) की उत्पत्ति होती है जिसमें व्यक्ति अगले पीढ़ी के मार्गदर्शन का बीड़ा उठाने को तत्पर रहता है। वयस्कावस्था में इस कर्मकांडता (ritualization) की अभिव्यक्ति व्यक्ति में दूसरों के दुःख को समझने तथा उसके कष्ट को निवारण करने की प्रवृत्ति के रूप में विकसित होती है। यह प्रवृत्ति प्रजनन (generational) कर्मकांडता से उत्पन्न होने वाली एक प्रमुख कर्मकांड (ritual) है। प्रजनन कर्मकांडता में विकृति (distrotion) होने से व्यक्ति में *प्राधिकृतता* (authoritism) उत्पन्न होती है जिसमें व्यक्ति बिना किसी औचित्य (justification) के ही प्राधिकार (authority) का प्रयोग करने लग जाता है।

परिपक्वता : अहं संपूर्णता बनाम निराशा
(Maturity : Ego integrity versus Despair)

इरिक्सन के मनोसामाजिक विकास (psychosocial development) की अंतिम अवस्था परिपक्वता (maturity) की अवस्था होती है जो लगभग 65 वर्ष तथा उससे अधिक की आयु (मृत्यु तक) तक की अवधि को अपने में सम्मिलित करती है। सभी संस्कृति में इस अवस्था को बुढ़ापा की अवस्था कहा गया है जिसके सामने कई तरह की चुनौतियाँ (challenges) होती हैं जिनमें गिरते हुए शारीरिक स्वास्थ्य एवं शक्ति के साथ उचित समायोजन, अवकाश प्राप्ति से आय में उत्पन्न कमी, अपने दोस्त या समकालीन की मृत्यु तथा अपने उम्र समूह के साथ संबंधन (affiliation) की आवश्यकता आदि प्रधान होते हैं। इस अवस्था में व्यक्ति का ध्यान भविष्य से हटकर अपने बीते दिनों पर विशेषकर उसमें प्राप्त सफलताओं या असफलताओं की ओर अधिक होता है। इरिक्सन के अनुसार इस अवस्था में कोई स्पष्ट नया मनोसामाजिक संक्रान्ति(psychosocial crisis) की उत्पत्ति नहीं होती है। व्यक्ति अपने सभी पिछले मनोसामाजिक अवस्थाओं की घटनाओं का समन्वय एवं मूल्यांकन करता है। इससे उनमें अहं संपूर्णता (ego integrity) का भाव उत्पन्न होता है। *इस अवस्था में* व्यक्ति को मृत्यु (death) से डर नहीं लगता है क्योंकि ऐसे व्यक्ति अपने बाल-बच्चों एवं सर्जनात्मक उपलब्धियों के माध्यम से अपने अस्तित्व को जारी समझते हैं। इरिक्सन का यह भी मत है कि यह वह अवस्था है जिसमें व्यक्ति में परिपक्वता अपने वास्तविक अर्थ में पैदा होता है तथा बुद्धिमत्ता का व्यावहारिक ज्ञान (practical sense of wisdom)व्यक्ति में उत्पन्न होता है। परिपक्वता इस अवस्था का प्रमुख मनोसामाजिक शक्ति (psychosocial strength) है। इस अवस्था में कोई-कोई व्यक्ति अपने बीते मनोसामाजिक अवस्थाओं में उत्पन्न असफलताओं से चिन्तित भी रहता है और ऐसे लोग अपनी जिन्दगी को अपूरित इच्छाओं, आवश्यकताओं एवं भटके हुए निर्देशों का एक बन्टल (bundle) या ढेर मानते हैं। इससे उनमें निराशा (despair) उत्पन्न होती है और अपने को असहाय एवं निर्बल समझने लगते हैं। यदि इस तरह की भावना तीव्र हुई तो उसमें मानसिक विषाद (mental depression) भी उत्पन्न हो जाता है।

इस अवस्था में व्यक्ति में समन्वय (integral)जैसे कर्मकांडता (ritualization) का विकास होता है जिसमें व्यक्ति अपनी जिन्दगी की वास्तविकताओं (realities) में अर्थ एवं बुद्धिमत्ता (wisdom)की खोज करता है। इससे जो कर्मकांड (ritual) विकसित होते हैं, उनमें अवकाशप्राप्ति (retirement), अपने पुत्र एवं पौत्रों के यहाँ जाकर कुछ समय बिताना आदि प्रमुख हैं। ऐसे बूढ़े व्यक्ति जिनमें अहं सम्पूर्णता (ego intergrity) नहीं विकसित हो पाती है, उनमें एक विशेष कर्मकांडवाद (ritualism)की उत्पत्ति का खतरा बढ़ जाता है जिसे विवेकिता (sapientism) कहा जाता है जहाँ व्यक्ति अपने आप को ज्ञानवान या विवेकी होने का ढकोसला करता है ताकि वह अपनी निराशा एवं कुंठा के भाव को छिपा सके।

इरिक्सन के मनोसामाजिक सिद्धान्त के कुछ गुण (merits) एवं अवगुण (demerits) हैं। इसके प्रमुख गुणों में निम्नांकित उल्लेखनीय हैं—

(i) इरिक्सन ने एक ऐसा सिद्धान्त का प्रतिपादन किया है जिसमें व्यक्तित्व के विकास एवं संगठन की व्याख्या करने के लिए समाज एवं स्वयं व्यक्ति की भूमिकाओं पर समान रूप से बल डाला गया है। इस तरह का बल हम अन्य किसी सिद्धान्त में नहीं पाते हैं।

(ii) इरिक्सन ने अपने इस सिद्धान्त में किशोरावस्था (adolescence) की अवस्था को काफी महत्त्वपूर्ण एवं संवेदनशीलता बतलाया है जिससे इनके सिद्धान्तों में कुछ खास खूबी आ जाती है। फ्रायड ने अपने सिद्धान्त में तुलनात्मक रूप से इस अवस्था के महत्त्व को गौण रखा था।

(iii) इरिक्सन ने अपने व्यक्तित्व सिद्धान्त में आशावादी दृष्टिकोण अपनाया है जिसका सबूत हमें इस बात से मिल जाता है कि उन्होंने कहा है कि प्रत्येक मनोसामाजिक अवस्था में संभावित कमजोरियाँ (weaknesses) एवं सामर्थ्य (strength) अलग-अलग होते हैं। अतः किसी एक अवस्था में असफलता होने से दूसरी अवस्था में भी असफलता ही होगी, ऐसा नहीं कहा जा सकता है।

(iv) इरिक्सन के व्यक्तित्व सिद्धान्त में जन्म से लेकर मृत्यु तक की मनोसामाजिक घटनाओं (psychosocial events) को व्यक्तित्व के विकास (development) एवं समन्वय (integration) की व्याख्या में सम्मिलित किया गया है जो अपने आप में विशिष्टता का पात्र है।

इन गुणों के बावजूद मनोसामाजिक सिद्धान्त के कुछ अवगुण हैं जो निम्नांकित हैं—

(i) कुछ आलोचकों का मत है कि इरिक्सन ने अपने व्यक्तित्व सिद्धान्त में जरूरत से ज्यादा आशावादी दृष्टिकोण को अपनाया है। मानव प्रकृति (human nature) के बारे में इतना अधिक आशावादी दृष्टिकोण से उनके सिद्धान्त में अव्यावहारिकता की बू आती है। इरिक्सन ने इस आलोचना का खंडन करते हुए कहा है कि उसने प्रत्येक मनोसामाजिक अवस्था में एक विशेष संक्रान्ति (crisis) की जो बात कहा है, उससे आलोचकों का ऐसा सोचना निराधार है। उसने प्रत्येक अवस्था में धनात्मक अहंगुण (positive ego quality) के साथ-ही-साथ ऋणात्मक अहं गुण (negative ego quality) की भी बात कही है। अविश्वास (mistrust), लज्जाशीलता (shame) कुछ ऐसे ही ऋणात्मक अहं गुण के उदाहरण हैं जो व्यक्ति में चिन्ता (anxiety) के एक सतत स्रोत (continuous sources) है। इससे स्पष्ट हो जाता है कि उन्होंने अपने सिद्धान्त में आशावादी दृष्टिकोण के साथ-ही-साथ वैसे दृष्टिकोण को भी अपनाया है जिससे व्यक्ति में चिन्ता आदि उत्पन्न होते हैं।

(ii) कुछ आलोचकों का मत है कि इरिक्सन ने अपने सिद्धान्त में फ्रायड के व्यक्तित्व सिद्धान्त को मात्र सरल करने के अलावा कुछ नहीं किया है। जैसे—इरिक्सन ने अपने व्यक्तितव सिद्धान्त में उपाहं (id) एवं अचेतन (unconscious) को हटाकर सारा बल अहं एवं चेतन मन पर दिया है तथा व्यक्तित्व विकास में इन्हीं को सर्वोपरि माना है। परन्तु सचमुच में इसे इरिक्सन के सिद्धान्त की एक आलोचना नहीं माना जा सकता है। हाँ, इसे वह बिन्दु अवश्य माना जा सकता है जहाँ पर इरिक्सन का सिद्धान्त फ्रायड के सिद्धान्त से भिन्न है।

(iii) कुछ मनोवैज्ञनिकों का मत है कि इरिक्सन के सिद्धान्त में जितने तथ्यों (facts) एवं प्राक्कल्पनाओं (hypotheses) की व्याख्या की गयी है, उनका कोई प्रयोगात्मक समर्थन (experimental support) नहीं हैं। उनके सारे तथ्य तथा संप्रत्यय (concepts) उनके व्यक्तिगत प्रेक्षणों (personal observations) पर आधारित है, जो काफी आत्मनिष्ठ (subjective) है।

(iv) इरिक्सन का यह कहना है कि बदलते हुए सामाजिक परिस्थितियों के अनुसार समायोजन करके ही एक उत्तम एवं स्वस्थ व्यक्तित्व का निर्माण किया जा सकता है, कुछ आलोचकों को मान्य नहीं है। इन आलोचकों ने कहा है कि कुछ ऐसे भी व्यक्ति हैं जो समाज की परिस्थितियों से प्रभावित हुए बिना ही स्वयं समाज में महत्त्वपूर्ण परिवर्तन लाये हैं और वे एक स्वस्थ व्यक्तित्व का निर्माण करने में सम्पन्न हो पाये हैं।

(v) शुल्ज (Schultz, 1990) के अनुसार अंतिम मनोसामाजिक अवस्था की व्याख्या अधूरा एवं असंतोषप्रद (unsatisfactory) हैं। कुछ आलोचकों ने यह आशंका व्यक्त की है कि इस अन्तिम अवस्था में व्यक्ति में विकास उतना संतोषजनक नहीं होता है जितना कि इरिक्सन के अहं सम्पूर्ण (ego integrity) के संप्रत्यय से संकेत मिलता है।

इन आलोचनाओं के बावजूद इरिक्सन द्वारा प्रतिपादित मनोसामाजिक सिद्धान्त (psychosocial theory) को अधिक महत्त्वपूर्ण माना गया है और आज बहुत सारे व्यवहारपरक (behavioural) तथा सामाजिक वैज्ञानिक (social scientist) इरिक्सन के शोध के दृष्टिकोण से उपयोगी मानते हैं।

फ्रायड एवं इरिक्सन के व्यक्तित्व सिद्धान्तों का एक तुलनात्मक अध्ययन (A Comparative Study of Freud and Erikson's Theories of Personality)

सिगमण्ड फ्रायड (Sigmund Freud) एवं इरिक इरिक्सन (Erik Erikson) दोनों ही मनोविश्लेषक (psychoanalyst) हैं जिन्होंने अलग-अलग व्यक्तित्व के सिद्धान्तों का प्रतिपादन किया है। दोनों के सिद्धान्तों में कुछ समानताएँ (similarities) एवं कुछ विभिन्नताएँ (dissimilarities) हैं। इन दोनों के सिद्धान्तों में प्रमुख समानताएँ (similarities) निम्नांकित हैं—

(i) फ्रायड ने व्यक्तित्व के सिद्धान्त में पाँच महत्त्वपूर्ण अवस्थाओं (stages) जैसे मुखावस्था (oral stage), गुदावस्था (anal stage) आदि का वर्णन किया है। उसी तरह से इरिक्सन ने भी व्यक्तित्व के सिद्धान्त में आठ महत्त्वपूर्ण अवस्थाओं जैसे शैशवावस्था (infancy), प्रारंभिक बाल्यावस्था (early childhood), आदि का वर्णन किया है। ये दोनों ही वैज्ञानिक व्यक्तित्व विकास (personality development) के इन अवस्थाओं को पूर्वनिश्चित एवं अपरिवर्त्य (invariant) मानते हैं अर्थात् उनके क्रम में किसी प्रकार का कोई परिवर्तन नहीं किया जा सकता है।

(ii) फ्रायड के समान इरिक्सन ने भी अपने व्यक्तित्व के सिद्धान्त में जैविक (biological) एवं लैंगिक (sexual) आधारों को महत्त्व दिया है।

(iii) इरिक्सन ने फ्रायड के व्यक्तित्व सिद्धान्त (personality theory) के संरचनात्मक मॉडल (structural model) अर्थात् उपाहं (id), अहं (ego) तथा पराहं (super ego) को स्वीकार किया है हालाँकि यह बात जरूर है कि उन्होंने व्यक्तित्व की व्याख्या में अहं (ego) पर तुलनात्मक रूप से अधिक बल डाला है।

इन समानताओं के बावजूद इन दोनों सिद्धान्तों में कुछ महत्त्वपूर्ण अन्तर है जो निम्नांकित हैं—

(i) मायर (Maier, 1956) का मत है कि फ्रायड ने अपने व्यक्तित्व सिद्धान्त में उपाहं (id), अहं (ego) तथा पराहं (super ego) को महत्त्वपूर्ण माना है जबकि इरिक्सन ने अपने व्यक्तित्व सिद्धान्त में अहं (ego) को सर्वोपरि माना है। दूसरे शब्दों में, फायड के अनुसार मानव व्यवहार का आधार उपाहं, अहं एवं पराहं तीनों ही होता है जबकि इरिक्सन के अनुसार मानव व्यवहार का आधार सिर्फ अहं (ego) होता है। वे अहं को व्यक्तित्व का एक स्वतंत्र संरचना (autonomous structure) मानते हैं जो एक ऐसा सामाजिक-अनुकूली विकास (social-adaptive development) का अनुसरण करता है जिसे उपाहं (id) एवं अन्य मूलप्रवृत्तियों (instincts) के विकास के अनुरूप कहा जा सकता है। फ्रायड अहं को व्यक्तित्व का एक कार्यकारिणी पहलू (executive aspect) मानते हैं जो उपाहं एवं वास्तविकता (reality) के बीच संतुलन बनाये रखता है।

(ii) फ्रायड के व्यक्तित्व सिद्धान्त में मानव को एक अविवेकी प्रकृति (irrational nature) का जीव मानकर उसके व्यवहारों की व्याख्या की गयी है जबकि इरिक्सन के व्यक्तित्व सिद्धान्त में मानव को एक विवेकी (rational) एवं तार्किक (logical) प्रकृति का जीव मानकर उसके व्यवहारों की व्याख्या की गयी है।

(iii) फ्रायड ने अपने व्यक्तित्व के सिद्धान्त में बच्चों के व्यक्तित्व के विकास में माता-पिता के प्रभावों को सर्वोपरि माना है जबकि इरिक्सन ने व्यक्तित्व विकास में बच्चों का माता-पिता के साथ संबंध के अलावा उसे पूरे ऐतिहासिक मैट्रीक्स (historical matrix) को महत्त्वपूर्ण माना है जिसमें परिवार अवस्थित (located) होता है। दूसरे शब्दों में, इरिक्सन ने उसे पूरे मनोऐतिहासिक परिस्थिति (psychohistorical setting) को व्यक्तित्व विकास के लिए महत्त्वपूर्ण माना है जिसमें अहं (ego) एक खास तरह से परिवर्तित एवं विकसित होता है।

(iv) इरिक्सन के व्यक्तित्व सिद्धान्त में शैशवावस्था (infancy) से लेकर वृद्धावस्था तक अर्थात् पूर्ण जीवन अवधि (life span) को ध्यान में रखकर व्यक्तित्व विकास की व्याख्या की गयी है जबकि फ्रायड (Freud) ने व्यक्तित्व विकास में मूलतः प्रारंभिक बाल्यावस्थाओं की अनुभूतियों को ही महत्त्वपूर्ण माना है और जनेन्द्रियावस्था (genital stage) के बाद यानी वयस्कावस्था के बाद की अनुभूतियों पर कोई ध्यान नहीं दिया है।

(v) फ्रायड तथा इरिक्सन के सिद्धान्तों में इस बिन्दु पर भी अन्तर है कि मनोलैंगिक संघर्ष (psychosexual conflict) का स्वरूप कैसा होता है। फ्रायड ने अपने सिद्धान्त में अचेतन के अस्तित्व को दिखलाने का प्रयास किया है और इस बात पर बल डाला है कि प्रारंभिक मानसिक आघात या सदमा लगने से अर्थात् बचपनावस्था में किसी तरह का मानसिक सदमा लगने से वयस्कावस्था में असामान्यता (abnormality) उत्पन्न हो जाती है। इसके विपरीत, इरिक्सन ने प्रत्येक

मनोसामाजिक अवस्था में विकसित होने वाले संक्रान्ति (crisis) जो धनात्मक अहं गुण (positive ego quality) तथा ऋणात्मक अहं गुण (negative ego quality) में टकराव से उत्पन्न होता है, का असफल समाधान को असामान्यता की उत्पत्ति का कारण बतलाया है।

(vi) फ्रायड के व्यक्तित्व सिद्धान्त की तुलना में इरिक्सन के व्यक्तित्व सिद्धान्त का शोध मूल्य (research value) अधिक है क्योंकि इरिक्सन के सिद्धान्त के अधिकतर संप्रत्ययों (concepts) पर आधुनिक व्यवहारपरक (behavioural) एवं सामाजिक वैज्ञानिक (social scientists) आज अपना शोध जारी रखे हुए हैं।

(vii) फ्रायड के व्यक्तित्व सिद्धान्त में केवल जैविक एवं लैंगिक आवेगों (sexual impulses) पर सर्वाधिक बल डाला गया है परन्तु इरिक्सन के सिद्धान्त में इन जैविक एवं लैंगिक इच्छाओं के अलावा व्यक्ति के सामाजिक एवं सांस्कृतिक परिस्थितियों पर भी बल डालते हुए व्यक्तित्व विकास की व्याख्या की गयी है।

इस तरह से स्पष्ट हुआ कि इरिक्सन का व्यक्तित्व सिद्धान्त फ्रायड के व्यक्तित्व सिद्धान्त से समान होते हुए भी मौलिक रूप से भिन्न है।

हेनरी मर्रे : व्यक्तित्व का आवश्यकता सिद्धान्त
(Henry Murray : Need theory of Personality)

व्यक्तित्व के कुछ सिद्धान्त ऐसे हैं जो यह मानते हैं कि प्रेरणा (motivation) व्यक्ति में एक गत्यात्मक (dynamic) एवं निर्देशात्मक बल (directing force) होता है जो व्यक्ति को एक निश्चित व्यवहार करने के लिए प्रेरित करता है। हेनरी मर्रे (Henry Murray, 1983-1988) द्वारा प्रतिपादित व्यक्तित्व का सिद्धान्त जिसे व्यक्तित्व का *आवश्यकता सिद्धान्त* (need theroy) कहा जाता है, एक ऐसा ही सिद्धान्त है। विशेष ढाँचा (fremework) जिसे उन्होंने परसोनोलॉजिकल तंत्र[1] (personological system) कहा है, के तहत उन्होंने व्यक्तित्व का एक सिद्धान्त विकसित किया है जिसे सारग्राही (eclectic) एवं मौलिक (original) दोनों ही कहा गया है। इनके सिद्धान्त को सारग्राही (eclectic) इसलिए कहा गया है क्योंकि इसमें हमें उन तथ्यों एवं संप्रत्ययों (concepts) की झलक मिलती है जिसे मर्रे ने अन्य सिद्धान्तों विशेषकर फ्रायड के व्यक्तित्व सिद्धान्त से लिया है। इस सिद्धान्त को व्यक्तित्व का एक मौलिक सिद्धान्त (original theory) इसलिए कहा गया है क्योंकि इसमें मर्रे के अपने विशेष संप्रत्यय (concepts) एवं विधि (methods) का वर्णन मिलता है जिसने कई महत्त्वपूर्ण शोधों को अमांत्रित भी किया है।

मर्रे द्वारा प्रतिपादित व्यक्तित्व के आवश्यकता सिद्धान्त (need theory) में मानव व्यवहार (human behaviour) के बारे में निम्नांकित पूर्वकल्पनाएँ (assumptions) की जाती हैं—

(i) मानव प्रकृति (human nature) निर्धार्यता (determinism), विवेकी (rationality) तथा समस्थिति (homeostasis) की पूर्वकल्पना (assumption) पर गंभीर रूप से आधारित होता है।

(ii) मानव प्रकृति पूर्णतावाद (holism), अपरिवर्तनशीलता (unchangeability), आत्मनिष्ठता (subjectivity) तथा अग्रलक्षता (proactivity) की पूर्वकल्पनाओं से साधारण रूप से प्रभावित होता है।

आवश्यकता सिद्धान्त का वर्णन निम्नांकित उपशीर्षकों के अन्तर्गत संतोषजनक ढंग से ही जा सकती है—

(a) व्यक्तित्व की परिभाषा (Definition of personality)

(b) व्यक्तित्व की गतिकी (Dynamics of personality)

(c) व्यक्तित्व का विकास (Development of personality)

(d) व्यक्तित्व का मापन (Measurement of personality)

---

1. परसोनोलॉजी (Personlogy) एक ऐसा पद (term) है जिसे मर्रे (Murray) ने व्यक्तित्व (personality) की जगह पर अपने सिद्धान्त में प्रयोग किया था। ऐसे परसोनोलॉजी से उनका तात्पर्य मनोविज्ञान की एक ऐसी शाखा से था जो व्यक्ति के जीवन एवं उसे प्रभावित करने वाली घटनाओं का अध्ययन करता है।

इन सबका वर्णन निम्नांकित हैं—

व्यक्तित्व की परिभाषा
(Definition of Personality)

मर्रे के परसोनोलॉजी (personology) का एक महत्त्वपूर्ण सिद्धान्त (principle) यह है कि मनोवैज्ञानिक प्रक्रियाएँ (psychological processes) शारीरिक प्रक्रियाओं पर आधारित होती है। इस सिद्धान्त को मद्देनजर रखते हुए उन्होंने कहा है कि व्यक्तित्व एक अमूर्त्त या काल्पनिक वस्तु (hypothetical entity) है न कि कोई ऐसा शारीरिक वस्तु जिसे देखा जा सके। व्यक्तित्व के इस अमूर्त्त स्वरूप के बावजूद मर्रे का मत है कि व्यक्ति में संगठनात्मक एवं नियंत्रणात्मक कार्यों के लिए कुछ केन्द्रीय प्रक्रियाएँ (central processes) होती है तथा साथ-ही-साथ कुछ ऐसी प्रक्रियाएँ भी होती हैं जो व्यक्ति में संघर्षात्मक बलों (conflicting forces) को समन्वित करता है, उनकी आवश्यकताओं (needs) को पूरा करता है तथा उनके लक्ष्य की प्राप्ति में मदद करता है। मर्रे के अनुसार इन सभी प्रक्रियाओं का केन्द्र मस्तिष्क (brain) होता है। इस तरह से मर्रे के सिद्धान्त में जहाँ व्यक्तित्व (personality) अपने आप में तो अमूर्त्त (abstract) या काल्पनिक वस्तु होता है, वह पूर्णतः मस्तिष्कीय प्रक्रियाओं (brain processes) पर आधारित होता है। व्यक्तित्व के कार्यों के पीछे छिपे शारीरिक (physiological) एवं मस्तिष्कीय क्रियाओं (brain activities) को उन्होंने प्रबल प्रक्रिया (regnant process) की संज्ञा दी है। इस संदर्भ में व्यक्तित्व की परिभाषा मर्रे[1] ने इस प्रकार दी है, ''व्यक्तित्व को जैविक रूप से परिभाषित करते हुए यह कहा जा सकता है कि यह शरीर का एक वरिष्ठ संस्थान (superordinate institution) या नियंत्रणात्मक (governing) अंग है। अतः यह मस्तिष्क में अवस्थित होता है। मस्तिष्क नहीं तो व्यक्तित्व भी नहीं।''

इस परिभाषा से यह स्पष्ट है कि मर्रे का व्यक्तित्व से जो तात्पर्य है, वह गहरे रूप से मस्तिष्क (brain) से संबंधित है। प्रत्येक चीज जैसे, सांवेगिक अवस्था, अचेतन स्मरण (unconscious memories), विश्वास, भय, मनोवृत्ति एवं मूल्य आदि सभी जिस पर व्यक्तित्व निर्भर करता है, मस्तिष्क से ही नियंत्रित होते हैं।

व्यक्तित्व की गतिकी
(Dynamics of Personality)

मर्रे के अनुसार व्यक्तित्व के बारे में जो सबसे महत्त्वपूर्ण बात जानने लायक है, वह है व्यक्ति के व्यवहारों का दिशा निर्देश (directionality)। व्यक्ति क्यों अमुक व्यवहार करता है, यह जानना मर्रे के व्यक्तित्व सिद्धान्त का एक प्रमुख उद्देश्य रहा है। इस प्रश्न का उत्तर देने के लिए मर्रे ने कई तरह के प्रेरणात्मक संप्रत्ययों (motivational concepts) का प्रतिपादन किया है जिनमें निम्नांकित प्रमुख हैं—

(i) तनाव की कमी (Tension reduction).
(ii) आवश्यकता (Need)
(iii) दबाव (Press)
(iv) थीमा : आवश्यकता एवं दबाव की अन्तःक्रिया (Thema : Interaction of Need and Press)

इन चारों संप्रत्ययों (concepts) का वर्णन निम्नांकित है—

(i) तनाव की कमी (*Tension reduction*)—मर्रे का कहना है कि यह सच है कि चाहे शारीरिक तनाव हो या मनोवैज्ञानिक तनाव हो, व्यक्ति उसे कम करने की कोशिश करता है। परन्तु मर्रे का बल इस बात पर था कि व्यक्ति कभी भी एक तनाव-मुक्त (tension-free) अवस्था में जाना नहीं चाहता है। तनाव कम करने की प्रक्रिया व्यक्ति को संतोष प्रदान करता है न कि तनावरहित अवस्था। मर्रे के अनुसार, व्यक्ति जब कभी भी तनावरहित (tensionless) अवस्था में आ जाता है, तो उससे उसे एक तरह की पीड़ा (distress) ही उत्पन्न होता है। मनुष्य में उत्तेजन (excitement), क्रियाशीलता एवं उन्नति (progress) करने की सतत आवश्यकता (constant need) होती है जिसका उद्देश्य व्यक्ति में तनाव को बढ़ाना होता है। जब व्यक्ति इस बढ़े हुए तनाव को कम करने की दिशा में प्रयत्न करता है, तो इससे उसे एक तरह से संतोष (satisfaction) होता है। अतः मर्रे का मत है कि व्यक्ति के लिए एक आदर्श अवस्था वह

---

1. "Personality may be biologically defined as the governing organ, or superordinate institution of the body. As such, it is located in brain. No brain, no personality." —Murray : *Dialectia,* 1951, p. 267

होती है जिसमें उसमें एक खास स्तर का तनाव बना होता है क्योंकि इससे उसके व्यवहार में क्रियाशीलता बनी रहती है।

(ii) आवश्यकता *(Need)*—आवश्यकता (need) से मर्रे का तात्पर्य एक काल्पनिक संप्रत्यय से है जो मस्तिष्कीय क्षेत्र के एक दैहिक-रासायनिक बल (physiochemical force) को प्रतिबिम्बित करता है तथा इस तरह के बल से मनोवैज्ञानिक प्रक्रियाओं (psychological processes) को संगठित किया जाता है। आवश्यकता (need) का एक शारीरिक आधार होता है और यह व्यक्ति के सभी बौद्धिक एवं प्रत्यक्षणात्मक क्षमताओं को संगठित करता है तथा उसका निर्देशन करता है। आवश्यकता (need) की उत्पत्ति आन्तरिक क्रियाओं जैसे भूख या प्यास से हो सकती है या पर्यावरण की घटनाओं से भी इसकी उत्पत्ति हो सकती है। आवश्यकता की उत्पत्ति का स्रोत चाहे जो भी हो, आवश्यकता से व्यक्ति में एक विशेष तनाव स्तर की उत्पत्ति होती है और उस आवश्यकता को संतुष्ट करके व्यक्ति उस तनाव स्तर में कमी लाने के लिए प्रयत्नशील रहता है। मर्रे ने अपने विशेष शोध (research) के आधार पर 12 दैहिजनिक आवश्यकताओं तथा 28 मनोजनिक (Psychogenic) आवश्यकताओं का प्रतिपादन किया है। इन 28 मनोजनिक आवश्यकताओं में से 20 महत्त्वपूर्ण आवश्यकता की एक सूची इस प्रकार है—(तालिका 1 देखें।)

तालिका 1 : मर्रे द्वारा प्रतिपादित 20 आवश्यकताओं (need) की सूची

1. Dominance (n Dom)
2. Deference (n Def)
3. Autonomy (n Auto)
4. Aggression (n Agg)
5. Abasement (n Aba) .
6. Achievement (n Ach)
7. Sex (n Sex)
8. Sentience (n Sen)
9. Exhibition (n Exh)
10. Play (n Play)
11. Affiliation (n Aff)
12. Rejection (n Rej)
13. Succorance (n Suc)
14. Nurturance (n Nun)
15. Infavodiance (n Inf)
16. Defendance (n Dfd)
17. Counteraction (n Cnt)
18. Harmavoidance (n Harm)
19. Order (n Ord)
20. Understanding (n Und)

यहाँ सभी n से मतलब need (आवश्यकता) से है।

इन 20 आवश्यकताओं में दो आवश्यकताओं अर्थात् उपलब्धि आवश्यकता (achievement need) तथा संबंधन आवश्यकता (affiliation need) पर सबसे अधिक संख्या में शोधकार्य किये गए हैं।

मर्रे ने अपने व्यक्तित्व सिद्धान्त में आवश्यकताओं को विभिन्न कसौटियों (criteria) के आधार पर कई भागों में बाँटा है। इनके द्वारा बतलाये गए कुछ प्रमुख ऐसे श्रेणी या भाग निम्नांकित है—

(a) आवश्यकता के सामान्य प्रकृति की कसौटी के आधार पर *(On the basis of criterion of general nature of the need)*—इस कसौटी के आधार पर मर्रे ने आवश्यकता के दो प्रकार बतलाये हैं—दैहिजनिक आवश्यकता (viscerogenic need) तथा मनोजनिक आवश्यकता(psychogenic need)। दैहिजनिक आवश्यकता(viscerogenic need) से तात्पर्य वैसी शारीरिक आवश्यकताओं से होता है जो मानव जीवन के जैविक जरूरतों (biological requirements) से उत्पन्न होता है। भूख की आवश्यकता, प्यास की आवश्यकता आदि इस श्रेणी की आवश्यकता है। इसे *प्राथमिक आवश्यकता* (primary need) भी कहा जाता है। मनोजनिक आवश्यकता (psychogenic need) वैसी आवश्यकताओं को कहा जाता है जो परोक्ष रूप से (indirectly) प्राथमिक आवश्यकता (primary need) से उत्पन्न होते हैं लेकिन शरीर के भीतर इनका कोई विशिष्ट क्षेत्र नहीं होता है। उपलब्धि की आवश्यकता (need for achievement), संबंधन की आवश्यकता (need for affiliation), प्रभुत्व की आवश्यकता (need for dominance) आदि कुछ इसी श्रेणी की आवश्यकताएँ हैं। इन्हें *गौण आवश्यकता* (secondary need) भी कहा जाता है। इसे गौण इसलिए नहीं कहा जाता है कि उनका महत्त्व कम होता है बल्कि इसलिए कहा जाता है कि उनकी उत्पत्ति प्राथमिक आवश्यकता (primary need) के बाद होती है। मर्रे का मत है कि किसी-किसी परिस्थिति में तो गौण आवश्यकताओं का महत्त्व प्राथमिक आवश्यकताओं की तुलना में काफी बढ़ जाता है।

(b) आवश्यकता की उत्पत्ति की कसौटी के आधार पर (*On the basis of criterion of origin of need*)—इस कसौटी के आधार पर आवश्यकता के दो प्रकार होते हैं—अग्रसक्रिय आवश्यकता (proactive need) तथा प्रतिक्रियात्मक आवश्यकता (reactive need)। अग्रसक्रिय आवश्यकता (proactive need) से तात्पर्य वैसी आवश्यकता से होता है जो एक तरह के स्वैच्छिक आवश्यकता (spontaneuous need) है जिसकी उत्पत्ति होते ही उपयुक्त व्यवहार व्यक्ति करने के लिए तत्पर हो जाता है। इस तरह की आवश्यकता व्यक्ति के भीतर होने वाले परिवर्तनों (changes) पर निर्भर करता है। भोजन करने की आवश्यकता (need for food) एक तरह के अग्रसक्रिय आवश्यकता (proactive need) है। प्रतिक्रियात्मक आवश्यकता (reactive need) से तात्पर्य उन आवश्यकताओं से होता है जो वातावरण के उद्दीपकों (environmental stimuli) से उत्पन्न होते हैं। ऐसी आवश्यकताएँ कुछ उन उद्दीपकों या परिस्थितियों से उत्पन्न होती है जो अप्रत्याशित (unexpected) होती है। जैसे—अधिक ठंडक या अधिक गर्मी से बचने की आवश्यकता एक प्रतिक्रियात्मक आवश्यकता (reactive need) का उदाहरण है।

(c) अभिव्यक्ति के तरीकों की कसौटी के आधार पर (*On the basis of criterion of mode of expression*)—अभिव्यक्ति के तरीकों (modes) की कसौटी के आधार पर आवश्यकता के दो प्रकार बतलाये गए हैं—**व्यक्त आवश्यकता** (overt or manifest need) तथा **अव्यक्त आवश्यकता** (covert or latent need)। व्यक्त आवश्यकता से तात्पर्य वैसी आवश्यकताओं से होता है जिसकी अभिव्यक्ति की अनुमति समाज खुले रूप से देता है। उपलब्धि की आवश्यकता (need for achievement) तथा संबंधन की आवश्यकता (need for affiliation) इसके उत्तम उदाहरण हैं क्योंकि इन आवश्यकताओं की अभिव्यक्ति समाज खुले रूप से देता है। अव्यक्त आवश्यकता (covert or latent need) से तात्पर्य वैसी आवश्यकताओं से होता है जिसकी खुले रूप से अभिव्यक्ति की अनुमति समाज नहीं देता है। यौन आवश्यकता (sex need) तथा आक्रामकता आवश्यकता (need for aggression) इस तरह की आवश्यकता के उत्तम उदाहरण हैं।

(d) वस्तुओं की संख्या की कसौटी के आधार पर (*On the basis of criterion of number of objects*)—इस कसौटी के आधार पर मर्रे ने आवश्यकता के दो प्रकार बतलाये हैं—नाभीय आवश्यकता (focal need) तथा विसरित आवश्यकता (diffused need)। नाभीय आवश्यकता से तात्पर्य वैसी आवश्यकताओं से होता है जिनकी संतुष्टि किसी एक वस्तु या कुछ वस्तुओं से हो जाती है। जैसे—भूख की आवश्यकता एक नाभीय आवश्यकता है क्योंकि इसकी संतुष्टि भोजन करने से या फल का रस पी लेने से हो जा सकती है। विसरित आवश्यकता (diffused need) उन आवश्यकताओं को कहा जाता है जिसकी संतुष्टि किसी एक वस्तु से नहीं बल्कि कई तरह की वस्तुओं से होती है। उपलब्धि की आवश्यकता (need for achievement) एक विसरित आवश्यकता का उदाहरण है क्योंकि इसकी संतुष्टि कई क्षेत्र में कई तरह के वस्तुओं की उपलब्धि से होती है।

(e) लक्ष्य से संबद्धता की कसौटी के आधार पर (*On the basis of the criterion of relatedness to goal*)—इस कसौटी के आधार पर आवश्यकता के दो प्रकार होते हैं—प्रभाव आवश्यकता (effect need) तथा रूपात्मक आवश्यकता (model need)। प्रभाव आवश्यकता से तात्पर्य वैसी आवश्यकता से होता है जिसका एक निश्चित प्रभाव तुरंत होता है और इसमें व्यक्ति के सामने कोई स्पष्ट लक्ष्य (tangible goal) होता है। जैसे—एम॰ ए॰ कक्षा नें दाखिला प्राप्त छात्र का स्पष्ट लक्ष्य एम॰ ए॰ की परीक्षा में सफलता प्राप्त करना होता है। यहाँ जो आवश्यकता दर्शाया जा रहा है, अर्थात् उपलब्धि की आवश्यकता (need for achievement) एक तरह का प्रभाव आवश्यकता का उदाहरण है। रूपात्मक आवश्यकता (model need) से तात्पर्य उन आवश्यकताओं से होता है जिसमें अनुभव की जाने वाली संतुष्टि कुछ मात्रा में पूरे कार्य के दौरान (न कि कार्य की पूर्ण समाप्ति के बाद) होते रहती है। जैसे—संगीत सुनने या संगीत वादन करने में जो आवश्यकता (need) सम्मिलित है, वह रूपात्मक आवश्यकता (model need) का उदाहरण है क्योंकि इसमें अनुभव की जाने वाली संतुष्टि पूरे संगीत कार्यक्रम के दौरान होते रहती है न कि सम्पूर्ण संगीत खत्म होने के बाद व्यक्ति में संतुष्टि उत्पन्न होती है।

मर्रे (Murray) का मत है कि इन विभिन्न आवश्यकताओं (needs) के बीच सतत अन्तःक्रियाएँ (constant interaction) होती रहती हैं। यह अंतःक्रिया (interaction) कुछ नियमों (principles) के अनुरूप होती है जिसमें निम्नांकित प्रमुख है—

(i) प्रबलता का नियम (*Principle of prepotency*)—इसमें विभिन्न आवश्यकताओं में से जो सबसे प्रबल

(prepotent) होता है, वह व्यक्ति के सामने तुरंत संतुष्टि के लिए आ खड़ा होता है। जैसे--शारीरिक खतरा से बचने की आवश्यकता संबंधन आवश्यकता (affiliation need) से अधिक प्रबल होकर व्यक्ति से अपना संतुष्टि चाहती है।

(ii) संधि का नियम *(Principle of fusion)*—जब व्यक्ति द्वारा किये गए एक ही कार्य से दो या दो से अधिक आवश्यकताओं की संतुष्टि होती है, तो इसे आवश्यकताओं का संधि (fusion) कहा जाता है। जैसे--एक सरकारी सेवा में शामिल होकर व्यक्ति संबंधन आवश्यकता (affiliation need) तथा उपलब्धि आवश्यकता (achievement need) दोनों की संतुष्टि एक साथ कर लेता है।

(iii) पूरक नियम *(Principle of subsidiation)*—यह नियम इस बात पर बल डालता है कि व्यक्ति अपनी कुछ आवश्यकताओं (needs) की पूर्ति कम महत्त्वपूर्ण आवश्यकताओं की संतुष्टि करके करता है। दूसरे शब्दों में, एक सहायक आवश्यकता (subsidiary need) द्वारा अन्य दूसरे तरह की आवश्यकताओं की संतुष्टि होती है। जैसे--एक छात्र जो अपने शिक्षक की प्रशंसा या जी-हजूरी में अधिक लगा रहता है, वह दूसरों को सम्मान या इज्जत देने की आवश्यकता (deference need) की तो संतुष्टि करता ही है, साथ-ही-साथ वह इसके पीछे छिपे उपलब्धि आवश्यकता(achievement need) की भी संतुष्टि कर लेता है क्योंकि उनके इस व्यवहार से खुश होकर शिक्षक उन्हें परीक्षा में उत्तम अंक देंगे जिससे वह संभवतः प्रथम श्रेणी में परीक्षा में सफल हो जाए।

(iv) संघर्ष का नियम(*Principle of conflict*)—दो समान शक्ति की आवश्यकताएँ(needs) आपस में टकराकर या संघर्ष करके व्यक्ति में तनाव(tension) उत्पन्न करती हैं। मर्रे का मत है कि अधिकतर तंत्रिकातापी व्यवहार(neurotic behaviour) के कारण ऐसे ही तनाव (tension) होते हैं।

बाद में किये गए शोधों के आधार पर मर्रे (Murray) ने आवश्यकता (need) जैसे संप्रत्यय का प्रतिस्थापन (substitute) एक नया संप्रत्यय (concept) से किया जिसे *मूल्य-सदिश* (value-vector) कहा गया। सदिश से तात्पर्य व्यवहार द्वारा दिखलाये गए दिशा (direction) से तथा उस इच्छा की तीव्रता से होती है जिसे प्रेरित होकर व्यक्ति ने उस व्यवहार को किया था। मर्रे के अनुसार रचना (construction), विनाश (destruction), अधिग्रहण (acquisition), परिहार (avoidance) आदि सदिश (vectors) के कुछ प्रमुख उदाहरण हैं। मूल्य (value) से तात्पर्य उन बौद्धिक (intellectual), सैद्धान्तिक (ideological) तथा कलात्मक आदर्शों (ideals) से होता है जिसे व्यक्ति विकसित करता है। मर्रे ने यह सूचना इकट्ठा किया कि किस व्यक्ति के लिए क्या अच्छा या योग्य है (मूल्य) तथा व्यक्ति उन मूल्यों के संदर्भ में किस तरह का व्यवहार करता है तथा उन्होंने इसे एक मैट्रीक्स के रो (row) एवं कॉलम (column) के रूप में दर्शाया। इस मैट्रिक्सि का उद्देश्य व्यवहारों का एक वस्तुनिष्ठ व्याख्या उपस्थित करना था ताकि आवश्यकता (need) के प्रयोग से उत्पन्न अस्पष्ट सैद्धान्तिक व्याख्या को आसानी से प्रतिस्थापित किया जा सके।

(iii) दबाव *(Press)*—मर्रे का मत था कि वातावरण की वस्तुओं एवं घटनाओं का प्रभाव आवश्यकता (need) की उत्पत्ति पर काफी पड़ता है। इस तरह के प्रभाव (influence) को मर्रे ने दबाव (Press) की संज्ञा दिया। इसे दबाव (press) इसलिए कहा जाता है क्योंकि यह व्यक्ति को एक खास ढंग से प्रभावित करता है या दबाता है। दबाव (press) से व्यक्ति की आवश्यकता (need) की संतुष्टि हो सकती है या आवश्यकता की संतुष्टि के मार्ग में बाधा भी हो सकता है। मर्रे के अनुसार दबाव (press) दो तरह के होते हैं—*अल्फा दबाव* (alpha press) तथा *बीटा दबाव* (beta press)। जब व्यक्ति वातावरण में उपस्थित गुणों (qualities) को जैसा वे वास्तव में होते हैं, प्रत्यक्षण करता है, तो इसे अल्फा दबाव (alpha press) कहा जाता है परन्तु जब उनका प्रत्यक्षण व्यक्ति उस वास्तविकता से हटकर अपने ढंग से अर्थात् आत्मनिष्ठ रूप से (subjectively) करता है, तो इसे बीटा दबाव कहा जाता है। जैसे--यदि कोई व्यक्ति यह देखता है कि उसके इर्द-गिर्द कुछ ऐसे व्यक्ति हैं जो वास्तव में उनके प्रति आक्रामक व्यवहार (aggressive behaviour) कर रहे हैं, तो यह अल्फा आक्रामकता दबाव (alpha aggression press) का उदाहरण होता है। परन्तु यदि व्यक्ति अपने इर्द-गिर्द के व्यक्तियों में विद्वेषी भावना (hostile feeling) का प्रत्यक्षण करता है, तो यह बीटा आक्रमकता दबाव (beta aggression press) का उदाहरण होगा। मर्रे के अनुसार बीटा दबाव का प्रभाव मानव व्यवहार पर अल्फा दबाव की तुलना में अधिक पड़ता है। एक सामान्य व्यक्तित्व (normal personality) में अल्फा दबाव (alpha press) तथा बीटा दबाव (beta press) में एक संतुलन (balance) रहता है। किसी कारण से इन दोनों में तीव्र अन्तर होने से व्यक्ति में *व्यामोहात्मक चिन्तन* (delusional thinking) उत्पन्न हो जाता है।

(iv) थीमा : आवश्यकता एवं दबाव की अन्तःक्रिया *(Thema : Interaction between need and press)*—व्यवहारात्मक इकाई (behavioural unit) की गतिकी (dynamics) की व्याख्या करने के लिए मर्रे (Murray) ने थीमा (Thema) जैसे संप्रत्यय (concept) का प्रतिपादन किया। थीमा से तात्पर्य आवश्यकता (need) तथा दबाव (press) के अन्तःक्रिया (interaction) से होता है। थीमा मूलतः अचेतन स्तर पर व्यक्ति की आवश्यकताओं (needs) तथा दबावों (press) को एक विशेष पैटर्न से संबंधित करता है जिसका उद्देश्य व्यक्ति के व्यवहार में संगतता (coherence) उत्पन्न करना होता है। थीमा दो प्रकार के होते हैं—क्रमिक थीमा (serial thema) तथा एकत्व थीमा (unity thema)। क्रमिक थीमा (serial thema) वैसे थीमा को कहा जाता है जिसमें एक से अधिक आवश्यकता दबाव अन्तःक्रियाएँ (need-press interactions) सम्मिलित होती है। एकत्व थीमा (unity thema) से तात्पर्य वैसे थीमा से होता है जिसमें व्यक्ति की आवश्यकता-दबाव अन्तःक्रिया (need-press interaction) का पैटर्न वैयक्तिक (individual) एवं अनुपम (unique) होता है। इसके आधार पर मर्रे ने वैयक्तिक विभिन्नता (individual differences) की व्याख्या करने की कोशिश किया है। मर्रे के अनुसार एकत्व थीमा व्यक्ति का मनोवैज्ञानिक सार (psychological core) होता है। इससे व्यक्तित्व में समय बीतने से उत्पन्न निरंतरता (continuity) का बोध होता है।

व्यक्तित्व का विकास
(Development of Personality)

मर्रे ने व्यक्तित्व के विकास (development) की व्याख्या करने के लिए एक अनुदैर्घ्य दृष्टिकोण (longitudinal approach) अपनाया है। इस दृष्टिकोण में व्यक्तित्व को ठीक ढंग से समझने के लिए उसके विकासात्मक इतिहास (development history) पर न कि केवल उसके वर्तमान आवश्यकताओं (needs), दबावों (press) तथा आवश्यकता दबाव अन्तःक्रिया (need-press interactions) पर बल डालना आवश्यक होता है। इसी संदर्भ में उन्होंने[1] कहा है, "व्यक्तित्व का इतिहास ही स्वयं व्यक्तित्व है।" फ्रायड (Freud) के समान ही उन्होंने प्रारंभिक बाल्यावस्था (early childhood) की घटनाओं एवं अनुभूतियों (experiences) को महत्त्वपूर्ण बतलाया है। मर्रे ने बाल्यावस्था (childhood) को पाँच अवस्थाओं में बाँटा है और प्रत्येक अवस्था में कुछ सुखदायक अनुभूतियाँ (pleasurable experiences) होती हैं जो समाज की वास्तविकता के अनुरूप फिर परिवर्तित हो जाती है। इन पाँच अवस्थाओं में से प्रत्येक अवस्था व्यक्तित्व पर अपना एक विशेष छाप (mark) मनोग्रन्थि (complex) के रूप में छोड़ता है। मनोग्रन्थि से तात्पर्य व्यवहारों के वैसे पैटर्न (pattern) से होता है जो विभिन्न अवस्थाओं द्वारा छोड़े गए छापों या छाप चिह्नों (imprints) के मिलने से बनता है तथा जो अचेतन रूप से व्यक्तित्व के विकास को निर्धारित करता है। मर्रे (Murrary) का मत है कि प्रत्येक व्यक्ति में उपयुक्त पाँच अवस्थाओं से संबंधित पाँच मनोग्रन्थि होते हैं क्योंकि प्रत्येक व्यक्ति को इन पाँच अवस्थाओं से होकर गुजरना पड़ता है। इसलिए इन मनोग्रन्थियों का होना कोई असामान्यता नहीं है। हाँ, जब उनकी अभिव्यक्ति अत्यन्त अधिक मात्रा में होने लगता है, तो व्यक्तित्व का विकास किसी एक अवस्था पर स्थिर हो जाता है और उसमें लचीलापन (flexibility) समाप्त हो जाता है और तब वह असामान्यता का रूप ले लेता है।

मर्रे (Murray) द्वारा प्रतिपादित बाल्यावस्था की पाँच अवस्थाएँ और संबंधित मनोग्रन्थियों का वर्णन निम्नांकित है—

(i) प्रथम अवस्था : निर्जन मनोग्रन्थि *(First stage : Claustral complex)*—बाल्यावस्था की पहली अवस्था में निर्जन मनोग्रन्थि (claustral complex) होता है जो व्यक्ति के जन्मपूर्व अनुभूतियों (parental experiences) से बना होता है। निर्जन मनोग्रन्थि के तीन प्रकार बतलाये गए हैं—साधारण निर्जन मनोग्रन्थि (simple claustral complex), असह्य निर्जन मनोग्रन्थि (insupport claustral complex) तथा निर्गति निर्जन मनोग्रन्थि (egression claustral complex)। साधारण निर्जन मनोग्रन्थि वाले व्यक्ति निष्क्रिय होते हैं तथा दूसरों पर आश्रित रहना इन्हें अच्छा लगता है। ये भूत (past) के पुजारी होते हैं तथा नवीनता (novelty) के विरोधी होते हैं। असह्य निर्जन मनोग्रन्थि (insupport claustral complex) में व्यक्ति में असुरक्षा (insecurity) की भावना तीव्र होती है तथा उसे अपने लाचारी पर अधिक चिंता होती है। निर्गति निर्जन मनोग्रन्थि (egression claustral complex) से प्रभावित व्यक्ति में

1. "The history of personality is the personality." —Murray : *Exploration in Personality*, 1938, p. 604

घूमने-फिरने तथा किसी तरह की नवीनता से खुश होने का गुण अधिक होता है। ऐसे लोगों में स्वतंत्रता (autonomy) के शीलगुण की प्रधानता होती है।

(ii) द्वितीय अवस्था : मुखा मनोग्रन्थि *(Second stage : Oral complex)*—बाल्यावस्था की दूसरी अवस्था में मुखा मनोग्रन्थि उत्पन्न होता है जिसका निर्माण प्रारंभिक पालन-पोषण से संबंधित अनुभूतियों (early feeding experiences) से होता है। मुखा मनोग्रन्थि तीन प्रकार के होते हैं—मुखा राहत मनोग्रन्थि (oral succorance complex), मुखा आक्रामकता मनोग्रन्थि (oral aggression complex) तथा मुखा तिरस्कृत मनोग्रन्थि (oral rejection complex)। मुखा राहत मनोग्रन्थि (oral succorance complex) का निर्माण बच्चों के सुख से संबंधित क्रियाएँ (mouth activities), निष्क्रिय प्रवृत्तियाँ तथा संरक्षण में रहने की प्रवृत्तियों से होता है। इस मनोग्रन्थि की अभिव्यक्ति चूसने, खाने, पीने, चुम्बन लेने तथा दूसरों से स्नेह पाने आदि जैसे व्यवहारों के रूप में होता है। मुखा आक्रामकता मनोग्रन्थि का निर्माण मुख दंसन (oral biting) की क्रिया की आक्रामक प्रवृत्तियों (aggressive tendencies) के मिलने से होता है तथा इसकी अभिव्यक्ति दाँत काटना, चिल्लाना तथा प्राधिकारों (authorities) के प्रति सामान्य उभयभाविता (general ambivalence) की प्रवृत्तियों के रूप में होता है। मुखा तिरस्कृत मनोग्रन्थि (oral rejection complex) की अभिव्यक्ति कुछ खास-खास व्यवहारों जैसे थूकना, कै करना, होंठ को कसकर दबाये रखना, हकलाना, भूख की कमी आदि के रूप में होती है।

(iii) तीसरी अवस्था : मुद्रा मनोग्रन्थि *(Third stage : Anal complex)*—बाल्यावस्था की यह तीसरी अवस्था होती है जिसमें गुदा मनोग्रन्थि पाया जाता है। इस मनोग्रन्थि के निर्माण में मर्रे का मत है कि शौच प्रशिक्षण (toilet training) तथा मलत्याग (defecation) की अनुभूतियों की भूमिका प्रधान होती है। गुदा मनोग्रन्थि (anal complex) दो तरह के होते हैं—गुदा बहिष्करण मनोग्रन्थि (anal rejection complex) तथा गुदा प्रतिधारण मनोग्रन्थि (anal retention complex)। गुदा बहिष्करण मनोग्रन्थि (anal rejection complex) का निर्माण मल (feces) के त्यागने से उत्पन्न अनुभूतियों से तथा गुदा प्रतिधारण मनोग्रन्थि का निर्माण मल को रोकने (feces) या रोककर रखने से उत्पन्न अनुभूतियों से होता है। गुदा बहिष्करण मनोग्रन्थि (anal rejection complex) की अभिव्यक्ति मलत्याग से संबंधित क्रियाओं एवं मल के समान वस्तुओं जैसे मिट्टी आदि में अधिक अभिरुचि दिखलाने के रूप में होती है। इस तरह के लोग प्रायः गन्दे एवं विघटित (disorganized) प्रकृति के होते हैं। गुदा प्रतिधारण मनोग्रन्थि (anal retention complex) की अभिव्यक्ति वस्तुओं को संचय कर रखने, जिद्दी व्यवहार एवं निषेधात्मक व्यवहार (negativistic behaviour) दिखलाकर तथा अत्यन्त सफाई एवं क्रम (order) पर ध्यान देने के रूप में होती है।

(iv) चौथी अवस्था : यूरीथ्रल मनोग्रन्थि *(Fourth stage : Urethral complex)*—मर्रे के सिद्धान्त में यह एक अजूबा मनोग्रन्थि है जिसे उन्होंने पहले उतना महत्त्व नहीं दिया था। परन्तु बाद में इसे एक महत्त्वपूर्ण मनोग्रन्थि बतलाया। इस मनोग्रन्थि की अभिव्यक्ति व्यक्ति द्वारा ऊँचे-ऊँचे आकांक्षाओं (aspirations) के निर्माण, आत्म-सम्मान (self-esteem) का विकृत ज्ञान (distroted sense), आत्म-स्नेह (self-love) की तीव्र भावना तथा प्रदर्शन प्रवृत्तियों (exhibitionistic tendencies) के रूप में होता है।

(v) पाँचवीं अवस्था : जननेन्द्रिय या बध्यािकरण मनोग्रन्थि *(Fifth stage : Gential or castration complex)*—फ्रायड ने भी अपने सिद्धान्त में इस तरह के मनोग्रन्थि को महत्त्वपूर्ण बतलाया था और कहा था कि बधियाकरण मनोग्रन्थि बालकों में इस भाव से उत्पन्न होता है कि उसका लिंग (penis) काट दिया जायेगा और वयस्कावस्था के तंत्रिकातापी चिन्ता (neurotic anxiety) का आधार होता है। मर्रे फ्रायड के इस विचार से सहमत नहीं है। मर्रे का विचार था कि इस मनोग्रन्थि की उत्पत्ति बाल्यावस्था के हस्तमैथुन (childhood masturbation) तथा उसके लिए माता-पिता से मिलने वाले दंड के भय से होता है। इस मनोग्रन्थि की अभिव्यक्ति प्रायः पुरुषत्व (masculinity) तथा ओजस्विता (virility) दिखालकर होती है।

इन पाँच अवस्थाओं से होकर प्रत्येक व्यक्ति गुजरता है तथा उसमें मनोग्रन्थियों (complexes) का निर्माण होता है। इन मनोग्रन्थियों का समाधान करते हुए व्यक्ति वयस्क परिपक्वता (adult maturity) की ओर अग्रसर होता है।

मर्रे ने व्यक्तित्व विकास (personality development) की व्याख्या करने में कुछ महत्त्वपूर्ण निर्धारकों (determinants) की अहमियत काफी अधिक बतलाया है। इन निर्धारकों में निम्नांकित चार प्रमुख हैं—

(i) शरीरगठनात्मक निर्धारक (constitutional determinants)

(ii) समूह सदस्यता निर्धारक (group membership determinants)

(iii) भूमिका निर्धारक (role determinants)

(iv) परिस्थितिजन्य निर्धारक (situational determinants)

इन सबका वर्णन निम्नांकित है—

(i) शरीरगठनात्मक निर्धारक *(Constitutional determinants)*—शरीरगठनात्मक निर्धारक से तात्पर्य व्यक्ति के कुल शारीरिक बनावट से होता है। इस श्रेणी में व्यक्ति की आयु, यौन, शारीरिक प्रकार, त्वचा का रंग, शारीरिक शक्ति (physical strength), शारीरिक अपंगता आदि को रखा जाता है। ये सभी कारक शून्य में प्रभावकारी नहीं होते हैं बल्कि वे व्यक्ति के सामाजिक वातावरण के संदर्भ में व्यक्तित्व निर्माण (personality formation) को प्रभावित करते हैं।

(ii) समूह सदस्यता निर्धारक *(Group membership determinants)*—जिस सामाजिक समूह की सदस्यता व्यक्ति को प्राप्त है या व्यक्ति प्राप्त करना चाहता है, उसका भी प्रभाव व्यक्तित्व निर्माण पर पड़ता है। इस श्रेणी के कारक में पारिवारिक, प्रजातीय, धार्मिक, राजनैतिक, क्षेत्रिय एवं सामाजिक-आर्थिक कारकों को रखा गया है। किसी एक या एक से अधिक ऐसे समूह के सदस्य होने से व्यक्तित्व काफी अधिक प्रभावित होता है क्योंकि इनकी सदस्यता (membership) पर उस समूह के सामाजिक वातावरण (social environment) एवं मूल्यतंत्र (value system) का प्रभाव काफी पड़ता है।

(iii) भूमिका निर्धारक *(Role determinants)*—समाज की संस्कृति प्रत्येक व्यक्ति के लिए एक निश्चित भूमिका करती है। इसके साथ-साथ संस्कृति यह भी तय करती है कि उस भूमिका का निर्वाह व्यक्ति कैसे करेगी। मर्रे के अनुसार प्रस्तावित व्यक्तित्व निर्माण (personality formation) इन भूमिकाओं तथा उसके निर्वाह करने के ढंग से या विधि से काफी अधिक प्रभावित होता है।

(iv) परिस्थितिजन्य निर्धारक *(Situational determinants)*—व्यक्तित्व निर्धारक के इस श्रेणी में उन कारकों को रखा जाता है जो व्यक्ति के दिन-प्रतिदिन की अनुभूतियों में घटित होती है परन्तु उनका स्वरूप कुछ वैसा होता है कि उनके बारे में पहले से अनुमान लगाना मुश्किल है। इसमें संक्षिप्त अन्तर्वैयक्तिक संबंध (brief interpersonal contact), किसी खास व्यक्ति के साथ दोस्ती एवं संबंध-विच्छेदित माता-पिता (divorced parents) आदि को रखा जाता है।

व्यक्तित्व का मापन
(Measurement of Personality)

मर्रे द्वारा प्रतिपादित आवश्यकता सिद्धान्त का एक सबसे महत्त्वपूर्ण अनुप्रयोग (application) व्यक्तित्व मापने में हुआ है। मर्रे के सिद्धान्त से जो सबसे प्रमुख व्यक्तित्व परीक्षण विकसित किया गया है, वह है—विषय-आत्मबोधन परीक्षण (Thematic Apperception Test or TAT)। TAT एक ऐसा प्रक्षेपीय परीक्षण (projective test) है जिसे शोध मूल्य के दृष्टिकोण से रोशार्क परीक्षण (Rorschach test) के तुरंत बाद रखा गया है। इस परीक्षण में 30 कार्ड तथा 1 सादा कार्ड अर्थात् कुल 31 कार्ड होते हैं। इनमें से 19 कार्ड तथा 1 सादा कार्ड का चयन व्यक्ति के उम्र एवं यौन (sex) के अनुरूप किया जाता है और व्यक्ति उसके चित्रों एवं दिखलाये गए दृश्यों (scene) के आधार पर कहानी लिखता है। इन कहानियों का विश्लेषण करके व्यक्ति के व्यक्तित्व के बारे में जाना जाता है। नैदानिक मनोवैज्ञानिकों द्वारा TAT का प्रयोग रोगियों के व्यक्तित्व को समझने में काफी किया गया है। TAT का प्रयोग शोध उद्देश्यों से भी काफी किया गया है तथा इसका उपयोग उपलब्धि आवश्यकता (achievement need) तथा संबंधन आवश्यकता (affiliation need) को मापने के लिए काफी किया गया है।

TAT के समानान्तर कई परीक्षण विकसित किए गए हैं। इनमें *चिल्ड्रेन आत्मबोधन परीक्षण* (Children Apperception Test or CAT) प्रमुख है। इस परीक्षण का निर्माण बेलाक (Bellak, 1975, 1986) द्वारा 3 साल से 10 साल के बच्चों के व्यक्तित्व को मापने के लिए किया गया था। इस परीक्षण के विभिन्न कार्डों पर पशुओं के चित्रों को मानव परिस्थितियों (human situations) में दर्शाए गए हैं। इस परीक्षण का एक दूसरा प्रारूप भी है जिसका उपयोग 10 साल के ऊपर के बच्चों की बुद्धि मापने में किया जाता है। इसे CAT-H कहा गया है। इसके कार्डों में मनुष्यों के तस्वीरों को दर्शाया

गया है। TAT में कुछ परिमार्जन (modification) ऐसा किया गया है जिसका प्रयोग बूढ़ों के व्यक्तित्व को मापने के लिए किया जाता है। वृद्धा आत्मबोधन परीक्षण (Gerontological Appreception Test or GAT) जिसे वोल्क एवं वोल्क(Wolk & Wolk, 1971) द्वारा विकसित किया गया है तथा सीनियर आत्मबोधन प्रविधि(Senior Appreception Technique or SAT) जिसे बेलाक (Bellak, 1975) द्वारा विकसित किया गया है, दो ऐसे ही परीक्षण हैं। इन दोनों परीक्षणों में बूढ़े लोगों को विभिन्न परिस्थितियों में दर्शाया गया है।

मर्रे का आवश्यकता सिद्धान्त (need theory) से तीन अन्य मापन विधि (assessment technique) विकसित किये गए हैं जिनका नाम है—एडवार्डस परसनल प्रेफरेन्स सिडुल (Edwards Personal Preference Schedule or EPPS), जैक्सन परसनॉलिटी रिसर्च फार्म (Jackson Personality Research Form) तथा स्टर्न एक्टीभिटीज इन्डेक्स (Stern Activities Index)। EPPS का निर्माण एडवार्डस (Edwards, 1953) द्वारा किया गया है तथा इसके द्वारा मर्रे की प्रस्तावित आवश्यकता सूची की 15 आवश्यकताओं का मापन होता है तथा इसमें कुल 210 एकांश युग्मित रूप (pair form) में हैं। जैक्सन परसनॉलिटी रिसर्च फार्म का प्रतिपादन जैक्सन (Jakson, 1976) द्वारा किया गया। इसके द्वारा 20 शीलगुणों का मापन होता है। इन शीलगुणों में से अधिकतर EPPS तथा मर्रे की आवश्यकता सूची के हैं। स्टर्न एक्टीभिटीज इन्डेक्स (Stern Activities Index) का निर्माण स्टर्न (Stern, 1958) द्वारा किया गया और उसमें 300 एकांश हैं तथा इन सभी एकांशों के माध्यम से मर्रे द्वारा प्रस्तावित सभी 20 आवश्यकताओं (needs) का मापन होता है।

जहाँ तक मर्रे का व्यक्तित्व शोध (personality research) का प्रश्न है, वह भावमूलक दृष्टिकोण (idiographic viewpoint) है न कि नियमावेषी दृष्टिकोण (nomothetic viewpoints)। भावामूलक दृष्टिकोण में एक व्यक्ति या व्यक्तियों के एक छोटे समूह को विभिन्न मूल्यांकन विधियों (assessment techniques) द्वारा गहन रूप से अध्ययन किया जाता है। नियमावेषी दृष्टिकोण जो भावमूलक दृष्टिकोण के विरोधी है, में व्यक्तियों के समूहों के बीच सांख्यकीय अन्तरों (statistical differences) का अध्ययन किया जाता है।

मर्रे के आवश्यकता सिद्धान्त के कुछ गुण (merits) एवं परिसीमाएँ (limitations) बतलाये गए हैं। इसके प्रमुख गुण निम्नांकत हैं—

(i) मर्रे के आवश्यकता सिद्धान्त का सबसे प्रमुख गुण यह बतलाया गया है कि इस सिद्धान्त द्वारा यह स्पष्ट कर दिया गया है कि मानव अभिप्रेरकों की व्याख्या दो-चार अभिप्रेरकों द्वारा जैसा कि कुछ लोगों का दावा था, करना संभव नहीं है। इससे इस क्षेत्र में किये जा रहे शोधों को एक नयी दिशा (direction) मिली है।

(ii) मर्रे के सिद्धान्त में मानव के सभी व्यवहारों को एक अन्तर्वैयक्तिक प्रक्रिया (interactive process) माना गया है। इसका मतलब यह हुआ कि उन्होंने मानव व्यवहार को व्यक्ति तथा वातावरण के अन्तःक्रिया (interaction) के रूप में व्याख्या किया है जो उनके सिद्धान्त का एक प्रमुख गुण माना गया है।

(iii) मर्रे के व्यक्तित्व सिद्धान्त में मनोवैज्ञानिक प्रक्रियाओं(psychological processes) तथा मस्तिष्कीय प्रक्रियाओं (brain processes) के बीच स्पष्ट संबंध बतलाया गया है। इससे मानव व्यवहारों के शारीरिक आधारों को समझने में मदद मिलती है। इस तरह के संबंध की चर्चा हमें अन्य किसी व्यक्तित्व सिद्धान्त में नहीं मिलती है।

(iv) मर्रे के सिद्धान्त का एक विशेष गुण, हाल एवं उनके सहयोगियों (Hall et al., 1985) के अनुसार यह है कि यह एक ऐसा सिद्धान्त है जिसमें व्यक्ति के वातावरण के महत्त्व का तो वर्णन किया ही गया है साथ-ही-साथ उसे अनुभवजन्य ढंग से (empirically) समझने की कोशिश भी की गयी है। उन्होंने कुछ ऐसी श्रेणियों (categories) जिसे दबाव (press) कहा गया है, के रूप में व्यक्ति के वातावरण को समझने की कोशिश किया है, जो अपने आप में अनूठा है। इस ढंग की कोशिश की झलक भी हमें अन्य सिद्धान्त में नहीं मिलती है।

इन गुणों के बावजूद मर्रे की आवश्यकता सिद्धान्त (need theory) की कुछ परिसीमाएँ (limitations) हैं जिनमें निम्नांकित प्रमुख हैं—

(i) मर्रे के आवश्यकता सिद्धान्त में उन मनोवैज्ञानिक प्रस्तावों (psychological propositions) की काफी कमी है जिससे जाँचनीय प्राक्कल्पनाओं(testable hypotheses) की उत्पत्ति हो सके। इसका मतलब यह हुआ कि इस सिद्धान्त का अन्वेषणात्मक मूल्य (heuristic value) कम है।

(ii) कुछ आलोचकों का मत है कि मर्रे के सिद्धान्त में इतनी अधिक सामग्रियाँ (materials) हैं कि इससे उसकी विशिष्टता (distinctiveness) समाप्त हो जाती है। इन आलोचकों का मत है कि इस सिद्धान्त में इतनी अधिक बातें की गयी हैं कि किसी भी एक बात को स्पष्ट रूप से अलग कर उसे ठीक-ठीक समझना संभव नहीं है।

(iii) मर्रे के सिद्धान्त में आवश्यकताओं (needs) का जो विस्तृत वर्गीकरण किया गया है, उस पर भी कुछ आलोचकों ने आपत्ति उठायी है और कहा है कि इससे व्यक्ति में आवश्यक रूप से संभ्रान्ति (confusion) उत्पन्न हो जाता है क्योंकि जो श्रेणियाँ बतलायी गयी हैं, वे एक-दूसरे से स्वतंत्र नहीं हैं और एक ही आवश्यकता को दोनों ही श्रेणियों में कभी-कभी रखा जाना संभव हो सकता है। जैसे—यौन आवश्यकता (sex need) को एक अग्रसक्रिय आवश्यकता (proactive need) तथा प्रतिक्रियात्मक आवश्यकता (reactive need) दोनों ही श्रेणियों में रखा जा सकता है। यौन आवश्यकता की उत्पत्ति गत लैंगिक संसर्ग (last sexual intercourse) से बीते हुए अवधि पर निर्भर कर सकता है। (अग्रसक्रिय आवश्यकता) तथा इसकी उत्पत्ति कभी-कभी वातावरण में उपस्थित लैंगिक रूप से उत्तेजनपूर्ण दृश्यों (scenes) को देखकर भी हो सकती है (प्रतिक्रियात्मक आवश्यकता)। इससे अनावश्यक रूप से व्यक्ति के मन में संभ्रान्ति (confusion) उत्पन्न हो जाता है।

(iv) अभी तक मर्रे के सिद्धान्त के कुछ खास ही अंश का प्रयोगात्मक जाँच (experimental test) हो पाया है। जैसे—उनके द्वारा प्रस्तावित आवश्यकताओं की सूची से उपलब्धि आवश्यकता (achievement need) एवं संबंधन आवश्यकता (affiliation need) का प्रयोगात्मक जाँच हुआ है। परन्तु उनके सिद्धान्त के अन्य पहलुओं की ऐसी जाँच अबतक नहीं हो पायी है। फलतः उनके पूरे सिद्धान्त को प्रयोगात्मक रूप से वैध (valid) मानना अधिक युक्तिसंगत नहीं लगता है।

इन आलोचनाओं के बावजूद मर्रे के व्यक्तित्व सिद्धान्त को काफी महत्त्वपूर्ण माना गया है। उनके द्वारा बतलाये गए आवश्यकताओं की सूची, व्यक्तित्व मापन की प्रविधियाँ आदि आधुनिक मनोवैज्ञानिकों के हाथ में महत्त्वपूर्ण साधन माने गये हैं। इन योगदानों के लिए आधुनिक मनोवैज्ञानिक मर्रे के प्रति विशेष रूप से आभार प्रकट करते हैं।

गौर्डन आलपोर्ट : व्यक्तित्व का शीलगुण सिद्धान्त
(Gordon Allport : Trait Theory of Personality)

गौर्डन आलपोर्ट (Gordon Allport, 1897-1967) का व्यक्तित्व सिद्धान्त एक ऐसा सिद्धान्त है जिसमें मानवतावादी (humanistic) एवं व्यक्तिवादी (personalistic) दृष्टिकोणों से मानव व्यवहार का अध्ययन करने का एक अनुपम संगम देखने को मिलता है। इनके सिद्धान्त में मानवतावादी दृष्टिकोण की परख इस बात से होती है कि इसमें मानव व्यवहार के सभी पहलुओं जिसमें वर्धन की अन्तःशक्तियाँ (potential for growth), अनुभवातीत्व (transce dence) तथा आत्म-सिद्धि (self-realization) भी सम्मिलित है, के अध्ययन पर बल डाला गया है। एक व्यक्तिवादी (personalistic) सिद्धान्तवादी के रूप में आलपोर्ट को ग्रहणशील मनोवैज्ञानिक (eclectic psychologist) माना गया है क्योंकि वे इस सिद्धान्त के प्रतिपादन में विभिन्न क्षेत्रों, जैसे—दर्शनशास्त्र, समाजशास्त्र, साहित्य आदि से महत्त्वपूर्ण तथ्यों का चयन करके उसे विशेष रूप से संगठित किया है।

आलपोर्ट के व्यक्तित्व सिद्धान्त में मानव व्यवहार या मानव प्रकृति के बारे में कुछ महत्त्वपूर्ण पूर्वकल्पनाएँ की गयी हैं जो निम्नांकित हैं—

(i) इस सिद्धान्त में मानव व्यवहार के कुछ पूर्वकल्पनाओं (assumptions) जैसे विवेकपूर्णता (rationality), अग्रलक्षता (proactivity) तथा विषमस्थिति (heterostasis) पर सर्वाधिक बल डाला गया है।

(ii) इस सिद्धान्त में मानव व्यवहार के कुछ पूर्वकल्पनाओं जैसे पूर्णतावाद (holism) एवं ज्ञेयता (knowability) पर साधारण बल डाला गया है तथा स्वतंत्रता (freedom) एवं आत्मनिष्ठता (subjectivity) पर नाममात्र का बल डाला गया है। यहाँ संगठनात्मक-पर्यावरणीयता (constitutionalism-environmentalism) तथा परिवर्तनशीलता-अपरिवर्तनशीलता (changeability-unchangeability) के पूर्वकल्पनाओं पर बीचों-बीच ढंग का बल डाला गया है।

आलपोर्ट (Allport) के व्यक्तित्व सिद्धान्त (personality theory) को निम्नांकित प्रमुख भागों में बाँटकर अध्ययन किया जा सकता है—

(अ) व्यक्तित्व की संरचना (Structure of Personality)

(ब) व्यक्तित्व की गतिकी (Dynamics of Personality)
(स) व्यक्तित्व का वर्धन (Growth of Personality)
(द) शोध एवं मापन (Research and Assessment)
इन सबका वर्णन हम अलग-अलग अनुच्छेदों में करेंगे।

व्यक्तित्व की संरचना (Structure of Personality)

व्यक्तित्व की संरचना की व्याख्या तीन भागों में बाँटकर की गयी है—*व्यक्तित्व की परिभाषा* (definition of personality), *व्यक्तित्व शीलगुण* (personality traits) तथा *प्रोप्रियम* (proprium)। इन सबका वर्णन निम्नांकित है—

1. व्यक्तित्व की परिभाषा *(Meaning of Personality)*—आलपोर्ट (Allport, 1937) ने व्यक्तित्व की संरचना (structure) की व्याख्या करने में पहले इस क्षेत्र में दिये गए परिभाषाओं की समीक्षा किया और पाया कि उस समय तक अर्थात् 1937 तक व्यक्तित्व का तकरीबन 49 परिभाषाएँ दी जा चुकी थीं। इन्होंने इन परिभाषाओं से उत्तम तथ्यों को चुनकर अपनी परिभाषा में शामिल किया और व्यक्तित्व को निम्नांकित ढंग से परिभाषित किया—''व्यक्तित्व व्यक्ति के भीतर उन मनोशारीरिक तंत्रों का गतिशील या गत्यात्मक संगठन है जो वातावरण में उसके अपूर्व समायोजन को निर्धारित करते हैं।'' (आलपोर्ट, 1937)[1]

1961 में आलपोर्ट ने अपनी परिभाषा में थोड़ा संशोधन किया और अंतिम पाँच शब्द बदलकर इस प्रकार कर दिया—"unique adjustments to his environment" की जगह पर "characteristic behaviour and thought" को सम्मिलित किया गया। इस परिवर्तन का उद्देश्य यह बतलाना था कि व्यक्ति का व्यवहार मात्र अनुकूली (adaptive) ही नहीं होता है बल्कि कथनीय (expressive) भी होता है। इसका मतलब यह हुआ कि व्यक्ति वातावरण के साथ सिर्फ समायोजन (adjustment) या अनुकूलन ही नहीं करता है बल्कि उसके साथ इस तरह की अन्तःक्रिया (interaction) करता है कि उस वातावरण को भी व्यक्ति के साथ अनुकूलन या समायोजन योग्य होना पड़ता है।

आलपोर्ट की इस परिभाषा के मुख्य बिन्दुओं की व्याख्या इस प्रकार की जा सकती है—

(i) मनोशारीरिक तंत्र *(Psychophysical System)*—व्यक्तित्व एक ऐसा तंत्र (system) है जिसके मानसिक या मनोवैज्ञानिक (psychological) तथा शारीरिक (physical) दोनों ही पक्ष होते हैं। यह तंत्र ऐसे तत्त्वों का एक गठन होता है जो आपस में अन्तःक्रिया करते हैं। इस तंत्र के मुख्य तत्त्व शीलगुण (trait), संवेग (emotion), चरित्र (character), अभिप्रेरक(motives) आदि हैं जो सभी मानसिक गुण हैं परन्तु इन सबका आधार शारीरिक(physical) अर्थात् व्यक्ति के ग्रन्थीय प्रक्रियाएँ एवं तंत्रिकीय प्रक्रियाएँ (neural processes) हैं। इसका स्पष्ट मतलब यह हुआ कि व्यक्तित्व न तो पूर्णतः मानसिक या मनोवैज्ञानिक (psychological) होता है और न पूर्णतः शारीरिक ही। व्यक्तित्व इन दोनों तरह के पक्षों का मिश्रण है।

(ii) गत्यात्मक संगठन *(Dynamic organization)*—गत्यात्मक संगठन से तात्पर्य यह होता है कि मनोशारीरिक तंत्र (psychophysical system) के भिन्न-भिन्न तत्त्व जैसे शीलगुण (traits), आदत (habits) आदि एक-दूसरे से इस तरह संबंधित होकर संगठित हैं कि उन्हें एक-दूसरे से पूर्णतः अलग नहीं किया जा सकता है। इस संगठन में परिवर्तन (change) संभव है। यही कारण है कि इसे एक गत्यात्मक संगठन (dynamic organization) कहा गया है। इस तरह के संगठन में विसंगठन (disorganization) भी सम्मिलित होता है जिसके सहारे असामान्य व्यवहार की व्याख्या होती है। दूसरे शब्दों में, यदि किसी व्यक्ति के शीलगुणों के संगठन में इस ढंग का परिवर्तन आ जाता है कि उसका व्यवहार विसंगठित (disorganized) हो जाता है जिसके फलस्वरूप वह असामान्य व्यवहार अधिक करने लग जाता है तो इसे एक गत्यात्मक संगठन की श्रेणी में ही रखा जाता है।

---

1. "Personality is the dynamic organization within the individual of those psychophysical systems that determine his unique adjustments to his environment."
—Allport : *Personality : A Psychological Interpretation,* 1937, p. 48.

(iii) निर्धारण *(Determine)*—इस परिभाषा में 'निर्धारण' (determine) का प्रयोग विशेष अर्थ में किया गया है। इससे आलपोर्ट का तात्पर्य यह है कि ''व्यक्तित्व कुछ है तथा कुछ करता है'' ("Personality is something and does something" (Allport, 1961, p. 29)। इसका मतलब यह हुआ कि व्यक्तित्व के सभी पहलू व्यक्ति के व्यवहारों एवं विचारों का उत्तेजित (active) करते हैं तथा उसे निर्देशित (direct) करते हैं।

(iv) विशिष्ट व्यवहार एवं चिन्तन *(Characteristic behaviour and thought)*—इसका अर्थ यह है कि प्रत्येक चीज जिसे व्यक्ति करता है या सोचता है, वह उस व्यक्ति की एक विशिष्टता होती है। इस तरह से प्रत्येक व्यक्ति अनूठा (unique) है तथा वह किसी दूसरे से समान (similar) नहीं होता है।

2. व्यक्तित्व शीलगुण *(Personality traits)*—जैसे फ्रायड के लिए व्यक्तित्व संरचना (personality structure) की इकाई (unit) मूलप्रवृत्ति (instinct) है, उसी तरह आलपोर्ट (Allport) के लिए व्यक्तित्व संरचना की इकाई (unit) शीलगुण (trait) है। आलपोर्ट ने व्यक्तित्व की व्याख्या करने में शीलगुण पर काफी बल डाला है तथा इसका काफी विस्तृत अध्ययन किया है। उनका पी-एच० डी० शोध-ग्रन्थ का संबंध व्यक्तित्व शीलगुण(personality traits) पर ही आधारित था तथा अमेरिका में इससे पहले व्यक्तित्व शीलगुण पर किसी ने इतना गहन अध्ययन नहीं किया था। सुल्ज[1] (Schultz, 1990) के शब्दों में आलपोर्ट ने शीलगुण को इस प्रकार परिभाषित किया है, ''आलपोर्ट ने शीलगुण को उद्दीपकों के विभिन्न प्रकारों के प्रति समान ढंग से अनुक्रिया करने का झुकाव या पूर्ववृत्ति(predisposition) के रूप में परिभाषित किया है। अपने वातावरण के उद्दीपक पहलुओं की ओर संगत एवं सहनीय (enduring) ढंग से अनुक्रिया करने के तरीकों को शीलगुण कहा जाता है।'' आलपोर्ट की इस परिभाषा से यह स्पष्ट है कि शीलगुण से उनका तात्पर्य व्यवहारों से संगतता से है। आलपोर्ट (Allport, 1937) ने शीलगुण के कुछ विशेषताओं पर भी प्रकाश डाला है जिनमें निम्नांकित प्रमुख हैं—

(i) व्यक्तित्व शीलगुण सिर्फ सैद्धान्तिक संप्रत्यय (theoretical construct) नहीं होते हैं बल्कि वे वास्तविक (real) होते हैं और व्यक्ति के भीतर पाये जाते हैं।

(ii) शीलगुण (traits) से व्यक्ति का व्यवहार निर्देशित होता है तथा उसके कारण व्यक्ति एक खास तरह का व्यवहार कर सकने में सफल होता है।

(iii) शीलगुण को अनुभविक रूप से (empirically) दिखलाया जा सकता है। यह बात अवश्य है कि शीलगुण को देखा तो नहीं जा सकता है परन्तु उसके अस्तित्व की जाँच की जा सकती है। ऐसा करने के लिए व्यक्ति के व्यवहारों का प्रेक्षण एक खास समय तक किया जाता है।

(iv) शीलगुण की एक विशेषता यह है कि वे एक-दूसरे से पूर्णतः अलग नहीं होते हैं बल्कि वे कुछ हद तक परस्परव्यापी (overlap) होते हैं। जैसे—आक्रामकता (aggression) तथा विद्वेषिता (hostility) दो अलग-अलग शीलगुण हैं परन्तु वे सभी एक-दूसरे से काफी संबंधित एवं परस्पर-व्यापी हैं।

(v) शीलगुण परिस्थिति के साथ परिवर्तित (vary) होते हैं। वे एक परिस्थिति में उत्पन्न होते हैं तो दूसरी परिस्थिति में उत्पन्न नहीं होते हैं।

आलपोर्ट (Allport) ने शीलगुणों को दो मुख्य भागों में बाँटा है—

(i) सामान्य शीलगुण (common trait)

(ii) वैयक्तिक शीलगुण (individual trait)

सामान्य शीलगुण से आलपोर्ट का तात्पर्य वैसे शीलगुणों से होता है जो संस्कृति (culture) के कई लोगों में पाया जाता है। सचमुच में सामान्य शीलगुण (common traits) एक तरह की अमूर्त्तता (abstraction) होती है जिससे सामाजिक मूल्यों (social values) तथा सामाजिक रीतिरिवाजों (social mores) की एक झलक मिलती है और इसकी उत्पत्ति एक खास तरह से व्यवहार करने के सामाजिक दबाव (social pressure) से उत्पन्न होता है। आलपोर्ट ने इन शीलगुणों को बहुत महत्त्वपूर्ण नहीं माना है क्योंकि वे मौलिक शीलगुण नहीं हैं क्योंकि इससे मात्र सतही अभिव्यक्ति

1. "Allport defined traits as predispositions to respond, in the same or similar manner, to different kinds of stimuli. Traits are consistent and enduring ways of reacting to the stimulary aspects of our environment."

—Schultz : *Theories of Personality,* 1990, p. 231

(surface manifestation) की झलक मिलती है तथा व्यक्ति की वैयक्तिकता (individuality) का एहसास नहीं होता है। चिन्ता (anxiety), अनुरूपता (conformity), सामाजिक या राजनैतिक मनोवृत्ति (social or political attitude) सामान्य शीलगुण के कुछ उत्तम उदाहरण हैं। सामान्य शीलगुण को *विमीय शीलगुण*(dimensional trait) या *नियमान्वेशी शीलगुण* (nomothetic trait) भी कहा गया है।

वैयक्तिक शीलगुण(individual trait) जिसे *वैयक्तिक पूर्ववृत्ति*(personal disposition) या आकृतिक शीलगुण (morphological traits) भी कहा जाता है, से तात्पर्य वैसे शीलगुण से होता है जो व्यक्ति विशेष में पाया जाता है तथा जिसपर हम किसी संस्कृति के कई व्यक्तियों की तुलना नहीं कर सकते हैं। इससे व्यक्ति की विशेष समयोजनात्मक क्रियाएँ (acts of adjustment) निर्देशित एवं प्रेरित होती हैं। वैयक्तिक शीलगुण को आलपोर्ट ने अधिक महत्त्वपूर्ण बतलाया है क्योंकि इससे व्यक्तित्व की संरचना (structure) का विशेष एवं संगठित अध्ययन संभव हो पाता है।

बाद में आलपोर्ट ने अपने शब्दावली में परिवर्तन किया और सामान्य शीलगुण (common trait) के लिए सिर्फ शीलगुण (trait) का प्रयोग किया तथा वैयक्तिक शीलगुण (individual trait) के लिए वैयक्तिक पूर्ववृत्ति (personal disposition) का प्रयोग किया।

आलपोर्ट (Allport) ने *वैयक्तिक पूर्ववृत्ति* (personal disposition) को निम्नांकित तीन भागों में बाँटा है—

(i) कार्डिनल पूर्ववृत्ति या शीलगुण (Cardinal predisposition or trait)

(ii) केन्द्रीय पूर्ववृत्ति या शीलगुण (Central predisposition or trait)

(iii) गौण पूर्ववृत्ति या शीलगुण (Secondary predisposition or trait)

इन तीनों का वर्णन निम्नांकित है—

(i) कार्डिनल पूर्ववृत्ति या शीलगुण *(Cardinal predisposition or trait)*—कार्डिनल पूर्ववृत्ति या शीलगुण से तात्पर्य वैसे शीलगुण से होता है जो व्यक्ति में इतना अधिक व्यापक (pervasive) होता है कि वह प्रत्येक व्यवहार इसी से प्रभावित होकर करता पाया जाता है। अधिकतर लोगों में कार्डिनल शीलगुण नहीं होते हैं परन्तु जिनमें होते हैं, वे उस शीलगुण के लिए विश्वविख्यात होते हैं। जैसे—शांति एवं अहिंसा का शीलगुण महात्मा गाँधी का एक कार्डिनल शीलगुण था। आक्रामकता (aggressiveness) हिटलर एवं नेपोलियन का एक कार्डिनल शीलगुण था जिससे वे विश्वविख्यात थे।

(ii) केन्द्रीय पूर्ववृत्ति या शीलगुण *(Central predisposition or trait)*—केन्द्रीय शीलगुण वैसे शीलगुणों को कहा जाता है जो व्यापक (prevasive) तो नहीं होते हैं परन्तु महत्त्वपूर्ण जरूर होते हैं तथा जिनपर व्यक्ति अपनी जिन्दगी में अधिक प्रकाश डालता है। ऐसे शीलगुण प्रत्येक व्यक्ति में पाया जाता है तथा औसत इसकी संख्या 5 से 10 होती है। इन शीलगुणों की अभिव्यक्ति व्यक्ति के बारे में कुछ अनुशंसा (recommendation) करते समय प्रायः किया जाता है। इन शीलगुणों की अभिव्यक्ति व्यक्ति प्रायः अपने व्यवहारों में करता है। बर्हिगमन (out-going), भावुक (sentimental), सचेत (attentive), सामाजिक, आक्रामकता (aggression) आदि कुछ ऐसे ही शीलगुणों के उदाहरण हैं।

(iii) गौण पूर्ववृत्ति या शीलगुण *(Secondary predisposition or trait)*—इस श्रेणी में उन शीलगुणों को रखा जाता है जो कम सुस्पष्ट (less conspicuous), कम संगठित (less organized), कम संगत (less consistent) होते हैं और इसलिए व्यक्तित्व की संरचना के लिए कम महत्त्वपूर्ण होते हैं। जैसे—विशेष हेयर-स्टाइल रखना, खास प्रकार के भोजन करना, विशेष मनोवृत्ति (specific attitude) आदि गौण पूर्ववृत्ति (secondary predisposition) के उदाहरण हैं जिनके आधार पर व्यक्तित्व की संरचना (structure) के बारे में कोई ठोस निष्कर्ष पर नहीं पहुँचा जा सकता है।

3. प्रोप्रियम *(Proprium)*—आलपोर्ट (Allport) का मत है कि व्यक्तित्व असंबंधित शीलगुणों (unrelated traits) का मात्र एक बंडल नहीं होता है बल्कि इसमें शीलगुणों की एक संगति (consistency), एकता (unity) एवं समन्वय (integration) पाया जाता है। इसका मतलब यह हुआ कि व्यक्तित्व में कुछ ऐसे नियम (principle) होते हैं जो शीलगुणों, मूल्यों, अभिप्रेरकों को संगठित करता है। इस नियम को आलपोर्ट (Allport) ने प्रोप्रियम (proprium) कहा है। प्रोप्रियम (proprium) एक लैटिन शब्द 'proprius' से बना है जिसका अर्थ 'अपना' (own)

होता है। आलपोर्ट (Allport) के लिए प्रोप्रियम आत्मन् (self) या अहं (ego) के तुल्य है परन्तु उन्होंने इन दोनों शब्दों का प्रयोग नहीं किया है। आलपोर्ट (Allport) के अनुसार प्रोप्रियम से तात्पर्य व्यक्तित्व के उन सभी पहलुओं (apsects) से होता है जिससे उसमें आन्तरिक एकता (inward unity) तथा संगतता (consistency) आती है। प्रोप्रियम मानव प्रकृति के धनात्मक, सर्जनात्मक, वर्धन-उन्मुखी तथा गतिशीलता के गुणों को दर्शाता है। आलपोर्ट ने प्रोप्रियम के स्वरूप एवं विकास का वर्णन सात अवस्थाओं (stages) के रूप में किया है। ये सात अवस्थाएँ शैशवावस्था से किशोरावस्था तक की होती है जिससे होकर प्रोप्रियम विकसित होता है। किशोरावस्था में आकर प्रोप्रियम का विकास पूर्ण हो जाता है। प्रथम तीन अवस्था अर्थात् शारीरिक-आत्मन् (bodily self), आत्म-पहचान (self-identity) तथा आत्म-सम्मान (self-esteem) का विकास बच्चों के प्रथम तीन वर्ष की आयु से होता है। बाद की दो अवस्थाओं अर्थात् आत्म-विस्तार (self-extension) तथा आत्म-प्रतिमा (self-image) 4 साल से 6 साल की आयु में विकसित होती है तथा 'युक्तिसंगत समायोजन' (rational coping) की अवस्था का विकास 6 साल से 12 साल की आयु में होती है तथा 'उपयुक्त प्रयास' (propriate striving) की अवस्था किशोरावस्था में विकसित होती है। प्रोप्रियम में ये सभी सात पहलुओं का संगम पाया जाता है।

इन सात अवस्थाओं का वर्णन निम्नांकित है—

(i) शारीरिक-आत्मन् *(bodily self)*—इस अवस्था में बालक अपने अस्तित्व से अवगत होता है और अपने शरीर को वातावरण के अन्य वस्तुओं से भिन्न समझता है।

(ii) आत्म-पहचान *(self-identity)*—इस अवस्था में बच्चे यह अनुभव करने लगते हैं कि उनके भीतर कई तरह के परिवर्तन के बावजूद उनकी एक अलग पहचान बनी होती है।

(iii) आत्म-सम्मान *(self-esteem)*—इस अवस्था में बच्चे अपनी उपलब्धियों पर गर्व करने लगते हैं।

(iv) आत्म-विस्तार *(self-extension)*—इस अवस्था में बच्चे उन वस्तुओं तथा लोगों को पहचानने लगते हैं जो उनके मतलब के होते हैं।

(v) आत्म-प्रतिमा *(self-image)*—यहाँ बच्चे अपने एवं अपने व्यवहार के बारे में एक वास्तविक एवं आदर्श प्रतिमा विकसित कर लेते हैं और वे अपने माता-पिता की प्रत्याशाओं (expectations) को संतुष्ट कर सकने में सफल होते हैं।

(vi) युक्तिसंगत समायोजन के रूप में आत्मन् *(self as a rational coper)*—इस अवस्था में बच्चे दिन-प्रतिदिन की समस्याओं के समाधान में तर्क एवं विवेक का प्रयोग करना सीख लेते हैं।

(vii) उपयुक्त प्रयास *(propriate striving)*—यह अवस्था किशोरावस्था में विकसित होती है और इसमें किशोर दीर्घकालीन योजना (long-range plan) तथा लक्ष्य (goal) का निर्माण करना प्रारंभ कर देता है।

व्यक्तित्व की गतिकी
(Dynamics of Personality)

व्यक्तित्व की गतिकी (dynamics) की व्याख्या आलपोर्ट (Allport) ने कार्यात्मक स्वतंत्रता (functional autonomy) तथा चेतन (conscious) एवं अचेतन अभिप्रेरण (unconscious motivation) के तहत किया है। इन दोनों संप्रत्ययों की व्याख्या इस प्रकार है—

1. कार्यात्मक स्वायत्तता *(functional autonomy)*—कार्यात्मक स्वायत्तता का संप्रत्यय (concept) एक प्रेरणात्मक संप्रत्यय (motivational concept) है। कार्यात्मक स्वायत्तता का संप्रत्यय (concept) यह बतलाता है कि एक सामान्य एवं परिपक्व वयस्क के कुछ अभिप्रेरक (motives) अपने उन गत अनुभूतियों (past experiences) से कार्यात्मक रूप से (functionally) संबंधित नहीं होते हैं जिनसे उसकी उत्पत्ति संभवतः हुई है। वैसे अभिप्रेरक अपने मौलिक परिस्थिति (original circumstances) से पूर्णतः स्वतंत्र (independent) या स्वायत्त (autonomous) होते हैं। आलपोर्ट का कहना था कि गत अनुभूतियाँ बीच चुकी होती हैं और वर्तमान व्यवहार का संबंध उन अनुभूतियों से अब नहीं रह जाता है भले ही इस वर्तमान व्यवहार का आधार वही गत अनुभूतियाँ ही क्यों न हो। दूसरे शब्दों में, जिन साधनों (means) से पहले व्यक्ति किसी लक्ष्य (goal) की प्राप्ति करता था, वह अब स्वयं लक्ष्य (goal) हो जाता है। जैसे—किसी वृक्ष का विकास एवं वर्धन (growth) उसके उत्तम बीज के कारण होता है। परन्तु जब वृक्ष पूर्णतः

परिपक्व (mature) हो जाता है या बड़ा हो जाता है, तो वह अपने विकास एवं वर्धन के लिए बीज पर आधारित नहीं होता है। वृक्ष अब आत्म-निर्धारक (self-determining) हो जाता है और अब बीज से कार्यात्मक रूप से (functionally) स्वायत्तता (autonomy) प्राप्त कर चुका होता है। उसी तरह से मान लिया जाए कि एक गरीब आदमी काफी मेहनत करता है। अपनी मेहनत के बदौलत वह 30 वर्षों में एक धनी आदमी हो जाता है। ऐसी परिस्थिति में धनी हो जाने के बाद भी व्यक्ति कड़ी मेहनत करता ही रहता है। इस तरह के व्यवहार का अब वह लक्ष्य (goal) नहीं रह जाता है, जो 25-30 साल पहले था। कड़ी मेहनत करना एक समय में एक लक्ष्य (अर्थात् धन कमाना) की प्राप्ति का एक साधन (means) था जो अब अपने आप में एक लक्ष्य में परिवर्तित हो गया।

आलपोर्ट (Allport) ने कार्यात्मक स्वायत्तता (functional autonomy) के दो स्तर (level) बतलाये हैं—

(i) संतनन कार्यात्मक स्वायत्तता (Perseverative functional autonomy)

(ii) उपयुक्त कार्यात्मक स्वायत्तता (Propriate functional autonomy)

संतनन कार्यात्मक स्वायत्तता (perseverative functional autonomy) अधिक साधारण एवं आसान संप्रत्यय (concept) है जिसका संबंध कुछ व्यवहारों जैसे व्यसन (addiction) तथा पुनरावृत्ति होने वाली दैहिक क्रियाएँ जैसे बच्चों द्वारा एक ही व्यवहार को बार-बार करना तथा वयस्क द्वारा दिन-प्रतिदिन के कार्यों को एक रूटिन (routine) बनाकर या आदत बनाकर करना आदि से होता है। आलपोर्ट (Allport) का मत है कि ऐसे व्यवहारों में तो कभी कोई उद्देश्य (purpose) की पूर्ति भले ही हो जाती हो लेकिन वर्तमान समय में उससे किसी प्रकार के उद्देश्य की पूर्ति नहीं हो पाती है। फलतः इन्हें व्यक्तित्व का कोई महत्त्वपूर्ण अंश नहीं माना जा सकता है।

उपयुक्त कार्यात्मक स्वायत्तता (propriate functional autonomy) को आलपोर्ट (Allport) ने अधिक महत्त्वपूर्ण बतलाया है और कहा है कि एक सामान्य एवं परिपक्व वयस्क की अभिप्रेरणा (motivation) को समझने के लिए यह आवश्यक है क्योंकि इसका संबंध व्यक्तित्व के सार (core) से होता है। इस तरह कार्यात्मक स्वायत्तता से तात्पर्य व्यक्ति के अर्जित अभिरुचि (acquired interest), मूल्य (values), मनोवृत्ति (attitudes), उद्देश्य (intentions) आदि से होता है। इस तरह की स्वायत्तता से व्यक्ति के आत्म-प्रतिमा (self-image) को संगत (congruent) बनाने तथा जीवन-शैली (life-style) को उत्तम बनाने में काफी मदद मिलती है। आलपोर्ट (Allport) के अनुसार उपयुक्त कार्यात्मक स्वायत्तता (propriate functional autonomy) का नियंत्रण निम्नांकित तीन नियमों (principles) द्वारा होता है—

(a) ऊर्जा स्तर को संगठित करने का नियम (Principle of organizing the energy level)

(b) दक्षता एवं निपुणता का नियम (Principle of mastery and competence)

(c) उपयुक्त पैटर्निंग का नियम (Principle of propriate patterning)

इन तीनों का वर्णन निम्नांकित है—

(a) ऊर्जा स्तर को संगठित करने का नियम *(Principle of organizing the energy level)*—यद्यपि यह नियम यह नहीं बतलाता है कि एक अभिप्रेरक किस प्रकार से विकसित होता है, फिर भी यह नियम इस बात पर बल डालता है कि व्यक्ति अपने बचे हुए ऊर्जा (energy) शक्ति का प्रयोग नये-नये अच्छे व्यवहारों को करने में करता है ताकि वह इस बचे हुए शक्ति का गलत उपयोग अर्थात् ध्वंसात्मक एवं हानिकारक कार्यों में नहीं कर सके। जैसे—जब व्यक्ति नौकरी से अवकाश प्राप्त करता हैं, तो सामान्य कामों को खत्म करने के बाद उसके उसे पास ऊर्जा (energy) एवं समय काफी बच जाता है जिसका वह उपयोग नये अभिप्रेरकों एवं अभिरुचियों की प्राप्ति में करता है।

(b) दक्षता एवं निपुणता का नियम *(Principle of mastery and competence)*—यह नियम बतलाता है कि व्यक्ति अपने अभिप्रेरकों की संतुष्टि उच्च स्तर पर करना चाहता है। एक सामान्य वयस्क अपनी उपलब्धियों से ही संतुष्ट नहीं हो जाता है बल्कि वह अपनी दक्षता एवं निपुणता को और आगे बढ़ाने की ओर प्रेरित रहता है।

(c) उपयुक्त पैटर्निंग का नियम *(Principle of propriate patterning)*—यह नियम बतलाता है कि जितने भी उपयुक्त अभिप्रेरक (propriate motives) होते हैं, वे सभी एक-दूसरे से स्वतंत्र नहीं होते हैं बल्कि वे आत्मन् (self) की संरचना पर आधारित होते हैं जिससे वे ठीक ढंग से जुड़े होते हैं। व्यक्ति अपना प्रत्यक्षज्ञानात्मक (perceputal) तथा संज्ञानात्मक प्रक्रियाओं (cognitive processes) को इसी आत्मन् (self) की ओर संगठित

करता है। अतः संक्षेप में यह कहा जा सकता है कि यह नियम व्यक्तित्व की संगतता (consistency) तथा संगठन (integration) की प्राप्ति की ओर किये जाने वाले प्रयासों पर बल डालता है।

आलपोर्ट (Allport) ने यह स्पष्ट किया कि सभी तरह के व्यवहार या अभिप्रेरक (motive) की व्याख्या कार्यात्मक स्वायत्तता (functional autonomy) के सिद्धान्त द्वारा नहीं की जा सकती है। उन्होंने निम्नांकित आठ ऐसे व्यवहारों की सूची प्रदान की है जिसकी व्याख्या कार्यात्मक स्वायत्तता के नियम द्वारा संभव नहीं हो पाता है—

(i) जैविक अन्तर्नोद (biological drives) से उत्पन्न होने वाले व्यवहार, जैसे—भोजन करना, पानी पीना, सोना, सांस लेना आदि।

(ii) सहज क्रिया (reflex action) जैसे—पलक गिराना, पाचन क्रिया, जानुक्षेप (kneejerk) आदि।

(iii) शरीरगठनात्मक तत्त्व (constitutional element) जैसे—शारीरिक बनावट का खास प्रकार।

(iv) आदत (habits)—कुछ आदतें तो कार्यात्मक रूप से स्वायत्त (autonomous) होती हैं परन्तु कुछ ऐसी होती हैं जिनका कोई प्रेरणात्मक मूल्य (motivational values) नहीं होता है।

(v) किसी पुनर्बलन (reinforcement) के अभाव में छोड़ दिया गया व्यवहार या नहीं किया जाने वाला व्यवहार।

(vi) वैसे व्यवहार जिसे वयस्कावस्था में भी व्यक्ति अपने बाल्यावस्था के संघर्ष (conflict) को दिखलाने के लिए करता है।

(vii) बाल्यावस्था की दमित इच्छाओं से संबंधित व्यवहार।

(viii) उदात्तीकरण (sublimation) अर्थात् एक अभिप्रेरक जब दूसरे अभिप्रेरक के रूप में अभिव्यक्त होता है।

2. चेतन एवं अचेतन अभिप्रेरण *(conscious and unconscious motivation)*—आलपोर्ट ने अपने व्यक्तित्व सिद्धान्त में चेतन अभिप्रेरण (conscious motivation) पर बल डालते हुए कहा है कि एक स्वस्थ वयस्क इस बात से पूर्णतः अवगत होता है कि वह क्या कर रहा है तथा क्यों कर रहा है। परन्तु इसका मतलब यह नहीं है कि उन्होंने अचेतन अभिप्रेरण (unconscious motivation) के संप्रत्यय की उपेक्षा की है। उन्होंने फ्रायड द्वारा प्रतिपादित अचेतन मन (unconscious mind) की प्रशंसा की है। आलपोर्ट का मत है कि अधिकतर अभिप्रेरण जिसका संबंध चेतन मन (conscious mind) से होता है, वास्तव में अचेतन में छिपी इच्छाओं से प्रभावित होता है। परन्तु उन्होंने फ्रायड द्वारा दिये गए इस बल को ठुकरा दिया कि अहं (ego) को अपना कोई ऊर्जा (energy) नहीं होता है। उन्होंने फ्रायड के इस मत को भी अस्वीकार कर दिया कि अचेतन व्यक्तित्व को नियंत्रण करता है तथा उसपर प्रभुत्व दिखलाता है। आलपोर्ट के अनुसार असामान्य व्यक्तित्व भले ही अचेतन (unconscious) द्वारा नियंत्रित होता है परन्तु एक परिपक्व एवं सामान्य वयस्क का व्यक्तित्व पूर्णतः चेतन के नियंत्रण में होता है। एक परिपक्व व्यक्तित्व पूर्णरूपेण चेतन विचारों (conscious thoughts) द्वारा प्रेरित होता है। ऐसे व्यक्तियों के लिए अचेतन के विचारों का कोई महत्त्व नहीं होता है।

व्यक्तित्व का वर्धन
(Growth of Personality)

आलपोर्ट (Allport) का मत था कि कोई व्यक्ति एक खास व्यक्तित्व लेकर पैदा नहीं होता है बल्कि जन्म के बाद वह एक खास व्यक्तित्व को विकसित करता है। इन्होंने अपने सिद्धान्त में व्यक्तित्व विकास की व्याख्या के लिए कोई निश्चित कदम (steps) का वर्णन तो नहीं किया है (प्रोप्रियम के विकास के सात कदमों या चरणों को छोड़कर) परन्तु यह स्पष्ट कर दिया है कि बाल्यावस्था के व्यक्तित्व (childhood personality) तथा वयस्कावस्था के व्यक्तित्व (adulthood personality) में कार्यात्मक निरंतरता (functional continuity) न होकर एक तरह का विभाजन (dichotomy) होता है। उन्होंने बाल्यावस्था के व्यक्तित्व को मूलतः आनन्द प्राप्त करने वाला, ध्वंसात्मक (destructive), स्वार्थपरक, आश्रित आदि बतलाया है। बच्चे हमेशा अपने प्रणोद (drives), तनाव एवं सहजक्रियाओं के अनुरूप इस ढंग से व्यवहार करते हैं कि उन्हें अधिक-से-अधिक आनन्द प्राप्त हो सके तथा कम-से-कम दुःख या तकलीफ हो सके। इस अवस्था की सबसे महत्त्वपूर्ण बात यह है कि बच्चा अपनी माँ से पर्याप्त सुरक्षा एवं स्नेह की प्राप्ति करना चाहता है और यदि वह ऐसा करने में सफल हो जाता है, तो उसमें धनात्मक मनोवैज्ञानिक विकास (positive psychological growth) होता है।

दूसरी तरफ यदि बच्चों को माँ से पर्याप्त स्नेह एवं सुरक्षा नहीं मिल पता है, तो उस परिस्थिति में एक-दूसरे तरह का व्यक्तित्व विकसित हो जाता है और ऐसे बच्चों में असुरक्षा, आक्रमकता, ईर्ष्या, आत्म-केन्द्रिता (self-centredness) आदि अधिक हो जाते हैं। इस तरह के व्यक्तित्व को अपरिपक्व व्यक्तित्व (immatured personality) कहा जाता है और ऐसा वयस्क व्यक्तित्व सचमुच में बाल्यावस्था के व्यक्तित्व (childhood personality) का मात्र एक कार्यात्मक विस्तार (functional extension) माना जाता है। इन दोनों तरह के व्यक्तित्व में स्पष्ट विभाजन न होकर एक तरह का कार्यात्मक निरंतरता (functional continuity) बनी रहती है।

आलपोर्ट ने अपने सिद्धान्त में यह बतलाया है कि सामान्य विकास (normal development) के अंतिम चरण में व्यक्ति एक परिपक्व एवं मानसिक रूप से स्वस्थ (mentally healthy) व्यक्तित्व विकसित करता है। इस तरह के व्यक्तित्व के उन्होंने निम्नांकित 6 कसौटियों (criteria) का वर्णन किया है जो निम्नांकित है—

(i) आत्मन् (self) के ज्ञान का विस्तार (extension)।

(ii) दूसरों के साथ आत्मन् (self) का सौहार्द्रपूर्ण संबंध (warm relationship)।

(iii) संवेगात्मक सुरक्षा (emotional security)।

(iv) वास्तविक प्रत्यक्षण (realistic perception), कौशलों का विकास (development of skills) तथा कुछ कार्यों के प्रति वचनबद्धता (committment)।

(v) आत्म-वस्तुनिष्ठता (self-objectification) अर्थात् आत्मन् (self) में सूझ (insight) तथा हास्य का ज्ञान।

(vi) जिन्दगी की एक संतोषजनक नीति (unifying philosophy of life) जिससे भविष्य के लक्ष्यों (future goal) की ओर व्यक्ति की जिन्दगी के सभी पहलुओं को निर्देशित किया जाना संभव हो।

उपर्युक्त 6 कसौटियों के आधार पर आलपोर्ट के अनुसार धनात्मक मानसिक स्वास्थ्य (positive mental health) की पहचान की जा सकती है।

शोध एवं मापन
(Research and Assessment)

आलपोर्ट के व्यक्तित्व सिद्धान्त का एक महत्त्वपूर्ण पहलू शोध (research) एवं मापन बतलाया गया है। आलपोर्ट ने व्यक्तित्व शोध (personality research) के लिए नियमान्वेषी दृष्टिकोण (nomothetic viewpoints) की तुलना में भावमूलक दृष्टिकोण (ideographic approach) की अहमियत अधिक बतलाया है। उनका कहना था कि नियमान्वेषी दृष्टिकोण जिसमें व्यक्तियों के विभिन्न समूहों के माध्यों (means) की तुलना की जाती है, व्यक्ति के भीतर होने वाली प्रक्रियाओं को नजरअंदाज करता है। सिर्फ भावमूलक दृष्टिकोण से ही वैयक्तिक व्यक्तित्व (individual personality) के बारे में अर्थपूर्ण सूचना मिल सकती है। आलपोर्ट ने व्यक्तित्व शोध में केस अध्ययन विधि (case study method) तथा प्रक्षेपण विधियों (projective tests) को यह कहकर ठुकरा दिया कि इन विधियों द्वारा असामान्य व्यक्तियों का व्यक्तित्व न कि सामान्य व्यक्तियों के व्यक्तित्व का मापन किया जाता है।

व्यक्तित्व के क्षेत्र में आलपोर्ट का सबसे महत्त्वपूर्ण शोध अभिव्यक्त व्यवहार (expressive behaviour) पर किया गया। यह वह व्यवहार होता है जिससे व्यक्तित्व की अभिव्यक्ति होती है। ऐसा व्यवहार अधिक स्वाभाविक (spontaneuous) होता है, इससे व्यक्तित्व के मूल पहलुओं की अभिव्यक्ति होती है, यह सामान्यतः परिवर्तित नहीं होता है, इसका कोई विशिष्ट उद्देश्य (specific purpose) नहीं होता है और इसे व्यक्ति बिना किसी तरह के अपनी चेतना की ही अभिव्यक्ति कर देता है। ऐसे व्यवहारों के विश्लेषण से व्यक्तित्व के शीलगुणों (traits) के बारे में कुछ महत्त्वपूर्ण सूचनाएँ मिलती है। वर्ग में शिक्षक पढ़ाते समय विषय पर सुनियोजित ढंग से व्याख्यान देने के अलावा विशेष हाव-भाव, आनन अभिव्यक्ति (facial expression) तथा गति (movement) आदि करते हैं जो आलपोर्ट (Allport) के अनुसार अभिव्यक्त व्यवहार (expressive behaviour) के उदाहरण हैं और इसका विश्लेषण कर शिक्षक के कुछ व्यक्तित्व शीलगुणों (personality traits) के बारे में अच्छा ढंग से जाना जाता है। आलपोर्ट तथा कैनट्रील (Allport & Cantril, 1934) तथा ऐस्ट्स (Estes, 1938) ने एक अध्ययन करके प्रयोज्यों के आनन अभिव्यक्ति, बोलने का ढंग तथा हाव-भाव के आधार पर उनके कुछ शीलगुण जैसे—अन्तर्मुखता-वहिर्मुखता (introversion-extroversion) के अस्तित्व के बारे में अंदाज लगाने में सफल हो पाये हैं।

जहाँ तक व्यक्तित्व मापन (personality measurement) का प्रश्न है, आलपोर्ट (Allport) ने इसके लिए कई विधियों का प्रतिपादन किया है। इन विधियों में विषय विश्लेषण (content analysis), परीक्षण (tests) एवं मापनी (scale), गहन विश्लेषण (depth analysis), रेटिंग्स (ratings), व्यक्तिगत लेखन (personal document), शारीरिक एवं शरीरगठनात्मक निदान (physiological and constitutional diagnosis) आदि प्रमुख हैं। आलपोर्ट ने अन्य दो सहकर्मियों अर्थात् भर्नन एवं लिण्डजे (Vernon & Lindzey) के साथ मिलकर 1960 में व्यक्तित्व मूल्यों (values) के मापन का भी एक परीक्षण बनाया है जिसका नाम *''आलपोर्ट-भर्नन-लिण्डजे स्टडी ऑफ भैल्यू''* (Allport-Vernon-Lindzey Study of values) रखा गया है जिसके माध्यम से स्प्रैंगर (Spranger) द्वारा बतलाये गए 6 प्रमुख मानवीय मूल्यों का मापन सफलतापूर्वक होता है। वे 6 मूल्य हैं—सैद्धान्तिक मूल्य (theoretical value), आर्थिक मूल्य (economic value), सौन्दर्यपरक मूल्य (aesthetic value), सामाजिक मूल्य (social-value), राजनैतिक मूल्य (political value) तथा धार्मिक मूल्य (religiousvalue)।

आलपोर्ट के सिद्धान्त का मूल्यांकन
(Evaluation of Allport's theory)

आलपोर्ट के व्यक्तित्व सिद्धान्त के कुछ गुण (merits) एवं कुछ परिसीमाएँ (limitations) भी है। इसके प्रमुख गुण निम्नांकित हैं

(i) आलपोर्ट (Allport) ने अपना व्यक्तित्व सिद्धान्त शैक्षिक परिस्थितियों (academic setting) न कि मनोवैश्लेषिक परिस्थिति (psychoanalytic setting) में विकसित किया था। अतः इस सिद्धान्त को शिक्षण मनोवैज्ञनिकों (academic psychologists) द्वारा तुलनात्मक रूप से अधिक मान्यता दी गयी है।

(ii) आलपोर्ट के सिद्धान्त का एक विशेष गुण यह बतलाया गया है कि इसमें व्यक्ति के वर्तमान एवं भविष्य को उसके भूत (past) की अपेक्षा महत्त्वपूर्ण समझा गया है। व्यक्ति के प्रेरणा (motivation) एवं व्यवहार को समझने के लिए आलपोर्ट (Allport) ने उसके वर्तमान एवं भविष्य पर जो बल डाला है, वह अपने आप में अद्वितीय है। इससे व्यक्तित्व की संरचना को वैज्ञानिक ढंग से समझने में काफी मदद मिलती है।

(iii) आलपोर्ट का व्यक्तित्व शोध (personality research) के प्रति जो भावमूलक दृष्टिकोण (idiographic approach) है, वह काफी सराहनीय है क्योंकि इससे व्यक्ति विशेष के व्यक्तित्व का विस्तृत विश्लेषण करने तथा उसे समझने में विशेष मदद मिलती है।

(iv) आलपोर्ट के व्यक्तित्व सिद्धान्त में व्यक्तित्व की संरचना की व्याख्या शीलगुणों के रूप में की गयी है। इन्होंने शीलगुणों के विस्तृत प्रकार बतलाकर व्यक्तित्व की संरचना का जो वर्णन प्रस्तुत किया है, उसे आधुनिक मनोवैज्ञानिों द्वारा एक महत्त्वपूर्ण योगदान माना गया है।

इन गुणों के बावजूद आलपोर्ट के व्यक्तित्व सिद्धान्त की कुछ आलोचनाएँ (criticisms) हैं जिनमें निम्नांकित प्रमुख हैं—

(i) फिस्ट (Fiest, 1985) का मत है कि आलपोर्ट का व्यक्तित्व सिद्धान्त दर्शनशास्त्रीय अनुमान (philosophical speculation) एवं सामान्य बोध (common sense) पर न कि वैज्ञानिक अनुसंधानों पर आधारित है। आलपोर्ट ने अपने सिद्धान्त के आधार पर बनाये गए प्राक्कल्पनाओं (hypotheses) की जाँच करने के लिए कोई महत्त्वपूर्ण शोध नहीं किये हैं। अतः उनके सिद्धान्त के तथ्यों एवं मान्यताओं की वैधता (validity) अधिक नहीं बतलायी गयी है।

(ii) मनोविश्लेषकों (psychoanalysts) ने आलपोर्ट के कार्यात्मक स्वायत्तता (functional autonomy) के संप्रत्यय पर आपत्ति जतायी है और कहा है कि इसमें व्यक्ति की गत अनुभूतियों को नजरअंदाज कर वर्तमान एवं भविष्य पर अधिक बल डाला गया है। इस तरह के वर्णन से व्यक्तित्व के स्वरूप को सही-सही समझना कठिन है।

(iii) कुछ आलोचकों का मत है कि आलपोर्ट के सिद्धान्त द्वारा मनोवैज्ञानिक रूप से स्वस्थ व्यक्ति (psychologically healthy person) के कार्यात्मक स्वायत्त अभिप्रेरकों (functionally autonomous motives) का तो वर्णन हो ज़ाता है परन्तु बच्चों, मनोविकृत (psychotic) तथा तंत्रिकातापी (neurotic) व्यक्तियों के अभिप्रेरकों (motives) की व्याख्या आलपोर्ट के सिद्धान्त में नहीं होती है। ऐसे व्यक्ति क्यों कोई व्यवहार करते हैं, इसका उत्तर हमें आलपोर्ट के सिद्धान्त में नहीं मिलता है।

(iv) कार्यात्मक स्वायत्तता (functional autonomy) के बारे में एक आलोचना यह भी की जाती है कि आलपोर्ट ने इसमें यह नहीं बतलाया है कि किस तरह से मौलिक अभिप्रेरक (orginal motive) एक स्वायत्त अभिप्रेरक (autonomous motive) में बदल जाता है। उदाहरणस्वरूप, किस प्रक्रिया द्वारा धन कमाने के लिए कड़ी मेहनत करने का अभिप्रेरक बाद में जब व्यक्ति धनी हो भी जाता है, तो वह अपने आप कड़ी मेहनत करना एक स्वतंत्र अभिप्रेरक के रूप में बदल जाता है। चूँकि परिवर्तन के इस प्रकम (mechanism) को आलपोर्ट ने नहीं बतलाया है, अतः आलोचकों का मत है कि यह पूर्वकथन (prediction) करना मुश्किल है कि बाल्यावस्था का कौन-सा अभिप्रेरक व्यस्कावस्था में एक स्वतंत्र अभिप्रेरक (autonomous motive) के रूप में परिणत हो जाएगा?

(v) आलपोर्ट ने व्यक्तित्व शोध (personality research) के प्रति जो भावमूलक दृष्टिकोण (idiographic approach) अपनाया है, उसकी भी आलोचना आधुनिक मनोवैज्ञानिकों द्वारा की गयी है। इन मनोवैज्ञानिकों का मत है कि व्यक्तित्व के अध्ययन का सही दृष्टिकोण भावमूलक शोध न होकर नियमान्वेषी शोध (nomothetic research) है जिसमें कई व्यक्तियों को (न कि किसी एक व्यक्ति को) एक साथ अध्ययन करके उसका सांख्यिकीय विश्लेषण करके सामूहिक रूप से व्याख्या की जाती है। इस आलोचना के मुख्य समर्थक सूल्ज (Schultz, 1990) हैं।

(vi) आधुनिक मनोवैज्ञानिकों का मत है कि आलपोर्ट ने अपने व्यक्तित्व सिद्धान्त में सिर्फ स्वस्थ्य वयस्क (healthy adult) का अध्ययन किया है, तंत्रिकातापी (neurotic) तथा मनोविकृत व्यक्तियों का अध्ययन नहीं किया है। अतः इसकी उपयोगिता नैदानिक मनोवैज्ञानिकों के लिए काफी सीमित है।

(vii) कुछ आलोचकों जैसे फिट्ट्स् (Fitts, 1990) तथा फिशर (Fisher, 1989) का मत है कि आलपोर्ट के व्यक्तित्व सिद्धान्त के कुछ संप्रत्ययों (concepts) का अध्ययन प्रयोगात्मक विधि द्वारा करना संभव नहीं है। जैसे—आलपोर्ट के एक अतिमहत्त्वपूर्ण संप्रत्यय अर्थात् कार्यात्मक स्वायत्तता (functional autonomy) को प्रयोगशाला की परिस्थिति में किस तरह अध्ययन किया जा सकता है? इसे प्रयोगकर्त्ता प्रयोगशाला में किस तरह जोड़-तोड़ (manipulate) कर सकता है ताकि इसका प्रभाव अन्य चरों पर देखा जा सके? इन प्रश्नों का संतोषजनक उत्तर आलपोर्ट के सिद्धान्त में नहीं मिल पाता है।

(viii) कुछ आलोचकों जैसे सुल्ज (Schuitz, 1990) ने आलपोर्ट के इस दावा को अस्वीकार कर दिया है कि बच्चा तथा वयस्क एवं सामान्य तथा असामान्य के व्यक्तित्व में अनिरंतरता (discontinuity) होती है। सुल्ज का मत है कि बच्चों पर तथा असामान्य व्यक्तियों पर कई ऐसे शोध किये गए हैं जिनसे क्रमशः वयस्क एवं सामान्य व्यक्तियों को समझने में काफी मदद मिली है।

(ix) आलोचकों का यह भी मत है कि आलपोर्ट सिद्धान्त में व्यक्तित्व पर सामाजिक कारकों के पड़ने वाले प्रभावों की उपेक्षा की गयी है।

इन आलोचनाओं के बावजूद आलपोर्ट का व्यक्तित्व सिद्धान्त उत्तेजनपूर्ण (stimulating) तथा व्याख्यात्मक (illuminating) दोनों ही है। इनका सिद्धान्त स्पष्ट चिन्तन एवं यथार्थता (precision) का एक ऐसा मानक (standard) प्रदान किया है जो भविष्य के मनोवैज्ञानिकों के लिए प्रेरणा का एक उत्तम स्रोत है।

फ्रायड एवं आलपोर्ट के व्यक्तित्व सिद्धान्तों का एक तुलनात्मक अध्ययन (A Comparative Study of Freud's and Allport's Theories of Personality)

फ्रायड (Freud) तथा आलपोर्ट (Allport) ने व्यक्तित्व की संरचना (structure) एवं गतिकी (dynamics) को समझने के लिए अलग-अलग सिद्धान्तों का प्रतिपादन किया है। इन दोनों सिद्धान्तों में मुख्य अन्तर निम्नांकित है—

(i) फ्रायड का सिद्धान्त पूर्णतः मनोविश्लेषणात्मक ढाँचा (psychoanalytic framework) में विकसित हुआ है। इसमें मानव व्यवहार की व्याख्या करने के लिए मनोविश्लेषणात्मक उपागम (psychoanalytic approach) को मुख्य आधार बनाया गया है। दूसरी तरफ, आलपोर्ट (Allport) के व्यक्तित्व सिद्धान्त में मानवतावादी (humanistic) एवं वैयक्तिकतावादी (individualistic) उपागमों का एक मिश्रण की झलक पाते हैं।

(ii) फ्रायड ने अपने सिद्धान्त में मानव व्यवहार को समझने में अचेतन (unconscious) की भूमिका को काफी महत्त्वपूर्ण बतलाया है क्योंकि इनके अनुसार व्यक्ति का अधिकांश व्यवहार इसी अचेतन से निर्धारित एवं नियंत्रित होता है। आलपोर्ट (Allport) को अचेतन पर फ्रायड द्वारा दिया गया इतना अधिक बल स्वीकार नहीं है। आलपोर्ट का मत

है कि फ्रायड ने अपने सिद्धान्त में अचेतन के महत्त्व को अनावश्यक रूप से बढ़ा-चढ़ा दिया है। इनका मत है कि एक सामान्य एवं परिपक्व वयस्क के व्यक्तित्व में अचेतन (unconscious) की भूमिका इतनी अधिक महत्त्वपूर्ण नहीं होती है क्योंकि ऐसा व्यक्ति चेतन अभिप्रेरकों (conscious motivations) से अधिक प्रभावित होता है तथा उसका व्यवहार ऐसे अभिप्रेरकों से तुलनात्मक रूप से अधिक नियंत्रित रहता है। आलपोर्ट ने यह स्पष्ट किया है कि अचेतन अभिप्रेरकों की महत्त्वपूर्ण भूमिका तंत्रिकातापी (neurotic) या मानसिक रूप से क्षुब्ध (mentally distrubed) व्यक्तियों के व्यवहारों को समझने में अधिक हो सकती है परन्तु एक सामान्य एवं परिपक्व व्यक्तित्व को समझने में नहीं।

(iii) फ्रायड ने अपने सिद्धान्त में गत अनुभूतियों (past experiences) की भूमिका को अधिक प्रधान माना है और कहा है कि एक वयस्क व्यक्तित्व (adult personality) की नींव बाल्यावस्था की अनुभूतियों, मानसिक संघर्षों (mental conflict) एवं उसके समाधान के लिए अपनाये गए तरीकों आदि में ही हो जाते हैं। आलपोर्ट ने ठीक इसके विपरीत विचार अपने सिद्धान्त में व्यक्त किये हैं। आलपोर्ट (Allport) के विचार के अनुसार मानव वयस्क व्यवहार बाल्यावस्था के संघर्षों एवं अनुभूतियों का कैदी (prisoner) नहीं होता है। मानव व्यवहार या अभिप्रेरक वर्तमान की अनुभूतियों एवं भविष्य के लक्ष्यों (goals) से गत अनुभूतियों (past experiences) की तुलना में अधिक प्रभावित एवं नियंत्रित होती है। आलपोर्ट (Allport) द्वारा दिये गए इस बल की झलक हमें स्पष्टतः उनके मशहूर संप्रत्यय *कार्यात्मक स्वायत्तता* (functional autonomy) में दीख पड़ती है।

(iv) फ्रायड ने अपने सिद्धान्त में मूलतः स्नायुविकृत (neurotic) एवं मानसिक रूप से क्षुब्ध व्यक्तियों के अध्ययन पर बल डाला है और कहा है कि इन व्यक्तियों से मिले तथ्यों के सहारे हम सभी तरह के व्यक्तियों को अर्थात् सामान्य एवं असामान्य दोनों तरह के व्यक्तित्व की संरचना का अध्ययन कर सकते हैं। आलपोर्ट (Allport) ने इसका विरोध किया है और कहा है कि मानसिक रोग से युक्त व्यक्तियों के व्यक्तित्व के आधार पर सामान्य व्यक्तियों के व्यवहारों को समझना एक भ्रामक कदम होगा। सामान्य एवं असामान्य के व्यक्तित्व में कोई कार्यात्मक समानता (functional similarity) नहीं है। अतः सामान्य व्यक्तियों के व्यक्तित्व का अध्ययन करके ही मानव व्यवहार के बारे में वास्तविक ज्ञान प्राप्त किया जा सकता है। अन्य दूसरे तरह के लोग जैसे स्नायुविकृत (neurotic) तथा बच्चों के व्यक्तित्व की तुलना सामान्य व्यक्तियों से करना युक्तिसंगत नहीं है।

(v) फ्रायड के लिए व्यक्तित्व की संरचना (structure) की इकाई मूलप्रवृत्ति (instinct) है जबकि आलपोर्ट के अनुसार व्यक्तित्व संरचना की इकाई शीलगुण (trait) है। दूसरे शब्दों में, फ्रायड ने मानव व्यवहार को समझने का सबसे उत्तम इकाई मूलप्रवृत्ति (instinct) को माना है जबकि आलपोर्ट ने मानव व्यवहार को समझने का सबसे उत्तम इकाई शीलगुण (trait) को माना है।

(vi) फ्रायड के व्यक्तित्व सिद्धान्त में मानव प्रकृति (human nature) को अविवेकी (irrational) एवं अचेतन के प्रभावों से जकड़ा हुआ समझा गया है जबकि आलपोर्ट के सिद्धान्त में मानव प्रकृति को विवेकी (rational) तथा चेतन के प्रभावों से नियंत्रित समझा गया है।

स्पष्ट हुआ कि फ्रायड तथा आलपोर्ट के व्यक्तित्व के सिद्धान्त में कई विभिन्नताएँ (differences) हैं। इन विभिन्नताओं के बावजूद इन दोनों सिद्धान्तों में एक महत्त्वपूर्ण समानता (similarity) है और वह यह है कि फ्रायड तथा आलपोर्ट दोनों ने ही व्यक्तित्व अध्ययन के प्रति एक भावमूलक दृष्टिकोण (idiographic approach) को अपनाया है अर्थात् दोनों ने व्यक्तित्व की संरचना एवं गतिकी (dynamics) को समझने के लिए कुछ व्यक्तियों के गहन अध्ययन को महत्त्वपूर्ण माना है।

कार्ल रोजर्स : व्यक्तित्व का सांवृतिक सिद्धान्त
(Carl Rogers : Phenomenological theory of Personality)

कार्ल रोजर्स (Carl Rogers, 1902-1987) ने व्यक्तितव के जिस सिद्धान्त का प्रतिपादन किया है, वह घटना विज्ञान या संवृत्तिशास्त्र (phenomenology) के नियमों (principles) पर आधारित है। संवृत्तिशास्त्र वह शास्त्र होता है जिसमें व्यक्ति की अनुभूतियों, भावों एवं मनोवृत्तियों तथा उनके अपने बारे में या आत्मन् (self) के बारे में तथा दूसरों के बारे में व्यक्तिगत विचारों का अध्ययन विशेष रूप से किया जाता है। सचमुच में रोजर्स के सिद्धान्त को

मानवतावादी आन्दोलन (humanistic movement) जिसके समर्थक मैसलो (Maslow) भी हैं, के तहत एक पूर्णतः सांवृत्तिक (phenomenological) सिद्धान्त माना गया है। रोजर्स के व्यक्तित्व सिद्धान्त को *आत्म सिद्धान्त* (self theory) या *व्यक्ति-केन्द्रित सिद्धान्त* (person-centered theory) भी कहलाता है।

रोजर्स के व्यक्तित्व सिद्धान्त में मानव प्रकृति (human nature) के बारे में जो पूर्वकल्पनाएँ (assumptions) की गयी हैं, वे निम्नांकित हैं—

(i) इस सिद्धान्त में मानव प्रकृति के कुछ खास-खास पूर्वकल्पनाओं जैसे—स्वतंत्रता (freedom), विवेकपूर्णता (rationality), पूर्णतावाद (holism), परिवर्तनशीलता (changeability), आत्मनिष्ठता (subjectivity), अग्रलक्षता (proactivity), विषमस्थिति (heterostatsis) तथा अज्ञेयता (unknowability) पर अधिक बल डाला गया है।

(ii) दूसरे तरफ इस सिद्धान्त में मानव प्रकृति के शरीरगठनात्मक पूर्वकल्पना (constitutional assumption) पर नाम मात्र का बल डाला गया है।

रोजर्स के व्यक्तित्व सिद्धान्त का वर्णन निम्नांकित तीन प्रमुख भागों में बाँट कर किया गया है—

(क) व्यक्तितव के स्थायी पहलुएँ (Enduring aspects of personality)

(ख) व्यक्तित्व का गतिकी (Dynamics of personality)

(ग) व्यक्तित्व का विकास (Development of personality)

इन सभी का वर्णन निम्नांकित है—

व्यक्तित्व के स्थायी पहलुएँ
(Enduring aspects of Personality)

रोजर्स का व्यक्तित्व सिद्धान्त उनके द्वारा प्रतिपादित क्लायंट-केन्द्रित मनोचिकित्सा (client centered psychotherapy) से प्राप्त अनुभूतियों पर आधारित है। चूँकि इनके सिद्धान्त का मुख्य उद्देश्य व्यक्तित्व में होने वाले परिवर्तनों एवं वर्धनों का अध्ययन करना है, अतः इस सिद्धान्त में व्यक्तित्व संरचना (personality structure) का गहन अध्ययन उस ढंग से नहीं किया गया जिस ढंग से फ्रायड (Freud) ने अपने सिद्धान्त में किया था। फिर भी इन्होंने व्यक्तित्व की संरचना के दो महत्त्वपूर्ण पहलुओं (aspects) पर बल डाला है जिससे व्यक्तित्व की संरचना के वर्धन में परिवर्तन की संतोषजनक व्याख्या हो पाती है। ये दो पहलू हैं—प्राणी (organism) तथा आत्मन् (self)। इन दोनों का वर्णन हम इस प्रकार कर सकते हैं—

1. प्राणी *(Organism)*—रोजर्स (Rogers, 1959) के अनुसार प्राणी एक ऐसा दैहिक जीव है जो शारीरिक एवं मनोवैज्ञानिक (psychological) दोनों ही तरह से कार्य करता है। इसमें प्रासंगिक क्षेत्र (phenomenal field) तथा आत्मन् (self) दोनों ही सम्मिलित होते हैं। रोजर्स का मत है कि प्राणी सभी तरह की अनुभूतियों (experiences) का केन्द्र होता है। इन अनुभूतियों में अपने दैहिक गतिविधियों से संबंधित अनुभूतियाँ तथा साथ-ही-साथ बाह्य वातावरण की घटनाओं के प्रत्यक्षण की अनुभूतियाँ दोनों सम्मिलित होती है। रोजर्स के अनुसार सभी तरह की चेतन एवं अचेतन अनुभूतियों के योग से जिस क्षेत्र का निर्माण होता है, उसे *प्रासंगिक क्षेत्र* (phenomenal field) कहा जाता है। मानव व्यवहार के होने का कारण यही प्रासंगिक क्षेत्र (phenomenal field) होता है न कि कोई बाह्य उद्दीपक (external stimulus) जैसा कि स्कीन्नर (Skinner) ने कहा था। प्रासंगिक क्षेत्र (phenomenal field) की एक मुख्य विशेषता यह है कि इसके बारे में स्वयं व्यक्ति ही सही-सही जानता है। कोई दूसरा व्यक्ति किसी अन्य व्यक्ति के प्रासंगिक क्षेत्र के बारे में नहीं जान सकता है। हाँ, परानुभूतिक अनुमान (empathic inference) के आधार पर कभी-कभी किसी व्यक्ति के प्रासंगिक क्षेत्र (phenomenal field) के बारे में जाना जा सकता है।

2. आत्मन् *(Self)*—रोजर्स का व्यक्तित्व सिद्धान्त का यह सबसे महत्त्वपूर्ण संप्रत्यय (construct) है। धीरे-धीरे अनुभव के आधार पर प्रासंगिक क्षेत्र (phenomenal field) का एक भाग अधिक विशिष्ट (differentiated) हो जाता है और इस भाग को ही रोजर्स (Rogers) ने आत्मन् (self) की संज्ञा दिया है। रोजर्स के अनुसान आत्मन् (self) व्यक्तित्व का एक अलग विमा (dimension) नहीं होता है जैसा कि फ्रायड के अनुसार अहं (ego) व्यक्तित्व का एक अलग विमा होता है। रोजर्स का मत है किसी व्यक्ति में आत्मन् (self) नहीं होता है बल्कि स्वयं आत्मन् (self) का अर्थ ही सम्पूर्ण प्राणी (entire organism) से होता है।

रोजर्स के अनुसार आत्मन् का विकास शैशवावस्था (infancy) में होता है जब शिशु की अनुभूतियों (experiences) का एक अंश या भाग अधिक मूर्त्त रूप प्राप्त (personalized) करने लगता है और ''मैं'' या ''मुझको'' के रूप में धीरे-धीरे विशिष्ट होने लगता है। इसका परिणाम यह होता है कि शिशु धीरे-धीरे अपनी पहचान से अवगत होने लगता है। फलतः उसे अच्छे-बुरे का ज्ञान होने लगता है, उसे सुखद एवं दुखद अनुभूतियों में अन्तर का प्रत्यक्षण होने लगता है तथा वह किसी कसौटी पर अपनी अनुभूतियों की प्रभावशीलता की परख भी करना प्रारंभ कर देता है। रोजर्स के अनुसार आत्मन् (self) के दो उपतंत्र (subsystem) हैं जो निम्नांकित है—

(a) आत्म-संप्रत्यय (self-concept), तथा

(b) आदर्श-आत्मन् (ideal self)

इन दोनों का वर्णन इस प्रकार है—

(a) आत्म-संप्रत्यय *(Self-concept)*—आत्म-संप्रत्यय से तात्पर्य व्यक्ति के उन सभी पहलुओं (aspects) एवं अनुभूतियों (experiences) से होता है जिससे व्यक्ति अवगत होता है हालाँकि उसका यह प्रत्यक्षण हमेशा सही नहीं होता है। आत्म-संप्रत्यय (self-concepts) को व्यक्ति प्रायः विशेष कथनों के रूप में व्यक्त करता है। जैसे—''मैं एक ऐसा व्यक्ति हूँ जो...''। आत्म-संप्रत्यय की दो विशेषताएँ होती हैं। पहली विशेषता यह है कि आत्म-संप्रत्यय (self-concept) का एक बार निर्माण हो जाने से उसमें सामान्यतः परिवर्तन नहीं होता है। हाँ, बहुत कोशिश करने से उसमें परिवर्तन हो सकता है। जो अनुभूतियाँ व्यक्ति के आत्म-संप्रत्यय (self-concept) के साथ असंगत (inconsistent) होती हैं, उसे व्यक्ति स्वीकार नहीं करता है और यदि स्वीकार भी करता है तो विकृत रूप (distorted forms) में। दूसरी विशेषता यह है कि व्यक्ति का आत्म-संप्रत्यय (self-concept) उसके वास्तविक या जैविक आत्मन् (biological self) से भिन्न होता है। जैविक आत्मन् (biological self) का कुछ अंश या भाग ऐसा होता है जिससे व्यक्ति अवगत नहीं होता है। अतः इसे आत्म-संप्रत्यय (self-concept) नहीं कहा जा सकता है। परन्तु जैसे ही व्यक्ति उस अंश या भाग से अवगत हो जाता है, वह आत्म-संप्रत्यय (self-concept) बन जाता है। जैसे—यकृत (liver) हमारे जैविक संप्रत्यय (biological concept) का एक अंश या भाग है न कि हमारे आत्म-संप्रत्यय का। परन्तु यदि व्यक्ति का यकृत खराब ढंग सें कार्य करने लगता है, तो वह उससे अवगत हो जाता है और अब यह आत्म-संप्रत्यय (self-concept) का उदाहरण होगा।

(b) आदर्श आत्मन् *(Ideal self)*—आत्मन् (self) का दूसरा उपतंत्र (subsystem) आदर्श-आत्मन् (ideal-self) है। आदर्श-आत्मन् (ideal self) से तात्पर्य अपने बारे में विकसित किये गए एक ऐसी छवि से होता है जिसे वह आदर्श मानता है। दूसरे शब्दों में, आदर्श आत्मन् में वे सभी गुण (attributes) आते हैं जो प्रायः धनात्मक (positive) होते हैं तथा जिसे व्यक्ति अपने में विकसित होने की तमन्ना करता है। रोजर्स (Rogers) का मत है कि आदर्श-आत्मन् (ideal self) तथा प्रत्यक्षित आत्मन् (perceived self) में अन्तर एक सामान्य व्यक्तित्व में नहीं होता है। परन्तु जब इन दोनों में असंगतता (incongruence) विकसित हो जाती है ताकि इन दोनों में सपष्ट अन्तर हो जाता है, तो इससे एक अस्वस्थकर व्यक्तित्व (unhealthy personality) होने का संकेत (cue) मिलता है। मनोवैज्ञानिक रूप से एक स्वस्थ व्यक्ति जो वे हैं और जो वे होना चाहते हैं, में कोई अन्तर महसूस नहीं करता है।

व्यक्तित्व की गतिकी
(Dynamics of Personality)

रोजर्स ने अपने व्यक्तित्व गतिकी की व्याख्या करने के लिए एक महत्त्वपूर्ण अभिप्रेरक (motive) का भी वर्णन किया है जिसे उन्होंने *वस्तुवादी प्रवृत्ति* (actualizing tendency) कहा है। रोजर्स (Rogers, 1959) के शब्दों में, ''वस्तुवादी प्रवृत्ति से तात्पर्य प्राणी में सभी तरह की क्षमताओं को विकसित करने की जन्मजात प्रवृत्ति से होती है जो व्यक्ति को उन्नत बनाने या प्रोत्साहन देने का काम करता है।'' दूसरे शब्दों में वस्तुवादी प्रवृत्ति (actualizaing tendency) व्यक्ति की जिन्दगी का एक ऐसा अभिप्रेरक होता है जो व्यक्ति को अपने आत्मन् (self) को उन्नत बनाने (enhance) तथा प्रोत्साहन (maintain) देने का काम करता है। रोजर्स के सैद्धान्तिक तंत्र (theoretical system) में वस्तुवादी प्रकृति (actualizing tendency) मात्र अकेला अभिप्रेरणात्मक संरचना (motivational construct) है। वस्तुवादी प्रवृत्ति के कुछ खास-खास गुण होते हैं जिनमें निम्नांकित प्रमुख हैं—

(i) वस्तुवादी प्रवृत्ति[1] (actualizing tendency) पूरे शरीर की दैहिक क्रियाओं (physiological processes) में सुदृढ़ होती है। इसका मतलब यह हुआ कि यह एक जैविक तथ्य (biological fact) है न कि मनोवैज्ञानिक प्रवृत्ति (psychological tendency)। आंगिक स्तर (organic level) पर वस्तुवादी प्रवृत्ति व्यक्ति की न्यून आवश्यकताओं (deficiency needs) जैसे—भूख, प्यास, हवा आदि की आवश्यकता की तो पूर्त्ति करता ही है साथ-ही-साथ शरीर के अंगों की संरचनाओं एवं कार्यों (functions) को भी सुदृढ़ एवं मजबूत बनाता है।

(ii) वस्तुवादी प्रवृत्ति का उद्देश्य मात्र तनाव (tension) में कमी करना नहीं होता है बल्कि इससे तनाव में वृद्धि भी होती है। दूसरे शब्दों में, रोजर्स का मत था कि व्यक्ति द्वारा लक्ष्य पर पहुँचने से तनाव में जो कमी आती है उससे तो मानव व्यवहार प्रभावित होता ही है साथ-ही-साथ व्यक्ति का व्यवहार अपने आप को सतत विकसित करने एवं उन्नत बनाने के प्रयास से भी प्रभावित होता है।

(iii) रोजर्स का मत है कि वस्तुवादी प्रवृत्ति सभी तरह के प्राणियों अर्थात् मानव एवं पशुओं दोनों में ही होती है।

(iv) वस्तुवादी प्रवृत्ति (actualizing tendency) एक ऐसी कसौटी (criterion) के रूप में कार्य करता है जिस पर रखकर व्यक्ति अपनी जिन्दगी की अनुभूतियों (experiences) की परख या मूल्यांकन करता है। मूल्यांकन के इस प्रक्रिया को जैविक मूल्य निर्धारण प्रक्रिया (organisimic valuing process) कहा जाता है। मूल्यांकन के बाद जिन अनुभूतियों द्वारा व्यक्ति अपने आत्मन् (self) को प्रोत्साहित कर पाता है, उसे व्यक्ति स्वीकारात्मक मूल्य (positive value) देता है तथा जिन अनुभूतियों द्वारा व्यक्ति अपने आत्मन् का विरोध होते पाता है, उसे नकारात्मक मूल्य प्रदान करता है।

रोजर्स का मत है कि व्यक्तित्व की दो मुख्य आवश्यकताएँ (need) होती हैं जिनसे उनका व्यवहार लक्ष्य (goal) की ओर निर्देशित होता है।

(i) अनुरक्षण आवश्यकता (maintenance need)

(ii) संवृद्धि आवश्यकता (enhancement need)

इन दोनों का वर्णन निम्नांकित हैं—

(i) अनुरक्षण आवश्यकता *(Maintenance need)*—इस आवश्यकता के माध्यम से व्यक्ति अपने आप को ठीक ढंग से अनुरक्षित (maintain) करके रखता है। इससे व्यक्ति अपनी मूल आवश्यकताओं जैसे—भोजन की आवश्यकता, हवा की आवश्यकता तथा सुरक्षा की आवश्यकता आदि की संतुष्टि की ओर अग्रसर होता है। इससे व्यक्ति अपने आत्म-संप्रत्यय (self-concept) के विचारों को सुरक्षा भी प्रदान करता है। शायद यही कारण है कि व्यक्ति किसी नये विचार जो उसके आत्म-संप्रत्यय के विपरीत होता है, उसका विरोध करता है या व्यक्ति उन अनुभूतियों (experiences) को विकृत कर देता है, जिसे वह अपने आत्म-संप्रत्यय के अनुकूल नहीं पाता है।

(ii) संवृद्धि आवश्यकता *(Enhancement need)*—यद्यपि व्यक्ति अपने आत्म-संप्रत्यय को यथावत बना कर रखता है और उसमें परिवर्तन साधारणतः नहीं चाहता है, फिर भी उसमें अपने आप को विकसित करने की तथा पहले से और भी अधिक उन्नत बनाने की भी एक प्रेरणा होती है। इसी प्रेरणा को रोजर्स (Rogers) ने संवृद्धि आवश्यकता (enhancement need) कहा है। इस संवृद्धि आवश्यकता की अभिव्यक्ति (expression) कई रूपों में होती है। जैसे—व्यक्ति द्वारा उन चीजों को सीखना जिससे उन्हें तुरंत पुरस्कार नहीं मिलता है, एक ऐसी ही आवश्यकता का उदाहरण है। इसके अलावा उत्सुकता (curiosity), आत्म-अन्वेषण (self-exploration), परिपक्वता (maturtion) तथा दोस्ती (friendship) आदि के रूप में भी संवृद्धि आवश्यकता (enhancement need) की अभिव्यक्ति होती है।

रोजर्स (Rogers) का मत है कि ऐसे तो वस्तुवादी प्रवृत्ति (actualizing tendency) द्वारा बहुत तरह की आवश्यकताओं (needs) की उत्पत्ति होती है परन्तु इनमें दो तरह की आवश्यकताएँ प्रधान होती हैं—

(i) स्वीकारात्मक सम्मान (positive regard) तथा

(ii) आत्म-सम्मान (self-regard)

---

1. "Actualizing tendency represents, "the inherent tendency of the organism to develop all its capacities in ways which serve to maintain or enhance the person." —Rogers : *Psychology : A Study of science,* 1995, p. 196.

स्वीकारात्मक सम्मान (positive regard) से तात्पर्य दूसरों द्वारा स्वीकार किये जाने, दूसरों का स्नेह पाने एवं उनके द्वारा पसंद किये जाने की इच्छा से होती है। जैसे-जैसे बच्चों में आत्मन् (self) विकसित होते जाता है, इस तरह के स्वीकारात्मक सम्मान की आवश्यकता (need for positive regard) तीव्र होने लगती है। दूसरों से बच्चों को सम्मान मिलने पर उत्पन्न संतुष्टि तथा ऐसा सम्मान नहीं मिलने पर उत्पन्न असंतोष के रूप में इस आवश्यकता की अभिव्यक्ति होती है। इस तरह की आवश्यकता का स्वरूप पारस्परिक (reciprocal) होता है। दूसरे शब्दों में, जब कोई व्यक्ति दूसरों को स्नेह, प्यार एवं अनुराग देकर दूसरे के स्वीकारात्मक सम्मान की आवश्यकता को संतुष्ट करता है तो उससे उसे अपने में भी एक तरह की संतुष्टि होती है। रोजर्स (Rogers) के अनुसार स्वीकारात्मक सम्मान (positive regard) की आवश्यकता दो तरह की होती है—शर्तपूर्ण स्वीकारात्मक सम्मान (conditional positive regard) तथा शर्तरहित स्वीकारात्मक सम्मान (conditional positive regard)। शर्तपूर्ण स्वीकारात्मक सम्मान में दूसरों का स्नेह, प्यार एवं अनुराग प्राप्त करने के लिए उनके द्वारा निश्चित किये गए मानदण्डों के अनुरूप व्यक्ति को व्यवहार करना पड़ता है। रोजर्स का मत था कि बच्चों को इस तरह से शर्त रखकर उन्हें प्रेम या स्नेह देना उनके मानसिक स्वास्थ्य (mental health) के लिए हानिकारक होता है और ऐसे बच्चे एक पूर्णरूपेण सफल (fully functioning) व्यक्ति बनने से वंचित रह जाते हैं। शर्तहीन स्वीकारात्मक सम्मान (unconditional positive regard) में दूसरों का स्नेह, प्यार एवं मान-सम्मान पाने के लिए कोई शर्त नहीं रखा जाता है। माता-पिता द्वारा बच्चों को दिया गया स्नेह एवं मान-सम्मान इसी श्रेणी का सम्मान होता है। इस तरह के सम्मान पाने से बच्चे बहुत तेजी के साथ एक पूर्णरूपेण सफल व्यक्ति बनने की ओर अग्रसर होते है और रोजर्स ने इस पर अत्यधिक बल डाला है।

आत्म-सम्मान (self-regard) से तात्पर्य इस बात से होता है कि व्यक्ति में अपने आप को सम्मान एवं स्नेह देने की आवश्यकता होती है। यह आवश्यकता भी अर्जित (acquired) होती है और व्यक्ति में संतोषजनक आत्म-अनुभूतियों से उत्पन्न होती है। दूसरे शब्दों में, जब व्यक्ति को महत्त्वपूर्ण व्यक्तियों से मान-सम्मान मिलता है, तो इससे उसमें धनात्मक आत्म-सम्मान (positive self regard) की भावना या प्रेरणा भी मजबूत हो जाती है। इस तरह से आत्म-सम्मान की आवश्यकता की उत्पत्ति तो स्वीकारात्मक सम्मान (positive regard) की आवश्यकता से ही उत्पन्न होती है परन्तु एक बार उत्पन्न हो जाने के बाद यह एक स्वतंत्र (autonomous) एवं आत्म-सतत (self-perpetuating) प्रकृति का हो जाता है।

व्यक्तित्व का विकास
(Development of Personality)

रोजर्स ने फ्रायड (Freud) एवं इरिक्सन (Erikson) के समान व्यक्तित्व का कोई अवस्था सिद्धान्त (stage theory) का प्रतिपादन नहीं किया है। दूसरे शब्दों में, रोजर्स ने व्यक्तित्व के विकास का वर्णन विभिन्न चरणों (steps) या अवस्थाओं में फ्रायड एवं इरिक्सन के समान नहीं किया है। उन्होंने व्यक्तित्व के विकास में आत्मन् (self) तथा व्यक्तित्व की अनुभूतियों (experiences) में संगतता (congruence) को महत्त्वपूर्ण बतलाया है। जब इन दोनों में अर्थात् व्यक्ति की अनुभूतियों तथा उनके आत्म-संप्रत्यय (self-concept) के बीच अन्तर हो जाता है तो इससे व्यक्ति में चिन्ता (anxiety) उत्पन्न होती है। असंगतता (inconsistent) के अन्तर से उत्पन्न इस चिन्ता की रोकथाम (prevention) के लिए व्यक्ति कुछ बचाव प्रक्रियाएँ (defensive reactions) प्रारंभ कर देता है। इसे प्रतिरक्षा (defensiveness) की संज्ञा दी गयी है। रोजर्स ने दो तरह के प्रतिरक्षात्मक उपायों (defensive measures) को महत्त्वपूर्ण बतलाया है—*विकृति* (distrotion) तथा *खंडन* (denial)। विकृति में व्यक्ति अपनी अनुभूतियों की एक अनुपयुक्त व्याख्या करता है ताकि वह आत्म-संप्रत्यय (self-concept) के कुछ अनुकूल दीख पड़े। यहाँ व्यक्ति अनुभूतियों का प्रत्यक्षण तो करता है परन्तु उसका वास्तविक अर्थ वह नहीं समझ पाता है। खंडन (denial) में व्यक्ति विरोधी अनुभूतियों को चेतना में लाने से ही इनकार कर देता है। फलतः व्यक्ति में चिन्ता की मात्रा निश्चित रूप से कम हो जाती है। इन दोनों तरह के रक्षात्मक उपायों अर्थात् खंडन एवं विकृति का अधिक प्रयोग करने से व्यक्तित्व में दृढ़ता (rigidity) का विकास हो जाता है। यौक्तिकीकरण (rationalization), क्षतिपूर्ति (compensation), स्थिर-व्यामोह (paranoia), विभ्रम (hallucination), गलत विश्वास (false belief) तथा अन्य तंत्रिकातापी व्यवहार (neurotic behaviour) इस तरह की दृढ़ता (rigidity) से उत्पन्न होते हैं।

दूसरी तरफ यदि व्यक्ति की अनुभूतियों (experiences) एवं आत्म-संप्रत्यय (self-concept) में कोई अन्तर नहीं होता है, अर्थात् उनमें संगति (congruence) होती है, तो इससे एक स्वस्थ व्यक्तित्व (healthy personality) का विकास होता है। इस तरह के स्वस्थ व्यक्तित्व को रोजर्स ने एक तकनीकी नाम अर्थात् *पूर्णरूपेण सफल व्यक्ति* (fully functioning person) कहा है। ऐसे व्यक्ति से रोजर्स का तात्पर्य उन व्यक्तियों से होता है जो अपनी क्षमताओं एवं योग्यताओं का सही-सही प्रयोग करते हैं, अपनी अन्तःशक्तियों (potentials) की अच्छी पहचान करते हैं तथा अपनी अनुभूतियों एवं पूर्ण ज्ञान प्राप्त करने की दिशा में विश्वास के साथ अग्रसर होते हैं। रोजर्स (Rogers, 1961) ने एक पूर्णरूपेण सफल व्यक्ति (fully functioning person) के निम्नांकित पाँच गुण बतलाये हैं—

(i) एक पूर्णरूपेण सफल व्यक्ति अपनी अनुभूतियों की अभिव्यक्ति स्पष्ट शब्दों में करते हैं। ऐसे व्यक्ति अपनी अनुभूतियों की माँगों पर ध्यान देते हैं और उसके अनुरूप व्यवहार करने की कोशिश करते हैं। वे इन अनुभूतियों का दमन नहीं करते हैं। ऐसे व्यक्ति अपने धनात्मक अनुभूतियों, जैसे—प्रशंसा, प्रोत्साहन आदि तथा नकारात्मक अनुभूतियों जैसे—आलोचना, निन्दा, तिरस्कार, आदि दोनों का ही स्वागत करते हैं तथा बचाव प्रक्रियाओं (defense reactions) का प्रयोग कम-से-कम करते हैं। ऐसे व्यक्ति की प्रकृति अधिक सांवेगिक होती है क्योंकि वे दोनों तरह की अनुभूतियों को अर्थात् धनात्मक एवं ऋणात्मक दोनों तरह की अनुभूतियों का सामना करते हैं।

(ii) एक पूर्णरूपेण सफल व्यक्ति की दूसरी विशेषता यह है कि जिन्दगी के प्रत्येक क्षण का उपयोग ऐसे व्यक्ति सही अर्थ में करते हैं तथा प्रत्येक क्षण में कैसे रहना चाहिए, उसका उन्हें पूरा-पूरा ज्ञान होता है। इस तरह की अवस्था को रोजर्स ने *'अस्तित्वात्मक रहन-सहन'* (existential living) कहा है। ऐसे व्यक्ति जिन्दगी के प्रत्येक क्षण में एक नया अनुभव प्राप्त करते हैं। फलस्वरूप प्रत्येक क्षण उनके लिए नया होता है और किसी क्षण में वे क्या करेंगे या नहीं करेंगे, इसका पहले कोई भी व्यक्ति अनुमान नहीं लगा सकता है।

(iii) एक पूर्णरूपेण सफल व्यक्ति की तीसरी विशेषता यह है कि ऐसे व्यक्ति एक निश्चित विश्वास के साथ व्यवहार करते हैं और उन्हें अपने व्यवहार की सार्थकता पर पूर्ण विश्वास होता है। ऐसे व्यक्ति कोई व्यवहार करते समय सामाजिक मानकों (social codes) द्वारा कम निर्देशित होते हैं तथा अपने जैविक अनुभूतियों (organismic experiences) से प्राप्त अनुभूतियों की पुकार के अनुरूप यह निश्चित करते हैं कि उन्हें क्या करना चाहिए या क्या नहीं करना चाहिए। इसे रोजर्स ने एक तकनीकी नाम (technical name) दिया है जिसे *जैविक विश्वास* (organismic trusting) कहा जाता है।

(iv) रोजर्स के अनुसार एक पूर्णरूपेण सफल व्यक्ति (fully functioning person) की चौथी विशेषता *आनुभविक स्वतंत्रता* (experiential freedom) है। आनुभाविक स्वतंत्रता से तात्पर्य व्यक्ति के इस अनुभूति से होता है कि वह कोई भी कार्य करने के लिए पूर्णतः स्वतंत्र होता है तथा अपने प्रत्येक व्यवहार एवं उसके परिणाम के लिए वह स्वयं ही जिम्मेवाद है।

(v) पूर्णरूपेण सफल व्यक्ति (fully functioning person) की एक विशेषता यह भी है कि इसमें सर्जनात्मकता (creativity) का गुण होता है। ऐसे व्यक्ति रचनात्मक ढंग से अपना समय व्यतीत करते हैं तथा अपनी आवश्यकताओं की पूर्ण भरपाई करने की कोशिश करते हैं। ऐसे व्यक्ति बदलती हुई परिस्थितियों के साथ रचनात्मक ढंग से समायोजन कर लेते हैं।

रोजर्स के व्यक्तित्व सिद्धान्त का मूल्यांकन करते हुए यह कहा जा सकता है कि इस सिद्धान्त के कुछ गुण (merits) है तो कुछ परिसीमाएँ (limitations) भी हैं। इसके प्रमुख गुण निम्नांकित हैं—

(i) रोजर्स का व्यक्तित्व सिद्धान्त मनश्चिकित्सा (psychotheraphy) तथा वर्ग शिक्षण (classroom learning) के लिए एक महा वरदान साबित हुआ है। विशेषकर मनश्चिकित्सा के क्षेत्र में अनेकों मनोवैज्ञानिकों ने रोजर्स के व्यक्तित्व सिद्धान्त की उपयोगिताओं की संपुष्टि की है।

(ii) रोजर्स के व्यक्तित्व सिद्धान्त का अन्य महत्त्वपूर्ण गुण रोजर्स द्वारा आत्मन् (self) पर बल दिया जाना है। उन्होंने मानवतावादी आन्दोलन (humanistic movement) के तहत जो सांवृत्तिक व्याख्या (phenomenological explanation) प्रदान किया है, वह अपने आप में अनूठा है तथा इस तरह की व्याख्या जहाँ प्रत्येक व्यक्ति में अपनी अन्तःशक्तियों (potentials) को पहचानने और उसके अनुरूप व्यवहार करने की अद्भूत क्षमता होती है, हमें व्यक्तित्व के किसी और सिद्धान्त में देखने को नहीं मिलता है।

(iii) रोजर्स के व्यक्तित्व सिद्धान्त में आन्तरिक संगतता (internal consistency) अधिक है तथा प्रत्येक संप्रत्यय

को ठोस शब्दों में परिभाषित करने की कोशिश की गयी है। इस सिद्धान्त से भविष्य के व्यक्तित्व सिद्धान्तवादी (theoreticians) अच्छा सबक (lesson) ले सकते हैं और उसी के अनुरूप व्यक्तित्व सिद्धान्त तैयार करने में सही मार्गदर्शन प्राप्त कर सकते हैं।

इन गुणों के बावजूद रोजर्स के व्यक्तित्व सिद्धान्त की दो प्रमुख आलोचनाएँ हैं जो निम्नांकित हैं—

(i) रोजर्स ने अपने इस सिद्धान्त में यह स्पष्ट नहीं किया है कि संवृद्धि (enhancement) तथा वस्तुवादिता (actualization) के जन्मजात अन्तःशक्तियों (innate potentialities) से उनका क्या तात्पर्य था। सचमुच में संवृद्धि (enhancement) एवं वस्तुवादिता (actualization) इस सिद्धान्त के दो प्रमुख स्तंभ हैं जिनके बारे में आलोचकों ने उपर्युक्त प्रश्न को उठाया है। इनसे संबंधित कई प्रश्नों का उत्तर हमें रोजर्स के सिद्धान्त में नहीं मिलता है। जैसे—क्या ऐसी अन्तःशक्तियाँ मूलतः शारीरिक (physiological) होती हैं या मूलतः मनोवैज्ञानिक (psychological) होती हैं? क्या इन अन्तःशक्तियों में वैयक्तिक विभिन्नता (individual difference) होती है अर्थात् क्या ऐसी अन्तःशक्तियाँ कुछ व्यक्तियों में अधिक तथा कुछ व्यक्तियों में कम पायी जाती है?

(ii) रोजर्स के व्यक्तित्व सिद्धान्त पर गौर करने से यह स्पष्ट हो जाता है कि उन्होंने व्यक्तित्व के अध्ययन करने का सबसे उत्तम तरीका व्यक्ति की अनुभूतियों (experiences) की परख करना बतलाया है। उन्होंने ऐसा इसलिए दावा किया है क्योंकि वे प्रायः मनश्चिकित्सा (psychotherapy) करते समय रोगियों के आत्म-निवेदनों (self-reports) को सुनते थे तथा उनकी अनुभूतियों को ठीक ढंग से परख करने की कोशिश करते थे। आलोचकों का मत है कि इस तरीका को सही नहीं माना जा सकता है क्योंकि इससे उन कारकों (factor) तथा बलों (forces) का पता नहीं चलता है जिससे रोगी सामान्यतः अवगत नहीं होता है अर्थात् संभवतः वे उसके अचेतन अवस्था में होते हैं परन्तु रोगी के व्यवहार को काफी हद तक प्रभावित करते हैं।

इन आलोचनाओं के बावजूद रोजर्स का व्यक्तित्व सिद्धान्त (personality theory) की अहमियत काफी है। रोजर्स का विचार मानव व्यक्तित्व के प्रति विवेकी (rational) तथा स्वीकारात्मक (positive) होने के नाते इनके द्वारा दी गयी व्याख्या को मनोवैज्ञानिकों ने काफी स्वागत किया है।

एब्राहम मैसलो : व्यक्तित्व का मानवतावादी सिद्धान्त
(Abraham Maslow : Humanistic theory of Personality)

एब्राहम मैसलो (Abraham Maslow, 1908-1970) मानवतावादी मनोविज्ञान (humanistic psychology) के आध्यात्मिक जनक (spiritual father) माने गए हैं। व्यक्तित्व के अध्ययन के प्रति उनका मानवतावादी दृष्टिकोण (humanistic approach) था जो सचमुच में मानवतावादी आन्दोलन (humanistic movement) का एक विशेष भाग था। इस आन्दोलन की शुरूआत 1960 वाले दशक में हुई थी। इस आन्दोलन में व्यवहारवाद (Behaviorism) तथा मनोविश्लेषण (psychoanalysis) दोनों की विचारधाराओं की आलोचना की गयी और कहा गया कि इन दोनों ने ही व्यक्तित्व का एक संक्षिप्त एवं सीमित अर्थ बतलाया है तथा इसका अध्ययन संकीर्ण दृष्टिकोण से किया है। मानवतावादी आन्दोलन के दूसरे प्रमुख समर्थक कार्ल रोजर्स (Carl Rogers) हैं जिनके व्यक्तित्व सिद्धान्त की व्याख्या पहले ही ही जा चुकी है।

मैसलो ने अपने व्यक्तित्व सिद्धान्त में प्राणी के अनूठापन का उसके मूल्यों (value) के महत्त्व पर तथा व्यक्तिगत वर्धन (personal growth) एवं आत्म-निर्देश (self-direction) की क्षमता पर सर्वाधिक बल डाला है। इस बल के कारण ही उनका मानना है कि सम्पूर्ण प्राणी का विकास उसके भीतर से एक संगठित ढंग से होता है। इन आन्तरिक कारकों की तुलना में बाह्य कारकों जैसे आनुवांशिकता तथा गत अनुभूतियाँ (past experiences) का महत्त्व नगण्य होता है। व्यक्तित्व विकास में आन्तरिक बलों पर इतना अधिक बल दिये जाने के कारण उनके व्यक्तित्व सिद्धान्त को व्यक्तित्व का *सम्पूर्ण-गत्यात्मक सिद्धान्त* (holistic-dynamic theory) भी कहा गया है। मैसलो के व्यक्तित्व सिद्धान्त को निम्नांकित तीन मुख्य भागों में बाँट कर प्रस्तुत किया जा सकता है—

(क) व्यक्तित्व एवं अभिप्रेरण का पदानुक्रमिक मॉडल (Hierarchical model of Personality and motivation)

(ख) स्वस्थ व्यक्तित्व : आत्म-सिद्ध व्यक्ति का विकास (Healthy Personality : development of self-actualizing person)

(ग) व्यक्तित्व का मापन एवं शोध (Assessment and Research in Personality)

इन सबका वर्णन निम्नांकित हैं—

व्यक्तित्व एवं अभिप्रेरण का पदानुक्रमिक मॉडल
(Hirearchical Model of Personality and Motivation)

मैसलो के व्यक्तित्व सिद्धान्त का सबसे महत्त्वपूर्ण पहलू उसका अभिप्रेरण सिद्धान्त (motivation theory) है। इनका विश्वास था कि अधिकांश मानव व्यवहार की व्याख्या कोई-न-कोई व्यक्तिगत लक्ष्य (personal goal) पर पहुँचने की प्रवृत्ति से निर्देशित होता है। सचमुच में उनके व्यक्तित्व सिद्धान्त में यही अभिप्रेरणात्मक प्रक्रियाएँ (motivational processes) मूल सारतत्त्व है।

मैसलो का मत था कि मानव अभिप्रेरक (human motives) जन्मजात होते हैं और उन्हें प्राथमिकता (priority) या शक्ति (potency) के आरोही पदानुक्रम (ascending hierarchy) में सुव्यवस्थित किया जा सकता है। ऐसे अभिप्रेरकों को प्राथमिकता या शक्ति के आरोही क्रम (ascending order) में इस प्रकार बतलाया गया है—

1. शारीरिक या दैहिक आवश्यकता (physiological needs)
2. सुरक्षा की आवश्यकता (safety needs)
3. संबद्धता एवं स्नेह की आवश्यकता (belongingness and love needs)
4. सम्मान की आवश्यकता (esteem needs)
5. आत्म-सिद्धि की आवश्यकता (self-actualization needs)

इनमें से प्रथम दो आवश्यकताओं अर्थात् शारीरिक या दैहिक आवश्यकता तथा सुरक्षा की आवश्यकता (safety needs) को *निचले-स्तर की आवश्यकता* (lower-level needs) तथा अन्तिम तीन आवश्यकताओं अर्थात् एवं स्नेह की आवश्यकता (belongingness and love needs), सम्मान की आवश्यकता (esteem needs) तथा आत्म-सिद्धि की आवश्यकता (self-actualization needs) को एक साथ मिलाकर *उच्च-स्तरीय आवश्यकता* (higher-level needs) कहा है। इस पदानुक्रमिक मॉडल (hierarchical model) में जो आवश्यकता जितनी ही नीचे है, उसकी प्राथमिकता या शक्ति उतनी ही अधिक मानी गयी है। इस तरह से व्यक्ति में सबसे प्रबल आवश्यकता शारीरिक या दैहिक आवश्यकता होती है जिसकी संतुष्टि तात्कालिक होना अनिवार्य है तथा सबसे कम प्रबल या कमजोर आवश्यकता आत्म-सिद्धि की आवश्यकता (self-actualization needs) होती है। इस मॉडल को चित्र 21.7 में दिखलाया गया है।

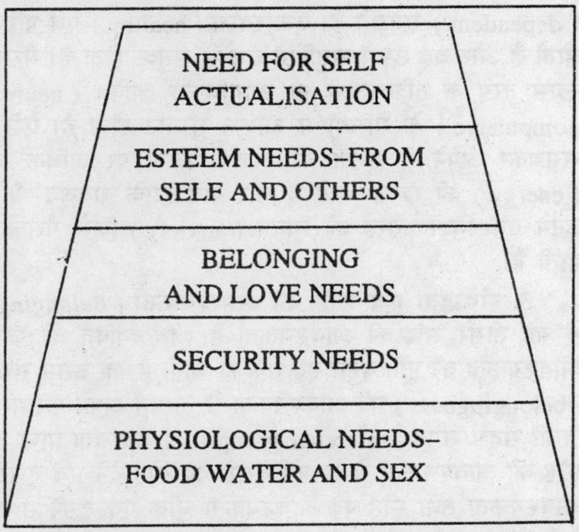

इस मॉडल की एक प्रमुख बात यह है कि मॉडल के किसी भी स्तर की आवश्यकता को उत्पन्न होने के लिये यह आवश्यक है कि उससे नीचेवाले स्तर की आवश्यकता की संतुष्टि पूर्णतः नहीं तो कम-से-कम अंशतः अवश्य ही हो जाय। मैसलो ने यह भी स्पष्ट किया है कि हम पदानुक्रमिक मॉडल में जैसे-जैसे नीचे से ऊपर की ओर बढ़ते जाते हैं, प्रत्येक स्तर पर आवश्यकताओं की संतुष्टि का प्रतिशत भी धीरे-धीरे कमता जाता है। उनके अनुसार शारीरिक आवश्यकताओं की संतुष्टि लगभग 85%, सुरक्षा आवश्यकताओं की संतुष्टि लगभग 70%, संबद्धता एवं स्नेह की आवश्यकता की संतुष्टि लगभग 50%, सम्मान की आवश्यकता की संतुष्टि (esteem needs) लगभग 40% तथा आत्म-सिद्धि की आवश्यकता की संतुष्टि लगभग 10% ही होती है।

पदानुक्रमिक मॉडल (hierarchical model) के पाँच स्तरों की आवश्यकताओं का वर्णन निम्नांकित हैं—

1. दैहिक या शारीरिक आवश्यकता (*Physiological needs*)—इस श्रेणी की आवश्यकता (need) में

भोजन करने की आवश्यकता, पानी पीने की आवश्यकता, सोने (sleep) की आवश्यकता, यौन की आवश्यकता तथा सीमान्त तापक्रम (extreme temperature) से बचने की आवश्यकता आदि को सम्मिलित किया गया है। ये सारे जैविक प्रणोदन (biological drives) का सीधा संबंध प्राणी के जैविक सम्पोषण (biological main-tenance) से होता है। इस श्रेणी की आवश्यकता की प्राथमिकता (priority) या प्रबलता (potency) सबसे अधिक है। फलस्वरूप, व्यक्ति को इससे ऊपर के स्तर की आवश्यकता की ओर बढ़ने के पहले इन जैविक आवश्यकताओं (biological needs) की संतुष्टि एक न्यूनतम स्तर पर करना अनिवार्य है। दूसरे शब्दों में, जब कोई व्यक्ति जैविक आवश्यकताओं की संतुष्टि नहीं कर पाता है, तो वह अन्य उच्च-स्तरीय आवश्यकताओं (higher-level needs) की संतुष्टि की बात ही नहीं सोचता है। जैसे—जो व्यक्ति भूख या प्यास से तड़प रहा होता है, उसके मन में सुरक्षा, आत्म-सम्मान (self-esteem) जैसी अन्य उच्च-स्तरीय आवश्यकता का ख्याल मन में नहीं आ सकता है। बेटेलहिम (Bettlelhim, 1943) के अध्ययन के अनुसार जैविक अभिप्रेरक (biological drives) इतना अधिक प्रबल होता है कि इसकी संतुष्टि करने के लिये व्यक्ति सामाजिक मूल्यों (social values) तथा सामाजिक मानकों (social norms) की भी कभी-कभी अवहेलना करने से पीछे नहीं हटता है।

2. सुरक्षा की आवश्यकता (*Safety or Security needs*)—जब व्यक्ति की जैविक आवश्यकताओं की संतुष्टि हो जाती है तो वह पदानुक्रम (hierarchy) के दूसरे स्तर की आवश्यकता अर्थात् सुरक्षा की आवश्यकता की ओर अग्रसर होता है और उसका व्यवहार इस आवयकता से काफी प्रभावित होने लगता है। इस श्रेणी की आवश्यकता में शारीरिक सुरक्षा, स्थिरता, निर्भरता (dependency), बचाव (protection), डर, चिन्ता आदि की अनुभूतियों से मुक्ति सम्मिलित होते हैं। मैसलो (Maslow, 1970) ने नियम-कानून बनाये रखने की आवश्यकता, विशेष क्रम (order) आदि बनाये रखने की आवश्यकता को भी इसी श्रेणी में सम्मिलित किया है। इस तरह की आवश्यकता बच्चों में अधिक प्रबल होती है क्योंकि वे अन्य लोगों की अपेक्षा अपने आप को अधिक निःसहाय (helpless) एवं दूसरों पर आश्रित (dependent) समझते हैं। एक स्वस्थ (healthy) एवं परिपक्व वयस्क (mature adult) में सुरक्षा की आवश्यकता होती है और वह उसमें संतुलित ढंग से संतुष्ट होता है। मैसलो (Maslow) के अनुसार सुरक्षा की आवश्यकता कुछ खास तरह के तंत्रिकातापी या स्नायुविकृत व्यक्ति (neurotic individual) जैसे मनोग्रस्ति-वाध्यता (obsessive-compulsive) के रोगियों में अधिक सुस्पष्ट होता है। ऐसे लोग इर्द-गिर्द की हालातों को खैफनाक एवं खतरनाक समझकर अपने में सुरक्षा की आवपश्यकता पर अधिक जोर डालते हैं तथा अधिक समय एवं शारीरिक ऊर्जा (energy) की खपत करते हैं और यदि इसके बावजूद भी इन्हें अपने प्रयास में सफलता नहीं मिलती है, तो इससे उनमें एक विशेष तरह की चिन्ता (anxiety) जिसे मैसलो ने मूल चिन्ता (basic anxiety) कहा है, की उत्पत्ति होती है।

3. संबद्धता एवं स्नेह की आवश्यकता (*Belongingness and love needs*)—मैसलो के पदानुक्रमिक मॉडल में यह तीसरे स्तर की आवश्यकता है। जब व्यक्ति की जैविक आवश्यकता (biological need) तथा सुरक्षा की आवश्यकता की पूर्ति बहुत हद तक हो जाती है, तो उसमें संबद्धता एवं स्नेह की आवश्यकता उत्पन्न होती है। संबद्धता (belongingness) की आवश्यकता से तात्पर्य अपने परिवार या समाज में एक प्रतिष्ठित स्थान पाने की इच्छा से तथा किसी संदर्भ समूह (reference group) की सदस्यता प्राप्त करने से, अच्छे पड़ोसी से संबंध बनाये रखने से होता है। स्नेह की आवश्यकता से तात्पर्य दूसरों की स्नेह देने एवं दूसरों से स्नेह पाने की आवश्यकता से होती है। संबंद्धता की आवश्यकता तथा स्नेह की आवश्यकता चूँकि एक-दूसरे से काफी जुड़े (tied) होते हैं, अतः मैसलों ने इसे एक ही श्रेणी में रखा है। स्नेह की आवश्यकता (need for love) में मैसलों ने यौन (sex) को भी रखा है परन्तु इस आवश्यकता को यौन आवश्यकता (sex need) के तुल्य (equivalent) नहीं माना है। उन्होंने यह स्पष्ट किया है कि यौन (sex) स्नेह की आवश्यकता (love need) को अभिव्यक्त करने का मात्र एक तरीका है। मैसलो (Maslow, 1968) ने यह स्पष्ट किया कि स्नेह की आवयकता की संतुष्टि नहीं होने से व्यक्ति में कुसमायोजन (maladjustment) होता है।

मैसलो[1] (Maslow, 1968) ने इस टिप्पणी करते हुए कहा है, ''स्नेह पाने की भूख एक तरह का अपर्याप्तता रोग है।''

---

1. "Love hunger is a deficiency disease." —Maslow : *Toward a Psychology of Being,* 1968, p. 42

4. सम्मान की आवश्यकता *(Esteem needs)*—सम्मान की आवश्यकता पदानुक्रमिक मॉडल में चौथे स्तर की आवश्यकता है। सम्मान की आवश्यकता व्यक्ति में तब उत्पन्न होती है जब इससे नीचे की तीनों श्रेणियों की आवश्यकताएँ अर्थात् जैविक आवश्यकता, सुरक्षा की आवश्यकता तथा संबद्धता एवं स्नेह की आवश्यकता की पूर्ति संतोषजनक ढंग से हो जाती है। सम्मान की आवश्यकता में मैसलो ने दो प्रकार की आवश्यकताओं को सम्मिलित किया है—आत्म-सम्मान की आवश्यकता (self-esteem need) तथा दूसरों से सम्मान पाने की आवश्यकता। पहले प्रकार की आवश्यकता में उत्तम क्षमता (competence) प्राप्त करने की इच्छा, आत्म-विश्वास, व्यक्तिगत वर्धन (personal growth), उपयुक्तता (adequacy), उपलब्धि (achievement), स्वतंत्रता (independence) आदि की भावना सम्मिलित होती है। दूसरों से सम्मान पाने की आवश्यकता (need for esteem from others) में दूसरों से सम्मान, पहचान, प्रशंसा, ध्यान तथा स्वीकृति (acceptance) आदि पाने की इच्छा से होती है। आत्म-सम्मान की आवश्यकता की पूर्ति होने से व्यक्ति में आत्म-विश्वास, शक्ति (strength) पर्याप्तता (adequacy) एवं श्रेष्ठता (worth) के गुण विकसित होते हैं। इन गुणों के परिणामस्वरूप व्यक्ति सभी क्षेत्रों में अपने आप को अधिक योग्य (competent) एवं उत्पादक (productive) समझने लगता है। दूसरे तरफ यदि व्यक्ति में आत्म-सम्मान की आवश्यकता की पूर्ति नहीं होती है, तो व्यक्ति अपने आप को लाचार, कमजोर, हतोत्साहित (discouraged) तथा समस्याओं से निपटने की पर्याप्त क्षमता की कमी आदि गुणों से युक्त मानता है। मैसलो (Maslow) ने यह भी स्पष्ट किया कि सही अर्थ में आत्म-सम्मान (self-esteem) व्यक्ति की योग्यताओं (competences) एवं क्षमताओं (abilities) के वास्तविक मूल्यांकन (realistic evaluation) पर तथा साथ-ही-साथ दूसरों से प्राप्त वास्तविक सम्मान पर आधारित होता है। यह आवश्यक है कि व्यक्ति को दूसरों से मिलने वाला मान-सम्मान अवास्तविक या छिछला न होकर उनके अर्जित योग्यताओं एवं क्षमताओं पर आधारित हो।

5. आत्म-सिद्धि की आवश्यकता *(self-actualization need)*—मैसलो के पदानुक्रमिक मॉडल (hierarchical model) का यह सबसे अन्तिम चरण होता है जहाँ व्यक्ति तब पहुँचता है जब इसके नीचे की चारों आवश्यकताओं अर्थात् जैविक आवश्यकता (biological need), सुरक्षा की आवश्यकता (safety needs), संबद्धता एवं स्नेह की आवश्यकता तथा सम्मान की आवश्यकता (esteem need) की पूर्ति संतोषजनक ढंग से हुई हो। आत्म-सिद्धि (self-actualization) से तात्पर्य आत्म-उन्नति (self-improvement) की एक ऐसी अवस्था से होती है जहाँ व्यक्ति अपनी योग्यताओं एवं अन्तःक्षमताओं (potentialities) से पूर्णरूपेण अवगत होता है तथा उसके अनुरूप अपने को विकसित करने की इच्छा करता है। संक्षेप में, आत्म-सिद्धि (self-actualization) से तात्पर्य अपनी अन्तःक्षमताओं के अनुरूप अपने आप को विकसित करता होता है।

मैसलो (Maslow, 1968) ने यह स्पष्ट किया कि आत्म-सिद्धि की आवश्यकता की अवस्था पदानुक्रमिक मॉडल के अन्य अवस्थाओं से इस अर्थ में भिन्न है कि इसके ठीक निचली अवस्था अर्थात् सम्मान की आवश्यकता (esteem need) की पूर्ति हो जाने पर व्यक्ति अन्य अवस्थाओं के समान स्वतः इस अवस्था में अर्थात् आत्म-सिद्धि (self-actualization) की अवस्था में नहीं आ जाता है। मैसलो द्वारा आत्म-सिद्धि व्यक्तियों (self-actualizaing person) पर किये गए शोधों से यह स्पष्ट हो गया है कि इस अंतिम अवस्था में सिर्फ वही लोग आ पाते हैं जिनमें सम्मान की आवश्यकता की पूर्ति हुई हो तथा साथ-ही-साथ जिनमें बी मूल्यों[1] (B-values) की परिपूर्णता हो। अगर व्यक्ति ऐसा है जिन्हें सम्मान की आवश्यकता की पूर्ति तो हुई है परन्तु बी-मूल्यों (B-values) की कमी है, तो वैसे लोग आत्म-सिद्धि (self-actualization) के इस अंतिम अवस्था में नहीं आ पाते हैं।

मैसलो ने अपने शोध के आधार पर निम्नांकित चार और अन्य ऐसे कारक बतलाये हैं जिसके चलते व्यक्ति इस अंतिम अवस्था पर पहुँचने से वंचित रह जाता है। वे चार कारण हैं—

(i) आत्म-सिद्धि की आवश्यकता एक कमजोर या सबसे कम प्रबल (potent) आवश्यकता है। फलतः यह अन्य आवश्यकताओं से आसानी से दब जाती है और व्यक्ति इस अवस्था पर पहुँचने की तमन्ना खो देता है।

(ii) जिन व्यक्तियों में अपनी अन्तःक्षमताओं एवं अन्तःशक्तियों को उन्नत करने पर एक ऐसी परिस्थिति उत्पन्न होने की आशंका हो जाती है जिसके साथ उनका निपटना संभव नहीं हो सकता है, तो वैसे लोग भी इस अंतिम अवस्था

---

1. बी-मूल्यों (B-values) की चर्चा आगे की गयी है।

तक पहुँचने से वंचित रह जाते हैं। इस तरह की मनोग्रन्थि (complex) को मैसलो ने *जोनाह मनोग्रन्थि* (Jonah complex) कहा है।

(iii) आत्म-सिद्धि की आवश्यकता की अवस्था पर व्यक्ति इसलिए भी नहीं पहुँच पाता है क्योंकि इस अवस्था पर जाने के लिए व्यक्ति में पर्याप्त अनुशासन, प्रयास, आत्म-नियंत्रण एवं आत्म-साहस (self-courage) की आवश्यकता होती है। इन गुणों के अभाव में व्यक्ति इस अंतिम अवस्था पर पहुँचने से वंचित रह जाता है।

(iv) जिन व्यक्तियों को बाल्यावस्था में अत्यधिक स्नेह एवं स्वतंत्रता या फिर अत्यधिक तिरस्कार एवं नियंत्रण का सामना करना होता है, वे भी इस अवस्था तक नहीं पहुँच पाते हैं।

पदानुक्रमिक मॉडल (hierarchical model) की उपर्युक्त पाँच आवश्यकताओं (needs) को मैसलो ने *मूल आवश्यकता* (basic need) कहा है। इन मूल आवश्यकताओं (basic needs) के अलावा भी कुछ आवश्यकताएँ (needs) हैं जिनका व्यक्ति के व्यवहारों पर अधिक प्रभाव पड़ता है। ऐसी आवश्यकताओं में निम्नांकित प्रधान हैं—

(i) संज्ञानात्मक आवश्यकता (cognitive needs)
(ii) तंत्रिकातापी आवश्यकता (neurotic needs)
(iii) न्यूनता अभिप्रेरक (deficency or deficit motivation)
(iv) वर्धन अभिप्रेरक (growth motivation)

इन चारों का वर्णन निम्नांकित हैं—

(i) संज्ञानात्मक आवश्यकता *(cognitive needs)*—संज्ञानात्मक आवश्यकता से तात्पर्य उन आवश्यकताओं से होता है जो सूचनात्मक (informative) होती हैं। इस श्रेणी में मैसलो (Maslow) ने जानने की आवश्यकता (need to know) तथा समझने की आवश्यकता (need to understand) को रखा है। इन दोनों आवश्यकताओं का एक अपना अलग पदानुक्रम (hierarchy) होता है जिसमें प्रबलता (potency) के क्रम में पहले जानने की आवश्यकता (need to know) को रखा गया है और उसके बाद समझने की आवश्यकता (need to understand) को। दूसरे शब्दों में, जानने की आवश्यकता की प्रबलता समझने की आवश्यकता (need to understand) से अधिक होती है। संज्ञानात्मक आवश्यकता (cognitive need) का महत्त्व यह है कि इन आवश्यकताओं को बाधित होने से पदानुक्रमिक मॉडल (hierarchical model) की पाँचों आवश्यकताओं की संतुष्टि होना दुर्लभ हो जाता है। जैसे—जैविक आवश्यकता की संतुष्टि होने के लिए यह आवश्यक है कि व्यक्ति यह जाने की भोजन कहाँ है? सुरक्षा आवश्यकता की संतुष्टि होने के लिये यह आवश्यक है कि व्यक्ति यह जाने की शरणस्थान का निर्माण कैसे किया जाता है? यही बात पदानुक्रमिक मॉडल की अन्य आवश्यकताओं के साथ भी है।

(ii) तंत्रिकातापी आवश्यकता *(neurotic needs)*—मैसलो के अनुसार कुछ आवश्यकताएँ ऐसी होती हैं जिनकी संतुष्टि से व्यक्ति में स्वास्थ्य का वर्धन नहीं होता है बल्कि व्यक्ति में विकृति, निष्क्रियता (stagnation) आदि बनी रहती है। इसे उन्होंने तंत्रिकातापी आवश्यकता (neurotic needs) कहा है। ऐसी आवश्यकताओं की उत्पत्ति तब होती है जब व्यक्ति में मूल आवश्यकताओं (basic needs) की संतुष्टि नहीं हो पाती है। जैसे—जब व्यक्ति की संबद्धता (belongingness) एवं स्नेह की आवश्यकता की संतुष्टि नहीं होती है तो वह दूसरों के प्रति आक्रामक (aggressive) एवं विद्वेषी (hostile) हो जाता है जो तंत्रिकातापी आवश्यकता (neurotic need) का एक उदाहरण बनता है।

(iii) न्यूनता अभिप्रेरक *(deficiency or deficit motivation)*—इस अभिप्रेरक को मैसलो ने डी-अभिप्रेरक (D-motivation) भी कहा है। इस तरह के अभिप्रेरक का मुख्य उद्देश्य व्यक्ति में न्यून या हीन अवस्थाओं (deficit states) जैसे—भूख, ठंढक, असुरक्षा आदि से उत्पन्न तनाव (tension) को दूर करने के लिये प्रेरित करता है। अतः डी-अभिप्रेरक मैसलो के पदानुक्रम मॉडल के निम्न-स्तरीय आवश्यकता (lower-level needs) के लगभग समान है। मैसलो (Maslow, 1962) ने डी-अभिप्रेरक (D-motive) के निम्नांकित पाँच विशेषताओं पर प्रकाश डाला है।

(a) डी-अभिप्रेरक की अनुपस्थिति (absence) से व्यक्ति बीमार पड़ जाता है। जैसे—यदि व्यक्ति अपनी भूख मिटाने के लिये भोजन न करे तो वह आसानी से बीमार पड़ जा सकता है।

(b) डी-अभिप्रेरक की उपस्थिति से व्यक्ति में रुग्नता (illness) की रोक-थाम होती है। जैसे—व्यक्ति यदि भोजन समय से खाता है, तो वह बीमार पड़ने से बच सकता है।

(c) डी-अभिप्रेरक के पुनः स्थापन (restoration) से व्यक्ति चंगा हो जाता है।

(d) कुछ विशेष परिस्थिति में वंचित व्यक्ति (deprived person) द्वारा डी-अभिप्रेरक को अन्य अभिप्रेरकों की तुलना में पंसद किया जाता है। जैसे—एक भूखा व्यक्ति भोजन को यौन (sex) के अनुपात में अधिक पंसद करता है।

(e) आत्म-सिद्ध व्यक्तियों (self-actualizing person) के लिये डी-अभिप्रेरक (D-motive) बहुत महत्त्वपूर्ण नहीं होता है। ऐसे व्यक्तियों में इस तरह का अभिप्रेरक कार्यात्मक रूप (functionally) से अनुपस्थित होते हैं। परन्तु जो लोग आत्म-सिद्ध (self-actualizing) नहीं होते हैं उनका व्यवहार डी-अभिप्रेरक से अधिक निर्देशित होता है।

(iv) वर्धन अभिप्रेरक *(Growth motivation)*—वर्द्धन अभिप्रेरक से तात्पर्य वैसे अभिप्रेरकों से होता है जो व्यक्ति को अपने अन्तःशक्ति या अन्तःक्षमताओं (potentials) की पहचान कर उसे विकसित करने के लिए प्रेरित करता है। अतः यह निश्चित रूप से एक उच्च-स्तरीय आवश्यकता (high-level need) है। इसे मैसलो ने *मेटा आवश्यकता* (metaneeds) या *सत्त्व अभिप्रेरक* (Being या B-motives) भी कहा है। इस तरह की आवश्यकता या अभिप्रेरक, आत्म-सिद्ध व्यक्तियों (self-actualizing person) का मुख्य अभिप्रेरक होता है। बी-अभिप्रेरक की उत्पत्ति व्यक्ति में तब होती है जब उसके डी-अभिप्रेरक की संतुष्टि हो जाती है। अभी हाल में मैसलो (Maslow, 1967) ने यह स्पष्ट किया है कि मेटा आवश्यकता डी-अभिप्रेरक के समान के साहजिक (instinctive) होता है। अतः मानसिक स्वास्थ्य (mental health) बनाये रखने के लिए तथा अधिकतम वर्द्धन (growth) एवं विकास के लिए ऐसे अभिप्रेरकों की संतुष्टि अनिवार्य है। ऐसा नहीं होने से व्यक्ति मानसिक रूप से बीमार (mentally ill) हो जाता है। अपने अन्तःशक्तियों के अधिकतम विकास (growth) की प्राप्ति में असफल रहने पर जो बीमारी उत्पन्न होती है, उसे मैसलो ने *मेटारोग* (metapathologies) कहा है। मैसलो ने मेटा-आवयकता (meta needs) में 18 तरह की आवश्यकताओं (needs) को सम्मिलित किया है और उससे संबद्ध मेटारोग (metapathology) का भी वर्णन किया है। ये 18 आवश्यकताएँ हैं—सच्चाई (truth), अच्छाई (goodness), सुन्दरता (beauty), पूर्णता (unity), द्विभाजन उत्कर्ष (dichotomy transcendence), सजीवता (aliveness), अद्धितीयता (uniqueness), पूर्णता (perfection), अनिवार्यता (necessity), सम्पूरण (completion), न्याय (justice), क्रम (order), सरलता (simplicity), विस्तृतता (comprehensiveness), प्रयासशीलता (effortfulness), विनोदशीलता (playfulness), आत्म-पर्याप्तता (self-sufficiency) तथा अर्थपूर्णता (meaning-fulness)। प्रत्येक मेटा-आवश्यकता से संबंधित कुछ मेटा-रोग (metapathology) है। जैसे—सच्चाई जैसी मेटा-आवश्यकता की संतुष्टि नहीं होने पर व्यक्ति में विश्वासहीनता, शक, कटुता (cynicism) आदि का विकास होता है। अच्छाई (goodness) जैसी मेटा-आवश्यकता (meta need) की संतुष्टि नहीं होने से व्यक्ति में घृणा, अरुचि, विरक्ति (disgust) आदि जैसे गुण विकसित होते हैं। उसी तरह अन्य सभी मेटा-आवश्यकता के कुंठित हो जाने के फलस्वरूप विशेष प्रकार के रोगात्मक लक्षण (pathological symptoms) उत्पन्न होने के लक्षण पर उन्होंने प्रकाश डाला है।

मैसलो (Maslow, 1971) ने यह भी स्पष्ट किया है कि सभी मेटा-आवश्यकता (metaneeds) या वर्धन अभिप्रेरक (growth motives) का मूल्य (value) लगभग समान होता है। अतः उनका कोई पदानुक्रम (hierarchy) नहीं होता है और उन्हें एक-दूसरे के लिए आसानी से प्रतिस्थापित (substitute) किया जा सकता है। जो लोग मेटा-अभिप्रेरित (metamotivated) होते हैं, वे सच्चाई, अच्छाई, नियम एवं कानून, न्याय आदि के लिए समान रूप से प्रयत्नशील होते हैं। आत्मसिद्ध (self-actualizing) व्यक्तियों के अभिप्रेरणात्मक जिन्दगी में इन मेटा-आवश्यकताओं की भूमिका अधिक होती है।

स्वस्थ व्यक्तित्व : आत्मसिद्ध व्यक्ति का विकास
(Healthy Personality : Development of Self-actualizing person)

मैसलो के व्यक्तित्व सिद्धान्त की एक मुख्य विशेषता यह है कि यह सिद्धान्त मानसिक रूप से स्वस्थ व्यक्तियों के अध्ययन पर आधारित है। मैसलो ने इन व्यक्तियों का अध्ययन करके आत्मसिद्ध व्यक्तियों (self-actualizing) की पहचान करने के लिए कुछ खास-खास विशेषताओं (characteristics) का वर्णन किया है। ऐसी प्रमुख विशेषताएँ निम्नांकित सोलह हैं—

(i) ऐसे व्यक्तियों का प्रत्यक्षण वास्तविक (realistic) होता है अर्थात् उसमें पूर्वाग्रह अनियमितता आदि की बू नहीं होती है।

(ii) ऐसे व्यक्ति अपने आप का, दूसरों का तथा वातावरण के अन्य वस्तुओं का प्रत्यक्षण ठीक वैसी ही करते हैं जैसा कि वे होते हैं।

(iii) ऐसे लोगों में सरलता, स्वाभाविकता (naturality) तथा सहजता (spontaneity) का गुण होता है।

(iv) ऐसे लोग समस्या-केन्द्रित (problem-centred) व्यवहार करते हैं न कि आत्म-केन्द्रित (self-centered) व्यवहार करते हैं।

(v) ऐसे लोगों में अनासक्ति (detachment) का भाव होता है तथा वे गोपनीयता (privacy) को पसंद करते हैं।

(vi) ऐसे लोग स्वतंत्रता तथा स्वायत्तता (autonomy) को पसंद करते हैं।

(vii) ऐसे लोगों में अन्य लोगों एवं घटनाओं को नवीनतम दृष्टिकोण से न कि घिसी-पिटी ढंग से अवलोकन करने की विशेष शक्ति होती है।

(viii) ऐसे लोगों में कुछ विशेष अलौकिक शक्ति एवं अनुभूतियाँ (experiences) होते हैं जिनसे व्यक्ति अपने आप को काफी आश्वस्त (confident), साहसी एवं निर्णायक (decisive) समझता है। इसे मैसलो ने शीर्ष अनुभूति (peak experience) कहा है।

(ix) ऐसे लोगों में मानवीयता (humanism) के भाव की प्रधानता होती है अर्थात् ऐसे लोगों में सामाजिक अभिरुचि (एडलर के शब्दों में) की प्रधानता होती है।

(x) ऐसे लोगों का संबंध कुछ विशेष महत्त्वपूर्ण लोगां के साथ अधिक घनिष्ठ होता है तथा ऐसे लोगों में बहुत सारे लोगों के साथ सतही संबंधी (superficial relationship) बनाये रखने की बुरी आदत नहीं होती है।

(xi) ऐसे लोग प्रजातन्त्रात्मक मूल्य (democratic value) एवं मनोवृत्ति (attitudes) अधिक दिखलाते हैं।

(xii) ऐसे लोग साधन (means) एवं साध्य (ends) में स्पष्ट अन्तर रखकर उसपर पहल करते हैं।

(xiii) ऐसे लोगों के मनोविनोद (humor) की भाव विद्वेषी (hostile) न होकर दार्शनिक (philosophical) होता है।

(xiv) ऐसे लोग सर्जनात्मक (creative) प्रवृत्ति के होते हैं।

(xv) ऐसे लोग संस्कृति (culture) के प्रति अनुरूपता (conformity) नहीं दिखलाते हैं।

(xvi) ऐसे लोग अपने वातावरण के साथ सिर्फ समायोजन (adjustment) ही नहीं करते हैं बल्कि उसकी उत्कृष्टता (transcendance) को भी समझने की कोशिश करते हैं।

मैसलो (Maslow, 1971) ने अपने व्यक्तित्व सिद्धान्त में यह भी बतलाया है कि व्यक्ति में आत्म-सिद्धि (self-actualization) को किस तरह से प्रोत्साहित किया जा सकता है। इन्होंने आत्म-सिद्धि को बढ़ाने या प्रोत्साहित करने के लिए स्कूल को सबसे उत्तम स्थान बतलाया है और कहा है कि छात्रों को अपनी स्वतंत्र पहचान बनाने में, रुचियुक्त व्यवसाय की खोज करने तथा उत्तम मूल्यों (values) को समझने के लिए किये गए प्रयासों से आत्म-सिद्धि (self-actualization) का विकास होता है।

व्यक्तित्व का मापन एवं शोध
(Measurement and Research in Personality)

ऐसे तो स्वयं मैसलो ने व्यक्तित्व मापन के लिए कोई प्रविधि (technique) का प्रतिपादन नहीं किया है लेकिन एवरेट शोस्ट्रोम (Everett Shostrom) ने आत्म-सिद्धि (self-actualization) को मापने के लिए एक विशेष प्रश्नावली का निर्माण किया है जिसे *परसनल ऑरियन्टेशन इन्वेन्ट्री* (Personal Orientation Inventory या POI) की संज्ञा दी गयी है। इस परीक्षण में कथनों (statements) का 150 युग्म (pairs) होते हैं और उनमें से व्यक्ति को यह बतलाना होता है कि युग्म का कौन कथन उसके लिए सबसे अधिक उपयुक्त है। POI में दो मुख्य मापनी (major scales) हैं—*समय सामर्थ्यता मापनी* (time competence scale) तथा *आन्तरिक निर्देशन मापनी* (inner-directedness scale)। समय सामर्थ्यता मापनी द्वारा इस तथ्य का मापन होता है कि व्यक्ति की गतिविधियाँ कहाँ तक अपने वर्तमान समय के अनुरूप होती है तथा आन्तरिक-निर्देशन मापनी (inner-directedeness cale) द्वारा इस तथ्य का मापन होता है कि कहाँ तक व्यक्ति महत्त्वपूर्ण निर्णय एवं मूल्यों (values) के लिए अपने ऊपर न कि दूसरों के ऊपर निर्भर करता

है। बाद में शोस्ट्रोम (Shostrom) ने POI को अधिक उन्नत बनाया और उसका नाम *परसनल ऑरियन्टेशन डाइमेन्सन* (Personal Orientation Dimension or POD) रखा। इसमें 240 एकांश हैं और POI से इसका सहसंबंध धनात्मक पाया गया। जोन्स एवं क्रैन्डला (Jones & Crandall, 1986) द्वारा आत्म-सिद्धि (self-actualization) को मापने के लिए 15 एकांश वाला एक परीक्षण (test) विकसित किया गया है। आत्म-सम्मान (self-esteem) के दो महत्त्वपूर्ण तत्त्व अर्थात् विश्वास तथा लोकप्रियता (popularity) को मापने के लिए लोर्र एवं ऊण्डर्लिक (Lorr& Wunderlich, 1986) ने एक आवष्किारिका विकसित किया है जिसे *आत्म-मनोवृत्ति आविष्कारिका* (Self-Attitude Inventory) कहा गया। स्वयं मैसलो ने व्यक्तित्व मापन के लिए साक्षात्कार, स्वतंत्र, साहचर्य, प्रक्षेपण प्रविधियाँ एवं जीवन-संबंधी सामग्रियों (biographical materials) का उपयोग करने पर अधिक बल डाला गया था।

स्वयं मैसलो अपने सिद्धान्त के किसी पहलू पर कोई विशेष शोध (research) तो नहीं किये परन्तु अन्य मनोवैज्ञानिकों ने POI की मदद से कुछ शोध किये हैं। अधिकतर ऐसे शोध सहसंबंधात्मक (correlational) हैं जिसमें POI पर आये प्राप्तांक (scores) को व्यक्तित्व या व्यवहार के अन्य मापकों (measures) के साथ सहसंबंधित (correlate) किया गया है। मैकक्लेन (McClain, 1979) ने POI प्राप्ताकों (POI scores) तथा सांवेगिक स्वास्थ्य (emotional health) के बीच, लीमे एवं डाम्म (Lemay & Damm, 1968) ने POI प्राप्तांक तथा शैक्षिक उपलब्धि (academic achievement) के बीच, ब्राउन एवं अस्टा (Braun & Asta, 1968) ने POI प्राप्तांक तथा सर्जनात्मक (creativity) के बीच धनात्मक सहसंबंध (positive correlation) पाया है। जाकारिया एवं विर (Zaccaria & Weir, 1967) ने POI प्राप्तांक तथा मद्यपानता (alcoholism) के बीच नकारात्मक सहसंबंध (negative correlation) पाया है।

मैसलो के व्यक्तित्व सिद्धान्त के कुछ गुण एवं परिसीमाएँ हैं। इसके प्रमुख गुण (merits) निम्नांकित हैं—

(i) मैसलो के व्यक्तित्व सिद्धान्त ने सबसे प्रथम बार व्यक्ति के व्यवहारों को आशावादी (optimism) एवं मानवतावादी दृष्टिकोणों से समझने की प्रेरणा प्रदान की। सचमुच में लोग व्यवहारवादी दृष्टिकोण एवं मनोविश्लेषणात्मक दृष्टिकोण से व्यक्तित्व की गई व्याख्या से ऊब गये थे। मैसलो के सिद्धान्त ने लोगों को इस ऊब से छुटकारा दिलाया।

(ii) मैसलो के व्यक्तित्व सिद्धान्त को सामाजिक (social), नैदानिक (clinical) एवं वैयक्ति परिस्थितियों (personal situation) में काफी सफलतापूर्वक प्रयोग किया गया है। इससे इस सिद्धान्त की उपयोगिता काफी विस्तृत है। सुल्ज (Schultz, 1990) के अनुसार इस सिद्धान्त की उपयोगिता मनश्चिकित्सा (psychotherapy), शिक्षा (education), चिकित्साशास्त्र (medicine) तथा संगठनात्मक व्यवस्था (organization management) आदि में काफी अधिक है।

(iii) मैसलो द्वारा प्रतिपादित आत्म-सिद्धि (self-actualization) का संप्रत्यय आधुनिक मनोवैज्ञानिकों के लिए एक वरदान-सा साबित हुआ है क्योंकि इस संप्रत्यय के आधार पर मानव की आन्तरिक अंतःशक्तियों (inner potentials) को समझने में काफी मदद मिली है।

इन गुणों के बावजूद मैसलो के व्यक्तित्व सिद्धान्त में कुछ खामियाँ (limitations) हैं जिनपर भी लोगों ने प्रकाश डाला है। इन खामियों में निम्नांकित प्रमुख हैं—

(i) मैसलो के व्यक्तित्व सिद्धान्त के विभिन्न संप्रत्यय (concepts) एक-दूसरे पर काफी अतिच्छादित (overlap) है। फलतः किसी एक संप्रत्यय (concept) का दूसरे संप्रत्यय से अलग कर वर्णन करना या उसपर शोध (research) करना संभव नहीं है। इससे इनके सिद्धान्त में अनावश्यक जटिलता (complexity) उत्पन्न की गयी है।

(ii) सुल्ज (Schultz, 1990) के अनुसार मैसलो ने अपने सिद्धान्त के प्रतिपादन के लिए मात्र 49 प्रयोज्यों (subjects) का साक्षात्कार लिया तथा उनपर कुछ मनोवैज्ञानिक परीक्षणों का क्रियान्वयन कर आँकड़ें इकट्ठा किये। सुल्ज ने इस पर टिप्पणी करते हुए कहा है कि इतना कम प्रयोज्यों से प्राप्त आँकड़ों पर आधारित सिद्धान्त को एक वैज्ञानिक सिद्धान्त नहीं माना जा सकता है।

(iii) कुछ आलोचकों का मत है कि मैसलो ने अपने अध्ययन में आत्म-सिद्ध व्यक्तियों के बारे में जिन साधनों के माध्यम से आँकड़ों का संग्रहण किया है, वह काफी अस्पष्ट एवं अयथार्थ है। उन्होंने कुछ मनोवैज्ञानिक परीक्षण एवं जीवन-कथा संबंधी सामग्रियों (biographical material) के सहारे आत्म-सिद्ध व्यक्तियों के बारे में सूचना इकट्ठा

किया था। आलोचकों का मत है कि मैसलो ने परीक्षण एवं जीवन-कथा संबंधी सामग्रियों का विश्लेषण कैसे किया था, यह कभी भी उन्होंने स्पष्ट नहीं किया तथा साथ-ही-साथ उन्होंने यह भी स्पष्ट नहीं किया है कि जीवित व्यक्तियों पर साक्षात्कार एवं स्वतंत्र साहचर्य से प्राप्त अनुक्रियाओं के आधार पर वे यह किस तरह से निष्कर्ष निकाल पाये कि ऐसे व्यक्ति में से कुछ व्यक्ति आत्म-सिद्ध व्यक्ति (self-actualizing person) हैं।

(iv) मैसलो ने अपने सिद्धान्त में कुछ संप्रत्ययों (concepts) जैसा मेटा-आवश्यकता (meta-need), मेटा-रोग (meta-pathology), आत्म-सिद्धि (self-actualization) आदि का एक वस्तुनिष्ठ एवं वैज्ञानिक व्याख्या प्रस्तुत नहीं किया है। आलोचकों ने मैसलो द्वारा इन पदों के प्रयोग में कई असंगतताएँ (inconsistencies) पायी गयीं हैं।

(v) मैसलो के सिद्धान्त के अनुसार एक समय में एक ही स्तर की आवश्यकता (need) व्यक्ति में क्रियाशील होती है। परन्तु आलोचकों का मत है कि एक से अधिक स्तर की आवश्यकता (need) व्यक्ति में एक ही समय में क्रियाशील हो सकती है। जैसे—एक आइ॰ ए॰ एस॰ ऑफिसर आत्म-सिद्धि की आवश्यकता की संतुष्टि की ओर अग्रसर होते हुए अपनी सुरक्षा आवश्यकता (safety need) की ओर सजग हो सकता है।

इन आलोचनाओं के बावजूद मैसलो का व्यक्तित्व सिद्धान्त एक उपयोगी सिद्धान्त साबित हुआ है। खासकर मनचिकित्सा (psychotherapy), औद्योगिक एवं संगठनात्मक क्षेत्रों एवं चिकित्साशास्त्र (medicines) क्षेत्र में इस सिद्धान्त की सर्वाधिक उपयोगिता आज भी बनी हुई है।

बी॰ एफ॰ स्कीन्नर : व्यक्तित्व का व्यवहारात्मक-सीखना सिद्धान्त
(B.F. Skinner : Behaviouristic Learning Theory of Personality)

बी॰ एफ॰ स्कीन्नर (Skinner 1904-1989) एक व्यवहारवादी (behaviourist) थे जिन्होंने प्रयोगशालाओं में किये गए अध्ययनों के माध्यम से न कि उपचार-गृह (clinic) में किये गए अध्ययनों के माध्यम से व्यक्तित्व को समझने की कोशिश किया है। स्कीन्नर (Skinner) के लिए उद्दीपकों के प्रति सीखे गए अनुक्रियाओं का व्यक्तित्व एक संग्रहण एवं स्पष्ट व्यवहारों (overt behaviours) या आदत तंत्रों (habit systems) का एक समुच्चय (set) है। इसलिए व्यक्तित्व से स्कीनर का तात्पर्य सिर्फ उन व्यवहारों से होता है जिसे वस्तुनिष्ठ रूप से प्रेक्षण किया जाए या जिसमें आसानी से हेर-फेर (manipulation) किया जा सके।

स्कीन्नर का व्यक्तित्व सिद्धान्त कुछ सिद्धान्तों जैसे मनोविश्लेषणत्मक सिद्धान्त, संज्ञानात्मक सिद्धान्त, मानवतावादी सिद्धान्त का विरोधी (antithesis) है। स्कीनर ने व्यक्तित्व की व्याख्या करने में आन्तरिक प्रक्रियाओं (internal processes) जैसे—प्रणोद (drives), अभिप्रेरकों (motives) तथा अचेतन आदि के महत्त्व को अस्वीकृत कर दिया, क्योंकि इनका प्रेक्षण नहीं किया जा सकता है। उसी तरह से उन्होंने दैहिक प्रक्रियाओं (physiological processes) को भी यह कहकर अस्वीकृत कर दिया कि उन्हें चूँकि स्पष्ट रूप से प्रेक्षण नहीं किया जा सकता है, अतः उसपर वैज्ञानिक व्याख्या के लिए भरोसा नहीं किया जा सकता है। स्कीन्नर (Skinner) ने मानव जीव (human organism) को एक *रिक्त जीव* (empty organism) कहा है। रिक्त जीव कहने का उद्देश्य मानव व्यवहार की उत्पत्ति में आन्तरिक प्रक्रियाओं की भूमिकाओं पर कटाक्ष करना तथा इस पर बल डालना था कि मानव जीव के भीतर कुछ भी ऐसा नहीं होता है जो वैज्ञानिक ढंग से व्यक्ति के व्यवहारों की व्याख्या कर सके। स्कीनर ने अपने व्यक्तित्व सिद्धान्त में वैयक्तिक विभिन्नता (individual difference) के अध्ययन में रुचि नहीं दिखलायी है बल्कि उनकी मुख्य अभिरुचि मानव व्यवहार के सामान्य नियमों (general law) की खोज में अधिक थी। स्कीनर के सिद्धान्त की एक विशेषता यह भी है कि इन्होंने अपना अध्ययन सामान्य (normal), असामान्य (subnormal) या असाधारण (supernormal) व्यक्तियों पर न करके पशुओं पर विशेषकर चूहों एवं कबूतरों पर किया और कहा कि चूँकि उनके सिद्धान्त का संबंध सभी तरह के व्यवहारों से है, अतः इन पशुओं के व्यवहार का अध्ययन करके मानव के व्यवहारों को भी आसानी से समझा जा सकता है। उन्होंने पशु व्यवहार के अध्ययन पर इसलिए भी जोर दिया है क्योंकि ऐसे व्यवहारों का अध्ययन सरल है। स्कीन्नर के अनुसार जीव (organism) का व्यवहार किसी स्पष्ट नियमों से निर्धारित होता है तथा वातावरण के कारकों द्वारा नियंत्रित होता है।

स्कीन्नर के व्यक्तित्व सिद्धान्त मानव प्रकृति के कुछ खास-खास पहलुओं जैसे—निर्धार्यता (determinism), अधिभूतवाद (elementalism), पर्यावरणीयता (environmentalism), परिवर्तनशीलता (changeability), वस्तुनिष्ठता

(objectivity), प्रतिक्रियाशीलता (reactivity) तथा ज्ञेयता (knowability) पर अधिक बल डालता है तथा अन्य पहलुओं जैसे विवेकपूर्ण-अविवेकपूर्ण (rationality-irrationality) तथा समस्थिति-विषमस्थिति (homeostasis-heterostasis) को पूर्णरूपेण अस्वीकृत किया है क्योंकि स्कीनर ने मानव व्यवहार के आन्तरिक स्रोतों (internal sources) पर बल नहीं दिया है।

स्कीन्नर के व्यक्तित्व सिद्धान्त के अनुसार व्यक्तित्व का अध्ययन व्यक्ति के जननिक पृष्ठभूमि (genetic background) तथा विशिष्ट शिक्षण इतिहास (idiosynacratic learning history) का क्रमबद्ध एवं परिशुद्ध मूल्यांकन के आधार पर संभव है। इसका मतलब यह हुआ कि स्कीन्नर के लिए व्यक्तित्व के अध्ययन में जीव (organism) के व्यवहार तथा उसके पुनर्बलित परिणामों (reinforcing consequences) के विशिष्ट संबंधों की खोज सम्मिलित होता है। स्कीन्नर के व्यक्तित्व सिद्धान्त की व्याख्या को निम्नांकित प्रमुख भागों में बाँट कर अध्ययन किया जा सकता है—

1. क्रियाप्रसूत व्यवहार (operant behaviour)
2. पुनर्बलन अनुसूची (schedule of reinforcement)
3. क्रमिक सन्निकटन : व्यवहारों को रूप-ग्रहित करना (successive approximation : shaping of behaviour)
4. अंधविश्वास व्यवहार (superstitious behaviour)
5. व्यवहारों का आत्म-नियंत्रण (self-control of behaviour)
6. व्यक्तित्व मापन (personality assessment)
7. क्रियाप्रसूत अनुबन्धन का अनुप्रयोग (application of operant conditioning)

इन सबों का वर्णन हम अलग-अलग अनुच्छेदों में करेंगे। परन्तु उसके पहले उन तीन प्रमुख पूर्वकल्पनाओं (assumptions) का वर्णन कर देना उचित होगा जो स्कीन्नर (Skinner) ने मानव व्यवहार (human behaviour) के बारे में अभिव्यक्त किया था—

(i) व्यवहार वैध होता है *(behaviour is lawful)*—उनका मत था कि मनोविज्ञान चूँकि एक विज्ञान है, अतः विभिन्न घटनाओं से संबंधित व्यवहारों में एक क्रमबद्धता (systmatization) की खोज उसमें की जाती है।

(ii) व्यवहार को पूर्वानुमानित किया जा सकता है *(behaviour can be predicted)*—मनोविज्ञान का संबंध सिर्फ भूत (past) से ही नहीं होता है बल्कि भविष्य (future) से भी होता है। इसमें भविष्य में होने वाले व्यवहारों के बारे में एक पूर्वकथन (prediction) किया जाता है।

(iii) व्यवहार को नियंत्रित किया जा सकता है *(behaviour can be controlled)*—स्कीनर का मत था कि हमलोग अपने व्यवहारों के बारे में सिर्फ पूर्वकथन (prediction) ही नहीं करते बल्कि उसका काफी हद तक नियंत्रण भी कर पाते हैं।

अब हम स्कीनर के व्यक्तित्व सिद्धान्त के सातों उपर्युक्त प्रमुख स्तंभों का वर्णन इस प्रकार करेंगे।

क्रियाप्रसूत व्यवहार (Operant Behaviour)

स्कीनर के अनुसार व्यक्तित्व का सापेक्ष (relative) पहलू यदि कोई है, तो वह है व्यवहार जिसका गहन प्रयोगात्मक अध्ययन करके व्यक्तित्व के बारे में समझा जा सकता है। उन्होंने व्यवहार के दो प्रकार बतलाये हैं—क्रियाप्रसूत व्यवहार (operant behaviour) तथा प्रतिवादी व्यवहार (responsent behaviour)। प्रतिवादी व्यवहार से तात्पर्य वैसे व्यवहार से होता है जिसे व्यक्ति वातावरण के ज्ञान उद्दीपकों (stimuli) के प्रति करता है। साधारण स्तर (simple level) पर प्रतिवादी व्यवहार स्वतः (automatic) एवं अनैच्छिक (involuntary) होता है। जैसे—रोशनी से प्रभावित होकर पुतली का फैलना या सिकुड़ना, भोजन देखकर मुँह में पानी (लार) आना, ठंढक से काँपना आदि साधारण स्तर के प्रतिवादी व्यवहार हैं जिन्हें व्यक्ति सीखता नहीं है। परन्तु अधिक जटिल स्तर (complex level) पर प्रतिवादी व्यवहार को व्यक्ति सीखता है और ऐसे सीखना को अनुबन्धन (conditioning) कहा जाता है। जैसे—किसी वक्ता द्वारा मुख्य भाषण देने के लिए बने सेट एवं उसकी चमक-दमक देखकर पसीना-पसीना होना तथा

घबड़ा जाना एक ऐसे ही प्रतिवादी व्यवहार (respondent behaviour) का उदाहरण है। इस तरह के प्रतिवादी व्यवहार के सीखने का प्रयोगात्मक अध्ययन पैवलव (Pavolv) द्वारा एक कुत्ते पर प्रयोग कर किया गया तथा वाटसन एवं रेनर (Watson & Rayner, 1920) द्वारा मानव पर (अल्बर्ट नामक शिशु पर) एक प्रयोग करके सफलतापूर्वक किया गया।

क्रियाप्रसूत व्यवहार (operant behaviour) से तात्पर्य वैसे व्यवहार से होता है जो वातावरण के किसी स्पष्ट उद्दीपक द्वारा उत्पन्न नहीं होता है। प्रायः ऐसे व्यवहारों को व्यक्ति अपनी इच्छा से न कि उद्दीपक से प्रभावित होकर करता है। स्कीनर का एक मत है कि अधिकतर मानव व्यवहार क्रियाप्रसूत व्यवहार (operant behaviour) की श्रेणी के ही होते हैं हालाँकि उन्होंने पैवलवियन अनुबन्धन (Pavlovian conditioning) के कई नियमों (principles) का सहर्ष स्वागत भी किया है। स्कीनर का मत था कि क्रियाप्रसूत व्यवहार के करने के बाद की घटनाओं का प्रभाव जीव (organism) पर काफी अधिक पड़ता है। यदि इस तरह के व्यवहार को करने के बाद पशु या मानव को पुरस्कार मिलता है तो इससे वह अधिक प्रोत्साहित होकर भविष्य में वह फिर उस व्यवहार को दोहराता है परन्तु यदि उस तरह के व्यवहार करने के बाद उसे दंड (punishment) मिलता है, तो वह भविष्य में उस व्यवहार की पुनरावृत्ति नहीं करना चाहता है। स्कीनर ने स्कीनर बक्स में चूहों पर तथा कबूतर बक्स (pigeon box) में कबूतरों पर कई प्रयोग करके उपर्युक्त तथ्य की पुष्टि किया है। जिस प्रक्रिया द्वारा क्रियाप्रसूत व्यवहार का अनुबन्धन (conditioning) होता है उसे *क्रियाप्रसूत अनुबन्धन* (operant conditioning) कहा जाता है।

जन्म के बाद से व्यक्ति कई तरह के व्यवहार करता है और उसमें से जो व्यवहार पुनर्बलित (reinforced) होते हैं, वे अपने आप ही अधिक मजबूत होकर एक निश्चित पैटर्न (pattern) का निर्माण करते हैं। स्कीनर का व्यक्तित्व से मतलब ऐसे ही मजबूत क्रियाप्रसूत व्यवहारों के एक पैटर्न या संग्रहण से था।

पुनर्बलन अनुसूची
(Schedule of Reinforcement)

पुनर्बलन अनुसूची से स्कीनर का तात्पर्य क्रियाप्रसूत अनुक्रिया (operant response) को करने के बाद पुनर्बलन (reinforcement) के देने या रोकने के लिए तैयार किया गया एक विशेष पैटर्न या अनुसूची (schedule) से होता है। अपने शोध के प्रारंभिक अवस्था में स्कीनर ने प्रत्येक सही अनुक्रिया (response) को पुनर्बलित (reinforced) किया। इसे *सतत पुनर्बलन* (continuous reinforcement) कहा गया है। परन्तु शीघ्र ही स्कीनर ने यह पाया कि दिन-प्रतिदिन की अधिकतर परिस्थितियाँ इस प्रकार की होती है जहाँ व्यक्ति को प्रत्येक अनुक्रिया व्यवहार करने के बाद पुरस्कार या पुनर्बलन (reinforcement) नहीं मिल पाता है। सच्चाई यह है कि कुछ ऐसी परिस्थिति में कुछ व्यवहार के बाद तो पुनर्बलन (reinforcement) मिलता है तो कुछ के बाद पुनर्बलन नहीं मिलता है। इस तरह के पुनर्बलन को उन्होंने *आंशिक पुनर्बलन* (partial reinforcement) या *आंतरायिक पुनबर्लन* (intermittent reinforcement) कहा जाता है। उन्होंने आंतरिक पुनर्बलन के चार प्रकार बतलाये हैं—निश्चित अनुपात अनुसूची (fixed ratio schedule), परिवर्त्य-अनुपात अनुसूची (variable ratio schedule), निश्चित-अन्तराल अनुसूची (fixed interval schedule) तथा परिवर्त्य अन्तराल अनुसूची (variable interval schedule)। निश्चित अनुपात अनुसूची (fixed ratio schedule) में प्राणी को एक निश्चित संख्या जैसे—5, 10, 12 आदि में सही अनुक्रिया करने के बाद ही उसे पुनर्बलन (reinforcement) मिलता है। परिवर्त्य अनुपात अनुसूची (variable ratio schedule) में पुनर्बलन देने के लिए कोई ऐसी संख्या पूर्व निश्चित नहीं होती है। प्रयोगकर्त्ता कभी तीन सही अनुक्रिया तो कभी पाँच तो कभी सात (यो कोई भी संख्या) के बाद अपने मन से पुनर्बलन (reinforcement) देता है। निश्चित अंतराल अनुसूची (fixed interval schedule) में सही अनुक्रिया की संख्या चाहे कुछ भी हो, एक निश्चित समय बीतने के बाद ही पुनर्बलन (reinforcement) दिया जाता है। परिवर्त्य अंतराल अनुसूची (variable interval schedule) में पुनर्बलन देने का कोई निश्चित समय अंतराल नहीं होता है। समय अंतराल की सीमा कुछ भी हो सकती है, अर्थात् कभी दो मिनट तो कभी पाँच मिनट तो कभी तीन मिनट आदि-आदि। इसमें से निश्चित अनुपात अनुसूची (fixed ratio schedule) दिन-प्रतिदिन की जिन्दगी में सबसे अधिक सामान्य (common) है और व्यक्ति के व्यवहार पर यह काफी नियंत्रण रखता है। अधिकतर नौकरियों (jobs) में व्यक्ति द्वारा किये गए कामों की इकाइयों (units) को मापकर उसी के अनुरूप उनका वेतन दिया जाता है। अधिक ऐसे इकाई होने पर उन्हें अधिक वेतन दिया जाता है। दिन-प्रतिदिन की जिन्दगी में

व्यक्ति द्वारा जुआ खेलना परिवर्त्य अनुपात अनुसूची (variable ratio schedule) के उदाहरण हैं। जब किसी व्यक्ति को कुछ निश्चित घंटे काम करने या एक-एक हफ्ता पर अपने काम के लिए उसे वेतन दिया जाता है तो यह निश्चित अंतराल अनुसूचित (fixed interval schedule) का उदाहरण है। माता-पिता द्वारा बच्चों को उनके व्यवहारों को यदा-कदा प्रशंसा करना परिवर्त्य अंतराल अनुसूची के उदाहरण हैं। दोनों तरह के परिवर्त्य अनुसूचियों (variable schedule) द्वारा सीखे गए व्यवहारों को व्यक्ति जल्द नहीं भूलता है क्योंकि वह यह नहीं जान पाता है कि उसे कब पुनर्बलन (reinforce-ment) मिलेगा।

क्रमिक सन्निकटन : व्यवहारों को रूप-ग्रहित करना
(Successive Approximation : Shaping of Behaviour)

क्रमिक सन्निकटन (successive approximation) की विधि जिसे रूप-ग्रहित करना (shaping) भी कहा जाता है, एक ऐसी प्रविधि है जिसमें धीरे-धीरे एक-एक करके अनुक्रिया (response) को पुनर्बलित (reinforce) किया जाता है और उसे वैसे व्यवहारों से प्रतिस्थापित किया जाता है जो वांछित व्यवहार (desired behaviour) जिसे प्रयोगकर्ता सीखना चाहता है, के काफी हद तक सादृश्य होता है। जैसे—स्कीनर ने इस प्रविधि द्वारा कबूतर को एक निर्दिष्ट जगह (designated spot) पर चोंच मारना सिखलाने के लिए इस प्रकार की योजना बनाया—पहले जब कबूतर उस निर्दिष्ट जगह की ओर मुड़ा तो उसे पुनर्बलन (reinforcement) प्रदान किया गया। इसके बाद कबूतर को पुनर्बलन तब दिया गया जब वह उस निर्दिष्ट स्थान की ओर किसी प्रकार की गति (movement) किया। इसके बाद कबूतर को पुनर्बलन तब दिया गया जब वह उस निर्दिष्ट स्थान की ओर किसी प्रकार की गति (movement) किया। इसके बाद कबूतर को पुनर्बलन तब दिया गया जब वह उस निर्दिष्ट स्थान के नजदीक आने की अनुक्रिया (response) किया और अन्त में कबूतर को पुनर्बलन तब दिया गया जब उसकी चोंच उस निर्दिष्ट स्थान को स्पर्श किया। इस तरह से कबूतर को उस निर्दिष्ट स्थान पर चोंच मारना सीखलाया गया। इस तरह से क्रमिक सन्निकटन (successive approximation) की प्रविधि में जीव को पुनर्बलन तभी प्रदान किया जाता है जब उसका व्यवहार धीरे-धीरे वांछित व्यवहार (desired behaviour) अर्थात् सिखाने वाले व्यवहार के नजदीक आते-जाते हैं। इस प्रविधि का प्रयोग बच्चों में बोलना सिखलाना तथा सही शब्दों का उच्चारण सिखलाने में काफी किया गया है। इजाक, थॉमस तथा गोलडायमंड (Issacs, Thomas & Goldiamond, 1960) ने इस प्रविधि का सफलतापूर्वक प्रयोग कैटेटोनिक मनोविदालिता के रोगी में शाब्दिक व्यवहार (verbal behaviour) करने अर्थात् बोलने की प्रक्रिया को सिखलाने में किया है।

अंधविश्वास व्यवहार
(Superstitious behaviour)

स्कीनर (Skinner, 1948) के अनुसार अंधविश्वासी व्यवहार से तात्पर्य वैसे अनुबन्धन (conditioning) से होता है जिसमें अनुक्रिया तथा पुनर्बलन (reinforcement) के बीच एक स्पष्ट परन्तु अकार्यात्मक (nonfunctional) या संयोग संबंध (chance relationship) होता है। ऐसी परिस्थिति में प्राणी को यह अनुभव होता है कि उसके अमुक व्यवहार का कारण अमुक पुनर्बलन ही है जबकि सच्चाई यह है कि उस व्यवहार तथा पुनर्बलन (reinforcement) में कोई वास्तविक संबंध नहीं होता है। स्कीनर ने इस तरह के व्यवहार को प्रयोगशाला में देखा। उदाहरण के लिए मान लिया जाय कि चूहा को स्कीनर बक्स में निश्चित अंतराल अनुसूची (fixed interval schedule) जिसमें प्रत्येक 15 सेकंड पर पुनर्बलन (reinforcement) दिया जाता है, लीभर दबाने की अनुक्रिया को सिखलाया जा रहा है। इस अनुसूची में चूहा चाहे वांछित व्यवहार करे या न करे, उसे प्रत्येक 15 सेकंड पर पुनर्बलन मिलेगा। ऐसा संभाव है कि जिस समय पुनर्बलन दिया जा रहा हो, वह कुछ-न-कुछ व्यवहार जैसे—पूँछ हिलाना, पिछले दोनों पैरों पर खड़ा होकर आगे के दोनों पैरों से मुँह खुजलाना, आदि कर रहा हो। उस समय जो भी व्यवहार चूहा कर रहा होता है, वह पुनर्बलित (reiforced) हो जाता है। इस तरह का व्यवहार आकस्मिक रूप से (accidently) पुनर्बलित हो जाता है और स्कीनर ने देखा कि ऐसा व्यवहार बाद में चूहा प्रायः यह सोचकर संभवतः करता है कि ऐसा करने से उसे आगे फिर पुनर्बलन (reinforcement) मिलेगा। इस तरह के व्यवहार को स्कीनर ने अंधविश्वास व्यवहार (superstitious behaviour) कहा है। दिन-प्रतिदिन की जिन्दगी में अंधविश्वासी व्यवहार के अनेक उदाहरण मिलते हैं—छात्रों द्वारा परीक्षण के दिन दही खाकर परीक्षा-भवन में जाना, बिल्ली द्वारा रास्ता काटने को अशुभ मानना, शीशा का टूटना को अशुभ मानना,

सोना भुलाना को अशुभ मानना, आदि-आदि। स्कीनर ने यह भी स्पष्ट किया है कि अंधविश्वासी व्यवहार निश्चित रूप से व्यक्ति के अपने अनुबन्धन इतिहास (conditioning history) का ही परिणाम नहीं होता है बल्कि एक पीढ़ी से दूसरी पीढ़ी में सांस्कृतिक एवं सामाजिक कहानियों एवं रूप कथाओं के रूप में हस्तांतरित होते रहता है।

व्यवहारों का आत्म-नियंत्रण
(Self-control of Behaviour)

स्कीनर के सिद्धान्त का मुख्य सार-तत्त्व यह था कि प्राणी का व्यबहार बाह्य उद्दीपकों (external variable) द्वारा परिवर्तित होता है तथा प्राणी के भीतर कोई वैसा आन्तरिक बल (internal force) नहीं होता है जो उसके व्यवहार को परिवर्तित करे। उन्होंने यह भी कहा है कि बाह्य उद्दीपकों से यद्यपि प्राणी का व्यवहार परिवर्तित होता है, प्राणी भी अपने व्यवहार से बाह्य उद्दीपकों को प्रभावित करता है। स्कीनर का आत्म-नियंत्रण से तात्पर्य यह नहीं था कि प्राणी का व्यवहार कुछ आन्तरिक रहसस्यमुक्त बलों (mysterious forces) से नियंत्रित होता है बल्कि इनका तात्पर्य यह था कि प्राणी उन चरों (variables) पर अपना नियंत्रण रखता है जिससे उसका व्यवहार प्रभावित होता है। जैसे—यदि आपको अपने पड़ोसी के रेडियो की आवाज पढ़ने में विघ्न डालता है, तो आप उस कमरे से स्थान बदलकर कमरे में कर लेते हैं जहाँ उसके रेडियो की आवाज से आपको पढ़ने में कोई विघ्न नहीं पहुँचता हो। यह आत्म-नियंत्रण (self-control) का उदाहरण है। स्कीनर ने आत्म-नियंत्रण के कई प्रविधियों (techniques) का वर्णन किया है जिसमें प्रमुख निम्नांकित है—

(i) संतुष्टि प्रविधि *(satisfaction technique)*—यह एक ऐसा प्रविधि है जिसमें व्यक्ति अपने आप को बुरी आदतों से छुटकारा पाने के लिए उसे बार-बार तबतक दोहराते जाते हैं जबतक कि उससे वह ऊब न हो जाए। इस प्रविधि द्वारा सिगरेट पीने की बुरी आदत को छोड़ने के लिए व्यक्ति तबतक सिगरेट एक के बाद एक करके पीते जायेगा, जबतक उसे सिगरेट से विरुचि (disgust) न उत्पन्न हो जाय।

(ii) असुखद या विरुचिपूर्ण उद्दीपकों का प्रयोग *(use of unpleasant or aversive stimuli)*—आत्म-नियंत्रण की इस प्रविधि में व्यक्ति वातावरण में कुछ ऐसा परिवर्तन करता है कि उसे असुखद या विरुचिपूर्ण उद्दीपकों का सामना करना पड़ता है और इस तरह से वह अपनी आदतों से छुटकारा पा जाता है। जैसे—यदि कोई व्यक्ति शराब की अपनी बुरी आदत को छोड़ना चाहता है, तो वह अपने इस विचार की घोषणा अपने दोस्तों एवं रिश्तेदारों के बीच करता है। यदि वह अपने इस घोषणा पर अटल नहीं रहता है, तो उसे अपने दोस्तों एवं रिश्तेदारों की आलोचना का सामना करना पड़ता है जो स्पष्ट व्यक्ति के लिए एक तरह का असुखद या विरुचिपूर्ण उद्दीपक होगा। अतः उम्मीद की जाती है कि वह ऐसे उद्दीपकों से बचने के लिए अपनी घोषणा पर अमल करेगा।

(iii) आत्म-पुनर्बलन *(self-reinforcement)*—आत्म-नियंत्रण (self-control) की इस प्रविधि में व्यक्ति अपने द्वारा किये गये उत्तम व्यवहारों या वांछित व्यवहारों को दिखलाने के लिए अपने आपको पुनर्बलित (reinforce) करता है; जैसे—आपने उस व्यवहार से खुश होना या उससे पूर्णतः संतुष्टि एवं प्रसन्नता व्यक्त करना आदि-आदि आत्म-पुनर्बलन के कुछ उदाहरण हैं। इस तरह के आत्म-पुनर्बलन (self-reinforcement) से व्यक्ति में आत्म-नियंत्रण पर पकड़ मजबूत होती है।

व्यक्तित्व मापन
(Personality Assessment)

स्कीन्नर ने अपने व्यक्तित्व सिद्धान्त में व्यक्तित्व मापन के लिए कुछ वैसी प्रविधियों का जिक्र नहीं किया है जैसा कि हम अन्य सिद्धान्तों में पाते हैं। अतः इन्होंने स्वतंत्र साहचर्य, स्वप्न विश्लेषण (dream analysis) तथा प्रक्षेपी प्रविधियाँ (projective techniques) जैसी प्रविधियों का वर्णन अपने सिद्धान्त में नहीं किया है। यद्यपि स्कीनर की अभिरुचि व्यक्तित्व मापन की ऐसी प्रविधियों में नहीं थी, फिर भी उन्होंने व्यवहारों (behaviours) के मापन में अभिरुचि दिखलायी है। उनका मत था कि व्यवहार चाहे वांछनीय (desirable) हो या अवांछनीय (undesirable) हो, उसे मापना आवश्यक है। जबतक व्यवहार को मापा नहीं जाता, उसमें परिमार्जन (modification) भी नहीं लाया जा सकता है। अतः व्यवहार मापन व्यवहार परिमार्जन (behaviour modification) के लिए आवश्यक माना गया।

स्कोन्नर (Skinner) ने व्यवहार मापन (behavioural assessment) का कार्यात्मक विश्लेषण (functional analysis) किया है जिसमें व्यवहार के तीन पहलू (aspects) शामिल होते हैं—व्यवहार की आवृत्ति (frequency of behaviour), परिस्थिति जिसमें व्यवहार उत्पन्न होता है (situation in which behaviour occurs) तथा व्यवहार से संबंधित पुनर्बलन (behaviour associated with reinforcement)। जबतक इन तीन पहलुओं को पहले से मापा नहीं जाता है, व्यवहार परिमार्जन (behaviour modification) के प्रोग्राम को प्रारंभ करना संभव नहीं है। स्कीनर के अनुसार व्यवहार परिमार्जन (behaviour modification) के औपचारिक प्रोग्राम (formal programmes) के व्यवहार मापन के लिए निम्नांकित तीन प्रविधियाँ महत्त्वपूर्ण हैं—

(i) व्यवहार का प्रत्यक्षण प्रेक्षण (direct observation of behaviour)

(ii) आत्म-प्रतिवेदन विधि (self-report procedures)

(iii) व्यवहार का दैहिक मापन (physiological measurements of behaviour)

इन तीनों का वर्णन निम्नांकित है—

(i) व्यवहार का प्रत्यक्ष प्रेक्षण *(Direct observation of behaviour)*—इस प्रविधि में दो या दो से अधिक प्रेक्षक व्यक्ति या व्यक्तियों के व्यवहारों का सीधा प्रेक्षण (observation) करके उसकी विश्वसनीयता तथा यथार्थता (accuracy) का निर्धारण करते हैं। हाकिन्स, पेटरसन स्कीविड तथा विजोऊ (Hawkins, Peterson, Schwieid & Bijou, 1966) ने माँ तथा उसके 4 साल के बच्चे की अन्तःक्रियाओं (interactions) का सीधा प्रेक्षण करके 9 अवांछित व्यवहारों (undesirable behaviours) की पहचान किया है। इन्हीं अवांछित व्यवहारों के कारण माँ को नैदानिक मनोवैज्ञानिक के पास बच्चे का उपचार के लिए लाना पड़ा था। इस केस में मनोवैज्ञानिकों द्वारा माँ को यह सख्त निर्देश दिया गया कि वे उस बच्चा पर तभी ध्यान दे जब वह धनात्मक ढंग से (positive ways) व्यवहार करे और जब वह 9 अवांछित व्यवहारों में से कोई भी व्यवहार करे, तो उसपर वह बिलकुल ही ध्यान न दे। परिणाम में पाया गया कि इससे उस बच्चा में व्यवहार परिमार्जन (behaviour modification) करना संभव हो सका।

(ii) आत्म-प्रतिवेदन विधि *(Self-report procedures)*—इस प्रविधि में व्यक्ति एक तरह से अपने व्यवहार का प्रेक्षण स्वयं करता है और वह ऐसा करके परीक्षक (examiner) को बतलाता है। प्रश्नावली (questionnaire) आत्म-प्रतिवेदन का सबसे प्रमुख एवं उत्तम तरीका है जिसमें छपे प्रश्नों को एक-एक करके व्यक्ति पढ़ते जाता है और उसका उत्तर भी देते जाता है। गीर (Geer, 1965) ने एक ऐसा ही उत्तम प्रश्नावली विकसित किया है जिसका नाम *फियर सर्वे अनुसूची'* (Fear Survey Schedule) रखा गया है। इस अनुसूची द्वारा इस तथ्य का मापन होता है कि व्यक्ति कुछ खास-खास परिस्थितियों जैसे-कार चलाना, शल्य-कार्य (operation) के लिए डॉक्टर के यहाँ जाना तथा लोगों के बीच भाषण देने जाने में कितना डर का अनुभव करता है। स्वयं स्कीनर ने आत्म-प्रतिवेदन व्यक्तित्व आविष्कारिका का प्रयोग अपने पूरे जीवन अवधि में दो बार ही किया था (स्कीनर (1933, 1979)। वे कई कारणों से इस प्रविधि को अधिक महत्त्व नहीं देते थे।

(iii) व्यवहार का दैहिक माप *(Physiological measurements of behaviour)*—इस प्रविधि में व्यवहार का मापन करने के लिए कुछ शारीरिक प्रक्रियाओं जैसे—हृदय की गति, मांसपेशियों का तनाव तथा मस्तिष्कीय तरंग (brain waves) आदि का मापन किया जाता है। इस तरह से इन सूचकों द्वारा व्यक्ति पर विभिन्न उद्दीपकों के प्रभावों को मापना संभव हो पाता है। इस प्रविधि का प्रयोग अन्य विधियों द्वारा किये गए मापनों की वैधता की जाँच के लिए भी की जाती है।

व्यवहार मापन की चाहे जो भी प्रविधि क्यों न अपनायी जाय, इसका उद्देश्य विभिन्न उद्दीपक परिस्थितियों में व्यवहारों को मापना है। यहाँ हमेशा ध्यान इस बात पर दिया जाता है कि व्यक्ति क्या करता है न कि इस बात पर कि व्यक्ति को वह व्यवहार करने के लिए क्या प्रेरित कर रहा है।

क्रियाप्रसुत अनुबन्धन का अनुप्रयोग (Application of Operant Conditioning)

स्कीन्नर का मत है कि व्यक्ति में असामान्य व्यवहार (abnormal behaviour) का विकास उन्हीं नियमों (principles) के अनुरूप होता है जिससे सामान्य व्यवहार का विकास प्रभावित होता है। उन्होंने यह भी कहा है कि

वातावरण में जोड़-तोड़ (manipulation) करके असामान्य व्यवहार के जगह पर सामान्य व्यवहार को स्थापित किया जा सकता है। उनके अनुसार असामान्य व्यवहार को क्रियाप्रसूत अनुबन्धन (operant conditioning) के नियमों के अनुसार परिवर्तित (modify) किया जा सकता है। इस प्रविधि को *व्यवहार परिवर्तन या व्यवहार परिमार्जन* (behaviour modification) या *व्यवहार चिकित्सा* (behaviour therapy) की संज्ञा दी जाती है। उन्होंने व्यवहार परिमार्जन के कई विधियों का वर्णन किया है जिसमें विभेदी पुनर्बलन (differential reinforcement), सांकेतिक व्यवस्था (token economy) तथा विलोपन (extinction) प्रमुख हैं। इन तीनों का वर्णन निम्नांकित है—

(i) विभेदी पुनर्बलन (*Differential reinforcement*)—व्यवहार चिकित्सा की यह एक ऐसी विधि है जिसमें चिकित्सक रोगी के कुसमायोजित व्यवहार को हटाने के लिए उसकी जगह पर समायोजित व्यवहार (adaptive behaviour) धनात्मक पुनर्बलन देकर तथा ऐसा व्यवहार नहीं करने पर उसे धनात्मक पुनर्बलन से वंचित करके उपचार करता है।

(ii) सांकेतिक व्यवस्था (*Token economy*)—इस प्रविधि में व्यक्ति विशेष प्रयास करके कुछ वस्तु (objects) अर्जित करता है। उस वस्तु को संकेत या प्रतीक (token) कहा जाता है। संकेत (token) मुद्रा (money) के रूप में कार्य करता है जिससे व्यक्ति वांछित वस्तुओं को खरीद सकता है। व्यक्ति जितना ही अधिक समायोजित व्यवहार (maladaptive behaviour) करता है, उतना ही अधिक वह प्रतीक या संकेत अर्जित करता है। कुसमायोजित व्यवहार को करने से उसे कोई ऐसा प्रतीक या संकेत नहीं मिलता है। इसका परिणाम यह होता है कि व्यक्ति धीरे-धीरे कुसमायोजित व्यवहार करना छोड़ देता है तथा उसकी जगह पर समायोजित व्यवहार सीख लेता है।

(iii) विलोपन (*Extinction*)—इस प्रविधि में किसी अपअनुकूलित या कुसमायोजित व्यवहार को दूर करने के लिए उसे पुनर्बलित करने वाले कारकों (reinforcing factors) को हटा दिया जाता है। प्रबलित करने वाले तत्त्वों को हटा देने से धीरे-धीरे अपअनुकूलित व्यवहार या कुसमायोजित व्यवहार अपने आप ही विलोपित हो जाता है।

स्कीनर के व्यक्तित्व सिद्धान्त के कुछ गुण (merit) एवं अवगुण (demerit) हैं। इसके प्रमुख गुण निम्नांकित हैं—

(i) स्कीनर के सिद्धान्त द्वारा कई तरह के प्रयोगात्मक शोधों (experimental researches) का जन्म हुआ है। इससे इस सिद्धान्त की सुस्पष्ट वैधता की झलक मिलती है।

(ii) स्कीनर के व्यक्तित्व सिद्धान्त के मूल-भूत तत्त्वों का अनुप्रयोग (application) कई तरह की परिस्थितियों में किया गया है। इसका प्रयोग नैदानिक परिस्थिति (clinical setting), शिक्षा (education) तथा उद्योग (industry) के क्षेत्र में सर्वाधिक किया गया है। नैदानिक परिस्थिति में व्यवहार चिकित्सा (behaviour therapy) के रूप में, शिक्षा में शिक्षण मशीन (teaching machine) तथा कार्यक्रमिक सीखना (programmed learning) के रूप में तथा उद्योग (industry) में उन्नत कार्य निष्पादन (improved job performance) तथा सुरक्षा (safety) उपायों के रूप में अधिक महत्त्वपूर्ण सिद्ध हुआ है।

कुछ खास-खास कारकों के आधार पर स्कीनर द्वारा प्रतिपादित व्यक्तित्व सिद्धान्त की आलोचना भी की गयी है। इन प्रमुख आलोचनाओं में निम्नांकित प्रमुख हैं—

(i) कुछ आलोचकों का मत है कि स्कीनर का व्यक्तित्व सिद्धान्त एक वैज्ञानिक सिद्धान्त के समान बिलकुल ही नहीं लगता है। इनका सिद्धान्त इतना सरल तथा तात्विक (elemental) है कि उससे जटिल मानव व्यवहार (complex human behaviour) की व्याख्या नहीं हो पाती है।

(ii) आलोचकों का मत है कि स्कीनर ने अपना अधिकतर प्रयोग चूहों एवं कबूतरों (pigeons) पर किया है और उससे प्राप्त तथ्यों के आधार पर मानव व्यवहार की व्याख्या की है। इसे कई मनोवैज्ञानिकों ने न केवल अनुचित बल्कि अवैज्ञानिक भी माना है।

(iii) स्कीनर ने प्राणी को एक रिक्त जीव (empty organism) कहा है जो पूर्णरूपेण बाह्य उद्दीपक-अनुक्रिया पुनर्बलन रूपावली (stimulus-response reinforcement paradigm) से नियंत्रित होता है। इस पर आलोचकों ने आपत्ति उठायी है और कहा कि प्राणी का व्यवहार सिर्फ बाह्य उद्दीपकों (stimuli) तथा पुनर्बलन (reinforcements) से ही निर्धारित नहीं होता है बल्कि प्रेरणाओं, इच्छाओं, संवेगों आदि से भी नियंत्रित होता है। स्कीनर ने इन आन्तरिक बलों के महत्त्व की अवहेलना करके बहुत भारी भूल की है।

(iv) स्कीनर ने अपने व्यक्तित्व सिद्धान्त में वैयक्तिक विभिन्नता (individual difference) के अध्ययन में कोई अभिरुचि नहीं दिखलाया है हालाँकि उन्होनें वैयक्तिक प्रयोज्यों (individual subject) का गहन रूप से अध्ययन किथा है। उनकी अभिरुचि व्यवहार के सामान्य नियम (general law) के प्रतिपादन में अधिक थी।

(v) हॉल तथा उनके सहयोगियों (Hall et al., 1985) ने स्कीनर के सिद्धान्त पर व्यंग्यात्मक टिप्पणी करते हुए कहा है कि कि स्कीनर के सिद्धान्त को एक ऐसा व्यक्तित्व का सिद्धान्त (a theory of personality) कहा जा सकता है जो उन घटनाओं या व्यवहारों की व्याख्या करने की कोशिश करता है जिसे हम सामान्यतः व्यक्तित्व कहते हैं। परन्तु इसे एक व्यक्तित्व सिद्धान्त (personality theory) नहीं कहा जा सकता है क्योंकि इनके सिद्धान्त में व्यवहारों का पूर्वकथन (predict) करने तथा उसकी व्याख्या करने के लिए किसी व्यक्तित्व व्याकृति (personality construct) का उपयोग नहीं किया जाता है।

इन आलोचनाओं के बावजूद स्कीनर द्वारा प्रतिपादित व्यक्तित्व का सिद्धान्त काफी महत्त्वपूर्ण सिद्धान्त माना गया है। इस सिद्धान्त के समर्थन में स्वयं स्कीनर द्वारा तथा साथ-ही-साथ उनके शिष्यों द्वारा काफी शोध किये गए हैं और स्कीनर के इन महत्त्वपूर्ण योगदानों के प्रति अमेरिकन मनोविज्ञानी काफी आभारी हैं।

अलबर्ट वैण्डुरा : व्यक्तित्व का सामाजिक सीखने का सिद्धान्त
(Albert Bandura : Social learning theory of Personality)

व्यक्तित्व का सामाजिक सीखने का सिद्धान्त सचमुच में स्कीनर द्वारा प्रतिपादित व्यवहारवादी सिद्धान्त (behaviouristic theory) का ही एक विस्तृत रूप है। सामाजिक-सीखने का सिद्धान्त में व्यक्तित्व की व्याख्या करने में स्कीनर के ही समान स्पष्ट व्यवहारों (overt behaviour) पर अधिक बल डाला गया है। परन्तु स्कीनर से हटकर इस सिद्धान्त में आन्तरिक संज्ञानात्मक चरों (internal cognitive variables) जो उद्दीपक (stimulus) तथा अनुक्रिया (response) के बीच में मध्यस्थता (mediate) करते हैं, को भी व्यक्तित्व की व्याख्या में सम्मानीय स्थान दिया गया हैं। ऐसे आन्तरिक संज्ञानात्मक चर (internal cognitive variables) जैसे—आवश्यकता (need), प्रणोद (drive), इच्छा, संवेग आदि को स्कीनर ने आत्मनिष्ठता के तत्त्व से ओत-प्रोत होने के कारण पूर्णतः अस्वीकृत कर दिया था। इस तरह से स्पष्ट है कि सामाजिक सीखना सिद्धान्त में सीखने के महत्त्वपूर्ण नियमों (principles) को तो महत्त्व दिया ही गया है साथ-ही-साथ व्यक्ति के संज्ञानात्मक क्षमताओं (cognitive capacities) को भी इसमें काफी महत्त्व दिया गया है। इसलिए व्यक्तित्व के सामाजिक-सीखना सिद्धान्त को *संज्ञानात्मक-सीखना सिद्धान्त* (cognitive-learning theory) की भी संज्ञा दी गयी है।

सामाजिक सीखना सिद्धान्त में सचमुच में तीन मनोवैज्ञानिकों के सिद्धान्तों को रखा गया है—अलबर्ट वैण्डुरा (Albert Bandura), मार्टिन सेलिगमैन (Martin Seligman) तथा वाल्टर मिसकेल (Walter Mischel)। इन तीनों में अलबर्ट वैण्डुरा के सिद्धान्त को सबसे अधिक महत्त्वपूर्ण माना गया है तथा इस सिद्धान्त ने व्यक्तित्व मनोविज्ञान के क्षेत्र में अन्य सामाजिक-सीखना सिद्धान्तों की तुलना में अधिक शोध करने के लिए मनोवैज्ञानिकों को आकर्षित किया है। अतः हम यहाँ पहले वैण्डुरा के ही सिद्धान्त पर ही विचार करेंगे।

वैण्डुरा द्वारा प्रतिपादित व्यक्तित्व का सिद्धान्त अन्य सामाजिक-सीखना सिद्धान्तों के अनुरूप निम्नांकित दो मुख्य प्रस्तावनाओं (premises) पर आधारित है—

(i) अधिकतर मानव व्यवहार अर्जित (acquired) होते हैं, अर्थात् व्यक्ति उन्हें अपने जीवन-काल में सीखता है।

(ii) मानव व्यवहार के सम्पोषण (maintenance) एवं विकास की व्याख्या करने के लिए सीखने का नियम (learning principle) पर्याप्त (sufficient) है।

वैण्डुरा का सामाजिक-सीखना सिद्धान्त में मानव स्वभाव (human nature) के कुछ खास-खास पूर्वकल्पनाओं (assumptions) जैसे—विवेकपूर्ण (rationality), पर्यावरणीयता (environmentalism), परिवर्तनशीलता (changeability) तथा ज्ञेयता (knowability) आदि पर अधिक बल डाला गया है परन्तु अधिभूतवाद (elementalism) जैसी पूर्वकल्पना पर नाम मात्र का बल डाला गया है। समस्थिति-विषमस्थिति (homeostasis-heterostatsis) की पूर्वकल्पना को वैण्डुरा सिद्धान्त में महत्त्व नहीं दिया गया है। वैण्डुरा के सामाजिक-सीखना के सिद्धान्त को निम्नांकित छह प्रमुख भागों में बाँट कर प्रस्तुत किया गया है—

1. अन्योन्यनिर्धार्यता का संप्रत्यय (concept of reciprocal determinism)
2. आत्म-तंत्र (self-esteem)
3. प्रेरणा (motivation)
4. मॉडलिंग : प्रेक्षण द्वारा सीखना (modeling : learning by observation)
5. प्रेक्षणात्मक सीखना की प्रक्रियाएँ (processes of observational learning)
6. मापन एवं शोध (assessment and research)

इन सबका वर्णन हम एक-एक करके इस प्रकार करेंगे—

अन्योन्यनिर्धार्यता का संप्रत्यय (Concept of Reciprocal Determinism)

वैण्डुरा के सिद्धान्त में अन्योन्यनिर्धार्यता (reciprocal determinisms) का संप्रत्यय एक काफी महत्त्वपूर्ण संप्रत्यय (concept) है। इस संप्रत्यय (concept) के माध्यम से वैण्डुरा यह स्पष्ट करना चाहते थे कि मानव व्यवहार संज्ञानात्मक (cognitive), व्यवहारात्मक (behavioural) तथा पर्यावरणी (environmental) निर्धारकों के बीच सतत अन्योन्य अन्तःक्रिया (reciprocal interaction) का एक प्रतिफल (product) होता है। इस तरह के अन्योन्य अन्तःक्रिया की प्रक्रिया को वैण्डुरा ने अन्योन्य निर्धार्यता (reciprocal determinism) की संज्ञा दी है। इस संप्रत्यय के अनुसार मानव क्रिया (action) में तीन कारकों का परस्पर प्रभाव हमेशा पड़ता है। वे तीन कारक हैं—

(i) बाह्य वातावरण (External environment or E)
(ii) संज्ञानात्मक एवं आन्तरिक घटनाएँ (Cognitive and internal events or C)
(iii) व्यवहार (Behaviour or B)

इन तीनों के अन्योन्य प्रभावों (reciprocal effects) को चित्र—21.8 में दिखलाया गया है। चित्र—21.8 से स्पष्ट है कि तीनों कारक त्रिभुज के प्रत्येक कोना (corner) में एक-दूसरे से संबंद्ध (interlocked) एवं अन्तःनिर्भर (inter-dependent) दिखलाये गए हैं। चित्र से यह भी स्पष्ट है कि इन तीन तत्त्वों में से कोई भी एक तत्त्व या कारक अन्य दोनों को प्रभावित कर सकता है। जैसे—किसी व्यक्ति का यह विश्वास कि वह क्या कर सकता है और यदि वह अमुक कार्य करे तो उसका क्या परिणाम होगा (संज्ञानात्मक कारक) से उसका वास्तविक व्यवहार (actual behaviour) प्रभावित होता है और फिर उसके वास्तविक व्यवहार से उसका वातावरण (environment) प्रभावित हो जाता है जो बाद में चलकर व्यक्ति के प्रत्याशा (expectation) को काफी हद तक प्रभावित कर सकता है।

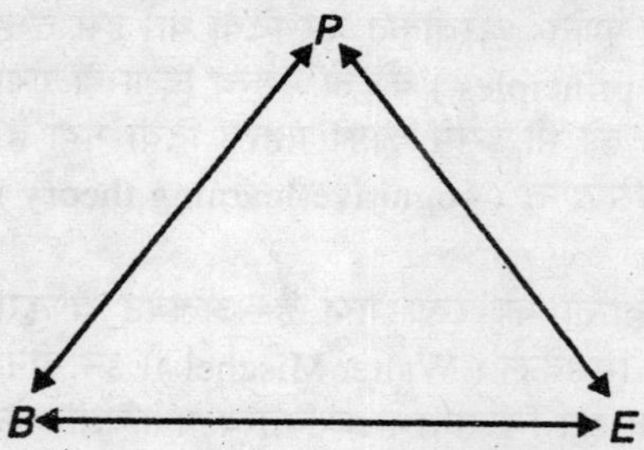

चित्र 21. 5 : अन्योन्यनिर्धार्यता

अन्योन्य निर्धार्यता (reciprocal determinism) के संप्रत्यय को एक उदाहरण द्वारा इस प्रकार समझाया जा सकता है। उदाहरण के रूप में टेलीविजन देखने के व्यवहार (television viewing behaviour) को हम ले सकते हैं। टेलीविजन पर जो दिखलाया जाने वाला कार्यक्रम (televised environment) है वह तो सभी व्यक्तियों के लिए एक ही समान होता है। परन्तु कोई व्यक्ति विशेष के लिए यह कार्यक्रम अलग हो सकता है जो यह इस बात पर निर्भर करता है कि वह क्या देखना पसंद करता है। दर्शकों की पसंद (viewers' preference) से भविष्य में दिखलाये जाने वाले कार्यक्रम (programme or televised environment) प्रभावित होते हैं क्योंकि इनके पसंद के अनुरूप ही कार्यक्रम तैयार करने की आवश्यकता महसूस की जाती है। इसके अलावा कार्यक्रम को तैयार करने में लगा धन तथा अन्य जरूरतों से भी यह प्रभावित होता है कि भविष्य में दर्शकों के लिए कैसा कार्यक्रम तैयार होगा। इस तरह से दिखलाया गया कार्यक्रम (teleised environment) अंशतः दर्शकों के पसन्द को प्रभावित करता है। इस उदाहरण में वैण्डुरा के अनुसार सभी तीन कारक दर्शक का पसंद (viewers' perferences), टेलीविजन देखने का व्यवहार तथा दिखलाया गया कार्यक्रम (televised environment) परस्पर एक-दूसरे को प्रभावित कर रहे हैं।

आत्म-तंत्र
(Self-System)

अन्योन्य निर्धार्यता (reciprocal determinism) के संप्रत्यय से स्पष्ट है कि प्रत्येक चीज परस्पर ढंग से अन्तःक्रियात्मक (mututally interactive) होते हैं। प्रश्न यह उठता है कि क्या इनका कोई केन्द्र बिन्दु (starting point) भी होता है? वैण्डुरा ने इस प्रश्न का उत्तर 'हाँ' के रूप में दिया है और वह केन्द्र बिन्दु है—आत्म-तंत्र (self-system)।

वैण्डुरा ने यह स्पष्ट किया कि आत्म-तंत्र (self-system) कोई मानसिक एजेन्ट (mental agent) नहीं है जिससे व्यवहारों का नियंत्रण होता है बल्कि यह एक ऐसा संज्ञानात्मक संरचना (cognitive structure) है जो व्यक्ति को एक संदर्भ प्रक्रम (reference mechanism) प्रदान तो करता ही है साथ-ही-साथ प्रत्यक्षण, मूल्यांकन एवं व्यवहारों के संचालन के लिए रास्ता भी प्रशस्त करता है। आत्म-तंत्र से व्यक्तित्व में संगतता (consistency) तथा एकात्मकता (unity) उत्पन्न होती है। आत्म-तंत्र का संबंध चिन्तन (thinking) तथा प्रत्यक्षण (perception) से विशेष रूप से होता है। आत्म-तंत्र का एक महत्त्वपूर्ण कार्य आत्म-नियमन (self-regulation) है। आत्म-नियमन से तात्पर्य चिन्तन द्वारा अपने वातावरण में जोड़-तोड़ (manipulation) करने तथा अपने कार्यों के परिणामों के स्पष्ट करने की क्षमता से होता है। आत्म-नियमन व्यवहार में तीन प्रक्रियाएँ सम्मिलित होती हैं—

(a) आत्म-प्रेक्षण (self-observation)

(b) निर्णय प्रक्रिया (judgemental process)

(c) आत्म-अनुक्रिया (self-response)

आत्म-प्रेक्षण (self-observation) में व्यक्ति अपने आप को कुछ खास-खास कारकों जैसे निष्पादन के गुण (quality), मात्रा (quantity), मौलिकता (originality) आदि के रूप में प्रेक्षण करता है। निर्णयन प्रक्रिया (judgemental process) में व्यक्ति अपने व्यवहार को वैयक्तिक मानदंडों (personal standards) के रूप में तथा दूसरों के साथ तुलना करके किसी निर्णय पर पहुँचता है। आत्म-अनुक्रिया (self-response) में व्यक्ति पहले किये गये प्रेक्षणों (observations) एवं निर्णयों (judgements) के आधार पर व्यक्ति अपने आप को धनात्मक एवं ऋणात्मक ढंग से मूल्यांकन (evaluate) करता है और उसी के संदर्भ में अपने आप को पुरस्कृत करता है या दंड देता है।

आत्म-तंत्र (self-system) का एक महत्त्वपूर्ण तत्त्व आत्म-सामर्थ्य (self-efficacy) है। वैण्डुरा के अनुसार आत्म-सामर्थ्य (self-efficacy) से तात्पर्य एक ऐसे आत्म-प्रत्यक्षण (self-perception) से होता है जिसमें व्यक्ति यह अनुमान लगाता है कि वह किसी दी हुई परिस्थिति में कितने प्रभावकारी ढंग से कार्य कर सकता है। दूसरे शब्दों में, आत्म-सामर्थ्य से तात्पर्य व्याक्ति द्वारा किये गये इस उम्मीद या प्रत्याशा (expectation) से होता है कि वह अमुक परिस्थिति में कितना प्रभावकारी ढंग से कार्य कर सकता है। ऐसे प्रत्याशा (expectation) के दो प्रकार हैं—*सामर्थ्य प्रत्याशा* (efficacy expectation) तथा *परिणाम प्रत्याशा* (outcome expectation)। सामर्थ्य प्रत्याशा (efficacy expectation) से तात्पर्य व्यक्ति में उस तरह के विश्वास (conviction) से होता है जिसके सहारे वह यह उम्मीद करता है कि किसी खास तरह के परिणाम की प्राप्ति के लिए जो व्यवहार या कार्य की जरूरत है, उसे वह सफलतापूर्वक कर सकता है। जैसे यदि कोई यह विश्वास करता है कि वर्ग में दिये गए समस्या का समाधान करने के लिए उसके पास पर्याप्त कौशल है, तो कहा जाएगा कि उसमें सामर्थ्य प्रत्याशा (efficacy expectation) अधिक है। परिणाम प्रत्याशा (outcome expectation) से तात्पर्य व्यक्ति के उस विश्वास से होता है जिसके सहारे वह यह समझता है कि अमुक व्यवहार करने से अमुक परिणाम निश्चित रूप से मिलेंगे। जैसे—यदि छात्र वर्ग में दिये गए समस्या का समाधान कर लेता है और यह उम्मीद करता है कि उसका समाधान शत-प्रतिशत सही होगा और यदि सचमुच में ऐसा होता है, तो यह कहा जाएगा की छात्रों में परिणाम प्रत्याशा (outcome expectation) अधिक मजबूत थे। यदि किसी व्यक्ति में सामर्थ्य प्रत्याशा (efficacy expectation) ऊँचा है तथा परिणाम प्रत्याशा (outcome expectation) वास्तविक (realistic) है, तो वह व्यक्ति कड़ी मेहनत करेगा और जबतक लक्ष्य पर पहुँच नहीं जाता है, अपना प्रयास जारी रखेगा। वैण्डुरा (Bandura, 1977) के अनुसार सामर्थ्य प्रत्याशा (efficacy expectation) समायोजनशीलता (adaptability) का एक महत्त्वपूर्ण भाग होता है।

प्रेरणा
(Motivation)

वैण्डुरा (Bandura, 1977) के लिए प्रेरणा (motivation) एक संज्ञानात्मक व्याकृति (cognitive construct) है तथा इसके दो स्रोत (sources) होते हैं—पहला स्रोत भविष्य में मिलने वाला पुनर्बलन (future reinforcement) है। इस तरह के पुनर्बलन (reinforcement) से व्यक्ति एक खास ढंग से व्यवहार करने के लिए प्रेरित होता है। दूसरा स्रोत एक निश्चित लक्ष्य या निष्पादन के वांछित स्तर (desired level) को निर्धारित करके उसी के आलोक में अपने निष्पादन का मूल्यांकन करता है। इससे भी व्यक्ति उस वांछित स्तर (desired level) के अनुरूप निष्पादन करने के लिए प्रेरित होता है। वैण्डुरा तथा शुन्क (Bandura & Schunk, 1981) ने इस संबंध में एक प्रयोग भी किया है। इस अध्ययन के परिणाम में यह देखा गया कि गणितीय कौशलों (mathematical skills) में कमजोर बच्चे जब अपने लिए निश्चित किये गए छोटे-छोटे लक्ष्यों की प्राप्ति के लिए प्रयास करते हैं तो उनका निष्पादन उस परिस्थिति की तुलना में काफी उन्नत हो जाता है जब उसके द्वारा निर्धारित किये गए लक्ष्य सुदूर (distant) थे तथा जिनपर पहुँचने में उसे अधिक समय लगता था। इस प्रयोग के आधार पर वैण्डुरा तथा शुन्क (Bandura & Shunk, 1981) द्वारा इस निष्कर्ष पर पहुँच गया कि व्यक्ति जब अपने व्यवहार पर सतत मनन करता है तथा अपने व्यवहारों का मूल्यांकन (evaluation) करते रहता है, तो इससे एक तरह की आत्म-प्रेरणा मिलती है और वह पूर्वनिर्धारित लक्ष्यों के अनुरूप और अधिक कार्य करने के लिए प्रेरित होता है।

मॉडलिंग : प्रेक्षण द्वारा सीखना
(Modeling : Learning by Observation)

वैण्डुरा (Bandura, 1977) का मत है कि व्यक्ति दूसरों (या मॉडल) के व्यवहारों का प्रेक्षण करके तथा उसे दोहराकर (repeat) कर वैसा ही व्यवहार करना सीख लेता है। इसे ही मॉडलिंग (modeling) की संज्ञा दी जाती है। इस सिलसिले में वैण्डुरा, रॉस तथा रॉस (Bandura, Ross & Ross, 1963) ने एक लोकप्रिय प्रयोग किया है। इस प्रयोग में स्कूल के बच्चों को वयस्क द्वारा तीन से चार फीट की एक गुड़िया जिसे बौब गुड़िया (Bob doll) का नाम दिया गया था, को उछालते हुए, मारते हुए एवं उसके प्रति आक्रामकता (aggression) करते हुए दिखलाया गया। जब इन बच्चों को उसी गुड़िया के साथ अकेला छोड़ दिया गया तो देखा गया कि उनके द्वारा भी वैसा ही आक्रामक व्यवहार (aggressive behaviour) उस गुड़िया के प्रति दिखलाया गया। बाद के प्रयोगों में जब बच्चों को टेलीविजन पर ऐसे ही आक्रामक दृश्य (aggressive scene) दिखलाये गए, तो उनका व्यवहार उन बच्चों की तुलना में अधिक आक्रामक हो गए जिन्हें ऐसा दृश्य टेलीविजन (television) पर नहीं दिखलाये गए थे। वैण्डुरा (Bandura, 1977, 1986) द्वारा किये गए शोधों के आधार पर मॉडल (model) के निम्नांकित तीन कारकों (factors) को अधिक महत्त्वपूर्ण बतलाया गया है जिसमें मॉडलिंग (modeling) प्रभावित होता है—

(a) मॉडल की विशेषताएँ (characteristics of model)
(b) प्रेक्षक की विशेषताएँ (characteristics of observers)
(c) व्यवहार के पुरस्कार परिणाम (reward consequences of behaviour)

इन तीनों कारकों का वर्णन निम्नांकित हैं—

(a) मॉडल की विशषताएँ *(Characteristics of model)*—वैण्डुरा (Bandura, 1977) ने मॉडल के कुछ ऐसी विशेषताओं का वर्णन किया है जिनसे मॉडलिंग (modeling) की प्रक्रिया प्रभावित होती है अर्थात् जिससे मॉडल के व्यवहारों को अनुकरण करने की प्रक्रिया प्रभावित होती है। इन विशेषताओं में मॉडल तथा प्रयोज्य (subject) के बीच समानता (similarity), प्रयोज्य के अनुपात में मॉडल के उम्र एवं यौन, मॉडल का स्तर एवं प्रतिष्ठा (prestige) तथा मॉडल द्वारा किया गया व्यवहार आदि प्रमुख हैं। जब प्रयोज्य एवं मॉडल के बीच समानता (similarity) कमती है, तो इससे मॉडलिंग (modeling) में कमी आती है। प्रयोज्य (subjects) उन मॉडलों से ज्यादा प्रभावित होते हैं जो समान उम्र एवं यौन (sex) के होते हैं। उसी तरह से जब मॉडल के रूप में किसी प्रतिष्ठित व्यक्ति द्वारा अमुक व्यवहार करते दिखलाया जाता है, तो ऐसी परिस्थिति में प्रयोज्य उसके व्यवहारों का नकल तेजी से करते हैं, अर्थात् मॉडलिंग की प्रक्रिया तीव्र हो जाती है। जब मॉडल उसी तरह से कोई जटिल व्यवहार करता पाया जाता है, तो प्रयोज्य उसका अनुकरण साधारण व्यवहार (simple behaviour) की तुलना में कम करता है।

स्पष्ट हुआ कि मॉडल की कुछ विशेषताएँ हैं जिनसे मॉडलिंग की प्रतिक्रिया प्रभावित होती है।

(b) प्रेक्षक की विशेषताएँ *(characteristics of observers)*—प्रेक्षक या प्रयोज्य (subject) की भी कुछ विशेषताएँ होती हैं जिनसे मॉडलिंग प्रभवित होती है। जिस प्रेक्षक या दर्शक या प्रयोज्य में आत्म-विश्वास (self-confidence) तथा आत्म-सम्मान (self-esteem) की कमी होती है, वे उन दर्शकों या व्यक्तियों की तुलना में मॉडल के व्यवहारों का अनुकरण अधिक करते हैं जिनमें आत्म-विश्वास तथा आत्म-सम्मान का भाव अधिक होता है। उसी तरह से जिन व्यक्तियों को अपने बीते दिनों में दूसरों के व्यवहारों का अनुकरण करने के लिए पुरस्कार दिया गया होता है, वे दिये गए मॉडल के व्यवहारों का अनुकरण उन व्यक्तियों की तुलना में तेजी से करते हैं जिन्हें ऐसे पुरस्कार पाने का कोई अनुभव नहीं होता है।

(c) व्यवहार का पुरस्कार परिणाम *(reward consequences of behaviour)*—मॉडलिंग की प्रक्रिया मॉडल के व्यवहारों को अनुकरण करने के बाद मिलने वाले पुरस्कार पर भी निर्भर करता है। वैण्डुरा के अनुसार यह कारक (factor) इतना अधिक प्रभावशाली है कि इसके सामने उपर्युक्त दोनों कारकों या विशेषताओं का महत्त्व गौण हो जाता है। जैसे—वैण्डुरा का मत है कि व्यकित निश्चित रूप से एक प्रतिष्ठित मॉडल (high-status model) के व्यवहारों का अनुकरण करता है परन्तु यदि इस अनुकरणित व्यवहार के बाद व्यक्ति को पुरस्कार नहीं मिलता है या कोई धनात्मक लाभ (positive gain) नहीं होता है, तो प्रतिष्ठित (high-status) मॉडल (model) का भी मॉडलिंग पर कोई प्रभाव नहीं रह जाता है।

प्रेक्षणात्मक सीखना की प्रक्रियाएँ
(Processes of Observational learning)

वैण्डुरा ने अपने सिद्धान्त में मॉडलिंग को प्रभावित करने वाले कारकों की सिर्फ पहचान ही नहीं की है बल्कि प्रेक्षणात्मक सीखना (observational learning) के स्वरूप का विश्लेषण भी किया है और पाया है कि इस तरह का सीखना निम्नांकित चार अन्तर्संबंधित प्रक्रियाओं (interelated processes) द्वारा नियंत्रित होती है—

(a) अवधान-संबंध प्रक्रियाएँ (attentional processes)

(b) धारणात्मक प्रक्रियाएँ (retention processes)

(c) पुररुत्पादक प्रक्रियाएँ (reproduction processes)

(d) प्रेरणात्मक प्रक्रियाएँ (motivational processes)

इन प्रक्रियाओं का वर्णन निम्नंकित हैं—

(a) अवधान-संबंध प्रतिक्रियाएँ *(attentional processes)*—मॉडलिंग का सबसे पहली महत्त्वपूर्ण प्रक्रिया यह है कि प्रयोज्य मॉडल पर ठीक से ध्यान दे। मॉडल का मात्र प्रत्यक्षण कर लेने से ही इस बात की गारंटी नहीं हो जाती है कि मॉडलिंग होगा ही। सच्चाई यह है कि जबतक व्यक्ति मॉडल के संगत (relevant) तथा उपयुक्त संकेत पर सही-सही ध्यान नहीं देगा तथा उपयुक्त उद्दीपक घटनाओं (stimulus events) का ठीक ढंग से चयन नहीं करेगा, तबतक मॉडलिंग की प्रक्रिया आरंभ नहीं होगी। व्यक्ति द्वारा मॉडल पर ध्यान दिया जाना कई बातों पर निर्भर करता है जिसमें मॉडल का उम्र, यौन (sex), प्रतिष्ठा आदि प्रधान है। यदि मॉडल का उम्र एवं यौन व्यक्ति के उम्र एवं यौन से समान (similar) है तथा मॉडल की प्रतिष्ठा व्यक्ति के नजर में अधिक है तो व्यक्ति सामान्यतः मॉडल पर अधिक ध्यान देता पाया जाता है।

(b) धारणात्मक प्रक्रियाएँ *(retention processes)*—प्रेक्षणात्मक सीखना की दूसरी महत्त्वपूर्ण प्रक्रिया धारण (retention) से संबद्ध है। प्रेक्षणत्मक सीखना के लिए यह आवश्यक है कि व्यक्ति मॉडल के सभी सार्थक व्यवहारों को याद रखे या उसे धारण कर रखे। ऐसा नहीं करने से प्रेक्षणात्मक सीखना (observation learning) की प्रक्रिया सम्पन्न नहीं होगी। मॉडल के सार्थक व्यवहार को धारण कर रखने के लिए यह आवश्यक है कि व्यक्ति उसे कूटसंकेतिक (encode) करे तथा संकेत रूप से चित्रित (represent) करे। सांकेतिक चित्रण (symbol representation) के इस आन्तरिक प्रक्रिया (internal process) के दो महत्त्वपूर्ण तंत्र (system) वैण्डुरा द्वारा बतलाये गए हैं—प्रतीकात्मक तंत्र (imaginal system) तथा शाब्दिक तंत्र (verbal system)। वैण्डुरा का मत है जब व्यक्ति मॉडल पर ध्यान से देखता है, तो वह उसके महत्त्वपूर्ण पहलुओं की एक पुनः प्राप्यणीय प्रतिमा (retreivable image)

मन में बना लेता है जो मॉडल के संबंधित व्यवहार को बाद में याद करने में मदद करता है। शाब्दिक तंत्र (verbal system) प्रतिमा निर्णय (image formation) के समान होता है और इसमें जो कुछ भी व्यक्ति प्रेक्षण करता है, उसका एक तरह से शाब्दिक कोडिंग (verbal coding) होता है। मूल प्रेक्षण (original observation) के दौरान व्यक्ति अपने-आप से यह वर्णन करता है कि मॉडल क्या कर रहा है। ये शाब्दिक वर्णन एक तरह का कोड (code) बन जाते हैं जिसे बाद में व्यक्ति बिना स्पष्ट व्यवहार (overt behaviour) किये ही, मन-ही-मन आसानी से पूर्वाभ्यास (rehearsal) कर लेता है।

(c) पुनरूत्पादक क्रियाएँ *(reproductive processes)*—वैण्डुरा का पुनरूत्पादक क्रियाओं से तात्पर्य सांकेतिक चित्रण (symbolic representation) की क्रिया या व्यवहार में परिणत करने से होता है। वैण्डुरा का मत है कि मॉडल के व्यवहार को ध्यान में रखने, उसका सांवेगिक चित्रण (symbolic representation) कर लेने तथा मन-ही-मन उसका पुनर्भ्यास (rehearsal) कर लेने मात्र से ही व्यक्ति उस व्यवहार को सही-सही नहीं कर पाता है। यह बात विशेषकर उस परिस्थिति में अधिक स्पष्ट हो जाती है जहाँ व्यक्ति को जटिल एवं कौशल व्यवहार सीखना होता है। इस तरह की परिस्थिति में मॉडल के व्यवहारों को क्रिया में परिणत करके पुनर्भ्यास (rehearsal) करना आवश्यक हो जाता है। उदाहरणस्वरूप, मान लिया जाए कि कोई व्यक्ति कार चलाना सीख रहा है। कार चलाने में जो मौलिक क्रियाएँ (fundamental behaviours) हैं, उसे तो व्यक्ति दूसरों को (मॉडल) कार चलते देखकर सीख सकता है तथा मॉडल के व्यवहार का सांकेतिक चित्रण (symbolic representation) को व्यक्ति मन-ही-मन कई बार दोहरा सकता है लेकिन इसका वास्तविक व्यवहार में परिणत किया जाना (अर्थात् कार चलाना) प्रारंभ में काफी फूहड़ (clumsy) एवं स्थूल (rough) होगा। इसके लिए मात्र प्रेक्षण पर्याप्त नहीं होगा। इसके लिए कार चलाने का वास्तविक अभ्यास तथा इस व्यवहार की परिशुद्धता से मिलनेवाला पर्याप्त पुनर्निवेशन (feedback) अनिवार्य है।

(d) प्रेरणात्मक प्रक्रियाएँ *(motivational processes)*—प्रेक्षणात्मक सीखना की यह चौथी प्रक्रिया है जिसका संबंध प्रेरणात्मक प्रक्रियाओं (motivation processes) से है। चाहे व्यक्ति मॉडल के व्यवहार को कितना ही ध्यानपूर्वक क्यों न देखे और उसे धारण करके रखे तथा उसमें व्यवहार को करने की क्षमता चाहे कितनी भी अधिक क्यों न हो, वह उस व्यवहार को तबतक ठीक ढंग से नहीं कर पाता है जबतक कि वह उसे करने के लिए प्रेरित न हो या उसे करने के पर्याप्त प्रोत्साहन (incentive) या पुनर्बलन (reinforcement) नहीं दिया गया हो। जब पर्याप्त पुनर्बलन दिया जाता है, तो मॉडलिंग या प्रेक्षणत्मक सीखना को व्यक्ति तुरन्त की ही कार्य में परिणत कर लेता है। मनोवैज्ञनिक अध्ययनों से पता चलता है कि उचित प्रोत्साहन (incentive) या उचित पुनर्बलन (reinforcement) से व्यवहार का वास्तविक निष्पादन (actual performance) प्रभावित नहीं होता है बल्कि उससे अवधानात्मक (attentional) एवं धारणात्मक (retentional) प्रक्रियाएँ भी प्रभावित होती हैं।

वैण्डुरा (Bandura) के अनुसार ऐसे पुनर्बलन (reinforcement) दो प्रकार के होते हैं—स्थानापन्न पुनर्बलन (vicarious reinforcement) तथा आत्म-पुनर्बलन (self-reinforcement)। जब व्यक्ति यह देखता है कि मॉडल द्वारा अमुक व्यवहार करने पर उसे धनात्मक पुनर्बलन (positive reinforcement) मिलता है, तो इस तरह के पुनर्बलित व्यवहार को मात्र देखकर वह भी ऐसा व्यवहार करना सीख लेता है। इस तरह के पुनर्बलन (reinforcement) को स्थानापन्न पुनर्बलन (vacarious reinforcement) कहा जाता है। जब व्यक्ति को किसी कार्य के करने के आत्म-संतुष्टि (self-satisfaction) एवं गर्व (pride) महसूस होता है, तो उसे आत्म-पुनर्बलन (self-reinforcement) की संज्ञा दी जाती है। इन दोनों तरह के पुनर्बलन का महत्त्व प्रेक्षणात्मक सीखना (observational learning) में काफी अधिक बतलाया गया है।

मापन एवं शोध
(Measurement and Research)

वैण्डुरा ने अपने सिद्धान्त में व्यक्तित्व मापन के लिए लोकप्रिय प्रविधियों जैसे—स्वतंत्र साहचर्य (free association), स्वप्न विश्लेषण (dream analysis) या प्रेक्षण प्रविधि (projective techniques) का प्रयोग नहीं किया है। उनके अनुसार व्यवहारात्मक (behavioural) तथा संज्ञानात्मक (cognitive) चरों का मापन महत्त्वपूर्ण है। संज्ञानात्मक चरों का मापन के लिए आत्म-प्रतिवेदन प्रविधियों (self-report techniques) की सिफारिश की गयी है। जैसे—आत्म-

सामर्थ्यता (self-efficacy) का मापन उन्होंने कई व्यवहारात्मक-परिहार्य परीक्षण (behavioural, avoidance test) जिसमें 29 एकांश थे, पर रेटिंग्स करवा कर किया। छात्रों में परीक्षण दुश्चिंता (test anxiety) को मापने के लिए एक व्यक्तित्व परीक्षण का निर्माण किया था। इसके अलावा मॉडलिंग अध्ययन (modeling study) में बच्चों के व्यवहारों का अध्ययन प्रत्यक्ष प्रेक्षण (direct observation) तथा दैहिक मापों (physiological measures) के भी आधार पर किया गया।

जहाँ तक शोध (research) का प्रश्न है, वैण्डुरा ने अपने व्यक्तित्व सिद्धान्त में प्रयोगशाला प्रयोग शोध (laboratory experiment research) पर अधिक बल डाला है। उन्होंने मॉडलिंग के अध्ययन में विशेषकर टेलीविजन का आक्रामक की उत्पत्ति में पड़नेवाले प्रभावों के अध्ययन में प्रयोगात्मक समूह (experimental group) तथा नियंत्रित समूह (control group) में प्रयोज्यों को बाँटकर अध्ययन करने में विशेष अभिरुचि दिखलायी है।

वैण्डुरा के सिद्धान्त के मूल्यांकन
(Evaluation of Bandura's theory)

वैण्डुरा (Bandura) को व्यक्तित्व सिद्धान्त के कुछ गुण एवं अवगुण हैं। इसके प्रमुख गुण निम्नांकित हैं—

(i) सामाजिक-सीखना सिद्धान्त काफी वस्तुनिष्ठ (objective) सिद्धान्त है तथा इसे प्रयोगशाला विधि के लिए काफी उपयुक्त माना गया हैं। वैण्डुरा के सिद्धान्त पर कई अनुभवजन्य शोध (empirical researches) किये गए हैं जिनसे इस सिद्धान्त को काफी समर्थन मिला है।

(ii) वैण्डुरा के सामाजिक-सीखना सिद्धान्त को अधिकतर शोध मनोवैज्ञानिकों एवं नैदानिक मनोवैज्ञानिकों (clinical psychologists) द्वारा बीसवीं शताब्दी का व्यक्तित्व के अध्ययन एवं उपचार में अधिक उत्तेजनपूर्ण एवं रचनात्मक क्रान्ति (innovation) माना है।

(iii) वैण्डुरा के प्रेक्षणात्मक सीखना तथा उसका व्युत्पन्न (derivative) व्यवहार परिमार्जन (behaviour modification) को प्रशेगशाला परिस्थिति (laboratory situation) से अलग करके दिन-प्रतिदिन की वास्तविक समस्याओं को सुलझाने में लोगों ने उसे काफी उपयोगी बतलाया है।

(iv) वैण्डुरा का सामाजिक-सीखना सिद्धान्त से लोगों ने कई संगत एवं महत्त्वपूर्ण मूल्यांकन प्रविधि (assessment techniqes) ज्ञात करने में सफल हुए हैं। इनके सिद्धान्त से निकाली गयी मॉडलिंग की प्रविधि एक ऐसी ही प्रविधि है जो मनोविज्ञन के लिए काफी उपयोगी सिद्ध हुई है।

इन गुणों के बावजूद सामाजिक सीखना सिद्धान्त के कुछ अवगुण (demerits) हैं जो निम्नांकित हैं—

(i) आलोचकों का मत है कि वैण्डुरा का सामाजिक-सीखना सिद्धान्त व्यक्तित्व के सिर्फ परिधीय पहलू (peripheral aspect) की व्याख्या करता है। इन आलोचकों का मत है कि इस सिद्धान्त में मात्र स्पष्ट व्यवहार (overt behaviour) पर बल डालकर मानव व्यक्तित्व के महत्त्वपूर्ण पहलुओं जैसे—चेतन, (conscious) एवं अचेतन प्रेरणात्मक बलों (unconscious motivational forces) की पूर्णरूपेण उपेक्षा की गयी है। फलतः इस सिद्धान्त में जो व्यक्तित्व की व्याख्या की गयी है उसे पूर्णतः वैज्ञानिक नहीं माना जा सकता है।

(ii) आमूल व्यवहारवादियों (radical behaviourists) जैसे—स्कीन्नर (Skinner) का मत है कि वैण्डुरा ने अपने सिद्धान्त में जो संज्ञानात्मक चरों (cognitive variables) को सम्मिलित किया है, वह अनावश्यक होने के साथ-ही-साथ अस्पष्ट स्वरूप (covert nature) के हैं जिन्हें आसानी से मापा नहीं जा सकता है। इन चरों में चूँकि उतनी वस्तुनिष्ठता (objectivity) नहीं है जितनी कि स्पष्ट व्यवहार (overt behaviour) में है, अतः इसे अधिक संगत (relevant) नहीं माना जा सकता है।

(iii) वैण्डुरा (Bandura) ने जैसा कि कुछ आलोचकों ने कहा है, अपने सिद्धान्त में यह स्पष्ट नहीं किया है कि संज्ञानात्मक चरों (cognitive variables) द्वारा व्यक्ति का व्यवहार किस तरह से प्रभावित होता है।

(iv) कुछ आलोचकों जिसमें शुल्ज (Schultz, 1990) प्रधान हैं, का कहना है कि वैण्डुरा ने अपने व्यक्तित्व सिद्धान्त में यह स्पष्ट नहीं किया है कि संवेग तथा संघर्ष किस तरह से मानव व्यवहार का दिशा-निर्देश करता है तथा उसे नियंत्रित करता है।

इन आलोचनाओं के बावजूद वैण्डुरा का सामाजिक-सीखना सिद्धान्त (Social learning theory) जिसमें संज्ञानात्मक चरों (cognitive variables) पर बल डाला गया है, व्यक्तित्व के अध्ययन के लिए नए द्वारा खोल रखा है जिसे कई आधुनिक मनोवैज्ञानिक एक महत्त्वपूर्ण योगदान (contribution) समझते हैं।

अध्याय सारांश
(Chapter Summary)

1. व्यक्तित्व सिद्धान्त से तात्पर्य संबंधित पूर्वकल्पनाओं के एक ऐसे समूह से होता है जिससे तार्किक निगमनात्मक विवेचना (logical deductive reasoning) द्वारा जाँचनीय प्राक्कल्पना (testable hypotheses) बनाया जा सकता है। व्यक्तित्व सिद्धान्त द्वारा दो तरह के कार्य होते हैं—वर्णनात्मक कार्य (descriptive function) तथा पूर्वकथनात्मक कार्य (predictive function)।
2. व्यक्तित्व सिद्धान्त का इतिहास पुराना है और इसकी उत्पत्ति पौराणिक ग्रीक विद्वानों द्वारा मानव स्वभाव के बारे में व्यक्त विचारों से हुई है। आधुनिक व्यक्तित्व सिद्धान्तों का विकास चार तरह के स्रोतों जैसे—नैदानिक प्रेक्षण (clinical observation), गेस्टाल्ट परम्परा (Gestalt tradition), प्रयोगात्मक मनोविज्ञान एवं मनोमितिकी परम्परा (psychometric tradition) से हुआ है।
3. व्यक्तित्व सिद्धान्तों के मूल्यांकन करने के लिए मनोवैज्ञानिकों ने कुछ कसौटियों (criteria) का वर्णन किया है जिनमें प्रमुख हैं—जाँचनीयता, अन्वेषणात्मक मूल्य, आन्तरिक संगति, मितव्ययिता, धारणशीलता तथा कार्यात्मक महत्त्व (functional significance)।
4. व्यक्तित्व मनोवैज्ञानिकों (personality psychologists) ने कुछ ऐसी पूर्वकल्पनाओं का वर्णन किया है जिनपर व्यक्तित्व सिद्धान्तों में विभिन्नता पायी जाती है। ऐसी 9 पूर्वकल्पनाओं की वैज्ञानिक व्याख्या की गयी है।
5. इस अध्ययन में व्यक्तित्व के 8 सिद्धान्तों का वर्णन किया गया है। ये 8 सिद्धान्त हैं—फ्रायड का सिद्धान्त, मर्रे का सिद्धान्त, आलपोर्ट का सिद्धान्त, कार्ल रोजर्स का सिद्धान्त, एब्राहम मैसलो का सिद्धान्त, इरिक इरिक्सन का सिद्धान्त, स्कीन्नर का सिद्धान्त तथा वैण्डुरा का सिद्धान्त। प्रत्येक सिद्धान्त की आलोचनात्मक व्याख्या भी प्रस्तुत की गयी है।

❑

महत्त्वपूर्ण प्रश्न
(IMPORTANT QUESTIONS)

अध्याय — 1

विषय-प्रवेश
(Introduction)

1. एक पेशा के रूप में नैदानिक मनोविज्ञान के इतिहास पर प्रकाश डालें।
(Throw light upon the history of clinical psychology as a profession.)
2. नैदानिक मनोविज्ञान की उत्पत्ति तथा विकास में पूर्ववर्त्ती कारकों की भूमिका बतलावें।
(Discuss the role of antecedent factors in origin and development of clinical psychology.)
3. भारत में नैदानिक मनोविज्ञान के क्षेत्र में हुए विकास पर प्रकाश डालें।
(Throw light upon the development taking place in the field of clinical psychology in India.)
4. नैदानिक मनोविज्ञान की परिभाषा दें। इसके कार्य-क्षेत्र का भी वर्णन करें।
(Define clinical psychology. Describe its scope.)
5. नैदानिक मनोविज्ञान के विषय-वस्तु का उल्लेख करें। उपयुक्त उदाहरण देते हुए नैदानिक मनोविज्ञान तथा असामान्य मनोविज्ञान में अन्तर बतलावें
(Deal with the subject matter of Clinical Psychology. Citing appropriate examples, point out the distinctions between clinical psychology and abnormal psychology.)
6. निम्नलिखित पर संक्षिप्त नोट लिखें—
(Write short notes on the following)—
   (अ) नैदानिक मनोविज्ञान एवं मनोरोग विज्ञान में अन्तर
   (Difference between Clinical Psychology and Psychiatry)
   (ब) नैदानिक मनोविज्ञान एवं परामर्श मनोविज्ञान में अन्तर
   (Difference between Clinical Psychology and Counselling Psychology)
   (स) नैदानिक मनोविज्ञान एवं मनश्चिकित्सीय सामाजिक कार्य में अन्तर
   (Difference between Clinical Psychology and Psychiatric social work)
7. नैदानिक मनोविज्ञान के ऐतिहासिक पृष्ठभूमि का वर्णन संक्षेप में करें।
(Sketch, in brief, the historical development of clinical Psychology.)
8. नैदानिक मनोविज्ञान के इतिहास की समीक्षा व्यक्तित्व परीक्षणों के विकास के विशेष संदर्भ में करें।
(Trace the history of clinical psychology with special reference to the development of personality tests.)
9. नैदानिक मनोविज्ञान की उपयोगिता तथा क्षेत्र का विवेचन करें।
(Discuss the usefulness and field of clinical Psychology.)

10. नैदानिक मनोविज्ञान के विकास के इतिहास का उल्लेख करें।
(Trace out the history of development of clinical Psychology.)

11. नैदानिक मनोविज्ञान की प्रमुख समस्याओं पर प्रकाश डालें।
(Throw light upon the major problems of clinical psychology.)

12. नैदानिक मनोविज्ञान भविष्य में कहाँ तक मनोविज्ञान की एक उपयोगी शाखा सिद्ध होगी? कारण सहित उत्तर दें।
(To what extent clinical psychology will be an useful branch of psychology ? Answer giving adequate reasons.)

13. भारत में नैदानिक मनोविज्ञान के विश्वास का लेखा-जोखा प्रस्तुत कीजिए और नैदानिक मनोवैज्ञानिकों के शिक्षण-प्रशिक्षण पर टिप्पणी कीजिए।
(Present an account of the development of clinical psychology in India and comment on the training and education of clinical psychologists.)

14. नैदानिक मनोविज्ञान के इतिहास की रूप-रेखा संक्षेप में प्रस्तुत करें।
(Trace briefly the history of clinical psychology.)

15. नैदानिक मनोविज्ञान क्या है? किस प्रकार से नैदानिक मनोविज्ञान का विकास हुआ, वर्णन करें।
(What is Clincial Psychology ? Give an account as to how clinical psychology developed.)

16. भारतवर्ष में नैदानिक मनोविज्ञान के विकास पर एक निबंध लिखें
(Write an essay on the development of Clinical Psychology in India.)

17. नैदानिक मनोविज्ञान की समस्याओं की व्याख्या करें। भारत में नैदानिक मनोविज्ञान के विकास का आलोचनात्मक मूल्यांकन करें।
(What are the problems of clinical psychology ? Critically evaluate the development of clinical psychology in India.)

18. नैदानिक मनोविज्ञान की वर्तमान स्थिति तथा ऐतिहासिक पृष्ठभूमि के बारे में बतलावें।
(Trace the historical development and current status of Clinical Psychology.)

19. नैदानिक मनोविज्ञान की उत्पत्ति एवं विकास में सहायता प्रदान करने वाले तत्त्वों का विवेचन करें।
(Discuss those factors which contributed to the origin and development of Clinical Psychology.)

20. भारत के नैदानिक मनोविज्ञान के विकास को चिह्नित करें।
(Trace the development of Clinical Psychology in India.)

21. नैदानिक मनोविज्ञान के इतिहास का वर्णन करें।
(Describe the history of Clinical Psychology.)

22. नैदानिक मनोविज्ञान को परिभाषित करें। इसकी समस्या की विवेचना करें।
(Define clinical psychology. Discuss its problems.)

23. भारत में नैदानिक मनोविज्ञान के क्षेत्र में हुए विकास पर प्रकाश डालें।
(Throw light upon the development taking place in the field of clinical psychology in India.)

अध्याय-2

विभिन्न क्षेत्रों में नैदानिक मनोवैज्ञानिकों की भूमिका
(Role of Clinical Psychologists in Different Fields)

1. मानसिक अस्पताल तथा बाल मार्गदर्शन उपचारगृह में नैदानिक मनोवैज्ञानिकों की भूमिका पर प्रकाश डालें।
(Throw light upon the role played by clinical psychologists in mental hospital and child guidance clinic.)

2. स्कूल तथा व्यावसायिक मार्गदर्शन केन्द्रों में नैदानिक मनोवैज्ञानिकों की भूमिका का वर्णन करें।
(Describe the role played by clinical psychologists in school and vocational guidance clinics.)
3. निम्नलिखित पर संक्षिप्त नोट लिखें :
(Write Short notes on the following) :
(अ) जेल एवं सुधारघरों में नैदानिक मनोवैज्ञानिकों की भूमिका
(Role of clinical psychologists in Jail and reformatories)
(ब) शैक्षणिक संस्थाओं में नैदानिक मनोवैज्ञानिकों की भूमिका।
(Role of Clinical Psychologists in educational institutions.)
4. संक्षेप में नैदानिक मनोवैज्ञानिकों द्वारा विभिन्न क्षेत्रों में किये गए भूमिकाओं का वर्णन करें।
(Describe, in brief, the roles played by Clinical *Psychologists in different fields.*)
5. उद्योग एवं मानसिक अस्पतालों में नैदानिक मनोवैज्ञानिकों की भूमिका की समीक्षा करें।
(Make a review of the role played by clinical psychologists in industry and mental hospitals.)

अध्याय-3

नैदानिक मनोविज्ञान का संदर्श
(Perspectives of Clinical Psychology)

1. नैदानिक मनोविज्ञान में अभिप्रेरणात्मक संदर्श के महत्त्व पर प्रकाश डालें।
(Throw light upon the importance of motivational perspective in clinical psychology.)
2. क्या संरचनात्मक संदर्श नैदानिक व्यवहार की व्याख्या ठीक ढंग से करता है? कारण सहित उत्तर दें।
(Does structural perspective explain clincial behaviour satisfactorily.? Give answer with reasons.)
3. नैदानिक व्यवहार को समझने में विकासात्मक संदर्श की भूमिका बतलावें।
(Discuss the importance of development perspective in understanding clinical behaviour.)
4. अनुकूलन संदर्श द्वारा नैदानिक व्यवहार को किस तरहं समझा जाता है? इस संदर्श की सबसे अधिक उपयोगिता किन क्षेत्रों में बतलायी गयी है?
(How is clinical behaviour understood through adaptational perspective ? In which field. this perspective has been considered most useful ?)
5. नैदानिक व्यवहार की व्याख्या करने में पारिस्थितिकी संदर्श के महत्त्व पर प्रकाश डालें।
(Throw light upon the importance of ecological perspective in explaining clinical behaviour.)
6. ''नैदानिक व्यवहार को समझने एवं उसकी व्याख्या करने में जैविक संदर्श उपयोगिता सीमित है।'' इसकी व्याख्या करें।
("The utility of biological perspective in understanding and explaining clinical behaviour is limited." Explain it.)

अध्याय-4

नैदानिक मनोविज्ञान का मॉडल
(MODELS OF CLINICAL PSYCHOLOGY)

1. नैदानिक मनोविज्ञान के मनोगत्यात्मक मॉडल की आलोचनात्मक व्याख्या करें।
(Present a critical exposition of Psychodynamic model of clinical Psychology.)
2. नैदानिक मनोविज्ञान के व्यवहारपरक मॉडल की व्याख्या करें।
(Explain behavioural model of clinical psychology.)
3. परिघटनात्मक मॉडल का अर्थ नैदानिक मनोविज्ञान में क्या होता है? इसके गुण एवं दोषों की व्याख्या करें।
(What do you mean by phenomenological model in clinical psychology. Explain its merits and demerits.)

4. नैदानिक मनोविज्ञान के अन्तर्वैयक्तिक मॉडल का विवेचन करें और उसके आशय बतलावें।
(Discuss interpersonal model of clinical psychology. Describe is implication.)
5. नैदानिक मनोविज्ञान के व्यवहारपरक मॉडल तथा परिघटनात्मक मॉडल की एक तुलनात्मक अध्ययन करें।
(Present a comparative study of behavioural model and phenomenological model of clinical psychology.)
6. नैदानिक मनोविज्ञान के व्यवहारपरक मॉडल की विवेचना करें तथा मनोगत्यात्मक मॉडल के साथ इसकी तुलना करें।
(Discuss the behavioural model of clinical psychology and compare it with psychodyamic model.)
7. नैदानिक मनोविज्ञान के अन्तर्वैयक्तिक मॉडल का विवेचन करें और उसका आशय बतलावें।
(Discuss interpersonal model of clinical psychology. Discribe its implications.)
8. व्यवहारात्मक मॉडल की व्याख्या करें एवं इसके विकास में ओल्प तथा आइजेन्क के योगदानों को संक्षेप में बतलाएँ।
(Explain the behavioural models and state briefly the contribution of Wolpe & Eysenck to the development of this mode.)
9. मनोगत्यात्मक मॉडल के गुणों तथा सीमाओं का वर्णन करें।
(Describe the merits and limitations of Psychodynamic model.)
10. नैदानिक मनोविज्ञान के मनोगत्यात्मक मॉडल का मूल्यांकन करें।
(Evaluate the Psychodynamic model of Clinical Psychology.)
11. नैदानिक मनोविज्ञान के व्यवहार मॉडल से अपनी अभिंज्ञता दर्शाएँ। यह मॉडल कहाँ तक अपने उद्देश्यों को प्राप्त करने में सफल है?
(Show your acquintance with Behavioural model of Clinical Psychology. How far this model is sucessful is achieving its goal ?)
12. नैदानिक मनोविज्ञान के मनोगत्यात्मक मॉडल का आलोचनात्मक मूल्यांकन करें।
(Critically evaluate Psychodynamic model of clinical Psychology.)
13. नैदानिक मनोविज्ञान के व्यवहार मॉडल का वर्णन करें।
(Describe the Behavioural model of Clinical Psychology.)
14. चिकित्सा के फेनोमेनोलॉजिकल मॉडल पर एक निबन्ध लिखें।
(Write an essay on Phenomenological model of therapy.)
15. नैदानिक मनोविज्ञान के मनोगत्यात्मक मॉडल का वर्णन करें।
(Describe the Psychodynamic model of Clinical Psychology.)
16. नैदानिक मनोविज्ञान के परिघटनात्मक मॉडल से आप क्या समझते हैं? इसके गुणों एवं दोषों की व्याख्या करें।
(What do you mean by phenomenological model of clinical psychology? Explain its merits and demerits.)

अध्याय — 5

नैदानिक मनोविज्ञान में पेशावर समस्याएँ
(Professional Issues in Clinical Psychology)

1. नैदानिक मनोविज्ञान में पेशेवर समस्या का क्या अर्थ होता है? ऐसी समस्याओं के प्रमुख प्रकारों का संक्षिप्त विवरण दें।
(What do you mean by professional issue in clinical psychology ? Present a brief description of the major types of such problem.)
2. नैदानिक मनोविज्ञान में पेशावर प्रशिक्षण तथा पेशावर नियमन से संबंध प्रमुख समस्याओं का उल्लेख करें।
(Explain problems related to professional training and professional regulation in clinical psychology.)

3. पेशावर नीतिशास्त्र से आप क्या समझते हैं? नैदानिक मनोवैज्ञानिकों द्वारा कहाँ तक इसके प्रावधानों को स्वीकार करते हुए अभ्यास किया जाता है?
(What do you mean by professional ethics ? To what extent clinical psychologists practise the profession by accepting its provisions.)
4. नैदानिक मनोविज्ञान में पेशावर स्वतंत्रता तथा पेशेवर खतरा या जोखिम से संबद्ध समस्याओं का उल्लेख करें।
(Point out the problems related to professional independence and perils of professionalism in clinical psychology.)
5. भारत में नैदानिक मनोविज्ञान के व्यवसायी विकास में आने वाली बाधाओं पर प्रकाश डालें।
(Highlight the barriers in professional outgrowth of clinical psychology in India.)
6. भारत में नैदानिक मनोवैज्ञानिकों में व्यवसायिक नैतिकता के विकास हेतु एक कार्यक्रम की रूपरेखा तैयार कीजिए तथा व्यवसायिकता के खतरों का वर्णन कीजिए।
(Chalk out a programme for inculcating professional ethics in clinical psychology in India and describe the perils of professionalism.)
7. एक नैदानिक व्यवसायी के लिए प्रशिक्षण के महत्त्व का वर्णन करें। प्रशिक्षण के लिए प्रयुक्त विभिन्न विधियों के सापेक्ष गुण एवं दोषों की विवेचना करें।
(Describe the importance of training for a clincial professional. Discuss the relative merits and demerits of different methods used for training.)
8. भारत में व्यावसायिक नैतिकता पर निबंध लिखें। व्यावसायिकता के खतरों का भी वर्णन करें।
(Write an essay on Professional Ethics in India. Also discuss the perils of Professionalism.)
9. नैदानिक मनोविज्ञान में व्यावसायिक विचार-वस्तुएँ क्या हैं? व्यवसायिकता के संकटों पर प्रकाश डालें।
(What are the professional issues in Clinical Psychology ? Throw light on the perils of professionalism.)
10. क्या व्यावसायिक स्वतंत्रता भारत में संभव है? वर्णन करें।
(Is professional independent possible in India ? Discuss.)
11. नैदानिक मनोवैज्ञानिकों के लिए व्यावसायिक नैतिकता क्यों आवश्यक है? वर्णन करें।
(Why are professional ethics essential for clinical psychologists? Describe it.)

अध्याय-6

नैदानिक समस्याएँ
(Clinical Problems)

1. दुश्चिंता विकृति के उपचार के प्रमुख तरीकों पर प्रकाश डालें।
(Throw light upon the major remedial measures of anxiety disorder.)
2. विच्छेदी विकृति की उत्पत्ति के प्रमुख कारणों की विवेचना करें। इसके उपचारी तरीकों पर भी प्रकाश डालें।
(Discuss the major factors underlying the genesis of dissociative disorder. Throw light upon its remedial means.)
3. मनोदैहिक समस्या की उत्पत्ति के कारणों पर प्रकाश डालें तथा उसके प्रमुख उपचारी तरीकों का वर्णन करें।
(Throw light upon the major factors underlying the genesis of psychophysiologic problems and describe its major remedial measures.)
4. किसी व्यक्ति का व्यक्तित्व मनोविकारी व्यक्तित्व में कैसे परिणत हो जाता है? इस तरह के व्यक्तित्व की समस्याओं के निराकरण के कुछ प्रमुख उपायों पर विचार-विमर्श करें।
(How is the personality of a person changed into psychopathic personality ? Discuss the major remedial measures of the problem of such personality.)

5. अपराधी व्यवहार से आप क्या समझते हैं? अपराधी व्यवहार के उपचार एवं रोक-थाम के तरीका बतलावें।
(What is meant by criminal behaviour ? Suggest the ways of treating and preventing criminal behaviour.)

6. मानसिक दुर्बलता से आप क्या समझते हैं? मानसिक दुर्बलता के उपचार तथा रोक थाम पर प्रकाश डालें।
(What do you mean by mental deficiency ? Throw light upon treatment and prevention of mental deficiency.)

7. स्कूल से संबंधित प्रमुख समस्याओं का वर्णन करें तथा उसके उपचार की प्रविधियों का भी वर्णन करें।
(Describe the major problems related to school and also discuss their remedial measures.)

8. वैवाहिक कुसमायोजन को उत्पन्न करने वाले कारकों पर प्रकाश डालें। इस तरह के कुसमायोजन को दूर करने के उपायों का वर्णन करें।
(Throw light upon the factors that give rise to marital maladjustment. Describe the remedial means for such maladjustment.)

9. मानसिक दुर्बलता से आप क्या समझते हैं? इसके नैदानिक प्रकार का वर्णन करें।
(What do you mean by mental deficiency ? Describe its clinical types.)

10. स्कूली बच्चों की समस्याओं से आप क्या समझते हैं? उदाहरण सहित विवेचना कीजिए।
(What do you understand by problems of school children ? Discuss with examples.)

11. मनोदैहिक समस्याओं से आप क्या समझते हैं? उदाहरण सहित विवेचना कीजिए।
(What do you understand by psychosomatic problems ? Discuss with examples.)

12. वैवाहिक कुसमायोजन क्या है? भारतीय परिवेश में इसके कारणों का विवरण प्रस्तुत करें।
(What is martial maladjustment ? Describe its causes in the Indian context.)

13. मनोदैहिक समस्या के रूप में हाइपरटेन्शन या आँत का घाव के लक्षण तथा कारण का वर्णन करें।
(Describe the symptoms and etiology of hypertension or Peptic ulcer as a psychosomatic problem)

14. सेनाइल डेमेन्सिया के नैदानिक स्वरूप एवं कारणों का वर्णन करें।
(Present clinical symptoms and etiology of Senile Dementia.)

अध्याय-7

नैदानिक मूल्यांकन तथा मनोविदान
(Clinical Assessment & Psychodiagnosis)

1. नैदानिक मूल्यांकन से आप क्या समझते हैं? इसके प्रमुख उद्देश्यों का वर्णन करें।
(What do you mean by clinical assessment ? Describe its major purposes.)

2. नैदानिक मूल्यांकन के प्रमुख अवस्थाओं का सोदाहरण वर्णन करें।
(Describe, with examples, the major stages or steps involved in clinical assessment.)

3. केस अध्ययन विधि से आप क्या समझते हैं? नैदानिक दृष्टिकोण से इसके गुण एवं दोषों का वर्णन करें।
(What do you mean by case study method ? From the clinical point of view describe its merits and limitations.)

4. नैदानिक साक्षात्कार से आप क्या समझते हैं? किन्हीं तीन प्रकार के नैदानिक साक्षात्कार का वर्णन करें।
(What do you mean by clinical interview ? Describe any three types of clinical interview.)

5. नैदानिक साक्षात्कार के मुख्य उद्देश्यों का वर्णन करें। इसकी प्रमुख अवस्थाओं पर भी प्रकाश डालें।
(Describe the major purpose of clinical interview. Throw light upon its major stages.)

6. नैदानिक साक्षात्कार की विश्वसनीयता तथा वैधता को प्रभावित करने वाले कारकों का वर्णन करें। इसकी विश्वसनीयता तथा वैधता को आप कैसे उत्तम बनायेंगे?
(Describe the factors that influence the reliability and validity of the clinical interview. How would you improve its reliability and validity ?)
7. नैदानिक साक्षात्कार की सार्थकता की व्याख्या कीजिए और नैदानिक साक्षात्कार में निहित स्तरों का वर्णन कीजिए।
(Explain the significance of clinical interviewing and describe the stages involved in conducting a clincal interview.)
8. नैदानिक प्रेक्षण के विभिन्न उपागमों से अपनी अभिज्ञता दर्शाएँ और नैदानिक प्रेक्षण हेतु उपाय सुझाइए।
(Show your acquiantance with various approaches to clinical observation and suggest measures for evaluating clinical observation.)
9. नैदानिक साक्षात्कार से आप क्या समझते हैं? इसके गुण एवं दोष का वर्णन करें।
(What do you mean by clinical interview ? Describe its strengths and weaknesses.)
10. नैदानिक साक्षात्कार के नैदानिक अनुप्रयोग का वर्णन करें।
(Describe the diagnostic uses of clinical interview.)
11. नैदानिक मूल्यांकन की एक विधि के रूप में प्रेक्षण प्रविधि के गुण एवं दोषों पर प्रकाश डालें।
(Throw light upon observation method as one method of clinical assessment.)
12. मनोवैज्ञानिक परीक्षणों के नैदानिक प्रकार का वर्णन करें। इनके नैदानिक अनुप्रयोगों पर भी प्रकाश डालें।
(Describe the clinical types of psychological test. Throw light upon its diagnostic uses.)
13. मनोवैज्ञानिक परीक्षण से आप क्या समझते हैं? इसके गुण एवं दोषों पर प्रकाश डालें।
(What do you mean by psychological test ? Throw light upon its merits and limitations.)
14. मनोवैज्ञानिक परीक्षण पर के निष्पादन को प्रभावित करने वाले कारकों का उदाहरण सहित वर्णन करें।
(Describe, with examples, the factors that influence the performance on psychological test.)
15. मनोवैज्ञानिक परीक्षण के मनोवैज्ञानिक अनुप्रयोगों का वर्णन करें।
(Discuss the psychodiagnostic uses of psychological test.)
16. नैदानिक मूल्यांकन का क्या अर्थ है? नैदानिक मूल्यांकन के विभिन्न चरणों का वर्णन करें।
(What is meant by clinical assessment ? Describe the different stages in clinical assessment.)
17. नैदानिक मूल्यांकन के उपकरण के रूप में साक्षात्कार के गुणों एवं सीमाओं की विवेचना करें।
(Discuss the merits and limitation of interview as a tool of clinical assessment.)
18. नैदानिक क्षेत्र में मनोवैज्ञानिक परीक्षण के महत्त्व की विवेचना करें।
(Discuss the importance of psychological testing in clinical field.)
19. नैदानिक मूल्यांकन के क्या उद्देश्य हैं? इसके अवयवों की विवेचना करें।
(What is the purpose of clinical assessment ? Discuss its components.)
20. नैदानिक साक्षात्कार क्या है? इसके स्वरूप, गुणों एवं दोषों का वर्णन करें।
(What is clinical interview ? Discuss its nature, merits and limitations.)
21. नैदानिक मूल्यांकन से संबंधित चरणों का वर्णन करें।
(Deal with the stages involved in clinical assessment.)
22. नैदानिक मूल्यांकन के दृष्टिकोण से व्यक्तिगत इतिहास लेखन विधि के महत्त्व की विवेचना करें।
(Discuss the value of case history from the point view of clinical assessment.)
23. नैदानिक मूल्यांकन किसे कहते हैं? इसके स्वरूप तथा उसके उद्देश्यों का वर्णन करें।
(What is clinical assessment ? Describe its nature and objectives.)

24. नैदानिक व्यवसाय में संरचित तथा असंरचित साक्षात्कार की प्रासंगिकता का वर्णन करें।
(Discuss the relevance of using structured and unstrunctured interviews in clinical practices.)

25. नैदानिक प्रेक्षण के कौन-कौन से प्रमुख प्रकार हैं? उनके उपयोग तथा दुरूपयोग की विवेचना करें।
(What are the main types of clinical observation ? Discuss their uses and abuses.)

26. इस धारणा से आप कहाँ तक सहमत हैं कि नैदानिक मूल्यांकन नैदानिक मनोवैज्ञानिक की भूमिकाओं का अविभाज्य अंश है? नैदानिक मूल्यांकन के अवयवों का वर्णन कीजिए।
(How for do you agree with the contention that the clinical assessment is an integral part of the roles of clinical psychologist ? Describe the chief components of clinical assessment.)

27. नैदानिक मूल्यांकन से आप क्या समझते हैं? इसके प्रमुख उद्देश्यों का वर्णन करें।
(What do you mean by clinical assessment ? Describe its major purposes)

28. नैदानिक मनोविज्ञान की एक प्रविधि के रूप में साक्षात्कार का आकलन करें।
(Evaluate interview as a technique of clinical assessment.)

29. नैदानिक दृष्टिकोण से सहभागी प्रेक्षण के लाभों एवं अलाभों का वर्णन करें।
(Describe the advantages and disadvantages of participant observation from clinical point of view.)

30. नैदानिक मूल्यांकन से आप क्या समझते हैं? नैदानिक मूल्यांकन के स्वरूप तथा उद्देश्य की विवेचना करें।
(What is Clinical assessment ? Discuss the nature and purpose of clinical assessment.)

31. नैदानिक अध्ययन प्रविधि की स्रोत क्या है? उनके किन्हीं दो प्रविधि का विवरण दें।
(What are the sources of clinical appraisal ? Discuss any two sources of clinical appraisal in detail.)

32. नैदानिक मूल्यांकन के प्रयोजन का वर्णन करें और नैदानिक मूल्यांकन के कुछ महत्त्वपूर्ण रचनात्मक तत्त्वों की विवेचना करें।
(Describe the purpose of clinical assessement and discuss the main components of clinical assessment.)

33. नैदानिक साक्षात्कार के विभिन्न प्रकारों से अपना परिचय प्रदर्शित करें।
(Show you acquitance with the different types of clinical interview.)

34. नैदानिक मूल्यांकन क्या है? नैदानिक मूल्यांकन के उद्देश्यों पर प्रकाश डालें।
(What is clinical assessement ? Throw light on the purpose of clinical assessement.)

35. नैदानिक साक्षात्कार किस तरह दूसरे प्रकार के साक्षात्कारों से भिन्न है? नैदानिक साक्षात्कार के विभिन्न प्रकारों का संक्षिप्त वर्णन करें।
(How clinical interview is different from other types of interviews ? Explain, in short, different types of clinical interviews.)

36. रोग निदान को परिभाषित करें। रोग निदान के प्रमुख प्रकारों एवं कार्यों का वर्णन करें।
(Define diagnosis. Discuss the major functions and types of diagnosis.)

37. नैदानिक मूल्यांकन में केस अध्ययन के महत्त्व का वर्णन करें।
(Discuss the role of case study in clinical assessment.)

38. नैदानिक मूल्यांकन के मुख्य अवयवों पर प्रकाश डालें।
(Throw light on the chief compontnts of clinical assessment.)

39. नैदानिक साक्षात्कार का आलोचनात्मक मूल्यांकन प्रस्तुत करें।
(Present a critical evaluation of clinical interview.)

40. नैदानिक मूल्यांकन से आप क्या समझते हें? उसके उद्देश्यों का वर्णन करें।
(What do you mean by clinical assessment ? Describe its purpose.)

41. नैदानिक व्यवसाय में संरचित तथा असंचरित साक्षात्कार की प्रासंगिकता का वर्णन करें।
(Discuss the relevance of using structured and unstructured interviews in clinical practices.)

42. नैदानिक मूल्यांकन के स्वरूप एवं तत्वों का वर्णन करें।
(Describe the nature and componenrs of clinical assessment.)

43. नैदानिक साक्षात्कार की परिभाषा दें। नैदानिक साक्षात्कार के विभिन्न अवस्थाओं की चर्चा करें।
(Define clinical interview. Discuss the different stages of clinical interview.)

44. नैदानिक मूल्यांकन के स्वरूप की व्याख्या करें। इसके विभिन्न संघटकों का उल्लेख करें।
(Explain the nature of clinical assessment Mention its different components.)

45. नैदानिक साक्षात्कार की सार्थकता की व्याख्या करें। नैदानिक साक्षात्कार में निहित अवस्थाओं की व्याख्या करें।
(Explain the significance of clinical interviewing. Describe the stages involved in conducting clinical interview.)

46. नैदानिक दृष्टिकोण से सहभागी प्रेक्षण के लाभों तथा हानियों का वर्णन करें।
(Describe the advantages and disadvantages of participant observation from the clinical point of view.)

अध्याय-8

बुद्धि का मापन : बुद्धि परीक्षण
(Measurement of Intelligence : Intelligence Test)

1. नैदानिक मनोवैज्ञानिकों के लिए स्पीयरमैन तथा कैटेल द्वारा प्रस्तावित बुद्धि के सिद्धान्तों की उपयोगिता पर प्रकाश डालें।
(Throw light upon the utilities of Spearman and Cattell's theory of intelligence for clinical psychologists.)

2. स्टैनफोर्ड-बिने मापनी तथा वेक्सलर मापनी का तुलनात्मक अध्ययन नैदानिक मनोविज्ञान की दृष्टिकोण से करें।
(From point view of clinical psychology make a comparative study of Standford-Binet test and Wechsler scales.)

3. वेक्सलर मापनी की नैदानिक उपयोगिता पर प्रकाश डालें।
(Throw light upon the clinical utilities of Wecshler scales.)

4. बुद्धि परीक्षणों की नैदानिक उपयोगिता पर प्रकाश डालें।
(Throw light upon the clinical utilities of intelligence tests.)

5. निम्नलिखित पर संक्षिप्त टिप्पणी लिखें :
(Write short notes on the following) :
(अ) स्टैनफोर्ड-बिने परीक्षण (Standford-Binet test)
(ब) गुडएनफ ड्रा-ए-मैन परीक्षण (Goodenough Draw-a-Man Test)
(स) वेक्सलर मापनी (Wechsler Scales)
(द) बच्चों के लिए निर्मित कॉफमैन मूल्यांकन परीक्षणमाला
(Kafuman Assessment Battery for children or K-ABC)

6. ''व्यक्तित्व का परीक्षण नहीं होते हुए भी डब्ल्यू॰ ए॰ आई॰ एस॰ व्यक्तित्व विकृति के संबंध में महत्त्वपूर्ण संकेत प्रदान करने में सक्षम हैं।'' इस कथन का विवेचन करें।
("Though not a test of personality, WAIS is capable of yielding valuable indications regarding personality disorder." Discuss.)

7. नैदानिक मनोविज्ञान में बौद्धिक स्तर मापने के महत्त्व का विवेचन करें।
(Discuss the importance of measuring intellectual status in clinical psychology.)

8. बुद्धि परीक्षणों की नैदानिक उपयोगिता का वर्णन कीजिए और रैवेन के प्रोग्रेसिव मैट्रिसेज का मूल्यांकन उसकी सार्थकता पर प्रकाश डालते हुए कीजिए।
(Describe the utility of intelligence tests and evaluate Raven's Progressive Matrices highlighting its significance.)

9. स्टैनफोर्ड-बिने मापनी तथा वेक्सलर वयस्क बुद्धि मापनी की नैदानिक उपयोगिताओं से अपना परिचय दें।
(Show your acqaintance with the clinical uses of Stanford Binet scale and Wechsler Adult Intelligence Scale.)

10. स्टैनफोर्ड-बिने मापनी की नैदानिक उपयोगिताओं पर प्रकाश डालें।
(Throw light upon the clinical utilities of Stanford-Binet Test.)

11. वेक्सलर मापनी की नैदानिक उपयोगिता पर प्रकाश डालें।
(Throw light upon the clinical utilities of Wechsler scale.)

12. रैवेन्स प्रोग्रेसिव मैट्रिसेज का संक्षिप्त परिचय प्रस्तुत करें और इसके नैदानिक उपयोगिताओं का वर्णन करें।
(Present a brief description of Raven's Progressive Matrices and describe its clinical uses.)

13. वेस (WAIS) के महत्त्व तथा नैदानिक मूल्यों का वर्णन करें।
(Explain the importance and diagnostic value of WAIS in intellectual assessment.)

14. बुद्धि परीक्षणों की क्या नैदानिक उपयोगिता है? रेवेन की प्रोग्रेसिव मैट्रिसेज की सार्थकता बौद्धिक कार्यों के मूल्यांकन में क्या है, इसका वर्णन करें।
(What are the clinical uses of intelligence tests ? Describe the significance of Raven's Progressive Matrices in the assessment of intellectual functions.)

15. नैदानिक मनोविज्ञान में वेश्लर मापनी की उपयोगिता पर प्रकाश डालें।
(Throw light upon the clinical utility of Wechsler Scales in clinical psychology.)

16. रैवेन प्रोग्रेसिव मैट्रिसेज बुद्धि परीक्षण की नैदानिक उपयोगिताओं का वर्णन करें।
(Describe the clinical uses of Raven's Progressive Matrices Test of Intelligence.)

17. स्टैनफोर्ड विने मापनी तथा वेक्सलर व्यस्क बुद्धि मापनी की नैदानिक उपयोगिताओं से अपना परिचय दर्शाएँ।
(Show your acquiantance with the clinical uses of Stanford-Binet Scale andWechslerAdult Intelligence Scale.)

18. बुद्धि परीक्षणों की नैदानिक उपयोगिताओं का वर्णन करें।
(Describe the clinical uses of intelligence tests.)

अध्याय-9

न्यूरोमनोवैज्ञानिक मूल्यांकन
(Neuropsychological Assessment)

1. न्यूरोमनोवैज्ञानिक मूल्यांकन से आप क्या समझते है? न्यूरोमनोवैज्ञानिक मूल्यांकन करने वाले किन्हीं तीन परीक्षणों का वर्णन करें।
(What do you mean by neuropsychological assessment ? Describe any three tests of neuropsychological assessment.)

2. न्यूरोमनोवैज्ञानिक मूल्यांकन करने की प्रमुख प्रविधियों का वर्णन करें।
(Describe the major techniques of neuropsychological assessment.)
3. मस्तिष्कीय क्षतिग्रस्तता को मापने वाले परीक्षणों की नैदानिक उपयोगिताओं पर प्रकाश डालें।
(Throw light upon the clinical uses of tests for evaluation of brain damage.)
4. निम्नलिखित पर संक्षिप्त नोट लिखें—
(अ) न्यूनतम मस्तिष्कीय दुष्क्रिया (Minimal Brain Dysfunction or MBD).
(ब) होल्ड-डोन्ट परीक्षण (Hold-Don't Hold test)
(स) बेण्डर-गेस्टाल्ट परीक्षण (Bender-Gestalt Test)
5. ''मस्तिस्कीय क्षति परीक्षण महत्त्वपूर्ण नैदानिक सूचक प्रस्तुत करते हैं।'' व्याख्या कीजिए एवं न्यूरोमनोवैज्ञानिक परीक्षणों की प्रविधियों का वर्णन कीजिए।
("Brain-damaged tests provide important clinical indicators". Explain and describe techniques of neuropsychological tests.)
6. न्यूरोमनोवैज्ञानिक मूल्यांकन से क्या तात्पर्य है? नैदानिक व्यवसाय में इसके उद्देश्य एवं उपयोगिता पर प्रकाश डालें।
(What is meant by neuropsychological assessment ?Throw light upon purpose and utility in clinical profession.)
7. मस्तिष्कीय क्षतिग्रस्तता को मापने वाले परीक्षणों की नैदानिक उपयोगिताओं पर प्रकाश डालें।
(Throw light upon the clinical uses of tests for evaluation of brain damage.)
8. न्यूरोमनोवैज्ञानिक मूल्यांकन की प्रमुख प्रविधियों का वर्णन करें।
(Describe the major techniqes of neuropsychological assessment.)
9. न्यूरोमनोवैज्ञानिक मूल्यांकन का क्या अर्थ है? न्यूरो-मनोवैज्ञानिक मूल्यांकन की किसी एक प्रविधि का विवरण दें।
(What is meant by Neuro-psychological assessment ? Enumerate any one technique of neuro-psychological assessment.)
10. न्यूरोमनोवैज्ञानिक मूल्यांकन के उद्देश्यों का विस्तार से वर्णन करें।
(Explain in detail the purpose of neuropsychological assessment.)
11. न्यूरोवैज्ञानिक मूल्यांकन को परिभाषित करें। न्यूरोमनोवैज्ञानिक मूल्यांकन के महत्त्वपूर्ण परीक्षणों का वर्णन करें।
(Define neuropsychological assessment. Discuss some important tests of neuropsychological assessment.)
12. न्यूरोमनोवैज्ञानिक मूल्यांकन क्या है? वैज्ञानिक मूल्यांकन करने की प्रमुख प्रविधियों का वर्णन करें।
(What is neuropsychological assessment ? Describe the major techniques of neuropsychological assessment.)
13. व्यक्तित्व के नैदानिक मूल्यांकन में MMPI तथा CPI के महत्त्व की विवेचना करें।
(Discuss the importance of MMPI and CPI in clinical assessment of personality.)
14. मस्तिष्कीय क्षतिग्रस्तता को मापने वाले परीक्षणों की नैदानिक उपयोगिता पर प्रकाश डालें।
(Throw light upon the clinical uses of tests for evaluation of brain damage.)
15. मिनिमल ब्रेन डिसफंक्शन की माप की प्रविधियों का वर्णन करें।
(Describe the techniques of measuring Minimal Brain Dysfunction.)
16. न्यूरोमनोवैज्ञानिक मूल्यांकन से आप क्या समझते हैं? इसकी प्रविधियों का वर्णन करें।
(What do you mean by neuropsychological assessment? Describe its techniques.)

अध्याय-10

व्यक्तित्व का मापन : व्यक्तित्व परीक्षण
(Measurement of Personality : Personality Test)

1. व्यक्तित्व के नैदानिक मापन में MMPI एवं CPI की भूमिकाओं पर प्रकाश डालें।
(Throw light upon the role of MMPI and CPI in clinical measurement of personality.)
2. व्यक्तित्व के नैदानिक मापन के लिए उपयुक्त वस्तुनिष्ठ व्यक्तित्व परीक्षणों की उपयोगिताओं पर प्रकाश डालें।
(Throw light upon the appropriate objective personality tests in clinical measurement of personality.)
3. प्रक्षेपण परीक्षण क्या है? रोशार्क परीक्षण तथा विषय-आत्मबोधन परीक्षण का नैदानिक महत्त्व बतलावें।
(What is projective test ? Discuss the clinical importance of Rorscach test and Thematic Apperception Test.)
4. नैदानिक मूल्यांकन करने में प्रक्षेपण परीक्षणों की भूमिका पर प्रकाश डालें।
(Throw light upon the role of projective tests in clinical assessment.)
5. निम्नांकित पर संक्षिप्त नोट लिखें :
(Write short notes on the following) :
(अ) वाक्य पूर्ति परीक्षण (Sentence Completion Test)
(ब) आइजेन्क व्यक्तित्व प्रश्नावली (Eysenck Personality Questionnaire)
(स) रोशार्क परीक्षण (Rorschach Test)
6. निदान के एक उपकरण के रूप में रोशार्क परीक्षण के महत्त्व की विवेचना करें तथा तथा इसकी वैधता संस्थिति पर टिप्पणी करें।
(Discuss the significance of Rorschach test as a tool of diagnosis and comment on its validational status.)
7. रोशार्क परीक्षण की नैदानिक उपयोगिताओं का मूल्यांकन करें।
(Evaluate the clinical uses of Research test.)
8. एम॰ एम॰ पी॰ आई॰ का वर्णन करें। नैदानिक मनोविज्ञान में इसकी उपयोगिता का विवेचन करें।
(Describe MMPI. Discuss its use in clinical Psychology.)
9. रोशार्क परीक्षण से टी॰ ए॰ टी॰ किस प्रकार भिन्न है? नैदानिक क्षेत्र में यह कितना लाभदायक है?
(How is TAT different from Rorschach Test ? How far is it useful in the clinical field ?)
10. व्यक्तित्व परीक्षणों के मनोचिकित्सकीय प्रयोगों की विवेचना कीजिए।
(Discuss the psychodiagnstic uses of Personality tests.)
11. नैदानिक मूल्यांकन में रोशार्क परीक्षण की भूमिका स्पष्ट कीजिए।
(Evaluate the role of the Rorschach test in diagnostic evaluation.)
12. नैदानिक मूल्यांकन में आइजेन्क व्यक्तित्व प्रश्नावली की भूमिका का मूल्यांकन करें।
(Evaluate the role of Eysenck Personality Questionnaire (EPQ) in diagnostic evaluation.)
13. प्रक्षेपण परीक्षण क्या है? आत्मबोधन परीक्षण का नैदानिक महत्त्व बतलावें।
(What is projective test ? Discuss the clinical importance of T.A.T.)
14. व्यक्तित्व मापन का वस्तुनिष्ठ परीक्षण क्या है? व्यक्तित्व के वस्तुनिष्ठ परीक्षणों के गुणों एवं सीमाओं का वर्णन करें।
(What is objective test of personality measurement ? Describe the merits and limitations of objective tests of personality.)
15. प्रक्षेपी परीक्षण से आप क्या समझते हैं? व्यक्तित्व मूल्यांकन में रोशार्क परीक्षण का मूल्यांकन करें।
(What do you mean by prejective test? Evaluate the utility of Rorschach test in assessing personality.)

16. प्रक्षेपण परीक्षण क्या है? आत्मबोधन परीक्षण का नैदानिक महत्त्व बतलाएँ।
(What is projective test ? Discuss the clinical importance of TAT.)

17. टिप्पणियाँ लिखें
(Write notes on) :
(a) एमएमपीआई (MMPI)
(b) सीपीआई (CPI)
(c) आइजेन्क व्यक्तित्व प्रश्नावली (Eysenck personality questionnaire)

18. नैदानिक मूल्यांकन में व्यक्तित्व आविष्कारिका के महत्त्व की समीक्षा करें।
(Discuss the importance of personality inventory in clinical assessment.)

19. रोर्शाक परीक्षण का आलोचनात्मक आकलन करें।
(Present a critical estimate of Rorschach test.)

अध्याय-11

व्यवहारात्मक औषध
(Behavioural Medicine)

1. व्यवहारात्मक औषध का अर्थ बतलावें। प्राथमिक निवारण के प्रति व्यवहारात्मक उपागम का दृष्टिकोण स्पष्ट करें।
(Give meaning of behavioural medicine. Make clear the viewpoints towards behavioural approaches to primary prevention.)

2. गौण निवारण के प्रति व्यवहारात्मक उपागम के विचारधारों पर प्रकाश डालें।
(Throw light upon the viewpoints towards behavioural approach to secondary prevention.)

3. टरशियरी निवारण के प्रति व्यवहारात्मक उपागम के विचारधाराओं पर प्रकाश डालें।
(Throw light upon the viewpoints towards behavioural approaches to tertiary prevention.)

4. नैदानिक प्रेक्षण के विभिन्न उपायों से अपनी अभिज्ञता दर्शायें और नैदानिक परीक्षणों के मूल्यांकन हेतु उपाय सुझाएँ।
(Show your acquitance with various approaches to clinical observation and suggest measures for evaluating clinical observation.)

5. नैदानिक मूल्यांकन में रोशार्क परीक्षण की भूमिका स्पष्ट करें।
(Evaluate the role of Roschach test in diagnostic evaluation.)

6. व्यवहारपरक औषध को परिभाषित करें। प्रारंभिक निवारण के प्रति व्यावहारिक उपागम के दृष्टिकोण का संक्षिप्त वर्णन करें।
(Define behavioural medicine. Explain in short, different behavioural approaches to primary prevention.)

7. प्राथमिक एवं गौण रोकथाम के व्यावहारिक दृष्टिकोणों का वर्णन करें।
(Describe the behavioural approaches to primary and secondary prevention.)

8. व्यवहारात्मक औषध को परिभाषित करें। गौण निवारण के प्रति व्यवहारात्मक उपागम की विचारधाराओं पर प्रकाश डालें।
(Define Behavioural medicine. Throw light upon the viewpoint towards behavioural approches to secondary prevention.)

अध्याय-12

नैदानिक हस्तक्षेप : मनश्चिकित्सा
(Clinical Intervention : Psychotherapy)

1. मनश्चिकित्सा से आप क्या समझते हैं? इसके प्रमुख लक्ष्यों का वर्णन करें।
(What do you mean by psychotherapy ? Describe its major goals.)

2. फ्रायड द्वारा प्रतिपादित मनोवैश्लेषिक चिकित्सा में निहित प्रमुख कदमों पर प्रकाश डालें। इसके गुण एवं दोषों का भी वर्णन करें।
(Throw light upon the important steps involved in Freudian psychoanalytical therapy. Describe its merits and demerits.)

3. मनोव्याधि की चिकित्सा प्रविधि के रूप में विद्युत आघात चिकित्सा प्रविधि का मूल्यांकन करें।
(Evaluate electric shock therapy as therapeutic technique of mental illness.)

4. व्यवहार चिकित्सा क्या है? इसके विभिन्न प्रकारों का वर्णन करें।
(What is behaviour therapy ? Describe different techniques of behaviour therapy.)

5. मनश्चिकित्सा के स्वरूप एवं विभिन्न पहलुओं की व्याख्या करें। अवलम्बी तथा पुनर्रचनात्मक मनश्चिकित्साओं के मूल उद्देश्यों का वर्णन भी कीजिए।
(Explain the different aspects and nature of psychotherapy. Also describe the basic purposes of supportive and reconstructive psychotherapies.)

6. अन्तः स्फोटात्मक चिकित्सा तथा फ्लडिंग में क्या अन्तर है? व्यवहार चिकित्सा के गुण एवं दोषों का वर्णन करें।
(What is distinction between implosive therapy and flooding. Describe the merits and demerits of behaviour therapy.)

7. निम्नलिखित पर संक्षिप्त टिप्पणी लिखें :
(Write short notes on the following)
(अ) निश्चयात्मकता चिकित्सा (Assertiveness therapy)
(ब) मनोशल्य चिकित्सा (Psychosurgery)
(स) बायोफिडबैक प्रविधि (Biofeedback technique)
(द) मॉडलिंग (Modeling)

8. ओल्प के व्यवस्थित संवेदीकरण का व्यवहार चिकित्सा की प्रविधि के रूप में विवेचना कीजिए।
(Discuss Wolpe's systematic desensitization as a technique of behaviour therapy.)

9. क्लायंट-केन्द्रित चिकित्सा क्या है? इसका मूल्यांकन करते हुए इसमें निहित कदमों पर प्रकाश डालें।
(What is client-centred therapy ? While evaluating it, throw ligint upon the steps involved in it.)

10. निम्नलिखित पर संक्षिप्त नोट लिखें :
(Write short notes on the following) :
(अ) मनोनाटक (Psychodrama)
(ब) दिशाहीन चिकित्सा (Non-directive therapy)
(स) व्यवहार चिकित्सा (Behaviour therapy)
(द) समूह चिकित्सा (Group therapy)

11. समूह चिकित्सा की विधि एवं उपयोगिता की व्याख्या करें।
(Explain the method and utility of group therapy.)

12. व्यवहार चिकित्सा में अन्तर्निहित प्रमुख मान्यताओं की विवेचना कीजिए तथा व्यवहार चिकित्सा की किन्हीं दो प्रविधियों से अपनी भिज्ञता स्पष्ट कीजिए।
(Discuss the main principles underlying behaviour therapy and show your acquiantance with any two techniques of behaviour therapy.)

13. समूह चिकित्सा की विधि एवं उपयोगिता की व्याख्या करें।
(Explain the concept of clinical intervention. Evaluation different methods of therapeutic intervention.)

14. नैदानिक हस्तक्षेप से आप क्या समझते हैं? कुसमायोजन युक्त व्यवहार के उपचार में मनोचिकित्सीय हस्तक्षेप के महत्त्व का मूल्यांकन करें।
(What do you mean by clinical intervention? Evaluate the importance of therapeutic intervention in the treatment of maladaptive behaviour.)

15. ''आज मनोचिकित्सा ने एक नई दिशा प्राप्त कर ली है।'' इस कथन का मूल्यांकन भारत में मनोचिकित्सा के क्षेत्र में हुए नवीन विकासों के संदर्भ में करें।
(Psychotherapy has gained a new direction today ? Evaluate the statement in the light of new developments in the field of psychotherapy in India.)

16. नैदानिक हस्तक्षेप के प्रारूप का विवेचन कीजिए तथा क्लायंट-चिकित्सक संबंध स्पष्ट कीजिए।
(Discuss the framework of clinical intervention and specify client-therapist relationship.)

17. मनोचिकित्सा में पेशा संबंधी नैतिकता के महत्त्व का विवेचना कीजिए।
(Discuss the importance of professional ethics in psychotherapy.)

18. किस प्रारूप से आप मनोचिकित्सा के परिणाम का मूल्यांकन करेंगे और उसकी प्रासंगिकता के लिए क्या उपाय करेंगे, विवरण दें?
(How will you evaluate the outcome of a therapy and what measures you will take to follow up ?)

19. नैदानिक प्रेक्षण के विभिन्न उपागमों की विवेचना करें।
(Discuss the different approaches to clinical observation.)

20. नैदानिक प्रेक्षण के कुछ प्रमुख विचारों/उपागमों से अपना परिचय दर्शाएँ।
(Show your acquitance with some important approaches to clinical observations.)

21. नैदानिक मध्यस्ता से आप क्या समझते हैं? इसकी उपयोगिताओं की चर्चा करें।
(What do you mean by clinical intervention. Discuss its usefulness.)

22. मनोचिकित्सा अनुसंधान तथा चिकित्सा अनुसंधान के बीच अन्तर करें।
(Point out the difference between psychotherapy Research and Medical Research.)

23. नैदानिक प्रेक्षण के विभिन्न तरीकों का विवेचन कीजिए एवं इसको मापने के उपाय सुझाइए।
(Describe various approaches to clinical observation and suggest measures for evaluating it.)

24. मनोचिकित्सा के अर्थ तथा उसके उद्देश्य का वर्णन करें।
(Discuss the meaning and purpose of Psychothearpy.)

25. नैदानिक हस्तक्षेप के तर्काधारों तथा मापदंडों की विवेचना करें।
(Discuss the rationales and criteria of clinical intervention.)

26. चिकित्सीय चरों के स्वरूप का वर्णन करें।
(Discuss the nature of therapeutic variables.)

27. चिकित्सा के उपागमों तथा प्रक्रिया का वर्णन करें।
(Discuss the approaches and process of therapy.)

अध्याय-13

मनोगत्यात्मक चिकित्सा
(Psychodynamic Therapy)

1. मनोगत्यात्मक चिकित्सा का अर्थ बतलावें। इसकी ऐतिहासिक पृष्ठभूमि पर प्रकाश डालें।
(Give the meaning of psychodynamic therapy. Throw light upon its historical background.)

2. मनोवैश्लेषिक चिकित्सा का अर्थ बतावें। इसके प्रमुख लक्षणों का वर्णन करें।
(Give the meaning of psychoanalytic therapy. Describe its major symptoms.)

3. फ्रायडियन मनोवैश्लेषिक चिकित्सा के गुण एवं दोषों का वर्णन करें।
(Describe the merits and demerits of Freudian psychonalytic therapy.)

4. निम्नलिखित पर संक्षिप्त नोट लिखें।
(Write short notes on the following.)
(i) एडलर का वैयक्तिक चिकित्सा (Adler's individual therapy)
(ii) युग का विश्लेषणात्मक चिकित्सा (Jung's analytical therapy)
(iii) अहं वैश्लेषिक चिकित्सा (Ego analytic therapy)
(iv) संक्षिप्त मनश्चिकित्सा (Brief Psychotherapy)

5. अन्तर्वैयक्तिक मनोगत्यात्मक चिकित्सा से आप क्या समझते हैं? इसके गुण एवं दोषों का वर्णन करें।
(What do you mean by interpersonal psychodynamic therapy ? Describe its merits and demerits.)

6. एडलर चिकित्सा पद्धति से अपंनी अभिज्ञता दर्शाते हुए उसकी प्रभावशीलता की विवेचना करें।
(Show your acquiantance with Adlerian therapy and discuss its effectiveness.)

7. इस धारणा से आप कहाँ तक सहमत हैं कि मनोवैश्लेषिक चिकित्सा का केन्द्रीय घटना प्रमुख अवरोधों का व्यवस्थापन है? इस संदर्भ में इपिनोजिक एवं पराहं अवरोधों के संप्रत्यय की व्याख्या कीजिए।
(How for do you agree with the contention that the central event of psychoanalytic therapy is the management of resistances ? In this context, explain the concepts of epinosic and super ego resistances.)

8. एडलर द्वारा प्रस्तावित विश्लेषणात्मक मनोचिकित्सा के विभिन्न प्रमुख विशेषताओं की विवेचना करें। बतावें कि कैसे वह अपने ध्यान संकेद्रण में फ्रायड के मनोविश्लेषणात्मक मनोचिकित्सा से भिन्न है।
(Discuss the different salient features of analytic therapy proposed by Adler. Point out how it differs from Freudian Psychoanalytic therapy in its focus of attention.)

9. मनोविश्लेषण के निहित चरणों की व्याख्या कीजिए तथा बतलाइए कि प्रत्यान्तरण से बचाव कैसे किया जाय।
(Explain the steps involved in Psychoanlysis and state how to safeguard against contertransfer.)

10. मनोविश्लेषणात्मक चिकित्सा पर एक निबंध लिखें।
(Write an essay on psychodynamics therapy.)

11. एक मनोचिकित्सक मनोवैज्ञानिक के रूप में एडलेरियन के योगदानों की व्याख्या करें।
(Describe the contributions of Adlerian as a psychoanalytic psychologist.)

12. मनोगत्यात्मक चिंकित्सा के गुणों एवं परिसीमाओं का वर्णन करें।
(Describe the merit and limitations of psychodynamic therapy.)

अध्याय-14

व्यवहार चिकित्सा एवं संज्ञानात्मक व्यवहार चिकित्सा
(Behaviour Therapy and Cognitive Behaviour Therapy)

1. व्यवहार चिकित्सा क्या है? इसका संक्षिप्त इतिहास का वर्णन करें।
(What is behaviour therapy ? Describe its brief history.)

2. क्रमबद्ध संवेदीकरण क्या है? इसके सापेक्ष लाभ एवं अलाभ का वर्णन करें।

(What is systematic desensitization ? Describe its relative advantages and disadvantages.)

3. संभाव्यता प्रबंधन से आप क्या समझते हैं? समाव्यता प्रबंधन के विभिन्न प्रविधियों का वर्णन करें।

(What do you mean by contingency management ? Describe the different techniques of contingency management.)

4. विरुचि चिकित्सा क्या है? इसकी विधि एवं अनुप्रयोग का वर्णन करें।

(What is aversion therapy ? Descrbe its procedures and applications.)

5. व्यवहार चिकित्सा की एक प्रविधि रूप में मॉडलिंग के लाभ एवं अलाभों का वर्णन करें।

(Describe the advantages and disadvantages of modelling as a technique of behaviour therapy.)

6. व्यवहार चिकित्सा की एक प्रविधि के रूप में वायोफिडवैक विधि के लाभ एवं अलाभों का वर्णन करे।

(Describe the advantages and disadvantages of biofeedback as a techniques of behaviour therapy.)

7. संज्ञानात्मक व्यवहार चिकित्सा क्या है? यह व्यवहार चिकित्सा से किस तरह से भिन्न है।

(What is cognitive behaviour therapy ? How does it differ from behaviour therapy ?)

8. संज्ञानात्मक व्यवहार चिकित्सा के दो प्रमुख प्रकारों के लाभ एवं अलाभ का वर्णन करें।

(Describe the advantages and disadvantages of two major types of Cognitive Behaviour therapy.)

9. निम्नलिखित पर संक्षिप्त नोट लिखें :

(Write short notes on the following)

(i) फ्लडिंग (Flooding)

(ii) बहुआयामी चिकित्सा (Multimodal therapy)

(iii) सामाजिक समस्या समाधान (Social problem solving)

(iv) सांकेतिक व्यवस्था (Token economy)

10. बेक द्वारा प्रतिपादित संज्ञानात्मक चिकित्सा के लाभ एवं अलाभों का वर्णन करें।

(Describe the advantages and disadvantages of Beck's cognitive therapy.)

11. दुर्भीति के निराकरण में संज्ञानात्मक व्यवहार चिकित्सा की उपयोगिता का विवेचन करें।

(Discuss the usefulness of Cognitve Behaviour therapy in remediation of phobic disorder.)

12. अनुकूली व्यवहारों के अर्जन में सांकेतिक व्यवस्था तथा आत्म-नियंत्रित विधियों की भूमिका पर प्रकाश डालें।

(Describe the role of token economy and self-control procedures in the acquisition of adaptive behaviours.)

13. व्यवहार परिमार्जन के तकनीक के रूप में निवारण मनोचिकित्सा के लाभ एवं सीमाओं का मूल्यांकन करें।

(Evaluate the advantages and limitations of aversion therapy as a technique of behaviour modification.)

14. क्रमबद्ध असंवेदीकरण चिकित्सा में सन्निहित चरणों का वर्णन करें।

(Discuss the steps involved in systematic desentilization therapy.)

15. मनोचिकित्सा संबंधी आइजेन्क के दृष्टिकोण का मूल्यांकन कीजिए।

(Evaluate Eysenck's view of Psychotherapy.)

16. व्यवहार चिकित्सा की अभिधारणाएँ क्या हैं? व्यवहार चिकित्सा की विभिन्न प्रविधियों का वर्णन करें।

(What are the assumptions of behaviour therapy ? Describe the different techniques of behaviour therapy.)

17. व्यवहार चिकित्सा किस प्रकार से परिवार चिकित्सा से भिन्न है? चर्चा करें।
(Discuss as to how behaviour therapy is different from family therapy ?)
18. व्यवहार चिकित्सा की प्रविधियों का वर्णन करें।
(Discuss the technique of behaviour therapy.)
19. संज्ञानात्मक व्यवहार चिकित्सा की नैदानिक उपयोगिताओं का वर्णन करें।
(Throw light on the clinical uses of cognitive behaviour therapy.)
20. व्यवहार चिकित्सा की अभिधारणाएँ क्या है? व्यवहार चिकित्सा तथा क्लायंट-केन्द्रित चिकित्सा के बीच अन्तर करें।
(What are the assumptions of behaviour therapy ? Point out the difference between behaviour therapy and Client-Centered therapy.)

अध्याय — 15

मानवतावादी-अनुभवात्मक चिकित्सा
(Humanistic-Experiential Therapy)

1. चिकित्सा का मानवतावादी-अनुवात्मक उपागम से आप क्या समझते हैं? इसके लाभ तथा अलाभों का वर्णन करें।
(What do you mean by phenomenological approach to therapy ? Describe its advantages and disadvantaes.)
2. क्लायंट केन्द्रित चिकित्सा क्या है? इसके लाभ तथा अलाभों का वर्णन करें।
(What is client-centered therapy ? Describe its advantages and disadvantages.)
3. गेस्टाल्ट चिकित्सा के प्रमुख संप्रत्यय क्या है? इसके लाभ एवं अलाभ का वर्णन करें।
(What are the major concepts of Gestalt therapy ? Describe its advantages and disadvantages.)
4. लोगोचिकित्सा क्या है? इसके लाभ एवं अलाभों का वर्णन करें।
(What is logotherapy ? Describe its advantages and disadvantages.)
5. अस्तित्ववादी चिकित्सा क्या है? इसके लाभ एवं अलाभों का वर्णन करें।
(What is exisential therapy ? Describe its advantages and disadvantages.)
6. निम्नलिखित पर संक्षिप्त नोट लिखें :
(Write short notes on the following)
(i) शर्त्तहीन धनात्मक सम्मान (Unconditional positive regard)
(ii) टॉपडौग तथा अडंरडाग (Topdog-Underdog)
(iii) लोगोनिकित्सा (Logotherapy)
7. गेस्टाल्ट चिकित्सा के प्रमुख विशेषताओं का वर्णन करें।
(Describe the sailent features of Gestalt therapy)
8. क्लायंट-केन्द्रित चिकित्सा के चरणों पर ध्यान केन्द्रित करते हुए चिकित्सीय प्रक्रिया पर विवेचन कीजिए।
(Focussing on the stages of client-centred therapy, discuss the therapeutic processes.)
9. अस्तित्वात्मक मनोचिकित्सा के विभिन्न पहलुओं की जानकारी दें। मानसिक रोग के उपचार में इनके लाभ एवं सीमाओ पर प्रकाश डालें।
(Show your acquiantance with different aspects of existential therapy. Focus on its advantages and limitations in the treatment of mental illness.)
10. व्यक्ति-केन्द्रित चिकित्सा सम्पादित करने की प्रक्रिया का विवेचन कीजिए।
(Discuss the procedure of conducting person-centred therapy.)

11. रोगी-केन्द्रित चिकित्सा पर निबन्ध लिखें।
(Write an essay on Client-centred therapy.)

12. अहं-विश्लेषण का चिकित्सा प्रविधि के रूप में वर्णन करें।
(Discuss Ego analysis as a technique of psychotherapy.)

13. गेस्टाल्ट चिकित्सा पर संक्षिप्त नोट लिखें।
(Write short notes on Gestalt therapy.)

14. अहं-विश्लेषण पर एक निबन्ध लिखें।
(Write an essay on ego analysis.)

15. गेस्टाल्ट चिकित्सा क्या है? गेस्टाल्ट चिकित्सा की प्रविधियों का वर्णन करें।
(What is Gestalt therapy? Describe the techniques of Gestalt therapy.)

अध्याय-16

सामूहिक चिकित्सा, पारिवारिक चिकित्सा, वैवाहिक चिकित्सा तथा भिड़ंत समूह
(Group Therapy, Family Therapy, Marital Therapy and Encounter Group)

1. सामूहिक चिकित्सा का अर्थ बतलावें। इसके विभिन्न उपचार कारकों का वर्णन करें।
(Give the meaning of group therapy. Describe its various therapeutic factors.)

2. उदाहरण के साथ सामूहिक चिकित्सा के विभिन्न प्रक्रियाओं का वर्णन करें।
(Describe, with examples, the various processes of group therapy.)

3. किन्हीं दो ऐसे सामूहिक चिकित्सा का वर्णन करें जिनका लगाव मनोगतिकी चिकित्सा से है।
(Describe any two types of group therapy which has adherence to psychodynamic therapy.)

4. किन्हीं दो ऐसे सामूहिक चिकित्सा का वर्णन करें जिनका लगाव व्यवहार चिकित्सा से है।
(Describe any two types of group therapy which has adherence to behaviour therapy.)

5. किन्हीं दो ऐसे सामूहिक चिकित्सा का वर्णन करें जो मानवतावादी चिकित्सा मॉडल पर आधारित हो।
(Describe any two group therapies which are based upon humanistic therapy model.)

6. सामूहिक चिकित्सा क्या है? इसका मूल्यांकन करें।
(What is group therapy ? Make an evaluation of it.)

7. सामूहिक चिकित्सा क्या है? इसके मुख्य लक्षणों का वर्णन करें।
(What is group therapy ? Describe its major goals.)

8. कुछ उदाहरण देते हुए सामूहिक चिकित्सा के विभिन्न प्रकारों का वर्णन करें।
(Citing examples, describe the different types of group therapy.)

9. सामूहिक चिकित्सा का उपयोग कब किया जाना चाहिए? सामूहिक चिकित्सा के मुख्य समस्याओं का वर्णन करें।
(When should group therapy be used ? Describe the major problems of group therapy.)

10. सामूहिक चिकित्सा तथा पारिवारिक चिकित्सा में अंतर करें। पारिवारिक चिकित्सा का मूल्यांकन उपस्थित करें।
(Make distinction between group therapy and family therapy. Make an evaluation of family therapy.)

11. मुठभेड़ सामूहिक चिकित्सा को परिभाषित करें। इसके विभिन्न प्रारूप या प्रकारों का वर्णन करें।
(Define encounter group therapy. Describe its different types or forms.)

12. मुठभेड़ समूह चिकित्सा का मूल्यांकन करें। क्या मुठभेड़ समूह चिकित्सा प्रभावी होता है?
(Define evaluation of group therapy. Is encounter group therapy effective one?)

13. समूह चिकित्सा के विभिन्न मॉडल का वर्णन करें।

(Describe the different models of group therapy.)

14. वाल्यावस्था के व्यवहार विकृतियों के निराकरण में परिवार की प्रभावशीलता का वर्णन करें।

(Discuss the effectiveness of family therapy in eliminating behaviour disorder or childhood.)

15. निम्नलिखित पर संक्षिप्त लेख लिखें—

(i) वैवाहिक युग्म चिकित्सा

(Martial or Couple therapy)

(ii) वैवाहिक चिकित्सा तथा पारिवारिक चिकित्सा में उत्तर—

(Distinction between marital therapy and family therapy)

(iii) मुठभेड़ सामूहिक चिकित्सा की प्रविधि—**(Technique of encounter group therapy.)**

16. इस धारणा के साथ अपनी अभिज्ञता दर्शाए कि समूह चिकित्सा यथार्थ परीक्षण, सार्वभौमीकरण, संसक्ति निर्माण प्रक्रियाओं का सहारा लेती है।

(Show your acquiantance with the conteniton that group therapy resorts to reality testing, universalization and cohesion building processes.)

17. मुठभेड़ समूह चिकित्सा का विवरण प्रस्तुत कीजिए तथा उनकी प्रभावशीलता पर टिप्पणी कीजिए।

(Present an account of encounter group therapy and comment on their effectiveness.)

18. समूह मनोचिकित्सा क्या है? बतावें कि कैसे समूह मनोचिकित्सा कम समय तथा कम खर्च में व्यक्तिगत मनोचिकित्सा के लिए तैयार करता है?

(What is group therapy ? Point out how group therapy prepares for individual therapy in short span and less expenditure.)

19. पारिवारिक मनोचिकित्सा के मुख्य उद्देश्य क्या है? पारिवारिक मनोचिकित्सा के विभिन्न समस्याओं का संक्षेप में वर्णन करें।

(What are the main goals of family therapy ? Briefly describe different problems of family therapy.)

20. क्या मुठभेड़ समूह मनोचिकित्सा परम्परागत समूह मनोचिकित्सा का एक उन्नत रूप है? मुठभेड़ समूह मनोचिकित्सा के विभिन्न प्रकारों की जानकारी दें।

(Is encounter group therapy an improvement over traditional group therapy ? Show you acquiatance with different types of encounter group therapy.)

21. टी समूह चिकित्सा में निहित प्रविधियों का विवेचन कीजिए।

(Discuss the techniques involved in T-group therapy.)

22. यह कहना कहाँ तक सही कि पारिवारिक चिकित्सा में परिवार स्वयं ही सेवार्थी के रूप में परिगणित किया जाता है?

(How far it is correct to state that family itself is treated as client in the family therapy ?)

23. समूह चिकित्सा की ऐतिहासिक पृष्ठभूमि का वर्णन कर तथा इसके प्रतिमानों की चर्चा करें।

(Describe the historical background of group therapy and discuss its models.)

24. परिवार चिकित्सा की समस्या एवं लक्ष्यों की चर्चा करें।

(Discuss the problems and goals of family therapy.)

25. भिड़ंत समूह चिकित्सा के प्रभावकारी परिणामों का वर्णन करें।
(Describe the effectiveness of Encounter group therapy.)

26. परिवार चिकित्सा के मुख्य प्रकारों का वर्णन करें।
(Describe the process of group therapy.)

27. परिवार चिकित्सा के मुख्य प्रकारों का वर्णन करें।
(Discuss the main types of family therapy.)

28. भिड़ंत-चिकित्सा के प्रकारों का वर्णन करें।
(Discuss the types of encounter group therapy.)

29. समूह चिकित्सा के पूर्ववर्ती कारकों का वर्णन संक्षेप में करें।
(Describe the briefly the antecedents of group therapy.)

30. परिवार चिकित्सा के लाभों तथा सीमाओं की विवेचना करें।
(Discuss the advantages and limitations of family therapy.)

31. भिड़न्त चिकित्सा के कौन-कौन से प्रकार हैं? उनमें से किन्हीं दो प्रकारों से अपनी जानकारी व्यक्त करें।
(What are the types of encounter therapy ? Show your acquitance with any two of them.)

32. परिवार चिकित्सा से आप क्या समझते हैं? परिवार चिकित्सा के विभिन्न प्रकारों का वर्णन करे।
(What is family therapy ? Discuss the different types of family therapy.)

33. भिड़न्त समूह के विभिन्न प्रकारों का वर्णन करें।
(Discuss the different types of encounter group therapy.)

34. ''सम्मोहन-विश्लेषण सम्मोहन तथा मनोविश्लेषण दोनों का समाकलित रूप है।''
("Hypno-Analysis is the integrated form of both hypnosis and Psychoanalysis". Discuss.)

35. समूह चिकित्सा से आप क्या समझते हैं? इसके प्रमुख लक्ष्यों का वर्णन करें।
(What do you mean by group therapy? Describe its major goals.)

36. बाल्यावस्था के व्यवहारपरक विकृतियों को दूर करने में पारिवारिक चिकित्सा की प्रभावशीलता का वर्णन करें।
(Describe the effectiveness of family therapy in climinating behaviour disorder of childhood.)

37. भिड़ंत समूह चिकित्सा के ऐतिहासिक सदर्शों का वर्णन करें।
(Describe the historical perspective of encentre group therapy.)

अध्याय — 17

मनश्चिकित्सा का मूल्यांकन
(Evaluation of Psychoterapy)

1. मनश्चिकित्सा की प्रभावशीलता के मूल्यांकन करने की प्रमुख विधियों का वर्णन करें।
(Describe the major methods of evaluating the effectiveness of psychotherapy.)

2. क्या मनश्चिकित्सा सचमुच में प्रभावी होता है? प्रयोगात्मक तथ्यों के आधार पर उत्तर दें।
(Is psychotherapy really effective ? Answer on the basis of experimental facts.)

3. मनश्चिकित्सा के परिणाम को प्रभावित करने वाले कारकों का वर्णन करें।
(Describe the factors that affect the outcome of psychotherapy.)

4. चिकित्सक के उन विशेषताओं का वर्णन करें जिनसे मनश्चिकित्सा का परिणाम प्रभावित होता है?
(Describe those charateristics of therapist that are likely to affect the outcome of psychotherapy.)

5. रोगी की उन विशेषताओं का वर्णन करें जिनसे मनश्चिकित्सा के परिणाम प्रभावित होते हैं?
(Describe the characteristics of the patient that are likely to affect the outcome of psychotherapy.)

6. चिकित्सा के दौरान रोगी के साथ अन्तक्रिया होने पर चिकित्सक में उत्पन्न विशेषताओं का मनश्चिकित्सा पर पड़ने वाले प्रभावों का वर्णन करें।
(Describe the impact of those characteristics upon outcome of therapy that are produced in therapist during interaction with the patient during therapy.)

7. मेडिकल शोध तथा मनश्चिकित्सीय शोध में अंतर करें।
(Make distinction between medical research and psychotherapeutic research.)

8. किन-किन क्षेत्रों में मनश्चिकित्सा की प्रक्रिया पर नैदानिक मनोवैज्ञानियों द्वारा शोध किया जा रहा है? उदाहरण सहित वर्णन करें।
(In what areas, researches on the process of psychotherapy are being conducted by clinical psychologists. Describe with examples.)

9. मनश्चिकित्सीय शोध की कार्य-विधि से संबद्ध कमियों का वर्णन करें।
(Describe the personnels associated with methodology of Psychotherapeutic researches.)

10. मनश्चिकित्सीय एवं मेडिकल शोधों में समरूपता तथा भेदों को रेखांकित कीजिए। मनश्चिकित्सा के परिणाम को प्रभावित करने वाले कारकों पर टिप्पणी भी कीजिए।
(Trace out the areas of commonaiity and difference between psychotherapeutic research and medical research. Comment on the factors affecting the outcome of psychotherapy.)

11. आघात चिकित्सा के विभिन्न प्रकारों के महत्त्व बतलावें।
(Show the importance of the different types of shock therapy.)

12. चिकित्सा के परिणाम को प्रभावित करने वाले कारकों का वर्णन करें।
(Describe the factors affecting the outcome of therapy.)

13. मनोचिकित्सा शोध से आप क्या समझते हैं? मेडिकल शोध से यह कैसे भिन्न है?
(What do you mean by psychotherapy research ? How does it differ from medical research ? Explain.)

14. कौन-कौन से ऐसे तत्त्व हैं जो मनोवैज्ञानिक चिकित्सा के प्रतिफल को प्रभावित करते हैं?
(What are the different factors which affect the outcome of psychotherapy ?)

अध्याय-18

जैविक चिकित्सा
(Biological Therapy)

1. जैविक चिकित्सा क्या है? औषधि चिकित्सा में प्रयुक्त किए जाने वाले प्रमुख औषधियों के महत्त्व पर प्रकाश डालें।
(What is biological therapy ? Throw light upon the major types of drugs used in pharmacotherapy.)

2. आघात चिकित्सा के विभिन्न प्रकारों के महत्त्व बतलावें।
(Show the importance of the different types of shock therapy.)

3. निम्नलिखित पर संक्षिप्त टिप्पणी लिखें—
(Writes short notes on the following)—
(अ) मनोशल्य चिकित्सा (Psychosurgery)
(ब) इनसुलिन कोमा चिकित्सा (Insulin coma therapy)
(स) वैद्युत आघात चिकित्सा (Electro-shock therapy)

4. मनोव्याधि की चिकित्सा प्रविधि के रूप में वैद्युत आघात चिकित्सा प्रविधि का मूल्यांकन करें।
(Evaluate electro shock therapy as a therapeutic technique of mental illness.)

अध्याय-19

मानसिक स्वास्थ्य
(Mental Health)

1. मानसिक स्वास्थ्य से आप क्या समझते हैं? मानसिक रूप से स्वस्थ व्यक्तियों की विशेषताओं पर प्रकाश डालें।
(What do you mean by mental health ? Throw light upon the characteristics of mentally healthy people.)
2. मानसिक स्वास्थ्य को प्रभावित करने वाले कारकों का वर्णन करें।
(Describe the factors that influence mental health.)
3. मानसिक स्वास्थ्य को उन्नत बनाने के प्रमुख उपायों का वर्णन करें।
(Describe the important measures of promoting mental health.)
4. मानसिक स्वास्थ्य हस्तक्षेप के विभिन्न मॉडलों का वर्णन करें। आप उनमें से किस मॉडल को अधिक उपयोगी समझते हैं और क्यों?
(Describe the different models of mental health intervention. Which of them do you consider most useful and why ?)
5. निम्नलिखित पर नोट लिखें :
(Write short notes on the following) :
(अ) नैदानिक मॉडल (clinical model)
(ब) सामुदायिक मॉडल (community model).
(स) सामान्यता के अर्थ (meaning of normality)
6. मानसिक स्वास्थ्य के स्वरूप का विस्तार से विवेचन करें। सामान्यता की सांख्यिकीय धारणा का आलोचनात्मक परीक्षण भी करें।
(Discuss in detail the nature of mental health. Also examine critically the statistical concept of normality.)
7. मानसिक स्वास्थ्य के महत्त्व का विवेचन करें। मानसिक स्वास्थ्य को सुधारने के उपाय बतलावें।
(Discuss the importance of mental health. Suggest methods to improve mental health.)
8. मानसिक स्वास्थ्य किसे कहते हैं? इसका मापन कैसे किया जा सकता है?
(What is mental health ? How can it be measured ?)
9. मानसिक स्वास्थ्य हस्तक्षेप मॉडल की समीक्षा प्रस्तुत कीजिए और मानसिक स्वास्थ्य को उन्नत बनाने के उपायों का वर्णन करें।
(Present an appraisal of mental health intevention models and suggest measures for promoting mental health.)
10. मानसिक स्वास्थ्य तथा मानसिक बीमारी में अन्तर करें। मानसिक स्वास्थ्य हस्तक्षेप के किन्हीं दो मॉडलों का वर्णन करें।
(Make distinction between mental health and mental illness. Describe any two models of mental health intervention.)
11. मानसिक स्वास्थ्य को उन्नत बनाने के प्रमुख उपायों का वर्णन करें।
(Describe the important measures of promoting mental health.)

12. मानसिक स्वास्थ्य को उन्नत बनाने के उपयुक्त उपायों का वर्णन करें।
(Describe suitable measures for promoting mental health.)

13. मानसिक स्वास्थ्य समस्या क्यों उत्पन्न होती हैं। उनके कारण एवं विकास का वर्णन करें। उनके सुधारों के लिए क्या उपाय किया जाये?
(Discuss etiology and development of mental health problems. What corrective measures can be taken to improve conditions.)

14. मानसिक स्वास्थ्य और मानसिक रूग्णता के बीच अन्तर बताएँ। मानसिक स्वास्थ्य बढ़ाने के कुछ उपायों के संबंध में सुझाव दें।
(Differentiate between mental health and metnal illness. Suggest some measure for promoting mental health.)

15. मानसिक बीमारी का संक्षिप्त विवरण दें। मानसिक रूप से स्वस्थ रखने के लिए कुछ उपायों का वर्णन करें।
(Give a brief description of mental illness. Suggest some important measures to keep the society mentally healthy.)

16. मानसिक स्वास्थ्य से आप क्या समझते हैं? मानसिक स्वास्थ्य हस्तक्षेप के विभिन्न मॉडलों की विवेचना करें।
(What do you mean by mental health ? Discuss the different models of mental health intervention.)

17. मानसिक स्वास्थ्य तथा मानसिक बीमारी में अंतर बतलावें। मानसिक स्वास्थ्य बढ़ाने का उपाय सुझाएँ।
(Differentiate between mental health and mental illness. Suggest measures for improving mental health.)

18. नैदानिक मनोविज्ञान में मानसिक स्वास्थ्य हस्तक्षेप मॉडलों का वर्णन करें।
(Describe the models of mental health intervention in Clinical Psychology.)

19. मानसिक स्वास्थ्य हस्तक्षेप को परिभाषित करें। मानसिक स्वास्थ्य हस्तक्षेप के किन्हीं दो मॉडलो की व्याख्या करें।
(Define mental health intervention. Describe any two models of mental health intervention.)

20. मानसिक स्वास्थ्य को उन्नत बनाने के कुछ उपायों का वर्णन करें।
(Describe the measure for promoting mental health.)

अध्याय-20

सामुदायिक मनोविज्ञान
(Community Psychology)

1. सामुदायिक मनोविज्ञान से आप क्या समझते हैं? इसके संदर्शों का वर्णन करें।
(What do you mean by Community Psychology ? Describe its major perspectives.)

2. सामुदायिक मनोविज्ञान की ऐतिहासिक पृष्ठभूमि की समीक्षा करें।
(Make a review of the historical background of Community Psychology.)

3. आल्मा अटा सम्मेलन के प्रमुख सिफारिशों का वर्णन करें तथा सामुदायिक मनोविज्ञान के लिए उसकी उपयोगिता का वर्णन करें।
(Describe the major recommendations of AlmaAta Conference and describe its utility for Community Psychology.)

4. सामुदायिक मनोविज्ञान को परिभाषित करें। इसके मूल तत्त्वों का वर्णन करें।
(Define Community Psychology. Describe its major principles.)

5. निम्नलिखित पर संक्षिप्त नोट लिखें—
(Write short notes on)—
(अ) सामुदायिक मानसिक स्वास्थ्य का संप्रत्यय
(Concept of community mental health)
(ब) रोकथाम के प्रकार
(Types of prevention)
(स) मनोचिकित्सा तथा परामर्श का तुलनात्मक अध्ययन
(Comparative study of psychotherapy and consultation.)
6. संकटकालीन हस्तक्षेप की विधि की आलोचनात्मक व्याख्या प्रस्तुत करें।
(Present a critical exposition of method of crisis intervention.)
7. परामर्श की विधि से आप क्या समझते हैं? इसके प्रमुख प्रकारों का वर्णन करें।
(What you understand by method of consultation. Describe its major types.)
8. उदाहरण देते हुए परामर्श की अवस्थाओं का वर्णन करें।
(Citing examples describe the phases of consultation.)
9. मानसिक स्वास्थ्य शिक्षा पर एक लेख लिखें। सामुदायिक मानसिक स्वास्थ्य आन्दोलन के लिए इसकी उपयोगिता का वर्णन करें।
(Write an essay on Mental Health Education. Describe its utility for community mental health movement.)
10. सामुदायिक मानसिक स्वास्थ्य कार्यक्रम में ननपेशेवरों की भूमिकाओं को स्पष्ट करें।
(Explain the role of nonprofessionals in Community Mental Health Programme.)
11. सामुदायिक मानसिक स्वास्थ्य कार्यक्रम में ननपेशेवरों की सेवाओं के उपयोग में होने वाली समस्याओं का वर्णन करें।
(Describe the problems in the utilization of services of nonprofessionals in Community Mental Health Programme.)
12. प्रतिबंध तथा एकान्तता के अपवर्तन एवं भौतिक-सामाजिक पर्यावरण के संशोधन में सामुदायिक मनोविज्ञान के मूलाधार को स्पष्ट कीजिए।
(Bring out the rationale of community psychology in reducing restraint and seclusion and in improving physico-social environment.)
13. भारत में सामुदायिक मानसिक स्वास्थ्य कार्यक्रम की भूमिका से संबंधित साहित्य की विवेचना करें। क्या यह आन्दोलन भारत में सफल हो पाया है?
(Describe the literature relating to the community mental health programme in India. Is it a successful movement in India ?)
14. सामुदायिक मनोविज्ञान का एक आलोचनात्मक मूल्यांकन प्रस्तुत करें।
(Present a critical evaluation of the Community Psychology.)
15. सामुदायिक मनोविज्ञान के आविर्भाव के पूर्ववर्ती को बतलावें।
(State the antecedents of emergence of Community psychology.)
16. मानसिक स्वास्थ्य से संबद्ध समस्यांओं से निपटने में समुदाय हस्तक्षेप के विभिन्न आयामों की संक्षिप्त विवेचना करें।
(Discuss briefly the different dimensions of Community Intervention in dealing with the problems of mental health.)
17. सामुदायिक हस्तक्षेप के विभिन्न विधियों का वर्णन करें और उसका एक तुलनात्मक मूल्यांकन करें।
(Discuss the various methods of community intervention and make a comparative evaluation.)

18. सामुदायिक हस्तक्षेप के विभिन्न विधियों का वर्णन करें। भारत में सामुदायिक मनोविज्ञान के विकास पर एक संक्षिप्त टिप्पणी लिखें।
(Describe the different methods of community intervention. Write short note on the development of community psychology in India.)

19. सामुदायिक अन्तरायण के स्वरूप एवं सिद्धान्तों का वर्णन कीजिए।
(Describe the nature and principles of community intervention.)

20. सामुदायिक मनोविज्ञान के स्वरूप एवं नियमों का वर्णन करें।
(Describe the nature and principles of Community Psychology.)

21. सामूहिक हस्तक्षेप के विभिन्न विधियों का वर्णन करें।
(Discuss the different methods of Communnity Intervention.)

22. समुदाय चिकित्सा के स्वरूप तथा सिद्धान्तों की विवेचना करें।
(Discuss the nature and principles of community therapy.)

23. सामुदायिक मनोविज्ञान को आप भारत में कैसे विकसित करेंगें।
(How will you develop the community psychology in India ?)

24. सामुदायिक हस्तक्षेप के किन्हीं दो विधियों का वर्णन करें।
(Describe any two methods of community intervention.)

अध्याय-21

व्यक्तित्व के सिद्धान्त
(Theories of Personality)

1. व्यक्तित्व के सिद्धान्त के स्वरूप का वर्णन करें। इस सिद्धान्तों की उत्पत्ति के प्रमुख स्रोतों का वर्णन करें।
(Describe the nature of theory of personality. Describe the major sources of origin of these theories.)

2. उदाहरण देते हुए उन कसौटियों का वर्णन करें जिसके आधार पर व्यक्तित्व के सिद्धान्तों का मूल्यांकन किया जाता है।
(Giving examples describe those criteria on the basis of which personality theories are evaluated.)

3. मानव स्वभाव से संबंधित उन पूर्वकल्पनाओं का वर्णन करें जिसकी व्याख्या करने में व्यक्तित्व सिद्धान्तों में मतभेद है।
या, उन समस्याओं का वर्णन करें जिसके आधार पर व्यक्तित्व सिद्धान्तों में अन्तर किया गया है।
(Describe the assumption relating to human nature over which the personality theories differ.)
Or, (Describe the issues over which the personality theories differ significantly.)

4. साइमण्ड फ्रायड द्वारा प्रतिपादित व्यक्तित्व के मनोवैश्लेषिक सिद्धान्त की आलोचनात्मक समीक्षा करें।
(Make a critical review of the psychonalytic theory propounded by Sigmund Freud.).

5. व्यक्तित्व के मनोवैश्लेषिक सिद्धान्त की प्रमुख अनुप्रयोगिताओं का वर्णन करें।
(Describe the major applications of psychanalytic theory of personality.)

6. इरिकसन द्वारा प्रतिपादित व्यक्तित्व के मनोसामाजिक सिद्धान्त की आलोचनात्मक समीक्षा करें।
(Make a critical review of Erikson's psychosocial theory of personality.)

7. उपयुक्त उदाहरण देते हुए फ्रायड एवं इरिक्सन के व्यक्तित्व सिद्धान्तों का एक तुलनात्मक अध्ययन करें।
(Make a comparative study of Freud's and Erikson's theory of personality.)

8. मर्रे द्वारा प्रतिपादित व्यक्तित्व के आवश्यकता सिद्धान्त का आलोचनात्मक वर्णन करें।
(Present a critical description of Murray's need theory of personality.)

9. आलपोर्ट द्वारा प्रतिपादित व्यक्तित्व के शीलगुण सिद्धान्त की आलोचनात्मक व्याख्या करें।
(Present a critical explanation of Allport's trait theory of personality.)

10. फ्रायड तथा आलपोर्ट द्वारा प्रतिपादित व्यक्तित्व सिद्धान्तों का एक तुलनात्मक अध्ययन करें।
(Make a comparative study of Freud's and Allport's theory of personality.)

11. रोजर्स द्वारा प्रतिपादित व्यक्तित्व के सांवृतिक सिद्धान्त का वर्णन करें। इसके प्रमुख गुणों एवं परिसीमाओं पर भी प्रकाश डालें।
(Describe Roger's Phenomenological theory of personality. Throw light upon its merits and limitations.)

12. मैसलो द्वारा प्रतिपादित व्यक्तित्व के मानवतावादी सिद्धान्त की आलोचनात्मक समीक्षा करें।
(Make a critical review of Maslow's Humanistic theory of personality.)

13. स्कीन्नर द्वारा प्रतिपादित व्यक्तित्व के व्यवहारात्मक-सीखना सिद्धान्त की आलोचनात्मक व्याख्या प्रस्तुत करें।
(Present a critical exposition of Skinner's Behaviouristic-learning theory of personality.)

14. अलबर्ट वैण्डुरा द्वारा प्रतिपादित व्यक्तित्व के सामाजिक सीखने के सिद्धान्त की आलोचनात्मक वर्णन प्रस्तुत करें।
(Present a critical description of Albert Bandura's Social learning theory of personality.)

❑